DIN-Taschenbuch 110

D1662892

Für das Fachgebiet Bauwesen bestehen folgende DIN-Taschenbücher:

DIN-Taschenbücher aus dem Fachgebiet „Bauleistungen" siehe Seite 702.

DIN-Taschenbücher sind auch im Abonnement vollständig erhältlich.
Für Auskünfte und Bestellungen wählen Sie bitte im Beuth Verlag Tel.: 030 2601-2260.

DIN

DIN-Taschenbuch 110

Wohnungsbau

10. Auflage
Stand der abgedruckten Normen: November 2008

Herausgeber: DIN Deutsches Institut für Normung e. V.

Beuth
Berlin · Wien · Zürich

© 2009 Beuth Verlag GmbH
Berlin · Wien · Zürich
Burggrafenstraße 6
10787 Berlin

Telefon: +49 30 2601-0
Telefax: +49 30 2601-1260
Internet: www.beuth.de
E-Mail: info@beuth.de

Druck: Ott-Druck GmbH, Berlin
Gedruckt auf säurefreiem, alterungsbeständigem Papier nach DIN 6738

ISBN 978-3-410-17008-2   (10. Auflage)
ISSN 0342-801X

Inhalt

Die in den Verzeichnissen verwendeten Abkürzungen bedeuten:

A	Änderung
Bbl	Beiblatt
Ber	Berichtigung
DIN	Deutsche Norm
DIN EN	Deutsche Norm auf der Grundlage einer Europäischen Norm
DIN EN ISO	Deutsche Norm auf der Grundlage einer Europäischen Norm, die auf einer Internationalen Norm der ISO beruht
E	Entwurf
EN	Europäische Norm, deren Deutsche Fassung den Status einer Deutschen Norm erhalten hat
V	Vornorm

**Maßgebend für das Anwenden jeder in diesem DIN-Taschenbuch abge-
druckten Norm ist deren Fassung mit dem neuesten Ausgabedatum.**

**Sie können sich auch über den aktuellen Stand im DIN-Katalog, unter der
Telefon-Nr.: 030 2601-2260 oder im Internet unter www.beuth.de informieren.**

DIN-Nummernverzeichnis

●   Neu aufgenommen gegenüber der 9. Auflage des DIN-Taschenbuches 110

□   Geändert gegenüber der 9. Auflage des DIN-Taschenbuches 110

○   Zur abgedruckten Norm besteht ein Norm-Entwurf

(en)   Von dieser Norm gibt es auch eine vom DIN herausgegebene englische Übersetzung

*) Druckfehlerberichtigungen siehe Seite 697

Gegenüber der 9. Auflage wurden in der 10. Auflage des DIN-Taschenbuches 110 die nachstehenden Dokumente nicht mehr abgedruckt:

DIN 276 wurde durch DIN 276-1 ersetzt.

E DIN 277-1 wurde in 277-1 überführt.

DIN 1053-1	DIN 18034	DIN 18560-1
DIN 1053-3	DIN 18055	DIN 18560-2
DIN 1986-100	DIN 18111-1	DIN 68706-1
DIN 4103-1	DIN 18157-1	DIN EN 612
DIN 4108 Bbl 1	DIN 18160-5	DIN EN 1443
DIN 15306	DIN 18558	DIN EN 12665

wurden aus Platzgründen nicht mehr abgedruckt.

DIN 1986-100 Ber 1 wurde in der Neuausgabe der DIN 1986-100 berücksichtigt, die aber aus Platzgründen nicht abgedruckt wurde.

E DIN 18015-2 wurde durch die Neuausgabe der DIN 18015-2 abgelöst.

DIN 18022 wurde ersatzlos zurückgezogen.

DIN 18073 wurde durch DIN V 18073, DIN EN 13241-1, DIN EN 13561 und DIN EN 13659 ersetzt, die jedoch alle aus Platzgründen nicht abgedruckt sind.

DIN 18160-1 wurde durch DIN V 18160-1 sowie DIN V 18160-1 Bbl 1 und DIN V 18160-1 Bbl 2 ersetzt, die jedoch alle aus Platzgründen nicht abgedruckt sind.

DIN 18201 wurde durch DIN 18202 ersetzt.

DIN 18550-1 und DIN 18550-2 wurde durch DIN V 18550 und DIN EN 998-1 ersetzt, die jedoch aus Platzgründen nicht abgedruckt sind.

Verzeichnis abgedruckter Normen

Dokument	Ausgabe	Titel	Seite

Normung ist Ordnung

DIN – der Verlag heißt Beuth

Das DIN Deutsches Institut für Normung e. V. ist der runde Tisch, an dem Hersteller, Handel, Verbraucher, Handwerk, Dienstleistungsunternehmen, Wissenschaft, technische Überwachung, Staat, also alle, die ein Interesse an der Normung haben, zusammenwirken.

DIN-Normen sind ein wichtiger Beitrag zur technischen Infrastruktur unseres Landes, zur Verbesserung der Exportchancen und zur Zusammenarbeit in einer arbeitsteiligen Gesellschaft.

Das DIN orientiert seine Arbeiten an folgenden Grundsätzen:
– Freiwilligkeit
– Öffentlichkeit
– Beteiligung aller interessierten Kreise
– Einheitlichkeit und Widerspruchsfreiheit
– Sachbezogenheit
– Konsens
– Orientierung am Stand der Technik
– Orientierung an den wirtschaftlichen Gegebenheiten
– Orientierung am allgemeinen Nutzen
– Internationalität

Diese Grundsätze haben den DIN-Normen die allgemeine Anerkennung gebracht. DIN-Normen bilden einen Maßstab für ein einwandfreies technisches Verhalten.

Das DIN stellt über den Beuth Verlag Normen und technische Regeln aus der ganzen Welt bereit. Besonderes Augenmerk liegt dabei auf den in Deutschland unmittelbar relevanten technischen Regeln. Hierfür hat der Beuth Verlag Dienstleistungen entwickelt, die dem Kunden die Beschaffung und die praktische Anwendung der Normen erleichtern. Er macht das in fast einer halben Million von Dokumenten niedergelegte und ständig fortgeschriebene technische Wissen schnell und effektiv nutzbar.

Die Recherche- und Informationskompetenz der DIN-Datenbank erstreckt sich über Europa hinaus auf internationale und weltweit genutzte nationale, darunter auch wichtige amerikanische Normenwerke. Für die Recherche stehen der DIN-Katalog für technische Regeln (Online und als CD-ROM) und die komfortable internationale Normendatenbank PERINORM (Online und als DVD) zur Verfügung. Über das Internet können DIN-Normen recherchiert (www.beuth.de) und aus dem Rechercheergebnis direkt bestellt werden. Im Online-Bereich steht unter myBeuth die erweiterte Suche mit umfangreichen Zusatzinformationen zur Verfügung.

DIN und Beuth bieten auch Informationsdienste an, die sowohl auf besondere Nutzergruppen als auch auf individuelle Kundenbedürfnisse zugeschnitten werden können, und berücksichtigen dabei nationale, regionale und internationale Regelwerke aus aller Welt. Sowohl das DIN als auch der Beuth Verlag verstehen sich als Partner der Anwender, die alle notwendigen Informationen aus Normung und technischem Recht recherchieren und beschaffen. Ihre Serviceleistungen stellen sicher, dass dieses Wissen rechtzeitig und regelmäßig verfügbar ist.

DIN-Taschenbücher

DIN-Taschenbücher sind kleine Normensammlungen im Format A5 oder auf CD-ROM. Sie sind nach Fach- und Anwendungsgebiet geordnet. Die DIN-Taschenbücher haben in der Regel eine Laufzeit von drei Jahren, bevor eine Neuauflage erscheint. In der Zwischenzeit kann ein Teil der abgedruckten DIN-Normen überholt sein. Maßgebend für das Anwenden jeder Norm ist jeweils deren Originalfassung mit dem neuesten Ausgabedatum.

Kontaktadressen

Verkauf Inland

Telefon	030 2601-2260
Telefax	030 2601-1260
E-Mail	info@beuth.de

Verkauf Ausland

Telefon	+49 30 2601-2759
Telefax	+49 30 2601-1263
E-Mail	foreignsales@beuth.de

AuslandsNormen-Service

Telefon	030 2601-2361
Telefax	030 2601-1801
E-Mail	auslnormen@beuth.de

ABO- UND MEDIENSERVICE

Elektronische Produkte

Telefon	030 2601-2668
Telefax	030 2601-1268
E-Mail	electronicmedia@beuth.de
Technischer Support	hotline@beuth.de

Normen im Abonnement

Telefon	030 2601-2221
Telefax	030 2601-1259
E-Mail	normenabo@beuth.de

Loseblattsammlungen/Zeitschriften

Telefon	030 2601-2121
Telefax	030 2601-1721
E-Mail	aboservice@beuth.de

DIN-Tagungen & DIN-Seminare

Telefon	030 2601-2369
Telefax	030 2601-1738
E-Mail	info@beuth.de

Prospektversand

Telefon	030 2601-2240
Telefax	030 2601-1260
E-Mail	info@beuth.de

Hausanschrift

Beuth Verlag GmbH
Burggrafenstraße 6
10787 Berlin

Postanschrift

Beuth Verlag GmbH
10772 Berlin

Beuth Online

www.beuth.de
(Recherche, Bestellung und Downloads
im Log-in Bereich)

Verlagsrepräsentanz Wien

ON Österreichisches Normungsinstitut
Heinestraße 38
1020 Wien
Österreich

Telefon	+43 1 21300-805
Telefax	+43 1 21300-818
E-Mail	sales@on-norm.at

www.on-norm.at

Verlagsrepräsentanz Zürich

SNV Schweizerische Normen-Vereinigung
Bürglistraße 29
8400 Winterthur
Schweiz

Telefon	+41 52 2245-454
Telefax	+41 52 2245-482
E-Mail	verkauf@snv.ch

www.snv.ch

Hinweise für das Anwenden des DIN-Taschenbuches

Eine **Norm** ist das herausgegebene Ergebnis der Normungsarbeit.

Deutsche Normen (DIN-Normen) sind vom DIN Deutsches Institut für Normung e.V. unter dem Zeichen D̲I̲N̲ herausgegebene Normen.

Sie bilden das Deutsche Normenwerk.

Eine **Vornorm** war bis etwa März 1985 eine Norm, zu der noch Vorbehalte hinsichtlich der Anwendung bestanden und nach der versuchsweise gearbeitet werden konnte. Ab April 1985 hat das Präsidium des DIN die Vornorm neu definiert. Wichtigste Ergänzung in der Definition ist die Tatsache, dass Vornormen auch ohne vorherige Entwurfs-veröffentlichung herausgegeben werden dürfen. Da hierdurch von einem wichtigen Grundsatz für die Veröffentlichung von Normen abgewichen wird, entfällt auf der Titel-seite die Angabe „Deutsche Norm". (Weitere Einzelheiten siehe DIN 820-4.)

Eine **Auswahlnorm** ist eine Norm, die für ein bestimmtes Fachgebiet einen Auszug aus einer anderen Norm enthält, jedoch ohne sachliche Veränderungen oder Zusätze.

Eine **Übersichtsnorm** ist eine Norm, die eine Zusammenstellung aus Festlegungen mehrerer Normen enthält, jedoch ohne sachliche Veränderungen oder Zusätze.

Teil (früher Blatt) kennzeichnete bis Juni 1994 eine Norm, die den Zusammenhang zu anderen Teilen mit gleicher Hauptnummer dadurch zum Ausdruck brachte, dass sich die DIN-Nummern nur in den Zählnummern hinter dem Zusatz „Teil" voneinander unter-schieden haben. Das DIN hat sich bei der Art der Nummernvergabe der internationalen Praxis angeschlossen. Es entfällt deshalb bei der DIN-Nummer die Angabe „Teil"; diese Angabe wird in der DIN-Nummer durch „-" ersetzt. Das Wort „Teil" wird dafür mit in den Titel übernommen. In den Verzeichnissen dieses DIN-Taschenbuches wird deshalb für alle ab Juli 1994 erschienenen Normen die neue Schreibweise verwendet.

Ein **Beiblatt** enthält Informationen zu einer Norm, jedoch keine zusätzlich genormten Festlegungen.

Ein **Norm-Entwurf** ist das vorläufig abgeschlossene Ergebnis einer Normungsarbeit, das in der Fassung der vorgesehenen Norm der Öffentlichkeit zur Stellungnahme vorgelegt wird.

Die Gültigkeit von Normen beginnt mit dem Zeitpunkt des Erscheinens (Einzelheiten siehe DIN 820-4). Das Erscheinen wird im DIN-Anzeiger angezeigt.

Hinweise für den Anwender von DIN-Normen

Die Normen des Deutschen Normenwerkes stehen jedermann zur Anwendung frei.

Festlegungen in Normen sind aufgrund ihres Zustandekommens nach hierfür geltenden Grundsätzen und Regeln fachgerecht. Sie sollen sich als „anerkannte Regeln der Tech-nik" einführen. Bei sicherheitstechnischen Festlegungen in DIN-Normen besteht überdies eine tatsächliche Vermutung dafür, dass sie „anerkannte Regeln der Technik" sind. Die Normen bilden einen Maßstab für einwandfreies technisches Verhalten; dieser Maß-stab ist auch im Rahmen der Rechtsordnung von Bedeutung. Eine Anwendungspflicht kann sich aufgrund von Rechts- oder Verwaltungsvorschriften, Verträgen oder sonstigen Rechtsgründen ergeben. DIN-Normen sind nicht die einzige, sondern eine Erkenntnis-quelle für technisch ordnungsgemäßes Verhalten im Regelfall. Es ist auch zu berücksichtigen, dass DIN-Normen nur den zum Zeitpunkt der jeweiligen Ausgabe herr-schenden Stand der Technik berücksichtigen können. Durch das Anwenden von Normen entzieht sich niemand der Verantwortung für eigenes Handeln. Jeder handelt insoweit auf eigene Gefahr.

Jeder, der beim Anwenden einer DIN-Norm auf eine Unrichtigkeit oder eine Möglichkeit einer unrichtigen Auslegung stößt, wird gebeten, dies dem DIN unverzüglich mitzuteilen, damit etwaige Mängel beseitigt werden können.

Vorwort

Seit 1972 kommt der Normenausschuss Bauwesen (NABau) im DIN Deutsches Institut für Normung e. V. mit der Zusammenfassung seiner Arbeitsergebnisse, den Baunormen, den Wünschen einer großen Anzahl von Fachleuten in Praxis, Wissenschaft und Ausbildung nach, die für ihre Arbeit die Normen bestimmter Gebiete des Bauwesens jeweils in einem DIN-Taschenbuch handlich und übersichtlich zusammengestellt benutzen wollen.

Für die Bereiche Wohnungsbau, Planung und Kostenberechnung liegen die folgenden DIN-Taschenbücher vor:

Bauplanung (DIN-Taschenbuch 38)

Ausbau (DIN-Taschenbuch 39)

Wohnungsbau (DIN-Taschenbuch 110)

Kosten im Hochbau, Flächen, Rauminhalte (DIN-Taschenbuch 114)

Für den Wohnungsbau sind weitere umfangreiche Zusammenstellungen von Normen der verschiedenen Gebiete der Bauphysik, die in den folgenden DIN-Taschenbüchern zusammengefasst sind, von Bedeutung:

Brandschutzmaßnahmen (DIN-Taschenbuch 120)

Bauwerksabdichtungen, Dachabdichtungen, Feuchteschutz (DIN-Taschenbuch 129)

Schallschutz (DIN-Taschenbuch 35)

Wärmeschutz (DIN-Taschenbuch 158/1 bis 158/3)

Die DIN-Taschenbücher des Bauwesens haben in der Zwischenzeit – teilweise schon in der 10. Auflage – großes Interesse in der Fachöffentlichkeit gefunden.

Die vorliegende 10. Auflage des DIN-Taschenbuches 110 enthält die für den Wohnungsbau wesentlichen zurzeit gültige Normen über

- Abdichtung,
- Barrierefreiheit,
- Drainung,
- Hausanschlusseinrichtungen,
- Holzschutz,
- Kosten- und Flächenberechnung,
- Lüftung von Wohnräumen,
- Maßordnung im Hochbau,
- Schallschutz,
- Tageslicht in Innenräumen,
- Toleranzen,
- Treppen,
- Türgrößen,
- Wärmeschutz und
- Zählerplätze.

Wegen der großen Zahl weiterer Normen, die ebenfalls Bedeutung für den Wohnungsbau haben, sei auf das hier abgedruckte Verzeichnis der nicht abgedruckten Norm-Entwürfe, Vornormen und Normen hingewiesen, das zumindest einen Überblick über das relevante technische Regelwerk ermöglicht. Aus Platzgründen ist es nicht möglich, einen größeren Umfang für dieses DIN-Taschenbuch zu realisieren.

Anregungen zur Verbesserung, Erweiterung und Beschränkung des vorliegenden DIN-Taschenbuches werden erbeten an den Normenausschuss Bauwesen im DIN Deutsches Institut für Normung e. V., 10772 Berlin.

Berlin, im November 2008   Normenausschuss Bauwesen im DIN
                                            Deutsches Institut für Normung e. V.
                                            Dipl.-Ing. Eckhard Vogel

	Bezeichnung mit links oder rechts im Bauwesen	**DIN** 107

Building construction; identification of right and left side

Zusammenhang mit der von der International Organization for Standardization (ISO) herausgegebenen Empfehlung ISO/R 1226-1970, siehe Erläuterungen.

1. Geltungsbereich

Diese Norm gilt für folgende, im Bauwesen hinsichtlich der gewählten Seite, Lage oder Drehrichtung unterschiedlich auszuführenden Bauteile oder Ausstattungsgegenstände:
a) Türen, Fenster und Läden
b) Zargen
c) Schlösser, Beschläge und Türschließer
d) Treppen
e) Sanitär-Ausstattungsgegenstände.

2. Drehflügeltüren, -fenster und -läden

2.1. Begriffe

2.1.1. Öffnungsfläche
Die Öffnungsfläche ist diejenige Fläche eines Flügels von Drehflügeltüren, -fenstern oder -läden, die auf derjenigen Seite liegt, nach der sich der Flügel öffnet.
Die Öffnungsfläche ist die Bezugsfläche für die Bezeichnung mit links oder rechts.

2.1.2. Schließfläche
Die Schließfläche ist diejenige Fläche eines Flügels von Drehflügeltüren, -fenstern oder -läden, die auf derjenigen Seite liegt, nach der sich der Flügel schließt.

2.1.3. Linksflügel
Ein Linksflügel ist ein Flügel von Drehflügeltüren, -fenstern oder -läden, dessen Drehachse bei Blickrichtung auf seine Öffnungsfläche links liegt (siehe Bild 1).

Bild 1. Linksflügel

2.1.4. Rechtsflügel
Ein Rechtsflügel ist ein Flügel von Drehflügeltüren, -fenstern oder -läden, dessen Drehachse bei Blickrichtung auf seine Öffnungsfläche rechts liegt (siehe Bild 2).

Bild 2. Rechtsflügel

2.2. Bezeichnung
Öffnungsfläche: Kennzahl 0
Schließfläche: Kennzahl 1
Linksflügel: Kennbuchstabe L
Rechtsflügel: Kennbuchstabe R
In DIN-Bezeichnungen für Drehflügeltüren, -fenster oder -läden geht zur Bezeichnung mit links oder rechts der Kennbuchstabe L bzw. R ein.

3. Schiebetüren, -fenster und -läden

3.1. Begriffe

3.1.1. Linksschiebetüren, -fenster, -läden
Eine Linksschiebetür (-fenster, -laden) schlägt beim Verschließen vom Standort des Betrachters aus gesehen links an. Der Standort des Betrachters befindet sich im Raum. Bei gleichberechtigten Räumen ist der Standort anzugeben.

3.1.2. Rechtsschiebetüren, -fenster, -läden
Eine Rechtsschiebetür (-fenster, -laden) schlägt beim Verschließen vom Standort des Betrachters aus gesehen rechts an. Der Standort des Betrachters befindet sich im Raum. Bei gleichberechtigten Räumen ist der Standort anzugeben.

3.2. Bezeichnung
Linksschiebetür, -fenster, -laden: Kennbuchstabe L
Rechtsschiebetür, -fenster, -laden: Kennbuchstabe R
In DIN-Bezeichnungen für Schiebetüren, -fenster oder -läden geht zur Bezeichnung mit links oder rechts der Kennbuchstabe L bzw. R ein.

4. Zargen

4.1. Begriffe

4.1.1. Linkszarge
Eine Linkszarge ist eine Zarge für den Linksflügel einer Drehflügeltür.

4.1.2. Rechtszarge
Eine Rechtszarge ist eine Zarge für den Rechtsflügel einer Drehflügeltür.

4.2. Bezeichnung
Linkszarge: Kennbuchstabe L
Rechtszarge: Kennbuchstabe R
In DIN-Bezeichnungen für Zargen für Drehflügeltüren geht zur Bezeichnung mit links oder rechts der Kennbuchstabe L bzw. R ein.

Fortsetzung Seite 2 und 3
Erläuterungen Seite 4

Fachnormenausschuß Bauwesen (FNBau) im Deutschen Normenausschuß (DNA)

5. Schlösser, Beschläge und Türschließer

5.1. Begriffe

5.1.1. Linksschloß

Ein Linksschloß ist ein Schloß für den Linksflügel einer Drehflügeltür, eines Drehflügelfensters oder eines Drehflügelladens.

5.1.2. Rechtsschloß

Ein Rechtsschloß ist ein Schloß für den Rechtsflügel einer Drehflügeltür, eines Drehflügelfensters oder eines Drehflügelladens.

5.1.3. Linksbeschlag

Ein Linksbeschlag ist ein Beschlag für den Linksflügel einer Drehflügeltür, eines Drehflügelfensters oder eines Drehflügelladens.

5.1.4. Rechtsbeschlag

Ein Rechtsbeschlag ist ein Beschlag für den Rechtsflügel einer Drehflügeltür, eines Drehflügelfensters oder eines Drehflügelladens.

5.1.5. Linkstürschließer

Ein Linkstürschließer ist ein Türschließer für den Linksflügel einer Drehflügeltür.

5.1.6. Rechtstürschließer

Ein Rechtstürschließer ist ein Türschließer für den Rechtsflügel einer Drehflügeltür.

5.2. Bezeichnung

Wenn die Konstruktion eines Schlosses, Beschlages oder Türschließers die Bezeichnung mit links oder rechts erfordert, gilt:

Linksschloß, Linksbeschlag und Linkstürschließer: Kennbuchstabe L

Rechtsschloß, Rechtsbeschlag und Rechtstürschließer: Kennbuchstabe R

Bei Kastenschlössern und bestimmten Beschlägen ist zusätzlich anzugeben, auf welcher Fläche des Flügels diese angebracht werden müssen.

In diesem Fall ist dem Kennbuchstaben (L oder R) die Kennzahl für die betreffende Fläche nach Abschnitt 2.2 hinzuzufügen, z. B. L1.

In DIN-Bezeichnungen für Schlösser, Beschläge und Türschließer geht zur Bezeichnung mit links oder rechts der Kennbuchstabe L oder R ein. Falls die Befestigungsfläche zu bezeichnen ist, ist zusätzlich die Kennzahl 0 oder 1 hinzuzufügen.

6. Treppen und Geländer

6.1. Begriffe

6.1.1. Linkstreppe

Eine Linkstreppe ist eine Treppe, deren Treppenlauf entgegen dem Uhrzeigersinn aufwärts führt (siehe Bild 3).

6.1.2. Rechtstreppe

Eine Rechtstreppe ist eine Treppe, deren Treppenlauf im Uhrzeigersinn aufwärts führt (siehe Bild 4).

6.1.3. Linksgeländer

Ein Linksgeländer ist ein Geländer, das beim Aufwärtsgehen auf der linken Seite einer Treppe liegt (siehe Bild 3).

6.1.4. Rechtsgeländer

Ein Rechtsgeländer ist ein Geländer, das beim Aufwärtsgehen auf der rechten Seite einer Treppe liegt (siehe Bild 4).

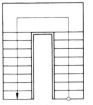 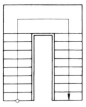

Bild 3. Linkstreppe   Bild 4. Rechtstreppe
        mit Linksgeländer   mit Rechtsgeländer

6.2. Bezeichnung

Für die Bezeichnung der Treppen und Geländer mit links oder rechts in Verbindung mit der Treppenart gilt DIN 18 064.

7. Badewannen

7.1. Begriffe

7.1.1. Linksbadewanne

Eine Linksbadewanne ist eine zu ihrer Längsachse asymmetrische Badewanne, bei der die Ablauföffnung links liegt, gesehen vom Standort vor derjenigen Längsseite, an der sich die Sitzfläche befindet (siehe Bild 5).

7.1.2. Rechtsbadewanne

Eine Rechtsbadewanne ist eine zu ihrer Längsachse asymmetrische Badewanne, bei der die Ablauföffnung rechts liegt, gesehen vom Standort vor derjenigen Längsseite, an der sich die Sitzfläche befindet (siehe Bild 6).

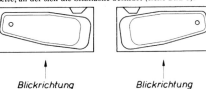

Blickrichtung   *Blickrichtung*

Bild 5. Linksbadewanne   Bild 6. Rechtsbadewanne
        (Linkswanne)   (Rechtswanne)

7.1.3. Badewanne mit Bohrung für Armaturenanordnung links

Eine Badewanne mit Bohrung für Armaturenanordnung links ist eine Badewanne, bei der, vom Kopfende zum Fußende gesehen, die Bohrung links liegt (siehe Bild 7).

Blickrichtung

Bild 7. Badewanne mit Linksbohrung für Zuflußarmatur
        (Wanne mit Linksbohrung)

7.1.4. Badewanne mit Bohrung für Armaturenanordnung rechts

Eine Badewanne mit Bohrung für Armaturenanordnung rechts ist eine Badewanne, bei der, vom Kopfende zum Fußende gesehen, die Bohrung rechts liegt (siehe Bild 8).

Blickrichtung

Bild 8. Badewanne mit Rechtsbohrung für Zuflußarmatur
        (Wanne mit Rechtsbohrung)

7.2. Bezeichnung

Linksbadewanne und Badewanne mit Bohrung für Armaturenanordnung links: Kennbuchstabe L

Rechtsbadewanne und Badewanne mit Bohrung für Armaturenanordnung rechts: Kennbuchstabe R

In DIN-Bezeichnungen für asymmetrische Badewannen und für Badewannen mit Bohrung für Armaturen, wie Zulauf und Haltegriffe, geht zur Bezeichnung mit links oder rechts der Kennbuchstabe L bzw. R ein.

8. Handwaschbecken

8.1. Begriffe

8.1.1. Handwaschbecken mit Becken links

Ein Handwaschbecken mit Becken links ist ein Handwaschbecken mit asymmetrisch angeordneter seitlicher Ablagefläche, bei dem, vom Standort vor dem Handwaschbecken aus gesehen, das Becken links liegt (siehe Bild 9).

8.1.2. Handwaschbecken mit Becken rechts

Ein Handwaschbecken mit Becken rechts ist ein Handwaschbecken mit asymmetrisch angeordneter, seitlicher Ablagefläche, bei dem, vom Standort vor dem Handwaschbecken aus gesehen, das Becken rechts liegt (siehe Bild 10).

8.1.3. Handwaschbecken mit Bohrung für Armaturenanordnung links

Ein Handwaschbecken mit Bohrung für Armaturenanordnung links ist ein Handwaschbecken, bei dem, vom Standort vor dem Becken aus gesehen, die Bohrung links liegt (siehe Bild 11).

8.1.4. Handwaschbecken mit Bohrung für Armaturenanordnung rechts

Ein Handwaschbecken mit Bohrung für Armaturenanordnung rechts ist ein Handwaschbecken, bei dem, vom Standort vor dem Becken aus gesehen, die Bohrung rechts liegt (siehe Bild 12).

Bild 9.   Handwaschbecken mit Becken links (Linkswaschbecken)

Bild 10.   Handwaschbecken mit Becken rechts (Rechtswaschbecken)

Bild 11.   Handwaschbecken mit Bohrung links (Waschbecken mit Linksbohrung)

Bild 12.   Handwaschbecken mit Bohrung rechts (Waschbecken mit Rechtsbohrung)

8.2. Bezeichnung

Handwaschbecken mit Becken links und Handwaschbecken mit Bohrung für Armaturenanordnung links: Kennbuchstabe L.

Handwaschbecken mit Becken rechts und Handwaschbecken mit Bohrung für Armaturenanordnung rechts: Kennbuchstabe R.

In DIN-Bezeichnungen für asymmetrische Handwaschbecken und für Handwaschbecken mit Bohrung für Armaturen, wie Zulauf und Mischbatterie, geht zur Bezeichnung mit links oder rechts der Kennbuchstabe L bzw. R ein.

9. Klosettbecken

9.1. Begriffe

9.1.1. Klosettbecken mit Ablaufstutzen links

Ein Klosettbecken mit Ablaufstutzen links ist ein Klosettbecken, bei dem, vom Standort vor dem Klosettbecken aus gesehen, der Ablaufstutzen nach links führt (siehe Bild 13).

9.1.2. Klosettbecken mit Ablaufstutzen rechts

Ein Klosettbecken mit Ablaufstutzen rechts ist ein Klosettbecken, bei dem, vom Standort vor dem Klosettbecken aus gesehen, der Ablaufstutzen nach rechts führt (siehe Bild 14).

Bild 13.   Klosettbecken mit Ablaufstutzen links (Linksklosett)

Bild 14.   Klosettbecken mit Ablaufstutzen rechts (Rechtsklosett)

9.2. Bezeichnung

Klosettbecken mit Ablaufstutzen links: Kennbuchstabe L

Klosettbecken mit Ablaufstutzen rechts: Kennbuchstabe R

In DIN-Bezeichnungen für Klosettbecken geht zur Bezeichnung mit links oder rechts der Kennbuchstabe L bzw. R ein.

10. Spültische

10.1. Begriffe

10.1.1. Spültisch mit Becken links

Ein Spültisch mit Becken links ist ein Spültisch mit seitlich angeordneter Abtropffläche, bei dem, vom Standort vor dem Spültisch aus gesehen, das Becken links liegt (siehe Bild 15).

10.1.2. Spültisch mit Becken rechts

Ein Spültisch mit Becken rechts ist ein Spültisch mit seitlich angeordneter Abtropffläche, bei dem, vom Standort vor dem Spültisch aus gesehen, das Becken rechts liegt (siehe Bild 16).

10.2. Bezeichnung

Spültisch mit Becken links: Kennbuchstabe L

Spültisch mit Becken rechts: Kennbuchstabe R

In DIN-Bezeichnungen für Spültische geht zur Bezeichnung mit links oder rechts der Kennbuchstabe L bzw. R ein.

Bild 15.   Spültisch mit Becken links (Linksspüle)

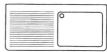

Bild 16.   Spültisch mit Becken rechts (Rechtsspüle)

Erläuterungen

In dieser Norm werden die in der zurückgezogenen Ausgabe DIN 107 (Mai 1939) festgelegten Regeln für die Bezeichnung mit links oder rechts im Bauwesen im Grundsatz beibehalten, obwohl inzwischen von der International Organization for Standardization (ISO) die Empfehlung ISO/R 1226–1970

E: Symbolic designation of direction of closing and faces of doors, windows and shuttles

D: Symbolische Bezeichnung des Schließsinns und Seiten von Türen, Fenstern und Läden

herausgegeben wurde, die die Bewegungsrichtung auf den Uhrzeigersinn bezieht. Mit Rücksicht darauf, daß die in DIN 107 (Mai 1939) festgelegten Regeln für die Bezeichnung mit rechts oder links im deutschen Bauwesen, im Handel und in der Industrie allgemein eingeführt sind, wurden diese Regeln auch in dieser Norm beibehalten. Die Beziehungen zwischen den Bezeichnungen mit links oder rechts nach DIN 107 und den entsprechenden

Bezeichnungen nach ISO/R 1226 sind in der Tabelle gegenübergestellt. In ihr sind außerdem die im deutschen Exportverkehr üblichen und von der „Arbeitsgemeinschaft der Europäischen Schloß- und Beschlagindustrie (ARGE)" festgelegten Symbole für die Schlagrichtung von Türen angegeben.

Sollte sich zeigen, daß die ISO-Empfehlung R 1226 in der Praxis breitere Anwendung findet, so soll DIN 107 in einer erneuten Überarbeitung darauf umgestellt werden. Die Norm DIN 107 wurde durch Angaben ergänzt, wie sie z. B. für die eindeutige Bezeichnung von Kastenschlössern an Türen erforderlich sind.

Ferner wurden Angaben über die Bezeichnung mit links oder rechts bei Sanitär-Ausstattungsgegenständen, die in den Baukörper fest eingebaut werden, aufgenommen. Die in der zurückgezogenen Norm DIN 107 (Mai 1939) enthaltenen Regeln für die Bezeichnung von Herden wurden hingegen gestrichen, weil hierfür kein Bedürfnis mehr vorlag.

Bezeichnung der Tür nach DIN 107	Kennzahl der Tür nach ISO-Empfehlung R 1226	Bezeichnung des Schlosses nach DIN 107	Kennzahl des Schlosses nach ISO-Empfehlung R 1226	Kennzahl des Schlosses nach ARGE¹)
Linksflügel Schloß auf Öffnungsfläche	L 6		L 0	60	1
Linksflügel Schloß auf Schließfläche			L 1	61	3
Rechtsflügel Schloß auf Öffnungsfläche	R 5		R 0	50	2
Rechtsflügel Schloß auf Schließfläche			R 1	51	4

¹) Arbeitsgemeinschaft der Europäischen Schloß- und Beschlagindustrie.

4

November 2006

	DIN 276-1	

ICS 91.010.20

Ersatz für
DIN 276:1993-06

Kosten im Bauwesen –
Teil 1: Hochbau

Building costs –
Part 1: Building construction

Coûts de bâtiment –
Partie 1: Bâtiment

Zu diesem Dokument sind eine oder mehrere Berichtigung/en erschienen.
Sie sind online recherchier- und kostenfrei bestellbar unter www.beuth.de

Gesamtumfang 26 Seiten

Normenausschuss Bauwesen (NABau) im DIN

Inhalt

2

Vorwort

Diese Norm wurde vom NABau Arbeitsausschuss 005-01-05 „Kosten im Hochbau" erarbeitet. Der Teil 1 gilt für den Hochbau; Teile für andere Bereiche des Bauwesens sind in Vorbereitung.

Änderungen

Gegenüber DIN 276:1993-06 wurden folgende Änderungen vorgenommen:

a) Titel und Gliederung der Norm wurden geändert, um die Norm über den Hochbau hinaus anderen Bereichen des Bauwesens zu öffnen;

b) der Anwendungsbereich der Norm wurde entsprechend den geänderten Inhalten neu formuliert;

c) die Begriffe wurden entsprechend dem Stand der Technik geändert und ergänzt;

d) die Grundsätze der Kostenermittlung wurden zu Grundsätzen der Kostenplanung erweitert;

e) für den Begriff „Kostenvorgabe" wurden Grundsätze der Anwendung formuliert;

f) Die Grundsätze der Kostenermittlung wurden mit dem Ziel größerer Wirtschaftlichkeit und Kostensicherheit neu gefasst;

g) die Stufen der Kostenermittlung wurden im Hinblick auf eine kontinuierliche Kostenplanung erweitert und neu formuliert;

h) für Kostenkontrolle und Kostensteuerung wurden Grundsätze der Anwendung formuliert;

i) der Aufbau der Kostengliederung bleibt unverändert. Die Beschreibung wurde redaktionell geändert;

j) die ausführungsorientierte Gliederung der Kosten wurde als Alternative beibehalten; Tabelle 2 wurde gestrichen;

k) die Darstellung der Kostengliederung wurde entsprechend dem Stand der Technik redaktionell überarbeitet;

l) der Anhang A wurde gestrichen.

Frühere Ausgaben

DIN 276: 1934-08, 1943-08, 1954x-03, 1993-06
DIN 276 Teil 1: 1971-09, 1981-04
DIN 276 Teil 2: 1971-09, 1981-04
DIN 276-Teil 3: 1971-09, 1981-04
DIN 276 Teil 3 Auswahl 1: 1981-04

3

1 Anwendungsbereich

Dieser Teil der Norm gilt für die Kostenplanung im Hochbau, insbesondere für die Ermittlung und die Gliederung von Kosten. Sie erstreckt sich auf die Kosten für den Neubau, den Umbau und die Modernisierung von Bauwerken sowie die damit zusammenhängenden projektbezogenen Kosten; für Nutzungskosten im Hochbau gilt DIN 18960.

Die Norm legt Begriffe der Kostenplanung im Bauwesen fest; sie legt Unterscheidungsmerkmale von Kosten fest und schafft damit die Voraussetzungen für die Vergleichbarkeit der Ergebnisse von Kostenermittlungen. Die nach dieser Norm ermittelten Kosten können bei Verwendung für andere Zwecke (z. B. Vergütung von Auftragnehmerleistungen, steuerliche Förderung) den dabei erforderlichen Ermittlungen zugrunde gelegt werden. Eine Bewertung der Kosten im Sinne der entsprechenden Vorschriften nimmt die Norm jedoch nicht vor.

2 Begriffe

Für die Anwendung dieses Dokuments gelten die folgenden Begriffe.

2.1
Kosten im Bauwesen
Aufwendungen für Güter, Leistungen, Steuern und Abgaben, die für die Vorbereitung, Planung und Ausführung von Bauprojekten erforderlich sind

ANMERKUNG   Kosten im Bauwesen werden in diesem Dokument im Folgenden als Kosten bezeichnet.

2.2
Kostenplanung
Gesamtheit aller Maßnahmen der Kostenermittlung, der Kostenkontrolle und der Kostensteuerung

2.3
Kostenvorgabe
Festlegung der Kosten als Obergrenze oder als Zielgröße für die Planung

2.4
Kostenermittlung
Vorausberechnung der entstehenden Kosten bzw. Feststellung der tatsächlich entstandenen Kosten

Entsprechend dem Planungsfortschritt werden die folgenden Stufen der Kostenermittlung unterschieden:

2.4.1
Kostenrahmen
Ermittlung der Kosten auf der Grundlage der Bedarfsplanung

2.4.2
Kostenschätzung
Ermittlung der Kosten auf der Grundlage der Vorplanung

2.4.3
Kostenberechnung
Ermittlung der Kosten auf der Grundlage der Entwurfsplanung

2.4.4
Kostenanschlag
Ermittlung der Kosten auf der Grundlage der Ausführungsvorbereitung

4

2.4.5
Kostenfeststellung
Ermittlung der endgültigen Kosten

2.5
Kostenkontrolle
Vergleichen aktueller Kostenermittlungen mit Kostenvorgaben und früheren Kostenermittlungen

2.6
Kostensteuerung
Eingreifen in die Planung zur Einhaltung von Kostenvorgaben

2.7
Kostenkennwert
Wert, der das Verhältnis von Kosten zu einer Bezugseinheit darstellt

2.8
Kostengliederung
Ordnungsstruktur, nach der die Gesamtkosten eines Bauprojektes in Kostengruppen unterteilt werden

2.9
Kostengruppe
Zusammenfassung einzelner, nach den Kriterien der Planung oder des Projektablaufes zusammengehörender Kosten

2.10
Gesamtkosten
Kosten, die sich als Summe aus allen Kostengruppen ergeben

2.11
Bauwerkskosten
Kosten, die sich als Summe der Kostengruppen 300 und 400 ergeben

2.12
Kostenprognose
Ermittlung der Kosten auf den Zeitpunkt der Fertigstellung

2.13
Kostenrisiko
Unwägbarkeiten und Unsicherheiten bei Kostenermittlungen und Kostenprognosen

3 Grundsätze der Kostenplanung

3.1 Allgemeines

Ziel der Kostenplanung ist es, ein Bauprojekt wirtschaftlich und kostentransparent sowie kostensicher zu realisieren.

Die Kostenplanung ist auf der Grundlage von Planungsvorgaben (Quantitäten und Qualitäten) oder von Kostenvorgaben kontinuierlich und systematisch über alle Phasen eines Bauprojekts durchzuführen.

Kostenplanung kann gemäß folgender Grundsätze erfolgen:

— Die Kosten sind durch Anpassung von Qualitäten und Quantitäten einzuhalten;

— Die Kosten sind bei definierten Qualitäten und Quantitäten zu minimieren.

5

3.2 Kostenvorgabe

3.2.1 Ziel und Zweck

Ziel der Kostenvorgabe ist es, die Kostensicherheit zu erhöhen, Investitionsrisiken zu vermindern und frühzeitige Alternativüberlegungen in der Planung zu fördern.

3.2.2 Festlegung der Kostenvorgabe

Eine Kostenvorgabe kann auf der Grundlage von Budget- oder Kostenermittlungen festgelegt werden.

Vor der Festlegung einer Kostenvorgabe ist ihre Realisierbarkeit im Hinblick auf die weiteren Planungsziele zu überprüfen. Bei Festlegung einer Kostenvorgabe ist zu bestimmen, ob sie als Kostenobergrenze oder als Zielgröße für die Planung gilt. Diese Vorgehensweise ist auch für eine Fortschreibung der Kostenvorgabe – insbesondere auf Grund von Planungsänderungen – anzuwenden.

3.3 Kostenermittlung

3.3.1 Zweck

Kostenermittlungen dienen als Grundlagen für Finanzierungsüberlegungen und Kostenvorgaben, für Maßnahmen der Kostenkontrolle und der Kostensteuerung, für Planungs-, Vergabe- und Ausführungsentscheidungen sowie zum Nachweis der entstandenen Kosten.

3.3.2 Darstellung und Vollständigkeit

Kostenermittlungen sind in der Systematik der Kostengliederung zu ordnen. Die Kosten sind vollständig zu erfassen und zu dokumentieren.

3.3.3 Grundlagen und Erläuterungen

Die Grundlagen der Kostenermittlung sind anzugeben. Erläuterungen zum Bauprojekt sind in der Systematik der Kostengliederung zu ordnen.

3.3.4 Kostenermittlung bei Bauabschnitten

Besteht ein Bauprojekt aus mehreren Abschnitten (z. B. funktional, zeitlich, räumlich oder wirtschaftlich), sind für jeden Abschnitt getrennte Kostenermittlungen aufzustellen.

3.3.5 Bauprojekte im Bestand

Bei Bauprojekten im Bestand sollten die Kosten nach Abbruch-, Instandsetzungs- und Neubaumaßnahmen unterschieden werden.

3.3.6 Vorhandene Bausubstanz und wieder verwendete Teile

Der Wert vorhandener Bausubstanz und wieder verwendeter Teile ist bei den betreffenden Kostengruppen gesondert auszuweisen.

3.3.7 Eigenleistungen

Der Wert von Eigenleistungen ist bei den betreffenden Kostengruppen gesondert auszuweisen. Für Eigenleistungen sind die Personal- und Sachkosten einzusetzen, die für entsprechende Unternehmerleistungen entstehen würden.

3.3.8 Besondere Kosten

Sofern Kosten durch außergewöhnliche Bedingungen des Standortes (z. B. Gelände, Baugrund, Umgebung), durch besondere Umstände des Bauprojekts oder durch Forderungen außerhalb der Zweckbestimmung des Bauwerks verursacht werden, sind diese Kosten bei den betreffenden Kostengruppen gesondert auszuweisen.

3.3.9 Kostenrisiken

In Kostenermittlungen sollten vorhersehbare Kostenrisiken nach ihrer Art, ihrem Umfang und ihrer Eintrittswahrscheinlichkeit benannt werden. Es sollten geeignete Maßnahmen zur Reduzierung, Vermeidung, Überwälzung und Steuerung von Kostenrisiken aufgezeigt werden.

3.3.10 Kostenstand und Kostenprognose

Bei Kostenermittlungen ist vom Kostenstand zum Zeitpunkt der Ermittlung auszugehen; dieser Kostenstand ist durch die Angabe des Zeitpunktes zu dokumentieren.

Sofern Kosten auf den Zeitpunkt der Fertigstellung prognostiziert werden, sind sie gesondert auszuweisen.

3.3.11 Umsatzsteuer

Die Umsatzsteuer kann entsprechend den jeweiligen Erfordernissen wie folgt berücksichtigt werden:

— in den Kostenangaben ist die Umsatzsteuer enthalten („Brutto-Angabe");

— in den Kostenangaben ist die Umsatzsteuer nicht enthalten („Netto-Angabe");

— nur bei einzelnen Kostenangaben (z. B. bei übergeordneten Kostengruppen) ist die Umsatzsteuer ausgewiesen.

In der Kostenermittlung und bei Kostenkennwerten ist immer anzugeben, in welcher Form die Umsatzsteuer berücksichtigt worden ist.

3.4 Stufen der Kostenermittlung

In 3.4.1 bis 3.4.5 werden die Stufen der Kostenermittlung nach ihrem Zweck, den erforderlichen Grundlagen und dem Detaillierungsgrad festgelegt.

3.4.1 Kostenrahmen

Der Kostenrahmen dient als eine Grundlage für die Entscheidung über die Bedarfsplanung sowie für grundsätzliche Wirtschaftlichkeits- und Finanzierungsüberlegungen und zur Festlegung der Kostenvorgabe.

Bei dem Kostenrahmen werden insbesondere folgende Informationen zu Grunde gelegt:

— quantitative Bedarfsangaben, z. B. Raumprogramm mit Nutzeinheiten, Funktionselemente und deren Flächen;

— qualitative Bedarfsangaben, z. B. bautechnische Anforderungen, Funktionsanforderungen, Ausstattungsstandards;

— gegebenenfalls auch Angaben zum Standort.

Im Kostenrahmen müssen innerhalb der Gesamtkosten mindestens die Bauwerkskosten gesondert ausgewiesen werden.

7

3.4.2 Kostenschätzung

Die Kostenschätzung dient als eine Grundlage für die Entscheidung über die Vorplanung.

In der Kostenschätzung werden insbesondere folgende Informationen zu Grunde gelegt:

— Ergebnisse der Vorplanung, insbesondere Planungsunterlagen, zeichnerische Darstellungen;

— Berechnung der Mengen von Bezugseinheiten der Kostengruppen, nach DIN 277;

— erläuternde Angaben zu den planerischen Zusammenhängen, Vorgängen und Bedingungen;

— Angaben zum Baugrundstück und zur Erschließung.

In der Kostenschätzung müssen die Gesamtkosten nach Kostengruppen mindestens bis zur 1. Ebene der Kostengliederung ermittelt werden.

3.4.3 Kostenberechnung

Die Kostenberechnung dient als eine Grundlage für die Entscheidung über die Entwurfsplanung.

In der Kostenberechnung werden insbesondere folgende Informationen zu Grunde gelegt:

— Planungsunterlagen, z. B. durchgearbeitete Entwurfszeichnungen (Maßstab nach Art und Größe des Bauvorhabens), gegebenenfalls auch Detailpläne mehrfach wiederkehrender Raumgruppen;

— Berechnung der Mengen von Bezugseinheiten der Kostengruppen;

— Erläuterungen, z. B. Beschreibung der Einzelheiten in der Systematik der Kostengliederung, die aus den Zeichnungen und den Berechnungsunterlagen nicht zu ersehen, aber für die Berechnung und die Beurteilung der Kosten von Bedeutung sind.

In der Kostenberechnung müssen die Gesamtkosten nach Kostengruppen mindestens bis zur 2. Ebene der Kostengliederung ermittelt werden.

3.4.4 Kostenanschlag

Der Kostenanschlag dient als eine Grundlage für die Entscheidung über die Ausführungsplanung und die Vorbereitung der Vergabe.

Im Kostenanschlag werden insbesondere folgende Informationen zu Grunde gelegt:

— Planungsunterlagen, z. B. endgültige vollständige Ausführungs-, Detail- und Konstruktionszeichnungen;

— Berechnungen, z. B. für Standsicherheit, Wärmeschutz, technische Anlagen;

— Berechnung der Mengen von Bezugseinheiten der Kostengruppen;

— Erläuterungen zur Bauausführung, z. B. Leistungsbeschreibungen;

— Zusammenstellungen von Angeboten, Aufträgen und bereits entstandenen Kosten (z. B. für das Grundstück, Baunebenkosten usw.).

Im Kostenanschlag müssen die Gesamtkosten nach Kostengruppen mindestens bis zur 3. Ebene der Kostengliederung ermittelt und nach den vorgesehenen Vergabeeinheiten geordnet werden. Der Kostenanschlag kann entsprechend dem Projektablauf in einem oder mehreren Schritten aufgestellt werden.

3.4.5 Kostenfeststellung

Die Kostenfeststellung dient zum Nachweis der entstandenen Kosten sowie gegebenenfalls zu Vergleichen und Dokumentationen.

8

In der Kostenfeststellung werden insbesondere folgende Informationen zu Grunde gelegt:

— geprüfte Abrechnungsbelege, z. B. Schlussrechnungen, Nachweise der Eigenleistungen;

— Planungsunterlagen, z. B. Abrechnungszeichnungen;

— Erläuterungen.

In der Kostenfeststellung müssen die Gesamtkosten nach Kostengruppen bis zur 3. Ebene der Kostengliederung unterteilt werden.

3.5 Kostenkontrolle und Kostensteuerung

3.5.1 Zweck

Kostenkontrolle und Kostensteuerung dienen der Überwachung der Kostenentwicklung und der Einhaltung der Kostenvorgabe.

3.5.2 Grundsatz

Bei der Kostenkontrolle und Kostensteuerung sind die Planungs- und Ausführungsmaßnahmen eines Bauprojekts hinsichtlich ihrer resultierenden Kosten kontinuierlich zu bewerten. Wenn bei der Kostenkontrolle Abweichungen festgestellt werden insbesondere beim Eintreten von Kostenrisiken, sind diese zu benennen. Es ist dann zu entscheiden, ob die Planung unverändert fortgesetzt wird, oder ob zielgerichtete Maßnahmen der Kostensteuerung ergriffen werden.

3.5.3 Dokumentation

Die Ergebnisse der Kostenkontrolle sowie die vorgeschlagenen und durchgeführten Maßnahmen der Kostensteuerung sind zu dokumentieren.

3.5.4 Kostenkontrolle bei der Vergabe und Ausführung

Bei der Vergabe und der Ausführung sind die Angebote, Aufträge und Abrechnungen (einschließlich Nachträgen) in der für das Bauprojekt festgelegten Struktur aktuell zusammenzustellen und durch Vergleiche mit vorherigen Ergebnissen zu kontrollieren.

4 Kostengliederung

4.1 Aufbau der Kostengliederung

Die Kostengliederung nach 4.3 sieht drei Ebenen der Kostengliederung vor; diese sind durch dreistellige Ordnungszahlen gekennzeichnet.

In der 1. Ebene der Kostengliederung werden die Gesamtkosten in folgende sieben Kostengruppen gegliedert:

100 Grundstück

200 Herrichten und Erschließen

300 Bauwerk — Baukonstruktionen

400 Bauwerk — Technische Anlagen

500 Außenanlagen

600 Ausstattung und Kunstwerke

700 Baunebenkosten

Die Kostengruppen 300 und 400 können zu Bauwerkskosten zusammengefasst werden.

Bei Bedarf werden diese Kostengruppen entsprechend der Kostengliederung in die Kostengruppen der 2. und 3. Ebene der Kostengliederung unterteilt.

Über die Kostengliederung dieser Norm hinaus können die Kosten entsprechend den technischen Merkmalen z. B. für eine differenzierte Kostenplanung oder den herstellungsmäßigen Gesichtspunkten z. B. im Hinblick auf Vergabe und Ausführung oder nach der Lage im Bauwerk bzw. auf dem Grundstück z. B. für Zwecke der Termin- oder Finanzplanung weiter untergliedert werden.

Ab dem Kostenanschlag sollten die Kostengruppen auch in Vergabeeinheiten entsprechend der projektspezifischen Vergabestruktur geordnet werden, damit die Angebote, Aufträge und Abrechnungen (einschließlich Nachträgen) aktuell zusammengestellt und kontrolliert werden können.

4.2 Ausführungsorientierte Gliederung der Kosten

Soweit es die Umstände des Einzelfalls zulassen (z. B. im Wohnungsbau) oder erfordern (z. B. bei Modernisierungen), können die Kosten vorrangig ausführungsorientiert gegliedert werden, indem bereits die Kostengruppen der ersten Ebene der Kostengliederung nach ausführungs- oder gewerkeorientierten Strukturen unterteilt werden. Dies entspricht der 2. Ebene der Kostengliederung. Hierfür kann die Gliederung in Leistungsbereiche entsprechend dem Standardleistungsbuch für das Bauwesen (Internet unter www.gaeb.de) verwendet werden.

Im Falle einer solchen ausführungsorientierten Gliederung der Kosten ist eine weitere Unterteilung, z. B. in Teilleistungen, erforderlich, damit die Leistungen hinsichtlich Inhalt, Eigenschaften und Menge beschrieben und erfasst werden können. Dies entspricht der 3. Ebene der Kostengliederung.

Auch bei einer ausführungsorientierten Gliederung sollten die Kosten in Vergabeeinheiten geordnet werden.

4.3 Darstellung der Kostengliederung

Die in der Spalte „Anmerkungen" aufgeführten Güter, Leistungen oder Abgaben sind Beispiele für die jeweilige Kostengruppe; die Aufzählung ist nicht abschließend.

Die Kosten sind möglichst getrennt und eindeutig den einzelnen Kostengruppen zuzuordnen. Bestehen mehrere Zuordnungsmöglichkeiten und ist eine Aufteilung nicht möglich, sind die Kosten entsprechend der überwiegenden Verursachung zuzuordnen (z. B. KG 390, KG 490, KG 590).

Tabelle 1

Kostengruppen	Anmerkungen
100 **Grundstück**	
110 **Grundstückswert**	
120 **Grundstücksnebenkosten**	Kosten, die im Zusammenhang mit dem Erwerb eines Grundstücks entstehen
121 Vermessungsgebühren	
122 Gerichtsgebühren	
123 Notariatsgebühren	
124 Maklerprovisionen	
125 Grunderwerbssteuer	
126 Wertermittlungen, Untersuchungen	Wertermittlungen, Untersuchungen zu Altlasten und deren Beseitigung, Baugrunduntersuchungen und Untersuchungen über die Bebaubarkeit, soweit sie zur Beurteilung des Grundstückswertes dienen
127 Genehmigungsgebühren	
128 Bodenordnung, Grenzregulierung	
129 Grundstücksnebenkosten, sonstiges	
130 **Freimachen**	Kosten, die aufzuwenden sind, um ein Grundstück von Belastungen freizumachen
131 Abfindungen	Abfindungen und Entschädigungen für bestehende Nutzungsrechte, z. B. Miet- und Pachtverträge
132 Ablösen dinglicher Rechte	Ablösung von Lasten und Beschränkungen, z. B. Wegerechten
139 Freimachen, sonstiges	
200 **Herrichten und Erschließen**	Kosten aller vorbereitenden Maßnahmen, um die Baumaßnahme auf dem Grundstück durchführen zu können
210 **Herrichten**	Kosten der vorbereitenden Maßnahmen, soweit nicht in anderen Kostengruppen erfasst
211 Sicherungsmaßnahmen	Schutz von vorhandenen Bauwerken, Bauteilen, Versorgungsleitungen sowie Sichern von Bewuchs und Vegetationsschichten
212 Abbruchmaßnahmen	Abbrechen und Beseitigen von vorhandenen Bauwerken, Ver- und Entsorgungsleitungen sowie Verkehrsanlagen
213 Altlastenbeseitigung	Beseitigen von Kampfmitteln und anderen gefährlichen Stoffen, Sanieren belasteter und kontaminierter Böden
214 Herrichten der Geländeoberfläche	Roden von Bewuchs, Planieren, Bodenbewegungen einschließlich Oberbodensicherung, soweit nicht in KG 500 erfasst
219 Herrichten, sonstiges	

11

15

Tabelle 1 (fortgesetzt)

Kostengruppen	Anmerkungen
220 Öffentliche Erschließung	Anteilige Kosten aufgrund gesetzlicher Vorschriften (Erschließungsbeiträge/Anliegerbeiträge) und Kosten aufgrund öffentlich-rechtlicher Verträge für — die Beschaffung oder den Erwerb der Erschließungsflächen gegen Entgelt durch den Träger der öffentlichen Erschließung, — die Herstellung oder Änderung gemeinschaftlich genutzter technischer Anlagen, z. B. zur Ableitung von Abwasser sowie zur Versorgung mit Wasser, Wärme, Gas, Strom und Telekommunikation, — die erstmalige Herstellung oder den Ausbau der öffentlichen Verkehrsflächen, der Grünflächen und sonstiger Freiflächen für öffentliche Nutzung. Kostenzuschüsse und Anschlusskosten sollen getrennt ausgewiesen werden.
221 Abwasserentsorgung	Kostenzuschüsse, Anschlusskosten
222 Wasserversorgung	Kostenzuschüsse, Anschlusskosten
223 Gasversorgung	Kostenzuschüsse, Anschlusskosten
224 Fernwärmeversorgung	Kostenzuschüsse, Anschlusskosten
225 Stromversorgung	Kostenzuschüsse, Anschlusskosten
226 Telekommunikation	Einmalige Entgelte für die Bereitstellung und Änderung von Netzanschlüssen
227 Verkehrserschließung	Erschließungsbeiträge für die Verkehrs- und Freianlagen einschließlich deren Entwässerung und Beleuchtung
228 Abfallentsorgung	Kostenzuschüsse, Anschlusskosten z. B. für eine leitungsgebundene Abfallentsorgung
229 Öffentliche Erschließung, sonstiges	
230 Nichtöffentliche Erschließung	Kosten für Verkehrsflächen und technische Anlagen, die ohne öffentlich-rechtliche Verpflichtung oder Beauftragung mit dem Ziel der späteren Übertragung in den Gebrauch der Allgemeinheit hergestellt und ergänzt werden. Kosten von Anlagen auf dem eigenen Grundstück gehören zu der Kostengruppe 500. Soweit erforderlich, kann die Kostengruppe 230 entsprechend der Kostengruppe 220 untergliedert werden.
240 Ausgleichsabgaben	Kosten, die aufgrund rechtlicher Bestimmungen aus Anlass des geplanten Bauvorhabens einmalig und zusätzlich zu den Erschließungbeiträgen entstehen. Hierzu gehört insbesondere das Ablösen von Verpflichtungen aus öffentlich-rechtlichen Vorschriften, z. B. Stellplätze, Baumbestand.
250 Übergangsmaßnahmen	
251 Provisorien	Kosten der Erstellung, Anpassung oder Umlegung von Bauwerken und Außenanlagen als provisorische Maßnahme der endgültigen Bauwerke und Außenanlagen einschließlich dem Wiederentfernen der Provisorien soweit nicht in den Kostengruppen 398, 498 und 598 erfasst.
252 Auslagerungen	Kosten für die Auslagerung von Nutzungen während der Bauzeit

Tabelle 1 *(fortgesetzt)*

Kostengruppen		Anmerkungen
300	Bauwerk — Baukonstruktionen	Kosten von Bauleistungen und Lieferungen zur Herstellung des Bauwerks, jedoch ohne die Technischen Anlagen (Kostengruppe 400). Dazu gehören auch die mit dem Bauwerk fest verbundenen Einbauten, die der besonderen Zweckbestimmung dienen, sowie übergreifende Maßnahmen in Zusammenhang mit den Baukonstruktionen.
		Bei Umbauten und Modernisierungen zählen hierzu auch die Kosten von Teilabbruch-, Instandsetzungs-, Sicherungs- und Demontagearbeiten. Die Kosten sind bei den betreffenden Kostengruppen auszuweisen.
310	Baugrube	
311	Baugrubenherstellung	Bodenabtrag, Aushub einschließlich Arbeitsräumen und Böschungen, Lagern, Hinterfüllen, Ab- und Anfuhr
312	Baugrubenumschließung	Verbau, z. B. Schlitz-, Pfahl-, Spund-, Trägerbohl-, Injektions- und Spritzbetonwände einschließlich Verankerung, Absteifung
313	Wasserhaltung	Grund- und Schichtenwasserbeseitigung während der Bauzeit
319	Baugrube, sonstiges	
320	Gründung	Die Kostengruppen enthalten die zugehörigen Erdarbeiten und Sauberkeitsschichten.
321	Baugrundverbesserung	Bodenaustausch, Verdichtung, Einpressung
322	Flachgründungen	Einzel-, Streifenfundamente, Fundamentplatten
323	Tiefgründungen	Pfahlgründung einschließlich Roste, Brunnengründungen; Verankerungen
324	Unterböden und Bodenplatten	Unterböden und Bodenplatten, die nicht der Fundamentierung dienen
325	Bodenbeläge	Beläge auf Boden- und Fundamentplatten, z. B. Estriche, Dichtungs-, Dämm-, Schutz-, Nutzschichten
326	Bauwerksabdichtungen	Abdichtungen des Bauwerks einschließlich Filter-, Trenn- und Schutzschichten
327	Dränagen	Leitungen, Schächte, Packungen
329	Gründung, sonstiges	
330	Außenwände	Wände und Stützen, die dem Außenklima ausgesetzt sind bzw. an das Erdreich oder an andere Bauwerke grenzen
331	Tragende Außenwände	Tragende Außenwände einschließlich horizontaler Abdichtungen
332	Nichttragende Außenwände	Außenwände, Brüstungen, Ausfachungen, jedoch ohne Bekleidungen
333	Außenstützen	Stützen und Pfeiler mit einem Querschnittsverhältnis $\leq$ 1 : 5
334	Außentüren und -fenster	Fenster und Schaufenster, Türen und Tore einschließlich Fensterbänken, Umrahmungen, Beschlägen, Antrieben, Lüftungselementen und sonstigen eingebauten Elementen
335	Außenwandbekleidungen, außen	Äußere Bekleidungen einschließlich Putz-, Dichtungs-, Dämm-, Schutzschichten an Außenwänden und -stützen

13

17

110/2*

Tabelle 1 *(fortgesetzt)*

Kostengruppen		Anmerkungen
336	Außenwandbekleidungen, innen	Raumseitige Bekleidungen, einschließlich Putz-, Dichtungs-, Dämm-, Schutzschichten an Außenwänden und -stützen
337	Elementierte Außenwände	Elementierte Wände, bestehend aus Außenwand, -fenster, -türen, -bekleidungen
338	Sonnenschutz	Rollläden, Markisen und Jalousien einschließlich Antrieben
339	Außenwände, sonstiges	Gitter, Geländer, Stoßabweiser und Handläufe
340	**Innenwände**	Innenwände und Innenstützen
341	Tragende Innenwände	Tragende Innenwände einschließlich horizontaler Abdichtungen
342	Nichttragende Innenwände	Innenwände, Ausfachungen, jedoch ohne Bekleidungen
343	Innenstützen	Stützen und Pfeiler mit einem Querschnittsverhältnis < 1 : 5
344	Innentüren und -fenster	Türen und Tore, Fenster und Schaufenster einschließlich Umrahmungen, Beschlägen, Antrieben und sonstigen eingebauten Elementen
345	Innenwandbekleidungen	Bekleidungen einschließlich Putz, Dichtungs-, Dämm-, Schutzschichten an Innenwänden und -stützen
346	Elementierte Innenwände	Elementierte Wände, bestehend aus Innenwänden, -türen, -fenstern, -bekleidungen, z. B. Falt- und Schiebewände, Sanitärtrennwände, Verschläge
349	Innenwände, sonstiges	Gitter, Geländer, Stoßabweiser, Handläufe, Rollläden einschließlich Antrieben
350	**Decken**	Decken, Treppen und Rampen oberhalb der Gründung und unterhalb der Dachfläche
351	Deckenkonstruktionen	Konstruktionen von Decken, Treppen, Rampen, Balkonen, Loggien einschließlich Über- und Unterstützen, füllenden Teilen wie Hohlkörpern, Blindböden, Schüttungen, jedoch ohne Beläge und Bekleidungen
352	Deckenbeläge	Beläge auf Deckenkonstruktionen einschließlich Estrichen, Dichtungs-, Dämm-, Schutz-, Nutzschichten; Schwing- und Installationsdoppelböden
353	Deckenbekleidungen	Bekleidungen unter Deckenkonstruktionen einschließlich Putz, Dichtungs-, Dämm-, Schutzschichten; Licht- und Kombinationsdecken
359	Decken, sonstiges	Abdeckungen, Schachtdeckel, Roste, Geländer, Stoßabweiser, Handläufe, Leitern, Einschubtreppen
360	**Dächer**	Flache oder geneigte Dächer
361	Dachkonstruktionen	Konstruktionen von Dächern, Dachstühlen, Raumtragwerken und Kuppeln einschließlich Über- und Unterzügen, füllenden Teilen wie Hohlkörpern, Blindböden, Schüttungen, jedoch ohne Beläge und Bekleidungen
362	Dachfenster, Dachöffnungen	Fenster, Ausstiege einschließlich Umrahmungen, Beschlägen, Antrieben, Lüftungselementen und sonstigen eingebauten Elementen
363	Dachbeläge	Beläge auf Dachkonstruktionen einschließlich Schalungen, Lattungen, Gefälle-, Dichtungs-, Dämm-, Schutz- und Nutzschichten; Entwässerungen der Dachfläche bis zum Anschluss an die Abwasseranlagen

14

Tabelle 1 *(fortgesetzt)*

Kostengruppen	Anmerkungen
364 Dachbekleidungen	Dachbekleidungen unter Dachkonstruktionen einschließlich Putz, Dichtungs-, Dämm-, Schutzschichten; Licht- und Kombinationsdecken unter Dächern
369 Dächer, sonstiges	Geländer, Laufbohlen, Schutzgitter, Schneefänge, Dachleitern, Sonnenschutz
370 Baukonstruktive Einbauten	Kosten der mit dem Bauwerk fest verbundenen Einbauten, jedoch ohne die nutzungsspezifischen Anlagen (siehe Kostengruppe 470). Für die Abgrenzung gegenüber der Kostengruppe 610 ist maßgebend, dass die Einbauten durch ihre Beschaffenheit und Befestigung technische und bauplanerische Maßnahmen erforderlich machen, z. B. Anfertigen von Werkplänen, statischen und anderen Berechnungen, Anschließen von Installationen
371 Allgemeine Einbauten	Einbauten, die einer allgemeinen Zweckbestimmung dienen, z. B. Einbaumöbel wie Sitz- und Liegemöbel, Gestühl, Podien, Tische, Theken, Schränke, Garderoben, Regale, Einbauküche
372 Besondere Einbauten	Einbauten, die einer besonderen Zweckbestimmung eines Objektes dienen, z. B. Werkbänke in Werkhallen, Labortische in Labors, Bühnenvorhänge in Theatern, Altäre in Kirchen, Einbausportgeräte in Sporthallen, Operationstische in Krankenhäusern
379 Baukonstruktive Einbauten, sonstiges	z. B. Rauchschutzvorhänge
390 Sonstige Maßnahmen für Baukonstruktionen 391 Baustelleneinrichtung	Baukonstruktionen und übergreifende Maßnahmen im Zusammenhang mit den Baukonstruktionen, die nicht einzelnen Kostengruppen der Baukonstruktionen zugeordnet werden können oder die nicht unter KG 490 oder KG 590 erfasst sind Einrichten, Vorhalten, Betreiben, Räumen der übergeordneten Baustelleneinrichtung, z. B. Material- und Geräteschuppen, Lager-, Wasch-, Toiletten- und Aufenthaltsräume, Bauwagen, Misch- und Transportanlagen, Energie- und Bauwasseranschlüsse, Baustraßen, Lager- und Arbeitsplätze, Verkehrssicherungen, Abdeckungen, Bauschilder, Bau- und Schutzzäune, Baubeleuchtung, Schuttbeseitigung
392 Gerüste	Auf-, Um-, Abbauen, Vorhalten von Gerüsten
393 Sicherungsmaßnahmen	Sicherungsmaßnahmen an bestehenden Bauwerken, z. B. Unterfangungen, Abstützungen
394 Abbruchmaßnahmen	Abbruch- und Demontagearbeiten einschließlich Zwischenlagern wieder verwendbarer Teile, Abfuhr des Abbruchmaterials, soweit nicht in anderen Kostengruppen erfasst
395 Instandsetzungen	Maßnahmen zur Wiederherstellung des zum bestimmungsgemäßen Gebrauch geeigneten Zustandes, soweit nicht in anderen Kostengruppen erfassbar
396 Materialentsorgung	Entsorgung von Materialien und Stoffen, die bei dem Abbruch, bei der Demontage und bei dem Ausbau von Bauteilen oder bei der Erstellung einer Bauleistung anfallen zum Zweck des Recyclings oder der Deponierung

15

Tabelle 1 *(fortgesetzt)*

Kostengruppen		Anmerkungen
397	Zusätzliche Maßnahmen	Zusätzliche Maßnahmen bei der Erstellung von Baukonstruktionen z. B. Schutz von Personen, Sachen; Reinigung vor Inbetriebnahme; Maßnahmen aufgrund von Forderungen des Wasser-, Landschafts-, Lärm- und Erschütterungsschutzes während der Bauzeit; Schlechtwetter und Winterbauschutz, Erwärmung des Bauwerkes, Schneeräumung
398	Provisorische Baukonstruktionen	Kosten für die Erstellung, Beseitigung provisorischer Baukonstruktionen, Anpassung des Bauwerkes bis zur Inbetriebnahme des endgültigen Bauwerkes
399	Sonstige Maßnahmen für Baukonstruktionen, sonstiges	Baukonstruktionen, die mehrere Kostengruppen betreffen, z. B. Schließanlagen, Schächte, Schornsteine, soweit nicht in anderen Kostengruppen erfasst
400	**Bauwerk — Technische Anlagen**	Kosten aller im Bauwerk eingebauten, daran angeschlossenen oder damit fest verbundenen technischen Anlagen oder Anlagenteile
410	**Abwasser-, Wasser-, Gasanlagen**	Die einzelnen technischen Anlagen enthalten die zugehörigen Gestelle, Befestigungen, Armaturen, Wärme- und Kältedämmung, Schall- und Brandschutzvorkehrungen, Abdeckungen, Verkleidungen, Anstriche, Kennzeichnungen sowie die anlagenspezifischen Mess-, Steuer- und Regelanlagen. Die Kosten für das Erstellen und Schließen von Schlitzen und Durchführungen werden in der Regel in der KG 300 erfasst.
411	Abwasseranlagen	Abläufe, Abwasserleitungen, Abwassersammelanlagen, Abwasserbehandlungsanlagen, Hebeanlagen
412	Wasseranlagen	Wassergewinnungs-, Aufbereitungs- und Druckerhöhungsanlagen, Rohrleitungen, dezentrale Wassererwärmer, Sanitärobjekte
413	Gasanlagen	Gasanlagen für Wirtschaftswärme: Gaslagerungs- und Erzeugungsanlagen, Übergabestationen, Druckregelanlagen und Gasleitungen, soweit nicht zu den Kostengruppen 420 oder 470 gehörend
419	Abwasser-, Wasser-, Gasanlagen, sonstiges	Installationsblöcke, Sanitärzellen
420	**Wärmeversorgungsanlagen**	
421	Wärmeerzeugungsanlagen	Brennstoffversorgung, Wärmeübergabestationen, Wärmeerzeugung auf der Grundlage von Brennstoffen oder unerschöpflichen Energiequellen einschließlich Schornsteinanschlüsse, zentrale Wassererwärmungsanlagen
422	Wärmeverteilnetze	Pumpen, Verteiler; Rohrleitungen für Raumheizflächen, raumlufttechnische Anlagen und sonstige Wärmeverbraucher
423	Raumheizflächen	Heizkörper, Flächenheizsysteme
429	Wärmeversorgungsanlagen, sonstiges	Schornsteine, soweit nicht in anderen Kostengruppen erfasst
430	**Lufttechnische Anlagen**	Anlagen mit und ohne Lüftungsfunktion
431	Lüftungsanlagen	Abluftanlagen, Zuluftanlagen, Zu- und Abluftanlagen ohne oder mit einer thermodynamischen Luftbehandlungsfunktion, mechanische Entrauchungsanlagen
432	Teilklimaanlagen	Anlagen mit zwei oder drei thermodynamischen Luftbehandlungsfunktionen

16

Tabelle 1 *(fortgesetzt)*

Kostengruppen		Anmerkungen
433	Klimaanlagen	Anlagen mit vier thermodynamischen Luftbehandlungsfunktionen
434	Kälteanlagen	Kälteanlagen für lufttechnische Anlagen: Kälteerzeugungs- und Rückkühlanlagen einschließlich Pumpen, Verteiler und Rohrleitungen
439	Lufttechnische Anlagen, sonstiges	Lüftungsdecken, Kühldecken, Abluftfenster; Installationsdoppelböden, soweit nicht in anderen Kostengruppen erfasst
440	**Starkstromanlagen**	Einschließlich der Brandschutzdurchführungen, soweit nicht in anderen Kostengruppen erfasst
441	Hoch- und Mittelspannungsanlagen	Schaltanlagen, Transformatoren
442	Eigenstromversorgungsanlagen	Stromerzeugungsaggregate einschließlich Kühlung, Abgasanlagen und Brennstoffversorgung, zentrale Batterie- und unterbrechungsfreie Stromversorgungsanlagen, photovoltaische Anlagen
443	Niederspannungsschaltanlagen	Niederspannungshauptverteiler, Blindstromkompensationsanlagen, Maximumüberwachungsanlagen
444	Niederspannungsinstallationsanlagen	Kabel, Leitungen, Unterverteiler, Verlegesysteme, Installationsgeräte
445	Beleuchtungsanlagen	Ortsfeste Leuchten, Sicherheitsbeleuchtung
446	Blitzschutz- und Erdungsanlagen	Auffangeinrichtungen, Ableitungen, Erdungen, Potenzialausgleich
449	Starkstromanlagen, sonstiges	Frequenzumformer
450	**Fernmelde- und informationstechnische Anlagen**	Die einzelnen Anlagen enthalten die zugehörigen Verteiler, Kabel, Leitungen.
451	Telekommunikationsanlagen	
452	Such- und Signalanlagen	Personenrufanlagen, Lichtruf- und Klingelanlagen, Türsprech- und Türöffneranlagen
453	Zeitdienstanlagen	Uhren- und Zeiterfassungsanlagen
454	Elektroakustische Anlagen	Beschallungsanlagen, Konferenz- und Dolmetscheranlagen, Gegen- und Wechselsprechanlagen
455	Fernseh- und Antennenanlagen	Fernsehanlagen, soweit nicht in den Such-, Melde-, Signal- und Gefahrenmeldeanlagen erfasst, einschließlich Sende- und Empfangsantennenanlagen, Umsetzer
456	Gefahrenmelde- und Alarmanlagen	Brand-, Überfall-, Einbruchmeldeanlagen, Wächterkontrollanlagen, Zugangskontroll- und Raumbeobachtungsanlagen
457	Übertragungsnetze	Netze zur Übertragung von Daten, Sprache, Text und Bild, soweit nicht in anderen Kostengruppen erfasst, Verlegesysteme, soweit nicht in KG 444 erfasst
459	Fernmelde- und informationstechnische Anlagen, sonstiges	Fernwirkanlagen, Parkleitsysteme
460	**Förderanlagen**	
461	Aufzugsanlagen	Personenaufzüge, Lastenaufzüge
462	Fahrtreppen, Fahrsteige	

17

Tabelle 1 *(fortgesetzt)*

Kostengruppen	Anmerkungen
463 Befahranlagen	Fassadenaufzüge und andere Befahranlagen
464 Transportanlagen	Automatische Warentransportanlagen, Aktentransportanlagen, Rohrpostanlagen
465 Krananlagen	Einschließlich Hebezeuge
469 Förderanlagen, sonstiges	Hebebühnen
470 Nutzungsspezifische Anlagen	Kosten der mit dem Bauwerk fest verbundenen Anlagen, die der besonderen Zweckbestimmung dienen, jedoch ohne die baukonstruktiven Einbauten (KG 370)
	Für die Abgrenzung gegenüber der KG 610 ist maßgebend, dass die nutzungsspezifischen Anlagen technische und planerische Maßnahmen erforderlich machen, z. B. Anfertigen von Werkplänen, Berechnungen, Anschließen von anderen technischen Anlagen.
471 Küchentechnische Anlagen	Anlagen zur Speisen- und Getränkezubereitung, -ausgabe und -lagerung einschließlich zugehöriger Kälteanlagen
472 Wäscherei- und Reinigungsanlagen	Einschließlich zugehöriger Wasseraufbereitung, Desinfektions- und Sterilisationseinrichtungen
473 Medienversorgungsanlagen	Medizinische und technische Gase, Druckluft, Vakuum, Flüssigchemikalien, Lösungsmittel, vollentsalztes Wasser; einschließlich Lagerung, Erzeugungsanlagen, Übergabestationen, Druckregelanlagen, Leitungen und Entnahmearmaturen
474 Medizin- und labortechnische Anlagen	Ortsfeste medizin- und labortechnische Anlagen,
475 Feuerlöschanlagen	Sprinkler-, Gaslöschanlagen, Löschwasserleitungen, Wandhydranten, Handfeuerlöscher
476 Badetechnische Anlagen	Aufbereitungsanlagen für Schwimmbeckenwasser, soweit nicht in KG 410 erfasst
477 Prozesswärme-, kälte- und -luftanlagen	Wärme-, Kälte- und Kühlwasserversorgungsanlagen für Industrie-, Gewerbe- und Sportanlagen, soweit nicht in anderen Kostengruppen erfasst; Farbnebelabscheideanlagen, Prozessfortluftsysteme, Absauganlagen
478 Entsorgungsanlagen	Abfall- und Medienentsorgungsanlagen, Staubsauganlagen
479 Nutzungsspezifische Anlagen, sonstiges	Bühnentechnische Anlagen, Tankstellen- und Waschanlagen
480 Gebäudeautomation	Kosten der anlageübergreifenden Automation
481 Automationssysteme	Automationsstationen mit Bedien- und Beobachtungseinrichtungen, GA-Funktionen, Anwendungssoftware, Lizenzen, Sensoren und Aktoren, Schnittstellen zu Feldgeräten und anderen Automationseinrichtungen
482 Schaltschränke	Schaltschränke zur Aufnahme von Automationssystemen (KG 481) mit Leistungs-, Steuerungs- und Sicherungsbaugruppen einschließlich zugehöriger Kabel und Leitungen, Verlegesysteme soweit nicht in anderen Kostengruppen erfasst

18

Tabelle 1 *(fortgesetzt)*

Kostengruppen	Anmerkungen
483 Management- und Bedieneinrichtungen	Übergeordnete Einsichtungen für Gebäudeautomation und Gebäudemanagement mit Bedienstationen, Programmiereinrichtungen, Anwendungssoftware, Lizenzen, Servern, Schnittstellen zu Automationseinrichtungen und externen Einrichtungen
484 Raumautomationssysteme	Raumautomationsstationen mit Bedien- und Anzeigeeinrichtungen, Schnittstellen zu Feldgeräten und andere Automationseinrichtungen
485 Übertragungsnetze	Netze zur Datenübertragung, soweit nicht in anderen Kostengruppen erfasst
489 Gebäudeautomation, sonstiges	
490 Sonstige Maßnahmen für technische Anlagen	Technische Anlagen und übergreifende Maßnahmen im Zusammenhang mit technischen Anlagen, die nicht einzelnen Kostengruppen der technischen Anlagen zugeordnet werden können
491 Baustelleneinrichtung	Einrichten, Vorhalten, Betreiben, Räumen der übergeordneten Baustelleneinrichtung für technische Anlagen, z. B. Material- und Geräteschuppen, Lager-, Wasch-, Toiletten- und Aufenthaltsräume, Bauwagen, Misch- und Transportanlagen, Energie- und Bauwasseranschlüsse, Baustraßen, Lager- und Arbeitsplätze, Verkehrssicherungen, Abdeckungen, Bauschilder, Bau- und Schutzzäune, Baubeleuchtung, Schuttbeseitigung
492 Gerüste	Auf-, Um-, Abbauen, Vorhalten von Gerüsten
493 Sicherungsmaßnahmen	Sicherungsmaßnahmen an bestehenden Bauwerken, z. B. Unterfangungen, Abstützungen
494 Abbruchmaßnahmen	Abbruch- und Demontagearbeiten einschließlich Zwischenlagern wieder verwendbarer Teile, Abfuhr des Abbruchmaterials, soweit nicht in anderen Kostengruppen erfasst
495 Instandsetzungen	Maßnahmen zur Wiederherstellung des zum bestimmungsgemäßen Gebrauch geeigneten Zustandes, soweit nicht in anderen Kostengruppen erfasst
496 Materialentsorgung	Entsorgung von Materialien und Stoffen, die bei dem Abbruch, bei der Demontage und bei dem Ausbau von Anlagenteilen oder bei der Erstellung einer Bauleistung anfallen zum Zweck des Recyclings oder der Deponierung
497 Zusätzliche Maßnahmen	Zusätzliche Maßnahmen bei der Erstellung von Technischen Anlagen z. B. Schutz von Personen, Sachen; Reinigung vor Inbetriebnahme; Maßnahmen aufgrund von Forderungen des Wasser-, Landschafts-, Lärm- und Erschütterungsschutzes während der Bauzeit; Schlechtwetter- und Winterbauschutz, Erwärmung der technischen Anlagen, Schneeräumung,
498 Provisorische technische Anlagen	Kosten für die Erstellung, Beseitigung provisorischer technischer Anlagen, Anpassung der technischen Anlagen bis zur Inbetriebnahme der endgültigen technischen Anlagen
499 Sonstige Maßnahmen für technische Anlagen, sonstiges	

19

23

Tabelle 1 *(fortgesetzt)*

Kostengruppen		Anmerkungen
500	**Außenanlagen**	
510	**Geländeflächen**	
511	Oberbodenarbeiten	Oberbodenabtrag und -sicherung
512	Bodenarbeiten	Bodenabtrag und -auftrag
519	Geländeflächen, sonstiges	
520	**Befestigte Flächen**	
521	Wege	Befestigte Fläche für den Fuß- und Radfahrverkehr
522	Straßen	Flächen für den Leicht- und Schwerverkehr; Fußgängerzonen mit Anlieferungsverkehr
523	Plätze, Höfe	Gestaltete Platzflächen, Innenhöfe
524	Stellplätze	Flächen für den ruhenden Verkehr
525	Sportplatzflächen	Sportrasenflächen, Kunststoffflächen
526	Spielplatzflächen	
527	Gleisanlagen	
529	Befestigte Flächen, sonstiges	
530	**Baukonstruktionen in Außenanlagen**	
531	Einfriedungen	Zäune, Mauern, Türen, Tore, Schrankenanlagen
532	Schutzkonstruktionen	Lärmschutzwände, Sichtschutzwände, Schutzgitter
533	Mauern, Wände	Stütz-, Schwergewichtsmauern
534	Rampen, Treppen, Tribünen	Kinderwagen- und Behindertenrampen, Block- und Stellstufen, Zuschauertribünen von Sportplätzen
535	Überdachungen	Wetterschutz, Unterstände; Pergolen
536	Brücken, Stege	Holz- und Stahlkonstruktionen
537	Kanal- und Schachtbauanlagen	Bauliche Anlagen für Medien- oder Verkehrserschließung
538	Wasserbauliche Anlagen	Brunnen, Wasserbecken,
539	Baukonstruktionen in Außenanlagen, sonstiges	
540	**Technische Anlagen in Außenanlagen**	Kosten der technischen Anlagen auf dem Grundstück einschließlich der Ver- und Entsorgung des Bauwerks
541	Abwasseranlagen	Kläranlagen, Oberflächen- und Bauwerksentwässerungsanlagen, Sammelgruben, Abscheider, Hebeanlagen
542	Wasseranlagen	Wassergewinnungsanlagen, Wasserversorgungsnetze, Hydrantenanlagen, Druckerhöhungs- und Beregnungsanlagen
543	Gasanlagen	Gasversorgungsnetze, Flüssiggasanlagen
544	Wärmeversorgungsanlagen	Wärmeerzeugungsanlagen, Wärmeversorgungsnetze, Freiflächen- und Rampenheizungen
545	Lufttechnische Anlagen	Bauteile von lufttechnischen Anlagen, z. B. Außenluftansaugung, Fortluftausblas, Erdwärmetauscher, Kälteversorgung

20

Tabelle 1 *(fortgesetzt)*

Kostengruppen		Anmerkungen
546	Starkstromanlagen	Stromversorgungsnetze, Freilufttrafostationen, Eigenstromerzeugungsanlagen, Außenbeleuchtungs- und Flutlichtanlagen einschließlich Maste und Befestigung
547	Fernmelde- und informationstechnische Anlagen	Leitungsnetze, Beschallungs-, Zeitdienst- und Verkehrssignalanlagen, elektronische Anzeigetafeln, Objektsicherungsanlagen, Parkleitsysteme
548	Nutzungsspezifische Anlagen	Medienversorgungsanlagen, Tankstellenanlagen, badetechnische Anlagen, leitungsgebundene Abfallentsorgung
549	Technische Anlagen in Außenanlagen, sonstiges	
550	**Einbauten in Außenanlagen**	
551	Allgemeine Einbauten	Wirtschaftsgegenstände, z. B. Möbel, Fahrradständer, Schilder, Pflanzbehälter, Abfallbehälter, Fahnenmaste
552	Besondere Einbauten	Einbauten für Sport- und Spielanlagen, Tiergehege
559	Einbauten in Außenanlagen, sonstiges	
560	**Wasserflächen**	Naturnahe Wasserflächen
561	Abdichtungen	Einschließlich Schutzschichten, Bodensubstrat und Uferausbildung
562	Bepflanzungen	
569	Wasserflächen, sonstiges	
570	**Pflanz- und Saatflächen**	
571	Oberbodenarbeiten	Oberbodenauftrag, Oberbodenlockerung
572	Vegetationstechnische Bodenbearbeitung	Bodenverbesserung, z. B. Düngung, Bodenhilfsstoffe
573	Sicherungsbauweisen	Vegetationsstücke, Geotextilien, Flechtwerk
574	Pflanzen	Einschließlich Fertigstellungspflege
575	Rasen und Ansaaten	Einschließlich Fertigstellungspflege, ohne Sportrasenflächen (siehe KG 525
576	Begrünung unterbauter Flächen	Auf Tiefgaragen, einschließlich Wurzelschutz- und Fertigstellungspflege
579	Pflanz- und Saatflächen, sonstiges	
590	**Sonstige Außenanlagen**	Außenanlagen und übergreifende Maßnahmen im Zusammenhang mit den Außenanlagen, die nicht einzelnen Kostengruppen der Außenanlagen zugeordnet werden können
591	Baustelleneinrichtung	Einrichten, Vorhalten, Betreiben, Räumen der übergeordneten Baustelleneinrichtung für Außenanlagen, z. B. Material- und Geräteschuppen, Lager-, Wasch-, Toiletten- und Aufenthaltsräume, Bauwagen, Misch- und Transportanlagen, Energie- und Bauwasseranschlüsse, Baustraßen, Lager- und Arbeitsplätze, Verkehrssicherungen, Abdeckungen, Bauschilder, Bau- und Schutzzäune, Baubeleuchtung, Schuttbeseitigung
592	Gerüste	Auf-, Um-, Abbauen, Vorhalten von Gerüsten

Tabelle 1 *(fortgesetzt)*

Kostengruppen		Anmerkungen
593	Sicherungsmaßnahmen	Sicherungsmaßnahmen an bestehenden baulichen Anlagen, z. B. Unterfangungen, Abstützungen
594	Abbruchmaßnahmen	Abbruch- und Demontagearbeiten einschließlich Zwischenlagern wieder verwendbarer Teile, Abfuhr des Abbruchmaterials, soweit nicht in anderen Kostengruppen erfasst
595	Instandsetzungen	Maßnahmen zur Wiederherstellung des zum bestimmungsgemäßen Gebrauch geeigneten Zustandes, soweit nicht in anderen Kostengruppen erfasst
596	Materialentsorgung	Entsorgung von Materialien und Stoffen, die bei dem Abbruch, bei der Demontage und bei dem Ausbau von Außenanlagen oder bei der Erstellung einer Bauleistung anfallen zum Zweck des Recyclings oder der Deponierung
597	Zusätzliche Maßnahmen	Zusätzliche Maßnahmen bei der Erstellung von Außenanlagen z. B. Schutz von Personen, Sachen; Reinigung vor Inbetriebnahme; Maßnahmen aufgrund von Forderungen des Wasser-, Landschafts-, Lärm- und Erschütterungsschutzes während der Bauzeit; Schlechtwetter und Winterbauschutz, Erwärmung, Schneeräumung
598	Provisorische Außenanlagen	Kosten für die Erstellung, Beseitigung provisorischer Außenanlagen, Anpassung der Außenanlagen bis zur Inbetriebnahme des endgültigen Außenanlagen
599	Sonstige Maßnahmen für Außenanlagen, sonstiges	
600	**Ausstattung und Kunstwerke**	Kosten für alle beweglichen oder ohne besondere Maßnahmen zu befestigenden Sachen, die zur Ingebrauchnahme, zur allgemeinen Benutzung oder zur künstlerischen Gestaltung des Bauwerks und der Außenanlagen erforderlich sind (siehe Anmerkungen zu den KG 370 und 470
610	**Ausstattung**	
611	Allgemeine Ausstattung	Möbel und Geräte, z. B. Sitz- und Liegemöbel, Schränke, Regale, Tische; Textilien, z. B. Vorhänge, Wandbehänge, lose Teppiche, Wäsche; Hauswirtschafts-, Garten- und Reinigungsgeräte
612	Besondere Ausstattung	Ausstattungsgegenstände, die der besonderen Zweckbestimmung eines Objektes dienen wie z. B. wissenschaftliche, medizinische, technische Geräte
619	Ausstattung, sonstiges	Schilder, Wegweiser, Orientierungstafeln, Werbeanlagen
620	**Kunstwerke**	
621	Kunstobjekte	Kunstwerke zur künstlerischen Ausstattung des Bauwerks und der Außenanlagen einschließlich Tragkonstruktionen, z. B. Skulpturen, Objekte, Gemälde, Möbel, Antiquitäten, Altäre, Taufbecken
622	Künstlerisch gestaltete Bauteile des Bauwerks	Kosten für die künstlerische Gestaltung, z. B. Malereien, Reliefs, Mosaiken, Glas-, Schmiede-, Steinmetzarbeiten
623	Künstlerisch gestaltete Bauteile der Außenanlagen	Kosten für die künstlerische Gestaltung, z. B. Malereien, Reliefs, Mosaiken, Glas-, Schmiede-, Steinmetzarbeiten
629	Kunstwerke, sonstiges	

22

Tabelle 1 *(fortgesetzt)*

Kostengruppen		Anmerkungen
700	**Baunebenkosten**	
710	**Bauherrenaufgaben**	
711	Projektleitung	Kosten zum Zwecke der Zielvorgabe, der Überwachung und Vertretung der Bauherreninteressen
712	Bedarfsplanung	Kosten für Bedarfs-, Betriebs- und Organisationsplanung, z. B. zur betrieblichen Organisation, zur Arbeitsplatzgestaltung, zur Erstellung von Raum- und Funktionsprogrammen, zur betrieblichen Ablaufplanung und zur Inbetriebnahme
713	Projektsteuerung	Kosten für Projektsteuerungsleistungen sowie für andere Leistungen, die sich mit der übergeordneten Steuerung und Kontrolle von Projektorganisation, Terminen, Kosten, Qualitäten und Quantitäten befassen
719	Bauherrenaufgaben, sonstiges	Baubetreuung, Rechtsberatung, Steuerberatung
720	**Vorbereitung der Objektplanung**	
721	Untersuchungen	Standortanalysen, Baugrundgutachten, Gutachten für die Verkehrsanbindung, Bestandsanalysen, z. B. Untersuchungen zum Gebäudebestand bei Umbau- und Modernisierungsmaßnahmen, Umweltverträglichkeitsprüfungen
722	Wertermittlungen	Gutachten zur Ermittlung von Gebäudewerten, soweit nicht KG 126 erfasst
723	Städtebauliche Leistungen	vorbereitende Bebauungsstudien
724	Landschaftsplanerische Leistungen	vorbereitende Grünplanstudien
725	Wettbewerbe	Kosten für Ideenwettbewerbe und Realisierungswettbewerbe
729	Vorbereitung der Objektplanung, sonstiges	
730	**Architekten- und Ingenieurleistungen**	Kosten für die Planung und Überwachung der Ausführung
731	Gebäudeplanung	
732	Freianlagenplanung	
733	Planung der raumbildenden Ausbauten	
734	Planung der Ingenieurbauwerke und Verkehrsanlagen	
735	Tragwerksplanung	
739	Architekten- und Ingenieurleistungen, sonstiges	

23

Tabelle 1 *(fortgesetzt)*

Kostengruppen		Anmerkungen
740	**Gutachten und Beratung**	
741	Thermische Bauphysik	
742	Schallschutz und Raumakustik	
743	Bodenmechanik, Erd- und Grundbau	
744	Vermessung	Vermessungstechnische Leistungen mit Ausnahme von Leistungen, die aufgrund landesrechtlicher Vorschriften für Zwecke der Landvermessung und des Liegenschaftskatasters durchgeführt werden (siehe Kostengruppe 771)
745	Lichttechnik, Tageslichttechnik	
746	Brandschutz	
747	Sicherheits- und Gesundheitsschutz	
748	Umweltschutz, Altlasten	
749	Gutachten und Beratung, sonstiges	
750	**Künstlerische Leistungen**	
751	Kunstwettbewerbe	Kosten für die Durchführung von Wettbewerben zur Erarbeitung eines Konzepts für Kunstwerke oder künstlerisch gestaltete Bauteile
752	Honorare	Kosten für die geistig-schöpferische Leistung für Kunstwerke oder künstlerisch gestaltete Bauteile, soweit nicht in der Kostengruppe 620 enthalten
759	Künstlerische Leistungen, sonstiges	
760	**Finanzierungskosten**	Alle im Zusammenhang mit der Finanzierung des Projektes anfallenden Kosten bis zum Zeitpunkt der Fertigstellung und der Übergabe zur Nutzung
761	Finanzierungsbeschaffung	
762	Fremdkapitalzinsen	
763	Eigenkapitalzinsen	
769	Finanzierungskosten, sonstiges	
770	**Allgemeine Baunebenkosten**	
771	Prüfung, Genehmigungen, Abnahmen	Kosten im Zusammenhang mit Prüfungen, Genehmigungen und Abnahmen, z. B. Prüfung der Tragwerksplanung, Vermessungsgebühren für das Liegenschaftskataster
772	Bewirtschaftungskosten	Baustellenbewachung, Nutzungsentschädigungen während der Bauzeit; Gestellung des Baustellenbüros für Planer und Bauherrn sowie dessen Beheizung, Beleuchtung und Reinigung
773	Bemusterungskosten	Modellversuche, Musterstücke, Eignungsversuche, Eignungsmessungen

24

Tabelle 1 *(fortgesetzt)*

Kostengruppen		Anmerkungen
774	Betriebskosten während der Bauzeit	Kosten für den vorläufigen Betrieb insbesondere der technischen Anlagen bis zur Inbetriebnahme
775	Versicherungen	Haftpflicht- und Bauwesenversicherung
779	Allgemeine Baunebenkosten, sonstiges	Kosten für Vervielfältigung und Dokumentation, Post- und Fernsprechgebühren, Kosten für Baufeiern, z. B. Grundsteinlegung, Richtfest
790	**Sonstige Baunebenkosten**	

25

Literaturhinweise

DIN 277-1, *Grundflächen und Rauminhalte von Bauwerken im Hochbau — Teil 1: Begriffe, Ermittlungsgrundlagen*

DIN 277-2, *Grundflächen und Rauminhalte von Bauwerken im Hochbau — Teil 2: Gliederung Netto Grundfläche (Nutzflächen, Technische Funktionsflächen und Verkehrsflächen)*

DIN 277-3, *Grundflächen und Rauminhalte von Bauwerken im Hochbau — Teil 3: Mengen und Bezugseinheiten*

DIN 18205, *Badarfsplanung im Bauwesen*

DIN 18960, *Nutzungskosten im Hochbau*

Standardleistungsbuch für das Bauwesen (STLB-Bau); Zu beziehen durch Beuth Verlag GmbH, Burggrafenstraße 6, 10787 Berlin; im Internet unter www.gaeb.de

Vergabe- und Vertragsordnung für Bauleistungen (VOB Teil C); Zu beziehen durch Beuth Verlag GmbH, Burggrafenstraße 6, 10787 Berlin

HOAI Verordnung über die Honorare für Leistungen der Architekten und der Ingenieure (Honorarordnung für Architekten und Ingenieure); Zu beziehen durch Bundesanzeiger-Verlagsgesellschaft mbH, Postfach 10 05 34, 50445 Köln

Februar 2007

DIN 276-1 Berichtigung 1

ICS 91.010.20

Es wird empfohlen, auf der betroffenen Norm
einen Hinweis auf diese Berichtigung zu
machen.

Kosten im Bauwesen –
Teil 1: Hochbau,
Berichtigungen zu DIN 276-1:2006-11

Building costs –
Part 1: Building construction,
Corrigenda to DIN 276-1:2006-11

Coûts de bâtiment –
Partie 1: Bâtiment,
Corrigenda à DIN 276-1:2006-11

Gesamtumfang 2 Seiten

Normenausschuss Bauwesen (NABau) im DIN

In

DIN 276-1:2006-11

sind folgende Berichtigungen vorzunehmen:

In Kostengruppe 730 ist Kostengruppe 736 „Planung der technischen Ausrüstung" zu ergänzen.

2

Februar 2005

	DIN 277-1	

ICS 01.040.91; 91.040.01

Ersatz für
DIN 277-1:1987-06

Grundflächen und Rauminhalte von Bauwerken im Hochbau –
Teil 1: Begriffe, Ermittlungsgrundlagen

Areas and volumes of buildings –
Part 1: Terminology, bases of calculation

Aires et volumes de bâtiments –
Partie 1: Terminologie, principes de calcul

Gesamtumfang 6 Seiten

Normenausschuss Bauwesen (NABau) im DIN

Vorwort

Diese Norm wurde vom NABau-Arbeitsausschuss „Flächen- und Raumberechnungen" erarbeitet.

DIN 277, *Grundflächen und Rauminhalte von Bauwerken im Hochbau* besteht aus:

— *Teil 1: Begriffe, Ermittlungsgrundlagen*

— *Teil 2: Gliederung der Netto-Grundfläche (Nutzflächen, Technische Funktionsflächen und Verkehrs-flächen)*

— *Teil 3: Mengen und Bezugseinheiten*

Änderungen

Gegenüber DIN 277-1:1987-06 wurden folgende Änderungen vorgenommen:

a) Die Norm wurde redaktionell überarbeitet und neu gegliedert;

b) Die „Funktionsfläche (FF)" wurde in „Technische Funktionsfläche (TF)" umbenannt;

c) Der Konstruktions-Rauminhalt (KRI) wurde neu aufgenommen;

d) Für die Zuordnung von Installationskanälen und -schächten zur Netto-Grundfläche bzw. Konstruktions-Grundfläche wurden Mindestabmessungen definiert;

e) Die getrennte Ermittlung von Grundflächen unter Schrägen bis/über 1,50 m wurde aufgegeben;

f) Die Unterscheidung der Nutzfläche in Hauptnutzfläche und Nebennutzfläche wurde aufgegeben; beide Begriffe sind entfallen.

Frühere Ausgaben

DIN 277: 1934-08, 1936-01, 1940x-10, 1950x-11
DIN 277-1: 1973-05, 1987-06

1 Anwendungsbereich

Diese Norm gilt für die Ermittlung der Grundflächen und Rauminhalte von Bauwerken oder von Teilen von Bauwerken im Hochbau.

Grundflächen und Rauminhalte sind unter anderem maßgebend für die Ermittlung der Kosten im Hochbau nach DIN 276, der Nutzungskosten im Hochbau nach DIN 18960 und bei dem Vergleich von Bauwerken.

2 Normative Verweisungen

Die folgenden zitierten Dokumente sind für die Anwendung dieses Dokumentes erforderlich. Bei datierten Verweisungen gilt nur die in Bezug genommene Ausgabe. Bei undatierten Verweisungen gilt die letzte Ausgabe des in Bezug genommenen Dokumentes (einschließlich aller Änderungen).

DIN 276, *Kosten im Hochbau*

2

DIN 277-2:2005-02, *Grundflächen und Rauminhalte von Bauwerken im Hochbau — Gliederung der Netto-Grundfläche (Nutzflächen, Technische Funktionsflächen und Verkehrsflächen)*

DIN 18960, *Nutzungskosten im Hochbau*

3 Begriffe

Für die Anwendung dieser Norm gelten die folgenden Begriffe.

3.1
Brutto-Grundfläche (BGF)

Summe der Grundflächen aller Grundrissebenen eines Bauwerks mit Nutzungen nach DIN 277-2:2005-02, Tabelle 1, Nr 1 bis Nr 9, und deren konstruktive Umschließungen

Nicht zur Brutto-Grundfläche gehören Flächen, die ausschließlich der Wartung, Inspektion und Instandsetzung von Baukonstruktionen und technischen Anlagen dienen, z. B. nicht nutzbare Dachflächen, fest installierte Dachleitern und -stege, Wartungsstege in abgehängten Decken.

Die Brutto-Grundfläche gliedert sich in Netto-Grundfläche und Konstruktions-Grundfläche.

3.1.1
Netto-Grundfläche (NGF)

Die Netto-Grundfläche gliedert sich in Nutzfläche, Technische Funktionsfläche und Verkehrsfläche mit Nutzungen nach DIN 277-2:2005-02, Tabelle 1, Nr 1 bis Nr 9.

Sie schließt die Grundflächen ein von:

— freiliegenden Installationen,

— fest eingebauten Gegenständen, wie z. B. von Öfen, Heiz- und Klimageräten, Bade- oder Duschwannen,

— nicht raumhohen Vormauerungen und Bekleidungen,

— Einbaumöbeln,

— nicht ortsgebundenen, versetzbaren Raumteilern,

— Installationskanälen und -schächten sowie Kriechkellern über 1,0 m² lichtem Querschnitt,

— Aufzugsschächten.

3.1.1.1
Nutzfläche (NF)

Summe der Grundflächen mit Nutzungen nach DIN 277-2:2005-02, Tabelle 1, Nr 1 bis Nr 7

3.1.1.2
Technische Funktionsfläche (TF)

Summe der Grundflächen mit Nutzungen nach DIN 277-2:2005-02, Tabelle 1, Nr 8

Sofern es die Zweckbestimmung eines Bauwerks ist, eine oder mehrere betriebstechnische Anlagen unterzubringen, die der Ver- und Entsorgung anderer Bauwerke dienen, z. B. bei einem Heizhaus, sind die dafür erforderlichen Grundflächen jedoch Nutzflächen nach DIN 277-1:2005-02 Tabelle 1, Nr 7.

3.1.1.3
Verkehrsfläche (VF)

Summe der Grundflächen mit Nutzungen nach DIN 277-2:2005-02, Tabelle 1, Nr 9.

Bewegungsflächen innerhalb von Räumen z. B. Gänge zwischen Einrichtungsgegenständen, zählen nicht zur Verkehrsfläche.

3

3.1.2
Konstruktions-Grundfläche (KGF)

Summe der Grundflächen der aufgehenden Bauteile aller Grundrissebenen eines Bauwerkes, z. B. von:

— Wänden,

— Stützen,

— Pfeilern,

— Schornsteinen,

— raumhohen Vormauerungen und Bekleidungen,

— Installationshohlräumen der aufgehenden Bauteile,

— Wandnischen und -schlitzen,

— Wandöffnungen, z. B. Türen, Fenster, Durchgänge,

— Installationskanälen und -schächten sowie Kriechkellern bis 1,0 m² lichtem Querschnitt.

Die Konstruktions-Grundfläche ist die Differenz zwischen Brutto- und Netto-Grundfläche.

3.2
Brutto-Rauminhalt (BRI)

Summe der Rauminhalte des Bauwerks über Brutto-Grundflächen

Der Brutto-Rauminhalt wird von den äußeren Begrenzungsflächen der konstruktiven Bauwerkssohle, der Außenwände und der Dächer einschließlich Dachgauben und Dachoberlichtern umschlossen.

Nicht zum Brutto-Rauminhalt gehören die Rauminhalte von:

— Tief- und Flachgründungen,

— Lichtschächten,

— Außentreppen,

— Außenrampen,

— Eingangsüberdachungen,

— Dachüberständen soweit sie nicht Überdeckungen für Bereich b nach 4.1.2 darstellen,

— auskragenden Sonnenschutzanlagen,

— über den Dachbelag aufgehenden Schornsteinköpfen, Lüftungsrohren und -schächten.

3.2.1
Netto-Rauminhalt (NRI)

Summe der lichten Rauminhalte aller Räume, deren Grundflächen zur Netto-Grundfläche gehören

Nicht zum Netto-Rauminhalt gehören z. B. der Rauminhalt über abgehängten Decken, in Doppelböden und in mehrschaligen Fassaden.

3.2.2
Konstruktions-Rauminhalt (KRI)

Summe der Rauminhalte der Bauteile, die Netto-Rauminhalte umschließen

Der Konstruktions-Rauminhalt schließt die Rauminhalte ein von:

— abgehängten Decken,

— Doppelböden,

4

— mehrschaligen Fassaden,

— Installationskanälen und -schächten mit einem lichten Querschnitt bis 1,0 m².

Der Konstruktions-Rauminhalt ist die Differenz zwischen Brutto-Rauminhalt und Netto-Rauminhalt.

4 Ermittlungsgrundlagen

4.1 Allgemeines

4.1.1 Die Ermittlung der Grundflächen und Rauminhalte erfolgt in ihrer Genauigkeit entsprechend dem Planungsfortschritt z. B. von der Bedarfsplanung bis zur Dokumentation und anhand der jeweiligen Planungs-unterlagen.

4.1.2 Grundflächen und Rauminhalte sind nach ihrer Zugehörigkeit zu den folgenden Bereichen getrennt zu ermitteln:

— Bereich a: überdeckt und allseitig in voller Höhe umschlossen,

— Bereich b: überdeckt, jedoch nicht allseitig in voller Höhe umschlossen,

— Bereich c: nicht überdeckt.

Sie sind ferner getrennt nach Grundrissebenen, z. B. Geschossen und getrennt nach unterschiedlichen Höhen zu ermitteln. Dies gilt auch für Grundflächen unter oder über Schrägen.

4.1.3 Grundflächen von waagerechten Flächen sind aus ihren tatsächlichen Maßen, Grundflächen von schräg liegenden Flächen, z. B. Tribünen, Zuschauerräume, Treppen und Rampen, aus ihrer vertikalen Projektion zu ermitteln.

4.1.4 Grundflächen sind in Quadratmeter (m²), Rauminhalte in Kubikmeter (m³) anzugeben.

4.2 Ermittlung von Grundflächen

4.2.1 Brutto-Grundfläche

Für die Ermittlung der Brutto-Grundfläche (Summe aus Netto-Grundfläche und Konstruktions-Grundfläche) sind die äußeren Maße der Bauteile einschließlich Bekleidung, z. B. Putz, Außenschalen mehrschaliger Wandkonstruktionen, in Höhe der Boden- bzw. Deckenbelagsoberkanten anzusetzen.

Brutto-Grundflächen des Bereiches b sind an Stellen, an denen sie nicht umschlossen sind, bis zur vertikalen Projektion ihrer Überdeckung zu ermitteln. Brutto-Grundflächen von Bauteilen (Konstruktions-Grundflächen), die zwischen den Bereichen a und b liegen, sind dem Bereich a zuzuordnen.

4.2.2 Netto-Grundfläche

Für die Ermittlung der Netto-Grundfläche (Summe aus Technischer Funktions-, Nutz-, und Verkehrsfläche) im Einzelnen sind die lichten Maße zwischen den Bauteilen in Höhe der Boden- bzw. Deckenbelagsoberkanten anzusetzen. Konstruktive und gestalterische Vor- und Rücksprünge, Fuß-Sockelleisten, Schrammborde und Unterschneidungen sowie vorstehende Teile von Fenster- und Türbekleidungen bleiben unberücksichtigt.

Grundflächen von Treppen und Rampen sind als vertikale Projektion zu ermitteln. Diese Flächen sind, soweit sie keine eigene Ebene darstellen, der darüber liegenden Ebene zuzuordnen, sofern sie sich dort nicht mit anderen Grundflächen überschneiden.

Grundflächen unter der jeweils ersten Treppe oder unter der ersten Rampe werden derjenigen Grundriss-ebene zugerechnet, auf der die Treppe oder die Rampe beginnt. Sie werden ihrer Nutzung entsprechend zugeordnet.

5

Grundflächen von Installationskanälen und -schächten über 1,0 m² lichtem Querschnitt und von Aufzugsschächten werden in jeder Grundrissebene, durch die sie führen, ermittelt.

4.2.3 Konstruktions-Grundfläche

Die Konstruktions-Grundfläche ist aus den Grundflächen der aufgehenden Bauteile zu ermitteln. Dabei sind die Fertigmaße der Bauteile in Höhe der Boden- bzw. Deckenbelagsoberkanten einschließlich Bekleidung anzusetzen. Konstruktive und gestalterische Vor- und Rücksprünge, Fuß-, Sockelleisten, Schrammborde und Unterschneidungen sowie vorstehende Teile von Fenster- und Türbekleidungen bleiben unberücksichtigt.

Grundflächen von Installationskanälen und -schächten bis 1,0 m² lichtem Querschnitt werden in jeder Grundrissebene, durch die sie führen, ermittelt.

Die Konstruktions-Grundfläche kann als Differenz aus Brutto-Grundfläche und Netto-Grundfläche ermittelt werden.

4.3 Ermittlung von Rauminhalten

4.3.1 Brutto-Rauminhalt

Der Brutto-Rauminhalt ist aus den nach 4.2.1 ermittelten Brutto-Grundflächen und den dazugehörigen Höhen zu ermitteln. Als Höhen für die Ermittlung des Brutto-Rauminhalts gelten die vertikalen Abstände zwischen den Deckenbelagsoberkanten der jeweiligen Grundrissebenen bzw. bei Dächern die Dachbelagsoberkanten.

Für die Höhen des Bereichs c sind die Oberkanten begrenzender Bauteile, z. B. Brüstungen, Attiken, Geländer, maßgebend.

Bei untersten Geschossen gilt als Höhe der Abstand von der Unterkante der konstruktiven Bauwerkssohle bis zur Deckenbelagsoberkante der darüber liegenden Grundrissebene.

Bei Bauwerken oder Bauwerksteilen, die von nicht vertikalen und/oder nicht waagerechten Flächen begrenzt werden, ist der Rauminhalt nach entsprechenden geometrischen Formeln zu ermitteln.

4.3.2 Netto-Rauminhalt

Der Netto-Rauminhalt ist aus den Netto-Grundflächen nach 4.2.2 und den lichten Raumhöhen sinngemäß nach 4.3.1 zu ermitteln.

4.3.3 Konstruktions-Rauminhalt

Der Konstruktions-Rauminhalt ist aus den Rauminhalten der den Netto-Rauminhalt umschließenden Bauteile zu ermitteln.

Der Konstruktions-Rauminhalt kann als Differenz aus Brutto-Rauminhalt und Netto-Rauminhalt ermittelt werden.

6

DIN 277-2

ICS 91.040.01

Ersatz für
DIN 277-2:1987-06

Grundflächen und Rauminhalte von Bauwerken im Hochbau – Teil 2: Gliederung der Netto-Grundfläche (Nutzflächen, Technische Funktionsflächen und Verkehrsflächen)

Areas and volumes of buildings –
Part 2: Classification of net ground areas (utilization areas, technical operating areas and circulation areas)

Aires et volumes de bâtiment –
Partie 2: Classification des aire de base nette (aires d'utilisation, des aires de fonctions et des aires de circulation)

Gesamtumfang 7 Seiten

Normenausschuss Bauwesen (NABau) im DIN

Vorwort

Diese Norm wurde vom NABau-Arbeitsausschuss „Flächen- und Raumberechnungen" erarbeitet.

DIN 277 *Grundflächen und Rauminhalte von Bauwerken im Hochbau* besteht aus:

— *Teil 1: Begriffe, Ermittlungsgrundlagen*

— *Teil 2: Gliederung der Netto-Grundfläche (Nutzflächen, Technische Funktionsflächen und Verkehrsflächen)*

— *Teil 3: Mengen und Bezugseinheiten*

Änderungen

Gegenüber DIN 277-2:1987-06 wurden folgende Änderungen vorgenommen:

a) Norm inhaltlich der aktualisierten DIN 277-1:2005-02 angepasst;

b) Begriff „Nutzungsgruppe" neu aufgenommen;

c) redaktionelle Überarbeitung.

Frühere Ausgaben

DIN 277-2: 1981-03, 1987-06

1 Anwendungsbereich

Diese Norm gilt zusammen mit DIN 277-1 als Grundlage für die Berechnung der Grundflächen von Bauwerken unterschiedlicher Nutzung.

Sie legt die Gliederung der Netto-Grundfläche in Nutzflächen sowie in Technische Funktions- und in Verkehrsflächen im Einzelnen fest und gibt Beispiele für die Zuordnung von Grundflächen und Räumen an.

2 Normative Verweisungen

Die folgenden zitierten Dokumente sind für die Anwendung dieses Dokuments erforderlich. Bei datierten Verweisungen gilt nur die in Bezug genommene Ausgabe. Bei undatierten Verweisungen gilt die letzte Ausgabe des in Bezug genommenen Dokuments (einschließlich aller Änderungen).

DIN 276, *Kosten im Hochbau.*

DIN 277-1, *Grundflächen und Rauminhalte von Bauwerken im Hochbau — Teil 1: Begriffe, Ermittlungsgrundlagen.*

2

40

3 Begriffe

Für die Anwendung dieses Dokuments gelten die Begriffe nach DIN 277-1 und der folgende Begriff:

3.1
Nutzungsgruppe
Zusammenfassung einzelner Grundflächen und Räume mit gleichartigen Nutzungen

4 Anforderungen

4.1 Die Berechnungen der Grundflächen nach dieser Norm sind für jedes Bauwerk getrennt aufzustellen. Dies gilt auch, wenn auf einem Grundstück mehrere Bauwerke vorhanden sind.

4.2 Zur Berechnung der Netto-Grundfläche (NGF) oder ihren Teilflächen, sind die Grundflächen nach DIN 277-1 zu ermitteln und zu unterteilen.

4.3 Die Netto-Grundfläche (NGF) setzt sich aus den in Tabelle 1 aufgeführten Nutzungsgruppen zusammen.

ANMERKUNG   Die in Tabelle 1 aufgeführten Nutzungsgruppen sind nicht einer Gebäudeart gleichzusetzen.

4.4 Grundflächen, die wechselnd genutzt werden, sind der überwiegenden Nutzung nach Tabelle 2 zuzuordnen.

Z. B. sind Eingangshallen, siehe Tabelle 2, Nr 9.1, der Nutzungsgruppe Tabelle 1, Nr 9 (Verkehrsflächen) zugeordnet, trotz gleichzeitiger Nutzung für Information, Ausstellung, usw. Sind jedoch Flächen innerhalb eines Raumes ständig für andere Nutzungen ausgewiesen, z. B. Garderoben in Eingangshallen, siehe Tabelle 2, Nr 7.2, so sollten diese Teilflächen der entsprechenden Nutzungsart, z. B. Tabelle 2, Nr 7, zugeordnet werden.

3

Tabelle 1 — Gliederung der Netto-Grundfläche nach Nutzungsgruppen

Nr	Netto-Grundflächen	Nutzungsgruppe
1	Nutzfläche (NF)	Wohnen und Aufenthalt
2		Büroarbeit
3		Produktion, Hand- und Maschinenarbeit, Experimente
4		Lagern, Verteilen und Verkaufen
5		Bildung, Unterricht und Kultur
6		Heilen und Pflegen
7		Sonstige Nutzflächen
8	Technische Funktionsfläche (TF)	Technische Anlagen
9	Verkehrsfläche (VF)	Verkehrserschließung und -sicherung

Tabelle 2 — Zuordnung von Grundflächen und Räumen zu den Nutzungsgruppen mit Beispielen

Nr	Grundflächen und Räume	Nutzungsart, Beispiele [a]
1	**Wohnen und Aufenthalt**	
1.1	Wohnräume	Wohn- und Schlafräume in Wohnungen, Wohnheimen, Internaten, Beherbergungsstätten, Unterkünften; Wohndielen, Wohnküchen, Wohnbalkone, -loggien, -veranden; Terrassen
1.2	Gemeinschaftsräume	Gemeinschaftsräume in Heimen, Kindertagesstätten; Tagesräume, Aufenthaltsräume, Clubräume, Bereitschaftsräume
1.3	Pausenräume	Wandelhallen, Pausenhallen, -zimmer, -flächen in Schulen, Hochschulen, Krankenhäusern, Betrieben, Büros; Ruheräume
1.4	Warteräume	Warteräume in Verkehrsanlagen, Krankenhäusern, Praxen, Verwaltungsgebäuden
1.5	Speiseräume	Gast- und Speiseräume, Kantinen, Cafeterien, Tanzcafes
1.6	Hafträume	Haftzellen
2	**Büroarbeit**	
2.1	Büroräume	Büro-, Diensträume für eine oder mehrere Personen
2.2	Grossraumbüros	Flächen für Büroarbeitsplätze einschließlich der im Grossraum enthaltenen Flächen für Pausenzonen, Besprechungszonen, Garderoben, Verkehrswege
2.3	Besprechungsräume	Sitzungsräume, Prüfungsräume, Elternsprechzimmer
2.4	Konstruktionsräume	Zeichenräume
2.5	Schalterräume	Kassenräume
2.6	Bedienungsräume	Schalträume und Schaltwarten für betriebstechnische Anlagen oder betriebliche Einbauten; Regieräume, Vorführkabinen; Leitstellen
2.7	Aufsichtsräume	Pförtnerräume, Wachräume, Haftaufsichtsräume
2.8	Bürotechnikräume	Photolabor-Räume, Vervielfältigungsräume, Räume für EDV-Anlagen
2.9	Sonstige Büroflächen	

4

Tabelle 2 *(fortgesetzt)*

Nr	Grundflächen und Räume	Nutzungsart, Beispiele [a]
3	**Produktion, Hand- und Maschinenarbeit, Experimente**	
3.1	Werkhallen	Werkhallen für Produktion und Instandsetzung; Versuchshallen, Prüfhallen, Schwerlabors
3.2	Werkstätten	Werkstätten für Produktion, Entwicklung, Instandsetzung, Lehre und Forschung; Prüfstände, prothetische Werkstätten, Wartungsstationen
3.3	Technologische Labors	Materialprüflabors, Materialbearbeitungslabors, Labors für mechanische Verfahrenstechnik, Maschinenlabors; licht- und schalttechnische Versuchsräume; Strömungstechnikräume; Hochdruck- und Unterdrucklaborräume
3.4	Physikalische, physikalisch-technische, elektrotechnische Labors	Physiklabors, Elektrotechnische Labors, Elektronische Labors; geodätische und astronomische Mess- und Beobachtungsräume; optische Sonderlabors; Messgeräteräume, Wägeräume; Labors für Elektronenmikroskopie, Massen-, Röntgen-Spektroskopie; Beschleuniger- und Reaktorräume
3.5	Chemische, bakteriologische, morphologische Labors	Labors für analytische und präparative Chemie, Labors für chemische und pharmazeutische Verfahrenstechnik; biochemische, physiologische Labors, Labors für biologische und medizinische Morphologie; Tierversuchslabors; Isotopenlabors mit Dekontamination; Chromatographieräume, Brut- und Nährbodenräume
3.6	Räume für Tierhaltung	Stallräume für Nutz-, Versuchs- und kranke Tiere; Milch-, Melkräume, Tierpflege-, Tierwägeräume, Schaukäfige, Aquarien, Terrarien, Futteraufbereitung
3.7	Räume für Pflanzenzucht	Gewächshausräume, Pilzkulturen
3.8	Küchen	Kochküchen, Verteiler-, Teeküchen, Vorbereitungsräume, Speiseausgaben, Geschirr-Rückgaben, Geschirrspülräume
3.9	Sonderarbeitsräume	Hauswirtschaffs- und Hausarbeitsräume, Räume für Wäschepflege, Waschküchen, Spül-, Desinfektions- und Sterilisationsräume, Bettenaufbereitungsräume, Pflegearbeitsräume, Laborspülräume
4	**Lagern, Verteilen, Verkaufen**	
4.1	Lagerräume	Lager- und Vorratsräume für Material, Gerät und Waren; Lösungsmittellager, Sprengstofflager, Isotopenlager, Tresorräume, Scheunen, Silos
4.2	Archive, Sammlungsräume	Registraturen, Lehrmittelräume, Buchmagazine
4.3	Kühlräume	Tiefkühlräume, Gefrierräume
4.4	Annahme- und Ausgaberäume	Sortierräume, Verteilräume, Packräume, Versandräume, Ver- und Entsorgungsstützpunkte
4.5	Verkaufsräume	Geschäftsräume, Ladenräume, Kioske, einschließlich Schaufenster
4.6	Ausstellungsräume	Messehallen, Musterräume
4.9	Sonstige Lagerräume	
5	**Bildung, Unterricht und Kultur**	
5.1	Unterrichtsräume mit festem Gestühl	Hörsäle, auch Experimentierhörsäle; Lehrsäle
5.2	Allgemeine Unterrichts- und Übungsräume ohne festes Gestühl	Klassen- und Gruppenräume, Seminarräume, Studenten- und Schülerarbeitsräume

5

Tabelle 2 *(fortgesetzt)*

Nr	Grundflächen und Räume	Nutzungsart, Beispiele [a]
5.3	Besondere Unterrichts- und Übungsräume ohne festes Gestühl	Werk- und Bastelräume, Praktikumsräume, Sprachlabors, besondere Zeichensäle, Räume für Grafik, Malerei, Bildhauerei, Räume und Übungszellen für Gesangs-, Sprach- und Instrumentalausbildung, Räume für Hauswirtschaftsunterricht
5.4	Bibliotheksräume	Leseräume, Katalogräume, Mediotheken, Freihandbüchereien
5.5	Sporträume	Sport-, Schwimmsport-, Reithallen; Gymnastikräume, Kegelbahnen
5.6	Versammlungsräume	Zuschauerräume in Kinos und Theatern, Aulen, Foren, Mehrzweckhallen
5.7	Bühnen-, Studioräume	Haupt-, Seiten-, Hinterbühnen; Schnürböden, Orchesterräume, Probebühnen, Film-, Fernseh-, Rundfunkstudios
5.8	Schauräume	Schauräume für Museen, Galerien, Kunstausstellungen, Lehr-, Schausammlungen
5.9	Sakralräume	Gottesdiensträume, Andachtsräume, Aufbahrungs- und Aussegnungsräume, Sakristeien
6	**Heilen und Pflegen**	
6.1	Räume mit allgemeiner medizinischer Ausstattung	Räume für allgemeine Untersuchung und Behandlung, medizinische Erstversorgung und Erste-Hilfe, Wundversorgung, Beratung (medizinische Vor- und Fürsorge), Ambulanz, Obduktions- und Verstorbenenräume
6.2	Räume mit besonderer medizinischer Ausstattung	Räume für Funktionsuntersuchung (klinische Physiologie, Neuro- und Sinnesphysiologie) und spezielle Behandlung
6.3	Räume für operative Eingriffe, Endoskopien und Entbindungen	Räume für Operationen, Notfall- und Unfallbehandlung, einschließlich Ein- und Ausleitungsräume, Ärztewaschräume
6.4	Räume für Strahlendiagnostik	Räume für allgemeine und spezielle Röntgendiagnostik, Thermographie, Nuklearmedizinische Diagnostik (Applikations- und Messräume)
6.5	Räume für Strahlentherapie	Räume für konventionelle Röntgentherapie, Hochvolttherapie, Telegammatherapie, nuklearmedizinische Therapie (Applikations- und Implantationsräume)
6.6	Räume für Physiotherapie und Rehabilitation	Räume für Hydro-, Bewegungs-, Elektro- und Ergotherapie sowie Kuranwendungen; Räume für therapeutische Bäder aller Art, Inhalations- und Klimabehandlung, Krankengymnastik und Massage, Spiel- und Gruppentherapie, Heilpädagogik, Arbeitstherapie
6.7	Bettenräume mit allgemeiner Ausstattung in Krankenhäusern, Pflegeheimen, Heil- und Pflegeanstalten	Räume für Normal-, Langzeit- und Leichtpflege von kranken, pflegebedürftigen und psychiatrischen Patienten
6.8	Bettenräume mit besonderer Ausstattung	Räume für postoperative Überwachung und Intensivmedizin (Überwachung, Behandlung) Dialyse, Nuklearmedizin
6.9	Sonstige Pflegeräume	
7	**Sonstige Nutzungen**	
7.1	Sanitärräume	Toiletten, Wasch-, Duschräume, Baderäume, Saunen, Reinigungsschleusen, Wickelräume, Schminkräume, jeweils einschließlich Vorräume; Putzräume
7.2	Garderoben	Umkleideräume, Schrankräume in Wohngebäuden, Kleiderablagen, Künstlergarderoben
7.3	Abstellräume	Abstellräume in Wohngebäuden und gleichartige Abstellräume in anderen Gebäuden; Fahrradräume, Kinderwagenräume, Müllsammelräume
7.4	Fahrzeugabstellflächen	Garagen aller Art; Hallen für Schienen-, Straßen-, Wasser-, Luftfahrzeuge, landwirtschaftliche Fahrzeuge

6

Tabelle 2 (fortgesetzt)

Nr	Grundflächen und Räume	Nutzungsart, Beispiele [a]
7.5	Fahrgastflächen	Bahnsteige, Flugsteige, einschließlich der dazugehörenden Zugänge, Treppen und Rollsteige
7.6	Räume für zentrale Technik	Räume in Kraftwerken, freistehenden Kesselhäusern, Gaswerken, Ortsvermittlungsstellen, zentralen Müllverbrennungsanlagen für die Ver- und Entsorgung anderer Bauwerke
7.7	Schutzräume	Räume für den zivilen Bevölkerungsschutz, auch wenn zeitweilig (Mehrzweckbauten) anders genutzt
7.9	Sonstige Räume	
8	**Betriebstechnische Anlagen**	
8.1	Abwasseraufbereitung und -Beseitigung Wasserversorgung Gase (außer für Heizzwecke) und Flüssigkeiten)	
8.2	Heizung und Brauchwassererwärmung	Räume für betriebstechnische Anlagen für die Ver- und Entsorgung des Bauwerks selbst, einschließlich der unmittelbar zu deren Betrieb gehörigen Flächen für Brennstoffe, Löschwasser, Abwasser-, Abfallbeseitigung
8.3	Raumlufttechnische Anlagen	
8.4	Elektrische Stromversorgung	
8.5	Fernmeldetechnik	
8.6	Aufzugs- und Förderanlagen	
8.9	Sonstige betriebstechnische Anlagen	Hausanschlussräume, Installationsräume, -schächte, -kanäle; Abfallverbrennungsräume
9	**Verkehrserschließung und -sicherung**	
9.1	Flure, Hallen	Flure, Gänge, Dielen, Korridore einschließlich Differenzstufen; Eingangshallen, Windfänge, Vorräume, Schleusen, Fluchtbalkone
9.2	Treppen	Treppenräume, -läufe, Fahrtreppen, Rampen (jeweils je Geschoss)
9.3	Schächte für Förderanlagen	Aufzugsschächte, Abwurfschächte (jeweils je Geschoss)
9.4	Fahrzeugverkehrsflächen	Durchfahrten, befahrbare Rampen, Gleisflächen
9.9	Sonstige Verkehrsflächen	

[a] Die Beispiele zeigen einige typische Nutzungsfälle ohne Anspruch auf Vollzähligkeit.

7

DIN 277-3

ICS 91.040.01

Ersatz für
DIN 277-3:2005-02

Grundflächen und Rauminhalte von Bauwerken im Hochbau –
Teil 3: Mengen und Bezugseinheiten

Areas and volumes of building –
Part 3: Quantities and reference units

Aires et volumes de bâtiment –
Partie 3: Quantités et unités de référence

Gesamtumfang 23 Seiten

Normenausschuss Bauwesen (NABau) im DIN

Vorwort

Diese Norm wurde vom NABau-Arbeitsausschuss „Flächen- und Raumberechnungen" erarbeitet.

DIN 277, *Grundflächen und Rauminhalte von Bauwerken im Hochbau* besteht aus:

— *Teil 1: Begriffe, Ermittlungsgrundlagen*

— *Teil 2: Gliederung der Netto-Grundfläche (Nutzflächen, Technische Funktionsflächen und Verkehrsflächen)*

— *Teil 3: Mengen und Bezugseinheiten*

Änderungen

Gegenüber DIN 277-3:1998-07 wurden folgende Änderungen vorgenommen:

a)   Normative Verweisungen auf DIN 277-1 und DIN 277-2 aktualisiert;

b)   redaktionelle Überarbeitung.

Gegenüber DIN 277-3:2005-02 wurde folgende Berichtigung vorgenommen:

a)   Die Nummerierung von Abschnitt 3 bis 5 wurde korrigiert in Abschnitt 3 bis 6.

Frühere Ausgaben

DIN 277-3: 1998-07, 2005-02

1   Anwendungsbereich

Diese Norm legt Bezugseinheiten für Kostengruppen (KG) nach DIN 276 fest. Sie dient damit der Kostenplanung, zur Bildung von Kostenkennwerten und dem Vergleich von Bauwerken.

2   Normative Verweisungen

Die folgenden zitierten Dokumente sind für die Anwendung dieses Dokuments erforderlich. Bei datierten Verweisungen gilt nur die in Bezug genommene Ausgabe. Bei undatierten Verweisungen gilt die letzte Ausgabe des in Bezug genommenen Dokuments (einschließlich aller Änderungen).

DIN 276, *Kosten im Hochbau.*

DIN 277-1:2005-02, *Grundflächen und Rauminhalte von Bauwerken im Hochbau — Teil 1: Begriffe, Ermittlungsgrundlagen.*

DIN 277-2, *Grundflächen und Rauminhalte von Bauwerken im Hochbau — Teil 2: Gliederung der Netto-Grundfläche (Nutzflächen, Technische Funktionsflächen und Verkehrsflächen).*

2

3 Begriffe

Für die Anwendung dieses Dokuments gelten die Begriffe nach DIN 277-1, nach DIN 276 und die folgenden Begriffe:

3.1
Menge
eine messbare Größe gleichartiger Teile von Liegenschaften, Bauwerken oder Bauwerksteilen

ANMERKUNG   Messbare Größen sind z. B. Rauminhalt, Fläche, Strecke, Anzahl. Jede Menge wird u. a. durch eine Einheit und einen Wert beschrieben.

3.2
Anteilige Menge
die von den Merkmalen der jeweiligen Kostengruppe nach DIN 276 betroffene Teilmenge

3.3
Bezugseinheit
eine Menge, auf welche die Kosten der Kostengruppen der DIN 276 bezogen werden

4 Grundlagen der Mengenermittlung

Die Ermittlung von Mengen erfolgt entsprechend dem Planungsfortschritt und anhand der Planungsunterlagen, die den Arten der Kostenermittlung nach DIN 276 zu Grunde liegen.

Bei der Mengenermittlung von Grundflächen werden, soweit erforderlich, auch Teilflächen nach DIN 277-2 erfasst.

5 Darstellung der Mengen und Bezugseinheiten

Die Darstellung in Tabelle 1 folgt dem Aufbau der Kostengliederung nach DIN 276:

Kostengruppe 100: Grundstück

Kostengruppe 200: Herrichten und Erschließen

Kostengruppe 300: Bauwerk — Baukonstruktionen

Kostengruppe 400: Bauwerk — Technische Anlagen

Kostengruppe 500: Außenanlagen

Kostengruppe 600: Ausstattung und Kunstwerke

Kostengruppe 700: Baunebenkosten

6 Ergänzung zur Ermittlung „Technische Anlagen"

Für „Technische Anlagen" kann ergänzend zu Tabelle1 die erweiterte Gliederung nach Tabelle 2 angewendet werden.

3

Tabelle 1 — Mengen und Bezugseinheiten

KG-Nr	Kostengruppe nach DIN 276	Mengen-Einheit	Mengen-Benennung	Mengen-Ermittlung
100	**Grundstück**	m²	Grundstücksfläche	Nach Grundbuch oder Vermessung
110	**Grundstückswert**	m²	Grundstücksfläche	Nach Grundbuch oder Vermessung
120	**Grundstücksnebenkosten**			
121	Vermessungsgebühren			
122	Gerichtsgebühren			
123	Notariatsgebühren			
124	Maklerprovision			
125	Grunderwerbsteuer	m²	Grundstücksfläche	Nach Grundbuch oder Vermessung
126	Wertermittlung, Untersuchungen			
127	Genehmigungsgebühren			
128	Bodenordnung, Grenzregulierung			
129	Grundstücksnebenkosten, sonstiges			
130	**Freimachen**			
131	Abfindungen			
132	Ablösen dinglicher Rechte	m²	Grundstücksfläche	Nach Grundbuch oder Vermessung
139	Freimachen, sonstiges			
200	**Herrichten und Erschließen**	m²	Grundstücksfläche	Nach Grundbuch oder Vermessung
210	**Herrichten**			
211	Sicherungsmaßnahmen			
212	Abbruchmaßnahmen			
213	Altlastenbeseitigung	m²	Grundstücksfläche	Nach Grundbuch oder Vermessung
214	Herrichten der Geländeoberfläche			
219	Herrichten, sonstiges			
220	**Öffentliche Erschließung**			
221	Abwasserentsorgung			
222	Wasserversorgung			
223	Gasversorgung			
224	Fernwärmeversorgung	m²	Grundstücksfläche	Nach Grundbuch oder Vermessung
225	Stromversorgung			
226	Telekommunikation			
227	Verkehrserschließung			
229	Öffentliche Erschließung, sonstiges			
230	**Nichtöffentliche Erschließung**	m²	Grundstücksfläche	Nach Grundbuch oder Vermessung
240	**Ausgleichsabgaben**	m²	Grundstücksfläche	Nach Grundbuch oder Vermessung
300	**Bauwerk — Baukonstruktionen**	m²	Brutto-Grundfläche	Nach DIN 277-1

4

49

Tabelle 1 *(fortgesetzt)*

KG-Nr	Kostengruppe nach DIN 276	Mengen-Einheit	Mengen-Benennung	Mengen-Ermittlung
310	**Baugrube**	m³	Baugrubenrauminhalt	Rauminhalt der Baugrube einschließlich Arbeitsräumen und Böschungen
311	Baugrubenherstellung	m³	Baugrubenrauminhalt	Rauminhalt der Baugrube einschließlich Arbeitsräumen und Böschungen
312	Baugrubenumschließung	m²	Verbaute Fläche	Summe der vorwiegend senkrechten Grenzflächen der Baugrube
313	Wasserhaltung	m²	Gründungsfläche	Brutto-Grundflächen der untersten Grundrissebenen
319	Baugrube, sonstiges	m³	Baugrubenrauminhalt	Rauminhalt der Baugrube einschließlich Arbeitsräumen und Böschungen
320	**Gründung**	m²	Gründungsfläche	Brutto-Grundflächen der untersten Grundrissebenen
321	Baugrundverbesserung	m²	Gründungsfläche	Brutto-Grundflächen der untersten Grundrissebenen
322	Flachgründungen	m²	Flachgründungsfläche	Anteilige Gründungsfläche
323	Tiefgründungen	m²	Tiefgründungsfläche	Anteilige Gründungsfläche
324	Unterböden und Bodenplatten	m²	Bodenplattenfläche	Anteilige Gründungsfläche
325	Bodenbeläge	m²	Bodenbelagsfläche	Belegte Anteile der Gründungsfläche
326	Bauwerksabdichtungen	m²	Gründungsfläche	Brutto-Grundflächen der untersten Grundrissebenen
327	Dränagen	m²	Gründungsfläche	Brutto-Grundflächen der untersten Grundrissebenen
329	Gründung, sonstiges	m²	Gründungsfläche	Brutto-Grundflächen der untersten Grundrissebenen

5

Tabelle 1 (fortgesetzt)

KG-Nr	Kostengruppe nach DIN 276	Mengen-Einheit	Mengen-Benennung	Mengen-Ermittlung
330	**Außenwände**	m²	Außenwandfläche	Summe aller Wandflächen, die den Brutto-Rauminhalt nach DIN 277-1 umschließen, die Bereiche untereinander trennen und die Bereiche b und c nach DIN 277-1:2005-02, 4.1.2, unterteilen
331	Tragende Außenwände	m²	Außenwandfläche, tragend	Anteilige Außenwandfläche
332	Nichttragende Außenwände	m²	Außenwandfläche, nichttragend	Anteilige Außenwandfläche
333	Außenstützen	m	Außenstützenlänge	Summe der Längen aller Außenstützen
334	Außentüren und -fenster	m²	Außentüren-/Außenfensterfläche	Anteilige Außenwandfläche
335	Außenwandbekleidungen außen	m²	Außenbekleidungsfläche Außenwand	Anteilige Außenwandfläche
336	Außenwandbekleidungen innen	m²	Innenbekleidungsfläche Außenwand	Bekleidete Anteile der Außenwandfläche innen
337	Elementierte Außenwände	m²	Elementierte Außenwandfläche	Anteilige Außenwandfläche
338	Sonnenschutz	m²	Sonnengeschützte Fläche	Sonnengeschützte Anteile der Außenwandfläche
339	Außenwände, sonstiges	m²	Außenwandfläche	Summe aller Wandflächen, die den Brutto-Rauminhalt nach DIN 277-1 umschließen, die Bereiche untereinander trennen und die Bereiche b und c nach DIN 277-1:2005-02, 4.1.2, unterteilen
340	**Innenwände**	m²	Innenwandfläche	Summe aller Wandflächen, die den Brutto-Rauminhalt des Bereiches a nach DIN 277-1 unterteilen
341	Tragende Innenwände	m²	Tragende Innenwandfläche	Anteilige Innenwandfläche
342	Nichttragende Innenwände	m²	Nichttragende Innenwandfläche	Anteilige Innenwandfläche
343	Innenstützen	m	Innenstützenlänge	Summe der Längen aller Innenstützen
344	Innentüren und -fenster	m²	Innentüren-/Innenfensterfläche	Anteilige Innenwandfläche
345	Innenwandbekleidungen	m²	Innenwand-Bekleidungsfläche	Bekleidete Anteile der Innenwandoberflächen
346	Elementierte Innenwände	m²	Elementierte Innenwandfläche	Anteilige Innenwandfläche
349	Innenwände, sonstiges	m²	Innenwandfläche	Summe aller Wandflächen, die den Brutto-Rauminhalt des Bereiches a nach DIN 277-1:2005-02, 4.1.2 unterteilen

6

Tabelle 1 *(fortgesetzt)*

KG-Nr	Kostengruppe nach DIN 276	Mengen-Einheit	Mengen-Benennung	Mengen-Ermittlung
350	**Decken**	m²	Deckenfläche	Summe aller Brutto-Grundflächen ohne Gründungsfläche
351	Deckenkonstruktionen	m²	Deckenkonstruktionsfläche	Anteilige Deckenfläche
352	Deckenbeläge	m²	Deckenbelagsfläche	Belegte Anteile der Deckenfläche
353	Deckenbekleidungen	m²	Deckenbekleidungsfläche	Bekleidete Anteile der Deckenfläche
359	Decken, sonstiges	m²	Deckenfläche	Summe aller Brutto-Grundflächen ohne Gründungsfläche
360	**Dächer**	m²	Dachfläche	Summe aller Flächen flacher oder geneigter Dächer, die den Brutto-Rauminhalt nach oben abgrenzen, zuzüglich Dachüberstände
361	Dachkonstruktionen	m²	Dachkonstruktionsfläche	Anteilige Dachfläche
362	Dachfenster, Dachöffnungen	m²	Dachfenster-/Dachöffnungsfläche	Anteilige Dachfläche
363	Dachbeläge	m²	Dachbelagsfläche	Belegte Anteile der Dachfläche
364	Dachbekleidungen	m²	Dachbekleidungsfläche	Bekleidete Anteile der Dachfläche
369	Dächer, sonstiges	m²	Dachfläche	Summe aller Flächen flacher oder geneigter Dächer, die den Brutto-Rauminhalt nach oben abgrenzen, zuzüglich Dachüberstände
370	**Baukonstruktive Einbauten**			
371	Allgemeine Einbauten			
372	Besondere Einbauten	m²	Brutto-Grundfläche	Nach DIN 277-1
379	Baukonstruktive Einbauten, sonstiges			
390	**Sonstige Maßnahmen für Baukonstruktionen**			
391	Baustelleneinrichtung			
392	Gerüste			
393	Sicherungsmaßnahmen			
394	Abbruchmaßnahmen			
395	Instandsetzungen	m²	Brutto-Grundfläche	Nach DIN 277-1
396	Recycling, Zwischendeponierung und Entsorgung			
397	Schlechtwetterbau			
398	Zusätzliche Maßnahmen			
399	Sonstige Maßnahmen für Baukonstruktionen, sonstiges			
400	**Bauwerk — Technische Anlagen**	m²	Brutto-Grundfläche	Nach DIN 277-1

7

Tabelle 1 *(fortgesetzt)*

KG-Nr	Kostengruppe nach DIN 276	Mengen-Einheit	Mengen-Benennung	Mengen-Ermittlung
410	**Abwasser-, Wasser-, Gasanlagen**			
411	Abwasseranlagen			
412	Wasseranlagen	m^2	Brutto-Grundfläche	Nach DIN 277-1
413	Gasanlagen			
414	Feuerlöschanlagen			
419	Abwasser-, Wasser-, Gasanlagen, sonstiges			
420	**Wärmeversorgungsanlagen**			
421	Wärmeerzeugungsanlagen			
422	Wärmeverteilnetze	m^2	Brutto-Grundfläche	Nach DIN 277-1
423	Raumheizflächen			
429	Wärmeversorgungsanlagen, sonstiges			
430	**Lufttechnische Anlagen**			
431	Lüftungsanlagen			
432	Teilklimaanlagen			
433	Klimaanlagen	m^2	Brutto-Grundfläche	Nach DIN 277-1
434	Prozesslufttechnische Anlagen			
435	Kälteanlagen			
439	Lufttechnische Anlagen, sonstiges			
440	**Starkstromanlagen**			
441	Hoch- und Mittelspannungsanlagen			
442	Eigenstromversorgungsanlagen			
443	Niederspannungsschaltanlagen	m^2	Brutto-Grundfläche	Nach DIN 277-1
444	Niederspannungsinstallationsanlagen			
445	Beleuchtungsanlagen			
446	Blitzschutz- und Erdungsanlagen			
449	Starkstromanlagen, sonstiges			

Tabelle 1 *(fortgesetzt)*

KG-Nr	Kostengruppe nach DIN 276	Mengen-Einheit	Mengen-Benennung	Mengen-Ermittlung
450	**Fernmelde- und informationstechnische Anlagen**			
451	Telekommunikationsanlagen			
452	Such- und Signalanlagen			
453	Zeitdienstanlagen			
454	Elektroakustische Anlagen	m^2	Brutto-Grundfläche	Nach DIN 277-1
455	Fernseh- und Antennenanlagen			
456	Gefahrenmelde- und Alarmanlage			
457	Übertragungsnetze			
459	Fernmelde- und informationstechnische Anlagen, sonstiges			
460	**Förderanlagen**			
461	Aufzugsanlagen			
462	Fahrtreppen, Fahrsteige			
463	Befahranlagen	m^2	Brutto-Grundfläche	Nach DIN 277-1
464	Transportanlagen			
465	Krananlagen			
469	Förderanlagen, sonstiges			
470	**Nutzungsspezifische Anlagen**			
471	Küchentechnische Anlagen			
472	Wäscherei- und Reinigungsanlagen			
473	Medienversorgungsanlagen			
474	Medizintechnische Anlagen	m^2	Brutto-Grundfläche	Nach DIN 277-1
475	Labortechnische Anlagen			
476	Badetechnische Anlagen			
477	Kälteanlagen			
478	Entsorgungsanlagen			
479	Nutzungsspezifische Anlagen, sonstiges			
480	**Gebäudeautomation**			
481	Automationssysteme			
482	Leistungsteile	m^2	Brutto-Grundfläche	Nach DIN 277-1
483	Zentrale Einrichtungen			
489	Gebäudeautomation, sonstiges			

9

Tabelle 1 (fortgesetzt)

KG-Nr	Kostengruppe nach DIN 276	Mengen-Einheit	Mengen-Benennung	Mengen-Ermittlung
490	**Sonstige Maßnahmen für Technische Anlagen**			
491	Baustelleneinrichtung			
492	Gerüste			
493	Sicherungsmaßnahmen			
494	Abbruchmaßnahmen			
495	Instandsetzungen	m^2	Brutto-Grundfläche	Nach DIN 277-1
496	Recycling, Zwischendeponierung und Entsorgung			
497	Schlechtwetterbau			
498	Zusätzliche Maßnahmen			
499	Sonstige Maßnahmen für Technische Anlagen, sonstiges			
500	**Außenanlagen**	m^2	Außenanlagenfläche	Der für Außenanlagen vorgesehene Teil der Grundstücksfläche
510	**Geländeflächen**	m^2	Geländefläche	Anteilige Außenanlagenfläche
511	Geländebearbeitung	m^2	Geländebearbeitungsfläche	Der geländetechnisch bearbeitete Anteil der Geländefläche
512	Vegetationstechnische Bodenbearbeitung	m^2	Vegetationstechnisch bearbeitete Fläche	Der vegetationstechnisch bearbeitete Anteil der Geländefläche
513	Sicherungsbauweisen	m^2	Stabilisierende Fläche	Die Summe der wahren Flächen von Sicherungsbauweisen
514	Pflanzen	m^2	Pflanzfläche	Der bepflanzte Anteil der Geländefläche
515	Rasen	m^2	Rasenfläche	Der mit Rasen versehene Anteil der Geländefläche
516	Begrünung unterbauter Flächen	m^2	Begrünte unterbaute Fläche	Der begrünte, unterbaute Anteil der Geländefläche
517	Wasserflächen	m^2	Wasserfläche	Der mit Wasserflächen versehene Anteil der Geländefläche
519	Geländeflächen, sonstiges	m^2	Geländefläche	Anteilige Außenanlagenfläche

10

Tabelle 1 *(fortgesetzt)*

KG-Nr	Kostengruppe nach DIN 276	Mengen-Einheit	Mengen-Benennung	Mengen-Ermittlung
520	**Befestigte Flächen**	m²	Befestigte Fläche	Anteilige Außenanlagenfläche
521	Wege	m²	Wegefläche	Der mit Wegen versehene Anteil von Befestigte Fläche
522	Straßen	m²	Straßenfläche	Der mit Straßen versehene Anteil von Befestigte Fläche
523	Plätze, Höfe	m²	Platz-, Hoffläche	Der mit Plätzen und Höfen versehene Anteil von Befestigte Fläche
524	Stellplätze	m²	Stellplatzfläche	Der mit Stellplätzen versehene Anteil von Befestigte Fläche
525	Sportplatzflächen	m²	Sportplatzfläche	Der mit Sportflächen versehene Anteil von Befestigte Fläche
526	Spielplatzflächen	m²	Spielplatzfläche	Der mit Spielflächen versehene Anteil von Befestigte Fläche
527	Gleisanlagen	m²	Gleisanlagenfläche	Der mit Gleisanlagen versehene Anteil von Befestigte Fläche
529	Befestigte Flächen, sonstiges	m²	Befestigte Fläche	Anteilige Außenanlagenfläche
530	**Baukonstruktionen in Außenanlagen**	m²	Außenanlagenfläche	Der für Außenanlagen vorgesehene Teil der Grundstücksfläche
531	Einfriedungen	m²	Einfriedungsfläche	Die Summe der wahren Flächen von Einfriedungen
532	Schutzkonstruktionen	m²	Schutzkonstruktionsfläche	Die Summe der wahren Flächen von Schutzkonstruktionen
533	Mauern, Wände	m²	Mauer-/Wandfläche	Die Summe der wahren Flächen von Mauern und Wänden
534	Rampen, Treppen, Tribünen	m²	Grundfläche Rampen/Treppen/Tribünen	Die Summe der Grundflächen von Rampen, Treppen und Tribünen
535	Überdachungen	m²	Grundfläche Überdachungen	Die Summe der Grundflächen von Überdachungen
536	Brücken, Stege	m²	Grundfläche Brücken/Stege	Die Summe der Grundflächen von Brücken und Stegen
537	Kanal- und Schachtbauanlagen	m	Kanal-, Schachtanlagenlänge	Die Summe der Längen von Kanal- und Schachtbauanlagen
538	Wasserbauliche Anlagen	m²	Grundfläche Wasserbau	Die Summe der Grundflächen von wasserbaulichen Anlagen
539	Baukonstruktionen in Außenanlagen, sonstiges	m²	Außenanlagenfläche	Der für Außenanlagen vorgesehene Teil der Grundstücksfläche

11

DIN 277-3:2005-04

Tabelle 1 *(fortgesetzt)*

KG-Nr	Kostengruppe nach DIN 276	Mengen-Einheit	Mengen-Benennung	Mengen-Ermittlung
540	**Technische Anlagen in Außenanlagen**			
541	Abwasseranlagen			
542	Wasseranlagen			
543	Gasanlagen			
544	Wärmeversorgungsanlagen	m^2	Außenanlagenfläche	Der für Außenanlagen vorgesehene Teil der Grundstücksfläche
545	Lufttechnische Anlagen			
546	Starkstromanlagen			
547	Fernmelde- und informationstechnische Anlagen			
548	Nutzungsspezifische Anlagen			
549	Technische Anlagen in Außenanlagen, sonstiges			
550	**Einbauten in Außenanlagen**			
551	Allgemeine Einbauten	m^2	Außenanlagenfläche	Der für Außenanlagen vorgesehene Teil der Grundstücksfläche
552	Besondere Einbauten			
559	Einbauten in Außenanlagen, sonstiges			
590	**Sonstige Maßnahmen für Außenanlagen**			
591	Baustelleneinrichtung			
592	Gerüste			
593	Sicherungsmaßnahmen			
594	Abbruchmaßnahmen	m^2	Außenanlagenfläche	Der für Außenanlagen vorgesehene Teil der Grundstücksfläche
595	Instandsetzung			
596	Recycling, Zwischendeponierung und Entsorgung			
597	Schlechtwetterbau			
598	Zusätzliche Maßnahmen			
599	Sonstige Maßnahmen für Außenanlagen, Sonstiges			
600	**Ausstattung und Kunstwerke**	m^2	Brutto-Grundfläche	Nach DIN 277-1
610	**Ausstattung**			
611	Allgemeine Ausstattung	m^2	Brutto-Grundfläche	Nach DIN 277-1
612	Besondere Ausstattung			
619	Ausstattung, sonstiges			

12

57

Tabelle 1 *(fortgesetzt)*

KG-Nr	Kostengruppe nach DIN 276	Mengen-Einheit	Mengen-Benennung	Mengen-Ermittlung
620	**Kunstwerke**	m²	Brutto-Grundfläche	Nach DIN 277-1
621	Kunstobjekte	m²	Brutto-Grundfläche	Nach DIN 277-1
622	Künstlerisch gestaltete Bauteile des Bauwerks	m²	Brutto-Grundfläche	Nach DIN 277-1
623	Künstlerisch gestaltete Bauteile der Außenanlagen	m²	Außenanlagenfläche	Der für Außenanlagen vorgesehene Teil der Grundstücksfläche
629	Kunstwerke, sonstiges	m²	Brutto-Grundfläche	Nach DIN 277-1
700	**Baunebenkosten**	m²	Brutto-Grundfläche	Nach DIN 277-1
710	**Bauherrenaufgaben**			
711	Projektleitung			
712	Projektsteuerung	m²	Brutto-Grundfläche	Nach DIN 277-1
713	Betriebs- und Organisationsberatung			
719	Bauherrenaufgaben, sonstiges			
720	**Vorbereitung der Objektplanung**			
721	Untersuchungen			
722	Wertermittlungen			
723	Städtebauliche Leistungen	m²	Brutto-Grundfläche	Nach DIN 277-1
724	Landschaftsplanerische Leistungen			
725	Wettbewerbe			
729	Vorbereitung der Objektplanung, sonstiges			
730	**Architekten- und Ingenieurleistungen**			
731	Gebäude			
732	Freianlagen			
733	Raumbildende Ausbauten			
734	Ingenieurbauwerke und Verkehrsanlagen	m²	Brutto-Grundfläche	Nach DIN 277-1
735	Tragwerksplanung			
736	Technische Ausrüstung			
739	Architekten- und Ingenieurleistungen, sonstiges			

13

Tabelle 1 *(fortgesetzt)*

KG-Nr	Kostengruppe nach DIN 276	Mengen-Einheit	Mengen-Benennung	Mengen-Ermittlung
740	**Gutachten und Beratung**			
741	Thermische Bauphysik			
742	Schallschutz und Raumakustik			
743	Bodenmechanik, Erd- und Grundbau	m^2	Brutto-Grundfläche	Nach DIN 277-1
744	Vermessung			
745	Lichttechnik, Tageslichttechnik			
749	Gutachten und Beratung, sonstiges			
750	**Kunst**			
751	Kunstwettbewerbe	m^2	Brutto-Grundfläche	Nach DIN 277-1
752	Honorare			
759	Kunst, sonstiges			
760	**Finanzierung**			
761	Finanzierungskosten	m^2	Brutto-Grundfläche	Nach DIN 277-1
762	Zinsen vor Nutzungsbeginn			
769	Finanzierung, sonstiges			
770	**Allgemeine Baunebenkosten**			
771	Prüfungen, Genehmigungen, Abnahmen			
772	Bewirtschaftungskosten			
773	Bemusterungskosten	m^2	Brutto-Grundfläche	Nach DIN 277-1
774	Betriebskosten während der Bauzeit			
779	Allgemeine Baunebenkosten, sonstiges			
790	**Sonstige Baunebenkosten**	m^2	Brutto-Grundfläche	Nach DIN 277-1

14

Tabelle 2 — Ergänzung zu „Technische Anlagen"

zu KG-Nr	Nr	Erweiterte Kostengliederung	Mengen-Einheit	Mengen-Benennung	Mengen-Ermittlung
411		**Abwasseranlagen**			
	1	Abwasserleitungen/Abläufe	m	Abwasserleitung	Länge der AW-Leitungen
	2	Grundleitungen/Abläufe	m	Grundleitung	Länge der Grundleitungen
	3	AW-Sammel- und -Behandlungsanlagen	St	AW-Sammel-, Behandlungsanlage	Anzahl der AW-Sammel- und -Behandlungsanlagen
	4	Abscheider	St	Abscheider	Anzahl der Abscheider
	5	Hebeanlagen	St	Hebeanlage	Anzahl der Hebeanlagen
412		**Wasseranlagen**			
	1	Wassergewinnungsanlagen	St	Wassergewinnungsanlage	Anzahl der Wassergewinnungsanlagen
	2	Wasseraufbereitungsanlagen	St	Wasseraufbereitungsanlage	Anzahl der Wasseraufbereitungsanlagen
	3	Druckerhöhungsanlagen	St	Druckerhöhungsanlage	Anzahl der Druckerhöhungsanlagen
	4	Wasserleitungen	m	Wasserleitung	Länge der Wasserleitungen
	5	Dezentrale Wassererwärmer	St	Dezentrale Wassererwärmer	Anzahl der dezentralen Wassererwärmer
	6	Sanitärobjekte	St	Sanitärobjekt	Anzahl der Sanitärobjekte
	7	Wasserspeicher	St	Wasserspeicher	Anzahl der Wasserspeicher
413		**Gasanlagen**			
	1	Gaslagerungs- und Erzeugungsanlagen	St	Gaslagerungs-, Erzeugungsanlage	Anzahl der Gaslagerungs- und Erzeugungsanlagen
	2	Übergabestationen	St	Übergabestation	Anzahl der Übergabestationen
	3	Druckregelanlagen	St	Druckregelanlage	Anzahl der Druckregelanlagen
	4	Gasleitungen	m	Gasleitung	Länge der Gasleitungen
414		**Feuerlöschanlagen**			
	1	Sprinkleranlagen	St	Sprinklerkopf	Anzahl der Sprinklerköpfe
	2	CO$_2$-Löschanlagen	St	Löschdüse	Anzahl der Löschdüsen
	3	Löschwasserleitungen	m	Löschwasserleitung	Länge der Löschwasserleitungen
	4	Wandhydranten	St	Wandhydrant	Anzahl der Wandhydranten
	5	Feuerlöschgeräte	St	Feuerlöschgerät	Anzahl der Feuerlöschgeräte
419		**Abwasser-, Wasser-, Gasanlagen, sonstiges**			
	1	Installationsblöcke	St	Installationsblock	Anzahl der Installationsblöcke
	2	Sanitärzellen	St	Sanitärzelle	Anzahl der Sanitärzellen

15

Tabelle 2 *(fortgesetzt)*

zu KG-Nr	Nr	Erweiterte Kostengliederung	Mengen-Einheit	Mengen-Benennung	Mengen-Ermittlung
421		**Wärmeerzeugungsanlagen**			
	1	Brennstoffversorgungsanlagen	St	Brennstoffversorgungsanlage	Anzahl der Brennstoffversorgungsanlagen
	2	Wärmeübergabestationen	kW	Heizleistung Wärmeübergabe	Heizleistung der Wärmeübergabestationen
	3	Heizkesselanlagen	kW	Kesselleistung	Kesselleistung der Heizkesselanlagen
	4	Wärmepumpenanlagen	kW	Heizleistung Wärmepumpen	Heizleistung der Wärmepumpenanlagen
	5	Solaranlagen	kW	Heizleistung Solar	Heizleistung der Solaranlagen
	6	Wassererwärmungsanlagen	St	Wassererwärmungsanlage	Anzahl der Wassererwärmungsanlagen
	7	Mess-, Steuer- und Regelanlagen	St	Heizgruppe	Anzahl der Heizgruppen
422		**Wärmeverteilnetze**			
	1	Verteilungen	St	Heizgruppe	Anzahl der Heizgruppen
	2	Rohrleitungen	m	Rohrleitung Wärmeverteilnetz	Länge der Rohrleitungen
423		**Raumheizflächen**			
	1	Heizkörper	St	Heizkörper	Anzahl der Heizkörper
	2	Flächenheizsysteme	m^2	Heizsystemfläche	Anteilige Netto-Grundfläche
429		**Wärmeversorgungsanlagen, sonstiges**			
	1	Schornsteinanlagen	St	Schornsteinanlage	Anzahl der Schornsteinanlagen
431		**Lüftungsanlagen**			
	1	Zuluftanlagen	m^3/h	Zuluftvolumenstrom Lüftung	Volumenstrom der Ventilatoren
	2	Abluftanlagen	m^3/h	Abluftvolumenstrom Lüftung	Volumenstrom der Ventilatoren
	3	Wärmerückgewinnungsanlagen	St	Wärmerückgewinnung Lüftung	Anzahl der Wärmerückgewinnungsanlagen
	4	Zuluftleitungen	m^2	Zuluftleitungsfläche Lüftung	Abwicklungsfläche der Luftleitungen
	5	Abluftleitungen	m^2	Abluftleitungsfläche Lüftung	Abwicklungsfläche der Luftleitungen
	6	Mess-, Steuer-, Regelanlagen	St	Regelkreis Lüftung	Anzahl der Regelkreise

16

Tabelle 2 *(fortgesetzt)*

zu KG-Nr	Nr	Erweiterte Kostengliederung	Mengen-Einheit	Mengen-Benennung	Mengen-Ermittlung
432		**Teilklimaanlagen**			
	1	Zuluftanlagen	m^3/h	Zuluftvolumenstrom Teilklima	Volumenstrom der Ventilatoren
	2	Abluftanlagen	m^3/h	Abluftvolumenstrom Teilklima	Volumenstrom der Ventilatoren
	3	Wärmerückgewinnungsanlagen	St	Wärmerückgewinnung Teilklima	Anzahl der Wärmerückgewinnungsanlagen
	4	Zuluftleitungen	m^2	Zuluftleitungsfläche Teilklima	Abwicklungsfläche der Luftleitungen
	5	Abluftleitungen	m^2	Abluftleitungsfläche Teilklima	Abwicklungsfläche der Luftleitungen
	6	Mess-, Steuer-, Regelanlagen	St	Regelkreis Teilklima	Anzahl der Regelkreise
433		**Klimaanlagen**			
	1	Zuluftanlagen	m^3/h	Zuluftvolumenstrom Klima	Volumenstrom der Ventilatoren
	2	Abluftanlagen	m^3/h	Abluftvolumenstrom Klima	Volumenstrom der Ventilatoren
	3	Wärmerückgewinnungsanlagen	St	Wärmerückgewinnung Klima	Anzahl der Wärmerückgewinnungsanlagen
	4	Zuluftleitungen	m^2	Zuluftleitungsfläche Klima	Abwicklungsfläche der Luftleitungen
	5	Abluftleitungen	m^2	Abluftleitungsfläche Klima	Abwicklungsfläche der Luftleitungen
	6	Mess-, Steuer-, Regelanlagen	St	Regelkreis Klima	Anzahl der Regelkreise
434		**Prozesslufttechnische Anlagen**			
	1	Farbnebel-Abscheideanlagen	m^3/h	Volumenstrom Farbnebel-Abscheidung	Volumenstrom der Ventilatoren
	2	Prozess-Fortluftanlagen	m^3/h	Abluftvolumenstrom Prozess-Fortluft	Volumenstrom der Ventilatoren
	3	Absaugeanlagen	m^3/h	Volumenstrom Absaugung	Volumenstrom der Ventilatoren
435		**Kälteanlagen**			
	1	Kälteerzeugungsanlagen	kW	Kälteleistung	Kälteleistung der Kälteerzeugungsanlagen
	2	Rückkühlanlagen	kW	Kühlleistung	Kühlleistung der Rückkühlanlage
	3	Pumpen, Verteiler	St	Kalt-/Kühlwasserpumpe	Anzahl der Pumpen
	4	Rohrleitungen	m	Rohrleitung Kälteanlage	Länge der Rohrleitungen
	5	Mess-, Steuer-, Regelanlagen	St	Regelgruppe Kälteanlage	Anzahl der Regelgruppen

17

Tabelle 2 *(fortgesetzt)*

zu KG-Nr	Nr	Erweiterte Kostengliederung	Mengen-Einheit	Mengen-Benennung	Mengen-Ermittlung
439		Lufttechnische Anlagen, sonstiges			
	1	Lüftungsdecken	m^2	Lüftungsdeckenfläche	Anteilige Netto-Grundfläche
	2	Kühldecken	m^2	Kühldeckenfläche	Anteilige Netto-Grundfläche
	3	Raumgeräte	St	Lüftungs-/Klima-Raumgeräte	Anzahl der Lüftungs-/Klima-Raumgeräte
	4	Abluftfenster	St	Abluftfenster	Anzahl der Abluftfenster
	5	Lüftungsdoppelböden	m^2	Lüftungsdoppelbodenfläche	Anteilige Netto-Grundfläche
441		Hoch- und Mittelspannungsanlagen			
	1	Schaltanlagen	St	Schaltanlagenfeld-Mittelspannung	Anzahl der Schaltanlagenfelder
	2	Transformatoren	St	Transformator	Anzahl der Transformatoren
442		Eigenstromversorgungsanlagen			
	1	Rotierende Anlagen	kVA	Nennleistung rotierende Anlagen	Nennleistung der rotierenden Anlagen
	2	Statische Anlagen mit Wechselrichter	kVA	Nennleistung statische Anlagen	Nennleistung der statischen Anlagen mit Wechselrichter
	3	Zentrale Batterieanlagen	Ah	Speicherkapazität	Speicherkapazität der zentralen Batterieanlagen
	4	Photovoltaikanlagen	kWp	Nennleistung Photovoltaik	Nennleistung der Photovoltaikanlagen
443		Niederspannungsschaltanlagen			
	1	Niederspannungshauptverteiler	St	Schaltanlagenfeld Niederspannungshauptverteiler	Anzahl der Schaltanlagenfelder
	2	Blindstromkompensationsanlagen	kvar	Blindstromkompensationsleistung	Leistung der Blindstromkompensationsanlagen
	3	Maximalüberwachungsanlagen	St	Maximalüberwachungsanlage	Anzahl der Maximalüberwachungsanlagen
444		Niederspannungsinstallationsanlagen			
	1	Kabel und Leitungen	m^2	Brutto-Grundfläche	Nach DIN 277-1
	2	Unterverteiler	m^2	Brutto-Grundfläche	Nach DIN 277-1
	3	Verlegesysteme	m^2	Brutto-Grundfläche	Nach DIN 277-1
445		Beleuchtungsanlagen			
	1	Ortsfeste Leuchten für Allgemeinbeleuchtung	m^2	Brutto-Grundfläche	Nach DIN 277-1
	2	Ortsfeste Leuchten für Sicherheitsbeleuchtung	m^2	Brutto-Grundfläche	Nach DIN 277-1

Tabelle 2 *(fortgesetzt)*

zu KG-Nr	Nr	Erweiterte Kostengliederung	Mengen-Einheit	Mengen-Benennung	Mengen-Ermittlung
446		**Blitzschutz- und Erdungsanlagen**			
	1	Auffangeinrichtungen, Ableitungen	m²	Brutto-Grundfläche	Nach DIN 277-1
	2	Erdungen	m²	Brutto-Grundfläche	Nach DIN 277-1
	3	Potentialausgleich	m²	Brutto-Grundfläche	Nach DIN 277-1
449		**Starkstromanlagen, sonstiges**			
	1	Frequenzumformer	St	Frequenzumformer	Anzahl der Frequenzumformer
	2	Kleinspannungstransformatoren	St	Kleinspannungstransformator	Anzahl der Kleinspannungstransformatoren
451		**Telekommunikationsanlagen**			
	1	Telekommunikationsanlagen	St	Endgerät	Anzahl der Endgeräte für Telekommunikationsanlagen
452		**Such- und Signalanlagen**			
	1	Personenrufanlagen	St	Empfänger	Anzahl der Empfänger für Personenrufanlagen
	2	Lichtruf- und Klingelanlagen	St	Rufstelle	Anzahl der Rufstellen für Lichtruf- und Klingelanlagen
	3	Türsprech- und Türöffneranlagen	St	Türsprechstelle	Anzahl der Sprechstellen für Türsprech- mit Türöffneranlagen
453		**Zeitdienstanlagen**			
	1	Uhrenanlagen	St	Nebenuhr	Anzahl der Nebenuhren für Uhrenanlagen
	2	Zeiterfassungsanlagen	St	Terminal	Anzahl der Terminals für Zeiterfassungsanlagen
454		**Elektroakustische Anlagen**			
	1	Beschallungsanlagen	St	Lautsprecher	Anzahl der Lautsprecher für Beschallungsanlagen
	2	Konferenz- und Dolmetschanlagen	St	Teilnehmergerät	Anzahl der Teilnehmergeräte für Konferenz- und Dolmetschanlagen
	3	Gegen- und Wechselsprechanlagen	St	Sprechstellen	Anzahl der Sprechstellen für Gegen- und Wechselsprechanlagen

19

Tabelle 2 *(fortgesetzt)*

zu KG-Nr	Nr	Erweiterte Kostengliederung	Mengen-Einheit	Mengen-Benennung	Mengen-Ermittlung
455		**Fernseh- und Antennenanlagen**			
	1	Fernseh- und Rundfunkempfangsanlage	St	Anschluss Fernseh-, Rundfunkempfang	Anzahl der Anschlüsse
	2	Fernseh- und Rundfunkverteilanlagen	St	Anschluss Fernseh-, Rundfunkempfang	Anzahl der Anschlüsse
	3	Fernseh- und Rundfunkzentralen	St	Anschluss Fernseh-, Rundfunkempfang	Anzahl der Anschlüsse
	4	Videoanlagen	St	Anschluss Video	Anzahl der Anschlüsse für Videoanlagen
	5	Funk-, Sende- und Empfangsanlagen	St	Anschluss Funk, senden/empfangen	Anzahl der Anschlüsse
	6	Funkzentralen	St	Anschluss Funkzentrale	Anzahl der Anschlüsse
456		**Gefahrenmelde- und Alarmanlagen**			
	1	Brandmeldeanlagen	St	Brandmeldegruppe	Anzahl der Meldegruppen für Brandmeldeanlagen
	2	Überfall-, Einbruchmeldeanlagen	St	Überfall-/ Einbruchmeldegruppe	Anzahl der Meldegruppen für Überfall-, Einbruchmeldeanlagen
	3	Wächterkontrollanlagen	St	Kontrollpunkt	Anzahl der Kontrollpunkte für Wächterkontrollanlagen
	4	Zugangskontrollanlagen	St	Kartenlesegerät	Anzahl der Kartenlesegeräte für Zugangskontrollanlagen
	5	Raumbeobachtungsanlagen	St	Monitor-/Kamera-Anschluss	Anzahl der Monitor-/Kamera-Anschlüsse für Raumbeobachtungsanlagen
457		**Übertragungsnetze**			
	1	Übertragungsnetze	St	Endgeräteanschluss	Anzahl der Endgeräteanschlüsse für Übertragungsnetze
459		**Fernmelde- und informationstechnische Anlagen, sonstiges**			
	1	Verlegesysteme	m	Kabelkanal Verlegesysteme	Länge der Kabelkanäle
	2	Personenleitsysteme	m	Kabelkanal Personenleitsysteme	Länge der Kabelkanäle
	3	Parkleitsysteme	m	Kabelkanal Parkleitsysteme	Länge der Kabelkanäle
	4	Fernwirkanlagen	St	Fernwirkanlage	Anzahl der Fernwirkanlagen
461		**Aufzugsanlagen**			
	1	Personenaufzüge	St	Haltestelle Personenaufzüge	Anzahl der Haltestellen
	2	Lastenaufzüge	St	Haltestelle Lastenaufzüge	Anzahl der Haltestellen
	3	Kleingüteraufzüge	St	Haltestelle Kleingüteraufzüge	Anzahl der Haltestellen

Tabelle 2 *(fortgesetzt)*

zu KG-Nr	Nr	Erweiterte Kostengliederung	Mengen-Einheit	Mengen-Benennung	Mengen-Ermittlung
462		Fahrtreppen, Fahrsteige			
	1	Fahrtreppen	St	Fahrtreppenanlage	Anzahl der Fahrtreppenanlagen
	2	Fahrsteige	St	Fahrsteigeanlage	Anzahl der Fahrsteigeanlagen
463		Befahranlagen			
	1	Fassadenbefahranlagen	St	Fassadenbefahranlage	Anzahl der Fassadenbefahranlagen
464		Transportanlagen			
	1	Automatische Warentransportanlagen	St	Automatische Warentransportanlage	Anzahl der automatischen Warentransportanlagen
	2	Kleingüterförderanlagen	St	Kleingüterförderanlage	Anzahl der Kleingüterförderanlagen
	3	Rohrpostanlagen	St	Rohrpostanlage	Anzahl der Rohrpostanlagen
465		Krananlagen			
	1	Krananlagen	St	Krananlage	Anzahl der Krananlagen
469		Förderanlagen, sonstiges			
	1	Hebebühnen	St	Hebebühne	Anzahl der Hebebühnen
471		Küchentechnische Anlagen			
	1	Großküchenanlagen	m^2	Großküchenfläche	Anteilige Netto-Grundfläche
	2	Haushalts-/Stationsküchen	m^2	Haushalts-/Stationsküchenfläche	Anteilige Netto-Grundfläche
	3	Teeküchen	m^2	Teeküchenfläche	Anteilige Netto-Grundfläche
472		Wäscherei- und Reinigungsanlagen			
	1	Wäschereianlagen	m^2	Wäschereianlagenfläche	Anteilige Netto-Grundfläche
	2	Chemischreinigungsanlagen	m^2	Chemischreinigungsanlagenfläche	Anteilige Netto-Grundfläche
	3	Medizinische Gerätereinigungsanlagen	m^2	Medizinische Gerätereinigungsanlagenfläche	Anteilige Netto-Grundfläche
	4	Bettenreinigungsanlagen	m^2	Bettenreinigungsanlagenfläche	Anteilige Netto-Grundfläche
	5	Sterilisationsanlagen	m^2	Sterilisationsanlagenfläche	Anteilige Netto-Grundfläche

21

66

Tabelle 2 *(fortgesetzt)*

zu KG-Nr	Nr	Erweiterte Kostengliederung	Mengen-Einheit	Mengen-Benennung	Mengen-Ermittlung
473		**Medienversorgungsanlagen**			
	1	Technische und medizinische Gase (Zentrale)	St	Zentrale technische, medizinische Gase	Anzahl der Zentralen für technische und medizinische Gase
	2	Drucklufterzeugungsanlagen	St	Drucklufterzeugungsanlage	Anzahl der Drucklufterzeugungsanlagen
	3	Vakuumerzeugungsanlagen	St	Vakuumerzeugungsanlage	Anzahl der Vakuumerzeugungsanlagen
	4	Leitungen für Gase und Vakuum	m	Leitung Gase, Vakuum	Länge der Leitungen für Gase und Vakuum
	5	Flüssigchemikalien (Zentrale)	St	Zentrale Flüssigchemikalien	Anzahl der Zentralen für Flüssigchemikalien
	6	Leitungen für Flüssigchemikalien	m	Leitung Flüssigchemikalien	Länge der Leitungen für Flüssigchemikalien
474		**Medizintechnische Anlagen**			
	1	Diagnosegeräte	St	Diagnosegerät	Anzahl der Diagnosegeräte
	2	Behandlungsgeräte	St	Behandlungsgerät	Anzahl der Behandlungsgeräte
	3	OP-Einrichtungen	St	OP-Einrichtung	Anzahl der OP-Einrichtungen
	4	Hebeeinrichtungen für Behinderte	St	Hebeeinrichtung Behinderte	Anzahl der Hebeeinrichtungen für Behinderte
475		**Labortechnische Anlagen**			
	1	Abzüge	St	Abzug	Anzahl der Abzüge
	2	Spülen	St	Spüle	Anzahl der Spülen
	3	Wandarbeitstische	St	Wandarbeitstisch	Anzahl der Wandarbeitstische
	4	Doppelarbeitstische	St	Doppelarbeitstisch	Anzahl der Doppelarbeitstische
	5	Medienzellen	St	Medienzelle	Anzahl der Medienzellen
	6	Sicherheitsschränke	St	Sicherheitsschrank	Anzahl der Sicherheitsschränke
476		**Badetechnische Anlagen**			
	1	Schwimmbeckenanlagen	St	Schwimmbeckenanlage	Anzahl der Schwimmbeckenanlage
	2	Saunaanlagen	St	Saunaanlage	Anzahl der Saunaanlagen
	3	Medizinische Badeanlagen	St	Medizinische Badeanlage	Anzahl der medizinischen Badeanlagen
	4	Whirlpools	St	Whirlpool	Anzahl der Whirlpools
477		**Kälteanlagen**			
	1	Kälteerzeugungsanlagen	St	Kälteerzeugungsanlage	Anzahl der Kälteerzeugungsanlagen
	2	Kälteverteilleitungen	m	Kälteverteilleitung	Länge der Kälteverteilleitungen

Tabelle 2 *(abgeschlossen)*

zu KG-Nr	Nr	Erweiterte Kostengliederung	Mengen-Einheit	Mengen-Benennung	Mengen-Ermittlung
478		**Entsorgungsanlagen**			
	1	Abfallentsorgungsanlagen	St	Abfallentsorgungsanlage	Anzahl der Abfallentsorgungsanlagen
	2	Sonderabfallentsorgungsanlagen	St	Sonderabfallentsorgungsanlage	Anzahl der Sonderabfallentsorgungsanlagen
	3	Recyclinganlagen	St	Recyclinganlage	Anzahl der Recyclinganlagen
	4	Kompostierungsanlagen	St	Kompostierungsanlage	Anzahl der Kompostierungsanlagen
479		**Nutzungsspezifische Anlagen, sonstiges**			
	1	Bühnentechnische Anlagen, Obermaschinen	St	Bühnentechnische Anlage, Obermaschinen	Anzahl der bühnentechnischen Anlagen, Obermaschinen
	2	Bühnentechnische Anlagen, Untermaschinen	St	Bühnentechnische Anlage, Untermaschinen	Anzahl der bühnentechnischen Anlagen, Untermaschinen
	3	Fahrzeugwaschanlagen	St	Fahrzeugwaschanlage	Anzahl der Fahrzeugwaschanlagen
	4	Betankungsanlagen	St	Betankungsanlage	Anzahl der Betankungsanlagen
	5	Blockheizkraftwerksanlagen	St	Blockheizkraftwerksanlage	Anzahl der Blockheizkraftwerksanlagen
	6	Sonderanlagen	St	Sonderanlage	Anzahl der Sonderanlagen
481		**Automationssysteme**			
	1	Automationssysteme	St	Funktionen Gebäudeautomation	Anzahl der Funktionen für Gebäudeautomation
482		**Leistungsteile**			
	1	Leistungsteile	St	Funktionen Gebäudeautomation	Anzahl der Funktionen für Gebäudeautomation
483		**Zentrale Einrichtungen**			
	1	Zentrale Einrichtungen	St	Funktionen Gebäudeautomation	Anzahl der Funktionen für Gebäudeautomation
489		**Gebäudeautomation, sonstiges**			
	1	Gebäudeautomation, sonstiges	St	Funktionen Gebäudeautomation	Anzahl der Funktionen für Gebäudeautomation

23

DK 624.138.34 Juni 1990

Baugrund

Dränung zum Schutz baulicher Anlagen
Planung, Bemessung und Ausführung

DIN
4095

Subsoil; drainage for the protection of structures; planning, design and execution
Sous-sol; drainage pour la protection des constructions; planification, dimensionnement et exécution

Ersatz für Ausgabe 12.73
und Bbl. zu DIN 4095/12.73

Maße in m

Inhalt

1 Anwendungsbereich und Zweck

Die Norm gilt für die Dränung auf, an und unter erdberührten baulichen Anlagen als Grundlage für Planung, Bemessung und Ausführung.

Sie gilt im Zusammenhang mit den Maßnahmen zur Bauwerksabdichtung.

Sofern bei erdüberschütteten Decken die Dränschicht auch zur Wasserbevorratung dient, ist sie nicht Gegenstand dieser Norm.

In dieser Norm werden Regelausführungen für definierte Voraussetzungen angegeben, für die keine weiteren Nachweise erforderlich sind (Regelfall). Für vom Regelfall abweichende Bedingungen sind besondere Nachweise zu führen (Sonderfall).

2 Begriffe

Im Sinne dieser Norm gilt:

2.1 Dränung

Dränung ist die Entwässerung des Bodens durch Dränschicht und Dränleitung, um das Entstehen von drückendem Wasser zu verhindern. Dabei soll ein Ausschlämmen von Bodenteilchen nicht auftreten (filterfeste Dränung).

2.2 Dränanlage

Eine Dränanlage besteht aus Drän, Kontroll- und Spüleinrichtungen sowie Ableitungen.

2.3 Drän

Drän ist der Sammelbegriff für Dränleitung und Dränschicht.

2.4 Dränleitung

Dränleitung ist die Leitung aus Dränrohren zur Aufnahme und Ableitung des aus der Dränschicht anfallenden Wassers.

Fortsetzung Seite 2 bis 8

Normenausschuß Bauwesen (NABau) im DIN Deutsches Institut für Normung e.V.

2.5 Dränschicht

Dränschicht ist die wasserdurchlässige Schicht, bestehend aus Sickerschicht und Filterschicht oder aus einer filterfesten Sickerschicht (Mischfilter).

2.6 Filterschicht

Filterschicht ist der Teil der Dränschicht, der das Ausschlämmen von Bodenteilchen infolge fließenden Wassers verhindert.

2.7 Sickerschicht

Sickerschicht ist der Teil der Dränschicht, der das Wasser aus dem Bereich des erdberührten Bauteiles ableitet.

2.8 Dränelement

Dränelement ist das Einzelteil für die Herstellung eines Dräns; z. B. Dränrohr, Dränmatte, Dränplatte, Dränstein.

2.9 Dränrohr

Dränrohr ist der Sammelbegriff für Rohre, die Wasser aufnehmen und ableiten.

2.10 Stufenfilter

Stufenfilter ist der Teil der Dränschicht, bestehend aus mehreren Filterschichten unterschiedlicher Durchlässigkeit.

2.11 Mischfilter

Mischfilter ist der Teil der Dränschicht, bestehend aus einer gleichmäßig aufgebauten Schicht abgestufter Körnung.

Anmerkung: Dieser kann auch die Funktion der Sickerschicht übernehmen.

2.12 Schutzschicht

Schutzschicht ist die Schicht vor Wänden und auf Decken, welche die Abdichtung vor Beschädigungen schützt.

Anmerkung: Die Dränschicht kann auch Schutzschicht sein.

2.13 Trennschicht

Trennschicht ist die Schicht zwischen Bodenplatte und Dränschicht, die das Einschlämmen von Zementleim in die Dränschicht verhindert.

3 Untersuchungen

3.1 Einzugsgebiet

Größe, Form und Oberflächengestalt des Einzugsgebietes sind durch Augenschein zu erfassen. Ergänzende Erhebungen, wie die Auswertung topographischer und geologischer Karten sind zweckmäßig.

Im Hanggelände, bei Muldenlagen, wasserführenden Schichten und Klüften, in Quellgebieten, bei Grundwasservorkommen sowie bei großflächigen Bauwerken sind weitergehende Untersuchungen erforderlich (siehe Abschnitt 4.3).

3.2 Art und Beschaffenheit des Baugrunds

Art, Beschaffenheit und Durchlässigkeit des Baugrunds sind durch Bohrungen und Schürfen zu erkunden (siehe DIN 4021, DIN 4022 Teil 1 bis Teil 3), sofern die örtlichen Erfahrungen keinen ausreichenden Aufschluß geben.

3.3 Chemische Beschaffenheit des Wassers

Die chemische Beschaffenheit des Wassers muß bekannt sein oder durch eine Wasseranalyse erkundet werden, um das Entstehen von Kalkablagerungen oder Verockerungen erkennen zu können. Betonaggressives Wasser kann zu Kalkausspülungen aus dem Beton und damit zu Ablagerungen in der Dränleitung führen.

3.4 Vorflut

Es ist zu prüfen, wohin das Wasser abgeleitet werden kann, und zwar in baulicher und wasserrechtlicher Hinsicht.

3.5 Wasseranfall und Grundwasserstände

Der Wasseranfall an der erdberührten baulichen Anlagen ist von der Größe des Einzugsgebietes, Geländeneigung, Schichtung und Durchlässigkeit des Bodens und der Niederschlagshöhe abhängig.

Trockene Baugruben geben noch keinen Anhalt, ob Dränmaßnahmen erforderlich werden. Außerdem ist zu beachten, daß der Wasseranfall durch Regen, Schneeschmelze und Grundwasserspiegelschwankungen beeinflußt wird und wesentlich größer sein kann, als beim Aushub beobachtet.

Bei erdberührten Wänden und Decken ist der zusätzliche Wasseranfall aus angrenzenden Einzugsgebieten, benachbarten Deckenflächen und Gebäudefassaden zu berücksichtigen.

Der ungünstigste Grundwasserstand soll ermittelt werden, beispielsweise durch Schürfen und Bohrungen, aus örtlichen Erfahrungen bei Nachbargrundstücken oder durch Befragen von Ämtern.

Eine durch Dränung mögliche Beeinträchtigung der Grundwasser- und Untergrundverhältnisse der Umgebung ist zu prüfen.

Der Wasseranfall ist von der Dränschicht und der Dränleitung aufzunehmen. Die von der Dränung aufzunehmende Abflußspende ist abzuschätzen. Vor erdberührten Wänden wird die Abflußspende q' in $l/(s \cdot m)$ auf die Länge der Wand bezogen. Auf Decken und unter Bodenplatten wird die Abflußspende q in $l/(s \cdot m^2)$ auf die zu dränende Fläche bezogen.

3.6 Fälle zur Festlegung der Dränmaßnahmen

Die Entscheidung über Art und Ausführung von Dränung und Bauwerksabdichtung ist entsprechend den Ergebnissen der Untersuchungen nach den Abschnitten 3.1 bis 3.5 festzustellen.

Für die Entscheidung, ob eine Dränung an der Wand erforderlich ist, ist von den Fällen nach Bild 1 a) bis c) auszugehen.

Fall a) liegt vor, wenn nur Bodenfeuchtigkeit in stark durchlässigen Böden auftritt (Abdichtung ohne Dränung).

Fall b) liegt vor, wenn das anfallende Wasser über eine Dränung beseitigt werden kann und wenn damit sichergestellt ist, daß auf der Abdichtung kein Wasserdruck auftritt (Abdichtung mit Dränung).

Fall c) liegt vor, wenn drückendes Wasser, in der Regel in Form von Grundwasser, ansteht oder wenn eine Ableitung des anstehenden Wassers über eine Dränung nicht möglich ist (Abdichtung ohne Dränung).

Bei Decken mit Gefälle liegt oberhalb des Grundwasserspiegels der Fall b) vor (Abdichtung mit Dränung).

Tabelle 1. **Richtwerte vor Wänden**

Einflußgröße	Richtwert
Gelände	eben bis leicht geneigt
Durchlässigkeit des Bodens	schwach durchlässig
Einbautiefe	bis 3 m
Gebäudehöhe	bis 15 m
Länge der Dränleitung zwischen Hochpunkt und Tiefpunkt	bis 60 m

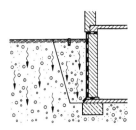

a) Abdichtung ohne Dränung (Bodenfeuchtigkeit in stark durchlässigen Böden)

Tabelle 2. **Richtwerte auf Decken**

Einflußgröße	Richtwert
Gesamtauflast	bis 10 kN/m^2
Deckenteilfläche	bis 150 m^2
Deckengefälle	ab 3 %
Länge der Dränleitung zwischen Hochpunkt und Dacheinlauf/ Traufkante	bis 15 m
Angrenzende Gebäudehöhe	bis 15 m

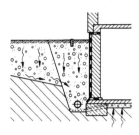

b) Abdichtung mit Dränung (Stau- und Sickerwasser in schwach durchlässigen Böden)

Tabelle 3. **Richtwerte unter Bodenplatten**

Einflußgröße	Richtwert
Durchlässigkeit des Bodens	schwach durchlässig
Bebaute Fläche	bis 200 m^2

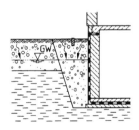

c) Abdichtung ohne Dränung (mit Grundwasser (GW))

Bild 1. Fälle zur Festlegung der Dränung

4 Anforderungen

4.1 Allgemeines

Der Drän muß filterfest sein. Die anfallende Abflußspende q' in l/(s · m) muß in der Dränschicht drucklos abgeführt und vom Dränrohr bei einem Aufstau von höchstens 0,2 m bezogen auf die Dränrohrsohle aufgenommen werden.

4.2 Regelausführung

Der Regelfall liegt vor, wenn die nach Abschnitt 3 erforderlichen Untersuchungen die in den Tabellen 1 bis 3 gestellten Anforderungen erfüllen. Die Dränanlage ist dann nach Abschnitt 5 zu planen; besondere Nachweise sind nicht erforderlich.

Direkte Einleitung von Oberflächenwasser (z. B. Regenfalleitungen, Hofsenkkästen, Speier) oder das aus angrenzenden steilen Hanglagen abfließende Wasser, ist unzulässig.

4.3 Sonderausführung

Wenn die örtlichen Bedingungen von denen in der Regelausführung genannten abweichen, können für den Entwurf und Bemessung der Dränanlage folgende Untersuchungen erforderlich werden:

– Geländeaufnahme
– Bodenprofilaufnahmen
– Ermittlung des Wasseranfalls
– Statische Nachweise der Dränschichten und Dränleitungen
– Hydraulische Bemessung (Durchlässigkeitsbeiwert und Abflußspende) der Dränelemente
– Bemessung der Sickeranlage
– Auswirkung auf Bodenwasserhaushalt, Vorfluter, Nachbarbebauung.

5 Planung

5.1 Allgemeines

Die Dränanlage ist in den Entwässerungsplan aufzunehmen. Dabei ist zu unterscheiden zwischen Dränanlagen vor Wänden, auf Decken und unter Bodenplatten. Die Standsicherheit des Bauwerks darf durch Dränanlagen nicht beeinträchtigt werden.

5.2   Dränanlagen vor Wänden

5.2.1   Dränschicht

Die Dränschicht muß alle erdberührten Flächen bedecken und etwa 0,15 m unter Geländeoberfläche abgedeckt werden. Am Fußpunkt ist die drucklose Weiterleitung des Wassers bei mineralischer Ummantelung des Dränrohres durch mindestens 0,3 m Einbindung sicherzustellen. Die Dränschicht muß an Durchdringungen, Lichtschächten usw. dicht anschließen.

5.2.2   Dränleitung

Die Dränleitung muß alle erdberührten Wände erfassen. Bei Gebäuden ist sie möglichst als Ringleitung (siehe Bild 2) zu planen. Bei Verwendung von Kiessand, z. B. der Körnung 0/8 mm Sieblinie A 8 oder 0/32 mm Sieblinie B 32 nach DIN 1045, darf die Breite oder der Durchmesser der Wassereintrittsöffnungen der Rohre maximal 1,2 mm und die Wassereintrittsfläche mindestens 20 cm^2 je m Rohrlänge betragen. Bei Verwendung von gebrochenem Material muß die Eignung mit dem Rohrhersteller abgestimmt werden.

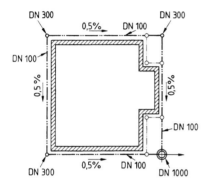

Bild 2.   Beispiel einer Anordnung von Dränleitungen, Kontroll- und Reinigungseinrichtungen bei einer Ringdränung (Mindestabmessungen)

Die Dränleitung ist entlang der Außenfundamente anzuordnen. Die Auflagerung auf Fundamentvorsprüngen ist

im Regelfall unzulässig. Bei unregelmäßigen Grundrissen ist ein größerer Abstand von den Streifenfundamenten zulässig, wenn die sickerfähige und filterfeste Verbindung zwischen senkrechter Dränschicht und Dränleitung sichergestellt ist. Die Rohrsohle ist am Hochpunkt mindestens 0,2 m unter Oberfläche Rohbodenplatte anzuordnen. In keinem Fall darf der Rohrscheitel die Oberfläche der Rohbodenplatte überschreiten. Der Rohrgraben darf nicht tiefer als die Fundamentsohle geführt werden; die Fundamente sind notfalls zu vertiefen oder der Rohrgraben ist außerhalb des Druckausbreitungsbereiches der Fundamente zu verlegen.

Spülrohre (mindestens DN 300) sollen bei Richtungswechsel der Dränleitung angeordnet werden. Der Abstand der Spülrohre soll höchstens 50 m betragen.

Für Kontrollzwecke dürfen anstelle der Spülrohre Kontrollrohre mit mindestens DN 100 angeordnet werden. Der Übergabeschacht soll mindestens DN 1000 betragen.

5.2.3   Ausführungsbeispiele

Mögliche Ausführungen von Dränanlagen vor Wänden sind in den Bildern 3 und 4 dargestellt. Andere Kombinationen von flächigen Dränschichten, Dränleitungen und filterfesten Umhüllungen der Dränleitungen sind möglich.

5.3   Dränanlagen auf Decken

5.3.1   Dränschicht

Die Dränschicht muß alle Decken- und angrenzende erdberührte Flächen (z. B. Brüstungen, aufgehende Wände) vollflächig bedecken; durch ihre Filterschicht ist sie gegen Einschlämmen von Bodenteilen zu sichern. Bei Geotextilien muß die Stoßüberdeckung mindestens 0,1 m betragen.

5.3.2   Deckeneinläufe

Das aus der Dränschicht anfallende Wasser muß rückstaufrei abgeleitet werden. Für Anzahl und Durchmesser der Deckeneinläufe gelten DIN 1986 Teil 2 und DIN 18 460. Zur Überprüfung und Wartung müssen Deckeneinläufe von oben zugänglich sein.

5.3.3   Dränleitungen

Dränleitungen sind nur vorzusehen, wenn bei Anwendung von Dacheinläufen ein kurzzeitiger Anstau des Wassers über die Dränschicht hinaus eintreten würde. Der Scheitel der Dränrohre soll dabei nicht über die Oberfläche der Sickerschicht herausragen. Bei dünnen Sickerschichten

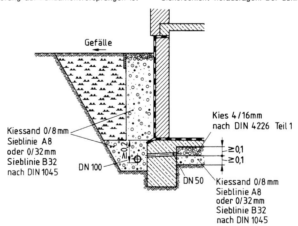

Bild 3.   Beispiele einer Dränanlage mit mineralischer Dränschicht

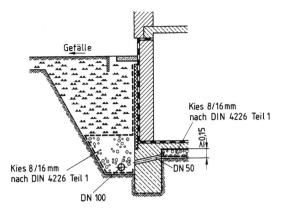

Bild 4. Beispiel einer Dränanlage mit Dränelementen

sind die Dränleitungen in vertieften Rinnen zu verlegen, zu denen die Deckenflächen mindestens 3 % Gefälle haben müssen. Sammelleitungen sollen ein Gefälle von mindestens 0,5 % besitzen. Zuleitungen zu ihnen dürfen gefällelos verlegt werden.

5.4 Dränanlage unter Bodenplatten

Die Dränmaßnahmen sind abhängig von der Größe der bebauten Fläche. Bei Flächen bis 200 m² darf eine Flächendränschicht ohne Dränleitungen zur Ausführung kommen. Die Entwässerung muß sichergestellt sein, z. B. durch Durchbrüche in den Streifenfundamenten mit ausreichendem Querschnitt (mindestens DN 50) und Gefälle zur äußeren Dränleitung.

Anmerkung 1: Mischfilter, z. B. Sieblinie A 8 bzw. Sieblinie B 32 nach DIN 1045, sind als Dränschicht allein unter Bodenplatten nicht zu empfehlen, da der Durchlässigkeitsbeiwert nur bei 10^{-4} m/s liegt.

Bei Flächen über 200 m² ist ein Flächendrän zu planen, der über Dränleitungen entwässert wird. Der Abstand der Leitungen untereinander ist zu bemessen. Kontrolleinrichtungen sind erforderlichenfalls anzuordnen.

Anmerkung 2: In Sonderfällen, bei sehr schwach bzw. schwach durchlässigem Untergrund, kann der Flächendrän entfallen.

5.5 Vorflut

Voraussetzung für eine wirksame Dränung ist eine ausreichende Vorflut unter Berücksichtigung auch des höchsten Wasserstandes im Vorfluter. Es ist anzustreben, einen Anschluß in freiem Gefälle an einen offenen Vorfluter oder Regenwasserkanal zu schaffen, also möglichst ohne Pumpen auszukommen. Sind Pumpen notwendig, ist eine regelmäßige Wartung erforderlich.

Die Ableitung ist, falls notwendig, durch eine geeignete Vorrichtung, z. B. Rückstauklappe, gegen Stau aus dem Vorfluter zu sichern. Die Stausicherung muß zugänglich sein und gewartet werden.

Das Wasser kann auch in einen wasseraufnahmefähigen Untergrund, beispielsweise über einen Sickerschacht, versickert werden (siehe Abschnitt 3.4).

5.6 Darstellung der Dränanlage

In den Bauplänen sind die Bauteile der Dränanlage darzustellen, siehe Bilder 2 bis 4.

Die Bauteile sind mit den Sinnbildern nach Tabelle 4 darzustellen. Dabei sind Angaben über Lage, Art der Baustoffe, Dicke, Flächengewicht, Maße und Sohlenhöhen zu machen.

Tabelle 4. **Angaben über Bauteile und Zeichen**

Bauteil	Art	Zeichen
Filterschicht	Sand	
	Geotextil	- - - - - -
Sickerschicht	Kies	
	Einzelelement (z. B. Dränstein, -platte)	
Dränschicht	Kiessand	
	Verbundelement (z. B. Dränmatte)	
Trennschicht	z. B. Folie	————
Abdichtung	z. B. Anstrich, Bahn	
Dränleitung	Rohr	—·——·—
Spülrohr, Kontrollrohr,	Rohr	—·—⊕—·—
Spülschacht, Kontrollschacht, Übergabeschacht	Fertigteil	—·—⊕—·—

6 Bemessung

6.1 Allgemeines

Je nach Wasseranfall und örtlichen Verhältnissen darf die Bemessung als Regelausführung (Regelfall) oder als Einzelnachweis (Sonderfall) durchgeführt werden. Bei verformbaren Dränschichten sind für den Nachweis des Abflusses und der Wasseraufnahme die Dicke und die Durchlässigkeitsbeiwert der Dränelemente zugrunde zu legen, die sich unter Beachtung des Zeitstandverhaltens für eine Belastungszeit von 50 Jahren ergeben wird. Diese Werte sind in Abhängigkeit von der Druckbelastung anzugeben.

6.2 Regelfall

Liegt nach Abschnitt 4.2 ein Regelfall vor, ist für den Wasserabfluß bei nichtmineralischen verformbaren Dränelementen mit dem Abflußspende q' vor Wänden bzw. q auf Decken oder unter Bodenplatten nach den Werten nach Tabelle 5 zu rechnen.

Tabelle 5. **Abflußspende zur Bemessung nichtmineralischer, verformbarer Dränelemente**

Lage	Abflußspende
vor Wänden	0,30 l/(s · m)
auf Decken	0,03 l/(s · m²)
unter Bodenplatten	0,005 l/(s · m²)

Für die Dränschicht aus mineralischen Baustoffen ergeben sich für den Regelfall die Beispiele für die Ausführungen nach Tabelle 6. Für Dränsteine aus haufwerksporigem Beton muß der Durchlässigkeitsbeiwert mindestens $4 \cdot 10^{-3}$ m/s betragen.

Tabelle 6. **Beispiele für die Ausführung und Dicke der Dränschicht mineralischer Baustoffe für den Regelfall**

Lage	Baustoff	Dicke in m min.
vor Wänden	Kiessand, z.B. Körnung 0/8 mm (Sieblinie A 8 oder 0/32 mm Sieblinie B 32 nach DIN 1045)	0,50
	Filterschicht, z.B. Körnung 0/4 mm (0/4 a nach DIN 4226 Teil 1) und Sickerschicht,	0,10
	z.B. Körnung 4/16 mm (nach DIN 4226 Teil 1)	0,20
	Kies, z.B. Körnung 8/16 mm (nach DIN 4226 Teil 1) und Geotextil	0,20
auf Decken	Kies, z.B. Körnung 8/16 mm (nach DIN 4226 Teil 1) und Geotextil	0,15
unter Bodenplatten	Filterschicht z.B. Körnung 0/4 mm (0/4 a nach DIN 4226 Teil 1) und Sickerschicht	0,10
	z.B. Körnung 4/16 mm (nach DIN 4226 Teil 1)	0,10
	Kies, z.B. Körnung 8/16 mm (nach DIN 4226 Teil 1) und Geotextil	0,15
um Dränrohre	Kiessand z.B. Körnung 0/8 mm (Sieblinie A 8 oder 0/32 mm Sieblinie B 32 nach DIN 1045)	0,15
	Sickerschicht z.B. Körnung 4/16 mm (nach DIN 4226 Teil 1) und Filterschicht	0,15
	z.B. Körnung 0/4 mm (0/4 a nach DIN 4226 Teil 1)	0,10
	Kies, z.B. Körnung 8/16 mm (nach DIN 4226 Teil 1) und Geotextil	0,10

Richtwerte für Dränleitungen und Kontrolleinrichtungen im Regelfall enthält Tabelle 7.

Tabelle 7. **Richtwerte für Dränleitungen und Kontrolleinrichtungen im Regelfall**

Bauteil	Richtwert min.
Dränleitung	Nennweite DN 100 Gefälle 0,5 %
Kontrollrohr	Nennweite DN 100
Spülrohr	Nennweite DN 300
Übergabeschacht	Nennweite DN 1000

6.3 Sonderfall

6.3.1 Abflußspende

Die Abflußspende für die Bemessung der flächigen Dränelemente darf nach den Tabellen 8 bis 10 geschätzt werden. Der entsprechende Bereich ist nach Bodenart und Bodenwasser bzw. Überdeckung festzulegen.

Tabelle 8. **Abflußspende vor Wänden**

Bereich	Bodenart und Bodenwasser Beispiel	Abflußspende q' in l/(s · m)
gering	sehr schwach durchlässige Böden *) ohne Stauwasser kein Oberflächenwasser	unter 0,05
mittel	schwach durchlässige Böden *) mit Sickerwasser kein Oberflächenwasser	von 0,05 bis 0,10
groß	Böden mit Schichtwasser oder Stauwasser wenig Oberflächenwasser	über 0,10 bis 0,30

*) Siehe DIN 18 130 Teil 1

Tabelle 9. **Abflußspende auf Decken**

Bereich	Überdeckung Beispiel	Abflußspende q in l/(s · m²)
gering	unverbesserte Vegetationsschichten (Böden)	unter 0,01
mittel	verbesserte Vegetationsschichten (Substrate)	von 0,01 bis 0,02
groß	bekieste Flächen	über 0,02 bis 0,03

Tabelle 10. **Abflußspende unter Bodenplatten**

Bereich	Bodenart Beispiel	Abflußspende q in l/(s · m²)
gering	sehr schwach durchlässige Böden *)	unter 0,001
mittel	schwach durchlässige Böden *)	von 0,001 bis 0,005
groß	durchlässige Böden *)	über 0,005 bis 0,010

*) Siehe DIN 18 130 Teil 1

6.3.2 Sickerschicht

Die Abflußspende q' in l/(s·m) in der Sickerschicht ergibt sich aus der Dicke d der Schicht, ihrem Durchlässigkeitsbeiwert k und dem hydraulischen Gefälle i zu:

$$q' = k \cdot i \cdot d.$$

Für die Bemessung vor der Wand ist das hydraulische Gefälle zu $i = 1$ anzusetzen, bei Decken ist das Deckengefälle maßgebend.

6.3.3 Dränleitung

Die erforderliche Nennweite für Dränleitungen mit runder Querschnittsform und einer Betriebsrauheit $k_b = 2$ mm darf z.B. nach Bild 5 ermittelt werden. Die Geschwindigkeit im Dränrohr bei Vollfüllung soll $v = 0,25$ m/s nicht unterschreiten.

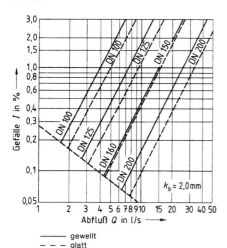

———— gewellt
– – – glatt

Bild 5. Bemessungsbeispiele für Dränleitungen mit runder Querschnittsform

6.3.4 Deckeneinläufe

Die Anzahl der Deckeneinläufe je Deckenfeld und deren Bemessung richtet sich nach DIN 1986 Teil 2 mit einem Abflußbeiwert von 1,0.

6.3.5 Sickerschacht

Die Durchlässigkeit des anstehenden sickerfähigen Bodens ist in der Regel zu ermitteln. Bei größerem Wasseranfall ist der Sickerschacht mit einem ausreichenden Speicherraum zu planen.

7 Baustoffe

Die Eignung der Baustoffe muß nachgewiesen werden. Soweit DIN-Normen und Güterichtlinien vorhanden sind, müssen die Baustoffe diesen entsprechen. Beispiele für Baustoffe sind in Tabelle 11 festgelegt.

8 Bauausführung

8.1 Dränleitungen

Vor dem Verlegen von Dränleitungen ist ein stabiles Rohrleitungsplanum im vorgesehenen Gefälle herzustellen. Für Rinnensteine ist ein Betonauflager notwendig. Die Dränleitungen werden in der Regel, am Tiefpunkt beginnend, geradlinig zwischen den Kontrolleinrichtungen verlegt. Auf

Tabelle 11. Beispiele von Baustoffen für Dränelemente

Bauteil	Art	Baustoff
Filterschicht	Schüttung	Mineralstoffe (Sand und Kiessand)
	Geotextilien	Filtervlies (z. B. Spinnvlies)
Sickerschicht	Schüttung	Mineralstoffe (Kiessand und Kies)
	Einzelelemente	Dränsteine (z. B. aus haufwerksporigem Beton) Dränplatten (z. B. aus Schaumkunststoff) Geotextilien (z. B. aus Spinnvlies)
Dränschicht	Schüttungen	Kornabgestufte Mineralstoffe Mineralstoffgemische (Kiessand, z. B. Körnung 0/8 mm, Sieblinie A 8 nach DIN 1045 oder Körnung 0/32 mm, Sieblinie B 32 nach DIN 1045)
	Einzelelemente	Dränsteine (z. B. aus haufwerksporigem Beton, gegebenenfalls ohne Filtervlies) Dränplatten (z. B. aus Schaumkunststoff, gegebenenfalls ohne Filtervlies)
	Verbundelemente	Dränmatten aus Kunststoff (z. B. Höckerprofilen mit Spinnvlies, Wirrgelege mit Nadelvlies, Gitterstrukturen mit Spinnvlies)
Dränrohr	gewellt oder glatt	Beton, Faserzement, Kunststoff, Steinzeug, Ton mit Muffen
	gelocht oder geschlitzt	allseitig (Vollsickerrohr) seitlich und oben (Teilsickerrohr)
	mit Filtereigenschaften	Kunststoffrohre mit Ummantelung Rohre aus haufwerksporigem Beton

Decken beginnt die Verlegung in den Tiefpunkten unmittelbar auf der Abdichtung oder deren Schutzschicht. Die Überwachung und Reinigung der gesamten Dränleitung muß möglich sein. Daher sind bei stumpfen Stößen und Einmündungen Muffen oder Kupplungen zu verwenden. Die Dränleitungen sind gegen Lageveränderung zu sichern, z. B. durch gleichzeitigen beidseitigen Einbau der Sickerschicht. Die erste Lage bis 0,15 m über Rohrscheitel ist von Hand leicht zu verdichten. Darüber darf ein Verdichtungsgerät eingesetzt werden.

8.2 Sickerschicht
8.2.1 Allgemeines

Der Anschluß der Sickerschicht ist vollflächig mit staufreiem Anschluß an die Dränleitung durchzuführen. Die Abdichtung darf nicht beschädigt werden.

8.2.2 Vor Wänden

Mineralstoffgemische (Sand/Kies) werden vor Wänden entweder im gesamten Arbeitsraum oder nur in Teilbereichen eingebaut. Entmischungen dürfen beim Einbau nicht auftreten. Entsprechend den Anforderungen an die Oberfläche ist zu verdichten.

Dränsteine sind vor Wänden im Verband so zu verlegen, daß die Kammern lotrecht ineinander übergehen.

Für Anschlüsse oder Aussparungen sind Formsteine zu verwenden. Dränsteine dürfen nur bis zu standsicherer Höhe errichtet werden. Bei größeren Wandhöhen muß abschnittsweise beigefüllt werden.

Dränplatten sind vor Wänden mit versetzten Fugen lückenlos zu verlegen und punktweise mit einem geeignetem Kleber zu befestigen.

Dränmatten werden vor Wänden stumpf gestoßen oder mit Überdeckung verlegt und sind entweder auf Dauer (z. B. durch Kleben) oder bis zum Abschluß der Baugrubenverfüllung (z. B. durch vorübergehende Befestigung oberhalb der Abdichtung) zu befestigen. Befestigungen durch die Abdichtung müssen gegen nichtdrückendes Wasser dicht sein. Die Überlappungen der Geotextilien sind gegen Abheben zu sichern. Ein sattes Anliegen am Bauwerk muß sichergestellt sein, was besonders an Knickpunkten zu beachten ist (z. B. durch Beschweren des Fußpunktes).

8.2.3 Auf Decken

Mineralstoffe sind auf Decken in erforderlicher Dicke einzubauen und leicht zu verdichten. Dränplatten und Dränsteine werden mit versetzten Stoßfugen lückenlos verlegt. Dränmatten werden dicht gestoßen und die Vliesüberlappungen gegen Abheben gesichert (z. B. durch Verklammern).

Randaufkantungen sind wie aufgehende Wände zu behandeln. Ist ein Traufstreifen nicht möglich, ist eine Sicherung gegen Verschmutzung vorzusehen.

8.2.4 Unter Bodenplatten

Das Planum ist eben unter Bodenplatten auszubilden und vor Aufweichen zu schützen. Geotextilien sind vollflächig und überlappt zu verlegen. Mineralstoffe sind in erforderlicher Dicke einzubauen und leicht zu verdichten.

8.3 Filterschicht

Die Filterschicht ist vollflächig und lückenlos auf und um die Sickerschicht bzw. das Dränelement zu verlegen. Bei Verwendung von Mineralstoffen darf keine Entmischung eintreten.

Filtervliese sind an den Stößen mindestens 0,1 m zu überlappen und durch Verklammern oder Verkleben miteinander zu verbinden.

8.4 Verfüllung

Die Verfüllung der Baugrube ist entsprechend den Anforderungen zu wählen und zu verdichten. Sie ist nach Einbau des Dräns umgehend vorzunehmen.

8.5 Prüfung

Die Dränanlage muß gegen Verschiebung, Beschädigung und Verschlammung geschützt werden. Nach der endgültigen Verfüllung der Baugrube muß die Funktionsfähigkeit der Dränleitungen, beispielsweise durch Spiegelung, überprüft werden. Das Prüfergebnis ist in einem Protokoll niederzuschreiben.

Zitierte Normen

DIN 1045	Beton und Stahlbeton; Bemessung und Ausführung
DIN 1986 Teil 2	Entwässerungsanlagen für Gebäude und Grundstücke; Bestimmungen für die Ermittlung der lichten Weiten und Nennweiten für Rohrleitungen
DIN 4021	Baugrund; Aufschluß durch Schürfe, Bohrungen sowie Entnahme von Proben
DIN 4022 Teil 1	Baugrund und Grundwasser; Benennen und Beschreiben von Boden und Fels; Schichtenverzeichnis für Bohrungen ohne durchgehende Gewinnung von gekernten Proben im Boden und Fels
DIN 4022 Teil 2	Baugrund und Grundwasser; Benennen und Beschreiben von Boden und Fels; Schichtenverzeichnis für Bohrungen im Fels (Festgestein)
DIN 4022 Teil 3	Baugrund und Grundwasser; Benennen und Beschreiben von Boden und Fels; Schichtenverzeichnis für Bohrungen mit durchgehender Gewinnung von gekernten Proben im Boden (Lockergestein)
DIN 4226 Teil 1	Zuschlag für Beton; Zuschlag mit dichtem Gefüge; Begriffe, Bezeichnungen und Anforderungen
DIN 18 130 Teil 1	Baugrund; Untersuchung von Bodenproben; Bestimmung des Wasserdurchlässigkeitsbeiwertes; Laborversuche
DIN 18 460	Regenfalleitungen außerhalb von Gebäuden und Dachrinnen; Begriffe, Bemessungsgrundlagen

Frühere Ausgaben

DIN 4095: 12.73
Beiblatt zu DIN 4095: 12.73

Änderungen

Gegenüber der Ausgabe Dezember 1973 und Beiblatt zu DIN 4095/12.73 wurden folgende Änderungen vorgenommen:
Grundlegende Überarbeitung unter Berücksichtigung der technischen Entwicklung von Dränelementen, wie Dränmatten, Dränplatten oder Dränsteine.

Internationale Patentklassifikation

E 02 B 11/00
E 02 D 31/00

Juli 2003

Wärmeschutz und Energie-Einsparung in Gebäuden

Teil 2: Mindestanforderungen an den Wärmeschutz

DIN
4108-2

ICS 91.120.10

Ersatz für
DIN 4108-2:2003-04

Thermal protection and energy economy in buildings —
Part 2: Minimum requirements to thermal insulation

Protection thermique et économie d'énergie dans
la construction immobilière —
Partie 2: Exigences minimales à l'insolation thermique

Fortsetzung Seite 2 bis 31.

Normenausschuss Bauwesen (NABau) im DIN Deutsches Institut für Normung e. V.

77

Inhalt

2

Vorwort

DIN 4108 „Wärmeschutz und Energie-Einsparung in Gebäuden" besteht aus:

— DIN 4108 Beiblatt 1: Inhaltsverzeichnisse, Stichwortverzeichnis

— DIN 4108 Beiblatt 2: Wärmebrücken, Planungs- und Ausführungsbeispiele

— Teil 1: Größen und Einheiten

— Teil 2: Mindestanforderungen an den Wärmeschutz

— Teil 3: Klimabedingter Feuchteschutz, Anforderungen und Hinweise für Planung und Ausführung

— Teil 4: Wärme- und feuchteschutztechnische Bemessungswerte (Vornorm)

— Teil 6: Berechnung des Jahresheizwärme- und des Jahresheizenergiebedarfs (Vornorm)

— Teil 7: Luftdichtheit von Bauteilen und Anschlüssen, Planungs- und Ausführungsempfehlungen sowie -beispiele (Vornorm)

— Teil 10: Werkmäßig hergestellte Wärmedämmstoffe (Vornorm)

ANMERKUNG   E DIN 4108-20 — siehe Literaturhinweise.

Der Wärmeschutz und die Energie-Einsparung umfassen alle Maßnahmen zur Verringerung der Wärmeübertragung durch die Umfassungsflächen eines Gebäudes und durch die Trennflächen von Räumen unterschiedlicher Temperaturen.

Durch Mindestanforderungen an den Wärmeschutz der Bauteile im Winter nach 4.2 in Verbindung mit DIN 4108-3 wird ein hygienisches Raumklima sowie ein dauerhafter Schutz der Baukonstruktion gegen klimabedingte Feuchte-Einwirkungen sichergestellt. Hierbei wird vorausgesetzt, dass die Räume entsprechend ihrer Nutzung ausreichend beheizt und belüftet werden.

Durch Mindestanforderungen an den baulichen Wärmeschutz im Sommer nach Abschnitt 8 wird eine hohe Erwärmung der Aufenthaltsräume infolge sommerlicher Wärmeentwicklung für die Erzielung von Behaglichkeit im Sommer sowie die Notwendigkeit einer Kühlung vermieden.

Der Wärmeschutz hat bei Gebäuden Bedeutung für

— die Gesundheit der Bewohner durch ein hygienisches Raumklima,

— den Schutz der Baukonstruktion vor klimabedingten Feuchte-Einwirkungen und deren Folgeschäden,

— einen geringeren Energieverbrauch bei Heizung und Kühlung,

— die Herstellungs- und Bewirtschaftungskosten.

Der Anhang A ist informativ.

3

Änderungen

Gegenüber DIN 4108-2:2001-03 wurden folgende Änderungen vorgenommen:

a) Festlegung baulicher Mindestanforderungen (siehe Tabelle 3);

b) Berücksichtigung von Wärmedämmsystemen als Umkehrdach unter Verwendung von Polystyrol-Extruderschäumen nach DIN 18164-1;

c) Berücksichtigung von Perimeterdämmung (außen liegende Wärmedämmung erdberührender Gebäudeflächen nicht unter Gebäudegründungen) unter Verwendung von Polystyrol-Extruderschäumen nach DIN 18164-1 oder Schaumglas nach DIN 18174;

d) Randbedingungen für die Berechnung von Rollladenkästen (siehe Abschnitt 5.3.7)

e) Anforderungen bei Wärmebrücken (siehe Abschnitt 6);

f) Anforderungen an die Luftdichtheit (siehe Abschnitt 7);

g) Anforderungen an den sommerlichen Wärmeschutz (siehe Abschnitt 8).

Änderungen

Gegenüber DIN 4108-2:2003-04 wurde folgende Berichtigung vorgenommen:

— Die Bilder 1 und 2 wurden ausgetauscht.

Frühere Ausgaben

DIN 4108: 1952-01, 1960-05, 1969-08

DIN 4108-2: 1981-08, 2001-03, 2003-04

1 Anwendungsbereich

Diese Norm legt die Mindestanforderungen an die Wärmedämmung von Bauteilen und bei Wärmebrücken in der Gebäudehülle fest und gibt wärmeschutztechnische Hinweise für die Planung und Ausführung von Aufenthaltsräumen in Hochbauten, die ihrer Bestimmung nach auf übliche Innentemperaturen ($\geq$ 19 °C) beheizt werden.

Für Gebäude mit niedrigen Innentemperaturen gilt 5.2.3.

Belüftete Nebenräume, die durch angrenzende Aufenthaltsräume indirekt beheizt werden, sind wie Aufenthaltsräume zu behandeln.

ANMERKUNG   Zahlenmäßige Festlegungen von Anforderungen an den energiesparenden Wärmeschutz sind Gegenstand öffentlich-rechtlicher Regelungen zum energiesparenden Bauen. Der Nachweis des energiesparenden Wärmeschutzes erfolgt nach DIN EN 832 unter Berücksichtigung der nationalen Bedingungen nach DIN V 4108-6.

Weiter gehende Festlegungen, z. B. Arbeitsschutz, sind von dieser Norm unberührt.

2 Normative Verweisungen

Diese Norm enthält durch datierte oder undatierte Verweisungen Festlegungen aus anderen Publikationen. Diese normativen Verweisungen sind an den jeweiligen Stellen im Text zitiert, und die Publikationen sind nachstehend aufgeführt. Bei datierten Verweisungen gehören spätere Änderungen oder Überarbeitungen dieser Publikationen nur zu dieser Norm, falls sie durch Änderung oder Überarbeitung eingearbeitet sind. Bei undatierten Verweisungen gilt die letzte Ausgabe der in Bezug genommenen Publikation (einschließlich Änderungen).

4

DIN 1053-1, *Mauerwerk — Teil 1: Berechnung und Ausführung.*

DIN 1946-2, *Raumlufttechnik — Gesundheitstechnische Anforderungen (VDI-Lüftungsregeln).*

DIN 1946-6, *Raumlufttechnik — Teil 6: Lüftung von Wohnungen, Anforderungen, Ausführung, Abnahme (VDI-Lüftungsregeln).*

DIN 4108 Beiblatt 2, *Wärmeschutz und Energie-Einsparung in Gebäuden — Wärmebrücken, Planungs- und Ausführungsbeispiele.*

DIN 4108-1, *Wärmeschutz im Hochbau — Teil 1: Größen und Einheiten.*

DIN 4108-3, *Wärmeschutz im Hochbau — Teil 3: Klimabedingter Feuchteschutz, Anforderungen und Hinweise für Planung und Ausführung.*

DIN V 4108-4:2002-02, *Wärmeschutz und Energie-Einsparung in Gebäuden — Teil 4: Wärme- und feuchteschutztechnische Bemessungswerte.*

DIN V 4108-6, *Wärmeschutz und Energie-Einsparung in Gebäuden — Teil 6: Berechnung des Jahresheizwärme- und des Jahresheizenergiebedarfs.*

DIN V 4108-7, *Wärmeschutz im Hochbau — Teil 7: Luftdichtheit von Bauteilen und Anschlüssen — Planungs- und Ausführungsempfehlungen sowie -beispiele.*

DIN 5034-1, *Tageslicht in Innenräumen — Teil 1: Allgemeine Anforderungen.*

DIN 18055, *Fenster — Fugendurchlässigkeit, Schlagregensicherheit und mechanische Beanspruchung — Anforderungen und Prüfung.*

DIN 18164-1, *Schaumkunststoffe als Dämmstoffe für das Bauwesen — Teil 1: Dämmstoffe für die Wärmedämmung.*

DIN 18174, *Schaumglas als Dämmstoff für das Bauwesen — Dämmstoffe für die Wärmedämmung.*

DIN 18530, *Massive Deckenkonstruktionen für Dächer — Planung und Ausführung.*

DIN 18540, *Abdichten von Außenwandfugen im Hochbau mit Fugendichtstoffen.*

DIN EN 410, *Glas im Bauwesen — Bestimmung der lichttechnischen und strahlungsphysikalischen Kenngrößen von Verglasungen; Deutsche Fassung EN 410:1998.*

DIN EN 832, *Wärmetechnisches Verhalten von Gebäuden — Berechnung des Heizenergiebedarfs — Wohngebäude; Deutsche Fassung EN 832:1998.*

DIN EN 12114, *Wärmetechnisches Verhalten von Gebäuden — Luftdurchlässigkeit von Bauteilen — Laborprüfverfahren; Deutsche Fassung EN 12114:2000.*

DIN EN 13829:2001-02, *Wärmetechnisches Verhalten von Gebäuden — Bestimmung der Luftdurchlässigkeit von Gebäuden — Differenzdruckverfahren (ISO 9972:1996, modifiziert); Deutsche Fassung EN 13829:2000.*

DIN EN ISO 6946, *Bauteile — Wärmedurchlasswiderstand und Wärmedurchgangskoeffizient — Berechnungsverfahren (ISO 6946:1996); Deutsche Fassung EN ISO 6946:1996.*

DIN EN ISO 7345, *Wärmeschutz — Physikalische Größen und Definitionen (ISO 7345:1987); Deutsche Fassung EN ISO 7345:1995.*

5

DIN EN ISO 10077-1, *Wärmetechnisches Verhalten von Fenstern, Türen und Abschlüssen — Berechnung des Wärmedurchgangskoeffizienten — Teil 1: Vereinfachtes Verfahren (ISO 10077-1:2000); Deutsche Fassung EN ISO 10077-1:2000.*

DIN EN ISO 10211-1, *Wärmebrücken im Hochbau — Wärmeströme und Oberflächentemperaturen — Teil 1: Allgemeine Berechnungsverfahren (ISO 10211-1:2001); Deutsche Fassung EN ISO 10211-1:2001.*

DIN EN ISO 10211-2, *Wärmebrücken im Hochbau — Berechnung der Wärmeströme und Oberflächentemperaturen — Teil 2: Linienförmige Wärmebrücken (ISO 10211-2:2001); Deutsche Fassung EN ISO 10211-2:2001.*

DIN EN ISO 13786, *Wärmetechnisches Verhalten von Bauteilen — Dynamisch-thermische Kenngrößen — Berechnungsverfahren (ISO 13786:1999); Deutsche Fassung EN ISO 13786:1999.*

E DIN EN ISO 13788, *Wärme- und feuchtetechnisches Verhalten von Bauteilen und Bauelementen — Raumseitige Oberflächentemperatur zur Vermeidung kritischer Oberflächenfeuchte und Tauwasserbildung im Bauteilinneren — Berechnungsverfahren (ISO 13788:2001); Deutsche Fassung EN ISO 13788:2001.*

DIN EN ISO 13789:1999-10, *Wärmetechnisches Verhalten von Gebäuden — Spezifischer Transmissionswärmeverlustkoeffizient — Berechnungsverfahren (ISO 13789:1999); Deutsche Fassung EN ISO 13789:1999.*

3 Begriffe, Symbole, Einheiten und Indizes

3.1 Begriffe

Für die Anwendung dieser Norm gelten die in DIN EN 832, DIN EN ISO 6946, DIN EN ISO 7345, DIN EN ISO 13786 und DIN V 4108-6 angegebenen und die folgenden Begriffe.

3.1.1
Systemgrenze
gesamte Außenoberfläche eines Gebäudes oder der beheizten Zone eines Gebäudes, über die eine Wärmebilanz mit einer bestimmten Raumtemperatur erstellt wird. Darin sind alle Räume, die direkt oder indirekt durch Raumverbund (wie z. B. Hausflure und Dielen) beheizt sind, inbegriffen

ANMERKUNG Räume, die bestimmungsgemäß nicht zur Beheizung vorgesehen sind, liegen außerhalb der Systemgrenze.

3.1.2
Mindestwärmeschutz
Maßnahme, die an jeder Stelle der Innenoberfläche der Systemgrenze bei ausreichender Beheizung und Lüftung unter Zugrundelegung üblicher Nutzung ein hygienisches Raumklima sicherstellt, so dass Tauwasserfreiheit und Schimmelpilzfreiheit an Innenoberflächen von Außenbauteilen im Ganzen und in Ecken gegeben ist.

ANMERKUNG Bei kurzfristig tieferen Temperaturen als in 6.2 angegeben kann vorübergehend Tauwasserbildung vorkommen.

3.1.3
energiesparender Wärmeschutz
Maßnahme, die den Heizenergiebedarf in einem Gebäude oder einer beheizten Zone bei entsprechender Nutzung nach vorgegebenen Anforderungen begrenzt

3.1.4
Heizwärmebedarf
rechnerisch ermittelte Wärmeeinträge über ein Heizsystem, die zur Aufrechterhaltung einer bestimmten mittleren Raumtemperatur in einem Gebäude oder in einer Zone eines Gebäudes benötigt werden. Dieser Wert wird auch als Netto-Heizenergiebedarf bezeichnet

ANMERKUNG Siehe auch 3.1.5.

6

3.1.5
Heizenergiebedarf
berechnete Energiemenge, die dem Heizsystem des Gebäudes zugeführt werden muss, um den Heizwärmebedarf abdecken zu können

3.1.6
Heizenergieverbrauch
über eine bestimmte Zeitspanne gemessener Wert an Heizenergie (Menge eines Energieträgers), der zur Aufrechterhaltung einer bestimmten Temperatur in einer Zone erforderlich ist

3.1.7
Sonneneintragskennwert
rechnerisch ermittelte Anforderungsgröße zur Bewertung des Sonnenenergie-Eintrags von transparenten Außenbauteilen in Hinblick auf die Vermeidung von Überhitzungen im Sommer

3.2 Symbole, Größen und Einheiten

Die Symbole, Größen und Einheiten sind in Tabelle 1 aufgeführt.

Tabelle 1 — Symbole, Größen und Einheiten

Größe	Symbol	Einheit
Fugendurchlasskoeffizient	a	—
Temperaturfaktor	f_{Rsi}	—
Wärmedurchlasswiderstand	R	$m^2 \cdot K/W$
Wärmeübergangswiderstand, innen	R_{si}	$m^2 \cdot K/W$
Wärmeübergangswiderstand, außen	R_{se}	$m^2 \cdot K/W$
Sonneneintragskennwert	S	—
Zuschlagswert zum Sonneneintragskennwert	ΔS	—
Wärmedurchgangskoeffizient	U	$W/(m^2 \cdot K)$
Abdeckwinkel	β	°
Celsius-Temperatur	θ	°C
Wärmeleitfähigkeit	λ	$W/(m \cdot K)$
Gesamtenergiedurchlassgrad	g	—
Gesamtenergiedurchlassgrad der Verglasung	g_V	—
Fensterflächenanteil	f	—
Abminderungsfaktor des Sonnenschutzes	F_C	—
Umfassungsfläche	A	m^2

7

3.3 Indizes

Die Indizes sind in Tabelle 2 aufgeführt.

Tabelle 2 — Indizes

Index	Bedeutung
a	auf die Umgebung bezogen
e	auf die Außenseite bezogen
AW	Außenwand
F	Rahmen
HF	Hauptfassade
i	auf die Innenseite bezogen
l	längenbezogen
max	Höchstwert
min	Mindestwert
$\angle$	geneigt
s	solar wirksam
total	gesamter
w	Fenster

4 Grundlagen des Mindestwärmeschutzes

4.1 Allgemeines

Der Wärmeschutz eines Raumes, d. h. der Wärmeverlust im Winter und die raumklimatische Belastung im Sommer, ist abhängig von

— dem Wärmedurchlasswiderstand bzw. dem Wärmedurchgangskoeffizienten der Bauteile (Wände, Decken, Fenster, Türen) und deren Anteil an der wärmeübertragenden Umfassungsfläche;

— der Anordnung der einzelnen Schichten bei mehrschichtigen Bauteilen sowie der wirksamen Wärmespeicherfähigkeit der Außen- und vor allem der raumumschließenden Flächen (Tauwasserbildung, sommerlicher Wärmeschutz, instationärer Heizbetrieb);

— dem erhöhten Wärmeschutz im Bereich der Wärmebrücken (Gebäudekanten, Deckenanbindungen, Fensterumrandungen) und den damit verbundenen reduzierten Innenoberflächen-Temperaturen, die auch die Schimmelbildung beeinflussen;

— dem Gesamtenergiedurchlassgrad von Verglasungen, Größe und Orientierung der Fenster unter Berücksichtigung von Sonnenschutzmaßnahmen;

— der Luftdichtheit von Bauteilen und deren Anschlüssen;

— der Lüftung.

8

4.2 Wärmeschutz im Winter

4.2.1 Wärmeschutztechnische Maßnahmen bei der Planung von Gebäuden

4.2.1.1 Der Heizwärmebedarf eines Gebäudes kann durch die Wahl der Lage des Gebäudes (Verminderung des Windangriffs infolge benachbarter Bebauung, Baumpflanzungen; Orientierung der Fenster zur Ausnutzung winterlicher Sonneneinstrahlung) vermindert werden.

Bei der Gebäudeform und -gliederung ist zu beachten, dass jede Vergrößerung der Außenflächen im Verhältnis zum beheizten Gebäudevolumen die spezifischen Wärmeverluste eines Gebäudes erhöht; daher haben z. B. stark gegliederte Baukörper einen vergleichsweise höheren Wärmebedarf als nicht gegliederte.

4.2.1.2 Der Energiebedarf für die Beheizung eines Gebäudes und ein hygienisches Raumklima werden erheblich von der Wärmedämmung der raumumschließenden Bauteile, insbesondere der Außenbauteile, der Vermeidung von Wärmebrücken, der Luftdichtheit der äußeren Umfassungsflächen, der Lüftung sowie von der Gebäudeform und -gliederung beeinflusst.

4.2.1.3 Angebaute Pufferräume, wie unbeheizte Glasvorbauten, reduzieren den Heizwärmebedarf der beheizten Kernzone, jedoch müssen die trennenden Bauteile die Anforderungen des Mindestwärmeschutzes erfüllen. Auch Trennwände und Trenndecken zu unbeheizten Fluren, Treppenräumen und Kellerabgängen benötigen einen ausreichenden Wärmeschutz.

4.2.1.4 Zur Vermeidung von Wärmeverlusten ist es zweckmäßig, vor Gebäudeeingängen Windfänge anzuordnen.

4.2.1.5 Eine Vergrößerung der Fensterfläche kann zu einem Ansteigen des Wärmebedarfs führen. Bei nach Süden, auch Südosten oder Südwesten orientierten Fensterflächen können infolge Sonneneinstrahlung die Wärmeverluste deutlich vermindert oder sogar Wärmegewinne erzielt werden.

4.2.1.6 Geschlossene, möglichst dichtschließende Fensterläden und Rollläden können den Wärmedurchgang durch Fenster vermindern.

4.2.1.7 Rohrleitungen für die Wasserversorgung, Wasserentsorgung und Heizung sowie Schornsteine sollten nicht in Außenwänden liegen. Bei Schornsteinen in Außenwänden ergibt sich die Gefahr einer Versottung, bei Wasser- und Heizleitungen die Gefahr des Einfrierens.

4.2.1.8 Bei ausgebauten Dachräumen mit Abseitenwänden sollte die Wärmedämmung in der Dachschräge bis zum Dachfußpunkt hinabgeführt werden.

4.2.2 Maßnahmen zum Tauwasser- und Schlagregenschutz

Der Wärmeschutz von Bauteilen darf durch Tauwasserbildung bzw. Niederschlagseinwirkung nicht unzulässig vermindert werden. Anforderungen an Bauteilausführungen und Maßnahmen enthält DIN 4108-3.

4.2.3 Hinweise zur Luftdichtheit von Außenbauteilen und zum Mindestluftwechsel

Durch undichte Anschlussfugen von Fenstern und Außentüren sowie durch sonstige Undichtheiten, z. B. Konstruktions-Fugen, insbesondere von Außenbauteilen und Rollladenkästen treten infolge des Luftaustauschs Wärmeverluste auf. Die Außenbauteile müssen nach den allgemein anerkannten Regeln der Technik luftdicht ausgeführt werden. Sie tragen in keinem Fall zum erforderlichen Luftaustausch des Gebäudes bei. Eine dauerhafte Abdichtung von Undichtheiten erfolgt nach DIN V 4108-7.

Die Fugendurchlässigkeit zwischen Flügelrahmen und Laibungsrahmen bei Fenstern und Fenstertüren wird durch den Fugendurchlasskoeffizienten a nach DIN 18055 bestimmt.

Auf ausreichenden Luftwechsel ist aus Gründen der Hygiene, der Begrenzung der Raumluftfeuchte sowie gegebenenfalls der Zuführung von Verbrennungsluft nach bauaufsichtlichen Vorschriften (z. B.

9

Feueranlagenverordnungen der Bundesländer) zu achten. Dies ist in der Regel der Fall, wenn während der Heizperiode ein auf das Luftvolumen innerhalb der Systemgrenze bezogener durchschnittlicher Luftwechsel von $0{,}5 \; h^{-1}$ bei der Planung sichergestellt wird.

ANMERKUNG   Hinweise zur Planung entsprechender Maßnahmen enthalten DIN 1946-2 und DIN 1946-6.

4.3 Wärmeschutz im Sommer

4.3.1 Allgemeines

Bei Gebäuden mit Wohnungen oder Einzelbüros und Gebäuden mit vergleichbarer Nutzung sind im Regelfall Anlagen zur Raumluftkonditionierung bei ausreichenden baulichen und planerischen Maßnahmen entbehrlich. Nur in besonderen Fällen (z. B. große interne Wärmequellen, große Menschenansammlungen, besondere Nutzungen) können Anlagen zur Raumluftkonditionierung notwendig werden.

4.3.2 Wärmeschutztechnische Maßnahmen bei der Planung von Gebäuden

4.3.2.1   Der sommerliche Wärmeschutz ist abhängig vom Gesamtenergiedurchlassgrad der transparenten Außenbauteile (Fenster und feste Verglasungen), ihrem Sonnenschutz, ihrem Anteil an der Fläche der Außenbauteile, ihrer Orientierung nach der Himmelsrichtung, ihrer Neigung bei Fenstern in Dachflächen, der Lüftung in den Räumen, der Wärmespeicherfähigkeit insbesondere der innen liegenden Bauteile sowie von den Wärmeleiteigenschaften der nichttransparenten Außenbauteile bei instationären Randbedingungen (tageszeitlicher Temperaturgang und Sonneneinstrahlung).

4.3.2.2   Große Fensterflächen ohne Sonnenschutzmaßnahmen und geringe Anteile insbesondere innen liegender wärmespeichernder Bauteile können im Sommer eine Überhitzung der Räume und Gebäude zur Folge haben.

Eine dunkle im Vergleich zu einer hellen Farbgebung unverschatteter Außenbauteile führt zu höheren Temperaturspannungen an der Außenoberfläche.

4.3.2.3   Ein wirksamer Sonnenschutz transparenter Außenbauteile kann durch die bauliche Gestaltung (z. B. auskragende Dächer, Balkone) oder mit Hilfe außen oder innen liegender Sonnenschutzvorrichtungen (z. B. Fensterläden, Rollläden, Jalousien, Markisen) und Sonnenschutzgläsern erreicht werden. Bei Fassaden und Dachflächenfenstern ist bei Ost-, Süd- und Westorientierungen ein wirksamer Sonnenschutz wichtig.

In Abhängigkeit von der Sonnenschutzmaßnahme ist aber darauf zu achten, dass die Innenraumbeleuchtung mit Tageslicht nicht unzulässig herabgesetzt wird (siehe auch DIN 5034-1). Sollte bei Büro-, Verwaltungs- und ähnlich genutzten Gebäuden eine für den Sommer erforderliche Tageslicht-Ergänzungsbeleuchtung erforderlich sein, sollte diese zur Vermeidung von sommerlichen Überhitzungen geregelt erfolgen.

ANMERKUNG   Horizontale Vorsprünge sind nur bei Südorientierung der transparenten Außenbauteile wirksam.

Räume mit nach zwei oder mehr Richtungen orientierten Fensterflächen, insbesondere Südost- oder Südwest-Orientierungen, sind im Allgemeinen ungünstiger als Räume mit einseitig orientierten Fensterflächen.

4.3.3 Sonneneintragskennwerte von Außenbauteilen mit transparenten Flächen

Die Sonneneintragskennwerte von Außenbauteilen mit transparenten Flächen werden durch den Fensterflächenanteil, den Gesamtenergiedurchlassgrad und die Sonnenschutzmaßnahmen bestimmt.

4.3.4 Solarenergiegewinnende Außenbauteile

Bei Außenbauteilen mit transparenter Wärmedämmung, Glasvorbauten, Trombewänden u. ä. ist durch geeignete Maßnahmen (jedoch keine Anlagen mit Kühlung) eine Überhitzung der Räume im Sommer infolge solarer Wärme-Einträge zu vermeiden.

10

4.3.5 Freie Lüftung

Das sommerliche Raumklima wird durch eine intensive Lüftung der Räume insbesondere während der Nacht-oder frühen Morgenstunden verbessert. Entsprechende Voraussetzungen (z. B. zu öffnende Fenster, geeignete Einrichtungen zur freien Lüftung) sollten daher vorgesehen werden.

4.3.6 Wirksame Wärmespeicherfähigkeit der Bauteile

Die Erwärmung der Räume eines Gebäudes infolge Sonneneinstrahlung und interner Wärmequellen (z. B. Beleuchtung, Personen) ist umso geringer, je speicherfähiger die Bauteile, die mit der Raumluft in Verbindung stehen, sind. Wirksam sind nur Bauteilschichten raumseits vor Wärmedämmschichten (siehe DIN EN ISO 13786).

Bei Außenbauteilen wirken sich außen liegende Wärmedämmschichten und innen liegende wärmespeicherfähige Schichten in der Regel günstig auf das sommerliche Raumklima aus.

5 Mindestanforderungen an den Wärmeschutz wärmeübertragender Bauteile

5.1 Wärmedurchlasswiderstand und Wärmedurchgangskoeffizient der Bauteile

Die Bestimmung des Wärmedurchlasswiderstandes und des Wärmedurchgangkoeffizienten der Bauteile erfolgt nach DIN EN ISO 6946.

Hierzu gehören die Werte nach DIN V 4108-4:2002-02, Tabelle 6 sowie die im Rahmen von Übereinstimmungsnachweisen festgelegten Werte.

5.2 Mindestwerte der Wärmedurchlasswiderstände nichttransparenter Bauteile

5.2.1 Anforderungen an ein- und mehrschichtige Massivbauteile

Die Grenzwerte, die bei Räumen nach Abschnitt 1 an Einzelbauteile mit einer flächenbezogenen Gesamtmasse von mindestens $100 \ kg/m^2$ gestellt werden, sind in Tabelle 3 angegeben.

5.2.2 Anforderungen an leichte Bauteile, Rahmen- und Skelettbauarten

Für Außenwände, Decken unter nicht ausgebauten Dachräumen und Dächern mit einer flächenbezogenen Gesamtmasse unter $100 \ kg/m^2$ gelten erhöhte Anforderungen mit einem Mindestwert des Wärmedurchlasswiderstandes $R \geq 1{,}75 \ m^2 \cdot K/W$. Bei Rahmen- und Skelettbauarten gelten sie nur für den Gefachbereich. In diesen Fällen ist für das gesamte Bauteil zusätzlich im Mittel $R = 1{,}0 \ m^2 \cdot K/W$ einzuhalten. Gleiches gilt für Rollladenkästen. Für den Deckel von Rollladenkästen ist der Wert von $R = 0{,}55 \ m^2 \cdot K/W$ einzuhalten.

Die Rahmen nichttransparenter Ausfachungen dürfen höchstens einen Wärmedurchgangskoeffizienten der Rahmenmaterialgruppe 2.1 nach DIN V 4108-4: 2002-02 aufweisen.

Der nichttransparente Teil der Ausfachungen von Fensterwänden und Fenstertüren, die mehr als 50 % der gesamten Ausfachungsfläche betragen, muss mindestens die Anforderungen nach Tabelle 3 erfüllen. Bei Flächenanteilen von weniger als 50 % muss der Wärmedurchlasswiderstand $R \geq 1{,}0 \ m^2 \cdot K/W$ sein.

11

5.2.3 Anforderungen für Gebäude mit niedrigen Innentemperaturen

Für Gebäude mit niedrigen Innentemperaturen ($12\ °C \leq \theta_i < 19\ °C$) gelten die Werte nach Tabelle 3. Hiervon ausgenommen ist der Wärmedurchlasswiderstand von Bauteilen nach Tabelle 3, Zeile 1. $R = 0{,}55\ \mathrm{m}^2 \cdot \mathrm{K/W}$ ist der Mindestwert für den Wärmedurchlasswiderstand. Die Anforderungen an den sommerlichen Wärmeschutz nach Abschnitt 8 sollten sinngemäß angewendet werden.

5.2.4 Anforderungen an Bauteile mit Wärmebrücken

Der Wärmedurchlasswiderstand wird nach DIN EN ISO 10211-1 und DIN EN ISO 10211-2 oder im Fall transparenter Bauteile nach DIN EN ISO 10077-1 berechnet.

12

Tabelle 3 — Mindestwerte für Wärmedurchlasswiderstände von Bauteilen

Spalte		1	2
Zeile		Bauteile	Wärmedurchlasswiderstand, R m²·K/W
1		Außenwände; Wände von Aufenthaltsräumen gegen Bodenräume, Durchfahrten, offene Hausflure, Garagen, Erdreich	1,2
2		Wände zwischen fremdgenutzten Räumen; Wohnungstrennwände	0,07
3	Treppenraumwände	zu Treppenräumen mit wesentlich niedrigeren Innentemperaturen (z. B. indirekt beheizte Treppenräume); Innentemperatur $\theta \leq 10$ °C, aber Treppenraum mindestens frostfrei	0,25
4		zu Treppenräumen mit Innentemperaturen $\theta > 10$ °C (z. B. Verwaltungsgebäuden, Geschäftshäusern, Unterrichtsgebäuden, Hotels, Gaststätten und Wohngebäude)	0,07
5	Wohnungstrenndecken, Decken zwischen fremden Arbeitsräumen; Decken unter Räumen zwischen gedämmten Dachschrägen und Abseitenwänden bei ausgebauten Dachräumen	allgemein	0,35
6		in zentralbeheizten Bürogebäuden	0,17
7	Unterer Abschluss nicht unterkellerter Aufenthaltsräume	unmittelbar an das Erdreich bis zu einer Raumtiefe von 5 m	0,90
8		über einen nicht belüfteten Hohlraum an cas Erdreich grenzend	
9		Decken unter nicht ausgebauten Dachräumen; Decken unter bekriechbaren oder noch niedrigeren Räumen; Decken unter belüfteten Räumen zwischen Dachschrägen und Abseitenwänden bei ausgebauten Dachräumen, wärmegedämmte Dachschrägen	
10		Kellerdecken; Decke gegen abgeschlossene, unbeheizte Hausflure u. ä.	
11	11.1	Decken (auch Dächer), die Aufenthaltsräume gegen die Außenluft abgrenzen — nach unten, gegen Garagen (auch beheizte), Durchfahrten (auch verschließbare) und belüftete Kriechkeller[a]	1,75
	11.2	nach oben, z. B. Dächer nach DIN 18530, Dächer und Decken unter Terrassen; Umkehrdächer nach 5.3.3. Für Umkehrdächer ist der berechnete Wärmedurchgangskoeffizient U nach DIN EN ISO 6946 mit den Korrekturwerten nach Tabelle 4 um ΔU zu berechnen.	1,2

[a] Erhöhter Wärmedurchlasswiderstand wegen Fußkälte.

5.3 Randbedingungen für die Berechnung

5.3.1 Wände

Der Mindestwärmeschutz muss an jeder Stelle vorhanden sein. Hierzu gehören u. a. auch Nischen unter Fenstern, Brüstungen von Fensterbauteilen, Fensterstürze, Wandbereich auf der Außenseite von Heizkörpern und Rohrkanälen, insbesondere für ausnahmsweise in Außenwänden angeordnete wasserführende Leitungen.

5.3.2 Außenschale bei Bauteilen mit Luftschicht

Für die Berechnung von Wand- und Deckenkonstruktionen mit ruhenden oder belüfteten Luftschichten gilt DIN EN ISO 6946.

5.3.3 Bauteile mit Abdichtungen

Bei der Berechnung des Wärmedurchlasswiderstandes R werden nur die raumseitigen Schichten bis zur Bauwerksabdichtung bzw. der Dachabdichtung berücksichtigt.

Ausgenommen sind die Dämmsysteme folgender Konstruktionen:

— Wärmedämmsysteme als Umkehrdach unter Verwendung von Dämmstoffplatten aus extrudergeschäumtem Polystyrolschaumstoff nach DIN 18164-1 und DIN V 4108-4:2002-02, die mit einer Kiesschicht oder mit einem Betonplattenbelag (z. B. Gehwegplatten) in Kiesbettung oder auf Abstandhaltern abgedeckt sind. Die Dämmplatten sind einlagig auf ausreichend ebenem Untergrund zu verlegen. Die Dachentwässerung ist so auszubilden, dass ein langfristiges Überstauen der Wärmedämmplatten ausgeschlossen ist. Ein kurzfristiges Überstauen (während intensiver Niederschläge) kann als unbedenklich angesehen werden. Bei der Berechnung des Wärmedurchgangskoeffizienten eines Umkehrdaches ist der errechnete Wärmedurchgangskoeffizient U um einen Betrag ΔU in Abhängigkeit des prozentualen Anteils des Wärmedurchlasswiderstandes unterhalb der Abdichtung am Gesamtwärmedurchlasswiderstand nach Tabelle 4 zu erhöhen. Bei leichter Unterkonstruktion mit einer flächenbezogenen Masse unter $250\ \mathrm{kg/m^2}$ muss der Wärmedurchlasswiderstand unterhalb der Abdichtung mindestens $0,15\ \mathrm{m^2\,K/W}$ betragen.

— Wärmedämmsysteme als Perimeterdämmung (außen liegende Wärmedämmung erdberührender Gebäudeflächen außer unter Gebäudegründungen), unter Anwendung von Dämmstoffplatten aus extrudergeschäumtem Polystyrolschaumstoff nach DIN 18164-1 und DIN V 4108-4:2002-02 und Schaumglas nach DIN 18174, wenn die Perimeterdämmung nicht ständig im Grundwasser liegt. Langanhaltendes Stauwasser oder drückendes Wasser ist im Bereich der Dämmschicht zu vermeiden. Die Dämmplatten müssen dicht gestoßen im Verband verlegt werden und eben auf dem Untergrund aufliegen. Platten aus Schaumglas sind miteinander vollfugig und an den Bauteilflächen großflächig mit Bitumenkleber zu verkleben. Die Oberfläche der verlegten, unbeschichteten Schaumglasplatten ist vollflächig mit einer bituminösen, frostbeständigen Deckbeschichtung zu versehen. Diese entfällt bei werkseitig beschichteten Platten, wenn es sich um eine mit Bitumen aufgebrachte Beschichtung handelt.

14

Tabelle 4 — Zuschlagswerte für Umkehrdächer

Anteil des Wärmedurchlasswiderstandes raumseitig der Abdichtung am Gesamtwärmedurchlasswiderstand %	Zuschlagswert, ΔU W/(m² · K)
unter 10	0,05
von 10 bis 50	0,03
über 50	0

5.3.4 Oberste Geschossdecken

Bei Gebäuden mit nicht ausgebauten Dachräumen, bei denen die oberste Geschossdecke mindestens einen Wärmeschutz nach Zeile 6 in Tabelle 3 oder nach den erhöhten Anforderungen für leichte Bauteile erhält, ist zur Erfüllung der Mindestanforderungen ein Wärmeschutz der Dächer nicht erforderlich.

5.3.5 Fußböden und Bodenplatten

Für Bauteile, die an das Erdreich grenzen, wird der Mindestwärmeschutz aus den raumseitigen Schichten zur Abdichtung berechnet. Bei einer Perimeterdämmung geht ergänzend die Wärmedämmschicht außerhalb der Abdichtung in die Berechnung ein.

5.3.6 Fenster, Fenstertüren und Türen

Außen liegende Fenster und Türen von beheizten Räumen sind mindestens mit Isolier- oder Doppelverglasung auszuführen.

5.3.7 Rollladenkästen

Einbau- und Aufsatzkästen: An den Schnittstellen zwischen Rollladenkasten (unabhängig vom Material) und Baukörper (oben und seitlich am Rollladenkasten) ist der Temperaturfaktor $f_{Rsi} \geq 0,70$ einzuhalten. Dies gilt auch an der Schnittstelle Rollladenkasten zu oberem Fensterprofil.

Vorsatzkästen: An den Schnittstellen zwischen Fensterelement inkl. Vorsatzkasten und Baukörper ist der Temperaturfaktor $f_{Rsi} \geq 0,70$ einzuhalten.

Berücksichtigung im wärmetechnischen Nachweis:

a) Rollladenkästen können als flächige Bauteile im wärmeschutztechnischen Nachweis mit ihrem U-Wert und ihrer Fläche angesetzt werden, siehe Bild 1.

b) Alternativ zu a) können Rollladenkästen beim wärmeschutztechnischen Nachweis übermessen werden (die Wandfläche geht dann, von oben kommend, bei Einbau- und Aufsatzkästen bis zur Unterkante des Rollladenkastens und bei Vorsatzkästen bis zur lichten Fensteröffnung, siehe Bild 2). Der Einfluss des Rollladenkastens inkl. Einbausituation wird dann bei den Wärmebrücken berücksichtigt; dabei stehen folgende Möglichkeiten zur Auswahl:

   1) Berücksichtigung mittels $\Delta U_{WB} = 0,05$ W/(m²·K), wenn der Rollladenkasten und die Einbausituation den Hinweisen von DIN 4108 Beiblatt 2 entsprechen;

15

2) Berücksichtigung mittels ΔU_{WB} = 0,10 W/(m²·K), wenn der Rollladenkasten oder die Einbausituation nicht den Hinweisen von DIN 4108 Beiblatt 2 entsprechen;

3) bei der detaillierten Berücksichtigung von Wärmebrücken mittels ψ-Werten kann der Einfluss des Rollladenkastens inkl. Einbausituation als Wirkung einer linienförmigen Wärmebrücke betrachtet werden. Dabei wird ein kombiniertes ψ für den Einfluss von einbindender Decke bzw. Massivsturz, daran angesetztem oder vorgesetztem Rollladenkasten und Einbausituation verwendet.

Hinweis: Wärmeschutztechnische Eigenschaften von Vorsatzkästen können nur unter Miterfassung der Einbausituation angegeben und nachgewiesen werden. Die Darstellungen in den Bildern 1 und 2 gelten sinngemäß auch für andere Anordnungen des Kastens.

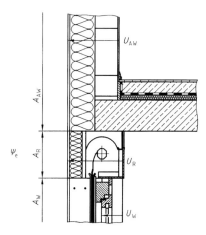

Bild 1 — Flächendefinition beim Rollladenkasten (beim Einbaukasten) mit Fläche und eigenem U-Wert

16

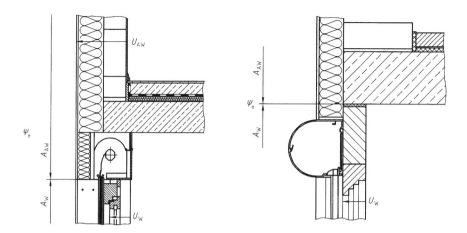

Bild 2 — Flächendefinition beim Übermessen des Rollladenkastens (links: beim Einbaukasten; rechts: beim Vorsatzkasten)

5.3.8 Fassaden aus Pfosten-Riegel-Konstruktionen

Außenfassaden von beheizten Räumen in Pfosten-Riegel-Konstruktionen oder Fensterfassaden (geschosshoch) sind mindestens in wärmetechnisch getrennten Aluminiumprofilen auszuführen. Die Konstruktion ist im transparenten Bereich mindestens mit Isolier- oder Doppelverglasung auszufachen. Der Wärmedurchlasswiderstand im nichttransparenten Ausfachungsbereich muss Tabelle 3, Zeile 1 entsprechen.

6 Mindestanforderungen an den Wärmeschutz im Bereich von Wärmebrücken

6.1 Vermeidung extrem niedriger Innenoberflächen-Temperaturen

Wärmebrücken können in ihrem thermischen Einflussbereich zu deutlich niedrigeren raumseitigen Oberflächentemperaturen und zu Tauwasserniederschlag und zur Schimmelbildung sowie zu erhöhten Transmissionswärmeverlusten führen. Um das Risiko der Schimmelbildung durch konstruktive Maßnahmen zu verringern, sind die in 6.2 angegebenen Anforderungen einzuhalten. Eine gleichmäßige Beheizung und ausreichende Belüftung der Räume sowie eine weitgehend ungehinderte Luftzirkulation an den Außenwandoberflächen werden vorausgesetzt.

6.2 Maßnahmen zur Vermeidung von Schimmelpilzbildung

Ecken von Außenbauteilen mit gleichartigem Aufbau, deren Einzelkomponenten die Anforderungen nach Tabelle 3 erfüllen, bedürfen keines gesonderten Nachweises. Alle konstruktiven, formbedingten und stoffbedingten Wärmebrücken, die beispielhaft in DIN 4108 Beiblatt 2 aufgeführt sind, sind ausreichend wärmegedämmt. Es muss kein zusätzlicher Nachweis geführt werden. Für alle davon abweichenden Konstruktionen muss der Temperaturfaktor an der ungünstigsten Stelle die Mindestanforderung $f_{Rsi} \geq 0,70$ erfüllen, d. h., bei den unten angegebenen Randbedingungen ist eine raumseitige Oberflächentemperatur von $\theta_{si} \geq 12,6 \,^\circ C$ einzuhalten. Fenster sind davon ausgenommen. Für sie gilt DIN EN ISO 13788.

Der Temperaturfaktor f_{Rsi} ergibt sich nach DIN EN ISO 10211-2, d. h.

17

$$f_{Rsi} = \frac{\theta_{si} - \theta_e}{\theta_i - \theta_e}$$ (1)

Dabei ist

θ_{si} die raumseitige Oberflächentemperatur;

θ_i die Innenlufttemperatur;

θ_e die Außenlufttemperatur.

Es liegen folgende Randbedingungen zu Grunde:

—   Innenlufttemperatur θ_i = 20 °C;

—   relative Luftfeuchte innen φ_i = 50 %;

—   auf der sicheren Seite liegende kritische zugrunde gelegte Luftfeuchte nach DIN EN ISO 13788 für Schimmelpilzbildung auf der Bauteiloberfläche φ_{si} = 80 %;

—   Außenlufttemperatur $\theta_e = -5$ °C;

—   Wärmeübergangswiderstand, innen;

    R_{si} = 0,25 m$^2 \cdot$ K/W (beheizte Räume);

    R_{si} = 0,17 m$^2 \cdot$ K/W (unbeheizte Räume);

—   Wärmeübergangswiderstand, außen R_{se} = 0,04 m$^2 \cdot$ K/W.

Bei Wärmebrücken in Bauteilen, die an das Erdreich oder an unbeheizte Kellerräume und Pufferzonen grenzen, muss von den in Tabelle 5 angegebenen Randbedingungen ausgegangen werden.

Tabelle 5 — Temperaturrandbedingungen zur Wärmebrückenberechnung

Gebäudeteil bzw. Umgebung	Temperatur[a], θ °C
Keller	10
Erdreich	10
Unbeheizte Pufferzone	10
Unbeheizter Dachraum	– 5
[a] Randbedingung nach DIN EN ISO 10211-1	

Die Tauwasserbildung ist vorübergehend und in kleinen Mengen an Fenstern sowie Pfosten-Riegel-Konstruktionen zulässig, falls die Oberfläche die Feuchtigkeit nicht absorbiert und entsprechende Vorkehrungen zur Vermeidung eines Kontaktes mit angrenzenden empfindlichen Materialien getroffen werden.

Für übliche Verbindungsmittel, wie z. B. Nägel, Schrauben, Drahtanker, sowie beim Anschluss von Fenstern an angrenzende Bauteile und für Mörtelfugen von Mauerwerk nach DIN 1053-1 braucht für den

Mindestwärmeschutz kein Nachweis der Wärmebrückenwirkung geführt zu werden. Siehe hierzu auch DIN 4108 Beiblatt 2.

6.3 Vermeidung erhöhter Transmissionswärmeverluste

6.3.1 Wärmebrücken können in Gebäuden hohe Transmissionswärmeverluste bewirken. Wegen der begrenzten Flächenwirkung kann der Wärmeverlust dreidimensionaler Wärmebrücken in der Regel vernachlässigt werden; derjenige von zweidimensionalen Wärmebrücken ist jedoch zu überprüfen. Der Nachweis erhöhter Transmissionswärmeverluste erfolgt bauteilbezogen nach DIN EN ISO 10211-2 bzw. mittels eines pauschalierten Ansatzes für das gesamte Gebäude nach DIN V 4108-6.

6.3.2 Für die Berechnung der Transmissionswärmeverluste sind Korrekturwerte nach DIN EN ISO 6946 zu berücksichtigen.

6.3.3 Bauteile nach DIN 4108 Beiblatt 2 gelten als ausreichend gedämmt. Ohne zusätzliche Wärmedämm-Maßnahmen sind auskragende Balkonplatten, Attiken, freistehende Stützen sowie Wände mit $\lambda > 0,5 \ \text{W/(m} \cdot \text{K)}$, die in den ungedämmten Dachbereich oder ins Freie ragen, unzulässig.

7 Anforderungen an die Luftdichtheit von Außenbauteilen

Bei Fugen in der wärmeübertragenden Umfassungsfläche des Gebäudes, insbesondere auch bei durchgehenden Fugen zwischen Fertigteilen oder zwischen Ausfachungen und dem Tragwerk, ist dafür Sorge zu tragen, dass diese Fugen nach dem Stand der Technik dauerhaft und luftundurchlässig abgedichtet sind (siehe auch DIN 18540).

Aus einzelnen Teilen zusammengesetzte Bauteile oder Bauteilschichten (z. B. Holzschalungen) müssen unter Beachtung von DIN V 4108-7 luftdicht ausgeführt sein.

Die Luftdichtheit von Bauteilen kann nach DIN EN 12114, von Gebäuden nach DIN EN 13829 (siehe auch Literaturhinweise) bestimmt werden. Der aus Messergebnissen abgeleitete Fugendurchlasskoeffizient von Bauteilanschlussfugen muss kleiner als 0,1 m^3/mh $(daPa^{2/3})$ sein.

Bei Fenstern und Fenstertüren gelten die Anforderungen nach DIN 18055. Bei Außentüren muss der Fugendurchlasskoeffizient $a \leq 2,0$ m^3/mh $(daPa^{2/3})$ sein, da eine Funktionsfuge vorliegt.

8 Mindestanforderung an den sommerlichen Wärmeschutz

8.1 Allgemeines

Im Zusammenhang mit allgemeinen Energie-Einsparungmaßnahmen im Hochbau muss darauf geachtet werden, dass durch bauliche Maßnahmen, verbunden mit der Nutzung eines Gebäudes, nicht unzumutbare Temperaturbedingungen in Gebäuden entstehen, die relativ aufwendige apparative und energie-intensive Kühlmaßnahmen zur Folge haben. Daher macht es Sinn, dass bereits in der Planungsphase eines Gebäudes der sommerliche Wärmeschutz mit einbezogen wird, damit bereits durch bauliche Maßnahmen weitgehend verhindert wird, dass unzumutbar hohe Innentemperaturen entstehen. Es handelt sich um ein Nachweisverfahren mit standardisierten Randbedingungen. Im Einzelfall kann es zu Überschreitungen der unten genannten Werte kommen.

Um regionale Unterschiede der sommerlichen Klimaverhältnisse zu berücksichtigen, wird eine Differenzierung der Grenzwertanforderung nach drei Klimaregionen für das Gebiet der Bundesrepublik Deutschland vorgenommen:

— sommerkühle,

— gemäßigte und

— sommerheiße

Gebiete.

Mit den hier definierten Anforderungen an die thermische Behaglichkeit im Sommer bleiben andere technische Regelwerke davon unberührt.

Der Grenzwert der Innentemperatur, der an nicht mehr als 10 % der Aufenthaltszeit (bei Wohngebäuden üblicherweise 24 h/d; bei Büroräumen üblicherweise 10 h/d) in beheizten Gebäuden überschritten werden soll, ist aus Tabelle 6 ersichtlich. Das sommerliche Außenklima wird für das Gebiet Deutschlands nach drei Sommer-Regionen (A, B und C), gebildet aus den 15 Klimaregionen nach DIN V 4108-6, wie in Bild 3 angegeben, unterschieden.

Tabelle 6 — Zugrunde gelegte Grenzwerte der Innentemperaturen für die Sommer-Klimaregionen

Sommer-Klimaregion	Merkmal der Region	Grenzwert der Innentemperatur in °C	Höchstwert der mittleren monatlichen Außentemperatur θ in °C
A	sommerkühl	25	$\theta \leq 16{,}5$
B	gemäßigt	26	$16{,}5 < \theta < 18$
C	sommerheiß	27	$\theta \geq 18$

ANMERKUNG   Eine unterschiedliche Festlegung des Grenzwertes der Innentemperatur ist wegen der Adaption des Menschen an das vorherrschende Außenklima gewählt. Würde in allen Regionen dieselben Anforderungen an das sommerliche Raumklima wie in der sommerkühlen Region gestellt, könnten in den wärmeren Klimaregionen keine für die Tageslichtbeleuchtung ausreichenden Fenstergrößen zugelassen werden.

20

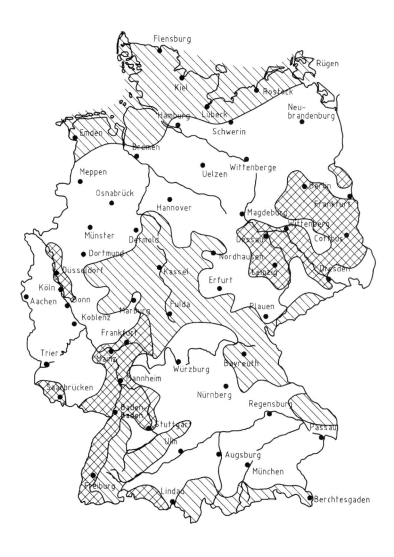

Legende:

Region A   Region B   Region C

Bild 3 — Sommer-Klimaregionen, die für den sommerlichen Wärmeschutznachweis gelten

21

8.2 Bereiche der Anwendung

Der Nachweis für die Begrenzung der solaren Wärmeeinträge ist für "kritische" Räume bzw. Raumbereiche an der Außenfassade, die der Sonneneinstrahlung besonders ausgesetzt sind, durchzuführen.

Nicht geführt werden kann der Nachweis mit dem hier vorliegenden vereinfachten Verfahren, wenn die für den Nachweis in Frage kommenden Räume oder Raumbereiche in Verbindung mit folgenden baulichen Einrichtungen stehen:

— Unbeheizte Glasvorbauten;
— Wird der beheizte Gebäudebereich nur über den unbeheizten Glasvorbau belüftet, so gilt der Nachweis für den angrenzenden Raum als erfüllt, wenn der unbeheizte Glasvorbau einen Sonnenschutz mit einem Abminderungsfaktor kleiner gleich 0,30 und Lüftungsöffnungen im obersten und untersten Glasbereich hat, die zusammen mindestens 10 % der Glasfläche ausmachen.

— Wird der Raum nicht über den unbeheizten Glasvorbau belüftet, kann der Nachweis geführt werden, als ob der unbeheizte Glasvorbau nicht vorhanden wäre.

— Doppelfassaden oder
— transparente Wärmedämmsysteme (TWD).

Bei Gebäuden mit Anlagen zur Kühlung müssen die Anforderungen des sommerlichen Wärmeschutzes nach 8.6 ebenfalls erfüllt werden, soweit es unter Ausschöpfung aller baulichen Möglichkeiten machbar ist.

Der Nachweis ist bei Bedarf mit Hilfe genauerer, ingenieurmäßiger Berechnungsverfahren unter Beachtung der Randbedingungen (siehe 8.4) zu führen. Die Anwendung solcher Verfahren ist generell zulässig.

8.3 Bedingung des sommerlichen Wärmeschutznachweises

Der hier anzuwendende vereinfachte Nachweis für die Begrenzung der solaren Wärmeeinträge ist für kritische Räume bzw. Raumbereiche an der Außenfassade, die der Sonneneinstrahlung besonders ausgesetzt sind, durchzuführen, wobei auch Dachflächen, sofern sie zu Wärmeeinträgen beitragen, mit zu berücksichtigen sind. Damit in Gebäuden nach 8.2 zumutbare Temperaturen nur selten überschritten werden und möglichst keine Kühlungs-Anlagentechnik benötigt wird, darf der raumbezogene Sonneneintragskennwert (siehe 8.5) einen Höchstwert nicht überschreiten.

Liegt der Fensterflächenanteil unter den in Tabelle 7 angegebenen Grenzen, so kann auf einen Nachweis verzichtet werden. Der mögliche Verzicht gilt ebenfalls bei Ein- und Zweifamilienhäuser, deren Fenster in Ost-, Süd- oder Westorientierung mit außenliegenden Sonnenschutzvorrichtungen mit einem Abminderungsfaktor $F_C \leq 0,3$ (siehe Tabelle 8) ausgestattet sind.

22

Tabelle 7 — Zulässige Werte des Grundflächen bezogenen Fensterflächenanteils, unterhalb dessen auf einen sommerlichen Wärmeschutznachweis verzichtet werden kann

Spalte	1	2	3
Zeile	Neigung der Fenster gegenüber der Horizontalen	Orientierung der Fenster[b]	Grundflächen bezogener Fensterflächenanteil[a] $f_{AG}\%$
1	Über 60° bis 90°	Nord-West- über Süd bis Nord-Ost	10
2		Alle anderen Nordorientierungen	15
3	von 0° bis 60°	Alle Orientierungen	7

ANMERKUNG Den angegebenen Fensterflächenanteilen liegen Klimawerte der Klimaregion B nach DIN V 4108-6 zugrunde.

[a] Der Fensterflächenanteil f_{AG} ergibt sich aus dem Verhältnis der Fensterfläche (vgl. Bild 4) zu der Grundfläche des betrachteten Raumes oder der Raumgruppe. Sind beim betrachteten Raum bzw. der Raumgruppe mehreren Fassaden oder z.B. Erker vorhanden, ist f_{AG} aus der Summe aller Fensterflächen zur Grundfläche zu berechnen.

[b] Sind beim betrachteten Raum mehrere Orientierungen mit Fenster vorhanden, ist der kleinere Grenzwert für f_{AG} bestimmend.

8.4 Randbedingungen

Zur Sicherstellung eines ausreichenden baulichen sommerlichen Wärmeschutzes auch bei Verwendung von Raumkühlung, müssen die Anforderungen dieser Norm eingehalten werden, wozu die nachfolgenden Randbedingungen für genauere ingenieurmäßige Berechnungsverfahren heranzuziehen sind:

a) Soll-Raumtemperatur für Heizzwecke (ohne Nachtabsenkung): 20 °C;

b) Klimazonen:
Das sommerliche Außenklima wird für das Gebiet Deutschlands nach drei Regionen, wie in Tabelle 6 angegeben, unterschieden. Dabei sind die 15 Klimaregionen nach DIN V 4108-6 zusammengefasst worden.

c) Luftwechselrate im Sommer:
Grundluftwechselrate nach DIN V 4108-6.
Überschreitet die Raumtemperatur 23 °C, kann die mittlere Luftwechselrate während der Aufenthaltszeit bis auf $n = 3$ h^{-1} erhöht werden, um eine Überhitzung des Raumes durch erhöhte Lüftung zu vermeiden. Noch höhere Luftwechselraten als $n = 3$ h^{-1} sind aus praktikablen Gründen nicht mehr sinnvoll und dürfen daher nicht in Ansatz gebracht werden. Außerhalb der Aufenthaltszeit ist mit einer Luftwechselrate von $n = 0,3$ h^{-1} zu rechnen, sofern keine genaueren Angaben zur Luftdichtigkeit vorhanden sind. Nur wenn außerhalb der Aufenthaltszeit die Luftwechselrate erhöht werden kann, darf mit einer mittleren Luftwechselrate von höchstens $n = 2$ h^{-1} gerechnet werden.

d) Interne Wärmegewinne:
Der mittlere interne Wärmegewinn ist bezogen auf die jeweils betrachtete Nettogrundfläche für:
Wohngebäude   120 Wh/(m²d);
Nichtwohngebäude   144 Wh/(m²d)

23

e) Nettogrundfläche und Raumtiefe:
   Die Nettogrundfläche A_G wird mit Hilfe der lichten Raummaße ermittelt. Bei sehr tiefen Räumen muss die für den Nachweis anzusetzende Raumtiefe begrenzt werden. Die größte anzusetzende Raumtiefe ist mit der dreifachen lichten Raumhöhe zu bestimmen. Bei Räumen mit gegenüberliegenden Fassaden ergibt sich keine Begrenzung der anzusetzenden Raumtiefe, wenn der Fassadenabstand kleiner/gleich der sechsfachen lichten Raumhöhe ist. Ist der Fassadenabstand größer als die sechsfache lichte Raumhöhe muss der Nachweis für die beiden der jeweiligen sich ergebenden fassadenorientierten Raumbereiche durchgeführt werden. Bei der Ermittlung der wirksamen Wärmespeicherfähigkeit sind die raumumschließenden Bauteile nur soweit zu berücksichtigen, wie sie das Volumen bestimmen, das aus der Nettogrundfläche A_G und lichter Raumhöhe gebildet wird.

f) Fensterrahmenanteil:
   Das vereinfachte Verfahren mittels des Sonneneintragskennwertes S ist für Fenster mit einem Rahmenanteil von 30 % abgeleitet worden. Näherungsweise kann dieses Verfahren auch angewendet werden bei Gebäuden mit Fenstern, die einen Rahmenanteil ungleich 30 % haben. Soll der Einfluss des Fensterrahmenanteils genauer berücksichtigt werden, muss auf genauere, ingenieurmäßige Berechnungsverfahren unter Berücksichtigung der anzusetzenden Randbedingungen zurückgegriffen werden.

g) Fensterfläche:
   Zur Bestimmung der Fensterfläche A_W wird das Maß bis zum Anschlag des Blendrahmens verwendet. Als lichtes Rohbaumaß gilt das Maueröffnungsmaß, bei dem das Fenster angeschlagen wird (siehe Bild 1). Dabei sind Putz oder ggf. vorhandene Verkleidungen (z. B. Gipskartonplatten beim Holzbau) nicht zu berücksichtigen. Von der so ermittelten Fenstergröße kann auch (unter Berücksichtigung der Einbaufuge) auf das zu bestellende Fenster geschlossen werden.

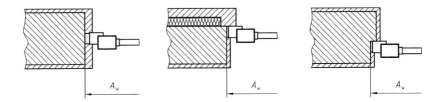

Bild 4 — Ermittlung des lichten Rohbaumaßes bei Fensteröffnungen (stumpfer Anschlag, zweischaliges Mauerwerk, mit Innenanschlag) A_w **= Fensterfläche (Index w – window, Fenster)**

Bei Dachflächenfenstern kann analog das Außenmaß des Blendrahmens als lichtes Rohbaumaß angenommen werden. Dies gilt unabhängig vom Glasanteil und der Rahmenausbildung.

8.5 Bestimmung des Sonneneintragkennwertes

Der sommerliche Wärmeschutz ist abhängig vom Sonneneintragskennwert der transparenten Außenbauteile und der Bauart. Der Sonneneintragskennwert hängt von folgenden Größen ab:

— Gesamtenergiedurchlässigkeit der Verglasung

— Wirksamkeit der Sonnenschutzvorrichtung

— dem Verhältnis von Fensterfläche zu Grundfläche des Raumes.

Die zulässige Grenzwert der Innentemperatur hängt darüber hinaus von der sommerlichen Klimaregion ab (siehe Tabelle 6 und Bild 3).

24

Weitere Einflussgrößen auf den höchstens zulässigen Sonneneintragskennwert S_{max} sind:

— die wirksame Wärmespeicherfähigkeit der raumumschließenden Flächen

— die Lüftung, insbesondere in der zweiten Nachthälfte

— die Fensterorientierung und –neigung

— die internen Wärmequellen

Die Einflüsse werden mit Zuschlagwerten S_x berücksichtigt (siehe Tabelle 9). Die Summe ergibt den Höchstwert S_{zul}.

Für den bezüglich sommerlicher Überhitzung zu untersuchenden Raum oder der Raumbereiche ist der Sonneneintragskennwert S nach Gleichung (2) zu ermitteln.

$$S = \frac{\sum_j (A_{w,j} \cdot g_{total,j})}{A_G} \tag{2}$$

Dabei ist

A_w die Fensterfläche, in m²; siehe Bild 1;

g_{total} der Gesamtenergiedurchlassgrad der Verglasung einschließlich Sonnenschutz, berechnet nach Gleichung (3) bzw. nach E DIN EN 13363-1 oder angelehnt nach DIN EN 410 bzw. zugesicherten Herstellerangaben;

A_G die Nettogrundfläche des Raumes oder des Raumbereichs in m².

Die Summe erstreckt sich über alle Fenster des Raumes oder des Raumbereiches.

Der Gesamtenergiedurchlassgrad der Verglasung einschließlich Sonnenschutz g_{total} kann vereinfacht nach Gleichung (3) berechnet werden. Alternativ kann das Berechnungsverfahren für g_{total} nach DIN V 4108-6, Anhang B verwendet werden.

$$g_{total} = g \cdot F_C \tag{3}$$

Dabei ist

g der Gesamtenergiedurchlassgrad der Verglasung nach DIN EN 410;

F_C der Abminderungsfaktor für Sonnenschutzvorrichtungen nach Tabelle 8.

25

Tabelle 8 — Anhaltswerte für Abminderungsfaktoren F_C von fest installierten Sonnenschutzvorrichtungen

Zeile		Sonnenschutzvorrichtung[a]	F_C
1		Ohne Sonnenschutzvorrichtung	1,0
2		Innenliegend oder zwischen den Scheiben[b]:	
	2.1	weiß oder reflektierende Oberfläche mit geringer Transparenz	0,75
	2.2	helle Farben oder geringe Transparenz [c]	0,8
	2.3	dunkle Farbe oder höhere Transparenz	0,9
3		Außenliegend	
	3.1	drehbare Lamellen, hinterlüftet	0,25
	3.2	Jalousien und Stoffe mit geringer Transparenz [c], hinterlüftet	0,25
	3.3	Jalousien, allgemein	0,4
	3.4	Rollläden, Fensterläden	0,3
	3.5	Vordächer, Loggien, freistehende Lamellen[d]	0,5
	3.6	Markisen [d], oben und seitlich ventiliert	0,4
	3.7	Markisen [d], allgemein	0,5

[a]   Die Sonnenschutzvorrichtung muss fest installiert sein. Übliche dekorative Vorhänge gelten nicht als Sonnenschutzvorrichtung.

[b]   Für innen und zwischen den Scheiben liegende Sonnenschutzvorrichtungen ist eine genaue Ermittlung zu empfehlen, da sich erheblich günstigere Werte ergeben können.

[c]   Eine Transparenz der Sonnenschutzvorrichtung unter 15 % gilt als gering.

[d]   Dabei muss näherungsweise sichergestellt sein, dass keine direkte Besonnung des Fensters erfolgt. Dies ist der Fall, wenn

- bei Südorientierung der Abdeckwinkel $\beta \geq 50°$ ist;

- bei Ost- oder Westorientierung der Abdeckwinkel $\beta \geq 85°$ oder $\gamma \geq 115°$ ist.

Zu den jeweiligen Orientierungen gehören Winkelbereiche von ± 22,5°. Bei Zwischenorientierungen ist der Abdeckwinkel $\beta \geq 80°$ erforderlich.

Vertikalschnitt durch Fassade

Horizontalschnitt durch Fassade

West   Ost

8.6   Anforderungen

Der nach 8.5 ermittelte Sonneneintragskennwert S darf den zulässigen Höchstwert S_{zul} nach Gleichung (4) nicht überschreiten.

$$S \leq S_{zul} \qquad (4)$$

Der Höchstwert wird als Summe der anteiligen Sonneneintragskennwerte S_x nach Gleichung (5) und Tabelle 9 ermittelt.

Der höchstens zulässige Sonneneintragskennwert ergibt sich aus Gleichung (5).

$$S_{zul} = \sum S_x \qquad (5)$$

Dabei ist

S_x anteiliger Sonneneintragskennwert nach Tabelle 9.

Tabelle 9 — Anteilige Sonneneintragskennwerte zur Bestimmung des zulässigen Höchstwertes
des Sonneneintragskennwertes

1	2	3	4
Zeile		Gebäudelage bzw. Bauart, Fensterneigung und Orientierung	Anteiliger Sonneneintrags-kennwert S_x
1		Klimaregion[a]:	
	1.1	Gebäude in Klimaregion A	0,04
	1.2	Gebäude in Klimaregion B	0,03
	1.3	Gebäude in Klimaregion C	0,015
2		Bauart[b]:	
	2.1	leichte Bauart: ohne Nachweis von C_{wirk}/A_G	$0,06\,f_{gew}{}^c$
	2.2	mittlere Bauart : 50 Wh/(Km²) $\leq C_{wirk}\,/\,A_G \leq$ 130 Wh/(Km²)	$0,10\,f_{gew}{}^c$
	2.3	schwere Bauart : $C_{wirk}\,/A_G >$ 130 Wh/(Km²)	$0,115\,f_{gew}{}^c$
3		Erhöhte Nachtlüftung[d] während der zweiten Nachthälfte $n \geq$ 1,5 h^{-1}:	
	3.1	bei mittlerer [b] und leichter [b] Bauart	+ 0,02
	3.2	bei schwerer Bauart [b]	+ 0,03
4		Sonnenschutzverglasung[e] mit $g \leq$ 0,4	+ 0,03
5		Fensterneigung:\n0° $\leq$ Neigung $\leq$ 60° (gegenüber der Horizontalen)	$-0,12\,f_{neig}{}^f$
6		Orientierung:\nNord-, Nordost- und Nordwest-orientierte Fenster soweit die Neigung gegenüber der Horizontalen > 60° ist sowie Fenster, die dauernd vom Gebäude selbst verschattet sind	$+0,10\,f_{nord}{}^g$

(Fortsetzung Tabelle 9)

28

104

Tabelle 9 *(fortgesetzt)*

a   Höchstwerte der mittleren monatlichen Außenlufttemperaturen nach Tabelle 6;

b   Im Zweifelsfall kann nach DIN V 4108-6 die wirksame Wärmespeicherfähigkeit für den betrachteten Raum bzw. Raumbereich bestimmt werden um die Bauart einzuordnen; dabei ist folgende Einstufung vorzunehmen:

- leichte Bauart liegt vor, wenn $C_{\text{wirk}} / A_G < 50$ Wh/(K·m²)

   mit C_{wirk} wirksame Wärmespeicherfähigkeit;

         A_G Nettogrundfläche nach 8.4;

- mittlere Bauart liegt vor, wenn 50 Wh/(K·m²) $\leq C_{\text{wirk}} / A_G \leq 130$ Wh/(K·m²);

- schwere Bauart liegt vor, wenn $C_{\text{wirk}} / A_G > 130$ Wh/(K·m²);

c $f_{\text{gew}} = (A_W + 0{,}3 \; A_{AW} + 0{,}1 \; A_D) / A_G$

   mit f_{gew} gewichtete Außenflächen bezogen auf die Nettogrundfläche; die Gewichtungsfaktoren berücksichtigen die Relation zwischen dem sommerlichen Wärmedurchgang üblicher Außenbauteile;

       A_W Fensterfläche (einschließlich Dachfenster) nach 8.4;

       A_{AW} Außenwandfläche (Außenmaße);

       A_D wärmeübertragende Dach- oder Deckenfläche nach oben oder unten gegen Außenluft, Erdreich und unbeheizte Dach- und Kellerräume (Außenmaße);

       A_G Nettogrundfläche (lichte Maße) nach 8.4

d   Bei Ein- und Zweifamilienhäusern kann in der Regel von einer erhöhten Nachtlüftung ausgegangen werden;

e   Als gleichwertige Maßnahme gilt eine Sonnenschutzvorrichtung, die die diffuse Strahlung permanent reduziert und deren $g_{total} < 0{,}4$ erreicht;

f $f_{\text{neig}} = A_{W,\text{neig}} / A_G$

   mit $A_{W,\text{neig}}$ geneigte Fensterfläche;

       A_G Nettogrundfläche;

g $f_{\text{nord}} = A_{W,\text{nord}} / A_{W,\text{gesamt}}$

   mit $A_{W,\text{nord}}$ Nord-, Nordost- und Nordwest-orientierte Fensterfläche soweit die Neigung gegenüber der Horizontalen > 60° ist sowie Fensterflächen, die dauernd vom Gebäude selbst verschattet sind;

       $A_{W,\text{gesamt}}$ gesamte Fensterfläche

29

Anhang A
(informativ)

Gegenüberstellung von Symbolen physikalischer Größen

Tabelle A.1 — Gegenüberstellung von Symbolen physikalischer Größen

Früher verwendete Symbole	Physikalische Größe	In vorliegender Norm gebrauchtes Symbol	Zugrunde gelegte Deutsche Norm
s	Dicke	d	DIN EN ISO 6946
A	Fläche	A	
V	Volumen	V	
m	Masse	m	
ρ	(Roh-)Dichte	ρ	
t	Zeit	t	DIN EN ISO 7345
ϑ	Celsius-Temperatur	θ	
T	Thermodynamische Temperatur	T	
Q	Wärme, Wärmemenge	Q	
$Q\dot{}$	Wärmestrom	Φ	
q	Wärmestromdichte	q	
—	spezischer Transmissionswärmeverlustkoeffizient	H_T	siehe DIN EN ISO 13789, Anhang B
λ	Wärmeleitfähigkeit	λ	
Λ	Wärmedurchlasskoeffizient	Λ	DIN EN ISO 7345
$1/\Lambda$	Wärmedurchlasswiderstand	R	
α	Wärmeübergangskoeffizient	h	
$1/\alpha_i$	innerer Wärmeübergangswiderstand	R_{si}	DIN EN ISO 6946
$1/\alpha_a$	äußerer Wärmeübergangswiderstand	R_{se}	
k	Wärmedurchgangskoeffizient	U	DIN EN ISO 7345
$1/k$	Wärmedurchgangswiderstand	R_T	DIN EN ISO 6946
z	Abminderungsfaktor einer Sonnenschutzvorrichtung	F_C	DIN EN 832
φ	relative Luftfeuchte	φ	DIN EN ISO 9346

Literaturhinweise

E DIN 4108-20, *Wärmeschutz im Hochbau — Teil 20: Thermisches Verhalten von Gebäuden — Sommerliche Raumtemperaturen bei Gebäuden ohne Anlagentechnik — Allgemeine Kriterien und Berechnungsalgorithmen* (Vorschlag für eine Europäische Norm).

E DIN EN 13363-1, *Sonnenschutzeinrichtungen in Kombination mit Verglasungen — Berechnung der Solarstrahlung und des Lichttransmissionsgrades — Teil 1: Vereinfachtes Verfahren; Deutsche Fassung prEN 13363-1:1998.*

E DIN EN ISO 10077-2, *Wärmetechnisches Verhalten von Fenstern, Türen und Abschlüssen — Berechnung des Wärmedurchgangskoeffizienten — Teil 2: Numerisches Verfahren für Rahmen (ISO/DIS 10077-2:1998); Deutsche Fassung prEN ISO 10077-2:1998.*

31

Wärmeschutz und Energie-Einsparung in Gebäuden
Teil 3: Klimabedingter Feuchteschutz, Anforderungen,
Berechnungsverfahren und Hinweise für Planung und Ausführung

DIN

4108-3

ICS 91.100.10; 91.100.30

Thermal protection and energy economy in buildings —
Part 3: Protection against moisture subject to climate
conditions — Requirements and directions for design and
construction

Protection thermique et économie d'énergie dans la
construction immobilière — Partie 3: Protection contre
l'humidité conditionnée par le climat — Exigences et
directions pour le calcul et l'exécution

Ersatz für
DIN 4108-3:1981-08
DIN 4108-5:1981-08

Inhalt

Fortsetzung Seite 2 bis 40

Normenausschuss Bauwesen (NABau) im DIN Deutsches Institut für Normung e. V.

Vorwort

Diese Norm ist vom NABau-Arbeitsausschuss 00.89.00 „Wärmeschutz" erarbeitet worden. DIN 4108 „Wärmeschutz und Energie-Einsparung in Gebäuden" besteht aus:

- DIN 4108 Bbl. 1: Inhaltsverzeichnisse, Stichwortverzeichnis

- DIN 4108 Bbl. 2: Wärmebrücken, Planungs- und Ausführungsbeispiele

- Teil 1: Größen und Einheiten

- Teil 2: Mindestanforderungen an den Wärmeschutz

- Teil 3: Klimabedingter Feuchteschutz, Anforderungen, Berechnungsverfahren und Hinweise für Planung und Ausführung

- Teil 4: Wärme- und feuchteschutztechnische Kennwerte (Vornorm)

- Teil 5: Berechnungsverfahren

- Teil 6: Berechnung des Jahresheizwärme- und des Jahresheizenergiebedarfs

- Teil 7: Luftdichtheit von Bauteilen und Anschlüssen, Planungs- und Ausführungsempfehlungen sowie -beispiele

ANMERKUNG   E DIN 4108-20 — siehe Literaturhinweise

Änderungen

Gegenüber DIN 4108-3:1981-08 und DIN 4108-5:1981-08 wurden folgende Änderungen vorgenommen:

a) DIN 4108-5, Abschnitt 5 eingearbeitet;

b) Norm redaktionell überarbeitet.

Frühere Ausgaben

DIN 4108: 1952xx-07, 1960-05, 1969-08

DIN 4108-3: 1981-08

DIN 4108-5: 1981-08

Einleitung

Die möglichen Einwirkungen von Tauwasser aus der Raumluft unter winterlichen Bedingungen und die Einwirkungen von Schlagregen auf Baukonstruktionen sollen so begrenzt werden, dass Schäden (z. B. unzulässige Minderung des Wärmeschutzes, Schimmelbildung, Korrosion) vermieden werden. Die Möglichkeit der raumseitigen Tauwasserbildung aus einströmender Außenluft in den Innenraum (Sommerkondensation) oder die Umkehrdiffusion bei besonnten Bauteilen ist im Einzelfall zu beachten.

Die Anforderungen und Hinweise beziehen sich auf Bauteile nach Abgabe der Rohbaufeuchte. In der Phase der Bauaustrocknung können Verhältnisse auftreten, die besonders berücksichtigt werden müssen und zusätzliche Maßnahmen erforderlich machen können.

1   Anwendungsbereich

Diese Norm legt Anforderungen, Berechnungsverfahren und Hinweise für die Planung und Ausführung zum klimabedingten Feuchteschutz in Gebäuden fest.

ANMERKUNG   Nebenräume, die zu Aufenthaltsräumen gehören, werden wie Aufenthaltsräume behandelt.

Diese Norm gilt nicht für die Ausführung von Bauwerksabdichtungen.

109

2 Normative Verweisungen

Diese Norm enthält durch datierte oder undatierte Verweisungen Festlegungen aus anderen Publikationen. Diese normativen Verweisungen sind an den jeweiligen Stellen im Text zitiert, und die Publikationen sind nachstehend aufgeführt. Bei datierten Verweisungen gehören spätere Änderungen oder Überarbeitungen dieser Publikationen nur zu dieser Norm, falls sie durch Änderung oder Überarbeitung eingearbeitet sind. Bei undatierten Verweisungen gilt die letzte Ausgabe der in Bezug genommenen Publikation (einschließlich Änderungen).

DIN 1045-1, *Tragwerke aus Beton, Stahlbeton und Spannbeton — Teil 1: Bemessung und Konstruktion.*

DIN 1045-2, *Tragwerke aus Beton, Stahlbeton und Spannbeton — Teil 2: Beton — Festlegungen, Eigenschaften, Herstellung und Konformität, Anwendungsregeln zu DIN EN 206-1.*

DIN 1045-4, *Tragwerke aus Beton, Stahlbeton und Spannbeton — Teil 4: Ergänzende Regeln für die Herstellung und die Konformität von Fertigteilen.*

DIN 1053-1, *Mauerwerk — Teil 1: Berechnung und Ausführung.*

DIN 1101, *Holzwolle-Leichtbauplatten und Mehrschicht-Leichtbauplatten als Dämmstoffe für das Bauwesen — Anforderungen, Prüfung.*

DIN 1102, *Holzwolle-Leichtbauplatten und Mehrschicht-Leichtbauplatten nach DIN 1101 als Dämmstoffe für das Bauwesen — Verwendung, Verarbeitung.*

Bbl. 2 zu DIN 4108, *Wärmeschutz und Energie-Einsparung in Gebäuden — Wärmebrücken — Planungs- und Ausführungsbeispiele.*

DIN 4108-2:2001-3, *Wärmeschutz und Energie-Einsparung in Gebäuden — Teil 2: Mindestanforderungen an den Wärmeschutz.*

DIN V 4108-4, *Wärmeschutz und Energie-Einsparung in Gebäuden — Teil 4: Wärme- und feuchteschutztechnische Kennwerte.*

DIN V 4108-7, *Wärmeschutz im Hochbau — Teil 7: Luftdichtheit von Bauteilen und Anschlüssen, Planungs- und Ausführungsempfehlungen sowie -beispiele.*

DIN 4165, *Porenbeton-Blocksteine und Porenbeton-Plansteine.*

DIN 4219-1, *Leichtbeton und Stahlleichtbeton mit geschlossenem Gefüge — Anforderungen an den Beton, Herstellung und Überwachung.*

DIN 4219-2, *Leichtbeton und Stahlleichtbeton mit geschlossenem Gefüge — Bemessung und Ausführung.*

DIN 4223, *Bewehrte Dach- und Deckenplatten aus dampfgehärtetem Gas- und Schaumbeton — Richtlinien für Bemessung, Herstellung, Verwendung und Prüfung.*

DIN 4232, *Wände aus Leichtbeton mit haufwerksporigem Gefüge — Bemessung und Ausführung.*

DIN 18164-1, *Schaumkunststoffe als Dämmstoffe für das Bauwesen — Teil 1: Dämmstoffe für die Wärmedämmung.*

DIN 18165-1, *Faserdämmstoffe für das Bauwesen — Dämmstoffe für die Wärmedämmung.*

DIN 18515-1, *Außenwandbekleidungen — Teil 1: Angemörtelte Fliesen oder Platten, Grundsätze für die Planung und Ausführung.*

DIN 18515-2, *Außenwandbekleidungen — Anmauerung auf Aufstandsflächen, Grundsätze für die Planung und Ausführung.*

DIN 18516-1, *Außenwandbekleidungen, hinterlüftet — Teil 1: Anforderungen, Prüfgrundsätze.*

DIN 18516-3, *Außenwandbekleidungen, hinterlüftet — Teil 3: Naturwerkstein, Anforderungen, Bemessung.*

DIN 18516-4, *Außenwandbekleidungen, hinterlüftet — Einscheiben-Sicherheitsglas, Anforderungen, Bemessung, Prüfung.*

DIN 18531, *Dachabdichtungen — Begriffe, Anforderungen, Planungsgrundsätze.*

DIN 18540, *Abdichten von Außenwandfugen im Hochbau mit Fugendichtstoffen.*

DIN 18550-1, *Putz — Begriffe und Anforderungen.*

DIN 18550-2, *Putz — Putze aus Mörteln mit mineralischen Bindemitteln, Ausführung.*

DIN 18550-3, *Putz — Wärmedämmputzsysteme aus Mörteln mit mineralischen Bindemitteln und expandiertem Polystyrol (EPS) als Zuschlag.*

DIN 18550-4, *Putz — Leichtputze, Ausführung.*

DIN 18558, *Kunstharzputze — Begriffe, Anforderungen, Ausführung.*

DIN 52612-2, *Wärmeschutztechnische Prüfungen — Bestimmung der Wärmeleitfähigkeit mit dem Plattengerät — Weiterbehandlung der Messwerte für die Anwendung im Bauwesen.*

DIN 68763, *Spanplatten — Flachpressplatten für das Bauwesen — Begriffe, Anforderungen, Prüfung, Überwachung.*

DIN 68800-2:1996-05, *Holzschutz — Teil 2: Vorbeugende bauliche Maßnahmen im Hochbau.*

DIN EN 206-1, *Festlegung, Eigenschaften, Herstellung und Konformität; Deutsche Fassung EN 206-1:2000.*

DIN EN 1027, *Fenster und Türen — Schlagregendichtheit — Prüfverfahren; Deutsche Fassung EN 1027:2000.*

DIN EN 12155, *Vorhangfassaden — Schlagregendichtheit — Laborprüfung unter Aufbringung von statischem Druck; Deutsche Fassung EN 12155:2000.*

DIN EN ISO 6946:1996-11, *Bauteile — Wärmedurchlasswiderstand und Wärmedurchgangskoeffizient — Berechnungsverfahren (ISO 6946:1996); Deutsche Fassung EN ISO 6946:1996.*

DIN EN ISO 7345:1996-01, *Wärmeschutz — Physikalische Größen und Definitionen (ISO 7345:1987); Deutsche Fassung EN ISO 7345:1995.*

E DIN EN ISO 9229, *Wärmedämmung — Begriffsbestimmungen (ISO/DIS 9229:1997); Dreisprachige Fassung prEN ISO 9229:1997.*

DIN EN ISO 9346:1996-08, *Wärmeschutz — Stofftransport — Physikalische Größen und Definitionen (ISO 9346:1989).*

DIN EN ISO 10211-1, *Wärmebrücken im Hochbau — Wärmeströme und Oberflächentemperaturen — Teil 1: Allgemeine Berechnungsverfahren (ISO 10211-1:1995); Deutsche Fassung EN ISO 10211-1:1995.*

DIN EN ISO 10211-2, *Wärmebrücken im Hochbau — Berechnung der Wärmeströme und Oberflächentemperaturen — Teil 2: Linienförmige Wärmebrücken (ISO 10211-2:2001); Deutsche Fassung EN ISO 10211-2:2001.*

E DIN EN ISO 12572, *Baustoffe — Bestimmung der Wasserdampfdurchlässigkeit (ISO/DIS 12572:1997); Deutsche Fassung prEN ISO 12572:1997.*

E DIN EN ISO 13788, *Bauteile — Berechnung der Oberflächentemperatur zur Vermeidung kritischer Oberflächenfeuchte und Berechnung der Tauwasserbildung im Bauteilinneren (ISO/DIS 13788:1997); Deutsche Fassung prEN ISO 13788:1997.*

E DIN EN ISO 15148, *Baustoffe — Bestimmung des Wasseraufnahmekoeffizienten (ISO/DIS 15148:1996); Deutsche Fassung prEN ISO 15148:1996.*

3 Begriffe

Für die Anwendung dieser Norm gelten die in DIN 1053-1, DIN 18516-1, DIN EN ISO 6946, DIN EN ISO 7345, E DIN EN ISO 9229, DIN EN ISO 9346, E DIN EN ISO 12572 und E DIN EN ISO 15148 angegebenen und die folgenden Begriffe.

3.1 Begriffe zur Wasserdampfdiffusion

3.1.1

Wasserdampfdiffusion

Bewegung von Wassermolekülen in einem Gasgemisch, z. B. Luft, zum Ausgleich des Dampfgehaltes oder des Dampfteildruckes bei gleichbleibendem Gesamtdruck

111

3.1.2

Wasserdampf-Diffusionswiderstandszahl

μ

Quotient aus Wasserdampf-Diffusionsleitkoeffizient in Luft und Wasserdampfdiffusionsleitkoeffizient in einem Stoff. Sie gibt somit an, um welchen Faktor der Wasserdampf-Diffusionswiderstand des betrachteten Materials größer als der einer gleichdicken, ruhenden Luftschicht gleicher Temperatur ist. Die Wasserdampf-Diffusionswiderstandszahl ist eine Stoffeigenschaft

3.1.3

wasserdampfdiffusionsäquivalente Luftschichtdicke

s_d

Dicke einer ruhenden Luftschicht, die den gleichen Wasserdampf-Diffusionswiderstand besitzt wie die betrachtete Bauteilschicht bzw. das aus Schichten zusammengesetzte Bauteil. Sie bestimmt den Widerstand gegen Wasserdampfdiffusion. Die wasserdampfdiffusionsäquivalente Luftschichtdicke ist eine Schicht- bzw. Bauteileigenschaft. Sie ist für eine Bauteilschicht nach Gleichung (1) definiert

$$s_d = \mu \cdot d \tag{1}$$

Für mehrschichtige, ebene Bauteile gilt die Addition der einzelnen wasserdampfdiffusionsäquivalenten Luftschichtdicken nach Gleichung (2)

$$s_d = \mu_1 d_1 + \mu_2 d_2 + \ldots + \mu_n d_n = \sum_{j=1}^{n} \mu_j d_j \tag{2}$$

Dabei ist

μ die Wasserdampf-Diffusionswiderstandszahl;

d die Schichtdicke, in m;

j der Index für die Einzelschichten; $j = 1, 2, \ldots\ldots$ n;

n die Anzahl der Einzelschichten

3.1.4

diffusionsoffene Schicht

Bauteilschicht mit $s_d \leq 0,5$ m

3.1.5

diffusionshemmende Schicht

Bauteilschicht mit $0,5$ m $< s_d < 1\,500$ m

3.1.6

diffusionsdichte Schicht

Bauteilschicht mit $s_d \geq 1\,500$ m

3.2 Begriffe zur kapillaren Wasseraufnahme

3.2.1

kapillare Wasseraufnahme

aufgrund von Oberflächenkontakt mit flüssigem Wasser und kapillaren Saugspannungen des benetzten kapillarporösen Materials auftretender Transportmechanismus zur Aufnahme flüssigen Wassers

3.2.2

Wasseraufnahmekoeffizient

w

die von einem Probekörper je Flächeneinheit und Wurzel aus der Zeit aufgenommene Wassermenge [E DIN EN ISO 15148]. Er kennzeichnet die Intensität der kapillaren Saugfähigkeit, z. B. von Putzen oder Oberflächenbeschichtungen im Hinblick auf die Beurteilung der Regenschutzwirkung. Der Wasseraufnahmekoeffizient ist eine Stoff- bzw. Oberflächeneigenschaft

3.2.3

wassersaugende Schicht

Oberflächenschicht mit $w \geq 2{,}0 \, \text{kg} / \left(\text{m}^2 \cdot \text{h}^{\,0{,}5} \right)$

3.2.4

wasserhemmende Schicht

Oberflächenschicht mit $0{,}5 \, \text{kg} / \left(\text{m}^2 \cdot \text{h}^{\,0{,}5} \right) < w < 0{,}2 \, \text{kg} / \left(\text{m}^2 \cdot \text{h}^{\,0{,}5} \right)$

3.2.5

wasserabweisende Schicht

Oberflächenschicht mit $w \leq 0{,}5 \, \text{kg} / \left(\text{m}^2 \cdot \text{h}^{\,0{,}5} \right)$

3.3 Begriffe zur Wasserdampfkonvektion und Belüftung

3.3.1

Wasserdampfkonvektion

Übertragung von Wasserdampf in einem Gasgemisch durch Bewegung des gesamten Gasgemisches, z. B. feuchte Luft, aufgrund eines Gesamtdruckgefälles. Gesamtdruckgefälle können z. B. infolge von Gebäude-Umströmungen an durchströmbaren Fugen oder Undichtheiten zwischen Innenräumen und Umgebung oder an belüfteten Luftschichten anliegen (erzwungene Konvektion) bzw. infolge von Temperatur- und damit Luftdichteunterschieden in belüfteten und nicht belüfteten Luftschichten auftreten (freie Konvektion)

3.3.2

belüftete Luftschicht

Luftschicht in einer Konstruktion, die zum Zweck der konvektiven Feuchteabfuhr mit der Umgebungsluft in Verbindung steht

ANMERKUNG Die belüftete Luftschicht wird in der Praxis auch als „Hinterlüftung" oder „Belüftungsschicht" bezeichnet.

3.3.3

nicht belüftete Luftschicht

Luftschicht in einer Konstruktion ohne oder mit einer nur dem Druckausgleich dienenden Verbindung zur Umgebungsluft

3.3.4

Luftdichtheit

Beschaffenheit von Konstruktionen zur Vermeidung von Wärmeverlusten durch unkontrollierten Luftaustausch und zur Vermeidung von Tauwasserbildung infolge von Konvektion feuchter Luft. Bei luftdichten Konstruktionen findet bei den praktisch auftretenden Luftdruckdifferenzen kein Luftdurchgang im Sinne eines Luftaustausches mit der Außenluft statt

113

4 Tauwasserschutz

4.1 Kritische Oberflächenfeuchte von Bauteilen

4.1.1 Anforderungen und Ausführungshinweise

Die Anforderungen zur Vermeidung kritischer Oberflächenfeuchte sind in DIN 4108-2:2001-03, 6.2 aufgeführt.

Planungs- und Ausführungsbeispiele sind in DIN 4108, Bbl. 2 angegeben.

4.1.2 Angaben zur Berechnung

Die Berechnung ist nach Anhang A durchzuführen.

4.2 Tauwasserbildung im Inneren von Bauteilen

4.2.1 Anforderungen

Tauwasserbildung im Inneren von Bauteilen, die durch Erhöhung der Stoff-Feuchte von Bau- und Wärmedämmstoffen zu Materialschädigungen oder zu Beeinträchtigungen der Funktionssicherheit führt, ist zu vermeiden. Sie gilt als unschädlich, wenn die wesentlichen Anforderungen, z. B. Wärmeschutz, Standsicherheit, sichergestellt sind. Dies wird in der Regel erreicht, wenn die in a) bis e) aufgeführten Bedingungen erfüllt sind:

a) Die Baustoffe, die mit dem Tauwasser in Berührung kommen, dürfen nicht geschädigt werden (z. B. durch Korrosion, Pilzbefall).

b) Das während der Tauperiode im Innern des Bauteils anfallende Wasser muss während der Verdunstungsperiode wieder an die Umgebung abgegeben werden können, d. h. $m_{W,T} \leq m_{W,V}$.

c) Bei Dach- und Wandkonstruktionen darf eine flächenbezogene Tauwassermasse $m_{W,T}$ von insgesamt $1,0\,\mathrm{kg/m^2}$ nicht überschritten werden. Dies gilt nicht für die Bedingungen nach d).

d) Tritt Tauwasser an Berührungsflächen mit einer kapillar nicht wasseraufnahmefähigen Schicht auf, so darf eine flächenbezogene Tauwassermasse $m_{W,T}$ von $0,5\,\mathrm{kg/m^2}$ nicht überschritten werden. Festlegungen für Holzbauteile siehe DIN 68800-2:1996-05, 6.4.

e) Bei Holz ist eine Erhöhung des massebezogenen Feuchtegehaltes u_m um mehr als 5 %, bei Holzwerkstoffen um mehr als 3 % unzulässig (Holzwolle-Leichtbauplatten und Mehrschicht-Leichtbauplatten nach DIN 1101 sind hiervon ausgenommen).

4.2.2 Angaben zur Berechnung der Tauwassermasse

Die Berechnung der Tauwassermasse infolge von Diffusionsvorgängen ist nach Anhang A durchzuführen, sofern das Bauteil nicht die Bedingungen nach 4.3 erfüllt. Konvektionsbedingte Tauwasserbildung ist durch luftdichte Konstruktionen nach DIN 4108-2 und DIN V 4108-7 zu vermeiden.

Tritt in der Berechnung nach A.6.2 in mehreren Ebenen Tauwasser auf, ist die Summe der flächenbezogenen Tauwassermassen $m_{W,T}$ für den Vergleich mit den Bedingungen nach 4.2.1 maßgebend.

4.3 Bauteile, für die kein rechnerischer Tauwasser-Nachweis erforderlich ist

4.3.1 Allgemeines

Für die in 4.3.2 und 4.3.3 aufgeführten Bauteile mit ausreichendem Wärmeschutz nach DIN 4108-2 und luftdichter Ausführung nach DIN V 4108-7 ist kein rechnerischer Nachweis des Tauwasserausfalls infolge Wasserdampfdiffusion nach den in Anhang A genannten Klimabedingungen erforderlich, da kein Tauwasserrisiko besteht oder der Feuchtetransport, z. B. bei kapillaraktiven Materialien, wesentlich durch Kapillaritätseffekte beeinflusst und nur zum Teil durch Diffusionsvorgänge bestimmt wird.

4.3.2 Außenwände

4.3.2.1 Ein- und zweischaliges Mauerwerk nach DIN 1053-1 (auch mit Kerndämmung), Wände aus Normalbeton nach DIN EN 206-1 bzw. DIN 1045-2, Wände aus gefügedichtem Leichtbeton nach DIN 4219-1 und DIN 4219-2, Wände aus haufwerkporigem Leichtbeton nach DIN 4232, jeweils mit Innenputz und folgenden Außenschichten.

- Putz nach DIN 18550-1 oder Verblendmauerwerk nach DIN 1053-1;

- angemörtelte oder angemauerte Bekleidungen nach DIN 18515-1 und DIN 18515-2, bei einem Fugenanteil von mindestens 5 %;

- hinterlüftete Außenwandbekleidungen nach DIN 18516-1 mit und ohne Wärmedämmung;

- Außendämmungen nach DIN 1102 oder nach DIN 18550-3 oder durch ein zugelassenes Wärmedämmverbundsystem.

4.3.2.2 Wände mit Innendämmung, in den unter a) und b) genannten Konstruktionsvarianten:

a) Wände, wie unter 4.3.2.1, aber mit Innendämmung mit einem Wärmedurchlasswiderstand der Wärmedämmschicht $R \leq 1{,}0\,\mathrm{m}^2 \cdot \mathrm{K/W}$ sowie einem Wert der wasserdampfdiffusionsäquivalenten Luftschichtdicke der Wärmedämmschicht mit Innenputz bzw. Innenbekleidung $s_{\mathrm{d,\,i}} \geq 0{,}5\,\mathrm{m}$;

b) Wände aus Mauerwerk nach DIN 1053-1 und Wände aus Normalbeton nach DIN EN 206-1 bzw. DIN 1045-2, jeweils mit den unter 4.3.2.1 genannten Außenschichten (ohne Außendämmung), mit Innendämmung aus verputzten bzw. bekleideten Holzwolle-Leichtbauplatten nach DIN 1101 mit einem Wärmedurchlasswiderstand der Innendämmung $R \leq 0{,}5\,\mathrm{m}^2 \cdot \mathrm{K/W}$.

4.3.2.3 Wände in Holzbauart nach DIN 68800-2:1996-05, 8.2, mit vorgehängten Außenwandbekleidungen, zugelassenen Wärmedämmverbundsystemen oder Mauerwerk-Vorsatzschalen, jeweils mit raumseitiger diffusionshemmender Schicht mit $s_{\mathrm{d,\,i}} \geq 2\,\mathrm{m}$.

4.3.2.4 Holzfachwerkwände mit Luftdichtheitsschicht, in den unter a) bis c) genannten Konstruktionsvarianten:

a) mit wärmedämmender Ausfachung (Sichtfachwerk);

b) mit Innendämmung (über Fachwerk und Gefach) mit einem Wärmedurchlasswiderstand der Wärmedämmschicht $R \leq 1{,}0\,\mathrm{m}^2 \cdot \mathrm{K/W}$ und einer wasserdampfdiffusionsäquivalenten Luftschichtdicke (gegebenenfalls einschließlich Luftdichtheitsschicht) mit Innenputz und Innenbekleidung $1{,}0\ \mathrm{m} \leq s_{\mathrm{d,\,i}} \leq 2\,\mathrm{m}$;

c) mit Innendämmung (über Fachwerk und Gefach) aus Holzwolleleichtbauplatten nach DIN 1101;

d) mit Außendämmung (über Fachwerk und Gefach) als Wärmedämmverbundsystem oder Wärmedämmputz, wobei die wasserdampfdiffusionsäquivalente Luftschichtdicke der genannten äußeren Konstruktionsschicht $s_{\mathrm{d,\,e}} \leq 2\,\mathrm{m}$ ist oder mit hinterlüfteter Außenwandbekleidung.

4.3.2.5 Kelleraußenwände aus einschaligem Mauerwerk nach DIN 1053-1 oder Beton nach DIN EN 206-1 bzw. DIN 1045-2 mit außen liegender Wärmedämmung (Perimeterdämmung) — siehe auch DIN 4108-2.

4.3.3 Dächer

4.3.3.1 Allgemeines

Folgende Dach-Konstruktionen werden grundsätzlich unterschieden:

- nicht belüftete Dächer: Bei nicht belüfteten Dächern ist direkt über der Wärmedämmung keine belüftete Luftschicht angeordnet. Zu nicht belüfteten Dächern gehören auch solche, die außenseitig im weiteren Dachaufbau angeordnete Luftschichten oder Lüftungsebenen haben.

- belüftete Dächer: Bei belüfteten Dächern ist direkt über der Wärmedämmung eine belüftete Luftschicht angeordnet.

Bezüglich Deckungen bzw. Abdichtungen gelten folgende Kennzeichnungen:

a) Dachdeckungen:

Dachdeckungen müssen regensicher sein. Kennzeichnend für Dachdeckungen sind die sich überlappenden Deckwerkstoffe, z. B. Dachziegel, Dachsteine, Schiefer, Metallbleche.

Es werden unterschieden:

115

– belüftete Dachdeckungen: Dachdeckungen auf linienförmiger Unterlage, z. B. Lattung und Konterlattung;

– nicht belüftete Dachdeckungen: Dachdeckungen auf flächiger Unterlage, z. B. Schalung.

Regensicherheit wird im Normalfall erreicht, wenn die Regeldachneigungen (siehe auch [1]) und Werkstoffüberdeckungen eingehalten werden. Bei Dächern mit Wärmedämmung zwischen, unter und/oder über den Sparren müssen in der Regel zusätzliche regensichernde Maßnahmen, z. B. Unterdächer, Unterdeckungen, Unterspannungen, geplant und ausgeführt werden (siehe 4.3.3.2 a)).

b) Dachabdichtungen:

Dachabdichtungen müssen wasserdicht sein. Kennzeichnend für Dachabdichtungen sind die wasserdicht verbundenen Dachabdichtungswerkstoffe, z. B. Bitumenbahnen, Kunststoffbahnen, Elastomerbahnen, Flüssigdachabdichtungen. Dachabdichtungen müssen bis zur Oberkante der An- und Abschlüsse wasserdicht sein. Dies erfordert auch wasserdichte Anschlüsse an Dachdurchdringungen sowie die Einhaltung bestimmter Anschlusshöhen (siehe DIN 18531 und 4.3.3.2 b)).

4.3.3.2 Nicht belüftete Dächer

Der Wärmedurchlasswiderstand der Bauteilschichten unterhalb der diffusionshemmenden Schicht darf bei Dächern ohne rechnerischen Nachweis 20 % des Gesamtwärmedurchlasswiderstandes betragen (bei Dächern mit nebeneinander liegenden Bereichen unterschiedlichen Wärmedurchlasswiderstandes ist der Gefachbereich zugrunde zu legen).

Folgende nicht belüftete Dächer bedürfen keines rechnerischen Nachweises:

a) Nicht belüftete Dächer mit Dachdeckungen

– nicht belüftete Dächer mit belüfteter Dachdeckung oder mit zusätzlich belüfteter Luftschicht unter nicht belüfteter Dachdeckung und einer Wärmedämmung zwischen, unter und/oder über den Sparren und zusätzlicher regensichernder Schicht bei einer Zuordnung der Werte der wasserdampfdiffusionsäquivalenten Luftschichtdicken s_d nach Tabelle 1;

Tabelle 1 — Zuordnung für Werte der wasserdampfdiffusionsäquivalenten Luftschichtdicken der außen- und raumseitig zur Wärmedämmschicht liegenden Schichten

Wasserdampfdiffusionsäquivalente Luftschichtdicke s_d m	
außen $s_{d,e}$ [a]	innen $s_{d,i}$ [b]
$\leq 0,1$	$\geq 1,0$
$\leq 0,3$ [c]	$\geq 2,0$
$> 0,3$	$s_{d,i} \geq 6 \cdot s_{d,e}$

[a] $s_{d,e}$ ist die Summe der Werte der wasserdampfdiffusionsäquivalenten Luftschichtdicken der Schichten, die sich oberhalb der Wärmedämmschicht befinden bis zur ersten belüfteten Luftschicht.

[b] $s_{d,i}$ ist die Summe der Werte der wasserdampfdiffusionsäquivalenten Luftschichtdicken aller Schichten, die sich unterhalb der Wärmedämmschicht bzw. unterhalb gegebenenfalls vorhandener Untersparrendämmungen befinden bis zur ersten belüfteten Luftschicht.

[c] Bei nicht belüfteten Dächern mit $s_{d,e} \leq 0,2$ m kann auf chemischen Holzschutz verzichtet werden, wenn die Bedingungen nach DIN 68800-2 eingehalten werden.

– nicht belüftete Dächer mit nicht belüfteter Dachdeckung und einer raumseitigen diffusionshemmenden Schicht mit einer wasserdampfdiffusionsäquivalenten Luftschichtdicke $s_{d,i} \geq 100$ m unterhalb der Wärmedämmschicht.

ANMERKUNG Bei nicht belüfteten Dächern mit belüfteter oder nicht belüfteter Dachdeckung und äußeren diffusionshemmenden Schichten mit $s_{d,e} \geq 2$ m kann erhöhte Baufeuchte später z. B. durch Undichtheiten eingedrungene Feuchte nur schlecht oder gar nicht austrocknen.

b) Nicht belüftete Dächer mit Dachabdichtung

- nicht belüftete Dächer mit einer diffusionshemmenden Schicht mit $s_{d,i} \geq 100\,\text{m}$ unterhalb der Wärmedämmschicht, wobei der Wärmedurchlasswiderstand der Bauteilschichten unterhalb der diffusionshemmenden Schicht höchstens 20 % des Gesamtwärmedurchlasswiderstandes betragen darf. Bei diffusionsdichten Dämmstoffen (z. B. Schaumglas) auf starren Unterlagen kann auf eine zusätzliche diffusionshemmende Schicht verzichtet werden;

- nicht belüftete Dächer aus Porenbeton nach DIN 4223 ohne diffusionshemmende Schicht an der Unterseite und ohne zusätzliche Wärmedämmung;

- nicht belüftete Dächer mit Wärmedämmung oberhalb der Dachabdichtung (so genannte „Umkehrdächer") und dampfdurchlässiger Auflast auf der Wärmedämmschicht (z. B. Grobkies).

4.3.3.3 Belüftete Dächer:

Folgende belüftete Dächer bedürfen keines rechnerischen Nachweises:

a) Belüftete Dächer mit einer Dachneigung $< 5°$ und einer diffusionshemmenden Schicht mit $s_{d,i} \geq 100\,\text{m}$ unterhalb der Wärmedämmschicht, wobei der Wärmedurchlasswiderstand der Bauteilschichten unterhalb der diffusionshemmenden Schicht höchstens 20 % des Gesamtwärmedurchlasswiderstandes betragen darf.

b) Belüftete Dächer mit einer Dachneigung $\geq 5°$ unter folgenden Bedingungen:

- Die Höhe des freien Lüftungsquerschnittes innerhalb des Dachbereiches über der Wärmedämmschicht muss mindestens 2 cm betragen.

- Der freie Lüftungsquerschnitt an den Traufen bzw. an Traufe und Pultdachabschluss muss mindestens 2 ‰ der zugehörigen geneigten Dachfläche betragen, mindestens jedoch 200 cm²/m.

- Bei Satteldächern sind an First und Grat Mindestlüftungsquerschnitte von 0,5 ‰ der zugehörigen geneigten Dachfläche erforderlich, mindestens jedoch 50 cm²/m.

ANMERKUNG 1 Bei klimatisch unterschiedlich beanspruchten Flächen eines Daches (z. B. Nord/Süd-Dachflächen) ist eine Abschottung der Belüftungsschicht im Firstbereich zweckmäßig.

ANMERKUNG 2 Bei Kehlen sind Lüftungsöffnungen im Allgemeinen nicht möglich. Solche Dachkonstruktionen — auch solche mit Dachgauben — sind daher zweckmäßiger ohne Belüftung auszuführen.

- Der s_d-Wert der unterhalb der Belüftungsschicht angeordneten Bauteilschichten muss insgesamt mindestens 2 m betragen.

4.3.4 Fenster, Außentüren und Vorhangfassaden

Werden Fenster, Außentüren und Vorhangfassaden ausschließlich aus wasserdampfdiffusionsdichten Elementen gefertigt, ist kein Tauwassernachweis erforderlich.

5 Schlagregenschutz von Wänden

5.1 Allgemeines

Schlagregenbeanspruchungen von Wänden entstehen bei Regen und gleichzeitiger Windanströmung auf die Fassade. Das auftreffende Regenwasser kann durch kapillare Saugwirkung der Oberfläche in die Wand aufgenommen werden oder infolge des Staudrucks z. B. über Risse, Spalten oder fehlerhafte Abdichtungen in die Konstruktion eindringen. Die erforderliche Abgabe des aufgenommenen Wassers durch Verdunstung, z. B. über die Außenoberfläche, darf nicht unzulässig beeinträchtigt werden.

Der Schlagregenschutz einer Wand zur Begrenzung der kapillaren Wasseraufnahme und zur Sicherstellung der Verdunstungsmöglichkeiten kann durch konstruktive Maßnahmen (z. B. Außenwandbekleidung, Verblendmauerwerk, Schutzschichten im Inneren der Konstruktion) oder durch Putze bzw. Putze. Beschichtungen erzielt werden. Die zu treffenden Maßnahmen richten sich nach der Intensität der Schlagregenbeanspruchung, die durch Wind und Niederschlag sowie durch die örtliche Lage und die Gebäudeart bestimmt wird (siehe dazu Festlegungen zu den Beanspruchungsgruppen in 5.2 sowie Beispiele für die Zuordnung konstruktiver Ausführungen in 5.4).

5.2 Beanspruchungsgruppen

5.2.1 Allgemeines

Zur überschlägigen Ermittlung der Beanspruchungsgruppen ist die Übersichtskarte zur Schlagregenbeanspruchung nach Anhang C zu verwenden. Lokale Abweichungen sind möglich und müssen im Einzelfall berücksichtigt werden.

5.2.2 Beanspruchungsgruppe I — geringe Schlagregenbeanspruchung

In der Regel gilt diese Beanspruchungsgruppe für Gebiete mit Jahresniederschlagsmengen unter 600 mm sowie für besonders windgeschützte Lagen auch in Gebieten mit größeren Niederschlagsmengen.

5.2.3 Beanspruchungsgruppe II — mittlere Schlagregenbeanspruchung

In der Regel gilt diese Beanspruchungsgruppe für Gebiete mit Jahresniederschlagsmengen von 600 mm bis 800 mm oder für windgeschützte Lagen auch in Gebieten mit größeren Niederschlagsmengen sowie für Hochhäuser oder für Häuser in exponierter Lage in Gebieten, die aufgrund der regionalen Regen- und Windverhältnisse einer geringen Schlagregenbeanspruchung zuzuordnen wären.

5.2.4 Beanspruchungsgruppe III — starke Schlagregenbeanspruchung

In der Regel gilt diese Beanspruchungsgruppe für Gebiete mit Jahresniederschlagsmengen über 800 mm oder für windreiche Gebiete auch mit geringeren Niederschlagsmengen (z. B. Küstengebiete, Mittel- und Hochgebirgslagen, Alpenvorland) sowie für Hochhäuser oder für Häuser in exponierter Lage in Gebieten, die aufgrund der regionalen Regen- und Windverhältnisse einer mittleren Schlagregenbeanspruchung zuzuordnen wären.

5.3 Putze und Beschichtungen

Die Regenschutzwirkung von Putzen und Beschichtungen wird durch deren Wasseraufnahmekoeffizienten w, deren wasserdampfdiffusionsäquivalente Luftschichtdicke s_d und durch das Produkt aus beiden Größen $(w \cdot s_d)$ nach Tabelle 2 bestimmt.

Tabelle 2 — Kriterien für den Regenschutz von Putzen und Beschichtungen

Kriterien für den Regenschutz	Wasseraufnahme- koeffizient w $\mathrm{kg}/\left(\mathrm{m}^2 \cdot \mathrm{h}^{0,5}\right)$	Wasserdampf- diffusionsäquivalente Luftschichtdicke s_d m	Produkt $w \cdot s_d$ $\mathrm{kg}/\left(\mathrm{m} \cdot \mathrm{h}^{0,5}\right)$
wasserhemmend	$0,5 < w < 2,0$	a	a
wasserabweisend	$w \leq 0,5$	$\leq 2,0$	$\leq 2,0$

a Keine Festlegung bei wasserhemmenden Putzen bzw. Beschichtungen; siehe hierzu auch DIN 18550-1 sowie den Hinweis auf die Sicherstellung von Verdunstungsmöglichkeiten in 5.1

5.4 Beispiele und Hinweise zur Erfüllung des Schlagregenschutzes

5.4.1 Außenwände

Beispiele für die Anwendung von Wandbauarten in Abhängigkeit von der Schlagregenbeanspruchung sind in Tabelle 3 angegeben, die andere Bauausführungen entsprechend gesicherter praktischer Erfahrungen nicht ausschließt.

Tabelle 3 — Beispiele für die Zuordnung von Wandbauarten und Beanspruchungsgruppen

Zeile	Beanspruchungsgruppe I geringe Schlagregenbeanspruchung	Beanspruchungsgruppe II mittlere Schlagregenbeanspruchung	Beanspruchungsgruppe III starke Schlagregenbeanspruchung
1	Außenputz ohne besondere Anforderungen an den Schlagregenschutz nach DIN 18550-1 auf	Wasserhemmender Außenputz nach DIN 18550-1 auf	Wasserabweisender Außenputz nach DIN 18550-1 bis DIN 18550-4 oder Kunstharzputz nach DIN 18558 auf
	— Außenwänden aus Mauerwerk, Wandbauplatten, Beton u. ä. — Holzwolle-Leichtbauplatten und Mehrschicht-Leichtbauplatten nach DIN 1101, ausgeführt nach DIN 1102		
2	Einschaliges Sichtmauerwerk nach DIN 1053-1 mit einer Dicke von 31 cm (mit Innenputz)	Einschaliges Sichtmauerwerk nach DIN 1053-1 mit einer Dicke von 37,5 cm (mit Innenputz)	Zweischaliges Verblendmauerwerk nach DIN 1053-1 mit Luftschicht und Wärmedämmung oder mit Kerndämmung (mit Innenputz)
3	Außenwände mit im Dickbett oder Dünnbett angemörtelten Fliesen oder Platten nach DIN 18515-1		Außenwände mit im Dickbett oder Dünnbett angemörtelten Fliesen oder Platten nach DIN 18515-1 mit wasserabweisendem Ansetzmörtel
4	Außenwände mit gefügedichter Betonaußenschicht nach DIN EN 206-1 bzw. DIN 1045-2 sowie DIN 4219-1 und DIN 4219-2		
5	Wände mit hinterlüfteten Außenwandbekleidungen nach DIN 18516-1, DIN 18516-3 und DIN 18516-4 [a]		
6	Wände mit Außendämmung durch ein Wärmedämmputzsystem nach DIN 18550-3 oder durch ein zugelassenes Wärmedämmverbundsystem		
7	Außenwände in Holzbauart mit Wetterschutz nach DIN 68800-2:1996-05, 8.2		
[a] Offene Fugen zwischen den Bekleidungsplatten beeinträchtigen den Regenschutz nicht.			

5.4.2 Fugen und Anschlüsse

Der Schlagregenschutz eines Gebäudes muss auch im Bereich der Fugen und Anschlüsse sichergestellt sein. Zur Erfüllung dieser Anforderungen können die Fugen und Anschlüsse entweder durch Fugendichtstoffe (siehe auch DIN 18540) oder durch konstruktive Maßnahmen gegen Schlagregen abgedichtet werden. Beispiele für die Anwendung von Fugenabdichtungen sind in Abhängigkeit von der Schlagregenbeanspruchung in Tabelle 4 angegeben.

Die Möglichkeit der Wartung von Fugen, einschließlich der Fugen von Anschlüssen, ist vorzusehen.

Bei Außenwandbekleidungen ist nach DIN 18515-1, DIN 18515-2, DIN 18516-1 und DIN 18516-3 zu verfahren.

ANMERKUNG   Siehe auch Literaturhinweise [1] und [2]

5.4.3 Fenster, Außentüren, Vorhangfassaden

Die Schlagregensicherheit wird geregelt

— für Fenster und Außentüren nach DIN EN 1027;

— für Vorhangfassaden nach DIN EN 12155.

Tabelle 4 — Beispiele für die Zuordnung von Fugenabdichtungsarten und Beanspruchungsgruppen

Zeile	Fugenart	Beanspruchungsgruppe I geringe Schlagregenbeanspruchung	Beanspruchungsgruppe II mittlere Schlagregenbeanspruchung	Beanspruchungsgruppe III starke Schlagregenbeanspruchung
1	Vertikal-fugen	Konstruktive Fugenausbildung [a]		
2		Fugen nach DIN 18540 [a]		
3	Horizon-talfugen	Offene, schwellenförmige Fugen, Schwellenhöhe $h \geq 60$ mm (siehe Bild 1)	Offene, schwellenförmige Fugen, Schwellenhöhe $h \geq 80$ mm (siehe Bild 1)	Offene, schwellenförmige Fugen, Schwellenhöhe $h \geq 100$ mm (siehe Bild 1)
4		Fugen nach DIN 18540 mit zusätzlichen konstruktiven Maßnahmen, z. B. mit Schwellenhöhe $h \geq 50$ mm		

[a] Fugen nach DIN 18540 dürfen nicht bei Bauten in einem Bergsenkungsgebiet verwendet werden. Bei Setzungsfugen ist die Verwendung nur dann zulässig, wenn die Verformungen bei der Bemessung der Fugenmaße berücksichtigt werden.

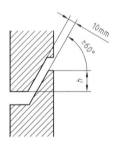

Legende

h Schwellenhöhe

Bild 1 — Schematische Darstellung offener schwellenförmiger Fugen

6 Hinweise zur Luftdichtheit

Wände und Dächer müssen luftdicht sein, um eine Durchströmung und Mitführung von Raumluftfeuchte, die zu Tauwasserbildung in der Konstruktion führen kann, zu unterbinden. Auf die Luftdichtheit von Anschlüssen und Durchdringungen (z. B. Wand/Dach, Schornstein/Dach) sowie bei Installationen (z. B. Steckdosen) ist besonders zu achten. Auch Querströmungen in Belüftungsschichten innerhalb einer Konstruktion zwischen unterschiedlich beheizten Räumen sind zu vermeiden, z. B. durch Abschottung. Sichtmauerwerk und Holzfachwerk sowie Mauerwerk nach DIN 1053-1 allein sind nicht luftdicht im Sinne dieser Anforderung; diese Wandbauarten müssen auf einer Seite eine Putzschicht nach DIN 18550-2 haben oder es sind sonstige luftdichtende Maßnahmen zu treffen.

Luftdicht in diesem Sinne sind z. B. Betonbauteile nach DIN 1045-1 und DIN 1045-4 oder Putze nach DIN 18550-2 bzw. DIN 18558. Bei anderen Konstruktionen muss gegebenenfalls, bei Holzbauteilen generell, eine Luftdichtheitsschicht nach DIN V 4108-7 angebracht werden.

Anhang A
(normativ)
Tauwasserbildung — Wärme- und feuchteschutztechnische Berechnungen

A.1 Kritische Oberflächenfeuchte von Bauteilen

A.1.1 Angaben zum Berechnungsverfahren

Die Berechnung des erforderlichen Wärmeschutzes zur Vermeidung kritischer Oberflächenfeuchte auf Innenoberflächen ist nach A.5 durchzuführen.

A.1.2 Klimabedingungen

Die Klimabedingungen für die Berechnung sind in DIN 4108-2:2001-03, 6.2 angegeben.

A.1.3 Wärmeübergangswiderstände

Die Wärmeübergangswiderstände für die Berechnung sind in DIN 4108-2:2001-03, 6.2 angegeben.

A.1.4 Stoffkennwerte

Die Bemessungswerte der Wärmeleitfähigkeit zur Ermittlung konstruktiver Größen, wie z. B. Bauteil-schichtdicke, aus den errechneten Kennwerten für den erforderlichen Wärmeschutz sind DIN V 4108-4 zu entnehmen.

A.2 Tauwasserbildung im Inneren von Bauteilen

A.2.1 Angaben zum Berechnungsverfahren

Die Berechnung der Tauwasser- und Verdunstungsmassen ist nach A.6 durchzuführen. Dieses Verfahren ist nicht anwendbar bei begrünten Dachkonstruktionen sowie zur Berechnung des natürlichen Austrock-nungsverhaltens, wie z. B. im Fall der Abgabe von Rohbaufeuchte oder aufgenommenem Nieder-schlagswasser. Für solche Fälle wird auf die Literaturhinweise [8], [9], [10] und [11] verwiesen.

A.2.2 Klimabedingungen

In nichtklimatisierten Wohn- und Büroräumen sowie in Gebäuden mit vergleichbarer Nutzung können der Berechnung die in Tabelle A.1 angegebenen vereinfachten Annahmen zugrunde gelegt werden.

Unter anderen Bedingungen, z. B. in Schwimmbädern, in klimatisierten bzw. deutlich anders beauf-schlagten Räumen oder bei extremem Außenklima, sind das tatsächliche Raumklima und das Außenkli-ma am Standort des Gebäudes mit deren zeitlichem Verlauf zu berücksichtigen. Siehe in den Literatur-hinweisen: [5], [8], [9], [10] und [11].

A.2.3 Wärmeübergangswiderstände

Die Wärmeübergangswiderstände für die Berechnung sind nach DIN EN ISO 6946 ermittelt und werden für Bauteile mit ebener Oberfläche wie folgt festgelegt:

Raumseitig mit

- $0,13\,\mathrm{m^2\,K/W}$ für Wärmestromrichtungen horizontal, aufwärts sowie für Dachschrägen;
- $0,17\,\mathrm{m^2\,K/W}$ für Stromrichtungen abwärts.

Außenseitig mit

- $0,04\,\mathrm{m^2\,K/W}$ für alle Wärmestromrichtungen, wenn die Außenoberfläche an Außenluft grenzt (gilt auch für die Außenoberfläche von zweischaligem Mauerwerk mit Luftschicht nach DIN 1053-1);
- $0,08\,\mathrm{m^2\,K/W}$ für alle Wärmestromrichtungen, wenn die Außenoberfläche an belüftete Luftschichten grenzt (z. B. hinterlüftete Außenbekleidungen, belüftete Dachräume, belüftete Luftschichten in belüf-teten Dächern);
- $0\,\mathrm{m^2 K/W}$ für alle Wärmestromrichtungen, wenn die Außenoberfläche an das Erdreich grenzt.

Bei innen liegenden Bauteilen ist zu beiden Seiten mit demselben Wärmeübergangswiderstand zu rechnen.

121

Tabelle A.1 — Vereinfachte Klimabedingungen

Zeile	Klima	Temperatur θ °C	Relative Luftfeuchte ϕ %	Dauer h	Dauer d
1	Tauperiode				
1.1	Außenklima [a]	-10	80	1 440	60
1.2	Innenklima	20	50		
2	Verdunstungsperiode				
2.1	Wandbauteile und Decken unter nicht ausgebauten Dachräumen				
2.1.1	Außenklima		70	2 160	90
2.1.2	Innenklima	12			
2.1.3	Klima im Tauwasserbereich		100		
2.2	Dächer, die Aufenthaltsräume gegen die Außenluft abschließen [b]				
2.2.1	Außenklima	12	70	2 160	90
2.2.2	Temperatur der Dachoberfläche	20	—		
2.2.3	Innenklima	12	70		

[a] Gilt auch für nicht beheizte, belüftete Nebenräume, z. B. belüftete Dachräume, Garagen.

[b] Vereinfachend können bei diesen Dächern auch die Klimabedingungen für Bauteile der Zeile 2.1 zu Grunde gelegt werden.

A.2.4 Stoffkennwerte

Die Bemessungswerte der Wärmeleitfähigkeit und die Richtwerte der Wasserdampf-Diffusionswiderstandszahlen sind DIN V 4108-4 zu entnehmen. Es sind die für die Tauperiode ungünstigeren μ-Werte anzuwenden, welche dann auch für die Verdunstungsperiode beizubehalten sind.

Für außenseitig auf Bauteilen bzw. außenseitig von Wärmedämmungen vorhandene Schichten mit nach E DIN EN ISO 12572 ermittelten wasserdampfdiffusionsäquivalenten Luftschichtdicken $s_d < 0,1$ m ist in der Berechnung $s_d = 0,1$ m anzusetzen.

ANMERKUNG   Nach E DIN EN ISO 12572 ermittelte s_d-Werte $< 0,1$ m beinhalten eine erhebliche Messunsicherheit.

A.3 Berechnung von wärmeschutztechnischen Größen und Temperaturverteilungen

A.3.1 Allgemeines

Die in A.3.2 bis A.3.6 angegebenen Berechnungen beziehen sich auf plattenförmige, ein- oder mehrschichtige Bauteile mit planparallelen Oberflächen bzw. Trennflächen und eindimensionalem, zeitlich konstantem Wärmestrom.

A.3.2 Wärmedurchlasswiderstand

Der Wärmedurchlasswiderstand R, in $m^2 \cdot K/W$ von homogenen Schichten und Luftschicht im Bauteil, wird nach DIN EN ISO 6946:1996-11, 5.1 und 5.3 berechnet.

A.3.3 Wärmedurchgangswiderstand

Der Wärmedurchgangswiderstand R_T, in $m^2 \cdot K/W$, wird nach DIN EN ISO 6946:1996-11, Abschnitt 6 berechnet.

A.3.4 Wärmedurchgangskoeffizient

Der Wärmedurchgangskoeffizient U, in $W/\left(m^2 \cdot K\right)$, wird nach DIN EN ISO 6946:1996-11, Abschnitt 7 berechnet. Siehe auch DIN EN ISO 7345:1996-01, 2.12.

A.3.5 Wärmestromdichte

Die Wärmestromdichte q, in W/m^2, wird nach Gleichung (A.1) berechnet.

$$q = U\left(\theta_i - \theta_e\right) \tag{A.1}$$

Dabei ist

U der Wärmedurchgangskoeffizient, in $W/\left(m^2 \cdot K\right)$;

θ_i die Innenlufttemperatur, in °C;

θ_e die Außenlufttemperatur, in °C.

A.3.6 Temperaturverteilung

Zur Ermittlung der Temperaturverteilung über den Querschnitt eines ein- bzw. mehrschichtigen Bauteils sind die Temperaturen der Innenoberfläche, der Außenoberfläche und, bei mehrschichtigen Bauteilen, der Schicht-Trennflächen nach den Gleichungen (A.2) bis (A.4) zu berechnen.

Die Temperatur der Bauteil-Innenoberfläche θ_{si}, in °C, wird nach Gleichung (A.2) berechnet.

$$\theta_{si} = \theta_i - R_{si} \cdot q \tag{A.2}$$

Dabei ist

θ_i die Innenlufttemperatur, in °C;

R_{si} der innere Wärmeübergangswiderstand, in $m^2 \cdot K/W$;

q die Wärmestromdichte, in W/m^2.

Die Temperatur der Bauteil-Außenoberfläche θ_{se}, in °C, wird nach Gleichung (A.3) berechnet.

$$\theta_{se} = \theta_e + R_{se} \cdot q \tag{A.3}$$

Dabei ist

θ_e die Außenlufttemperatur, in °C;

R_{se} der äußere Wärmeübergangswiderstand, in $m^2 \cdot K/W$;

q die Wärmestromdichte, in W/m^2.

Die Temperaturen der Trennflächen $\theta_1, \theta_2, ..., \theta_{n-1}$, in °C, nach jeweils der ersten, zweiten bzw. vorletzten Schicht eines mehrschichtigen Bauteils (in Richtung des Wärmestroms gezählt) können nach dem Gleichungssystem (A.4) berechnet werden (vergleiche auch Bild A.1).

$$
\begin{aligned}
\theta_1 &= \theta_{si} - R_1 \cdot q \\
\theta_2 &= \theta_1 - R_2 \cdot q \\
&... \\
&... \\
\theta_{n-1} &= \theta_{n-2} - R_{n-1} \cdot q
\end{aligned}
\tag{A.4}
$$

Dabei ist

θ_{si} die Temperatur der Bauteil-Innenoberfläche, in °C;

R_1 der Wärmedurchlasswiderstand der ersten Schicht, in $m^2 \cdot K/W$;

R_2 der Wärmedurchlasswiderstand der zweiten Schicht, in $m^2 \cdot K/W$;

R_{n-1} der Wärmedurchlasswiderstand der vorletzten Schicht, in $m^2 \cdot K/W$;

θ_{n-1} die Temperatur in der Trennfläche zwischen vorletzter und letzter Schicht, in °C;

q die Wärmestromdichte, in W/m^2;

n   die Anzahl der Einzelschichten.

Die Temperaturverteilung in einem mehrschichtigen Bauteil in Abhängigkeit von den Schichtdicken und den Wärmeleitfähigkeiten veranschaulicht Bild A.1.

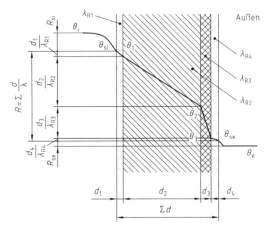

Bild A.1 — Temperaturverteilung über den Querschnitt eines mehrschichtigen Bauteils

A.4 Berechnung von diffusionstechnischen Größen und Dampfdruckverteilungen

A.4.1 Allgemeines

Die in A.4.4 bis A.4.6 angegebenen Berechnungen beziehen sich auf plattenförmige, ein- oder mehrschichtige Bauteile mit planparallelen Oberflächen bzw. Trennflächen und eindimensionalem, zeitlich konstantem Wasserdampfdiffusionsstrom.

A.4.2 Wasserdampfteildruck

Der Wasserdampfteildruck p, in Pa, wird bei der Temperatur θ, in °C, nach Gleichung (A.5) berechnet.

$$p = \phi \cdot p_s \tag{A.5}$$

Dabei ist

ϕ die relative Luftfeuchte; sie ist als Dezimalbruch in Gleichung (A.5) einzusetzen;

p_s der Wasserdampfsättigungsdruck, in Pa; er ist abhängig von der Temperatur.

Der Wasserdampfsättigungsdruck ist als Funktion der Temperatur θ Tabelle A.2 zu entnehmen.

Der Wasserdampfsättigungsdruck p_s kann nach Gleichung (A.6) näherungsweise berechnet werden.

$$p_s = a \left(b + \frac{\theta}{100\,°C} \right)^n \tag{A.6}$$

Die Werte der Konstanten a, b und n sind in Tabelle A.3 angegeben.

Tabelle A.2 — Wasserdampfsättigungsdruck im Temperaturbereich von $30,9\,°C$ **bis** $-20,9\,°C$

Ganzzahlige Werte	Temperatur θ, in °C — Dezimalwerte — Wasserdampfsättigungsdruck p_s Pa									
	,0	,1	,2	,3	,4	,5	,6	,7	,8	,9
30	4 244	4 269	4 294	4 319	4 344	4 369	4 394	4 419	4 445	4 469
29	4 006	4 030	4 053	4 077	4 101	4 124	4 148	4 172	4 196	4 219
28	3 781	3 803	3 826	3 848	3 871	3 894	3 916	3 939	3 961	3 984
27	3 566	3 588	3 609	3 631	3 652	3 674	3 695	3 717	3 793	3 759
26	3 362	3 382	3 403	3 423	3 443	3 463	3 484	3 504	3 525	3 544
25	3 169	3 188	3 208	3 227	3 246	3 266	3 284	3 304	3 324	3 343
24	2 985	3 003	3 021	3 040	3 059	3 077	3 095	3 114	3 132	3 151
23	2 810	2 827	2 845	2 863	2 880	2 897	2 915	2 932	2 950	2 968
22	2 645	2 661	2 678	2 695	2 711	2 727	2 744	2 761	2 777	2 794
21	2 487	2 504	2 518	2 535	2 551	2 566	2 582	2 598	2 613	2 629
20	2 340	2 354	2 369	2 384	2 399	2 413	2 428	2 443	2 457	2 473
19	2 197	2 212	2 227	2 241	2 254	2 268	2 283	2 297	2 310	2 324
18	2 065	2 079	2 091	2 105	2 119	2 132	2 145	2 158	2 172	2 185
17	1 937	1 950	1 963	1 976	1 988	2 001	2 014	2 027	2 039	2 052
16	1 818	1 830	1 841	1 854	1 866	1 878	1 889	1 901	1 914	1 926
15	1 706	1 717	1 729	1 739	1 750	1 762	1 773	1 784	1 795	1 806
14	1 599	1 610	1 621	1 631	1 642	1 653	1 663	1 674	1 684	1 695
13	1 498	1 508	1 518	1 528	1 538	1 548	1 559	1 569	1 578	1 588
12	1 403	1 413	1 422	1 431	1 441	1 451	1 460	1 470	1 479	1 488
11	1 312	1 321	1 330	1 340	1 349	1 358	1 367	1 375	1 385	1 394
10	1 228	1 237	1 245	1 254	1 262	1 270	1 279	1 287	1 296	1 304
9	1 148	1 156	1 163	1 171	1 179	1 187	1 195	1 203	1 211	1 218
8	1 073	1 081	1 088	1 096	1 103	1 110	1 117	1 125	1 133	1 140
7	1 002	1 008	1 016	1 023	1 030	1 038	1 045	1 052	1 059	1 066
6	935	942	949	955	961	968	975	982	988	995
5	872	878	884	890	896	902	907	913	919	925
4	813	819	825	831	837	843	849	854	861	866
3	759	765	770	776	781	787	793	798	803	808
2	705	710	716	721	727	732	737	743	748	753
1	657	662	667	672	677	682	687	691	696	700
0	611	616	621	626	630	635	640	645	648	653
0	611	605	600	595	592	587	582	577	572	567
−1	562	557	552	547	543	538	534	531	527	522
−2	517	514	509	505	501	496	492	489	484	480
−3	476	472	468	464	461	456	452	448	444	440
−4	437	433	430	426	423	419	415	412	408	405
−5	401	398	395	391	388	385	382	379	375	372
−6	368	365	362	359	356	353	350	347	343	340
−7	337	336	333	330	327	324	321	318	315	312
−8	310	306	304	301	298	296	294	291	288	286
−9	284	281	279	276	274	272	269	267	264	262
−10	260	258	255	253	251	249	246	244	242	239

Tabelle A.2 *(fortgesetzt)*

Ganz-zahlige Werte	,0	,1	,2	,3	,4	,5	,6	,7	,8	,9
	Temperatur θ, in °C Dezimalwerte									
	Wasserdampfsättigungsdruck p_s Pa									
-11	237	235	233	231	229	228	226	224	221	219
-12	217	215	213	211	209	208	206	204	202	200
-13	198	197	195	193	191	190	188	186	184	182
-14	181	180	178	177	175	173	172	170	168	167
-15	165	164	162	161	159	158	157	155	153	152
-16	150	149	148	146	145	144	142	141	139	138
-17	137	136	135	133	132	131	129	128	127	126
-18	125	124	123	122	121	120	118	117	116	115
-19	114	113	112	111	110	109	107	106	105	104
-20	103	102	101	100	99	98	97	96	95	94

Tabelle A.3 — **Werte der Konstanten** a, b **und** n, **angegeben für verschiedene Temperaturbereiche**

Konstante	Temperaturbereich für	
	$0\,°C \leq \theta \leq 30\,°C$	$-20\,°C \leq \theta \leq 0\,°C$
a in Pa	288,68	4,689
b	1,098	1,486
n	8,02	12,30

A.4.3 Wasserdampfdiffusionsäquivalente Luftschichtdicke

Die wasserdampfdiffusionsäquivalente Luftschichtdicke s_d, in m, einer Baustoffschicht wird nach Gleichung (A.7) berechnet.

$$s_d = \mu \cdot d \tag{A.7}$$

Dabei ist

μ die Wasserdampf-Diffusionswiderstandszahl;

d die Schichtdicke, in m.

A.4.4 Wasserdampf-Diffusionsdurchlasswiderstand

Der Wasserdampf-Diffusionsdurchlasswiderstand Z einer Baustoffschicht, in $m^2 \cdot h \cdot Pa/kg$, wird für eine Bezugstemperatur von 10 °C nach Gleichung (A.8) berechnet.

$$Z = 1,5 \cdot 10^6 \cdot \mu \cdot d = 1,5 \cdot 10^6 \cdot s_d \tag{A.8}$$

Dabei ist

μ siehe Gleichung (A.7);

d siehe Gleichung (A.7);

s_d siehe Gleichung (A.7);

$1,5 \cdot 10^6$ der Kehrwert des Wasserdampf-Diffusionsleitkoeffizienten in Luft δ_a bei der Bezugstemperatur, in $m \cdot h \cdot Pa/kg$.

126

Der Wasserdampf-Diffusionsleitkoeffizient in Luft δ_a wird nach Gleichung (A.9) bestimmt.

$$\delta_a = \frac{D}{R_D \cdot T} \tag{A.9}$$

Dabei ist

D der Wasserdampf-Diffusionskoeffizient in Luft nach Schirmer, in m^2/h; bei $10\,°C$ ist $D = 0{,}089\,m^2/h$;

R_D die spezifische Gaskonstante für Wasserdampf, in $J/(kg \cdot K)$; $R_D = 462\,J/(kg \cdot K)$;

T die thermodynamische Temperatur, in K; bei $10\,°C$ ist $T = 283\,K$.

Sind mehrere Baustoffschichten hintereinander angeordnet, so wird der Wasserdampf-Diffusionsdurchlasswiderstand Z des Bauteils nach Gleichung (A.10) ermittelt.

$$Z = 1{,}5 \cdot 10^6 \, (\mu_1 \cdot d_1 + \mu_2 \cdot d_2 + \ldots + \mu_n \cdot d_n) = 1{,}5 \cdot 10^6 \left(s_{d,1} + s_{d,2} + \ldots + s_{d,n} \right) \tag{A.10}$$

Dabei ist

$d_1, d_2, \ldots d_n$ die Schichtdicke der einzelnen Baustoffschichten, in m;

$\mu_1, \mu_2 \ldots \mu_n$ die Wasserdampf-Diffusionswiderstandszahl der einzelnen Baustoffschichten;

$s_{d,1}, s_{d,2}, \ldots s_{d,n}$ die wasserdampfdiffusionsäquivalente Luftschichtdicke für die einzelnen Baustoffschichten, in m;

n   die Anzahl der Einzelschichten.

A.4.5 Wasserdampf-Diffusionsstromdichte

Die Wasserdampf-Diffusionsstromdichte g durch ein Bauteil im stationären Zustand, in $kg/\left(m^2 \cdot h\right)$, im Folgenden nur noch Diffusionsstromdichte g genannt, wird nach Gleichung (A.11) berechnet.

$$g = \frac{p_i - p_e}{Z} \tag{A.11}$$

Dabei ist

p_i der Wasserdampfteildruck raumseitig, in Pa;

p_i der Wasserdampfteildruck außenseitig, in Pa;

Z der Wasserdampf-Diffusionsdurchlasswiderstand des Bauteils, in $m^2 \cdot h \cdot Pa/kg$.

ANMERKUNG   Gleichung (A.11) setzt einen Diffusionsstrom ohne Tauwasserausfall voraus.

A.4.6 Dampfdruckverteilung und Tauwasserausfall im Bauteilinneren

Tauwasser kann im Inneren von Bauteilen nur dann ausfallen, wenn ein Temperaturgefälle über den Bauteilquerschnitt vorhanden ist und der Wasserdampfteildruck im Bauteilinneren den Sättigungszustand (Wasserdampfsättigungsdruck) erreicht. Um festzustellen, ob und an welcher Stelle im Querschnitt Tauwasser ausfällt, ist die Verteilung des Wasserdampfteildrucks mit der Verteilung des Wasserdampfsättigungsdrucks über den gesamten Querschnitt zu vergleichen. Dabei hängen die vorhandene Dampfdruckverteilung von den beiden umgebungsseitigen Wasserdampfteildrücken sowie von den Wasserdampf-Diffusionsdurchlasswiderständen der Bauteilschichten und die Sättigungsdampfdruckverteilung von der Temperaturverteilung über den Querschnitt ab.

Für das grafische Verfahren nach [4] in den Literaturhinweisen zur Bestimmung des Tauwasserausfalls wird zunächst die Temperaturverteilung im Bauteilquerschnitt ermittelt (siehe A.3.6). In einem so genannten Diffusionsdiagramm (siehe Bild A.2) sind dann auf der Abszisse die wasserdampfdiffusionsäquivalenten Luftschichtdicken s_d der einzelnen Baustoffschichten nacheinander, von innen nach außen aufzutragen. Die Ordinate gibt den Wasserdampfdruck an.

In das Diagramm werden über dem Querschnitt des Bauteils im Maßstab der s_d-Werte der aus der Temperaturverteilung resultierende Wasserdampfsättigungsdruck p_s (höchstmöglicher Wasserdampfdruck) und der vorhandene Wasserdampfteildruck eingetragen. Dabei ergibt sich im Diffusionsdiagramm die

Verteilung des Wasserdampfsättigungsdruckes als temperaturabhängiger Kurvenzug (siehe Temperaturabhängigkeit von p_s in A.4.2) und die Verteilung des vorhandenen Wasserdampfteildruckes als Verbindungsgerade der Drücke p_i und p_e an beiden Bauteiloberflächen. Berühren sich die Gerade und die Kurve des Wasserdampfsättigungsdruckes nicht, so fällt kein Tauwasser aus (vergleiche Bild A.3, Fall a). Würde die Gerade den Kurvenzug des Wasserdampfsättigungsdruckes schneiden, sind statt der Geraden von den Drücken p_i und p_e aus die Tangenten an die Kurve des Sättigungsdruckes zu zeichnen, da der Wasserdampfteildruck nicht größer als der Sättigungsdruck sein kann (vergleiche Bilder A.4 bis A.6, Fälle b bis d). Die Berührungsstellen der Tangenten mit dem Kurvenzug des Wasserdampfsättigungsdruckes bestimmen bzw. begrenzen den Ort bzw. den Bereich des Tauwasserausfalls im Bauteil.

Die prinzipielle Vorgehensweise zur Feststellung, ob im Bauteilquerschnitt Tauwasser ausfällt, ist in Bild A.2 schematisch dargestellt.

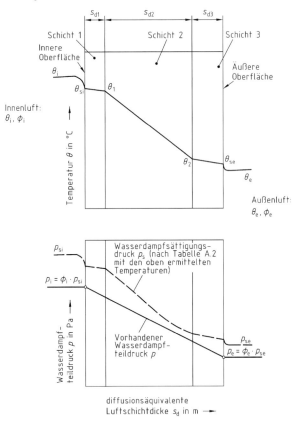

Bild A.2 — Schematische Darstellung der Verteilungen für Temperatur, Wasserdampfsättigungsdruck und Wasserdampfteildruck über den diffusionsäquivalenten Luftschichtdicken der Einzelschichten eines mehrschichtigen Bauteils zur Feststellung eines etwaigen Tauwasserausfalls im Querschnitt

Im dargestellten Beispiel bleibt der Querschnitt tauwasserfrei, da keine Berührung zwischen der Kurve des Wasserdampfsättigungsdruckes und der Geraden der aktuellen Wasserdampfteildruckverteilung auftritt.

A.5 Wärmeschutztechnische Berechnungen zur Vermeidung kritischer Feuchte auf Innenoberflächen

A.5.1 Allgemeines

Zur Vermeidung von Tauwasserbildung auf Bauteilinnenoberflächen darf die Temperatur der raumseitigen Oberfläche, welche vom Wärmedurchlasswiderstand des Bauteils abhängt, die Taupunkttemperatur der Raumluft nicht unterschreiten. Die Taupunkttemperatur θ_s ist in Tabelle A.4 angegeben.

Tabelle A.4 — Taupunkttemperatur der Luft in Abhängigkeit von Temperatur und relativer Luftfeuchte

Luft-temperatur θ °C	Taupunkttemperatur θ_s [a] °C bei einer relativen Luftfeuchte ϕ, in %:													
	30	35	40	45	50	55	60	65	70	75	80	85	90	95
30	10,5	12,9	14,9	16,8	18,4	20,0	21,4	22,7	23,9	25,1	26,2	27,2	28,2	29,1
29	9,7	12,0	14,0	15,9	17,5	19,0	20,4	21,7	23,0	24,1	25,2	26,2	27,2	28,1
28	8,8	11,1	13,1	15,0	16,6	18,1	19,5	20,8	22,0	23,2	24,2	25,2	26,2	27,1
27	8,0	10,2	12,2	14,1	15,7	17,2	18,6	19,9	21,1	22,2	23,3	24,3	25,2	26,1
26	7,1	9,4	11,4	13,2	14,8	16,3	17,6	18,9	20,1	21,2	22,3	23,3	24,2	25,1
25	6,2	8,5	10,5	12,2	13,9	15,3	16,7	18,0	19,1	20,3	21,3	22,3	23,2	24,1
24	5,4	7,6	9,6	11,3	12,9	14,4	15,8	17,0	18,2	19,3	20,3	21,3	22,3	23,1
23	4,5	6,7	8,7	10,4	12,0	13,5	14,8	16,1	17,2	18,3	19,4	20,3	21,3	22,2
22	3,6	5,9	7,8	9,5	11,1	12,5	13,9	15,1	16,3	17,4	18,4	19,4	20,3	21,2
21	2,8	5,0	6,9	8,6	10,2	11,6	12,9	14,2	15,3	16,4	17,4	18,4	19,3	20,2
20	1,9	4,1	6,0	7,7	9,3	10,7	12,0	13,2	14,4	15,4	16,4	17,4	18,3	19,2
19	1,0	3,2	5,1	6,8	8,3	9,8	11,1	12,3	13,4	14,5	15,5	16,4	17,3	18,2
18	0,2	2,3	4,2	5,9	7,4	8,8	10,1	11,3	12,5	13,5	14,5	15,4	16,3	17,2
17	− 0,6	1,4	3,3	5,0	6,5	7,9	9,2	10,4	11,5	12,5	13,5	14,5	15,3	16,2
16	− 1,4	0,5	2,4	4,1	5,6	7,0	8,2	9,4	10,5	11,6	12,6	13,5	14,4	15,2
15	− 2,2	− 0,3	1,5	3,2	4,7	6,1	7,3	8,5	9,6	10,6	11,6	12,5	13,4	14,2
14	− 2,9	− 1,0	0,6	2,3	3,7	5,1	6,4	7,5	8,6	9,6	10,6	11,5	12,4	13,2
13	− 3,7	− 1,9	− 0,1	1,3	2,8	4,2	5,5	6,6	7,7	8,7	9,6	10,5	11,4	12,2
12	− 4,5	− 2,6	− 1,0	0,4	1,9	3,2	4,5	5,7	6,7	7,7	8,7	9,6	10,4	11,2
11	− 5,2	− 3,4	− 1,8	− 0,4	1,0	2,3	3,5	4,7	5,8	6,7	7,7	8,6	9,4	10,2
10	− 6,0	− 4,2	− 2,6	− 1,2	0,1	1,4	2,6	3,7	4,8	5,8	6,7	7,6	8,4	9,2

[a] Näherungsweise darf geradlinig interpoliert werden.

Für die Berechnungen nach A.5.2 und A.5.3 gelten zudem die Angaben nach A.1.

A.5.2 Berechnung für Bauteile ohne Wärmebrücken

Der erforderliche Wärmedurchlasswiderstand R eines ebenen Bauteils ohne Wärmebrücken zur Vermeidung von Tauwasserbildung an der Innenoberfläche wird nach Gleichung (A.12) ermittelt.

$$R = R_{si} \cdot \frac{\theta_i - \theta_e}{\theta_i - \theta_s} - (R_{si} + R_{se}) \qquad (A.12)$$

Dabei ist

$R_{si}, R_{se}, \theta_i, \theta_e$ Größen nach den Gleichungen (A.2) und (A.3);

θ_s die Taupunkttemperatur der Innenluft, in °C.

129

Der entsprechende Wärmedurchgangskoeffizient U, in $\mathrm{W}/\left(\mathrm{m}^2 \cdot \mathrm{K}\right)$, wird nach Gleichung (A.13) berechnet.

$$U = \frac{\theta_\mathrm{i} - \theta_\mathrm{s}}{R_\mathrm{si}\,(\theta_\mathrm{i} - \theta_\mathrm{e})} \qquad\qquad (A.13)$$

Erklärung der Symbole — siehe Gleichung (A.12).

A.5.3 Berechnung für Bauteile mit Wärmebrücken

Für Bauteile mit Wärmebrücken ist zur Vermeidung von Tauwasserbildung an den Innenoberflächen die niedrigste Temperatur der raumseitigen Oberfläche an der Wärmebrücke maßgebend. Wärmebrücken, die dadurch entstehen, dass Bereiche mit unterschiedlichen Wärmedurchlasswiderständen in einem Bauteil angeordnet werden, sind nach DIN EN ISO 10211-1 zu berechnen. Linienförmige Wärmebrücken können nach DIN EN ISO 10211-2 berechnet werden.

A.6 Diffusionstechnische Berechnungen zur Ermittlung von Tauwasser- und Verdunstungsmassen im Bauteilquerschnitt

A.6.1 Allgemeines

Die Berechnung von Tauwasser- und Verdunstungsmassen im Inneren von Bauteilen zur Bewertung des Tauwasserschutzes mittels rechnerischen Nachweises nach 4.2 erfolgt nach dem in A.4.6 erläuterten Verfahren. Im Regelfall ist dazu bei nicht klimatisierten Räumen nach A.6.2 und A.6.3 vorzugehen unter Berücksichtigung der Angaben nach A.2. Für Sonderfälle bezüglich der Klimabedingungen wird auf A.6.4 verwiesen.

A.6.2 Berechnung der Tauwassermasse

A.6.2.1 Allgemeines

Durch ein Bauteil mit einem Wasserdampf-Diffusionsdurchlasswiderstand Z, an dessen einer Seite Luft mit einem Wasserdampfteildruck p_i und an dessen anderer Seite Luft mit einem Wasserdampfteildruck p_e angrenzt, fließt ein Wasserdampf-Diffusionsstrom aufgrund unterschiedlicher Teildrücke zu beiden Seiten.

Wenn der Wasserdampfteildruck p im Innern eines Bauteils den Wasserdampfsättigungsdruck p_s erreicht, erfolgt Tauwasserausfall. Die Verteilung des Dampfdruckes ergibt sich dann aus den Tangenten von den Dampfdrücken an den Oberflächen an die Kurve des Wasserdampfsättigungsdruckes.

Die Größe der Tauwassermasse ergibt sich als Differenz zwischen den je Zeit- und Flächeneinheit ein- bzw. ausdiffundierenden Wasserdampfmassen (Differenz der Diffusionsstromdichte). Die Neigung der Tangenten ist ein Maß für die jeweilige Diffusionsstromdichte g (nach Gleichung (A.11)).

Die in der Tauperiode in einem Außenbauteil ausfallende Tauwassermasse ergibt sich für die jeweiligen Fälle b bis d aus den zu den Bildern A.4 bis A.6 aufgeführten Gleichungen (A.14) bis (A.24).

In den Gleichungen (A.14) bis (A.24) ist

p_i der Wasserdampfteildruck raumseitig, in Pa;

p_e der Wasserdampfteildruck außenseitig, in Pa;

p_sw der Wasserdampfsättigungsdruck an der Stelle des Tauwasserausfalls, in Pa,

     bei Fall b (siehe A.6.2.3): in der Tauwasserebene,

     bei Fall c (siehe A.6.2.4): in der 1. und 2. Tauwasserebene, $p_\mathrm{sw1}, p_\mathrm{sw2}$,

     bei Fall d (siehe A.6.2.5): am Anfang und am Ende des Tauwasserbereiches, $p_\mathrm{sw1}, p_\mathrm{sw2}$;

Z der Wasserdampf-Diffusionsdurchlasswiderstand der Baustoffschichten (nach der Gleichung (A.8) bzw. der Gleichung (A.10) proportional zu s_d); in $\mathrm{m}^2 \cdot \mathrm{h} \cdot \mathrm{Pa/kg}$,

     bei Fall b (A.6.2.3): zwischen der raumseitigen Bauteiloberfläche und der Tauwasserebene, Z_i,

     zwischen der Tauwasserebene und der außenseitigen Bauteiloberfläche, Z_e.

bei Fall c (A.6.2.4): zwischen der raumseitigen Bauteiloberfläche und der 1. Tauwasserebene, Z_i,

zwischen der 1. und 2. Tauwasserebene, Z_z,

zwischen der 2. Tauwasserebene und der außenseitigen Bauteiloberfläche, Z_e,

bei Fall d (A.6.2.5): zwischen der raumseitigen Bauteiloberfläche und dem Anfang des Tauwasserbereiches, Z_i,

zwischen Anfang und Ende des Tauwasserbereiches Z_z,

zwischen dem Ende des Tauwasserbereiches und der außenseitigen Bauteiloberfläche, Z_i;

t_T die Dauer der Tauperiode, in h.

A.6.2.2 Fall a — Wasserdampfdiffusion (Tauperiode) ohne Tauwasserausfall im Bauteilquerschnitt

Der vorhandene Wasserdampfteildruck im Bauteil ist an jeder Stelle niedriger als der Wasserdampfsättigungsdruck (siehe Bild A.3).

A.6.2.3 Fall b — Wasserdampfdiffusion (Tauperiode) mit Tauwasserausfall in einer Ebene des Bauteilquerschnitts

Der Tauwasserausfall erfolgt zwischen zwei Schichten, z. B. zwischen den Schichten 2 und 3 in Bild A.4.

Die Diffusionsstromdichte g_i, in $\mathrm{kg}/\left(\mathrm{m}^2 \cdot \mathrm{h}\right)$, von der Innenoberfläche in das Bauteil bis zur Tauwasserebene wird nach Gleichung (A.14) berechnet.

$$g_i = \frac{p_i - p_{sw}}{Z_i} \tag{A.14}$$

Die Diffusionsstromdichte g_e, in $\mathrm{kg}/\left(\mathrm{m}^2 \cdot \mathrm{h}\right)$, von der Tauwasserebene zur Außenoberfläche wird nach Gleichung (A.15) berechnet.

$$g_e = \frac{p_{sw} - p_e}{Z_e} \tag{A.15}$$

Die flächenbezogene Tauwassermasse $m_{W,T}$, in $\mathrm{kg/m}^2$, die während der Tauperiode in einer Ebene ausfällt, wird nach Gleichung (A.16) berechnet.

$$m_{W,T} = t_T \cdot (g_i - g_e) \tag{A.16}$$

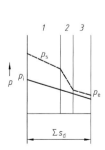

Bild A.3 — Diffusionsdiagramm für Fall a (kein Tauwasserausfall)

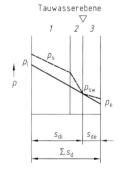

Bild A.4 — Diffusionsdiagramm für Fall b (Tauwasserausfall in einer Ebene)

131

A.6.2.4 Fall c — Wasserdampfdiffusion (Tauperiode) mit Tauwasserausfall in zwei Ebenen des Bauteilquerschnitts

Der Tauwasserausfall erfolgt zweimal zwischen zwei Schichten, z. B. zwischen den Schichten 1 und 2 sowie zwischen den Schichten 3 und 4 in Bild A.5.

Die Diffusionsstromdichte g_i, in $kg/(m^2 \cdot h)$, von der Innenoberfläche in das Bauteil bis zur 1. Tauwasserebene wird nach Gleichung (A.17) berechnet.

$$g_i = \frac{p_i - p_{sw1}}{Z_i} \tag{A.17}$$

Die Diffusionsstromdichte g_z, in $kg/(m^2 \cdot h)$, zwischen der 1. und 2. Tauwasserebene wird nach Gleichung (A.18) berechnet.

$$g_z = \frac{p_{sw1} - p_{sw2}}{Z_z} \tag{A.18}$$

Die Diffusionsstromdichte g_e, in $kg/(m^2 \cdot h)$, von der 2. Tauwasserebene zur Außenoberfläche wird nach Gleichung (A.19) berechnet.

$$g_e = \frac{p_{sw2} - p_e}{Z_e} \tag{A.19}$$

Die flächenbezogenen Tauwassermassen $m_{W,\,T1}$ und $m_{W,\,T2}$, in kg/m^2, die während der Tauperiode in beiden Ebenen ausfallen, werden nach den Gleichungen (A.20) und (A.21) berechnet.

$$m_{W,\,T1} = t_T \cdot (g_i - g_z) \tag{A.20}$$

$$m_{W,\,T2} = t_T \cdot (g_z - g_e) \tag{A.21}$$

A.6.2.5 Fall d — Wasserdampfdiffusion (Tauperiode) mit Tauwasserausfall in einem Bereich des Bauteilquerschnitts

Der Tauwasserausfall erfolgt durchgehend in einem Bereich zwischen den beiden Berührungsstellen der p-Tangenten an die p_s-Kurve von beiden Oberflächen aus, da sich in diesem Bereich der p-Verlauf vollständig an die p_s-Kurve anlegt, z. B. im Bereich der Schicht 2 in Bild A.6.

Die Diffusionsstromdichte g_i, in $kg/(m^2 \cdot h)$, von der Innenoberfläche in das Bauteil bis zum Anfang des Tauwasserbereiches wird nach Gleichung (A.22) berechnet.

$$g_i = \frac{p_i - p_{sw1}}{Z_i} \tag{A.22}$$

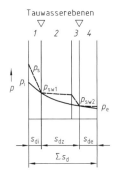
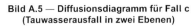
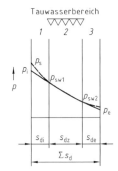

Bild A.5 — Diffusionsdiagramm für Fall c
(Tauwasserausfall in zwei Ebenen)

Bild A.6 — Diffusionsdiagramm für Fall d
(Tauwasserausfall in einem Bereich)

Die Diffusionsstromdichte g_e, in $\mathrm{kg}/(\mathrm{m}^2 \cdot \mathrm{h})$, vom Ende des Tauwasserbereiches zur Außenoberfläche wird nach Gleichung (A.23) berechnet.

$$g_e = \frac{p_{sw2} - p_e}{Z_e} \tag{A.23}$$

Die flächenbezogene Tauwassermasse $m_{W,T}$, in kg/m^2, die während der Tauperiode im Bereich ausfällt, wird nach Gleichung (A.24) berechnet.

$$m_{W,T} = t_T \cdot (g_i - g_c) \tag{A.24}$$

A.6.3 Berechnung der Verdunstungsmasse

A.6.3.1 Allgemeines

Nach einem vorhergehenden Tauwasserausfall im Bauteil wird in der Tauwasserebene bzw. zwischen zwei Tauwasserebenen bzw. in einem Tauwasserbereich Sättigungsdruck angenommen.

Die Ermittlung der durch Dampfdiffusion an die Innen- und Außenluft aus den Tauwasserebenen bzw. aus dem Tauwasserbereich abführbaren verdunstenden Wassermasse erfolgt analog zu A.6.1 und A.6.3 an Hand von Diffusionsdiagrammen (vergleiche Bilder A.7 bis A.10).

Tauwasserausfall während der Verdunstungsperiode wird hier rechnerisch nicht berücksichtigt.

ANMERKUNG Einem in der Verdunstungsperiode möglicherweise auftretenden Tauwasserausfall wird mit der Herausgabe von DIN EN ISO 13788 Rechnung getragen.

Die in A.6.3.2 bis A.6.3.5 dargestellten Fälle a bis d entsprechen den Fällen a bis d in A.6.2.2 bis A.6.2.5.

Zur Definition der in den Gleichungen (A.25) bis (A.36) verwendeten Symbole siehe A.6.2.1.

Zusätzlich bedeutet:

t_V die Dauer der Verdunstungsperiode, in h.

A.6.3.2 Fall a — Kein Tauwasserausfall, keine Verdunstung

Während der Tauperiode hat kein Tauwasserausfall stattgefunden. Eine Untersuchung der Verdunstung erübrigt sich. Vergleiche hierzu Bild A.3 und Bild A.7.

A.6.3.3 Fall b — Wasserdampfdiffusion (Verdunstungsperiode) nach Tauwasserausfall in einer Ebene des Bauteilquerschnitts

Die Verdunstung erfolgt aus der Ebene des Tauwasserausfalls. Vergleiche hierzu Bild A.4 und Bild A.8.

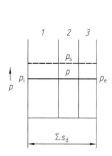 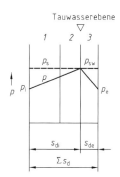

Bild A.7 — Diffusionsdiagramm für Fall a (keine Verdunstung)   Bild A.8 — Diffusionsdiagramm für Fall b (Verdunstung aus einer Ebene)

133

Die Diffusionsstromdichte g_i, in $\mathrm{kg}/\left(\mathrm{m}^2 \cdot \mathrm{h}\right)$, von der Tauwasserebene zur Innenoberfläche wird nach Gleichung (A.25) berechnet.

$$g_i = \frac{p_{sw} - p_i}{Z_i} \tag{A.25}$$

Die Diffusionsstromdichte g_e, in $\mathrm{kg}/\left(\mathrm{m}^2 \cdot \mathrm{h}\right)$, von der Tauwasserebene zur Außenoberfläche wird nach Gleichung (A.26) berechnet.

$$g_e = \frac{p_{sw} - p_e}{Z_e} \tag{A.26}$$

Die flächenbezogene Verdunstungsmasse $m_{W,V}$, in kg/m^2, die während der Verdunstungsperiode aus dem Bauteil abgeführt werden kann, wird nach Gleichung (A.27) berechnet.

$$m_{W,V} = t_V \cdot (g_i - g_e) \tag{A.27}$$

A.6.3.4 Fall c — Wasserdampfdiffusion (Verdunstungsperiode) nach Tauwasserausfall in zwei Ebenen des Bauteilquerschnitts

Zwischen beiden Tauwasserebenen wird zu Beginn der Verdunstungsperiode der Wasserdampfsättigungsdruck entsprechend den zugrunde gelegten Temperaturbedingungen für die Verdunstungsperiode angenommen. Die Verdunstung erfolgt zunächst von beiden Tauwasserebenen zur jeweils näher liegenden Oberfläche. Diffusionsströme zwischen beiden Tauwasserebenen treten dabei entweder wegen isothermer Bedingungen nicht auf oder werden im Fall eines Temperaturgefälles und erneuter Tauwasserbildung während der Verdunstungsperiode nicht berücksichtigt. Ist die Tauwassermasse in einer Ebene vor Ende der Verdunstungsperiode abgeführt, so erfolgt für die restliche Zeit eine Verdunstung aus der anderen Ebene zu beiden Oberflächen hin (Fall b). Vergleiche hierzu Bild A.5 und Bild A.9.

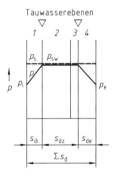

Bild A.9 — Diffusionsdiagramm für Fall c (Verdunstung aus zwei Ebenen)

Die Diffusionsstromdichte g_i, in $\mathrm{kg}/\left(\mathrm{m}^2 \cdot \mathrm{h}\right)$, von der 1. Tauwasserebene zur Innenoberfläche wird nach Gleichung (A.28) berechnet.

$$g_i = \frac{p_{sw} - p_i}{Z_i} \tag{A.28}$$

Die Diffusionsstromdichte g_e, in $\mathrm{kg}/\left(\mathrm{m}^2 \cdot \mathrm{h}\right)$, von der 2. Tauwasserebene zur Außenoberfläche wird nach Gleichung (A.29) berechnet.

$$g_e = \frac{p_{sw} - p_e}{Z_e} \tag{A.29}$$

Ist zu einem Zeitpunkt $t_{V1} < t_V$ bzw. $t_{V2} < t_V$ die Tauwassermasse in der ersten bzw. zweiten Tauwasserebene verdunstet, so ergibt sich die flächenbezogene Verdunstungsmasse $m_{W,V}$, in kg/m^2, die während der Verdunstungsperiode t_V insgesamt aus dem Bauteil abgeführt werden kann, nach Gleichung (A.32) bzw. Gleichung (A.33).

Die Verdunstungszeiten t_{V1} bzw. t_{V2}, in h, werden dafür zunächst nach Gleichung (A.30) bzw. Gleichung (A.31) berechnet.

$$t_{V1} = \frac{m_{W,T1}}{g_i} \qquad (A.30)$$

$$t_{V2} = \frac{m_{W,T2}}{g_e} \qquad (A.31)$$

Für $t_{V1} < t_{V2}$ ist Gleichung (A.32), für $t_{V1} > t_{V2}$ ist Gleichung (A.33) anzuwenden.

$$m_{W,V} = t_{V1}\,(g_i + g_e) + (t_V - t_{V1})\left(\frac{p_{sw} - p_i}{Z_i + Z_z} + g_e\right) \qquad (A.32)$$

$$m_{W,V} = t_{V2}\,(g_i + g_e) + (t_V - t_{V2})\left(g_i + \frac{p_{sw} - p_e}{Z_e + Z_z}\right) \qquad (A.33)$$

A.6.3.5 Fall d — Wasserdampfdiffusion (Verdunstungsperiode) nach Tauwasserausfall in einem Bereich des Bauteilquerschnitts

Die insgesamt in dem Bereich ausgefallene Tauwassermasse wird im Diffusionsdiagramm für die Verdunstung der Mitte des Bereiches zugeordnet. Die Verdunstung erfolgt damit aus der Mitte des Tauwasserbereiches. Vergleiche hierzu Bild A.6 und Bild A.10.

Die Diffusionsstromdichte g_i, in $\mathrm{kg/(m^2 \cdot h)}$, von der Mitte des Tauwasserbereiches zur Innenoberfläche wird nach Gleichung (A.34) berechnet.

$$g_i = \frac{p_{sw} - p_i}{Z_i + 0,5 \cdot Z_z} \qquad (A.34)$$

Die Diffusionsstromdichte g_e, in $\mathrm{kg/(m^2 \cdot h)}$, von der Mitte des Tauwasserbereiches zur Außenoberfläche wird nach Gleichung (A.35) berechnet.

$$g_e = \frac{p_{sw} - p_e}{0,5 \cdot Z_z + Z_e} \qquad (A.35)$$

Die flächenbezogene Verdunstungsmasse $m_{W,V}$, in $\mathrm{kg/m^2}$, die während der Verdunstungsperiode aus dem Bauteil abgeführt werden kann, wird nach Gleichung (A.36) berechnet.

$$m_{W,V} = t_V \cdot (g_i + g_e) \qquad (A.36)$$

A.6.4 Berechnungsverfahren bei Sonderfällen

Sind nach vorliegender Norm die Auswirkungen des tatsächlich gegebenen Raumklimas und des Außenklimas am Standort des Gebäudes auf den Tauwasserausfall und bei der Ermittlung der flächenbezogenen Tauwassermasse mit zu erfassen, so ist ein modifiziertes, auf diese Klimabedingungen abgestimmtes Berechnungsverfahren anzuwenden (siehe Literaturhinweise [5], [8], [9], [10], [11]).

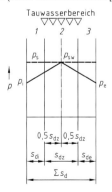

Bild A.10 — Diffusionsdiagramm für Fall d (Verdunstung aus einem Bereich)

Anhang B
(informativ)
Beispiele

B.1 Allgemeines

Nachfolgend wird an den Beispielen einer Außenwand und eines Flachdaches[1] die Untersuchung auf innere Tauwasserbildung und Verdunstung infolge von Wasserdampfdiffusion mit den hier angegebenen Randbedingungen gezeigt. Feuchtetechnische Schutzschichten (z. B. diffusionshemmende Schichten, Dachhaut u. a.) werden bei der Ermittlung der Temperaturverteilung nicht berücksichtigt.

B.2 Beispiel 1: Außenwand

B.2.1 Ausgangsdatum

Betrachtet wird eine Außenwand mit einem Aufbau nach Bild B.1 und den Randbedingungen nach Tabelle B.1. Die erforderlichen Größen für das Diffusionsdiagramm in der Tauperiode sind in Tabelle B.2 angegeben.

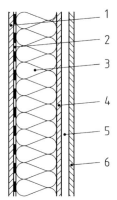

Legende

1 19 mm Spanplatte V 20 nach DIN 68763

2 diffusionshemmende Luftdichtheitsschicht $s_d = 2\,m$

3 160 mm Mineralwolle nach DIN 18165-1, Wärmeleitfähigkeitsgruppe 040

4 19 mm Spanplatte V 100 nach DIN 68763, Dichte $700\,kg/m^3$

5 30 mm Luftschicht — belüftet

6 20 mm Vorgehängte Außenschale

Bild B.1 — Wandaufbau

---

[1] Unter „Flachdach" wird hier und im Weiteren ein nicht belüftetes Dach mit Dachabdichtung verstanden.

Tabelle B.1 — Randbedingungen

Periode/Klima-Merkmal	Kennwert für	
	Innenklima	Außenklima
Tauperiode (1 440 h)		
Lufttemperatur	20 °C	−10 °C
Relative Luftfeuchte	50 %	80 %
Wasserdampfsättigungsdruck	2 340 Pa	260 Pa
Wasserdampfteildruck	1 170 Pa	208 Pa
Verdunstungsperiode (2 160 h)		
Lufttemperatur	12 °C	12 °C
Relative Luftfeuchte	70 %	70 %
Wasserdampfsättigungsdruck	1 403 Pa	1 403 Pa
Wasserdampfteildruck	982 Pa	982 Pa

Tabelle B.2 — Zusammenstellung der erforderlichen Größen für das Diffusionsdiagramm in der Tauperiode

Zeile	Schicht	d m	μ —	s_d m	λ_R W/(m · K)	R m² · K/W	θ °C	p_s Pa
—	Wärmeübergang innen	—	—	—	—	0,13	20,0	2 340
1	Spanplatte V 20	0,019	50	0,95	0,13	0,15	19,1	2 212
2	Diffusionshemmende Luft-dichtheitsschicht	$5 \cdot 10^{-5}$	40 000	2,00	—	—	18,1	2 079
3	Mineralwolle	0,16	1	0,16	0,04	4,00	18,1	2 079
4	Spanplatte V 100	0,019	100	1,90	0,13	0,15	−8,5	296
5	Luftschicht — belüftet	0,03	—	—	—	—	−9,5	272
6	Außenschale	0,02	—	—	—	—		
—	Wärmeübergang außen	—	—	—	—	0,08	−10,0	260
		$\sum s_d =$	5,01	$R_T =$	4,51			

B.2.2 Berechnung der Tauwassermasse

Mit den Randbedingungen für die Tauperiode nach Tabelle B.1 ist zu prüfen, ob Tauwasserbildung im Wandquerschnitt auftritt.

Es tritt Tauwasser zwischen der 3. und 4. Bauteilschicht auf.

Mit

$$Z_i = 1,5 \cdot 10^6 \cdot 3,11 = 4,67 \cdot 10^6 \, m^2 \cdot h \cdot Pa/kg$$

$$Z_e = 1,5 \cdot 10^6 \cdot 1,9 = 2,85 \cdot 10^6 \, m^2 \cdot h \cdot Pa/kg$$

$$p_i = 1\,170\,Pa$$

$$p_{sw} = 296\,Pa$$

$$p_e = 208\,Pa$$

$$t_T = 1\,440\,h$$

ergibt sich die flächenbezogene Tauwassermasse nach Gleichung (B.1).

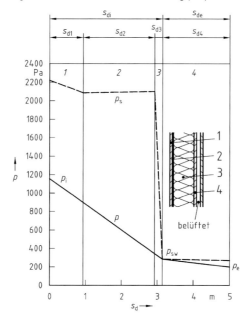

Bild B.2 — Diffusionsdiagramm für die Außenwand in der Tauperiode

$$m_{W,T} = 1\,440 \left(\frac{1\,170 - 296}{4,67} - \frac{296 - 208}{2,85} \right) \cdot 10^{-6} \tag{B.1}$$

$$m_{W,T} = 0,225\,kg/m^2$$

Wäre das Bewertungskriterium a) nach B.2.4 bereits nicht erfüllt, so könnte die Berechnung der Verdunstungsmasse nach B.2.3 entfallen. Die Konstruktion wäre im Sinne dieser Norm nicht zulässig.

138

B.2.3 Berechnung der Verdunstungsmasse

Bei den Randbedingungen für die Verdunstungsperiode nach Tabelle B.1 sind die Temperatur θ und damit auch der Wasserdampfsättigungsdruck p_s über dem Wandquerschnitt konstant.

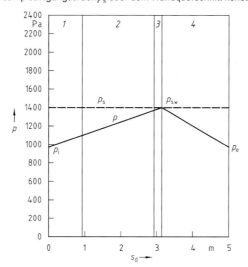

Bild B.3 — Diffusionsdiagramm für die Außenwand in der Verdunstungsperiode

Mit

$Z_i = 4{,}67 \cdot 10^6 \, \text{m}^2 \cdot \text{h} \cdot \text{Pa/kg}$

$Z_i = 2{,}85 \cdot 10^6 \, \text{m}^2 \cdot \text{h} \cdot \text{Pa/kg}$

$p_i = p_e = 982 \, \text{Pa}$

$p_{sw} = 1\,403 \, \text{Pa}$

$t_V = 2\,160 \, \text{h}$

ergibt sich die flächenbezogene Tauwassermasse nach Gleichung (B.2).

$$m_{W,V} = 2\,160 \left(\frac{1\,403 - 982}{4{,}67} - \frac{1\,403 - 982}{2{,}85} \right) \cdot 10^{-6} \tag{B.2}$$

$m_{W,V} = 0{,}514 \, \text{kg/m}^2$

B.2.4 Bewertung

Die nach 4.2.1 höchstens zulässige Erhöhung des massebezogenen Feuchtegehaltes Δm_{zul} der Spanplatte infolge des Tauwasserausfalls von 3 % beträgt $\Delta m_{zul} = 0{,}03 \cdot 0{,}019 \, \text{m} \cdot 700 \, \text{kg/m}^3 = 0{,}399 \, \text{kg/m}^2$.

Kriterien: a) $m_{W,T} \leq \Delta m_{zul}$: erfüllt

          b) $m_{W,T} \leq m_{W,V}$: erfüllt

Ergebnis: Die Tauwasserbildung ist im Sinne dieser Norm unschädlich.

B.3 Beispiel 2: Flachgeneigtes Dach mit Abdichtung[2]

B.3.1 Ausgangsdaten

Betrachtet wird ein Flachdach mit einem Aufbau nach Bild B.4 und den Randbedingungen nach Tabelle B.3. Die erforderlichen Größen für die Diffusionsdiagramme in der Tauperiode und in der Verdunstungsperiode sind in den Tabellen B.4 und B.5 angegeben.

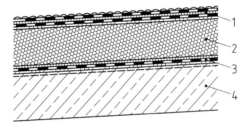

Legende

1 Dachabdichtung, auch mit zusätzlicher Kiesschüttung

2 140 mm Polystyrol-Partikelschaum Typ WD nach DIN 18164-1, Wärmeleitfähigkeitsgruppe 040, Rohdichte $\geq 20\,kg/m^3$

3 Ausgleichsschicht und diffusionshemmende Schicht, z. B. Bitumendachdichtungsbahn

4 180 mm Stahlbetondecke

Bild B.4 — Prinzipieller Flachdachaufbau

Tabelle B.3 — Randbedingungen

Periode	Innenklima	Außenklima
Tauperiode (1 440 h)		
Lufttemperatur	20 °C	−10 °C
Relative Luftfeuchte	50 %	80 %
Wasserdampfsättigungsdruck	2 340 Pa	260 Pa
Wasserdampfteildruck	1 170 Pa	208 Pa
Verdunstungsperiode (2 160 h)		
Lufttemperatur	12 °C	12 °C
Relative Luftfeuchte	70 %	70 %
Wasserdampfsättigungsdruck	1 403 Pa	1 403 Pa
Wasserdampfteildruck	982 Pa	982 Pa
Oberflächentemperatur des Daches	—	20 °C

[2] Im Weiteren „Flachdach" genannt.

Tabelle B.4 — Zusammenstellung der erforderlichen Größen für das Diffusionsdiagramm in der Tauperiode

Zeile	Schicht	d m	μ —	s_d m	λ_R W/(m·K)	R m²·K/W	θ °C	p_s Pa
—	Wärmeübergang innen	—	—	—	—	0,13	20,0	2 340
							19,0	2 197
1	Stahlbeton	0,18	70	12,6	2,1	0,09		
							18,2	2 105
2	Bitumendachabdichtungsbahn	0,002	10 000	20	—	—		
							18,2	2 105
3	Polystyrol-Partikelschaum Typ WD nach DIN 18164-1, Rohdichte $\geq 20\,\mathrm{kg/m^3}$	0,14	30	4,2	0,04	3,50		
							− 9,7	274
4	Dachabdichtung	0,006	100 000	600	—	—		
							− 9,7	274
—	Wärmeübergang außen	—	—	—	—	0,04		
							− 10,0	260
				$\sum s_d =$ 636,8		$R_T =$ 3,76		

Tabelle B.5 — Zusammenstellung der erforderlichen Größen für das Diffusionsdiagramm in der Verdunstungsperiode

Zeile	Schicht	d m	μ —	s_d m	λ_R W/(m·K)	R m²·K/W	θ °C	p_s Pa
—	Wärmeübergang innen	—	—	—	—	0,13	12,0	1 403
							12,3	1 431
1	Stahlbeton	0,18	70	12,6	2,10	0,09		
							12,5	1 451
2	Bitumendachabdichtungsbahn	0,002	10 000	20	—	—		
							12,5	1 451
3	Polystyrol-Partikelschaum Typ WD nach DIN 18164-1, Rohdichte $\geq 20\,\mathrm{kg/m^3}$	0,14	30	4,2	0,04	3,50		
							20,0	2 340
4	Dachabdichtung	0,006	100 000	600	—	—		
							20,0	—
				$\sum s_d =$ 636,8		$R_T =$ 3,72		

B.3.2 Berechnung der Tauwassermasse

Mit den Randbedingungen für die Tauperiode nach Tabelle B.3 ist zu prüfen, ob Tauwasserbildung im Dachquerschnitt auftritt.

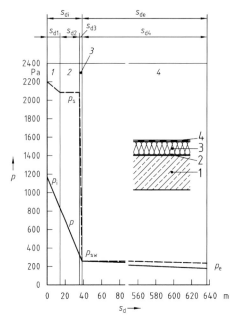

Bild B.5 — Diffusionsdiagramm für das Flachdach in der Tauperiode

Es tritt Tauwasserbildung zwischen der 3. und 4. Bauteilschicht auf.

Mit

$Z_i = 1,5 \cdot 10^6 \cdot 36,8 = 55,2 \cdot 10^6 \, \text{m}^2 \cdot \text{h} \cdot \text{Pa/kg}$

$Z_e = 1,5 \cdot 10^6 \cdot 600 = 900 \cdot 10^6 \, \text{m}^2 \cdot \text{h} \cdot \text{Pa/kg}$

$p_i = 1\,170\,\text{Pa}$

$p_{sw} = 274\,\text{Pa}$

$p_e = 208\,\text{Pa}$

$t_T = 1\,440\,\text{h}$

ergibt sich die flächenbezogene Tauwassermasse nach Gleichung (B.3).

$$m_{W,\,T} = 1\,440 \left(\frac{1\,170 - 274}{55,2} - \frac{274 - 208}{900} \right) \cdot 10^{-6} \qquad (B.3)$$

$$m_{W,\,T} = 0,023\,\text{kg/m}^2$$

Wäre das Bewertungskriterium a) nach B.3.4 bereits nicht erfüllt, so könnte die Berechnung der Verdunstungsmasse nach B.3.3 entfallen. Die Konstruktion wäre im Sinne dieser Norm nicht zulässig.

B.3.3 Berechnung der Verdunstungsmasse

Bei den Randbedingungen für die Verdunstungsperiode nach Tabelle B.3 sind die Temperatur θ und damit auch der Wasserdampfsättigungsdruck p_s über den Dachquerschnitt nicht konstant.

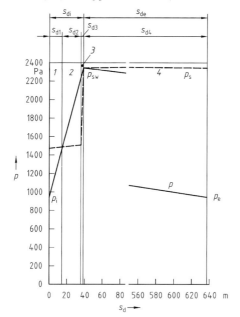

Bild B.6 — Diffusionsdiagramm für das Flachdach in der Verdunstungsperiode

Mit

$Z_i = 55{,}2 \cdot 10^6\,\mathrm{m^2 \cdot h \cdot Pa/kg}$

$Z_e = 900 \cdot 10^6\,\mathrm{m^2 \cdot h \cdot Pa/kg}$

$p_i = p_e = 982\,\mathrm{Pa}$

$p_{sw} = 2\,340\,\mathrm{Pa}$

$t_V = 2\,160\,\mathrm{h}$

ergibt sich die flächenbezogene Verdunstungsmasse nach Gleichung (B.4).

$$m_{W,V} = 2\,160 \left(\frac{2\,340 - 982}{55{,}2} + \frac{2\,340 - 982}{900} \right) \cdot 10^{-6} \tag{B.4}$$

$$m_{W,V} = 0{,}056\,\mathrm{kg/m^2}$$

Erneuter Tauwasserausfall während der Verdunstungsperiode (zwischen den Schichten 2 und 3) wird nicht berücksichtigt (siehe dazu A.6.3.1).

143

B.3.4 Bewertung

Die nach 4.2.1 in diesem Fall höchstens zulässige Tauwassermasse beträgt $m_{W, T, zul} = 0,5 \, \text{kg/m}^2$.

Kriterien: a) $m_{W, T} \leq 0,5 \, \text{kg/m}^2$: erfüllt;

b) $m_{W, T} \leq m_{W, V}$: erfüllt.

Ergebnis: Die Tauwasserbildung ist im Sinne dieser Norm unschädlich.

Anhang C
(informativ)
Übersichtskarte zur Schlagregenbeanspruchung[3)]
in der Bundesrepublik Deutschland

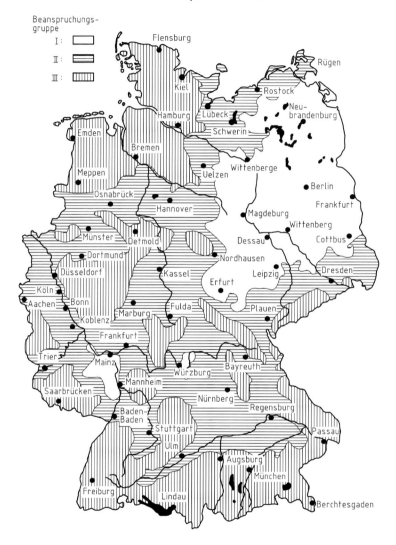

Bild C.1 — Schlagregenbeanspruchung in der Bundesrepublik Deutschland

---

[3)] Schlagregenbeanspruchungsgruppen — siehe 5.2.2 bis 5.2.4

145

Anhang D
(informativ)
Gegenüberstellung bisheriger[4] und in vorliegender Norm gebrauchter Symbole physikalischer Größen

Tabelle D.1 — Gegenüberstellung der Größen

Bisheriges Symbol	Physikalische Größe	In vorliegen- der Norm gebrauchtes Symbol	Zu Grunde gelegte Deutsche Norm
s	Dicke	d	
m	Masse	m	
ϱ	(Roh)Dichte	ϱ	
t	Zeit	t	
ϑ	Celsiustemperatur	θ	DIN EN ISO 7345
T	Thermodynamische Temperatur	T	
q	Wärmestromdichte	q	
λ_R	Bemessungswert der Wärmeleitfähigkeit	λ_R	
$1/\Lambda$	Wärmedurchlasswiderstand	R	
$1/\alpha_i$	Wärmeübergangswiderstand, innen	R_{si}	DIN EN ISO 6946
$1/\alpha_a$	Wärmeübergangswiderstand, außen	R_{se}	
k	Wärmedurchgangskoeffizient	U	DIN EN ISO 7345
$1/k$	Wärmedurchgangswiderstand	R_T	DIN EN ISO 6946
p	Wasserdampfteildruck	p	
φ	Relative Luftfeuchte	ϕ	
u_m	Massebezogener Feuchtegehalt	u	
D	Wasserdampf-Diffusionskoeffizient	D	
i	Wasserdampf-Diffusionsstromdichte	g	DIN EN ISO 9346
$1/\Delta$	Wasserdampf-Diffusionsdurchlasswider- stand	Z	
δ	Wasserdampf-Diffusionsleitkoeffizient	δ	
μ	Wasserdampf-Diffusionswiderstandszahl	μ	
w	Wasseraufnahmekoeffizient	w	E DIN EN ISO 15148
s_d	Wasserdampfdiffusionsäquivalente Luft- schichtdicke	s_d	E DIN EN ISO 12572
W_T	Flächenbezogene Tauwassermasse	$m_{W,T}$	vorliegende Norm
W_V	Flächenbezogene Verdunstungsmasse	$m_{W,V}$	

---

[4] DIN 4108-1 muss nach Fertigung des „Pakets" Europäischer Normen, zu denen auch DIN EN ISO 7345 und DIN EN ISO 9346 gehören, zurückgezogen werden.

Literaturhinweise

Bbl. 1 zu DIN 4108:1982-04, *Wärmeschutz im Hochbau — Inhaltsverzeichnisse, Stichwortverzeichnis.*

DIN 4108-1:1981-08, *Wärmeschutz im Hochbau — Größen und Einheiten*[5].

E DIN 4108-20:1995-07, *Wärmeschutz im Hochbau — Teil 20: Thermisches Verhalten von Gebäuden — Sommerliche Raumtemperaturen bei Gebäuden ohne Anlagentechnik — Allgemeine Kriterien und Berechnungsalgorithmen (Vorschlag für eine Europäische Norm).*

DIN 18530, *Massive Deckenkonstruktionen für Dächer — Planung und Ausführung.*

EN 12114, *Wärmetechnisches Verhalten von Gebäuden — Luftdurchlässigkeit von Bauteilen — Laborprüfverfahren; Deutsche Fassung EN 12114:2000.*

DIN EN ISO 12570, *Wärme- und feuchtetechnisches Verhalten von Baustoffen und Bauprodukten — Bestimmung des Feuchtegehaltes durch Trocknen bei erhöhter Temperatur (ISO 12570:2000); Deutsche Fassung EN ISO 12570:2000.*

DIN EN ISO 12571, *Wärme- und feuchtetechnisches Verhalten von Baustoffen und Bauprodukten — Bestimmung der hygroskopischen Sorptionseigenschaften (ISO 12571:2000); Deutsche Fassung EN ISO 12571:2000.*

DIN EN ISO 14683, *Wärmebrücken im Hochbau — Längenbezogener Wärmedurchgangskoeffizient — Vereinfachte Verfahren und Anhaltswerte (ISO 14683:1999); Deutsche Fassung EN ISO 14683:1999.*

prEN ISO 13791:1995-06, *Thermisches Verhalten von Gebäuden — Sommerliche Raumtemperaturen bei Gebäuden ohne Anlagentechnik — Allgemeine Kriterien und Berechnungsalgorithmen (ISO/DIS 13791:1995).*

[1] Deutsches Dachdeckerhandwerk, Fachregelwerk, Merkblatt *„Wärmeschutz bei Dächern"*[6]

[2] Deutsches Dachdeckerhandwerk, Fachregelwerk, Merkblatt *„Unterdächer, Unterdeckungen und Unterspannungen"*[6]

[3] W. Caemmerer, R. Neumann: Wärmeschutz im Hochbau — Kommentar zu DIN 4108-1 bis DIN 4108-5, Beuth Verlag, Berlin (1983), S. 50

[4] Glaser, H.: Graphisches Verfahren zur Untersuchung von Diffusionsvorgängen. Kältetechnik 11 (1959), S. 345/349

[5] Jenisch, R.: Berechnung der Feuchtigkeitskondensation in Außenbauteilen und die Austrocknung, abhängig vom Außenklima. Ges. Ing. 92 (1971), H. 9, S. 257/262 und S. 299/307

[6] Cziesielski, E.: Konstruktion und Dichtung bei Außenwandfugen im Beton- und Leichtbetontafelbau. Bauingenieur-Praxis[7], 56 (1970)

[7] Kurzberichte aus der Bauforschung, Ausgabe 18, 12 (1977); Forschungsbericht: Anschluss der Fenster zum Baukörper[8]

[8] Häupl, P., Stopp, H., Strangfeld, P.: Feuchtekatalog für Außenwandkonstruktionen. Rudolf-Müller Verlagsgesellschaft, Köln 1990

[9] Grunewald, J.: Diffuser und konvektiver Stoff- und Energietransport in kapillarporösen Baustoffen.[9] Dresdner Bauklimatische Hefte, Heft 3, Jahrgang 1997

[10] Künzel, H. M.: Verfahren zur ein- und zweidimensionalen Berechnung des gekoppelten Wärme- und Feuchtetransports in Bauteilen mit einfachen Kennwerten. Dissertation Universität Stuttgart 1994

[11] Krus, M., Künzel, H. M., Kießl, K.: Feuchtetransportvorgänge in Stein und Mauerwerk — Messung und Berechnung. Bauforschung für die Praxis, Band 25, IRB-Verlag Stuttgart 1996

---

[5] Siehe hierzu DIN EN ISO 7345, DIN EN ISO 9346

[6] z. Z. Entwurf

[7] Verlag W. Ernst & Sohn, Berlin

[8] Herausgeber: Fraunhofer-Gesellschaft Stuttgart, Informationszentrum „Raum und Bau"

[9] Dissertation an der Technischen Universität Dresden, 1997 (Fundstelle: Deutsche Bücherei Leipzig)

Berichtigungen zu DIN 4108-3:2001-07	Berichtigung 1 zu DIN 4108-3

Es wird empfohlen, auf der betroffenen Norm einen Hinweis auf diese Berichtigung zu machen.

ICS 91.100.10; 91.100.30

Corrigenda to DIN 4108-3:2001-07

Corrigenda à la DIN 4108-3:2001-07

In 3.2.4

wasserhemmende Schicht

ist „0,2 kg/(m²·h^{0,5})" durch „2,0 kg/(m²·h^{0,5})" zu ersetzen.

4.3.3.1 Allgemeines

2. Absatz muss beginnen mit dem Einführungssatz: „Bezüglich Deckungen bzw. Abdichtungen gelten folgende Kennzeichnungen:"

4.3.3.2 Nicht belüftete Dächer

Der Wärmedurchlasswiderstand der Bauteilschichten unterhalb **einer raumseitigen** diffusionshemmenden Schicht darf bei Dächern ohne rechnerischen Nachweis **höchstens** 20 % des Gesamtwärmedurchlasswiderstandes betragen ...

Tabelle 1, Fußnote a muss heißen: „[a] $s_{d,e}$ ist die Summe der Werte der wasserdampfdiffusionsäquivalenten Luftschichtdicken **aller** Schichten, die sich oberhalb der Wärmedämmschicht befinden bis zur ersten belüfteten Luftschicht."

2. Spiegelstrich muss lauten:

„ – nicht belüftete Dächer mit nicht belüfteter Dachdeckung und einer diffusionshemmenden Schicht mit $s_{d,i} \geq 100$ m unterhalb der Wärmedämmschicht."

Fortsetzung Seite 2 bis 7

Normenausschuss Bauwesen (NABau) im DIN Deutsches Institut für Normung e. V.

b) muss lauten:

„b) Nicht belüftete Dächer mit Dachabdichtung

— nicht belüftete Dächer mit **Dachabdichtung und** einer diffusionshemmenden Schicht mit $s_{d,i} \geq 100$ m unterhalb der Wärmedämmschicht, wobei der Wärmedurchlasswiderstand der Bauteilschichten unterhalb der diffusionshemmenden Schicht höchstens 20 % des Gesamtwärmedurchlasswiderstandes betragen darf. Bei diffusionsdichten Dämmstoffen (z. B. Schaumglas) auf starren Unterlagen kann auf eine zusätzliche diffusionshemmende Schicht verzichtet werden;

— nicht belüftete Dächer aus Porenbeton nach DIN 4223 **mit Dachabdichtung und** ohne diffusionshemmende Schicht an der Unterseite und ohne zusätzliche Wärmedämmung;

— nicht belüftete Dächer mit **Dachabdichtung und** Wärmedämmung oberhalb der Dachabdichtung (so genannte „Umkehrdächer") und dampfdurchlässiger Auflast auf der Wärmedämmschicht (z. B. Grobkies)."

5.3 Putze und Beschichtungen

Tabelle 2, Spalte „Produkt", Zeile „wasserabweisend": „2,0" ist durch „0,2" zu ersetzen.

5.4.3 Fenster, Außentüren, Vorhangfassaden

Bild 1: „10 mm" ist durch „≥ 10 mm" zu ersetzen.

A.2.2 Klimabedingungen

2. Absatz: „Unter anderen **Klima**bedingungen, z. B. in Schwimmbädern, in klimatisierten bzw. deutlich anders beaufschlagten Räumen oder bei extremem Außenklima ist das tatsächliche Raumklima und das Außenklima am Standort des Gebäudes mit dessen zeitlichem Verlauf zu berücksichtigen. Siehe in den Literaturhinweisen: [5], [8], [9], [10], und [11]."

A.2.3 Wärmeübergangswiderstände

Die Wärmeübergangswiderstände für die Berechnung sind nach DIN EN ISO 6946 ermittelt und werden für Bauteile mit ebener Oberfläche wie folgt festgelegt:

Raumseitig mit

— 0,13 m^2 · K/W für Wärmestromrichtungen horizontal, aufwärts sowie für Dachschrägen;

— 0,17 m^2 · K/W für **Wärme**stromrichtungen abwärts.

Außenseitig

Redaktionell:

A.3.2 Wärmedurchlasswiderstand

Der Wärmedurchlasswiderstand R, in m^2· K/W, von homogenen Schichten und Luftschicht im Bauteil wird nach DIN EN ISO 6946:1996, 5.1 und 5.3 ermittelt.

A.3.6, Bild A.1: links vom Bild „Innen" anordnen.

A.4.2, Seite 19 Tabelle A.3, Tabellenkopf, Spalte 3 muss lauten: −20 °C ≤ θ < 0 °C

A.4.4, Seite 20, Legende zu Gleichung (A.10) muss lauten:

Dabei sind

$d_1, d_2, ..., d_n$ die Schichtdicken der einzelnen Baustoffschichten, in m;

$\mu_1, \mu_2, ..., \mu_n$ die Wasserdampf-Diffusionswiderstandszahlen der einzelnen Baustoffschichten;

$s_{d,1}, s_{d,2}, ..s_{d,n}$ die wasserdampfdiffusionsäquivalenten Luftschichtdicken für die einzelnen Baustoffschichten, in m;

n   die Anzahl der Einzelschichten.

A.4.6 Dampfdruckverteilung und Tauwasserausfall im Bauteilinneren

3. Absatz, 1. Satz muss lauten: „In das Diagramm werden über dem Querschnitt des Bauteils im Maßstab der s_d-Werte der aus der Temperaturverteilung resultierende Wasserdampfsättigungsdruck p_S (höchstmöglicher Wasserdampfdruck **bei einer Temperatur**) und der vorhandene Wasserdampfteildruck eingetragen. Dabei ergibt sich... “.

A.6.2.1 Allgemeines

5. Spiegelstrich, Seite 24, „bei Fall d“ muss heißen:

„bei Fall d (A.6.2.5):

zwischen der raumseitigen Bauteiloberfläche und dem Anfang des Tauwasserbereiches Z_i,

     zwischen Anfang und Ende des Tauwasserbereiches Z_Z,

         zwischen dem Ende des Tauwasserbereiches und der außenseitigen Bauteiloberfläche, Z_e,“

A.6.2.3   Fall b – Wasserdampfdiffusion (Tauperiode) mit Tauwasserausfall in einer Ebene des Bauteilquerschnitts

Bild A.3 und Bild A.4:

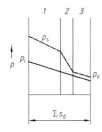

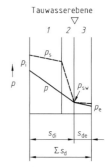

Bild A.3 – Diffusionsdiagramm für Fall a (kein Tauwasserausfall)

Bild A.4 – Diffusionsdiagramm für Fall b (Tauwasserausfall in einer Ebene)

3

A.6.2.5 Fall d – Wasserdampfdiffusion (Tauperiode) mit Tauwasserausfall in einem Bereich des Bauteilquerschnitts

Bild A.5:

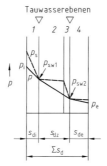

Bild A.5 – Diffusionsdiagramm für Fall c (Tauwasserausfall in zwei Ebenen)

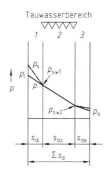

Bild A.6 – Diffusionsdiagramm für Fall d (Tauwasserausfall in einem Bereich)

A.6.3.2   Fall a – Kein Tauwasserausfall, keine Verdunstung

Während der Tauperiode hat kein Tauwasserausfall stattgefunden. Eine Untersuchung der Verdunstung erübrigt sich. Vergleiche hierzu die Bilder A.3 und A.7.

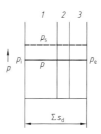

Bild A.7 – Diffusionsdiagramm für Fall a (keine Verdunstung)

4

A.6.3.3   Fall b – Wasserdampfdiffusion (Verdunstungsperiode) nach Tauwasserausfall in einer Ebene des Bauteilquerschnitts

Seite 27, Gleichung (A.27):

$$M_{W,V} = t_V \cdot (g_i + g_e) \tag{A.27}$$

Bild A:

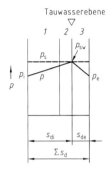

Bild A.8 – Diffusionsdiagramm für Fall b (Verdunstung aus einer Ebene)

A.6.3.4   Fall c – Wasserdampfdiffusion (Verdunstungsperiode) nach Tauwasserausfall in zwei Ebenen des Bauteilquerschnitts

Bild A.9:

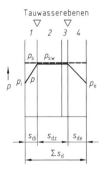

Bild A.9 – Diffusionsdiagramm für Fall c (Verdunstung aus zwei Ebenen)

5

A.6.3.5 Fall d – Wasserdampfdiffusion (Verdunstungsperiode) nach Tauwasserausfall in einem Bereich des Bauteilquerschnitts

Bild A.10 (diesem Unterabschnitt zuordnen):

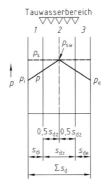

Bild A.10 – Diffusionsdiagramm für Fall d (Verdunstung aus einem Bereich)

B.2.1 Ausgangsdaten

Bild B.1, Legende, Position 6 lautet: „6 – 20 mm **v**orgehängte Außenschale"

Tabelle B.2, vorletzte Spalte θ und p_s: 18,1 und 2 079 reichen von Mitte Zeile 1 Spanplatte V20 bis Mitte Zeile 3 Mineralwolle

Bild B.2, Legende:

„Mit

$Z_i = 1,5 \cdot 10^6 \cdot 3,11 = 4,67 \cdot 10^6 \, m^2 \cdot h \cdot Pa/kg$

$Z_e = 1,5 \cdot 10^6 \cdot 1,9 = 2,85 \cdot 10^6 \, m^2 \cdot h \cdot Pa/kg$

$p_i = 1\,170 \, Pa$

$p_{sw} = 296 \, Pa$

$p_e = 208 \, Pa$

$t_T = 1\,440 \, h$

ergibt sich die flächenbezogene Tauwassermasse nach Gleichung (B.1)"

dem Bild B.2 nachstellen.

6

B.2.3 Berechnung der Verdunstungsmasse

Legende Bild B.3:

Mit

$Z_i =$ $4{,}67{\cdot}10^6$ m²·h·Pa/kg

$Z_e =$ $2{,}85\ 10^6{\cdot}$m²·h Pa/kg

$p_i = p_e = 982$ Pa

$p_{sw} =$ 1 403 Pa

$t_V = 2\ 160$ h

ergibt sich die flächenbezogene **Verdunstungs**masse nach Gleichung (B.2).

$$m_{\mathrm{W,V}} = 2160\left(\frac{1403-982}{4,67} + \frac{1403-982}{2,85}\right)\times 10^{-6}$$

$m_{\mathrm{W,V}} = 0{,}514$ kg/m²

B.3.1 Ausgangsdaten

B.3.1 Ausgangsdaten

Betrachtet wird ein Flachdach mit einem Aufbau nach Bild B.4 und den Randbedingungen nach Tabelle B.3. Die erforderlichen Größen für die Diffusionsdiagramme in der Tauperiode und in der Verdunstungsperiode sind in den Tabellen B.4 und B.5 angegeben.

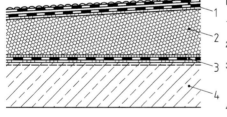

Legende

1 Dachabbdichtung, auch mit zusätzlicher

2 Kiesschüttung

3 140 mm Polystyrol-Partikelschaum Typ WD nach DIN 18164-1, Wärmeleitfähigkeitsgruppe 040, Rohdichte 20 kg/m³

4 Ausgleichsschicht und diffusionshemmende Schicht, z. B. Bitumendach**ab**dichtungsbahn

5 180 mm Stahlbetondecke Bitumendachdichtungsbahn

Bild B.4 – Prinzipieller Flachdachaufbau

Bild B.1: Die Dämmschicht muss keilförmig sein. Die Stahlbetondecke bleibt waagerecht.

7

August 2001

Wärmeschutz und Energie-Einsparung in Gebäuden

Teil 7: Luftdichtheit von Gebäuden, Anforderungen, Planungs- und
Ausführungsempfehlungen sowie -beispiele

DIN
4108-7

ICS 91.120.10

Ersatz für
DIN V 4108-7:1996-11

Thermal insulation and energy economy in buildings —
Part 7: Airtightness of buildings, requirements, recommendations and
examples for planning and performance

Protection thermique et économie d'énergie dans la construction
immobilière —
Partie 7: Etanchéité à l'air des bâtiments, exigences, recommandations et
exemples pour la conception et la performance

Fortsetzung Seite 2 bis 24

Normenausschuss Bauwesen (NABau) im DIN Deutsches Institut für Normung e. V.
Normenausschuss Heiz- und Raumlufttechnik (NHRS) im DIN

Inhalt

Vorwort

DIN 4108 "Wärmeschutz und Energie-Einsparung in Gebäuden" besteht aus:

Bbl 1, Inhaltsverzeichnisse, Stichwortverzeichnis

Bbl 2, Wärmebrücken – Planungs- und Ausführungsbeispiele

Teil 1, Größen und Einheiten

Teil 2, Mindestanforderungen an den Wärmeschutz

Teil 3, Klimabedingter Feuchteschutz, Anforderungen und Hinweise für Planung und Ausführung

Teil 4, Wärme- und feuchteschutztechnische Kennwerte

Teil 5, Berechnungsverfahren

Teil 6, Berechnung des Jahresheizwärmebedarfs von Gebäuden

Teil 7, Luftdichtheit von Bauteilen und Anschlüssen, Planungs- und Ausführungsempfehlungen sowie -beispiele

Die Herausgabe von DIN 4108-7 erfolgt im Zusammenhang mit der Verordnung über einen energiesparenden Wärmeschutz bei Gebäuden (Wärmeschutzverordnung — Wärmeschutz V) vom 16. August 1994, die am 1. Januar 1995 in Kraft getreten ist, und mit der in Vorbereitung befindlichen Energieeinsparverordnung. Sie ist ein Beitrag zur Normung im Rahmen von CEN (siehe auch Literaturhinweise: [2] bis [5]).

Frühere Ausgaben

DIN V 4108-7: 1996 -11

Änderungen

Gegenüber der Ausgabe November 1996 wurden folgende Änderungen vorgenommen:

a) Änderung des Status der Norm;

b) Die angegebenen Ausführungsempfehlungen und -beispiele wurden dem Stand der Technik angepaßt

1 Anwendungsbereich

Diese Norm enthält Anforderungen, Planungs- und Ausführungsempfehlungen sowie Ausführungs-beispiele, einschließlich geeigneter Materialien zur Einhaltung von Anforderungen an die Luftdichtheit von beheizten oder klimatisierten Gebäuden und Gebäudeteilen.

Die Ausführungsbeispiele behandeln keine funktionsbedingten Fugen und Öffnungen in der wärmetauschenden Hüllfläche, z. B. Gurtdurchführungen bei Rolladenkästen sowie Briefkästen. Diese Fugen und Öffnungen müssen entsprechend den allgemein anerkannten Regeln der Technik luftdicht ausgebildet sein.

2 Normative Verweisungen

Diese Norm enthält durch datierte oder undatierte Verweisungen Festlegungen aus anderen Publikationen. Diese normativen Verweisungen sind an den jeweiligen Stellen im Text zitiert, und die Publikationen sind nachstehend aufgeführt. Bei datierten Verweisungen gehören spätere Änderungen oder Überarbeitungen nur zu dieser Norm, falls sie durch Änderung oder Überarbeitung eingearbeitet sind. Bei undatierten Verweisungen gilt die letzte Ausgabe der in Bezug genommenen Publikation (einschließlich Änderungen).

DIN 1045-2, *Tragwerke aus Beton, Stahlbeton – Teil 2: Beton, Leistungsbeschreibung, Eigenschaften, Herstellung und Übereinstimmung.*

DIN 18540, *Abdichten von Außenwandfugen im Hochbau mit Fugendichtstoffen.*

DIN 18542, *Abdichten von Außenwandfugen im Hochbau mit imprägnierten Dichtungsbändern aus Schaumkunststoff – Imprägnierte Dichtungsbänder – Anforderungen und Prüfung.*

DIN EN 13829, *Wärmetechnisches Verhalten von Gebäuden – Bestimmung der Luftdurchlässigkeit von Gebäuden – Differenzdruckverfahren (ISO 9972:1996, modifiziert); Deutsche Fassung EN 13829:2000.*

3 Begriffe

Für die Anwendung dieser Norm gelten die folgenden Definitionen.

3.1
Luftdichtheitsschicht
Schicht, die die Luftströmung durch Bauteile hindurch verhindert.

3.2
Anschluss
Verbindung zwischen verschiedenen Luftdichtheitsschichten, Bauteilen und Durchdringungen.

3.3
Fuge
Zwischenraum zwischen zwei Bauwerksteilen oder Bauteilen, um z. B. unterschiedliche Bewegungen zu ermöglichen.

3.4
Stoß
Bereich, in dem Einzelelemente der Luftdichtheitsschicht stumpf aufeinandertreffen.

3.5
Überlappung
Bereich, in dem Einzelelemente der Luftdichtheitsschicht übereinander angeordnet sind.

4 Allgemeine Hinweise

4.1 Materialien

Stoffe und Bauteile müssen für den jeweiligen Verwendungszweck geeignet und aufeinander abgestimmt sein (z.b. Feuchtigkeits-, Oxidations- und UV-Beständigkeit sowie Reißfestigkeit).

4.2 Fugen

Fugen sind bereits in der Planungsphase zu berücksichtigen.

Die Verarbeitungsrichtlinien für die jeweiligen Fugenmaterialien sind zu beachten.

Für Fugen in massiven Bauteilen gelten DIN 18540 und E DIN 18542.

4.3 Planung und Ausführung

Beim Herstellen der Luftdichtheitsschicht ist auf eine sorgfältige Planung, Ausschreibung, Ausführung und Abstimmung der Arbeiten aller am Bau Beteiligten zu achten.

Es ist zu beachten, dass die Luftdichtheitsschicht und ihre Anschlüsse während und nach dem Einbau weder durch Witterungseinflüsse noch durch nachfolgende Arbeiten beschädigt werden.

Wirksamkeit und Dauerhaftigkeit der Luftdichtheitsschicht hängen wesentlich von ihrer fachgerechten Planung und Ausführung ab. Die Verarbeitungsrichtlinien für die verwendeten Materialien sind zu berücksichtigen.

4.4 Anforderungen an die Luftdichtheit

Werden Messungen der Luftdichtheit von Gebäuden oder Gebäudeteilen durchgeführt, so darf der nach DIN EN 13829:2001-02, Verfahren A, gemessene Luftvolumenstrom bei einer Druckdifferenz zwischen innen und außen von 50 Pa

— bei Gebäuden ohne raumlufttechnische Anlagen:

* bezogen auf das Raumluftvolumen 3 h^{-1} nicht überschreiten oder

* bezogen auf die Netto-Grundfläche 7,8 $m^3/(m^2 \cdot h)$ nicht überschreiten

— bei Gebäuden mit raumlufttechnischen Anlagen (auch Abluftanlagen)

* bezogen auf das Raumluftvolumen 1,5 h^{-1} nicht überschreiten oder

* bezogen auf die Netto-Grundfläche 3,9 $m^3/(m^2 \cdot h)$ nicht überschreiten

Die volumenbezogene Anforderung gilt allgemein. Bei Gebäuden oder Gebäudeteilen, deren lichte Geschosshöhe 2,6 m oder weniger beträgt, darf alternativ die nettogrundflächenbezogene Anforderungsgröße benutzt werden.

Die Einhaltung der Anforderungen an die Luftdichtheit schließt lokale Fehlstellen, die zu Feuchteschäden infolge von Konvektion führen können, nicht aus.

Insbesondere bei Lüftungsanlagen mit Wärmerückgewinnung ist eine deutliche Unterschreitung des oben angegebenen Grenzwertes sinnvoll.

Zur Beurteilung der Gebäudehülle kann zusätzlich der hüllenflächenbezogene Leckagestrom q_{50} herangezogen werden, der einen Wert von 3,0 $m^3/(m^2 \cdot h)$ nicht überschreiten darf.

5 Materialien für Luftdichtheitsschichten und Anschlüsse

5.1 Allgemeine Anforderungen

Die verwendeten Materialien müssen die bauüblichen Bewegungen aufnehmen können oder die Bewegungen sind konstruktiv zu berücksichtigen.

Die Luftdichtheit muss durch eine ausreichende Haftung zwischen den oder Komprimierung der zu verwendenden Materialien sichergestellt sein.

Die Verarbeitungstemperaturen der verwendeten Materialien sind einzuhalten.

5.2 Beispiele für Bauteile und Bauprodukte in der Fläche (Regelquerschnitt)

5.2.1 Mauerwerk und Betonteile

Betonbauteile, die nach DIN 1045-2 hergestellt werden, gelten als luftdicht.

Bei Mauerwerk ist es in der Regel zum Herstellen einer ausreichenden Luftdichtheit erforderlich, eine Putzlage aufzubringen.

5.2.2 Bahnen

Luftdichte Bahnen können z. B. aus Kunststoff, Elastomeren, Bitumen und Papierwerkstoffen bestehen. Diese dürfen nicht perforiert sein (dies gilt nicht für Perforierungen durch Befestungsmittel, z.B. Klammern).

5.2.3 Plattenmaterialien

Gipsfaserplatten, Gipskarton-Bauplatten, Faserzementplatten, Bleche und Holzwerkstoffplatten sind luftdicht.

Mit diesen Plattenmaterialien lässt sich in der Fläche eine Luftdichtheitsschicht herstellen. Gesonderte Maßnahmen sind im Bereich von Stößen, Anschlüssen und Durchdringungen zu ergreifen (siehe 7.3).

Undicht sind z. B. üblicherweise

— Trapezbleche im Bereich der Überlappungen;

— Nut-Feder-Schalungen,

— Platten als raumseitige Bekleidung im Bereich von Anschlüssen und Durchdringungen.

Poröse Weichfaserplatten und Holzwolleleichtbauplatten sind nicht luftdicht.

5.3 Beispiele für Fugen

Als Dichtungsmaterialien können konfektionierte Schnüre, Streifen, Bänder, Klebebänder und Spezialprofile eingesetzt werden. Die Luftdichtheit wird bei Dichtungsbändern erst bei einer ausreichenden Komprimierung erreicht.

Fugenfüllmaterialien, z. B. Montageschäume, sind aufgrund ihrer Eigenschaften nicht oder nur in begrenztem Maße in der Lage, Schwind- und Quellbewegungen sowie andere Bauteilverformungen aufzunehmen und sind deshalb nicht zur Herstellung der erforderlichen Luftdichtheit geeignet.

Fugendichtungsmassen müssen entsprechend ihrer Dehnung und den zu erwartenden Bewegungen der angrenzenden Bauteile dimensioniert werden.

5.4   Beispiele für Anschlüsse

Raumseitige Anschlüsse von Bahnen können zum Beispiel durch Einputzen oder die Kombination von Latten oder Profilen und vorkomprimierten Dichtbändern oder Latten oder Profilen und Klebemassen gesichert werden. Anpresslatten und -profile zur Sicherung von Anschlüssen sind so zu befestigen, dass sie auf Dauer funktionstüchtig sind.

Durchdringungen können durch Flansche, Schellen, Formteile, Manschetten oder Klebebänder luftdicht angeschlossen werden. Auf den für die handwerkliche Ausführung notwendigen Abstand zu aufgehenden Bauteilen ist zu achten. Bei Unterschreitung dieses Abstandes sind besondere Maßnahmen zu ergreifen.

6   Planungsempfehlungen

Bei der Planung ist für jedes Bauteil der Hüllfäche die Luftdichtheitsschicht festzulegen. Der Wechsel der Luftdichtungsebene in Konstruktionen, zum Beispiel von innen nach außen, ist problematisch und nach Möglichkeit zu vermeiden. Die Anschlussdetails und Werkstoffe sind im Vorfeld festzulegen und auszuschreiben. In der Regel ist die Luftdichtheitsschicht raumseitig der Dämmebene und möglichst auch raumseitig der Tragkonstruktion anzuordnen. Hierdurch wird unter anderem ein Einströmen von Raumluft in die Konstruktion verhindert.

Die Anzahl der Stöße und Überlappungen ist auf ein Minimum zu reduzieren.

Bereits bei der Planung ist die Anzahl der Durchdringungen, Fugen und Anschlüsse auf das notwendige Maß zu reduzieren. Durchdringungen sind mit geeigneter Anschlussmöglichkeit zu planen und anzuordnen.

In den Bildern 1 bis 4 sind hierzu Prinzipskizzen gegeben. Verwendete Symbole — siehe Tabelle 1.

Bei Hohlräumen, z.B. belüfteten Schornsteinen mit porösen Mantelsteinen, ist darauf zu achten, dass keine Verbindungen zwischen dem Belüftungsquerschnitt und dem Innenraum entstehen, sofern diese nicht funktionsbedingt erforderlich sind.

Auf einen ausreichenden Abstand zwischen Streichsparren und aufgehenden Wänden (z.B. Ortgang) ist zu achten.

Um eine ausreichende Luftdichtheit zu erzielen sind Maßnahmen und begleitende Überprüfungen der Einzelgewerke in der Ausführungsphase zweckmäßig (Eigen- oder Fremdüberwachung).

Eine raumseitige Bekleidung als Luftdichtheitsschicht ist wegen häufiger Durchdringungen in der Regel nicht geeignet. Um die Anzahl von Durchdringungen zu reduzieren, sollten Installationsebenen für die Aufnahme von Installationen aller Art raumseitig vor der Luftdichtheitsschicht vorgesehen werden (siehe Bild 4). Wird die raumseitige Bekleidung als Luftdichtheitsschicht herangezogen, sind besondere Maßnahmen bei Durchdringungen erforderlich (z.B. luftdichte Hohlwandinstallationsdosen).

Tabelle 1 — Legende

In Bild 1 bis Bild 27 werden folgende Symbole verwendet:

Symbole	Erklärung
	Dämmung
	Holzwerkstoffplatten (hart)
	Holzlattung
	Gipsplatte/Putz
	Mauerwerk/Beton
	Schalung
	Balken
	Bahn
	komprimiertes Dichtungsband
	einseitiges Klebeband
	doppelseitiges Klebeband/Klebemasse
	Fenster (unabhängig vom Rahmenmaterial)

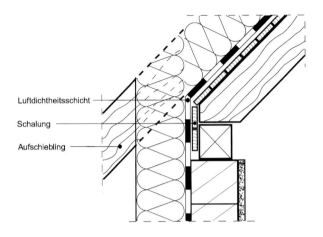

Luftdichtheitsschicht

Schalung

Aufschiebling

Bild 1 — Prinzipskizze für eine umlaufende Luftdichtheitsschicht ohne Durchdringungen

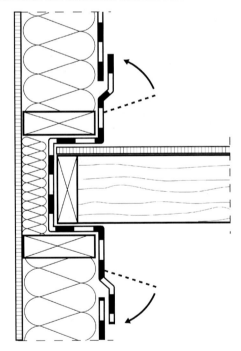

Bild 2 — Prinzipskizze für eine umlaufende Luftdichtheitsschicht bei Geschossdecken im Holzbau

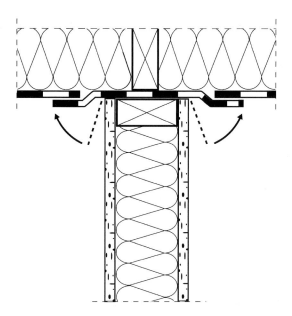

Bild 3 — Prinzipskizze für eine luftdichte Einbindung einer Innenwand an das Dach

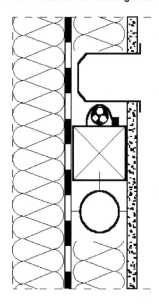

Bild 4 — Prinzipskizze für Installationen ohne Durchdringung der Luftdichtheitsschicht

165

7 Prinzipskizzen für Überlappungen, Anschlüsse, Durchdringungen und Stöße (Beispiele)

7.1 Allgemeines

Die Bilder 5 bis 27 sind Skizzen der prinzipiellen Anwendung der Produkte als Beispiel. Sie stellen einen Lösungsansatz dar und ersetzen eine detaillierte Konstruktionszeichnung nicht. Verwendete Symbole siehe Tabelle 1.

7.2 Luftdichtheitsschicht aus Bahnen

7.2.1 Überlappung

Die Luftdichtung der Überlappungen erfolgt beispielsweise durch einseitig- oder beidseitig selbstklebende Bänder, durch Klebemassen sowie durch Verschweißen. Eine mechanische Sicherung erhöht die Sicherheit der Konstruktionen im Hinblick auf die Dauerhaftigkeit (z.B. Anpresslatte).

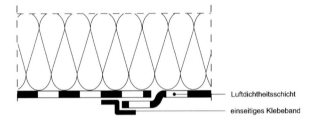

Bild 5 — Prinzipskizze für die Ausbildung von Überlappungen mit einseitigem Klebeband

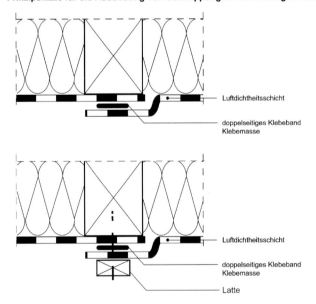

Bild 6 — Prinzipskizze für die Ausbildung von Überlappungen mit doppelseitigem Klebeband oder Klebemasse mit harter Hinterlage

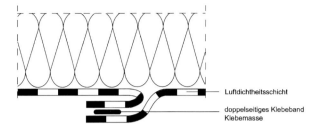

Luftdichtheitsschicht

doppelseitiges Klebeband
Klebemasse

Bild 7 — Prinzipskizze für die Ausbildung von Überlappungen mit doppelseitigem Klebeband ohne harte Hinterlage (Querstoß)

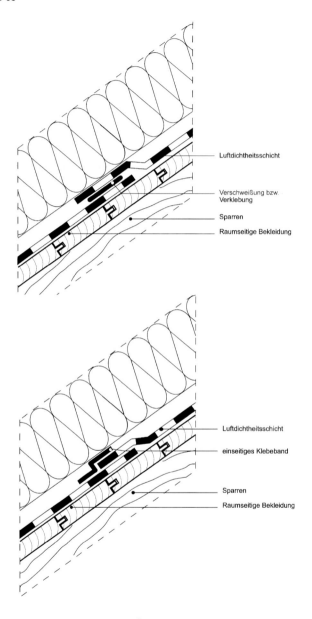

Bild 8 — Prinzipskizze für die Ausbildung von Überlappungen durch Verschweißen oder Verkleben bei Aufsparrendämmung

7.2.2 Anschluss an Mauerwerk oder Beton

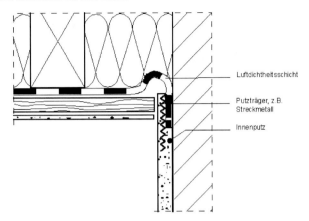

Bild 9 — Anschluss der Bahn an eine Wand aus verputztem Mauerwerk oder Beton durch Einputzen

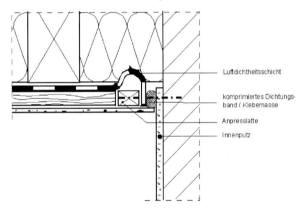

Bild 10 — Anschluss der Bahn an eine Wand aus verputztem Mauerwerk oder Beton mit komprimiertem Dichtband bzw. geeigneter Klebemasse und verschraubter Anpresslatte

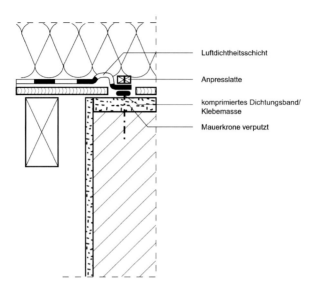

Bild 11 — Ortganganschluss der Bahnen an die verputzte Mauerkrone bei Aufsparrendämmung

7.2.3 Anschluss an Holz

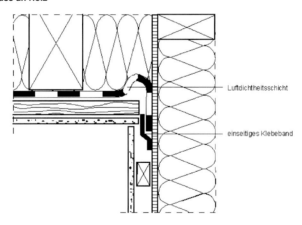

Bild 12 — Anschluss der Bahn an eine Außenwand in Holztafelbauweise mit einseitigem Klebeband[1)]

---

1) Bei Verwendung von Klebemassen oder vorkomprimierten Bändern analog Bild 10 verfahren.

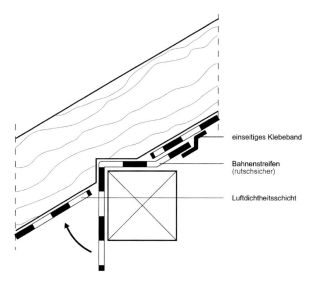

Bild 13 — Prinzipskizzen zum Anschluss der Bahn an eine Pfette

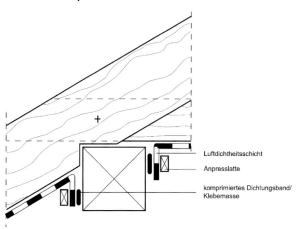

Bild 14 — Prinzipskizze zum Anschluss der Bahn an eine Pfette

7.2.4 Durchdringungen

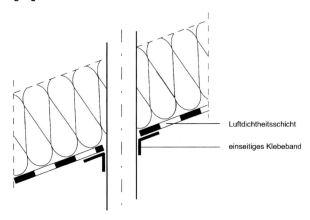

Bild 15 — Prinzipskizze zum Anschluss einer Bahn an eine Durchdringung

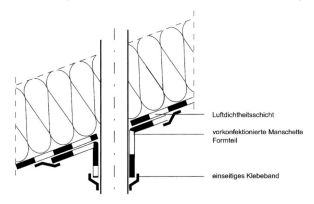

Bild 16 — Prinzipskizze zum Anschluss einer Bahn an eine Durchdringung unter Einsatz einer vorkonfektionierten Manschette oder eines Formteils

7.3 Luftdichtheitsschicht aus Plattenmaterialien

7.3.1 Stoß im Regelquerschnitt

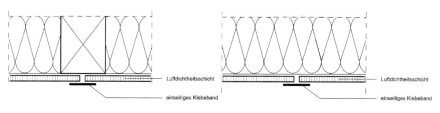

a) mit Ständer   b) ohne Ständer

Bild 17 — Prinzipskizze zur Abdichtung von Plattenstößen mit einseitigem Klebeband[2]

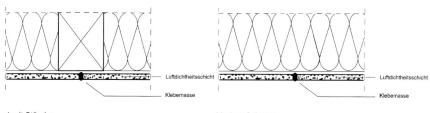

a) mit Ständer   b) ohne Ständer

Bild 18 — Prinzipskizze zur Sicherung von Plattenstößen durch Verkleben[3]

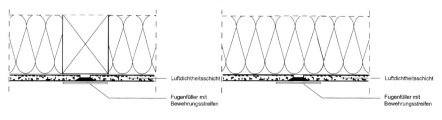

a) mit Ständer   b) ohne Ständer

Bild 19 — Prinzipskizze zur Sicherung von Plattenstößen durch Bewehrungsstreifen und Fugenfüller[4]

Bei Gipsfaserplatten kann auf den Bewehrungsstreifen verzichtete werden.

---

2) Dargestellt ist die prinzipielle Ausbildung der Luftdichtheitsschicht, nicht die raumseitige Bekleidung.

3) Siehe Fußnote zu Bild 17

4) Siehe Fußnote zu Bild 17

7.3.2 Anschluss an Mauerwerk und Beton

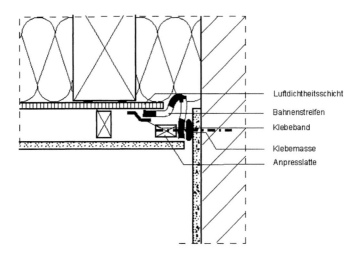

Bild 20 — Prinzipskizze zum Anschluss von Plattenmaterialien mit Streifen aus Luftdichtheitsbahnen und Klebemasse an verputztes Mauerwerk oder Beton

Weitere Anschlüsse von einer Luftdichtheitsschicht aus Plattenwerkstoffen können sinngemäß nach den in 7.2 aufgeführten Beispielen ausgeführt werden (z.B. mit vorkomprimierten Dichtbändern mit Anpresslatte oder mit Klebebändern). Gleiches gilt für Anschlüsse von Durchdringungen.

7.4 Fensteranschlüsse

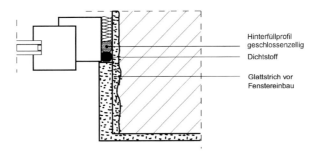

Bild 21 — Prinzipskizze zur Abdichtung der Fuge zwischen Fensterblendrahmen und Mauerwerk mit spritzbaren, elastischen Fugendichtmassen und Hinterfüllmaterial

Der Glattstrich ist vor dem Einbau des Fensters vorzunehmen.

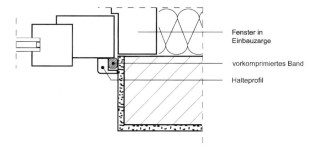

Bild 22 — Prinzipskizze zur Abdichtung der Fuge zwischen Fensterblendrahmen und Mauerwerk mit imprägnierten Schaumkunststoffbändern

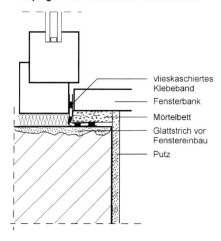

Bild 23 — Abdichtung der Fuge zwischen Fensterblendrahmen und Mauerwerk im Brüstungsbereich

Der Glattstrich ist vor dem Einbau des Fensters vorzunehmen.

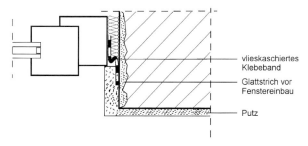

Bild 24 — Abdichtung der Fuge zwischen Fensterblendrahmen und Mauerwerk mit Dichtungsband

Der Glattstrich ist vor dem Einbau des Fensters vorzunehmen.

175

Die Bilder 21 bis 24 zeigen Anschlussausbildungen von Fenstern und Fassaden zum Baukörper, wobei in der Hauptsache die raumseitige Abdichtung zur Sicherstellung der erforderlichen Luftdichtheit dargestellt ist. Die außenseitigen Abdichtungen sind nicht Gegenstand dieser Norm und müssen deshalb jeweils nach Anforderungen und den anerkannten Regeln der Technik ausgebildet werden. Die in den oben genannten Bildern dargestellten Einzelheiten der raumseitigen Abdichtung sind nur beispielhaft angegeben und dienen zur Orientierung. Konkrete Lösungen für die jeweiligen Anwendungsfälle müssen unter Beachtung der Vorgaben der Norm sowie sonstiger allgemein anerkannter technischer Regeln entwickelt und ausgeführt werden.

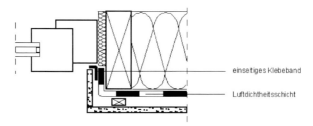

Bild 25 — Prinzipskizze zum luftdichten Abschluss von Fensterblendrahmen im Holzrahmenbau

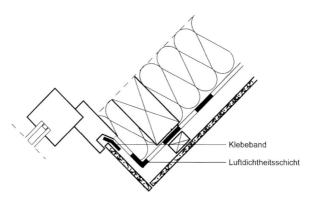

Bild 26 — Prinzipskizze zum luftdichten Anschluss von Dachflächenfenstern

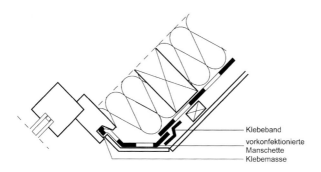

Klebeband
vorkonfektionierte Manschette
Klebemasse

Bild 27 — Prinzipskizze zum luftdichten Anschluss von Dachflächenfenstern mit vorkonfektionierter Manschette

Literaturhinweise

[1]   DIN 277-2, *Grundflächen und Rauminhalte von Bauwerken im Hochbau — Gliederung der Nutzflächen, Funktionsflächen und Verkehrsflächen (Netto-Grundfläche)*.

[2]   DIN 4108 Beiblatt 2, *Wärmeschutz und Energie-Einsparung in Gebäuden — Wärmebrücken — Planungs- und Ausführungsbeispiele*.

[3]   DIN 4108-2, *Wärmeschutz und Energie-Einsparung in Gebäuden — Teil 2: Mindestanforderungen an den Wärmeschutz*.

[4]   DIN 4108-3, *Wärmeschutz und Energie-Einsparung in Gebäuden — Teil 3: Klimabedingter Feuchteschutz — Anforderungen, Berechnungen und Hinweise für Planung und Ausführung*.

[5]   DIN V 4108-6, *Wärmeschutz und Energie-Einsparung in Gebäuden — Teil 6: Berechnung des Jahresheizwärme- und Jahresheizenergiebedarfs*.

[6]   DIN EN 12114, *Wärmetechnisches Verhalten von Gebäuden — Luftdurchlässigkeit von Bauteilen – Laborprüfverfahren; Deutsche Fassung EN 12114:2000*.

[7]   DIN EN ISO 7345, *Wärmeschutz — Physikalische Größen und Definitionen (ISO 7345:1987); Deutsche Fassung EN ISO 7345:1995*.

[8]   DIN EN ISO 9346:1996-08, *Wärmeschutz — Stofftransport — Physikalische Größen und Definitionen (ISO 9346:1987); Deutsche Fassung EN ISO 9346:1996*.

[9]   DIN EN ISO 12569, *Wärmetechnisches Verhalten von Gebäuden — Bestimmung des Luftwechsels in Gebäuden — Indikatorgasverfahren (ISO 12569:2000); Deutsche Fassung EN ISO 12569:2000*.

[10] prEN ISO 13791:1995-06, *Thermisches Verhalten von Gebäuden — Sommerliche Raumtemperaturen bei Gebäuden ohne Anlagentechnik — Allgemeine Kriterien und Berechnungsalgorithmen (ISO/DIS 13791:1995)*[5] .

---

5)   vorher veröffentlicht als E DIN EN 4108-20:1995-07, *Wärmeschutz im Hochbau — Teil 20: Thermisches Verhalten von Gebäuden — Sommerliche Raumtemperaturen bei Gebäuden ohne Anlagentechnik — Allgemeine Kriterien und Berechnungsalgorithmen (Vorschlag für eine Europäische Norm)*

DK 699.844

November 1989

Schallschutz im Hochbau

Anforderungen und Nachweise

DIN
4109

Sound insulation in buildings; requirements and verifications

Isolation acoustique dans les bâtiments; exigences et vérifications

Ersatz für
DIN 4109 T 1/09.62
und mit Beiblatt 2 zu
DIN 4109/11.89
Ersatz für
DIN 4109 T 2/09.62

Inhalt

Fortsetzung Seite 2 bis 28

Normenausschuß Bauwesen (NABau) im DIN Deutsches Institut für Normung e.V.

1 Anwendungsbereich und Zweck

Der Schallschutz in Gebäuden hat große Bedeutung für die Gesundheit und das Wohlbefinden des Menschen.

Besonders wichtig ist der Schallschutz im Wohnungsbau, da die Wohnung dem Menschen sowohl zur Entspannung und zum Ausruhen dient als auch den eigenen häuslichen Bereich gegenüber den Nachbarn abschirmen soll. Um eine zweckentsprechende Nutzung der Räume zu ermöglichen, ist auch in Schulen, Krankenanstalten, Beherbergungsstätten und Bürobauten der Schallschutz von Bedeutung.

In dieser Norm sind Anforderungen an den Schallschutz mit dem Ziel festgelegt, Menschen in Aufenthaltsräumen vor unzumutbaren Belästigungen durch Schallübertragung zu schützen. Außerdem ist das Verfahren zum Nachweis des geforderten Schallschutzes geregelt.

Aufgrund der festgelegten Anforderungen kann nicht erwartet werden, daß Geräusche von außen oder aus benachbarten Räumen nicht mehr wahrgenommen werden. Daraus ergibt sich insbesondere die Notwendigkeit gegenseitiger Rücksichtnahme durch Vermeidung unnötigen Lärms. Die Anforderungen setzen voraus, daß in benachbarten Räumen keine ungewöhnlich starken Geräusche verursacht werden.

Diese Norm gilt zum Schutz von Aufenthaltsräumen
- gegen Geräusche aus fremden Räumen, z. B. Sprache, Musik oder Gehen, Stühlerücken und den Betrieb von Haushaltsgeräten,
- gegen Geräusche aus haustechnischen Anlagen und aus Betrieben im selben Gebäude oder in baulich damit verbundenen Gebäuden,
- gegen Außenlärm wie Verkehrslärm (Straßen-, Schienen-, Wasser- und Luftverkehr) und Lärm aus Gewerbe- und Industriebetrieben, die baulich mit den Aufenthaltsräumen im Regelfall nicht verbunden sind.

Diese Norm gilt nicht zum Schutz von Aufenthaltsräumen
- gegen Geräusche aus haustechnischen Anlagen im eigenen Wohnbereich.
- in denen infolge ihrer Nutzung ständig oder nahezu ständig stärkere Geräusche vorhanden sind, die einem Schalldruckpegel L_{AF} von 40 dB(A) entsprechen (L_{AF} siehe Abschnitt A.3.3.1).
- gegen Fluglärm, soweit er im „Gesetz zum Schutz gegen Fluglärm" geregelt ist.

Ausführungsbeispiele für schallschutztechnisch ausreichende Bauteile sowie Hinweise für Planung und Ausführung enthalten Beiblatt 1 und Beiblatt 2 zu DIN 4109.

2 Kennzeichnende Größen für die Anforderungen an den Schallschutz

2.1 Luft- und Trittschalldämmung von Bauteilen

Zur zahlenmäßigen Kennzeichnung dienen die Größen nach Tabelle 1, Einzahl-Angaben nach Abschnitt A.8.1.

Tabelle 1. Kennzeichnende Größen für die Anforderungen an die Luft- und Trittschalldämmung von Bauteilen

R'_w : bewertetes Schalldämm-Maß in dB mit Schallübertragung über flankierende Bauteile
R_w : bewertetes Schalldämm-Maß in dB ohne Schallübertragung über flankierende Bauteile
$L'_{n,w}$: bewerteter Norm-Trittschallpegel in dB (TSM: Trittschallschutzmaß in dB)

Spalte	1	2	3	
			Kennzeichnende Größe für	
Zeile	Bauteile [1]	Berücksichtigte Schallübertragung	Luftschalldämmung	Trittschalldämmung
1	Wände	über das trennende und die flankierenden Bauteile sowie gegebenenfalls über Nebenwege	erf. R'_w	—
2	Decken		erf. R'_w	erf. $L'_{n,w}$ (erf. TSM)
3	Treppen		—	erf. $L'_{n,w}$ (erf. TSM)
4	Türen	nur über die Tür bzw. über das Fenster	erf. R_w	—
5	Fenster			—

[1] Im betriebsfertigen Zustand.

2.2 Schalldruckpegel haustechnischer Anlagen und aus Betrieben

Zur zahlenmäßigen Kennzeichnung dienen die Angaben der Tabelle 2.

Tabelle 2. Kennzeichnende Größen für die Anforderungen nach Tabelle 4

Spalte	1	2
Zeile	Geräuschquelle	Kennzeichnende Größe
1	Wasserinstallationen (Wasserversorgungs- und Abwasseranlagen gemeinsam)	Installations-Schallpegel L_{In} nach DIN 52 219
2	Sonstige haustechnische Anlagen	max. Schalldruckpegel $L_{AF,max}$ in Anlehnung an DIN 52 219
3	Betriebe	Beurteilungspegel L_r nach DIN 45 645 Teil 1 (nachts = lauteste Stunde) bzw. VDI 2058 Blatt 1

3 Schutz von Aufenthaltsräumen gegen Schallübertragung aus einem fremden Wohn- oder Arbeitsbereich; Anforderungen an die Luft- und Trittschalldämmung

3.1 Allgemeines

Die in Tabelle 3 angegebenen Anforderungen sind mindestens einzuhalten.

Die für die Schalldämmung der trennenden Bauteile angegebenen Werte gelten nicht für diese Bauteile allein sondern für die resultierende Dämmung unter Berücksichtigung der an der Schallübertragung beteiligten Bauteile und Nebenwege im eingebauten Zustand; dies ist bei der Planung zu berücksichtigen.

Bei Türen und Fenstern gelten die Werte für die Schalldämmung bei alleiniger Übertragung durch Türen und Fenster.

Sind Aufenthaltsräume oder Wasch- und Aborträume durch Schächte oder Kanäle miteinander verbunden (z.B. bei Lüftungen, Abgasanlagen und Luftheizungen), so dürfen die für die Luftschalldämmung des trennenden Bauteils in Tabelle 3 genannten Werte durch Schallübertragung über die Schacht- und Kanalanlagen nicht unterschritten werden.

Tabelle 3. **Erforderliche Luft- und Trittschalldämmung zum Schutz gegen Schallübertragung aus einem fremden Wohn- oder Arbeitsbereich**

Spalte	1		2	3	4	5
				Anforderungen		
Zeile			Bauteile	erf. R'_w dB	erf. $L'_{n,w}$ (erf. TSM) [1]) dB	Bemerkungen
1 Geschoßhäuser mit Wohnungen und Arbeitsräumen						
1	Decken	Decken unter allgemein nutzbaren Dachräumen, z. B. Trockenböden, Abstellräumen und ihren Zugängen	53	53 (10)	Bei Gebäuden mit nicht mehr als 2 Wohnungen betragen erf. R'_w = 52 dB und erf. $L'_{n,w}$ = 63 dB (erf. TSM = 0 dB).
2		Wohnungstrenndecken (auch -treppen) und Decken zwischen fremden Arbeitsräumen bzw. vergleichbaren Nutzungseinheiten	54	53 (10)	Wohnungstrenndecken sind Bauteile, die Wohnungen voneinander oder von fremden Arbeitsräumen trennen. Bei Gebäuden mit nicht mehr als 2 Wohnungen beträgt die Anforderung erf. R'_w = 52 dB. Weichfedernde Bodenbeläge dürfen bei dem Nachweis der Anforderungen an den Trittschallschutz nicht angerechnet werden; in Gebäuden mit nicht mehr als 2 Wohnungen dürfen weichfedernde Bodenbeläge, z.B. nach Beiblatt 1 zu DIN 4109/11.89, Tabelle 18, berücksichtigt werden, wenn die Beläge auf dem Produkt oder auf der Verpackung mit dem entsprechenden ΔL_w (VM) nach Beiblatt 1 zu DIN 4109/11.89, Tabelle 18, bzw. nach Eignungsprüfung gekennzeichnet sind und mit der Werksbescheinigung nach DIN 50049 ausgeliefert werden.
3		Decken über Kellern, Hausfluren, Treppenräumen unter Aufenthaltsräumen	52	53 (10)	Die Anforderung an die Trittschalldämmung gilt nur für die Trittschallübertragung in fremde Aufenthaltsräume, ganz gleich, ob sie in waagerechter, schräger oder senkrechter (nach oben) Richtung erfolgt. Weichfedernde Bodenbeläge dürfen bei dem Nachweis der Anforderungen an den Trittschallschutz nicht angerechnet werden.
4		Decken über Durchfahrten, Einfahrten von Sammelgaragen und ähnliches unter Aufenthaltsräumen	55	53 (10)	

[1]) Zur Berechnung der bisher benutzten Größen TSM, TSM_{eq} und VM aus den Werten von $L'_{n,w}$, $L_{n,w,eq}$ und ΔL_w gelten folgende Beziehungen: $TSM = 63\ dB - L'_{n,w}$, $TSM_{eq} = 63\ dB - L_{n,w,eq}$, $VM = \Delta L_w$.

Tabelle 3.   (Fortsetzung)

Spalte	1	2	3	4	5
			Anforderungen		
Zeile		Bauteile	erf. R'_w dB	erf. $L'_{n,w}$ (erf. TSM)[1] dB	Bemerkungen

1   Geschoßhäuser mit Wohnungen und Arbeitsräumen (Fortsetzung)

5	Decken	Decken unter/über Spiel- oder ähnlichen Gemeinschaftsräumen	55	46 (17)	Wegen der verstärkten Übertragung tiefer Frequenzen können zusätzliche Maßnahmen zur Körperschalldämmung erforderlich sein.
6		Decken unter Terrassen und Loggien über Aufenthaltsräumen	–	53 (10)	Bezüglich der Luftschalldämmung gegen Außenlärm siehe aber Abschnitt 5.
7		Decken unter Laubengängen	–	53 (10)	Die Anforderung an die Trittschalldämmung gilt nur für die Trittschallübertragung in fremde Aufenthaltsräume, ganz gleich, ob sie in waagerechter, schräger oder senkrechter (nach oben) Richtung erfolgt.
8		Decken und Treppen innerhalb von Wohnungen, die sich über zwei Geschosse erstrecken	–	53 (10)	Die Anforderung an die Trittschalldämmmung gilt nur für die Trittschallübertragung in fremde Aufenthaltsräume, ganz gleich, ob sie in waagerechter, schräger oder senkrechter (nach oben) Richtung erfolgt.
9		Decken unter Bad und WC ohne/mit Bodenentwässerung	54	53 (10)	Weichfedernde Bodenbeläge dürfen bei dem Nachweis der Anforderungen an den Trittschallschutz nicht angerechnet werden. Die Prüfung der Anforderungen an das Trittschallschutzmaß nach DIN 52 210 Teil 3 erfolgt bei einer gegebenenfalls vorhandenen Bodenentwässerung nicht in einem Umkreis von $r = 60$ cm. Bei Gebäuden mit nicht mehr als 2 Wohnungen beträgt die Anforderung erf. $R'_w = 52$ dB und erf. $L'_{n,w} = 63$ dB (erf. $TSM = 0$ dB).
10		Decken unter Hausfluren	–	53 (10)	Die Anforderung an die Trittschalldämmung gilt nur für die Trittschallübertragung in fremde Aufenthaltsräume, ganz gleich, ob sie in waagerechter, schräger oder senkrechter (nach oben) Richtung erfolgt. Weichfedernde Bodenbeläge dürfen bei dem Nachweis der Anforderungen an den Trittschallschutz nicht angerechnet werden.
11	Treppen	Treppenläufe und -podeste	–	58 (5)	Keine Anforderungen an Treppenläufe in Gebäuden mit Aufzug und an Treppen in Gebäuden mit nicht mehr als 2 Wohnungen.

[1] Siehe Seite 3

Tabelle 3. (Fortsetzung)

Spalte	1	2	3	4	5
			Anforderungen		
Zeile		Bauteile	erf. R'_w dB	erf. $L'_{n,w}$ (erf. TSM)[1] dB	Bemerkungen

1 Geschoßhäuser mit Wohnungen und Arbeitsräumen (Fortsetzung)

12	Wände	Wohnungstrennwände und Wände zwischen fremden Arbeitsräumen	53		Wohnungstrennwände sind Bauteile, die Wohnungen voneinander oder von fremden Arbeitsräumen trennen.
13		Treppenraumwände und Wände neben Hausfluren	52		Für Wände mit Türen gilt die Anforderung erf. R'_w (Wand) = erf. R_w (Tür) + 15 dB. Darin bedeutet erf. R_w (Tür) die erforderliche Schalldämmung der Tür nach Zeile 16 oder Zeile 17. Wandbreiten ≤ 30 cm bleiben dabei unberücksichtigt.
14		Wände neben Durchfahrten, Einfahrten von Sammelgaragen u. ä.	55		
15		Wände von Spiel- oder ähnlichen Gemeinschaftsräumen	55		
16	Türen	Türen, die von Hausfluren oder Treppenräumen in Flure und Dielen von Wohnungen und Wohnheimen oder von Arbeitsräumen führen	27		Bei Türen gilt nach Tabelle 1 erf. R_w.
17		Türen, die von Hausfluren oder Treppenräumen unmittelbar in Aufenthaltsräume – außer Flure und Dielen –von Wohnungen führen	37		

2 Einfamilien-Doppelhäuser und Einfamilien-Reihenhäuser

18	Decken	Decken	–	48 (15)	Die Anforderung an die Trittschalldämmung gilt nur für die Trittschallübertragung in fremde Aufenthaltsräume, ganz gleich, ob sie in waagerechter, schräger oder senkrechter (nach oben) Richtung erfolgt.
19		Treppenläufe und -podeste und Decken unter Fluren	–	53 (10)	Bei einschaligen Haustrennwänden gilt: Wegen der möglichen Austauschbarkeit von weichfedernden Bodenbelägen nach Beiblatt 1 zu DIN 4109/11.89, Tabelle 18, die sowohl dem Verschleiß als auch besonderen Wünschen der Bewohner unterliegen, dürfen diese bei dem Nachweis der Anforderungen an den Trittschallschutz nicht angerechnet werden.
20	Wände	Haustrennwände	57		

[1] Siehe Seite 3

183

Tabelle 3. (Fortsetzung)

Spalte	1	2	3	4	5
Zeile		Bauteile	Anforderungen		Bemerkungen
			erf. R'_w dB	erf. $L'_{n,w}$ (erf. TSM) [1] dB	

3   Beherbergungsstätten

21	Decken	Decken	54	53 (10)	
22		Decken unter/über Schwimmbädern, Spiel- oder ähnlichen Gemeinschaftsräumen zum Schutz gegenüber Schlafräumen	55	46 (17)	Wegen der verstärkten Übertragung tiefer Frequenzen können zusätzliche Maßnahmen zur Körperschalldämmung erforderlich sein.
23		Treppenläufe und -podeste	–	58 (5)	Keine Anforderungen an Treppenläufe in Gebäuden mit Aufzug. Die Anforderung gilt nicht für Decken, an die in Tabelle 5, Zeile 1, Anforderungen an den Schallschutz gestellt werden.
24		Decken unter Fluren	–	53 (10)	Die Anforderung an die Trittschalldämmung gilt nur für die Trittschallübertragung in fremde Aufenthaltsräume, ganz gleich, ob sie in waagerechter, schräger oder senkrechter (nach oben) Richtung erfolgt.
25		Decken unter Bad und WC ohne/mit Bodenentwässerung	54	53 (10)	Die Anforderung an die Trittschalldämmung gilt nur für die Trittschallübertragung in fremde Aufenthaltsräume, ganz gleich, ob sie in waagerechter, schräger oder senkrechter (nach oben) Richtung erfolgt. Die Prüfung der Anforderungen an den bewerteten Norm-Trittschallpegel nach DIN 52 210 Teil 3 erfolgt bei einer gegebenenfalls vorhandenen Bodenentwässerung nicht in einem Umkreis von $r = 60$ cm.
26	Wände	Wände zwischen – Übernachtungsräumen, – Fluren und Übernachtungsräumen	47		
27	Türen	Türen zwischen Fluren und Übernachtungsräumen	32		Bei Türen gilt nach Tabelle 1 erf. R_w.

4   Krankenanstalten, Sanatorien

28	Decken	Decken	54	53 (10)	
29		Decken unter/über Schwimmbädern, Spiel- oder ähnlichen Gemeinschaftsräumen	55	46 (17)	Wegen der verstärkten Übertragung tiefer Frequenzen können zusätzliche Maßnahmen zur Körperschalldämmung erforderlich sein.

[1]) Siehe Seite 3

Tabelle 3. (Fortsetzung)

Spalte	1	2	3	4	5
			Anforderungen		
Zeile		Bauteile	erf. R'_w dB	erf. $L'_{n,w}$ (erf. TSM) [1]) dB	Bemerkungen

4 Krankenanstalten, Sanatorien (Fortsetzung)

30	Decken	Treppenläufe und -podeste	–	58 (5)	Keine Anforderungen an Treppen-läufe in Gebäuden mit Aufzug.
31		Decken unter Fluren	–	53 (10)	Die Anforderung an die Trittschall-dämmung gilt nur für die Tritt-schallübertragung in fremde Auf-enthaltsräume, ganz gleich, ob sie in waagerechter, schräger oder senkrechter (nach oben) Richtung erfolgt.
32		Decken unter Bad und WC ohne/mit Bodenentwässerung	54	53 (10)	Die Anforderung an die Trittschall-dämmung gilt nur für die Trittschall-übertragung in fremde Aufenthalts-räume, ganz gleich, ob sie in waage-rechter, schräger oder senkrechter (nach oben) Richtung erfolgt. Die Prüfung der Anforderungen an den bewerteten Norm-Trittschall-pegel nach DIN 52 210 Teil 3 erfolgt bei einer gegebenenfalls vorhande-nen Bodenentwässerung nicht in einem Umkreis von $r = 60$ cm.
33	Wände	Wände zwischen – Krankenräumen, – Fluren und Krankenräumen, – Untersuchungs- bzw. Sprechzimmern, – Flure und Untersuchungs- bzw. Sprechzimmern, – Krankenräumen und Arbeits- und Pflegeräumen	47		
34		Wände zwischen – Operations- bzw. Behand-lungsräumen, – Fluren und Operations- bzw. Behandlungsräumen	42		
35		Wände zwischen – Räumen der Intensivpflege, – Fluren und Räumen der Intensivpflege	37		
36	Türen	Türen zwischen – Untersuchungs- bzw. Sprech-zimmern, – Fluren und Untersuchungs-bzw. Sprechzimmern	37		Bei Türen gilt nach Tabelle 1 erf. R_w.
37		Türen zwischen – Fluren- und Krankenräumen, – Operations- bzw. Behand-lungsräumen, – Fluren und Operations- bzw. Behandlungsräumen	32		

[1]) Siehe Seite 3

Tabelle 3. (Fortsetzung)

Spalte	1	2	3	4	5
			Anforderungen		
Zeile		Bauteile	erf. R'_w dB	erf. $L'_{n,w}$ (erf. TSM) [1] dB	Bemerkungen
5 Schulen und vergleichbare Unterrichtsbauten					
38	Decken	Decken zwischen Unterrichtsräumen oder ähnlichen Räumen	55	53 (10)	
39		Decken unter Fluren	–	53 (10)	Die Anforderung an die Trittschalldämmung gilt nur für die Trittschallübertragung in fremde Aufenthaltsräume, ganz gleich,ob sie in waagerechter, schräger oder senkrechter (nach oben) Richtung erfolgt.
40		Decken zwischen Unterrichtsräumen oder ähnlichen Räumen und „besonders lauten" Räumen (z. B. Sporthallen, Musikräume, Werkräume)	55	46 (17)	Wegen der verstärkten Übertragung tiefer Frequenzen können zusätzlich Maßnahmen zur Körperschalldämmung erforderlich sein.
41	Wände	Wände zwischen Unterrichtsräumen oder ähnlichen Räumen	47		
42		Wände zwischen Unterrichtsräumen oder ähnlichen Räumen und Fluren	47		
43		Wände zwischen Unterrichtsräumen oder ähnlichen Räumen und Treppenhäusern	52		
44		Wände zwischen Unterrichtsräumen oder ähnlichen Räumen und „besonders lauten" Räumen (z. B. Sporthallen, Musikräumen, Werkräumen)	55		
45	Türen	Türen zwischen Unterrichtsräumen oder ähnlichen Räumen und Fluren	32		Bei Türen gilt nach Tabelle 1 erf. R_w.

[1]) Siehe Seite 3

4 Schutz gegen Geräusche aus haustechnischen Anlagen und Betrieben

4.1 Zulässige Schalldruckpegel in schutzbedürftigen Räumen

Werte für die zulässigen Schalldruckpegel in schutzbedürftigen Räumen sind in Tabelle 4 angegeben. Einzelne, kurzzeitige Spitzenwerte des Schalldruckpegels dürfen die in Zeilen 3 und 4 angegebenen Werte um nicht mehr als 10 dB(A) überschreiten.

Der Installations-Schallpegel L_{In} der Wasserinstallationen wird nach DIN 52 219 bestimmt; von anderen haustechnischen Anlagen wird der Schalldruckpegel L_{AF} in Anlehnung an DIN 52 219 bestimmt.

Nutzergeräusche [2]) unterliegen nicht den Anforderungen nach Tabelle 4; allgemeine Planungshinweise siehe Beiblatt 2 zu DIN 4109.

Anmerkung 1: **Schutzbedürftige Räume** sind Aufenthaltsräume, soweit sie gegen Geräusche zu schützen sind. Nach dieser Norm sind es

– Wohnräume, einschließlich Wohndielen,

– Schlafräume, einschließlich Übernachtungsräume in Beherbergungsstätten und Bettenräume in Krankenhäusern und Sanatorien,

– Unterrichtsräume in Schulen, Hochschulen und ähnlichen Einrichtungen,

– Büroräume (ausgenommen Großraumbüros), Praxisräume, Sitzungsräume und ähnliche Arbeitsräume.

[2]) Unter Nutzergeräuschen werden z. B. das Aufstellen eines Zahnputzbechers auf Abstellplatte, hartes Schließen des WC-Deckels, Spüreinlauf, Rutschen in Badewanne usw. verstanden.

Tabelle 4. Werte für die zulässigen Schalldruckpegel in schutzbedürftigen Räumen von Geräuschen aus haustechnischen Anlagen und Gewerbebetrieben

Spalte	1	2	3
		Art der schutzbedürftigen Räume	
Zeile	Geräuschquelle	Wohn- und Schlafräume	Unterrichts- und Arbeitsräume
		Kennzeichnender Schalldruckpegel dB(A)	
1	Wasserinstallationen (Wasserversorgungs- und Abwasseranlagen gemeinsam)	$\leq 35^{1)}$	$\leq 35^{1)}$
2	Sonstige haustechnische Anlagen	$\leq 30^{2)}$	$\leq 35^{2)}$
3	Betriebe tags 6 bis 22 Uhr	≤ 35	$\leq 35^{2)}$
4	Betriebe nachts 22 bis 6 Uhr	≤ 25	$\leq 35^{2)}$

[1]) Einzelne, kurzzeitige Spitzen, die beim Betätigen der Armaturen und Geräte nach Tabelle 6 (Öffnen, Schließen, Umstellen, Unterbrechen u. a.) entstehen, sind z. Z. nicht zu berücksichtigen.

[2]) Bei lüftungstechnischen Anlagen sind um 5 dB(A) höhere Werte zulässig, sofern es sich um Dauergeräusche ohne auffällige Einzeltöne handelt.

Anmerkung 2: „Laute" Räume sind
– Räume, in denen häufigere und größere Körperschallanregungen als in Wohnungen stattfinden, z. B. Heizungsräume,
– Räume, in denen der maximale Schalldruckpegel L_{AF} 75 dB(A) nicht übersteigt und die Körperschallanregung nicht größer ist als in Bädern, Aborten oder Küchen.

Anmerkung 3: „Besonders laute" Räume sind
– Räume mit „besonders lauten" haustechnischen Anlagen oder Anlageteilen, wenn der maximale Schalldruckpegel des Luftschalls in diesen Räumen häufig mehr als 75 dB(A) beträgt,
– Aufstellräume für Auffangbehälter von Müllabwurfanlagen und deren Zugangsflure zu den Räumen vom Freien,
– Betriebsräume von Handwerks- und Gewerbebetrieben einschließlich Verkaufsstätten, wenn der maximale Schalldruckpegel des Luftschalls in diesen Räumen häufig mehr als 75 dB(A) beträgt,
– Gasträume, z. B. von Gaststätten, Cafés, Imbißstuben,
– Räume von Kegelbahnen,
– Küchenräume von Beherbergungsstätten, Krankenhäusern, Sanatorien, Gaststätten; außer Betracht bleiben Kleinküchen, Aufbereitungsküchen sowie Mischküchen,
– Theaterräume,
– Sporthallen,
– Musik- und Werkräume.

Anmerkung 4: Haustechnische Anlagen sind nach dieser Norm dem Gebäude dienende
– Ver- und Entsorgungsanlagen,
– Transportanlagen,
– fest eingebaute, betriebstechnische Anlagen.

Als haustechnische Anlagen gelten außerdem
– Gemeinschaftswaschanlagen,
– Schwimmanlagen, Saunen und dergleichen,
– Sportanlagen,

– zentrale Staubsauganlagen,
– Müllabwurfanlagen,
– Garagenanlagen.

Außer Betracht bleiben Geräusche von ortsveränderlichen Maschinen und Geräten (z. B. Staubsauger, Waschmaschinen, Küchengeräte und Sportgeräte) im eigenen Wohnbereich.

Anmerkung 5: Betriebe sind Handwerksbetriebe und Gewerbebetriebe aller Art, z. B. auch Gaststätten und Theater.

4.2 Anforderungen an die Luft- und Trittschalldämmung von Bauteilen zwischen „besonders lauten" und schutzbedürftigen Räumen

Über die in Tabelle 4 festgelegten Anforderungen hinaus sind für die Luft- und Trittschalldämmung von Bauteilen zwischen „besonders lauten" Räumen einerseits und schutzbedürftigen Räumen andererseits die Anforderungen an das bewertete Schalldämm-Maß erf. R'_w und den bewerteten Norm-Trittschallpegel $L'_{n,w}$ in Tabelle 5 angegeben.

Bei der Luftschallübertragung müssen – entsprechend der Definition des bewerteten Schalldämm-Maßes R'_w – auch die Flankenübertragung über angrenzende Bauteile und sonstige Nebenwegübertragungen, z. B. über Lüftungsanlagen, beachtet werden.

Anforderungen an den Trittschallschutz zwischen „besonders lauten" und schutzbedürftigen Räumen dienen zum einen dem unmittelbaren Schutz gegen häufiger als in Wohnungen auftretende Gehgeräusche, zum anderen auch als Schutz gegen Körperschallübertragung anderer Art, die von Maschinen oder Tätigkeiten mit großer Körperschallanregung, z. B. in Großküchen, herrühren.

Um die in Tabelle 4 genannten zulässigen Schalldruckpegel einzuhalten, sind Schallschutzmaßnahmen entsprechend den Anforderungen in Tabelle 5 zwischen den „besonders lauten" und schutzbedürftigen Räumen vorzunehmen.

In vielen Fällen ist zusätzlich eine Körperschalldämmung von Maschinen, Geräten und Rohrleitungen gegenüber den Gebäudedecken und -wänden erforderlich. Sie kann zahlenmäßig nicht angegeben werden, weil sie von der Größe der Körperschallerzeugung der Maschinen und Geräte abhängt, die sehr unterschiedlich sein kann (siehe auch Beiblatt 2 zu DIN 4109).

Tabelle 5.   **Anforderungen an die Luft- und Trittschalldämmung von Bauteilen zwischen „besonders lauten" und schutzbedürftigen Räumen**

Spalte	1	2	3	4	5
			Bewertetes Schalldämm-Maß erf. R'_w dB		Bewerteter Norm-Trittschallpegel erf. $L'_{n,w}$ [1] [2]
Zeile	Art der Räume	Bauteile	Schalldruck-pegel $L_{AF} =$ 75 bis 80 dB(A)	Schalldruck-pegel $L_{AF} =$ 81 bis 85 dB(A)	(Trittschallschutz-maß erf. TSM) dB
1.1	Räume mit „besonders lauten" haustechnischen Anlagen oder Anlageteilen	Decken, Wände	57	62	–
1.2		Fußböden	–		43 [3] (20) [3]
2.1	Betriebsräume von Hand-werks- und Gewerbe-betrieben; Verkaufsstätten	Decken, Wände	57	62	–
2.2		Fußböden	–		43 (20)
3.1	Küchenräume der Küchen-anlagen von Beher-bergungsstätten, Kranken-häusern, Sanatorien, Gaststätten, Imbißstuben und dergleichen	Decken, Wände	55		–
3.2		Fußböden	–		43 (20)
3.3	Küchenräume wie vor, jedoch auch nach 22.00 Uhr in Betrieb	Decken, Wände	57 [4]		–
		Fußböden	–		33 (30)
4.1	Gasträume, nur bis 22.00 Uhr in Betrieb	Decken, Wände	–		–
4.2		Fußböden	–		43 (20)
5.1	Gasträume (maximaler Schalldruckpegel $L_{AF} \leq 85$ dB(A)), auch nach 22.00 Uhr in Betrieb	Decken, Wände	62		–
5.2		Fußböden	–		33 (30)
6.1	Räume von Kegelbahnen	Decken, Wände	67		–
6.2		Fußböden a) Keglerstube b) Bahn	–		33 (30) 13 (50)
7.1	Gasträume (maximaler Schalldruckpegel 85 dB(A) $\leq L_{AF} \leq$ 95 dB(A)), z.B. mit elektroakustischen Anlagen	Decken, Wände	72		–
7.2		Fußböden	–		28 (35)

[1] Jeweils in Richtung der Lärmausbreitung.

[2] Die für Maschinen erforderliche Körperschalldämmung ist mit diesem Wert nicht erfaßt; hierfür sind gegebenenfalls weitere Maßnahmen erforderlich – siehe auch Beiblatt 2 zu DIN 4109/11.89, Abschnitt 2.3. Ebenso kann je nach Art des Betriebes ein niedrigeres erf. $L'_{n,w}$ (beim Trittschallschutzmaß ein höheres erf. TSM) notwendig sein, dies ist im Einzelfall zu überprüfen.

[3] Nicht erforderlich, wenn geräuscherzeugende Anlagen ausreichend körperschallgedämmt aufgestellt werden; even-tuelle Anforderungen nach Tabelle 3 bleiben hiervon unberührt.

[4] Handelt es sich um Großküchenanlagen und darüberliegende Wohnungen als schutzbedürftige Räume, gilt erf. $R'_w = 62$ dB.

Tabelle 6. **Armaturengruppen**

Spalte	1	2	3
Zeile		Armaturengeräuschpegel L_{ap} für kennzeichnenden Fließdruck oder Durchfluß nach DIN 52218 Teil 1 bis Teil 4 [1])	Armaturengruppe
1	Auslaufarmaturen		
2	Geräteanschluß-Armaturen		
3	Druckspüler	$\leq 20\,dB(A)$ [2])	I
4	Spülkästen		
5	Durchflußwassererwärmer		
6	Durchgangsarmaturen, wie – Absperrventile, – Eckventile, – Rückflußverhinderer		
7	Drosselarmaturen, wie – Vordrosseln, – Eckventile	$\leq 30\,dB(A)$ [2])	II
8	Druckminderer		
9	Brausen		
10	Auslaufvorrichtungen, die direkt an die Auslaufarmatur angeschlossen werden, wie – Strahlregler,	$\leq 15\,dB(A)$	I
	– Durchflußbegrenzer, – Kugelgelenke, – Rohrbelüfter, – Rückflußverhinderer	$\leq 25\,dB(A)$	II

[1]) Dieser Wert darf bei den in DIN 52218 Teil 1 bis Teil 4 für die einzelnen Armaturen genannten oberen Grenzen der Fließdrücke oder Durchflüsse um bis zu 5 dB(A) überschritten werden.

[2]) Bei Geräuschen, die beim Betätigen der Armaturen entstehen (Öffnen, Schließen, Umstellen, Unterbrechen u. a.) wird der A-bewertete Schallpegel dieser Geräusche, gemessen bei Anzeigecharakteristik „FAST" der Meßinstrumente, erst dann zur Bewertung herangezogen, wenn es die Meßverfahren nach DIN 52218 Teil 1 bis Teil 4 zulassen.

4.3 Anforderungen an Armaturen und Geräte der Wasserinstallation; Prüfung, Kennzeichnung

4.3.1 Anforderungan an Armaturen und Geräte

Für Armaturen und Geräte der Wasserinstallation – im nachfolgenden Armaturen genannt – sind Anforderungen festgelegt, in die sie aufgrund des nach DIN 52218 Teil 1 bis Teil 4 gemessenen Armaturengeräuschpegels L_{ap} entsprechend Tabelle 6 eingestuft werden.

Anmerkung: Bei dem Meßverfahren nach DIN 52218 Teil 1 bis Teil 4 werden Geräusche, die beim Betätigen (Öffnen, Schließen, Umstellen, Unterbrechen u. a.) der Armaturen und Geräte der Wasserinstallation hauptsächlich als Körperschall – entstehen, z. Z. nur teilweise oder nicht erfaßt. Es ist geplant, das Meßverfahren so zu erweitern, daß die genannten Geräuschanteile mit erfaßt werden und das so erweiterte Meßverfahren in Folgeausgaben von DIN 52218 Teil 1 bis Teil 4 aufzunehmen.

Für Auslaufarmaturen und daran anzuschließende Auslaufvorrichtungen (Strahlregler, Rohrbelüfter in Durchflußform, Rückflußverhinderer, Kugelgelenke und Brausen) sowie für Eckventile sind in Tabelle 7 Durchflußklassen mit maximalen Durchflüssen festgelegt. Die Einstufung in die jeweilige Durchflußklasse erfolgt aufgrund des bei der Prüfung nach DIN 52218 Teil 1 bis Teil 4 verwendeten Strömungswiderstandes oder festgestellten Durchflusses.

Tabelle 7. **Durchflußklassen**

Spalte	1	2
Zeile	Durchflußklasse	maximaler Durchfluß Q in l/s (bei 0,3 MPa Fließdruck)
1	Z	0,15
2	A	0,25
3	B	0,42
4	C	0,5
5	D	0,63

4.3.2 Prüfung

Die Prüfung muß bei einer hierfür geeigneten Prüfstelle durchgeführt werden, die in einer Liste, die beim Institut für Bautechnik geführt wird, enthalten ist.

Der Prüfbericht muß zusätzlich zu den nach DIN 52218 Teil 1 erforderlichen Angaben enthalten:

– Bei allen Armaturen die Feststellung, ob die Anforderungen nach Tabelle 6 eingehalten werden, sowie die Einstufung in Armaturengruppe I oder II;

– bei Eckventilen, Auslaufarmaturen sowie diesen nachgeschalteten Auslaufvorrichtungen nach Tabelle 6, Zeile 10,
außerdem noch die Einstufung in Durchflußklasse A, B, C,
D oder Z;

– bei allen Armaturen Angaben über die Verwendungsbe-
schränkungen (z. B. S-Anschluß mit Schalldämpfer),
welche der Einstufung für das Geräuschverhalten zugrundeliegen.

4.3.3 Kennzeichnung und Lieferung

Armaturen, die nach Abschnitt 4.3.2 geprüft worden sind
und die vorstehenden Anforderungen erfüllen, sind mit
einem Prüfzeichen [3]), der Armaturengruppe, gegebenenfalls der Durchflußklasse und dem Herstellerkennzeichen
zu versehen. Die Kennzeichnung muß so
angebracht sein, daß sie bei eingebauter Armatur sichtbar,
mindestens leicht zugänglich ist. Bei Armaturen mit mehreren Abgängen (z. B. Badewannenbatterien) sind die Durchflußklassen der einzelnen Abgänge hintereinander anzugeben, wobei der erste Buchstabe für den unteren Abgang
(z. B. Badewannenauslauf), der zweite Buchstabe für den
oberen Abgang (z. B. Brauseanschluß) gilt. Falls damit keine
Eindeutigkeit herzustellen ist, sind die Kennbuchstaben für
die Durchflußklassen unmittelbar an den Abgängen anzubringen.

Ein Beispiel für eine vollständige Kennzeichnung:
Prüfzeichen/I A/Herstellerkennzeichen.

Die Kennzeichnung darf nur erfolgen, wenn der zugehörige
Prüfbericht nicht älter als 5 Jahre ist.

Die enthaltenen Angaben im Prüfbericht nach Abschnitt
4.3.2 sind vom Hersteller in die Verkaufs- und Montage-
unterlagen zu übernehmen.

5   Schutz gegen Außenlärm; Anforderungen an die Luftschalldämmung von Außenbauteilen

5.1   Lärmpegelbereiche

Für die Festlegung der erforderlichen Luftschalldämmung
von Außenbauteilen gegenüber Außenlärm werden verschiedene Lärmpegelbereiche zugrunde gelegt, denen die
jeweils vorhandenen oder zu erwartenden „maßgeblichen
Außenlärmpegel" (siehe Abschnitt 5.5) zuzuordnen sind.

5.2   Anforderungen an Außenbauteile unter Berücksichtigung unterschiedlicher Raumarten oder Nutzungen [4])

Für Außenbauteile von Aufenthaltsräumen – bei Wohnungen mit Ausnahmen von Küchen, Bädern und Hausarbeitsräumen – sind unter Berücksichtigung der unterschiedlichen Raumarten oder Raumnutzungen die in Tabelle 8 aufgeführten Anforderungen der Luftschalldämmung einzuhalten.

Bei Außenbauteilen, die aus mehreren Teilflächen unterschiedlicher Schalldämmung bestehen, gelten die Anforderungen nach Tabelle 8 an das aus den einzelnen Schalldämm-Maßen der Teilflächen berechnete resultierende
Schalldämm-Maß $R'_{w,res}$.

Die erforderlichen Schalldämm-Maße sind in Abhängigkeit
vom Verhältnis der gesamten Außenfläche eines Raumes
$S_{(W+F)}$ zur Grundfläche des Raumes S_G nach Tabelle 9 zu
erhöhen oder zu mindern. Für Wohngebäude mit üblichen

Raumhöhen von etwa 2,5 m und Raumtiefen von etwa 4,5 m
oder mehr darf ohne besonderen Nachweis ein Korrekturwert von – 2 dB herangezogen werden.

Auf Außenbauteile, die unterschiedlich zur maßgeblichen
Lärmquelle orientiert sind, sind grundsätzlich die Anforderungen der Tabelle 8 jeweils separat anzuwenden.

Für Räume in Wohngebäuden mit

– üblicher Raumhöhe von etwa 2,5 m,

– Raumtiefe von etwa 4,5 m oder mehr,

– 10 % bis 60 % Fensterflächenanteil,

gelten die Anforderungen an das resultierende Schalldämm-Maß $R'_{w,res}$ als erfüllt, wenn die in Tabelle 10
angegebenen Schalldämm-Maße $R'_{w,R}$ für die Wand und
$R_{w,R}$ für das Fenster erf. $R'_{w,res}$ jeweils einzeln eingehalten
werden. [5])

5.3   Anforderungen an Decken und Dächer

Für Decken von Aufenthaltsräumen, die zugleich den oberen Gebäudeabschluß bilden, sowie für Dächer und Dachschrägen von ausgebauten Dachräumen gelten die Anforderungen an die Luftschalldämmung für Außenbauteile
nach Tabelle 8.

Bei Decken unter nicht ausgebauten Dachräumen und bei
Kriechböden sind die Anforderungen durch Dach und
Decke gemeinsam zu erfüllen. Die Anforderungen gelten
als erfüllt, wenn das Schalldämm-Maß der Decke allein um
nicht mehr als 10 dB unter dem erforderlichen resultierenden Schalldämm-Maß $R'_{w,res}$ liegt.

5.4   Einfluß von Lüftungseinrichtungen und/oder Rolladenkästen

Bauliche Maßnahmen an Außenbauteilen zum Schutz
gegen Außenlärm sind nur voll wirksam, wenn die Fenster
und Türen bei der Lärmeinwirkung geschlossen bleiben und
die geforderte Luftschalldämmung durch zusätzliche Lüf-
tungseinrichtungen/Rolladenkästen nicht verringert wird.
Bei der Berechnung des resultierenden Schalldämm-Maßes
sind zur vorübergehenden Lüftung vorgesehene Einrichtungen (z. B. Lüftungsflügel und -klappen) im geschlossenen Zustand, zur dauernden Lüftung vorgesehene Einrichtungen (z. B. schallgedämpfte Lüftungsöffnungen, auch

---

[3]) Nach den bauaufsichtlichen Vorschriften bedürfen
Armaturen der Wasserinstallationen hinsichtlich des
Geräuschverhaltens z. Z. eines bauaufsichtlichen Prüfzeichens, das auf der Armatur anzubringen ist. Das Prüfzeichen erteilt das Institut für Bautechnik, Reichpietschufer 74-76, 1000 Berlin 30

[4]) Tabelle 8 gilt nicht für Fluglärm, soweit er im „Gesetz zum
Schutz gegen Fluglärm" (siehe Abschnitt 5.5.5) geregelt
ist. In diesem Fall sind die Anforderungen an die Luftschalldämmung von Außenbauteilen gegen Fluglärm in der
„Verordnung der Bundesregierung über bauliche Schallschutzanforderungen nach dem Gesetz zum Schutz
gegen Fluglärm (Schallschutzverordnung-SchallschutzV)"
geregelt.

[5]) Berechnung des resultierenden Schalldämm-Maßes
erf. $R'_{w,res}$ siehe Beiblatt 1 zu DIN 4109/11.89, Abschnitte 11
und 12.

Tabelle 8. **Anforderungen an die Luftschalldämmung von Außenbauteilen**

Spalte	1	2	3	4	5
			Raumarten		
Zeile	Lärm-pegel bereich	„Maßgeb-licher Außenlärm-pegel"	Bettenräume in Krankenanstalten und Santorien	Aufenthaltsräume in Wohnungen, Übernachtungs-räume in Beher-bergungsstätten, Unterrichtsräume und ähnliches	Büroräume[1]) und ähnliches
		dB(A)		erf. $R'_{w,res}$ des Außenbauteils in dB	
1	I	bis 55	35	30	–
2	II	56 bis 60	35	30	30
3	III	61 bis 65	40	35	30
4	IV	66 bis 70	45	40	35
5	V	71 bis 75	50	45	40
6	VI	76 bis 80	2)	50	45
7	VII	>80	2)	2)	50

1) An Außenbauteile von Räumen, bei denen der eindringende Außenlärm aufgrund der in den Räumen ausgeübten Tätig-keiten nur einen untergeordneten Beitrag zum Innenraumpegel leistet, werden keine Anforderungen gestellt.
2) Die Anforderungen sind hier aufgrund der örtlichen Gegebenheiten festzulegen.

Tabelle 9. **Korrekturwerte für das erforderliche resultierende Schalldämm-Maß nach Tabelle 8 in Abhängigkeit vom Verhältnis $S_{(W+F)}/S_G$**

Spalte/Zeile	1	2	3	4	5	6	7	8	9	10
1	$S_{(W+F)}/S_G$	2,5	2,0	1,6	1,3	1,0	0,8	0,6	0,5	0,4
2	Korrektur	+5	+4	+3	+2	+1	0	−1	−2	−3

$S_{(W+F)}$: Gesamtfläche des Außenbauteils eines Aufenthaltsraumes in m^2
$S_{(G)}$: Grundfläche eines Aufenthaltsraumes in m^2.

Tabelle 10. **Erforderliche Schalldämm-Maße erf. $R'_{w,res}$ von Kombinationen von Außenwänden und Fenstern**

Spalte	1	2	3	4	5	6	7
Zeile	erf. $R'_{w,res}$ in dB nach Tabelle 8	Schalldämm-Maße für Wand/Fenster in ...dB/...dB bei folgenden Fensterflächenanteilen in %					
		10%	20%	30%	40%	50%	60%
1	30	30/25	30/25	35/25	35/25	50/25	30/30
2	35	35/30 40/25	35/30	35/32 40/30	40/30	40/32 50/30	45/32
3	40	40/32 45/30	40/35	45/35	45/35	40/37 60/35	40/37
4	45	45/37 50/35	45/40 50/37	50/40	50/40	50/42 60/40	60/42
5	50	55/40	55/42	55/45	55/45	60/45	–

Diese Tabelle gilt nur für Wohngebäude mit üblicher Raumhöhe von etwa 2,5 m und Raumtiefe von etwa 4,5 m oder mehr, unter Berücksichtigung der Anforderungen an das resultierende Schalldämm-Maß erf. $R'_{w,res}$ des Außenbauteiles nach Tabelle 8 und der Korrektur von −2 dB nach Tabelle 9, Zeile 2.

mit mechanischem Antrieb) im Betriebszustand zu berücksichtigen.

Anmerkung: Auf ausreichenden Luftwechsel ist aus Gründen der Hygiene, der Begrenzung der Luftfeuchte sowie gegebenenfalls der Zuführung von Verbrennungsluft [6]) zu achten.

Bei der Anordnung von Lüftungseinrichtungen/Rolladenkästen ist deren Schalldämm-Maß und die zugehörige Bezugsfläche bei der Berechnung des resultierenden Schalldämm-Maßes zu berücksichtigen. Bei Anwendung der Tabelle 10 muß entweder die für die Außenwand genannte Anforderung von der Außenwand mit Lüftungseinrichtung/Rolladenkasten oder, es muß die für das Fenster genannte Anforderung von dem Fenster mit Lüftungseinrichtung/Rolladenkasten eingehalten werden; im ersten Fall gehören Lüftungseinrichtung/Rolladenkasten zur Außenwand, im zweiten Fall zum Fenster. Wegen der Berechnung der resultierenden Schalldämmung siehe Beiblatt 1 zu DIN 4109/11.89, Abschnitt 11.

5.5 Ermittlung des „maßgeblichen Außenlärmpegels"

5.5.1 Allgemeines

Für die verschiedenen Lärmquellen (Straßen-, Schienen-, Luft-, Wasserverkehr, Industrie/Gewerbe) werden nachstehend die jeweils angepaßten Meß- und Beurteilungsverfahren angegeben, die den unterschiedlichen akustischen und wirkungsmäßigen Eigenschaften der Lärmarten Rechnung tragen.

Zur Bestimmung des „maßgeblichen Außenlärmpegels" werden die Lärmbelastungen in der Regel berechnet.

Für die von der maßgeblichen Lärmquelle abgewandten Gebäudeseiten darf der „maßgebliche Außenlärmpegel" ohne besonderen Nachweis

— bei offener Bebauung um 5 dB(A),
— bei geschlossener Bebauung bzw. bei Innenhöfen um 10 dB(A),

gemindert werden.

Bei Vorhandensein von Lärmschutzwänden oder -wällen darf der „maßgebliche Außenlärmpegel" gemindert werden; Nachweis siehe DIN 18 005 Teil 1.

Sofern es im Sonderfall gerechtfertigt erscheint, sind zur Ermittlung des „maßgeblichen Außenlärmpegels" auch Messungen zulässig.

Zur Ausführung von Messungen siehe Anhang B.

5.5.2 Straßenverkehr

Sofern für die Einstufung in Lärmpegelbereiche keine anderen Festlegungen, z. B. gesetzliche Vorschriften oder Verwaltungsvorschriften, Bebauungspläne oder Lärmkarten, maßgebend sind, ist der aus dem Nomogramm in Bild 1 ermittelte Mittelungspegel zugrunde zu legen.

Für die Fälle, in denen das Nomogramm nicht anwendbar ist, können die Pegel aber auch ortsspezifisch berechnet oder gemessen werden. Bei Berechnungen sind die Beurteilungspegel für den Tag (6.00 bis 22.00 Uhr) nach DIN 18 005 Teil 1 zu bestimmen, wobei zu den errechneten Werten 3 dB(A) zu addieren sind.

Messungen sind nach DIN 45 642 vorzunehmen und nach Anhang B auszuwerten.

5.5.3 Schienenverkehr

Bei Berechnungen sind die Beurteilungspegel für den Tag (6.00 bis 22.00 Uhr) nach DIN 18 005 Teil 1 zu bestimmen, wobei zu den errechneten Werten 3 dB(A) zu addieren sind.

Messungen sind nach DIN 45 642 vorzunehmen und nach Anhang B auszuwerten.

5.5.4 Wasserverkehr

Bei Berechnungen sind die Beurteilungspegel für den Tag (6.00 bis 22.00 Uhr) nach DIN 18 005 Teil 1 zu bestimmen, wobei zu den errechneten Werten 3 dB(A) zu addieren sind.

Messungen sind nach DIN 45 642 vorzunehmen und nach Anhang B auszuwerten.

5.5.5 Luftverkehr

Für Flugplätze, für die Lärmschutzbereiche nach dem „Gesetz zum Schutz gegen Fluglärm" festgesetzt sind, gelten innerhalb der Schutzzonen die Regelungen dieses Gesetzes.

Für Gebiete, die nicht durch das „Gesetz zum Schutz gegen Fluglärm" erfaßt sind, für die aber aufgrund landesrechtlicher Vorschriften äquivalente Dauerschallpegel nach DIN 45 643 Teil 1 in Anlehnung an das FluglärmG ermittelt wurden, sind diese im Regelfall die zugrunde zu legenden Pegel.

Wird in Gebieten, die durch Absatz 1 und 2 nicht erfaßt sind, vermutet, daß die Belastung durch Fluglärm vor allem von sehr hohen Spitzenpegeln herrührt, so sollte der mittlere maximale Schalldruckpegel $\overline{L_{AF,max}}$ bestimmt werden. Ergibt sich, daß im Beurteilungszeitraum (nicht mehr als 16 zusammenhängende Stunden eines Tages)

— der äquivalente Dauerschallpegel L_{eq}, häufiger als 20mal oder mehr als 1mal durchschnittlich je Stunde um mehr als 20 dB(A) überschritten wird und überschreitet auch der mittlere maximale Schalldruckpegel $\overline{L_{AF,max}}$ den äquivalenten Dauerschallpegel L_{eq} um mehr als 20 dB(A) oder

— der Wert von 82 dB(A) häufiger als 20mal oder mehr als 1mal durchschnittlich je Stunde überschritten wird,

so wird für den „maßgeblichen Außenlärmpegel" der Wert $\overline{L_{AF,max}} - 20$ dB(A) zugrunde gelegt.
In Sonderfällen kann dieses Verfahren auch in Gebieten nach Abschnitt 2 angewendet werden.

Messungen sind nach DIN 45 643 Teil 1 bis Teil 3 vorzunehmen und nach Anhang B auszuwerten.

Anmerkung: Geräuschbelastungen durch militärische Tiefflüge werden in dieser Norm nicht behandelt.

5.5.6 Gewerbe- und Industrieanlagen

Im Regelfall wird als „maßgeblicher Außenlärmpegel" der nach der TALärm im Bebauungsplan für die jeweilige Gebietskategorie angegebene Tag-Immissionsrichtwert eingesetzt.

Besteht im Einzelfall die Vermutung, daß die Immissionsrichtwerte der TALärm überschritten werden, dann sollte die tatsächliche Geräuschimmission nach der TALärm ermittelt werden.

Weicht die tatsächliche bauliche Nutzung im Einwirkungsbereich der Anlage erheblich von der im Bebauungsplan festgesetzten baulichen Nutzung ab, so ist von der tatsächlichen baulichen Nutzung unter Berücksichtigung der vorgesehenen baulichen Entwicklung des Gebietes auszugehen.

---

[6]) Die entsprechenden bauaufsichtlichen Vorschriften (z. B. Feuerungsverordnung) sind zu beachten.

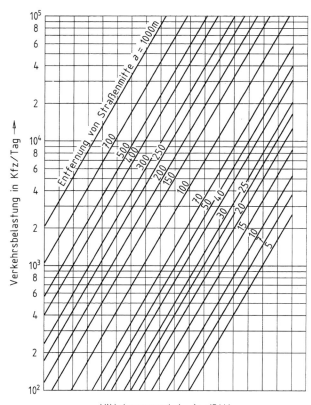

Mittelungspegel L_{Am} in dB(A) →

		dB(A)-Skala
A	Autobahnen und Autobahnzubringer (25% Lkw-Anteil)	50 55 60 65 70 75
B	Bundes-, Landes-, Kreis-, Gemeindeverbindungsstraßen außerhalb des Ortsbereiches; Straßen in Industrie- und Gewerbegebieten (20% Lkw-Anteil)	50 55 60 65 70 75
C	Gemeinde-(Stadt-)straßen; Hauptverkehrsstraßen (2 bis 6-streifig, 10% Lkw-Anteil)	45 50 55 60 65 70
D	Gemeinde-(Stadt-)straßen; Wohn- und Wohnsammelstraßen (5% Lkw-Anteil)	40 45 50 55 60 65

Zu den Mittelungspegeln sind gegebenenfalls folgende Zuschläge zu addieren:

+ 3 dB(A), wenn der Immissionsort an einer Straße mit beidseitig geschlossener Bebauung liegt,

+ 2 dB(A), wenn die Straße eine Längsneigung von mehr als 5% hat,

+ 2 dB(A), wenn der Immissionsort weniger als 100 m von der nächsten lichtsignalgeregelten Kreuzung oder Einmündung entfernt ist.

Bild 1.   Nomogramm zur Ermittlung des „maßgeblichen Außenlärmpegels" vor Hausfassaden für typische Straßenverkehrssituationen

Anmerkung: Die in dem Nomogramm angegebenen Pegel wurden für einige straßentypische Verkehrssituationen nach DIN 18005 Teil 1/05.87, Abschnitt 6, berechnet. Hierbei ist der Zuschlag von 3 dB(A) gegenüber der Freifeldausbreitung berücksichtigt.

5.5.7 Überlagerung mehrerer Schallimmissionen

Rührt die Geräuschbelastung von mehreren (gleich- oder verschiedenartigen) Quellen her, so berechnet sich der resultierende Außenlärmpegel $L_{a,res}$ aus den einzelnen „maßgeblichen Außenlärmpegeln" $L_{a,i}$ nach folgender Gleichung:

$$L_{a,res} = 10 \lg \sum_i^n (10^{0,1\, L_{a,i}}) \text{ dB(A)} \tag{1}$$

Im Sinne einer Vereinfachung werden dabei unterschiedliche Definitionen der einzelnen „maßgeblichen Außenlärmpegel" in Kauf genommen.

6 Nachweis der Eignung der Bauteile

6.1 Kennzeichnende Größen für die Schalldämmung der Bauteile

Zur zahlenmäßigen Kennzeichnung der Luft- und Trittschalldämmung dienen die Größen nach den Tabellen 11 und 12, Einzahl-Angaben nach Abschnitt A.8.1.

6.2 Nachweis der Eignung ohne bauakustische Messungen

Bauteile, die den in den Abschnitten 3, 4 und 5 gestellten Anforderungen genügen müssen, gelten ohne bauakustische Messungen als geeignet, wenn

- in massiven Bauten ihre Ausführungen nach Beiblatt 1 zu DIN 4109/11.89, Abschnitte 2 bis 4, entsprechen,
- bei Skelettbauten mit Skeletten aus Stahlbeton, Stahl oder Holz und mit leichtem Ausbau ein rechnerischer Nachweis nach Beiblatt 1 zu DIN 4109/11.89, Abschnitt 5, geführt wird oder die Bauteile den Ausführungsbeispielen nach Beiblatt 1 zu DIN 4109/11.89, Abschnitte 6 bis 8, entsprechen,
- Außenbauteilen den Ausführungen nach Beiblatt 1 zu DIN 4109/11.89, Abschnitt 10, entsprechen.

Bei der Ermittlung der Werte für die Luftschalldämmung in massiven Bauten nach Beiblatt 1 zu DIN 4109 ist der Einfluß der flankierenden Bauteile zu berücksichtigen, wenn die mittlere flächenbezogene Masse $m'_{L,Mittel}$ der vier flankierenden Bauteile von (300 ± 25) kg/m^2 abweicht (siehe Beiblatt 1 zu DIN 4109/11.89, Abschnitt 3).

Bei den Ausführungsbeispielen für Massivdecken wird im Beiblatt 1 zu DIN 4109, Abschnitt 4.1, nach Massivdecken ohne/mit Deckenauflagen bzw. ohne/mit biegeweicher Unterdecke und nach Deckenauflagen allein unterschieden. Dort ist angegeben, mit welcher Deckenauflage Massivdecken versehen werden können, damit die geforderte Schalldämmung erreicht wird.

6.3 Nachweis der Eignung mit bauakustischen Messungen (Eignungsprüfungen)

Bei Bauteilen, für die kein Nachweis nach dem Beiblatt 1 zu DIN 4109 geführt werden kann, ist die Eignung durch die Eignungsprüfung I oder III[7] aufgrund von Messungen nach DIN 52210 Teil 1 bis Teil 4 nachzuweisen. [8]

Ein Nachweis durch Eignungsprüfung ist auch dann gestattet, wenn das Bauteil zwar einer Beispielgruppe nach dem Beiblatt 1 zu DIN 4109 zugeordnet werden, jedoch wegen bestimmter einschränkender oder zusätzlicher Merkmale schalltechnisch anders beurteilt werden kann. Im Prüfbericht der Eignungsprüfung sind diese Merkmale als verbindlich festzulegen.

Bei den Eignungsprüfungen wird unterschieden:

Eignungsprüfung I: Prüfung von Bauteilen in Prüfständen nach DIN 52210 Teil 2

Eignungsprüfung III: Prüfung in ausgeführten Bauten
- von Bauteilen, die sich wegen ihrer Größe nicht in genormte Prüfstände einbauen lassen (Sonderbauteile),
- von Bauarten, zu deren Prüfung die genormten Prüfstände nicht geeignet sind (Sonderbauarten).

Soll die Eignung nur für ein bestimmtes Bauvorhaben gelten, so kann eine projektbezogene Prüfung nach DIN 52210 Teil 3 durchgeführt werden.

6.4 Bewertung bei Messungen in Prüfständen (Eignungsprüfung I)

6.4.1 Prüfung von Bauteilen im gebrauchsfähigen Zustand

Die Eignungsprüfung I ist durchzuführen

- für Wände und Decken in Prüfständen nach DIN 52210 Teil 2,
- für Wände und Decken in Skelettbauten und Holzhäusern in hierfür geeigneten Prüfanordnungen unter Berücksichtigung der tatsächlichen konstruktiven Gegebenheiten (z.B. Anschlüsse zwischen trennendem Bauteil und flankierenden Bauteilen),
- für Fenster, Fenstertüren, Fensterelemente, Türen, Rolladenkästen, Lüfter, Paneele und andere Außenwandelemente in funktionsfähigem Zustand nach DIN 52210 Teil 3, in Prüfständen nach DIN 52210 Teil 2,
- für Schächte und Kanäle in Prüfständen nach DIN 52210 Teil 6.

Zur Erfüllung der Anforderungen für den jeweiligen Verwendungszweck müssen eingehalten werden:

a) Luftschalldämmung von Wänden und Decken
   Das bewertete Schalldämm-Maß $R'_{w,P}$ muß mindestens um das Vorhaltemaß von 2 dB über den, für den jeweiligen Verwendungszweck erforderlichen Wert erf. R'_w liegen.

   Bei trennenden Bauteilen ist der Einfluß der flankierenden Bauteile bei der Beurteilung der Luftschalldämmung zusätzlich nach Beiblatt 1 zu DIN 4109/11.89, Abschnitt 3, zu berücksichtigen, wenn die mittlere flächenbezogene Masse $m'_{L,mittel}$ der flankierenden Bauteile von (300 ± 25) kg/m^2 abweicht.

b) Luftschalldämmung von Türen und Fenstern
   Das bewertete Schalldämm-Maß $R_{w,P}$ muß mindestens um das Vorhaltemaß
   - 5 dB bei Türen und
   - 2 dB bei Fenstern
   über den, für den jeweiligen Verwendungszweck erforderlichen Wert erf. R'_w liegen.

c) Luftschalldämmung von Schächten und Kanälen
   Die bewertete Schachtpegeldifferenz $D_{K,w,P}$ muß mindestens um das Vorhaltemaß von 2 dB über den erforderlichen errechneten Wert $D_{K,w,R}$ liegen. (siehe Beiblatt 1 zu DIN 4109/11.89, Abschnitt 9.3).

---

[7]) Die Eignungsprüfung II „Prüfungen in ausgeführten Bauten" nach DIN 52210 Teil 3 wird in DIN 4109 nicht mehr gefordert.

[8]) Dies gilt auch, wenn Bauteile zum Schutz gegen Fluglärm nicht den in der „Verordnung der Bundesregierung über bauliche Schallschutzanforderungen nach dem Gesetz zum Schutz gegen Fluglärm (Schallschutzverordnung-SchallschutzV)" aufgeführten Ausführungsbeispielen entsprechen.

Tabelle 11.   Kennzeichnende Größen der Luftschalldämmung für den Nachweis der Eignung von Bauteilen

R'_w: bewertetes Schalldämm-Maß in dB mit Schallübertragung über flankierende Bauteile

R_w: bewertetes Schalldämm-Maß in dB ohne Schallübertragung über flankierende Bauteile

$R_{L,w}$:   Bewertetes Labor-Schall-Längsdämm-Maß in dB

$D_{K,w}$:   Bewertete Schachtpegeldifferenz in dB

Spalte	1	2	3	4	5
Zeile	Bauteile	Berücksichtigte Schallübertragung	Eignungsprüfung I in Prüfständen nach DIN 52 210 Teil 2	Eignungsprüfung III in ausgeführten Bauten	Rechenwert[1])
1	Wände, Decken als trennende Bauteile	über das trennende und die flankierenden Bauteile gegebenenfalls über Nebenwege	$R'_{w,P}$	$R'_{w,B}$	$R'_{w,R}$
2		nur über das trennende Bauteil	$R_{w,P}$	$R_{w,B}$	$R_{w,R}$
3	Wände, Decken als flankierende Bauteile	nur über das flakierende Bauteil	$R_{L,w,P}$	$R_{L,w,B}$	$R_{L,w,R}$
4	Fenster	nur über das trennende Bauteil	$R_{w,P}$	$R_{w,B}$	$R_{w,R}$
5	Türen				$R_{w,R}$[2])
6	Schächte, Kanäle	nur über Nebenwege	$D_{K,w,P}$	$D_{K,w,B}$	$D_{K,w,R}$

[1]) Der Rechenwert für ein Bauteil ergibt sich
 — für Ausführungen nach Beiblatt 1 zu DIN 4109 aus den dortigen Angaben,
 — bei Eignungsprüfungen in Prüfständen nach DIN 52 210 Teil 2 aus den Angaben in Spalte 3, vermindert um das Vorhaltemaß von 2 dB (z. B. $R'_{w,R} = R'_{w,P} - 2$ dB), ausgenommen Türen (siehe Fußnote 2),
 — bei Eignungsprüfungen in ausgeführten Bauten aus den Angaben in Spalte 4 (z. B. $R'_{w,R} = R'_{w,B}$).

[2]) Der Rechenwert $R_{w,R}$ für Türen ergibt sich bei Eignungsprüfungen in Prüfständen nach DIN 52 210 Teil 2 aus $R_{w,R} = R_{w,P} - 5$ dB.

Tabelle 12.   Kennzeichnende Größen der Trittschalldämmung für den Nachweis der Eignung von Bauteilen

$L_{n,w}$:   bewerteter Norm-Trittschallpegel in dB (TSM: Trittschallschutzmaß in dB)

ΔL_w: Trittschallverbesserungsmaß in dB (VM: Trittschallverbesserungsmaß in dB)

Spalte	1	2	3	4
Zeile	Bauteile	Eignungsprüfung I in Prüfständen nach DIN 52 210 Teil 2	Eignungsprüfung III in ausgeführten Bauten	Rechenwert[1])
1	Decken im gebrauchsfertigen Zustand	$L_{n,w,P}, L'_{n,w,P}$ (TSM_P)	$L'_{n,w,B}$ (TSM_B)	$L'_{n,w,R}$ (TSM_R)
2	Treppen im gebrauchsfertigen Zustand	—	$L'_{n,w,B}$ (TSM_B)	$L'_{n,w,R}$ (TSM_R)
3	Massivdecken ohne Deckenauflage	$L_{n,w,eq,P}$ ($TSM_{eq,P}$)	—	$L_{n,w,eq,R}$[2]) ($TSM_{eq,R}$)[2])
4	Deckenauflage für Massivdecken[3])	$\Delta L_{w,P}$ (VM_P)	—	$\Delta L_{w,R}$ (VM_R)

[1]) Der Rechenwert für ein Bauteil ergibt sich
 — für Ausführungen nach Beiblatt 1 zu DIN 4109 aus den dortigen Angaben,
 — bei Eignungsprüfungen in Prüfständen nach DIN 52 210 Teil 2 aus den Angaben in Spalte 2, vermindert um das Vorhaltemaß 2 dB, ausgenommen Zeile 3 (siehe Fußnote 2),
 — bei Eignungsprüfungen in ausgeführten Bauten aus den Angaben in Spalte 3 (gilt nicht für Zeilen 3 und 4).

[2]) Der Rechenwert $L_{n,w,eq,R}$ ($TSM_{eq,R}$) ergibt sich bei Eignungsprüfungen in Prüfständen nach DIN 52 210 Teil 2 aus $L_{n,w,eq,P}$ ($TSM_{eq,P}$).

[3]) Gilt auch für massive Treppenläufe und -podeste

195

d) Trittschalldämmung von Decken

Der bewertete Norm-Trittschallpegel $L_{n,w,P}$ muß mindestens um das Vorhaltemaß von 2 dB unter (beim Trittschallschutzmaß TSM_P mindestens 2 dB über) dem, für den jeweiligen Verwendungszweck erforderlichen Wert erf. $L'_{n,w}$ (erf. TSM) liegen.

6.4.2 Getrennte Prüfung

— von Massivdecken ohne Deckenauflage,
— von Deckenauflagen allein

Die Eignungsprüfungen I von Massivdecken ohne Deckenauflage und von Deckenauflagen allein sind in Prüfständen mit bauähnlicher Flankenübertragung durchzuführen. Deckenauflagen können auch in Prüfständen ohne Flankenübertragung geprüft werden. Für die Durchführung gilt DIN 52 210 Teil 3.

a) Luftschalldämmung von Massivdecken

Liegt das bewertete Schalldämm-Maß $R'_{w,P}$ der Massivdecke ohne Deckenauflage bereits 2 dB über dem, für den jeweiligen Verwendungszweck erforderlichen Wert erf. R'_w, so ist eine beliebige Deckenauflage geeignet, die nur noch die Trittschalldämmung verbessern muß. Liegt $R'_{w,P}$ dagegen unter dem jeweiligen erforderlichen und um 2 dB erhöhten Wert, so ist eine Prüfung mit dem vorgesehenen Deckenaufbau vorzunehmen.

b) Trittschalldämmung von Massivdecken
— Der bewertete Norm-Trittschallpegel $L'_{n,w,P}$ (das bewertete Trittschallschutzmaß TSM_P) der gebrauchsfertigen Massivdecke ergibt sich aus dem äquivalenten bewerteten Norm-Trittschallpegel $L_{n,w,eq,P}$ (äquivalentes Trittschallschutzmaß $TSM_{eq,P}$) der Massivdecke ohne Deckenauflage und dem Trittschall-Verbesserungsmaß $\Delta L_{w,R}$ (VM_R) der Deckenauflage nach folgender Beziehung:

$$L'_{n,w,P} = L_{n,w,eq,P} - \Delta L_{w,R}$$
$$(TSM_P = TSM_{eq,P} + VM_R) \qquad (2)$$

Die Trittschalldämmung der gebrauchsfertigen Decke ist ausreichend, wenn der sich aus der Subtraktion (Addition) der Einzelwerte $L_{n,w,eq,P}$ ($TSM_{eq,P}$) und $\Delta L_{w,R}$ (VM_R) ergebende bewertete Norm-Trittschallpegel $L'_{n,w,P}$ (Trittschallschutzmaß TSM_P) mindestens 2 dB unter (über) den für den jeweiligen Verwendungszweck geforderten Werten liegt.

Wird auf einen schwimmenden Estrich zusätzlich ein weichfedernder Bodenbelag aufgebracht, so ist bei der Berechnung des bewerteten Norm-Trittschallpegels $L'_{n,w,R}$ (Trittschallschutzmaß TSM_R) nur das größere der beiden Trittschall-Verbesserungsmaße ΔL_w (VM) anzusetzen.

— Der äquivalente bewertete Norm-Trittschallpegel $L_{n,w,eq,R}$ (Trittschallschutzmaß $TSM_{eq,R}$) der Massivdecke ohne Deckenauflage (bei Massivdecken, die in Verbindung mit biegeweichen Unterdecken geprüft worden sind, und bei denen ein schwimmender Estrich vom mineralischen Bindemitteln als Deckenauflagen verwendet werden soll, der gemessene $L_{n,w,eq,P}$ ($TSM_{eq,P}$) um 2 dB zu erhöhen (abzumindern).

— $\Delta L_{w,R}$ (VM_R) ist das Trittschall-Verbesserungsmaß der Deckenauflage. Der Rechenwert für $\Delta L_{w,R}$ (VM_R) kann aus Beiblatt 1 zu DIN 4109/11.89, Tabellen 17 und 18 entnommen werden. Bei Bestimmung des Trittschall-Verbesserungsmaßes $\Delta L_{w,R}$ (VM_R) durch Eignungsprüfung im Prüfstand ergibt sich $\Delta L_{w,R}$ (VM_R) nach der Beziehung:

$$\Delta L_{w,R} = \Delta L_{w,P} - 2 \text{ dB}$$
$$(VM_R = VM_P - 2 \text{ dB}) \qquad (3)$$

6.4.3 Prüfung der Luftschalldämmung trennender und flankierender Bauteile für den rechnerischen Nachweis nach Beiblatt 1 zu DIN 4109

Die Prüfungen sind durchzuführen

— für das bewertete Schalldämm-Maß $R_{w,P}$ trennender Bauteile ohne Längsleitung über flankierende Bauteile in Prüfständen ohne Flankenübertragung nach DIN 52 210 Teil 2,

— für das bewertete Labor-Schall-Längsdämm-Maß $R_{L,w,P}$ von flankierenden Bauteilen entweder

 — in Prüfständen zur Bestimmung des Labor-Schall-Längsdämm-Maßes von leichten Bauteilen in horizontaler Richtung nach DIN 52 210 Teil 2

 oder

 — in bauarttypischen Sonder-Prüfständen unter Berücksichtigung der tatsächlichen konstruktiven Gegebenheiten (z. B. Anschlüsse an das tennende Bauteil).

Für den rechnerischen Nachweis des bewerteten Schalldämm-Maßes $R'_{w,R}$ nach Beiblatt 1 zu DIN 4109 in Gebäuden in Skelett- und Holzbauart sind die gemessenen Werte für $R_{w,P}$ und $R_{L,w,P}$ jeweils um 2 dB zu mindern.

6.5 Prüfung von Sonderbauteilen und Sonderbauarten (Eignungsprüfung III)

Sonderbauteile und Sonderbauarten, die nicht in Prüfständen geprüft werden können, sind in drei Bauten zu prüfen. Diese müssen sich in bezugsfertigem oder bezogenem Zustand befinden.

Für die Luftschalldämmung gilt die Eignung als nachgewiesen, wenn das auf das trennende Bauteil bezogene, bewertete Schalldämm-Maß $R'_{w,B}$ in allen drei Bauten nicht unter dem, für den jeweiligen Verwendungszweck erforderlichen Wert R'_w liegt.

Für die Trittschalldämmung gilt die Eignung als nachgewiesen, wenn der bewertete Norm-Trittschallpegel $L'_{n,w,B}$ (das Trittschallschutzmaß TSM_B) der Decken in allen drei Bauten nicht über (beim Trittschallschutzmaß nicht unter) dem, für den jeweiligen Verwendungszweck erforderlichen Wert erf. $L'_{n,w}$ (erf. TSM) liegt.

7 Nachweis der schalltechnischen Eignung von Wasserinstallationen

7.1 Kennzeichnende Größen für das Geräuschverhalten

Die kennzeichnenden Größen sind in Tabelle 13 aufgeführt.

Tabelle 13. Kennzeichnende Größen für das Geräuschverhalten

Spalte	1	2
Zeile	Geräuschquelle	Kennzeichnende Größe
1	Armaturen und Geräte Wasserinstallationen	Armaturengeräuschpegel L_{ap} nach DIN 52 218 Teil 1
2	Installationen am Bau (Installationsgeräuschnormal IGN)	IGN-Schallpegel L_{IGN} nach DIN 52 219

7.2 Nachweis ohne bauakustische Messungen

Im Regelfall kann der Nachweis zur Erfüllung der Anforderungen ohne bauakustische Messungen geführt werden.

Der Nachweis, daß die Höchstwerte für die zulässigen Schalldruckpegel von Armaturen nach Tabelle 4 nicht überschritten werden, gilt als erbracht, wenn die Bedingungen nach den Abschnitten 7.2.1 und 7.2.2 eingehalten werden.

7.2.1 Armaturen und Geräte

Es dürfen nur Armaturen und Geräte verwendet werden, die nach Abschnitt 4.3.2 geprüft und nach Abschnitt 4.3.3 gekennzeichnet sind.

7.2.2 Anforderungen an Installation und Betrieb

7.2.2.1 Zulässiger Ruhedruck

Der Ruhedruck der Wasserversorgungsanlage nach Verteilung in den Stockwerken vor den Armaturen darf nicht mehr als 5 bar (0,5 MPa) betragen; ein höherer Druck ist durch Einbau von Druckminderern entsprechend zu verringern.

7.2.2.2 Betrieb von Durchgangsarmaturen

Durchgangsarmaturen (z. B. Absperrventile, Eckabsperrventile, Vorabsperrventile bei bestimmten Armaturen und Geräten) müssen im Betrieb immer voll geöffnet sein; sie dürfen nicht zum Drosseln verwendet werden.

7.2.2.3 Zulässiger Durchfluß von Armaturen

Beim Betrieb der Armaturen darf der für ihre Eingruppierung zugrunde gelegte Durchfluß (Durchflußklasse) nicht überschritten werden. Daher müssen Auslaufvorrichtungen, wie Strahlregler, Brausen und Durchflußbegrenzer den Durchfluß durch die Armaturen entsprechend begrenzen, d. h., die Auslaufvorrichtungen dürfen keiner höheren Durchflußklasse angehören als der zugehörige Armaturenabgang. Dies gilt auch für die den Armaturen nachgeschalteten Auslaufvorrichtungen, wie Kugelgelenke, Rohrbelüfter in Durchflußform und Rückflußverhinderer. Eckventile vor Armaturen dürfen einer niedrigeren Durchflußklasse angehören als durch Armatur und Auslaufvorrichtung gegeben ist.

7.2.2.4 Anforderungen an Wände mit Wasserinstallationen

Einschalige Wände, an oder in denen Armaturen oder Wasserinstallationen (einschließlich Abwasserleitungen) befestigt sind, müssen eine flächenbezogene Masse von mindestens 220 kg/m² haben.

Wände, die eine geringere flächenbezogene Masse als 220 kg/m² haben, dürfen verwendet werden, wenn durch eine Eignungsprüfung nachgewiesen ist, daß sie sich –
bezogen auf die Übertragung von Installationsgeräuschen
– nicht ungünstig verhalten.

7.2.2.5 Anordnung von Armaturen

Armaturen der Armaturengruppe I und deren Wasserleitung dürfen an Wänden nach Abschnitt 7.2.2.4 angebracht werden (siehe Bild 2). Armaturen der Armaturengruppe II und deren Wasserleitungen dürfen nicht an Wänden angebracht werden, die im selben Geschoß, in den Geschossen darüber oder darunter an schutzbedürftige Räume grenzen (siehe Bild 2). Armaturen der Armaturengruppe II und deren Wasserleitungen dürfen außerdem nicht an Wänden angebracht sein, die auf vorgenannte Wände stoßen.

7.2.2.6 Anforderungen an die Verlegung von Abwasserleitungen

Abwasserleitungen dürfen an Wänden in schutzbedürftigen Räumen nicht freiliegend verlegt werden.

7.3 Nachweis mit bauakustischen Messungen in ausgeführten Bauten

Für bestimmte Bauausführungen, die nicht dem Abschnitt 7.2.2 entsprechen, kann die Einhaltung der Anforderungen

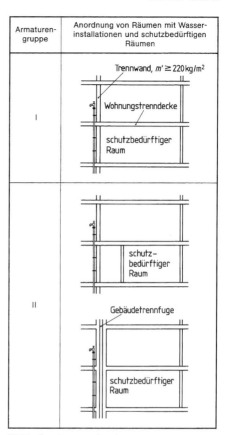

Armaturengruppe	Anordnung von Räumen mit Wasserinstallationen und schutzbedürftigen Räumen
I	Trennwand, m′ ≥ 220 kg/m² / Wohnungstrenndecke / schutzbedürftiger Raum
II	schutzbedürftiger Raum / Gebäudetrennfuge / schutzbedürftiger Raum

Bild 2.   Anordnung von Armaturen

nach Tabelle 4, Zeile 1, auch durch eine Eignungsprüfung am Bau (analog Eignungsprüfung III nach Abschnitt 6.5) nachgewiesen werden. Zum Nachweis werden in einem Musterbau Messungen nach DIN 52 219 durchgeführt, für die anstelle der Armaturen das Installationsgeräuschnormal (*IGN*) nach DIN 52 218 Teil 1 an den vorgesehenen Anschlüssen angebracht und in den schutzbedürftigen Räumen der *IGN*-Schallpegel L_{IGN} ermittelt wird.

Der Nachweis der Eignung hinsichtlich des Schallschutzes einer bestimmten Bauausführung in Verbindung mit bestimmten Armaturen gilt als erbracht, wenn der nach DIN 52 218 Teil 1 bis Teil 4 ermittelte Armaturengeräuschpegel L_{ap} der vorgesehenen Armaturen folgenden Wert nicht überschreitet

$$L_{ap} \leq 72 \, dB - L_{IGN} \qquad (3)$$

Der Bericht über die Eignungsprüfung am Bau muß, neben den nach DIN 52 218 Teil 1 geforderten Angaben zur Beschreibung der Bauausführung, z. B. Anordnung der Armaturen und Leitungen, Flächengewichte der Wände, enthalten. Zum Nachweis der Erfüllung der oben genannten Anforderung nach Gleichung (3) müssen Prüfberichte nach DIN 52 218 Teil 1 bis Teil 4 für die vorgesehenen Armaturen vorgelegt werden.

Das Ergebnis dieser Eignungsprüfung am Bau kann auch für die Beurteilung anderer Bauvorhaben mit vergleichbaren Bauausführungen herangezogen werden.

8   Nachweis der Güte der Ausführung (Güteprüfung)

8.1   Güteprüfung

Die Güteprüfung gilt nach DIN 55 350 Teil 17 als Annahmeprüfung.

8.2   Bauteile allgemein

Güteprüfungen dienen zum Nachweis, daß die erforderlichen Werte für den Schallschutz in dem betreffenden Bauwerk eingehalten werden. Für die Durchführung der Messungen gelten DIN 52 210 Teil 1, Teil 3 und Teil 6, für die Ermittlung der Einzahl-Angaben gilt DIN 52 210 Teil 4.

Anmerkung: Güteprüfungen sollten z. B. durchgeführt werden, wenn Zweifel an dem erreichten Schallschutz bestehen oder die Güteprüfung durch vertragliche oder anderweitige Regelungen vorgeschrieben ist.

Die Vereinbarung einer Güteprüfung kann zweckmäßig sein, wenn Bauteile oder Bauarten angewendet werden, für die zwar das Prüfzeugnis über eine Eignungsprüfung I nach Abschnitt 6.4 vorgelegt werden kann, jedoch nicht die Ergebnisse von Güteprüfungen dieser Bauteile und Bauarten an ausgeführten Bauwerken.

8.3   Außenbauteile

Soll im Einzelfall nach Errichtung eines Gebäudes geprüft werden, ob die Außenbauteile der erforderlichen Luftschalldämmung nach Abschnitt 5 genügen, so müssen die Messungen nach DIN 52 210 Teil 5 durchgeführt werden.

Der Beurteilung ist das resultierende Schalldämm-Maß $R'_{w,res}$ des Gesamtbauteils nach Tabelle 8 zugrunde zu legen.

Bei Fluglärm—soweit er im „Gesetz zum Schutz gegen Fluglärm" geregelt ist—ist der Gütenachweis nach der „Verordnung der Bundesregierung über bauliche Schallschutzanforderungen nach dem Gesetz zum Schutz gegen Fluglärm (Schallschutzverodnung — SchallschutzV)" zu führen.

8.4   Haustechnische Anlagen

Der Nachweis der Güte der Ausführung ist im Bedarfsfall durch Schallpegelmessungen zu erbringen. Für die Durchführung der Messungen gilt bei Anlagen der Wasserinstallation DIN 52 219. Die Schallpegelmessungen sind unter regelmäßig auftretenden Betriebsbedingungen der Anlage bzw. des Betriebes durchzuführen. Die schutzbedürftigen Räume sollen eingerichtet sein. Die in DIN 52 219 enthaltenen Festlegungen über Schallpegelmeßgeräte, Einfluß von Fremdgeräuschen, Berücksichtigung einzelner kurzzeitig auftretender Schallpegelspitzen sowie Ort der Messung gelten auch für die Messung der Schalldruckpegel von Geräuschen aus sonstigen haustechnischen Anlagen. Maßgeblich ist der maximal auftretende Schalldruckpegel L_{AF}. Die in eingerichteten Räumen ermittelten Schalldruckpegel werden unmittelbar mit den in Tabelle 4 angegebenen Werten verglichen.

8.5   Geräusche aus Betrieben

Im Bedarfsfall ist in schutzbedürftigen Räumen der maßgebende Beurteilungspegel L_r bzw. nach DIN 45 645 Teil 1 (nachts = lauteste Stunde) bzw. VDI 2058 Blatt 1 zu ermitteln. Die Schallpegelmessungen sind unter regelmäßig auftretenden Betriebsbedingungen durchzuführen. Die schutzbedürftigen Räume sollen eingerichtet sein. Bei Messungen in leeren Räumen ist die Schallabsorption nach DIN 52 219 zu berücksichtigen.

Anhang A   Begriffe

Die hier aufgeführten Begriffe werden sowohl in dieser Norm als auch in DIN 52 210 Teil 1 bis Teil 7 verwendet. [9]

A.1   Schall

Schall sind mechanische Schwingungen und Wellen eines elastischen Mediums, insbesondere im Frequenzbereich des menschlichen Hörens von etwa 16 Hz bis 16 000 Hz (siehe Abschnitte A.2.1.1 und A.2.2).
In dieser Norm wird nach den Abschnitten A.1.1 bis A.1.3 nach Luftschall, Körperschall und Trittschall unterschieden.

A.1.1   Luftschall

Luftschall ist der in Luft sich ausbreitende Schall.

A.1.2   Körperschall

Körperschall ist der in festen Stoffen sich ausbreitende Schall.

A.1.3   Trittschall

Trittschall ist der Schall, der beim Begehen und bei ähnlicher Anregung einer Decke, Treppe o. ä. als Körperschall entsteht und teilweise als Luftschall in einen darunterliegenden oder anderen Raum abgestrahlt wird.

A.2   Ton und Geräusch

A.2.1   Einfacher oder reiner Ton

Einfacher oder reiner Ton ist die Schallschwingung mit sinusförmigem Verlauf.

A.2.1.1   Frequenz f (Schwingungszahl)

Frequenz nach dieser Norm ist die Anzahl der Schwingungen je Sekunde.
Mit zunehmender Frequenz nimmt die Tonhöhe zu. Eine Verdopplung der Frequenz entspricht einer Oktave. In der Baukustik betrachtet man vorwiegend einen Bereich von 5 Oktaven, nämlich die Frequenzen von 100 Hz bis 3150 Hz.

A.2.1.2   Hertz

Hertz ist die Einheit der Frequenz 1/s; 1 Schwingung je Sekunde = 1 Hertz (Hz).

A.2.2   Geräusch

Geräusch ist der Schall, der aus vielen Teiltönen zusammengesetzt ist, deren Frequenzen nicht in einfachen Zahlenver-

---

[9] Weitere hier nicht aufgeführte Begriffe sind in DIN 1320, DIN 45 641 (z. Z. Entwurf), DIN 52 210 Teil 1 bis Teil 7 und DIN 52 212 festgelegt.

hältnissen zueinander stehen; ferner Schallimpulse und Schallimpulsfolgen, deren Grundfrequenz unter 1 Hz liegt (z. B. Norm-Hammerwerk nach DIN 52 210 Teil 1).

Die Frequenzzusammensetzung eines Geräusches wird nach den Abschnitten A.2.2.1 und A.2.2.2 ermittelt durch:

A.2.2.1 Oktavfilter-Analyse

Oktavfilter-Analyse ist die Zerlegung eines Geräusches durch Filter in Frequenzbereiche von der Breite einer Oktave.

A.2.2.2 Terzfilter-Analyse

Terzfilter-Analyse ist die Zerlegung eines Geräusches durch Filter in Frequenzbereiche von der Breite einer Terz (Drittel-Oktave).

Anmerkung: Bei bauakustischen Prüfungen nach DIN 52 210 Teil 1 bis Teil 7 werden nur Terzfilter verwendet.

A.3 Schalldruck und Schallpegel

A.3.1 Schalldruck p

Schalldruck ist der Wechseldruck, der durch die Schallwelle in Gasen oder Flüssigkeiten erzeugt wird, und der sich mit dem statischen Druck (z. B. dem atmosphärischen Druck der Luft) überlagert (Einheit: 1 Pa ≙ 10 µbar).

A.3.2 Schalldruckpegel L (Schallpegel)

Schalldruckpegel nach dieser Norm ist der zehnfache Logarithmus vom Verhältnis des Quadrats des jeweiligen Schalldrucks p zum Quadrat des festgelegten Bezugs-Schalldrucks p_0:

$$L = 10 \lg \frac{p^2}{p_0^2} \, dB = 20 \lg \frac{p}{p_0} \, dB \qquad (A.1)$$

Der Effektivwert des Bezugs-Schalldruckes p_0 ist international festgelegt mit:

$$p_0 = 20 \, \mu Pa \qquad (A.2)$$

Der Schalldruckpegel und alle Schallpegeldifferenzen werden in Dezibel (Kurzzeichen dB) angegeben.

Dezibel ist ein wie eine Einheit benutztes Zeichen, das zur Kennzeichnung von logarithmierten Verhältnisgrößen dient. Der Vorsatz „dezi" besagt, daß die Kennzeichnung „Bel", die für den Zehnerlogarithmus eines Energieverhältnisses verwendet wird, zehnmal größer ist.

Anmerkung: Von dem durch Gleichung (A.1) definierten Begriff des Schalldruckpegels sind die für die Schallempfindung gebräuchlichen Begriffe des Lautstärkepegels und der Lautheit zu unterscheiden.

Der Lautstärkepegel (phon) ist gleich dem Schalldruckpegel eines 1000-Hz-Tones, der beim Hörvergleich mit einem Geräusch als gleich laut wie dieses empfunden wird.

Die Lautheit (sone) gibt an, um wieviel mal lauter das Geräusch als ein 1000-Hz-Ton mit einem Schalldruckpegel von 40 dB empfunden wird.

Oberhalb von 40 dB wird eine Pegeländerung um 10 dB wie eine Verdopplung bzw. Halbierung der Lautheit empfunden. Unterhalb von 40 dB führen schon kleinere Pegeländerungen zu einer Verdopplung bzw. Halbierung der Lautheit.

A.3.3 A-bewerteter Schalldruckpegel L_A (A-Schalldruckpegel)

A-bewerteter Schalldruckpegel nach dieser Norm ist der mit der Frequenzbewertung A nach DIN IEC 651 bewertete Schalldruckpegel. Er ist ein Maß für die Stärke eines Geräusches und wird in dieser Norm in dB(A) angegeben.

Anmerkung: Durch die Frequenzbewertung A werden die Beiträge der Frequenzen unter 1000 Hz und über 5000 Hz zum Gesamtergebnis abgeschwächt.

Beim Vergleich mit Anforderungen ist je nach Herkunft des Geräusches zu unterscheiden:

A.3.3.1 Zeitabhängiger AF-Schalldruckpegel $L_{AF}(t)$

Zeitabhängiger AF-Schalldruckpegel ist der Schalldruckpegel, der mit der Frequenzbewertung „A" und der Zeitbewertung „F" („Schnell", englisch: „Fast"), als Funktion der Zeit gemessen wird (siehe DIN 45 645 Teil 1).

A.3.3.2 Taktmaximalpegel $L_{AFT}(t)$ in dB

Taktmaximalpegel ist der in Zeitintervallen (Takten) auftretende und für den ganzen Takt geltende maximale Schalldruckpegel, gemessen mit der Frequenzbewertung A und der Zeitbewertung F, als Funktion der Zeit t (siehe DIN 45 645 Teil 2).

A.3.3.3 Mittelungspegel L_{AFm}

Bei zeitlich schwankenden Geräuschen wird aus den Meßwerten $L_{AF}(t)$ der Mittelungspegel nach DIN 45 641 (z. Z. Entwurf) gebildet.

A.3.3.4 Äquivalenter Dauerschallpegel L_{eq}

Äquivalenter Dauerschallpegel ist der nach dem „Gesetz zum Schutz gegen Fluglärm" gültige Schallpegel.

A.3.3.5 Beurteilungspegel L_r

Beurteilungspegel ist das Maß für die durchschnittliche Geräuschimmission während der Beurteilungszeit T. Er setzt sich zusammen aus dem Mittelungspegel L_{AFm} (energieäquivalenter Dauerschallpegel) und Zuschlägen für Impuls- oder Tonhaltigkeit (siehe DIN 45 645 Teil 1, VDI 2058 Blatt 1 oder DIN 18 005 Teil 1).

A.3.3.6 „Maßgeblicher Außenlärmpegel"

„Maßgeblicher Außenlärmpegel" ist der Pegelwert, der für die Bemessung der erforderlichen Schalldämmung zu benutzen ist. Er soll die Geräuschbelastung außen vor dem betroffenen Objekt repräsentativ unter Berücksichtigung der langfristigen Entwicklung der Belastung (5 bis 10 Jahre) beschreiben. Die entsprechenden Pegelwerte werden nach Abschnitt 5.5 berechnet oder nach Anhang B gemessen.

A.3.3.7 Maximalpegel $L_{AF,max}$

Maximalpegel sind die mit der Zeitbewertung F gemessenen Schallpegelspitzen bei zeitlich veränderlichen Geräuschen.

A.3.3.8 Mittlerer Maximalpegel $\overline{L_{AF,max}}$

Mittlerer Maximalpegel ist hier durch folgende Gleichung definiert:

$$\overline{L_{AF,max}} = 10 \lg \left(\frac{1}{n} \sum_{i=1}^{n} 10^{0,1 \, L_{AF,max,i}} \right) \qquad (A.3)$$

A.3.3.9 Armaturengeräuschpegel L_{ap}

Armaturengeräuschpegel ist der A-bewertete Schalldruckpegel als charakteristischer Wert für das Geräuschverhalten einer Armatur (siehe DIN 52 218 Teil 1).

A.3.3.10   Installationsgeräuschpegel L_{In}

Installationsgeräuschpegel L_{In} ist der am Bau beim Betrieb einer Armatur oder eines Gerätes gemessene A-Schallpegel – näheres siehe DIN 52 219.

A.4   Vorhaltemaß

Vorhaltemaß soll den möglichen Unterschied des Schalldämm-Maßes am Prüfobjekt im Prüfstand und den tatsächlichen am Bau, sowie eventuelle Streuungen der Eigenschaften der geprüften Konstruktionen berücksichtigen.

A.5   Schallschutz

Unter Schallschutz werden einerseits Maßnahmen gegen die Schallentstehung (Primär-Maßnahmen) und andererseits Maßnahmen, die die Schallübertragung von einer Schallquelle zum Hörer vermindern (Sekundär-Maßnahmen) verstanden.

Bei den Sekundär-Maßnahmen für den Schallschutz muß unterschieden werden, ob sich Schallquelle und Hörer in verschiedenen Räumen oder in demselben Raum befinden. Im ersten Fall wird Schallschutz **hauptsächlich** durch **Schalldämmung** (siehe Abschnitt A.6 bis Abschnitt A.8), im zweiten Fall durch **Schallabsorption** (siehe Abschnitt A.10) erreicht. Bei der Schalldämmung unterscheidet man je nach der Art der Schwingungsanregung der Bauteile zwischen Luftschalldämmung und Körperschalldämmung. Unter Körperschalldämmung versteht man Maßnahmen, die geeignet sind, Schwingungsübertragung von einem Bauteil zum anderen zu vermindern. Besonders wichtige Fälle der Körperschalldämmung sind der Schutz gegen Anregung durch Trittschall – die Trittschalldämmung – und die Körperschalldämmung, z.B. von Sanitärgegenständen gegenüber dem Baukörper.

A.6   Luftschalldämmung

A.6.1   Schallpegeldifferenz D

Schallpegeldifferenz nach dieser Norm ist die Differenz zwischen dem Schallpegel L_1 im Senderaum und dem Schallpegel L_2 im Empfangsraum:

$$D = L_1 - L_2 \qquad (A.4)$$

Diese Differenz hängt auch davon ab, wie groß die Schallabsorption durch die Begrenzungsflächen und Gegenstände im Empfangsraum ist. Um diese Einflüsse auszuschalten, bestimmt man die äquivalente Absorptionsfläche A (siehe Abschnitt A.10.4), bezieht sie auf eine vereinbarte Bezugs-Absorptionsfläche A_0 und erhält so die Norm-Schallpegeldifferenz D_n.

A.6.2   Norm-Schallpegeldifferenz D_n

Norm-Schallpegeldifferenz nach dieser Norm ist die Schallpegeldifferenz zwischen Sende- und Empfangsraum, wenn der Empfangsraum die Bezugs-Absorptionsfläche A_0 hätte:

$$D_n = D - 10\lg \frac{A}{A_0} \text{ dB} \qquad (A.5)$$

Die Norm-Schallpegeldifferenz D_n kennzeichnet die Luftschalldämmung zwischen zwei Räumen, wobei beliebige Schallübertragungen vorliegen können. Sofern nichts anderes festgelegt ist (siehe z.B. DIN 52 210 Teil 3/02.87, Abschnitt 5.2) wird $A_0 = 10 \text{ m}^2$ gesetzt.

A.6.3   Schalldämm-Maß R

Schalldämm-Maß nach dieser Norm kennzeichnet die Luftschalldämmung von Bauteilen.

Bei der Messung zwischen zwei Räumen wird R aus der Schallpegeldifferenz D, der äquivalenten Absorptionsfläche A des Empfangsraumes und der Prüffläche S des Bauteils bestimmt:

$$R = D + 10\lg \frac{S}{A} \text{ dB} \qquad (A.6)$$

Bei der Messung der Schalldämmung von Fenstern und Außenwänden am Bau wird das zu prüfende Bauteil von außen beschallt (zur Durchführung der Messung und Berechnung des Schalldämm-Maßes siehe DIN 52 210 Teil 5).

Durch Anfügen besonderer Kennzeichnungen und Indizes wird das Schalldämm-Maß unterschieden:

a) Je nachdem, ob der Schall ausschließlich durch das zu prüfende Bauteil oder auch über etwaige Nebenwege übertragen wird.

Das „Labor-Schalldämm-Maß" R [10]) wird verwendet, wenn der Schall ausschließlich durch das zu prüfende Bauteil übertragen wird, z.B. in einem Prüfstand ohne Flankenübertragung nach DIN 52 210 Teil 2/08.84, Abschnitt 3.3.2.

Das „Bau-Schalldämm-Maß" R' [10]) wird verwendet bei zusätzlicher Flanken- oder anderer Nebenwegübertragung.

Hierbei ist zu unterscheiden zwischen

– Prüfung in Prüfständen mit nach DIN 52 210 Teil 2/ 08.84, Abschnitt 3.3.1, festgelegter bauähnlicher Flankenübertragung,

– Prüfungen in ausgeführten Bauten mit der dort vorhandenen Flanken- und Nebenwegübertragung

und

– Prüfungen von Außenbauteilen.

b) Je nach verwendeten Meßverfahren.

Zur Kennzeichnung des Schalldämm-Maßes nach der verwendeten Meßmethode siehe DIN 52 210 Teil 3 und Teil 5.

A.6.4   Schachtpegeldifferenz D_K

Schachtpegeldifferenz ist der Unterschied zwischen dem Schallpegel L_{K1} und dem Schallpegel L_{K2} bei Vorhandensein eines Schachtes oder Kanales:

$$D_K = L_{K1} - L_{K2} \qquad (A.7)$$

Hierin bedeuten:

L_{K1} mittlerer Schallpegel in der Nähe der Schachtöffnung (Kanalöffnung) im Senderaum

L_{K2} mittlerer Schallpegel in der Nähe der Schachtöffnung (Kanalöffnung) im Empfangsraum

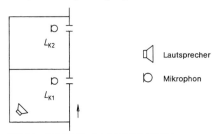

Bild A.1.   Beispiel für eine Schachtanordnung

---

[10]) Im folgenden wird auf die Zusätze „Labor" bzw. „Bau" verzichtet. Die Unterscheidung geschieht allein durch den Apostroph.

A.6.5 Nebenweg-Übertragung bei Luftschallanregung

Nebenweg-Übertragung ist jede Form der Luftschallübertragung zwischen zwei aneinandergrenzenden Räumen, die nicht über die Trennwand oder Trenndecke erfolgt. Sie umfaßt z. B. auch die Übertragung über Undichtheiten, Lüftungsanlagen, Rohrleitungen und ähnliches.
(Aus: DIN 52 217/08.84)

A.6.6 Flankenübertragung

Flankenübertragung ist der Teil der Nebenweg-Übertragung, der ausschließlich über die Bauteile erfolgt, d. h. unter Ausschluß der Übertragung über Undichtheiten, Lüftungsanlagen, Rohrleitungen und ähnliches.
(Aus: DIN 52 217/08.84)

A.6.7 Flankendämm-Maß

Flankendämm-Maß nach dieser Norm ist das auf die Trennfläche (Trennwand oder Trenndecke) bezogene Schalldämm-Maß eines flankierenden Bauteils, das sich ergeben würde, wenn der Schall auf dem jeweils betrachteten Flankenweg übertragen wird (siehe DIN 52 217).
Das Flankendämm-Maß ist von Bedeutung für den Schallschutz in Gebäuden in Massivbauart.

A.6.8 Labor-Schall-Längsdämm-Maß R_L

Schall-Längsdämm-Maß nach dieser Norm ist das auf eine Bezugs-Trennfläche und eine Bezugs-Kantenlänge zwischen flankierendem Bauteil und Trennwand bzw. Trenndecke bezogene Flankendämm-Maß, wenn die Verzweigungsdämmung an der Verbindungsstelle zwischen trennendem und flankierendem Bauteil gering ist (siehe DIN 52 217).
Das Schall-Längsdämm-Maß ist vor allem von Bedeutung für den Schallschutz in Skelettbauten und Holzhäusern.

A.7 Trittschalldämmung

A.7.1 Trittschallpegel L_T

Trittschallpegel nach dieser Norm ist der Schallpegel je Terz, der im Empfangsraum entsteht, wenn das zu prüfende Bauteil mit einem Norm-Hammerwerk nach DIN 52 210 Teil 1 angeregt wird.
Der Begriff Trittschallpegel wird auch dann angewendet, wenn die mit dem Norm-Hammerwerk angeregte Decke nicht die Decke über dem Empfangsraum ist, z. B. bei Diagonal- und Horizontalübertragung sowie bei Treppenläufen und -podesten.
Die Messung des Trittschallpegels dient nicht nur dazu, die Dämmung gegenüber Gehgeräuschen zu erfassen, man charakterisiert damit auch das Verhalten einer Decke gegenüber jeder anderen Art einer unmittelbaren punktweisen Körperschallanregung.
(Aus: DIN 52 210 Teil 1/08.84)

Anmerkung: Bis 1984 wurde der Trittschallpegel in Oktavfilter gemessen. Wegen der Umstellung von Oktavfilter- auf Terzfilter-Analyse sind die Trittschallpegel (je Terz) im Mittel um $10 \lg 3 \approx 5$ dB niedriger als die früheren Trittschallpegel je Oktave. Dies ist insbesondere auch bei der Betrachtung von Frequenzdiagrammen für den Norm-Trittschallpegel L_n zu beachten.

A.7.2 Norm-Trittschallpegel L_n

Norm-Trittschallpegel nach dieser Norm ist der Trittschallpegel, der im Empfangsraum vorhanden wäre, wenn der

Empfangsraum die Bezugs-Absorptionsfläche $A_0 = 10 \text{ m}^2$ hätte. Er hängt mit dem gemessenen Trittschallpegel L_T zusammen:

$$L_n = L_T + 10 \lg \frac{A}{A_0} \text{ dB} \tag{A.8}$$

Der Norm-Trittschallpegel kennzeichnet das Trittschallverhalten eines Bauteils ohne oder mit Deckenauflage.
Wird der Norm-Trittschallpegel in Prüfständen mit nach DIN 52 210 Teil 2/08.84, Abschnitt 4.3.1, festgelegter bauähnlicher Flankenübertragung oder am Bau gemessen, so wird dieser als L'_n gekennzeichnet.

A.7.3 Trittschallminderung ΔL

Trittschallminderung nach dieser Norm ist die Differenz der Norm-Trittschallpegel einer Decke ohne und mit Deckenauflage (z. B. schwimmender Estrich, weichfedernder Bodenbelag):

$$\Delta L = L_{n0} - L_{n1} \tag{A.9}$$

Hierin bedeuten:

L_{n0} Norm-Trittschallpegel im Empfangsraum, gemessen ohne Deckenauflage

L_{n1} Norm-Trittschallpegel im Empfangsraum, gemessen mit Deckenauflage,

jeweils gemessen im gleichen Empfangsraum.

A.7.4 Nebenweg-Übertragung bei Trittschallanregung

Nebenweg-Übertragung bei Trittschallanregung ist die Körperschallübertragung längs angrenzender, flankierender Bauteile (Flankenübertragung). Sie tritt gegenüber der direkten Schallabstrahlung der Decke insbesondere bei Decken mit untergehängter, federweicher Schale in Erscheinung. Die Nebenweg-Übertragung umfaßt aber auch die Übertragung durch zu Körperschall angeregte Rohrleitungen und ähnliches.

A.8 Bewertung und Kennzeichnung der Luft- und Trittschalldämmung

A.8.1 Einzahl-Angaben

Zur Bewertung der frequenzabhängigen Luft- und Trittschalldämmung von Bauteilen dienen Bezugskurven, mit deren Hilfe Einzahl-Angaben (d. h. Kennzeichnung mittels eines Zahlenwertes; siehe auch DIN 52 210 Teil 4) ermittelt werden:

Für die Luftschalldämmung
– die bewertete Norm-Schallpegeldifferenz $D_{n,w}$,
– das bewertete Schalldämm-Maß R_w bzw. R'_w;
für die Luftschalldämmung von Schächten und Kanälen
– die bewertete Schachtpegeldifferenz $D_{K,w}$;
für die Trittschalldämmung
– der bewertete Norm-Trittschallpegel $L_{n,w}$ bzw. $L'_{n,w}$,
– der äquivalent bewertete Norm-Trittschallpegel $L_{n,w,eq}$,
– das Trittschallverbesserungsmaß ΔL_w.

Anmerkung: Gegenüber der zurückgezogenen DIN 52 210 Teil 4/07.75 wurde folgende Änderung vorgenommen:
Die Trittschall-Bezugskurve wurde zur Anpassung an die internationale Bezugskurve in ISO 717 Teil 2: 1982 um 3 dB gesenkt. Außerdem wurde das Auswerteverfahren der Trittschalldämmung ausschließlich auf Messungen in Terzbandbreite umgestellt und

deswegen die Bezugskurve um weitere 5 dB gesenkt. DIN 52 210 Teil 1/07.75 sah die Umrechnung auf Oktaven vor.

Ersetzt wurden
- das Trittschallschutzmaß TSM durch den bewerteten Norm-Trittschallpegel $L_{n,w}$ bzw. $L'_{n,w}$,
- das Trittschallverbesserungsmaß VM durch das Trittschallverbesserungsmaß ΔL_w,
- das äquivalente Trittschallschutzmaß TSM_{eq} von Rohdecken durch den äquivalenten bewerteten Norm-Trittschallpegel $L_{n,w,eq}$.

Mit für die Praxis hinreichender Genauigkeit gelten die Beziehungen:

$$L_{n,w} = 63 \text{ dB} - TSM$$

$$\Delta L_w = VM$$

$$L_{n,w,eq} = 63 \text{ dB} - TSM_{eq}$$

A.8.2   Bezugskurve

Bezugskurve ist die Festlegung von Bezugswerten der Schalldämm-Maße R und R' und der Norm-Trittschallpegel L_n und L'_n in Abhängigkeit von der Frequenz (siehe DIN 52 210 Teil 4/08.84, Bilder 1 und 2).

A.8.3   Bewertetes Schalldämm-Maß R_w und R'_w

Bewertetes Schalldämm-Maß ist die Einzahl-Angabe zur Kennzeichnung der Luftschalldämmung von Bauteilen. Das bewertete Schalldämm-Maß beruht auf der Bestimmung des Schalldämm-Maßes mittels Terzfilter-Analyse.

Zahlenmäßig ist R_w und R'_w der Wert der entsprechend DIN 52 210 Teil 4/08.84 um ganze dB verschobenen Bezugskurve bei 500 Hz.

A.8.4   Bewertetes Labor-Schall-Längsdämm-Maß $R_{L,w}$

Bewertetes Labor-Schall-Längsdämm-Maß ist die Einzahl-Angabe zur Kennzeichnung der Luftschalldämmung von Bauteilen mit einem Schall-Längsdämm-Maß nach Abschnitt A.6.8. Das bewertete Schall-Längsdämm-Maß beruht auf der Bestimmung des Schall-Längsdämm-Maßes mittels Terzfilter-Analyse. Zahlenmäßig ist $R_{L,w}$ der Wert, der entsprechend DIN 52 210 Teil 4 um ganze dB verschobenen Bezugskurve bei 500 Hz.

A.8.5   Bewerteter Norm-Trittschallpegel $L_{n,w}$ und $L'_{n,w}$

Bewerteter Norm-Trittschallpegel ist die Einzahl-Angabe zur Kennzeichnung des Trittschallverhaltens von gebrauchsfertigen Bauteilen. Der bewertete Norm-Trittschallpegel beruht auf der Bestimmung des frequenzabhängigen Norm-Trittschallpegels mittels Terzfilter-Analyse (siehe Abschnitt A.2.2.2).

Zahlenmäßig ist $L_{n,w}$ und $L'_{n,w}$ der Wert, der entsprechend DIN 52 210 Teil 4 um ganze dB verschobenen Bezugskurve bei 500 Hz.

A.8.6   Äquivalenter bewerteter Norm-Trittschallpegel $L_{n,w,eq}$ von Massivdecken ohne Deckenauflage

Äquivalenter bewerteter Norm-Trittschallpegel von Massivdecken ohne Deckenauflage nach dieser Norm ist die Einzahl-Angabe zur Kennzeichnung des Trittschallverhaltens einer Massivdecke ohne Deckenauflage für die spätere Verwendung als gebrauchsfertige Decke mit einer Decken-

auflage. Der äquivalente bewertete Norm-Trittschallpegel beruht auf der Bestimmung des Norm-Trittschallpegels der Massivdecke mittels Terzfilter-Analyse (siehe Abschnitt A.2.2.2 und unter Berücksichtigung des grundsätzlichen Verlaufs der Trittschallminderung durch eine Deckenauflage (Bezugs-Deckenauflage nach DIN 52 210 Teil 4).

Zahlenmäßig ergibt sich $L_{n,w,eq}$ nach DIN 52 210 Teil 4.

Anmerkung: Für die Kennzeichnung des Trittschallverhaltens von Massivdecken ist der bewertete Norm-Trittschallpegel $L_{n,w}$ für die Praxis weniger geeignet, da Massivdecken zur Erfüllung der Anforderungen an die Trittschalldämmung stets eine Deckenauflage benötigen, deren grundsätzliche Wirkung im $L_{n,w}$ der Massivdecke nicht enthalten ist.

Der bewertete Norm-Trittschallpegel $L_{n,w}$ einer gebrauchsfertigen Decke ergibt sich aus $L_{n,w,eq}$ und dem Verbesserungsmaß ΔL_w der verwendeten Deckenauflage nach der Beziehung:

$$L_{n,w} = L_{n,w,eq} - \Delta L_w \qquad \text{(A.12)}$$

A.8.7   Trittschallverbesserungsmaß ΔL_w einer Deckenauflage

Trittschallverbesserungsmaß einer Deckenauflage nach dieser Norm ist die Einzahl-Angabe zur Kennzeichnung der Trittschallverbesserung einer Massivdecke durch eine Deckenauflage. Das Trittschallverbesserungsmaß ΔL_w beruht auf der Bestimmung von Norm-Trittschallpegeln mittels Terzfilter-Analyse (siehe Abschnitt A.2.2.2).

Zahlenmäßig ist ΔL_w die Differenz der bewerteten Norm-Trittschallpegel einer in ihrem Frequenzverlauf festgelegten Bezugsdecke (nach DIN 52 210 Teil 4) ohne und mit Deckenauflage. Es kennzeichnet die frequenzabhängige Trittschallminderung ΔL der geprüften Deckenauflage durch eine Zahl (in dB).

A.9   Bauakustische Kennzeichnung von Bauteilen

A.9.1   Einschalige Bauteile

Einschalige Bauteile sind Bauteile, die als Ganzes schwingen. Sie können bestehen aus:

- einem einheitlichen Baustoff (z. B. Beton, Mauerwerk, Glas)

oder

- mehreren Schichten verschiedener, aber in ihren schalltechnischen Eigenschaften verwandter Baustoffe, die fest miteinander verbunden sind (z. B. Mauerwerk- und Putzschichten).

A.9.2   Mehrschalige Bauteile

Mehrschalige Bauteile sind Bauteile aus zwei und mehreren Schalen, die nicht starr miteinander verbunden, sondern durch geeignete Dämmstoffe oder durch Luftschichten voneinander getrennt sind.

A.9.3   Grenzfrequenz f_g von Bauteilen

Grenzfrequenz von Bauteilen ist die Frequenz, bei der die Wellenlänge des Luftschalls mit der Länge der freien Biegewelle der Bauteile übereinstimmt (Spuranpassung). Im Bereich oberhalb der Grenzfrequenz tritt die Spuranpassung auf; die Luftschalldämmung wird verringert.

Die Grenzfrequenz wird bestimmt durch das Verhältnis der flächenbezogenen Masse zur Biegesteifigkeit des Bauteils.

Für Platten von gleichmäßigem Gefüge gilt näherungs-weise:

$$f_g \approx \frac{60}{d}\sqrt{\frac{\varrho}{E}} \text{ in HZ} \qquad (A.12)$$

Hierin bedeuten:

d Dicke der Platte in m

ϱ Rohdichte des Baustoffs in kg/m^3

E Elastizitätsmodul (siehe [1]) des Bauteils (Tangentenmodul im Ursprung) in MN/m^2.

A.9.4 Biegeweiche Platten

Biegeweiche Platten gelten im akustischen Sinne als „biegeweich" bei einer Grenzfrequenz oberhalb 2000 Hz.

A.9.5 Eigenfrequenz f_0 zweischaliger Bauteile (Eigenschwingungszahl, Resonanzfrequenz)

Eigenfrequenz zweischaliger Bauteile ist die Frequenz, bei der die beiden Schalen unter Zusammendrücken einer als Feder wirkenden Zwischenschicht (Luftpolster oder Dämmstoff) gegeneinander mit größter Amplitude schwingen.

A.9.6 Dynamische Steifigkeit s' von Zwischenschichten

Dynamische Steifigkeit von Zwischenschichten kennzeichnet das Federungsvermögen der Zwischenschicht (Luftpolster oder Dämmstoff) zwischen zwei Schalen. Sie ergibt sich aus der Luftsteifigkeit und gegebenenfalls aus der Gefügesteifigkeit des Dämmstoffes. Sie wird bestimmt nach DIN 52 214.

A.10 Schallabsorption

Schallabsorption ist der Verlust an Schallenergie bei der Reflexion an den Begrenzungsflächen eines Raumes oder an Gegenständen oder Personen in einem Raum.

Der Verlust entsteht vorwiegend durch Umwandlung von Schall in Wärme (Dissipation). Die Schallabsorption unterscheidet sich von der Schalldämmung (siehe Abschnitt A.5).

Die Schallabsorption braucht jedoch nicht allein auf Dissipation zu beruhen. Auch wenn der Schall teilweise in Nachbarräume oder (durch ein offenes Fenster) ins Freie gelangt (Transmission), geht er für den Raum verloren.

Die für die Schallabsorption wichtigsten Begriffe sind in den Abschnitten A.10.1 bis A.10.5 genannt.

A.10.1 Schallabsorptionsgrad α

Schallabsorptionsgrad ist das Verhältnis der nicht reflektierten (nicht zurückgeworfenen) zur auffallenden Schall-

energie. Bei vollständiger Reflexion ist $\alpha = 0$, bei vollständiger Absorption ist $\alpha = 1$.

A.10.2 Nachhall-Vorgang

Nachhall-Vorgang ist die Abnahme der Schallenergie in einem geschlossen Raum nach beendeter Schallsendung. Für die Schallabsorption im Raum ist die Nachhallzeit T kennzeichnend.

A.10.3 Nachhallzeit T

Nachhallzeit ist die Zeitspanne, während der der Schalldruckpegel nach Beenden der Schallsendung um 60 dB abfällt.

Aus der Nachhallzeit T und dem Raumvolumen V ergibt sich die äquivalente Absorptionsfläche A.

A.10.4 Äquivalente Schallabsorptionsfläche A

Äquivalente Schallabsorptionsfläche ist die Schallabsorptionsfläche mit dem Schallabsorptionsgrad $\alpha = 1$, die den gleichen Anteil der Schallenergie absorbieren würde wie die gesamte Oberfläche des Raumes und die in ihm befindlichen Gegenstände und Personen. Sie wird nach folgender Gleichung berechnet:

$$A = 0{,}163\,\frac{V}{T} \text{ in m}^2 \qquad (A.13)$$

Hierbei ist V in m^3 und T in s einzusetzen (näheres siehe DIN 1320).

A.10.5 Pegelminderung ΔL durch Schallabsorption

Pegelminderung durch Schallabsorption ist die Minderung des Schalldruckpegels L, die in einem Raum durch Anbringen von schallabsorbierenden Stoffen oder Konstruktionen gegenüber dem unbehandelten Raum erreicht wird.

Für sie gilt:

$$\Delta L \approx 10\,\lg\frac{A_2}{A_1}\,\text{dB} \approx 10\,\lg\frac{T_1}{T_2}\,\text{dB} \qquad (A.14)$$

Der Index 1 gilt für den Zustand des unbehandelten, der Index 2 für den Zustand des behandelten Raumes.

A.10.6 Längenbezogener Strömungswiderstand Ξ

Längenbezogener Strömungswiderstand nach dieser Norm ist eine von der Schichtdicke unabhängige Kenngröße für ein schallabsorbierendes Material. Er ist in DIN 52 213 definiert.

Anhang B Ermittlung des „maßgeblichen Außenlärmpegels" durch Messung

B.1 Straßenverkehr

Messungen sind nach DIN 45 642 vorzunehmen. Werden bei der Messung Freifeldpegel bestimmt, sind hierzu 3 dB(A) zu addieren. Wird der Schallpegel unmittelbar auf der Oberfläche des zu schützenden Objektes gemessen, ist er um 3 dB(A) zu mindern. Das gemessenen Mittelungspegel ist der Beurteilungspegel tags (6.00 bis 22.00 Uhr) entsprechend der Vorgehensweise in DIN 18 005 Teil 1 zu berechnen. Hierbei muß von der, bei der Messung vorliegenden Verkehrsbelastung auf die durchschnittliche stündliche Verkehrsstärke und -zusammensetzung (Jahresmittelwert)

unter Berücksichtigung der künftigen Verkehrsentwicklung (5 bis 10 Jahre) umgerechnet werden und gegebenenfalls der Lästigkeitszuschlag möglicher Lichtzeichenanlagen nach DIN 18 005 Teil 1 addiert werden.

Bei Straßenverkehrsgeräuschen mit starken Pegelschwankungen kann die Berücksichtigung der Pegelspitzen zur Kennzeichnung einer erhöhten Störwirkung wichtig sein; in einem solchen Fall soll zusätzlich zum Mittelungspegel der mittlere Maximalpegel $\overline{L}_{AF,max}$ bestimmt werden. Als mittlerer Maximalpegel für den Straßenverkehr wird als mittlerer Maximalpegel der A-Schalldruckpegel L_1 verstanden, der während 1 % der Meßzeit erreicht oder überschritten wird. Ist die Differenz zwischen L_1 und $L_{AFm} > 10$ dB(A), so wird für den „maßgeblichen Außenlärmpegel" statt des Beurteilungspegels der Wert $L_1 - 10$ dB(A) zugrunde gelegt.

B.2 Schienenverkehr

Messungen sind nach DIN 45 642 vorzunehmen. Werden bei der Messung Freifeldpegel bestimmt, sind hierzu 3 dB(A) zu addieren. Wird der Schallpegel unmittelbar auf der Oberfläche des zu schützenden Objektes gemessen, ist er um 3 dB(A) zu mindern. Aus dem gemessenen Mittelungspegel ist der Beurteilungspegel tags (6.00 bis 22.00 Uhr) entsprechend der Vorgehensweise in DIN 18 005 Teil 1 zu berechnen. Hierbei muß von der, bei der Messung vorliegenden Verkehrsbelastung auf die durchschnittliche stündliche Verkehrsstärke und -zusammensetzung (Jahresmittelwert) unter Berücksichtigung der künftigen Verkehrsentwicklung (5 bis 10 Jahre) umgerechnet werden und gegebenenfalls der Lästigkeitsabschlag von 5 dB(A) nach DIN 18 005 Teil 1 abgezogen werden.

Bei Schienenverkehrsgeräuschen kann in besonderen Fällen die Berücksichtigung der Pegelspitzen zur Kennzeichnung einer erhöhten Störwirkung wichtig sein; in einem solchen Fall soll zusätzlich zum Mittelungspegel der mittlere Maximalpegel $\overline{L_{AF,max}}$ bestimmt werden. Ergibt sich, daß im Beurteilungszeitraum (nicht mehr als 16 zusammenhängende Stunden eines Tages) der Mittelungspegel L_{AFm} häufiger als 30mal oder 2mal durchschnittlich je Stunde um mehr als 15 dB(A) überschritten wird und die Differenz zwischen dem mittleren Maximalpegel $\overline{L_{AF,max}}$ und dem Mittelungspegel L_{AFm} größer als 15 dB(A) ist, so wird für den „maßgeblichen Außenlärmpegel" statt des Beurteilungspegels der Wert $\overline{L_{AF,max}} - 20$ dB(A) zugrunde gelegt.

B.3 Wasserverkehr

Messungen sind nach DIN 45 642 vorzunehmen. Werden bei der Messung Freifeldpegel bestimmt, sind hierzu 3 dB(A) zu addieren. Wird der Schalldruckpegel unmittelbar auf der Oberfläche des zu schützenden Objektes gemessen, ist er um 3 dB(A) zu mindern. Aus dem gemessenen Mittelungspegel ist der Beurteilungspegel tags (6.00 bis 22.00 Uhr) entsprechend der Vorgehensweise in DIN 18 005 Teil 1 zu berechnen. Hierbei muß von der, bei der Messung vorliegenden Verkehrsbelastung auf die durchschnittliche stündliche Verkehrsstärke und -zusammensetzung (Jahresmittelwert) unter Berücksichtigung der künftigen Verkehrsentwicklung (5 bis 10 Jahre) umgerechnet werden.

B.4 Luftverkehr

Messungen sind nach DIN 45 643 Teil 1 bis Teil 3 vorzunehmen. Werden bei der Messung Freifeldpegel bestimmt, sind hierzu 3 dB(A) zu addieren. Wird der Schallpegel unmittelbar auf der Oberfläche des zu schützenden Objektes gemessen, ist er um 3 dB(A) zu mindern.

B.5 Meßzeitpunkte und Meßdauer

Werden Messungen für die Ermittlung des „maßgeblichen Außenlärmpegels" durchgeführt, so kommen für die verschiedenartigen Geräuschquellen im Regelfall die in Tabelle B.1 angegebenen Meßzeiten und Meßdauern in Betracht.

Um eine ausreichende Aussagekraft der Messungen sicherzustellen, sollen diese gegebenenfalls auch mehrfach zu verschiedenen Zeitpunkten eines längeren Zeitraumes, z. B. an verschiedenen Tagen bei Mitwindwetterlagen, durchgeführt werden.

Tabelle B.1.   **Meßgrößen, Meßzeitpunkte und Meßdauer**

Spalte	1	2	3	4
Zeile	Geräuschquelle	Meßgröße	Meßzeitpunkt	Meßdauer
1	Straßenverkehr	L_{AFm}, L_1	In der verkehrsreichsten Zeit, Dienstag bis Donnerstag (im Regelfall zwischen 7.00 und 9.00 Uhr oder 16.00 bis 18.00 Uhr)	siehe DIN 45 642
2	Schienen- und Wasserstraßenverkehr	L_{AFm}, $\overline{L_{AF,max}}$	In der verkehrsreichsten Zeit, Dienstag bis Donnerstag	siehe DIN 45 642
3	Gewerbe- und Industrieanlagen	L_{AFTm}	Nach TALärm, Abschnitt 2.421.2	
4	Fluglärm	$\overline{L_{AF,max}}$	An mehreren Tagen mit insgesamt durchschnittlicher Belastung (Flugbetrieb entsprechend dem Durchschnitt der sechs verkehrsreichsten Monate eines Jahres) und mindestens 20 repräsentativen Ereignissen je Tag	

Zitierte Normen und andere Unterlagen

DIN 1320	Akustik; Grundbegriffe
Beiblatt 1 zu DIN 4109	Schallschutz im Hochbau; Ausführungsbeispiele und Rechenverfahren
Beiblatt 2 zu DIN 4109	Schallschutz im Hochbau; Hinweise für Planung und Ausführung; Vorschläge für einen erhöhten Schallschutz; Empfehlungen für den Schallschutz im eigenen Wohn- oder Arbeitsbereich
DIN 18 005 Teil 1	Schallschutz im Städtebau; Berechnungsverfahren
DIN 45 641	(z. Z. Entwurf) Mittelung von Schallpegeln; Mittelungspegel, Einzelereignispegel
DIN 45 642	Messung von Verkehrsgeräuschen
DIN 45 643 Teil 1	Messung und Beurteilung von Flugzeuggeräuschen; Meß- und Kenngrößen
DIN 45 643 Teil 2	Messung und Beurteilung von Flugzeuggeräuschen; Fluglärmüberwachungsanlagen im Sinne von § 19 a Luftverkehrsgesetz
DIN 45 643 Teil 3	Messung und Beurteilung von Flugzeuggeräuschen; Ermittlung des Beurteilungspegels für Fluglärmimmissionen
DIN 45 645 Teil 1	Einheitliche Ermittlung des Beurteilungspegels für Geräuschimmissionen
DIN 45 645 Teil 2	Einheitliche Ermittlung des Beurteilungspegels für Geräuschimmissionen; Geräuschimmissionen am Arbeitsplatz
DIN 50 049	Bescheinigungen über Materialprüfungen
DIN 52 210 Teil 1	Bauakustische Prüfungen; Luft- und Trittschalldämmung; Meßverfahren
DIN 52 210 Teil 2	Bauakustische Prüfungen; Luft- und Trittschalldämmung; Prüfstände für Schalldämm-Messungen an Bauteilen
DIN 52 210 Teil 3	Bauakustische Prüfungen; Luft- und Trittschalldämmung; Prüfung von Bauteilen in Prüfständen und zwischen Räumen am Bau
DIN 52 210 Teil 4	Bauakustische Prüfungen; Luft- und Trittschalldämmung; Ermittlung von Einzahl-Angaben
DIN 52 210 Teil 5	Bauakustische Prüfungen; Luft- und Trittschalldämmung; Messung der Luftschalldämmung von Außenbauteilen am Bau
DIN 52 210 Teil 6	Bauakustische Prüfungen; Luft- und Trittschalldämmung; Bestimmung der Schachtpegeldifferenz
DIN 52 210 Teil 7	Bauakustische Prüfungen; Luft- und Trittschalldämmung; Bestimmung des Schall-Längsdämm-Maßes
DIN 52 212	Bauakustische Prüfungen; Bestimmung des Schallabsorptionsgrades im Hallraum
DIN 52 213	Bauakustische Prüfungen; Bestimmung des Strömungswiderstandes
DIN 52 214	Bauakustische Prüfungen; Bestimmung der dynamischen Steifigkeit von Dämmschichten für schwimmende Estriche
DIN 52 217	Bauakustische Prüfungen; Flankenübertragung; Begriffe
DIN 52 218 Teil 1	Akustik; Prüfung des Geräuschverhaltens von Armaturen und Geräten der Wasserinstallation im Laboratorium; Meßverfahren; Identisch mit ISO 3822/1, Ausgabe 1983
DIN 52 218 Teil 2	Akustik; Prüfung des Geräuschverhaltens von Armaturen und Geräten der Wasserinstallation im Laboratorium; Anschluß- und Betriebsbedingungen für Auslaufarmaturen; Identisch mit ISO 3822/2, Ausgabe 1984
DIN 52 218 Teil 3	Akustik; Prüfung des Geräuschverhaltens von Armaturen und Geräten der Wasserinstallation im Laboratorium; Anschluß- und Betriebsbedingungen für Durchgangsarmaturen; Identisch mit ISO 3822/3, Ausgabe 1984
DIN 52 218 Teil 4	Akustik; Prüfung des Geräuschverhaltens von Armaturen und Geräten der Wasserinstallation im Laboratorium; Anschluß- und Betriebsbedingungen für Sonderarmaturen; Identisch mit ISO 3822/4, Ausgabe 1985
DIN 52 219	Bauakustische Prüfungen; Messung von Geräuschen der Wasserinstallation in Gebäuden
DIN 55 350 Teil 17	Begriffe der Qualitätssicherung und Statistik; Begriffe der Qualitätsprüfungsarten
DIN IEC 651	Schallpegelmesser
ISO 717/2:1982 [11]	Acoustics; Rating of sound insulation in buildings and of building elements – Part 2: Impact sound insulation
VDI 2058 Blatt 1	Beurteilung von Arbeitslärm in der Nachbarschaft

Feuerungsverordnung [12]

Gesetz zum Schutz gegen Fluglärm vom 30. März 1971, zuletzt geändert durch das Gesetz zur Änderung des Bundesbaugesetzes vom 8. Dezember 1986, BGBl I, 1971, S. 282 [12]

Technische Anleitung zum Schutz gegen Lärm (TALärm) vom 16. Juli 1968 (Bundesanzeiger 1968, Nr. 137, Beilage) [12]

Verordnung über bauliche Schallschutzanforderungen nach dem Gesetz zum Schutz gegen Fluglärm (Schallschutzverordnung – SchallschutzV) vom 5. April 1974, BGBl I, 1974, S. 903 [12]

[1] H. Schmidt Schalltechnisches Taschenbuch, VDI-Verlag Düsseldorf

---

[11] Zu beziehen durch Beuth Verlag GmbH (Auslandsnormenverkauf), Burggrafenstraße 6, 1000 Berlin 30
[12] Zu beziehen durch Deutsches Informationszentrum für technische Regeln im DIN (DITR), Burggrafenstraße 6, 1000 Berlin 30

Frühere Ausgaben

DIN 4109 Teil 1: 09.62
DIN 4109 Teil 2: 09.62
DIN 4109: 04.44 X

Änderungen

Gegenüber DIN 4109 T 1/09.62 und T 2/09.62 wurden folgende Änderungen vorgenommen:
Der Inhalt wurde vollständig überarbeitet und dem Stand der Technik angepaßt, siehe Erläuterungen.

Erläuterungen

Nachdem die Norm-Entwürfe zu den Normen der Reihe DIN 4109, Ausgabe Februar 1979, aufgrund der eingegangenen Stellungnahmen grundsätzlich überarbeitet und die Entwürfe im Mai 1983 zurückgezogen worden sind, wurden folgende Norm-Entwürfe mit dem Ausgabedatum Oktober 1984 der Fachöffentlichkeit erneut zur Diskussion gestellt:

DIN 4109 Teil 1   Schallschutz im Hochbau; Einführung und Begriffe

DIN 4109 Teil 2   Schallschutz im Hochbau; Luft- und Trittschalldämmung in Gebäuden; Anforderungen, Nachweise und Hinweise für Planung und Ausführung

DIN 4109 Teil 3   Schallschutz im Hochbau; Luft- und Trittschalldämmung in Gebäuden; Ausführungsbeispiele mit nachgewiesener Schalldämmung für Gebäude in Massivbauart

DIN 4109 Teil 5   Schallschutz im Hochbau; Schallschutz gegenüber Geräuschen aus haustechnischen Anlagen und aus Betrieben; Anforderungen, Nachweise und Hinweise für Planung und Ausführung

DIN 4109 Teil 6   Schallschutz im Hochbau; Bauliche Maßnahmen zum Schutz gegen Außenlärm

DIN 4109 Teil 7   Schallschutz im Hochbau; Luft- und Trittschalldämmung in Gebäuden; Rechenverfahren und Ausführungsbeispiele für den Nachweis des Schallschutzes in Skelettbauten und Holzhäusern

Aufgrund der zu diesen Norm-Entwürfen eingegangenen Einsprüche—insbesondere aufgrund der Einsprüche, die sich gegen die Gliederung, Vorschläge für einen erhöhten Schallschutz und Richtwerte wandten — wurde eine Neugliederung vorgenommen:

DIN 4109 enthält zusammengefaßt alle Anforderungen (Mindestanforderungen) aus den bisherigen Norm-Entwürfen zu DIN 4109 Teil 2, Teil 5 und Teil 6 und die dafür erforderlichen Nachweise. In einem Anhang sind Begriffe und Definitionen (bisher Teil 1) aufgenommen.

Die Anforderung an die Luftschalldämmung von Wohnungstrenndecken wurde von 52 dB auf 54 dB, von Wohnungstrennwänden von 52 dB auf 53 dB und von Gebäudetrennwänden bei Einfamilien-Reihen- und -Doppelhäusern auf 57 dB angehoben. Die Norm enthält Rechenverfahren und Hilfsmittel, um den Einfluß flankierender Bauteile auf den Schallschutz richtig zu erfassen und damit den Schallschutz gezielt planen und ausführen zu können.

Die Anforderung an die Trittschalldämmung von Wohnungstrenndecken wurden deutlich angehoben; sie bedeuten aber für die heutige Bauausführung keine Änderungen, da Massivdecken mit einwandfrei hergestellten schwimmenden Estrichen den Anforderungen genügen.

Zusätzlich wurden Anforderungen an die Trittschalldämmung von Treppen und die Luftschalldämmung von Türen aufgenommen.

Die Norm enthält des weiteren Anforderungen zum Schutz gegen Außenlärm. Die Aufnahme dieser Anforderungen an die Luftschalldämmung von Außenbauteilen ersetzt die Regelungen der „Richtlinien für bauliche Maßnahmen zum Schutz gegen Außenlärm".

Die Einführung eines „Vorhaltemaßes"—beim Nachweis der Eignung von Wänden, Decken, Fenstern von 2 dB und bei Türen von 5 dB — soll eine Unterschreitung der festgelegten Anforderungen in ausgeführten Bauten sicherstellen helfen und zu einer Verbesserung des Schallschutzes beitragen.

Beiblatt 1 zu DIN 4109 enthält sämtliche Ausführungsbeispiele aus den bisherigen Norm-Entwürfen zu DIN 4109 Teil 3, Teil 5, Teil 6 und Teil 7 sowie das Rechenverfahren aus Teil 7.

Beiblatt 2 zu DIN 4109 enthält Hinweise für Planung und Ausführung aus den Norm-Entwürfen zu DIN 4109 Teil 2 und Teil 5 sowie Vorschläge für einen erhöhten Schallschutz und Empfehlungen für den Schallschutz im eigenen Wohn- oder Arbeitsbereich aus dem Norm-Entwurf zu DIN 4109 Teil 2.

Die vorliegende Norm und die Beiblätter 1 und 2 stellen eine vollständige Überarbeitung der DIN 4109 Teil 1 bis Teil 3, Ausgaben September 1962, und Teil 5, Ausgabe April 1963, dar und konnten aufgrund intensiver Beratungen an den Stand der heutigen Erkenntnisse angepaßt und qualitativ wesentlich verbessert werden.

Internationale Patentklassifikation

E 04 B 1/82
E 04 F 15/20
G 01 H
G 10 K 11/16

	Berichtigungen zu DIN 4109/11.89; DIN 4109 Bbl. 1/11.89 und DIN 4109 Bbl. 2/11.89	Berichtigung 1 zu DIN 4109

Amendment to DIN 4109/11.89, DIN 4109 Bbl. 1/11.89 and DIN 4109 Bbl. 2/11.89

> Es wird empfohlen, auf der betroffenen Norm und den Beiblättern
> einen Hinweis auf diese Berichtigungen zu machen.

DIN 4109/11.89   Schallschutz im Hochbau; Anforderungen und Nachweise

— In Tabelle 5, Zeile 4.1, Spalten 3 und 4, ist der Wert „55" aufzunehmen.

— In Tabelle 6, Fußnote 2, muß es anstelle von „Anzeigecharakteristik" „Zeitbewertung" heißen.

— Im Abschnitt 4.3.2 muß der Text zum 2. Spiegelstrich wie folgt lauten:

„— bei Auslaufarmaturen sowie diesen nachgeschalteten Auslaufvorrichtungen nach Tabelle 6, Zeile 10, außerdem noch die Einstufung in die Durchflußklasse A, B, C, D oder Z, bei Eckventilen in Durchflußklasse A oder B;".

— Gleichung 1 muß wie folgt lauten:

$$\text{„}L_{a,\,res} = 10\lg \sum_{i=1}^{n} (10^{0,1 L_{a,\,i}})\ dB\,(A)\text{".}$$

— Im Abschnitt 6.4.1 a), 2. Absatz, muß es „... mittlere flächenbezogene Masse $m'_{L,\,Mittel}$ ..." heißen.

— Im Abschnitt 7.2.2.3 muß der letzte Satz heißen:

„Eckventile vor Armaturen dürfen keiner niedrigeren Durchflußklasse angehören als ...".

— Im Abschnitt A.3.3.10 muß es in der Überschrift und im Text „Installations-Schallpegel L_{In}" heißen.

— Die Einheit in Abschnitt A.9.3, Gleichung (A.13) muß „Hz" lauten.

— In den Abschnitten A.9 und A.10 sind die Gleichungen wie folgt zu numerieren:

„(A.13)" anstelle von „(A.12)",

„(A.14)" anstelle von „(A.13)",

„(A.15)" anstelle von „(A.14)".

Fortsetzung Seite 2

Normenausschuß Bauwesen (NABau) im DIN Deutsches Institut für Normung e.V.

110/8

Beiblatt 1 zu DIN 4109/11.89   Schallschutz im Hochbau; Ausführungsbeispiele und Rechenverfahren

- In Tabelle 1, Zeile 28, muß es statt „5" „4" heißen.
- In Tabelle 5, Zeile 24, Spalte 4, beträgt die Stein-Rohdichte „2,0" anstelle von „2,2".
- In Tabelle 9, Überschrift, muß es „oder" anstelle von „der Spanplatten" heißen.
- Im Abschnitt 3.4, Beispiel 1, muß der Wert für $m'_{L,\,Mittel}$ ≈ 262 kg/m^2 lauten.
- Im Abschnitt 4.1.3 muß es im Text und in der Formel „$\Delta L_{w,\,R,\,min}$" heißen; bei „$VM_{R,\,min}$" sind die Punkte zu streichen.
- Im Abschnitt 5.6, Beispiel 1 b), muß in der 1. Zeile „, Zeile 1, zunächst" gestrichen werden.
- In Tabelle 23 (Fortsetzung), Seite 29, muß die Überschrift der Ausführungsbeispiele „Zweischalige Doppelständerwände" lauten.
- Im Abschnitt 6.4.2.3 sind die Bilder wie folgt zu numerieren:
  „Bild 14 a" anstelle von „Bild 12",
  „Bild 14 b" anstelle von „Bild 13",
  „Bild 14 c" anstelle von „Bild 14".
- In Tabelle 36, Fußnote 1), muß die Gleichung wie folgt lauten:
  „$L'_{n,\,w,\,R} = 63\,dB - \Delta L_{w,\,R} - 15\,dB\;(TSM_R = VM_R + 15\,dB)$".
- In Tabelle 40, Zeilen 6 und 7, Spalte 3, muß die Fußnote 4) gestrichen werden.
- Im Abschnitt 12 ist der letzte Absatz mit den Gleichungen wie folgt zu ersetzen:
  „Das resultierende Schalldämm-Maß wird nach Gleichung (15) berechnet. Setzt man die Gesamtfläche $S_{ges} = 100\,\%$ und den Fensterflächenanteil x % , so lautet die Gleichung (15) für die beiden Teilflächen Wand/Fenster wie folgt:

$$R'_{w,\,R,\,res} = -10\lg \frac{1}{100}\left[(100-x)\cdot 10^{\frac{-R'_{w,\,R}(\text{Wand})}{10}} + x\cdot 10^{\frac{-R'_{w,\,R}(\text{Fenster})}{10}}\right]$$

Daraus ergeben sich folgende Werte in Tabelle 42."
- Unter „Zitierte Normen und andere Unterlagen" muß der Hinweis auf das Gesetz zum Schutz gegen Fluglärm wie folgt lauten:
  „Gesetz zum Schutz gegen Fluglärm vom 30. März 1971 (BGBl. I, 1971, S. 282), zuletzt geändert durch Zweites Rechtsbereinigungsgesetz vom 16. Dezember 1986 (BGBl. I, 1986, S. 2441) 12)".

Beiblatt 2 zu DIN 4109/11.89   Schallschutz im Hochbau; Hinweise für Planung und Ausführung; Vorschläge für einen erhöhten Schallschutz; Empfehlungen für den Schallschutz im eigenen Wohn- oder Arbeitsbereich

- Im Bild 2 muß es in der Ordinate „... $\Delta L_{w,\,R}$" lauten.
- Gleichung (6) muß wie folgt lauten:

$$\text{„}L_{A,\,res} = 10\lg \sum_{i=1}^{n} (10^{0,1 La,\,i})\;dB\,(A)\text{".}$$

- Im Abschnitt 2.5.7 ist beim letzten Spiegelstrich „mindestens" zu streichen.

	Schallschutz im Hochbau Ausführungsbeispiele und Rechenverfahren	**Beiblatt 1** zu **DIN 4109**

Sound insulation in buildings; Construction examples and calculation methods

Isolation acoustique dans la construction immobilière; Exemples d'exécution et modes de calcul

Ersatz für
DIN 4109 T 3/09.62
und mit Beiblatt 2
zu DIN 4109/11.89
Ersatz für
DIN 4109 T 5/04.63

Dieses Beiblatt enthält Informationen zu DIN 4109,
jedoch keine zusätzlichen genormten Festlegungen.

Inhalt

Fortsetzung Seite 2 bis 62

Normenausschuß Bauwesen (NABau) im DIN Deutsches Institut für Normung e. V.

110/8*

1 Anwendungsbereich und Zweck

Dieses Beiblatt enthält Ausführungsbeispiele für Bauteile,
die ohne bauakustische Eignungsprüfungen als geeignet
gelten, die jeweiligen Anforderungen an den Schallschutz
nach DIN 4109 zu erfüllen, sowie Rechenverfahren für den
Nachweis der Luft- und Trittschalldämmung.

Die Beispiele sind so ausgewählt und bewertet, daß der
angegebene Schallschutz am Bau bei einwandfreier Ausführung erreicht wird. Das Vorhaltemaß nach DIN 4109/
11.89, Abschnitt 6.4, ist bei den angegebenen Beispielen
jeweils berücksichtigt. Voraussetzung ist ferner die Erfüllung der jeweiligen Anforderungen an die flankierenden
Bauteile nach Abschnitt 3.

Anmerkung: Bei Bauteilen, für die kein Nachweis nach Beiblatt 1 zu DIN 4109 geführt werden kann, ist entsprechend DIN 4109/11.89, Abschnitt 6.3, die Eignung
durch Eignungsprüfung I oder III aufgrund von Messungen nach DIN 52 210 Teil 1 bis Teil 4 nachzuweisen.

Ein Nachweis durch Eignungsprüfung ist auch dann
gestattet, wenn das Bauteil zwar einer Beispielgruppe dieses Beiblatts zuzuordnen ist, jedoch
wegen bestimmter einschränkender oder zusätzlicher Merkmale schalltechnisch anders beurteilt
werden kann. Im Prüfzeugnis sind diese Merkmale
als verbindlich festzulegen.

In den Abschnitten 2 bis 4 dieses Beiblatts sind Ausführungsbeispiele von Bauteilen für Gebäude in Massivbauart
aufgeführt.

In Abschnitt 5 sind Rechenverfahren zum Nachweis der
resultierenden Luftschalldämmung für Bauteile in Gebäuden in Skelett- und Holzbauart enthalten.

Abschnitte 6 bis 8 dieses Beiblatts enthalten Ausführungsbeispiele

— für Skelettbauten mit Skeletten aus Stahlbeton, Stahl
oder Holz mit leichtem Ausbau, wobei Bauteile mit
biegeweichen Schalen verwendet werden,

sowie

— für Holzhäuser, bei denen sowohl die trennenden als
auch die flankierenden Bauteile in Holzbauart ausgeführt werden.

Der Nachweis durch Rechenverfahren für den zu erwartenden Schallschutz gilt als Eignungsnachweis für die in
DIN 4109 gestellten Anforderungen.

In Skelettbauten mit massiven Decken betrifft dieser rechnerische Eignungsnachweis im wesentlichen die Luftschallübertragung in horizontaler Richtung, da im Regelfall die
Schall-Längsleitung in vertikaler Richtung von geringerer
Bedeutung ist. Für Holzhäuser ist der Eignungsnachweis für
die Luftschallübertragung in horizontaler und vertikaler
Richtung zu führen.

Der Nachweis der Trittschalldämmung für Holzbalken-decken in Gebäuden in Skelett- und Holzbauart ist in Abschnitt 8.1.2 enthalten.

Abschnitt 9 gibt Hinweise zur Erfüllung der Anforderungen – soweit es Geräusche von Armaturen und Geräten der Wasserinstallation und die Luft- und Trittschalldämmung zwischen „besonders lauten" und schutzbedürftigen Räu-men betrifft – und Angaben zum Nachweis der Erfüllung der Anforderungen.

Abschnitt 10 enthält Hinweise und Beispiele für Außenbau-teile zur Erfüllung der Anforderungen zum Schutz gegen Außenlärm.

2 Luftschalldämmung in Gebäuden in Massivbauart; Trennende Bauteile

2.1 Allgemeines

Die Luftschalldämmung von trennenden Innenbauteilen hängt nicht nur von deren Ausbildung selbst ab, sondern auch von der flankierenden Bauteile. Die in den Tabel-len 1, 5, 8, 9, 10, 12 und 19 angegebenen Rechenwerte sind auf mittlere Flankenübertragungs-Verhältnisse bezogen, wobei die mittlere flächenbezogene Masse der flankieren-den Bauteile mit etwa 300 kg/m² angenommen wird.

Für andere mittlere flächenbezogene Massen der flankie-renden Bauteile sind Korrekturen anzubringen.

In den Tabellen 1, 5, 6, 8, 9 und 10 werden Rechenwerte des bewerteten Schalldämm-Maßes $R'_{w,R}$ für verschiedene Wandausführungen angegeben.

Ausführungsbeispiele für trennende und flankierende Bau-teile mit einem Schalldämm-Maß $R'_{w,R} \geq 55$ dB enthält Tabelle 35.

2.2 Einschalige, biegesteife Wände

2.2.1 Abhängigkeit des bewerteten Schalldämm-Maßes $R'_{w,R}$ von der flächenbezogenen Masse des tren-nenden Bauteils

Für einschalige, biegesteife Wände enthält Tabelle 1 Rechenwerte des bewerteten Schalldämm-Maßes $R'_{w,R}$ in Abhängigkeit von der flächenbezogenen Masse der Wände. Zwischenwerte sind gradlinig zu interpolieren und auf ganze dB zu runden. Wände mit unmittelbar aufgebrachtem Putz nach DIN 18 550 Teil 1 oder mit Beschichtungen gelten als einschalig (siehe jedoch Abschnitt 2.2.4).

Voraussetzung für den in Tabelle 1 angegebenen Zusam-menhang zwischen Luftschalldämmung und flächenbezo-gener Masse einschaliger Wände ist ein geschlossenes Gefüge ohne luftdurchläßiger Aufbau. Ist diese Vorausset-zung nicht erfüllt, sind die Wände zumindest einseitig durch einen vollflächig haftenden Putz bzw. durch eine entspre-chende Beschichtung gegen unmittelbaren Schalldurch-gang abzudichten.

2.2.2 Ermittlung der flächenbezogenen Masse

Die flächenbezogene Masse der Wand ergibt sich aus der Dicke der Wand und deren Rohdichte, gegebenenfalls mit Zuschlag für ein- oder beidseitigen Putz. Die in den Abschnitten 2.2.2.1 und 2.2.2.2 enthaltenen Angaben sind für die Berechnung der Rohdichte von biegesteifen Wän-den sowie für die Zuschläge von Putz anzuwenden.

2.2.2.1 Wandrohdichte

Die Rohdichte gemauerter Wände verschiedener Stein-/ Plattenrohdichteklassen mit zwei Arten von Mauermörteln ist der Tabelle 3 zu entnehmen.

Zur Ermittlung der flächenbezogenen Masse von fugen-losen Wänden und von Wänden aus geschoßhohen Platten ist bei unbewehrtem Beton und Stahlbeton aus Normal-beton mit einer Rohdichte von 2300 kg/m³ zu rechnen. Bei Wänden aus Leichtbeton und Gasbeton sowie bei Wänden aus im Dünnbettmörtel verlegten Plansteinen und -platten ist die Rohdichte nach Tabelle 2 abzumindern.

Tabelle 1. Bewertetes Schalldämm-Maß $R'_{w,R}$ [1] [2] von einschaligen, biegesteifen Wänden und Decken (Rechenwerte)

Spalte	1	2
Zeile	Flächenbezogene Masse m' kg/m²	Bewertetes Schalldämm-Maß $R'_{w,R}$ dB
1	85 [3]	34
2	90 [3]	35
3	95 [3]	36
4	105 [3]	37
5	115 [3]	38
6	125 [3]	39
7	135	40
8	150	41
9	160	42
10	175	43
11	190	44
12	210	45
13	230	46
14	250	47
15	270	48
16	295	49
17	320	50
18	350	51
19	380	52
20	410	53
21	450	54
22	490	55
23	530	56
24	580	57
25 [4]	630	58
26 [4]	680	59
27 [4]	740	60
28 [5]	810	61
29 [4]	880	62
30 [4]	960	63
31 [4]	1040	64

[1] Gültig für flankierende Bauteile mit einer mittleren flä-chenbezogene Masse $m'_{L,\,Mittel}$ von etwa 300 kg/m². Weitere Bedingungen für die Gültigkeit der Tabelle 1 siehe Abschnitt 3.1

[2] Meßergebnisse haben gezeigt, daß bei verputzten Wänden aus dampfgehärteten Gasbeton und Leicht-beton mit Blähtonzuschlag und Steinrohdichte ≤ 0.8 kg/dm³ bei einer flächenbezogenen Masse bis 250 kg/m² das bewertete Schalldämm-Maß $R'_{w,R}$ um 2 dB höher angesetzt werden kann. Das gilt auch für zweischaliges Mauerwerk, sofern die flächenbezo-gene Masse der Einzelschalen $m' \leq 250$ kg/m² beträgt.

[3] Sofern Wände aus Gips-Wandbauplatten nach DIN 4103 Teil 2 ausgeführt und am Rand ringsum mit 2 mm bis 4 mm dicken Streifen aus Bitumenfilz einge-baut werden, darf das bewertete Schalldämm-Maß $R'_{w,R}$ um 2 dB höher angesetzt werden.

[4] Diese Werte gelten nur für die Ermittlung des Schall-dämm-Maßes zweischaliger Wände aus biegesteifen Schalen nach Abschnitt 2.3.2.

Tabelle 2. Abminderung

Spalte	1	2	3
Zeile	Rohdichte-klasse	Rohdichte	Abminderung
1	> 1,0	> 1000 kg/m³	100 kg/m³
2	≤ 1,0	≤ 1000 kg/m³	50 kg/m³

Tabelle 3. **Wandrohdichten einschaliger, biegesteifer Wände aus Steinen und Platten (Rechenwerte)**

Spalte	1	2	3
		Wandrohdichte [2]) [3]) ϱ_W	
Zeile	Stein-/Platten-rohdichte [1]) ϱ_N kg/m³	Normalmörtel kg/m³	Leichtmörtel (Rohdichte ≤ 1000 kg/m³) kg/m³
1	2200	2080	1940
2	2000	1900	1770
3	1800	1720	1600
4	1600	1540	1420
5	1400	1360	1260
6	1200	1180	1090
7	1000	1000	950
8	900	910	860
9	800	820	770
10	700	730	680
11	600	640	590
12	500	550	500
13	400	460	410

[1]) Werden Hohlblocksteine nach DIN 106 Teil 1, DIN 18 151 und DIN 18 153 umgekehrt vermauert und die Hohlräume satt mit Sand oder mit Normalmörtel gefüllt, so sind die Werte der Wandrohdichte um 400 kg/m³ zu erhöhen.

[2]) Die angegebenen Werte sind für alle Formate der in DIN 1053 Teil 1 (z. Z. Entwurf) und DIN 4103 Teil 1 für die Herstellung von Wänden aufgeführten Steine bzw. Platten zu verwenden.

[3]) Dicke der Mörtelfugen bei Wänden nach DIN 1053 Teil 1 (z. Z. Entwurf) bzw. DIN 4103 Teil 1 bei Wänden aus dünnfugig zu verlegenden Plansteinen und -platten siehe Abschnitt 2.2.2.1.

Anmerkung: Die in Tabelle 3 zahlenmäßig angegebenen Wandrohdichten können auch nach folgender Gleichung berechnet werden.

$$\varrho_W = \varrho_N - \frac{\varrho_N - K}{10}$$

mit ϱ_W = Wandrohdichte in kg/dm³

ϱ_N = Nennrohdichte der Steine und Platten in kg/dm³

K = Konstante mit

K = 1000 für Normalmörtel und Steinrohdichte ϱ_N 400 bis 2200 kg/m³

K = 500 für Leichtmörtel und Steinrohdichte ϱ_N 400 bis 1000 kg/m³

2.2.2.2 Wandputz

Für die flächenbezogene Masse von Putz sind die Werte nach Tabelle 4 einzusetzen.

Tabelle 4. **Flächenbezogene Masse von Wandputz**

Spalte	1	2	3
		Flächenbezogene Masse von	
Zeile	Putzdicke mm	Kalkgipsputz, Gipsputz kg/m²	Kalkputz, Kalk-zementputz, Zementputz kg/m²
1	10	10	18
2	15	15	25
3	20	–	30

2.2.3 Ausführungsbeispiele für einschalige, biegesteife Wände aus genormten Steinen und Platten

In Tabelle 5 sind Ausführungsbeispiele für einschalige, biegesteife Wände angegeben, die das für den jeweiligen Verwendungszweck erforderliche bewertete Schalldämm-Maß erf. R'_w nach DIN 4109/11.89, Tabelle 3, aufweisen, und zwar für

– gemauerte Wände nach DIN 1053 Teil 1 (z. Z. Entwurf) und DIN 1053 Teil 2,

– Wände nach DIN 4103 Teil 1 aus Mauersteinen oder Bauplatten,

hergestellt nach Tabelle 3, Spalte 2, mit Normalmörtel und ausgeführt

– als beiderseitiges Sichtmauerwerk [1]),

– mit beiderseitigem 10 mm dicken Gips- oder Kalkgipsputz (P IV),

– mit beiderseitigem 15 mm dicken Kalk-, Kalkzement- oder Zementputz (P I, P II, P III).

Tabelle 5 gilt nicht für Wände, die mit Leichtmauermörtel oder in Dünnbettmörtel gemauert sind, mit anderen Putzdicken, einseitige Putz oder mit Leichtmörtel als Putz, sowie für fugenlose Wände aus geschoßhohen Platten aus Normal-, Leicht- oder Gasbeton. Die flächenbezogene Masse in diesen Fällen ist nach Abschnitt 2.2.2 zu ermitteln. Über die Auswirkung von angesetztem Wand-Trockenputz aus Gipskartonplatten nach DIN 18 180 siehe Beiblatt 2 zu DIN 4109/11.89, Abschnitt 1.3.3.

2.2.4 Einfluß zusätzlich angebrachter Bau- und Dämmplatten

Werden z. B. aus Gründen der Wärmedämmung an einschalige, biegesteife Wände Dämmplatten hoher dynamischer Steifigkeit (z. B. Holzwolle-Leichtbauplatten oder harte Schaumkunststoffplatten) vollflächig oder punktweise angeklebt oder anbetoniert, so verschlechtert sich die Schalldämmung, wenn die Dämmplatten durch Putz, Bauplatten (z. B. Gipskartonplatten) oder Fliesen abgedeckt werden. Die Werte von Tabelle 1 und Tabelle 5 gelten nicht für Wände mit derartigen Bekleidungen. Statt dessen sind Ausführungen nach Tabelle 7 zu wählen. Für Holzwolle-Leichtbauplatten und Mehrschicht-Leichtbauplatten nach DIN 1101 kann der Nachteil vermieden werden, wenn diese Platten an einschalige, biegesteife Wände – wie in DIN 1102 beschrieben – angedübelt und verputzt werden.

[1]) Erforderlichenfalls ist die notwendige akustische Dichtheit durch einen geeigneten Anstrich sicherzustellen.

Tabelle 5. **Bewertetes Schalldämm-Maß** $R'_{w,R}$ **von einschaligem, in Normalmörtel gemauertem Mauerwerk** (Ausführungsbeispiele, Rechenwerte)

Spalte	1	2	3	4	5	6	7
		Rohdichteklasse der Steine und Wanddicke der Rohwand bei einschaligem Mauerwerk					
Zeile	Bewertetes Schalldämm-Maß $R'_{w,R}$ [1]	Beiderseitiges Sichtmauerwerk		Beiderseits je 10 mm Putz PIV (Gips- oder Kalkgipsputz) 20 kg/m²		Beiderseitig je 15 mm Putz PI, PII, PIII (Kalk-, Kalkzement- oder Zementputz) 50 kg/m²	
		Stein-Rohdichteklasse	Wanddicke	Stein-Rohdichteklasse	Wanddicke	Stein-Rohdichteklasse	Wanddicke
	dB		mm		mm		mm
1		0,6	175	0,5 [2]	175	0,4	115
2		0,9	115	0,7 [2]	115	0,6 [3]	100
3	37	1,2	100	0,8	100	0,7 [3]	80
4		1,4	80	1,2	80	0,8 [3]	70
5		1,6	70	1,4	70	–	–
6		0,5	240	0,5 [2]	240	0,5 [2]	175
7		0,8	175	0,7 [3]	175	0,7 [3]	115
8	40	1,2	115	1,0 [3]	115	1,2	80
9		1,8	80	1,6	80	1,4	70
10		2,2	70	1,8	70	–	–
11		0,7	240	0,6 [3]	240	0,5 [2]	240
12		0,9	175	0,8 [3]	175	0,6 [3]	175
13	42	1,4	115	1,2	115	1,0 [4]	115
14		2,0	80	1,6	100	1,2	100
15		–	–	1,8	80	1,4	80
16		–	–	2,0	70	1,6	70
17		0,9	240	0,8 [3]	240	0,6 [2]	240
18		1,2	175	1,2	175	0,9 [3]	175
19	45	2,0	115	1,8	115	1,4	115
20		2,2	100	2,0	100	1,8	100
21		0,8	300	0,8 [3]	300	0,6 [2]	300
22		1,0	240	1,0 [3]	240	0,8 [3]	240
23	47	1,6	175	1,4	175	1,2	175
24		2,2	115	2,2	115	1,8	115
25		0,8	490	0,7	490	0,6	490
26		1,0	365	1,0	365	0,9	365
27	52	1,4	300	1,2	300	1,2	300
28		1,6	240	1,6	240	1,4	240
29		–	–	2,2	175	2,0	175
30		0,8	490	0,8	490	0,7	490
31		1,2	365	1,2	365	1,2	365
32	53	1,4	300	1,4	300	1,2	300
33		1,8	240	1,8	240	1,6	240
34		–	–	–	–	2,2	175
35		1,0	490	0,9	490	0,9	490
36		1,4	365	1,4	365	1,2	365
37	55	1,8	300	1,6	300	1,6	300
38		2,2	240	2,0	240	2,0	240
39		1,2	490	1,2	490	1,2	490
40	57	1,6	365	1,6	365	1,6	365
41		2,0	300	2,0	300	1,8	300

[1] Gültig für flankierende Bauteile mit einer mittleren flächenbezogenen Masse $m'_{L,Mittel}$ von etwa 300 kg/m². Weitere Bedingungen für die Gültigkeit der Tabelle 5 siehe Abschnitt 3.1.

[2] Bei Schalen aus Gasbetonsteinen und -platten nach DIN 4165 und DIN 4166 sowie Leichtbetonsteinen mit Blähton als Zuschlag nach DIN 18 151 und DIN 18 152 kann die Stein-Rohdichteklasse um 0,1 niedriger sein.

[3] Bei Schalen aus Gasbetonsteinen und -platten nach DIN 4165 und DIN 4166 sowie Leichtbetonsteinen mit Blähton als Zuschlag nach DIN 18 151 und DIN 18 152 kann die Stein-Rohdichteklasse um 0,2 niedriger sein.

[4] Bei Schalen aus Gasbetonsteinen und -platten nach DIN 4165 und DIN 4166 sowie Leichtbetonsteinen mit Blähton als Zuschlag nach DIN 18 151 und DIN 18 152 kann die Stein-Rohdichteklasse um 0,3 niedriger sein.

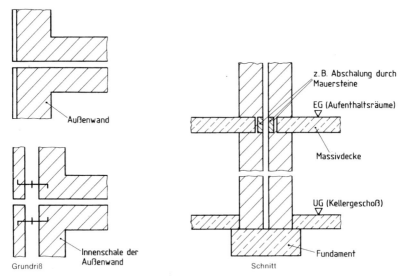

Bild 1. Zweischalige Hauswand aus zwei schweren, biegesteifen Schalen mit bis zum Fundament durchgehender Trennfuge (schematisch)

2.3   Zweischalige Hauswände aus zwei schweren, biegesteifen Schalen mit durchgehender Trennfuge [2]

2.3.1   Wandausbildung

Grundriß und Schnitt sind schematisch in Bild 1 dargestellt.

Die flächenbezogene Masse der Einzelschale mit einem etwaigen Putz muß mindestens 150 kg/m² , die Dicke der Trennfuge muß mindestens 30 mm betragen.

Anmerkung: Bezüglich der Ausbildung des Wand-Decken-Anschlusses siehe DGfM-Merkblatt.

Bei einer Dicke der Trennfuge (Schalenabstand) ≥ 50 mm darf das Gewicht der Einzelschale 100 kg/m² betragen.

Der Fugenhohlraum ist mit dicht gestoßenen und vollflächig verlegten mineralischen Faserdämmplatten nach DIN 18165 Teil 2, Anwendungstyp T (Trittschalldämmplatten), auszufüllen.

Anmerkung: Falls die Schalen in Ortbeton-Bauweise hergestellt werden, sind mineralische Faserdämmplatten mit besonderer Eignung für die beim Betoniervorgang auftretenden Beanspruchungen vorzuziehen.

Bei einer flächenbezogenen Masse der Einzelschale ≥ 200 kg/m² und Dicke der Trennfuge ≥ 30 mm darf auf das Einlegen von Dämmschichten verzichtet werden. Der Fugenhohlraum ist dann mit Lehren herzustellen, die nachträglich entfernt werden müssen.

Die nach den Abschnitten 2.3.2 und 2.3.3 zu ermittelnden oder angegebenen Schalldämm-Maße $R'_{w, R}$ setzen eine besonders sorgfältige Ausbildung der Trennfuge voraus.

2.3.2   Ermittlung des bewerteten Schalldämm-Maßes $R'_{w, R}$

Für zweischalige Wände nach Abschnitt 2.3.1 kann das bewertete Schalldämm-Maß $R'_{w, R}$ aus der Summe der flächenbezogenen Masse der beiden Einzelschalen unter

Berücksichtigung etwaiger Putze — wie bei einschaligen, biegesteifen Wänden — nach Tabelle 1 ermittelt werden; dabei dürfen auf das so ermittelte Schalldämm-Maß $R'_{w, R}$ für die zweischalige Ausführung mit durchgehender Trennfuge 12 dB aufgeschlagen werden.

2.3.3   Ausführungsbeispiele

Beispiele für erreichbare Schalldämm-Maße zweischaliger Wände aus zwei schweren, biegesteifen Schalen mit durchgehender Trennfuge und Ausführung nach Abschnitt 2.3.1 mit Normalmörtel,

— als beiderseitiges Sichtmauerwerk,

— mit beiderseitigem 10 mm dicken Gips- oder Kalkgipsputz (P IV),

— mit beiderseitigem 15 mm dicken Kalk-, Kalkzement- oder Zementputz (P I, P II, P III)

sind in Tabelle 6 angegeben. Die Werte gelten nur bei sorgfältiger Ausführung der Trennfuge.

2.4   Einschalige, biegesteife Wände mit biegeweicher Vorsatzschale

Die Luftschalldämmung einschaliger, biegesteifer Wände kann mit biegeweichen Vorsatzschalen nach Tabelle 7 verbessert werden. Dabei ist bei den Vorsatzschalen zwischen zwei Gruppen, A und B, nach ihrer akustischen Wirksamkeit zu unterscheiden. Das erreichbare bewertete Schalldämm-Maß hängt von der flächenbezogenen Masse der biegesteifen Trennwand und der Ausbildung der flankierenden Bauteile ab. Rechenwerte sind in Tabelle 8 enthalten.

---

[2] Ein „Merkblatt zur Ausbildung gemauerter Wände" der Deutschen Gesellschaft für Mauerwerksbau gibt Hinweise.

Tabelle 6.   **Bewertetes Schalldämm-Maß $R'_{w,R}$ von zweischaligem, in Normalmörtel gemauertem Mauerwerk mit durchgehender Gebäudetrennfuge (Ausführungsbeispiele, Rechenwerte)**

Spalte	1	2	3	4	5	6	7
		Rohdichteklasse der Steine und Mindestwanddicke der Schalen bei zweischaligem Mauerwerk					
	Bewertetes Schalldämm-Maß $R'_{w,R}$	Beiderseitiges Sichtmauerwerk		Beiderseitig je 10 mm Putz P IV (Kalkgips- oder Gipsputz) $2 \cdot 10 \, kg/m^2$		Beiderseitig je 15 mm Putz P I, P II oder P III (Kalk-, Kalkzement- oder Zementputz) $2 \cdot 25 \, kg/m^2$	
Zeile		Stein-Rohdichte-klasse	Mindestdicke der Schalen ohne Putz mm	Stein-Rohdichte-klasse	Mindestdicke der Schalen ohne Putz mm	Stein-Rohdichte-klasse	Mindestdicke der Schalen ohne Putz mm
	dB						
1		0,6	2 · 240	0,6 [1])	2 · 240	0,7 [2])	2 · 175
2	57	0,9	2 · 175	0,8 [2])	2 · 175	0,9 [4])	2 · 150
3		1,0	2 · 150	1,0 [3])	2 · 150	1,2 [4])	2 · 115
4		1,4	2 · 115	1,4 [5])	2 · 115	–	–
5		0,6	2 · 240	0,6 [6])	2 · 240	0,5 [6])	2 · 240
6	62	0,9	175 + 240	0,8 [7])	2 · 175	0,8 [7])	2 · 175
7		0,9	2 · 175	1,0 [7])	2 · 150	0,9 [7])	2 · 150
8		1,4	2 · 115	1,4	2 · 115	1,2	2 · 115
9		1,0	2 · 240	1,0 [8])	2 · 240	0,9 [8])	2 · 240
10		1,2	175 + 240	1,2	175 + 240	1,2	175 + 240
11	67	1,4	2 · 175	1,4	2 · 175	1,4	2 · 175
12		1,8	115 + 175	1,8	115 + 175	1,6	115 + 175
13		2,2	2 · 115	2,2	2 · 115	2,0	2 · 115

[1]) Bei Schalenabstand $\geq 50 \, mm$ und Gewicht jeder einzelnen Schale $\geq 100 \, kg/m^2$ kann die Stein-Rohdichteklasse um 0,2 niedriger sein.

[2]) Bei Schalenabstand $\geq 50 \, mm$ und Gewicht jeder einzelnen Schale $\geq 100 \, kg/m^2$ kann die Stein-Rohdichteklasse um 0,3 niedriger sein.

[3]) Bei Schalenabstand $\geq 50 \, mm$ und Gewicht jeder einzelnen Schale $\geq 100 \, kg/m^2$ kann die Stein-Rohdichteklasse um 0,4 niedriger sein.

[4]) Bei Schalenabstand $\geq 50 \, mm$ und Gewicht jeder einzelnen Schale $\geq 100 \, kg/m^2$ kann die Stein-Rohdichteklasse um 0,5 niedriger sein.

[5]) Bei Schalenabstand $\geq 50 \, mm$ und Gewicht jeder einzelnen Schale $\geq 100 \, kg/m^2$ kann die Stein-Rohdichteklasse um 0,6 niedriger sein.

[6]) Bei Schalen aus Gasbetonsteinen oder -platten nach DIN 4165 oder DIN 4166 sowie aus Leichtbeton-Steinen mit Blähton als Zuschlag nach DIN 18 151 oder DIN 18 152 und einem Schalenabstand $\geq 50 \, mm$ und Gewicht jeder einzelnen Schale von $\geq 100 \, kg/m^2$ kann die Stein-Rohdichteklasse um 0,1 niedriger sein.

[7]) Bei Schalen aus Gasbetonsteinen oder -platten nach DIN 4165 oder DIN 4166 sowie aus Leichtbeton-Steinen mit Blähton als Zuschlag nach DIN 18 151 oder DIN 18 152 und einem Schalenabstand $\geq 50 \, mm$ und Gewicht jeder einzelnen Schale von $\geq 100 \, kg/m^2$ kann die Stein-Rohdichteklasse um 0,2 niedriger sein.

[8]) Bei Schalen aus Gasbetonsteinen oder -platten nach DIN 4165 oder DIN 4166 sowie aus Leichtbeton-Steinen mit Blähton als Zuschlag nach DIN 18 151 oder DIN 18 152 kann die Stein-Rohdichteklasse um 0,2 niedriger sein.

Tabelle 7. **Eingruppierung von biegeweichen Vorsatzschalen von einschaligen, biegesteifen Wänden nach ihrem schalltechnischen Verhalten** (Maße in mm)

Spalte	1	2	3
Zeile	Gruppe [1])	Wandausbildung	Beschreibung
1		≥500 / ≤20 / ≥60	Vorsatzschale aus Holzwolle-Leichtbauplatten nach DIN 1101, Dicke ≥ 25 mm, verputzt, Holzstiele (Ständer) mit Abstand ≥ 20 mm vor schwerer Schale freistehend, Ausführung nach DIN 1102
2	B (Ohne bzw. federnde Verbindung der Schalen)	≥500 / ≤20 / ≥60	Vorsatzschale aus Gipskartonplatten nach DIN 18180, Dicke 12,5 mm oder 15 mm, Ausführung nch DIN 18181 (z. Z. Entwurf), oder aus Spanplatten nach DIN 68763, Dicke 10 mm bis 16 mm, Holzstiele (Ständer) mit Abstand ≥ 20 mm vor schwerer Schale freistehend [2]), mit Hohlraumfüllung [3]) zwischen den Holzstielen
3		≥500 / 30 bis 50 / ≤50	Vorsatzschale aus Holzwolle-Leichtbauplatten nach DIN 1101, Dicke ≥ 50 mm, verputzt, freistehend mit Abstand von 30 mm bis 50 mm vor schwerer Schale, Ausführung nach DIN 1102, bei Ausfüllung des Hohlraumes nach Fußnote 3 ist ein Abstand von 20 mm ausreichend
4		≤40	Vorsatzschale aus Gipskartonplatten nach DIN 18180, Dicke 12,5 mm oder 15 mm, und Faserdämmplatten [4]), Ausführung nach DIN 18181 (z. Z. Entwurf), an schwerer Schale streifen- oder punktförmig angesetzt
5	A (Mit Verbindung der Schalen)	≥500 / ≥60	Vorsatzschale aus Holzwolle-Leichtbauplatten nach DIN 1101, Dicke ≥ 25 mm, verputzt, Holzstiele (Ständer) an schwerer Schale befestigt, Ausführung nach DIN 1102
6		≥500 / ≥60	Vorsatzschale aus Gipskartonplatten nach DIN 18180, Dicke 12,5 mm oder 15 mm, Ausführung nach DIN 18181 (z. Z. Entwurf), oder aus Spanplatten nach DIN 68763, Dicke 10 mm bis 16 mm, mit Hohlraumausfüllung [3]), Holzstiele (Ständer) an schwerer Schale befestigt [2])

[1]) In einem Wand-Prüfstand ohne Flankenübertragung (Prüfstand DIN 52210−P−W) wird das bewertete Schalldämm-Maß $R_{w,P}$ einer einschaligen, biegesteifen Wand durch Vorsatzschalen der Zeilen 1 bis 4 um mindestens 15 dB, der Zeilen 5 und 6 um mindestens 10 dB verbessert.

[2]) Bei diesen Beispielen können auch Ständer aus C-Wandprofilen aus Stahlblech nach DIN 18182 Teil 1 verwendet werden.

[3]) Faserdämmstoffe nach DIN 18165 Teil 1, Nenndicke 20 mm bzw. ≥ 60 mm, längenbezogener Strömungswiderstand $\Xi \geq 5\,kN \cdot s/m^4$.

[4]) Faserdämmstoffe nach DIN 18165 Teil 1, Anwendungstyp WV-s, Nenndicke ≥ 40 mm, $s' \leq 5\,MN/m^3$.

Tabelle 8. **Bewertetes Schalldämm-Maß $R'_{w,R}$ von einschaligen, biegesteifen Wänden mit einer biegeweichen Vorsatzschale nach Tabelle 7 (Rechenwerte)**

Spalte	1	2
Zeile	Flächenbezogene Masse der Massivwand kg/m²	$R'_{w,R}$ ¹) ²) dB
1	100	49
2	150	49
3	200	50
4	250	52
5	275	53
6	300	54
7	350	55
8	400	56
9	450	57
10	500	58

¹) Gültig für flankierende Bauteile mit einer mittleren flächenbezogenen Masse $m'_{L,Mittel}$ von etwa 300 kg/m². Weitere Bedingungen für die Gültigkeit der Tabelle 8 siehe Abschnitt 3.1.

²) Bei Wandausführungen nach Tabelle 7, Zeilen 5 und 6, sind diese Werte um 1 dB abzumindern.

2.5 Zweischalige Wände aus zwei biegeweichen Schalen

Ausführungsbeispiele für derartige Wände mit gemeinsamen Stielen (Ständern) und für jede Schale gesonderten Stielen oder freistehenden Schalen sind in den Tabellen 9 und 10 enthalten.

Von entscheidender Bedeutung ist dabei die Ausbildung der flankierenden Bauteile. Die Werte der Tabellen 9 und 10 gelten für einschalige, flankierende Bauteile mit einer mittleren flächenbezogenen Masse $m'_{L,Mittel}$ von etwa 300 kg/m². Weichen die mittleren flächenbezogenen Massen $m'_{L,Mittel}$ davon um mehr als ± 25 kg/m² ab, sind Zu- bzw. Abschläge nach Tabelle 14 vorzunehmen.

2.6 Decken als trennende Bauteile

2.6.1 Allgemeines

In den Tabellen 1, 12 und 19 werden Rechenwerte des bewerteten Schalldämm-Maßes $R'_{w,R}$ für verschiedene Deckenausführungan angegeben.

2.6.2 Luftschalldämmung

Die Luftschalldämmung von Massivdecken ist von der flächenbezogenen Masse der Decke, von einer etwaigen Unterdecke sowie von einem aufgebrachten schwimmenden Estrich oder anderen geeigneten schwimmenden Böden abhängig. Die Luftschalldämmung wird außerdem durch die Ausbildung der flankierenden Wände beeinflußt. Angaben über die Berechnung der flächenbezogenen Masse sind im Abschnitt 2.6.3 enthalten. Beispiele für Massivdecken sind in Tabelle 11 dargestellt. Die Rechenwerte für das bewertete Schalldämm-Maß $R'_{w,R}$ sind in Tabelle 12 angegeben.

Die angegebenen Rechenwerte $R'_{w,R}$ hängen von den flächenbezogenen Massen der ober- und unterseitig an die Decken stoßenden biegesteifen Wände ab. Die Werte der Tabelle 12 gelten für flankierende Bauteile mit einer mittleren flächenbezogenen Masse $m'_{L,Mittel}$ von etwa 300 kg/m². Weichen die mittleren flächenbezogenen Massen $m'_{L,Mittel}$ davon um mehr als ± 25 kg/m² ab, sind Zu- bzw. Abschläge nach Tabelle 13 vorzunehmen.

2.6.3 Ermittlung der flächenbezogenen Masse von Massivdecken ohne Deckenauflagen

Zur Ermittlung der flächenbezogenen Masse von Massivdecken ohne Hohlräume nach Tabelle 11, Zeilen 1 und 2, ist bei Stahlbeton aus Normalbeton mit einer Rohdichte von 2300 kg/m³ zu rechnen. Bei solchen Decken aus Leichtbeton und Gasbeton ist die Rohdichte nach Tabelle 2 abzumindern.

Bei Massivdecken mit Hohlräumen nach Tabelle 11, Zeilen 3 bis 6, ist die flächenbezogene Masse entweder aus den Rechenwerten nach DIN 1055 Teil 1 mit einem Abzug von 15 % oder aus dem vorhandenen Querschnitt mit der Rohdichte von 2300 kg/m³ zu berechnen.

Aufbeton und unbewehrter Beton aus Normalbeton ist mit einer Rohdichte von 2100 kg/m³ in Ansatz zu bringen. Für die flächenbezogene Masse von Putz gilt Abschnitt 2.2.2.2.

Die flächenbezogene Masse von aufgebrachten Verbundestrichen oder Estrichen auf Trennschicht ist aus dem Rechenwert nach DIN 1055 Teil 1 mit einem Abzug von 10 % zu ermitteln.

Anmerkung: Bei Stahlbeton-Rippendecken ohne Füllkörper, Estrich und Unterdecke ist nur die flächenbezogene Masse der Deckenplatte zu berücksichtigen.

Tabelle 9.   **Bewertetes Schalldämm-Maß** $R'_{w,R}$ **von zweischaligen Wänden aus zwei biegeweichen Schalen aus Gips-kartonplatten der Spanplatten (Rechenwerte)** (Maße in mm)

Spalte	1	2	3	4	5
Zeile	Wandausbildung mit Stielen (Ständern), Achs-abstand $\geq$ 600, ein- oder zweilagige Bekleidung [1]	Anzahl der Lagen je Seite s	Mindest-Schalen-abstand 	Mindest-Dämm-schicht-dicke [2], Nenn-dicke s_D	$R'_{w,R}$ [3] dB
1	≥ 600	1			38
	≤ 60		60	40	
2		2			46
3	≥ 600	1	50	40	45
4		2			49
5	C-Wandprofil aus Stahlblech nach DIN 18182 Teil 1	2	100	80	50
6	≥ 600 ... ≤ 60 Querlatten, a ≥ 500	1	100	60	44
7 [4]	≥ 600 ... ≤ 60 auch C-Wandprofil aus Stahlblech nach DIN 18 182 Teil 1	1	125	2·40	49

[1] bis [4] siehe Seite 11.

Tabelle 9.   (Fortsetzung)

Spalte	1	2	3	4	5
Zeile	Wandausbildung mit Stielen (Ständern), Achsabstand $\geq$ 600, ein- oder zweilagige Bekleidung [1]	Anzahl der Lagen je Seite	Mindest-Schalen-abstand s	Mindest-Dämm-schicht-dicke [2], Nenn-dicke s_D	$R'_{w,R}$ [3] dB
8 [4]		1	160	40	49
9 [4]	C-Wandprofil aus Stahlblech nach DIN 18182 Teil 1	2	200	80 oder 2·40	50

[1]) Bekleidung aus Gipskartonplatten nach DIN 18180, 12,5 mm oder 15 mm dick, oder aus Spanplatten nach DIN 68763, 13 mm bis 16 mm dick.

[2]) Faserdämmstoffe nach DIN 18165 Teil 1, Nenndicke 40 mm bis 80 mm, längenbezogener Strömungswiderstand $\Xi \geq 5\,kN \cdot s/m^4$.

[3]) Gültig für flankierende Bauteile mit einer mittleren flächenbezogenen Masse $m'_{L,Mittel}$ von etwa 300 kg/m². Weitere Bedingungen für die Gültigkeit der Tabelle 9 siehe Abschnitt 3.1.

[4]) Doppelwand mit über gesamter Wandfläche durchgehender Trennfuge.

219

Tabelle 10.   **Bewertetes Schalldämm-Maß $R'_{w,R}$ von zweischaligen Wänden aus biegeweichen Schalen aus verputzten Holzwolle-Leichtbauplatten (HWL) nach DIN 1101 (Rechenwerte)** (Maße in mm)

Spalte	1	2	3	4	5
Zeile	Wandausbildung [1])	Dicke der HWL-Platten s_{HWL}	Schalen-abstand s	Dämm-schicht-dicke [2]), Nenn-dicke s_D	$R'_{w,R}$ [3]) db
1		25 oder 35	≥ 100	–	50
2	Schalen freistehend	30 bis 50 / 20 bis < 30	≥ 50	– / ≥ 20	50

[1]) Ausführung nach DIN 1102.

[2]) Faserdämmstoffe nach DIN 18 165 Teil 1, Nenndicke ≥ 20 mm, längenbezogener Strömungswiderstand $\Xi \geq 5$ kN · s/m⁴.

[3]) Gültig für flankierende Bauteile mit einer mittleren flächenbezogenen Masse $m'_{L,\,Mittel}$ von etwa 300 kg/m². Weitere Bedingungen für die Gültigkeit der Tabelle 10 siehe Abschnitt 3.1. Vergleiche auch $R_{w,R}$-Werte nach Tabelle 24.

Tabelle 11.   **Massivdecken, deren Luft- und Trittschalldämmung in den Tabellen 12 und 16 angegeben ist** (Maße in mm)

Spalte	1
Zeile	Deckenausbildung
	Massivdecken ohne Hohlräume, gegebenenfalls mit Putz
1	Stahlbeton-Vollplatten aus Normalbeton nach DIN 1045 oder aus Leichtbeton nach DIN 4219 Teil 1 *d*
2	Gasbeton-Deckenplatten nach DIN 4223 *d* ≥ 500
	Massivdecken mit Hohlräumen, gegebenenfalls mit Putz
3	Stahlsteindecken nach DIN 1045 mit Deckenziegeln nach DIN 4159 *d* 250 250 250 250
4	Stahlbetonrippendecken und -balkendecken nach DIN 1045 mit Zwischenbauteilen nach DIN 4158 oder DIN 4160
5	Stahlbetonhohldielen und -platten nach DIN 1045, Stahlbetondielen aus Leichtbeton nach DIN 4028, Stahlbetonhohldecke nach DIN 1045 *d*
6	Balkendecken ohne Zwischenbauteile nach DIN 1045 ≥ 40 *d* 250 250 250

Tabelle 11.   (Fortsetzung)

Spalte	1
Zeile	Deckenausbildung
	Massivdecken mit biegeweicher Unterdecke
7	Massivdecken nach Zeilen 1 bis 6

Massivdecke

≤ 50   Grundlattung
≥ 500   ≥ 500   ≥ 500

Unterdecke [1] mit Traglattung,
z. B. aus schmalen Latten
$30 \leq b \leq 50$ (Abstand ≥ 400 mm)

schallabsorbierende
Einlagen [2]

8	Stahlbetonrippendecken nach DIN 1045 oder Plattenbalkendecken nach DIN 1045 ohne Zwischenbauteile

Platte   Rippen oder Balken

Unterdecke [1] mit Traglattung,
z. B. aus schmalen Latten
$30 \leq b \leq 50$ (Abstand ≥ 400 mm)

Grundlattung   schallabsorbierende
Einlagen [2]

[1] Z. B. Putzträger (Ziegeldrahtgewebe, Rohrgewebe) und Putz, Gipskartonplatten nach DIN 18180, Dicke 12,5 mm oder 15 mm, Holzwolle-Leichtbauplatten nach DIN 1101, Dicke ≥ 25 mm, verputzt.

[2] Im Hohlraum sind schallabsorbierende Einlagen vorzusehen, z. B. Faserdämmstoff nach DIN 18165 Teil 1, Nenndicke 40 mm, längenbezogener Strömungswiderstand $\Xi \geq 5\,kN \cdot s/m^4$.

3   Luftschalldämmung in Gebäuden in Massivbauart; Einfluß flankierender Bauteile

3.1   Vorausgesetzte Längsleitungsbedingungen bei den Tabellen 1, 5, 8, 9, 10, 12 und 19

Die Luftschalldämmung von Trennwänden und -decken hängt nicht nur von deren Ausbildung, sondern auch von der Ausführung der flankierenden Bauteile ab.

Die in den Tabellen 1, 5, 8, 9, 10, 12 und 19 angegebenen Werte setzen voraus:

– Mittlere flächenbezogene Masse $m'_{L,\,Mittel}$ der biegesteifen, flankierenden Bauteile von etwa 300 kg/m² (siehe auch Abschnitt 3.3); bei der Ermittlung der flächenbezogenen Masse werden Öffnungen (Fenster, Türen) nicht berücksichtigt,

– biegesteife Anbindung der flankierenden Bauteile an das trennende Bauteil, sofern dessen flächenbezogene Masse mehr als 150 kg/m² beträgt (ausgenommen die Beispiele der Tabellen 9, 10 und 19),

– von einem Raum zum anderen Raum durchlaufende flankierende Bauteile,

– dichte Anschlüsse des trennenden Bauteils an die flankierenden Bauteile.

Die Werte der Tabelle 1 gelten nicht, wenn einschalige flankierende Außenwände in Steinen mit einer Rohdichteklasse ≤ 0,8 und in schallschutztechnischer Hinsicht ungünstiger Lochung verwendet werden.

Tabelle 12.   **Bewertetes Schalldämm-Maß** $R'_{w,R}$ [1]) **von Massivdecken (Rechenwerte)**

Spalte	1	2	3	4	5
Zeile	Flächenbezogene Masse der Decke [3]) kg/m²	$R'_{w,R}$ dB [2])			
		Einschalige Massivdecke, Estrich und Gehbelag unmittelbar aufgebracht	Einschalige Massivdecke mit schwimmendem Estrich [4])	Massivdecke mit Unterdecke [5]), Gehbelag und Estrich unmittelbar aufgebracht	Massivdecke mit schwimmendem Estrich und Unterdecke [5])
1	500	55	59	59	62
2	450	54	58	58	61
3	400	53	57	57	60
4	350	51	56	56	59
5	300	49	55	55	58
6	250	47	53	53	56
7	200	44	51	51	54
8	150	41	49	49	52

[1]) Zwischenwerte sind linear zu interpolieren.

[2]) Gültig für flächenbezogene Bauteile mit einer mittleren flächenbezogenen Masse $m'_{L,Mittel}$ von etwa 300 kg/m². Weitere Bedingungen für die Gültigkeit der Tabelle 12 siehe Abschnitt 3.1.

[3]) Die Masse von aufgebrachten Verbundestrichen oder Estrichen auf Trennschicht und vom unterseitigen Putz ist zu berücksichtigen.

[4]) Und andere schwimmend verlegte Deckenauflagen, z. B. schwimmend verlegte Holzfußböden, sofern sie ein Trittschall-verbesserungsmaß $\Delta L_w (VM) \geq 24$ dB haben.

[5]) Biegeweiche Unterdecke nach Tabelle 11, Zeilen 7 und 8, oder akustisch gleichwertige Ausführungen.

3.2 Einfluß von flankierenden Bauteilen, deren mittlere flächenbezogene Masse $m'_{L,Mittel}$ von etwa 300 kg/m² abweicht

3.2.1 Korrekturwert $K_{L,1}$

Weicht die mittlere flächenbezogene Masse der flankierenden Bauteile von etwa 300 kg/m² ab, so sind bei den in den Tabellen 1, 5, 8, 9, 10, 12 und 19 angegebenen Schalldämm-Maßen $R'_{w,R}$ ein Korrekturwert $K_{L,1}$ zu berücksichtigen. $K_{L,1}$ ist in Abhängigkeit von der mittleren flächenbezogenen Masse $m'_{L,Mittel}$ der flankierenden Bauteile aus Tabelle 13 oder Tabelle 14 zu entnehmen. Die mittlere flächenbezogene Masse der flankierenden Bauteile muß je nach Art des trennenden Bauteils unterschiedlich berechnet werden; für biegesteife trennende Bauteile nach Abschnitt 3.2.2 und für biegeweiche trennende Bauteile nach Abschnitt 3.2.3.

Für die aufgeführten Korrekturwerte (Zu- und Abschläge) wird vorausgesetzt, daß die flankierenden Bauteile F_1 und F_2 (siehe Bild 2) zu beiden Seiten eines trennenden Bauteils in einer Ebene liegen.

Ist dies nicht der Fall, ist für die Berechnung anzunehmen, daß das leichtere flankierende Bauteil F'_1 (siehe Bild 3) auch im Nachbarraum vorhanden ist (siehe F''_2 in Bild 3).

3.2.2 Ermittlung der mittleren flächenbezogenen Masse $m'_{L,Mittel}$ der flankierenden Bauteile biegesteifer Wände und Decken

Als mittlere flächenbezogene Masse $m'_{L,Mittel}$ wird das arithmetische Mittel der Einzelwerte $m'_{L,i}$ der massiven Bauteile verwendet. Das arithmetische Mittel ist auf die Werte nach Tabelle 13 zu runden.

$$m'_{L,Mittel} = \frac{1}{n} \sum_{i=1}^{n} m'_{L,1} \qquad (1)$$

Hierin bedeuten:

$m'_{L,i}$ flächenbezogene Masse des i-ten nicht verkleideten, massiven flankierenden Bauteils ($i = 1$ bis n)

n Anzahl der nicht verkleideten, massiven flankierenden Bauteile.

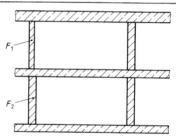

Bild 2.   Nicht versetzt angeordnete flankierende Wände F_1 und F_2

Normalfall, den Korrekturwerten zugrundegelegt

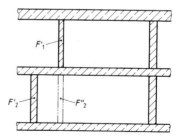

Bild 3.   Versetzt angeordnete flankierende Wände F'_1 und F'_2

Ausnahmefall, für die Berechnung der Korrekturwerte wird anstelle der Wand F'_2 die Wand F''_2 angenommen

Bild 2 und Bild 3.   Unterschiedliche Anordnung flankierender Wände

Tabelle 13. **Korrekturwerte** $K_{L,1}$ **für das bewertete Schalldämm-Maß** $R'_{w,R}$ **von biegesteifen Wänden und Decken als trennende Bauteile nach den Tabellen 1, 5, 8 und 12 bei flankierenden Bauteilen mit der mittleren flächenbezogenen Masse** $m'_{L,\text{Mittel}}$

Spalte	1	2	3	4	5	6	7	8
Zeile	Art des trennenden Bauteils	$K_{L,1}$ in dB für mittlere flächenbezogene Massen $m'_{L,\text{Mittel}}$ [1]) in kg/m^2						
		400	350	300	250	200	150	100
1	Einschalige, biegesteife Wände und Decken nach Tabellen 1, 5 und 12, Spalte 2	0	0	0	0	-1	-1	-1
2	Einschalige, biegesteife Wände mit biegeweichen Vorsatzschalen nach Tabelle 8							
3	Massivdecken mit schwimmendem Estrich oder Holzfußboden nach Tabelle 12, Spalte 3	$+2$	$+1$	0	-1	-2	-3	-4
4	Massivdecken mit Unterdecke nach Tabelle 12, Spalte 4							
5	Massivdecken mit schwimmendem Estrich und Unterdecke nach Tabelle 12, Spalte 5							

[1]) $m'_{L,\text{Mittel}}$ ist rechnerisch nach Abschnitt 3.2.2 zu ermitteln.

Tabelle 14. **Korrekturwerte** $K_{L,1}$ **für das bewertete Schalldämm-Maß** $R'_{w,R}$ **von zweischaligen Wänden aus biegeweichen Schalen nach den Tabellen 9 und 10 und von Holzbalkendecken nach Tabelle 19 als trennende Bauteile bei flankierenden Bauteilen mit der mittleren flächenbezogenen Masse** $m'_{L,\text{Mittel}}$

Spalte	1	2	3	4	5	6	7	8
	$R'_{w,R}$ der Trennwand bzw. -decke für $m'_{L,\text{Mittel}}$ von etwa 300 kg/m^2	$K_{L,1}$ in dB für mittlere flächenbezogene Massen $m'_{L,\text{Mittel}}$ [1]) in kg/m^2						
	dB	450	400	350	300	250	200	150
1	50	$+4$	$+3$	$+2$	0	-2	-4	-7
2	49	$+2$	$+2$	$+1$	0	-2	-3	-6
3	47	$+1$	$+1$	$+1$	0	-2	-3	-6
4	45	$+1$	$+1$	$+1$	0	-1	-2	-5
5	43	0	0	0	0	-1	-2	-4
6	41	0	0	0	0	-1	-1	-3

[1]) $m'_{L,\text{Mittel}}$ ist rechnerisch nach Abschnitt 3.2.3 oder mit Hilfe des Diagramms nach Bild 4 zu ermitteln.

3.2.3 Ermittlung der mittleren flächenbezogenen Masse $m'_{L,\text{Mittel}}$ der flankierenden Bauteile von Wänden aus biegeweichen Schalen und von Holzbalkendecken

Die wirksame mittlere flächenbezogene Masse $m'_{L,\text{Mittel}}$ der flankierenden Bauteile wird nach Gleichung (2)

$$m'_{L,\text{Mittel}} = \left[\frac{1}{n} \sum_{i=1}^{n} (m'_{L,i})^{-2,5} \right]^{-0,4} \qquad (2)$$

oder mit Hilfe des Diagramms nach Bild 4 ermittelt.

Für die flächenbezogene Masse $m'_{L,1}$ bis $m'_{L,4}$ der einzelnen flankierenden Bauteile werden die zugehörigen Werte y_1 bis y_4 aus dem Diagramm nach Bild 4 entnommen und der

Mittelwert y_m gebildet. Für y_m wird aus dem Diagramm nach Bild 4 der gesuchte Wert $m'_{L,\text{Mittel}}$ entnommen.

Beispiel:

$m'_{L,1} = 130$ kg/m^2 $y_1 = 0,51$

$m'_{L,2} = 200$ kg/m^2 $y_2 = 0,18$

$m'_{L,3} = 300$ kg/m^2 $y_3 = 0,06$

$m'_{L,4} = 400$ kg/m^2 $y_4 = 0,03$

$$y_m = \frac{1}{4}(0,51 + 0,18 + 0,06 + 0,03)$$

$$= 0,2$$

$$m'_{L,\text{Mittel}} = \underline{\underline{190 \text{ kg/m}^2}}$$

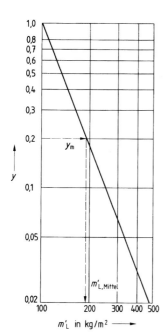

Bild 4.   Diagramm zur Ermittlung der mittleren flächenbezogenen Masse $m'_{L,\,Mittel}$ der flankierenden Bauteile für Trennwände aus biegeweichen Schalen
oder für Holzbalkendecken als trennende Bauteile
nach den Tabellen 9, 10 und 19

3.3   Korrekturwert $K_{L,\,2}$ zur Berücksichtigung von Vorsatzschalen und biegeweichen, flankierenden Bauteilen

Das Schalldämm-Maß $R'_{w,\,R}$ wird bei mehrschaligen, trennenden Bauteilen um den Korrekturwert $K_{L,\,2}$ erhöht, wenn
die einzelnen flankierenden Bauteile eine der folgenden
Bedingungen erfüllen:

– Sie sind in beiden Räumen raumseitig mit je einer biegeweichen Vorsatzschale nach Tabelle 7 oder mit schwimmendem Estrich oder schwimmendem Holzfußboden
nach Tabelle 17 versehen, die im Bereich des trennenden
Bauteils (Wand oder Decke) unterbrochen sind.

– Sie bestehen aus biegeweichen Schalen, die im Bereich
des trennenden Bauteils (Wand oder Decke) unterbrochen sind.

Tabelle 15.   **Korrekturwerte $K_{L,\,2}$ für das bewertete Schalldämm-Maß $R'_{w,\,R}$ trennender Bauteile mit biegeweicher Vorsatzschale, schwimmendem Estrich/Holzfußboden oder aus biegeweichen Schalen**

Spalte	1	2
Zeile	Anzahl der flankierenden, biegeweichen Bauteile oder flankierenden Bauteile mit biegeweicher Vorsatzschale	$K_{L,\,2}$
1	1	+ 1
2	2	+ 3
3	3	+ 6

In Tabelle 15 sind Korrekturwerte $K_{L,\,2}$ in Abhängigkeit von
der Anzahl der flankierenden Bauteile angegeben, die eine
der obigen Bedingungen erfüllen.
Beispiele zur Anwendung der Korrekturwerte siehe
Abschnitt 3.4.

3.4   Beispiele zur Anwendung der Korrekturwerte $K_{L,\,1}$ und $K_{L,\,2}$ nach den Abschnitten 3.2 und 3.3

Beispiel 1

Zwei übereinanderliegende Räume; eine Wand im oberen
und unteren Raum verschieden schwer und gegeneinander
versetzt ausgeführt (siehe Bild 5).

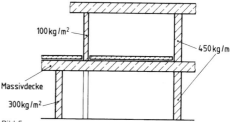

Bild 5.

Trenndecke: Massivdecke (400 kg/m²) mit schwimmen-
dem Estrich nach Tabelle 12, $R'_{w,\,R} = 57$ dB
Flankierende
Bauteile: Außenwand $m'_{L,\,1} = 200$ kg/m²
Wohnungstrennwand $m'_{L,\,2} = 450$ kg/m²
Flurwand $m'_{L,\,3} = 300$ kg/m²
Zwischenwand $m'_{L,\,4} = 100$ kg/m²

Als Zwischenwand wird oben und unten eine Wand von
$m'_{L,\,4} = 100$ kg/m² angenommen. Damit ergibt sich:

$$m'_{L,\,Mittel} = \frac{200 + 450 + 300 + 100}{4}\ kg/m^2$$

$$= \underline{262\ kg/m^2}$$

Nach Tabelle 13 ist $K_{L,\,1} = -1$ dB, somit
$R'_{w,\,R} = (57 - 1)$ dB = 56 dB.

Beispiel 2

Trennwand: Zweischalige Wand aus Gipskartonplatten
nach Tabelle 9, Zeile 5, $R'_{w,\,R} = 50$ dB
Flankierende
Bauteile: Außenwand $m'_{L,\,1} = 200$ kg/m²
Innen-Längswand $m'_{L,\,2} = 350$ kg/m²
obere Decke $m'_{L,\,3} = 368$ kg/m²
(160 mm Stahlbeton-
platte)
untere Decke   schwimmender
Estrich auf 160 mm
Stahlbeton.

Die untere Decke trägt aufgrund des schwimmenden
Estrichs nicht zur Schallübertragung über flankierende
Bauteile bei und ist deshalb bei der Bestimmung von
$m'_{L,\,Mittel}$ nicht zu berücksichtigen.

$$m'_{L,\,Mittel} = \left[\frac{1}{3}\left(200^{-2,5} + 350^{-2,5} + 368^{-2,5}\right)\right]^{-0,4}\ kg/m^2$$

$$= \underline{266\ kg/m^2}$$

Als Korrekturwert ergibt sich nach Tabelle 14, $K_{L,\,1} = -2$ dB.
Nach Abschnitt 3.3, Tabelle 15, ist zusätzlich ein Korrekturwert $K_{L,\,2} = +1$ dB zu berücksichtigen. Damit wird
$R'_{w,\,R} = (50 - 2 + 1)$ dB = 49 dB.

4 Trittschalldämmung [3]) in Gebäuden in Massivbauart

4.1 Massivdecken

4.1.1 Allgemeines

Für Massivdecken werden folgende Ausführungsbeispiele angegeben:

- Massivdecken ohne/mit Deckenauflage bzw. ohne/mit biegeweicher Unterdecke,
- Deckenauflagen allein.

Der bewertete Norm-Trittschallpegel $L'_{n,w,R}$ (das Trittschallschutzmaß TSM_R) von Massivdecken läßt sich für einen unter einer Decke liegenden Raum folgendermaßen berechnen:

$$L'_{n,w,R} = L_{n,w,eq,R} - \Delta L_{w,R}$$
$$(TSM_R = TSM_{eq,R} + VM_R) \qquad (3)$$

Hierin bedeuten:

$L_{n,w,eq,R}$ äquivalenter bewerteter Norm-Trittschallpegel
$(TSM_{eq,R})$ (äquivalentes Trittschallschutzmaß) der Massivdecke ohne Deckenauflage (Rechenwert)

$\Delta L_{w,R}$ Trittschallverbesserungsmaß der Deckenauf-
(VM_R) lage (Rechenwert)

Der so errechnete Wert von $L'_{n,w,R}$ muß mindestens 2 dB niedriger (beim Trittschallschutzmaß TSM_R mindestens 2 dB höher) sein, als die in DIN 4109 genannten Anforderungen.

Liegt der zu schützende Raum nicht unmittelbar unter der betrachteten Decke, sondern schräg darunter (z. B. Wohnraum schräg unter einem Bad), dann dürfen von dem berechneten $L'_{n,w,R}$ 5 dB abgezogen (beim Trittschallschutzmaß TSM_R 5 dB hinzugezählt) werden, sofern die zugehörigen Trennwände ober- und unterhalb der Decke eine flächenbezogene Masse von $\geq 150\,kg/m^2$ haben. Für weitere Raumanordnungen sind Korrekturwerte in Tabelle 36 angegeben.

4.1.2 Äquivalenter bewerteter Norm-Trittschallpegel $L_{n,w,eq,R}$ von Decken

Die $L_{n,w,eq,R}$-Werte ($TSM_{eq,R}$-Werte) von Massivdecken nach Tabelle 11 sind in Tabelle 16 angegeben.

Für Massivdecken mit Unterdecken in Gebäuden in Skelett- und Holzbauweise siehe Abschnitt 8.1.1.

[3]) Zur Berechnung der bisher benutzten Größen TSM, TSM_{eq} und VM aus den Werten von $L'_{n,w}$, $L_{n,w,eq}$ und ΔL_w gelten folgende Beziehungen:

$$TSM = 63\,dB - L'_{n,w}$$
$$TSM_{eq} = 63\,dB - L_{n,w,eq}$$
$$VM = \Delta L_w.$$

Tabelle 16. Äquivalenter bewerteter Norm-Trittschallpegel $L_{n,w,eq,R}$ (äquivalentes Trittschallschutzmaß $TSM_{eq,R}$) von Massivdecken in Gebäuden in Massivbauart ohne/mit biegeweicher Unterdecke (Rechenwerte)

Spalte	1	2	3	4
Zeile	Deckenart	Flächenbezogene Masse [1]) der Massivdecke ohne Auflage kg/m²	$L_{n,w,eq,R}$ [2]) $(TSM_{eq,R})$ [2]) dB	
			ohne Unterdecke	mit Unterdecke [3]) [4])
1		135	86 (−23)	75 (−12)
2		160	85 (−22)	74 (−11)
3		190	84 (−21)	74 (−11)
4		225	82 (−19)	73 (−10)
5	Massivdecken nach Tabelle 11	270	79 (−16)	73 (−10)
6		320	77 (−14)	72 (− 9)
7		380	74 (−11)	71 (− 8)
8		450	71 (− 8)	69 (− 6)
9		530	69 (− 6)	67 (− 4)

[1]) Flächenbezogene Masse einschließlich eines etwaigen Verbundestrichs oder Estrichs auf Trennschicht und eines unmittelbar aufgebrachten Putzes.
[2]) Zwischenwerte sind gradlinig zu interpolieren und auf ganze dB zu runden.
[3]) Biegeweiche Unterdecke nach Tabelle 11, Zeilen 7 und 8, oder akustisch gleichwertige Ausführungen.
[4]) Bei Verwendung von schwimmenden Estrichen mit mineralischen Bindemitteln sind die Tabellenwerte für $L_{n,w,eq,R}$ um 2 dB zu erhöhen (beim $TSM_{eq,R}$ um 2 dB abzumindern) (z. B. Zeile 1, Spalte 4: 75 + 2 = 77 dB (−12 − 2 = −14 dB)).

Tabelle 17. **Trittschallverbesserungsmaß** $\Delta L_{w,R} (VM_R)$ **von schwimmenden Estrichen** [1]) **und schwimmend verlegten Holzfußböden auf Massivdecken (Rechenwerte)**

Spalte	1	2	3
		$\Delta L_{w,R}$ (VM_R) dB	
Zeile	Deckenauflagen; schwimmende Böden	mit hartem Bodenbelag	mit weichfederndem Bodenbelag [2]) $\Delta L_{w,R} \geq 20\,\text{dB}$ $(VM_R \geq 20\,\text{dB})$
Schwimmende Estriche			
1	Gußasphaltestriche nach DIN 18560 Teil 2 (z. Z. Entwurf) mit einer flächenbezogenen Masse $m' \geq 45\,\text{kg/m}^2$ auf Dämmschichten aus Dämmstoffen nach DIN 18164 Teil 2 oder DIN 18165 Teil 2 mit einer dynamischen Steifigkeit s' von höchstens		
	$50\,\text{MN/m}^3$	20	20
	$40\,\text{MN/m}^3$	22	22
	$30\,\text{MN/m}^3$	24	24
	$20\,\text{MN/m}^3$	26	26
	$15\,\text{MN/m}^3$	27	29
	$10\,\text{MN/m}^3$	29	32
2	Estriche nach DIN 18560 Teil 2 (z. Z. Entwurf) mit einer flächenbezogenen Masse $m' \geq 70\,\text{kg/m}^2$ auf Dämmschichten aus Dämmstoffen DIN 18164 oder DIN 18165 Teil 2 mit einer dynamischen Steifigkeit s' von höchstens		
	$50\,\text{MN/m}^3$	22	23
	$40\,\text{MN/m}^3$	24	25
	$30\,\text{MN/m}^3$	26	27
	$20\,\text{MN/m}^3$	28	30
	$15\,\text{MN/m}^3$	29	33
	$10\,\text{MN/m}^3$	30	34
Schwimmende Holzfußböden			
3	Unterböden aus Holzspanplatten nach DIN 68771 auf Lagerhölzern mit Dämmstreifen-Unterlagen aus Dämmstoffen nach DIN 18165 Teil 2 mit einer dynamischen Steifigkeit s' von höchstens 20 MN/m³; Breite der Dämmstreifen mindestens 100 mm, Dicke im eingebauten Zustand mindestens 10 mm; Dämmstoffe zwischen den Lagerhölzern nach DIN 18165 Teil 1, Nenndicke $\geq 30\,\text{mm}$, längenbezogener Strömungswiderstand $\Xi \geq 5\,\text{kN} \cdot \text{s/m}^4$	24	–
4	Unterböden nach DIN 68771 aus mindestens 22 mm dicken Holzspanplatten nach DIN 68763, vollflächig verlegt auf Dämmstoffen nach DIN 18165 Teil 2 mit einer dynamischen Steifigkeit s' von höchstens 10 MN/m³	25	–

[1]) Wegen der Ermittlung der flächenbezogenen Masse von Estrichen siehe Abschnitt 2.6.3.
[2]) Wegen der möglichen Austauschbarkeit von weichfedernden Bodenbelägen nach Tabelle 18, die sowohl dem Verschleiß als auch besonderen Wünschen der Bewohner unterliegen, dürfen diese bei dem Nachweis der Anforderungen nach DIN 4109 nicht angerechnet werden.

4.1.3 Trittschallverbesserungsmaß $\Delta L_{w,R}$ der Deckenauflagen

Aus der in Abschnitt 4.1.1 genannten Beziehung (3) läßt sich bei gegebenem Massivdecken $- L_{n,w,eq,R}$ $(TSM_{eq,R})$ — der zur Erfüllung der Anforderungen erforderliche Mindestwert des Trittschallverbesserungsmaßes $\Delta L_{w,min}$. $(VM_{R,min})$ angeben:

$$\Delta L_{w,min} = L_{n,w,eq,R} + 2\,\text{dB} - \text{erf.}\,L'_{n,w}$$
$$(VM_{R,min.} = \text{erf.}\,TSM + 2\,\text{dB} - TSM_{eq,R}) \quad (4)$$

Dabei stellt $\text{erf.}\,L'_{n,w}$ (erf. TSM) den nach DIN 4109/11.89, Tabelle 3, erforderlichen bewerteten Norm-Trittschallpegel (Trittschallschutzmaß) der fertigen Decke dar.

Wird ein weichfedernder Bodenbelag auf einem schwimmenden Boden angeordnet, dann ist als $\Delta L_{w,R}$ (VM_R) nur der höhere Wert — entweder des schwimmenden Bodens oder des weichfedernden Bodenbelags — zu berücksichtigen.

Beispiele für Deckenauflagen und die mit ihnen mindestens erzielbaren Trittschallverbesserungsmaße $\Delta L_{w,R}$ (VM_R) sind in den Tabellen 17 und 18 enthalten. Die Deckenauflagen in Tabelle 17 (schwimmende Böden) verbessern die Luft- und Trittschalldämmung einer Massivdecke, die Deckenauflagen der Tabelle 18 (weichfedernde Bodenbeläge) verbessern nur die Trittschalldämmung.

4.2 Holzbalkendecken

Ausführungsbeispiele sind in Tabelle 19 enthalten. Das bewertete Schalldämm-Maß $R'_{w,R}$ hängt dabei stark von den flächenbezogenen Massen der flankierenden Bauteile ab. Die Werte der Tabelle 19 gelten für flankierende Bauteile mit einer mittleren flächenbezogenen Masse $m'_{L,Mittel}$ von etwa 300 kg/m². Weichen die mittleren flächenbezogenen Massen $m'_{L,Mittel}$ davon um mehr als $\pm 25\,\text{kg/m}^2$ ab, sind Zu- bzw. Abschläge nach Tabelle 14 vorzunehmen.

Tabelle 18.   **Trittschallverbesserungsmaß** $\Delta L_{w,R}$ (VM_R) **von weichfedernden Bodenbelägen für Massivdecken (Rechenwerte)**

Spalte	1	2
Zeile	Deckenauflagen; weichfedernde Bodenbeläge	$\Delta L_{w,R}$ (VM_R) dB
1	Linoleum-Verbundbelag nach DIN 18 173	14 [1]) [2])
PVC-Verbundbeläge		
2	PVC-Verbundbelag mit genadeltem Jutefilz als Träger nach DIN 16 952 Teil 1	13 [1]) [2])
3	PVC-Verbundbelag mit Korkment als Träger nach DIN 16 952 Teil 2	16 [1]) [2])
4	PVC-Verbundbelag mit Unterschicht aus Schaumstoff nach DIN 16 952 Teil 3	16 [1]) [2])
5	PVC-Verbundbelag mit Synthesefaser-Vliesstoff als Träger nach DIN 16 952 Teil 4	13 [1]) [2])
Textile Fußbodenbeläge nach DIN 61 151 [3])		
6	Nadelvlies, Dicke = 5 mm	20
Polteppiche [4])		
7	Unterseite geschäumt, Normdicke a_{20} = 4 mm nach DIN 53 855 Teil 3	19
8	Unterseite geschäumt, Normdicke a_{20} = 6 mm nach DIN 53 855 Teil 3	24
9	Unterseite geschäumt, Normdicke a_{20} = 8 mm nach DIN 53 855 Teil 3	28
10	Unterseite ungeschäumt, Normdicke a_{20} = 4 mm nach DIN 53 855 Teil 3	19
11	Unterseite ungeschäumt, Normdicke a_{20} = 6 mm nach DIN 53 855 Teil 3	21
12	Unterseite ungeschäumt, Normdicke a_{20} = 8 mm nach DIN 53 855 Teil 3	24

[1]) Die Bodenbeläge müssen durch Hinweis auf die jeweilige Norm gekennzeichnet sein. Das maßgebliche Trittschallver-besserungsmaß $\Delta L_{w,R}$ (VM_R) muß auf dem Erzeugnis oder der Verpackung angegeben sein.

[2]) Die in den Zeilen 1 bis 5 angegebenen Werte sind Mindestwerte; sie gelten nur für aufgeklebte Bodenbeläge.

[3]) Die textilen Bodenbeläge müssen auf dem Produkt oder auf der Verpackung mit dem entsprechenden $\Delta L_{w,R}$ (VM_R) der Spalte 2 und mit der Werksbescheinigung nach DIN 50 049 ausgeliefert werden.

[4]) Pol aus Polyamid, Polypropylen, Polyacrylnitril, Polyester, Wolle und deren Mischungen.

Tabelle 19. **Bewertetes Schalldämm-Maß** $R'_{w,R}$ **und bewerteter Norm-Trittschallpegel** $L'_{n,w,R}$ **(Trittschallschutzmaß** TSM_R) **von Holzbalkendecken (Rechenwerte) (Maße in mm)**

Spalte	1	2	3	4	5	6
Zeile	Deckenausbildung [1])	Fußboden auf oberer Balkenabdeckung	Unterdecke Anschluß Holzlatten an Balken	Anzahl der Lagen	$R'_{w,R}$ [2]) $\quad$ dB	$L'_{n,w,R}$ [3]) (TSM_R) $\quad$ dB
1		Spanplatten auf mineralischem Faserdämmstoff	über Federbügel oder Federschiene	1	50	56 (7)
2				2	50	53 (10)
3		Schwimmender Estrich auf mineralischem Faserdämmstoff	über Federbügel oder Federschiene	1	50	51 (12)

[1]) Bei einer Dicke der eingelegten Dämmschicht, siehe 5, von mindestens 100 mm ist ein seitliches Hochziehen nicht erforderlich.

[2]) Gültig für flankierende Wände mit einer flächenbezogenen Masse $m'_{L,\,Mittel}$ von etwa 300 kg/m². Weitere Bedingungen für die Gültigkeit der Tabelle 19 siehe Abschnitt 3.1.

[3]) Bei zusätzlicher Verwendung eines weichfedernden Bodenbelags dürfen in Abhängigkeit vom Trittschallverbesserungsmaß $\Delta L_{w,R}$ (VM_R) des Belags folgende Zuschläge gemacht werden: 2 dB für $\Delta L_{w,R}$ $(VM_R) \geq 20$ dB, 6 dB für $\Delta L_{w,R}$ $(VM_R) \geq 25$ dB.

Erklärungen zur Tabelle 19:

1 Spanplatte nach DIN 68 763, gespundet oder mit Nut und Feder

2 Holzbalken

3 Gipskarton-Bauplatte nach DIN 18 180, 12,5 mm oder 15 mm dick, Spanplatte nach DIN 68 763, 13 mm bis 16 mm dick, oder – bei einlagigen Unterdecken – Holzwolle-Leichtbauplatten nach DIN 1101, Dicke ≥ 25 mm, verputzt.

4 Faserdämmstoff nach DIN 18 165 Teil 2, Anwendungstyp T, dynamische Steifigkeit $s' \leq 15$ MN/m³

5 Faserdämmstoff nach DIN 18 165 Teil 1, längenbezogener Strömungswiderstand $\Xi \geq 5$ kN · s/m⁴

6 Holzlatten, Achsabstand ≥ 400 mm, direkte Befestigung an den Balken mit mechanischen Verbindungsmitteln

7 Unterkonstruktion aus Holz, Achsabstand der Latten ≥ 400 mm, Befestigung über Federbügel (siehe Bild 6) oder Federschiene (siehe Bild 7), kein fester Kontakt zwischen Latte und Balken – ein weichfedernder Faserdämmstreifen darf zwischengelegt werden. Andere Unterkonstruktionen dürfen verwendet werden, wenn nachgewiesen ist, daß sie sich hinsichtlich der Schalldämmung gleich oder besser als die hier angegebenen Ausführungen verhalten.

8 Mechanische Verbindungsmittel oder Verleimung

9 Estrich

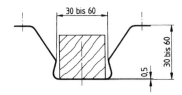

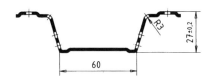

Bild 6.   Ausbildung der Federbügel
(Maße in mm)

Bild 7.   Ausbildung der Federschiene
(Maße in mm)

4.3 Massive Treppenläufe und Treppenpodeste

In Tabelle 20 ist eine Übersicht über die Rechenwerte des bewerteten Norm-Trittschallpegels (Trittschallschutzmaßes) von massiven Treppen – bezogen auf einen unmittelbar angrenzenden Wohnraum – gegeben, wobei zwei Werte, jeweils für $L'_{n,w,R}$ (TSM_R) und $L_{n,w,eq,R}$ ($TSM_{eq,R}$) genannt sind. Der Wert $L'_{n,w,R}$ (TSM_R) ist anzuwenden, wenn kein zusätzlicher trittschalldämmender Gehbelag bzw. schwimmender Estrich aufgebracht wird. Wird dagegen ein derartiger Belag oder Estrich aufgebracht, ist für die dann erforderliche Berechnung des bewerteten Norm-Trittschallpegels $L'_{n,w,R}$ (Trittschallschutzmaßes TSM_R) der Treppe nach Gleichung (3) der Wert $L_{n,w,eq,R}$ ($TSM_{eq,R}$) nach Tabelle 20 zu verwenden. Dies wird nachstehend an zwei Beispielen gezeigt.

Beispiel 1

– Treppenpodest nach Tabelle 20,
  Zeile 1, Spalte 2 $L_{n,w,eq,R} = 66\,dB$,
                                 $(TSM_{eq,R}) = -3\,dB$,

– Schwimmender Estrich
  nach Tabelle 17, Zeile 2, Spalte 2,

mit einer dynamischen Steifigkeit $s' = 30\,MN/m^3$ und eines Trittschall-
verbesserungsmaßes $\Delta L_{w,R}(VM_R) = 26\,dB$,
ergibt $L'_{n,w,R} = 66\,dB - 26\,dB = \underline{40\,dB}$.
                 $(TSM_R = -3\,dB + 26\,dB = 23\,dB)$.

Beispiel 2

– Treppenlauf nach Tabelle 20,
  Zeile 3, Spalte 2 $L_{n,w,eq,R} = 58\,dB$,
                            $(TSM_{eq,R}) = +5\,dB$,

– PVC-Verbundbelag nach
  Tabelle 18, Zeile 3, Spalte 2 $\Delta L_{w,R}(VM_R) = 16\,dB$,
ergibt $L'_{n,w,R} = 58\,dB - 16\,dB = \underline{42\,dB}$.
                 $(TSM_R = +5\,dB + 16\,dB = 21\,dB)$.

Beispiele für Treppenausführungen (ohne zusätzlichen weichfedernden Belag) mit $L'_{n,w,R} \leq 43\,dB$ ($TSM_R \geq 20\,dB$) sind in den Bildern 8 bis 12 angegeben. In den Bildern 11 und 12 sind die Podeste auf besonderen Stahlbeton-Konsolleisten elastisch gelagert und die Treppenläufe mit den Podesten starr verbunden. In den Bildern 8 bis 10 ist der Treppenlauf auf den Treppenpodesten elastisch gelagert und die Podeste sind mit einem schwimmenden Estrich versehen.
Die bauaufsichtlichen Vorschriften des Brandschutzes sind zu beachten.

Tabelle 20.   **Äquivalenter bewerteter Norm-Trittschallpegel $L_{n,w,eq,R}$ (Trittschallschutzmaß $TSM_{eq,R}$) und bewerteter Norm-Trittschallpegel $L'_{n,w,R}$ (Trittschallschutzmaß TSM_R) für verschiedene Ausführungen von massiven Treppenläufen und Treppenpodesten unter Berücksichtigung der Ausbildung der Treppenraumwand (Rechenwerte)**

Spalte	1	2	3
Zeile	Treppen und Treppenraumwand	$L_{n,w,eq,R}$ $(TSM_{eq,R})$ dB	$L'_{n,w,R}$ (TSM_R) dB
1	Treppenpodest[1]), fest verbunden mit einschaliger, biegesteifer Treppenraumwand (flächenbezogene Masse $\geq 380\,kg/m^2$)	66 (− 3)	70 (− 7)
2	Treppenlauf[1]), fest verbunden mit einschaliger, biegesteifer Treppenraumwand (flächenbezogene Masse $\geq 380\,kg/m^2$)	61 (+ 2)	65 (− 2)
3	Treppenlauf[1]), abgesetzt von einschaliger, biegesteifer Treppenraumwand	58 (+ 5)	58 (+ 5)
4	Treppenpodest[1]), fest verbunden mit Treppenraumwand, und durchgehender Gebäudetrennfuge nach Abschnitt 2.3	≤ 53 ($\geq +10$)	≤ 50 ($\geq +13$)
5	Treppenlauf[1]), abgesetzt von Treppenraumwand, und durchgehender Gebäudetrennfuge nach Abschnitt 2.3	≤ 46 ($\geq +17$)	≤ 43 ($\geq +20$)
6	Treppenlauf[1]), abgesetzt von Treppenraumwand, und durchgehender Gebäudetrennfuge nach Abschnitt 2.3, auf Treppenpodest elastisch gelagert	38 (+ 25)	42 (+ 21)

[1]) Gilt für Stahlbetonpodest oder -treppenlauf mit einer Dicke $d \geq 120\,mm$.

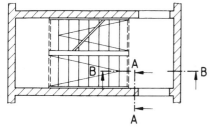

Bild 8. Schwimmender Estrich auf den Podesten bei elastischer Auflagerung der Treppenläufe
Grundriß

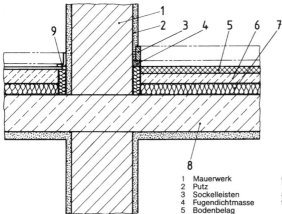

1 Mauerwerk	6 Estriche
2 Putz	7 Trittschalldämmung
3 Sockelleisten	8 Massivdecke
4 Fugendichtmasse	9 Kunststoffwinkel
5 Bodenbelag	

Bild 9. Schwimmender Estrich auf den Podesten, Schnitt A – A

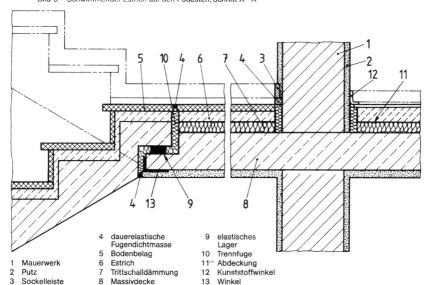

	4 dauerelastische Fugendichtmasse	9	elastisches Lager
	5 Bodenbelag	10	Trennfuge
1 Mauerwerk	6 Estrich	11''	Abdeckung
2 Putz	7 Trittschalldämmung	12	Kunststoffwinkel
3 Sockelleiste	8 Massivdecke	13	Winkel

Bild 10. Schwimmender Estrich auf Podesten mit dämmender Zwischenlage bei Auflagerung der Läufe, Schnitt B – B

231

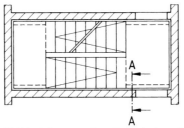

Bild 11. Auflagerung eines Treppenlaufes mit Podestplatte auf Konsolleisten; Quergespannte Podeste

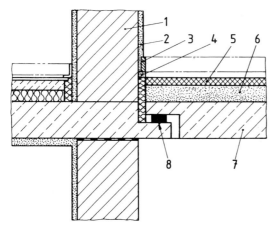

1 Mauerwerk
2 Putz
3 Sockelleiste
4 dauerelastische Fugendichtmasse
5 Bodenbelag
6 Mörtelbett
7 Massivdecke
8 elastische Zwischenlage

Bild 12. Auflagerung eines Treppenlaufes mit Podestplatte auf Konsolleisten, Schnitt A–A

5   Luftschalldämmung in Gebäuden in Skelett- und Holzbauart; Nachweis der resultierenden Schalldämmung

5.1   Allgemeines

Schall wird von Raum zu Raum sowohl über das trennende Bauteil als auch über die flankierenden Bauteile übertragen.

In Massivbauten mit biegesteifer Anbindung der flankierenden Bauteile an das trennende Bauteil treten die Übertragungswege nach Bild 13 auf.

In Skelettbauten und Holzhäusern, bei denen diese biegesteife Anbindung nicht vorhanden ist, spielen die Übertra-

gungswege Fd und Df keine Rolle. In diesen Gebäuden müssen nur das Labor-Schalldämm-Maß $R_{w,R}$ des trennenden Bauteils und die Schall-Längsdämm-Maße $R_{L,w,R}$ der flankierenden Bauteile (Weg Ff) für den rechnerischen Nachweis berücksichtigt werden.

Die Schall-Längsleitung ist abhängig von der Art der flankierenden Bauteile und von der konstruktiven Ausbildung der Verbindungsstellen zwischen flankierendem und trennendem Bauteil. Neben der im folgenden behandelten Schall-Längsleitung entlang flankierender Bauteile spielt die Schallübertragung über Undichtigkeiten eine Rolle. Sie kann im Regelfall rechnerisch nicht erfaßt werden und wird daher im folgenden auch nicht behandelt (siehe Abschnitt 5.2).

Der Eignungsnachweis ist für benachbarte Räume zu führen, wobei alle an der Schallübertragung beteiligten Bauteile zu berücksichtigen sind. Der im Einzelfall durchgeführte Nachweis gilt für Bauteilkombinationen, die sich im Bauwerk konstruktionsgleich wiederholen.

Der Eignungsnachweis kann als vereinfachter Nachweis nach Abschnitt 5.3 oder nach dem Rechenverfahren nach Abschnitt 5.4 erfolgen. Das Rechenverfahren ist aufwendiger, ermöglicht aber eine gezieltere und daher meist wirtschaftlichere Kombination der Bauteile. Abschnitt 5.6 enthält Anwendungsbeispiele für beide Nachweisverfahren.

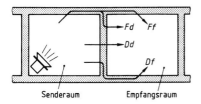

Senderaum   Empfangsraum

Nach DIN 52 217 gilt für

Dd Luftschall-Anregung des Trennelementes im Senderaum

Schallabstrahlung des Trennelementes in den Empfangsraum

Ff Luftschall-Anregung der flankierenden Bauteile des Senderaumes

teilweise Übertragung der Schwingungen auf flankierende Bauteile des Empfangsraumes

Fd Luftschall-Anregung der flankierenden Bauteile des Senderaumes

teilweise Übertragung der Schwingungen auf die flankierenden Bauteile des Empfangsraumes

Schallabstrahlung des Trennelementes in den Empfangsraum

Df Luftschall-Anregung des Trennelementes im Senderaum

teilweise Übertragung der Schwingungen auf die flankierenden Bauteile des Empfangsraumes

Schallabstrahlung dieser Bauteile in den Empfangsraum.

Mit den Großbuchstaben werden die Eintrittsflächen im Senderaum, mit den Kleinbuchstaben die Austrittsflächen im Empfangsraum gekennzeichnet, wobei D und d auf das direkte Trennelement, F und f auf die flankierenden Bauteile hinweisen.

Bild 13.   Übertragungswege des Luftschalls zwischen zwei Räumen nach DIN 52 217

5.2   Voraussetzungen

Die in den Abschnitten 5.3 und 5.4 beschriebenen Nachweisverfahren setzen voraus, daß

− alle an der Schallübertragung beteiligten Bauteile und Anordnungen (z. B. auch Lüftungskanäle) erfaßt sind,

− die Schall-Längsdämm-Maße der flankierenden Bauteile durch die Art des trennenden Bauteils nicht oder unwesentlich beeinflußt werden, was bei den in diesem Beiblatt angegebenen Bauteilen und deren Kombinationen der Fall ist,

− die dem Nachweis zugrundeliegenden Rechenwerte unter Berücksichtigung der Anschlüsse an Wände und Decken sowie des Einflusses von Einbauleuchten und angeordneten Steckdosen ermittelt sind,

− der Aufbau sorgfältig ausgeführt und überwacht wird. Beim Aufbau müssen alle Undichtigkeiten vermieden werden, sofern sie nicht in den Konstruktionsdetails, die den Rechenwerten zugrundeliegen, mit erfaßt sind,

− das flankierende Bauteil zu beiden Seiten des Anschlusses des trennenden Bauteils konstruktiv gleich ausgeführt ist,

− das verwendete Dichtungsmaterial dauerelastisch ist (Fugenkitt); poröse Dichtungsstreifen wirken nur in stark verdichtetem Zustand (unter Preßdruck).

5.3   Vereinfachter Nachweis

Die an der Schallübertragung beteiligten trennenden und flankierenden Bauteile müssen die Bedingung nach Gleichung (5) oder (6) erfüllen:

$$R_{w,R} \geq \text{erf.} R'_w + 5\,dB \qquad (5)$$
$$R_{L,w,R,i} \geq \text{erf.} R'_w + 5\,dB \qquad (6)$$

Hierin bedeuten:

$R_{w,R}$ Rechenwert des erforderlichen bewerteten Schalldämm-Maßes der Trennwand oder -decke in dB (ohne Längsleitung über flankierende Bauteile, Übertragungsweg Dd, siehe Bild 13)

$R_{L,w,R,i}$ Rechenwert des erforderlichen bewerteten Schall-Längsdämm-Maßes des i-ten flankierenden Bauteils in dB (ohne Schallübertragung durch das trennende Bauteil, Übertragungsweg Ff, siehe Bild 13)

erf. R'_w angestrebtes resultierendes Schalldämm-Maß in dB

5.4   Rechnerische Ermittlung des resultierenden Schalldämm-Maßes $R'_{w,R}$

Die resultierende Schalldämmung der an der Schallübertragung beteiligten trennenden und flankierenden Bauteile, ausgedrückt durch den Rechenwert des resultierenden bewerteten Schalldämm-Maßes $R'_{w,R}$, läßt sich unter Beachtung der in Abschnitt 5.2 genannten Voraussetzungen nach Gleichung (7) berechnen.[4])

$$R'_{w,R} = -10\lg\left(10^{\frac{-R_{w,R}}{10}} + \sum_{i=1}^{n} 10^{\frac{-R_{L,w,R,i}}{10}}\right) dB \qquad (7)$$

Hierin bedeuten:

$R_{w,R}$ Rechenwert[5]) des bewerteten Schalldämm-Maßes des trennenden Bauteils ohne Längsleitung über flankierende Bauteile in dB

$R'_{L,w,R,i}$ Rechenwert[5]) des bewerteten Bau-Schall-Längsdämm-Maßes des i-ten flankierenden Bauteils am Bau in dB

n Anzahl der flankierenden Bauteile (im Regelfall $n = 4$).

Die rechnerische Ermittlung des bewerteten Schall-Längsdämm-Maßes $R'_{L,w,R,i}$ eines flankierenden Bauteils am Bau nach DIN 52 217 erfolgt nach Gleichung (8):

$$R'_{L,w,R,i} = R_{L,w,R,i} + 10\lg\frac{S_T}{S_0} - 10\lg\frac{l_i}{l_0}\,dB \qquad (8)$$

Hierin bedeuten:

$R_{L,w,R,i}$ Rechenwert[5]) des bewerteten Labor-Schall-Längsdämm-Maßes des i-ten flankierenden Bauteils nach DIN 52 217, aus Messungen im Prüfstand nach DIN 52 210 Teil 7 oder aus den Ausführungsbeispielen nach Abschnitt 6

---

[4]) Die Genauigkeit der Rechnung ist im allgemeinen ausreichend, wenn bei den Einzahl-Angaben der bewerteten Schalldämm-Maße der beteiligten Bauteile durchgeführt wird. Eine frequenzabhängige Berechnung von $R'_{w,R}$ kann in Sonderfällen erforderlich sein.

[5]) Die Rechenwerte aus Messungen werden unter Abzug des Vorhaltemaßes von 2 dB ermittelt.

S_T Fläche des trennenden Bauteils in m^2

S_0 Bezugsfläche in m^2 (für Wände $S_0 = 10\,m^2$)

l_i gemeinsame Kantenlänge zwischen dem trennenden und dem flankierenden Bauteil in m

l_0 Bezugslänge in m:
   – für Decken, Unterdecken, Fußböden 4,5 m
   – für Wände   2,8 m.

Sofern keine gemeinsame Kantenlänge l_i vorliegt, z. B. bei einem Kabelkanal oder einer Lüftungsanlage, entfällt der Ausdruck $10\lg{(l_i/l_0)}$ in Gleichung (8).

Für Räume mit einer Raumhöhe von etwa 2,5 m bis 3 m und einer Raumtiefe von etwa 4 m bis 5 m kann die Gleichung (8) wie folgt vereinfacht werden:

$$R'_{L,w,R,i} = R_{L,w,R,i} \qquad (9)$$

Anwendungsbeispiele für die rechnerische Ermittlung siehe Abschnitt 5.6.

5.5   Rechenwerte

5.5.1   Allgemeines

Rechenwerte für den Eignungsnachweis sind für die Ausführungsbeispiele in den Abschnitten 6 bis 8 enthalten. Bei der Ermittlung der Rechenwerte über die Eignungsprüfung I ist das Vorhaltemaß von 2 dB nach DIN 4109/11.89, Abschnitt 6.4, abzuziehen.

Diese Rechenwerte gelten nur für die dargestellten Konstruktionen. Bei Abweichungen und anderen Konstruktionen sind die Rechenwerte durch Eignungsprüfungen nach DIN 4109/11.89, Abschnitt 6.3, zu bestimmen. Dies gilt auch für Durchbrüche und sonstige Undichtigkeiten in den Bauteilen (z. B. Lüftungsöffnungen, Einbauleuchten und angeordneten Steckdosen, gleitende Deckenanschlüsse). Kabel- und Lüftungskanäle sind als eigene Bauteile zu behandeln.

5.5.2   Trennende Bauteile

Für Trennwände und -decken werden als Rechenwerte in der Regel die in Prüfständen ohne Flankenübertragung nach DIN 52 210 Teil 2 gemessenen Schalldämm-Maße $R_{w,P}$ verwendet, die um das Vorhaltemaß von 2 dB abzumindern sind.

Weiterhin können bei zweischaligen Trennwänden und -decken aus biegeweichen Schalen als Rechenwerte auch die bewerteten Schalldämm-Maße $R'_{w,P}$ verwendet werden, die in Prüfständen mit bauähnlicher Flankenübertragung nach DIN 52 210 Teil 2 ermittelt wurden, wobei die Flankenübertragung des Prüfstandes rechnerisch eliminiert wird. Dies geschieht im Regelfall näherungsweise nach Gleichung (10).

$$R_{w,R} = R'_{w,P} + Z - 2\,dB \qquad (10)$$

Hierin bedeuten:

$R_{w,R}$ Rechenwert des bewerteten Schalldämm-Maßes der Trennwand oder -decke ohne Längsleitung über flankierende Bauteile in dB

$R'_{w,P}$ bewertetes Schalldämm-Maß der Trennwand oder -decke in dB, gemessen im Prüfstand mit bauähnlicher Flankenübertragung [6], ohne Abzug des Vorhaltemaßes

Z Zuschlag in dB nach Tabelle 21.

Tabelle 21.   **Zuschläge Z für die rechnerische Ermittlung von $R_{w,R}$ aus $R'_{w,P}$**

Spalte/ Zeile	1	2	3	4	5	6
1	$R'_{w,P}$ dB	≤ 48	49	51	53	≥ 54
2	Z dB	0	1	2	3	4

5.5.3   Flankierende Bauteile

Als Rechenwerte $R_{L,w,R}$ sind die Schall-Längsdämm-Maße $R_{L,w,P}$ der flankierenden Bauteile zu verwenden, die in Prüfständen nach DIN 52 210 Teil 2 bestimmt und um das Vorhaltemaß von 2 dB abgemindert sind.

5.6   Anwendungsbeispiele

Im folgenden werden zwei Anwendungsbeispiele für den vereinfachten Nachweis für die rechnerische Ermittlung des bewerteten Schalldämm-Maßes $R'_{w,R}$ gegeben.

Beispiel 1

Trennwand (Höhe 3 m, Länge 7 m) zwischen 2 Klassenräumen einer Schule in einem Skelettbau.

Nach DIN 4109/11.89, Tabelle 3, Zeile 41, wird ein bewertetes Schalldämm-Maß erf. $R'_w = 47$ dB gefordert.

Die gewählte Bauteilkombination für das trennende Bauteil und die vier flankierenden Bauteile mit den zugehörigen bewerteten Schalldämm-Maßen gehen aus Tabelle 22 hervor.

a) Vereinfachter Nachweis

Hiernach müssen alle an der Schallübertragung beteiligten Bauteile bewertete Schalldämm-Maße $R_{w,R}$ bzw. $R_{L,w,R}$ aufweisen, die um 5 dB über der Anforderung an das bewertete Schalldämm-Maß erf. R'_w liegen.

$$R_{w,R} \quad \geq 47 + 5 \geq 52\,dB$$
$$R_{L,w,R,i} \geq 47 + 5 \geq 52\,dB.$$

Aus Tabelle 22 geht hervor, daß zwei der gewählten Bauteile, nämlich die Unterdecke ($R_{L,w,R} = 51$ dB) und die Außenwand ($R_{L,w,R} = 50$ dB), nicht ausreichend sind. Sie müssen nach der vereinfachten Rechnung verbessert werden, z. B. bei der Unterdecke durch eine 10 mm dickere Faserdämmstoff-Auflage (Interpolation in Tabelle 26, Zeile 1, zwischen den Spalten 4 und 5).

b) Rechnerische Ermittlung

Der Rechengang sieht in Tabelle 22, Zeile 1, zunächst die Ermittlung der Schall-Längsdämm-Maße $R'_{L,w,R,i}$ nach Gleichung (8) vor, die dann gemeinsam mit dem Schalldämm-Maß $R_{w,R}$ des trennenden Bauteils in die Berechnung des resultierenden Schalldämm-Maßes $R'_{w,R}$ nach Gleichung (7) (siehe Tabelle 22, Zeilen 2 bis 5) eingehen.

Die Rechnung ergibt ein bewertetes Schalldämm-Maß $R'_{w,R} = 47$ dB, womit die gestellte Anforderung erfüllt ist. V

Das gewählte Beispiel zeigt, daß es wirtschaftlich sein kann, anstelle des vereinfachten Nachweises die genauere rechnerische Ermittlung vorzunehmen.

Beispiel 2

Trennwand (Höhe 2,5 m, Länge 5 m) im eigenen Wohnbereich in einem Gebäude in Holzbauart.

Aufgrund einer Vereinbarung soll das erforderliche Schalldämm-Maß erf. $R'_w = 40$ dB eingehalten werden.

Gewählte Bauteilkombinationen und zugehörige bewertete Schalldämm-Maße:

Trennwand in Holzbauart nach Tabelle 24, Zeile 2,
$R_{w,R} = 46$ dB,

flankierende Bauteile mit bewerteten Schall-Längsdämm-Maßen $R'_{L,w,R,i}$ nach Gleichung (9),

obere Holzbalkendecke
nach Tabelle 30, Zeile 2, $R'_{L,w,R,1} = 51$ dB,

untere Holzbalkendecke
nach Tabelle 30, Zeile 5, $R'_{L,w,R,2} = 65$ dB,

Außenwand nach Tabelle 33, Zeile 3, $R'_{L,w,R,3} = 54$ dB,

Innenwand nach Tabelle 33, Zeile 1, $R'_{L,w,R,4} = 48$ dB.

[6] Die Bezeichnung $R'_{w,P}$ ist gleichbedeutend mit der Bezeichnung R'_w, die in DIN 52 210 Teil 4 sowie in den Prüfzeugnissen verwendet wird.

Tabelle 22. Trennwand zwischen 2 Klassenräumen in einer Schule in Skelettbau mit flankierenden Bauteilen; gewählte Bauteile und rechnerische Ermittlung des bewerteten Schalldämm-Maßes $R'_{w,R}$ nach den Gleichungen (7) und (8)

Spalte	1	2	3	4	5	6	7	8
Zeile	Index i	Bauteil	$R_{w,R}$ dB	$R_{L,w,R,i}$ dB	$10\lg\dfrac{S_T}{S_0}$ dB	l_i m	$-10\lg\dfrac{l_i}{l_0}$ dB	$R_{w,R}$ bzw. $R'_{L,w,R,i}$ dB
Trennendes Bauteil								
1	–	Trennwand, zweischalig, nach Tabelle 23, Zeile 10	55	–	–	–	–	55
Flankierende Bauteile								
2	1	Unterdecke aus Gipskarton-Platten ($10\,kg/m^2$), 400 mm Abhängehöhe, mit Dämmstoffauflage von 50 mm nach Tabelle 26, Zeile 1, sowie Tabelle 27	–	51	3,2	7	–1,9	52,3
3	2	Untere Decke ($260\,kg/m^2$) mit Verbundestrich ($90\,kg/m^2$), flächenbezogene Masse insgesamt $350\,kg/m^2$ nach Tabelle 25	–	58	3,2	7	–1,9	59,3
4	3	Außenwand in Holzbauart, Wandstoß im Bereich der Trennwand (da keine Meßwerte $R_{L,w,P}$ vorliegen, wird nach Abschnitt 6.8.3 verfahren).	–	50	3,2	3	–0,3	52,9
5	4	Innenwand nach Tabelle 32, Zeile 1	–	53	3,2	3	–0,3	55,9

$R'_{w,R}$ nach Gleichung (7)

$R'_{w,R} = -10\lg\,(10^{-5,5} + 10^{-5,23} + 10^{-5,93} + 10^{-5,29} + 10^{-5,59})$

$R'_{w,R} = 47,4\,dB$, gerundet

$R'_{w,R} = 47\,dB$.

a) Vereinfachter Nachweis

Hiernach müssen alle an der Schallübertragung beteiligten Bauteile bewertete Schalldämm-Maße $R_{w,R}$ bzw. $R_{L,w,R}$ aufweisen, die um 5 dB über der Anforderung an das bewertete Schalldämm-Maß erf. R'_w liegen.

$R_{w,R} \geq 40 + 5 \geq 45\,dB$

$R_{L,w,R,i} \geq 40 + 5 \geq 45\,dB$.

Die gewählten Bauteile sind im Sinne des vereinfachten Nachweises ausreichend, da sowohl der Wert $R_{w,R}$ des trennenden Bauteils als auch alle Werte $R'_{L,w,R,i}$ der flankierenden Bauteile mindestens 45 dB betragen.

b) Rechnerische Ermittlung

Das bewertete Schalldämm-Maß R'_w ergibt sich in diesem Beispiel aus den oben angegebenen bewerteten Schalldämm-Maßen für die einzelnen Bauteile mit Hilfe von Gleichung (7) zu:

$R'_{w,R} = -10\lg\,(10^{-4,6} + 10^{-5,1} + 10^{-6,5} + 10^{-5,4} + 10^{-4,8})$

$R'_{w,R} = 43\,dB$ (gerundet).

Der vereinbarte Wert erf. $R'_w = 40\,dB$ wird durch die gewählte Bauteilkombination eingehalten.

6 Luftschalldämmung in Gebäuden in Skelett- und Holzbauart bei horizontaler Schallübertragung (Rechenwerte); Ausführungsbeispiele

6.1 Trennwände

6.1.1 Montagewände aus Gipskartonplatten nach DIN 18183

Tabelle 23 enthält Rechenwerte für das bewertete Schalldämm-Maß $R_{w,R}$ für die dort angegebenen Ausführungsbeispiele der in Ständerbauart ausgeführten Montagewände. Die Verarbeitung der Gipskartonplatten erfolgt nach DIN 18181 (z. Zt. Entwurf), wobei die Fugen zu verspachteln sind. Die Gipskarton-Platten sind mit Schnellbauschrauben nach DIN 18182 Teil 2 an der Metallunterkonstruktion – C-Wandprofile aus Stahlblech nach DIN 18182 Teil 1, Blechnenndicke 0,6 mm oder 0,7 mm – anzuschrauben.

Zur Hohlraumdämpfung sind Faserdämmstoffe nach DIN 18165 Teil 1 mit einem längenbezogenen Strömungswiderstand $\Xi \geq 5\,kN\cdot s/m^4$ in der angegebenen Mindestdicke zu verwenden.

Wenn in den flankierenden Wänden (z. B. Fensterfassaden) keine ausreichende Anschlußbreite für die Trennwand zur Verfügung steht, sind in der Trennwand Reduzier-

Tabelle 23. **Bewertete Schalldämm-Maße** $R_{w,R}$ **für Montagewände aus Gipskartonplatten**[1]) **in Ständerbauart nach DIN 18183 mit umlaufend dichten Anschlüssen an Wänden und Decken (Rechenwerte)** (Maße in mm)

Spalte	1	2	3	4	5	6
Zeile	Ausführungsbeispiele	s_B [2])	C-Wandprofil[3])	Mindest-schalen-abstand s	Mindest-dämm-schicht-dicke s_D	$R_{w,R}$ dB
	Zweischalige Einfachständerwände					
1			CW 50×06	50	40	45
2			CW 75×06	75	40	45
3		12,5		100	40	47
4			CW100×06	100	60	48
5				100	80	51
6			CW 50×06	50	40	50
7			CW 75×06	75	40	51
8				75	60	52
9		2 × 12,5		100	40	53
10			CW100×06	100	60	55
11				100	80	56
12			CW 50×06	50	40	51
13			CW 75×06	75	40	52
14		15+ 12,5		75	60	53
15				100	40	54
16			CW100×06	100	60	56
17			CW 50×06	50	40	56
18			CW 75×06	75	60	55
19		3 × 12,5		100	40	58
20			CW100×06	100	60	59
21				100	80	60

[1]) bis [3]) siehe Seite 29.

Tabelle 23.   (Fortsetzung)

Spalte	1	2	3	4	5	6
Zeile	Ausführungsbeispiele	s_B 2)	C-Wand-profil 3)	Mindest-schalen-abstand s	Mindest-dämm-schicht-dicke s_D	$R_{w,R}$ dB
	Zweischalige Einfachständerwände					
22	≥ 600	s	$2 \times 12{,}5$	CW 50×06 oder CW 50×06	100	40	59
23			CW 50×06	105	40	61
24					80	63
25	weichfedernde Zwischenlage ≥ 600		CW 100×06	205	40	63
26					80	65

1) Anstelle der Gipskartonplatten dürfen auch – ausgenommen Konstruktionen der Zeilen 17 bis 21 – Spanplatten nach DIN 68 763, Dicke 13 mm bis 16 mm, verwendet werden.

2) Dicke der Beplankung aus Gipskartonplatten nach DIN 18 180, verarbeitet nach DIN 18 181 (z. Z. Entwurf), Fugen verspachtelt.

3) Kurzzeichen für das C-Wandprofil und die Blechdicke nach DIN 18 182 Teil 1.

anschlüsse erforderlich, so daß der Rechenwert des bewerteten Schalldämm-Maßes $R_{w,R}$ im Regelfall gesondert nachzuweisen ist, gegebenenfalls durch das resultierende Schalldämm-Maß $R_{w,R,res}$ der Trennwand mit dem Reduzieranschluß (siehe Abschnitt 11).

6.1.2 Trennwände mit Holzunterkonstruktion

Für Trennwände mit Holzunterkonstruktion gelten als Rechenwerte für das bewertete Schalldämm-Maß $R_{w,R}$ die Angaben der Tabelle 24. Die biegeweichen Schalen können aus Gipskartonplatten nach DIN 18 180, Dicke ≤ 15 mm, oder Spanplatten nach DIN 68763, Dicke ≤ 16 mm, oder aus verputzten Holzwolle-Leichtbauplatten nach DIN 1101 bestehen. Die Trennwände sind nach DIN 4103 Teil 4 auszuführen; für die Verarbeitung der Holzwolle-Leichtbauplatten gilt DIN 1102.

Plattenwerkstoffe und die Lattung sind mit Holzrippen durch mechanische Befestigungsmittel verbunden. Zur Hohlraumdämpfung sind Faserdämmstoffe nach DIN 18 165 Teil 1 mit einem längenbezogenen Strömungswiderstand $\Xi \geq 5\,\mathrm{kN \cdot s/m^4}$ in der angegebenen Mindestdicke zu verwenden. Bei Trennwänden aus Holzwolle-Leichtbauplatten kann

auf diese Hohlraumdämpfung bei dem in Tabelle 24, Zeile 8, angegebenen Schalenabstand verzichtet werden.

Wandkonstruktionen nach Tabelle 24 mit einem bewerteten Schalldämm-Maß $R_{w,R}$ von mindestens 60 dB gelten ohne weiteren Nachweis als geeignet, die Anforderungen an Treppenraumwände nach DIN 4109/11.89, Tabelle 3, Zeile 13, zu erfüllen, wenn Deckenkonstruktionen nach Tabelle 34, Zeilen 2 bis 4, verwendet werden.

6.2   Flankierende Bauteile

In den Abschnitten 6.3 bis 6.7 werden die beim Nachweis der resultierenden Luftschalldämmung nach Abschnitt 5 zugrunde zu legenden Rechenwerte für das bewertete Schall-Längsdämm-Maß $R_{L,w,R}$ flankierender Bauteile angegeben. Bei der Bauausführung darf von den Details der Ausführungsbeispiele nicht abgewichen werden.

Soweit in den Ausführungsbeispielen Unterkonstruktionen verwendet werden, handelt es sich in der Regel um dünnwandige, kaltverformte und gegen Korrosion geschützte Profile aus Stahlblech nach DIN 18 182 Teil 1.

Rechenwerte für Ausführungsbeispiele mit Holzunterkonstruktion sind den Tabellen 24, 33 und 34 zu entnehmen.

Tabelle 24.   **Bewertete Schalldämm-Maße $R_{w,R}$ von Trennwänden in Holzbauart unter Verwendung von biegeweichen Schalen aus Gipskartonplatten**[1]) **oder Spanplatten**[1]) **oder verputzten Holzwolle-Leichtbauplatten**[2]) **(Rechenwerte)** (Maße in mm)

Spalte	1	2	3	4	5
Zeile	Ausführungsbeispiele	Anzahl der Lagen je Schale	Mindestschalenabstand s	Mindestdämmschichtdicke s_D	$R_{w,R}$ dB
Einfachständerwände	**Einfachständerwände**				
1	≥ 600	1			38
			60	40	
2	≤ 60	2[3])			46
3	Querlatten, a ≥ 500	1	100	60	43
	Doppelständerwände				
4[4])	≥ 600	1			53
			125	40	
5[4])		2			60
6[4])	≥ 600	1	160	40	53

[1]) bis [4]) siehe Seite 32.

Tabelle 24.   (Fortsetzung)

Spalte	1	2	3	4	5
Zeile	Ausführungsbeispiele	Anzahl der Lagen je Schale	Mindest-schalen-abstand s	Mindest-dämm-schicht-dicke s_D	$R_{w,R}$ dB
	Doppelständerwände				
7⁴⁾		2	200	80	65
	Holzwolle-Leichtbauplatten (HWL), Dicke 25 mm oder 35 mm				
8	Bei $s_{HWL} = 25$: $500 \leq a \leq 670$ Bei $s_{HWL} = 35$: $500 \leq a \leq 1000$ 	1	≥ 100	–	55
	Haustrennwand				
9⁵⁾		–	90	80	57

⁴) und ⁵) siehe Seite 32.

239

Tabelle 24.   (Fortsetzung)

Spalte	1	2	3	4	5
Zeile	Ausführungsbeispiele	Anzahl der Lagen je Schale	Mindest-schalen-abstand s	Mindest-dämm-schicht-dicke s_D	$R_{w,R}$ dB

Freistehende Wandschalen [6]

10	Schalen freistehend	1	30 bis 50 / entspre-chend s_D	[3] / 20 bis < 30	55

1) Bekleidung aus Gipskartonplatten nach DIN 18180, 12,5 mm oder 15 mm dick, oder Spanplatten nach DIN 68763, 13 mm bis 16 mm dick.

2) Bekleidung aus verputzten Holzwolle-Leichtbauplatten nach DIN 1101, 25 mm oder 35 mm dick, Ausführung nach DIN 1102.

3) Hier darf – abweichend von Zeile 1 – je Seite für die äußere Lage auch eine 9,5 mm dicke Gipskartonplatte nach DIN 18180 verwendet werden.

4) Beide Wandhälften sind auf gesamter Fläche auch im Anschlußbereich an die flankierenden Bauteile voneinander getrennt.

5) Voraussetzung ist, daß die flankierenden Wände nicht durchlaufen; die Fassadenfuge kann dauerelastisch, mit Abdeckprofilen oder Formteilen geschlossen werden.

6) Verputzte Holzwolle-Leichtbauplatten nach DIN 1101, Dicke $\geq$ 50 mm, Ausführung nach DIN 1102.

6.3   Massive flankierende Bauteile von Trennwänden

Die in Tabelle 25 enthaltenen Rechenwerte für das bewertete Schall-Längsdämm-Maß $R_{L,w,R}$ massiver flankierender Bauteile in Abhängigkeit von ihrer flächenbezogenen Masse sind gültig für

– Oberseiten von Massivdecken, wenn kein schwimmender Boden vorhanden ist,

– Unterseiten von Massivdecken, wenn keine Unterdecke vorhanden ist,

– Längswände (z. B. Außen- und Flurwände).

Tabelle 25.   **Bewertetes Schall-Längsdämm-Maß $R_{L,w,R}$ massiver flankierender Bauteile von Trennwänden (Rechenwerte)**

Spalte	1	2	3
Zeile	Flächen-bezogene Masse m' kg/m^2	$R_{L,w,R}$ dB Decken	$R_{L,w,R}$ dB Längswände
1	100	41	43
2	200	51	53
3	300	56	58
4	350	58	60
5	400	60	62

6.4   Massivdecken mit Unterdecken als flankierende Bauteile über Trennwänden

6.4.1   Übertragungswege

Bei Unterdecken erfolgt die Übertragung von Luftschall hauptsächlich über den Deckenhohlraum, wobei neben der Hohlraumhöhe (Abhängehöhe) die Dichtheit der Unterdecke an beiden Seiten der Trennwand und die Hohlraumdämpfung von Bedeutung sind.

Die Hohlraumdämpfung (Dämmstoffauflage, Mindestdicke 50 mm) ist im Regelfall vollflächig auszuführen, wobei Faserdämmstoffe nach DIN 18165 Teil 1, Anwendungstyp W-w und WL-w, mit einem längenbezogenen Strömungswiderstand $\Xi \geq 5\,\text{kN} \cdot \text{s/m}^4$ zu verwenden sind.

Bei fugenlosen Unterdecken und stärkerer Dämpfung des Hohlraums kann die Körperschallübertragung entlang der Unterdecke überwiegen, sofern das bewertete Schall-Längsdämm-Maß $R_{L,w,R} > 50$ dB beträgt.

Wird der Deckenhohlraum abgeschottet (siehe Abschnitte 6.4.3.2 und 6.4.3.3) kann die Schall-Längsleitung über die Massivdecke von Bedeutung sein. Die Ausführungsbeispiele der folgenden Abschnitte berücksichtigen diese Übertragungswege.

Die Werte in Tabelle 26 gelten für Unterdecken ohne zusätzliche Einbauten (z. B. Deckenleuchten, Lüftungsöffnungen u. a.). Sind solche vorgesehen, so sind sie gesondert zu berücksichtigen. Gegebenenfalls ist die Schalldämmung der Unterdecke mit Einbauten gesondert nachzuweisen.

6.4.2   Unterdecken ohne Abschottung im Deckenhohlraum

6.4.2.1   Allgemeines

Die Trennwand (Unterkonstruktion aus Metall oder Holz) kann an die Unterdecke oder an die Massivdecke angeschlossen werden, wobei Decklage und Tragprofile der Unterdecke unterbrochen und dadurch die Schall-Längs-

Tabelle 26.   **Bewertete Schall-Längsdämm-Maße** $R_{L,w,R}$ **von Unterdecken, Abhängehöhe** h = **400 (Rechenwerte)**
(Maße in mm)

Spalte	1	2	3	4	5
Zeile	Ausführungsbeispiele	Flächen-bezogene Masse der Decklage kg/m²	Bewertetes Schall-Längsdämm-Maß $R_{L,w,R}$ [1]) in dB für folgende vollflächige Mineralfaser-Auflage der Dicke s_D		
			0	50	100
	Unterdecken mit geschlossener Fläche nach Abschnitt 6.4.2.2				
1		≥ 9	40	51	57
2	Ausführung nach Bild 12	≥ 11	43	55	59
3		≥ 22[2])	50	56	−
4	Ausführung nach Bild 13	≥ 11	43	58	−
5	Ausführung nach Bild 14	≥ 22[2])	50	63	−
	Unterdecke mit gegliederter Fläche nach Abschnitt 6.4.2.3				
6		$\geq 4,5$	26	37[3])	45[3])
7	Mineralfaser-Deckenplatten in Einlege-Montage (Ausführung nach Bild 15), Platten mit durchbrochener Oberfläche und ohne oberseitiger Dichtschicht	≥ 6	28	40[3])	48[3])
8		≥ 8	31	43[3])	52[3])
9		≥ 10	33	44[3])	54[3])
10		$\geq 4,5$	30	43[3])	52[3])
11	Mineralfaser-Deckenplatten in Einlege-Montage (Ausführung nach Bild 15), Platten mit unterseitig geschlossener Oberfläche oder mit oberseitiger Dichtschicht	≥ 6	35	48[3])	57[3])
12		≥ 8	40	53[3])	60[3])
13		≥ 10	44	57[3])	−
14	Leichtspan-Schallschluckplatten nach DIN 68762, oberseitig Papier aufgeklebt, Mineralfaser-Auflage nur in Plattenstücken auf den Leichtspanplatten (Ausführung nach Bild 16)	≥ 8	−	43	52[3])
15	Metall-Deckenplatten (Ausführung nach Bild 17)	≥ 8	28	44	51[3])

[1]) Bei $R_{L,w,R} \geq 55$ dB ist die Decklage im Anschlußbereich der Trennwand durch eine Fuge zu trennen.
[2]) Decklage ist zweilagig auszuführen.
[3]) Wenn die Mineralfaser-Auflage in Form einzelner Plattenstücke und nicht vollflächig aufgelegt wird, sind bei Unterdecken aus Mineralfaser-Deckenplatten und Stahlblechdecken von den oben genannten $R_{L,w,R}$-Werten folgende Korrekturen vorzunehmen:
 − 6 dB bei 100 mm Auflage,
 − 4 dB bei 50 mm Auflage.

241

leitung verringert werden kann (siehe Bilder 12 bis 14). Die statisch erforderlichen Verbindungen zwischen Trennwand und Unterdecke oder Massivdecke können im Regelfall beim Schall-Längsdämm-Maß unberücksichtigt bleiben.

Tabelle 26 enthält Rechenwerte für das bewertete Schall-Längsdämm-Maß $R_{L,w,R}$ für Unterdecken ohne Abschottung im Deckenhohlraum und einer Abhängehöhe von 400 mm. Bei größerer Abhängehöhe sind die Werte der Tabelle 26 nach Tabelle 27 abzumindern.

Tabelle 27.   **Abminderung des bewerteten Schall-Längs-dämm-Maßes $R_{L,w,R}$ von Unterdecken mit Absorberauflage für Abhängehöhe über 400 (Rechenwerte) (Maße in mm)**

Spalte	1	2
Zeile	Abhängehöhe h	Abminderung für $R_{L,w,R}$ dB
1	400	0
2	600	2
3	800	5
4	1000	6
Hohlraumdämpfung, mindestens 50 mm dick, ausgeführt über die gesamte Fläche der Unterdecke		

6.4.2.2   Unterdecken mit geschlossener Fläche
Zu verwenden sind Platten mit geschlossener Fläche, z. B. Gipskartonplatten nach DIN 18180, Dicke ≤ 15 mm, oder Spanplatten (Flachpreßplatten) nach DIN 68763, Dicke ≤ 16 mm, die fugendicht (z. B. durch Nut-Feder-Verbindung) verbunden werden. Gipskartonplatten werden nach DIN 18181 (z. Z. Entwurf) verarbeitet und im Regelfall an den Fugen verspachtelt. Die Unterkonstruktion kann aus Holzlatten oder C-Deckenprofilen aus Stahlblech nach DIN 18182 Teil 1 bestehen.

6.4.2.3   Unterdecken mit gegliederter Fläche
Im Regelfall handelt es sich um elementierte Wand- und Deckensysteme (z. B. Decken mit Bandprofilen), wobei die Trennwände an Unterdecken mit Bandprofilen angeschlossen werden. Ausführungsbeispiele mit Rechenwerten sind in Tabelle 26 enthalten, für

– Mineralfaser-Deckenplatten (Norm in Vorbereitung), Rohdichte ≥ 300 kg/m³, mit oder ohne ober- oder unterseitiger Dichtschicht,

– Spanplatten für Sonderzwecke nach DIN 68762, Typ LF (Leichtspan-Schallschluckplatten), flächenbezogene Masse ≥ 5 kg/m², Plattendicke etwa 18 mm, Abdichtung aus Natron-Kraftpapier (etwa 80 g/m²) auf der Plattenoberseite,

– Metalldeckenplatten aus vierseitig aufgekanteten Elementen aus 0,5 mm dickem Stahl- oder Aluminiumblech, bei denen im Regelfall zwei Stirnseiten eine Auflagekantung erhalten und die Längsseiten nach innen gekantet sind. Die Sichtfläche des Plattenelementes kann perforiert oder glatt ausgeführt sein. Zum Zweck der Schallabsorption sind perforierte Platten mit Faserdämmstoff nach DIN 18165 Teil 1 hinterlegt. Zum Zweck der Schalldämmung ist rückseitig eine Schwerauflage als Abdeckung angeordnet (z. B. Gipskarton oder Stahlblech mit einer flächenbezogenen Masse von ≥ 6 kg/m²). Die Metalldeckenplatten sind dicht zu stoßen.

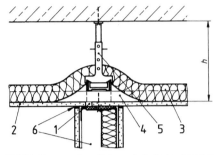

Bild 12.   Trennwandanschluß an Unterdecke, Decklage durchlaufend (Für $R_{L,w,R}$ ≥ 55 dB ist eine Trennung erforderlich, z. B. durch Fugenschnitt.)

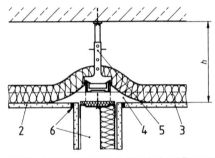

Bild 13.   Trennwandanschluß an Unterdecke mit Trennung der Decklage

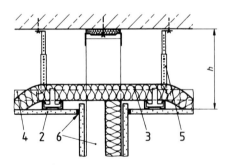

Bild 14.   Trennwandanschluß an Massivdecke mit Trennung der Unterdecke in Decklage und Unterkonstruktion

Erklärungen zu den Bildern 12 bis 14:

Anmerkung: In den Bildern 12 bis 14 sind Ausführungsbeispiele für Unterdecken mit geschlossener Fläche dargestellt.

1   Beim Schall-Längsdämm-Maß $R_{L,w,R}$ ≥ 55 dB ist die Decklage im Anschlußbereich der Trennwand durch eine Fuge zu trennen.

2   Gipskartonplatten mit geschlossener Fläche nach DIN 18180, verarbeitet nach DIN 18181 (z. Z. Entwurf), oder Spanplatten nach DIN 68763

3 Faserdämmstoff nach DIN 18 165 Teil 1, längenbezogener Strömungswiderstand $\Xi \geq 5\,kN \cdot s/m^4$

4 Die Unterkonstruktion aus Holzplatten oder Deckenprofilen aus Stahlblech nach DIN 18 182 Teil 1, Achsabstände ≥ 400 mm, kann durchlaufen

5 Abhänger nach DIN 18 168 Teil 1

6 Trennwand als zweischalige Einfach- oder Doppelständerwand mit dichtem Anschluß durch Verspachtelung, dicht gestoßenen Schalen oder durch Verwendung einer Anschlußdichtung.

Die Deckenplatten werden in Einlegemontage oder mit Klemmbefestigung auf entsprechend ausgebildete dünnwandige, kaltverformte und gegen Korrosion geschützte Profile aus Stahlblech oder Aluminium gelegt, eingehängt oder eingeklemmt und gegebenenfalls mit der Unterkonstruktion verriegelt, wobei die Profile sichtbar bleiben können.

Die durch Auflegen der Platten abgedeckten Fugen zwischen Montageprofil und Platten werden im allgemeinen nicht zusätzlich abgedichtet.

Wenn eine Hohlraumdämpfung erforderlich ist, sind als Auflage Faserdämmstoffe nach DIN 18 165 Teil 1 mit einem längenbezogenen Strömungswiderstand $\Xi \geq 5\,kN \cdot s/m^4$ zu verwenden.

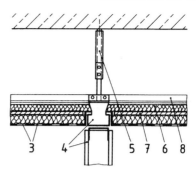

Bild 17. Unterdecke mit Bandprofilen und perforierten Metall-Deckenplatten in Einlegemontage

Erklärungen zu den Bildern 15 bis 17:

Anmerkung: In den Bildern 15 bis 17 sind Ausführungsbeispiele für Unterdecken mit gegliederter Fläche dargestellt.

1 Mineralfaser-Deckenplatten in Einlegemontage

2 Leichtspan-Schallschluckplatten nach DIN 68 762

3 Perforierte Metall-Deckenplatten mit Einlage aus Faserdämmstoff nach DIN 18 165 Teil 1

4 Trennwand aus biegeweichen Schalen mit dichtem Anschluß an Deckenzarge

5 Unterkonstruktion der Unterdecke mit Abhänger nach DIN 18 168 Teil 1

6 Hohlraumdämpfung aus Faserdämmstoff nach DIN 18 165 Teil 1, längenbezogener Strömungswiderstand $\Xi \geq 5\,kN \cdot s/m^4$

7 Schwerauflage, z. B. aus Gipskartonplatten nach DIN 18 180 oder Stahlblech; die Schwerauflage kann auch auf die Stirnseiten der Plattenkonstruktion gelegt werden

8 Rostwinkel zur Fixierung der Zargenabstände

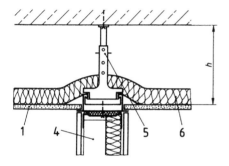

Bild 15. Unterdecke mit Bandprofilen und Mineralfaser-Deckenplatten in Einlegemonatage

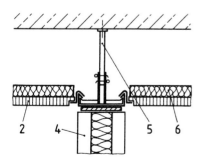

Bild 16. Unterdecke mit Bandprofilen und Leichtspan-Schallschluckplatten in Einlegemontage

6.4.3 Unterdecken mit Abschottung im Deckenhohlraum

6.4.3.1 Allgemeines

Werden die Trennwände nur bis zur Unterdecke (z. B. Bandrasterdecke) geführt, kann die Luftschallübertragung im Deckenhohlraum durch eine Abschottung des Deckenhohlraumes über den Trennwänden vermindert werden.

Die Dämmwirkung einer Abschottung kann durch Undichtigkeiten an den Anschlüssen der Abschottung und durch Rohrdurchführungen beeinträchtigt werden.

6.4.3.2 Abschottung durch Plattenschott

Bei dichter Ausführung des Plattenschotts nach Bild 18 oder bei Ausführung der Trennwand bis Unterkante Massivdecke nach Bild 19 darf das bewertete Schall-Längsdämm-Maß der Unterdecke mit einem Zuschlag von 20 dB versehen werden. Die Summe aus Schall-Längsdämm-Maß der Unterdecke und Zuschlag darf $R_{L,w,R}$ 60 dB nicht überschreiten.

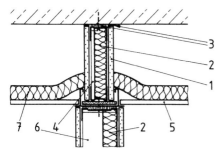

Bild 18. Ausführungsbeispiel für die Abschottung des Deckenhohlraumes durch ein Plattenschott

Erklärungen zu Bild 18:

1 Gipskartonplatten nach DIN 18180, verarbeitet nach DIN 18181 (z. Z. Entwurf), Fugen verspachtelt

2 Hohlraumdämpfung aus Faserdämmstoff nach DIN 18165 Teil 1, längenbezogener Strömungswiderstand $\Xi \geq 5\,kN \cdot s/m^4$, Mindestdicke 40 mm

3 Dichte Anschlußausführung durch Verspachtelung oder durch Verwendung einer Anschlußdichtung

4 Unterkonstruktion der Unterdecke, z. B. Bandrasterprofil

5 Decklage der Unterdecke aus Platten mit geschlossener Fläche nach Abschnitt 6.4.2.2 oder Schallschluckplatten nach Abschnitt 6.4.2.3 mit porösem oder durchbrochener (gelochter) Struktur

6 Trennwand aus biegeweichen Schalen mit dichtem Anschluß an die Unterdecke

7 Hohlraumdämpfung aus Faserdämmstoff nach DIN 18165 Teil 1, längenbezogener Strömungswiderstand $\Xi \geq 5\,kN \cdot s/m^4$, Mindestdicke 50 mm

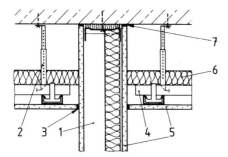

Bild 19. Ausführungsbeispiel für den Anschluß der Trennwand an die Massivdecke
Die bis zur Massivdecke hochgezogene Beplankung wirkt als Abschottung des Deckenhohlraumes

Erklärungen zu Bild 19:

1 Trennwand als zweischalige Einfach- oder Doppelständerwand mit fugendicht ausgeführter Beplankung sowie dichten Anschlüssen an Unterdecke und Massivdecke (gleitender Deckenanschluß)

2 Abhänger für Unterdecke nach DIN 18168 Teil 1

3 Fugendichter Anschluß der Unterdecke an die Trennwand, z. B. durch Anschlußprofil oder Anschlußdichtung (Verspachtelung, elastischer Fugenkitt)

4 Unterkonstruktion aus C-Deckenprofil aus Stahlblech nach DIN 18182 Teil 1

5 Dichte Decklage der Unterkonstruktion bzw. der Beplankung der Wand, $m' \geq 10\,kg/m^2$, z. B. aus Gipskartonplatten (mit dichten Fugen), nach DIN 18181 (z. Z. Entwurf) ausgeführt

6 Faserdämmstoff nach DIN 18165 Teil 1, längenbezogener Strömungswiderstand $\Xi \geq 5\,kN \cdot s/m^4$, Dicke = 50 mm, vollflächig als Deckenlage aufgebracht

7 Deckenanschluß mit Anschlußdichtung aus Faserdämmstoff mit Fugenverspachtelung (elastischer Fugenkitt)

6.4.3.3 Abschottung durch Absorberschott
Bei Ausführung eines Absorberschotts wird der Deckenhohlraum über dem Trennwandanschluß bis zur Massivdecke mit Faserdämmstoff nach DIN 18165 Teil 1 dicht ausgestopft. Die Dämmwirkung des Absorberschotts wird mit zunehmender Breite b größer.
In Tabelle 28 sind die in Abhängigkeit von der Breite des Absorberschotts zu erreichenden Verbesserungen $\Delta R_{L,w,R}$ für Unterdecken nach Tabelle 26 angegeben. Die Summe aus den in Tabelle 26 angegebenen Werten für $R_{L,w,R}$ und den $\Delta R_{L,w,R}$-Werten aus Tabelle 28 darf höchstens 60 dB betragen.

6.5 Massivdecken als flankierende Bauteile unter Trennwänden
6.5.1 Massivdecken mit Verbundestrich oder Estrich auf Trennschicht
Für Massivdecken mit Verbundestrich oder Estrich auf Trennschicht gelten die Werte der Tabelle 25, wobei die flächenbezogene Masse des Verbundestrichs nach DIN 18560 Teil 3 (z. Z. Entwurf) oder eines Estrichs auf Trennschicht nach DIN 18560 Teil 4 (z. Z. Entwurf) zu berücksichtigen sind.

6.5.2 Massivdecken mit schwimmendem Estrich
Tabelle 29 enthält Ausführungsbeispiele mit Rechenwerten für das bewertete Schall-Längsdämm-Maß $R_{L,w,R}$ von schwimmenden Estrichen nach DIN 18560 Teil 2 bei verschiedener Ausbildung der Anschlüsse an die Trennwand. Die Angaben in Tabelle 29 gelten auch für Trennwände in Holzbauart.
Die Ausführung nach Tabelle 29, Zeile 1, mit unter der Trennwand durchlaufendem Estrich ohne Trennfuge sollte nur bei geringen Anforderungen an die Schalldämmung der Trennwand verwendet werden.
Zur Minderung der Trittschallübertragung sollte anstelle eines durchlaufenden schwimmenden Estrichs ein weichfedernder Bodenbelag verwendet werden. Dieser sollte im Bereich Trennwand getrennt und beidseitig hochgezogen werden.

6.6 Holzbalkendecken als flankierende Bauteile von Trennwänden
Die bewerteten Schall-Längsdämm-Maße $R_{L,w,R}$ nach Tabelle 30 gelten für Deckenkonstruktionen nach Tabelle 34.

6.7 Innenwände als flankierende Bauteile von Trennwänden
6.7.1 Biegesteife Innenwände
Als Rechenwerte gelten die bewerteten Schall-Längsdämm-Maße $R_{L,w,R}$ in Tabelle 25, für biegesteife Wände mit biegeweichen Vorsatzschalen nach Tabelle 7 gelten die Werte der Tabelle 31.

Tabelle 28.   **Verbesserungsmaße** $\Delta R_{L,w,R}$ **des bewerteten Schall-Längsdämm-Maßes** $R_{L,w,R}$ **von Unterdecken nach Tabelle 26 durch ein Absorberschott (Rechenwerte)** (Maße in mm)

Spalte	1	2	3
Zeile	Ausführungsbeispiel	Mindest-breite des Absorber-schotts b	$\Delta R_{L,w,R}$ dB
1		300	12
2		400	14
3		500	15
4		600	17
5		800	20
6		1000	22

1 Absorberschott aus Faserdämmstoff nach DIN 18165 Teil 1, längenbezogener Strömungswiderstand $\Xi \geq 8\,kN \cdot s/m^4$, mit der Breite b.

6.7.2   Montagewände aus Gipskartonplatten nach DIN 18183

Für die Ausführung der Trennwand und flankierenden Wand gelten sinngemäß die Angaben nach Abschnitt 6.1.1. Rechenwerte für das bewertete Schall-Längsdämm-Maß $R_{L,w,R}$ enthält Tabelle 32 für die dort angegebenen Anschlußarten.

6.7.3   Flankierende Wände in Holzbauart

Für flankierende Wände in Holzbauart gelten die bewerteten Schall-Längsdämm-Maße $R_{L,w,R}$ nach Tabelle 33. Die biegeweichen Schalen können aus Spanplatten nach DIN 68763, Dicke $\leq$ 16 mm, und/oder Gipskartonplatten nach DIN 18180, Dicke $\leq$ 15 mm, bestehen. Montagewände aus Gipskartonplatten sind nach DIN 18183 auszuführen.

6.8   Außenwände als flankierende Bauteile von Trennwänden

6.8.1   Allgemeines

Außenwände und Vorhangfassaden sind so zu gestalten, daß für den Anschluß der Trennwände eine ausreichende Anschlußbreite vorhanden ist. Durchlaufende Vorhang- oder Fensterfassaden sollen im Anschlußquerschnitt der Trennwand durch Trennfugen unterbrochen werden.

6.8.2   Biegesteife Außenwände

Für das bewertete Schall-Längsdämm-Maß $R_{L,w,R}$ gelten die Angaben in Tabelle 25, bei Anordnung von Vorsatzschalen die Angaben der Tabelle 31. Bei durchgehenden Brüstungen darf wegen des kleineren übertragenden Flächenanteils zu diesen $R_{L,w,R}$-Werten folgender Wert addiert werden:

$$10\lg\frac{h_R}{h_B}\,dB \qquad (11)$$

Hierin bedeuten:

h_R Raumhöhe

h_B Brüstungshöhe

6.8.3   Leichte Außenwände mit Unterkonstruktion

Für Außenwände aus biegeweichen Schalen und Unterkonstruktionen aus Holz oder Stahlblechprofilen nach DIN 18182 Teil 1, einschließlich Fenster, gilt als Rechenwert das bewertete Schall-Längsdämm-Maß $R_{L,w,R} = 50\,dB$ ohne weiteren Nachweis.

7   Luftschalldämmung in Gebäuden in Skelett- und Holzbauart bei vertikaler Schallübertragung; Ausführungsbeispiele

7.1   Trenndecken

Die Luftschallübertragung in vertikaler Richtung ist bei Skelettbauten mit Massivdecken von untergeordneter Bedeutung, wenn die Außenwand im Bereich der Massivdecke unterbrochen ist. Im Einzelfall ist zu prüfen, ob eine Übertragung entlang der Außenwand, z. B. Vorhangfassade, erfolgt. Im Zweifelsfall ist ein Nachweis durch Messung erforderlich.

7.1.1   Massivdecken ohne Unterdecken

Für den Nachweis der Anforderungen an die resultierende Schalldämmung (Luftschalldämmung) nach Abschnitt 5 dürfen als Rechenwerte $R_{w,R}$ verwendet werden:

— Meßwerte $R_{w,R}$ nach DIN 52210 Teil 2, abzüglich Vorhaltemaß von 2 dB,

— in Annäherung auch Rechenwerte $R'_{w,R}$ nach Tabelle 12, Spalten 2 und 3,

— in Annäherung auch Meßwerte $R'_{w,P}$ nach DIN 52210 Teil 2, abzüglich Vorhaltemaß von 2 dB.

Tabelle 29.   **Bewertetes Schall-Längsdämm-Maß** $R_{L,w,R}$ **von schwimmenden Estrichen nach DIN 18 560 Teil 2 (Rechenwerte)**

Spalte	1	2	3
		$R_{L,w,R}$ dB	
Zeile	Ausführungsbeispiele	Zement-, Anhydrit- oder Magnesia- estrich	Gußasphalt- estrich
1	durchlaufender Estrich	38	44
2	Estrich mit Trennfuge		55
3	Estrich durch Trennwandanschluß konstruktiv getrennt		70

1   Trennwand als Einfach- oder Doppelständerwand mit Unterkonstruktion aus Holz oder Metall oder elementierte Trenn-
    wand; Anschluß am Estrich ist mit Anschlußdichtung abgedichtet

2   Estrich

3   Faserdämmstoff nach DIN 18 165 Teil 2, Anwendungstyp T oder TK

4   Flächenbezogene Masse der Massivdecke $m' \geq 300\,\text{kg/m}^2$

Tabelle 30.   **Bewertetes Schall-Längsdämm-Maß** $R_{L,w,R}$ **von flankierenden Holzbalkendecken (F) (Rechenwerte)**

Spalte	1	2	3
Zeile	Ausführung	Flankierende Holzbalkendecke (F) Anschluß an Trennwand (T)	$R_{L,w,R}$ dB
		Längsleitung über Deckenunterseite	
1	Trennwand parallel zu Deckenbalken		48
2	Deckenbekleidung im Anschlußbereich unterbrochen (S)		51
3	Trennwand rechtwinklig zum Deckenbalken		48
4	Deckenbekleidung im Anschlußbereich unterbrochen		51

Fortsetzung der Tabelle Seite 40

247

Tabelle 30.   (Fortsetzung)

Spalte	1	2	3
Zeile	Ausführung	Flankierende Holzbalkendecke (F) Anschluß an Trennwand (T)	$R_{\mathrm{L,w,R}}$ dB
		Längsleitung über Deckenoberseite	
5	Fußboden: Spanplatten auf 25 mm Mineralfaserplatten Trennwand rechtwinklig oder parallel zum Deckenbalken		65
6	Spanplatten der Deckenoberseite durchlaufend		48

7.1.2 Massivdecken mit Unterdecken

Für Massivdecken mit Unterdecken kann ohne weiteren Nachweis eine Verbesserung des bewerteten Schalldämm-Maßes von 10 dB gegenüber der Massivdecke zugrunde-gelegt werden, wenn die Unterdecke für sich allein ein bewertetes Schalldämm-Maß ≥ 15 dB aufweist und die Abhängehöhe $h \geq 200$ mm beträgt. Die Unterdecken nach Tabelle 26 erfüllen diese Anforderungen. Die Dämmstoff-auflage aus Faserdämmstoffen nach DIN 18165 Teil 1, längenbezogener Strömungswiderstand $\varXi \geq 5$ kN · s/m^4, muß vollflächig über die ganze Deckenfläche ausgeführt und mindestens 50 mm dick sein.

7.1.3 Holzbalkendecken

Für Holzbalkendecken gelten die bewerteten Schalldämm-Maße $R_{\mathrm{w,R}}$ und $R'_{\mathrm{w,R}}$ nach Tabelle 34.

Die Angaben für $R'_{\mathrm{w,R}}$ gelten unter der Voraussetzung, daß als flankierende Wände Konstruktionen nach Tabellen 23 und 24 verwendet werden, die in der Deckenebene unter-brochen sind.

7.2 Flankierende Wände von Trenndecken

7.2.1 Bauten mit Massivdecken

Bei Bauten mit Massivdecken kann die Luftschallübertra-gung über die inneren flankierenden Bauteile vernachläs-sigt werden, wenn deren Längsleitung durch die Massiv-decke unterbrochen ist.

Für Außenwände, z. B. als Vorhangfassaden ohne Unter-brechung durch die Massivdecke von Geschoß zu Geschoß durchlaufen, gilt Abschnitt 6.8 sinngemäß.

7.2.2 Bauten mit Holzbalkendecken

Für innere und äußere flankierende Wände mit Unterkon-struktion aus Holz oder Metall in Bauten mit Holzbalken-decken gilt als Rechenwert das bewertete Schall-Längs-dämm-Maß $R_{\mathrm{L,w,R}} = 65$ dB, wenn diese Wände durch die Holzbalkendecke unterbrochen sind und kein direkter Kon-takt zwischen der oberen und unteren Wand besteht.

Für Vorhangfassaden in der Bauart nach Tabelle 33, Zeile 5, gilt bei abgedichteter Stoßunterbrechung in Höhe der Holz-balkendecke der Rechenwert $R_{\mathrm{L,w,R}} = 50$ dB.

8 Trittschalldämmung in Gebäuden in Skelett- und Holzbauart

8.1 Nachweis der Trittschalldämmung

8.1.1 Massivdecken

Der bewertete Norm-Trittschallpegel $L'_{\mathrm{n,w,R}}$ (das Tritt-schallschutzmaß TSM_{R}) von Massivdecken wird für einen unter einer Decke liegenden Raum nach Abschnitt 4 berechnet.

Abweichend von Abschnitt 4.1 können für Decken mit Unterdecken nach Abschnitt 7.1.2 für den äquivalenten bewerteten Norm-Trittschallpegel $L_{\mathrm{n,w,eq,R}}$ (das äquiva-lente Trittschallschutzmaß $TSM_{\mathrm{eq,R}}$) nach Tabelle 16, Spalte 3, Werte für Massivdecken ohne Unterdecke abzüg-lich 10 dB (beim $TSM_{\mathrm{eq,R}}$ zuzüglich 10 dB), angesetzt wer-den; durch Eignungsprüfungen können höhere Werte fest-gestellt werden.

8.1.2 Holzbalkendecken

Ausführungsbeispiele sind in Tabelle 34 enthalten.

Für andere Holzbalkendecken ist der Nachweis der Trittschalldämmung durch Eignungsprüfung nach DIN 4109/11.89, Abschnitt 6.3, zu führen.

Tabelle 31. **Bewertetes Schall-Längsdämm-Maß** $R_{L,w,R}$ **von flankierenden, biegesteifen Wänden mit biegeweicher Vorsatzschale nach Tabelle 7 (Rechenwerte)** (Maße in mm)

Spalte	1	2	3
Zeile	Ausführungsbeispiele	Flächenbezogene Masse der biegesteifen Wand kg/m²	$R_{L,w,R}$ dB
Angesetzte durchgehende Vorsatzschale nach DIN 18181 (z. Z. Entwurf) aus Faserdämmstoff nach DIN 18165 Teil 1			
1		100 200 250 300 400	53 57 57 58 58
Freistehende Vorsatzschale nach DIN 18183, Vorsatzschale durch Trennwandanschluß unterbrochen			
2		100 200 250 300 400	63 70 71 72 73

1 Trennwand als Einfach- oder Doppelständerwand mit Unterkonstruktion aus Holz oder Metall nach DIN 18183; mit Anschlußdichtung an biegesteifer Schale (Massivwand); biegeweiche Vorsatzschale an Trennwandanschluß unterbrochen
2 Trennwand wie 1, jedoch an der biegeweichen Schale angeschlossen
3 Hohlraumdämpfung aus Faserdämmstoff nach DIN 18165 Teil 1, längenbezogener Strömungswiderstand $\Xi \geq 5\,kN \cdot s/m^4$
4 Biegeweiche Vorsatzschale, z. B. aus Gipskartonplatten nach DIN 18180, verarbeitet nach DIN 18181 (z. Z. Entwurf), Fugen verspachtelt ($m' = 10\,kg/m^2$ bis 15 kg/m²)
5 Faserdämmstoff nach DIN 18165 Teil 1, Anwendungstyp WV, längenbezogener Strömungswiderstand $\Xi \geq 5\,kN \cdot s/m^4$ und einer dynamischen Steifigkeit $s' \geq 5\,MN/m^3$
6 Massivwand

Tabelle 32. **Bewertetes Schall-Längsdämm-Maß** $R_{L,w,R}$ **von Montagewänden aus 12,5 mm dicken Gipskartonplatten in Ständerbauart nach DIN 18183 (Rechenwerte)** (Maße in mm)

Spalte	1	3	4
Zeile	Trennwand-Anschluß	Beplankung der Innenseite der flankierenden Wand, Anzahl der Lagen	$R_{L,w,R}$ dB
	Durchlaufende Beplankung der flankierenden Wand		
1		1	53
2		2	57 1)
	Beplankung und Ständerkonstruktion der flankierenden Wand im Anschlußbereich der Trennwand unterbrochen		
3		1	73
4		2	> 75

1 Trennwand als Einfach- oder Doppelständerwand nach DIN 18183.

2 Flankierende Wand als Einfach- oder Doppelständerwand mit einlagiger bzw. zweilagiger Beplankung aus Gipskartonplatten nach DIN 18180, Dicke 12,5 mm, verarbeitet nach DIN 18181 (z. Z. Entwurf), mit verspachtelten Fugen und dichtem Anschluß an die flankierende Wand. Der Abstand der Schalen beträgt $s \geq 50$ mm.

3 Hohlraumdämpfung aus Faserdämmstoff nach DIN 18165 Teil 1, längenbezogener Strömungswiderstand $\Xi \geq 5$ kN · s/m⁴

1) Bei $R_{L,w,R} \geq 55$ dB ist die Schale im Anschlußbereich zur Trennwand durch eine Fuge zu trennen.

Tabelle 33.   **Bewertetes Schall-Längsdämm-Maß** $R_{L,w,R}$ **von Wänden in Holzbauart in horizontaler Richtung (Rechenwerte)**

Spalte	1	2	3
Zeile	Ausführung	Flankierende Wand (F) Anschluß an Trennwand (T)	$R_{L,w,R}$ dB
1	ohne Dämmschicht im Gefach		48
2	mit Dämmschicht im Gefach		50
3	zweilagige raumseitige Beplankung		54
4	raumseitige Beplankung im Anschlußbereich unterbrochen (S)		54
5	Elemente im Anschlußbereich gestoßen (ES)		54 [1]

[1] Beim Anschluß einer Doppelständerwand nach Tabelle 24, Zeilen 4 bis 8, als Trennwand darf als Rechenwert $R_{L,w,R}$ = 62 dB verwendet werden, wenn durch konstruktive Maßnahmen, z. B. Einlegen eines Faserdämmstoffes, sichergestellt ist, daß im Elementstoß (ES) kein direkter Kontakt zwischen den beiden Teilen der flankierenden Wand auftritt.

Tabelle 34.   Bewertete Schalldämm-Maße $R_{w,R}$ und $R'_{w,R}$ und bewerteter Norm-Trittschallpegel $L'_{n,w,R}$ von Holzbalkendecken (Rechenwerte) (Maße in mm)

Spalte	1	2	3	4	5	6	7	8
			Unterdecke		$R_{w,R}$	$R'_{w,R}$	$L'_{n,w,R}$ (TSM_R)	$L'_{n,w,R}$ (TSM_R)
Zeile	Ausführungsbeispiele [1]	Fußboden auf oberer Balkenabdeckung	Anschluß Holzlatten an Balken	Anzahl der Lagen			ohne Bodenbelag	Bodenbelag mit $\Delta L_{w,R}$ (VM_R) ≥ 26 dB
					dB	dB	dB	dB
1		Spanplatten auf mineralischem Faserdämmstoff	direkt verbunden	1	53	50	64 (−1)	56 (7)
2		Spanplatten auf mineralischem Faserdämmstoff	über Federbügel oder Federschiene	1	57	54	56 (7)	49 (14)

46 (17)	44 (19)
53 (10)	51 (12)
57	57
62	65
2	1
über Federbügel oder Federschiene	über Federbügel oder Federschiene
Spanplatten auf mineralischem Faserdämmstoff	Spanplatten auf Lagerhölzern

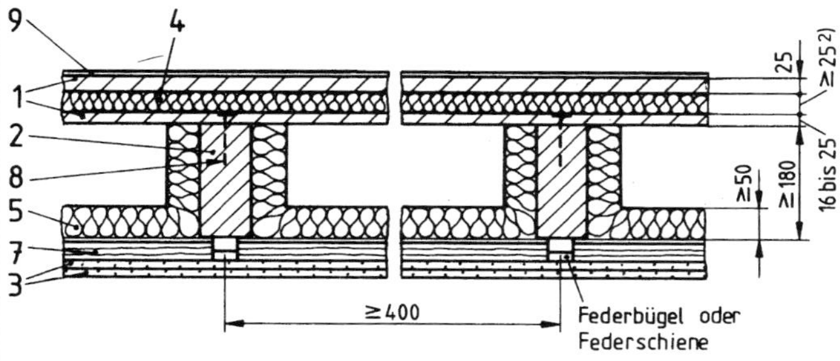

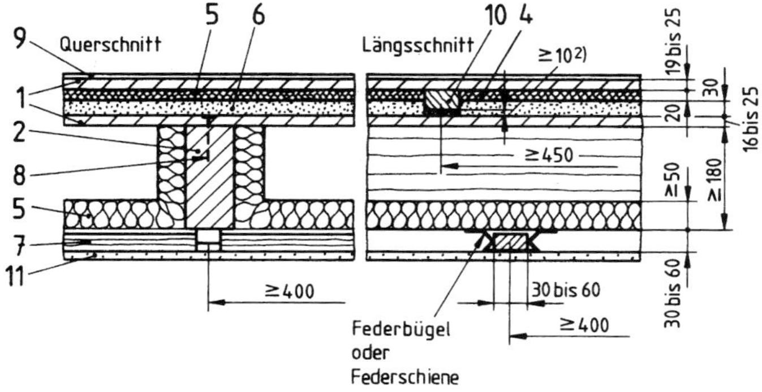

≥25 (≥25²)   16 bis 25   ≥180   ≥50

Federbügel oder Federschiene

≥400

Querschnitt

9 1 2 8 5 7 3

3

16 bis 25   30   ≥180
25 bis 19   20   ≥50   30 bis 60

≥10²)   ≥450   30 bis 60   ≥400

10 4

Längsschnitt

Federbügel oder Federschiene

≥400

5 6

Querschnitt

9 1 2 8 5 7 11

4

Erklärungen und Fußnoten siehe Seite 47

253

Tabelle 34. (Fortsetzung)

Spalte	1	2	3	4	5	6	7	8
			Unterdecke				$L'_{n,w,R}$ (TSM_R) dB	
	Ausführungsbeispiele [1]	Fußboden auf oberer Balkenabdeckung	Anschluß Holzlatten an Balken	Anzahl der Lagen	$R_{w,R}$ dB	$R'_{w,R}$ dB	ohne Bodenbelag	Bodenbelag mit $\Delta L_{w,R}$ (VM_R) ≥ 26 dB
Zeile								
5		Schwimmender Estrich auf mineralischem Faserdämmstoff	über Federbügel oder Federschiene	1	65	57	51 (12)	44 (19)
6			direkt verbunden	1	60	54	56 (7)	49 (14)
7		Spanplatten auf mineralischem Faserdämmstoff und Betonplatten	—	—	63	55	53 (10)	46 (17)

1 Spanplatte nach DIN 68 763, gespundet oder mit Nut und Feder
2 Holzbalken
3 Gipskartonplatten nach DIN 18 180
4 Trittschalldämmplatte nach DIN 18 165 Teil 2, Anwendungstyp T oder TK, dynamische Steifigkeit $s' \leq 15\,MN/m^3$
5 Faserdämmstoff nach DIN 18 165 Teil 1, längenbezogener Strömungswiderstand $\Xi \geq 5\,kN \cdot s/m^4$
6 Trockener Sand
7 Unterkonstruktion aus Holz, Achsabstand der Latten $\geq 400\,mm$, Befestigung über Federbügel nach Bild 6 oder Federschiene nach Bild 7, kein fester Kontakt zwischen Latte und Balken. Ein weichfedernder Faserdämmstreifen darf zwischengelegt werden. Andere Unterkonstruktionen dürfen verwendet werden, wenn nachgewiesen ist, daß sie sich hinsichtlich der Schalldämmung gleich oder besser als die hier angegebene Ausführung verhalten.
7a Holzlatten, Achsabstand $\geq 400\,mm$, direkte Befestigung an den Balken mit mechanischen Verbindungsmitteln
8 Mechanische Verbindungsmittel oder Verleimung
9 Bodenbelag
10 Lagerholz 40 mm × 60 mm
11 Gipskartonplatten nach DIN 18 180, 12,5 mm oder 15 mm dick, Spanplatten nach DIN 68 763, 10 mm bis 13 mm dick, oder verputzte Holzwolle-Leichtbauplatten nach DIN 1101, Dicke $\geq 25\,mm$
12 Betonplatten oder -steine, Seitenlänge $\leq 400\,mm$, in Kaltbitumen verlegt, offene Fugen zwischen den Platten, flächenbezogene Masse mindestens 140 kg/m²
13 Zementestrich

[1]) Bei einer Dicke der eingelegten Dämmschicht, siehe 5, von mindestens 100 mm ist ein seitliches Hochziehen nicht erforderlich.
[2]) Dicke unter Belastung

Tabelle 35. **Ausführungsbeispiele für trennende und flankierende Bauteile bei neben- oder übereinanderliegenden Räumen mit Anforderungen erf. R'_w von 55 dB bis 72 dB**

Spalte	1	2	3	4
Zeile	erf. R'_w dB	Lage der Räume	Trennende Bauteile (Wände, Decken)	Flankierende Bauteile beiderseits des trennenden Bauteils [1])
1		neben-einander	Einschalige, biegesteife Wand, $m' \geq 490\,\text{kg/m}^2$	a) Einschalige, biegesteife Wände, $m' \geq 300\,\text{kg/m}^2$ [2])
2	55	neben-einander	Zweischalige Wand aus einer schweren, biegesteifen Schale, $m' \geq 350\,\text{kg/m}^2$, mit biegeweicher Vorsatzschale auf einer Seite [3])	b) Massivdecke, $m' \geq 300\,\text{kg/m}^3$
3		über-einander	Massivdecke, $m' \geq 300\,\text{kg/m}^2$, mit schwimmendem Estrich [4])	Einschalige, biegesteife Wände, $m' \geq 300\,\text{kg/m}^2$ [2])
4		neben-einander	Einschalige, biegesteife Wand, $m' \geq 580\,\text{kg/m}^2$	a) Einschalige, biegesteife Wände, $m' \geq 250\,\text{kg/m}^2$ [2])
5	57	neben-einander	Zweischalige Wand aus einer schweren, biegesteifen Schale, $m' \geq 450\,\text{kg/m}^2$, mit biegeweicher Vorsatzschale auf einer Seite [3])	b) Massivdecke, $m' \geq 350\,\text{kg/m}^2$
6		über-einander	Massivdecke, $m' \geq 400\,\text{kg/m}^2$, mit schwimmendem Estrich [4])	Einschalige, biegesteife Wände, $m' \geq 300\,\text{kg/m}^2$ [2])
7		neben-einander	Zweischalige Wand mit durchgehender Gebäudetrennfuge [5]), flächenbezogene Masse jeder Schale $m' \geq 160\,\text{kg/m}^2$	Keine Anforderungen
8	62	neben-einander	Dreischalige Wand aus einer schweren, biegesteifen Schale, $m' \geq 500\,\text{kg/m}^2$, mit biegeweicher Vorsatzschale auf beiden Seiten [3])	a) Einschalige, biegesteife Wände, $m' \geq 400\,\text{kg/m}^2$ [2]) b) Massivdecke, $m' \geq 300\,\text{kg/m}^2$
9		über-einander	Massivdecke, $m' \geq 500\,\text{kg/m}^2$, mit schwimmendem Estrich [4]) und biege-weicher Unterdecke [6])	Einschalige, biegesteife Wände, $m' \geq 300\,\text{kg/m}^2$
10		neben-einander	Zweischalige Wand mit durchgehender Gebäudetrennfuge [5]), flächenbezogene Masse jeder Schale $m' \geq 250\,\text{kg/m}^2$	Keine Anforderungen
11	67	neben-einander	Dreischalige Wand aus einer schweren, biegesteifen Schale, $m' \geq 700\,\text{kg/m}^2$m, mit biegeweicher Vorsatzschale auf beiden Seiten [3])	a) Einschalige, biegesteife Wände, $m' \geq 450\,\text{kg/m}^2$ [2]) b) Massivdecke, $m' \geq 450\,\text{kg/m}^2$
12		über-einander	Massivdecke, $m' \geq 700\,\text{kg/m}^2$, mit schwimmendem Estrich [4]) und biege-weicher Unterdecke [6])	Einschalige, biegesteife Wände, $m' \geq 450\,\text{kg/m}^2$ [2])
13	72	neben-einander	Zweischalige Wand mit durchgehender Gebäudetrennfuge [5]), flächenbezogene Masse jeder Schale $m' \geq 370\,\text{kg/m}^2$	Keine Anforderungen
14		über-einander	Bei übereinanderliegenden Räumen kann diese Anforderung ohne besondere Schutz-maßnahmen nicht erfüllt werden.	

[1]) Anstelle der angegebenen einschaligen, flankierenden Wände können auch biegesteife Wände mit $m' \geq 100\,\text{kg/m}^2$ und biegeweicher Vorsatzschale nach Tabelle 7, Gruppe B, verwendet werden.
[2]) Wegen einer möglichen Verringerung der Schalldämmung siehe Abschnitt 3.1.
[3]) Nach Tabelle 7
[4]) Nach Tabelle 17
[5]) Nach Bild 1
[6]) Nach Tabelle 11, Zeilen 7 und 8

9 Haustechnische Anlagen und Betriebe; Nachweis einer ausreichenden Luft- und Trittschalldämmung von Bauteilen zwischen „besonders lauten" und schutzbedürftigen Räumen

9.1 Luftschalldämmung

Die in DIN 4109/11.89, Tabelle 5, genannten Anforderungen an die Luftschalldämmung gelten als erfüllt, wenn eine der in Tabelle 35 enthaltenen Ausführungen angewandt wird. Weitere Ausführungen und Nachweismöglichkeiten sind in den Abschnitten 2, 3, 5, 6 und 7 enthalten.

9.2 Trittschalldämmung

Der bewertete Norm-Trittschallpegel $L'_{n, w, R}$ (das Trittschallschutzmaß TSM_R) ist nach Abschnitt 4 zu ermitteln. In den Fällen, wo Aufenthaltsräume gegen Geräusche aus haustechnischen Anlagen und Betrieben zu schützen sind, läßt sich der bewertete Norm-Trittschallpegel $L'_{n, w, R}$ (das Trittschallschutzmaß TSM_R) der Decken zusammen mit den räumlichen Gegebenheiten näherungsweise wie folgt berechnen:

$$L'_{n, w, R} = L_{n, w, eq, R} - \Delta L_{w, R} - K_T \text{ in dB} \qquad (12)$$
$$(TSM_R = TSM_{eq, R} + VM_R + K_T)$$

Hierin bedeuten:

$L_{n, w, eq, R}$ äquivalenter bewerteter Trittschallpegel der Massivdecke, nach Tabelle 16

$(TSM_{eq, R}$ äquivalentes Trittschallschutzmaß der Massivdecke nach Tabelle 16)

$\Delta L_{w, R}$ Trittschallverbesserungsmaß des schwimmenden Estrichs nach Tabelle 17

$(VM_R$ Trittschallverbesserungsmaß des schwimmenden Estrichs nach Tabelle 17)

K_T Korrekturwert nach Tabelle 36, der die Ausbreitungsverhältnisse zwischen der Anregestelle („besonders lauter" Raum) und dem schutzbedürftigen Raum berücksichtigt.

Der so errechnete Wert von $L'_{n, w, R}$ muß mindestens 2 dB niedriger (beim Trittschallschutzmaß TSM_R mindestens 2 dB höher) sein, als die in DIN 4109 genannte Anforderung erf. $L'_{n, w}$ (erf. TSM).

9.3 Lüftungsschächte und -kanäle

9.3.1 Allgemeines

Durch Schächte und Kanäle (im folgenden nur Schächte genannt), die Aufenthaltsräume untereinander verbinden, kann die Luftschalldämmung des trennenden Bauteils durch Nebenwegübertragung über die Schächte verschlechtert werden.

Die Schallübertragung von Raum zu Raum ist sowohl über die Öffnung der Schächte als auch über die Schachtwände möglich.

Die Schallübertragung durch einen Schacht, der Aufenthaltsräume miteinander verbindet, ist um so geringer,

– je weiter die Schachtöffnungen auseinanderliegen,

– je kleiner der Schachtquerschnitt und die Öffnungsquerschnitte sind,

– je größer das Verhältnis vom Umfang zur Fläche des Schachtquerschnitts ist (ein Querschnitt von der Form eines flachen Rechtecks ist günstiger als ein quadratischer Querschnitt),

– je größer die Schallabsorption der Innenwände des Schachtes ist.

Für die Luftschallübertragung über die Anschlußöffnungen in den Schächten gilt die Anforderung nach DIN 4109/11.89, Abschnitt 3.1, Absatz 4, als erfüllt, wenn der Rechenwert der

---

Tabelle 36. Korrekturwert K_T zur Ermittlung des bewerteten Norm-Trittschallpegels $L'_{n, w, R}$ für verschiedene räumliche Zuordnungen „besonders lauter" Räume (LR) zu schutzbedürftigen Räumen (SR)

Spalte	1	2
Zeile	Lage der schutzbedürftigen Räume (SR)	K_T dB
	Norm-Hammerwerk nach DIN 52 210 Teil 1	
1	unmittelbar unter dem „besonders lauten" Raum (LR) Mikrofon	0
2	neben oder schräg unter dem „besonders lauten" Raum (LR)	+ 5
3	wie Zeile 2, jedoch ein Raum dazwischenliegend	+ 10
4	über dem „besonders lauten" Raum (LR) (Gebäude mit tragenden Wänden)	+ 10
5	über dem „besonders lauten" Raum (LR) (Skelettbau)	+ 20
6	über dem „besonders lauten" Kellerraum (LR)	1)
7	neben oder schräg unter dem „besonders lauten" Raum (LR), jedoch durch Haustrennfuge $(d \geq 50mm)$ getrennt	+ 15

1) Angabe eines K_T-Wertes nicht möglich, es gilt $L'_{n, w, R} = \Delta L_{w, R} - 15$ dB $(TSM_R = VM_R + 15$ dB$)$. $\Delta L_{w, R}$ (VM_R) ist das Trittschallverbesserungsmaß des im Kellerraum verwendeten Fußbodens.

bewerteten Schachtpegeldifferenz $D_{K,w,R}$ folgender Bedingung genügt:

$$D_{K,w,R} \geq \text{erf. } R'_w - 10 \lg \frac{S}{S_K} + 20 \, dB \qquad (13)$$

Hierin bedeuten:

erf. R'_w das vom trennenden Bauteil (Wand oder Decke) geforderte bewertete Schalldämm-Maß

S die Fläche des trennenden Bauteils

S_K die lichte Querschnittsfläche der Anschlußöffnung (ohne Berücksichtigung einer Minderung durch etwa vorhandene Gitterstäbe oder Abdeckungen).

Die Gleichung (13) gilt für den Fall, daß die Anschlußöffnungen mindestens 0,5 m (Achsmaß) von einer Raumecke entfernt liegen. Wird die Entfernung von 0,5 m unterschritten, ist eine um 6 dB höhere Schachtpegeldifferenz erf. $D_{K,w,R}$ erforderlich.

Schächte und Kanäle entsprechen den vorgenannten Anforderungen, wenn sie nach den Abschnitten 9.3.2 bis 9.3.5 ausgebildet werden. Diese Beispiele beschränken sich auf übereinanderliegende Räume mit Anforderungen an das bewertete Schalldämm-Maß erf. R'_w der Decken von 53 dB bis 55 dB nach DIN 4109.

Für andere als in den Abschnitten 9.3.2 bis 9.3.5 beschriebenen Ausführungen von Schächten und Kanälen, z. B.

– aus nicht schallabsorbierenden Werkstoffen (wie glatter Beton, Faserzement, Wickelfalzrohr aus Metall und ähnlichem),

– mit Auskleidungen aus schallabsorbierenden Stoffen,

– mit Ventiltellern oder -kegeln für die Anschlußöffnungen,

ist der Nachweis durch eine Eignungsprüfung (siehe DIN 4109/11.89, Abschnitt 6.3, zu erbringen.

Durch schallabsorbierende Auskleidungen der Schächte und Kanäle sowie durch die Begrenzung der Querschnittsfläche der Anschlußöffnungen darf die Lüftungsfähigkeit nicht unzulässig verringert werden.

9.3.2 Sammelschächte (ohne Nebenschächte)

9.3.2.1 Anschluß in jedem zweiten Geschoß

Sammelschächte ohne Nebenschächte können in jedem zweiten Geschoß einen Anschluß erhalten, wenn

– der Schachtwerkstoff genügend schallabsorbierend ist (z. B. wie bei verputztem Mauerwerk, haufwerksporigem Leichtbeton und ähnlichem),

– der Schachtquerschnitt höchstens 270 cm² beträgt,

– und die Querschnittsfläche der Anschlußöffnung höchstens 180 cm² (ohne Berücksichtigung etwa vorhandener Gitterstege) beträgt.

9.3.2.2 Anschluß in jedem Geschoß

Sammelschächte ohne Nebenschächte können in jedem Geschoß einen Anschluß erhalten, wenn der Schacht nach Abschnitt 9.3.2.1 ausgebildet ist, die Querschnittsfläche der Anschlußöffnung jedoch höchstens 60 cm² beträgt.

9.3.3 Sammelschachtanlagen (mit Nebenschächten)

Sammelschachtanlagen mit einem Hauptschacht und Nebenschächten können in jedem Geschoß einen Anschluß erhalten, wenn der Schachtwerkstoff genügend schallabsorbierend ist (z. B. unverputztes Mauerwerk, haufwerksporiger Leichtbeton und ähnliches).

9.3.4 Einzelschächte und Einzelschachtanlagen

Einzelschächte bzw. Einzelschachtanlagen nach DIN 18 017 Teil 1 sind erforderlich, wenn

– der Schachtwerkstoff nicht schallabsorbierend ist (z. B. bei gefügedichtem Beton),

– der Schacht nicht schallabsorbierend ausgekleidet ist oder

– die Querschnittsfläche der Anschlußöffnung mehr als 270 cm² beträgt.

Bei Einzelschachtanlagen mit dünnwandigen Kanälen (z. B. Faserzement-Rohre, Wickelfalzrohr aus Metall und ähnlichem) ist bei nebeneinanderliegenden Schächten ein Luftzwischenraum $\geq 40 \, mm$ notwendig, der mit einem weichfedernden Dämmstoff, längenbezogener Strömungswiderstand $\Xi \geq 5 \, kN \cdot s/m^4$, ausgefüllt ist.

9.3.5 Schächte und Kanäle mit motorisch betriebener Lüftung

9.3.5.1 Allgemeines

Bei Schächten und Kanälen mit motorisch betriebener Lüftung sind neben den Anforderungen nach DIN 4109/11.89, Abschnitt 3.1, Absatz 4, auch die Anforderungen nach DIN 4109/11.89, Tabelle 4, an die höchstzulässigen Schallpegel in Aufenthaltsräumen durch Geräusche aus Lüftungsanlagen zu beachten.

Beim Einbau von Ventilatoren, Maschinen und Aggregaten müssen Maßnahmen hinsichtlich der Körperschalldämmung sowie der Schalldämmung und -dämpfung getroffen werden. Dies gilt sowohl für die Schallübertragung auf das Bauwerk als auch für die Übertragungen über die Schächte und Kanäle selbst.

9.3.5.2 Einzelentlüftungsanlagen

Für Einzelentlüftungsanlagen nach DIN 18 017 Teil 3 für den Betrieb nach Bedarf gilt Abschnitt 9.3.1 sinngemäß.

9.3.5.3 Zentralentlüftungsanlagen

Für Zentralentlüftungsanlagen nach DIN 18 017 Teil 3 für Dauerbetrieb zur Entlüftung von Räumen mehrerer Aufenthaltsbereiche gelten sinngemäß

– bei mehreren Hauptleitungen ohne Nebenleitungen (siehe DIN 18 017 Teil 3) die Abschnitte 9.3.2.1 und 9.3.2.2,

– bei einer Hauptleitung und Nebenleitungen (siehe DIN 18 017 Teil 3) der Abschnitt 9.3.3,

– bei getrennten Hauptleitungen (siehe DIN 18 017 Teil 3) der Abschnitt 9.3.4.

10   Außenbauteile

10.1   Nachweis ohne bauakustische Messungen [7)

10.1.1   Außenwände, Decken und Dächer

Für bauakustisch einschalige Außenwände [8], Decken und Dächer kann das bewertete Schalldämm-Maß $R'_{w,R}$ in Abhängigkeit von der flächenbezogenen Masse aus Abschnitt 2.2 entnommen werden. Bei der Ermittlung der flächenbezogenen Masse eines Daches darf auch das Gewicht der Kiesschüttung berücksichtigt werden.

Bei zweischaligem Mauerwerk mit Luftschicht nach DIN 1053 Teil 2 (Z. Entwurf) darf das bewertete Schalldämm-Maß $R'_{w,R}$ aus der Summe der flächenbezogenen Massen der beiden Schalen – wie bei einschaligen, biegesteifen Wänden – nach Abschnitt 2.2 ermittelt werden.

[7) Hinsichtlich Fluglärm – soweit er im „Gesetz zum Schutz gegen Fluglärm" geregelt ist – wird auf die entsprechenden Ausführungsbeispiele der „Verordnung der Bundesregierung über bauliche Schallschutzanforderungen nach dem Gesetz zum Schutz gegen Fluglärm (Schallschutzverordnung – SchallschutzV)" hingewiesen.

[8) Außenwände mit innen- oder außenseitigem Wärmeschutz sind zweischalige Wände, deren Schalldämmung schlechter als die von vergleichbaren einschaligen Außenwänden sein kann (siehe Abschnitt 2.2.4).

Hierbei darf das ermittelte bewertete Schalldämm-Maß $R'_{w,R}$ um 5 dB erhöht werden. Wenn die flächenbezogene Masse der auf die Innenschale der Außenwand anschließenden Trennwände größer als 50 % der flächenbezogenen Masse der inneren Schale der Außenwand beträgt, darf das Schalldämm-Maß $R'_{w,R}$ um 8 dB erhöht werden.

Bei Sandwich-Elementen aus Beton mit einer Dämmschicht aus Hartschaumstoffen nach DIN 18164 Teil 1 ergibt sich das bewertete Schalldämm-Maß $R'_{w,R}$ nach Abschnitt 2.2 aus den flächenbezogenen Massen beider Schalen abzüglich 2 dB.

Bei Außenwänden mit Außenwandbekleidung nach DIN 18516 Teil 1 oder Fassadenbekleidung nach DIN 18515 wird nur die flächenbezogene Masse der inneren Wand berücksichtigt. Gleiches gilt sinngemäß auch für vergleichbare belüftete Dächer.

Außenbauteile aus biegeweichen Schalen gelten ohne besonderen Nachweis im Sinne der erforderlichen Luftschalldämmung nach Abschnitt 2.5 als geeignet, wenn ihre Ausführung den in den Tabellen 37 bis 39 aufgeführten Ausführungsbeispielen entspricht.

Tabelle 37. **Ausführungsbeispiele für Außenwände in Holzbauart (Rechenwerte)** (Maße in mm)

Spalte	1	2
Zeile	Wandausbildung [1]	$R'_{w,R}$ dB
1	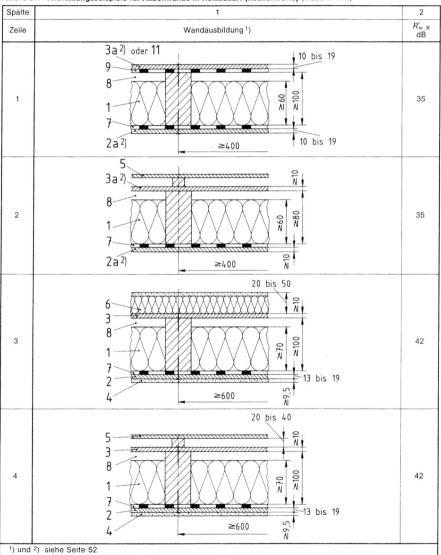	35
2		35
3		42
4		42

[1]) und [2]) siehe Seite 52

Tabelle 37.   (Fortsetzung)

Spalte	1	2
Zeile	Wandausbildung [1])	$R'_{w,R}$ dB
5		45
6		48
7		52

[1]) Mechanische Verbindungsmittel (z. B. Nägel, Klammern) für Befestigung von Beplankung und Rippe, lediglich in Zeile 2 auch Verleimung zulässig.

[2]) Eine der beiden Bekleidungen darf auch als Bretterschalung mit Nut und Feder, $d \geq 18\,mm$, ausgeführt werden.

Erklärungen zu Tabelle 37:

1   Faserdämmstoff nach DIN 18165 Teil 1, längenbezogener Strömungswiderstand $\Xi \geq 5\,kN \cdot s/m^4$

2   Spanplatten nach DIN 68763, Bau-Furniersperrholz nach DIN 68705 Teil 3 und Teil 5, Gipskartonplatten nach DIN 18180 mit $m' \geq 8\,kg/m^2$

2a   Wie 2 oder 18 mm Nut-Feder-Bretterschalung

3   Spanplatten, Bau-Furniersperrholz mit $m' \geq 8\,kg/m^2$

3a   Wie 3 oder 18 mm Nut-Feder-Bretterschalung

4   Bekleidung, $m' \geq 8\,kg/m^2$

5   Vorhangschale, $m' \geq 10\,kg/m^2$

6   Hartschaumplatten mit Dünn- oder Dickputz

7   Dampfsperre, bei zweilagiger, raumseitiger Bekleidung kann die Dampfsperre auch zwischen den Bekleidungen angeordnet werden

8   Hohlraum, nicht belüftet

9   Wasserdampfdurchlässige Folie, nur bei Bretterschalung erforderlich

10   Zwischenlattung

11   Faserzementplatten, $d \geq 4\,mm$

12   Holzwolle-Leichtbauplatten nach DIN 1101

13   Mineralischer Außenputz nach DIN 18550 Teil 1 und Teil 2

14   Mauerwerk-Vorsatzschale

Tabelle 38.   **Ausführungsbeispiele für belüftete oder nicht belüftete Flachdächer in Holzbauart (Rechenwerte)**
(Maße in mm)

Spalte	1	2	3	4
Zeile	Dachausbildung	Verbindungs-mittel [1])	Erforderliche Kiesauflage s_K mm	$R'_{w, R}$ dB
1		beliebig [2])	–	35
2			≥ 30	40
3		mechanisch [3])	≥ 30	45
4		mechanisch [3])	≥ 30	50

[1]) Verbindungsmittel für die Befestigung von Beplankung und Rippe.
[2]) Mechanische Verbindungsmittel oder Verleimung.
[3]) Nur mechanische Verbindungsmittel, z. B. Nägel, Klammern.

Erklärungen zu Tabelle 38:

1   Faserdämmstoff nach DIN 18165 Teil 1, längenbezogener Strömungswiderstand $\varXi \geq 5\,\mathrm{kN \cdot s/m^4}$

2   Spanplatten nach DIN 68763, Bau-Furniersperrholz nach DIN 68705 Teil 3 und Teil 5, Gipskartonplatten nach DIN 18180, Nut-Feder-Bretterschalung

2a   Wie 2, jedoch mit Zwischenlattung

2b   Spanplatten, Bau-Furniersperrholz, Nut-Feder-Bretterschalung

3   Spanplatten, Gipskartonplatten, Bretterschalung mit $m' \geq 8\,\mathrm{kg/m^2}$

4   Hohlraum belüftet/nicht belüftet

5   Dachabdichtung

6   Kiesauflage

7   Dampfsperre

261

Tabelle 39. **Ausführungsbeispiele für belüftete oder nichtbelüftete, geneigte Dächer in Holzbauart (Rechenwerte)**
(Maße in mm)

Spalte	1	2	3
Zeile	Dachausbildung	Dachdeckung nach Ziffer	$R'_{w,R}$ dB
1		8	35
2		8	40
3		8a	45
4		8a	45
5		8	37

Erklärungen zu Tabelle 39:

1   Faserdämmstoff nach DIN 18165 Teil 1, längenbezogener Strömungswiderstand $\Xi \geq 5\,kN \cdot s/m^4$

1a Hartschaumplatten nach DIN 18164 Teil 1, Anwendungstyp WD oder WS und WD

2   Spanplatten oder Gipskartonplatten

2a Spanplatten oder Gipskartonplatten ohne/mit Zwischenlattung

2b Raumspundschalung mit Nut und Feder, 24 mm

3   Zusätzliche Bekleidung aus Holz, Spanplatten oder Gipskartonplatten mit $m' \geq 6\,kg/m^2$

4   Zwischenlattung

5   Dampfsperre, bei zweilagiger, raumseitiger Bekleidung kann die Dampfsperre auch zwischen den Bekleidungen angeordnet werden

6   Hohlraum belüftet/nicht belüftet

7   Unterspannbahn oder ähnliches, z. B. harte Holzfaserplatten nach DIN 68754 Teil 1 mit $d \geq 3\,mm$

8   Dachdeckung auf Querlattung und erforderlichenfalls Konterlattung

8a Wie 8, jedoch mit Anforderungen an die Dichtheit (z. B. Faserzementplatten auf Rauhspund $\geq 20\,mm$, Falzdachziegel nach DIN 456 bzw. Betondachsteine nach DIN 1115, nicht verfalzte Dachziegel bzw. Dachsteine in Mörtelbettung)

10.1.2 Fenster und Glassteinwände

Fenster bis $3\,m^2$ Glasfläche (größte Einzelscheibe) gelten ohne besonderen Nachweis im Sinne der erforderlichen Luftschalldämmung nach DIN 4109/11.89, Tabelle 8, als geeignet, wenn ihre Ausführungen Tabelle 40 entsprechen.

Glasbaustein-Wände nach DIN 4242 mit einer Wanddicke $\geq 80\,mm$ aus Glasbausteinen nach DIN 18175 gelten ohne besonderen Nachweis als geeignet, die Anforderung erf. $R'_w \leq 35\,dB$ zu erfüllen.

Bei Fenstern mit Glasflächen $> 3\,m^2$ (größte Einzelscheibe) dürfen die Tabellen ebenfalls angewendet werden, jedoch ist das bewertete Schalldämm-Maß $R_{w,R}$ nach Tabelle 40 um 2 dB abzumindern.

Tabelle 40 gilt nur für einflügelige Fenster oder mehrflügelige Fenster [9] mit festem Mittelstück. Die in Tabelle 40 den einzelnen Fensterbauarten zugeordneten bewerteten Schalldämm-Maße $R_{w,R}$ werden nur eingehalten, wenn die Fenster ringsum dicht schließen. Fenster müssen deshalb Falzdichtungen (siehe Tabelle 40, Fußnote 1) und ausreichende Steifigkeit haben. Bei Holzfenstern wird auf DIN 68121 Teil 1 und Teil 2 (z. Z. Entwürfe) hingewiesen.

Um einen möglichst gleichmäßigen und hohen Schließdruck im gesamten Falzbereich sicherzustellen, muß eine genügende Anzahl von Verriegelungsstellen vorhanden sein (wegen der Anforderungen an Fenster siehe auch DIN 18055).

Zwischen Fensterrahmen und Außenwand vorhandene Fugen müssen nach dem Stand der Technik abgedichtet sein.

[9] Bis zum Vorliegen abgesicherter Prüfergebnisse ist das bewertete Schalldämm-Maß $R_{w,R}$ nach Tabelle 40 für mehrflügelige Fenster ohne festes Mittelstück um 2 dB abzumindern.

Tabelle 40. **Ausführungsbeispiele für Dreh-, Kipp- und Drehkipp-Fenster (-Türen) und Fensterverglasungen mit bewerteten Schalldämm-Maßen** $R_{w,R}$ **von 25 dB bis 45 dB (Rechenwerte)**

Spalte	1	2	3	4	5	6
Zeile		Anforderungen an die Ausführung der Konstruktion verschiedener Fensterarten				
			Einfachfenster [1] mit Isolierverglasung [2]	Verbundfenster [1]		Kastenfenster [1][3] mit 2 Einfach- bzw. 1 Einfach- und 1 Isolierglasscheibe
				mit 2 Einfachscheiben	mit 1 Einfachscheibe und 1 Isolierglasscheibe	
Zeile	$R_{w,R}$ dB	Konstruktionsmerkmale				
1	25	Verglasung: Gesamtglasdicken Scheibenzwischenraum $R_{w,R}$ Verglasung Falzdichtung	$\geq 6\,mm$ $\geq 8\,mm$ $\geq 27\,dB$ nicht erforderlich	$\geq 6\,mm$ keine – nicht erforderlich	keine keine – nicht erforderlich	– – – nicht erforderlich
2	30	Verglasung: Gesamtglasdicken Scheibenzwischenraum $R_{w,R}$ Verglasung Falzdichtung	$\geq 6\,mm$ $\geq 12\,mm$ $\geq 30\,dB$ 1 erforderlich	$\geq 6\,mm$ $\geq 30\,mm$ – 1 erforderlich	keine $\geq 30\,mm$ – 1 erforderlich	– – – nicht erforderlich
3	32	Verglasung: Gesamtglasdicken Scheibenzwischenraum $R_{w,R}$ Verglasung Falzdichtung	$\geq 8\,mm$ $\geq 12\,mm$ $\geq 32\,dB$ 1 erforderlich	$\geq 8\,mm$ $\geq 30\,mm$ – 1 erforderlich	$\geq 4\,mm + 4/12/4$ $\geq 30\,mm$ – 1 erforderlich	– – – 1 erforderlich

[1] bis [3] siehe Seite 56

Tabelle 40.   (Fortsetzung)

Spalte	1	2	3	4	5	6
Zeile			Anforderungen an die Ausführung der Konstruktion verschiedener Fensterarten			
			Einfachfenster [1] mit Isolierverglasung [2]	Verbundfenster [1] mit 2 Einfachscheiben	Verbundfenster [1] mit 1 Einfachscheibe und 1 Isolierglasscheibe	Kastenfenster [1] [3] mit 2 Einfach- bzw. 1 Einfach- und 1 Isolierglasscheibe
Zeile	$R_{w,R}$ dB	Konstruktionsmerkmale				
4	35	Verglasung: Gesamtglasdicken Scheibenzwischenraum $R_{w,R}$ Verglasung Falzdichtung:	≥ 10 mm ≥ 16 mm ≥ 35 dB 1 erforderlich	≥ 8 mm ≥ 40 mm – 1 erforderlich	≥ 6 mm + 4/12/4 ≥ 40 mm – 1 erforderlich	– – – 1 erforderlich
5	37	Verglasung: Gesamtglasdicken Scheibenzwischenraum $R_{w,R}$ Verglasung Falzdichtung:	– – ≥ 37 dB 1 erforderlich	≥ 10 mm ≥ 40 mm – 1 erforderlich	≥ 6 mm + 6/12/4 ≥ 40 mm – 1 erforderlich	≥ 8 mm bzw. ≥ 4 mm + 4/12/4 ≥ 100 mm – 1 erforderlich
6	40	Verglasung: Gesamtglasdicken Scheibenzwischenraum $R_{w,R}$ Verglasung Falzdichtung:	– – ≥ 42 dB 1 + 2 [4] erforderlich	≥ 14 mm ≥ 50 mm – 1 + 2 [4] erforderlich	≥ 8 mm + 6/12/4 [4] ≥ 50 mm – 1 + 2 [4] erforderlich	≥ 8 mm bzw. ≥ 6 mm + 4/12/4 ≥ 100 mm – 1 + 2 [4] erforderlich
7	42	Verglasung: Gesamtglasdicken Scheibenzwischenraum $R_{w,R}$ Verglasung Falzdichtung:	– – ≥ 45 dB 1 + 2 [4] erforderlich	≥ 16 mm ≥ 50 mm – 1 + 2 [4] erforderlich	≥ 8 mm + 8/12/4 ≥ 50 mm – 1 + 2 [4] erforderlich	≥ 10 mm bzw. ≥ 8 mm + 4/12/4 ≥ 100 mm – 1 + 2 [4] erforderlich
8	45	Verglasung: Gesamtglasdicken Scheibenzwischenraum $R_{w,R}$ Verglasung Falzdichtung:	– – – –	≥ 18 mm ≥ 60 mm – 1 + 2 [4] erforderlich	≥ 8 mm + 8/12/4 ≥ 60 mm – 1 + 2 [4] erforderlich	≥ 12 mm bzw. ≥ 8 mm + 6/12/4 ≥ 100 mm – 1 + 2 [4] erforderlich
9	≥ 48	Allgemein gültige Angaben sind nicht möglich; Nachweis nur über Eignungsprüfungen nach DIN 52 210				

[1] Sämtliche Flügel müssen bei Holzfenstern mindestens Doppelfalze, bei Metall- und Kunststoff-Fenstern mindestens zwei wirksame Anschläge haben. Erforderliche Falzdichtungen müssen umlaufend, ohne Unterbrechung angebracht sein; sie müssen weichfedernd, dauerelastisch, alterungsbeständig und leicht auswechselbar sein.

[2] Das Isolierglas muß mit einer dauerhaften, im eingebauten Zustand erkennbaren Kennzeichnung versehen sein, aus der das bewertete Schalldämm-Maß $R_{w,R}$ und das Herstellwerk zu entnehmen sind. Jeder Lieferung muß eine Werksbescheinigung nach DIN 50 049 beigefügt sein, der ein Zeugnis über eine Prüfung nach DIN 52 210 Teil 3 zugrunde liegt, das nicht älter als 5 Jahre sein darf.

[3] Eine schallabsorbierende Leibung ist sinnvoll, da sie durch Alterung der Falzdichtung entstehende Fugenundichtigkeiten teilweise ausgleichen kann.

[4] Werte gelten nur, wenn keine zusätzlichen Maßnahmen zur Belüftung des Scheibenzwischenraumes getroffen werden.

10.1.3 Rolladenkästen

Für Rolladenkästen gelten die bewerteten Schalldämm-Maße $R_{w,R}$ in Tabelle 41. Für Rolladenkästen mit $R_{w,R} \geq 45$ dB können keine allgemeingültigen Ausführungsbeispiele angegeben werden. Wird für Rolladenkästen als kennzeichnende Größe der Schalldämmung die bewertete Norm-Schallpegeldifferenz $D_{n,w,P}$ angegeben, so wird der Rechenwert $R_{w,R}$ wie folgt berechnet:

$$R_{w,R} = D_{n,w,P} - 10 \lg \frac{A_0}{S_{Prü}} - 2 \, dB \qquad (14)$$

Hierin bedeuten:

$R_{w,R}$ Rechenwert des bewerteten Schalldämm-Maßes in dB

$D_{n,w,P}$ bewertete Norm-Schallpegeldifferenz nach DIN 52 210 Teil 4 in dB, im Prüfstand gemessen

Anmerkung: Die bewertete Norm-Schallpegeldifferenz $D_{n,w,P}$ ändert sich z. B. mit der Länge eines Elementes, d. h. bei doppelter Länge eines Rolladenkastens oder Lüftungselementes ist der $D_{n,w,P}$-Wert um 3 dB niedriger. Somit ist das $D_{n,w,P}$ nicht zur Beschreibung der Schalldämmeigenschaften eines Systems oder einer Konstruktion geeignet.

A_0 Bezugs-Absorptionsfläche 10 m²

$S_{Prü}$ lichte Fläche, die der Prüfgegenstand in der Prüfwand zum bestimmungsgemäßen Betrieb benötigt.

Tabelle 41.   **Ausführungsbeispiele für Rolladenkästen mit bewerteten Schalldämm-Maßen $R_{w,R} \geq 25$ dB bis ≥ 40 dB (Rechenwerte)**

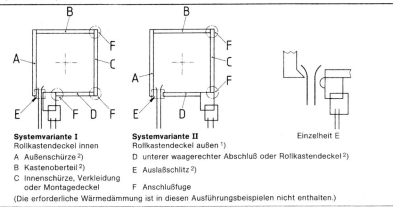

Systemvariante I
Rolladenkastendeckel innen

A   Außenschürze[2])
B   Kastenoberteil[2])
C   Innenschürze, Verkleidung
    oder Montagedeckel

Systemvariante II
Rolladenkastendeckel außen[1])

D   unterer waagerechter Abschluß oder Rollkastendeckel[2])

E   Auslaßschlitz[2])

F   Anschlußfuge

Einzelheit E

(Die erforderliche Wärmedämmung ist in diesen Ausführungsbeispielen nicht enthalten.)

Materialien für die Spalten 3 bis 5:
Innenschürze (C) oder Rollkastendeckel (D)
1 Kunststoff-Stegdoppelplatten oder Holzwerkstoffplatten, Dicke ≥ 10 mm
2 wie 1, jedoch mit Blechauflage mit $m' \geq 8$ kg/m²
3 Holzwerkstoffplatten, z. B. Spanplatten nach DIN 68 763, Dicke ≥ 10 mm, mit erhöter innerer Dämpfung
4 Putzträger (z. B. Holzwolle-Leichtbauplatte nach DIN 1101, Dicke ≥ 50 mm, Putz ≥ 5 mm
5 Platten aus Beton, Gasbeton, Ziegel oder Bims, Dicke ≥ 50 mm oder $m' \geq 30$ kg/m²
Dichtung der Anschlußfuge (F):
6 Umlaufender Falz bzw. Nut
7 Schnapp- und Steckverbindungen mit Auflage am Kopfteil
8 Zusätzliche Abdichtung aller Anschlußfugen mit Dichtprofilen, Dichtbändern oder bei feststehenden Teilen mit Dichtstoffen

Spalte	1	2	3	4	5
Zeile	$R_{w,R}$ dB	Systemvariante[3])	Innenschürze, Verkleidung oder Montagedeckel (C)	Unterer waagerechter Abschluß oder Rollkastendeckel (D)	Anschlußfuge (F)
1	25	I/II	1, 2 oder 3	1, 2 oder 3	6 oder 7
			4 oder 5		6
2	30	I/II	1, 2 oder 3	1, 2 oder 3	7 oder 6 mit 8
			4 oder 5		8
3	35	I	4 oder 5	3 oder 4	6 oder 7 mit 8
		II	2, 3, 4 oder 5	siehe Fußnote[1])	
4	40[2])	I	2, 3, 4 oder 5	2 oder 3	6 oder 7 mit 8
		II		siehe Fußnote[1])	

[1]) An A, B und D (nur bei Systemvariante II) des Rolladenkastens werden keine besonderen Anforderungen gestellt. Die Breite des Auslaßschlitzes (E) abzüglich der Dicke des Panzers muß ≤ 10 mm sein.
[2]) Bei Rolladenkästen mit einem bewerteten Schalldämm-Maß ≥ 40 dB ist an einer oder mehreren Innenflächen schallabsorbierendes Material (z. B. Mineralfaserplatten, Dicke ≥ 20 mm) anzubringen.
[3]) Die Anforderungen an die Wärmedämmung sind gesondert zu erfüllen (siehe DIN 4108 Teil 2).
[4]) Mit einer Vergrößerung des Abstandes zwischen Rollpanzer und Glasfläche ergibt sich bei herabgelassenem Rollpanzer eine höhere Schalldämmung des Fensters mit Rolladen.

11 Resultierendes Schalldämm-Maß $R'_{w,R,res}$ eines aus Elementen verschiedener Schalldämmung bestehenden Bauteils, z. B. Wand mit Tür oder Fenster

Für das resultierende Schalldämm-Maß $R'_{w,R,res}$ gilt:

$$R'_{w,R,res} = -10 \lg \left(\frac{1}{S_{ges}} \cdot \sum_{i=1}^{n} S_i \cdot 10^{\frac{-R_{w,R,i}}{10}} \right) \text{dB} \qquad (15)$$

Hierin bedeuten:

$S_{ges} = \sum_{i=1}^{n} S_i$ Fläche des gesamten Bauteils

S_i Fläche des i-ten Elements des Bauteils

$R_{w,R,i}$ bewertetes Schalldämm-Maß (Rechenwert) des i-ten Elements des Bauteils

Anmerkung: Je nach vorliegendem Meßergebnis kann für das einzelne Element entweder $R'_{w,R}$ (z. B. für Wände) oder $R_{w,R}$ (z. B. für Fenster, Türen) verwendet werden.

Ist zur Kennzeichnung der Schalldämmung eines Elementes das bewertete Norm-Schallpegeldifferenz angegeben, z. B. für eine schallgedämmte Lüftungsöffnung (siehe DIN 52 210 Teil 3), so ist für dieses Element zunächst das bewertete Schalldämm-Maß $R_{w,R}$ nach Gleichung (14) zu berechnen.

Im Regelfall kann die Auswertung nach Gleichung (15) mit den bewerteten Schalldämm-Maßen $R_{w,R}$ bzw. den bewerteten Norm-Schallpegeldifferenzen $D_{n,w,P}$ durchgeführt werden. In einzelnen Fällen, z. B., wenn ausgeprägte Resonanzeinbrüche in der Schalldämmung zu berücksichtigen sind, kann es erforderlich sein, bei der Auswertung nach Gleichung (15) statt der bewerteten Schalldämm-Maße R_w die Schalldämm-Maße R bzw. Norm-Schallpegeldifferenzen D_n je Terz einzusetzen.

Besteht das Bauteil aus nur zwei Elementen, gilt für das resultierende Schalldämm-Maß $R'_{w,R,res}$ die vereinfachte Beziehung:

$$R'_{w,R,res} = R_{w,R,1} - 10 \lg \left[1 + \frac{S_2}{S_{ges}} \left(10^{\frac{R_{w,R,1} - R_{w,R,2}}{10}} - 1 \right) \right] \text{dB} \qquad (16)$$

Beispiel 1: Wand mit Tür

Gegeben: Wand $S_1 = 20 \, \text{m}^2$ $R'_{w,R,1} = 50 \, \text{dB}$
Tür $S_2 = 2 \, \text{m}^2$ $R_{w,R,2} = 35 \, \text{dB}$

Gesucht: $R'_{w,R,res}$

Berechnung nach Gleichung (15)

$$R'_{w,R,res} = -10 \lg \left[\frac{1}{22} (20 \cdot 10^{-5} + 2 \cdot 10^{-3,5}) \right]$$

$$= -10 \lg \left[\frac{1}{22} (0,0002 + 0,00063) \right]$$

$$= -10 \lg 0,000038$$

$R'_{w,R,res} \approx 44 \, \text{dB}.$

Berechnung nach Gleichung (16)

$$R'_{w,R,res} = 50 - 10 \lg \left[1 + \frac{2}{22} \left(10^{\frac{50-35}{10}} - 1 \right) \right]$$

$$= 50 - 10 \lg \left[1 + \frac{1}{11} (10^{-1,5} - 1) \right]$$

$$= 50 - 10 \lg (1 + 2,78)$$

$$= 50 - 10 \lg 3,78$$

$$= 50 - 5,8$$

$R'_{w,R,res} \approx 44 \, \text{dB}.$

Berechnung mit Hilfe des Diagramms in Bild 20

$$\frac{S_{ges}}{S_2} = 11 \qquad R_{w,R,1} - R_{w,R,2} = 15 \, \text{dB}$$

aus dem Diagramm abgelesen: $R_{w,R,1} - R'_{w,res} = 6 \, \text{dB}$,

daraus errechnet sich: $R'_{w,R,res} = R'_{w,R,1} - 6 \, \text{dB}$

$$R'_{w,R,res} = 44 \, \text{dB}$$

Hierin bedeuten:

$S_{ges} = S_1 + S_2$ Fläche der Wand mit Tür oder Fenster

S_1 Fläche der Wand

S_2 Tür- oder Fensterfläche (bei Türen lichte Durchgangsfläche, bei Fenstern Fläche des Fensters einschließlich Rahmen)

$R_{w,R,1}$ bewertetes Schalldämm-Maß (Rechenwert) der Wand allein

$R_{w,R,2}$ bewertetes Schalldämm-Maß (Rechenwert) von Tür oder Fenster

Das resultierende Schalldämm-Maß $R'_{w,R,res}$ kann auch mit Hilfe des Diagramms in Bild 20 abgeschätzt werden.

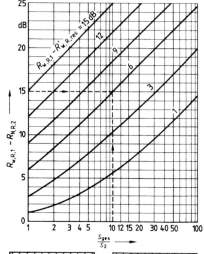

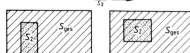

$\dfrac{S_{ges}}{S_2}$	Verhältnis der gesamten Wandfläche $S_{ges} = S_1 + S_2$, einschließlich Tür- oder Fensterfläche, zur Tür- oder Fensterfläche S_2
$R_{w,R,1} - R_{w,R,2}$	Unterschied zwischen dem bewerteten Schalldämm-Maß der Wand $R_{w,R,1}$ und dem bewerteten Schalldämm-Maß von Tür oder Fenster $R_{w,R,2}$
$R_{w,R,1} - R'_{w,R,res}$	Unterschied zwischen dem bewerteten Schalldämm-Maß der Wand allein $R_{w,R,1}$ und dem resultierenden Schalldämm-Maß $R'_{w,R,res}$ der Wand mit Tür und Fenster

Bild 20. Einfluß von Flächen geringer Schalldämmung auf die resultierende Luftschalldämmung eines Bauteils (z. B. Tür oder Fenster in einer Wand)

12 Beispiel für die Anwendung der DIN 4109/11.89, Tabelle 8

Aufenthaltsraum einer Wohnung:
Lage im Lärmpegelbereich IV,
maßgeblicher Außenlärmpegel   66 dB(A) bis 70 dB(A)

Raumhöhe von etwa 2,5 m,
Raumtiefe von etwa 4,5 m
Korrekturwert nach DIN 4109/11.89,
Tabelle 9   − 2 dB

Anforderung an die Luftschalldämmung nach DIN 4109/11.89,
Tabellen 8 und 9   40 dB − 2 dB = 38 dB

Wandkonstruktion: 30 cm dick, beidseitig 15 mm Putz P II, Steinrohdichte 700 kg/m³ (Steinmaterial, wahlweise Leicht-hochlochziegel nach DIN 105 Teil 2, Hohlblocksteine aus Leichtbeton nach DIN 18 151, Gasbetonblocksteine nach DIN 4165)

Wandrohdichte nach Tabelle 3   730 kg/m³,
Flächenbezogene Masse,
einschließlich Putz   269 kg/m²,
Schalldämm-Maß $R'_{w,R}$
nach Tabelle 1
− für Ziegel und Bims   48 dB,
− für Gasbeton   50 dB
Der zulässige Flächenteil eines Fensters mit $R_{w,R} = 32$ dB und nach Gleichung (15) wird wie folgt ermittelt:

$$R'_{w,R,res} = -10\lg\left[\frac{1}{S_{ges}} \cdot \sum_{i=1}^{n} S_i \cdot 10^{\frac{-R_{w,R,i}}{10}}\right] \text{ dB}$$

Bei $S_{ges} = 100\%$, $S_W = a\%$ und $S_F = b\%$ wird

$$R'_{w,R,res} = -10\lg\left[\frac{1}{1} \cdot (1-a) \cdot 10^{\frac{-a}{10}} + (a \cdot 10^{\frac{-b}{10}})\right]$$

Daraus ergeben sich folgende Werte in Tabelle 42.

Tabelle 42.

Spalte	1	2	3	4	5	6	7
Zeile		Leichthochlochziegel Hohlblocksteine aus Leichtbeton			Gasbetonblocksteine		
1	$R'_{w,R}$ (Wand) in dB	48			50		
2	$R'_{w,R}$ (Fenster) in dB	32			32		
3	Fensterfläche in %	22	23	24	22	23	24
4	$R'_{w,R,res}$ in dB	38,2	38,0	37,9	38,3	38,1	38,0
		≥ 38		< 38	≥ 38		

Bei Leichthochlochziegeln und Hohlblocksteinen aus Leichtbeton darf der Fensterflächenanteil max. 23 % betragen; bei Gasbetonblocksteinen darf der Fensterflächenanteil max. 24 % betragen.

Zitierte Normen und andere Unterlagen

DIN	105 Teil 2	Mauerziegel; Leichthochlochziegel
DIN	106 Teil 1	Kalksandsteine; Vollsteine, Lochsteine, Blocksteine, Hohlblocksteine
DIN	456	Dachziegeln; Anforderungen, Prüfung, Überwachung
DIN	1045	Beton und Stahlbeton; Bemessung und Ausführung
DIN	1053 Teil 1	(z. Z. Entwurf) Mauerwerk; Rezeptmauerwerk; Berechnung und Ausführung
DIN	1053 Teil 2	Mauerwerk; Mauerwerk nach Eignungsprüfung; Berechnung und Ausführung
DIN	1055 Teil 1	Lastannahmen für Bauten; Lagerstoffe, Baustoffe und Bauteile, Eigenlasten und Reibungswinkel
DIN	1101	Holzwolle-Leichtbauplatten und Mehrschicht-Leichtbauplatten als Dämmstoffe für das Bauwesen; Anforderungen, Prüfung
DIN	1102	Holzwolle-Leichtbauplatten und Mehrschicht-Leichtbauplatten nach DIN 1101 als Dämmstoffe für das Bauwesen; Verwendung, Verarbeitung
DIN	1115	Dachsteine aus Beton; Anforderungen, Prüfung, Überwachung
DIN	4028	Stahlbetondielen aus Leichtbeton mit haufwerksporigem Gefüge; Anforderungen, Prüfung, Bemessung, Ausführung, Einbau
DIN	4103 Teil 1	Nichttragende innere Trennwände; Anforderungen, Nachweise
DIN	4103 Teil 2	Nichttragende innere Trennwände; Trennwände aus Gips-Wandbauplatten
DIN	4103 Teil 4	Nichttragende innere Trennwände; Unterkonstruktion in Holzbauart
DIN	4108 Teil 2	Wärmeschutz im Hochbau; Wärmedämmung und Wärmespeicherung; Anforderungen und Hinweise für Planung und Ausführung
DIN	4109	Schallschutz im Hochbau; Anforderungen und Nachweise
Beiblatt 2 zu DIN	4109	Schallschutz im Hochbau; Hinweise für Planung und Ausführung; Vorschläge für einen erhöhten Schallschutz; Erläuterungen für den Schallschutz im eigenen Wohn- oder Arbeitsbereich
DIN	4158	Zwischenbauteile aus Beton, für Stahlbeton- und Spannbetondecken
DIN	4159	Ziegel für Decken und Wandtafeln, statisch mitwirkend
DIN	4160	Ziegel für Decken, statisch nicht mitwirkend
DIN	4165	Gasbeton-Blocksteine und Gasbeton-Plansteine
DIN	4166	Gasbeton-Bauplatten und Gasbeton-Planbauplatten
DIN	4219 Teil 1	Leichtbeton und Stahlleichtbeton mit geschlossenem Gefüge; Anforderungen an den Beton, Herstellung und Überwachung
DIN	4223	Bewerte Dach- und Deckenplatten aus dampfgehärtetem Gas- und Schaumbeton; Richtlinien für Bemessung, Herstellung, Verwendung und Prüfung
DIN	4242	Glasbaustein-Wände; Ausführung und Bemessung
DIN 16952 Teil 1		Bodenbeläge; Polyvinylchlorid(PVC)-Beläge mit Träger; PVC-Beläge mit genadeltem Jutefilz als Träger, Anforderungen, Prüfung
DIN 16952 Teil 2		Bodenbeläge; Polyvinylchlorid(PVC)-Beläge mit Träger; PVC-Beläge mit Korkment als Träger, Anforderungen, Prüfung
DIN 16952 Teil 3		Bodenbeläge; Polyvinylchlorid(PVC)-Beläge mit Träger; PVC-Beläge mit Unterschicht aus PVC-Schaumstoff, Anforderungen, Prüfung
DIN 16952 Teil 4		Bodenbeläge; Polyvinylchlorid(PVC)-Beläge mit Träger; PVC-Beläge mit Synthesefaser-Vliesstoff als Träger, Anforderungen, Prüfung
DIN 18017 Teil 1		Lüftung von Bädern und Toilettenräumen ohne Außenfenster; Einzelschachtanlagen ohne Ventilatoren
DIN 18017 Teil 3		Lüftung von Bädern und Toilettenräumen ohne Außenfenster mit Ventilatoren
DIN 18055		Fenster; Fugendurchlässigkeit, Schlagregendichtheit und mechanische Beanspruchung; Anforderungen und Prüfung
DIN 18151		Hohlblöcke und Leichtbeton
DIN 18152		Vollsteine und Vollblöcke aus Leichtbeton
DIN 18153		Mauersteine aus Beton (Normalbeton)
DIN 18164 Teil 1		Schaumkunststoffe als Dämmstoffe für das Bauwesen; Dämmstoffe für die Wärmedämmung
DIN 18164 Teil 2		Schaumkunststoffe als Dämmstoffe für das Bauwesen; Dämmstoffe für die Trittschalldämmung
DIN 18165 Teil 1		Faserdämmstoffe für das Bauwesen; Dämmstoffe für die Wärmedämmung
DIN 18165 Teil 2		Faserdämmstoffe für das Bauwesen; Dämmstoffe für die Trittschalldämmung
DIN 18168 Teil 1		Leichte Deckenbekleidungen und Unterdecken; Anforderungen für die Ausführung
DIN 18173		Bodenbeläge; Linoleum-Verbundbelag, Anforderungen, Prüfung
DIN 18175		Glasbausteine; Anforderungen, Prüfung
DIN 18180		Gipskartonplatten; Arten, Anforderungen, Prüfung
DIN 18181		(z. Z. Entwurf) Gipskartonplatten im Hochbau; Grundlagen für die Verarbeitung
DIN 18182 Teil 1		Zubehör für die Verarbeitung von Gipskartonplatten; Profile aus Stahlblech

DIN 18 182 Teil 2	Zubehör für die Verarbeitung von Gipskartonplatten; Schnellbauschrauben
DIN 18 183	Montagewände aus Gipskartonplatten; Ausführung von Metallständerwänden
DIN 18 515	Fassadenbekleidungen aus Naturwerkstein, Betonwerkstein und keramischen Baustoffen; Richtlinien für die Ausführung
DIN 18 516 Teil 1	Außenwandbekleidungen, hinterlüftet; Anforderungen, Prüfgrundsätze
DIN 18 550 Teil 1	Putz; Begriffe und Anforderungen
DIN 18 550 Teil 2	Putz; Putze aus Mörteln mit mineralischen Bindemitteln; Ausführung
DIN 18 560 Teil 2	(z. Z. Entwurf) Estriche im Bauwesen; Estriche und Heizestriche auf Dämmschichten (schwimmende Estriche)
DIN 18 560 Teil 3	(z. Z. Entwurf) Estriche im Bauwesen; Verbundestriche
DIN 18 560 Teil 4	(z. Z. Entwurf) Estriche im Bauwesen; Estriche auf Trennschicht
DIN 50 049	Bescheinigungen über Materialprüfungen
DIN 52 210 Teil 1	Bauakustische Prüfungen; Luft- und Trittschalldämmung; Meßverfahren
DIN 52 210 Teil 2	Bauakustische Prüfungen; Luft- und Trittschalldämmung; Prüfstände für Schalldämm-Messungen an Bauteilen
DIN 52 210 Teil 3	Bauakustische Prüfungen; Luft- und Trittschalldämmung; Prüfung von Bauteilen in Prüfständen und zwischen Räumen am Bau
DIN 52 210 Teil 4	Bauakustische Prüfungen; Luft- und Trittschalldämmung; Ermittlung von Einzahl-Angaben
DIN 52 210 Teil 7	Bauakustische Prüfungen; Luft- und Trittschalldämmung; Bestimmung des Schall-Längsdämm-Maßes
DIN 52 217	Bauakustische Prüfungen; Flankenübertragung; Begriffe
DIN 53 855 Teil 3	Prüfung von Textilien; Bestimmung der Dicke textiler Flächengebilde, Fußbodenbeläge
DIN 61 151	Textile Fußbodenbeläge; Begriffe, Einteilung, Kennzeichnende Merkmale
DIN 68 121 Teil 1	(z. Z. Entwurf) Holzprofile für Fenster und Fenstertüren; Maße, Güteanforderungen
DIN 68 121 Teil 2	(z. Z. Entwurf) Holzprofile für Fenster und Fenstertüren; Allgemeine technische Details
DIN 68 705 Teil 3	Sperrholz; Bau-Furniersperrholz
DIN 68 705 Teil 5	Sperrholz; Bau- und Furniersperrholz aus Buche
DIN 68 754 Teil 1	Harte und mittelharte Holzfaserplatten für das Bauwesen; Holzwerkstoffklasse 20
DIN 68 762	Spanplatten für Sonderzwecke im Bauwesen; Begriffe, Anforderungen, Prüfung
DIN 68 763	Spanplatten; Flachpreßplatten für das Bauwesen, Begriffe, Eigenschaften, Prüfung, Überwachung

Gesetz zum Schutz gegen Fluglärm vom 30. März 1971, zuletzt geändert durch das Gesetz zur Änderung des Bundesbaugesetzes vom 08. Dezember 1986, BGBl I, 1971, S. 282 [10])

„Merkblatt zur Ausbildung gemauerter Wände" der Deutschen Gesellschaft für Mauerwerksbau (DGfM), Schaumburg-Lippe-Str. 4, 5300 Bonn 1

Verordnung der Bundesregierung über bauliche Schallschutzanforderungen nach dem Gesetz zum Schutz gegen Fluglärm (Schallschutzverordnung-SchallschutzV) [10])

Frühere Ausgaben

DIN 4109: 04.44 X
DIN 4109 Teil 3: 09.62
DIN 4109 Teil 5: 04.63

Änderungen

Gegenüber DIN 4109 T 3/09.62 und DIN 4109 T 5/04.63 wurden folgende Änderungen vorgenommen:
Der Inhalt wurde vollständig überarbeitet und dem Stand der Technik angepaßt.

---

[10]) Zu beziehen durch Deutsches Informationszentrum für technische Regeln im DIN (DITR), Burggrafenstraße 6, 1000 Berlin 30

Erläuterungen

Nachdem die Norm-Entwürfe zu den Normen der Reihe DIN 4109, Ausgabe Februar 1979, aufgrund der eingegangenen Stellungnahmen grundsätzlich überarbeitet und die Entwürfe im Mai 1983 zurückgezogen worden sind, wurden folgende Norm-Entwürfe mit dem Ausgabedatum Oktober 1984 der Fachöffentlichkeit erneut zur Diskussion gestellt:

DIN 4109 Teil 1   Schallschutz im Hochbau; Einführung und Begriffe

DIN 4109 Teil 2   Schallschutz im Hochbau; Luft- und Trittschalldämmung in Gebäuden; Anforderungen, Nachweise und Hinweise für Planung und Ausführung

DIN 4109 Teil 3   Schallschutz im Hochbau; Luft- und Trittschalldämmung in Gebäuden; Ausführungsbeispiele mit nachgewiesener Schalldämmung für Gebäude in Massivbauart

DIN 4109 Teil 5   Schallschutz im Hochbau; Schallschutz gegenüber Geräuschen aus haustechnischen Anlagen und Betrieben; Anforderungen, Nachweise und Hinweise für Planung und Ausführung

DIN 4109 Teil 6   Schallschutz im Hochbau; Bauliche Maßnahmen zum Schutz gegen Außenlärm

DIN 4109 Teil 7   Schallschutz im Hochbau; Luft- und Trittschalldämmung in Gebäuden; Rechenverfahren und Ausführungsbeispiele für den Nachweis des Schallschutzes in Skelettbauten und Holzhäusern

Aufgrund der zu diesen Norm-Entwürfen eingegangenen Einsprüche – insbesondere aufgrund der Einsprüche, die sich gegen die Gliederung, Vorschläge für einen erhöhten Schallschutz und Richtwerte wandten – wurde eine Neugliederung vorgenommen:

DIN 4109 enthält zusammengefaßt alle Anforderungen (Mindestanforderungen) aus den bisherigen Norm-Entwürfen zu DIN 4109 Teil 2, Teil 5 und Teil 6 und die dafür erforderlichen Nachweise. In einem Anhang sind Begriffe und Definitionen (bisher Teil 1) aufgenommen.

Die Anforderung an die Luftschalldämmung von Wohnungstrenndecken wurde von 52 dB auf 54 dB, von Wohnungstrennwänden von 52 dB auf 53 dB und von Gebäude-trennwänden bei Einfamilien-Reihen und -Doppelhäusern auf 57 dB angehoben. Die Norm enthält Rechenverfahren und Hilfsmittel, um den Einfluß flankierender Bauteile auf den Schallschutz richtig zu erfassen und damit den Schallschutz gezielt planen und ausführen zu können.

Die Anforderungen an die Trittschalldämmung von Wohnungstrenndecken wurden deutlich angehoben; sie bedeuten aber für die heutige Bauausführung keine Änderungen, da Massivdecken mit einwandfrei hergestellten schwimmenden Estrichen den Anforderungen genügen.

Zusätzlich wurden Anforderungen an die Trittschalldämmung von Treppen und die Luftschalldämmung von Türen aufgenommen.

Die Norm enthält des weiteren Anforderungen zum Schutz gegen Außenlärm. Die Aufnahme dieser Anforderungen an die Luftschalldämmung von Außenbauteilen ersetzt die Regelungen der „Richtlinien für bauliche Maßnahmen zum Schutz gegen Außenlärm".

Die Einführung eines „Vorhaltemaßes"–beim Nachweis der Eignung von Wänden, Decken, Fenstern von 2 dB und bei Türen von 5 dB – soll eine Unterschreitung der festgelegten Anforderungen in ausgeführten Bauten sicherstellen helfen und zu einer Verbesserung des Schallschutzes beitragen.

Beiblatt 1 zu DIN 4109 enthält sämtliche Ausführungsbeispiele aus den bisherigen Norm-Entwürfen zu DIN 4109 Teil 3, Teil 5, Teil 6 und Teil 7 sowie das Rechenverfahren aus Teil 7.

Beiblatt 2 zu DIN 4109 enthält Hinweise für Planung und Ausführung aus den Norm-Entwürfen zu DIN 4109 Teil 2 und Teil 5 sowie Vorschläge für einen erhöhten Schallschutz und Empfehlungen für den Schallschutz im eigenen Wohn- oder Arbeitsbereich aus dem Norm-Entwurf zu DIN 4109 Teil 2.

Die vorliegende Norm und die Beiblätter 1 und 2 stellen eine vollständige Überarbeitung der DIN 4109 Teil 1 bis Teil 3, Ausgaben September 1962, und Teil 5, Ausgabe April 1963, dar und konnten aufgrund intensiver Beratungen an den Stand der heutigen Erkenntnisse angepaßt und qualitativ wesentlich verbessert werden.

Internationale Patentklassifikation

E 04 B 1/82
G 10 K 11/16

September 2003

Schallschutz im Hochbau Ausführungsbeispiele und Rechenverfahren; Änderung A1	Beiblatt 1/A1 zu DIN 4109

> Dieses Beiblatt enthält Informationen zu DIN 4109,
> jedoch keine zusätzlich genormten Festlegungen.

ICS 91.120.20

Änderung von
DIN 4109 Bbl 1:1989-11

Sound insulation in buildings — Construction examples and calculation
methods; Amendment A1

Isolation acoustique dans le bâtiments — Exemples d'exécution et
modes de calcul; Amendement A1

Vorwort

Diese Änderung zum Beiblatt 1 wurde vom NABau-Arbeitsausschuss 00.71.00 „Schallschutz im
Hochbau" erarbeitet.

Gegenüber DIN 4109 Bbl 1:1989-11 enthält dieses Beiblatt Änderungen zu Tabelle 23 und Tabelle 40
sowie zusätzlich die Tabelle 40 a und zusätzlich Literaturhinweise.

Fortsetzung Seite 2 bis 7

Normenausschuss Bauwesen (NABau) im DIN Deutsches Institut für Normung e. V.

271

Zu Tabelle 23

Folgende Fassung ist zu übernehmen:

Tabelle 23 — Bewertete Schalldämm-Maße $R_{w,R}$ für Montagewände aus Gipskartonplatten in Ständerbauart nach DIN 18183 mit umlaufend dichten Anschlüssen an Wänden und Decken (Rechenwerte) (Maße in mm)

Spalte	1	2	3	4	5	6
Zeile	Ausführungsbeispiele	s_B [a]	C-Wandprofil [b]	Mindestschalenabstand s	Mindestdämmschichtdicke s_D	$R_{w,R}$ dB
1			CW 50 × 0,6	50	40	39
2			CW 75 × 0,6	75	40	39
3		12,5			40	41
4			CW 100 × 0,6	100	60	42
5	≥600				80	43
6			CW 50 × 0,6	50	40	46
7			CW 75 × 0,6	75	40	46
8		2 × 12,5			60	49
9			CW 100 × 0,6	100	40	47
10	≥600				60	49
11					80	50
12			CW 50 × 0,6	105	80	58
13						
14		2 × 12,5				
15	≥600		CW 100 × 0,6	205	80	59

[a] Dicke der Beplankung aus Gipskartonplatten nach DIN 18180, verarbeitet nach DIN 18181, Fugen verspachtelt. Die flächenbezogene Masse der Gipskartonplatten muss mindestens 8,5 kg/m² betragen.

[b] Kurzzeichen für das C-Wandprofil und die Blechdicke nach DIN 18182-1.

[1] Weichfedernde Zwischenlage

2

Zu Tabelle 40

Folgende Fassung ist zu übernehmen:

Tabelle 40 — Konstruktionstabelle für Einfachfenster mit Mehrscheiben-Isolierglas (MIG)

Spalte	1	2	3	4	5	6	7	8	9	10	11
							Korrekturen				
Zeile	$R_{w,P}$ dB	$R_{w,R}$ dB	C [a] dB	C_{tr} [a] dB	Konstruktions-merkmale	Einfachfenster mit MIG [b,c]	K_{RA} dB	K_S dB	K_{FV} dB	$K_{Fl,5}$ dB	K_{Sp} dB
1	[d]	25	[d]	[d]	d_{Ges} in mm Glasaufbau in mm SZR in mm oder $R_{w,P,GLAS}$ in dB Falzdichtungen	≥ 6 – ≥ 8 ≥ 27 –	[d]	[d]	[d]	[d]	[d]
2	[d]	30	[d]	[d]	d_{Ges} in mm Glasaufbau in mm SZR in mm oder $R_{w,P,GLAS}$ in dB Falzdichtungen	≥ 6 – 12 ≥ 30 ①	[d]	[d]	[d]	[d]	[d]
3	33	31	–2	–5	d_{Ges} in mm Glasaufbau in mm SZR in mm oder $R_{w,P,GLAS}$ in dB Falzdichtungen	≥ 8 $\geq 4+4$ ≥ 12 ≥ 30 ①	–2	0	–1	0	0
4	34	32	–2	–6	d_{Ges} in mm Glasaufbau in mm SZR in mm oder $R_{w,P,GLAS}$ in dB Falzdichtungen	≥ 8 $\geq 4+4$ ≥ 16 [e] ≥ 30 ①	–2	0	–1	0	0
5	35	33	–2	–4	d_{Ges} in mm Glasaufbau in mm SZR in mm oder $R_{w,P,GLAS}$ in dB Falzdichtungen	≥ 10 $\geq 6+4$ ≥ 12 ≥ 32 ①	–2	0	–1	0	0
6	36	34	–1	–4	d_{Ges} in mm Glasaufbau in mm SZR in mm oder $R_{w,P,GLAS}$ in dB Falzdichtungen	≥ 10 $\geq 6+4$ ≥ 16 [e] ≥ 33 ①	–2	0	–1	0	0
7	37	35	–1	–4	d_{Ges} in mm Glasaufbau in mm SZR in mm oder $R_{w,P,GLAS}$ in dB Falzdichtungen	≥ 10 $\geq 6+4$ ≥ 16 [e] ≥ 35 ①	–2	0	–1	0	0
8	38	36	–2	–5	d_{Ges} in mm Glasaufbau in mm SZR in mm oder $R_{w,P,GLAS}$ in dB Falzdichtungen	≥ 12 $\geq 8+4$ ≥ 16 [e] ≥ 38 ② (AD/MD+ID) [e]	–2	0	0	0	0
9	39	37	–2	–5	d_{Ges} in mm Glasaufbau in mm SZR in mm oder $R_{w,P,GLAS}$ in dB Falzdichtungen	≥ 14 $\geq 10+4$ ≥ 20 ≥ 39 ② (AD/MD+ID) [f]	–2	0	0	0	0

3

273

Tabelle 40 *(fortgesetzt)*

Spalte	1	2	3	4	5	6	7	8	9	10	11
Zeile	$R_{w,P}$ dB	$R_{w,R}$ dB	C^a dB	$C_{tr}{}^a$ dB	Konstruktions-merkmale	Einfachfenster mit MIG^{b,c}	\
							Korrekturen				
							K_{RA} dB	K_S dB	K_{FV} dB	$K_{Fl,5}$ dB	K_{Sp} dB
10	40	**38**	−2	−5	$R_{w,P,GLAS}$ in dB Falzdichtungen	≥40 ② (AD/MD+ID)	−2	0	0	−1	−1
11	41	**39**	−2	−5	$R_{w,P,GLAS}$ in dB Falzdichtungen	≥41 ② (AD/MD+ID)	0	0	0	−1	−2
12	42	**40**	−2	−5	$R_{w,P,GLAS}$ in dB Falzdichtungen	≥44 ② (AD/MD+ID)	0	−1	0	−1	−2
13	43	**41**	−2	−4	$R_{w,P,GLAS}$ in dB Falzdichtungen	≥46 ② (AD/MD+ID)	0	−2	0	−1	−2
14	44	**42**	−1	−4	$R_{w,P,GLAS}$ in dB Falzdichtungen	≥49 ② (AD/MD+ID)	0	−2	+1	−1	−2
15	45	**43**	−1	−5	$R_{w,P,GLAS}$ in dB Falzdichtungen	≥51 ② (AD/MD+ID)	0	−1	+1	−1	−2
16	≥46	**≥44**	f	f	f	f	f	f	f	f	f

d_{Ges}	Gesamtglasdicke
Glasaufbau	Zusammensetzung der beiden Einzelscheiben
SZR	Scheibenzwischenraum; mit Luft oder Argon gefüllt
$R_{w,P,GLAS}$	Prüfwert der Scheibe im Normformat (1,23 m × 1,48 m) im Labor
Falzdichtung	AD umlaufende Außendichtung, MD umlaufende Mitteldichtung, ID umlaufende Innendichtung im Flügelüberschlag
①	Mindestens eine umlaufende elastische Dichtung, in der Regel als Mitteldichtung angeordnet
②	Zwei umlaufende elastische Dichtungen, in der Regel als Mittel- und Innendichtung oder auch als Außen- und Innendichtung angeordnet
MIG	Mehrscheiben-Isolierglas

a   Die Spektrums-Anpassungswerte gelten nur für das Bauteil Fenster. Sie können von den glasspezifischen Werten abweichen. Sie haben zurzeit keine baurechtliche Bedeutung, berücksichtigen aber bereits die zukünftige europäische Normung.

b   Doppelfalze bei Flügeln von Holzfenstern; mindestens zwei wirksame Anschläge bei Flügeln von Metall- und Kunststofffenstern. Erforderliche Falzdichtungen sind umlaufend, ohne Unterbrechung anzubringen und müssen weich federnd, dauerelastisch, alterungsbeständig und leicht auswechselbar sein.

Um einen möglichst gleichmäßigen und hohen Schließdruck im gesamten Falzbereich sicherzustellen, ist eine genügende Anzahl von Verriegelungsstellen vorzusehen (wegen der Anforderungen an Fenster siehe auch DIN 18055).

c   Die Schalldämmung der beschriebenen Verglasungen ist nicht identisch mit den alternativ angegebenen Schalldämmungen.

d   Werte werden aus der alten Tabelle 40, Ausgabe 1989-11, übernommen, da keine neuen Konstruktionen in der Statistik enthalten sind, deshalb liegen C-, C_{tr}- und Korrekturwerte nicht vor.

e   Bei Holzfenstern genügt eine umlaufende Dichtung.

f   Nachweis durch Prüfung.

4

Der aus Tabelle 40 abzulesende Wert für die Schalldämmung $R_{w,R,Fenster}$ für Einfachfenster mit Mehrscheiben-Isolierglas (MIG) kann bestimmt werden:

$$R_{w,R} = R_{w,R} + K_{AH} + K_{RA} + K_S + K_{FV} + K_{F,1.5} + K_{F,3} + K_{Sp} \ dB \qquad (1)$$

Dabei ist

K_{AH} die Korrektur für Aluminium-Holzfenster; $K_{AH} = -1$ dB;
Diese Korrektur entfällt, wenn die Aluminiumschale zum Flügel- und Blendrahmen hin abgedichtet wird. Kleine Öffnungen zum Zweck des Druckausgleichs zwischen Aluminiumschale und Holzrahmen sind zulässig.

K_{RA} der Korrekturwert für einen Rahmenanteil <30 %. Der Rahmenanteil ist die Gesamtfläche des Fensters abzüglich der sichtbaren Scheibengröße. K_{RA} darf bei Festverglasungen nicht berücksichtigt werden.

K_S der Korrekturwert für Stulpfenster (zweiflügelige Fenster ohne festes Mittelstück);

K_{FV} der Korrekturwert für Festverglasungen mit erhöhtem Scheibenanteil;

$K_{F,1.5}$ die Korrektur für Fenster <1,5 m^2; $K_{F,1.5}$

$K_{F,3}$ die Korrektur für Fenster mit Einzelscheibe ≥3 m^2; $K_{F,3} = -2$ dB;

K_{Sp} der Korrekturwert für glasteilende Sprossen;

Die Werte gelten für ringsum dichtschließende Fenster. Fenster mit Lüftungseinrichtungen werden nicht erfasst.

5

Tabelle 40 a — Konstruktionstabelle für Einfachfenster mit Einfachglas, Verbund- und Kastenfenster

Spalte	1	2	3	4	5
Zeile	$R_{w,R}$ dB	Konstruktionsmerkmale	Einfachfenster mit Einfachglas [a]	Verbundfenster [a]	Kastenfenster [a,b]
1	25	d_{Ges} in mm oder $R_{w,P,GLAS}$ in dB Falzdichtungen	≥4 ≥27 ①	≥6 – –	– – –
2	30	d_{Ges} in mm SZR in mm oder $R_{w,P,GLAS}$ in dB Falzdichtungen	≥8 – ≥32 ①	≥6 ≥30 – ①	– – – –
3	32	d_{Ges} in mm Glasaufbau in mm SZR in mm Falzdichtungen	c	≥8 bzw. ≥4 + 4/12/4 ≥30 ①	– – – ①
4	35	d_{Ges} in mm Glasaufbau in mm SZR in mm Falzdichtungen	c	≥8 bzw. ≥6 + 4/12/4 ≥40 ①	– – – ①
5	37	d_{Ges} in mm Glasaufbau in mm SZR in mm Falzdichtungen	c	≥10 bzw. ≥6 + 6/12/4 ≥40 ①	≥8 bzw. ≥4 + 4/12/4 ≥100 ①
6	40	d_{Ges} in mm Glasaufbau in mm SZR in mm Falzdichtungen	c	≥14 bzw. ≥8 + 6/12/4 ≥50 AD+ID [d]	≥8 bzw. ≥6 + 4/12/4 ≥100 AD+ID
7	42	d_{Ges} in mm Glasaufbau in mm SZR in mm Falzdichtungen	c	≥16 bzw. ≥8 + 8/12/4 ≥50 AD+ID [d]	≥10 bzw. ≥8 + 4/12/4 ≥100 AD+ID
8	45	d_{Ges} in mm Glasaufbau in mm SZR in mm Falzdichtungen	c	≥18 bzw. ≥8 + 8/12/4 ≥60 AD+ID [d]	≥12 bzw. ≥8 + 6/12/4 ≥100 AD+ID
9	46		c	c	c

d_{Ges} Gesamtglasdicke, bei Verbund- und Kastenfenstern alternativ zum Glasaufbau für Konstruktionen mit Einmachgläsern

Glasaufbau   Zusammensetzung der Einzelscheiben

SZR   Scheibenzwischenraum

$R_{w,P,GLAS}$ Prüfwert der Scheibe im Normformat (1,23 m × 1,48 m) im Labor

Falzdichtung   AD Dichtung im äußeren Flügel, umlaufend
ID Dichtung im inneren Flügel, umlaufend

①   Mindestens eine umlaufende elastische Dichtung, in der Regel als Mitteldichtung

[a]   Doppelfalze bei Flügeln von Holzfenstern; mindestens zwei wirksame Anschläge bei Flügeln von Metall- und Kunststofffenstern. Erforderliche Falzdichtungen sind umlaufend, ohne Unterbrechung anzubringen und müssen weich federnd, dauerelastisch, alterungsbeständig und leicht auswechselbar sein.

    Um einen möglichst gleichmäßigen und hohen Schließdruck im gesamten Falzbereich sicherzustellen, ist eine genügende Anzahl von Verriegelungsstellen vorzusehen (wegen der Anforderungen an Fenster siehe auch DIN 18055).

[b]   Eine schallabsorbierende Leibung ist sinnvoll, da sie die durch Alterung der Falzdichtung entstehende Fugenundichtigkeiten teilweise ausgleichen kann.

[c]   Nachweis durch Prüfung.

[d]   Werte gelten nur, wenn keine zusätzlichen Maßnahmen zur Belüftung des Scheibenzwischenraumes getroffen sind oder wenn eine ausreichende Luftumlenkung im äußeren Dichtungssystem vorgenommen wurde (Labyrinthdichtung).

6

Der folgende Text ist aufzunehmen:

Literaturhinweise

DIN EN ISO 717-1:1997-01, *Bewertung der Schalldämmung in Gebäuden und von Gebäudeteilen — Teil 1: Luftschalldämmung (ISO 717-1:1996); Deutsche Fassung EN ISO 717-1:1996.*

VDI 2719:1987-08, *Schalldämmung von Fenstern und deren Zusatzeinrichtungen.*

7

Schallschutz im Hochbau

Hinweise für Planung und Ausführung
Vorschläge für einen erhöhten Schallschutz
Empfehlungen für den Schallschutz im eigenen Wohn- oder Arbeitsbereich

**Beiblatt 2
zu
DIN 4109**

Sound insulation in buildings; Guidelines for planning and execution; Proposals for increased sound insulation; Recommendations for sound insulation in personal living and working areas

Isolation acoustique dans la construction immobilière; Indications relatives à la conception et réalisation; Propositions relatives a une isolation acoustique améliorée; Recommandations relatives a l'isolation acoustique dans les propres zones d'habitation et de travail

Mit DIN 4109
Ersatz für
DIN 4109 T 2/09.62
und mit Beiblatt 1
zu DIN 4109
Ersatz für
DIN 4109 T 5/04.63

Dieses Beiblatt enthält Informationen zu DIN 4109,
jedoch keine zusätzlichen genormten Festlegungen.

Inhalt

Fortsetzung Seite 2 bis 16

Normenausschuß Bauwesen (NABau) im DIN Deutsches Institut für Normung e. V.

1 Hinweise für Planung und Ausführung; Luft- und Trittschalldämmung

1.1 Allgemeines

Die Erfüllung der Anforderungen an die Luft- und Tritt-schalldämmung in Gebäuden erfordern besondere Maß-nahmen sowohl bei der Bauplanung als auch bei der Bauausführung. Hierzu müssen Grundkenntnisse der bauakustischen Gesetzmäßigkeiten und aus der Praxis gewonnene Erfahrungen vorhanden sein. Die folgenden Abschnitte bringen hierzu kurzgefaßte Hinweise.

1.2 Hinweise für die Grundrißplanung

Wohn- oder Schlafräume sollen möglichst so angeordnet werden, daß sie wenig vom Außenlärm betroffen werden und von Treppenräumen durch andere Räume, z.B. Wasch- und Abortäume, Küchen, Flure und ähnliches, getrennt sind.

Beiderseits an Wohnungstrennwände angrenzende Räume sollten Räume gleichartiger Nutzung sein, z.B. Küche neben Küche, Schlafraum neben Schlafraum, sofern nicht durchgehende Gebäudetrennfugen vorhanden sind.

1.3 Luftschalldämmung von einschaligen Bauteilen

1.3.1 Einfluß von Masse und Biegesteifigkeit

Einschalige Bauteile haben im allgemeinen eine um so bessere Luftschalldämmung, je schwerer sie sind.

Im Regelfall nimmt die Luftschalldämmung auch mit der Frequenz stetig zu. Nur im Bereich der Grenzfrequenz verschlechtert sich die Luftschalldämmung, wenn sich hier – wie bei einer Resonanz – die Wirkung von Massenträgheit und Biegesteifigkeit gegenseitig aufheben.

Die Biegesteifigkeit kann sich unterschiedlich auf die Schalldämmung auswirken:

Ungünstig ist die Wirkung bei einschaligen Bauteilen, wenn die Grenzfrequenz im Frequenzbereich 200 Hz bis 2000 Hz liegt. Dies ist z.B. der Fall bei

- Platten oder plattenförmigen Bauteilen aus Beton, Leichtbeton, Mauerwerk, Gips und Glas mit flächenbezogenen Massen zwischen etwa 20 kg/m² und 100 kg/m².
- Platten aus Holz und Holzwerkstoffen mit flächenbezogenen Massen über 15 kg/m²

Günstig wirkt sich dagegen eine hohe Biegesteifigkeit bei dicken Wänden aus, sofern die Grenzfrequenz unter etwa 200 Hz liegt. Dies gilt für alle Platten oder plattenförmigen Bauteile aus Beton, Leichtbeton oder Mauerwerk mit einer flächenbezogenen Masse von mindestens 150 kg/m².

1.3.2 Einfluß von Hohlräumen

Große Hohlräume können die Schalldämmung gegenüber gleich schweren Bauteilen ohne Hohlräume verringern.

1.3.3 Einfluß von Putz, Trockenputz und verputzten Dämmplatten

Der Putz verbessert die Luftschalldämmung von Bauteilen nur entsprechend seinem Anteil an der flächenbezogenen Masse, sofern er nicht eine hauptsächlich dichtende Funktion hat.

Gemauerte Wände mit unvollständig vermörtelten Fugen und Wände aus luftdurchlässigem Material (Einkornbeton; haufwerksporiger Leichtbeton) erhalten die ihrer flächenbezogenen Masse entsprechende Schalldämmung erst mit einem zumindest einseitigen, dichten und vollflächig haftenden Putz oder einer Beschichtung.

Werden bei solchen undichten Rohbauwänden Gipskartonplatten nach DIN 18180 mit einzelnen Gipsbatzen oder -streifen an der Wand befestigt, ist mit einer Verringerung der Schalldämmung gegenüber naß verputzten Wänden zu

rechnen. Die Ursache ist in Undichtheiten der Rohbauwand und in Schwingungen der nicht an den Gipsbatzen haftenden Teile der Gipskartonplatten zu suchen. Diese Mängel lassen sich vermeiden, wenn auf einer Seite, zwischen Rohbauwand und Gipskartonplatten, Faserdämmstoffe nach DIN 18165 Teil 1 angebracht werden (Ausführungsbeispiele siehe Beiblatt 1 zu DIN 4109/11.89, Tabelle 7).

Vollflächig oder punktweise an Decken und Wänden angeklebte oder anbetonierte und verputzte Holzwolle-Leichtbauplatten, harte Schaumkunststoffplatten oder Platten ähnlich hoher dynamischer Steifigkeit verschlechtern die Schalldämmung durch Resonanzen, die im Frequenzbereich von 200 bis 2000 Hz liegen kann.

Eine Verschlechterung der Schalldämmung tritt nicht ein, wenn Holzwolle- oder Mehrschicht-Leichtbauplatten nach DIN 1101 an Decken und Wänden – wie in DIN 1102 beschrieben – angedübelt und verputzt werden.

1.4 Luftschalldämmung zweischaliger Bauteile

1.4.1 Allgemeines

Bei zweischaligen Bauteilen läßt sich im allgemeinen eine bestimmte Luftschalldämmung mit einer geringeren flächenbezogenen Masse erreichen als bei einschaligen. Die bewerteten Schalldämm-Maße $R'_{w,R}$ können zum Teil erheblich über denen nach Beiblatt 1 zu DIN 4109/11.89, Tabelle 1, für einschalige Bauteile liegen.

1.4.2 Einfluß der Eigenfrequenz

Die Luftschalldämmung zweischaliger Bauteile ist nur für Frequenzen oberhalb ihrer Eigenfrequenz f_0 besser als die von gleich schweren einschaligen Bauteilen. Im Bereich der Eigenfrequenz ist die Luftschalldämmung geringer, die Eigenfrequenz soll deshalb unter 100 Hz liegen.

In Tabelle 1 sind Zahlenwertgleichungen zur Bestimmung der Eigenfrequenz f_0 für einige typische Anwendungsfälle angegeben.

Diese Gleichungen gelten nur für den Fall, daß die mit m' bezeichneten Schalen biegeweich ausgeführt werden.

1.4.3 Zweischalige Bauteile mit biegeweichen Schalen

Biegeweiche Platten haben eine wesentliche Bedeutung für die Konstruktion zweischaliger Bauteile. Zu den biegeweichen Platten gehören z.B.

- Gipskartonplatten mit einer Dicke $\leq$ 18 mm,
- Putzschalen, z.B. auf Rohr- oder Drahtgewebe,
- Holzwolle-Leichtbauplatten, einseitig verputzt, auf Unterkonstruktion oder freistehend,
- Faserzementplatten mit einer Dicke $\leq$ 10 mm,
- Glasplatten mit einer Dicke $\leq$ 8 mm,
- Stahlblech mit einer Dicke $\leq$ 2 mm,
- Spanplatten mit einer Dicke $\leq$ 16 mm.

Wird zur Ermittlung des Abstandes s oder der flächenbezogenen Masse m' der biegeweichen Schale eine Eigenfrequenz $f_0 \leq$ 85 Hz zugrundegelegt, ergibt sich aus der Tabelle 1

- für zweischalige Bauteile aus zwei biegeweichen Schalen mit schallabsorbierender Einlage (Zeile 1)

$$m' \cdot s \geq 1 \qquad (1)$$

- für zweischalige Bauteile aus einer schweren, biegesteifen Schale mit biegeweicher Vorsatzschale und schallabsorbierender Einlage (Zeile 2)

$$m' \cdot s \geq 0,5 \qquad (2)$$

hierbei ist m' in kg/m² und s in mm einzusetzen.

Die Schalldämmung ist um so besser, je weniger starr die Verbindung der beiden Schalen durch die Unterkonstruktion ist und je schwerer die schwere Schale bei zweischaligen Bauteilen aus einer schweren, biegesteifen Schale mit biegeweicher Vorsatzschale ist.

Tabelle 1. **Eigenfrequenz f_0 zweischaliger Bauteile**

Spalte	1	2	3	4
Zeile	Aufbau der zweischaligen Bauteile		Gleichung für f_0	Beispiele für zweischalige Bauteile mit Eigenfrequenz $f_0 \leq 100\,\text{Hz}$
1	Zwei biegeweiche Schalen, Luftschicht mit schallabsorbierender Einlage [1])		$f_0 \approx \dfrac{85}{\sqrt{m' \cdot s}}$	Wände nach Beiblatt 1 zu DIN 4109/11.89, Tabellen 9 und 10 [2])
2	Biegeweiche Schale vor schwerer, biegesteifer Wand oder als Unterdecke von Massivdecken, Luftschicht mit schallabsorbierender Einlage [1])		$f_0 \approx \dfrac{60}{\sqrt{m' \cdot s}}$	Wände nach Beiblatt 1 zu DIN 4109/11.89, Tabelle 7, Zeilen 1 [2]), 2, 3 [2]), 5 [2]) und 6, und Tabelle 8 Decken nach Beiblatt 1 zu DIN 4109/11.89, Tabelle 11, Zeilen 7 und 8
3	Zwei biegeweiche Schalen mit Dämmschicht, die mit beiden Schalen vollflächig verbunden ist		$f_0 \approx 225\sqrt{\dfrac{s'}{m'}}$	Wegen der aus Stabilitätsgründen notwendigen hohen dynamischen Steifigkeit der Dämmschicht liegt f_0 in der Regel über 100 Hz (bauakustisch ungünstig)
4	Biegeweiche Schale vor schwerer, biegesteifer Wand mit Dämmschicht, die mit beiden Schalen verbunden ist, auch schwimmender Estrich auf Massivdecke [3])		$f_0 \approx 160\sqrt{\dfrac{s'}{m'}}$	Wand nach Beiblatt 1 zu DIN 4109/11.89, Tabelle 7, Zeile 4 Massivdecke mit schwimmenden Estrichen nach Beiblatt 1 zu DIN 4109/11.89, Tabelle 17, mit Trittschallverbesserungsmaßen $\Delta L_w\,(VM) \geq 27\,\text{dB}$

In den Gleichungen bedeuten:

f_0 Eigenfrequenz in Hz

m' flächenbezogene Masse einer biegeweichen Schale in kg/m^2

s Schalenabstand in m

s' dynamische Steifigkeit der Dämmschicht in MN/m^3 (z. B. Angaben für Dämmstoffe nach DIN 18165 Teil 1 und Teil 2),

wobei $s' = \dfrac{E_{dyn}}{s}$ in MN/m^3.

[1]) Die schallabsorbierende Einlage muß weichfedernd sein, längenbezogener Strömungswiderstand $\Xi \geq 5\,\text{kN} \cdot \text{s/m}^4$. Diese Bedingungen können z. B. von Faserdämmstoffen nach DIN 18165 Teil 1 erfüllt werden.

[2]) In den Wänden nach Beiblatt 1 zu DIN 4109/11.89, Tabelle 7, Zeilen 1, 3 und 5, und Tabelle 10, übernehmen die innenseitig offenporigen Holzwolle-Leichtbauplatten die Aufgabe des Strömungswiderstandes.

[3]) Die Gleichung in Zeile 4 gilt auch für die Bestimmung der Eigenfrequenz schwimmender Estriche, obwohl diese nicht mehr zu den biegeweichen Schalen zählen.

Ausführungsbeispiele enthält für

– zweischalige Wände aus zwei biegeweichen Schalen Beiblatt 1 zu DIN 4109/11.89, Tabellen 9 und 10,

– zweischalige Wände aus einer schweren, biegesteifen Schale mit biegeweicher Vorsatzschale Beiblatt 1 zu DIN 4109/11.89, Tabelle 7 in Verbindung mit Tabelle 8,

– Massivdecken mit biegeweicher Unterdecke Beiblatt 1 zu DIN 4109/11.89, Tabelle 11, Zeilen 7 und 8.

1.4.4 Zweischalige Bauteile aus zwei schweren, biegesteifen Schalen

Zweischalige Wände aus zwei schweren, biegesteifen Schalen sind dann von Vorteil, wenn zwischen den Schalen eine über die ganze Haustiefe und -höhe durchgehende schallbrückenfreie Fuge angeordnet wird, die die Flankenübertragung unterbricht. Solche Wände haben wesentliche Bedeutung für Haustrennwände, insbesondere bei Einfamilien-Doppelhäusern und Einfamilien-Reihenhäusern.

Bei zweischaligen Wänden aus zwei schweren, biegesteifen Schalen mit durchlaufenden, flankierenden Bauteilen, insbesondere bei starrem Randanschluß nach Bild 1, wird der Schall hauptsächlich über diesen Anschluß übertragen. Solche Wände haben im Regelfall keine höhere, eher eine geringere Schalldämmung, als sich nach Beiblatt 1 zu DIN 4109/11.89, Tabelle 5, für einschalige Wände mit gleicher flächenbezogenen Masse ergeben würde.

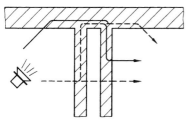

Bild 1. Schallübertragung bei zweischaligen Wänden aus biegesteifen Schalen mit starrem Randanschluß

1.5 Trittschalldämmung von Massivdecken

1.5.1 Einschalige Decken

Die Trittschalldämmung einschaliger Decken nimmt mit der Masse und der Biegesteifigkeit zu. Eine ausreichende Trittschalldämmung kann jedoch – im Gegensatz zur Luftschalldämmung – durch Erhöhung der flächenbezogenen Masse nicht erreicht werden. Eine Verbesserung durch Deckenauflagen ist immer notwendig.

1.5.2 Zweischalige Decken

Die Trittschalldämmung einschaliger Decken kann durch eine zweite Schale – mit Abstand angebracht – verbessert werden. Am wirksamsten (siehe DIN 18 560 Teil 2 (z. Z. Entwurf)), weil er das Eindringen von Körperschall in die Deckenkonstruktion

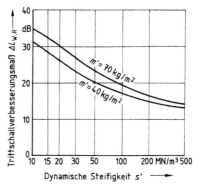

Bild 2. Theoretischer Zusammenhang zwischen dem Trittschallverbesserungsmaß $\Delta L_{w,R}$ (VM_R) eines schallbrückenfreien, schwimmenden Estrichs und der dynamischen Steifigkeit s' der verwendeten Dämmschicht bei Estrichen mit flächenbezogenen Massen m' von 40 und 70 kg/m².

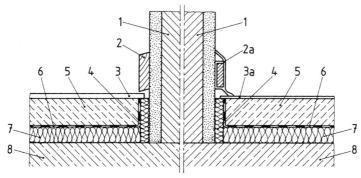

1	Mauerwerk oder Beton, verputzt	4	Randdämmstoffstreifen
2	Sockelleiste mit hartem Anschluß	5	Estrich
2a	Sockelleiste mit weichfederndem Anschluß	6	Abdeckung
3	weichfedernder Bodenbelag	7	Trittschall-Dämmschicht
3a	harter oder weichfedernder Bodenbelag	8	Massivdecke

Bild 3. Beispiele für Wandanschlüsse bei schwimmenden Estrichen;
– bei Wandputz und weichfedernden Bodenbelägen,
– bei Wandputz und harten Bodenbelägen

weitgehend verhindert und zudem die Luftschalldämmung verbessert. Voraussetzung ist, daß er schallbrückenfrei ausgeführt wird, was eine besonders sorgfältige Arbeit voraussetzt.

Durch eine untergehängte biegeweiche Schale wird zwar auch die Trittschalldämmung verbessert, die Wirkung ist jedoch begrenzt, weil – ohne schwimmenden Estrich – Körperschall auf die flankierenden Bauteile übertragen und von diesen als Luftschall abgestrahlt wird.

1.5.3 Deckenauflagen

1.5.3.1 Schwimmende Estriche

Ein schwimmender Estrich ist ein auf einer Dämmschicht hergestellter Estrich, der auf seiner Unterlage beweglich ist.

Die Verbesserung der Trittschalldämmung beginnt oberhalb der Eigenfrequenz, die sich nach Tabelle 1, Zeile 4, errechnet. Die Rechenwerte nach Beiblatt 1 zu DIN 4109/11.89, Tabelle 17, sind unter baupraktischen Bedingungen festgelegt.

Den theoretischen Zusammenhang zwischen dem Trittschallbesserungsmaß $\Delta L_{w,R}$ (VM_R) und der dynamischen Steifigkeit s' der Dämmschicht zeigt näherungsweise Bild 2.

Eine erhebliche Verschlechterung tritt ein, wenn Schallbrücken, d. h. feste Verbindungen zwischen Estrich und Decke oder seitlichen Wänden entstehen. Häufig entstehen Schallbrücken bei schwimmenden Estrichen auch durch Ausgleichsspachtelmassen und harte Fußleisten, Türzargen, Aussteifungsprofile, nachträglich eingesetzte Heizkörperstützen und ähnliches. Bei Bodeneinläufen läßt sich eine Körperschallübertragung nur schwer vermeiden. Beispiele für Wandanschlüsse von schwimmenden Estrichen zeigen die Bilder 3 bis 5.

Anmerkung: Die in den Bildern 3 bis 5 dargestellten Details stellen lediglich Prinzipskizzen dar!

1.5.3.2 Schwimmende Holzfußböden

Unterböden aus Holzspanplatten mit und ohne Lagerhölzer auf Dämmstoffen (schwimmende Holzfußböden) nach Beiblatt 1 zu DIN 4109/11.89, Tabelle 17, Zeilen 3 und 4, wirken bauakustisch ähnlich wie schwimmende Estriche.

Das Dröhnen des Fußbodens wird gedämpft, wenn der Hohlraum zwischen den Lagerhölzern mit Schallabsorptionsmaterial ausgefüllt ist.

1.5.3.3 Weichfedernde Bodenbeläge

Weichfedernde Bodenbeläge verbessern nur die Trittschalldämmung, nicht jedoch die Luftschalldämmung (Wegen der möglichen Austauschbarkeit siehe DIN 4109/11.89, Tabelle 3, z. B. Zeile 2, und Tabellen 2 und 3 dieses Beiblatts.)

Die für die Berechnung zu verwendenden Trittschallverbesserungsmaße sind Beiblatt 1 zu DIN 4109/11.89, Tabelle 18, zu entnehmen, sofern durch Eignungsprüfungen nicht andere Trittschallverbesserungsmaße festgelegt sind.

1.6 Flankenübertragung

Schall wird von Raum zu Raum nicht nur über die Trenndecke oder Trennwand (gegebenenfalls auch Türen) übertragen, sondern auch über Nebenwege. Unter Nebenwegübertragung versteht man sowohl die Schallübertragung längs angrenzender Bauteile, die sogenannte Flankenübertragung, als auch die Luftschallübertragung über Schächte, Kanäle, Deckenhohlräume oder Undercken und Undichtigkeiten an den Randanschlüssen, z. B. von Wänden, und bei der Durchführung von Rohren durch Bauteile.

Die Flankenübertragung wird beeinflußt durch die Masse der Biegesteifigkeit und die innere Dämpfung der angrenzenden Bauteile sowie des trennenden Bauteils und durch die Ausbildung der Anschlußstellen von trennenden und flankierenden Bauteilen (siehe auch Beiblatt 1 zu DIN 4109/11.89, Abschnitt 3).

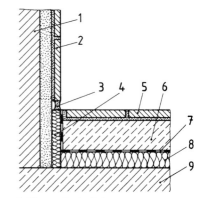

1 Mauerwerk oder Beton
2 Wandfliesen oder Platten im Dickbett
3 elastische Fugenmasse
4 Randdämmstoffstreifen
5 Bodenfliesen oder Platten
6 Estrich
7 Abdeckung
8 Trittschall-Dämmschicht
9 Massivdecke

Bild 4. Beispiel für Wandschluß bei schwimmenden Estrichen mit keramischen Belägen, Natur- und/oder Betonwerksteinbelägen und Anordnung einer waagerechten Trennfuge.

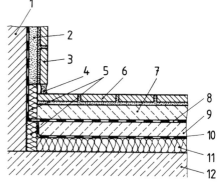

1 Mauerwerk oder Beton
2 Putz, bewehrt
3 Wandfliesen oder Platten im Dickbett
4 elastische Fugenmasse
5 Randdämmstoffstreifen
6 Bodenfliesen oder Platten
7 Schutzschicht
8 Abdichtung
9 Estrich
10 Abdeckung
11 Trittschall-Dämmschicht
12 Massivdecke

Bild 5. Fußbodenaufbau mit Abdichtung für Badezimmer mit Duschbetrieb

1.6.1 Flankenübertragung bei Luftschallanregung

Die unmittelbare Übertragung des Luftschalls durch die Trenndecke oder Trennwand und die möglichen Wege der Flankenübertragung zwischen zwei Räumen sind Beiblatt 1 zu DIN 4109/11.89, Bild 13, zu entnehmen.

Durch die Flankenübertragung wird das Schalldämm-Maß R der Trenndecke oder Trennwand zum Schalldämm-Maß R' vermindert und der erreichbaren Luftschalldämmung zwischen zwei Räumen eine Grenze gesetzt. Bei einschaligen, trennenden Bauteilen z. B. liegt diese Grenze je nach der flächenbezogenen Masse des Bauteils bei einem bewerteten Schalldämm-Maß von 55 dB bis 58 dB, wenn nicht besondere Maßnahmen zur Verringerung der Flankenübertragung durchgeführt werden.

Zur Erzielung der angestrebten Luftschalldämmung zwischen benachbarten Räumen müssen deshalb die flankierenden Bauteile entweder genügend schwer sein oder in geeigneter Weise zweischalig ausgebildet werden (siehe Beiblatt 1 zu DIN 4109/11.89, Abschnitt 3). Im einzelnen sind Hinweise der Abschnitte 1.6.1.1 bis 1.6.1.6 zu beachten.

Bei Verwendung leichter Konstruktionen mit biegeweichen Schalen für die trennenden und flankierenden Bauteile, z. B. in Gebäuden in Skelett- und Holzbauart, wird die resultierende Luftschalldämmung zwischen zwei Räumen in besonderem Maße von der Ausbildung der flankierenden Bauteile und deren Anschlüsse an das trennende Bauteil beeinflußt. Hinweise für einige Konstruktionen mit Angabe des bewerteten Labor-Schall-Längsdämm-Maßes $R_{L,w,R}$ sind im Beiblatt 1 zu DIN 4109/11.89, Abschnitte 6 und 7, enthalten.

1.6.1.1 Flankierende, einschalige, biegesteife Bauteile

Flankierende, einschalige, biegesteife Bauteile müssen eine flächenbezogene Masse haben, die von der Ausbildung des trennenden Bauteils — ob einschalig oder zweischalig —, von dessen flächenbezogener Masse und von der Höhe der geforderten Luftschalldämmung abhängt. Angaben zur flächenbezogenen Masse enthält Beiblatt 1 zu DIN 4109/11.89, Abschnitte 3.2.2 und 3.2.3.

1.6.1.2 Flankierende, zweischalige Bauteile

Flankierende, zweischalige Bauteile verringern die Flankenübertragung, wenn die innere (den Räumen zugewandte) Schale im akustischen Sinne biegeweich ist (siehe Abschnitt 1.3.1) und gegenüber der äußeren Schale eine genügend tiefliegende Eigenfrequenz hat (siehe Abschnitt 1.4.2). Angaben über den Einfluß zweischaliger, flankierender Bauteile siehe Beiblatt 1 zu DIN 4109/11.89, Abschnitt 3.3.

1.6.1.3 Gebäudetrennfugen

Gebäudetrennfugen nach Beiblatt 1 zu DIN 4109/11.89, Bild 1, verringern die Flankenübertragung in horizontaler Richtung erheblich. Die Trennfuge muß sich über die gesamte Gebäudetiefe und -höhe (einschließlich der Kellerwände möglichst ab Oberkante Fundament) erstrecken. Um die Flankenübertragung in vertikaler Richtung zu begrenzen, müssen die beiden Schalen ausreichend schwer sein.

Bei Einfamilien-Doppelhäusern und Einfamilien-Reihenhäusern sollten stets Gebäudetrennfugen vorgesehen werden — auch wegen der Verringerung der Trittschall- bzw. Körperschallübertragung in das Nachbarhaus bzw. die Nachbarwohnung (siehe Abschnitt 1.6.2.1).

1.6.1.4 Verstärkte Flankenübertragung

Verstärkte Flankenübertragung entsteht, wenn an einschalige, biegesteife Bauteile, z. B. aus Gründen der Wärmedämmung, raumseitig angeklebte oder anbetonierte Dämmplatten hoher dynamischer Steifigkeit (z. B. Holzwolle-Leichtbauplatten oder harte Schaumkunststoffplatten) durch Putz, Bauplatten (z. B. Gipskartonplatten) oder Fliesen abgedeckt werden.

Derartige Bekleidungen beeinflussen aus diesem Grund die Schalldämmung im ungünstigen Sinne (siehe auch Abschnitt 1.3.3).

1.6.1.5 Durchlaufende, schwimmende Estriche

Unter leichten Trennwänden durchlaufende, schwimmende Estriche nach Bild 6 verstärken die Flankenübertragung in Horizontalrichtung. Wenn eine Trennung des Estrichs durch eine Fuge nicht möglich ist, muß unter Umständen auf den schwimmenden Estrich verzichtet werden; für die Trittschalldämmung darunterliegender Räume müssen dann entsprechend schwere Decken mit Verbundestrich oder Estrich auf Trennschicht oder mit Deckenauflage aus weichfedernden Bodenbelägen verwendet werden.

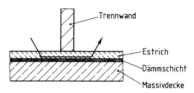

Bild 6.   Schallübertragung über einen schwimmenden Estrich unter leichten Trennwänden

1.6.1.6 Durchlaufende, abgehängte Unterdecken

Über leichte Trennwände durchlaufende, abgehängte Unterdecken können durch Flankenübertragung die Schalldämmung ungünstig beeinflussen (Weg I in Bild 7). Dasselbe gilt für die Nebenwegübertragung durch den Hohlraum oberhalb der abgehängten Unterdecke (Weg II in Bild 7), wenn dieser Weg nicht durch Abschottung oder durch Einlage von schallabsorbierenden Stoffen unterbrochen wird.

1.6.2 Flankenübertragung bei Trittschallanregung

Im Gegensatz zum Luftschall wird beim Trittschall nur ein einziges Bauteil — die Decke — unmittelbar zu Schwingungen angeregt. Ein schwimmender Estrich oder weichfedernder Bodenbelag verringert die Anregung der Decke und damit auch die Flankenübertragung.

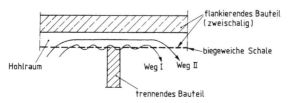

Bild 7.   Schallübertragung über flankierende Bauteile mit biegeweicher Schale

1.6.2.1 Gebäudetrennfugen

Gebäudetrennfugen nach Beiblatt 1 zu DIN 4109/11.89, Bild 1 bewirken auch beim Trittschall (und allgemein auch beim Körperschall) eine wesentliche Verminderung der Flankenübertragung. Dieses ist insbesondere bei Treppen in Reihenhäusern von Bedeutung.

1.6.2.2 Durchlaufende, schwimmende Estriche

Unter leichten Trennwänden durchlaufende, schwimmende Estriche bewirken eine starke Trittschallübertragung in Horizontalrichtung; siehe hierzu Abschnitt 1.6.1.5 hinsichtlich Luftschallübertragung; Ausführungsbeispiele siehe Beiblatt 1 zu DIN 4109/11.89, Tabelle 29.

1.6.2.3 Durchlaufende, schwimmende Estriche unter Türen

Unter Türen durchlaufende, schwimmende Estriche bewirken eine starke Trittschallübertragung in den Nachbarraum. Eine Trennfuge ist unerläßlich, wenn Anforderungen an den Trittschallschutz gestellt werden, z. B. zwischen Fluren und Unterrichts- und Krankenräumen.

1.7 Türen

Die in DIN 4109/11.89, Tabelle 3, enthaltenen Anforderungen und in diesem Beiblatt, Tabellen 2 und 3, enthaltenen Vorschläge und Empfehlungen beziehen sich auf Türen im eingebauten Zustand (Türblatt einschließlich Rahmen oder Zarge). Die Schalldämmung von Einfachtüren hängt gleichermaßen von der Schalldämmung des Türblatts und von der Dichtung der Falze ab, insbesondere von der Dichtung der unteren Türfuge. Bei Doppeltüren kommt noch der Einfluß des Abstandes der beiden Türblätter hinzu.

Die Schalldämmung von Türblättern kann durch Erhöhung der flächenbezogenen Masse (z. B. Sandfüllung in Hohlräumen von Holztürblättern) oder durch Verwendung zweischaliger Konstruktionen aus biegeweichen Platten (z. B. Stahlblech, Sperrholz mit innenseitig aufgeklebter Bleifolie) verbessert werden.

Die Anforderungen an die Dichtung steigen mit den Anforderungen an die Schalldämmung. Weichfedernde Dichtungsstreifen in den Falzen sind erst wirksam, wenn geeignete Beschläge vorhanden sind, die ein dichtes Anliegen der Falze an ihrer ganzen Länge sicherstellen (ohne daß der Kraftaufwand für die Betätigung des Verschlusses zu groß wird).

An der unteren Türfuge ist eine Dichtung erforderlich, z. B. in Form einer Schleifdichtung oder einer sich beim Öffnen abhebenden Dichtung, wenn auf den unteren Anschlag mittels Türschwelle verzichtet werden muß.

Bei Wänden zwischen Unterrichtsräumen oder ähnlichen Räumen und „besonders lauten" Räumen (z. B. Sporthallen, Musikräumen, Werkräumen) (siehe DIN 4109/11.89, Tabelle 3, Zeile 44) ist darauf zu achten, daß die dort gestellte Anforderung durch eine Nebenwegübertragung über Flur und Türen nicht verschlechtert wird. Etwa vorhandene Türen vom „besonders lauten" Raum und vom Unterrichtsraum zum Flur sollen möglichst weit voneinander entfernt angeordnet werden oder so ausgebildet sein, daß eine Schallübertragung über diesen Weg so weit wie möglich vermindert wird.

1.8 Treppen

Zur Verringerung der Trittschallübertragung vom Treppenraum in angrenzende Aufenthaltsräume sollten massive Treppenläufe einen Abstand von der Treppenraumwand haben. Mit den Wänden festverbundene Stufen oder fest an Wänden befestigte Stufen sind sowohl bei Massivals auch bei Holz- und Metalltreppen zu vermeiden, sofern nicht besondere Maßnahmen zur Körperschalldämmung getroffen werden.

Soweit im Rahmen brandschutztechnischer Vorschriften zulässig, können die Stufen und Podeste mit weichfedernden Bodenbelägen belegt werden.

Wirkungsvoll zur Verringerung der Trittschallübertragung ist auch eine körperschallgedämmte Auflagerung der Treppenläufe oder der Treppenstufen bei Verwendung eines schwimmenden Estrichs auf den Podesten. Schallbrücken – insbesondere im Bereich der Wohnungseingangstür – sind ebenso wie ein unter der Tür durchlaufender, schwimmender Estrich zu vermeiden.

2 Haustechnische Anlagen

2.1 Allgemeines

Der in schutzbedürftigen Räumen auftretende Schalldruckpegel läßt sich häufig quantitativ nicht vorhersagen. Dies liegt vor allem daran, daß der meist vorliegende Körperschallanregung der Bauteile z. Z. rechnerisch noch schwer erfaßbar ist (siehe Abschnitt 2.4.3). Eine gewisse Ausnahme bilden die Armaturengeräusche der Wasserinstallation.

Die Planung im Hinblick auf die Geräuschübertragung setzt gewisse Erfahrungen voraus. Der Erfahrungsbereich erstreckt sich nicht auf alle denkbaren bautechnischen und installationstechnischen Gegebenheiten.

Die Einhaltung der Anforderungen setzt voraus, daß die Verantwortlichen für die

- Planung des Grundrisses,
- Planung und Ausführung des Baukörpers,
- Planung und Ausführung der haustechnischen Anlagen,
- Planung und Ausführung besonderer Schallschutzmaßnahmen,
- Auswahl und Anordnung der geräuscherzeugenden Einrichtungen,

gemeinsam um Schallschutz bemüht sind und für eine wirksame Koordinierung aller Beteiligten gesorgt wird.

Wenn den Beteiligten die nötige Erfahrung fehlt, sollte zur Planung des Gebäudes, der haustechnischen Anlagen, der Betriebe oder der besonderen Schallschutzmaßnahmen ein Sachverständiger für Schallschutz hinzugezogen werden.

2.2 Grundsätzliches zur Geräuschentstehung und Geräuschausbreitung

Geräusche entstehen vor allem durch

- rotierende oder hin- und hergehende Teile von Maschinen, Geräten oder Anlagen, z. B. von Pumpen, Aufzügen, Motoren, Verbrennungsvorgänge,
- Strömungen in den Armaturen und in den Abwasserleitungen.

Durch Maschinen, Geräte und Leitungen werden die angrenzenden Bauteile eines Aufstellungsraumes zu Schwingungen angeregt.

Bild 8 zeigt, wie die Decken und Wände eines Hauses zu Schwingungen angeregt werden können; dabei ist zu unterscheiden zwischen

- dem im Aufstellungsraum erzeugten Luftschall (Luftschallanregung),

und

- dem im Aufstellungsraum durch Wechselkräfte erzeugten Körperschall (Körperschallanregung).

Die durch Luft- und Körperschallanregung entstandenen Schwingungen einer Wand oder Decke werden mit nur geringer Schwächung so auf damit starr verbundene andere Bauteile übertragen (Körperschallanregung).

Welcher der beiden Anregungsfälle im speziellen Fall vorherrscht, ist von entscheidender Bedeutung für die vorzusehenden Maßnahmen zur Verminderung der Schallausbreitung. Wenn die Schallübertragung durch Körperschall-anregung erfolgt—der häufigste Fall—hilft eine verbesserte Luftschalldämmung der Wände im Regelfall nicht.

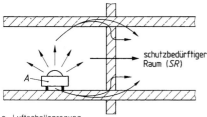

a. Luftschallanregung

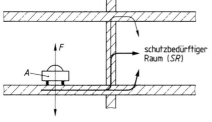

b. Körperschallanregung durch Wechselkraft F

Bild 8.   Schematische Darstellung der Geräuschüber-tragung von einer Schallquelle A durch Luftschall-anregung und durch Körperschallanregung

2.3 Umrechnung des entstehenden Luftschallpegels einer Maschine aus ihrem A-Schall-Leistungspegel

Für Maschinen und Geräte sollte vom Hersteller der A-Schall-Leistungspegel $L_{W,A}$ zur Kennzeichnung der Geräuschabstrahlung angegeben werden. Aus ihm läßt sich der im Aufstellungsraum zu erwartende Schalldruckpegel L_A nach folgender Beziehung berechnen:

$$L_A = L_{W,A} - 10 \lg \frac{A}{1\,m^2} + 6\,dB(A) \qquad (3)$$

Hierin bedeuten:

$L_{W,A}$ A-Schall-Leistungspegel in dB(A)

A äquivalente Schallabsorptionsfläche des Aufstel-lungsraumes in m^2. A läßt sich aus dem Volumen V (in m^3) des Aufstellungsraumes und seiner Hallig-keit grob abschätzen:

$$\text{gedämpfter Raum} \quad \frac{A}{1\,m^2} \approx 0.3 \cdot \frac{V}{1\,m^3} \qquad (4)$$

$$\text{halliger Raum} \quad \frac{A}{1\,m^2} \approx 0.05 \cdot \frac{V}{1\,m^3} \qquad (5)$$

Der Schalldruckpegel L_A ist in aller Regel kleiner als der Schall-Leistungspegel $L_{W,A}$.

Befinden sich mehrere geräuscherzeugende Geräte in dem Aufstellungsraum, dann müssen die nach der obigen Bezie-hung ermittelten Schalldruckpegelwerte L_A der einzelnen Geräte energetisch nach Gleichung

$$L_{A,res} = 10 \lg \sum_{i}^{n} (10^{0.1\,L_{A,i}}) \; dB(A) \qquad (6)$$

zu einem Gesamtpegel addiert werden.

2.4 Maßnahmen zur Minderung der Geräuschausbreitung

2.4.1 Grundrißausbildung

Die Geräuschübertragung wird vermindert, wenn zwischen dem Raum mit der Schallquelle und dem schutzbedürftigen Raum ein weiterer, nicht besonders schutzbedürftiger Raum vorgesehen wird. Dies gilt sowohl bei vorliegender Luftschall- als auch bei Körperschallanregung. Die Ab-nahme des Schalldruckpegels beträgt im Regelfall etwa 10 dB(A); sie kann jedoch in einzelnen Fällen größer sein.

Aus diesem Grund sollten Bäder, Aborte, Küchen und ähn-liche Räume in Mehrfamilienhäusern möglichst überein-ander bzw. in horizontaler Richtung nebeneinander angeordnet werden; das Wechseln des Wohnungsgrund-risses von Geschoß zu Geschoß sollte unterbleiben. Ande-renfalls sind zusätzliche Schutzmaßnahmen für schutzbe-dürftige Räume erforderlich.

2.4.2 Minderung des Luftschallpegels in „besonders lauten" Räumen

Der Schalldruckpegel in „besonders lauten" Räumen kann durch schallabsorbierende Bekleidungen und Kapselun-gen vermindert werden. Derartige Maßnahmen sind aller-dings für den schutzbedürftigen Raum nur wirksam, wenn die Körperschallanregung nicht überwiegt.

2.4.2.1 Schallabsorbierende Bekleidung

In den Fällen, in denen die störende Geräuschübertragung durch Luftschallanregung erfolgt, kann man durch eine Bekleidung der Decke oder der Wände im „besonders lau-ten" Raum mit stark schallabsorbierendem Material (z.B. Mineralfaserplatten) den Schalldruckpegel in diesem Raum und dadurch die Geräuschübertragung senken. Die erreichbare Minderung ist selten größer als 5 dB(A). Mei-stens ist diese Maßnahme bei haustechnischen Anlagen nicht anwendbar, weil Körperschallanregung vorherrscht. Sie ist auch dann nicht anwendbar, wenn das störende Geräusch in Form von Sprache und Musik durch elektro-akustische Anlagen (z.B. in Diskotheken) erzeugt wird, weil die Betreiber im allgemeinen eine akustische Verbesserung durch Einstellen einer größeren Leistung der Übertragungs-anlagen zunichte machen.

2.4.2.2 Kapselung

Die Abstrahlung des Luftschalls von Maschinen, Geräten und Rohrleitungen kann durch Kapselung wirksam her-abgesetzt werden; die erreichbare Minderung beträgt je nach Ausführung der Kapselung 15 dB(A) bis 30 dB(A); näheres zur Planung und Ausführung von Kapselung siehe VDI 2711.

2.4.2.3 Verbesserung der Luftschalldämmung

Wenn die Luftschallanregung überwiegt, stehen zur Verrin-gerung der Luftschallübertragung im wesentlichen fol-gende Maßnahmen zur Verfügung:

— Schwere Ausbildung der Bauteile,

— Vorsatzschalen, z. B. auch schwimmende Estriche,

— über die ganze Haustiefe verlaufende Trennfugen (besonders wirksam).

Ausführungsbeispiele mit bewerteten Schalldämm-Maßen von 55 dB(A) bis 72 dB(A) sind im Beiblatt 1 zu DIN 4109/11.89, Tabelle 35, enthalten.

2.4.3 Verbesserung der Körperschalldämmung

Wenn die Körperschallanregung überwiegt, z. B bei Geräu-schen von Wasserversorgungs- und Abwasseranlagen, bei Benutzergeräuschen in Bad und WC bzw. von Pumpen-geräuschen, stehen zur Verringerung der Körperschall-übertragung im wesentlichen folgende Maßnahmen zur Verfügung:

- Schwere Ausbildung des unmittelbar angeregten Bauteils,
- Vorsatzschale im schutzbedürftigen Raum, wenn die unmittelbar zur Körperschall angeregte massive Wand leicht ist,
- Zwischenschalten einer federnden Dämmschicht (siehe VDI 2062 Blatt 1 und Blatt 2) an der Befestigungsstelle zwischen Maschine, Gerät, Rohrleitung oder Einrichtungsgegenstand und Decke bzw. Wand,
- Ummantelung von Rohrleitungen mit weichfederndem Dämmstoff, sofern sie in Wänden und Massivdecken verlegt werden,
- Zwischenschaltung von Kompensatoren aus Gummi bei wasserführenden Rohrleitungen,
- Aufstellen ganzer Anlagen auf einer schwimmend gelagerten Betonplatte oder unter Verwendung von weichfedernd gelagerten Fundamenten.

Bei Schallquellen, bei denen insbesondere tiefe Frequenzen auftreten (z. B. Ventilatoren), ist zu beachten, daß die Anregungsfrequenzen nicht mit den Resonanzfrequenzen der Bauteile zusammenfallen.

2.5 Hinweise auf Maßnahmen bei einzelnen Anlagen und Einrichtungen

2.5.1 Wasserversorgungsanlagen

Geräusche aus Wasserversorgungsanlagen entstehen bei der Wasserentnahme hauptsächlich in den Querschnittsverengungen innerhalb der Armaturen und nicht in den Rohrleitungen selbst. Eine strömungstechnisch besonders günstige Ausbildung der Rohrleitungen bringt deshalb bezüglich der Geräusche keine Vorteile. Der in den Armaturen erzeugte Wasserschall wandert in den Rohrleitungen nur wenig geschwächt weiter. Diese Weiterleitung kann in Sonderfällen durch das Zwischenschalten von Wasserschalldämpfern gemindert werden. Durch den Wasserschall werden die Rohrleitungen zu Schwingungen angeregt, die ihrerseits wieder bzw. Decken in Schwingungen bringen, an denen die Leitungen befestigt sind (siehe Bild 9). Die Abstrahlung in den angrenzenden Raum ist geringer, wenn die Zwischenwand oder eine Vorsatzschale nach Beiblatt 1 zu DIN 4109/11.89, Tabelle 7, auf der Seite des schutzbedürftigen Raumes angebracht wird. Der Installationsschallpegel L_{In} des in einen schutzbedürftigen Raum übertragenen Geräusches ist um etwa 10 dB(A) geringer, wenn ein Raum zwischen der Wand mit Rohrinstallation und dem schutzbedürftigen Raum liegt (siehe Bild 9).

Rohrschellen-Isolierungen bei Rohren vor der Wand und Rohrummantelungen bei Rohren in der Wand sind als Maßnahmen gegen die Übertragung von Armaturengeräuschen auf das Bauwerk wirkungslos, wenn die Armaturen fest mit der Wand verbunden oder andere Schallbrücken vorhanden sind. Eine Geräuschminderung ist nur zu erreichen, wenn derartige Schallbrücken vermieden werden.

Das Geräusch aus Wasserversorgungsanlagen wird um so größer, je größer der Fließdruck und damit der Durchfluß ist. Der Druck muß deshalb durch Druckminderer begrenzt werden (siehe DIN 4109/11.89, Abschnitt 7.2.2.1).

Für Druckerhöhungsanlagen gelten sinngemäß die Hinweise in Abschnitt 2.5.4.

2.5.2 Abwasserleitungen

Die beim Wasserablauf vor allem an den Ablaufanschlüssen und bei Richtungsänderungen auftretenden Strömungsvorgänge regen das Abwasserrohr zu Körperschallschwingungen an, die ihrerseits auf die Wände übertragen werden, an denen die Leitungen befestigt sind.

Folgende Maßnahmen zur Geräuschminderung kommen in Frage:

- Bauakustisch günstige Grundrisse, z. B. sollten schutzbedürftige Räume nicht an Wände grenzen, an denen Abwasserleitungen befestigt sind,
- Verwendung schwerer Wände (mindestens 220 kg/m²), an denen die Abwasserleitungen befestigt sind.
- Vorsatzschalen nach Beiblatt 1 zu DIN 4109/11.89, Tabelle 7, an leichten Wänden mit Abwasserleitungen auf der dem schutzbedürftigen Räumen zugewandten Seite,
- körperschallgedämmte Verlegung der Leitungen,
- Vermeidung starker Richtungsänderungen.

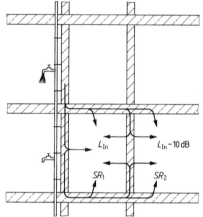

Bild 9. Ausbreitung von Wasserleitungsgeräuschen aus dem darüberliegenden Geschoß in schutzbedürftige Räume (SR_1 und SR_2); verminderte Schallübertragung durch einen zwischenliegenden Raum.

Wenn Abwasserleitungen in Wandschlitzen verlegt werden, sollte die flächenbezogene Masse der Restwand zum schutzbedürftigen Raum hin mindestens 220 kg/m² betragen.

Bei Bodeneinläufen läßt sich eine Körperschallübertragung nur schwer vermeiden.

Für Abwasserhebeanlagen gelten sinngemäß die Hinweise in Abschnitt 2.5.4.

2.5.3 Sanitärgegenstände

Beim Einlaufen des Wassers, beim Auslauf und beim Benutzen von Bade- bzw. Duschwanne (Plätschern, Rutschgeräusche), des Klosettbeckens (z. B. Spüreinlauf), von Waschtisch und Ablagen (z. B. Zahnbecher aufstellen) wird Körperschall erzeugt und auf die umgebenden Wände und Decken übertragen.

Folgende Maßnahmen zur Geräuschminderung kommen in Frage:

- Bauakustisch günstige Grundrisse, z. B. sollten schutzbedürftige Räume nicht unmittelbar an Räume mit Wänden mit Sanitärinstallationen oder unter Sanitärräumen angeordnet werden,
- Badewanne und Badewannenschürze körperschallgedämmt auflagern oder auf schwimmenden Estrich stellen,
- Badewanne und Badewannenschürze von Wänden trennen (Verfugen mit elastischem Dichtstoff),
- auf dem Boden stehende Klosettbecken auf den schwimmenden Estrich stellen und nur hierauf befestigen,

— wandhängende Sanitärgegenstände, z. B. wandhängende Klosettbecken, Waschtische und Ablagen, körperschallgedämmt befestigen.

2.5.4 Heizungsanlagen

Von Heizungsanlagen in Kellerräumen mit einer Heizkessel-Nennleistung bis etwa 100 kW werden Kessel- und Brennergeräusche im Regelfall nur durch Luftschall übertragen. Deshalb sollte die Kellerdecke möglichst „schwer" ausgeführt werden (siehe DIN 4109/11.89, Tabelle 5) und im Erdgeschoß ein schwimmender Estrich verlegt werden.

Bei größeren Heizungsanlagen können zusätzlich auch unter den Kesseln körperschalldämmende Maßnahmen erforderlich werden; näheres siehe VDI 2715.

Bei Heizungsanlagen in höherliegenden Geschossen kann die erforderliche Körperschalldämmung durch Aufbau der Anlage auf einer „schwimmend" gelagerten Betonplatte erreicht werden.

Bei größeren Anlagen kann eine zusätzliche Luftschallübertragung über den Schornstein erfolgen; durch einen Schalldämpfer zwischen Heizkessel und Schornstein kann diese vermindert werden.

Unter ungünstigen Umständen muß die Geräuschausbreitung über Belüftungsöffnungen ins Freie vor den Fenstern der schutzbedürftigen Räume beachtet werden. Dieser Übertragungsweg läßt sich vorherberechnen (siehe VDI 2571); erforderlichenfalls sind Schalldämpfer anzuordnen.

Bei speziellen Heizungsanlagen, z. B. Wärmepumpen oder Wärmeerzeugern mit Pulsationsbrennern, sollte im Einzelfall geprüft werden, ob zusätzliche Schallschutzmaßnahmen erforderlich sind.

2.5.5 Anlagen zur Lüftung und Klimatisierung

Für die Planung und Ausführung von Maßnahmen zur Geräuschminderung wird auf VDI 2081 hingewiesen.

2.5.6 Aufzugsanlagen

Die Geräusche kommen von der Maschinenanlage, meistens von den Getrieben und Bremsen; außerdem spielen Relaisgeräusche eine Rolle. Die Grundrißausbildung ist von großer Bedeutung; für Planung und Ausführung von Maßnahmen zur Geräuschminderung siehe VDI 2566 (z. Z. Entwurf).

2.5.7 Müllabwurfanlagen

Folgende Maßnahmen zur Geräuschminderung kommen in Frage:

— Der Schacht sollte unten nicht abgeknickt sein, so daß der Müll senkrecht in den Auffangbehälter fallen kann.

— Der innere Schacht sollte gegenüber dem Bauwerk körperschalldämmend ausgeführt sein und eine möglichst hohe innere Dämpfung haben. Hohe Dämpfungswerte lassen sich durch Schüttungen aus geglühtem Sand (auch nur abschnittsweise) zwischen äußerem und innerem Schacht erreichen.

— Der Auffangbehälter sollte Gummiräder erhalten und auf einem schwimmenden Estrich stehen. Der bewertete Norm-Trittschallpegel (das Trittschallschutzmaß) im Aufstellungs- und Zufahrtsbereich sollte, gemessen in Richtung der Lärmausbreitung, $L_{n,w,R} \leq 43$ dB ($TSM_R \geq 20$ dB) betragen.

— Die den Müllraum umschließenden Bauteile sollten mindestens ein bewertetes Schalldämm-Maß $R'_{w,R} \geq 55$ dB haben.

2.5.8 Garagen

Das Öffnen und Schließen der Garagentore erzeugt Körperschall. Störungen hierdurch können vermindert werden,

indem Torrahmen körperschallgedämmt befestigt und Stöße beim Betätigen der Tore mit Hilfe von federnden Puffern vermieden werden.

Ölhydraulisch betriebene Schließanlagen für Garagentore und Hebeanlagen für Kraftfahrzeuge neigen zu lästigem „Singen", das je nach Einzelfall mit Flüssigkeitsschalldämpfern im Hydrauliksystem oder mit Kapselung der Hydraulikpumpe gemindert werden kann.

Ventilatoren sind körperschallgedämmt anzuordnen. Im Einzelfall ist zu überprüfen, ob zur Verminderung der Luftschallübertragung Schalldämpfer erforderlich sind.

2.5.9 Verschiedenes

Türsprechanlagen, Türschließer, Türklingeln, Telefonklingeln, Relais — z. B. für Treppenbeleuchtung — und ähnliche Schallquellen an Wänden regen diese zu Körperschall an, der zu störenden Geräuschen in benachbarten schutzbedürftigen Räumen führen kann. Das Gleiche gilt für wandhängende Schränke, Warenautomaten und dergleichen.

Durch eine körperschallgedämmte Befestigung der vorgenannten Einrichtungen können störende Geräusche vermindert werden.

3 Vorschläge für einen erhöhten Schallschutz und Empfehlungen zum Schallschutz im eigenen Wohn- oder Arbeitsbereich

3.1 Vorschläge für einen erhöhten Schallschutz gegen Schallübertragung aus einem fremden Wohn- oder Arbeitsbereich

In bestimmten Fällen (z. B. größeres Schutzbedürfnis, besonders geringes Hintergrundgeräusch) kann ein über die Anforderungen nach DIN 4109 hinausgehender erhöhter Schallschutz wünschenswert sein; hierdurch kann die Belästigung durch Schallübertragung weiter gemindert werden.

Die nachstehend zur Orientierung für den Planer aufgeführten Vorschläge sind so ausgelegt, daß sowohl der Luftschallschutz als auch der Trittschallschutz im Vergleich mit den Anforderungen nach DIN 4109 zu einer deutlichen Minderung des Lautstärkeempfindens führen (die nur geringfügig verbesserten Werte für den Luftschallschutz von Wohnungstrenndecken sind durch wirtschaftliche Gründe bestimmt).

Ein erhöhter Schallschutz einzelner oder aller Bauteile nach diesen Vorschlägen muß ausdrücklich zwischen dem Bauherrn und dem Entwurfsverfasser vereinbart werden, wobei hinsichtlich Eignungs- und Gütenachweis auf die Regelungen in DIN 4109 Bezug genommen werden soll.

Wird ein erhöhter Schallschutz nach Tabelle 2 dieses Beiblatts vereinbart, muß dies bereits bei der Planung des Gebäudes berücksichtigt werden. Bei der Ausführung ist auf eine enge Abstimmung der beteiligten Gewerke zu achten.

Die für die Luftschalldämmung der trennenden Bauteile angegebenen Werte gelten für die resultierende Schalldämmung unter Berücksichtigung der an der Schallübertragung beteiligten Bauteile und Nebenwege im eingebauten Zustand.

Vorschläge für einen erhöhten Schallschutz von Bauteilen zwischen „besonders lauten" Räumen und schutzbedürftigen Räumen (siehe DIN 4109/11.89, Tabelle 5) werden wegen der stark unterschiedlichen Geräusche hier nicht festgelegt. Im Einzelfall ist ein Sachverständiger hinzuziehen.

Tabelle 2.   **Vorschläge für erhöhten Schallschutz; Luft- und Trittschalldämmung von Bauteilen zum Schutz gegen Schallübertragung aus einem fremden Wohn- oder Arbeitsbereich**

Spalte	1	2	3	4	5
			Vorschläge für erhöhten Schallschutz		
Zeile		Bauteile	erf. R'_w $\quad$ dB	erf. $L'_{n,w}$ (erf. TSM) $\quad$ dB	Bemerkungen

1 Geschoßhäuser mit Wohnungen und Arbeitsräumen

1	Decken	Decken unter allgemein nutzbaren Dachräumen, z. B. Trockenböden, Abstellräumen und ihren Zugängen	≥ 55	≤ 46 (≥ 17)	
2		Wohnungstrenndecken (auch -treppen) und Decken zwischen fremden Arbeitsräumen bzw. vergleichbaren Nutzungseinheiten	≥ 55	≤ 46 (≥ 17)	Weichfedernde Bodenbeläge dürfen für den Nachweis des Trittschallschutzes angerechnet werden.
3		Decken über Kellern, Hausfluren, Treppenräumen unter Aufenthaltsräumen	≥ 55	≤ 46 (≥ 17)	Der Vorschlag für den erhöhten Schallschutz an die Trittschalldämmung gilt nur für die Trittschallübertragung in fremde Aufenthaltsräume, ganz gleich, ob sie in waagerechter, schräger oder senkrechter (nach oben) Richtung erfolgt.
4		Decken über Durchfahrten, Einfahrten von Sammelgaragen und ähnliches unter Aufenthaltsräumen	–	≤ 46 (≥ 17)	
5		Decken unter Terrassen und Loggien über Aufenthaltsräumen	–	≤ 46 (≥ 17)	
6		Decken unter Laubengängen	–	≤ 46 (≥ 17)	Der Vorschlag für den erhöhten Schallschutz an die Trittschalldämmung gilt nur für die Trittschallübertragung in fremde Aufenthaltsräume, ganz gleich, ob sie in waagerechter, schräger oder senkrechter (nach oben) Richtung erfolgt.
7		Decken und Treppen innerhalb von Wohnungen, die sich über zwei Geschosse erstrecken	–	≤ 46 (≥ 17)	Der Vorschlag für den erhöhten Schallschutz an die Trittschalldämmung gilt nur für die Trittschallübertragung in fremde Aufenthaltsräume, ganz gleich, ob sie in waagerechter, schräger oder senkrechter (nach oben) Richtung erfolgt.
8		Decken unter Bad und WC ohne/mit Bodenentwässerung	≥ 55	≤ 46 (≥ 17)	Weichfedernde Bodenbeläge dürfen für den Nachweis des Trittschallschutzes angerechnet werden.
9		Decken unter Hausfluren	–	≤ 46 (≥ 17)	Bei Sanitärobjekten in Bad oder WC ist für eine ausreichende Körperschalldämmung zu sorgen (siehe Abschnitt 2.4.3).
10	Treppen	Treppenläufe und -podeste	–	≤ 46 (≥ 17)	
11	Wände	Wohnungstrennwände und Wände zwischen fremden Arbeitsräumen	≥ 55	–	

Tabelle 2. (Fortsetzung)

Spalte	1	2	3	4	5
Zeile		Bauteile	Vorschläge für erhöhten Schallschutz		Bemerkungen
			erf. R'_w dB	erf. $L'_{n,w}$ (erf. TSM) dB	
12	Wände	Treppenraumwände und Wände neben Hausfluren	≥ 55	–	Für Wände mit Türen gilt R'_w (Wand) $= R_{w,P}$ (Tür) $+ 15\,dB$. Darin bedeutet $R_{w,P}$ (Tür) die erforderliche Schalldämmung der Tür nach Zeile 16 oder Zeile 17. Wandbreiten $\leq 30\,cm$ bleiben dabei unberücksichtigt.
13	Türen	Türen, die von Hausfluren oder Treppenräumen in Flure und Dielen von Wohnungen und Wohnheimen oder von Arbeitsräumen führen	≥ 37	–	Bei Türen gilt nach DIN 4109/11.89, Tabelle 1, erf. R_w.

2   Einfamilien-Doppelhäuser und Einfamilien-Reihenhäuser

14	Decken	Decken	–	≤ 38 (≥ 25)	Der Vorschlag für den erhöhten Schallschutz an die Trittschalldämmung gilt nur für die Trittschallübertragung in fremde Aufenthaltsräume, ganz gleich, ob sie in waagerechter, schräger oder senkrechter (nach oben) Richtung erfolgt. Weichfedernde Bodenbeläge dürfen für den Nachweis des Trittschallschutzes angerechnet werden.
15		Treppenläufe und -podeste und Decken unter Fluren	–	≤ 46 (≥ 17)	
16	Wände	Haustrennwände	≥ 67	–	

3   Beherbergungsstätten, Krankenanstalten, Sanatorien

17	Decken	Decken	≥ 55	≤ 46 (≥ 17)	
18		Decken unter Bad und WC ohne/mit Bodenentwässerung	≥ 55	≤ 46 (≥ 17)	Der Vorschlag für den erhöhten Schallschutz an die Trittschalldämmung gilt nur für die Trittschallübertragung in fremde Aufenthaltsräume, ganz gleich, ob sie in waagerechter, schräger oder senkrechter (nach oben) Richtung erfolgt. Weichfedernde Bodenbeläge dürfen für den Nachweis des Trittschallschutzes angerechnet werden. Bei Sanitärobjekten in Bad oder WC ist für eine ausreichende Körperschalldämmung zu sorgen (siehe Abschnitt 2.4.3).
19	Decken	Decken unter Fluren	–	≤ 46 (≥ 17)	Der Vorschlag für den erhöhten Schallschutz an die Trittschalldämmung gilt nur für die Trittschallübertragung in fremde Aufenthaltsräume, ganz gleich, ob sie in waagerechter, schräger oder senkrechter (nach oben) Richtung erfolgt.
20	Treppen	Treppenläufe und -podeste	–	≤ 46 (≥ 17)	

289

Tabelle 2. (Fortsetzung)

Spalte	1	2	3	4	5
Zeile		Bauteile	Vorschläge für erhöhten Schallschutz		Bemerkungen
			erf. R'_w \newline dB	erf. $L'_{n,w}$ (erf. TSM) \newline dB	
21	Wände	Wände zwischen Übernachtungs- bzw. Krankenräumen	≥ 52	–	
22		Wände zwischen Fluren und Übernachtungs- bzw. Krankenräumen	≥ 52	–	Das erf. R'_w gilt für die Wand allein.
23	Türen	Türen zwischen Fluren und Krankenräumen	≥ 37	–	Bei Türen gilt nach DIN 4109/11.89, Tabelle 1, erf. R_w.
24		Türen zwischen Fluren und Übernachtungsräumen	≥ 37	–	

3.2 Empfehlungen für den Schallschutz gegen Schallübertragung im eigenen Wohn- oder Arbeitsbereich

In besonderen Fällen können wegen unterschiedlicher Nutzung und Schallquellen in einzelnen Räumen, unterschiedlichen Arbeits- und Ruhezeiten einzelner Bewohner oder wegen sonstiger erhöhter Schutzbedürftigkeit auch Schallschutzmaßnahmen im eigenen Wohn- oder Arbeitsbereich wünschenswert sein.

Um dem Planer eine Orientierung für schallschutztechnisch sinnvolle Maßnahmen zu geben, werden in Tabelle 3 dieses Beiblatts Vorschläge für einen normalen und für einen erhöhten Schallschutz zum Schutz gegen Schallübertragung aus dem eigenen Wohn- oder Arbeitsbereich gemacht.

Der Schallschutz einzelner oder mehrerer Bauteile nach diesen Vorschlägen muß ausdrücklich zwischen dem Bauherrn und dem Entwurfsverfasser vereinbart werden, wobei hinsichtlich Eignungs- und Gütenachweis auf die Regelungen in DIN 4109 Bezug genommen werden soll.

Wird ein Schallschutz nach Tabelle 3 dieses Beiblatts vereinbart, muß dies bereits bei der Planung berücksichtigt werden. Bei der Ausführung ist auf eine enge Abstimmung der beteiligten Gewerke zu achten. Bei „offener" Grundrißgestaltung ist die Anwendung der Empfehlungen häufig nicht möglich.

3.3 Vorschläge für einen erhöhten Schallschutz gegen Geräusche aus haustechnischen Anlagen

Werden vom Bauherrn für den Schalldruckpegel bessere Werte als nach DIN 4109/11.89, Tabelle 4, gefordert, bedürfen diese der ausdrücklichen Vereinbarung und zahlenmäßigen Festlegung zwischen dem Bauherrn und dem Entwurfsverfasser, wobei hinsichtlich Eignungs- und Gütenachweis auf die Regelungen nach DIN 4109 Bezug genommen werden soll.

Schalldruckpegelwerte, die 5 dB(A) und mehr unter den in DIN 4109/11.89, Tabelle 4, angegebenen Werten liegen, können als wirkungsvolle Minderung angesehen werden. In diesem Fall können zusätzliche Maßnahmen für den Luft- und Trittschallschutz erforderlich werden.

Im Einzelfall muß vorher geklärt werden, ob derartige erhöhte Anforderungen wegen sonstiger vorhandener Störgeräusche sinnvoll und mit vertretbarem Aufwand realisierbar sind.

Tabelle 3. Empfehlungen für normalen und erhöhten Schallschutz; Luft- und Trittschalldämmung von Bauteilen zum Schutz gegen Schallübertragung aus dem eigenen Wohn- oder Arbeitsbereich

Spalte	1	2	3	4	5	6
		Empfehlungen für normalen Schallschutz		Empfehlungen für erhöhten Schallschutz		
Zeile	Bauteile	erf. R'_w dB	erf. $L'_{n,w}$ (erf. TSM) dB	erf. R'_w dB	erf. $L'_{n,w}$ erf. TSM) dB	Bemerkungen
1 Wohngebäude						
1	Decken in Einfamilienhäusern, ausgenommen Kellerdecken und Decken unter nicht ausgebauten Dachräumen	50	56 (7)	≥ 55	≤ 46 (≥ 17)	Bei Decken zwischen Wasch- und Aborträumen nur als Schutz gegen Trittschallübertragung in Aufenthaltsräumen. Weichfedernde Bodenbeläge dürfen für den Nachweis des Trittschallschutzes angerechnet werden.
2	Treppen und Treppenpodeste in Einfamilienhäusern	–	–	–	≤ 53 (≥ 10)	Der Vorschlag für den erhöhten Schallschutz an die Trittschalldämmung gilt nur für die Trittschallübertragung in fremde Aufenthaltsräume, ganz gleich, ob sie in waagerechter, schräger oder senkrechter (nach oben) Richtung erfolgt. Weichfedernde Bodenbeläge dürfen für den Nachweis des Trittschallschutzes angerechnet werden.
3	Decken von Fluren in Einfamilienhäusern	–	56 (7)	–	≤ 46 (≥ 17)	
4	Wände ohne Türen zwischen „lauten" und „leisen" Räumen unterschiedlicher Nutzung, z.B. zwischen Wohn- und Kinderschlafzimmer	40	–	≥ 47	–	
2 Büro- und Verwaltungsgebäude						
5	Decken, Treppen, Decken von Fluren und Treppenraumwände	52	53 (10)	≥ 55	≤ 46 (≥ 17)	Weichfedernde Bodenbeläge dürfen für den Nachweis des Trittschallschutzes angerechnet werden.
6	Wände zwischen Räumen mit üblicher Bürotätigkeit	37	–	≥ 42	–	Es ist darauf zu achten, daß diese Werte nicht durch Nebenwegübertragung über Flur und Türen verschlechtert werden.
7	Wände zwischen Fluren und Räumen nach Zeile 6	37	–	≥ 42	–	
8	Wände von Räumen für konzentrierte geistige Tätigkeit oder zur Behandlung vertraulicher Angelegenheiten, z.B. zwischen Direktions- und Vorzimmer.	45	–	≥ 52	–	
9	Wände zwischen Fluren und Räumen nach Zeile 8	45	–	≥ 52	–	
10	Türen in Wänden nach Zeile 6 und 7	27	–	≥ 32	–	Bei Türen gelten die Werte für die Schalldämmung bei alleiniger Übertragung durch die Tür.
11	Türen in Wänden nach Zeile 8 und 9	37	–	≥ 52	–	

Zitierte Normen und andere Unterlagen

DIN 1101   Holzwolle-Leichtbauplatten und Mehrschicht-Leichtbauplatten als Dämmstoffe für das Bauwesen; Anforderungen, Prüfung

DIN 1102   Holzwolle-Leichtbauplatten und Mehrschicht-Leichtbauplatten nach DIN 1101 als Dämmstoffe für das Bauwesen; Verwendung, Verarbeitung

DIN 4109   Schallschutz im Hochbau; Anforderungen und Nachweise

Beiblatt 1
zu DIN 4109   Schallschutz im Hochbau; Ausführungsbeispiele und Rechenverfahren

DIN 18165 Teil 1   Faserdämmstoffe für das Bauwesen; Dämmstoffe für die Wärmedämmung

DIN 18165 Teil 2   Faserdämmstoffe für das Bauwesen; Dämmstoffe für die Trittschalldämmung

DIN 18180   (z. Z. Entwurf)   Gipskartonplatten; Arten, Anforderungen, Prüfung

DIN 18560 Teil 2   (z. Z. Entwurf)   Estriche im Bauwesen; Estriche und Heizestriche auf Dämmschichten (schwimmende Estriche)

VDI 2062 Blatt 1   Schwingungsisolierung; Begriffe und Methoden

VDI 2062 Blatt 2   Schwingungsisolierung; Isolierelemente

VDI 2081   Geräuscherzeugung und Lärmminderung in Raumlufttechnischen Anlagen

VDI 2566   (z. Z. Entwurf)   Lärmminderung an Aufzugsanlagen

VDI 2571   Schallabstrahlung von Industriebauten

VDI 2711   Schallschutz durch Kapselung

VDI 2715   Lärmminderung an Warm- und Heißwasser-Heizungsanlagen

Frühere Ausgaben

DIN 52211: 09.53
DIN 4109: 04.44 x
DIN 4109 Teil 2: 09.62
DIN 4109 Teil 5: 04.63

Änderungen

Gegenüber DIN 4109 T 2/09.62 und DIN 4109 T 5/04.63 wurden folgende Änderungen vorgenommen:
Der Inhalt wurde vollständig überarbeitet und dem Stand der Technik angepaßt, siehe Erläuterungen.

Erläuterungen

Nachdem die Norm-Entwürfe zu den Normen der Reihe DIN 4109, Ausgabe Februar 1979, aufgrund der eingegangenen Stellungnahmen grundsätzlich überarbeitet und die Entwürfe im Mai 1983 zurückgezogen worden sind, wurden folgende Norm-Entwürfe mit dem Ausgabedatum Oktober 1984 der Fachöffentlichkeit erneut zur Diskussion gestellt:

DIN 4109 Teil 1   Schallschutz im Hochbau; Einführung und Begriffe

DIN 4109 Teil 2   Schallschutz im Hochbau; Luft- und Trittschalldämmung in Gebäuden; Anforderungen, Nachweise und Hinweise für Planung und Ausführung

DIN 4109 Teil 3   Schallschutz im Hochbau; Luft- und Trittschalldämmung in Gebäuden; Ausführungsbeispiele mit nachgewiesener Schalldämmung für Gebäude in Massivbauart

DIN 4109 Teil 5   Schallschutz im Hochbau; Schallschutz gegenüber Geräuschen aus haustechnischen Anlagen und aus Betrieben; Anforderungen, Nachweise und Hinweise für Planung und Ausführung

DIN 4109 Teil 6   Schallschutz im Hochbau; Bauliche Maßnahmen zum Schutz gegen Außenlärm

DIN 4109 Teil 7   Schallschutz im Hochbau; Luft- und Trittschalldämmung in Gebäuden; Rechenverfahren und Ausführungsbeispiele für den Nachweis des Schallschutzes in Skelettbauten und Holzhäusern

Aufgrund der zu diesen Norm-Entwürfen eingegangenen Einsprüche.—insbesondere aufgrund der Einsprüche, die sich gegen die Gliederung, Vorschläge für einen erhöhten Schallschutz und Richtwerte wandten —wurde eine Neugliederung vorgenommen:

DIN 4109 enthält zusammengefaßt alle Anforderungen (Mindestanforderungen) aus den bisherigen Norm-Entwürfen zu DIN 4109 Teil 2, Teil 5 und Teil 6 und die dafür erforderlichen Nachweise. In einem Anhang sind Begriffe und Definitionen (bisher Teil 1) aufgenommen.

Die Anforderung an die Luftschalldämmung von Wohnungstrenndecken wurde von 52 dB auf 54 dB, von Wohnungstrennwänden von 52 dB auf 53 dB und von Gebäudetrennwänden bei Einfamilien-Reihen und -Doppelhäusern auf 57 dB angehoben. Die Norm enthält Rechenverfahren und Hilfsmittel, um den Einfluß flankierender Bauteile auf den Schallschutz richtig zu erfassen und damit den Schallschutz gezielt planen und ausführen zu können.

Die Anforderungen an die Trittschalldämmung von Wohnungstrenndecken wurden deutlich angehoben; sie bedeuten aber für die heutige Bauausführung keine Änderungen, da Massivdecken mit einwandfrei hergestellten schwimmenden Estrichen den Anforderungen genügen.

Zusätzlich wurden Anforderungen an die Trittschalldämmung von Treppen und die Luftschalldämmung von Türen aufgenommen.

Die Norm enthält des weiteren Anforderungen zum Schutz gegen Außenlärm. Die Aufnahme dieser Anforderungen an die Luftschalldämmung von Außenbauteilen ersetzt die Regelungen der „Richtlinien für bauliche Maßnahmen zum Schutz gegen Außenlärm".

Die Einführung eines „Vorhaltemaßes"—beim Nachweis der Eignung von Wänden, Decken, Fenstern von 2 dB und bei Türen von 5 dB — soll eine Unterschreitung der festgelegten Anforderungen in ausgeführten Bauten sicherstellen helfen und zu einer Verbesserung des Schallschutzes beitragen.

Beiblatt 1 zu DIN 4109 enthält sämtliche Ausführungsbeispiele aus den bisherigen Norm-Entwürfen zu DIN 4109 Teil 3, Teil 5, Teil 6 und Teil 7 sowie das Rechenverfahren aus Teil 7.

Beiblatt 2 zu DIN 4109 enthält Hinweise für Planung und Ausführung aus den Norm-Entwürfen zu DIN 4109 Teil 2 und Teil 5 sowie Vorschläge für einen erhöhten Schallschutz und Empfehlungen für den Schallschutz im eigenen Wohn- oder Arbeitsbereich aus dem Norm-Entwurf zu DIN 4109 Teil 2.

Die vorliegende Norm und die Beiblätter 1 und 2 stellen eine vollständige Überarbeitung der DIN 4109 Teil 1 bis Teil 3, Ausgaben September 1962, und Teil 5, Ausgabe April 1963, dar und konnten aufgrund intensiver Beratungen an den Stand der heutigen Erkenntnisse angepaßt und qualitativ wesentlich verbessert werden.

Internationale Patentklassifikation

E 04 B 1/82
G 10 K 11/16

	Beiblatt 3
Schallschutz im Hochbau Berechnung von $R'_{w,R}$ für den Nachweis der Eignung nach DIN 4109 aus Werten des im Labor ermittelten Schalldämm-Maßes R_w	Beiblatt 3 zu DIN 4109

ICS 91.120.20

Deskriptoren: Bauwesen, Schallschutz, Hochbau, Berechnung, Schalldämmung

Sound insulation in buildings — Calculation of $R'_{w,R}$ for assessing suitability as defined in DIN 4109 on the basis of the sound reduction index R_w determined in laboratory tests

Isolation acoustique dans la construction immobilière — Calcul de $R'_{w,R}$ pour la vérification de l'aptitude comme définie en DIN 4109 sur la base de l'indice d'affaiblissement acoustique R_w déterminé en laboratoire.

> Dieses Beiblatt enthält Informationen zu DIN 4109,
> jedoch keine zusätzlichen genormten Festlegungen.

Vorwort

Dieses Beiblatt wurde vom Arbeitsausschuß NMP 231 "Schalldämmung und Schallabsorption; Messung und Bewertung" des Normenausschuß Materialprüfung in Zusammenarbeit mit dem Arbeitsausschuß 00.71.00 "Schallschutz im Hochbau" des Normenausschusses Bauwesen erarbeitet.

1 Anwendungsbereich

Der rechnerische Nachweis nach DIN 4109 basiert für Massivbauten auf dem in Prüfständen gemessenen, bewerteten Schalldämm-Maß mit Schallübertragung über flankierende Bauteile $R'_{w,R}$. Dieses Beiblatt gibt an, wie der Rechenwert nach 6.4.1 von DIN 4109 : 1989-11 für solche Schalldämm-Maß R_w nach DIN EN 20140-3 bzw. DIN 52210-1 in Prüfständen ohne Flankenübertragung gemessen wurde. Das Umrechnungsverfahren beschränkt sich auf Einzahl-Angaben R_w, die nach E DIN EN 20717-1 aus den Terzbandwerten des Schalldämm-Maßes R aus Prüfständen nach E DIN EN ISO 140-1 bzw. Prüfständen ohne Flankenübertragung nach DIN 52210-2 (P-W und P-D) bestimmt wurden.

2 Umrechnungsverfahren

Die Umrechnung geschieht nach Gleichung (1).

$$R'_{w,R} = -10 \lg \left(10^{-R_w/10dB} + 10^{-(R_{Ff,w} + \delta)/10dB}\right) dB - 2dB \quad (1)$$

Dabei ist:

$R'_{w,R}$ Rechenwert des bewerteten Schalldämm-Maßes eines Bauteils mit rechnerisch berücksichtigter Schallübertragung über flankierende Bauteile;

R_w bewertetes Schalldämm-Maß eines Bauteils ohne Schallübertragung über flankierende Bauteile, ermittelt aus Messungen in Prüfständen nach E DIN EN ISO 140-1 bzw. Prüfständen DIN 52210-P-W oder DIN 52210-P-D;

$R_{Ff,w}$ bewertetes Flankendämm-Maß des Prüfstandes mit baulähnlicher Flankenübertragung, Prüfstand DIN 52210-PFL-W bzw. Prüfstand DIN 52210-PFL-D, bei Einbau einer Leichtbauwand. Nach 3.3.1.1 bzw. 4.3.1.1 von DIN 52210-2 : 1984-08 beträgt der entsprechende Wert für das bewertete Schalldämm-Maß (55 ± 1) dB;

δ Erhöhung der Flankendämmung $R_{Ff,w}$ des Prüfstandes DIN 52210-PFL-W bzw. DIN 52210-PFL-D bei schweren Trennbauteilen:

Fortsetzung Seite 2 und 3

Normenausschuß Bauwesen (NABau) im DIN Deutsches Institut für Normung e.V.

Normenausschuß Materialprüfung (NMP) im DIN

Normenausschuß Akustik, Lärmminderung und Schwingungstechnik (NALS) im DIN und VDI

a) Bei kraftschlüssiger Verbindung zwischen Prüfgegenstand und Prüfstand und bei Überwiegen des Flankenweges Ff berechnet sich δ nach Gleichung (2).

$$\delta = 3 \text{ dB für } \frac{m'_f}{m'_t} < 2{,}1$$

$$\delta = 9{,}0 \text{ dB} - 18{,}8 \text{ lg } \frac{m'_f}{m'_t} \text{ dB für } 2{,}1 \leq \frac{m'_f}{m'_t} \leq 3 \quad (2)$$

$$\delta = 0 \text{ dB für } \frac{m'_f}{m'_t} > 3$$

Dabei ist:

m'_f mittlere flächenbezogene Masse der flankierenden Prüfstandsbauteile in kg/m^2. Für Prüfstände DIN 52210-PFL-W und DIN 52210-PFL-D wird für diesen Wert 450 kg/m^2 angesetzt;

m'_t flächenbezogene Masse des Prüfgegenstandes in kg/m^2.

b) Bei nicht kraftschlüssiger Verbindung zwischen Prüfobjekt und Prüfstand wird $\delta = 0$ gesetzt.

Die errechneten Werte sind auf ganze Zahlen zu runden. Bei Verwendung von $R'_{w,R}$-Werten, die nach diesem Umrechnungsverfahren ermittelt wurden, sollte mit Bezug auf dieses Beiblatt darauf hingewiesen werden, daß es sich um umgerechnete Werte handelt.

ANMERKUNG 1: Die Umrechnung nach Gleichung (1) beinhaltet, daß zur ermittelten Schalldämmung ohne Flankenübertragung die Schallübertragung über die Flankenwege eines Prüfstandes mit bauähnlicher Flankenübertragung hinzugerechnet wird. Der Abzug von 2 dB berücksichtigt nach DIN 4109 das Vorhaltemaß bei der Ermittlung des Rechenwertes $R'_{w,R}$ aus dem im Prüfstand gemessenen Wert $R'_{w,P}$.

ANMERKUNG 2: Die Erhöhung der Flankendämmung um den Wert δ bei kraftschlüssiger Verbindung zwischen Prüfgegenstand und Prüfstand wird auf 3 dB begrenzt, da bei sehr schweren Wänden höhere Werte aufgrund der zunehmenden Übertragung über den Weg Df nicht zu erwarten sind.

ANMERKUNG 3: In der Praxis wird mit der Näherung $\delta = 0$ sowohl für leichte als auch für schwere Trennbauteile eine Umrechnungsgenauigkeit innerhalb der Vergleichgrenzen nach DIN EN 20140-2 erzielt.

ANMERKUNG 4: Durch Umkehrung des in Gleichung (1) beschriebenen Rechenverfahrens kann ersatzweise auch das bewertete Schalldämm-Maß R_w aus dem bewerteten Schalldämm-Maß mit Flankenübertragung R'_w berechnet werden, falls ein im Prüfstand gemessener Wert für R_w nicht zur Verfügung steht. Das anzuwendende Verfahren wird in Anhang A beschrieben.

Anhang A

Berechnung des bewerteten Schalldämm-Maßes R_w aus dem in Prüfständen mit Flankenübertragung ermittelten bewerteten Schalldämm-Maß R'_w

Nach DIN EN 20140-3 sind die Schalldämm-Maße von Bauteilen ausschließlich in Prüfständen ohne Flankenübertragung zu bestimmen. Falls für ein Bauteil ein solcher Wert R_w nicht zur Verfügung steht, kann er ersatzweise durch folgendes Rechenverfahren aus dem im Prüfstand mit bauähnlicher Flankenübertragung R'_w bestimmt werden:

$$R_w = -10 \lg \left(10^{-R'_w/10 \text{ dB}} - 10^{-(R_{Ff,w} + \delta)/10 \text{ dB}}\right) \text{ dB für } R'_w \leq R_{Ff,w} - 2 \text{ dB} \qquad (A1)$$

$$R_w = R'_w + 4 \text{ dB für } R'_w > R_{Ff,w} - 2 \text{ dB} \qquad (A2)$$

Dabei ist:

R_w bewertetes Schalldämm-Maß eines Bauteils ohne Schallübertragung über flankierende Bauteile;

R'_w bewertetes Schalldämm-Maß eines Bauteils mit Schallübertragung über flankierende Bauteile, gemessen in einem Prüfstand mit bauähnlicher Flankenübertragung DIN 52210-PFL-W oder DIN 52210-PFL-D;

$R_{Ff,w}$ bewertetes Flankendämm-Maß eines Prüfstandes mit bauähnlicher Flankenübertragung, DIN 52210-PFL-W oder DIN 52210-PFL-D, bei Einbau einer leichten Konstruktion nach 3.3.1.3 bzw. 4.3.1.3 von DIN 52210-2 : 1984-02. Es wird der gemessene Wert $R_{Ff,w}$ desjenigen Prüfstandes verwendet, in dem auch das bewertete Schalldämm-Maß R'_w des geprüften Bauteils ermittelt wurde. Wenn gemessene Werte von $R_{Ff,w}$ nicht verfügbar sind, ist $R_{Ff,w} = (55 \pm 1)$ dB zu setzen;

δ wie in Abschnitt 3, jedoch mit m'_f als tatsächlich vorhandener mittlerer flächenbezogener Masse der flankierenden Bauteile des verwendeten Prüfstandes.

Die errechneten Werte sind auf ganze Zahlen zu runden. Bei der Verwendung von R_w-Werten, die nach diesem Anhang ermittelt wurden, sollte mit Bezug auf dieses Beiblatt darauf hingewiesen werden, daß es sich um umgerechnete Werte handelt.

Anhang B

Bestimmung von $L'_{n,w}$ für den Nachweis der Eignung nach DIN 4109 aus Werten des im Labor ermittelten bewerteten Norm-Trittschallpegels $L_{n,w}$

Mit für die Praxis hinreichender Genauigkeit kann für einschalige Massivdecken der in Prüfständen ohne Flankenübertragung ermittelte bewertete Norm-Trittschallpegel $L_{n,w}$ dem in Deckenprüfständen mit bauähnlicher Flankenübertragung ermittelte Norm-Trittschallpegel $L'_{n,w}$ gleichgesetzt werden.

Anhang C (informativ)

Literaturhinweise

DIN 4109 : 1989-11
Schallschutz im Hochbau — Anforderungen und Nachweise

DIN 52210-1 : 1984-08
Bauakustische Prüfungen — Luft- und Trittschalldämmung — Meßverfahren

DIN 52210-2 : 1984-08
Bauakustische Prüfungen — Luft- und Trittschalldämmung — Prüfstände für Schalldämm-Messungen an Bauteilen

DIN EN 20140-2
Akustik — Messung der Schalldämmung in Gebäuden und von Bauteilen — Teil 2: Angaben von Genauigkeitsanforderungen (ISO 140-2 : 1991); Deutsche Fassung EN 20140-2 : 1993

DIN EN 20140-3
Akustik — Messung der Schalldämmung in Gebäuden und von Bauteilen — Teil 3: Messung der Luftschalldämmung von Bauteilen in Prüfständen (ISO 140-3 : 1995); Deutsche Fassung EN 20140-3 : 1995

E DIN EN 20717-1
Akustik — Einzahlangaben für die Schalldämmung in Gebäuden und von Bauteilen — Teil 1: Luftschalldämmung (ISO/DIS 717-1 : 1993); Deutsche Fassung prEN 20717-1 : 1993

E DIN EN ISO 140-1
Akustik — Messung der Schalldämmung in Gebäuden und von Bauteilen — Teil 1: Anforderungen an Prüfstände mit unterdrückter Flankenübertragung (ISO/DIS 140-1 : 1994); Deutsche Fassung prEN ISO140-1 : 1994

	Schallschutz im Hochbau	**DIN**
	Anforderungen und Nachweise	
	Änderung A1	**4109/A1**

ICS 91.120.20

Sound insulation in buildings – Requirements and verifications;
Amendment A1

Isolation acoustique dans le bâtiment – Exigences et vérifications;
Amendment A1

Änderung von
DIN 4109:1989-11

Vorwort

DIN 4109, einschließlich der Beiblätter, wird aufgrund der Ergebnisse der Europäischen Normung grundsätzlich überarbeitet.

Um Verwirrungen in der Öffentlichkeit zu vermeiden, soll auf eine derzeitige Neuausgabe von DIN 4109 verzichtet werden und die Änderung A1, die Tabelle 4 betrifft, als Norm veröffentlicht werden, da die vorgenommene Änderung eine wesentliche Verbesserung für den Verbraucher darstellt.

Fortsetzung Seite 2

Normenausschuss Bauwesen (NABau) im DIN Deutsches Institut für Normung e.V.

Tabelle 4 – Werte für die zulässigen Schalldruckpegel in schutzbedürftigen Räumen von Geräuschen aus haustechnischen Anlagen und Gewerbebetrieben

Spalte	1	2	3
		Art der schutzbedürftigen Räume	
Zeile	Geräuschquelle	Wohn- und Schlafräume	Unterrichts- und Arbeitsräume
		Kennzeichnender Schalldruckpegel $dB(A)$	
1	Wasserinstallationen (Wasserversorgungs- und Abwasseranlagen gemeinsam)	≤ 30 [a,b]	≤ 35 [a]
2	Sonstige haustechnische Anlagen	≤ 30 [c]	≤ 35 [c]
3	Betriebe tags 6 bis 22 Uhr	≤ 35	≤ 35 [c]
4	Betriebe nachts 22 bis 6 Uhr	≤ 25	≤ 35 [c]

[a] Einzelne, kurzseitige Spitzen, die beim Betätigen der Armaturen und Geräte nach Tabelle 6 (Öffnen, Schließen, Umstellen, Unterbrechen u. a.) entstehen, sind z. Z. nicht zu berücksichtigen.

[b] Werkvertragliche Voraussetzungen zur Erfüllung des zulässigen Installationsschalldruckpegels:

- Die Ausführungsunterlagen müssen die Anforderungen des Schallschutzes berücksichtigen, d. h. u. a. zu den Bauteilen müssen die erforderlichen Schallschutznachweise vorliegen.

- Außerdem muss die verantwortliche Bauleitung benannt und zu einer Teilnahme vor Verschließen bzw. Verkleiden der Installation hinzugezogen werden. Weitergehende Details regelt das ZVSHK-Merkblatt. (Zu beziehen durch: Zentralverband Sanitär Heizung Klima (ZVSHK), Rathausallee 6, 53757 Sankt Augustin)

[c] Bei lüftungstechnischen Anlagen sind um 5 $dB(A)$ höhere Werte zulässig, sofern es sich um Dauergeräusche ohne auffällige Einzeltöne handelt.

Maßordnung im Hochbau

DIN 4172

Vorbemerkung*)

Die Entwicklung des Bauwesens, besonders im Hochbau, erfordert eine Maßordnung als Bemessungsgrundlage für die gesamte Baunormung. Durch sie wird die Anzahl der Größen von Baustoffen und Bauteilen verringert. Wenn nicht besondere Gründe die Wahl anderer Abmessungen erfordern, sind die Baunormzahlen der Maßordnung anzuwenden.

1 Begriffe

1.1 Baunormzahl: Baunormzahlen sind die Zahlen für Baurichtmaße und die daraus abgeleiteten Einzel-, Rohbau- und Ausbaumaße.

1.2 Baurichtmaß: Baurichtmaße sind zunächst theoretische Maße; sie sind aber die Grundlage für die in der Praxis vorkommenden Baumaße. Sie sind nötig, um alle Bauteile planmäßig zu verbinden.

1.3 Nennmaß: Nennmaß ist das Maß, das die Bauten haben sollen. Es wird in der Regel in die Bauzeichnungen eingetragen. Nennmaße entsprechen bei Bauarten ohne Fugen den Baurichtmaßen. Bei Bauarten mit Fugen ergeben sich die Nennmaße aus den Baurichtmaßen abzüglich der Fugen.

2 Baunormzahlen

Reihen vorzugsweise für den Rohbau				Reihe vorzugsweise für Einzelmaße	Reihen vorzugsweise für den Ausbau			
a	b	c	d	e	f	g	h	i
25	$\frac{25}{2}$	$\frac{25}{3}$	$\frac{25}{4}$	$\frac{25}{10} = \frac{5}{2}$	5	2 × 5	4 × 5	5 × 5
				2,5				
				5	5			
			$6\frac{1}{4}$					
				7,5				
		$8\frac{1}{3}$						
				10	10	10		
	$12\frac{1}{2}$		$12\frac{1}{2}$	12,5				
				15	15			
		$16\frac{2}{3}$						
				17,5				
			$18\frac{3}{4}$					
				20	20	20	20	
				22,5				
25	25	25	25	25	25			25
				27,5				
				30	30	30		
			$31\frac{1}{4}$					
				32,5				
		$33\frac{1}{3}$						
				35	35			
	$37\frac{1}{2}$		$37\frac{1}{2}$	37,5				
				40	40	40	40	
		$41\frac{2}{3}$						
				42,5				
			$43\frac{3}{4}$					
				45	45			
				47,5				
50	50	50	50	50	50	50		50
				52,5				
				55	55			
			$56\frac{1}{4}$					
				57,5				
		$58\frac{1}{3}$						
				60	60	60	60	
	$62\frac{1}{2}$		$62\frac{1}{2}$	62,5				
				65	65			
		$66\frac{2}{3}$						
				67,5				
			$68\frac{3}{4}$					
				70	70	70		
				72,5				
75	75	75	75	75	75			75
				77,5				
				80	80	80	80	
			$81\frac{1}{4}$					
				82,5				
		$83\frac{1}{3}$						
				85	85			
	$87\frac{1}{2}$		$87\frac{1}{2}$	87,5				
				90	90	90		
		$91\frac{2}{3}$						
				92,5				
			$93\frac{3}{4}$					
				95	95			
				97,5				
100	100	100	100	100	100	100	100	100

3 Kleinmaße

Kleinmaße sind Maße von 2,5 cm und darunter. Diese sind nach DIN 323, Reihe R 10 zu wählen in den Maßen:

2,5 cm; 2 cm; 1,6 cm; 1,25 cm; 1 cm;
8 mm; 6,3 mm; 5 mm; 4 mm; 3,2 mm;
2,5 mm; 2 mm; 1,6 mm; 1,25 mm; 1 mm.

4 Anwendung der Baunormzahlen

4.1 Baurichtmaße sind der Tafel zu entnehmen.

4.2 Nennmaße sind bei Bauarten ohne Fugen gleich den Baurichtmaßen. Sie sind ebenfalls der Tafel zu entnehmen.

Beispiel:

Baurichtmaß für Dicke geschütteter Betonwände	= 25 cm
Nennmaß für Dicke geschütteter Betonwände	= 25 cm
Baurichtmaß Raumbreite	= 300 cm
Nennmaß Raumbreite	= 300 cm

4.3 Nennmaße bei Bauarten mit Fugen sind aus den Baurichtmaßen durch Abzug oder Zuschlag des Fugenanteiles abzuleiten.

Beispiel:

Baurichtmaß Steinlänge	= 25 cm
Nennmaß Steinlänge	= 25 — 1 = 24 cm;
Baurichtmaß Raumbreite	= 300 cm
Nennmaß Raumbreite	= 300 + 1 = 301 cm.

4.4 Wenn es nicht möglich ist, alle Baumaße nach Baunormzahlen festzulegen, sollen die Baunormzahlen in erster Linie für die Festlegung der Berührungspunkte und -flächen mit anderen Bauteilen, die nach Baunormzahlen gestaltet sind, verwendet werden.

5 Fugen und Verband

Bauteile (Mauersteine, Bauplatten usw.) sind so zu bemessen, daß ihre Baurichtmaße im Verband Baunormzahlen sind. Verbandsregeln, Verarbeitungsfugen und Toleranzen sind dabei zu beachten.

Beispiel:	Baurichtmaß	Fuge	Nennmaß
Steinlänge	25 cm	1 cm	24 cm
Steinbreite	$\frac{25}{2}$ cm	1 cm	11,5 cm
Steinhöhe	$\frac{25}{3}$ cm	1,23 cm	7,1 cm
und	$\frac{25}{4}$ cm	1,05 cm	5,2 cm.

*) Erläuterung zur Neuausgabe Juli 1955 siehe Seite 2

Fachnormenausschuß Bauwesen im Deutschen Normenausschuß (DNA)

Erläuterung zur Neuausgabe Juli 1955

Nach den Erfahrungen, die während der Anwendung von DIN 4172 (Ausgabe 1. 51) gesammelt wurden, hat sich die Herausgabe dieser Neufassung als zweckmäßig erwiesen. Der Inhalt bleibt sachlich unverändert, die Formulierungen sind jedoch gekürzt und vereinfacht. Weggelassen wurden die nicht wesentlichen Unterbegriffe Einzelmaß, Rohbaumaß, Ausbaumaß. Der Begriff Nennmaß ist jetzt allgemeingültig definiert. Entfallen sind ferner die Hinweise auf Toleranzen; sie werden in die in Vorbereitung befindlichen Normen für Bautoleranzen und Baupassungen aufgenommen.

Tageslicht in Innenräumen

Teil 1: Allgemeine Anforderungen

DIN
5034-1

ICS 91.160.10

Daylight in interiors — Part 1: General requirements

Lumière du jour — Partie 1: Exigences générales

Ersatz für
Ausgabe 1983-02

Inhalt

Fortsetzung Seite 2 bis 10

Normenausschuß Lichttechnik (FNL) im DIN Deutsches Institut für Normung e.V.
Normenausschuß Bauwesen (NABau) im DIN

Vorwort

Diese Norm wurde vom FNL 6 „Innenraumbeleuchtung mit Tageslicht" erstellt.

DIN 5034 „Tageslicht in Innenräumen" besteht aus den folgenden Teilen:
— Teil 1: Allgemeine Anforderungen
— Teil 2: Grundlagen
— Teil 3: Berechnung
— Teil 4: Vereinfachte Bestimmung von Mindestfenstergrößen für Wohnräume
— Teil 5: Messung
— Teil 6: Vereinfachte Bestimmung zweckmäßiger Abmessungen von Oberlichtöffnungen in Dachflächen
Ein weiterer Teil über Lichtlenksysteme und Sonnenschutzeinrichtungen ist in Vorbereitung.

Änderungen

Gegenüber der Ausgabe Februar 1983 wurden folgende Änderungen vorgenommen:
— Inhalt vollständig überarbeitet und ergänzt.

Frühere Ausgaben

DIN 5034: 1935-11, 1959-11, 1969-12
DIN 5034-1: 1983-02

1 Anwendungsbereich

Die Norm gilt für alle Aufenthaltsräume einschließlich der Arbeitsräume im Sinne der Bauordnungen der Länder bzw. der Arbeitsstättenverordnung, jedoch nicht für Sporthallen. Die Norm gilt auch für alle Arbeitsplätze in anderen als Aufenthaltsräumen (z. B. Arbeitsplätze in Lagerhallen), sofern das Tageslicht nicht Art und Aufgabe der Arbeit widerspricht.

Aufenthaltsräume sollen die notwendige Sichtverbindung nach außen haben und ausreichend Tageslicht erhalten. Die in den Bauordnungen der Länder geforderte, auf die Grundfläche des Raumes bezogene Mindestfensterfläche ist hinsichtlich der Beleuchtung mit Tageslicht eine notwendige, aber nicht hinreichende Voraussetzung.

Wenn aufgrund besonderer Nutzungsanforderungen eine Verbesserung des Tageslichts in Innenräumen gefordert wird, gibt die Norm zu vereinbarende Planungsempfehlungen.

Die Norm legt fest, wie in Innenräumen eine akzeptable Sichtverbindung nach außen und eine ausreichende Helligkeit mit Tageslicht zu erreichen sind. Die Norm gibt weiter an, welche Voraussetzungen zu erfüllen sind, damit in Innenräumen angemessene Beleuchtungsverhältnisse durch Tageslicht vorhanden sind.

Die Anforderungen, die an die Tageslichtöffnungen im Hinblick auf die Sichtverbindung nach außen und auf die Beleuchtung zu stellen sind, werden durch Anforderungen an die Besonnungsdauer und den zeitweise erforderlichen Schutz gegen Blendung und Wärmestrahlung sowie durch Planungshinweise ergänzt.

Räume und Raumzonen, in denen man ihrer Art und Bestimmung entsprechend ausschließlich auf künstliche Beleuchtung angewiesen ist, werden in dieser Norm nicht behandelt. Für die Beleuchtung solcher Räume gelten DIN 5035-1 und DIN 5035-2.

2 Normative Verweisungen

Diese Norm enthält durch datierte oder undatierte Verweisungen Festlegungen aus anderen Publikationen. Diese normativen Verweisungen sind an den jeweiligen Stellen im Text zitiert, und die Publikationen sind nachstehend aufgeführt. Bei datierten Verweisungen gehören spätere Änderungen oder Überarbeitungen dieser Publikationen nur zu dieser Norm, falls sie durch Änderung oder Überarbeitung eingearbeitet sind. Bei undatierten Verweisungen gilt die letzte Ausgabe der in Bezug genommenen Publikation.

DIN 5031-3
    Strahlungsphysik im optischen Bereich und Lichttechnik — Größen, Formelzeichen und Einheiten der Lichttechnik

DIN 5034-3
    Tageslicht in Innenräumen — Berechnung

DIN 5034-4
    Tageslicht in Innenräumen — Vereinfachte Bestimmung von Mindestfenstergrößen für Wohnräume

DIN 5034-6
    Tageslicht in Innenräumen — Vereinfachte Bestimmung zweckmäßiger Abmessungen von Oberlichtöffnungen in Dachflächen

DIN 5035-1
    Beleuchtung mit künstlichem Licht — Begriffe und allgemeine Anforderungen

DIN 5035-2
    Beleuchtung mit künstlichem Licht — Richtwerte für Arbeitsstätten

DIN 5036-4
    Strahlungsphysikalische und lichttechnische Eigenschaften von Materialien — Klasseneinteilung

DIN 67507
    Lichttransmissionsgrade, Strahlungstransmissionsgrade und Gesamtenergiedurchlaßgrade von Verglasungen

E DIN EN 12665
    Angewandte Lichttechnik — Grundlegende Begriffe und Kriterien für die Festlegung von Anforderungen an die Beleuchtung
    (Deutsche Fassung prEN 12665 : 1996)

3 Definitionen

Für die Anwendung dieser Norm gelten die Definitionen von E DIN EN 12665 und die folgenden Definitionen:

3.1 Aufenthaltsraum

Ein Raum, der zum nicht vorübergehenden Aufenthalt von Menschen bestimmt oder geeignet ist. Im Sinne dieser Norm umfaßt der Begriff Aufenthaltsraum den Wohnraum, den Arbeitsraum und den sonstigen Raum.

3.1.1 Wohnraum

Im Sinne dieser Norm alle Aufenthaltsräume einer Wohnung, wie Wohnzimmer, Schlafzimmer, Arbeitszimmer, Kinderzimmer sowie alle Aufenthaltsräume, welche Zwecken dienen, die dem Wohnen vergleichbar sind. Zu den Wohnräumen zählen auch Räume mit Wohnfunktionen in Heimen, Internaten und ähnlichen Gemeinschaftseinrichtungen sowie Aufenthaltsräume zur Kinderbetreuung, wie Krippen, Tages- und Wochenstätten, nicht aber Räume, die in Beherbergungsbetrieben vorwiegend nur der Übernachtung dienen.

Küchen, Flure und andere Räume, die primär nicht zum mehr als vorübergehenden Aufenthalt bestimmt sind, gelten auch dann nicht als Wohnräume, wenn sie durch Einrichten von Eß-, Ruhe- oder Arbeitsplätzen zum zeitweiligen Aufenthalt genutzt werden.

3.1.2 Arbeitsraum

Arbeitsräume im Sinne dieser Norm sind Arbeitsräume im Sinne der Arbeitsstättenverordnung mit Abmessungen, die denen von Wohnräumen vergleichbar sind.

3.1.3 Sonstiger Raum

Sonstige Räume können Unterrichtsräume, Patientenräume in Einrichtungen der ambulanten und stationären medizinischen Betreuung u. ä. sein.

3.2 Beleuchtungsstärke E

Die Beleuchtungsstärke E ist der Quotient aus dem auf eine Fläche auftreffenden Lichtstrom und der beleuchteten Fläche [DIN 5031-3 : 1982-03].

3.3 Besonnungsdauer

Summe der Zeitintervalle (z. B. innerhalb eines gegebenen Tages), während der die Sonne von einem Punkt aus gesehen sowohl mindestens 6° über dem wahren Horizont als auch über den natürlichen Horizont (Grenzlinie zwischen Himmel und Bergen, Gebäuden, Bäumen usw.) steht. Die meteorologischen Bedingungen bleiben unberücksichtigt.

3.4 Fenster

Tageslichtöffnung in einer seitlichen Begrenzungsfläche des Innenraums gegen den Außenraum.

ANMERKUNG: Angaben zu den Abmessungen der Fenster beziehen sich auf den Rohbau-Zustand, wenn kein anderer Bezug ausdrücklich genannt wird.

3.5 Helligkeit

Subjektiv empfundene Leuchtdichte.

ANMERKUNG: Ein angenehmer Raumeindruck setzt ausreichende Helligkeit voraus, wobei — anders als Beleuchtungsstärke und Leuchtdichte — dies keine physikalisch meßbare Größe ist.

3.6 Leuchtdichte L

Die Leuchtdichte L ist der Quotient aus dem durch eine Fläche A in einer bestimmten Richtung (ε) durchtretenden

(auftreffenden) Lichtstrom Φ und dem Produkt aus dem durchstrahlten Raumwinkel Ω und der Projektion der Fläche $A \cdot \cos \varepsilon$ auf eine Ebene senkrecht zur betrachteten Richtung [DIN 5031-3 : 1982-03].

ANMERKUNG: Der Lichtstrom kann von dieser Fläche ausgehen, von ihr durchgelassen oder reflektiert werden.

3.7 Nutzungszeit t_{Nutz}

Zeitintervall, währenddessen eine vorgegebene Beleuchtungsstärke allein durch Tageslicht an einem Arbeitsplatz oder in einer Raumzone im Innenraum erreicht oder überschritten wird.

ANMERKUNG: Die Nutzungszeit kann für bestimmte Tage, bestimmte Monate, die Jahreszeiten oder das Jahr ermittelt werden.

3.8 Oberlicht

Tageslichtöffnung in der Decke eines Raumes.

ANMERKUNG: Es gibt sehr unterschiedliche Bauformen, z. B. Lichtkuppeln, sattel- und gewölbeförmige Oberlichter, Shedoberlichter mit unterschiedlicher Neigung der Verglasung.

3.9 Raumbreite b

Die zum Fenster parallele Ausdehnung eines Raumes. Sofern in einem Raum Fenster in mehreren Wänden vorhanden sind, ist die Raumbreite die zur Wand mit der größten Fensterfläche parallele Raumausdehnung. Bei gleich großen Fensterflächen gilt die Länge der längeren Fensterwand als Raumbreite; bei gleichen Längen der Fensterwände wird eine die Nutzung des Raumes berücksichtigende Raumbreite festgelegt.

3.10 Raumtiefe a

Die zur Raumbreite b rechtwinklige Ausdehnung der Raumgrundfläche.

3.11 Tageslichtlenksystem

System aus lichtreflektierenden, lichtbrechenden bzw. lichtbeugenden Bauelementen, das das Tageslicht stärker in die Raumtiefe bzw. an die Decke umlenkt, um eine höhere Beleuchtungsstärke in der Raumtiefe und eine bessere Gleichmäßigkeit der Beleuchtung im Innenraum zu erzielen.

ANMERKUNG: Heliostatische Geräte lenken das Sonnenlicht in innenliegende Räume und Raumbereiche.

3.12 Tageslichtquotient D (en: Daylight Factor)

Verhältnis der Beleuchtungsstärke E_P in einem Punkt einer gegebenen Ebene, die durch direktes oder indirektes Himmelslicht bei angenommener oder bekannter Leuchtdichteverteilung des Himmels erzeugt wird, zur gleichzeitig vorhandenen Horizontalbeleuchtungsstärke E_a im Freien bei unverbauter Himmelshalbkugel.

$$D = \frac{E_P}{E_a} \cdot 100 \text{ in \%} \tag{1}$$

Die durch direktes Sonnenlicht bewirkten Anteile beider Beleuchtungsstärken bleiben unberücksichtigt.

ANMERKUNG: Einflüsse der Verglasung, der Verschmutzung und der Versprossung sind eingeschlossen. Für den Anwendungsbereich nach dieser Norm gilt der Tageslichtquotient für die Beleuchtung durch den bedeckten Himmel [1]. In diesem Fall ist der Tageslichtquotient für jeden Raumpunkt eine konstante Größe.

4 Anforderungen an Tageslichtöffnungen

4.1 Allgemeines

Tageslichtöffnungen sind Fenster und Oberlichter.

Fenster haben zwei Hauptaufgaben, woraus unterschiedliche Anforderungen resultieren. Sie ermöglichen einen Sichtkontakt zwischen Innen- und Außenraum und erzeugen bei Tage ein angenehmes Helligkeitsniveau im Innenraum. Für beide Zwecke müssen die Fenster genügend groß sein.

Oberlichter dienen der natürlichen und gleichmäßigen Beleuchtung von Innenräumen. Für diesen Zweck müssen Oberlichter genügend groß und gleichmäßig in der Dachfläche verteilt sein (siehe 4.3.2.1).

Unberührt davon bleibt die Innenraumbeleuchtung mit Tageslicht für bestimmte Sehaufgaben (siehe 4.3.2).

4.2 Sichtverbindung nach außen

4.2.1 Allgemeines

Entwicklungsgeschichtlich ist der Mensch hauptsächlich auf visuelle Wahrnehmungen bei Tageslicht angepaßt. Die Wahrnehmung des mit Tages- und Jahreszeit veränderlichen Hell-Dunkel-Wechsels, der wechselnden Lichtfarben und der Wettererscheinungen ist für sein Wohlbefinden förderlich. Deswegen ist es notwendig, Aufenthaltsräume mit durchsichtig, verzerrungsfrei und möglichst farbneutral verglasten Fenstern in Augenhöhe der im Raum sitzenden bzw. stehenden Personen auszustatten.

Oberlichter erlauben zwar eine Orientierung hinsichtlich Wetter und Tageszeit, tragen aber zur Sichtverbindung nach außen im allgemeinen nicht bei. Oberlichter können daher Fenster im Hinblick auf deren psychische Bedeutung nicht ersetzen, bewirken aber bei zweckmäßiger Anordnung eine gleichmäßigere Beleuchtung als Fenster.

4.2.2 Fenster in Wohnräumen

Damit Wohnräume [2] eine ausreichende Sichtverbindung zwischen Innen- und Außenraum (Ausblick) besitzen, sollten Fenster in Wohnräumen nachstehende Anforderungen erfüllen:

a) Die Oberkante der durchsichtigen Fläche des Fensters (bzw. der Fenster) sollte mindestens 2,2 m über dem Fußboden liegen.

b) Die Oberkante der Fensterbrüstung sollte höchstens 0,9 m, die Unterkante der durchsichtigen Fensterteile höchstens 0,95 m über dem Fußboden liegen.

c) Die Breite des durchsichtigen Teils des Fensters (bzw. die Summe der Breiten aller vorhandenen Fenster) muß mindestens 55 % der Breite des Wohnraumes betragen.

4.2.3 Fenster in Arbeitsräumen

Für Arbeitsräume wird die notwendige Sichtverbindung nach außen durch die Arbeitsstättenrichtlinie ASR 7/1 [6] geregelt (siehe auch Bild 1 und Tabelle 1).

Tabelle 1: Maße der durchsichtigen Fensterflächen von Arbeitsräumen zum Erreichen des notwendigen Sichtkontaktes (Vorgaben nach [6])

für $a \leq 5$ m	$F \geq 1,25$ m^2
für $a > 5$ m	$F \geq 1,5$ m^2
für $A \leq 600$ m^2	$\sum F \geq 0,1 \cdot A$
für 600 m$^2 < A \leq 2\,000$ m^2	$\sum F \geq 60$ m$^2 + 0,01 \cdot A$
für $A > 2\,000$ m^2	keine Fenster notwendig

Zusätzlich muß in Räumen mit einer Raumhöhe bis 3,5 m die Summe der durchsichtigen Flächen aller Fenster mindestens 30 % des Produktes aus Raumbreite (siehe Abschnitt 3) und Raumhöhe betragen.

Für Arbeitsräume, die in ihren Abmessungen mit Wohnräumen vergleichbar sind, und für Räume mit einer Raumhöhe über 3,5 m gilt folgendes:

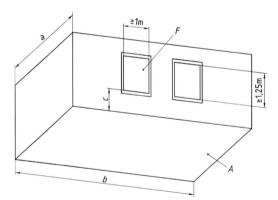

A Grundfläche des Raumes
F durchsichtige Fensterfläche
a Raumtiefe
b Raumbreite
c 0,85 m bis 1,25 m

Bild 1: Maße der durchsichtigen Fensterflächen von Arbeitsräumen zum Erreichen des notwendigen Sichtkontaktes
(Vorgaben nach [6])

a) Die Rohbaufenster-Höhe sollte mindestens 1,3 m betragen.

b) Die Oberkante der Fensterbrüstung sollte höchstens 0,9 m, die Unterkante der durchsichtigen Fensterteile höchstens 0,95 m über dem Fußboden liegen.

ANMERKUNG: Durch Höherlegen dieser Kanten läßt sich kein zusätzlicher Blendschutz bei Bildschirm-Arbeitsplätzen erreichen.

c) Die Breite des durchsichtigen Teils des Fensters (bzw. die Summe der Breiten aller vorhandenen Fenster) muß mindestens 55 % der Breite des Arbeitsraumes betragen.

4.2.4 Fenster in sonstigen Aufenthaltsräumen

In Krankenzimmern, in Zimmern von Pflegeheimen usw. sind die für Wohnräume geltenden Anforderungen nach 4.2.2 zu berücksichtigen.

Darüber hinaus sind zum ungehinderten Ausblick niedrige Fensterbrüstungen erwünscht. Der untere Rand des durchsichtigen Teils des Fensters sollte dort unter Berücksichtigung der Sicherheitsbestimmungen höchstens in Betthöhe, also etwa 0,5 m über dem Fußboden, in Aufenthaltsräumen zur Kinderbetreuung höchstens 0,6 m über dem Fußboden liegen. Ein zeitweiliger Schutz gegen Einblick von außen kann erforderlich sein.

4.3 Beleuchtung mit Tageslicht

4.3.1 Helligkeit

4.3.1.1 Wohnräume

Die Helligkeit in Wohnräumen, die von dem durch die Fenster eindringenden Tageslicht erzeugt wird, ist im Rahmen ihrer psychischen Bedeutung ausreichend, wenn der Tageslichtquotient (siehe Abschnitt 3) auf einer horizontalen Bezugsebene, gemessen in einer Höhe von 0,85 m über dem Fußboden in halber Raumtiefe und in 1 m Abstand von den beiden Seitenwänden im Mittel wenigstens 0,9 % und am ungünstigsten dieser Punkte wenigstens 0,75 % beträgt.

ANMERKUNG: Eine Tabelle der bezüglich Sichtverbindung nach außen und ausreichender Helligkeit erforderlichen Fenstergrößen für Wohnräume mit Fenster in nur einer Wand, die den obigen Bedingungen entsprechen, ist in DIN 5034-4 enthalten.

In Wohnräumen mit Fenstern in zwei aneinander grenzenden Wänden muß der Tageslichtquotient am ungünstigeren Bezugspunkt mindestens 1 % betragen.

4.3.1.2 Arbeitsräume

Für Arbeitsräume, die in ihren Abmessungen Wohnräumen entsprechen, müssen wenigstens die in 4.3.1.1 festgelegten Tageslichtquotienten eingehalten werden.

Arbeitsräume sind in ihren Abmessungen Wohnräumen vergleichbar, wenn die folgenden Abmessungen nicht wesentlich überschritten werden:

— Raumhöhe 3,5 m;

— Raumtiefe 6 m;

— Raumfläche 50 m².

Für andere, mit Fenstern versehene Arbeitsräume gibt es bisher keine Anforderungen in bezug auf ausreichende Helligkeit.

Arbeitsräume mit Oberlichtern müssen auf der Nutzebene einen mittleren Tageslichtquotienten von $D_m > 4$ % aufweisen; dieser ergibt sich bei einem Anteil der Gesamtfläche aller Oberlichtöffnungen an der Dachfläche von wenigstens 8 %. Ist der Mindestwert des Tageslichtquotienten in einem durch Oberlichter mit Tageslicht beleuchteten Raum $D_{min} < 2$ %, wird dieser Raum als dunkel empfunden.

4.3.2 Beleuchtungsstärke

4.3.2.1 Allgemeines

Wegen der täglichen und jahreszeitlichen Schwankungen des im Freien vorhandenen Tageslichts infolge astronomischer und meteorologischer Gegebenheiten können ausreichende Beleuchtungsstärken auf der Nutzfläche nicht zu allen Zeiten erreicht werden.

Die Überlegungen bei der Planung einer Innenraumbeleuchtung mit Tageslicht müssen sich deshalb darauf konzentrieren, die Zusammenhänge zwischen

— der erforderlichen Beleuchtungsstärke auf der Nutzebene im Bezugspunkt,

— der Lage dieses Bezugspunktes im Raum,

— dem Tageslichtquotienten am Bezugspunkt und

— der Nutzungszeit

zu bestimmen, d. h. in der Regel unter Vorgabe dreier dieser Größen die verbleibende vierte zu ermitteln (siehe DIN 5034-3).

4.3.2.2 Erforderliche Beleuchtungsstärke

Zur Erfüllung bestimmter Sehaufgaben sind je nach Art der Tätigkeit bestimmte Beleuchtungsstärken erforderlich (siehe DIN 5035-2).

Die spezifischen Eigenschaften einer Innenraumbeleuchtung durch Tageslicht unterscheiden sich grundsätzlich von denen einer künstlichen Beleuchtung. Dies kann zu verschiedenen Bewertungen der Beleuchtungsbedingungen bei Tageslicht und Kunstlicht führen. Die durch das Tageslicht allein gegebene Beleuchtung in Arbeitsräumen mit Fenstern gilt — bedingt durch den seitlichen Lichteinfall — solange als ausreichend, wie die Beleuchtungsstärke am ungünstigsten Arbeitsplatz mindestens das 0,6fache der in DIN 5035-2 angegebenen Werte der Beleuchtungsstärke beträgt.

4.3.3 Blendungsbegrenzung

Für die Güte einer Beleuchtung von Innenräumen mit Tageslicht ist neben der Beleuchtungsstärke auf der Nutzfläche die Blendungsbegrenzung von wesentlicher Bedeutung.

In jedem Raum muß zumindest bei den Tageslichtöffnungen, die besonnt werden können, ein Schutz gegen mögliche Blendung durch die Sonne, den Himmel, besonnte Flächen oder Spiegelungen an externen Verglasungen vorhanden sein.

Bewegliche Vorrichtungen wie z. B. Vorhänge, Rollos, Jalousien und Markisen sind hierzu geeignet, wenn die Blendung nur teilweise auftritt. Für besonnte Oberlichter ist zur Erzielung einer gleichmäßigeren Leuchtdichteverteilung bzw. zur Reduzierung zu hoher Leuchtdichten im Gesichtsfeld in vielen Fällen stark lichtstreuende Verglasung (siehe auch DIN 5036-4) möglich (siehe auch 5.2), weil die Oberlichter nicht dem Ausblick dienen. Zusätzlich ergibt sich durch lichtstreuende Verglasung eine gleichmäßigere Beleuchtungsstärkeverteilung auf der Nutzebene, und diese ist weniger von der Sonne abhängig und wird. Oberlichter mit lichtstreuender Verglasung müssen so angeordnet oder mit zusätzlichem Blendschutz, z. B. mit abgehängten Rastern, versehen sein, daß sie bei Besonnung nicht blenden können [5].

4.4 Besonnung

Ob die Möglichkeit einer Besonnung eines Aufenthaltsraumes erwünscht oder unerwünscht ist, hängt in der Regel von dessen Verwendungszweck ab. Vor allem für Wohnräume ist ein Mindestmaß an Besonnung ein wichtiges Qualitätsmerkmal.

Ein Raum gilt als besonnt, wenn Sonnenstrahlen bei einer Sonnenhöhe von mindestens 6° in den Raum einfallen

110/11*

können. Als Nachweisort gilt die Fenstermitte in Brüstungshöhe und Fassadenebene. Die Besonnung eines Gebäudevorbaus, z. B. eines Erkers, gilt nicht als Besonnung des Raumes.

Ein Wohnraum gilt als ausreichend besonnt, wenn seine Besonnungsdauer am 17. Januar mindestens 1 h beträgt [3].

Eine Wohnung gilt als ausreichend besonnt, wenn in ihr mindestens ein Wohnraum ausreichend besonnt wird.

4.5 Sonnenschutz

Gegen störende Einflüsse der Sonne, wie Erwärmung zur unerwünschten Zeit oder Blendung (siehe auch 4.4) ist in der Regel ein baulich vorzusehender Schutz notwendig [4].

Durch individuell einstellbaren Sonnenschutz kann zeitweise die grundsätzlich geforderte Sichtverbindung nach außen eingeschränkt sein.

Feststehender Sonnenschutz — auch der bewegliche bei maximaler Öffnung — und Tageslichtlenksysteme dürfen das Blickfeld der Sichtverbindung nach außen und den Tageslichteinfall nicht zu stark einschränken.

Räume sind gegen Sonnenstrahlungswärme im Sommer möglichst durch außen vor der Verglasung liegende, abschirmende Vorrichtungen zu schützen. Die Aufheizung der Innenräume resultiert aus der Absorption der Globalstrahlung an den Gegenständen in den Räumen und den Begrenzungsflächen der Räume. Die absorbierte Strahlung wird in langwellige Infrarot-Strahlung umgewandelt, für die alle Verglasungsmaterialien nahezu undurchlässig sind; das führt zu der im Sommer in der Regel unerwünschten Erwärmung des Raumes.

Als abschirmende Vorrichtungen geeignet sind Vorsprünge über den Fenstern (z. B. Dächer oder Balkone) sowie waagerecht auslandende Raster oder tafelförmige Blenden über oder von den Fenstern sowie bewegliche Lamellen, Rollos oder Markisen. Sonnenschutzverglasungen können ebenfalls den Eintritt der Strahlungsleistung in den Raum vermindern, verringern jedoch den Tageslichteinfall und damit die Nutzungszeit; sie bedürfen im allgemeinen der Ergänzung durch einen beweglichen Sonnenschutz.

4.6 Schutz vor Schädigung durch kurzwellige Strahlung

Insbesondere die eindringende Sonnenstrahlung kann in den Räumen an empfindlichen Materialien, Waren und Objekten zu Schäden wie Ausbleichung, Austrocknung, Verformung, Vergilbung, Farbveränderung oder Versprödung führen. Diese Schädigungswirkung nimmt mit der Bestrahlungsstärke und der Bestrahlungsdauer zu. Sie ist außerdem um so höher, je geringer die Wellenlänge ist (Ultraviolette Strahlung, kurzwellige Strahlung im sichtbaren Bereich).

Zum Schutz sind die in Abschnitt 4.5 genannten Maßnahmen und spezielle UV-Schutz-Folien und Verglasungen geeignet.

4.7 Sonstige bauhygienische Aspekte

Weil Fensterflächen — abgesehen von Spezialverglasungen — während der Heizperiode erheblich höhere Wärmeverluste mit sich bringen können als die undurchsichtigen Teile der Außenwände und die Oberflächentemperaturen des Glases tiefer liegen, müssen die sich daraus ergebenden Konsequenzen (z. B. Beeinträchtigung der thermischen Behaglichkeit durch Wärmeabstrahlung vom Fenster, Kaltluftfall, Zugluft) beachtet werden.

ANMERKUNG: Neben der tageslichttechnischen Bedeutung des Fensters sind seine Funktionen hinsichtlich Lüftung, Schallschutz und Einbruchschutz zu berücksichtigen; siehe [7] bis [13].

5 Planungshinweise

5.1 Räume mit Fenstern

Durch eine gleichmäßige Verteilung der Fenster in der Außenwand ergibt sich eine größere Gleichmäßigkeit der Beleuchtung als bei Anordnung der Fenster am Rand der Fensterwand. In Räumen mit nur einem Fenster wird die Gleichmäßigkeit am größten, wenn das Fenster in der Mitte der Außenwand angeordnet wird. In Räumen mit größerer Raumtiefe kann die Gleichmäßigkeit gegebenenfalls durch Anordnung von Fenstern in einander gegenüberliegenden Wänden verbessert werden.

Die Lage der Fensteroberkante beeinflußt wesentlich den Wert des Tageslichtquotienten. Werden gleiche Fensterflächen vorausgesetzt, ist der Tageslichtquotient um so größer, je höher die Fensteroberkante über dem Fußboden liegt. Fensterflächen unterhalb der Bezugsebene haben nur geringen Einfluß auf den Tageslichtquotienten.

Bauteile im Fensterbereich (z. B. Sonnenschutzvorrichtungen, Balkone, Lichtlenksysteme) beeinflussen den Wert des Tageslichtquotienten und seine Verteilung im Innenraum.

5.2 Räume mit Oberlichtern

Räume mit großer Raumtiefe können mit Tageslicht meist nur durch Oberlichter ausreichend beleuchtet werden.

Je größer der Winkel zwischen der Neigung der Tageslichtöffnung und der Horizontalen, um so geringer ist der Tageslichteinfall bei gleichgroßen Glasflächen. Sheddächer benötigen daher eine größere Verglasungsfläche als etwa Dächer mit Lichtkuppeln, wenn ein bestimmter mittlerer Tageslichtquotient erreicht werden muß.

Zu große Leuchtdichteunterschiede bei direkter Sonneneinstrahlung lassen sich bei Oberlichtern am einfachsten durch die Verwendung lichtstreuender Verglasungen vermeiden. Besondere Blendschutzmaßnahmen sind zusätzlich erforderlich, wenn Flächen zu hoher Leuchtdichte im Gesichtsfeld liegen (z. B. lichtstreuende Verglasungen, Schachtwände von Oberlichtern).

5.3 Berücksichtigung der Gestalt und der Abmessungen des Gebäudes und der Innenräume

In Räumen mit Fenstern beeinflußt die Raumtiefe die Beleuchtung durch Tageslicht und damit auch die notwendigen Fensterabmessungen. Da eine einseitige Fensteranordnung nur bis zu einer bestimmten Raumtiefe ausreichende Tageslichtquotienten ermöglicht (abhängig von der lichten Höhe des Innenraumes und dem gewünschten Beleuchtungsniveau), ist bei tieferen Arbeitsräumen eine ständige Tageslicht-Ergänzungs-Beleuchtung (in der Regel ein Teil der künstlichen Beleuchtung, siehe DIN 5035-1 und DIN 5035-2) erforderlich, sofern nicht bei tieferen Raumbereich zusätzliche Oberlichter oder Fenster an einer zweiten Raumseite angeordnet werden.

Vorbauten oberhalb des Fenstersturzes (Balkone, Vordächer, Dachüberstände) und gegebenenfalls auch seitliche Begrenzungen (vorspringende Wandteile, Trennwände von Balkonen) sowie Tageslichtlenksysteme und Sonnenschutzeinrichtungen (z. B. drehbare, nicht verschiebbare Lamellen) schränken den Tageslichteinfall ein. Bei der Berechnung von Tageslichtquotienten sind deshalb die sichtbaren Kanten dieser Lichthindernisse maßgebend. Lichtundurchlässige Hindernisse müssen möglichst hohe Reflexionsgrade haben.

Durch Sonnenschutzeinrichtungen (z. B. Sonnenschutzgläser, Jalousien, Vorhänge) dürfen sich die Lichtfarbe und die Farbwiedergabeeigenschaft des Tageslichts möglichst nicht ändern (siehe auch DIN 67507).

5.4 Berücksichtigung der Verbauung

Bei der Planung einer Innenraumbeleuchtung mit Tageslicht müssen die lichtmindernden Einflüsse der vorhandenen oder baurechtlich möglichen Verbauung berücksichtigt werden. Steile Geländeerhöhungen oder Baumbewuchs sind ebenfalls als Verbauung anzusehen.

Bei vorhandener dichter Bebauung, z. B. bei Fenstern, die an Innenhöfen liegen, kann der Verlust an direktem Himmelslicht durch helle Oberflächen im Raum und durch eine helle Fassade der gegenüberliegenden Gebäude etwas ausgeglichen werden.

5.5 Berücksichtigung der Raumnutzung

In Räumen mit Fenstern müssen Arbeitsplätze möglichst in Fensternähe mit einer der Lichteinfallsrichtung angepaßten Lichteinfallsrichtung (z. B. für Schreibtische für Rechtshänder möglichst von links) angeordnet werden, da die Tageslichtquotienten zu den Fenstern hin ansteigen. Dabei sollte die Hauptblickrichtung der dort Beschäftigten in der Regel parallel zur Fensterfläche ausgerichtet sein. Dies gilt insbesondere für Bildschirmarbeitsplätze. Sind mehr Arbeitsplätze als Fensterplätze vorhanden, müssen sie je nach Höhe der Ansprüche der Sehaufgabe angeordnet werden.

Hohe Brüstungen ergeben in Fensternähe schlecht beleuchtete Arbeitsplätze. Zudem wirken Wandteile unter hoch liegenden Fensterbändern im Vergleich zu der darüber sichtbaren Himmelsfläche fast immer zu dunkel.

Arbeitsplätze müssen so angeordnet werden, daß der Blick während der Arbeit nicht ständig gegen den im Fenster sichtbaren Himmelsausschnitt gerichtet ist; erforderlichenfalls sind zusätzliche Blendschutzmaßnahmen vorzusehen, z. B. Jalousien, Vorhänge, Rollos.

5.6 Ausstattung der Innenräume

Helle Decken und Seitenwände tragen zur Aufhellung der Arbeitsfläche bei, verbessern die Gleichmäßigkeit der Tagesbeleuchtung bei Räumen mit Fenstern und verringern die Leuchtdichteunterschiede zwischen Wand- sowie Deckenflächen und dem sichtbaren Himmelsausschnitt. Deshalb sollten der Reflexionsgrad [DIN 5036] der Decke mindestens 0,7, der Wände mindestens 0,5 und der des Fußbodens mindestens 0,2 betragen. Der Einfluß der Reflexionsgrade der Einrichtungsgegenstände ist hierbei möglichst zu berücksichtigen.

Speziell in Räumen mit Oberlichtern ist der Einfluß des Reflexionsgrades des Fußbodens auf die Raumhelligkeit in der Regel bedeutend, und zwar um so mehr, je größer der Raum ist; er wirkt sich dort stark auf die Höhe des Innenreflexionsanteils des Tageslichtquotienten aus.

Anhang A (informativ)

Tabellarische Zusammenfassung der Anforderungen aus lichttechnischer Sicht

A.1 Aufenthaltsräume mit Fenstern

Anforderung	Wohnraum	Arbeitsraum (nur definiert für Raumhöhe ≤ 3,5 m, Raumtiefe ≤ 6 m und Raumfläche ≤ 50 m²)		Krankenzimmer
Sichtverbindung nach außen	(Gesamt-)Breite der durchsichtigen Fensterteile mindestens 55 % der Breite der Fensterwand, Brüstungshöhe maximal 0,9 m, Unterkante der durchsichtigen Fensterteile maximal 0,95 m über dem Fußboden, Fensteroberkante mindestens 2,2 m über dem Fußboden.			
		— Höhe der Rohbaufensteröffnung ≥ 1,3 m, auch bei Raumhöhen über 3,5 m. — Breite des durchsichtigen Teils jeden Fensters ≥ 1 m; — Mindestfläche des durchsichtigen Fensterteils für Raumtiefen unter 5 m: 1,25 m², für größere Raumtiefen: 1,5 m²; — durchsichtige (Gesamt-)Fensterfläche mindestens 30 % des Produktes aus Raumbreite und Raumhöhe und mindestens 10 % der Raumfläche.		Im Gegensatz zu den Krankenhaus-Richtlinien einiger Bundesländer zusätzlich: — Unterkante des durchsichtigen Fensterteils 0,5 m über dem Fußboden; — Zeitweiliger Sichtschutz gegen Einblick von außen.
Ausreichende Helligkeit	D soll in halber Raumtiefe, in 0,85 m über dem Fußboden und in 1 m Abstand von den beiden Seitenwänden betragen: — im Mittel der beiden Punkte mindestens 0,9 %, an einem der beiden Punkte mindestens 0,75 %; — bei Räumen mit Fenstern in zwei benachbarten Wänden 1,0 %. Möglichst hohe Reflexionsgrade der Raumbegrenzungsflächen.			
Erforderliche Beleuchtungsstärke	keine Anforderungen formuliert	Am ungünstigsten Arbeitsplatz minimal 0,6fache Werte der Vorgaben für Beleuchtung mit Kunstlicht in DIN 5035-2.		keine Anforderungen formuliert
Schutz gegen Blendung, Wärmeeinstrahlung und -verluste	z. B. Sonnenschutzeinrichtungen, Rolläden, Jalousien, Vorhänge, Gardinen			
Besonnungsdauer	Ein Fenster eines Wohnraums jeder Wohnung soll am 17. Januar in Brüstungshöhe in seiner Mitte wenigstens 1 h besonnbar sein.	keine Anforderungen formuliert		Ein Fenster jeden Krankenzimmers soll am 17. Januar in Brüstungshöhe in seiner Mitte wenigstens 1 h besonnbar sein.
Lüftung	in ausreichendem Maße vorsehen			
Schallschutz	in ausreichendem Maße vorsehen			

A.2 Arbeitsräume mit Oberlichtern

Sichtverbindung nach außen	— Fenster sind nach Arbeitsstättenrichtlinie ASR7/1 für Raumgrundflächen < 2 000 m² unabdingbar, da Oberlichter keine „Sichtverbindung nach außen" darstellen.
	— Höhe der Rohbaufensteröffnung mindestens 1,3 m, auch bei Raumhöhen über 3,5 m. Brüstungshöhe maximal 0,9 m, Unterkante der durchsichtigen Fensterteile maximal 0,95 m über dem Fußboden.
	— Forderungen der ASR 7/1: 1. Breite des durchsichtigen Teils jeden Fensters mindestens 1 m. 2. Mindestfläche des durchsichtigen Teils jeden Fensters 1,25 m² für Raumtiefen unter 5 m; für größere Raumtiefen: 1,5 m². 3. Mindestgröße der durchsichtigen (Gesamt-)Fensterfläche: 10 % der Raumfläche für Raumflächen unter 600 m²; für größere Raumflächen bis 2 000 m²: 60 m² + 1 % der Raumfläche.
Ausreichende Helligkeit	— $D_m > 4\%$, $D_{min} > 2\%$. Berechnung siehe DIN 5034-3, vereinfachte Berechnung siehe DIN 5034-6.
	— Möglichst hohe Reflexionsgrade der Raumbegrenzungsflächen, vor allem von Fußboden und Decke.
Erforderliche Beleuchtungsstärke	wie DIN 5035-2
Gleichmäßigkeit	Das Verhältnis der Tageslichtquotienten $D_{min} : D_m$ soll 1 : 2 nicht unterschreiten (vgl. DIN 5034-6).
Besonnungsdauer	keine Anforderungen formuliert
Schutz gegen Blendung	Ausrichtung von Shedoberlichtern nach Norden, Raster, starrer und beweglicher Sonnenschutz, Bepflanzung.
Schutz gegen Wärmeeinstrahlung	— $D_{mittel} > 10\%$ soll vermieden werden (vgl. DIN 5034-6); — selektiv reflektierende Verglasung; — z. B. Raster, Blenden vor oder unter den Oberlichtern;
Lüftung	in ausreichendem Maße vorsehen
Schallschutz	in ausreichendem Maße vorsehen

Anhang B (informativ)

Literaturhinweise

[1] CIE-Publikation 16 (E-3.2), 1970, International recommendations for the Calculation of Natural Daylight [1)]

[2] Seidl, M.: Tageslicht im Wohnbereich; Licht 31 (1979), S. 371 − 373 und S. 426 − 429

[3] Schmidt, M.: Mindestbesonnung in Wohnungen, Forum Städtehygiene 46 (1995), S. 346 − 353

[4] Hahne, H.: Tageslicht und Sonnenschutz im Büro; Hinweise für die ergonomische Arbeitsplatzgestaltung, Bundesanstalt für Arbeitsschutz, Dortmund, 1996

[5] Verordnung über Arbeitsstätten (Arbeitsstättenverordnung − ArbStättV) vom 20. März 1975, BGBl I, 1975, Nr. 32, S. 729 − 742

[6] Arbeitsstättenrichtlinie ASR 7/1 − Sichtverbindung nach außen

[7] DIN 1946-1, Raumlufttechnik − Terminologie und graphische Symbole (VDI-Lüftungsregeln)

[8] DIN 1946-2, Raumlufttechnik − Gesundheitstechnische Anforderungen (VDI-Lüftungsregeln)

[9] DIN 1946-4, Raumlufttechnik − Raumlufttechnische Anlagen in Krankenhäusern (VDI- Lüftungsregeln)

[10] DIN 1946-6, Raumlufttechnik − Lüftung von Wohnungen − Anforderungen, Ausführung, Abnahme (VDI-Lüftungsregeln)

[11] DIN 4109, Schallschutz im Hochbau − Anforderungen und Nachweise

[12] VDI 2078, Kühllastregeln

[13] VDI 2719, Schalldämmung von Fenstern

[1)] Zu beziehen durch Deutsche farbwissenschaftliche Gesellschaft (DfwG), c/o Prof. Dr.-Ing. Heinz Terstiege, Bundesanstalt für Materialforschung und -prüfung (BAM), Unter den Eichen 87, 12205 Berlin

DK 628.92.021 : 628.972 : 628.98
: 001.4 : 521.9

Februar 1985

Tageslicht in Innenräumen

Grundlagen

DIN
5034
Teil 2

Daylight in interiors; principles

Mit DIN 5034 Teil 1/02.83
Ersatz für die im Jahre
1982 zurückgezogene
Norm DIN 5034/12.69

DIN 5034 „Tageslicht in Innenräumen" besteht aus folgenden Teilen:

Teil 1 Allgemeine Anforderungen

Teil 2 Grundlagen

Teil 4 (z. Z. Entwurf) Vereinfachte Bestimmung von Mindestfenstergrößen für Wohnräume

Teil 5 (z. Z. Entwurf) Messung

Inhalt

1 Anwendungsbereich und Zweck

Diese Norm dient der Festlegung einheitlicher Grundlagen für tageslichttechnische Berechnungen. Auf der Basis dieser Grundlagen und der entsprechenden Berechnungsverfahren lassen sich auch die in Innenräumen zu erwartenden Beleuchtungsstärken, die Tageslichtquotienten an bestimmten Punkten des Innenraumes, Nutzungszeiten und die in einen Raum eintretenden Strahlungsleistungen ermitteln.

Diese Norm dient auch – als Voraussetzung dazu – zur Bestimmung von Beleuchtungs- und Bestrahlungsstärken im Freien. Hierzu werden bestimmte Himmelszustände definiert und die interessierenden lichttechnischen und strahlungsphysikalischen Gegebenheiten für diese Himmelszustände festgelegt.

2 Begriffe

2.1 Sonnenhöhe γ_s

Winkel zwischen dem Sonnenmittelpunkt und dem Horizont, vom Beobachter aus betrachtet; abhängig von Tageszeit, Jahreszeit und geographischer Breite des betreffenden Ortes.

2.2 Sonnenazimut α_S

Winkel zwischen der geographischen Nordrichtung und dem Vertikalkreis durch den Sonnenmittelpunkt (0° bis 360°); abhängig von Tageszeit, Jahreszeit und geographischer Breite des betreffenden Ortes.

2.3 Sonnendeklination δ

Winkel zwischen dem Sonnenmittelpunkt und dem Himmelsäquator; abhängig von der Jahreszeit.

$$+ 23° 26,5' \geq \delta \geq - 23° 26,5' \tag{1}$$

2.4 Zeitgleichung Zgl

Jahreszeitabhängige Differenz zwischen Wahrer Ortszeit (WOZ) und Mittlerer Ortszeit (MOZ) aufgrund von Schwankungen der Länge des Sonnentages.

$$+ 16 \min 25 s \geq Zgl \geq - 14 \min 17 s \tag{2}$$

2.5 Sonnenscheindauer

Die Summe der Zeitintervalle innerhalb einer gegebenen Zeitspanne (Stunde, Tag, Monat, Jahr), während derer die Bestrahlungsstärke der direkten Sonnenstrahlung auf eine Ebene senkrecht zur Sonnenrichtung größer oder gleich 120 W/m^2 (etwa 11 000 Lx) ist.

Anmerkung: Diese Bestrahlungsstärke wird als Schwellenwert für hellen Sonnenschein von der Welt-Meteorologie-Organisation (WMO) empfohlen [1]. Ältere Datenkollektive basieren auf einem Schwellenwert von etwa 200 W/m^2.

2.6 Mögliche Sonnenscheindauer

Die Summe der Zeitintervalle innerhalb einer gegebenen Zeitspanne, während der die Sonne über dem wirklichen Horizont steht, der durch Berge, Gebäude, Bäume usw. eingeengt sein kann.

Fortsetzung Seite 2 bis 13

Normenausschuß Lichttechnik (FNL) im DIN Deutsches Institut für Normung e.V.

2.7 Relative Sonnenscheindauer

Verhältnis der Sonnenscheindauer zur möglichen Sonnenscheindauer innerhalb derselben Zeitspanne.

2.8 Sonnenscheinwahrscheinlichkeit

Langjähriges Mittel der Augenblickwerte der relativen Sonnenscheindauer.

2.9 Solarkonstante E_0

Bestrahlungsstärke der extraterrestischen Sonnenstrahlung auf einer zur Einfallrichtung senkrechten Ebene bei mittlerem Sonnenabstand.

$$E_0 = 1{,}37 \text{ kW/m}^2 \qquad (3)$$

2.10 Globalstrahlung

Summe von direkter und diffuser Sonnenstrahlung. Wenn nicht anders angegeben, ist die Globalstrahlung auf die horizontale Ebene bezogen.

Anmerkung: Die diffuse Sonnenstrahlung wurde früher als (diffuse) Himmelsstrahlung bezeichnet.

2.11 Trübungsfaktor T

Verhältnis der vertikalen optischen Dicke einer getrübten Atmosphäre zur vertikalen optischen Dicke der reinen und trockenen Atmosphäre (Rayleigh-Atmosphäre), bezogen auf das gesamte Sonnenspektrum.

2.12 Klarer Himmel

Wolkenloser Himmel, für den die relative Leuchtdichteverteilung nach Publikation CIE No. 22 (TC-4.2) [2] festgelegt ist.

2.13 Bedeckter Himmel

Vollständig bedeckter Himmel, für den das Verhältnis der Leuchtdichte bei einem Höhenwinkel γ über dem Horizont zur Leuchtdichte L_z im Zenit zu

$$L_\gamma = \frac{L_z \,(1 + 2 \sin \gamma)}{3} \qquad (4)$$

festgelegt ist.

2.14 Mittlerer Himmel

Langjähriges Mittel aller Himmelszustände, deren tageslichttechnische und strahlungsphysikalische Daten mit Hilfe der örtlichen Sonnenscheinwahrscheinlichkeit beschrieben werden.

3 Astronomische Grundlagen

Die Tageslichtverhältnisse werden wesentlich durch den Sonnenstand bestimmt, der für den jeweiligen Ort durch Sonnenhöhe γ_S und Sonnenazimut α_S in Abhängigkeit von Tages- und Jahreszeit beschrieben wird. Die folgenden Gleichungen beziehen sich auf den Mittelpunkt der Sonnenscheibe. Üblicherweise wird mit der Wahren Ortszeit (WOZ) gerechnet.

Für Angaben in Mitteleuropäischer Zeit (MEZ) muß umgerechnet werden nach

$$MEZ = MOZ + 4 \cdot (15° - \lambda) \cdot \text{min/°} \qquad (5)$$

und

$$MOZ = WOZ - Zgl \qquad (6)$$

Hierin bedeuten:

MOZ Mittlere Ortszeit,

λ geographische Länge des Ortes östlich von Greenwich

Zgl Zeitgleichung in min

Eine eventuelle Sommerzeit muß bei den Zeitangaben zusätzlich berücksichtigt werden (Mitteleuropäische Sommerzeit $MESZ = MEZ + 1$ h).

Zeitgleichung Zgl und die Sonnendeklination δ ändern sich während des Jahres. Sie können aus astronomischen Jahrbüchern [3] entnommen, nach den Gleichungen (7) und (8) [4] berechnet oder aus den Bildern 1 und 2 abgelesen werden. In den Gleichungen (7) und (8) ist J der Tag des Jahres (z. B. 1. Januar: $J = 1$, 31. Dezember: $J = 365$ bzw. 366). J' steht für $360° \cdot J/365$ bzw. $J/366$.

$$Zgl\,(J) = \quad 0{,}0066 + 7{,}3525 \cdot \cos\,(J' + 85{,}9°) + 9{,}9359 \cdot$$
$$\cdot \cos\,(2 \cdot J' + 108{,}9°) +$$
$$+ 0{,}3387 \cdot \cos\,(3 \cdot J' + 105{,}2°) \qquad (7)$$

$$\delta\,(J) = \{0{,}3948 - 23{,}2559 \cdot \cos\,(J' + 9{,}1°) - 0{,}3915 \cdot$$
$$\cdot \cos\,(2 J' + 5{,}4°) - 0{,}1764 \cdot \cos\,(3 \cdot J' + 26{,}0°)\}° \qquad (8)$$

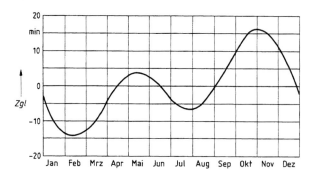

Bild 1. Zeitgleichung Zgl im Verlauf des Jahres

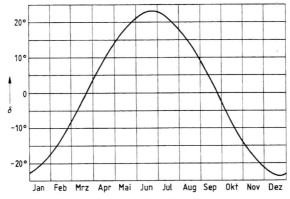

Bild 2. Sonnendeklination δ im Verlauf des Jahres

Für die Berechnung des Sonnenstandes müssen noch vorgegeben werden:

ω = Stundenwinkel

$\qquad$ = $(12.00\,h - WOZ) \cdot 15°/h$ $\qquad\qquad\qquad\qquad\qquad\qquad\qquad\qquad$ (9)

φ = geographische Breite des Ortes

Der Stundenwinkel ω wird vom Meridian aus positiv zum Nachmittag und negativ zum Vormittag gezählt.
Dann gelten für die Sonnenhöhe

$\gamma_S = \arcsin(\cos\omega \cdot \cos\varphi \cdot \cos\delta + \sin\varphi \cdot \sin\delta)$ $\qquad\qquad\qquad\qquad\qquad$ (10)

und für das Sonnenazimut

$\alpha_S = 180° - \arccos\dfrac{\sin\gamma_S \cdot \sin\varphi - \sin\delta}{\cos\gamma_S \cdot \cos\varphi}$ für $WOZ \leq 12.00\,h$ $\qquad\qquad$ (11)

bzw.

$\alpha_S = 180° + \arccos\dfrac{\sin\gamma_S \cdot \sin\varphi - \sin\delta}{\cos\gamma_S \cdot \cos\varphi}$ für $WOZ > 12.00\,h$ $\qquad\qquad$ (12)

Die Zählweise für das Sonnenazimut ist dabei (siehe Bild 3)

Norden: $\alpha_S =$ $0°$

Osten: $\alpha_S =$ $90°$

Süden: $\alpha_S = 180°$

Westen: $\alpha_S = 270°$

Anmerkung: In der Literatur findet man auch andere Zählweisen als bei dem hier angewendeten System.

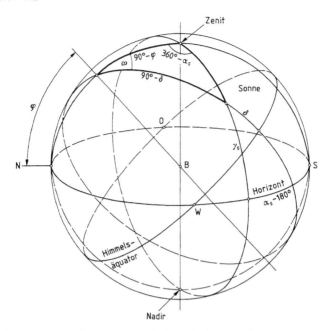

Bild 3.   Winkelbezeichnungen zur Kennzeichnung bzw. Ermittlung des Sonnenstandes

Die Bilder 4 bis 6 zeigen die Abhängigkeiten der Sonnenhöhe γ_S und des Sonnenazimuts α_S von der Tages- und der Jahreszeit für 54°, 51° und 48° nördlicher Breite, also für nördliches, mittleres und südliches Deutschland.

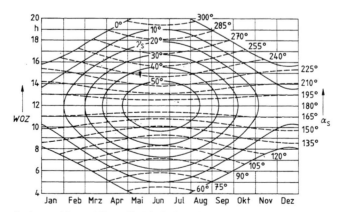

Bild 4.   Sonnenazimut α_S und Sonnenhöhe γ_S für 54° nördlicher Breite (nördliches Deutschland, Cuxhaven—Lübeck) in Abhängigkeit von Jahres- und Tageszeit

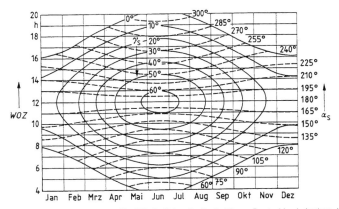

ild 5. Sonnenazimut α_S und Sonnenhöhe γ_S für 51° nördlicher Breite (mittleres Deutschland, Aachen—Köln—Kassel) in Abhängigkeit von Jahres- und Tageszeit

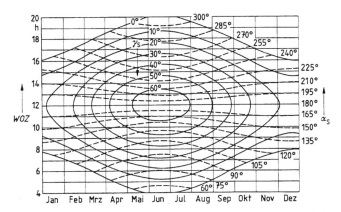

Bild 6. Sonnenazimut α_S und Sonnenhöhe γ_S für 48° nördlicher Breite (südliches Deutschland, Freiburg—München—Traunstein) in Abhängigkeit von Jahres- und Tageszeit

4 Lichttechnische Grundlagen

Für die Berechnung der Beleuchtungsverhältnisse in Innenräumen durch Tageslicht ist die Kenntnis der Himmelsleucht-dichten und der Beleuchtungsstärken im Freien notwendig. Diese Größen werden für die verschiedenen Himmelszustände festgelegt.

4.1 Bedeckter Himmel

Die rotationssymmetrische Leuchtdichteverteilung des bedeckten Himmels wird beschrieben durch [5]:

$$L(\varepsilon) = L_Z \cdot \frac{1 + 2 \cdot \cos \varepsilon}{3} \tag{13}$$

bzw.

$$L(\gamma) = L_Z \cdot \frac{1 + 2 \cdot \sin \gamma}{3} \tag{14}$$

Hierin bedeuten:

$L(\varepsilon)$ Leuchtdichte von Himmelspunkten, die um den Winkel ε vom Zenit entfernt sind,
$L(\gamma)$ Leuchtdichte von Himmelspunkten, die um den Winkel γ vom Horizont entfernt sind,
ε Winkel zwischen betrachtetem Himmelspunkt und Zenit,
γ Winkel zwischen betrachtetem Himmelspunkt und Horizont.

315

Die Zenitleuchte L_Z wird festgelegt zu

$$L_Z = \frac{9}{7\pi} \cdot (300 + 21\,000 \cdot \sin \gamma_S) \cdot cd/m^2 = (123 + 8594 \cdot \sin \gamma_S) \cdot cd/m^2 \qquad (15)$$

Die Horizontalbeleuchtungsstärke E_a im Freien bei freiem Horizont ist abhängig von der Sonnenhöhe γ_S (siehe Gleichung (10)) und wird festgelegt durch:

$$E_a = (300 + 21\,000 \cdot \sin \gamma_S) \cdot lx \qquad (16)$$

Bild 7 zeigt die Horizontalbeleuchtungsstärke E_a in Abhängigkeit von der Tages- und der Jahreszeit für 51° nördlicher Breite.

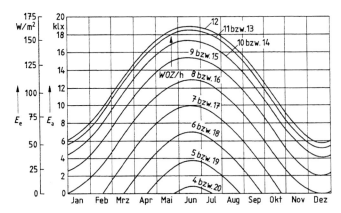

Bild 7.   Horizontale Beleuchtungsstärke E_a und horizontale Bestrahlungsstärke E_e bei bedecktem Himmel für 51° nördlicher Breite in Abhängigkeit von Jahres- und Tageszeit

Die Beleuchtungsstärke auf geneigten Flächen $E_{a,F}$ (Neigungswinkel γ_F gegen die Horizontale) setzt sich aus einem vom Himmel kommenden Anteil und dem vom Boden reflektierten Anteil zusammen [6]:

$$E_{a,F} = E_a \cdot \left\{ 0{,}182 \cdot \left[1{,}178 \cdot \left(1 + \cos \gamma_F \right) + \left(\pi - \frac{\gamma_F}{rad} \right) \cdot \cos \gamma_F + \sin \gamma_F \right] + 0{,}5 \cdot \varrho_u \cdot \left(1 - \cos \gamma_F \right) \right\} \cdot lx \qquad (17)$$

Ist der Reflexionsgrad des Bodens ϱ_u unbekannt, wird als mittlerer Wert $\varrho_u = 0{,}2$ eingesetzt.

4.2   Klarer Himmel

Der klare Himmel ist als Lichtquelle stets mit der Sonne gekoppelt. Die relative Leuchtdichteverteilung des klaren Himmels wird beschrieben durch [2]:

$$L_P/L_Z = \frac{[1 - \exp(-0{,}32/\cos \varepsilon)] \cdot [0{,}856 + 16 \cdot \exp(-3\,\eta/rad) + 0{,}3 \cdot \cos^2\eta]}{0{,}27385 \cdot \left\{ 0{,}856 + 16 \cdot \exp\left[-3 \cdot \left(\frac{\pi}{2} - \frac{\gamma_S}{rad} \right) \right] + 0{,}3 \cdot \cos^2 \left(\frac{\pi}{2} - \frac{\gamma_S}{rad} \right) \right\}} \qquad (18)$$

Hierin bedeuten (siehe auch Bild 8):

L_P Leuchtdichte des Punktes P am Himmel,

L_Z Zenitleuchtdichte,

ε Winkel zwischen Zenit und Punkt P

η Winkel zwischen Sonne und Punkt P

η $= \arccos (\sin \gamma_S \cdot \cos \varepsilon + \cos \gamma_S \cdot \sin \varepsilon \cdot \cos|\alpha_S - \alpha_P|)$ \qquad (19)

γ_S Sonnenhöhe; (siehe Gleichung 10)

α_S Sonnenazimut; (siehe Gleichung 11 bzw. 12)

α_P Azimut des Punktes P; Zählweise wie bei α_S

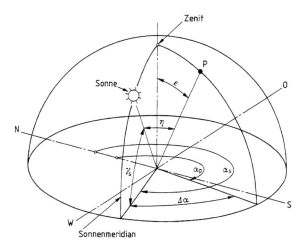

Bild 8. Winkelbezeichnungen bei der Beurteilung der Leuchtdichteverteilung des klaren Himmels

Für das Verhältnis von Horizontalbeleuchtungsstärke durch den Himmel E_H zur Zenitleuchtdichte L_Z gilt:

$$\frac{E_H}{L_Z} = 7{,}6752 + 6{,}1096 \cdot 10^{-2} \cdot \gamma_S - 5{,}9344 \cdot 10^{-4} \cdot \gamma_S^2 - 1{,}6018 \cdot 10^{-4} \cdot \gamma_S^3 + 3{,}8082 \cdot 10^{-6} \cdot \gamma_S^4 -$$
$$- 3{,}3126 \cdot 10^{-8} \cdot \gamma_S^5 + 1{,}0343 \cdot 10^{-10} \cdot \gamma_S^6 \tag{20}$$

Die Horizontalbeleuchtungsstärken durch die Sonne E_S, durch den Himmel E_H und durch Sonne und Himmel E_g hängen von der Sonnenhöhe γ_S ab [6, 7]:

$$E_S = K_S \cdot E_{e0} \cdot \exp\left(- T_L \cdot \bar{\delta}_R \cdot m \cdot p/p_0\right) \cdot \sin \gamma_S \cdot \text{lx} \tag{21}$$

$$E_H = 0{,}5 \cdot K_H \cdot E_{e0} \left[\tau_a^m - \exp\left(- T_L \cdot \bar{\delta}_R \cdot m \cdot p/p_0\right)\right] \cdot \sin \gamma_S \cdot \text{lx} \tag{22}$$

$$E_g = E_S + E_H \tag{23}$$

Hierin bedeuten:

K_S photometrisches Strahlungsäquivalent für die Sonnenstrahlung in Abhängigkeit von der Sonnenhöhe γ_S

$$= (17{,}72 + 4{,}4585 \cdot \gamma_S - 8{,}7563 \cdot 10^{-2} \cdot \gamma_S^2 + 7{,}3948 \cdot 10^{-4} \cdot \gamma_S^3 - 2{,}167 \cdot 10^{-6} \cdot \gamma_S^4 - 8{,}4132 \cdot 10^{-10} \cdot \gamma_S^5) \frac{\text{lm}}{\text{W}} \tag{24}$$

K_H photometrisches Strahlungsäquivalent für die Himmelsstrahlung
$$= 125{,}4 \; \text{lm/W} \tag{25}$$

E_{e0} Bestrahlungsstärke der extraterrestrischen Sonnenstrahlung

$\bar{\delta}_R \cdot m$ Produkt aus der mittleren optischen Dicke der reinen, trockenen Rayleigh-Atmosphäre und der relativen optischen Luftmasse

$$\bar{\delta}_R \cdot m = (0{,}9 + 9{,}4 \cdot \sin \gamma_S)^{-1} \, [8] \tag{26}$$

p/p_0 Luftdruckkorrektur von $\bar{\delta}_R \cdot m$

p/p_0 $= \exp\left(- H/H_R\right) \tag{27}$

H Höhe des Ortes über dem Meeresniveau

H_R $= 8 \; \text{km} \tag{28}$

T_L Trübungsfaktor nach Linke; Zahlenwerte aus Tabelle 1

τ_a^m Transmissionsgrad der Atmosphäre bezüglich Absorption

$$\tau_a^m = (0{,}506 - 1{,}0788 \cdot 10^{-2} \cdot T_L) \cdot (1{,}294 + 2{,}4417 \cdot 10^{-2} \cdot \gamma_S - 3{,}973 \cdot 10^{-4} \cdot \gamma_S^2 + 3{,}8034 \cdot 10^{-6} \cdot \gamma_S^3$$
$$- 2{,}2145 \cdot 10^{-8} \cdot \gamma_S^4 + 5{,}8332 \cdot 10^{-11} \cdot \gamma_S^5) \tag{29}$$

Tabelle 1.   **Mittlere monatliche Trübungsfaktoren** T_L **in der Bundesrepublik Deutschland [9]**

Monat	Monatsmittel von T_L		
	höchstes	mittleres	niedrigstes
Januar	4,8	$3,8 \pm 1,0$	3,2
Februar	4,6	$4,2 \pm 1,1$	3,6
März	5,4	$4,8 \pm 1,5$	4,3
April	5,7	$5,2 \pm 1,8$	4,8
Mai	5,8	$5,4 \pm 1,7$	4,9
Juni	7,4	$6,4 \pm 1,9$	5,6
Juli	6,9	$6,3 \pm 2,0$	5,7
August	6,9	$6,1 \pm 1,9$	5,7
September	6,0	$5,5 \pm 1,6$	5,2
Oktober	4,9	$4,3 \pm 1,3$	4,0
November	4,2	$3,7 \pm 0,8$	3,3
Dezember	4,1	$3,6 \pm 0,9$	3,3
Jahresmittel	5,4	$4,9 \pm 1,5$	4,7

Anmerkung: Mit für die Praxis meist ausreichender Genauigkeit lassen sich auch die Näherungsformeln

$$E_S = [85\,000 \cdot \sin^2 \gamma_S + 6500 \cdot \sin^2 (2\,\gamma_S)] \cdot \text{lx} \qquad (30)$$

und

$$E_H = 280 \cdot \arctan (\gamma_S/^0 : 18,9) \cdot \text{lx} \qquad (31)$$

verwenden. Sie gelten für eine mittlere Trübung von $T = 4,9$. Bild 9 zeigt diese Abhängigkeiten der Beleuchtungsstärken von der Sonnenhöhe.

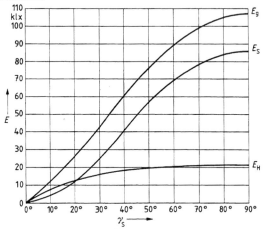

Bild 9.   Horizontale Beleuchtungsstärke E_S durch die Sonne, E_H durch den Himmel und E_g durch Sonne und Himmel in Abhängigkeit von der Sonnenhöhe γ_S bei klarem Himmel und einem Trübungsfaktor (nach Linke) von $T_L = 4,9$

Die Beleuchtungsstärke auf geneigten Flächen E_F (Neigungswinkel γ_F gegen die Horizontale) setzt sich aus einem vom Himmel ($E_{H,F}$), einem von der Sonne ($E_{S,F}$) und einem durch Reflexion am Boden ($E_{B,F}$) erzeugten Anteil zusammen:

$$E_F = E_{H,F} + E_{S,F} + E_{B,F} \qquad (32)$$

Für die einzelnen Anteile gilt:

$$E_{H,F} = E_H \cdot R (\gamma_S, \gamma_F, |\alpha_S - \alpha_F|) \qquad (33)$$

Der Umrechnungsfaktor $R (\gamma_S, \gamma_F, |\alpha_S - \alpha_F|)$ kann für einige Kombinationen von $|\alpha_S - \alpha_F|$, γ_S und γ_F der Tabelle 2 entnommen werden. Zwischenwerte sind linear zu interpolieren.

$$E_{S,F} = E_S \cdot (\cos \gamma_F + \sin \gamma_F \cdot \cos |\alpha_S - \alpha_F|/\tan \gamma_S) \qquad (34)$$

$$E_{B,F} = E_g \cdot 0,5 \cdot \varrho_u \cdot (1 - \cos \gamma_F) \qquad (35)$$

Der mittlere Reflexionsgrad des Bodens wird $\varrho_u = 0,2$ gesetzt, wenn der genaue Wert nicht bekannt ist.

Tabelle 2. **Verhältnis R von Beleuchtungsstärken auf geneigten, ebenen Flächen zu Beleuchtungsstärken auf horizontalen Flächen für verschiedene Neigungen γ_F gegen die Horizontale, verschiedene Sonnenhöhen γ_S und verschiedene Azimutdifferenzen $|\alpha_F - \alpha_S|$ zwischen Orientierung der Flächen und dem Sonnenazimut**

γ_F	γ_S	$|\alpha_F - \alpha_S|$											
		0°	15°	30°	45°	60°	75°	90°	105°	120°	135°	150°	165°	180°
0°	0°	1,00	1,00	1,00	1,00	1,00	1,00	1,00	1,00	1,00	1,00	1,00	1,00	1,00
	15°	1,00	1,00	1,00	1,00	1,00	1,00	1,00	1,00	1,00	1,00	1,00	1,00	1,00
	30°	1,00	1,00	1,00	1,00	1,00	1,00	1,00	1,00	1,00	1,00	1,00	1,00	1,00
	45°	1,00	1,00	1,00	1,00	1,00	1,00	1,00	1,00	1,00	1,00	1,00	1,00	1,00
	60°	1,00	1,00	1,00	1,00	1,00	1,00	1,00	1,00	1,00	1,00	1,00	1,00	1,00
	75°	1,00	1,00	1,00	1,00	1,00	1,00	1,00	1,00	1,00	1,00	1,00	1,00	1,00
	90°	1,00	1,00	1,00	1,00	1,00	1,00	1,00	1,00	1,00	1,00	1,00	1,00	1,00
15°	0°	1,32	1,31	1,28	1,22	1,15	1,07	0,99	0,91	0,85	0,80	0,78	0,76	0,76
	15°	1,33	1,32	1,28	1,23	1,16	1,07	0,99	0,90	0,83	0,78	0,75	0,73	0,72
	30°	1,25	1,24	1,21	1,17	1,12	1,05	0,98	0,92	0,86	0,81	0,78	0,76	0,75
	45°	1,17	1,16	1,14	1,11	1,07	1,03	0,98	0,93	0,89	0,86	0,83	0,81	0,81
	60°	1,10	1,09	1,08	1,06	1,04	1,01	0,98	0,95	0,92	0,90	0,88	0,87	0,87
	75°	1,03	1,03	1,03	1,02	1,01	0,99	0,98	0,96	0,95	0,94	0,93	0,93	0,92
	90°	0,98	0,98	0,98	0,98	0,98	0,98	0,98	0,98	0,98	0,98	0,98	0,98	0,98
30°	0°	1,60	1,58	1,52	1,41	1,28	1,13	0,98	0,86	0,78	0,72	0,69	0,68	0,67
	15°	1,61	1,58	1,52	1,41	1,27	1,12	0,96	0,83	0,72	0,66	0,62	0,60	0,59
	30°	1,45	1,43	1,38	1,29	1,19	1,07	0,94	0,83	0,73	0,66	0,62	0,59	0,58
	45°	1,28	1,27	1,23	1,18	1,10	1,02	0,93	0,85	0,77	0,71	0,67	0,65	0,64
	60°	1,14	1,13	1,11	1,08	1,03	0,98	0,92	0,87	0,82	0,78	0,75	0,73	0,72
	75°	1,02	1,02	1,01	0,99	0,97	0,94	0,92	0,89	0,87	0,85	0,83	0,82	0,82
	90°	0,92	0,92	0,92	0,92	0,92	0,92	0,92	0,92	0,92	0,92	0,92	0,92	0,92
45°	0°	1,80	1,77	1,68	1,53	1,34	1,14	0,94	0,80	0,71	0,66	0,64	0,63	0,63
	15°	1,79	1,76	1,67	1,51	1,32	1,11	0,90	0,74	0,63	0,57	0,54	0,52	0,52
	30°	1,56	1,54	1,46	1,35	1,20	1,03	0,87	0,72	0,62	0,55	0,50	0,48	0,48
	45°	1,33	1,31	1,26	1,18	1,07	0,96	0,84	0,73	0,64	0,58	0,53	0,51	0,50
	60°	1,13	1,12	1,08	1,03	0,97	0,90	0,83	0,76	0,69	0,64	0,61	0,59	0,58
	75°	0,96	0,95	0,94	0,92	0,89	0,85	0,82	0,78	0,75	0,72	0,70	0,69	0,69
	90°	0,81	0,81	0,81	0,81	0,81	0,81	0,81	0,81	0,81	0,81	0,81	0,81	0,81
60°	0°	1,90	1,86	1,75	1,57	1,35	1,11	0,89	0,74	0,65	0,61	0,59	0,59	0,59
	15°	1,88	1,84	1,72	1,54	1,31	1,06	0,83	0,66	0,56	0,51	0,48	0,47	0,47
	30°	1,58	1,55	1,46	1,32	1,15	0,95	0,77	0,62	0,52	0,46	0,43	0,42	0,41
	45°	1,29	1,27	1,21	1,11	0,99	0,86	0,73	0,61	0,52	0,47	0,43	0,41	0,41
	60°	1,05	1,04	1,00	0,94	0,87	0,78	0,70	0,62	0,56	0,51	0,48	0,46	0,45
	75°	0,85	0,84	0,82	0,80	0,76	0,73	0,69	0,65	0,61	0,58	0,56	0,55	0,55
	90°	0,68	0,68	0,68	0,68	0,68	0,68	0,68	0,68	0,68	0,68	0,68	0,68	0,68
75°	0°	1,88	1,84	1,71	1,52	1,27	1,02	0,80	0,65	0,58	0,54	0,53	0,53	0,53
	15°	1,85	1,80	1,67	1,47	1,22	0,96	0,72	0,56	0,48	0,44	0,43	0,42	0,42
	30°	1,51	1,48	1,38	1,23	1,04	0,83	0,65	0,51	0,43	0,39	0,37	0,36	0,36
	45°	1,18	1,16	1,09	0,99	0,86	0,72	0,59	0,49	0,42	0,37	0,35	0,34	0,33
	60°	0,91	0,90	0,86	0,80	0,72	0,64	0,56	0,49	0,43	0,39	0,37	0,35	0,35
	75°	0,70	0,69	0,67	0,65	0,61	0,58	0,54	0,50	0,47	0,45	0,43	0,42	0,41
	90°	0,53	0,53	0,53	0,53	0,53	0,53	0,53	0,53	0,53	0,53	0,53	0,53	0,53
90°	0°	1,76	1,71	1,58	1,38	1,14	0,89	0,68	0,55	0,49	0,47	0,46	0,46	0,46
	15°	1,70	1,66	1,53	1,32	1,08	0,82	0,60	0,47	0,40	0,37	0,36	0,36	0,36
	30°	1,35	1,32	1,22	1,06	0,88	0,68	0,52	0,41	0,35	0,32	0,31	0,30	0,30
	45°	1,01	0,99	0,92	0,82	0,70	0,57	0,46	0,38	0,33	0,30	0,28	0,28	0,27
	60°	0,74	0,73	0,69	0,63	0,56	0,49	0,42	0,37	0,33	0,30	0,29	0,28	0,28
	75°	0,53	0,53	0,51	0,49	0,46	0,43	0,40	0,37	0,35	0,33	0,32	0,31	0,31
	90°	0,38	0,38	0,38	0,38	0,38	0,38	0,38	0,38	0,38	0,38	0,38	0,38	0,38

4.3 Mittlerer Himmel

Bedeckter und klarer Himmel im Sinne der Abschnitte 4.1 und 4.2 sind idealisierte Vorstellungen, die in der Praxis nur selten auftreten. Für langfristige Betrachtungen – z. B. für Wirtschaftlichkeitsberechnungen – müssen aber die sich über eine mehrjährige Zeitspanne ergebenden Mittelwerte berücksichtigt werden. Diese können auf der Grundlage der örtlichen Sonnenscheinwahrscheinlichkeit SSW berechnet werden. Im allgemeinen wird dabei mit Werten gearbeitet, die für die verschiedenen Stunden des Tages innerhalb des jeweiligen Monats charakteristisch sind (mittlere monatliche Stundenwerte).

In DIN 4710 sind für 13 Orte in Deutschland die mittleren monatlichen Sonnenscheinstunden für die einzelnen Tagesstunden angegeben, aus denen sich leicht die mittleren monatlichen Stundenwerte der SSW errechnen lassen.

Beleuchtungsstärken bei mittlerem Himmel setzen sich aus einem von der Sonne und einem vom Himmel erzeugten Anteil zusammen. Diese Anteile werden getrennt berechnet.

Für die Berechnung des von der Sonne direkt und durch Reflexion am Boden erzeugten Anteils $E_{m,F,S}$ ist es erforderlich, die Zeitintervalle ΔT, für die die mittleren monatlichen Stundenwerte der Beleuchtungsstärke berechnet werden, in zwei Zeiträume zu unterteilen:

- den Zeitraum $\Delta T \cdot SSW$

  (Dies entspricht dem Zeitanteil, in dem die Sonne scheint)

- den Zeitraum $\Delta T \cdot (1 - SSW)$

  (Dies entspricht dem Zeitanteil, in dem die Sonne nicht scheint)

Beispiel: $\Delta T = 1$ Stunde, $SSW = 40\%$ $\hfill (36)$

$\Delta T \cdot SSW = 24$ min $\hfill (37)$

$\Delta T \cdot (1 - SSW) = 36$ min $\hfill (38)$

Im Zeitraum $\Delta T \cdot SSW$ berechnet sich $E_{m,F,S}$ zu

$$E_{m,F,S} = [E_{S,F} + E_S \cdot 0,5 \cdot \varrho_u \cdot (1 - \cos \gamma_F)] \cdot R_S \hfill (39)$$

Hierin bedeuten:

ϱ_u Reflexionsgrad des Bodens

γ_F Neigung der Fläche gegen die Horizontale

$E_{S,F}$ Beleuchtungsstärke, die auf der geneigten Fläche bei klarem Himmel direkt von der Sonne hervorgerufen wird

E_S Horizontalbeleuchtungsstärke durch die Sonne bei klarem Himmel

R_S Korrekturfaktor für den teilweise bedeckten Himmel (u. a. zur Berücksichtigung von systematischen Fehlern bei der Erfassung der Sonnenscheindauern mit Sonnenscheinautographen [6])

$$R_S = 1,48 - 4,07 \cdot SSW + 6,92 \cdot SSW^2 - 3,34 \cdot SSW^3 \hfill (40)$$

Im Zeitraum $\Delta T \cdot (1 - SSW)$ gilt:

$$E_{m,F,S} = 0 \hfill (41)$$

Der bei mittlerem Himmel vom Himmel direkt und durch Reflexion am Boden erzeugte Anteil $E_{m,F,H}$ wird aus den entsprechenden Beleuchtungsstärken für den klaren und den bedeckten Himmel berechnet und gilt für das ganze Zeitintervall ΔT, d. h. unabhängig davon, ob die Sonne scheint oder nicht.

Eine Aufteilung derart, daß für den Zeitraum $\Delta T \cdot SSW$ nur der klare Himmel und für den Zeitraum $\Delta T (1 - SSW)$ nur der bedeckte Himmel berücksichtigt werden, ist nicht möglich, da der mittlere Himmel alle Himmelszustände, insbesondere den teilweise bedeckten Himmel, einschließt. Der teilweise bedeckte Himmel tritt aber sowohl mit, als auch ohne Sonnenschein auf.

$$E_{m,F,H} = \{[E_{H,F} + E_H \cdot 0,5 \cdot \varrho_u \cdot (1 - \cos \gamma_F)] \cdot SSW + E_{a,F} \cdot (1 - SSW)\} R_H \hfill (42)$$

Hierin bedeuten:

$E_{H,F}$ Beleuchtungsstärke, die auf der geneigten Fläche bei klarem Himmel direkt vom Himmel hervorgerufen wird

E_H Horizontalbeleuchtungsstärke durch den Himmel bei klarem Himmel

$E_{a,F}$ Beleuchtungsstärke, die bei bedecktem Himmel auf der geneigten Fläche direkt vom Himmel und durch Reflexion am Boden hervorgerufen wird

R_H Korrekturfaktor für den teilweise bedeckten Himmel [6]

$$R_H = 1 + 2,54 \cdot SSW - 2,98 \cdot SSW^2 + 0,444 \cdot SSW^3 \hfill (43)$$

Die Beleuchtungsstärke bei mittlerem Himmel auf beliebig geneigten Flächen im Zeitraum $\Delta T \cdot SSW$ ergibt sich dann zu

$$E_{m,F} = E_{m,F,S} + E_{m,F,H} \hfill (44)$$

Die Beleuchtungsstärke bei mittlerem Himmel auf beliebig geneigten Flächen im Zeitraum $\Delta T \cdot (1 - SSW)$ ergibt sich zu

$$E_{m,F}^* = E_{m,F,H} \hfill (45)$$

Für Nutzungszeitberechnungen sind diese beiden Zeiträume und damit $E_{m,F}$ und $E_{m,F}^*$ grundsätzlich getrennt voneinander zu betrachten.

5 Strahlungsphysikalische Grundlagen

Die für die folgenden Berechnungen erforderliche Bestrahlungsstärke der extraterrestrischen Sonnenstrahlung unterliegt wegen der Ellipsenform der scheinbaren Sonnenbahn um die Erde einem jahreszeitlichen Gang, der in Bild 10 dargestellt ist. Der Jahresmittelwert wird Solarkonstante genannt und beträgt $E_{e0} = 1,37$ kW/m^2.

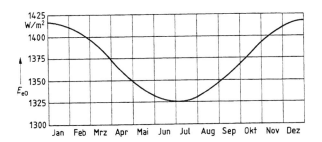

Bild 10.　Jahresgang der Bestrahlungsstärke der extraterrestrischen Sonnenstrahlung

Für die Ausnutzung der Solarenergie und für die Bestimmung der äußeren Kühllast von Räumen mit Fenstern oder Oberlichtern ist die Kenntnis der Globalstrahlung von Bedeutung. Die Daten der Globalstrahlung werden für bedeckten, klaren und mittleren Himmel angegeben.

5.1 Bedeckter Himmel

Die relative Strahldichteverteilung des bedeckten Himmels entspricht der Leuchtdichteverteilung des bedeckten Himmels. In den Gleichungen (13) und (14) sind dazu lediglich die Leuchtdichte L (ε), L (γ) und L_Z durch die entsprechenden Strahldichten L_e (ε), L_e (γ) und L_{eZ} zu ersetzen.

Mit dem photometrischen Strahlungsäquivalent der Strahlung des bedeckten Himmels

$$K_{bH} = E_a/E_e \qquad (46)$$
$$= 115 \, \text{lm/W}$$

ergibt sich – entsprechend Gleichung (15) – die Zenitstrahldichte L_{eZ} zu

$$L_{eZ} = (1,068 + 74,7 \sin \gamma_S) \, \text{W/m}^2 \cdot \text{sr} \qquad (47)$$

Die Horizontalbestrahlungsstärke E_e wird als Funktion der Sonnenhöhe mit den Gleichungen (16) und (46) beschrieben durch

$$E_e = (2,609 + 182,609 \cdot \sin \gamma_S) \, \text{W/m}^2 \qquad (48)$$

Bild 7 zeigt die Horizontalbestrahlungsstärke E_e in Abhängigkeit von der Tages- und Jahreszeit für 51° nördlicher Breite.

Die Berechnung der Bestrahlungsstärke auf geneigten Flächen $E_{e,a,F}$ (Neigungswinkel γ_F gegen die Horizontale) erfolgt entsprechend der in Gleichung (17) festgelegten Berechnung der Beleuchtungsstärke auf geneigten Flächen:

$$E_{e,a,F} = E_e \cdot \left[0,182 \cdot \left\langle 1,178 \cdot \left(1 + \cos \gamma_F\right) + \left(\pi - \frac{\gamma_F}{\text{rad}}\right) \cdot \cos \gamma_F + \sin \gamma_F \right\rangle + 0,5 \cdot \varrho_{e,u} \cdot \left(1 - \cos \gamma_F\right)\right] \qquad (49)$$

Falls der Strahlungsreflexionsgrad des Bodens $\varrho_{e,u}$ unbekannt ist, wird auch hier $\varrho_{e,u} = 0,2$ gesetzt.

5.2 Klarer Himmel

Die strahlungsphysikalischen Größen des klaren Himmels werden durch die atmosphärische Trübung beeinflußt, die durch den Trübungsfaktor T gekennzeichnet ist. Für ihre Berechnung sollen die mittleren Trübungsfaktoren T_L (nach Linke) aus Tabelle 1 [9] zugrunde gelegt werden.

Die relative Strahldichteverteilung des klaren Himmels entspricht der relativen Leuchtdichteverteilung des klaren Himmels. In Gleichung (18) ist das Leuchtdichteverhältnis L_P / L_Z lediglich durch das Verhältnis der entsprechenden Strahldichten L_{eP}/L_{eZ} zu ersetzen.

Die Horizontalbestrahlungsstärke durch die Sonne E_{eS} wird berechnet aus

$$E_{eS} = E_{e0} \cdot \exp\left(- T_L \cdot \delta_R \cdot m \cdot p/p_o\right) \cdot \sin \gamma_S \qquad (50)$$

Die Horizontalbestrahlungsstärke durch den Himmel E_{eH} wird berechnet aus

$$E_{eH} = 0,5 \cdot E_{e0} \cdot \sin \gamma_S \left(\tau_a^m - \exp\left(- T_L \cdot \delta_R \cdot m \cdot p/p_o\right)\right) \qquad (51)$$

In Gleichung (50) und (51) bedeuten:

$\delta_R \cdot m$　siehe Gleichung (26)

τ_a^m　siehe Gleichung (29)

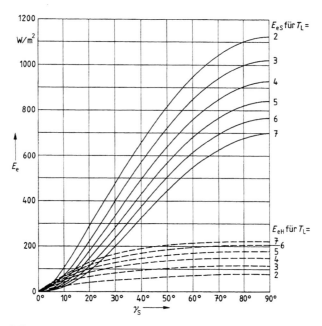

Bild 11. Horizontale Bestrahlungsstärken E_{eS} durch die Sonne und E_{eH} durch den Himmel bei klarem Himmel und verschiedenen Trübungsfaktoren T_L (nach Linke) in Abhängigkeit von der Sonnenhöhe γ_S

Bild 11 zeigt für verschiedene Trübungsfaktoren die Horizontalbestrahlungsstärken durch die Sonne und durch den Himmel in Meereshöhe in Abhängigkeit von der Sonnenhöhe.

Die Globalbestrahlungsstärke E_{eg} ist die Summe der Horizontalbestrahlungsstärke von Sonne E_{eS} und Himmel E_{eH}

$$E_{eg} = E_{eS} + E_{eH} \tag{52}$$

Die Bestrahlungsstärke auf geneigten Flächen $E_{e,g,F}$ (Neigungswinkel γ_F gegen die Horizontale) berechnet sich analog zur entsprechenden Beleuchtungsstärke (siehe Gleichung (31)):

$$E_{e,g,F} = E_{e,H,F} + E_{e,S,F} + E_{e,B,F} \tag{53}$$

Für die einzelnen Anteile gilt:

$$E_{e,H,F} = E_{e,H} \cdot R \left(\gamma_S, \gamma_F, |\alpha_S - \alpha_F| \right) \tag{54}$$

Der Umrechnungsfaktor (R (γ_S, γ_F, $|\alpha_S - \alpha_F|$)) kann für einige Kombinationen von $|\alpha_S - \alpha_F|$, γ_S und γ_F der Tabelle 2 entnommen werden. Zwischenwerte sind linear zu interpolieren.

$$E_{e,S,F} = E_{e,S} \cdot (\cos \gamma_F + \sin \gamma_F \cdot \cos |\alpha_S - \alpha_F| / \tan \gamma_S) \tag{55}$$

$$E_{e,B,F} = E_{e,g} \cdot 0,5 \cdot \varrho_{e,u} \cdot (1 - \cos \gamma_F) \tag{56}$$

Der mittlere Strahlungsreflexionsgrad des Bodens $\varrho_{e,u}$ wird $\varrho_{e,u} = 0,2$ gesetzt, wenn der genaue Wert nicht bekannt ist.

5.3 Mittlerer Himmel

Die Berechnung von strahlungsphysikalischen Daten des mittleren Himmels geschieht nach dem im Abschnitt 4.3 beschriebenen Verfahren.

Zitierte Normen und andere Unterlagen

DIN 4710   Meteorologische Daten zur Berechnung des Energieverbrauches von raumlufttechnischen Anlagen

[1] WMO – CIMO Abridged Final Report of the Eighth Session in Mexico City, 19. – 30. Oktober 1981, World Meteorological Organization WMO Nr. 590, Genf (1982)

[2] Publication CIE No. 22 (TC–4.2) 1973: Standardization of luminance distribution on clear skies *)

[3] Nautisches Jahrbuch, Ephemeriden und Tafeln für das Jahr 1983, herausgegeben vom Deutschen Hydrographischen Institut, 132. Jahrgang (erscheint jährlich neu)

[4] R. Dogniaux: Variations géographiques et climatiques des expositions énergétique solaires sur des surfaces réceptrices horizontales et verticales, Institut Royal Météorologique de Belgique, Serie B, No. 38

[5] CIE-Committee E-3.2: Natural Daylight, Official Recommendations, Compte Rendu, 13. Sitzung, Bd. 2, Paris, 1955 (vergriffen)

[6] S. Aydinli: Über die Berechnung der zur Verfügung stehenden Solarenergie und des Tageslichtes, Fortschrittberichte der VDI-Zeitschriften, Reihe 6, Nummer 79, VDI-Verlag GmbH, Düsseldorf, 1981

[7] R. W. Schulze: Strahlenklima der Erde, Steinkopf-Verlag, Darmstadt, 1970

[8] F. Kasten: A simple parameterization of the pyrheliometric formula for determining the Linke turbidity factor, Meteorologische Rundschau 33, 124–127, 1980

[9] Deutscher Wetterdienst, Meteorologisches Observatorium Hamburg (noch nicht veröffentlicht)

Frühere Ausgaben

DIN 5034: 11.35, 11.59, 12.69

Änderungen

Gegenüber der im Jahre 1982 zurückgezogenen Norm DIN 5034/12.69, wurden folgende Änderungen vorgenommen:
Der Inhalt wurde aufgeteilt in Teil 1 und Teil 2 und komplett überarbeitet. Daten für den mittleren Himmel wurden neu aufgenommen.

Internationale Patentklassifikation

G 05 D 25-00
E 04 B 5-62

---

*) Zu beziehen durch: Deutsches Nationales Komitee der CIE, Burggrafenstraße 4–10, 1000 Berlin 30

Februar 2007

DIN 5034-3

ICS 91.160.10

Ersatz für
DIN 5034-3:1994-09

Tageslicht in Innenräumen –
Teil 3: Berechnung

Daylight in interiors –
Part 3: Calculation

Lumière naturelle à l'intérieur –
Partie 3: Calculation

Gesamtumfang 18 Seiten

Normenausschuss Lichttechnik (FNL) im DIN

Inhalt

Vorwort

Diese Norm wurde vom Normenausschuss Lichttechnik (FNL) im DIN erstellt.

DIN 5034 *Tageslicht in Innenräumen* besteht aus:

— *Teil 1: Allgemeine Anforderungen*

— *Teil 2: Grundlagen*

— *Teil 3: Berechnung*

— *Teil 4: Vereinfachte Bestimmung von Mindestfenstergrößen für Wohnräume*

— *Teil 5: Messung*

— *Teil 6: Vereinfachte Bestimmung zweckmäßiger Abmessungen von Oberlichtöffnungen in Dachflächen*

Änderungen

Gegenüber DIN 5034-3:1994-09 wurden folgende Änderungen vorgenommen:

a)   Norm wurde vollständig überarbeitet;

b)   Norm wurde neu gegliedert und gekürzt;

c)   Tabellen 3 bis 38 sind entfallen.

Frühere Ausgaben

Beiblatt 1 zu DIN 5034: 1963-11

DIN 5034-3: 1994-09

3

1 Anwendungsbereich

Diese Norm legt die Berechnungsverfahren der zu erwartenden Beleuchtungsstärken, Tageslichtquotienten, Nutzungszeiten und Nutzbelichtungen für bestimmte Punkte eines Innenraumes auf der Basis der in DIN 5034-2 angegebenen Zusammenhänge fest. Sie dient dazu, festzustellen, ob angesichts bestimmter Fenster- oder Oberlichtabmessungen die in DIN 5034-1 geforderten Mindestwerte des Tageslichtquotienten in Innenräumen sichergestellt sind. Dabei wird von den verschiedenen bekannten Berechnungsverfahren jeweils ein in der Praxis hinreichend bewährtes Berechnungsverfahren empfohlen, um sicherzustellen, dass die Ergebnisse von Tageslichtberechnungen vergleichbar sind.

Für Untersuchungen klimatechnischer und wirtschaftlicher Art ist die Berechnung der durch Fenster und Oberlichter in den Raum eindringenden, von Sonne und Himmel herrührenden Strahlung von Bedeutung.

2 Normative Verweisungen

Die folgenden zitierten Dokumente sind für die Anwendung dieses Dokuments erforderlich. Bei datierten Verweisungen gilt nur die in Bezug genommene Ausgabe. Bei undatierten Verweisungen gilt die letzte Ausgabe des in Bezug genommenen Dokuments (einschließlich aller Änderungen).

DIN 4710, *Statistiken meteorologischer Daten zur Berechnung des Energiebedarfs von heiz- und raumlufttechnischen Anlagen in Deutschland*

DIN 5034-1, *Tageslicht in Innenräumen — Teil 1: Allgemeine Anforderungen*

DIN 5034-2, *Tageslicht in Innenräumen — Teil 2: Grundlagen*

DIN 5034-6, *Tageslicht in Innenräumen — Teil 6: Vereinfachte Bestimmung zweckmäßiger Abmessungen von Oberlichtöffnungen in Dachflächen*

DIN 5035-2, *Beleuchtung mit künstlichem Licht — Teil 2: Richtwerte für Arbeitsstätten in Innenräumen und im Freien*

DIN 5035-3, *Beleuchtung mit künstlichem Licht — Teil 3: Beleuchtung im Gesundheitswesen*

DIN 5035-4, *Innenraumbeleuchtung mit künstlichem Licht — Teil 4: Spezielle Empfehlungen für die Beleuchtung von Unterrichtsstätten*

DIN 5035-7, *Beleuchtung mit künstlichem Licht — Teil 7: Beleuchtung von Räumen mit Bildschirmarbeitsplätzen*

DIN 5036-1, *Strahlungsphysikalische und lichttechnische Eigenschaften von Materialien — Teil 1: Begriffe, Kennzahlen*

DIN EN 410, *Glas im Bauwesen — Bestimmung der lichttechnischen und strahlungsphysikalischen Kenngrößen von Verglasungen*

DIN EN 12464-1, *Licht und Beleuchtung — Beleuchtung von Arbeitsstätten — Teil 1: Arbeitsstätten in Innenräumen*

DIN EN 12665, *Licht und Beleuchtung — Grundlegende Begriffe und Kriterien für die Festlegung von Anforderungen an die Beleuchtung*

4

3 Baulich geometrische Zusammenhänge für Fenster

3.1 Allgemeines

Alle Längenmaße werden in m und alle Winkelmaße in Altgrad angegeben.

α ist der Höhenwinkel, dessen Scheitelpunkt in der Fenstermitte liegt.

β ist der Breitenwinkel, dessen Scheitelpunkt am Bezugspunkt liegt.

γ ist der Höhenwinkel, dessen Scheitelpunkt am Bezugspunkt liegt.

In den folgenden Abschnitten sind die Größen angegeben, die für die Berechnung erforderlich sind.

3.2 Tageslichtquotient

Der Tageslichtquotient D ist das Verhältnis der Beleuchtungsstärke in einem Punkt einer Bezugsebene, die durch direktes oder indirektes Himmelslicht bei angenommener oder bekannter Leuchtdichteverteilung erzeugt wird, zur Horizontalbeleuchtungsstärke bei unverbauter Himmelshalbkugel. Die Anteile des direkten Sonnenlichtes an beiden Beleuchtungsstärken bleiben hierbei unberücksichtigt.

ANMERKUNG 1   Einflüsse der Verglasung, Verschmutzung usw. sind eingeschlossen.

ANMERKUNG 2   Bei der Berechnung der Innenraumbeleuchtung muss der Beitrag des direkten Sonnenlichtes gesondert berücksichtigt werden.

(siehe auch DIN EN 12665)

3.3 Raumkenngrößen

A_R ist die Raumbegrenzungsfläche.

$$A_R = 2 \cdot (a \cdot b + a \cdot h + b \cdot h) \tag{1}$$

Dabei ist

a die Raumtiefe (Begriff siehe DIN 5034-1); in Räumen mit Oberlichtern: Raumlänge (siehe Bild 3);

b die Raumbreite (Begriff siehe DIN 5034-1) (siehe Bild 3);

h die Raumhöhe;

h_P ist die Höhe des Bezugspunktes über der Fußbodenebene. Sofern keine anderen Angaben vorliegen, liegt der Bezugspunkt in einer horizontalen Ebene, der Bezugsebene, 0,85 m über dem fertigen Fußboden (siehe Bild 1).

P ist der Bezugspunkt, an dem der Tageslichtquotient D bestimmt werden soll.

P_1, P_2 sind die Bezugspunkte zur Bestimmung des Tageslichtquotienten im Hinblick auf die ausreichende Helligkeit in Wohnräumen und in Arbeitsräumen, die in ihren Abmessungen Wohnräumen entsprechen, nach DIN 5034-1 (siehe Bild 1).

Die Nutzfläche   wird durch einen Linienzug begrenzt, der in 1 m Abstand von den Wänden verläuft. Sie liegt in der Bezugsebene, wenn nichts anderes festgelegt ist.

5

3.4 Fensterabmessungen

A_F ist die Rohbau-Fläche der einzelnen Fenster

$\sum_{i=1}^{n} A_F$ ist die Summe der Rohbau-Flächen der n Fenster.

$$A_F = b_F \cdot h_F \tag{2}$$

Dabei ist

b_F die Rohbau-Fensterbreite (siehe Bild 1);

h_F die Rohbau-Fensterhöhe (siehe Bild 1).

$$h_F = h_{Fo} - h_{Fu} \tag{3}$$

Dabei ist

h_{Fo} die Höhe der Rohbau-Fensteroberkante über dem fertigen Fußboden (siehe Bild 1);

h_{Fu} die Höhe der Rohbau-Fensterunterkante (Brüstungshöhe) über dem fertigen Fußboden

        (siehe Bild 1);

$$h_{Fm} = (h_{Fo} + h_{Fu}) / 2 \tag{4}$$

Bei n rechteckigen Fenstern unterschiedlicher Höhe in einer Fensterwand ist

$$h_{Fm} = \frac{\sum_{i=1}^{n} [b_F \cdot (h_{Fo}^2 - h_{Fu}^2)]}{2 \cdot \Sigma A_F} \tag{5}$$

Dabei ist

h_{Fm} die Höhe der Fenstermitte über dem fertigen Fußboden (siehe Bild 1).

6

329

A-A

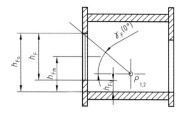

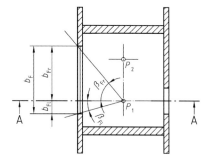

Legende

b_F die Rohbau-Fensterbreite (siehe Bild 1)

b_{Fl}, b_{Fr} der jeweilige horizontale Abstand zwischen der durch den Bezugspunkt P gehenden Fensternormalen und der linken bzw. rechten Rohbau-Fensterlaibung (siehe Bilder 1 und 3)

h_F die Rohbau-Fensterhöhe (siehe Bild 1)

h_{Fo} die Höhe der Rohbau-Fensteroberkante über dem fertigen Fußboden (siehe Bild 1)

h_{Fm} die Höhe der Fenstermitte über dem fertigen Fußboden (siehe Bild 1)

h_{Fu} die Höhe der Rohbau-Fensterunterkante (Brüstungshöhe) über dem fertigen Fußboden (siehe Bild 1)

β_{Fl}, β_{Fr} Winkel zu b_{Fl}, b_{Fr}

γ_F Winkel zu h_F

P jeweiliger Bezugspunkt

Bild 1 — Geometrische Kenngrößen des Fensters

ANMERKUNG   In Fällen, in denen die Abmessungen der Rohbauöffnung nicht eindeutig sind (z. B. Vorhangfassade), gilt die Fensterfläche einschließlich Rahmen als Rohbauöffnung.

7

3.5 Geometrische Kenngrößen zur Verbauung

Verbauung sind Lichthindernisse, wie Gebäude, Berge, Bäume usw., die vom jeweiligen Beobachterstandort aus Himmelsausschnitte verdecken. Bei den in dieser Norm angegebenen Berechnungen kann es erforderlich sein, die örtlich zulässige, infolge ausstehender Baumaßnahmen jedoch noch nicht vorhandene Verbauung zu berücksichtigen.

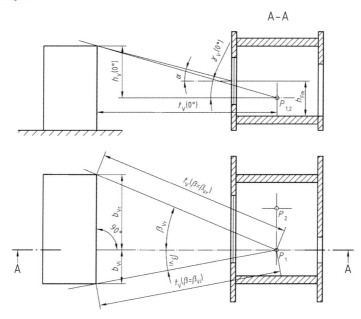

Legende

b_{Vl}, b_{Vr}	Verbauungsbreite, gemessen als seitlicher Abstand der vertikalen (linken bzw. rechten) Verbauungskante von der durch den Bezugspunkt gehenden Fensternormalen (siehe Bild 2)
$h_V(0°)$	Höhe der Verbauung oberhalb der Bezugsebene beim Breitenwinkel $\beta = 0°$ (siehe Bild 2)
$h_V(\beta)$	Höhe der Verbauung oberhalb der Bezugsebene beim Breitenwinkel β (siehe Bild 2)
$t_V(0°)$	Abstand der Verbauung vom Bezugspunkt beim Breitenwinkel $\beta = 0°$ (siehe Bild 2)
$t_V(\beta)$	Abstand der Verbauung vom Bezugspunkt beim Breitenwinkel β (siehe Bild 2)
β_V	Winkel zur jeweiligen Verbauungsbreite
P	jeweiliger Bezugspunkt

Bild 2 — Geometrische Kenngrößen von Verbauungen

3.6 Winkelkenngrößen für Fenster und Verbauungen

3.6.1 Fensterwinkel

β_{Fl}, β_{Fr} Fensterbreitenwinkel (siehe Bilder 1 und 3)

$$\tan(\beta_{Fl}) = b_{Fl} / (a/2 + d_W) \quad \text{bzw.} \tag{6}$$

8

$\tan(\beta_{Fl}) = b_{Fl} / (a/2)$ (siehe Beispiele im Bild 3)   (7)

$\tan(\beta_{Fr}) = b_{Fr} / (a/2+d_W)$ bzw.   (8)

$\tan(\beta_{Fr}) = b_{Fr} / (a/2)$ (siehe Beispiele im Bild 3)   (9)

$\gamma_F(0°)$ Fensterhöhenwinkel beim Breitenwinkel $\beta = 0°$ (siehe Bild 1)

$\tan \gamma_F(0°) = (h_{Fo} - 0{,}85) / (a/2+d_W)$ (10)

$\gamma_F(\beta)$ Fensterhöhenwinkel beim Breitenwinkel β

$\tan \gamma_F(\beta) = \tan \gamma_F(0°) \cos \beta$ (11)

3.6.2 Verbauungswinkel

α Verbauungshöhenwinkel, vom Scheitelpunkt an der Fenstermitte aus gerechnet (siehe Bild 3); bei unendlich langer Parallelverbauung konstanter Höhe

$\tan\alpha = (h_V(0°) + 0{,}85 - h_{Fm}) / (t_V(0°) - a/2 - d_W)$ (12)

β_{Vl}, β_{Vr} Verbauungsbreitenwinkel (siehe Bild 2)

$\tan(\beta_{Vl}) = b_{Vl} / t_V(0°)$ (13)

bzw.

$\tan(\beta_{Vr}) = b_{Vr} / t_V(0°)$ (14)

$\gamma_V(0°)$ Verbauungshöhenwinkel beim Breitenwinkel $\beta = 0°$ (siehe Bild 2)

$\tan \gamma_V(0°) = h_V(0°) / t_V(0°)$ (15)

$\gamma_V(\beta)$ Verbauungshöhenwinkel beim Breitenwinkel β

$\tan \gamma_V(\beta) = h_V(\beta) / t_V(\beta)$ (16)

Für unendlich lange parallele Verbauung konstanter Höhe gilt:

$\tan \gamma_V(\beta) = \tan \gamma_V(0°) \cdot \cos\beta$ (17)

3.7 Minderungsfaktoren

τ_{D65} Transmissionsgrad (Begriff siehe DIN 5036-1) des Verglasungsmaterials für quasi-parallelen, senkrechten Lichteinfall (Berechnung des Transmissionsgrades für Mehrfachverglasung siehe DIN EN 410)

$$k_1 = 1 - \frac{A_F - A'_F}{A_F} = \frac{A'_F}{A_F} \qquad (18)$$

Dabei ist

k_1 Minderungsfaktor für Rahmen und Sprossenwerk. Unter Vernachlässigung der von schrägem Lichteinfall herrührenden Verringerung gilt

$A_F - A'_F$ Fläche der Konstruktionsteile

A_F	Fläche der Rohbauöffnungen
A'_F	lichtdurchlässige Fläche
k_2	Minderungsfaktor für Verschmutzung (Anhaltswerte siehe Tabelle 1)

Tabelle 1 — Abhängigkeit des Minderungsfaktors k_2 vom Maß der Verschmutzung (Anhaltswerte, siehe DIN 5034-1)

Verschmutzung auf der		k_2
Außenfläche	Innenfläche	
gering	gering	0,9
	mittel	0,8
	stark	0,7
mittel	gering	0,8
	mittel	0,75
	stark	0,7
stark	gering	0,7
	mittel	0,6
	stark	0,5

Bei Wohnräumen kann aufgrund kürzerer Reinigungsabstände allgemein mit k_2 = 0,95 gerechnet werden.

k_3	Korrekturfaktor für nicht senkrechten Lichteinfall. Nach [1] genügt für die übliche Doppelverglasung die pauschale Annahme k_3 = 0,85

3.8 Reflexionsgrade und Fensterfaktoren

ρ_V	Reflexionsgrad der Verbauung. Ist der genaue Wert von ρ_V unbekannt, soll angenommen werden: ρ_V = 0,2
$\overline{\rho}$	mittlerer Reflexionsgrad der Raumoberfläche
ρ_{BW}	mittlerer Reflexionsgrad von Fußboden und Wandunterteil ohne Fensterwand (Wandunterteil bis zur Höhe der Fenstermitte)
ρ_{DW}	mittlerer Reflexionsgrad von Decke und Wandoberteil ohne Fensterwand (Wandoberteil oberhalb Höhe der Fenstermitte)
$f(\alpha)$	Fensterfaktor, Verhältnis der vom Verbauungswinkel abhängigen Vertikalbeleuchtungsstärke auf der Fensterfläche $E_V(\alpha)$ zur Horizontalbeleuchtungsstärke E_a (Außentageslichtquotient)
$f_o(\alpha)$	Fensterfaktor, bestimmt durch den aus dem oberen Halbraum außen auf das Fenster fallenden Lichtstrom, abhängig vom Verbauungswinkel α

$$f_o(\alpha) = 0,318\,8 - 0,182\,2 \cdot \sin\alpha + 0,077\,3 \cdot \cos 2\alpha \qquad (19)$$

10

$f_u(\alpha)$ Fensterfaktor, bestimmt durch den aus dem unteren Halbraum außen auf das Fenster fallenden Lichtstrom, abhängig vom Verbauungswinkel α

$$f_u(\alpha) = 0{,}032\,86 \cdot \cos\alpha' - 0{,}036\,38 \cdot \alpha' \cdot \pi / 180° + 0{,}018\,19 \cdot \sin(2\alpha') + 0{,}067\,14 \tag{20}$$

$$f(\alpha) = f_o(\alpha) + f_u(\alpha) = E_V(\alpha) / E_a \tag{21}$$

$$\alpha' = \arctan(2 \cdot \tan\alpha) \tag{22}$$

$$g = \tau_e + q_i \tag{23}$$

Dabei ist

τ_e der Strahlungstransmissionsgrad der Verglasung;

q_i der sekundäre Wärmeabgabegrad nach innen;

g der Gesamtenergiedurchlassgrad;

E_{eF} die Bestrahlungsstärke auf der Außenseite der Verglasung (siehe DIN 5034-2).

11

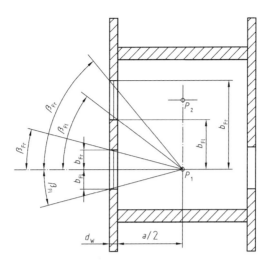

Legende

a	Raumtiefe (Begriff siehe DIN 5034-1), in Räumen mit Oberlichtern: Raumlänge
b	Raumbreite (Begriff siehe DIN 5034-1)
b_{Fl}, b_{Fr}	der jeweilige horizontale Abstand zwischen der durch den Bezugspunkt P gehenden Fensternormalen und der linken bzw. rechten Rohbau-Fensterlaibung bezogen auf das betrachtete Fenster
β_{Fl}, β_{Fr}	Fensterbreitenwinkel bezogen auf das betrachtete Fenster
d_W	Außenwanddicke
P	der Bezugspunkt, an dem der Tageslichtquotient D bestimmt werden soll
P_1, P_2	die Bezugspunkte zur Bestimmung des Tageslichtquotienten im Hinblick auf die ausreichende Helligkeit in Wohnräumen und in Arbeitsräumen, die in ihren Abmessungen Wohnräumen entsprechen, nach DIN 5034-1 (siehe Bild 1)

Bild 3 — Bestimmung der Fensterbreitenwinkel

12

4 Berechnung des Tageslichtquotienten für Räume mit Fenstern

4.1 Anteile

Der durch eine klar durchsichtige Verglasung hindurch in einem Punkt erzeugte Tageslichtquotient D setzt sich zusammen aus dem direkt vom Himmel erzeugten Himmelslichtanteil D_H, dem durch Reflexion an Verbauung, Gelände usw. erzeugten Außenreflexionsanteil D_V und dem durch Reflexion an den Rauminnenflächen erzeugten Innenreflexionsanteil D_R, wie es Bild 4 am Beispiel eines Raumes mit nur einer Fensterwand zeigt:

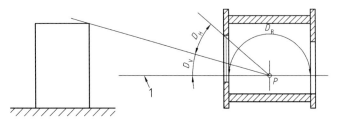

Legende
D_H Himmelslichtanteil
D_R Innenreflexionsanteil
D_V Außenreflexionsanteil
h_P Höhe der Bezugsebene
P Bezugspunkt

Bild 4 — Anteile des Tageslichtquotienten

$$D = D_H + D_V + D_R \tag{24}$$

Bei einem Raum mit n Tageslichtöffnungen in m Wänden ergibt sich der Tageslichtquotient D aus:

$$D = \sum_{i=1}^{n} D_H + \sum_{i=1}^{n} D_V + \sum_{i=1}^{m} D_R \tag{25}$$

4.2 Berücksichtigung der Minderungsfaktoren

Bei der Berechnung des Tageslichtquotienten D wird die Lichtminderung durch Verglasung, Konstruktionsteile und Verschmutzung berücksichtigt. In der Phase der Bauplanung sind jedoch meist nur die Rohbaumaße bekannt. Deswegen wird zunächst der Tageslichtquotient D_r (Index r für „Rohbau") aus den entsprechenden Komponenten D_{Hr}, D_{Vr} und D_{Rr} für die Rohbauöffnungen ermittelt (bei mehreren Lichtöffnungen in einer Wand bzw. mehreren Wänden ist eine Erweiterung der Gleichung analog Gleichung (20b) erforderlich). Die Lichtminderung wird durch anschließende Multiplikation mit entsprechenden Minderungsfaktoren berücksichtigt:

$$D_r = D_{Hr} + D_{Vr} + D_{Rr} \tag{26}$$

$$D = (D_{Hr} + D_{Vr} + D_{Rr}) \cdot \tau_{D65} \cdot k_1 \cdot k_2 \cdot k_3 \cdot k_e \tag{27}$$

Dabei ist

D_r der Tageslichtquotient des Rohbaues;

D_{Hr} der Himmelslichtanteil des Tageslichtquotienten;

13

D_{Vr} der Außenreflexionsanteil des Tageslichtquotienten;

D_{Rr} der Innenreflexionsanteil des Tageslichtquotienten;

D der Tageslichtquotient;

τ_{D65} der Transmissionsgrad für Normlichtart D65 beim senkrechten Lichteinfall nach DIN EN 410;

$k_1, k_2, k_3, k_4, k_e,$ die jeweiligen Minderungsfaktoren.

4.3 Berechnung des Himmellichtanteils des Tageslichtquotienten D_{Hr}

Der Himmelslichtanteil D_{Hr} wird bei bedecktem Himmel für ein vom Bezugspunkt P unter den Winkeln γ_F, β_{Fl} und β_{Fr} gesehenes Fenster (siehe Bild 1 und Bild 3) berechnet aus

$$D_{Hr} = \frac{3}{7\pi} \cdot \int_{\beta=\beta_{Fl}}^{\beta_{Fr}} \left[\frac{2}{3} \cdot \left(\sin^3 \gamma_F - \sin^3 \gamma_V \right) + \frac{1}{2} \cdot \left(\sin^2 \gamma_F - \sin^2 \gamma_V \right) \right] \cdot d\beta \cdot 100\,\% \tag{28}$$

ANMERKUNG 1   Bei mehreren Fenstern werden die Anteile der einzelnen Fenster addiert.

ANMERKUNG 2   Im Zweifelsfall sollte die baurechtlich zulässige Verbauung statt der vorhandenen Verbauung berücksichtigt werden.

ANMERKUNG 3 D_{Hr} kann auch mit graphischen Hilfsmitteln bestimmt werden, wie z. B. dem Himmelslichtdiagramm (Anwendungsbeispiel siehe [2]), der stereographischen Projektion nach Tonne [3] oder dem so genannten Daylight Protractor [4].

4.4 Berechnung des Außenreflexionsanteils des Tageslichtquotienten D_{Vr}

Der Außenreflexionsanteil D_{Vr} in % wird bei bedecktem Himmel für einen Bezugspunkt P unter den Winkeln γ_V, β_{Vl} und β_{Vr} gesehenen Verbauungsausschnitt berechnet aus

$$D_{Vr} = 0{,}75 \cdot \rho_V \cdot \frac{3}{7\pi} \cdot \int_{\beta=\beta_{Vl}}^{\beta_{Vr}} \left[\frac{2}{3} \cdot \sin^3 \gamma_V + \frac{1}{2} \cdot \sin^2 \gamma_V \right] \cdot d\beta \cdot 100\,\% \tag{29}$$

ANMERKUNG 1   Bei mehreren Fenstern werden auch hier die Anteile der einzelnen Fenster addiert.

ANMERKUNG 2 D_{Vr} kann ebenfalls mit den in 4.3 genannten Hilfsmitteln bestimmt werden.

ANMERKUNG 3   Auch bei der Berechnung von D_{Vr} sollte im Zweifelsfall die baurechtlich zulässige Verbauung statt der tatsächlich vorhandenen Verbauung berücksichtigt werden.

4.5 Berechnung des Innenreflexionsanteils des Tageslichtquotienten D_{Rr}

Der Wert des Innenreflexionsanteils D_{Rr} in % wird für die einzelnen Fensterwände berechnet aus

$$D_{Rr} = \frac{\sum b_F \cdot h_F}{A_R} \cdot \frac{1}{1-\rho} \cdot \left(f_o \cdot \rho_{BW} + f_u \cdot \rho_{DW} \right) \cdot 100\,\% \tag{30}$$

ANMERKUNG   Bei ungleichmäßiger Verbauung (unter gleichmäßiger Verbauung wird hier unendlich lange Parallelverbauung konstanter Höhe verstanden) und bei dem Vorhandensein von Balkonen kann der mittlere Verbauungswinkel nach [5] bestimmt werden.

14

4.6 Berechnung des Tageslichtquotienten für Räume mit streuenden Verglasungen

Der Direktanteil D_{Hr} sowie die Reflexionsanteile D_{Vr} und D_{Rr} des Tageslichtquotienten können nach [6] ermittelt werden.

5 Mittelwert des Tageslichtquotienten in Räumen mit Oberlichtern

Der Mittelwert des Tageslichtquotienten kann bei bekannten Abmessungen der Oberlichter nach DIN 5034-6 ermittelt werden. Außerdem kann für die Berechnung des Tageslichtquotienten in Räumen mit Oberlichtern das Verfahren nach [7] verwendet werden. Es entspricht dem Wirkungsgradverfahren, das bei der Beleuchtung mit Kunstlicht angewandt wird [8]. Die entsprechenden Wirkungsgradtabellen sind in [9] angegeben.

6 Besonnungsdauer

Die Einhaltung der für Wohnräume in DIN 5034-1 angegebenen möglichen Besonnungsdauer ist mit Hilfe der Darstellungen des Sonnenazimutes α_S und der Sonnenhöhe γ_S in DIN 5034-2 zunächst überschlägig möglich. Man kann den Verlauf des Sonnenstandes entnehmen und prüfen, während welcher Zeiten die Sonne von der tatsächlichen bzw. zulässigen Verbauung nicht gehindert wird, ihre Strahlen auf einen Punkt in Fenstermitte in 0,85 m über dem Fußboden und in der Fassadenebene des betreffenden Raumes zu werfen. Genauere Ergebnisse bringt die entsprechende Anwendung der Gleichungen zur Bestimmung von α_S und γ_S in DIN 5034-2. Himmelsrichtung und Maßangaben zur Verbauung müssen bekannt sein.

ANMERKUNG   Zur Vereinfachung der Nachweisführung können graphische Hilfsmittel Verwendung finden [3], [10].

7 Nutzungszeit und relative jährliche Nutzungszeit

Während der Nutzungszeit t_{Nutz} (siehe auch [9]) ist eine künstliche Beleuchtung einer Raumzone oder eines Arbeitsplatzes, der in der Berechnung durch einen charakteristischen Bezugspunkt repräsentiert wird, nicht erforderlich. Damit kann gegenüber einer ganzjährigen künstlichen Beleuchtung ein Betriebskostenanteil eingespart werden, der der relativen jährlichen Nutzungszeit $t_{Nutz,a,rel}$ entspricht.

Die Nutzungszeit t_{Nutz} ist das Zeitintervall, während dessen bestimmte, noch zu erläuternde Anteile der nach DIN 5035-2, DIN 5035-3, DIN 5035-4, DIN 5035-7 oder DIN EN 12464-1 für bestimmte Arten des Innenraumes bzw. der Tätigkeit notwendigen Beleuchtungsstärken E_n bzw. $\bar{E}_m$ durch Tageslicht an einem oder mehreren Bezugspunkten im Innenraum erreicht und überschritten werden.

Es ist sinnvoll, die Nutzungszeit t_{Nutz} auf einen bestimmten täglichen Zeitraum zu beziehen, der der täglichen Arbeitszeit t_A (einschließlich früheren Arbeitsbeginns und späteren Arbeitsendes infolge Gleitzeit, Arbeitspausen usw.) entspricht. Daraus ergibt sich die relative tägliche Nutzungszeit $t_{Nutz,d,rel}$ in %:

$$t_{Nutz,d,rel} = t_{Nutz}/t_A \cdot 100 \qquad (31)$$

Für Arbeitszeiten ist die Mitteleuropäische Zeit (MEZ), für meteorologische Angaben die wahre Ortszeit (WOZ) zugrunde zu legen. Setzt man die Jahressumme der täglichen Arbeitszeiten zu 100 %, dann erhält man als relative jährliche Nutzungszeit $t_{Nutz,a,rel}$ den Anteil der jährlichen Arbeitszeit, während dessen die Beleuchtung ausschließlich mit Tageslicht möglich ist.

Die Berechnung der Beleuchtungsstärke im Innenraum bei mittlerem Himmel sowie der relativen jährlichen Nutzungszeit ist in [10] angegeben.

Ein anderes Verfahren auf der Grundlage von Testreferenzjahren nach DIN 4710 ist in [11] angegeben.

15

8 Nutzbelichtung und relative Nutzbelichtung

Die Nutzbelichtung H_{Nutz} bezeichnet das Integral der Beleuchtungsstärke durch Tageslicht an einem Arbeitsplatz oder in einer Raumzone im Innenraum über die Arbeitszeit, wobei Überschreitungen des Wartungswertes der Beleuchtungsstärke $\overline{E}_m$ nicht zählen. Die jährliche relative Nutzbelichtung $H_{Nutz,A,rel}$ ist das Verhältnis der jährlichen Nutzbelichtung zum Produkt aus dem Wartungswert der Beleuchtungsstärke $\overline{E}_m$ und jährlicher Arbeitszeit ($t_A \cdot N_A$ in %) (siehe auch [12]).

$$H_{Nutz,A,rel} = \frac{\sum_{i=1}^{12} N_i \cdot \left(\int_{T_A}^{T_E} E_P \cdot dt \right)}{\overline{E}_m \cdot t_A \cdot N_A} \cdot 100\ \% \tag{32}$$

mit

$$E_P = \overline{E}_m \text{ wenn } E_P \geq \overline{E}_m \tag{33}$$

Dabei ist

$H_{Nutz,A,rel}$	die relative jährliche Nutzbelichtung;
N_i	die Anzahl der Arbeitstage des jeweiligen Monats;
N_A	die Anzahl der jährlichen Arbeitstage;
$t_A = T_E - T_A$	die tägliche Arbeitszeit;
T_A	der Zeitpunkt des Arbeitsbeginns (z. B. 8:00 Uhr);
T_E	der Zeitpunkt des Arbeitsendes (z. B. 18:00 Uhr);
E_P	die Beleuchtungsstärke durch Tageslicht;
$\overline{E}_m$	der Wartungswert der Beleuchtungsstärke (siehe DIN EN 12464-1).

Grundlage für die Berechnung nach Gleichung (32) sind die Beleuchtungsstärken bei mittlerem Himmel nach DIN 5034-2 und [9].

Ein anderes Verfahren zur Ermittlung der Nutzbelichtung auf der Grundlage von Testreferenzjahren kann [13] entnommen werden.

9 Solarer Eintrag

Die in den Raum im Zusammenhang mit der Tageslichtnutzung eindringende Gesamtleistung P_{ges} setzt sich zusammen aus dem eindringenden Strahlungsfluss Φ_e und aus der sekundären Wärmeabgabe Q_i nach innen.

$$P_{ges} = \Phi_e + Q_i = E_{eF} \cdot \Sigma A_F \cdot \tau_e + E_{eF} \cdot \Sigma A_F \cdot q_i = E_{eF} \cdot \Sigma A_F \cdot (\tau_e + q_i) = E_{eF} \cdot \Sigma A_F \cdot g \tag{34}$$

Dabei ist

P_{ges}	die Gesamtleistung;
Φ_e	der eindringende Strahlungsfluss;

Q_i	die sekundäre Wärmeabgabe;
E_{eF}	die Bestrahlungsstärke auf der Außenseite der Verglasung (siehe DIN 5034-2);
ΣA_F	die Summe der Rohbau-Flächen der Lichtöffnungen;
τ_e	der Strahlungstransmissionsgrad der Verglasung;
q_i	der Sekundäre Wärmeabgabegrad nach innen;
g	der Gesamtenergiedurchlassgrad, berechnet nach DIN EN 410 aus den spektralen Transmissions- und Reflexionsgraden des Verglasungsmaterials sowie aus den Wärmeübergangszahlen.

Abhängig von

— der Art der Verglasung,

— der Orientierung der Verglasung,

— der Neigung der Verglasung,

— der Verbauung,

— dem Strahlungsreflexionsgrad des Bodens,

— der Tageszeit,

— der Jahreszeit,

— dem geographischen Ort und

— dem Himmelszustand

ergeben sich unterschiedliche, durch die Verglasung in den Raum eintretende Strahlungsflüsse Φ_e. Sie können abgeschätzt werden mit Hilfe der Gleichung

$$\Phi_e = \Sigma\ (g \cdot E_{eF} \cdot A'_F)\ \text{bzw.}\ \Phi_e = \Sigma\ (g \cdot E_{eF} \cdot A'_{OL}) \tag{35}$$

Dabei ist

A'_F, A'_{OL} der strahlungsdurchlässige Teil der Fenster- bzw. Oberlichtfläche.

ANMERKUNG   Bei Verwendung von Sonnen- und Blendschutzeinrichtungen sind deren entsprechende Kennzahlen zu berücksichtigen.

17

340

Literaturhinweise

[1] Fischer, U., Der Transmissionsgrad für Fenster bei Beleuchtung durch den bedeckten Himmel, Lichttechnik 27 (1975), H. 12, S. 461

[2] Fischer, U.: Oberlichter – Beleuchtung als Geschenk des Himmels, F. H. Kleffmann Verlag GmbH, Bochum 2003

[3] Tonne, F., Besser bauen mit Besonnungs- und Tageslichtplanung,-1, Verlag Karl Hoffmann, Schorndorf, 1954

[4] Longmore, J., The BRS Daylight Protractor, H.M.S.O., London, 1986

[5] Schmidt, M., Eine Möglichkeit der Berechnung des Tageslichtquotienten bei ungleichmäßiger Verbauung vor senkrecht stehenden Fenstern, Licht 53 (2001), H. 1/2, S. 62-69

[6] Krochmann, J. und Lindner, U., Tageslichtbeleuchtung für Fenster mit lichtstreuenden Gläsern, Lichttechnik 23 (1971), H. 3, S. 131

[7] Rattunde, R., Optimierung der Tageslichtbeleuchtung großer Räume durch Oberlichter unter Berücksichtigung des zur Verfügung stehenden Tageslichts, Dissertation TU Berlin, 1980

[8] Projektierung von Beleuchtungsanlagen nach dem Wirkungsgradverfahren, LiTG-Publikation Nr. 3.5. 1988, ISBN 3-927787-01-9[1]

[9] „Tageslicht", aus: Handbuch für Beleuchtung, 5. Auflage 1992, ecomed-Verlagsgesellschaft mbH, Landsberg am Lech

[10] Schmidt, M., Probleme der Mindestbesonnung, FORUM STÄDTE-HYGIENE 47 (1996), H. März/April, S. 89-94

[11] Fischer, U., Mibus, A. und Spengler, K., Winkelabhängigkeit des Gesamtenergiedurchlassgrades. Lichtforschung 3 (1981), Nr. 1, S. 17

[12] S. Aydinli, J. Krochmann, M. Seidl, Possibilities for Energy Saving for Electrical Light of Interiors in Consideration of the Visual Task; Proceedings of the European Conference on Architecture, 6-10. April 1987, Munich, Germany

[13] Reinhart, C. F., Daylight Availability and Manual Lighting Control in Office Buildings – Simulation Studies and Analysis of Measurments; Karlsruhe 2001[2]

[14] Eberbach K. und Johanni, H., Ein Verfahren zur Berechnung des Himmelslichtanteils und des Außenreflexionsanteils des Tageslichtquotienten, Lichttechnik (21) (1969), H. 6, S. 68A

---

1) Zu beziehen bei: LiTG Geschäftsstelle, Burggrafenstr. 6, 10787 Berlin

2) Zu beziehen bei: Fraunhofer IRB Verlag, Nobelstraße 12, 70569 Stuttgart, ISBN 3-8167-6056-2, Erscheinungsjahr 2001

18

| Tageslicht in Innenräumen
Teil 4: Vereinfachte Bestimmung von Mindestfenstergrößen
für Wohnräume | DIN
5034-4 |

ICS 91.160.00

Ersatz für Beiblatt 2 zu
DIN 5034 : 1966-06

Deskriptoren: Tageslicht, Innenraum , Bestimmung, Lichttechnik, Fenstergröße

Daylight in interiors — Part 4: simplified determination of minimum window sizes for dwellings

Zu den Normen der Reihe DIN 5034 „Tageslicht in Innenräumen" gehören:

DIN 5034-1	Tageslicht in Innenräumen; Allgemeine Anforderungen
DIN 5034-2	Tageslicht in Innenräumen; Grundlagen
DIN 5034-3	Tageslicht in Innenräumen; Berechnung
DIN 5034-4	Tageslicht in Innenräumen; Vereinfachte Bestimmung von Mindestfenstergrößen für Wohnräume
DIN 5034-5	Tageslicht in Innenräumen; Messung
DIN 5034-6	(z.Z. Entwurf) Tageslicht in Innenräumen; Vereinfachte Bestimmung zweckmäßiger Abmessungen von Oberlichtöffnungen in Dachflächen

Längenmaße in m
Winkel in °

Inhalt

1 Anwendungsbereich und Zweck

Diese Norm dient zum einfachen Bemessen von notwendigen Fenstern in einseitig beleuchteten Wohnräumen, die nach DIN 5034 Teil 1 ausreichendes Tageslicht erhalten sollen. Vorausgesetzt sind übliche, also senkrecht eingebaute, rechteckige Fenster.

Die Tabellen können auch für die zum Erreichen ausreichender Helligkeit notwendigen Fenstergrößen von Arbeitsräumen angewendet werden, die in ihren Maßen Wohnräumen entsprechen. Bei anderen Arbeitsräumen ist die Versorgung mit Tageslicht in jedem einzelnen Fall festzulegen (siehe DIN 5034 Teil 1).

Für die hierfür entwickelten Tabellen in Abschnitt 5 liegen die Begriffe und Benennungen nach DIN 5034 Teil 1 vor. Sie sind so aufgestellt, daß sich als gesuchter Wert die lichttechnisch ausreichende Fensterbreite ergibt, weil dieses Maß bei der Bauplanung leichter variiert werden kann

als z. B. die Fensterhöhe, die Raumtiefe oder der Verbauungsabstand. Die Tabellenwerte sind unter bestimmten Annahmen (siehe Abschnitt 3) nach den in DIN 5034 Teil 3 angegebenen Berechnungsverfahren für Tageslichtquotienten ermittelt worden. Für davon abweichende Voraussetzungen sind entsprechende Informationen ebenfalls nach DIN 5034 Teil 3 zu ermitteln. Die in Abschnitt 3.10 genannten Schwächungsfaktoren für Verschmutzung und Versprossung gelten für durchschnittliche Verhältnisse im Wohnungsbau. Sofern die Tabellen für Arbeitsräume oder extreme Verhältnisse angewandt werden, sind entsprechende Zu- oder Abschläge zu berücksichtigen.

Außer der Sicherung einer durch Tageslicht erzeugten Helligkeit und der Sichtverbindung nach außen spielen für die Bemessung von Fenstern auch andere Gesichtspunkte eine Rolle, wie z. B. gestalterische oder grundrißtechnische Überlegungen. Darauf wird hier nicht eingegangen.

Fortsetzung Seite 2 bis 20

Normenausschuß Lichttechnik (FNL) im DIN Deutsches Institut für Normung e.V.
Normenausschuß Bauwesen (NABau) im DIN

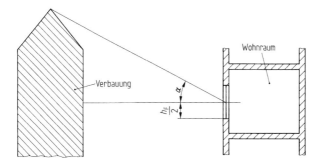

Bild 1: Verbauungswinkel α

2 Anforderungen

Für die Berechnung der Tabellen sind die Anforderungen nach Abschnitt 2.1 und Abschnitt 2.2 berücksichtigt.

2.1 Tageslichtquotienten

Um eine ausreichende Helligkeit sicherzustellen, wird die Fensterbreite für einen Mittelwert der Tageslichtquotienten D auf einer horizontalen Bezugsebene 0,85 m über dem Fußboden in halber Raumtiefe und in 1 m Abstand von den beiden Seitenwänden von $D = 0,9\%$ berechnet.

2.2 Sichtverbindung nach außen

Die Breite des durchsichtigen Teils des Fensters bzw. die Summe der Breiten aller vorhandenen Fenster beträgt mindestens 55 % der Breite des Wohnraums.

3 Annahmen

Für die Berechnung der Tabellen sind die Verhältnisse nach Abschnitt 3.1 bis Abschnitt 3.10 zugrunde gelegt.

3.1 Himmelszustand

Es wird ein vollständig bedeckter Himmel zugrunde gelegt, für den eine Leuchtdichteverteilung nach DIN 5034 Teil 2 gilt.

3.2 Innenreflexionsanteil

Es wird vereinfachend angenommen, daß am Bezugspunkt nach Abschnitt 2.1 der Mittelwert des Innenreflexionsanteils vorhanden ist.

3.3 Reflexionsgrade des Wohnraums

Folgende Reflexionsgrade werden zugrunde gelegt:

für die Decke $\varrho_D = 0,7$
für die Wand $\varrho_W = 0,6$
für den Fußboden $\varrho_B = 0,2$

3.4 Bezugspunkt

Die Bezugsebene des berücksichtigten Tageslichtquotienten liegt 0,85 m über dem Fußboden des Raums. In dieser Höhe liegt der Bezugspunkt (P) in halber Raumtiefe 1 m von der Seitenwand entfernt.

3.5 Lage der Fensterfläche

Den Tabellen sind Fensterflächen zugrunde gelegt, die in der Mitte der Fensterwand mit einer angenommenen

Dicke der Fensterwand außerhalb der Fensteröffnung von 0,3 m angeordnet sind. Wird die Fensterfläche in mehrere Teile aufgeteilt, so muß die aus den Tabellen entnommene Fensterbreite entsprechend zerlegt werden.

3.6 Fensterbrüstung

Die Oberkante der Fensterbrüstung liegt 0,85 m über dem Fußboden und damit in der Bezugsebene. Fensterflächen unterhalb dieser Höhe bleiben unberücksichtigt. Bei Fensterbrüstungen, die höher sind als 0,85 m, vermindert sich der Tageslichtquotient nur dann nicht, wenn die aus den Tabellen berechenbare Gesamtfläche des Fensters durch entsprechende Vergrößerung der Fensterbreite erhalten bleibt.

3.7 Oberkante des Fensters

Die Oberkante des Fensters liegt mindestens 2,2 m über dem Fußboden. Bei Räumen mit einer Raumhöhe von mehr als 2,5 m liegt die Oberkante des Fensters in einer Höhe, die der Raumhöhe abzüglich des Fenstersturzes von 0,3 m entspricht.

3.8 Fenstersturz

Die Höhe des Fenstersturzes ist mit 0,3 m, gemessen von Unterkante Sturz bis Unterkante Decke, berücksichtigt, sofern die Raumhöhe wenigstens 2,5 m beträgt. Bei geringeren Raumhöhen ist der Fenstersturz als Differenz zwischen der Raumhöhe und der Oberkante des Fensters in 2,2 m Höhe über dem Fußboden angenommen.

3.9 Verbauung

Da auf andere Weise keine allgemeingültigen Werte für verschiedene Verbauungshöhen errechnet werden können, ist angenommen, daß die Verbauung zur Fensterfläche parallel verläuft, gleichmäßig hoch und seitlich nicht begrenzt ist.

In der Regel sind die von dieser Vereinfachung verursachten Fehler gering; wenn die tatsächliche Verbauung — z.B. durch ein Turmhaus — zu sehr hiervon abweicht, ist eine genaue Berechnung der lichttechnisch ausreichenden Fenstermaße nach DIN 5034 Teil 3 notwendig.

Die Tabellen berücksichtigen den Verbauungswinkel α, der sich aus dem Verhältnis der Höhe der Verbauung oberhalb der Fenstermitte und dem Abstand der Verbauung von der Fenstermitte ergibt (siehe Bild 1).

ANMERKUNG: Die Höhe der Verbauung oberhalb der Fenstermitte bzw. der Abstand der Verbauung von der Fenstermitte können sich deutlich von anderen in Bauvorschriften verwendeten Größen zur Beschreibung von Abstand und Höhe der Verbauung unterscheiden.

Für die Verbauung ist eine Leuchtdichte von 15 % des durch die Verbauung verdeckten Himmels angenommen. Das entspricht einem Reflexionsgrad der Verbauung von etwa $\varrho_v = 0,2$.

3.10 Lichtverluste

Die durch Verglasung auftretenden Lichtverluste sind in den Tabellen für Doppelverglasung mit hellem Flachglas mit $\tau \cdot k_3 = 0,75$ berücksichtigt. Für die Lichtverluste durch Konstruktionsteile (Versprossung) wie Rahmen, Pfosten, Kämpfer, Sprossen und ähnliches ist ein Schwächungsfaktor $k_1 = 0,7$ berücksichtigt.

Im Hinblick auf Abschnitt 2.2 gilt: Schwächungsfaktor für horizontale Versprossung $k_{1h} = $ Schwächungsfaktor für vertikale Versprossung $k_{1v} = \sqrt{0,7}$.

Die durch Verschmutzung der Fensterscheiben auftretenden Lichtverluste sind mit $k_2 = 0,95$ berücksichtigt.

4 Anwendung der Tabellen

Zur Erfüllung der Anforderungen an die ausreichende Helligkeit in Abschnitt 2.1 sowie der an die Sichtverbindung nach außen in Abschnitt 2.2 sind in Abhängigkeit von den sonstigen geometrischen Verhältnissen im Regelfall zwei unterschiedliche Fensterbreiten b_F erforderlich. Um die gleichzeitige Einhaltung beider Anforderungen sicherzustellen, wird in den Tabellen immer der jeweils größere der beiden sich für b_F ergebenden Werte angegeben; dies ist bei kleineren Raumtiefen immer der Wert vom b_F zur Erfüllung der Anforderungen an die Sichtverbindung nach außen. Auf die mehrfache Wiederholung des gleichen Zahlenwertes in einer Zeile wird dabei verzichtet; Bereiche gleichbleibender Zahlenwerte werden statt dessen mit einer geschweiften Klammer gekennzeichnet. Bei großen Raumtiefen ist die Sicherstellung der Anforderungen an die ausreichende Helligkeit

teilweise nicht mehr möglich; dies wird dadurch gekennzeichnet, daß keine Zahlenwerte für b_F angegeben werden.

4.1 Parameter

Die Tabellen gehen von folgenden gegebenen Werten aus, die den Bauplänen zu entnehmen sind:

Spalte 1: Verbauungsabstandswinkel α (siehe Bild 1) (von 0 bis 50°)

Spalte 2: Raumhöhe h (von 2,4 bis 3 m) mit einer dazugehörigen Fensterhöhe h_F (von 1,35 bis 1,85 m)

Spalte 3: Raumbreite b (von 2 bis 8 m)

Spalte 4: Raumtiefe a (von 3 bis 8 m)

4.2 Interpolation

Oft werden die Werte für α, h_R, b und a nicht mit den in der Tabelle aufgeführten Werten übereinstimmen. Da die Tabellen Mindestwerte enthalten, kann man in diesen Fällen für die erste grobe Schätzung der notwendigen Fensterbreiten mit den nächst ungünstigeren Werten der Tabellen rechnen, d. h. mit dem jeweils größeren Werten von α, b und a und demjenigen Wert von h, der zu größeren Fensterbreiten b_F führt.

Eine genauere Bestimmung der ausreichenden Fensterbreiten ist nur dadurch möglich, daß zwischen den entsprechenden Tabellenwerten linear interpoliert wird.

4.3 Kontrolle der Fensterbreite

Oft werden die Tabellen nicht zur Ermittlung der ausreichenden Fensterbreite b_F angewandt, sondern zur Kontrolle einer in der Entwurfszeichnung vorläufig festgelegten Fensterbreite. Es empfiehlt sich, diese Kontrolle zunächst nur mit den ungünstigsten Tabellenwerten durchzuführen. Übertrifft das Maß in der Entwurfszeichnung die so ermittelte Fensterbreite, so erübrigt sich ohne Interpolation.

Liegen in der Entwurfszeichnung die Fenstermaße fest, so können aus den Tabellen auch die vom lichttechnischen Standpunkt aus noch vertretbaren Raumtiefen abgelesen werden.

5 Tabellen zur Bestimmung der Mindestfensterbreiten b_F für Wohnräume

α	h	b	3,00	3,25	3,50	3,75	4,00	4,25	4,50	4,75	5,00	5,25	5,50	5,75	6,00	6,25	6,50	6,75	7,00	7,50	8,00
											Mindestfensterbreite b_F bei einer Raumtiefe a										
0	2,40 (h_F=1,35)	2,00	1,31														1,31	1,35	1,41	1,55	1,68
		2,50	1,64																1,64	1,77	1,93
		3,00	1,97																1,97	1,99	2,17
		3,50	2,30																	2,30	2,42
		4,00	2,63																	2,63	2,66
		4,50	2,96																		2,96
		5,00	3,29																		3,29
		5,50	3,62																		3,62
		6,00	3,94																		3,94
		6,50	4,27																		4,27
		7,00	4,60																		4,60
		7,50	4,93																		4,93
		8,00	5,26																		5,26
0	2,50 (h_F=1,35)	2,00	1,31														1,31	1,37	1,44	1,58	1,71
		2,50	1,64																1,64	1,80	1,96
		3,00	1,97																1,97	2,02	2,20
		3,50	2,30																	2,30	2,45
		4,00	2,63																	2,63	2,70
		4,50	2,96																		2,96
		5,00	3,29																		3,29
		5,50	3,62																		3,62
		6,00	3,94																		3,94
		6,50	4,27																		4,27
		7,00	4,60																		4,60
		7,50	4,93																		4,93
		8,00	5,26																		5,26
0	2,60 (h_F=1,45)	2,00	1,31															1,31	1,33	1,46	1,59
		2,50	1,64																1,64	1,66	1,81
		3,00	1,97																	1,97	2,03
		3,50	2,30																		2,30
		4,00	2,63																		2,63
		4,50	2,96																		2,96
		5,00	3,29																		3,29
		5,50	3,62																		3,62
		6,00	3,94																		3,94
		6,50	4,27																		4,27
		7,00	4,60																		4,60
		7,50	4,93																		4,93
		8,00	5,26																		5,26
0	2,70 (h_F=1,55)	2,00	1,31																1,31	1,36	1,49
		2,50	1,64																	1,64	1,69
		3,00	1,97																		1,97
		3,50	2,30																		2,30
		4,00	2,63																		2,63
		4,50	2,96																		2,96
		5,00	3,29																		3,29
		5,50	3,62																		3,62
		6,00	3,94																		3,94
		6,50	4,27																		4,27
		7,00	4,60																		4,60
		7,50	4,93																		4,93
		8,00	5,26																		5,26
0	2,80 (h_F=1,65)	2,00	1,31																	1,31	1,39
		2,50	1,64																		1,64
		3,00	1,97																		1,97
		3,50	2,30																		2,30
		4,00	2,63																		2,63
		4,50	2,96																		2,96
		5,00	3,29																		3,29
		5,50	3,62																		3,62
		6,00	3,94																		3,94
		6,50	4,27																		4,27
		7,00	4,60																		4,60
		7,50	4,93																		4,93
		8,00	5,26																		5,26

345

α	h	b	Mindestfensterbreite b_F bei einer Raumtiefe a																		
			3,00	3,25	3,50	3,75	4,00	4,25	4,50	4,75	5,00	5,25	5,50	5,75	6,00	6,25	6,50	6,75	7,00	7,50	8,00
0	2,90 (h_P = 1,75)	2,00	1,31																		1,31
		2,50	1,64																		1,64
		3,00	1,97																		1,97
		3,50	2,30																		2,30
		4,00	2,63																		2,63
		4,50	2,96																		2,96
		5,00	3,29																		3,29
		5,50	3,62																		3,62
		6,00	3,94																		3,94
		6,50	4,27																		4,27
		7,00	4,60																		4,60
		7,50	4,93																		4,93
		8,00	5,26																		5,26
0	3,00 (h_P = 1,85)	2,00	1,31																		1,31
		2,50	1,64																		1,64
		3,00	1,97																		1,97
		3,50	2,30																		2,30
		4,00	2,63																		2,63
		4,50	2,96																		2,96
		5,00	3,29																		3,29
		5,50	3,62																		3,62
		6,00	3,94																		3,94
		6,50	4,27																		4,27
		7,00	4,60																		4,60
		7,50	4,93																		4,93
		8,00	5,26																		5,26
5	2,40 (h_P = 1,35)	2,00	1,31													1,31	1,33	1,40	1,47	1,61	1,75
		2,50	1,64															1,64	1,67	1,84	2,01
		3,00	1,97																1,97	2,07	2,26
		3,50	2,30																	2,30	2,52
		4,00	2,63																	2,63	2,77
		4,50	2,96																	2,96	3,04
		5,00	3,29																	3,29	3,31
		5,50	3,62																		3,62
		6,00	3,94																		3,94
		6,50	4,27																		4,27
		7,00	4,60																		4,60
		7,50	4,93																		4,93
		8,00	5,26																		5,26
5	2,50 (h_P = 1,35)	2,00	1,31													1,31	1,35	1,42	1,49	1,64	1,79
		2,50	1,64															1,64	1,70	1,87	2,04
		3,00	1,97																1,97	2,10	2,30
		3,50	2,30																2,30	2,33	2,55
		4,00	2,63																	2,63	2,81
		4,50	2,96																	2,96	3,08
		5,00	3,29																	3,29	3,35
		5,50	3,62																	3,62	3,64
		6,00	3,94																		3,94
		6,50	4,27																		4,27
		7,00	4,60																		4,60
		7,50	4,93																		4,93
		8,00	5,26																		5,26
5	2,60 (h_P = 1,45)	2,00	1,31																1,31	1,38	1,52	1,66
		2,50	1,64																	1,64	1,72	1,88
		3,00	1,97																		1,97	2,11
		3,50	2,30																		2,30	2,34
		4,00	2,63																			2,63
		4,50	2,96																			2,96
		5,00	3,29																			3,29
		5,50	3,62																			3,62
		6,00	3,94																			3,94
		6,50	4,27																			4,27
		7,00	4,60																			4,60
		7,50	4,93																			4,93
		8,00	5,26																			5,26

α	h	b	Mindestfensterbreite b_F bei einer Raumtiefe a																		
			3,00	3,25	3,50	3,75	4,00	4,25	4,50	4,75	5,00	5,25	5,50	5,75	6,00	6,25	6,50	6,75	7,00	7,50	8,00
5	2,70 (h_F = 1,55)	2,00	1,31																1,31	1,41	1,54
		2,50	1,64																	1,64	1,75
		3,00	1,97																		1,97
		3,50	2,30																		2,30
		4,00	2,63																		2,63
		4,50	2,96																		2,96
		5,00	3,29																		3,29
		5,50	3,62																		3,62
		6,00	3,94																		3,94
		6,50	4,27																		4,27
		7,00	4,60																		4,60
		7,50	4,93																		4,93
		8,00	5,26																		5,26
5	2,80 (h_F = 1,65)	2,00	1,31															1,31	1,32		1,44
		2,50	1,64																	1,64
		3,00	1,97																	1,97
		3,50	2,30																	2,30
		4,00	2,63																	2,63
		4,50	2,96																	2,96
		5,00	3,29																	3,29
		5,50	3,62																	3,62
		6,00	3,94																	3,94
		6,50	4,27																	4,27
		7,00	4,60																	4,60
		7,50	4,93																	4,93
		8,00	5,26																	5,26
5	2,90 (h_F = 1,75)	2,00	1,31															1,31		1,36
		2,50	1,64																	1,64
		3,00	1,97																	1,97
		3,50	2,30																	2,30
		4,00	2,63																	2,63
		4,50	2,96																	2,96
		5,00	3,29																	3,29
		5,50	3,62																	3,62
		6,00	3,94																	3,94
		6,50	4,27																	4,27
		7,00	4,60																	4,60
		7,50	4,93																	4,93
		8,00	5,26																	5,26
5	3,00 (h_F = 1,85)	2,00	1,31																	1,31
		2,50	1,64																	1,64
		3,00	1,97																	1,97
		3,50	2,30																	2,30
		4,00	2,63																	2,63
		4,50	2,96																	2,96
		5,00	3,29																	3,29
		5,50	3,62																	3,62
		6,00	3,94																	3,94
		6,50	4,27																	4,27
		7,00	4,60																	4,60
		7,50	4,93																	4,93
		8,00	5,26																	5,26
10	2,40 (h_F = 1,35)	2,00	1,31												1,31	1,34	1,42	1,50	1,58	1,73	1,89
		2,50	1,64														1,64	1,71	1,80	1,99	2,18
		3,00	1,97															1,97	2,03	2,24	2,46
		3,50	2,30																2,30	2,50	2,74
		4,00	2,63																2,63	2,76	3,04
		4,50	2,96																2,96	3,03	3,33
		5,00	3,29																3,29	3,31	3,63
		5,50	3,62																	3,62	3,94
		6,00	3,94																	3,94	4,26
		6,50	4,27																	4,27	4,58
		7,00	4,60																	4,60	4,92
		7,50	4,93																	4,93	5,26
		8,00	5,26																	5,26	5,61

347

Mindestfensterbreite b_F bei einer Raumtiefe a

α	h	b	3,00	3,25	3,50	3,75	4,00	4,25	4,50	4,75	5,00	5,25	5,50	5,75	6,00	6,25	6,50	6,75	7,00	7,50	8,00
10	2,50 (h_F = 1,35)	2,00	1,31												1,31	1,37	1,45	1,53	1,61	1,77	1,93
		2,50	1,64													1,64	1,65	1,74	1,83	2,02	2,21
		3,00	1,97															1,97	2,06	2,28	2,50
		3,50	2,30																2,30	2,54	2,79
		4,00	2,63																2,63	2,80	3,08
		4,50	2,96																2,96	3,07	3,38
		5,00	3,29																3,29	3,34	3,68
		5,50	3,62																3,62	3,63	3,99
		6,00	3,94																	3,94	4,31
		6,50	4,27																	4,27	4,64
		7,00	4,60																	4,60	4,97
		7,50	4,93																	4,93	5,32
		8,00	5,26																	5,26	5,66
10	2,60 (h_F = 1,45)	2,00	1,31													1,31	1,33	1,41	1,48	1,63	1,78
		2,50	1,64																1,64	1,68	1,86	2,04
		3,00	1,97																	1,97	2,08	2,29
		3,50	2,30																	2,30	2,31	2,54
		4,00	2,63																		2,63	2,80
		4,50	2,96																		2,96	3,07
		5,00	3,29																		3,29	3,34
		5,50	3,62																			3,62
		6,00	3,94																			3,94
		6,50	4,27																			4,27
		7,00	4,60																			4,60
		7,50	4,93																			4,93
		8,00	5,26																			5,26
10	2,70 (h_F = 1,55)	2,00	1,31																1,31	1,37	1,51	1,66
		2,50	1,64																	1,64	1,72	1,88
		3,00	1,97																		1,97	2,11
		3,50	2,30																		2,30	2,33
		4,00	2,63																			2,63
		4,50	2,96																			2,96
		5,00	3,29																			3,29
		5,50	3,62																			3,62
		6,00	3,94																			3,94
		6,50	4,27																			4,27
		7,00	4,60																			4,60
		7,50	4,93																			4,93
		8,00	5,26																			5,26
10	2,80 (h_F = 1,65)	2,00	1,31																	1,31	1,41	1,54
		2,50	1,64																		1,64	1,75
		3,00	1,97																			1,97
		3,50	2,30																			2,30
		4,00	2,63																			2,63
		4,50	2,96																			2,96
		5,00	3,29																			3,29
		5,50	3,62																			3,62
		6,00	3,94																			3,94
		6,50	4,27																			4,27
		7,00	4,60																			4,60
		7,50	4,93																			4,93
		8,00	5,26																			5,26
10	2,90 (h_F = 1,75)	2,00	1,31																	1,31	1,32	1,45
		2,50	1,64																			1,64
		3,00	1,97																			1,97
		3,50	2,30																			2,30
		4,00	2,63																			2,63
		4,50	2,96																			2,96
		5,00	3,29																			3,29
		5,50	3,62																			3,62
		6,00	3,94																			3,94
		6,50	4,27																			4,27
		7,00	4,60																			4,60
		7,50	4,93																			4,93
		8,00	5,26																			5,26

Mindestfensterbreite b_F bei einer Raumtiefe a

α	h	b	3,00	3,25	3,50	3,75	4,00	4,25	4,50	4,75	5,00	5,25	5,50	5,75	6,00	6,25	6,50	6,75	7,00	7,50	8,00
10	3,00 (h_F = 1,85)	2,00	1,31																	1,31	1,36
		2,50	1,64																		1,64
		3,00	1,97																		1,97
		3,50	2,30																		2,30
		4,00	2,63																		2,63
		4,50	2,96																		2,96
		5,00	3,29																		3,29
		5,50	3,62																		3,62
		6,00	3,94																		3,94
		6,50	4,27																		4,27
		7,00	4,60																		4,60
		7,50	4,93																		4,93
		8,00	5,26																		5,26
15	2,40 (h_F = 1,35)	2,00	1,31									1,31	1,33	1,42	1,51	1,60	1,69	1,78	1,97		
		2,50	1,64												1,64	1,72	1,83	1,94	2,06	2,28	
		3,00	1,97													1,97	2,07	2,20	2,33	2,59	2,85
		3,50	2,30													2,30	2,31	2,45	2,60	2,90	3,21
		4,00	2,63														2,63	2,72	2,88	3,22	3,57
		4,50	2,96														2,96	2,99	3,17	3,55	3,93
		5,00	3,29															3,29	3,47	3,88	4,30
		5,50	3,62															3,62	3,78	4,22	4,67
		6,00	3,94															3,94	4,09	4,56	5,05
		6,50	4,27															4,27	4,41	4,91	5,43
		7,00	4,60															4,60	4,74	5,27	5,82
		7,50	4,93															4,93	5,08	5,63	6,22
		8,00	5,26															5,26	5,43	6,00	6,62
15	2,50 (h_F = 1,35)	2,00	1,31										1,31	1,35	1,44	1,54	1,63	1,72	1,82		
		2,50	1,64												1,64	1,75	1,87	1,98	2,09	2,32	
		3,00	1,97													1,97	2,10	2,23	2,37	2,63	2,90
		3,50	2,30													2,30	2,34	2,49	2,64	2,95	3,26
		4,00	2,63														2,63	2,76	2,93	3,27	3,62
		4,50	2,96														2,96	3,03	3,22	3,60	3,99
		5,00	3,29															3,29	3,52	3,93	4,36
		5,50	3,62															3,62	3,82	4,27	4,74
		6,00	3,94															3,94	4,14	4,62	5,12
		6,50	4,27															4,27	4,47	4,97	5,50
		7,00	4,60															4,60	4,80	5,33	5,90
		7,50	4,93															4,93	5,14	5,70	6,29
		8,00	5,26															5,26	5,48	6,07	6,70
15	2,60 (h_F = 1,45)	2,00	1,31										1,31	1,32	1,40	1,49	1,58	1,66	1,84		
		2,50	1,64												1,64	1,69	1,80	1,90	2,11	2,32	
		3,00	1,97														1,97	2,02	2,14	2,38	2,63
		3,50	2,30															2,30	2,38	2,66	2,94
		4,00	2,63																2,63	2,94	3,26
		4,50	2,96																2,96	3,23	3,58
		5,00	3,29																3,29	3,52	3,91
		5,50	3,62																3,62	3,82	4,24
		6,00	3,94																3,94	4,13	4,58
		6,50	4,27																4,27	4,45	4,92
		7,00	4,60																4,60	4,77	5,27
		7,50	4,93																4,93	5,11	5,63
		8,00	5,26																5,26	5,45	5,99
15	2,70 (h_F = 1,55)	2,00	1,31											1,31	1,37	1,45	1,53	1,70	1,86		
		2,50	1,64														1,64	1,74	1,93	2,13	
		3,00	1,97																1,97	2,17	2,40
		3,50	2,30																2,30	2,41	2,68
		4,00	2,63																2,63	2,66	2,95
		4,50	2,96																	2,96	3,24
		5,00	3,29																	3,29	3,53
		5,50	3,62																	3,62	3,82
		6,00	3,94																	3,94	4,13
		6,50	4,27																	4,27	4,44
		7,00	4,60																	4,60	4,76
		7,50	4,93																	4,93	5,09
		8,00	5,26																	5,26	5,42

Mindestfensterbreite b_F bei einer Raumtiefe a

α	h	b	3,00	3,25	3,50	3,75	4,00	4,25	4,50	4,75	5,00	5,25	5,50	5,75	6,00	6,25	6,50	6,75	7,00	7,50	8,00
15	2,80 (h_F = 1,65)	2,00	1,31														1,31	1,34	1,42	1,57	1,73
		2,50	1,64																1,64	1,78	1,97
		3,00	1,97																1,97	1,99	2,21
		3,50	2,30																	2,30	2,45
		4,00	2,63																	2,63	2,70
		4,50	2,96																		2,96
		5,00	3,29																		3,29
		5,50	3,62																		3,62
		6,00	3,94																		3,94
		6,50	4,27																		4,27
		7,00	4,60																		4,60
		7,50	4,93																		4,93
		8,00	5,26																		5,26
15	2,90 (h_F = 1,75)	2,00	1,31															1,31	1,32	1,46	1,61
		2,50	1,64																1,64	1,65	1,82
		3,00	1,97																	1,97	2,04
		3,50	2,30																		2,30
		4,00	2,63																		2,63
		4,50	2,96																		2,96
		5,00	3,29																		3,29
		5,50	3,62																		3,62
		6,00	3,94																		3,94
		6,50	4,27																		4,27
		7,00	4,60																		4,60
		7,50	4,93																		4,93
		8,00	5,26																		5,26
15	3,00 (h_F = 1,85)	2,00	1,31																1,31	1,37	1,51
		2,50	1,64																	1,64	1,70
		3,00	1,97																		1,97
		3,50	2,30																		2,30
		4,00	2,63																		2,63
		4,50	2,96																		2,96
		5,00	3,29																		3,29
		5,50	3,62																		3,62
		6,00	3,94																		3,94
		6,50	4,27																		4,27
		7,00	4,60																		4,60
		7,50	4,93																		4,93
		8,00	5,26																		5,26
20	2,40 (h_F = 1,35)	2,00	1,31					1,31	1,35	1,46	1,58	1,69	1,81	1,93							
		2,50	1,64					1,64	1,68	1,82	1,96	2,10	2,25	2,39	2,50						
		3,00	1,97						1,97	2,06	2,22	2,39	2,57	2,74	2,87						
		3,50	2,30						2,30	2,31	2,50	2,69	2,90	3,10	3,24	3,48					
		4,00	2,63							2,63	2,78	3,00	3,23	3,46	3,62	3,88					
		4,50	2,96							2,96	3,07	3,31	3,56	3,82	4,00	4,29					
		5,00	3,29							3,29	3,36	3,63	3,91	4,19	4,39	4,71					
		5,50	3,62							3,62	3,67	3,96	4,26	4,57	4,79	5,13	5,47				
		6,00	3,94							3,94	3,98	4,29	4,61	4,95	5,18	5,55	5,93				
		6,50	4,27							4,27	4,30	4,63	4,97	5,33	5,58	5,98	6,38				
		7,00	4,60							4,60	4,63	4,98	5,34	5,72	5,98	6,41	6,84				
		7,50	4,93							4,93	4,97	5,32	5,71	6,12	6,39	6,84	7,30				
		8,00	5,26							5,26	5,31	5,68	6,08	6,51	6,80	7,28	7,77				
20	2,50 (h_F = 1,35)	2,00	1,31					1,31	1,38	1,49	1,61	1,73	1,85	1,97							
		2,50	1,64					1,64	1,71	1,85	1,99	2,14	2,29	2,44							
		3,00	1,97						1,97	2,09	2,26	2,44	2,62	2,79	2,92						
		3,50	2,30						2,30	2,34	2,54	2,74	2,94	3,15	3,30						
		4,00	2,63							2,63	2,82	3,05	3,28	3,52	3,68	3,95					
		4,50	2,96							2,96	3,11	3,36	3,62	3,88	4,07	4,36					
		5,00	3,29							3,29	3,41	3,68	3,96	4,26	4,46	4,79					
		5,50	3,62							3,62	3,72	4,01	4,32	4,64	4,86	5,20					
		6,00	3,94							3,94	4,04	4,35	4,68	5,02	5,26	5,64					
		6,50	4,27							4,27	4,36	4,69	5,04	5,41	5,66	6,07	6,47				
		7,00	4,60							4,60	4,69	5,04	5,41	5,80	6,07	6,50	6,93				
		7,50	4,93							4,93	5,03	5,39	5,78	6,20	6,47	6,94	7,40				
		8,00	5,26							5,26	5,38	5,75	6,16	6,59	6,89	7,38	7,86				

Mindestfensterbreite b_F bei einer Raumtiefe a

α	h	b	3,00	3,25	3,50	3,75	4,00	4,25	4,50	4,75	5,00	5,25	5,50	5,75	6,00	6,25	6,50	6,75	7,00	7,50	8,00
20	2,60 (h_F = 1,45)	2,00	1,31								1,31	1,34	1,44	1,55	1,66	1,77	1,88	2,00			
		2,50	1,64									1,64	1,65	1,77	1,91	2,04	2,18	2,32			
		3,00	1,97										1,97	2,00	2,16	2,31	2,48	2,64	2,94		
		3,50	2,30											2,30	2,41	2,59	2,78	2,97	3,31		
		4,00	2,63												2,63	2,67	2,88	3,09	3,30	3,69	3,94
		4,50	2,96													2,96	3,16	3,40	3,64	4,08	4,35
		5,00	3,29													3,29	3,46	3,72	3,98	4,46	4,77
		5,50	3,62													3,62	3,77	4,04	4,33	4,86	5,18
		6,00	3,94													3,94	4,08	4,38	4,69	5,26	5,61
		6,50	4,27													4,27	4,41	4,72	5,05	5,66	6,03
		7,00	4,60													4,60	4,74	5,07	5,41	6,06	6,46
		7,50	4,93													4,93	5,07	5,41	5,78	6,47	6,89
		8,00	5,26													5,26	5,41	5,77	6,15	6,88	7,33
20	2,70 (h_F = 1,55)	2,00	1,31										1,31	1,41	1,51	1,61	1,71	1,81			
		2,50	1,64											1,64	1,72	1,84	1,96	2,09	2,34		
		3,00	1,97												1,97	2,07	2,21	2,36	2,67	2,96	
		3,50	2,30													2,30	2,31	2,47	2,64	2,99	3,33
		4,00	2,63														2,63	2,73	2,93	3,32	3,70
		4,50	2,96														2,96	3,01	3,22	3,66	4,09
		5,00	3,29															3,29	3,52	4,00	4,47
		5,50	3,62															3,62	3,82	4,35	4,86
		6,00	3,94															3,94	4,13	4,70	5,26
		6,50	4,27															4,27	4,46	5,05	5,66
		7,00	4,60															4,60	4,78	5,41	6,06
		7,50	4,93															4,93	5,11	5,78	6,46
		8,00	5,26															5,26	5,45	6,15	6,87
20	2,80 (h_F = 1,65)	2,00	1,31												1,31	1,38	1,47	1,56	1,66	1,85	
		2,50	1,64													1,64	1,67	1,78	1,90	2,13	2,37
		3,00	1,97														1,97	2,00	2,13	2,41	2,69
		3,50	2,30															2,30	2,38	2,69	3,02
		4,00	2,63																2,63	2,98	3,35
		4,50	2,96																2,96	3,27	3,68
		5,00	3,29																3,29	3,56	4,02
		5,50	3,62																3,62	3,87	4,37
		6,00	3,94																3,94	4,18	4,71
		6,50	4,27																4,27	4,50	5,07
		7,00	4,60																4,60	4,83	5,43
		7,50	4,93																4,93	5,16	5,79
		8,00	5,26																5,26	5,49	6,16
20	2,90 (h_F = 1,75)	2,00	1,31													1,31	1,35	1,44	1,53	1,71	1,89
		2,50	1,64																1,64	1,73	1,95	2,17
		3,00	1,97																	1,97	2,19	2,46
		3,50	2,30																	2,30	2,44	2,74
		4,00	2,63																	2,63	2,69	3,02
		4,50	2,96																		2,96	3,32
		5,00	3,29																		3,29	3,61
		5,50	3,62																		3,62	3,92
		6,00	3,94																		3,94	4,23
		6,50	4,27																		4,27	4,54
		7,00	4,60																		4,60	4,87
		7,50	4,93																		4,93	5,20
		8,00	5,26																		5,26	5,53
20	3,00 (h_F = 1,85)	2,00	1,31														1,31	1,33	1,41	1,58	1,76
		2,50	1,64																	1,64	1,80	2,00
		3,00	1,97																	1,97	2,01	2,25
		3,50	2,30																		2,30	2,50
		4,00	2,63																		2,63	2,75
		4,50	2,96																		2,96	3,01
		5,00	3,29																			3,29
		5,50	3,62																			3,62
		6,00	3,94																			3,94
		6,50	4,27																			4,27
		7,00	4,60																			4,60
		7,50	4,93																			4,93
		8,00	5,26																			5,26

351

Mindestfensterbreite b_F bei einer Raumtiefe a

α	h	b		3,00	3,25	3,50	3,75	4,00	4,25	4,50	4,75	5,00	5,25	5,50	5,75	6,00	6,25	6,50	6,75	7,00	7,50	8,00
25	2,40 (h_F = 1,35)	2,00	1,31						1,31	1,43	1,58	1,72	1,80	1,89	1,97							
		2,50	1,64						1,64	1,65	1,83	2,00	2,10	2,20	2,30	2,40	2,50					
		3,00	1,97								1,97	2,09	2,29	2,41	2,52	2,64	2,75	2,87	2,98			
		3,50	2,30								2,30	2,35	2,59	2,72	2,85	2,98	3,11	3,24	3,37	3,49		
		4,00	2,63									2,63	2,89	3,04	3,18	3,33	3,47	3,61	3,76	3,90		
		4,50	2,96									2,96	3,20	3,36	3,52	3,68	3,84	3,99	4,16	4,32		
		5,00	3,29									3,29	3,52	3,69	3,87	4,04	4,21	4,38	4,56	4,73		
		5,50	3,62									3,62	3,85	4,03	4,22	4,40	4,59	4,77	4,96	5,15		
		6,00	3,94									3,94	4,18	4,37	4,57	4,77	4,97	5,17	5,37	5,58	5,98	
		6,50	4,27									4,27	4,51	4,72	4,93	5,14	5,36	5,57	5,79	6,00	6,44	
		7,00	4,60									4,60	4,85	5,07	5,30	5,52	5,75	5,98	6,21	6,44	6,90	
		7,50	4,93									4,93	5,20	5,43	5,66	5,90	6,15	6,39	6,63	6,88	7,37	
		8,00	5,26									5,26	5,55	5,79	6,04	6,29	6,54	6,80	7,05	7,31	7,84	
25	2,50 (h_F = 1,35)	2,00	1,31						1,31	1,46	1,61	1,76	1,84	1,93							
		2,50	1,64						1,64	1,68	1,87	2,05	2,15	2,25	2,35	2,45					
		3,00	1,97								1,97	2,13	2,34	2,46	2,57	2,69	2,80	2,92			
		3,50	2,30								2,30	2,40	2,64	2,77	2,90	3,03	3,17	3,29	3,42			
		4,00	2,63								2,63	2,67	2,95	3,09	3,24	3,38	3,53	3,68	3,82	3,97		
		4,50	2,96									2,96	3,26	3,42	3,58	3,74	3,90	4,06	4,22	4,39		
		5,00	3,29									3,29	3,58	3,75	3,93	4,10	4,28	4,45	4,63	4,80		
		5,50	3,62									3,62	3,90	4,09	4,28	4,47	4,66	4,85	5,04	5,23		
		6,00	3,94									3,94	4,24	4,44	4,64	4,84	5,04	5,25	5,46	5,66		
		6,50	4,27									4,27	4,58	4,79	5,00	5,22	5,43	5,66	5,87	6,09		
		7,00	4,60									4,60	4,92	5,14	5,37	5,60	5,83	6,06	6,30	6,53	7,00	
		7,50	4,93									4,93	5,27	5,50	5,74	5,98	6,23	6,47	6,72	6,97	7,47	
		8,00	5,26									5,26	5,62	5,87	6,12	6,37	6,63	6,88	7,15	7,41	7,94	
25	2,60 (h_F = 1,45)	2,00	1,31						1,31	1,41	1,55	1,70	1,81	1,89	1,98							
		2,50	1,64						1,64	1,79	1,97	2,11	2,20	2,30	2,39	2,49					
		3,00	1,97								1,97	2,03	2,24	2,41	2,52	2,63	2,73	2,84	2,95			
		3,50	2,30								2,30	2,52	2,71	2,83	2,96	3,08	3,20	3,33				
		4,00	2,63									2,63	2,81	3,02	3,16	3,29	3,43	3,57	3,71	3,98		
		4,50	2,96									2,96	3,10	3,34	3,48	3,64	3,79	3,94	4,09	4,39		
		5,00	3,29									3,29	3,40	3,66	3,82	3,98	4,15	4,32	4,48	4,81		
		5,50	3,62									3,62	3,71	3,99	4,16	4,34	4,52	4,69	4,88	5,23		
		6,00	3,94									3,94	4,03	4,32	4,51	4,70	4,89	5,08	5,27	5,66		
		6,50	4,27									4,27	4,35	4,66	4,86	5,07	5,27	5,47	5,67	6,09		
		7,00	4,60									4,60	4,68	5,01	5,22	5,43	5,65	5,87	6,08	6,52	6,96	
		7,50	4,93									4,93	5,02	5,35	5,58	5,80	6,03	6,26	6,49	6,96	7,43	
		8,00	5,26									5,26	5,36	5,71	5,95	6,18	6,42	6,66	6,91	7,39	7,89	
25	2,70 (h_F = 1,55)	2,00	1,31									1,38	1,51	1,64	1,78	1,87	1,94					
		2,50	1,64									1,64	1,73	1,89	2,06	2,17	2,26	2,35	2,44			
		3,00	1,97										1,97	2,14	2,35	2,47	2,57	2,67	2,78	2,98		
		3,50	2,30										2,30	2,40	2,64	2,78	2,90	3,01	3,13	3,36		
		4,00	2,63											2,63	2,67	2,93	3,09	3,22	3,35	3,48	3,74	3,99
		4,50	2,96												2,96	3,23	3,41	3,55	3,69	3,84	4,12	4,40
		5,00	3,29												3,29	3,54	3,74	3,89	4,04	4,20	4,51	4,82
		5,50	3,62												3,62	3,86	4,07	4,23	4,40	4,57	4,90	5,24
		6,00	3,94												3,94	4,18	4,40	4,58	4,76	4,94	5,30	5,66
		6,50	4,27												4,27	4,51	4,74	4,93	5,12	5,31	5,70	6,09
		7,00	4,60												4,60	4,84	5,09	5,29	5,49	5,69	6,10	6,51
		7,50	4,93												4,93	5,18	5,44	5,65	5,86	6,08	6,51	6,95
		8,00	5,26												5,26	5,52	5,79	6,02	6,24	6,46	6,92	7,38
25	2,80 (h_F = 1,65)	2,00	1,31										1,31	1,35	1,47	1,59	1,72	1,85	1,92	1,99		
		2,50	1,64											1,64	1,68	1,83	1,98	2,14	2,22	2,31	2,48	
		3,00	1,97												1,97	2,06	2,25	2,43	2,53	2,63	2,82	
		3,50	2,30													2,30	2,52	2,73	2,84	2,95	3,17	3,39
		4,00	2,63													2,63	2,79	3,03	3,16	3,28	3,52	3,77
		4,50	2,96													2,96	3,08	3,34	3,48	3,61	3,88	4,15
		5,00	3,29													3,29	3,36	3,66	3,80	3,95	4,24	4,54
		5,50	3,62													3,62	3,66	3,98	4,14	4,29	4,61	4,93
		6,00	3,94													3,94	3,97	4,31	4,47	4,64	4,98	5,33
		6,50	4,27													4,27	4,28	4,64	4,82	5,00	5,36	5,73
		7,00	4,60														4,60	4,98	5,16	5,35	5,74	6,13
		7,50	4,93														4,93	5,32	5,52	5,71	6,12	6,53
		8,00	5,26														5,26	5,66	5,87	6,08	6,51	6,94

Mindestfensterbreite b_F bei einer Raumtiefe a

α	h	b	3,00	3,25	3,50	3,75	4,00	4,25	4,50	4,75	5,00	5,25	5,50	5,75	6,00	6,25	6,50	6,75	7,00	7,50	8,00
25	2,90 (h_F = 1,75)	2,00	1,31										1,31	1,33	1,44	1,56	1,67	1,79	1,90		
		2,50	1,64												1,64	1,78	1,92	2,07	2,19	2,36	
		3,00	1,97												1,97	2,17	2,34	2,49	2,68	2,86	
		3,50	2,30													2,30	2,42	2,63	2,79	3,00	3,21
		4,00	2,63													2,63	2,68	2,91	3,10	3,34	3,57
		4,50	2,96														2,96	3,20	3,41	3,67	3,92
		5,00	3,29														3,29	3,50	3,73	4,01	4,29
		5,50	3,62														3,62	3,80	4,06	4,36	4,66
		6,00	3,94														3,94	4,11	4,38	4,71	5,03
		6,50	4,27														4,27	4,42	4,72	5,06	5,40
		7,00	4,60														4,60	4,75	5,05	5,41	5,78
		7,50	4,93														4,93	5,08	5,40	5,78	6,17
		8,00	5,26														5,26	5,41	5,74	6,14	6,55
25	3,00 (h_F = 1,85)	2,00	1,31											1,31	1,42	1,53	1,64	1,75	1,95		
		2,50	1,64												1,64	1,74	1,87	2,01	2,25	2,40	
		3,00	1,97													1,97	2,10	2,26	2,55	2,73	
		3,50	2,30														2,30	2,34	2,53	2,85	3,06
		4,00	2,63															2,63	2,80	3,16	3,39
		4,50	2,96															2,96	3,07	3,48	3,72
		5,00	3,29															3,29	3,35	3,80	4,07
		5,50	3,62															3,62	3,64	4,13	4,41
		6,00	3,94																3,94	4,45	4,76
		6,50	4,27																4,27	4,79	5,12
		7,00	4,60																4,60	5,13	5,48
		7,50	4,93																4,93	5,47	5,84
		8,00	5,26																5,26	5,82	6,20
30	2,40 (h_F = 1,35)	2,00	1,31	1,31	1,37	1,50	1,59	1,68	1,78	1,87	1,96										
		2,50	1,64	1,64	1,74	1,85	1,96	2,07	2,18	2,29	2,40										
		3,00	1,97	1,98	2,11	2,24	2,36	2,49	2,62	2,74	2,87	2,99									
		3,50	2,30	2,38	2,53	2,67	2,81	2,95	3,10	3,24	3,38										
		4,00	2,63	2,66	2,82	2,98	3,14	3,30	3,46	3,62	3,77	3,93									
		4,50	2,96	3,13	3,30	3,47	3,65	3,82	4,00	4,17	4,35										
		5,00	3,29	3,44	3,63	3,82	4,00	4,19	4,38	4,58	4,77	4,96									
		5,50	3,62	3,77	3,96	4,16	4,37	4,57	4,78	4,98	5,19	5,40									
		6,00	3,94	4,09	4,31	4,52	4,73	4,96	5,18	5,40	5,62	5,85									
		6,50	4,27	4,43	4,65	4,88	5,11	5,34	5,58	5,81	6,06	6,30									
		7,00	4,60	4,77	5,00	5,24	5,49	5,74	5,99	6,23	6,49	6,75									
		7,50	4,93	5,11	5,36	5,61	5,87	6,13	6,39	6,66	6,93	7,20	7,47								
		8,00	5,26	5,46	5,72	5,99	6,26	6,53	6,80	7,09	7,38	7,66	7,95								
30	2,50 (h_F = 1,35)	2,00	1,31	1,31	1,40	1,53	1,62	1,72	1,81	1,91											
		2,50	1,64	1,64	1,77	1,88	2,00	2,11	2,22	2,33	2,45										
		3,00	1,97	2,02	2,15	2,28	2,41	2,54	2,67	2,79	2,92										
		3,50	2,30	2,43	2,57	2,72	2,86	3,01	3,15	3,30	3,44										
		4,00	2,63	2,71	2,87	3,03	3,19	3,36	3,52	3,68	3,84	4,00									
		4,50	2,96	3,01	3,18	3,36	3,53	3,71	3,88	4,06	4,24	4,42									
		5,00	3,29	3,31	3,50	3,69	3,88	4,07	4,26	4,45	4,65	4,84									
		5,50	3,62	3,62	3,82	4,02	4,23	4,44	4,64	4,85	5,06	5,27	5,48								
		6,00	3,94	3,94	4,15	4,37	4,59	4,80	5,03	5,26	5,48	5,71	5,93								
		6,50	4,27	4,27	4,49	4,72	4,95	5,19	5,42	5,66	5,90	6,14	6,39								
		7,00	4,60	4,60	4,83	5,07	5,32	5,56	5,82	6,07	6,32	6,58	6,84								
		7,50	4,93	4,93	5,19	5,43	5,69	5,95	6,22	6,48	6,75	7,02	7,29								
		8,00	5,26	5,28	5,54	5,80	6,07	6,34	6,62	6,90	7,18	7,47	7,76								
30	2,60 (h_F = 1,45)	2,00	1,31	1,31	1,36	1,52	1,61	1,70	1,79	1,88	1,97										
		2,50	1,64	1,64	1,76	1,87	1,97	2,08	2,19	2,29	2,40										
		3,00	1,97	2,01	2,13	2,25	2,37	2,49	2,61	2,73	2,85	2,97									
		3,50	2,30	2,40	2,53	2,67	2,81	2,94	3,08	3,21	3,35	3,49									
		4,00	2,63	2,67	2,82	2,97	3,13	3,28	3,43	3,58	3,73	3,88									
		4,50	2,96	3,12	3,29	3,45	3,62	3,78	3,95	4,12	4,28	4,45									
		5,00	3,29	3,43	3,61	3,79	3,96	4,15	4,33	4,51	4,69	4,87									
		5,50	3,62	3,74	3,94	4,13	4,32	4,52	4,71	4,91	5,10	5,30									
		6,00	3,94	4,07	4,27	4,48	4,68	4,89	5,10	5,31	5,52	5,73									
		6,50	4,27	4,40	4,61	4,83	5,05	5,27	5,49	5,71	5,94	6,16									
		7,00	4,60	4,73	4,96	5,19	5,41	5,65	5,89	6,13	6,36	6,60									
		7,50	4,93	5,08	5,31	5,55	5,79	6,04	6,28	6,54	6,79	7,05									
		8,00	5,26	5,42	5,66	5,91	6,17	6,43	6,69	6,95	7,22	7,49									

Mindestfensterbreite b_F bei einer Raumtiefe a

α	h	b	3,00	3,25	3,50	3,75	4,00	4,25	4,50	4,75	5,00	5,25	5,50	5,75	6,00	6,25	6,50	6,75	7,00	7,50	8,00
30	2,70	2,00	1,31					1,31	1,34	1,51	1,61	1,69	1,78	1,86	1,95						
	(h_F = 1,55)	2,50	1,64						1,64	1,75	1,86	1,96	2,06	2,16	2,26	2,36	2,45				
		3,00	1,97							1,97	1,98	2,11	2,22	2,34	2,46	2,57	2,68	2,79	2,91		
		3,50	2,30							2,30	2,37	2,50	2,63	2,76	2,89	3,01	3,14	3,27	3,40		
		4,00	2,63							2,63	2,64	2,78	2,93	3,07	3,21	3,36	3,50	3,64	3,78		
		4,50	2,96								2,96	3,07	3,23	3,38	3,54	3,70	3,85	4,01	4,17	4,48	
		5,00	3,29								3,29	3,37	3,54	3,71	3,88	4,05	4,22	4,39	4,56	4,90	
		5,50	3,62								3,62	3,68	3,86	4,04	4,22	4,40	4,59	4,77	4,96	5,33	
		6,00	3,94								3,94	4,00	4,19	4,38	4,57	4,77	4,96	5,16	5,36	5,76	
		6,50	4,27								4,27	4,32	4,52	4,72	4,93	5,14	5,34	5,55	5,77	6,20	
		7,00	4,60								4,60	4,65	4,86	5,07	5,29	5,51	5,73	5,95	6,18	6,63	
		7,50	4,93								4,93	4,98	5,20	5,43	5,65	5,88	6,12	6,35	6,59	7,07	
		8,00	5,26								5,26	5,32	5,55	5,78	6,02	6,27	6,51	6,76	7,01	7,52	
30	2,80	2,00	1,31					1,31	1,32	1,48	1,60	1,68	1,77	1,85	1,93						
	(h_F = 1,65)	2,50	1,64						1,64	1,70	1,85	1,94	2,04	2,13	2,23	2,32	2,42				
		3,00	1,97							1,97	2,10	2,21	2,31	2,42	2,53	2,64	2,75	2,86			
		3,50	2,30								2,30	2,35	2,47	2,60	2,72	2,84	2,96	3,08	3,21	3,45	
		4,00	2,63									2,63	2,75	2,89	3,02	3,16	3,29	3,43	3,56	3,83	
		4,50	2,96									2,96	3,04	3,18	3,33	3,48	3,63	3,77	3,92	4,22	
		5,00	3,29									3,29	3,33	3,49	3,65	3,80	3,96	4,13	4,29	4,61	4,94
		5,50	3,62									3,62	3,63	3,80	3,97	4,14	4,31	4,48	4,66	5,01	5,36
		6,00	3,94										3,94	4,11	4,29	4,48	4,66	4,85	5,04	5,41	5,79
		6,50	4,27										4,27	4,44	4,63	4,82	5,02	5,22	5,42	5,82	6,22
		7,00	4,60										4,60	4,77	4,97	5,17	5,39	5,59	5,80	6,23	6,66
		7,50	4,93										4,93	5,10	5,32	5,53	5,75	5,97	6,19	6,64	7,10
		8,00	5,26										5,26	5,45	5,66	5,89	6,12	6,35	6,59	7,05	7,54
30	2,90	2,00	1,31							1,31	1,46	1,60	1,68	1,76	1,83	1,91	1,99				
	(h_F = 1,75)	2,50	1,64								1,64	1,67	1,84	1,93	2,02	2,11	2,20	2,29	2,39		
		3,00	1,97									1,97	2,09	2,19	2,29	2,40	2,50	2,60	2,71	2,91	
		3,50	2,30									2,30	2,34	2,45	2,57	2,69	2,80	2,92	3,04	3,26	3,50
		4,00	2,63										2,63	2,72	2,85	2,98	3,11	3,24	3,37	3,63	3,88
		4,50	2,96										2,96	3,00	3,14	3,28	3,42	3,56	3,70	3,99	4,27
		5,00	3,29											3,29	3,44	3,59	3,74	3,90	4,05	4,36	4,66
		5,50	3,62											3,62	3,74	3,90	4,07	4,23	4,40	4,73	5,06
		6,00	3,94											3,94	4,05	4,22	4,40	4,58	4,75	5,10	5,46
		6,50	4,27											4,27	4,37	4,55	4,74	4,92	5,11	5,48	5,87
		7,00	4,60											4,60	4,69	4,89	5,08	5,28	5,48	5,87	6,28
		7,50	4,93											4,93	5,02	5,22	5,43	5,63	5,84	6,26	6,69
		8,00	5,26											5,26	5,35	5,56	5,78	5,99	6,21	6,66	7,11
30	3,00	2,00	1,31										1,31	1,44	1,58	1,68	1,75	1,82	1,90	1,97	
	(h_F = 1,85)	2,50	1,64											1,64	1,82	1,93	2,01	2,10	2,19	2,27	2,44
		3,00	1,97											1,97	2,05	2,18	2,28	2,38	2,48	2,58	2,77	2,96
		3,50	2,30												2,30	2,44	2,55	2,66	2,77	2,88	3,10	3,32
		4,00	2,63												2,63	2,70	2,82	2,95	3,07	3,19	3,44	3,68
		4,50	2,96												2,96	2,98	3,11	3,24	3,38	3,51	3,78	4,05
		5,00	3,29													3,29	3,40	3,54	3,69	3,83	4,13	4,41
		5,50	3,62													3,62	3,70	3,85	4,01	4,16	4,47	4,79
		6,00	3,94													3,94	4,00	4,17	4,33	4,49	4,83	5,17
		6,50	4,27													4,27	4,31	4,48	4,66	4,84	5,19	5,55
		7,00	4,60													4,60	4,63	4,81	4,99	5,18	5,56	5,94
		7,50	4,93													4,93	4,95	5,14	5,33	5,53	5,93	6,33
		8,00	5,26													5,26	5,27	5,48	5,68	5,88	6,30	6,73
35	2,40	2,00	1,31	1,31	1,32	1,43	1,53	1,63	1,74	1,84	1,95										
	(h_F = 1,35)	2,50	1,64		1,64	1,65	1,77	1,90	2,02	2,14	2,27	2,39									
		3,00	1,97			1,97	2,02	2,17	2,31	2,45	2,59	2,73	2,87								
		3,50	2,30				2,30	2,44	2,60	2,76	2,92	3,08	3,24	3,40							
		4,00	2,63				2,63	2,73	2,91	3,08	3,26	3,44	3,61	3,79	3,97						
		4,50	2,96					2,96	3,03	3,22	3,41	3,61	3,80	3,99	4,19	4,39					
		5,00	3,29					3,29	3,34	3,55	3,75	3,96	4,17	4,38	4,59	4,81					
		5,50	3,62					3,62	3,66	3,88	4,10	4,32	4,55	4,78	5,01	5,24	5,47				
		6,00	3,94					3,94	4,00	4,22	4,46	4,69	4,93	5,18	5,43	5,67	5,92				
		6,50	4,27					4,27	4,33	4,57	4,82	5,07	5,33	5,58	5,85	6,11	6,37				
		7,00	4,60					4,60	4,68	4,93	5,18	5,45	5,71	5,99	6,27	6,55	6,83				
		7,50	4,93					4,93	5,02	5,29	5,56	5,83	6,12	6,40	6,69	6,99	7,29				
		8,00	5,26					5,26	5,38	5,65	5,93	6,22	6,52	6,82	7,13	7,44	7,75				

Mindestfensterbreite b_F bei einer Raumtiefe a

α	h	b	3,00	3,25	3,50	3,75	4,00	4,25	4,50	4,75	5,00	5,25	5,50	5,75	6,00	6,25	6,50	6,75	7,00	7,50	8,00
35	2,50 (h_P = 1,35)	2,00	1,31	1,31	1,35	1,46	1,56	1,67	1,78	1,88	1,99										
		2,50	1,64		1,64	1,68	1,81	1,93	2,06	2,19	2,31	2,44									
		3,00	1,97			1,97	2,06	2,21	2,35	2,49	2,64	2,78	2,92								
		3,50	2,30				2,30	2,32	2,48	2,65	2,81	2,97	3,13	3,29	3,46						
		4,00	2,63					2,63	2,78	2,96	3,14	3,32	3,50	3,68	3,86						
		4,50	2,96					2,96	3,08	3,27	3,47	3,67	3,86	4,06	4,26	4,46					
		5,00	3,29					3,29	3,40	3,60	3,81	4,02	4,24	4,45	4,67	4,88					
		5,50	3,62					3,62	3,72	3,94	4,16	4,39	4,62	4,85	5,08	5,32					
		6,00	3,94					3,94	4,05	4,28	4,52	4,76	5,01	5,26	5,50	5,75					
		6,50	4,27					4,27	4,39	4,64	4,89	5,14	5,40	5,66	5,93	6,20	6,46				
		7,00	4,60					4,60	4,74	4,99	5,26	5,52	5,80	6,08	6,36	6,64	6,92				
		7,50	4,93					4,93	5,09	5,36	5,63	5,91	6,20	6,49	6,78	7,09	7,39				
		8,00	5,26					5,26	5,45	5,73	6,01	6,30	6,60	6,91	7,22	7,54	7,86				
35	2,60 (h_P = 1,45)	2,00	1,31	1,31	1,36	1,46	1,56	1,66	1,77	1,87	1,96										
		2,50	1,64		1,64	1,69	1,80	1,92	2,04	2,16	2,28	2,40									
		3,00	1,97			1,97	2,05	2,19	2,32	2,46	2,60	2,73	2,87	3,00							
		3,50	2,30				2,30	2,31	2,46	2,61	2,77	2,92	3,07	3,22	3,38						
		4,00	2,63					2,63	2,75	2,91	3,08	3,25	3,42	3,59	3,76	3,93					
		4,50	2,96						2,96	3,04	3,23	3,41	3,59	3,77	3,96	4,15	4,33				
		5,00	3,29							3,29	3,35	3,54	3,74	3,94	4,14	4,34	4,54	4,74	4,95		
		5,50	3,62							3,62	3,67	3,87	4,08	4,29	4,51	4,73	4,94	5,16	5,38		
		6,00	3,94							3,94	3,99	4,21	4,43	4,66	4,88	5,12	5,35	5,58	5,82		
		6,50	4,27							4,27	4,32	4,55	4,79	5,02	5,26	5,51	5,76	6,00	6,26		
		7,00	4,60							4,60	4,66	4,90	5,15	5,39	5,65	5,91	6,17	6,44	6,70	6,97	
		7,50	4,93							4,93	5,01	5,26	5,52	5,77	6,04	6,31	6,59	6,87	7,15	7,43	
		8,00	5,26							5,26	5,36	5,62	5,88	6,16	6,44	6,72	7,01	7,30	7,60	7,90	
35	2,70 (h_P = 1,55)	2,00	1,31	1,31	1,38	1,47	1,57	1,66	1,76	1,85	1,95										
		2,50	1,64		1,64	1,69	1,80	1,92	2,03	2,14	2,25	2,36	2,47								
		3,00	1,97			1,97	2,05	2,18	2,30	2,43	2,56	2,69	2,82	2,94							
		3,50	2,30				2,30	2,44	2,59	2,73	2,87	3,02	3,16	3,31	3,45						
		4,00	2,63					2,63	2,72	2,88	3,04	3,20	3,36	3,52	3,68	3,84	3,99				
		4,50	2,96						2,96	3,01	3,18	3,35	3,53	3,70	3,88	4,05	4,23	4,40			
		5,00	3,29							3,29	3,31	3,49	3,68	3,87	4,05	4,24	4,43	4,62	4,81		
		5,50	3,62							3,62	3,81	4,01	4,21	4,42	4,61	4,82	5,03	5,23	5,44		
		6,00	3,94							3,94	4,14	4,35	4,56	4,78	5,00	5,21	5,43	5,65	5,88		
		6,50	4,27							4,27	4,48	4,70	4,92	5,15	5,38	5,61	5,85	6,08	6,32		
		7,00	4,60							4,60	4,82	5,05	5,28	5,52	5,77	6,02	6,26	6,51	6,77		
		7,50	4,93							4,93	5,17	5,41	5,65	5,91	6,16	6,42	6,68	6,94	7,21		
		8,00	5,26							5,26	5,27	5,52	5,77	6,03	6,29	6,56	6,83	7,11	7,38	7,66	
35	2,80 (h_P = 1,65)	2,00	1,31	1,31	1,39	1,48	1,57	1,66	1,75	1,84	1,93										
		2,50	1,64		1,64	1,70	1,81	1,91	2,02	2,12	2,23	2,34	2,44								
		3,00	1,97			1,97	2,05	2,17	2,29	2,41	2,53	2,65	2,77	2,89							
		3,50	2,30				2,30	2,43	2,57	2,70	2,84	2,97	3,11	3,25	3,38						
		4,00	2,63					2,63	2,70	2,85	3,00	3,15	3,30	3,45	3,61	3,76	3,91				
		4,50	2,96						2,96	2,99	3,15	3,31	3,48	3,64	3,81	3,97	4,14	4,30			
		5,00	3,29							3,29	3,45	3,63	3,80	3,98	4,16	4,34	4,52	4,70			
		5,50	3,62							3,62	3,77	3,95	4,14	4,33	4,52	4,72	4,91	5,10	5,49		
		6,00	3,94							3,94	4,09	4,28	4,47	4,69	4,89	5,10	5,31	5,51	5,94		
		6,50	4,27							4,27	4,41	4,62	4,84	5,05	5,27	5,48	5,71	5,93	6,37		
		7,00	4,60							4,60	4,75	4,97	5,19	5,42	5,65	5,88	6,11	6,34	6,82		
		7,50	4,93							4,93	5,09	5,32	5,55	5,79	6,03	6,28	6,52	6,77	7,27		
		8,00	5,26							5,26	5,44	5,68	5,92	6,16	6,42	6,67	6,93	7,20	7,73		
35	2,90 (h_P = 1,75)	2,00	1,31	1,31	1,41	1,49	1,58	1,67	1,75	1,84	1,92										
		2,50	1,64		1,64	1,71	1,81	1,91	2,01	2,11	2,21	2,32	2,42								
		3,00	1,97			1,97	2,05	2,17	2,28	2,39	2,51	2,63	2,74	2,85	2,97						
		3,50	2,30				2,30	2,42	2,55	2,68	2,81	2,94	3,07	3,20	3,33						
		4,00	2,63					2,63	2,69	2,83	2,97	3,12	3,26	3,40	3,55	3,69	3,98				
		4,50	2,96						2,96	2,97	3,12	3,27	3,43	3,59	3,74	3,90	4,06	4,37			
		5,00	3,29							3,29	3,42	3,58	3,75	3,92	4,09	4,26	4,43	4,78			
		5,50	3,62							3,62	3,72	3,90	4,08	4,26	4,44	4,63	4,81	5,18			
		6,00	3,94							3,94	4,04	4,23	4,42	4,61	4,80	5,00	5,20	5,59	5,99		
		6,50	4,27							4,27	4,36	4,56	4,76	4,96	5,17	5,38	5,59	6,00	6,43		
		7,00	4,60							4,60	4,69	4,90	5,11	5,33	5,54	5,76	5,98	6,43	6,88		
		7,50	4,93							4,93	5,02	5,24	5,46	5,69	5,92	6,15	6,38	6,85	7,32		
		8,00	5,26							5,26	5,37	5,59	5,82	6,05	6,30	6,54	6,78	7,27	7,78		

Mindestfensterbreite b_F bei einer Raumtiefe a

α	h	b	3,00	3,25	3,50	3,75	4,00	4,25	4,50	4,75	5,00	5,25	5,50	5,75	6,00	6,25	6,50	6,75	7,00	7,50	8,00
35	3,00 (h_F = 1,85)	2,00	1,31	1,42	1,50	1,59	1,67	1,75	1,84	1,92											
		2,50	1,64	1,72	1,82	1,91	2,01	2,11	2,20	2,30	2,40	2,49									
		3,00	1,97	2,05	2,16	2,27	2,38	2,49	2,60	2,71	2,82										
		3,50		2,30	2,42	2,54	2,66	2,79	2,91	3,03	3,16	3,40									
		4,00			2,63	2,68	2,82	2,95	3,09	3,22	3,36	3,50	3,77								
		4,50				2,96	3,10	3,25	3,39	3,54	3,69	3,84	4,14	4,44							
		5,00					3,29	3,39	3,55	3,71	3,87	4,03	4,19	4,52	4,84						
		5,50						3,62	3,69	3,86	4,03	4,20	4,38	4,55	4,90	5,25					
		6,00							3,94	4,00	4,18	4,36	4,54	4,73	4,91	5,29	5,67				
		6,50								4,27	4,32	4,50	4,70	4,89	5,08	5,28	5,68	6,08			
		7,00									4,60	4,63	4,83	5,04	5,24	5,45	5,65	6,08	6,50		
		7,50										4,93	4,97	5,17	5,38	5,60	5,82	6,04	6,47	6,93	
		8,00											5,26	5,30	5,52	5,73	5,96	6,19	6,41	6,88	7,36
40	2,40 (h_F = 1,35)	2,00	1,31	1,33	1,45	1,57	1,69	1,80	1,92												
		2,50	1,64	1,64	1,67	1,81	1,95	2,09	2,23	2,37											
		3,00	1,97	1,97	2,06	2,22	2,38	2,54	2,70	2,86											
		3,50	2,30	2,30	2,33	2,51	2,69	2,86	3,04	3,22	3,40										
		4,00	2,63	2,63	2,80	3,00	3,20	3,40	3,60	3,80	4,00										
		4,50			2,96	3,12	3,33	3,54	3,76	3,98	4,20	4,42									
		5,00			3,29	3,44	3,67	3,90	4,13	4,37	4,60	4,84									
		5,50			3,62	3,78	4,01	4,26	4,51	4,76	5,02	5,27									
		6,00			3,94	4,12	4,37	4,63	4,99	5,16	5,43	5,71	5,99								
		6,50				4,27	4,47	4,73	5,00	5,28	5,57	5,86	6,15	6,45							
		7,00				4,60	4,83	5,10	5,39	5,68	5,97	6,28	6,60	6,91							
		7,50				4,93	5,19	5,47	5,77	6,08	6,39	6,72	7,05	7,38							
		8,00			5,26	5,27	5,55	5,86	6,16	6,48	6,81	7,15	7,49	7,84							
40	2,50 (h_F = 1,35)	2,00	1,31	1,36	1,48	1,60	1,72	1,84	1,96												
		2,50	1,64	1,64	1,71	1,85	1,99	2,13	2,27	2,41											
		3,00	1,97	1,97	2,10	2,26	2,43	2,59	2,75	2,92											
		3,50	2,30	2,30	2,37	2,55	2,73	2,92	3,10	3,28	3,47										
		4,00	2,63	2,63	2,66	2,85	3,05	3,25	3,45	3,66	3,86										
		4,50			2,96	3,17	3,38	3,60	3,82	4,04	4,26	4,49									
		5,00			3,29	3,49	3,72	3,96	4,19	4,43	4,68	4,92									
		5,50			3,62	3,83	4,07	4,32	4,58	4,83	5,09	5,35									
		6,00			3,94	4,18	4,43	4,69	4,96	5,24	5,51	5,79									
		6,50			4,27	4,53	4,80	5,07	5,36	5,64	5,94	6,24									
		7,00				4,60	4,62	4,89	5,17	5,46	5,76	6,06	6,37	6,69							
		7,50				4,93	4,98	5,26	5,55	5,85	6,16	6,48	6,80	7,14	7,48						
		8,00			5,26	5,34	5,63	5,93	6,24	6,57	6,90	7,24	7,59	7,95							
40	2,60 (h_F = 1,45)	2,00	1,31	1,38	1,50	1,61	1,72	1,83	1,95												
		2,50	1,64	1,64	1,72	1,85	1,98	2,12	2,25	2,38											
		3,00	1,97	1,97	2,10	2,25	2,41	2,56	2,71	2,87											
		3,50	2,30	2,30	2,37	2,54	2,71	2,88	3,05	3,22	3,39										
		4,00	2,63	2,64	2,83	3,02	3,20	3,39	3,59	3,77	3,96										
		4,50			2,96	3,14	3,34	3,54	3,75	3,96	4,17	4,38									
		5,00			3,29	3,46	3,67	3,89	4,11	4,34	4,56	4,79									
		5,50			3,62	3,79	4,01	4,25	4,48	4,72	4,97	5,21	5,46								
		6,00			3,94	4,13	4,37	4,61	4,86	5,12	5,37	5,64	5,90								
		6,50				4,27	4,47	4,72	4,98	5,24	5,52	5,79	6,07	6,35							
		7,00				4,60	4,82	5,09	5,36	5,63	5,92	6,21	6,50	6,80							
		7,50				4,93	5,19	5,46	5,74	6,03	6,33	6,63	6,94	7,26							
		8,00			5,26	5,27	5,55	5,84	6,13	6,43	6,74	7,05	7,38	7,71							
40	2,70 (h_F = 1,55)	2,00	1,31	1,40	1,51	1,62	1,72	1,83	1,94												
		2,50	1,64	1,73	1,86	1,98	2,11	2,24	2,36	2,49											
		3,00	1,97	2,11	2,25	2,39	2,54	2,68	2,82	2,97											
		3,50	2,30	2,37	2,53	2,69	2,85	3,01	3,17	3,33	3,50										
		4,00	2,63	2,64	2,81	2,99	3,17	3,34	3,52	3,70	3,88										
		4,50			2,96	3,11	3,30	3,50	3,69	3,88	4,08	4,28	4,48								
		5,00			3,29	3,43	3,63	3,83	4,04	4,25	4,47	4,68	4,90								
		5,50			3,62	3,75	3,96	4,18	4,40	4,63	4,86	5,09	5,32								
		6,00			3,94	4,08	4,31	4,54	4,78	5,02	5,26	5,50	5,75								
		6,50				4,27	4,42	4,66	4,90	5,15	5,40	5,66	5,92	6,18	6,45						
		7,00				4,60	4,76	5,01	5,27	5,53	5,80	6,07	6,34	6,62	6,90						
		7,50				4,93	5,12	5,38	5,65	5,92	6,20	6,48	6,77	7,07	7,36						
		8,00			5,26	5,48	5,75	6,02	6,31	6,60	6,90	7,20	7,51	7,83							

α	h	b	Mindestfensterbreite b_F bei einer Raumtiefe a																		
			3,00	3,25	3,50	3,75	4,00	4,25	4,50	4,75	5,00	5,25	5,50	5,75	6,00	6,25	6,50	6,75	7,00	7,50	8,00
40	2,80 (h_F = 1,65)	2,00	1,31		1,31	1,33	1,43	1,53	1,63	1,73	1,83	1,94									
		2,50	1,64				1,64	1,75	1,87	1,99	2,11	2,23	2,34	2,47							
		3,00	1,97				1,97	1,98	2,11	2,25	2,38	2,52	2,66	2,79	2,93						
		3,50	2,30					2,30	2,37	2,52	2,67	2,82	2,98	3,13	3,28	3,44					
		4,00	2,63					2,63	2,64	2,80	2,97	3,14	3,30	3,48	3,64	3,82	3,98				
		4,50	2,96						2,96	3,10	3,27	3,46	3,64	3,83	4,01	4,20	4,39				
		5,00	3,29						3,29	3,40	3,59	3,79	3,99	4,18	4,38	4,59	4,79	5,00			
		5,50	3,62						3,62	3,72	3,92	4,13	4,34	4,55	4,77	4,98	5,20	5,42			
		6,00	3,94						3,94	4,04	4,26	4,48	4,70	4,93	5,16	5,39	5,63	5,86			
		6,50	4,27						4,27	4,37	4,60	4,83	5,07	5,31	5,55	5,80	6,04	6,30			
		7,00	4,60						4,60	4,72	4,95	5,20	5,44	5,69	5,95	6,21	6,47	6,74			
		7,50	4,93						4,93	5,06	5,31	5,56	5,82	6,09	6,35	6,63	6,90	7,19	7,46		
		8,00	5,26						5,26	5,42	5,67	5,94	6,20	6,48	6,76	7,05	7,34	7,63	7,93		
40	2,90 (h_F = 1,75)	2,00	1,31		1,31	1,35	1,45	1,54	1,64	1,74	1,84	1,93									
		2,50	1,64				1,64	1,65	1,77	1,88	1,99	2,10	2,22	2,33	2,45						
		3,00	1,97				1,97	1,99	2,12	2,25	2,38	2,51	2,64	2,77	2,90						
		3,50	2,30					2,30	2,37	2,52	2,66	2,81	2,95	3,10	3,24	3,39					
		4,00	2,63					2,63	2,64	2,79	2,95	3,11	3,27	3,43	3,59	3,76	3,92				
		4,50	2,96						2,96	3,08	3,25	3,43	3,60	3,78	3,96	4,13	4,31	4,48			
		5,00	3,29						3,29	3,38	3,56	3,75	3,94	4,13	4,32	4,51	4,70	4,90			
		5,50	3,62						3,62	3,69	3,89	4,08	4,29	4,48	4,69	4,90	5,10	5,31			
		6,00	3,94						3,94	4,01	4,22	4,42	4,64	4,85	5,07	5,29	5,51	5,73			
		6,50	4,27						4,27	4,34	4,55	4,77	5,00	5,22	5,45	5,69	5,92	6,16			
		7,00	4,60						4,60	4,68	4,90	5,13	5,37	5,61	5,84	6,09	6,34	6,59			
		7,50	4,93						4,93	5,02	5,25	5,49	5,73	5,98	6,24	6,50	6,76	7,02			
		8,00	5,26						5,26	5,37	5,61	5,86	6,11	6,38	6,64	6,91	7,19	7,46			
40	3,00 (h_F = 1,85)	2,00	1,31			1,31	1,38	1,47	1,56	1,66	1,75	1,84	1,94								
		2,50	1,64				1,64	1,67	1,78	1,89	2,00	2,11	2,22	2,32	2,43						
		3,00	1,97				1,97	2,01	2,13	2,26	2,38	2,50	2,63	2,75	2,87	3,00					
		3,50	2,30					2,30	2,38	2,52	2,66	2,79	2,93	3,07	3,21	3,35	3,49				
		4,00	2,63					2,63	2,64	2,79	2,94	3,09	3,25	3,40	3,55	3,71	3,86				
		4,50	2,96						2,96	3,07	3,24	3,40	3,57	3,74	3,90	4,07	4,24				
		5,00	3,29						3,29	3,37	3,54	3,72	3,90	4,08	4,26	4,44	4,62	5,00			
		5,50	3,62						3,62	3,67	3,86	4,05	4,24	4,43	4,62	4,82	5,02	5,41			
		6,00	3,94						3,94	3,98	4,18	4,38	4,58	4,79	5,00	5,20	5,41	5,84			
		6,50	4,27						4,27	4,31	4,51	4,72	4,94	5,15	5,37	5,59	5,81	6,27			
		7,00	4,60						4,60	4,64	4,85	5,07	5,30	5,52	5,76	5,99	6,22	6,70			
		7,50	4,93						4,93	4,98	5,20	5,43	5,66	5,90	6,14	6,39	6,64	7,13			
		8,00	5,26						5,26	5,32	5,55	5,79	6,03	6,28	6,53	6,79	7,05	7,58			
45	2,40 (h_F = 1,35)	2,00	1,34	1,47	1,60	1,74	1,87														
		2,50	1,54	1,69	1,85	2,00	2,16	2,32	2,48												
		3,00	1,97	1,97	2,10	2,28	2,46	2,64	2,82												
		3,50	2,30	2,30	2,38	2,57	2,78	2,98	3,18	3,39											
		4,00	2,63	2,63	2,67	2,88	3,10	3,32	3,55	3,77											
		4,50	2,96	2,96	2,97	3,20	3,44	3,68	3,92	4,17	4,42										
		5,00	3,29	3,29	3,30	3,54	3,79	4,05	4,31	4,58	4,85										
		5,50	3,62	3,62	3,63	3,89	4,15	4,43	4,71	5,00	5,29										
		6,00	3,94	3,94	3,98	4,24	4,52	4,81	5,11	5,41	5,72										
		6,50	4,27	4,27	4,33	4,61	4,90	5,20	5,52	5,84	6,16										
		7,00	4,60	4,60	4,69	4,98	5,28	5,60	5,93	6,27	6,61	6,97									
		7,50	4,93	4,93	5,06	5,36	5,68	6,01	6,34	6,70	7,08	7,43									
		8,00	5,26	5,26	5,44	5,75	6,07	6,41	6,77	7,13	7,52	7,91									
45	2,50 (h_F = 1,35)	2,00	1,37	1,50	1,64	1,77	1,91														
		2,50	1,64	1,72	1,88	2,04	2,20	2,37													
		3,00	1,97	1,97	2,14	2,32	2,50	2,69	2,88												
		3,50	2,30	2,30	2,42	2,62	2,82	3,03	3,24	3,45											
		4,00	2,63	2,63	2,71	2,93	3,15	3,38	3,61	3,84											
		4,50	2,96	2,96	3,02	3,25	3,49	3,74	3,99	4,24	4,50										
		5,00	3,29	3,29	3,34	3,59	3,85	4,11	4,38	4,65	4,93										
		5,50	3,62	3,62	3,68	3,94	4,21	4,49	4,77	5,07	5,37										
		6,00	3,94	3,94	4,03	4,30	4,59	4,88	5,18	5,49	5,81										
		6,50	4,27	4,27	4,39	4,67	4,96	5,27	5,59	5,92	6,25										
		7,00	4,60	4,60	4,75	5,04	5,35	5,67	6,01	6,35	6,71										
		7,50	4,93	4,93	5,13	5,43	5,75	6,08	6,43	6,79	7,16										
		8,00	5,26	5,26	5,50	5,82	6,15	6,49	6,85	7,23	7,61										

Mindestfensterbreite b_F bei einer Raumtiefe a

α	h	b	3,00	3,25	3,50	3,75	4,00	4,25	4,50	4,75	5,00	5,25	5,50	5,75	6,00	6,25	6,50	6,75	7,00	7,50	8,00
45	2,60 (h_F = 1,45)	2,00	1,31	1,40	1,53	1,65	1,78	1,91													
		2,50	1,64	1,64	1,75	1,90	2,05	2,20	2,35												
		3,00	1,97	1,97	1,98	2,15	2,32	2,50	2,67	2,84											
		3,50	2,30		2,30	2,42	2,61	2,80	3,00	3,19	3,39										
		4,00	2,63		2,63	2,71	2,92	3,13	3,34	3,55	3,77	3,99									
		4,50	2,96		2,96	3,01	3,23	3,46	3,69	3,92	4,16	4,40									
		5,00	3,29		3,29	3,33	3,56	3,81	4,05	4,30	4,56	4,81									
		5,50	3,62		3,62	3,66	3,91	4,16	4,43	4,69	4,96	5,24									
		6,00	3,94		3,94	4,00	4,26	4,53	4,80	5,09	5,38	5,67	5,96								
		6,50	4,27		4,27	4,36	4,62	4,90	5,19	5,49	5,80	6,11	6,42								
		7,00	4,60		4,60	4,72	4,99	5,28	5,58	5,89	6,21	6,54	6,88								
		7,50	4,93		4,93	5,08	5,37	5,67	5,98	6,31	6,64	6,99	7,34								
		8,00	5,26		5,26	5,46	5,75	6,06	6,39	6,73	7,07	7,43	7,80								
45	2,70 (h_F = 1,55)	2,00	1,31	1,31	1,43	1,55	1,67	1,79	1,91												
		2,50	1,64		1,64	1,77	1,91	2,06	2,20	2,34	2,49										
		3,00	1,97		1,97	2,01	2,17	2,33	2,49	2,65	2,82	2,98									
		3,50	2,30		2,30	2,43	2,61	2,79	2,97	3,16	3,34										
		4,00	2,63		2,63	2,71	2,91	3,11	3,31	3,51	3,71	3,92									
		4,50	2,96		2,96	3,01	3,22	3,43	3,65	3,87	4,10	4,32									
		5,00	3,29		3,29	3,33	3,54	3,77	4,00	4,24	4,48	4,72	4,97								
		5,50	3,62		3,62	3,65	3,88	4,13	4,37	4,62	4,88	5,13	5,40								
		6,00	3,94		3,94	3,98	4,23	4,48	4,74	5,01	5,28	5,55	5,84								
		6,50	4,27		4,27	4,33	4,59	4,85	5,12	5,40	5,69	5,98	6,28								
		7,00	4,60		4,60	4,69	4,95	5,22	5,51	5,80	6,10	6,41	6,72								
		7,50	4,93		4,93	5,05	5,32	5,60	5,90	6,20	6,52	6,84	7,17								
		8,00	5,26		5,26	5,41	5,70	5,99	6,30	6,62	6,94	7,28	7,63	7,98								
45	2,80 (h_F = 1,65)	2,00	1,31	1,31	1,35	1,46	1,58	1,69	1,80	1,92											
		2,50	1,64		1,64	1,67	1,80	1,93	2,07	2,20	2,34	2,47									
		3,00	1,97		1,97	2,03	2,18	2,33	2,49	2,64	2,80	2,96									
		3,50	2,30		2,30	2,44	2,61	2,79	2,96	3,13	3,31	3,48									
		4,00	2,63		2,63	2,72	2,91	3,09	3,29	3,48	3,67	3,86									
		4,50	2,96		2,96	3,01	3,21	3,41	3,62	3,83	4,04	4,25	4,46								
		5,00	3,29		3,29	3,32	3,53	3,75	3,97	4,19	4,42	4,64	4,87								
		5,50	3,62		3,62	3,64	3,86	4,09	4,32	4,56	4,80	5,05	5,30								
		6,00	3,94		3,94	3,97	4,20	4,44	4,69	4,94	5,20	5,46	5,72	5,99								
		6,50	4,27		4,27	4,31	4,55	4,81	5,06	5,33	5,60	5,87	6,15	6,44								
		7,00	4,60		4,60	4,66	4,91	5,17	5,44	5,72	6,00	6,29	6,58	6,88								
		7,50	4,93		4,93	5,02	5,28	5,55	5,83	6,12	6,41	6,72	7,02	7,34								
		8,00	5,26		5,26	5,38	5,65	5,93	6,22	6,52	6,83	7,14	7,47	7,80								
45	2,90 (h_F = 1,75)	2,00	1,31								1,31	1,38	1,49	1,60	1,71	1,82	1,93				
		2,50	1,64								1,64	1,70	1,82	1,95	2,08	2,21	2,34	2,47			
		3,00	1,97								1,97	2,05	2,20	2,34	2,49	2,64	2,79	2,94			
		3,50	2,30								2,30	2,46	2,62	2,78	2,95	3,11	3,28	3,45			
		4,00	2,63								2,63	2,73	2,91	3,09	3,27	3,45	3,63	3,82	4,00		
		4,50	2,96								2,96	3,02	3,21	3,40	3,59	3,79	3,99	4,19	4,39		
		5,00	3,29								3,29	3,32	3,52	3,73	3,94	4,15	4,37	4,58	4,80		
		5,50	3,62								3,62	3,64	3,85	4,07	4,29	4,51	4,74	4,97	5,21	5,44	
		6,00	3,94								3,94	3,96	4,18	4,41	4,65	4,88	5,13	5,37	5,63	5,87	
		6,50	4,27								4,27	4,30	4,53	4,77	5,01	5,26	5,52	5,78	6,04	6,31	
		7,00	4,60								4,60	4,64	4,88	5,13	5,39	5,65	5,91	6,19	6,47	6,75	
		7,50	4,93								4,93	4,99	5,24	5,50	5,76	6,04	6,32	6,61	6,90	7,19	7,49
		8,00	5,26								5,26	5,35	5,61	5,88	6,15	6,44	6,73	7,02	7,34	7,64	7,96
45	3,00 (h_F = 1,85)	2,00	1,31								1,31	1,32	1,42	1,52	1,63	1,73	1,84	1,94			
		2,50	1,64								1,64	1,73	1,85	1,97	2,09	2,22	2,34	2,46			
		3,00	1,97								1,97	2,08	2,22	2,36	2,50	2,64	2,78	2,92			
		3,50	2,30								2,30	2,32	2,47	2,63	2,78	2,94	3,10	3,26	3,41		
		4,00	2,63								2,63	2,74	2,91	3,08	3,25	3,43	3,60	3,78	3,95		
		4,50	2,96								2,96	3,03	3,21	3,39	3,58	3,77	3,96	4,15	4,34		
		5,00	3,29								3,29	3,33	3,52	3,71	3,91	4,12	4,32	4,53	4,73	4,94	
		5,50	3,62								3,62	3,63	3,83	4,04	4,25	4,47	4,69	4,91	5,13	5,35	
		6,00	3,94								3,94	3,96	4,17	4,38	4,61	4,83	5,07	5,30	5,54	5,78	
		6,50	4,27								4,27	4,28	4,51	4,74	4,97	5,21	5,45	5,70	5,95	6,20	6,46
		7,00	4,60								4,60	4,62	4,85	5,09	5,34	5,58	5,84	6,10	6,36	6,63	6,90
		7,50	4,93								4,93	4,97	5,21	5,46	5,71	5,97	6,24	6,51	6,79	7,07	7,35
		8,00	5,26								5,26	5,32	5,57	5,83	6,09	6,36	6,64	6,92	7,21	7,51	7,81

α	h	b	Mindestfensterbreite b_F bei einer Raumtiefe a																		
			3,00	3,25	3,50	3,75	4,00	4,25	4,50	4,75	5,00	5,25	5,50	5,75	6,00	6,25	6,50	6,75	7,00	7,50	8,00
50	2,40 (h_F = 1,35)	2,00	1,49	1,63	1,79	1,94															
		2,50	1,70	1,88	2,05	2,23	2,42														
		3,00	1,97	2,13	2,33	2,54	2,75	2,96													
		3,50	2,30	2,41	2,63	2,86	3,09	3,33													
		4,00	2,63	2,71	2,95	3,20	3,45	3,71	3,97												
		4,50	2,96	3,03	3,28	3,55	3,82	4,10	4,39												
		5,00	3,29	3,36	3,63	3,92	4,20	4,51	4,81												
		5,50	3,62	3,71	3,99	4,29	4,60	4,92	5,25												
		6,00	3,94	4,07	4,37	4,68	5,00	5,34	5,68												
		6,50	4,27	4,44	4,74	5,07	5,41	5,76	6,13												
		7,00	4,60	4,82	5,13	5,47	5,82	6,19	6,58	6,97											
		7,50	4,93	5,20	5,53	5,87	6,24	6,62	7,02	7,44											
		8,00	5,29	5,59	5,93	6,28	6,66	7,06	7,48	7,91											
50	2,50 (h_F = 1,35)	2,00	1,51	1,67	1,82	1,98															
		2,50	1,73	1,91	2,09	2,28	2,46														
		3,00	1,97	2,17	2,38	2,58	2,80														
		3,50	2,30	2,45	2,68	2,91	3,14	3,38													
		4,00	2,63	2,75	3,00	3,25	3,51	3,77													
		4,50	2,96	3,07	3,34	3,60	3,88	4,17	4,46												
		5,00	3,29	3,41	3,69	3,97	4,27	4,58	4,89												
		5,50	3,62	3,76	4,05	4,35	4,67	4,99	5,32												
		6,00	3,94	4,13	4,42	4,74	5,07	5,41	5,77												
		6,50	4,27	4,50	4,81	5,14	5,48	5,84	6,21												
		7,00	4,60	4,88	5,20	5,54	5,89	6,27	6,66												
		7,50	4,96	5,27	5,60	5,94	6,31	6,71	7,12												
		8,00	5,35	5,66	6,00	6,36	6,74	7,15	7,57												
50	2,60 (h_F = 1,45)	2,00	1,41	1,55	1,70	1,84	1,99														
		2,50	1,64	1,77	1,94	2,11	2,28	2,46													
		3,00	1,97	2,00	2,19	2,39	2,58	2,78	2,99												
		3,50	2,30	2,30	2,47	2,68	2,90	3,12	3,35												
		4,00	2,63	2,63	2,77	3,00	3,23	3,48	3,73	3,98											
		4,50	2,96	2,96	3,08	3,33	3,59	3,85	4,11	4,39											
		5,00	3,29	3,29	3,41	3,67	3,95	4,22	4,51	4,80											
		5,50	3,62	3,62	3,76	4,03	4,32	4,61	4,91	5,23											
		6,00	3,94	3,94	4,12	4,40	4,70	5,00	5,33	5,66	5,99										
		6,50	4,27	4,27	4,48	4,78	5,08	5,41	5,74	6,09	6,45										
		7,00	4,60	4,60	4,86	5,16	5,48	5,82	6,17	6,54	6,91										
		7,50	4,93	4,95	5,24	5,26	5,89	6,23	6,60	6,98	7,38										
		8,00	5,26	5,33	5,63	5,95	6,30	6,66	7,03	7,43	7,84										
50	2,70 (h_F = 1,55)	2,00	1,32	1,45	1,59	1,72	1,86														
		2,50	1,64	1,65	1,81	1,97	2,13	2,29	2,46												
		3,00	1,97	1,97	2,04	2,22	2,40	2,59	2,78	2,96											
		3,50	2,30		2,30	2,49	2,70	2,90	3,11	3,32											
		4,00	2,63		2,63	2,79	3,00	3,23	3,46	3,69	3,92										
		4,50	2,96		2,96	3,09	3,33	3,57	3,81	4,07	4,32										
		5,00	3,29		3,29	3,42	3,67	3,93	4,18	4,45	4,73										
		5,50	3,62		3,62	3,76	4,02	4,29	4,57	4,86	5,15	5,45									
		6,00	3,94		3,94	4,11	4,38	4,66	4,96	5,26	5,57	5,88									
		6,50	4,27		4,27	4,48	4,75	5,05	5,35	5,67	5,99	6,33									
		7,00	4,60		4,60	4,85	5,13	5,44	5,76	6,08	6,43	6,78									
		7,50	4,93	4,96	4,94	5,23	5,52	5,84	6,17	6,51	6,86	7,24									
		8,00	5,26	5,26	5,32	5,61	5,91	6,24	6,58	6,94	7,30	7,69									
50	2,80 (h_F = 1,65)	2,00	1,31	1,37	1,49	1,62	1,75	1,88													
		2,50	1,64	1,64	1,69	1,84	1,99	2,15	2,30	2,46											
		3,00	1,97		1,97	2,08	2,25	2,42	2,60	2,77	2,95										
		3,50	2,30		2,30	2,33	2,52	2,71	2,91	3,10	3,30										
		4,00	2,63		2,63	2,80	3,01	3,23	3,44	3,66	3,88										
		4,50	2,96		2,96	3,11	3,33	3,56	3,80	4,03	4,27										
		5,00	3,29		3,29	3,43	3,67	3,91	4,16	4,41	4,67	4,93									
		5,50	3,62		3,62	3,77	4,01	4,27	4,53	4,80	5,08	5,36									
		6,00	3,94		3,94	4,11	4,37	4,64	4,92	5,20	5,49	5,79									
		6,50	4,27		4,27	4,47	4,74	5,01	5,31	5,60	5,91	6,23									
		7,00	4,60		4,60	4,84	5,11	5,40	5,70	6,02	6,34	6,67									
		7,50	4,93	4,93	4,94	5,21	5,49	5,79	6,11	6,43	6,77	7,11	7,47								
		8,00	5,26	5,26	5,31	5,59	5,88	6,20	6,52	6,85	7,20	7,56	7,94								

α	h	b	Mindestfensterbreite b_F bei einer Raumtiefe a																	
			3,00	3,25	3,50	3,75	4,00	4,25	4,50	4,75	5,00	5,25	5,50	5,75	6,00	6,25	6,50	6,75	7,00	7,50	8,00
50	2,90 (h_F = 1,75)	2,00	1,31	1,31	1,41	1,53	1,66	1,78	1,91												
		2,50	1,64		1,64	1,74	1,88	2,02	2,17	2,32	2,47										
		3,00	1,97			1,97	2,11	2,28	2,44	2,61	2,78	2,95									
		3,50	2,30			2,30	2,36	2,54	2,73	2,91	3,10	3,29	3,48								
		4,00	2,63				2,63	2,83	3,02	3,23	3,43	3,64	3,85								
		4,50	2,96				2,96	3,13	3,34	3,56	3,78	4,00	4,23	4,46							
		5,00	3,29					3,29	3,44	3,67	3,90	4,14	4,38	4,62	4,87						
		5,50	3,62					3,62	3,77	4,01	4,25	4,51	4,76	5,02	5,29						
		6,00	3,94					3,94	4,11	4,36	4,62	4,88	5,15	5,43	5,71	5,99					
		6,50	4,27					4,27	4,47	4,72	4,99	5,27	5,55	5,84	6,14	6,44					
		7,00	4,60					4,60	4,83	5,09	5,37	5,66	5,95	6,26	6,57	6,89					
		7,50	4,93				4,93	4,94	5,20	5,47	5,76	6,06	6,36	6,68	7,01	7,35					
		8,00	5,26				5,26	5,30	5,57	5,86	6,15	6,46	6,78	7,11	7,45	7,80					
50	3,00 (h_F = 1,85)	2,00	1,31	1,31	1,34	1,46	1,57	1,69	1,81	1,93											
		2,50	1,64			1,64	1,78	1,91	2,05	2,19	2,33	2,48									
		3,00	1,97			1,97	2,00	2,15	2,30	2,46	2,62	2,78	2,95								
		3,50	2,30				2,30	2,40	2,57	2,74	2,92	3,10	3,28	3,46							
		4,00	2,63				2,63	2,66	2,85	3,04	3,23	3,43	3,63	3,83							
		4,50	2,96					2,96	3,15	3,35	3,56	3,77	3,99	4,20	4,42						
		5,00	3,29					3,29	3,46	3,67	3,89	4,12	4,35	4,58	4,82						
		5,50	3,62					3,62	3,78	4,01	4,24	4,48	4,73	4,97	5,23	5,48					
		6,00	3,94					3,94	4,12	4,36	4,60	4,85	5,11	5,37	5,64	5,92					
		6,50	4,27					4,27	4,47	4,71	4,97	5,23	5,50	5,78	6,06	6,35					
		7,00	4,60					4,60	4,83	5,08	5,35	5,62	5,90	6,19	6,49	6,79					
		7,50	4,93				4,93	4,94	5,19	5,45	5,73	6,01	6,31	6,61	6,92	7,24					
		8,00	5,26				5,26	5,30	5,56	5,84	6,12	6,41	6,72	7,03	7,36	7,69					

Zitierte Normen

DIN 5034-1   Tageslicht in Innenräumen — Teil 1: Allgemeine Anforderungen
DIN 5034-2   Tageslicht in Innenräumen — Teil 2: Grundlagen
DIN 5034-3   Tageslicht in Innenräumen — Teil 3: Berechnung

Frühere Ausgaben

Beiblatt 2 zu DIN 5034: 1966-06

Änderungen

Gegenüber Beiblatt 2 zu DIN 5034 : 1966-06, wurden folgende Änderungen vorgenommen:
— Die Tabellen wurden auf der Basis geänderter Voraussetzungen neu berechnet und sowohl hinsichtlich des Verbauungsabstandswinkels als auch hinsichtlich der Raumhöhe und der Raumtiefe erweitert.

Internationale Patentklassifikation

E 06 B
F 21

DIN 18012

ICS 91.140.01

Ersatz für
DIN 18012:2000-11

Haus-Anschlusseinrichtungen –
Allgemeine Planungsgrundlagen

House service connections facilities –
Pinciples for planning

Locaux de branchement –
Bases de planification

Gesamtumfang 22 Seiten

Normenausschuss Bauwesen (NABau) im DIN

Inhalt

2

Vorwort

Diese Norm wurde vom NABau-Arbeitsausschuss „Elektrische Anlagen im Bauwesen" erstellt.

Der Arbeitsausschuss hat Begriffe für die unterschiedlichen Sparten definiert, die bisher noch nicht gebräuchlich sind.

Änderungen

Gegenüber DIN 18012:2000-11 wurden folgende Änderungen vorgenommen:

a) die Norm wurde um Aussagen zu den Sparten Kommunikation, Gas, Wasser und Fernwärme erweitert;

b) der Abschnitt Begriffe wurde erweitert;

c) die Anforderungen wurden fachtechnisch überarbeitet;

d) der Abschnitt Grundsätze der Versorgung wurde auf der Grundlage der neuen Verordnungen eingefügt;

e) für die Anordnung der Anschluss- und Betriebseinrichtungen in Hausanschlussräumen und an Hausanschlusswänden wurden beispielhaft bildliche Darstellungen eingefügt;

f) die Norm wurde um Aussagen zu Anschlusseinrichtungen außerhalb von Gebäuden erweitert.

Frühere Ausgaben

DIN 18012: 1955-10, 1964-06, 1982-06, 2000-11

3

1 Anwendungsbereich

Diese Norm gilt für die Planung von Haus-Anschlusseinrichtungen (Netzanschlusseinrichtungen) der Sparten Strom, Gas, Wasser, Fernwärme und Kommunikation für Wohn- und Nichtwohngebäude. Sie enthält Festlegungen zu den baulichen und technischen Voraussetzungen für deren Errichtung.

2 Normative Verweisungen

Die folgenden zitierten Dokumente sind für die Anwendung dieses Dokuments erforderlich. Bei datierten Verweisungen gilt nur die in Bezug genommene Ausgabe. Bei undatierten Verweisungen gilt die letzte Ausgabe des in Bezug genommenen Dokuments (einschließlich aller Änderungen).

DIN 1986 (alle Teile), *Entwässerungsanlagen für Gebäude und Grundstücke*

DIN 1988 (alle Teile), *Technische Regeln für Trinkwasser-Installationen (TRWI)*

DIN 4108 (alle Teile), *Wärmeschutz und Energie-Einsparung in Gebäuden*

DIN 4109 (alle Teile), *Schallschutz im Hochbau*

DIN 4747-1, *Fernwärmeanlagen — Teil 1: Sicherheitstechnische Ausrüstung von Unterstationen, Haus-stationen und Hausanlagen zum Anschluss an Heizwasser-Fernwärmenetze*

DIN 18014, *Fundamenterder — Allgemeine Planungsgrundlagen*

DIN 18100, *Türen — Wandöffnungen für Türen — Maße entsprechend DIN 4172*

DIN 43627, *Kabel-Hausanschlusskästen für NH-Sicherungen Größe 00 bis 100 A, 500 V und Größe 1 bis 250 A, 500 V*

DIN 43870 (alle Teile), *Zählerplätze*

DIN VDE 0100-732 (VDE 0100-732), *Errichten von Starkstromanlagen mit Nennspannungen bis 1 000 V — Teil 732: Hausanschlüsse in öffentlichen Kabelnetzen*

DIN VDE 0100-737 (VDE 0100-737), *Errichten von Niederspannungsanlagen — Feuchte und nasse Bereiche und Räume und Anlagen im Freien*

AVBFernwärmeV, *Verordnung über Allgemeine Bedingungen für die Versorgung mit Fernwärme (AVBFern-wärme V)*[1)]

AVBWasV, *Verordnung über Allgemeine Bedingungen für die Versorgung mit Wasser (AVBWasser V)*[1)]

NAV, *Verordnung zum Erlass von Regelungen des Netzanschlusses von Lastverbrauchern in Nieder-spannung und Niederdruck Verordnung über Allgemeine Bedingungen für den Netzanschluss und dessen Nutzung für die Elektrizitätsversorgung in Niederspannung (Niederspannungsauschlussordens-NAV)*[1)]

NDAV — *Verordnung über Allgemeine Bedingungen für den Netzanschluss und dessen Nutzung für die Gasversorgung in Niederdruck (Niederdruckauschlussverordnung-NDAV)*[1)]

---

1) Nachgewiesen in der DITR-Datenbank der DIN Software GmbH, zu beziehen bei: Beuth Verlag GmbH, 10772 Berlin.

4

DVGW G 459-1, *Gas-Hausanschlüsse für Betriebsdrücke bis 4 bar — Planung und Errichtung*[2]

DVGW G 600, *Technische Regeln für Gas-Installationen — DVGW-TRGI 1986/1996*[2]

DVGW W 397, *Ermittlung der erforderlichen Verlegetiefen von Wasseranschlussleitungen — Hinweis*[2]

DVGW W 404, Wasseranschlussleitungen[2]

Landesbauordnung (BauO) des jeweiligen Bundeslandes[1]

LAR, *Richtlinie über brandschutztechnische Anforderungen an Leitungsanlagen (Leitungsanlagen-Richtlinie LAR) des jeweiligen Bundeslandes*[1]

3 Begriffe

Für die Anwendung dieses Dokuments gelten die folgenden Begriffe.

3.1
Anschlusseinrichtung (Übergabestelle)
ist bei der

— Trinkwasserversorgung: die Hauptabsperreinrichtung, gegebenenfalls die erste Absperreinrichtung auf dem zu versorgenden Grundstück;

— Entwässerung: die letzte Reinigungsöffnung vor dem Anschlusskanal;

— Stromversorgung: der Hausanschlusskasten mit den Hausanschlusssicherungen;

— Kommunikationsversorgung

— Breitbandkabel: Hausübergabepunkt (HÜP)
— Telekommunikationsversorgung: die Abschlusspunkte der allgemeinen Netze von Telekommunikationsanlagen (APL);

— Gasversorgung: die Hauptabsperreinrichtung, gegebenenfalls bei Anschlusseinrichtungen außerhalb von Gebäuden die entsprechende Absperreinrichtung auf dem kundeneigenen Grundstück;

— Fernwärmeversorgung: die Übergabestelle nach den Festlegungen der jeweiligen Technischen Anschlussbedingungen des Fernwärmeversorgungsunternehmens.

3.2
Hausanschlussraum
begehbarer und abschließbarer Raum eines Gebäudes, der zur Einführung der Anschlussleitungen für die Ver- und Entsorgung des Gebäudes bestimmt ist und in dem die erforderlichen Anschlusseinrichtungen und gegebenenfalls Betriebseinrichtungen untergebracht werden

3.3
Hausanschlusswand
Wand, die zur Anordnung und Befestigung von Leitungen sowie Anschluss- und gegebenenfalls Betriebseinrichtungen dient

---

1) Siehe Seite 4.

2) Zu beziehen bei Wirtschafts- und Verlagsgesellschaft Gas und Wasser mbH — WVBGW — Josef-Wirmer-Str. 3, 54123 Bonn.

5

3.4
Hausanschlussnische
bauseits erstellte Nische, die zur Einführung der Anschlussleitungen bestimmt ist sowie der Aufnahme der erforderlichen Anschluss- und gegebenenfalls Betriebseinrichtungen dient

3.5
Hausanschlusskasten, -säule, -schrank
Bestandteil des Hausanschlusses/Netzanschlusses

ANMERKUNG   Hierin sind die Anschlusseinrichtungen nach 3.1 untergebracht.

3.6
Hauseinführung
Durchführung der Leitungen durch Wand bzw. Bodenplatte

3.7
Zähleranschlusssäule/-schrank
Hausanschluss und Messeinrichtungen sind in einer Säule bzw. einem Schrank untergebracht

ANMERKUNG   Zähleranschlusssäule/-schrank werden im Freien aufgestellt.

3.8
Abschlusspunkt Liniennetz
APL
Abschlusspunkt des TK-Zugangsnetzes

3.9
Hausübergabepunkt
HÜP
Verbindung des regionalen Breitbandverteilnetzes (Netzebene 3) mit dem Hausverteilnetz (Netzebene 4)

3.10
Netzabschlussgerät
NTBA
Gerät für die ISDN-Anschlussleitung (Network-Terminal Basic Access)

3.11
Infrastrukturpunkt
Breitbandverteileinrichtung hinter dem HÜP innerhalb des Hausverteilnetzes (Netzebene 4)

3.12
Betriebseinrichtung
technische Einrichtung, die der Anschlusseinrichtung nachgeordnet ist, bei der

— Wasserversorgung: die Messeinrichtung, einschließlich Absperrarmatur und Rückflussverhinderer (KFR-Ventil, (kombiniertes Freiflussventil mit Rückflussverhinderer));

— Stromversorgung: der Zählerplatz;

— Kommunikationsversorgung

— Breitbandkabel: Infrastrukturpunkt
— Telekommunikationsversorgung: NTBA;

— Gasversorgung: die Mess-, Regel- und Sicherheitseinrichtung;

— Fernwärmeversorgung: die Hausstation mit Mess-, Steuer-, Regel- und Sicherheitseinrichtungen.

6

3.13
Funktionsfläche
einzelne Fläche, die für die Montage der Anschlussleitungen sowie der Anschluss- und Betriebseinrichtungen der jeweiligen Versorgungssparte benötigt werden

3.14
Wohngebäude
Gebäude, die überwiegend für Wohnzwecke bestimmt sind.

ANMERKUNG   Zu den Wohngebäuden zählen auch gemischt genutzte Gebäude, sofern die Wohnungen überwiegen.

3.15
Nutzungseinheit
kann eine Wohneinheit, Gewerbeeinheit, oder eine Einheit für Allgemeinversorgung sein (Anlage zur Versorgung des Anschlussnutzers nach NAV/NDAV)

ANMERKUNG   Beispiel: 3 Wohneinheiten, 1 Allgemeinbedarf und 2 Gewerbeeinheiten sind 6 Nutzungseinheiten.

3.16
Verteilungsnetz
Gesamtheit aller Leitungen und Kabel bis ausschließlich zur elektrischen Anlage des Anschlussnehmers bzw. -nutzers, auch Verbraucheranlage genannt

3.17
Verteilungsnetzbetreiber
VNB
natürliche oder juristische Personen oder rechtlich unselbstständige Organisationseinheiten eines Energieversorgungsunternehmens, die Betreiber von Übertragungs- oder Verteilungsnetzen sind

3.18
Versorgungsunternehmen
natürliche oder juristische Personen, die Energie bzw. Wasser an andere liefern, ein Versorgungsnetz betreiben oder an einem Versorgungsnetz als Eigentümer Verfügungsbefugnis besitzen

4 Grundsätze der Versorgung

4.1 Allgemeines

Hausanschlusseinrichtungen (Netzanschlusseinrichtungen) sind auf der Grundlage dieser Norm und erforderlichenfalls in Abstimmung mit den Verteilungsnetzbetreibern/Versorgungsunternehmen so zu planen, dass alle Anschlusseinrichtungen und gegebenenfalls die dort vorgesehenen Betriebseinrichtungen vorschriftsgemäß, entsprechend den einschlägigen technischen Regeln installiert, betrieben und instand gehalten werden können.

Grundsätzlich ist jedes zu versorgende Gebäude/Grundstück, welches über eine eigene Hausnummer verfügt, über einen eigenen Hausanschluss mit dem Netz des Verteilungsnetzbetreibers/Versorgungsunternehmens zu verbinden.

ANMERKUNG 1   Die Sicherstellung der Zugänglichkeit zu den Hausanschlusseinrichtungen und den Betriebseinrichtungen für die Verteilungsnetzbetreiber/Versorgungsunternehmen und die Kunden erfolgt über eine rechtliche Absicherung.

ANMERKUNG 2   Art, Zahl und Lage der Netzanschlüsse/Hausanschlüsse werden entsprechend der Niederspannungsanschlussverordnung (NAV), der Niederdruckanschlussverordnung (NDAV), den AVBWasserV und den AVBFernwärmeV sowie den allgemein anerkannten Regeln der Technik bestimmt.

7

Die Versorgung mehrerer Gebäude (z. B. Doppelhäuser oder Reihenhäuser) aus einem gemeinsamen Hausanschluss ist dann möglich, wenn die Übergabestelle in einem für alle Gebäude gemeinsamen Hausanschlussraum errichtet wird. Betriebseinrichtungen, insbesondere die Mess-, Steuer-, Regel- und Sicherheitseinrichtungen sind gemeinsam mit den Hausanschlusseinrichtungen anzuordnen.

4.2 Stromversorgung

Werden mehrere Hausanschlüsse/Netzanschlüsse auf einem Grundstück bzw. in einem Gebäude errichtet, haben Planer, Errichter sowie Betreiber der elektrischen Anlagen durch geeignete Maßnahmen sicherzustellen, dass eine eindeutige Trennung der angeschlossenen Anlagen gegeben ist. Der Anschluss an das Verteilungsnetz hat nach den Vorgaben der Niederspannungsanschlussverordnung – NAV zu erfolgen. Die Technischen Anschlussbedingungen (TAB) des Netzbetreibers an die elektrische Anlage des Anschlussnehmers bzw. -nutzers sind einzuhalten.

4.3 Gasversorgung

Der Anschluss an das Gasverteilungsnetz hat nach den Vorgaben der Niederdruckanschlussverordnung – NDAV zu erfolgen. Die Technischen Anschlussbedingungen (TAB) des Netzbetreibers an die Anlage des Anschlussnehmers bzw. -nutzers sind einzuhalten.

4.4 Trinkwasserversorgung

Der Anschluss an das Wasserverteilungsnetz hat nach den Anforderungen der AVBWasserV zu erfolgen. Alle Leitungen hinter der Hauptabsperreinrichtung müssen nach DIN 1988 (alle Teile) errichtet werden.

4.5 Fernwärmeversorgung

Der Anschluss an ein Fernwärmenetz hat nach den Vorgaben der AVBFernwärmeV und den daraus resultierenden Anforderungen des Fernwärme-Versorgungsunternehmens nach seinen veröffentlichten Technischen Anschlussbedingungen (TAB) zu erfolgen.

5 Arten der Ausführung

5.1 Allgemeines

Anschluss- und Betriebseinrichtungen dürfen nicht in Räumen mit explosiblen und/oder leicht entzündlichen Stoffen angeordnet werden.

Sie sind vor mechanischer Beschädigung zu schützen.

Der Raum für die Anschlusseinrichtungen muss trocken und z. B. zur Vermeidung von Schwitzwasser lüftbar sein.

ANMERKUNG 1   Sind Feuerstätten im Raum vorhanden, sind für die Lüftung und Verbrennungsluftversorgung des Aufstellraumes die Anforderungen nach DVGW-G 600 (DVGW-TRGI) zu beachten.

Festlegungen zu den einzelnen Sparten sind in 5.4 enthalten.

Messeinrichtungen sind so anzubringen, dass sie leicht abgelesen und ausgewechselt werden können.

Anschlusseinrichtungen und Betriebseinrichtungen sind frei zugänglich und sicher bedienbar anzuordnen.

Für den Raum wird eine ausreichende Entwässerung und eine Kaltwasserzapfstelle empfohlen.

Bei der Planung von Hausanschlusseinrichtungen und gegebenenfalls der Betriebseinrichtungen sind die Anforderungen des baulichen Brandschutzes zu berücksichtigen.

8

ANMERKUNG 2   Auf die Bauordnung und die „Richtlinie über brandschutztechnische Anforderungen an Leitungs-anlagen (Leitungsanlagen-Richtlinie LAR)" des jeweiligen Bundeslandes wird hingewiesen.

Bei der Planung von Hausanschlusseinrichtungen sind gegebenenfalls die Anforderungen an den Hoch-wasserschutz zu berücksichtigen.

5.2   Nichtwohngebäude

Bei Nichtwohngebäuden kann eine der in 5.5 genannten Ausführungsarten vorgesehen werden. Individuelle, mit den Netzbetreibern (Ver- und Entsorgungsunternehmen) abgestimmte Ausführungen sind möglich.

5.3   Hauseinführung

Die Art der Hauseinführung (Kernbohrung, Schutz-, Futter- bzw. Mantelrohr usw.) ist mit den jeweiligen Verteilungsnetzbetreibern/Versorgungsunternehmen abzustimmen.

Bei unterirdischem Anschluss von Gebäuden, ist insbesondere bei Verwendung von Schutz-, Futter- bzw. Mantelrohren, die Abdichtung der Rohre zur Wand sicher herzustellen. Die Hauseinführung ist gasdicht/wasserdicht und gegebenenfalls druckwasserdicht herzustellen.

ANMERKUNG   Die gewerkeübergreifenden Arbeiten bei der Verlegung und Abdichtung der Schutzrohre erfordert Berücksichtigung bei der Planung.

5.4   Besonderheiten bei den einzelnen Sparten

5.4.1   Strom

Für die Errichtung von Strom-Hausanschlüssen gelten die Anforderungen nach DIN VDE 0100-732 (VDE 0100-732).

Wird die Umgebungstemperatur von 30 °C in Räumen bzw. an Stellen dauernd überschritten, dürfen die Anschluss- und Betriebseinrichtungen für die Stromversorgung nicht untergebracht werden. Auch in feuer- oder explosionsgefährdeten Räumen/Bereichen darf die Unterbringung nicht erfolgen.

ANMERKUNG   Dauernde Temperaturüberschreitungen im Sinne dieser Norm sind solche mit einer Dauer von mehr als einer Stunde

Bei der Anbringung der Anschlusseinrichtungen an Hausanschlusswänden und in Hausanschlussräumen werden folgende Maße zugrunde gelegt:

— Höhe Oberkante Anschlusseinrichtung über Fußboden: ≤ 1,5 m;

— Höhe Unterkante Anschlusseinrichtung über Fußboden: ≥ 0,3 m;

— Abstand der Anschlusseinrichtung zu seitlichen Wänden: ≥ 0,3 m.

5.4.2   Gas

Für die Errichtung von Gashausanschlüssen gilt DVGW G 459-1. Für Gasleitungen und -anlagen hinter der Hauptabsperreinrichtung ist DVGW G 600 (TRGI) zu beachten.

Erdverlegte Gasleitungen dürfen ohne zusätzliche Schutzmaßnahmen nicht überbaut werden. Müssen in Ausnahmefällen Hausanschlussleitungen unter Gebäudeteilen (z. B. Wintergärten, Garagen usw.) oder durch Hohlräume geführt werden, so sind sie in einem Schutz-, Futter- bzw. Mantelrohr zu verlegen. Dabei ist sicherzustellen, dass im Falle einer Undichtheit am Gasrohr das Gas nach außen abgeleitet wird. Eine nachträgliche Überbauung einer Gas-Hausanschlussleitung ist ohne zusätzliche Schutzmaßnahmen nicht zulässig.

9

5.4.3 Trinkwasser

Für die Errichtung von Wasserhausanschlüssen gilt das DVGW W 400-2 in Verbindung mit dem Merkblatt DVGW W 404. Für die der Hauptabsperreinrichtung nachgelagerten Anlagenteile ist DIN 1988 (alle Teile) zu beachten.

Bei Planung und Errichtung von Wasser-Hausanschlüssen sind die Überdeckungen, nach Abstimmung mit dem Versorgungsunternehmen und nach DVGW W 397, zur Sicherstellung einer frostfreien und hygienisch einwandfreien Versorgung zu beachten. Abstände zu Lichtschächten bedürfen der Beachtung. Für Mindestabstände zu Anlagen der Grundstückentwässerung sind die einschlägigen Technischen Regeln zur Sicherstellung der hygienischen Belange zu beachten (siehe DVGW-Merkblatt W 404).

In Kaltwasserleitungen sind aus hygienischen Gründen Wassertemperaturen $\geq 25\ °C$ zu vermeiden.

5.4.4 Telekommunikation

Bis 10 Wohneinheiten ist ein APL ausreichend. Bei Gebäuden über 10 Wohneinheiten sind zum Abschluss der ankommenden Adern und zum Verteilen der abgehenden Adern Verteilerkästen entsprechend der benötigten Anzahl der Wohneinheiten vorzusehen. Die Anschlusseinrichtungen und Betriebsmittel sind vor Manipulation zu schützen.

5.4.5 Breitbandkommunikation

Der Infrastrukturpunkt von Breitbandverteilnetzeinrichtungen wird auf Grundlage dieser Norm vorzugsweise in Hausanschlussräumen errichtet. Alle erforderlichen Bauteile des Infrastrukturpunkts sind in einem verschließbaren Metallschrank unterzubringen, um Manipulationen zu vermeiden.

5.5 Hausanschlusseinrichtungen in Gebäuden

5.5.1 Allgemeines

Die Hausanschlusseinrichtungen (Übergabestellen) innerhalb von Gebäuden sind unterzubringen:

— in **Hausanschlussräumen** (siehe 5.5.2), sie sind erforderlich in Gebäuden mit mehr als fünf Nutzungseinheiten. Die Anforderungen an Hausanschlussräume können auch schon in Gebäuden mit bis zu fünf Nutzungseinheiten sinngemäß angewendet werden;

— auf **Hausanschlusswänden** (siehe 5.5.3), sie sind vorgesehen für Gebäude mit bis zu fünf Nutzungseinheiten;

— in **Hausanschlussnischen** (siehe 5.5.4), sie sind vorgesehen für nicht unterkellerte Einfamilienhäuser.

Bei der Festlegung der Lage innerhalb des Gebäudes sind die Mindestanforderungen an den Wärmeschutz nach den Normen der Reihe DIN 4108 und den Schallschutz nach den Normen der Reihe DIN 4109 zu beachten.

In dem Hausanschlussraum, an der Hausanschlusswand und in der Hausanschlussnische, sind die Anschlussfahne des Fundamenterders nach DIN 18014 und die Haupterdungsschiene (Potentialausgleichsschiene) für den Hauptpotentialausgleich anzuordnen.

Die Größe des Hausanschlussraumes bzw. die Anordnung der Hausanschlusswand und der Hausanschlussnische sind so zu planen, dass vor der mit 30 cm Tiefe anzunehmenden Zone für die Anschlusseinrichtungen ein Arbeits- und Bedienbereich vorhanden ist. Dieser hat eine Tiefe von mindestens 1,20 m, eine Breite die die Anschluss- und Betriebseinrichtungen seitlich mindestens um 30 cm überragt und eine Durchgangshöhe von 1,80 m.

Wände, an denen Anschluss- und Betriebseinrichtungen befestigt werden, müssen den zu erwartenden mechanischen Belastungen entsprechend ausgebildet sein und eine ebene Oberfläche aufweisen. Die Wanddicke muss mindestens 60 mm betragen.

5.5.2 Hausanschlussraum

5.5.2.1 Allgemeines

Der Hausanschlussraum muss über allgemein zugängliche Räume, z. B. Treppenraum, Kellergang, oder direkt von außen, erreichbar sein. Er darf nicht als Durchgang zu weiteren Räumen dienen.

Der Hausanschlussraum muss an der Gebäudeaußenwand liegen, durch die die Anschlussleitungen geführt werden.

Die Anordnung der Anschluss- und Betriebseinrichtungen für die Strom- und Telekommunikationsversorgung einerseits und für die Wasser-, Gas- und Fernwärmeversorgung andererseits kann unter Berücksichtigung von 5.5.3.1 und 5.5.3.2 auch gemeinsam auf einer Wand erfolgen.

Der Hausanschlussraum ist mit einer schaltbaren, fest installierten Beleuchtung und mit einer Schutzkontaktsteckdose auszustatten.

Der Hausanschlussraum ist mit einer abschließbaren Tür nach DIN 18100 mit einer Breite von 875 mm und einer Höhe von 2 000 mm zu versehen.

Jeder Hausanschlussraum ist an seinem Zugang mit der Bezeichnung „Hausanschlussraum" zu kennzeichnen.

Die freie Durchgangshöhe unter Leitungen und Kanälen darf im Hausanschlussraum nicht kleiner als 1,80 m sein.

Schutzpotentialausgleich und gegebenenfalls erforderliche Elektroinstallationen sind nach DIN VDE 0100 (VDE 0100) (alle Teile) auszuführen.

Bei Fernwärmeanschlüssen ist bei der Auswahl und Errichtung von elektrischen Betriebsmitteln zusätzlich DIN VDE 0100-737 (VDE 0100-737) zu beachten.

5.5.2.2 Maße

Die Maße eines Hausanschlussraumes richten sich nach der Anzahl der vorgesehenen Anschlüsse (Ver- und Entsorgung), der Anzahl der zu versorgenden Kundenanlagen und nach der Art und Größe der Betriebseinrichtungen, die in dem Hausanschlussraum untergebracht werden sollen.

Ein Hausanschlussraum muss

— min. 2,0 m lang und

— min. 2,0 m hoch sein.

Die Breite muss

— min. 1,50 m bei Belegung nur einer Wand und

— min. 1,80 m bei Belegung gegenüberliegender Wände betragen (siehe auch 5.3).

11

5.5.3 Hausanschlusswand

5.5.3.1 Allgemeines

Der Raum mit Hausanschlusswand muss über allgemein zugängliche Räume, z. B. Treppenraum, Kellergang, oder direkt von außen erreichbar sein.

Die Hausanschlusswand muss in Verbindung mit einer Außenwand stehen, durch die die Anschlussleitungen geführt werden.

Unmittelbar nach der Hauseinführung sind Hausanschlussleitungen so anzuordnen, dass im weiteren Verlauf ihre kreuzungsfreie Verlegung sichergestellt ist.

Die freie Durchgangshöhe unter Leitungen und Kanälen darf im Bereich der Hausanschlusswand nicht kleiner als 1,80 m sein.

Der Raum mit der Hausanschlusswand ist mit einer schaltbaren, fest installierten Beleuchtung und mit einer Schutzkontaktsteckdose auszustatten.

5.5.3.2 Maße

Die Hausanschlusswand muss über die gesamte Wandfläche mindestens 2,0 m hoch sein.

Die Länge der Hausanschlusswand richtet sich nach der Anzahl der vorgesehenen Anschlüsse, der Anzahl der zu versorgenden Kundenanlagen und nach Art und Größe der Betriebseinrichtungen, die an der Hausanschlusswand untergebracht werden sollen. Der Mindestplatzbedarf für die Anschluss- und Betriebseinrichtungen ist mit den Verteilungsnetzbetreibern/Versorgungsunternehmen abzustimmen.

5.5.4 Hausanschlussnische

5.5.4.1 Allgemeines

Zur Einführung und gegebenenfalls zur Nachrüstung der Anschlussleitungen sind die erforderlichen Schutzrohre vorzusehen, deren Art und Größe vom jeweiligen Verteilungsnetzbetreiber/Versorgungsunternehmen festgelegt werden. Die räumliche Anordnung der Schutzrohre ist mit den jeweiligen Verteilungsnetzbetreiber/ Versorgungsunternehmen abzustimmen. Die Schutzrohre sind so zu verlegen, dass die Hausanschlussleitungen senkrecht in die Nische führen. Ein Ausführungsbeispiel zeigt Bild A.6.

Die Hausanschlusskabel sind innerhalb der Hausanschlussnische gegen mechanische Beschädigungen zu schützen.

Kaltwasserleitungen müssen aus Gründen der Schwitzwasserbildung wärmegedämmt werden.

5.5.4.2 Bauliche Anforderungen

Die Größe der Hausanschlussnische wird bestimmt durch das Rohbau-Richtmaß der Öffnung einer gängigen Wohnungstür nach DIN 18100 mit einer Breite von min. 875 mm bzw. Hausanschlussnischen mit der Sparte Fernwärme mit einer Breite von min. 1010 mm und einer Höhe von 2 000 mm. Das Richtmaß der Tiefe muss mindestens 250 mm betragen.

Für die Weiterführung der Leitungen aus der Hausanschlussnische sind entsprechende bauliche Maßnahmen zu treffen (z. B. Schlitze, Leerrohre, Kabelkanäle), wobei besonders auf die statisch wirksamen Elemente (z. B. Stürze, Unterzüge) zu achten ist.

12

Die Anschluss- und Betriebseinrichtungen für Strom, Gas, Wasser, Fernwärme und Telekommunikation nach 3.1 bzw. 3.11 sind in der Hausanschlussnische unter Berücksichtigung ihrer Funktionsflächen nach Bild 1 anzuordnen. Ein Ausführungsbeispiel zeigt Bild A.5a und Bild A.5b.

Türen für Hausanschlussnischen müssen mit ausreichend großen Lüftungsöffnungen ausgestattet sein, um die Temperaturgrenzen nach 5.4.1 und 5.4.3 nicht zu überschreiten.

Türen für Hausanschlussnischen mit Gasversorgungseinrichtungen müssen nach DVGW G 600 oben und unten Lüftungsöffnungen von jeweils mindestens 5 cm² haben.

Ein Ausführungsbeispiel für die Einführung einer Mehrsparten-Hauseinführung in eine Hausanschlussnische zeigt Bild A.6.

5.6 Anschlusseinrichtungen außerhalb von Gebäuden

5.6.1 Allgemeines

Die Hausanschlusseinrichtungen außerhalb von Gebäuden sind in Abstimmung mit dem Netzbetreiber/ Versorgungsunternehmen unterzubringen:

— an/in Gebäudeaußenwänden;

— in Hausanschlusssäulen/-schränken (gegebenenfalls mit Betriebseinrichtungen).

Bei der Anordnung der Anschlusseinrichtungen in/an der Außenseite der Außenwand sind die Mindestanforderungen an den Wärmeschutz nach den Normen der Reihe DIN 4108 und den Schallschutz nach den Normen der Reihe DIN 4109 zu beachten.

Die Anschlusseinrichtungen und gegebenenfalls die Betriebsmittel sind in ortsfesten und witterungsbeständigen Gehäusen unterzubringen und gegen mechanische Beschädigung zu schützen. Wände, an denen Anschluss- und Betriebseinrichtungen befestigt werden, müssen den zu erwartenden mechanischen Belastungen entsprechend ausgebildet sein und eine ebene Oberfläche aufweisen. Die Wanddicke muss mindestens 60 mm betragen.

Die Aufstellung von Hausanschlusssäulen/-schränken erfolgt vorzugsweise an der Grundstücksgrenze zwischen dem anzuschließenden Grundstück und dem öffentlichen Verkehrsraum.

Die Anforderungen zum Arbeits- und Bedienbereich nach 5.5 sind einzuhalten.

5.6.2 Kommunikation

Die außen liegende Betriebseinrichtung für Kommunikation ist etwa 1,6 m oberhalb der Erdgleiche anzubringen.

5.6.3 Gas

Außenleitungen sind nach DVGW G 600 zu schützen.

13

5.6.4 Trinkwasser

Die außen liegenden Betriebseinrichtungen und Leitungen müssen gegen Frost, Erwärmung und gegen Korrosion geschützt werden.

ANMERKUNG   In Kaltwasserleitungen gelten Temperaturen < 25 °C als unbedenklich.

Maße in Millimeter

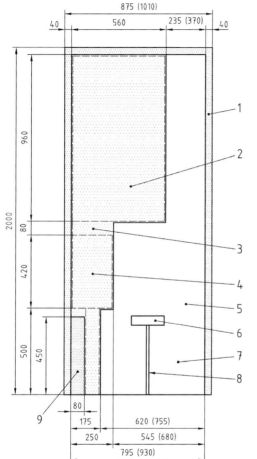

Legende
1   Raum für Zargeneinbau (40 mm angenommen)
2   Zählerschrank nach DIN 43870 (Außenmaße B 550 mm × H 950 mm)
3   Rangierraum 250 mm × 80 mm für Hauptleitung
4   Anschlusskasten DIN 43627-KH00-A Höhe maximal 420 mm Breite maximal 245 mm
5   Gas
6   Haupterdungsschiene (Potentialausgleichsschiene) im Freiraum zwischen Anschluss- und Betriebseinrichtung von Gas und Trinkwasser
7   Trinkwasser
8   Anschlussteil des Fundamenterders
9   Kommunikation

Nischenrichtmaße:
Breite 875 mm (1 010 mm)
Höhe 2 000 mm
Tiefe mindestens 250 mm

ANMERKUNG   Spiegelbildliche Anordnung möglich; Maße bei Fernwärme sind in Klammern.

Bild 1 — Funktionsflächen der Hausanschlussnische für die Sparten Gas (bzw. Fernwärme), Kommunikation, Strom, Trinkwasser

14

Anhang A
(informativ)

Ausführungsbeispiele

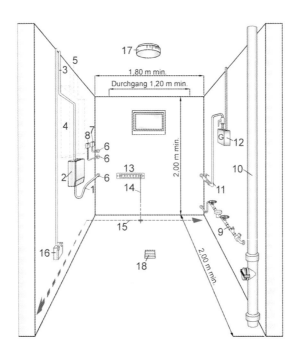

Legende

1	Hauseinführungsleitung für Strom
2	Strom-Hausanschlusskasten mit Hausanschlusssicherungen
3	Strom-Hauptleitung
4	gegebenenfalls Zählerplätze
5	Verbindungsleitung zum Stromkreisverteiler
6	Hauseinführung
7	APL – Abschlusspunkt für Telekommunikationsanlagen
8	HÜP – Hausübergabepunkt für Breitbandkommunikationsanlagen
9	Anschlussleitung für Trinkwasser mit Wasserzähler
10	Entwässerung
11	Anschlussleitung für Gasversorgung mit Hauptabsperreinrichtung zum Gasrohr
12	Gaszähler
13	Haupterdungsschiene (Potentialausgleichsschiene)
14	Erdungsleiter
15	Fundamenterder
16	Schutzkontaktsteckdose
17	Leuchte
18	Bodenablauf

ANMERKUNG   Potentialausgleichsleitungen und Sicherheitseinrichtungen sind nicht dargestellt. Weitere oder andere Betriebseinrichtungen (als die dargestellten) können vorhanden sein.

Bild A.1 — Hausanschlussraum mit der Anordnung der Anschluss- und Betriebseinrichtungen für die Sparten Gas, Kommunikation, Strom, Trinkwasser

15

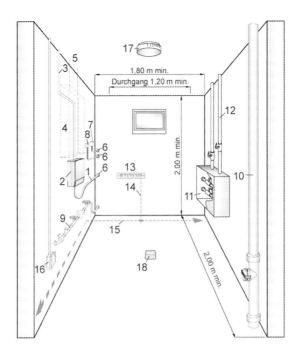

Legende

1 Hauseinführungsleitung für Strom
2 Strom-Hausanschlusskasten mit Hausanschlusssicherungen
3 Strom-Hauptleitung
4 gegebenenfalls Zählerplätze
5 Verbindungsleitung zum Stromkreisverteiler
6 Hauseinführung
7 APL – Abschlusspunkt für Telekommunikationsanlagen
8 HÜP – Hausübergabepunkt für Breitbandkommunikationsanlagen
9 Anschlussleitung für Trinkwasser mit Wasserzähler

10 Entwässerung
11 Fernwärme-Übergabestation/ Fernwärmehauszentrale
12 Vor- und Rücklaufleitung Heizung
13 Haupterdungsschiene (Potentialausgleichsschiene)
14 Erdungsleiter
15 Fundamenterder
16 Schutzkontaktsteckdose
17 Leuchte
18 Bodenablauf

ANMERKUNG   Potentialausgleichsleitungen und Sicherheitseinrichtungen sind nicht dargestellt. Weitere oder andere Betriebseinrichtungen (als die dargestellten) können vorhanden sein.

Bild A.2 — Hausanschlussraum mit der Anordnung der Anschluss- und Betriebseinrichtungen für die Sparten Fernwärme, Kommunikation, Strom, Trinkwasser

16

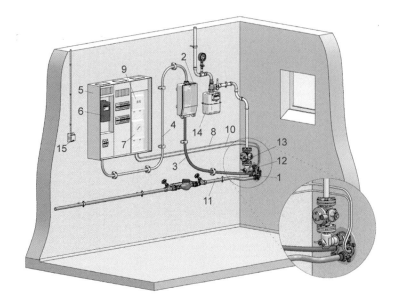

Legende
1 Mehrspartenhauseinführung
2 Starkstrom-Hausanschlusskasten mit Hausanschlusssicherung
3 Starkstrom-Hausanschlusskabel
4 Starkstrom-Hauptleitung
5 Zählerschrank mit Tür
6 Stromzähler
7 APL – Abschlusspunkt für Telekommunikationsanlagen
8 Telefon-Hauptleitung
9 HÜP – Hausübergabepunkt für Breitbandkommunikationsanlagen
10 Breitband-Hauptleitung
11 Anschlussleitung für Wasserversorgung mit Wasserzähler
12 Anschlussleitung für Gasversorgung
13 Hausdruckregelgerät
14 Gaszähler
15 Steckdose

ANMERKUNG   Potentialausgleichsleitungen und Sicherheitseinrichtungen sind nicht dargestellt. Weitere oder andere Betriebseinrichtungen (als die dargestellten) können vorhanden sein.

Bild A.3 — Ausführungsbeispiel einer Hausanschlusswand für ein Einfamilienhaus mit der Anordnung der Anschluss- und Betriebseinrichtungen mit den Sparten Gas, Kommunikation, Strom, Trinkwasser und Telekommunikationsfeld im Zählerschrank

17

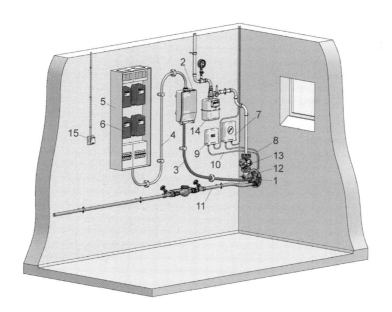

Legende

1 Mehrspartenhauseinführung
2 Starkstrom-Hausanschlusskasten mit Hausanschlusssicherung
3 Starkstrom-Hausanschlusskabel
4 Starkstrom-Hauptleitung
5 Zählerschrank mit Tür
6 Stromzähler
7 APL – Abschlusspunkt für Telekommunikationsanlagen
8 Telefon-Hauptleitung
9 HÜP – Hausübergabepunkt für Breitbandkommunikationsanlagen
10 Breitband-Hauptleitung
11 Anschlussleitung für Wasserversorgung mit Wasserzähler
12 Anschlussleitung für Gasversorgung
13 Hausdruckregelgerät
14 Gaszähler
15 Steckdose

ANMERKUNG   Potentialausgleichsleitungen und Sicherheitseinrichtungen sind nicht dargestellt. Weitere oder andere Betriebseinrichtungen (als die dargestellten) können vorhanden sein.

Bild A.4 — Ausführungsbeispiel einer Hausanschlusswand mit der Anordnung der Anschluss- und Betriebseinrichtungen mit den Sparten Gas, Kommunikation, Strom, Trinkwasser

18

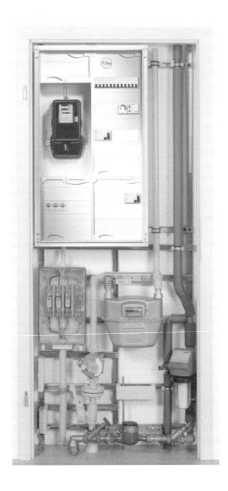

ANMERKUNG 1   Potentialausgleichsleitungen und Sicherheitseinrichtungen sind nicht dargestellt.

ANMERKUNG 2   Für rückspülbare Trinkwasserfilter ist eine Entwässerungsmöglichkeit vorzusehen.

Bild A.5a — Ausführungsbeispiel für die Anordnung der Anschluss- und Betriebseinrichtungen in der Hausanschlussnische mit den Sparten Gas, Kommunikation, Strom, Trinkwasser

19

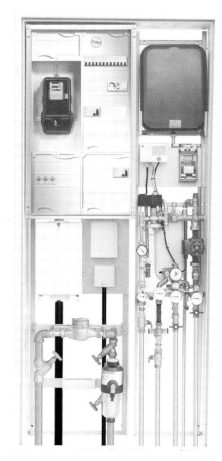

ANMERKUNG 1   Potentialausgleichsleitungen und Sicherheitseinrichtungen sind nicht dargestellt.

ANMERKUNG 2   Für rückspülbare Trinkwasserfilter ist eine Entwässerungsmöglichkeit vorzusehen.

Bild A.5b — Ausführungsbeispiel für die Anordnung der Anschluss- und Betriebseinrichtungen in der Hausanschlussnische mit den Sparten Fernwärme, Kommunikation, Strom, Trinkwasser

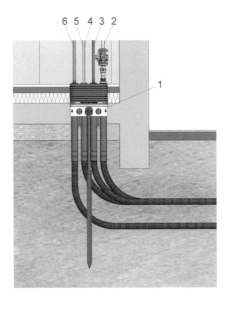

Legende
1   Mehrspartenhauseinführung
2   Anschlussleitung für Gasversorgung
3   Starkstrom-Hausanschlusskabel
4   Anschlussleitung Telefon
5   Anschlussleitung Breitbandkommunikation
6   Anschlussleitung für Wasserversorgung

Bild A.6 — Ausführungsbeispiel für die Einführung der Anschluss- und Betriebseinrichtungen in die Hausanschlussnische mit den Sparten Gas, Kommunikation, Strom, Trinkwasser (Mehrspartenhauseinführung)

21

Literaturhinweise

DIN EN 805, *Wasserversorgung — Anforderungen an Wasserversorgungssysteme und deren Bauteile außerhalb von Gebäuden*

DIN EN 806 (alle Teile), *Technische Regeln für Trinkwasser-Installationen*

DIN EN 50174-2 (VDE 0800-174-2), *Informationstechnik — Installation von Kommunikationsverkabelung — Teil 2: Installationsplanung und -praktiken in Gebäuden*

DIN EN 60728-11 (VDE 0855-1), *Kabelnetze für Fernsehsignale — Tonsignale und interaktive Dienste — Teil 11: Sicherheitsanforderungen*

DIN EN 60439-1 (VDE 0660-500), *Niederspannungs-Schaltgerätekombinationen — Teil 1: Typgeprüfte und partiell typgeprüfte Kombinationen*

DVGW G 459-2, Gas-Druckregelung mit Eingangsdrücken bis 5 bar in Anschlussleitungen[2]

DVGW G 600, *Technische Regeln für Gas-Installationen — DVGW-TRGI 1986/1996*[2]

AGFW FW 515, *Technische Anschlussbedingungen Heizwasser (TAB-HW)*[3]

AGFW FW 516, *Technische Anschlussbedingungen Dampf (TAB-Dampf)*[3]

VDEWTAB 2007, *Technische Anschlussbedingungen — TAB 2007 — für den Anschluss an das Niederspannungsnetz*[4]

Technische Bestimmung T-COM 731 TR 1, *Rohrnetze und andere verdeckte Führungen für Telekommunikationsleitungen in Gebäuden*[5]

---

[2] Zu beziehen bei Wirtschafts- und Verlagsgesellschaft Gas und Wasser mbH — WVBGW — Josef-Wirmer-Str. 3, 54123 Bonn.

[3] Herausgegeben durch die Arbeitsgemeinschaft für Wärme und Heizkraftwirtschaft — AGFW — e.V. beim VDEW, zu beziehen bei: VWEW Energieverlag GmbH, Kleyerstr. 88, 60326 Frankfurt/Main.

[4] Nachgewiesen in der DITR-Datenbank der DIN Software GmbH, zu beziehen bei: VWEW Energieverlag GmbH, Kleyerstr. 88, 60326 Frankfurt/Main.

[5] Herausgegeben von der Deutschen Telekom AG, zu beziehen bei: Deutsche Telekom AG, Competence Center Personalmanagement, Service und Vertrieb Druckerzeugnisse, RS 55, 64307 Darmstadt.

22

Nischen für Zählerplätze (Elektrizitätszähler)

DIN
18 013

Recesses for meter boards (electric meters)
Niches pour compteurs (compteurs électriques)

Ersatz für Ausgabe 09.79

Maße in mm

1 Anwendungsbereich

Diese Norm gilt für Nischen für Zählerplätze (kurz Zählernischen), die für den Wandeinbau von Zählerplätzen in der Ausführung mit Zählerplatzumhüllung (UH) nach DIN 43870 Teil 1 bestimmt sind.

2 Bezeichnung

Zählernischen werden mit der Anzahl für die Zählerplätze und der Nischenhöhe h in mm bezeichnet.

Beispiel: Zählernische für 3 Zählerplätze (3) mit einer Höhe h = 1100 mm:

Zählernische DIN 18013 − 3 − 1100

3 Anforderungen

3.1 Die Größe einer Zählernische richtet sich nach der Anzahl und der Bestückung der darin unterzubringenden Zählerplätze. Ihre Lage und Anordnung ist mit dem zuständigen Elektrizitätsversorgungsunternehmen (EVU) abzustimmen.

3.2 Wenn die mögliche Tiefe einer Zählernische bedingt, daß die Zählerplatzumhüllung nach dem Einbau in einen Treppenraum oder in einen anderen Rettungsweg ragt, dann muß sichergestellt sein, daß die erforderliche Breite des Rettungsweges entsprechend der gültigen Bauordnung vorhanden ist.

Anmerkung: Die maximale Tiefe umhüllter Zählerplätze nach DIN 43870 Teil 1 beträgt 225 mm.

3.3 Die lichten Maße von Zählernischen im fertigen Zustand müssen den Festlegungen in der Tabelle entsprechen.

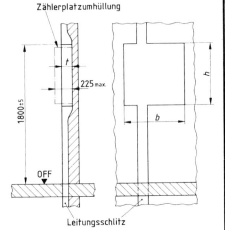

Bild.

3.4 Zählernischen sollen so angeordnet sein, daß ihre Oberkante (1800 ± 5) mm über der Oberfläche des fertigen Fußbodens liegt (siehe Bild).

3.5 Eine Zählernische darf einen für die Wand geforderten

− Mindest-Brandschutz nach DIN 4102 Teil 2,
− Mindest-Wärmeschutz nach DIN 4108,
− Mindest-Schallschutz nach DIN 4109 Teil 2

sowie die Standfestigkeit der Wand nicht beeinträchtigen. Dies gilt auch für etwaige weitergehende bauaufsichtliche Anforderungen.

Fortsetzung Seite 2

Normenausschuß Bauwesen (NABau) im DIN Deutsches Institut für Normung e.V.

3.6 Die Leitungen werden senkrecht von oben oder von unten in die Zählernische eingeführt. Im Einführungsbereich zur Zählernische muß der Leitungsschlitz die gleiche Tiefe wie die Zählernische haben. Die Lage des Leitungsschlitzes in Verbindung mit der Nische ist im Einvernehmen mit dem EVU und dem Elektro-Installateur festzulegen.

3.7 Bei Zählernischen muß sichergestellt sein, daß ein einwandfreies Einführen der Leitungen nicht durch statisch tragende Bauteile, z. B. Stürze, verhindert wird.

3.8 Sofern Zählernischen mit größeren als in der Tabelle angegebenen Maßen, z. B. mit Nennmaßen nach DIN 4172, für den Rohbau hergestellt werden, sind die nach Einbau der Zählerplätze mit Zählerplatzumhüllung verbleibenden Hohlräume bauseitig zu schließen.

Tabelle.

Anzahl der Zählerplätze	Zählernische		
	Breite b min.	Tiefe t min.	Höhe [1]) h min.
1	300	140	950, 1100, 1250 oder 1400
2	550	140	
3	800	140	
4	1050	140	
5	1300	140	

[1]) In Abhängigkeit von der Bestückung der Zählerplätze

Zitierte Normen

DIN 4102 Teil 2   Brandverhalten von Baustoffen und Bauteilen; Bauteile, Begriffe, Anforderungen und Prüfungen

DIN 4108   Wärmeschutz im Hochbau

DIN 4109 Teil 2   Schallschutz im Hochbau; Anforderungen

DIN 4172   Maßordnung im Hochbau

DIN 43870 Teil 1   Zählerplatz; Maße auf der Basis eines Rastersystems

Weitere Normen

DIN 18015 Teil 1   Elektrische Anlagen in Wohngebäuden; Planungsgrundlagen

Frühere Ausgaben

DIN 18013: 06.55;   DIN 18013 Teil 1: 04.71;   DIN 18013: 09.79

Änderungen

Gegenüber der Ausgabe September 1979 wurden folgende Änderungen vorgenommen:

a) Die Höhen der Zählernischen wurden in Angleichung an die Neufassung von DIN 43870 Teil 1 geändert.

b) Die Gestaltung der Norm wurde den Festlegungen der DIN 820 angepaßt, dabei wurde insbesondere eine Norm-Bezeichnung eingeführt.

September 2007

DIN 18015-1

ICS 91.140.50

Ersatz für
DIN 18015-1:2002-09

Elektrische Anlagen in Wohngebäuden –
Teil 1: Planungsgrundlagen

Electrical installations in residential buildings –
Part 1: Planning principles

Installations électriques dans des immeubles d'habitation –
Partie 1: Bases de planification

Gesamtumfang 21 Seiten

Normenausschuss Bauwesen (NABau) im DIN

Inhalt

Seite

Bilder

3

Vorwort

Diese Norm wurde vom NABau-Arbeitsausschuss NA 005-09-85 AA „Elektrische Anlagen im Bauwesen" erarbeitet.

DIN 18015, *Elektrische Anlagen in Wohngebäuden*, besteht aus:

— *Teil 1: Planungsgrundlagen*

— *Teil 2: Art und Umfang der Mindestausstattung*

— *Teil 3: Leitungsführung und Anordnung der Betriebsmittel*

Änderungen

Gegenüber DIN 18015-1:2002-09 wurden folgende Änderungen vorgenommen:

a) Anforderungen an die Leitungsanordnung an und in Decken sind entfallen, sie wurden in erweiterter und differenzierter Form in DIN 18015-3 aufgenommen;

b) die in der Norm verwendeten Begriffe wurden im Abschnitt 3 aktualisiert und ergänzt;

c) neu aufgenommen wurden Anforderungen zur Aufteilung von Stromkreisen und zur Koordination von Schutzeinrichtungen;

d) für Kommunikationsanlagen (Telekommunikation und Hauskommunikation) sind die Anforderungen und Begriffe aktualisiert und ergänzt worden;

e) die Hinweise auf den Blitz- und Überspannungsschutz wurden der aktuellen Normenentwicklung angepasst und in einem Abschnitt zusammengefasst.

Frühere Ausgaben

DIN 18015-1: 1955x-05, 1965-08, 1980-04, 1984-11, 1992-03, 2002-09

4

1 Anwendungsbereich

Diese Norm gilt für die Planung von elektrischen Anlagen in Wohngebäuden sowie mit diesen im Zusammenhang stehenden elektrischen Anlagen außerhalb der Gebäude.

Für Gebäude mit vergleichbaren Anforderungen an die elektrische Ausrüstung ist sie sinngemäß anzuwenden.

2 Normative Verweisungen

Die folgenden zitierten Dokumente sind für die Anwendung dieses Dokuments erforderlich. Bei datierten Verweisungen gilt nur die in Bezug genommene Ausgabe. Bei undatierten Verweisungen gilt die letzte Ausgabe des in Bezug genommenen Dokuments (einschließlich aller Änderungen).

DIN 1053-1, *Mauerwerk — Teil 1: Berechnung und Ausführung*

DIN 18012, *Haus-Anschlusseinrichtungen in Gebäuden — Raum- und Flächenbedarf — Planungsgrundlagen*

DIN 18013, *Nischen für Zählerplätze (Elektrizitätszähler)*

DIN 18014, *Fundamenterder*

DIN 18015-2, *Elektrische Anlagen in Wohngebäuden — Art und Umfang der Mindestausstattung*

DIN 18015-3, *Elektrische Anlagen in Wohngebäuden — Leitungsführung und Anordnung der Betriebsmittel*

DIN 43870-1, *Zählerplätze — Maße auf Basis eines Rastersystems*

DIN 43871, *Installationskleinverteiler für Einbaugeräte bis 63 A*

DIN EN 50083 (VDE 0855) (alle Teile), *Kabelnetze für Fernsehsignale, Tonsignale und interaktive Dienste*

DIN EN 50083-1 (VDE 0855-1), *Kabelverteilsysteme für Ton- und Fernsehrundfunk-Signale — Teil 1: Sicherheitsanforderungen*

DIN EN 50174-2 (VDE 0800-174-2), *Informationstechnik — Installation von Kommunikationsverkabelung, Teil 2: Installationsplanung und -praktiken in Gebäuden*

DIN EN 60617 (alle Teile), *Graphische Symbole für Schaltpläne*

DIN EN 61082-4, *Dokumente der Elektrotechnik — Teil 4: Ortsbezogene und Installationsdokumente*

DIN EN 61643-11 (VDE 0675-6-11), *Überspannungsschutzgeräte für Niederspannung — Teil 11: Überspannungsschutzgeräte für den Einsatz in Niederspannungsanlagen — Anforderungen und Prüfungen*

DIN EN 61643-21 (VDE 0845-3-1), *Überspannungsschutzgeräte für Niederspannung — Teil 21: Überspannungsschutzgeräte für den Einsatz in Telekommunikations- und signalverarbeitenden Netzwerken — Leistungsanforderungen und Prüfverfahren*

DIN EN 62305-2 (VDE 0185-305-2), *Blitzschutz — Teil 2: Risiko-Management*

DIN EN 62305-3 (VDE 0185-305-3), *Blitzschutz — Teil 3: Schutz von baulichen Anlagen und Personen*

DIN EN 62305-4 (VDE 0185-305-4), *Blitzschutz — Teil 4: Elektrische und elektronische Systeme in baulichen Anlagen*

5

DIN VDE 0100-200 (VDE 0100-200), *Elektrische Anlagen von Gebäuden — Teil 200: Begriffe*

DIN VDE 0100-410 (VDE 0100-410), *Errichten von Niederspannungsanlagen — Teil 4-41: Schutzmaßnahmen — Schutz gegen elektrischen Schlag (IEC 60364-4-41:2005, modifiziert)*

DIN VDE 0100-430 (VDE 0100-430), *Errichten von Starkstromanlagen mit Nennspannungen bis 1 000 V — Schutzmaßnahmen; Schutz von Kabeln und Leitungen bei Überstrom*

DIN VDE 0100-520 (VDE 0100-520), *Errichten von Niederspannungsanlagen — Teil 5: Auswahl und Errichtung elektrischer Betriebsmittel — Kapitel 52: Kabel- und Leitungsanlagen*

DIN VDE 0100-530 (VDE 0100-530), *Errichten von Niederspannungsanlagen — Teil 530: Auswahl und Errichtung elektrischer Betriebsmittel — Schalt- und Steuergeräte*

DIN V VDE V 0100-534 (VDE V 0100-534), *Elektrische Anlagen von Gebäuden — Teil 534: Auswahl und Errichtung von Betriebsmitteln — Überspannungs-Schutzeinrichtungen*

DIN VDE 0100-540 (VDE 0100-540), *Errichten von Niederspannungsanlagen — Teil 5-54: Auswahl und Errichtung elektrischer Betriebsmittel — Erdungsanlagen, Schutzleiter und Schutzpotentialausgleichsleiter*

DIN VDE 0100-701 (VDE 0100-701), *Errichten von Niederspannungsanlagen — Anforderungen für Betriebsstätten, Räume und Anlagen besonderer Art — Teil 701: Räume mit Badewanne oder Dusche*

DIN VDE 0100-702 (VDE 0100-702), *Errichten von Niederspannungsanlagen — Anforderungen für Betriebsstätten, Räume und Anlagen besonderer Art — Teil 702: Becken von Schwimmbädern und andere Becken*

DIN VDE 0100-714 (VDE 0100-714), *Errichten von Niederspannungsanlagen — Teil 7: Anforderungen für Betriebsstätten, Räume und Anlagen besonderer Art — Hauptabschnitt 714: Beleuchtungsanlagen im Freien*

DIN VDE 0100-737 (VDE 0100-737), *Errichten von Niederspannungsanlagen — Feuchte und nasse Bereiche und Räume und Anlagen im Freien*

DIN VDE 0100-739 (VDE 0100-739), *Errichten von Starkstromanlagen mit Nennspannungen bis 1000 V; Zusätzlicher Schutz bei direktem Berühren in Wohnungen durch Schutzeinrichtungen mit $I_{\Delta n} \le 30$ mA in TN- und TT-Netzen*

DIN VDE 0298-4 (VDE 0298-4), *Verwendung von Kabeln und isolierten Leitungen für Starkstromanlagen — Teil 4: Empfohlene Werte für die Strombelastbarkeit von Kabeln und Leitungen für feste Verlegung in und an Gebäuden und von flexiblen Leitungen*

DIN VDE 0603-1 (VDE 0603-1), *Installationsverteiler und Zählerplätze AC 400 V — Installationskleinverteiler und Zählerplätze*

DIN VDE 0833-1 (VDE 0833-1), *Gefahrenmeldeanlagen für Brand, Einbruch und Überfall — Allgemeine Festlegungen*

DIN VDE 0833-2 (VDE 0833-2), *Gefahrenmeldeanlagen für Brand, Einbruch und Überfall — Festlegungen für Brandmeldeanlagen (BMA)*

DIN VDE 0833-3 (VDE 0833-3), *Gefahrenmeldeanlagen für Brand, Einbruch und Überfall — Festlegungen für Einbruch- und Überfallmeldeanlagen*

3 Begriffe

Für die Anwendung dieses Dokuments gelten die Begriffe nach DIN VDE 0100-200 (VDE 0100-200) und die folgenden Begriffe.

3.1
elektrische Anlagen in Wohngebäuden
elektrische Anlagen in Wohngebäuden sind:

— Starkstromanlagen mit Nennspannungen bis 1 000 V,

— Telekommunikationsanlagen und Hauskommunikationsanlagen, sowie sonstige Melde- und Informations-verarbeitungsanlagen

— Empfangs- und Verteilanlagen für Radio und Fernsehen sowie für interaktive Dienste mit oder ohne Anschluss an ein allgemein zugängliches Netz eines Netzbetreibers,

— Blitzschutzanlagen

3.2
Starkstromanlage
elektrische Anlage mit Betriebsmitteln zum Erzeugen, Umwandeln, Speichern, Fortleiten, Verteilen und Verbrauchen elektrischer Energie mit dem Zweck des Verrichtens von Arbeit — z. B. in Form von mechanischer Arbeit, zur Wärme- und Lichterzeugung oder bei elektrochemischen Vorgängen

ANMERKUNG   Starkstromanlagen können gegen elektrische Anlagen anderer Art nicht immer eindeutig abgegrenzt werden. Die Werte von Spannung, Strom und Leistung sind dabei allein keine ausreichenden Unterscheidungsmerkmale.

3.3
Kundenanlage
elektrische Anlage hinter den Übergabepunkten von vorgelagerten Verteilungsnetzen

3.4
Verteilungsnetz
die Gesamtheit aller Leitungen und Kabel des vorgelagerten Netzes bis zum Übergabepunkt zur Kundenanlage (Verbraucheranlage)

3.5
Anschlusseinrichtung
Übergabestelle der Versorgung z. B. bei der Stromversorgung der Hausanschlusskasten, bei der Telekommunikationsversorgung die Abschlusspunkte (APL) der allgemeinen Netze von Telekommunikationsanlagen und bei Empfangs- und Verteilanlagen für Radio und Fernsehen sowie für interaktive Dienste der Übergabepunkt des Netzbetreibers

3.6
Hauptstromversorgung/Hauptstromversorgungssystem
Hauptleitungen und Betriebsmittel hinter der Übergabestelle (Hausanschlusskasten) des Verteilungsnetz-betreibers (VNB), die nicht gemessene elektrische Energie führen

3.7
Hauptleitung
Verbindungsleitung zwischen der Übergabestelle des Verteilungsnetzbetreibers (VNB) und der Messeinrichtung (Zähleranlage), die nicht gemessene elektrische Energie führt

3.8
Messeinrichtung
Betriebsmittel zum Erfassen des elektrischen Energieverbrauches

7

3.9
Steuereinrichtung
Betriebsmittel (z. B. Rundsteuerempfänger oder Schaltuhr) zur Laststeuerung und Tarifschaltung

3.10
Stromkreis
Gesamtheit der elektrischen Betriebsmittel einer Anlage, die von demselben Speisepunkt versorgt und durch dieselbe Überstrom-Schutzeinrichtung geschützt wird

3.11
Stromkreisverteiler
Installationskleinverteiler
Verteiler der zugeführten Energie auf mehrere Stromkreise, die zur Aufnahme von Betriebsmitteln zum Schutz bei Überstrom und zum Schutz gegen elektrischen Schlag sowie zum Trennen, Schalten, Messen und Überwachen geeignet sind

3.12
Überstrom-Schutzeinrichtung
Betriebsmittel zum Schutz von Kabeln oder Leitungen bei Überstrom d. h. gegen zu hohe Erwärmung durch betriebliche Überlastung oder bei Kurzschluss, z. B. Leitungsschutzschalter, Schmelzsicherung

3.13
Fehlerstrom-Schutzschalter
Betriebsmittel zum Schutz gegen elektrischen Schlag und zum Brandschutz

3.14
Überspannungs-Schutzeinrichtung
Gerät, das dazu bestimmt ist, transiente Überspannungen zu begrenzen und Stoßströme abzuleiten

ANMERKUNG   Hierunter fallen Blitzstrom- und Überspannungsableiter.

3.15
elektromagnetische Verträglichkeit
EMV
Fähigkeit eines elektrischen Betriebsmittels oder Systems, in seinem elektromagnetischen Umfeld befriedigend zu funktionieren, ohne dabei dieses Umfeld unzulässig zu beeinflussen

3.16
Wohnungsübergabepunkt
WÜP
Schnittstelle zwischen dem hausinternen Breitbandkabelnetz und der nachgeschalteten Verteilanlage einer Wohnung

3.17
Abschlusspunkt Liniennetz
APL
Abschlusspunkt des TK-Zugangsnetzes

3.18
Telekommunikationsanschlusseinrichtung
TAE
Anschluss der TK-Endeinrichtungen

3.19
Endleitungsnetz
Teil der Kundenanlage, die am Abschlusspunkt Liniennetz (APL) beginnt und an der Telekommunikationsabschlusseinrichtung (z. B. 1. TAE) endet

8

3.20
Inhousenetz
Wohnungsverteilnetz, Teil der Kundenanlage, die an der Telekommunikationsabschlusseinrichtung (z. B. 1. TAE) beginnt und an den Telekommunikationsanschlusseinrichtungen (weitere TAE) endet

3.21
Verteilnetz
Netz, über das in der Kundenanlage Signale verteilt werden für:

— Telekommunikations-, Hauskommunikations- sowie sonstige Melde- und Informationsverarbeitungsanlagen

— Radio, Fernsehen und für interaktive Dienste.

3.22
interaktive Dienste
bidirektionaler Datenaustausch zwischen einem Dienstanbieter und einem Teilnehmer, wie z. B. DSL.

4 Allgemeine Planungshinweise

4.1 Projekt- und Planungsvorbereitung

Im Rahmen der Projekt- und Planungsvorbereitung sind die Anschlussvoraussetzungen für die

— Starkstromanlagen mit dem Verteilungsnetzbetreiber (VNB),

— Telekommunikationsanlagen sowie sonstige Fernmelde- und Informationsverarbeitungsanlagen und Hauskommunikationsanlagen mit dem Netzbetreiber,

— Verteilanlagen für Radio und Fernsehen sowie für interaktive Dienste mit dem Netzbetreiber,

— Notwendigkeit einer Ersatzstromversorgung (Notstromanlage) mit der Bauaufsichtsbehörde

zu klären.

Bei der Planung der elektrischen Anlage ist zu beachten, dass die elektromagnetische Verträglichkeit (EMV) der Systeme untereinander gegeben ist.

ANMERKUNG   Bei der Planung der Elektroinstallationsanlage sind die bauordnungsrechtlichen Anforderungen des jeweiligen Bundeslandes zu berücksichtigen. Im Zusammenhang mit den einschlägigen bauordnungsrechtlichen Anforderungen wird auch auf die MLeitungsanlRL, Muster-Richtlinie über brandschutztechnische Anforderungen an Leitungsanlagen (Muster-Leitungsanlagen-Richtlinie – M-LAR) [6] der ARGEBAU (Arbeitsgemeinschaft der für das Bau-, Wohnungs- und Siedlungswesen zuständigen Minister der Länder) in der jeweils gültigen Fassung hingewiesen.

Die Einbringung von Fundamenterdern ist bei der Gebäudeplanung frühzeitig zu berücksichtigen (siehe Abschnitt 8).

Befestigungspunkte für Antennenträger und Einführungen von Antennenleitungen sind insbesondere bei Flachdächern rechtzeitig zu planen.

Elektrische Anlagen in Wohngebäuden sind so zu planen und zu betreiben, dass sie vor Hochwasser geschützt werden.

9

4.2 Anschlusseinrichtungen

Für die Planung des Raum- und Flächenbedarfs von Anschlusseinrichtungen ist DIN 18012 zu berücksichtigen.

4.3 Schlitze, Aussparungen, Öffnungen

Erforderliche Schlitze, Aussparungen und Öffnungen sind bereits bei der Gebäudeplanung zu berücksichtigen. Sie dürfen die Standfestigkeit sowie Brand-, Wärme- und Schallschutz nicht in unzulässiger Weise mindern. Bei Schlitzen und Aussparungen in tragenden Wänden aus Mauerwerk ist DIN 1053-1 zu beachten.

Bei Öffnungen in bestimmten Wänden und Decken zum Durchführen von Kabeln und Leitungen sind geeignete Vorkehrungen zu treffen, die eine Übertragung von Feuer und Rauch verhindern (siehe Anmerkung in 4.1).

4.4 Rohrnetze

Für die Telekommunikationsanlagen nach Abschnitt 6 und für die Verteilanlage für Radio und Fernsehen nach Abschnitt 7 ist jeweils ein getrenntes Rohrnetz vorzusehen.

4.5 Installationspläne

Für Installationspläne elektrischer Anlagen sind die graphischen Symbole nach den Normen der Reihe DIN EN 60617 und DIN EN 61082-4 zu verwenden.

5 Starkstromanlagen

5.1 Allgemeines

Kabel und Leitungen von Starkstromanlagen sind, sofern sie nicht in Rohren oder Elektroinstallationskanälen angeordnet werden, in Räumen, die Wohnzwecken dienen, grundsätzlich im Putz, unter Putz, in Wänden oder hinter Wandbekleidungen zu installieren.

Bei der Planung ist eine Koordination mit anderen Gewerken nach DIN 18015-3 vorzunehmen.

Die Anordnung von

—   Kabeln, Leitungen und Leerrohren in Putz, unter Putz, in Wänden und hinter Wandbekleidungen sowie auf, in und unter Decken

—   Schaltern, Steckdosen, Auslässen und Verbindungsdosen

ist nach DIN 18015-3 vorzunehmen.

Für die Auswahl von Kabeln und Leitungen in Bezug auf mechanische, thermische und chemische Einflüsse sind DIN VDE 0100-430 (VDE 0100-430) und DIN VDE 0100-520 (VDE 0100-520), für die Installation in feuchten und nassen Räumen DIN VDE 0100-737 (VDE 0100-737), für Beleuchtungsanlagen im Freien DIN VDE 0100-714 (VDE 0100-714) zu beachten.

Bei dem Einsatz von Erzeugungsanlagen (z. B. Blockheizkraftwerke, Brennstoffzellen, Photovoltaik) sind die dafür notwendigen Maßnahmen für die Einbindung in die Niederspannungsanlage mit den jeweiligen Planern abzustimmen.

In hochwassergefährdeten Gebieten ist der Hausanschlusskasten, die Zählerplätze mit den Mess- und Steuereinrichtungen und die Stromkreisverteiler der zu erwartenden hundertjährigen Überschwemmungshöhe bzw. örtlich festgelegten Überschwemmungshöhe anzubringen. Darunter liegende Stromkreise erhalten einen Zusatzschutz mit Fehlerstrom-Schutzschaltern (RCD), Bemessungsfehlerstrom ≤ 30 mA.

10

5.2 Hausinstallation

5.2.1 Hauptstromversorgung und Hauptleitungen

Der Planer und/oder Errichter legen Querschnitt, Art und Anzahl der Hauptleitungen in Abhängigkeit von der Anzahl der anzuschließenden Kundenanlagen fest. Die vorgesehene Ausstattung der Kundenanlagen mit Verbrauchsgeräten, die zu erwartende Gleichzeitigkeit dieser Geräte im Betrieb sowie die technische Ausführung der Übergabestelle sind bei der Festlegung zu berücksichtigen.

Hauptleitungen sind als Drehstromleitungen auszuführen. Die Leitungsquerschnitte sind auf der Grundlage des Diagramms (siehe Bild 1), jedoch mindestens für eine Belastung von 63 A zu bemessen. Der Leitungsquerschnitt muss dementsprechend mindestens 10 mm^2 Cu betragen.

Bei der Bemessung von Kabeln und Leitungen gilt für die zulässige Strombelastbarkeit DIN VDE 0298-4 (VDE 0298-4).

ANMERKUNG   Bei der Ausführung eines TN-Systems im Gebäude ist aus Gründen der elektromagnetischen Verträglichkeit (EMV) eine Aufteilung des PEN-Leiters im Hausanschlusskasten vorteilhaft. Dabei ist die Hauptleitung 5adrig auszuführen.

Hauptstromversorgungssysteme werden als Strahlennetze betrieben.

Hauptstromversorgungssysteme bzw. Hauptleitungen sind in allgemein zugänglichen Räumen anzuordnen.

Bei Kabelanschlüssen dürfen Hauptleitungen im Kellergeschoss vom Hausanschlusskasten an auf der Wand installiert werden. Von der Kellerdecke ab sind Hauptleitungen in Schächten, Rohren oder unter Putz anzuordnen.

Bei Freileitungsanschluss müssen die Zählerplätze und die Hauptleitung so errichtet werden, dass die Anlage im Gebäude im Bedarfsfall problemlos auch über einen Kabelanschluss versorgt werden kann.

Der zulässige Spannungsfall in der elektrischen Anlage zwischen der Übergabestelle (Hausanschlusskasten) des VNB und der Messeinrichtung (Zähleranlage) ist der Niederpannungsanschlussordnung – NAV [1] sowie den „Technischen Anschlussbedingungen für den Anschluss an das Niederspannungsnetz, VDEW TAB 2000 [2] zu entnehmen.

Der Spannungsfall in der elektrischen Anlage hinter der Messeinrichtung bis zum Anschlusspunkt der Verbrauchsmittel sollte 3 % insgesamt nicht überschreiten, dabei ist DIN VDE 0100-520 (VDE 0100-520) zu berücksichtigen. Für die Berechnung des Spannungsfalles in jedem Leitungsabschnitt ist der Bemessungsstrom der jeweils vorgeschalteten Überstrom-Schutzeinrichtung zu Grunde zu legen.

Bei dem Einsatz von Überspannungs-Schutzeinrichtungen im Hauptstromversorgungssystem sind die Anforderungen der VDEW Überspannungsschutzeinrichtungen, „Überspannungs-Schutzeinrichtungen Typ 1 — Richtlinie für den Einsatz von Überspannungs-Schutzeinrichtungen (ÜSE) Typ 1 (bisher Anforderungsklasse B) in Hauptstromversorgungssystemen" [3] zu beachten.

Für die Auswahl von Betriebsmitteln zum Trennen, Schalten, Steuern und Überwachen und deren Errichtung (Anordnung) ist DIN VDE 0100-530 (VDE 0100-530) zu berücksichtigen.

5.2.2 Mess- und Steuereinrichtungen

Für Mess- und Steuereinrichtungen des VNB ist Platz an leicht zugänglicher Stelle, z. B. in besonderen Zählerräumen, in Hausanschlussräumen Hausanschlussnischen und an Hausanschlusswänden nach DIN 18012 oder in Treppenräumen — jedoch nicht über bzw. unter Stufen — vorzusehen. Art und Umfang der Mess- und Steuereinrichtungen sowie ihr Anbringungsort sind in Abstimmung mit dem VNB festzulegen (siehe Anmerkung in 4.1).

11

Im unteren Anschlussraum von Zählerplätzen sind als Trennvorrichtungen vor jeder Messeinrichtung laienbedienbare, sperr- und plombierbare selektive Überstromschutzeinrichtungen vorzusehen.

Es werden Zählerschränke mit Türen verwendet, die nach DIN 43870-1 und DIN VDE 0603-1 (VDE 0603-1) ausgeführt sind. In Treppenräumen sind Zählerplätze in Nischen nach DIN 18013 anzuordnen. Dabei ist die Einhaltung der erforderlichen Rettungswegbreite zu beachten.

5.2.3 Aufteilung der Stromkreise und Koordination von Schutzeinrichtungen

Die Zuordnung von Anschlussstellen für Verbrauchsmittel zu einem Stromkreis ist so vorzunehmen, dass durch das automatische Abschalten der diesem Stromkreis zugeordneten Schutzeinrichtung (z. B. Leitungs-schutzschalter, Fehlerstrom-Schutzschalter) im Fehlerfall oder bei notwendiger manueller Abschaltung nur ein kleiner Teil der Kundenanlage abgeschaltet wird. Hiermit wird die größtmögliche Verfügbarkeit der elektrischen Anlage für den Nutzer erreicht.

Um Selektivität in einer elektrischen Anlage bei einer Hintereinanderschaltung von Schutzgeräten zum Überstromschutz und zum Schutz gegen elektrischen Schlag (wie Leitungsschutzschalter und Fehlerstrom-Schutzschalter) zu erreichen, ist der Einsatz von Geräten mit entsprechenden Selektiveigenschaften (z. B. selektive Haupt-Leitungsschutzschalter am Zählerplatz, selektive Fehlerstrom-Schutzschalter (RCD)) erforder-lich.

5.2.4 Gemeinschaftsanlagen

In Gebäuden mit mehr als einer Wohnung ist die Installation so zu planen, dass der Stromverbrauch von Gemeinschaftsanlagen gesondert gemessen werden kann.

5.2.5 Wohnungsanlagen

Innerhalb jeder Wohnung ist in der Nähe des Belastungsschwerpunktes, in der Regel im Flur, ein Stromkreis-verteiler nach DIN 43871 und DIN VDE 0603-1 (VDE 0603-1) für die erforderlichen Überstrom- und Fehlerstrom-Schutzeinrichtungen sowie gegebenenfalls weitere Betriebsmittel vorzusehen. Der Stromkreis-verteiler ist entsprechend dem Ausstattungsumfang der elektrischen Anlage zu dimensionieren. Zusätzlich sind Reserveplätze vorzusehen. Bei Mehrraumwohnungen sind nach DIN 18015-2 mindestens zweireihige Stromkreisverteiler einzuplanen.

Die Leitung vom Zählerplatz zum Stromkreisverteiler ist als Drehstromleitung für eine Belastung von mindes-tens 63 A auszulegen. Bei Absicherung dieser Leitungen ist die Selektivität zu vor- und nachgeschalteten Überstrom-Schutzeinrichtungen zu berücksichtigen.

Als Überstrom-Schutzeinrichtungen für Beleuchtungs- und Steckdosenstromkreise sind Leitungsschutz-schalter vorzusehen.

ANMERKUNG 1   Für allgemein zugängliche Steckdosen ist der Einsatz von Fehlerstrom-Schutzeinrichtungen (RCD) mit einem Bemessungsfehlerstrom von max. 30 mA als zusätzlicher Schutz gegen elektrischen Schlag nach DIN VDE 0100-410 (VDE 0100-410) gefordert. Festlegungen zum zusätzlichen Schutz sind in DIN VDE 0100-739 (VDE 0100-739) enthalten.

Die Anzahl von Stromkreisen, Steckdosen, Auslässen, Anschlüssen und Schaltern muss mindestens DIN 18015-2 entsprechen.

ANMERKUNG 2   Siehe auch RAL-RG 678.

Bei elektrischer Warmwasserbereitung mit Durchlauferhitzer für Bade- und/oder Duschzwecke ist eine Dreh-stromleitung mit einer zulässigen Strombelastbarkeit von mindestens 35 A vorzusehen.

Für den Anschluss eines Elektroherdes ist ein Drehstromanschluss für eine zulässige Strombelastbarkeit von mindestens 20 A vorzusehen.

12

Für Räume mit Badewanne oder Dusche sind besondere Anforderungen nach DIN VDE 0100-701 (VDE 0100-701) und für Becken von Schwimmbädern und andere Becken nach DIN VDE 0100-702 (VDE 0100-702) einzuhalten. Die diesbezüglichen Bestimmungen betreffen insbesondere:

— die Abgrenzung von Schutzbereichen,

— die Einschränkung bzw. das Verbot von Leitungsführungen,

— die Einschränkung bzw. das Verbot zur Anbringung von Steckdosen, Schaltern, Leuchten und anderen Betriebsmitteln,

— die erforderliche Überdeckung der in der Wand installierten Leitungen,

— den zusätzlichen Schutz gegen elektrischen Schlag durch Fehlerstrom-Schutzschalter.

Stromkreise mit Steckdosen im Freien mit einem Bemessungsstrom bis einschließlich 20 A und Steckdosen, an die tragbare Betriebsmittel für den Gebrauch im Freien angeschlossen werden können, sind nach DIN VDE 0100-410 (VDE 0100-410) mit einem Schutz durch Fehlerstrom-Schutzschalter mit einem Bemessungs-Fehlerstrom bis 30 mA zu schützen.

6 Telekommunikationsanlagen, Hauskommunikationsanlagen sowie sonstige Melde- und Informationsverarbeitungsanlagen

6.1 Telekommunikationsanlagen

6.1.1 Allgemeines

Der Abschlusspunkt Liniennetz (APL) und das Endleitungsnetz dürfen im Kellergeschoss auf der Wand installiert werden. Sie sind in allgemein zugänglichen Räumen anzuordnen.

Kabel und Leitungen sind auswechselbar, z. B. in Rohren oder Kanälen, zu führen, sofern sie nicht in besonderen Fällen auf der Wandoberfläche installiert werden (siehe T-Com 731 TR 1) [4].

Rohre, Kanäle und Anschlussstellen sind in den Installationszonen nach DIN 18015-3 anzuordnen. Sie sind nach den zu erwartenden mechanischen, thermischen und chemischen Beanspruchungen auszuwählen, darin geführte Kabel und Leitungen nach den thermischen Beanspruchungen.

In Ausnahmefällen dürfen sowohl bei Gebäuden bis zu zwei Wohnungen als auch innerhalb der Wohnungen von größeren Gebäuden Installationsleitungen in Putz oder unter Putz angeordnet werden, wenn aus konstruktiven Gründen der Einbau von Rohrnetzen nicht möglich ist.

Für die Montage von Telekommunikationsdosen sind 60 mm tiefe Unterputz-Geräte-Verbindungsdosen zu verwenden.

6.1.2 Rohrnetze

Für den Wohnungsanschluss an das öffentliche Telekommunikationsnetz ist in dem Gebäude ein Leerrohr-system (siehe Bilder 2 und 3) vom Abschlusspunkt Liniennetz (APL) bis zur 1. TAE jeder Wohnung vorzu-sehen.

Hoch- und niederführende Rohre für Anwendungen nach Abschnitt 6 sind entsprechend ihrer Bestückung und ihrer Führung mindestens mit einem Innendurchmesser von 32 mm zu dimensionieren.

Bei unterirdischer Hauseinführung ist 1 Rohr vom Kellergeschoss aus bis zum letzten zu versorgenden Geschoss zu führen. Bei Einführung in den Dachraum sind 2 Rohre bis zum Keller durchzuführen.

13

Die Hoch- oder Niederführung ist in allgemein zugänglichen Räumen (siehe Anmerkung in 4.1) vorzusehen. Bei mehrgeschossigen Gebäuden sind in jedem Geschoss Aussparungen für Installationsdosen nach Bild 3 anzuordnen.

In Gebäuden mit bis zu acht Wohnungen darf das Rohrnetz auch sternförmig ausgeführt werden (siehe Bild 2). Dabei sind durchgehende Rohre zu den Wohnungen ohne Installationsdosen vorzusehen, sofern sie nicht länger als 15 m sind und in ihrem Verlauf nicht mehr als 2 Bögen aufweisen. Der Innendurchmesser dieser Rohre muss mindestens 25 mm betragen.

6.2 Hauskommunikationsanlagen und sonstige Melde- und Informationsverarbeitungsanlagen

6.2.1 Allgemeines

Hierzu gehören z. B. Klingel-, Türöffner- und Sprechanlagen sowie Anlagen, die dem Schutz von Leben und hohen Sachwerten dienen, z. B. Gefahrenmeldeanlagen.

6.2.2 Hauskommunikationsanlagen

Die Türöffneranlage in Verbindung mit einer Sprechanlage, gegebenenfalls mit Bildübertragung, ist entsprechend DIN 18015-2 vorzusehen.

6.2.3 Meldeanlagen

Meldeanlagen dienen der Übertragung und Anzeige von Zuständen (z. B. von Türen, Toren, Fenstern) bzw. Messgrößen (z. B. Temperatur, Windstärke, Rauch).

Für Gefahrenmeldeanlagen werden besondere zusätzliche Maßnahmen gefordert, die der jederzeitigen Betriebsbereitschaft dienen und die eine sofortige Identifizierung und Lokalisierung von Gefahrenzuständen ermöglichen. Dazu gehören z. B.:

— die Überwachung der Stromkreise, die zur Bildung oder Weiterleitung von Gefahrenmeldungen oder -signalen dienen,

— die Signalisierung von Gefahrenmeldungen an mindestens eine ständig besetzte Kontrollstelle,

— die Installation der Anlagen in einer Weise, die ein unbefugtes Außerbetriebsetzen erschwert,

— die Stromversorgung über zwei voneinander unabhängige Stromquellen.

Gefahrenmeldeanlagen müssen den allgemeinen Festlegungen nach DIN VDE 0833-1 (VDE 0833-1) entsprechen. Für Brandmeldeanlagen (BMA) gilt zusätzlich DIN VDE 0833-2 (VDE 0833-2) und für Einbruch- und Überfallmeldeanlagen zusätzlich DIN VDE 0833-3 (VDE 0833-3).

ANMERKUNG   Der Einsatz von Rauchmeldern ist in einzelnen Landesbauordnungen für Neuanlagen gefordert.

7 Empfangs- und Verteilanlagen für Radio und Fernsehen sowie für interaktive Dienste

7.1 Allgemeines

Anlagen zum Empfangen, Verteilen und Übertragen von Radio- und Fernsehsignalen sowie interaktiven Diensten sind nach DIN EN 50083 (VDE 0855) (alle Teile) und den Bestimmungen des Netzbetreibers zu planen.

14

7.2 Antennen

Der Standort der Antennen ist nach

— optimaler Nutzfeldstärke,

— geringsten Störeinflüssen, z. B. Reflexionen,

— möglichst großem Abstand von Störquellen, z. B. Aufzugsmaschinen,

— sicherer Montagemöglichkeit und leichtem Zugang

zu bestimmen.

Der erforderliche Sicherheitsabstand nach DIN EN 50083-1 (VDE 0855-1) zu Starkstromleitungen ist einzuhalten. Der Zugang zu Schornsteinen oder Abluftgebläsen darf durch Antennen nicht behindert werden.

Über Dach angeordnete Antennenträger sind nach DIN EN 50083-1 (VDE 0855-1) über Erdungsleiter mit Erde zu verbinden. Bei Gebäuden mit Blitzschutzanlagen sind besondere Bedingungen nach DIN EN 62305-3 (VDE 0185-305-3) zu berücksichtigen.

7.3 Verstärkeranlagen

Für die Stromversorgung ist ein eigener Stromkreis vorzusehen.

ANMERKUNG   Der Platz für Verstärkeranlagen sollte erschütterungsfrei und trocken sowie allgemein zugänglich sein. Umgebungstemperatur und Anordnung der Komponenten sind aufeinander abzustimmen.

7.4 Rohr- und Verteilnetz

Für die Versorgung der Wohnungen ist in dem Gebäude ein Leerrohrsystem (siehe Bilder 2 und 3) vorzusehen.

ANMERKUNG   Durch die Installation in einem Leerrohrsystem sind Kabel und Leitungen auswechselbar und gegen Beschädigung geschützt.

In Schächten dürfen die Koaxialleitungen zusammen mit Starkstromleitungen bis 1 000 V Nennspannung unter Beachtung von DIN EN 50174-2 (VDE 0800-174-2) angeordnet werden. Eine Installation direkt in oder unter Putz ist nicht zulässig.

Die Auswahl von Kabeln und Leitungen ist in Bezug auf äußere Einflüsse (z. B. mechanisch, thermisch, chemisch) zu treffen. Die Umgebungstemperatur der Leitung darf im Regelfall + 55 °C nicht überschreiten, dies ist insbesondere bei der Installation in Heizungskanälen oder -schächten und Dachräumen zu beachten.

Zu Ausschöpfung aller Empfangsmöglichkeiten über

— terrestrische Antenne,

— Satellitenantenne und

— Breitband-Kommunikationseinspeisung

sind mindestens 2 Leerrohre zwischen oberstem Geschoss (Dachgeschoss) und unterstem Geschoss (Kellergeschoss) mit einem Innendurchmesser von je mindestens 32 mm vorzusehen, für die Wohnungszuführung solche mit mindestens 25 mm.

Vom zentralen Verteilpunkt sind Stern- (siehe Bild 2) bzw. Etagensternnetze (siehe Bilder 3 und 4) auszuführen. Die hierfür erforderlichen Leerrohre und gegebenenfalls Installationsdosen sind vorzusehen. Für Gebäude mit mehr als 8 Wohneinheiten ist die Verteilung über Etagensternnetze vorzunehmen.

15

Verteiler, Abzweiger und Verstärker des Hausverteilnetzes sind in allgemein zugänglichen Räumen, z. B. Fluren, Kellergängen, Treppenräumen (ausgenommen Sicherheitstreppenräume) anzuordnen.

Die Verteilung innerhalb einer Wohnung beginnt mit dem Wohnungsübergabepunkt (WÜP), in den vom Hausverteilnetz eingespeist wird.

Die Verteilung vom Wohnungsübergabepunkt (WÜP) zu den einzelnen Antennensteckdosen in den Räumen der Wohnung erfolgt über ein Leerrohrsystem.

Für die Montage von Antennensteckdosen sind 60 mm tiefe Unterputz-Geräte-Verbindungsdosen zu verwenden.

8 Fundamenterder

Bei jedem Neubau ist ein Fundamenterder nach DIN 18014 vorzusehen.

9 Potentialausgleich

Zur Vermeidung Gefahr bringender Potentialunterschiede sind folgende Anlagenteile durch Potential-ausgleichsleiter nach DIN VDE 0100-410 (VDE 0100-410) und DIN VDE 0100-540 (VDE 0100-540) über die Haupterdungsschiene (Potentialausgleichsschiene) zu verbinden, z. B.:

— elektrisch leitfähige Rohrleitungen,

— andere leitfähige Bauteile,

— Schutzleiter.

Die Haupterdungsschiene (Potentialausgleichsschiene) ist im Hausanschlussraum bzw. in der Nähe der Hausanschlüsse vorzusehen.

Darüber hinaus sind die Bestimmungen über den örtlichen Potentialausgleich in Räumen mit Badewanne oder Dusche und für Becken in Schwimmbädern und andere Becken zu berücksichtigen (DIN VDE 0100-701 (VDE 0100-701) und DIN VDE 0100-702 (VDE 0100-702)).

10 Blitzschutzanlagen und Überspannungsschutz

10.1 Allgemeines

Maßnahmen zum Äußeren und Inneren Blitzschutz und Überspannungsschutz dienen dem vorbeugenden Brand-, Personen- und Sachschutz.

Sofern eine Blitzschutzanlage gefordert wird, gilt für die Planung und Ausführung DIN EN 62305-x (VDE 0185-305-x). Die Notwendigkeit von Blitzschutzanlagen resultiert aus folgenden Punkten:

— Landesbauordnung und nutzungsbedingte Verordnungen

— Risikoanalyse nach DIN EN 62305-2 (VDE 0185-305-2)

— Anforderungen des Versicherers (VdS- Merkblatt 2010)

16

10.2 Äußerer Blitzschutz

Der äußere Blitzschutz schützt Wohngebäude, bei denen nach Lage, Bauart oder Nutzung Blitzeinschlag leicht eintreten oder zu schweren Folgen führen kann. Der äußere Blitzschutz besteht aus Fangeinrichtungen, Ableitungen und Erdungsanlage. Bei der Installation ist der Trennungsabstand zwischen elektrisch leitenden Teilen und der Blitzschutzanlage nach DIN EN 62305-3 (VDE 0185-305-3) zu beachten.

Wird der Fundamenterder als Blitzschutzerder verwendet, sind die dafür erforderlichen Anschlusspunkte an der Gebäudeaußenseite vorzusehen. Sie müssen korrosionsfest ausgeführt werden (Materialien im Bereich des Übergangs Beton zu Erdreich z. B. aus nichtrostendem Stahl, Werkstoffnummer 1.4571).

Ableitungen dürfen nach DIN EN 62305-3 (VDE 0185-305-3) auch in der Wand angeordnet werden. Der Korrosionsschutz muss beachtet werden. Bei Stahlskelett- und Stahlbetonbauten sind die Ableitungen vorzugsweise unter Einbeziehung der Armierung in der Wand/in Säulen zu führen. Über Anschlusspunkte (Erdungsfestpunkte oder Anschlussfahnen) ist ein Anschluss zur Fangeinrichtung herzustellen.

10.3 Innerer Blitzschutz und Überspannungsschutz

10.3.1 Allgemeines

Der innere Blitzschutz verhindert die Beschädigung technischer Einrichtungen im Gebäude. Er besteht aus dem Blitzschutzpotentialausgleich und dem Überspannungsschutz. Er ist sowohl für die Energie- als auch Informationstechnik vorzusehen.

Für den Einsatz und die Auswahl von Überspannungs-Schutzeinrichtungen ist DIN V VDE V 0100-534 (VDE V 0100-534) und DIN EN 62305-4 (VDE 0185-305-4) zu berücksichtigen.

10.3.2 Blitzschutz-Potentialausgleich

Der Blitzschutz-Potentialausgleich ist nach DIN EN 62305-3 (VDE 0185-305-3) durchzuführen. Alle elektrisch leitenden Teile sind am Gebäudeeintritt mit der Haupterdungsschiene (siehe Abschnitt 9) zu verbinden. Bei energie- und informationstechnischen Systemen wird dies in der Regel durch Einsatz von Blitzstrom-Ableitern erreicht (Ableiter Typ 1 für die Energietechnik und Typ D1 für die Informationstechnik nach DIN EN 61643-11 (VDE 0675-6-11) und DIN EN 61643-21 (VDE 0845-3-1)).

ANMERKUNG 1   Für den Einsatz von Blitzstrom-Ableitern in Hauptstromversorgungssystemen ist die VDEW Überspan-nungsschutzeinrichtungen „Überspannungs-Schutzeinrichtungen Typ 1 — Richtlinie für den Einsatz von Überspannungs-Schutzeinrichtungen (ÜSE) Typ 1 (bisher Anforderungsklasse B) in Hauptstromversorgungssystemen" [3] zu berücksichtigen.

ANMERKUNG 2   Der Einsatz von Blitzstrom-Ableitern ist auch bei Gebäuden ohne äußeren Blitzschutz zu empfehlen, wenn Dachantennen installiert sind, die Einspeisungen oberirdisch erfolgen oder bei Gebäuden, in deren unmittelbarer Nähe Gebäude die vorgenannten Bedingungen erfüllen.

10.3.3 Überspannungsschutz

Der Überspannungsschutz dient dem Schutz von elektrischen/elektronischen Endgeräten gegen schädliche Überspannungen durch Schalthandlungen und ferne Blitzeinschläge. Der Überspannungsschutz wirkt unabhängig von Blitzschutzmaßnahmen. Er wird erreicht durch den Einsatz von Überspannungsableitern in Verteilungen (Ableiter Typ 2 für die Energietechnik und Typ C2 für die Informationstechnik nach DIN EN 61643-11 (VDE 0675-6-11) und DIN EN 61643-21 (VDE 0845-3-1)).

Können in den Zuleitungen der Endgeräte weitere Überspannungen eingekoppelt werden (z. B. Leitungslänge > 5 m, Parallelverlegung von Stark- und Schwachstromleitungen), dann sind weitere Überspannungsableiter Typ 3 für die Energietechnik und Typ C1 für die Informationstechnik nach DIN EN 61643-11 (VDE 0675-6-11) und DIN EN 61643-21 (VDE 0845-3-1) notwendig. Diese sind so nah als möglich vor den Endgeräten einzubauen.

17

402

DIN 18015-1:2007-09

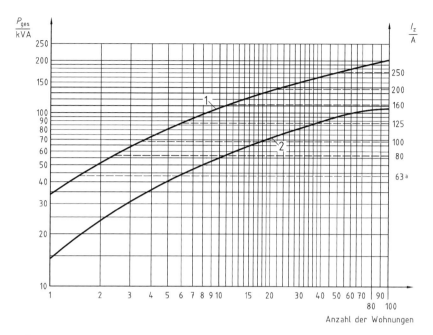

Anzahl der Wohnungen

Legende

1 mit elektrischer Warmwasserbereitung für Bade- oder Duschzwecke
2 ohne elektrischer Warmwasserbereitung für Bade- oder Duschzwecke
I_Z mindestens erforderliche Strombelastbarkeit,
– – – geeignete Bemessungsströme von zugeordneten Überstromschutzeinrichtungen
P_{ges} Leistung, die sich aus der erforderlichen Strombelastbarkeit und der Nennspannung ergibt

a Mindestabsicherung zur Sicherstellung der Selektivität bei Schmelzsicherungen

Bild 1 — Bemessungsgrundlage für Hauptleitungen in Wohngebäuden ohne Elektroheizung, Nennspannung 230/400 V

18

403

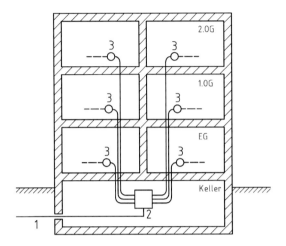

Legende

1 Außenkabel

2 Verteiler

3 Geräte-Verbindungsdose für 1.TAE bzw. Wohnungsübergabepunkt (WÜP)

Bild 2 — Beispiel für ein Rohrnetz als Sternnetz (senkrechter Schnitt durch ein Gebäude)

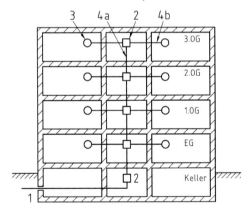

Legende

1 Außenkabel

2 Verteiler

3 Geräte-Verbindungsdose für 1. TAE bzw. Wohnungsübergabepunkt (WÜP)

4a Installationsrohr $\varnothing$ mind. 32 mm

4b Installationsrohr $\varnothing$ mind. 25 mm

Bild 3 — Beispiel für ein Rohrnetz als Etagensternnetz (senkrechter Schnitt durch ein Gebäude)

19

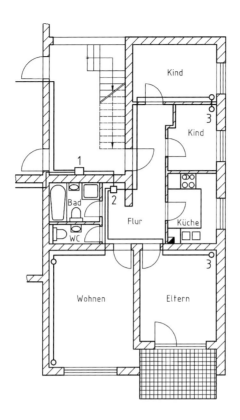

Legende

1 Verteiler
2 Geräte-Verbindungsdose für 1. TAE bzw. Wohnungsübergabepunkt (WÜP)
3 Geräte-Verbindungsdose

Bild 4 — Beispiel für ein Rohrnetz als Etagensternnetz (Grundriss)

20

405

Literaturhinweise

[1]   NAV, *Verordnung zum Erlass von Regelungen des Netzanschlusses von Letztverbrauchern in Niederspannung und Niederdruck (Artikel 1 Verordnung über Allgemeine Bedingungen für den Netzanschluss und dessen Nutzug für die Elektrizitätsversorgung in Niederspannung (Niederspannungsanschlussordnung - NAV)) vom 2006-11-01*[1])

[2]   VDEW TAB 2000, *Technische Anschlussbedingungen für den Anschluss an das Niederspannungsnetz vom 2000-00-00*[2])

[3]   VDEW Überspannungsschutzeinrichtungen, *Überspannungs-Schutzeinrichtungen Typ 1 — Richtlinie für den Einsatz von Überspannungs-Schutzeinrichtungen (ÜSE) Typ 1 (bisher Anforderungsklasse B) in Hauptstromversorgungssystemen vom 2004-00-00*

[4]   Technische Bestimmung T-COM 731 TR 1, *Rohrnetze und andere verdeckte Führungen für Telekommunikationsleitungen in Gebäuden*[3])

[5]   RAL-RG 678, *Elektrische Anlagen in Wohngebäuden — Anforderungen*[4])

[6]   MLeitungsanlRL, Muster-Richtlinie über brandschutztechnische Anforderungen an Leitungsanlagen (Muster-Leitungsanlagen-Richtlinie – M-LAR)[5])

---

1)   Zu beziehen bei: Beuth Verlag GmbH, 10772 Berlin.

2)   Zu beziehen bei Verlags- und Wirtschaftsgesellschaft der Elektrizitätswerke mbH, 60326 Frankfurt/Main.

3)   Herausgegeben von der Deutschen Telekom AG, zu beziehen bei: Deutsche Telekom AG, Competence Center Personalmanagement, Service und Vertrieb Druckerzeugnisse, RS 55, 64307 Darmstadt.

4)   Herausgegeben durch Deutsches Institut für Gütesicherung und Kennzeichnung e. V., zu beziehen bei: Beuth Verlag GmbH, 10772 Berlin

5)   Herausgegeben durch Deutsches Institut für Bautechnik e. V. (DIBT), zu beziehen bei: Beuth Verlag GmbH, 10772 Berlin

21

DIN 18015-2

ICS 91.140.50

Ersatz für
DIN 18015-2:1996-08

Elektrische Anlagen in Wohngebäuden –
Teil 2: Art und Umfang der Mindestausstattung

Electrical installations in residential buildings –
Part 2: Nature and extent of minimum equipment

Installations électriques dans des immeubles d'habitation –
Partie 2: Mode et étendue d'équipement

Gesamtumfang 15 Seiten

Normenausschuss Bauwesen (NABau) im DIN

Inhalt

2

Vorwort

Diese Norm wurde vom NABau-Arbeitsausschuss „Elektrische Anlagen im Bauwesen" erstellt.

DIN 18015 „Elektrische Anlagen in Wohngebäuden" besteht aus:

— Teil 1: Planungsgrundlagen

— Teil 2: Art und Umfang der Mindestausstattung

— Teil 3: Leitungsführung und Anordnung der Betriebsmittel

Änderungen

Gegenüber DIN 18015-2:1996-08 wurden folgende Änderungen vorgenommen:

a) In Abschnitt 1 wurde ein Hinweis auf gesetzliche Bestimmungen und Normen aufgenommen.

b) Die bisherigen Ausführungen in Abschnitt 4 „Allgemeines" wurden in die jeweiligen Themenabschnitte übernommen.

c) Die Ausstattung der Starkstromanlagen wurde an die heutigen Erfordernisse angepasst.

d) Die Ausstattung der Kommunikationsanlagen wurde aktualisiert.

e) Die Ausstattung der Empfangs- und Verteilanlagen für Ton- und Fernsehrundfunk sowie für interaktive Dienste wurde an die heutigen Erfordernisse angepasst.

f) Im informativen Anhang A wurden Hinweise zur Ausstattung mit Gebäudesystemtechnik aufgenommen.

Frühere Ausgaben

DIN 18015-2: 1955-05, 1966-07, 1980-12, 1984-11, 1995-12, 1996-08

1 Anwendungsbereich

Diese Norm gilt für die Art und den Umfang der Mindestausstattung elektrischer Anlagen in Wohngebäuden, ausgenommen die Ausstattung der technischen Betriebsräume und der betriebstechnischen Anlagen.

Sie gilt auch für solche Anlagen, die mit Gebäudesystemtechnik, d. h. mit einer BUS-Technik ausgerüstet sind.

Neben dieser Norm sind gesetzliche Bestimmungen und Verordnungen zu beachten.

2 Normative Verweisungen

Diese Norm enthält durch datierte oder undatierte Verweisungen Festlegungen aus anderen Publikationen. Diese normativen Verweisungen sind an den jeweiligen Stellen im Text zitiert, und die Publikationen sind nachstehend aufgeführt. Bei datierten Verweisungen gehören spätere Änderungen oder Überarbeitungen dieser Publikationen nur zu dieser Norm, falls sie durch Änderung oder Überarbeitung eingearbeitet sind. Bei undatierten Verweisungen gilt die letzte Ausgabe der in Bezug genommenen Publikation (einschließlich Änderungen).

DIN 18012, *Haus-Anschlusseinrichtungen in Gebäuden — Raum- und Flächenbedarf — Planungsgrundlagen*

3

DIN 18015-1, *Elektrische Anlagen in Wohngebäuden — Planungsgrundlagen*

DIN 18015-3, *Elektrische Anlagen in Wohngebäuden — Leitungsführung und Anordnung der Betriebsmittel*

DIN 18025-1, *Barrierefreie Wohnungen — Wohnungen für Rollstuhlbenutzer — Planungsgrundlagen*

DIN 18025-2, *Barrierefreie Wohnungen — Planungsgrundlagen*

E DIN 18030, *Barrierefreies Bauen — Planungsgrundlagen/Achtung: Vorgesehen als Ersatz für DIN 18024-1 (1998-01), DIN 18024-2 (1996-11), DIN 18025-1 (1992-12), DIN 18025-2 (1992-12)*

DIN 43870-1, *Zählerplätze — Maße auf Basis eines Rastersystems*

DIN 43871, *Installationskleinverteiler für Einbaugeräte bis 63 A*

DIN VDE 0100-200, *Elektrische Anlagen von Gebäuden — Begriffe*

DIN VDE 0603-1, *Installationskleinverteiler und Zählerplätze AC 400 V*

DIN EN 50090 (VDE 0829), *Elektrische Systemtechnik für Heim und Gebäude (ESHG)*

T-Com 731 TR 1, *Rohrnetze und andere verdeckte Führungen für Telekommunikationsanlagen in Gebäuden, früher: FTZ 731 TR1*

3   Begriffe

Für die Anwendung dieser Norm gelten die in DIN VDE 0100-200 angegebenen und die folgenden Begriffe.

3.1
Anschlusseinrichtung
Einrichtung zum Anschluss von Telekommunikationsendgeräten

3.2
APL
(Abschlusspunkt Liniennetz)
Abschlusspunkt des Zugangsnetzes

3.3
Auslass
Einrichtung zum festen Anschluss von elektrischen Verbrauchsgeräten, z. B. für Wandleuchten (meist ohne Anschlussdose)

3.4
BUS
(Binary Unit System)
Technik zur Kommunikation zwischen zwei oder mehreren Einrichtungen mit Schnittstellen für die Daten-übertragung

3.5
elektrische Anlagen in Wohngebäuden
elektrische Anlagen in Wohngebäuden sind nach DIN 18015-1:2002-09:

— Starkstromanlagen mit Nennspannungen bis 1 000 V

— Telekommunikationsanlagen sowie sonstige Fernmelde- und Informationsverarbeitungsanlagen und Hauskommunikationsanlagen

4

— Empfangs- und Verteilanlagen für Ton- und Fernsehfunk sowie für interaktive Dienste mit oder ohne Anschluss an ein allgemein zugängliches Netz eines Netzbetreibers

— Blitzschutzanlagen

3.6
Fehlerstrom-Schutzschalter
Betriebsmittel zum Schutz gegen elektrischen Schlag und zum Brandschutz

3.7
Gebäudesystemtechnik
elektrische Systemtechnik für Heim und Gebäude nach DIN EN 50090 (VDE 0829)

3.8
Geräte-Verbindungsdose
Auf- oder Unterputzdose, die außer zur Aufnahme der Schalter und Steckdosen auch zum Verbinden der Leiter dient

3.9
Hauskommunikationsanlage
zur Hauskommunikationsanlage gehören Klingelanlage, Türöffneranlage, Sprechanlage mit oder ohne Bildübertragung

3.10
Stromkreis
Gesamtheit der elektrischen Betriebsmittel einer Anlage, die von demselben Speisepunkt versorgt und durch dieselbe(n) Überstrom-Schutzeinrichtung(en) geschützt wird (IEC 60050-826-05-01)

3.11
Stromkreisverteiler
Stromkreisverteiler dienen zum Verteilen der zugeführten Energie auf mehrere Stromkreise. Sie sind geeignet zur Aufnahme von Betriebsmitteln zum Schutz bei Überlast und zum Schutz gegen elektrischen Schlag sowie zum Trennen, Steuern, Regeln und Messen (DIN VDE 0603-1). Stromkreisverteiler sind Installationsklein-verteiler nach DIN 43871 und DIN VDE 0603-1

3.12
TAE
Telekommunikationsanschlusseinrichtung, dient zum Anschluss der TK-Endeinrichtungen

3.13
Telekommunikationsanlage
Gesamtheit der telekommunikationstechnischen Einrichtungen in der Kundenanlage

3.14
Wohnungsübergabepunkt (WÜP)
Schnittstelle zwischen Breitbandkabelnetz und nachgeschalteter Verteilanlage einer Wohnung

4 Starkstromanlagen und Gebäudesystemtechnik

4.1 Stromkreise, Steckdosen, Auslässe, Anschlüsse und Schaltstellen

Die in dieser Norm festgelegte Anzahl der

— Stromkreise (siehe Tabelle 1),

— Steckdosen, Auslässe und Anschlüsse für Verbrauchsmittel mit eigenem Stromkreis (siehe Tabelle 2)

stellen die erforderliche Mindestausstattung dar.

5

Wird eine darüber hinausgehende Anzahl von Steckdosen, Auslässen und Anschlüssen vorgesehen, muss gegebenenfalls auch die Anzahl der Stromkreise nach Tabelle 1 angemessen erhöht werden.

Bei den Auslässen ist festzulegen, ob sie schaltbar eingerichtet werden sollen. Soweit die Schaltbarkeit bestimmt wird, muss auch die Lage (der Anbringungsort) der Schalter festgelegt werden.

Die Arbeitsflächen z. B. in Küchen, Kochnischen und Hausarbeitsräumen sind möglichst schatten- und blendfrei zu beleuchten.

Sofern Jalousien, Rollläden, Türen und Tore motorisch angetrieben werden sollen, sind die dafür erforderlichen Anschlüsse zusätzlich zu der in Tabelle 2 aufgeführten Anzahl vorzusehen.

Das Schalten und Steuern — z. B. von Beleuchtungsanlagen, Heizungs- und Lüftungsanlagen, von motorischen Antrieben für Jalousien, Rollläden, Türen und Tore — kann auch über Fernbedienungen sowie Gebäudesystemtechnik erfolgen.

Bei Räumen mit mehr als einer Tür und bei internen Geschosstreppen sollte die Schaltmöglichkeit für mindestens einen Beleuchtungsauslass von jeder Tür bzw. jedem Geschoss aus vorgesehen werden.

4.2 Beleuchtung von Gemeinschaftsräumen und -bereichen

Zugangswege sowie Gebäudeeingangstüren einschließlich der Klingeltaster und der Stufen im Zugangs- und Eingangsbereich sind ausreichend zu beleuchten. Sofern bei Dunkelheit die Beleuchtung nicht ständig sichergestellt ist, sind Einrichtungen wie Dämmerungsschalter, Bewegungsmelder oder vergleichbare automatische Schalteinrichtungen vorzusehen.

In allgemein zugänglichen Bereichen, wie Treppenräumen, Treppenvorräumen, Fluren und Laubengängen sowie Aufzugsvorräumen von Mehrfamilienhäusern, sind Beleuchtungsanlagen vorzusehen. Das Schalten der Beleuchtung kann von Hand oder automatisch, z. B. über Bewegungsmelder, erfolgen. Sofern das Schalten von Hand erfolgt, müssen Schalter und Taster dieser Beleuchtungsanlagen bei Dunkelheit erkennbar sein, z. B. durch eine eingebaute Lampe. Bei Beleuchtung mit einstellbarer Abschaltautomatik ist zur Vermeidung plötzlicher Dunkelheit die Abschaltautomatik mit einer Warnfunktion, z. B. Abdimmen, auszustatten.

4.3 Sicherung gegen unbefugte Benutzung und Manipulation

Allgemein zugängliche Anlagen und die im Freien zugänglichen Steckdosen sind gegen unbefugte Benutzung und Manipulation zu sichern.

ANMERKUNG Dieses kann z. B. erreicht werden durch allpoliges Abschalten.

4.4 Leitungsführung und Anordnung von Steckdosen, Auslässen, Anschlüssen und Schaltstellen

Für die Leitungsführung und die Anordnung von Steckdosen, Auslässen, Anschlüssen und Schaltstellen gilt DIN 18015-3.

4.5 Ausstattung

4.5.1 Stromkreise

Die erforderliche Anzahl der Stromkreise für Steckdosen und Beleuchtung richtet sich nach Tabelle 1.

Für Gemeinschaftsräume und -bereiche sind die erforderlichen Stromkreise zusätzlich zu der in Tabelle 1 aufgeführten Anzahl vorzusehen.

Für alle in der Planung vorgesehenen besonderen Verbrauchsmittel ist gemäß Tabelle 2 ein eigener Stromkreis anzuordnen, auch wenn sie über Steckdosen angeschlossen werden.

6

In Räumen für besondere Nutzung, z. B. Hobbyräumen, sind zweckmäßigerweise für Steckdosen und Beleuchtung getrennte Stromkreise vorzusehen.

Den Wohnungen zugeordnete Keller- und Bodenräume erhalten Stromkreise zusätzlich zu der in Tabelle 1 aufgeführten Anzahl.

In Stromkreisverteilern sind Reserveplätze vorzusehen. Bei Mehrraumwohnungen sind mindestens zweireihige Stromkreisverteiler zu installieren; bei Einsatz bzw. zur Vorbereitung der Gebäudesystemtechnik wird empfohlen, mindestens dreireihige Stromkreisverteiler zu installieren.

Nach DIN VDE 0603-1 können in Einfamilienhäusern Stromkreisverteiler auch in gemeinsamer Umhüllung mit Zählerplätzen nach DIN 43870-1 angeordnet werden.

Die Zuordnung von Fehlerstrom-Schutzschaltern zu den Stromkreisen ist so vorzunehmen, dass das Abschalten eines Fehlerstrom-Schutzschalters nicht zum Ausfall aller Stromkreise führt. Ausgenommen sind selektive Fehlerstrom-Schutzschalter.

Tabelle 1 — Anzahl der Stromkreise für Steckdosen und Beleuchtung

Wohnfläche der Wohnung m^2	Anzahl der Stromkreise für Steckdosen und Beleuchtung mindestens
bis 50	3
über 50 bis 75	4
über 75 bis 100	5
über 100 bis 125	6
über 125	7

4.5.2 Steckdosen, Auslässe, Anschlüsse und Schaltstellen

Die erforderliche Anzahl der Steckdosen, Auslässe und Anschlüsse für Verbrauchsmittel richtet sich nach Tabelle 2. Sofern dort nichts anderes angegeben ist, sind die Auslässe für Leuchten bestimmt (Beleuchtungsauslässe).

Die Anschlüsse für besondere Verbrauchsmittel nach Tabelle 2 sind in den Planungsunterlagen einzutragen. Es wird empfohlen, diese Anschlüsse auch bei der Errichtung der Anlage zu kennzeichnen.

Steckdosen, Auslässe, Anschlüsse und Schaltstellen sind in nutzungsgerechter räumlicher Verteilung anzuordnen. Dabei ist jedem Raumzugang sowie jedem Bettplatz eine Schaltstelle zuzuordnen.

In Tabelle 2 nicht aufgeführte Gemeinschaftsräume von Mehrfamilien-Wohnhäusern, z. B. Treppenräume, sind nach den Erfordernissen der Zweckmäßigkeit auszustatten.

7

Tabelle 2 — Anzahl der Steckdosen, Auslässe und Anschlüsse

Art des Verbrauchsmittels	Anzahl der		
	Steckdosen [a] mindestens	Auslässe mindestens	Anschlüsse für besondere Verbrauchsmittel mit eigenem Stromkreis (siehe 4.5.1)
Wohn-[b] und Schlafraum			
Steckdosen, Beleuchtung, bei Fläche			
— bis 12 m²	3 [c]	1	
— über 12 m² bis 20 m²	4 [c]	1	
— über 20 m²	5 [c]	2	
Küche[b], Kochnische			
Steckdosen, Beleuchtung			
— für Kochnischen	3 [c]	2	
Kühl-/Gefriergerät	1		
— für Küchen	5 [c]	2	
Kühlgerät	1		
Gefriergerät	1		
Dunstabzug	1		
Herd			1
Mikrowellengerät			1
Geschirrspülmaschine			1
Warmwassergerät			1 [e]
Bad			
Steckdosen, Beleuchtung	2 [f]	2 [g]	
Lüfter		1 [d,h]	
Waschmaschine[i]			1 [j]
Wäschetrockner [i]			1 [j]
Heizgerät	1		
Warmwassergerät			1 [i]
WC-Raum			
Steckdosen, Beleuchtung	1	1	
Lüfter		1 [d,h]	
Hausarbeitsraum			
Steckdosen, Beleuchtung	3 [c]	1 [c]	
Lüfter		1 [d]	
Waschmaschine [i]			1 [k]
Wäschetrockner			1 [k]
Bügelmaschine			1
Flur			
Steckdosen, Beleuchtung, bei Flurlänge			
— bis 3 m	1	1	
— über 3 m	1	2 [l]	

8

Tabelle 2 *(fortgesetzt)*

Art des Verbrauchsmittels	Anzahl der		
	Steckdosen [a] mindestens	Auslässe mindestens	Anschlüsse für besondere Verbrauchsmittel mit eigenem Stromkreis (siehe 4.5.1)
Freisitz			
Steckdosen, Beleuchtung	1	1	
Abstellraum			
Steckdosen, Beleuchtung	1	1	
Hobbyraum			
Steckdosen, Beleuchtung	3	1	
Zur Wohnung gehörender Keller-, Bodenraum			
Steckdosen, Beleuchtung	1	1	
Gemeinschaftlich genutzter Keller-, Bodenraum			
Steckdosen, Beleuchtung, bei Nutzfläche			
— bis 20 m²	1	1	
— über 20 m²	1	2	
Keller-, Bodengang			
Steckdosen, Beleuchtung je 6 m Ganglänge	1	1	
Telekommunikationsanlagen			
Steckdosen	nach 5.2.2		
Empfangs- und Verteilanlagen für Ton- und Fernsehrundfunk sowie für interaktive Dienste			
Steckdosen	nach Abschn. 6		
Steckdosen für WÜP, Verstärker usw.	1 je Antennenanlage		

[a] Bzw. Anschlussdosen für Verbrauchsmittel.

[b] In Räumen mit Essecke ist die Anzahl der Auslässe und Steckdosen um jeweils 1 zu erhöhen.

[c] Die den Bettplätzen und den Arbeitsflächen von Küchen, Kochnischen und Hausarbeitsräumen zugeordneten Steckdosen sind mindestens als Doppelsteckdosen, die neben den Antennensteckdosen angeordneten Steckdosen sind als Dreifachsteckdosen vorzusehen. sie zählen jedoch nach der Tabelle als jeweils nur eine Steckdose.

[d] Sofern eine Einzellüftung vorgesehen ist.

[e] Sofern die Warmwasserversorgung nicht auf andere Weise erfolgt.

[f] Davon ist eine Steckdose in Kombination mit der Waschtischleuchte zulässig.

[g] Bei Bädern bis 4 m² Nutzfläche genügt ein Auslass über dem Waschtisch.

[h] Bei fensterlosen Bädern oder WC-Räumen ist die Schaltung über die Allgemeinbeleuchtung mit Nachlauf vorzusehen.

[i] In einer Wohnung nur einmal erforderlich.

[j] Sofern kein Hausarbeitsraum vorhanden ist oder die Geräte nicht in einem anderen geeigneten Raum untergebracht werden können.

[k] Sofern nicht im Bad oder in einem anderen geeigneten Raum vorgesehen.

[l] Von mindestens zwei Stellen schaltbar.

9

4.5.3 Gebäudesystemtechnik

Die „Elektrische Systemtechnik für Heim und Gebäude" nach DIN EN 50090 (VDE 0829) (kurz: Gebäude-systemtechnik [1]) beschreibt die Vernetzung von Systemkomponenten und Teilnehmern über einen Installations-BUS zu einem auf die Elektroinstallation abgestimmten System, das Funktionen und Abläufe sowie deren gewerkeübergreifende Verknüpfung in einem Gebäude sicherstellt. Sie wird eingesetzt zum:

— Überwachen,

— Anzeigen,

— Melden und

— Bedienen.

Bei einer Elektroinstallation in BUS-Technik ist neben der Übertragung von Energie auch die Übertragung von Information erforderlich. Die Informationsübertragung kann dabei über unterschiedliche Medien erfolgen, z. B.

— über separate Datenleitungen,

— drahtlos (z. B. Funk),

— über die Starkstromleitungen.

Bei einem Einsatz von Gebäudesystemtechnik sind bei der Planung der elektrischen Anlage die erforderlichen Maßnahmen zu berücksichtigen. Hierzu gehören:

— gegebenenfalls die Installation von Datenleitungen zu den Sensoren und Aktoren,

— die Installation von Starkstromleitungen zu den jeweiligen Schaltstellen und Aktoren,

— die Installation von entsprechenden Geräte-Verbindungsdosen.

Um bei konventioneller Erstinstallation ein späteres Nachrüsten der BUS-Installation auf einfache Art zu ermöglichen, empfiehlt es sich, je nach BUS-System und Übertragungsmedium Vorkehrungen zu treffen.

Hinweise für die Ausstattung mit BUS-Installation enthält der Anhang A (informativ).

5 Kommunikationsanlagen

5.1 Hauskommunikationsanlagen

Für jede Wohnung ist eine Klingelanlage, für Gebäude mit mehr als zwei Wohnungen ist ferner eine Türöffner-anlage in Verbindung mit einer Türsprechanlage, gegebenenfalls mit Bildübertragung, vorzusehen.

5.2 Telekommunikationsanlagen

Unterirdisch und oberirdisch ankommende Außenkabel des Liniennetzes (Zugangsnetzes) enden in einem allgemein zugänglichen Raum (siehe DIN 18012) am Abschlusspunkt (APL).

Die TK-Anlage (Endstellennetz) der Kundenanlage beginnt am APL des Hauses und endet an den Telekommunikationsanschlusseinheiten (TAE) der einzelnen Wohnungen.

ANMERKUNG   Siehe T-Com 731 TR 1 (früher: FTZ 731 TR 1).

10

5.2.1 Ausstattung

Vom APL sind zu jedem Telekommunikationsabschlusspunkt (in der Regel 1. TAE mit passivem Prüfabschluss) mindestens zwei Doppeladern in einem Leerrohr vorzusehen.

Zu jeder weiteren TAE sind mindestens vier Doppeladern in einem Leerrohr zu installieren.

ANMERKUNG   Bei gewerblicher Nutzung von Wohnräumen werden die Anzahl der Adern und die Art der Verlegung gesondert ermittelt.

5.2.2 Anschlusseinrichtungen

In jeder Wohnung ist ein Telekommunikationsabschlusspunkt vorzusehen. Die Anzahl der weiteren TAE ist nach Tabelle 3 zu wählen.

Der 1. TAE und jeder weiteren TAE ist jeweils eine Steckdose für Starkstrom zuzuordnen.

TAE-Dosen und Antennensteckdosen sind benachbart anzuordnen.

Allgemeine und die im Freien zugänglichen Telekommunikationsanlagen sind gegen unbefugte Benutzung und Manipulation zu sichern.

TAE, Verteiler und Anschlüsse sind in nutzungsgerechter räumlicher Verteilung anzuordnen.

Tabelle 3 — Anzahl der weiteren Telekommunikationsanschlusseinrichtungen (TAE)

Wohnfläche der Wohnung m²	Anzahl der weiteren TAE mindestens
bis 50	1
über 50 bis 75	2
über 75 bis 125	3
über 125	4

5.2.3 Leitungsführung, Leerrohrnetze und Anordnung von Geräte-Verbindungsdosen sowie Verbindungskästen

Für die Leitungsführung und die Anordnung von Geräte-Verbindungsdosen sowie Verbindungs- und Verteilerkästen gelten DIN 18015-1 und DIN 18015-3.

11

6 Empfangs- und Verteilanlage für Ton- und Fernsehrundfunk sowie für interaktive Dienste

In jeder Wohnung ist ein Wohnungsübergabepunkt (WÜP) festzulegen.

Die Mindestanzahl der Antennensteckdosen ist nach Tabelle 4 zu wählen.

Jeder Antennensteckdose ist jeweils eine Dreifachsteckdose für Starkstrom zuzuordnen.

Antennensteckdosen und TAE-Dosen sind benachbart anzuordnen.

Allgemeine und die im Freien zugänglichen Empfangs- und Verteilanlagen sind gegen unbefugte Benutzung und Manipulation zu sichern.

Antennensteckdosen sind in nutzungsgerechter räumlicher Verteilung anzuordnen. Räume größer 25 m^2 sind mit mindestens zwei Antennensteckdosen auszustatten.

Tabelle 4 — Anzahl der Antennensteckdosen

Wohnfläche der Wohnung m^2	Anzahl der Antennensteckdosen mindestens
bis 50	2
über 50 bis 75	3
über 75 bis 125	4
über 125	5

ANMERKUNG   Antennensteckdosen werden auch zum Anschluss elektronischer Überwachungseinrichtungen sowie interaktiver und sonstiger Dienste verwendet.

Für die Leitungsführung und die Anordnung von Geräte-Verbindungsdosen sowie Verbindungs- und Verteilerkästen gelten DIN 18015-1 und DIN 18015-3.

12

Anhang A
(informativ)

Ausstattung mit Gebäudesystemtechnik

ANMERKUNG   Grundlage für die Anzahl der Steckdosen, Auslässe und Anschlüsse ist Tabelle 2.

Ergänzend zur konventionellen Ausstattung einer Wohnung werden im Folgenden Empfehlungen für die Ausstattung mit BUS-Technik beschrieben.

Zu allen BUS-Teilnehmern (Sensoren, Aktoren, Systemgeräten) wird eine BUS-Leitung geführt. Darüber hinaus werden zu den Schaltstellen (Aktoren) und den BUS-gesteuerten Verbrauchsmitteln die entsprechenden Starkstromleitungen installiert.

BUS-Taster

Zur Ausführung aller Bedienfunktionen werden BUS-Taster anstelle der konventionellen Schalter, Taster bzw. Dimmer installiert.

Schaltbare Steckdosen

In jedem Raum werden ein bis zwei schaltbare Steckdosen für ortsveränderliche Verbrauchsmittel nutzungsgerecht vorgesehen.

Beleuchtungssteuerung

Den Beleuchtungsauslässen entsprechend Tabelle 2 werden Leuchtenaktoren (Schalt- bzw. Dimmaktoren) zugeordnet.

Heizungs- und Lüftungsregelung

Jeder Raum erhält einen BUS-fähigen Raumtemperaturregler, der auf die dem Raum zugeordneten Heizungsaktoren wirkt.

Jalousie-, Rollladen- und Markisensteuerung

Für den Sonnen- bzw. Sichtschutz wird je Fenster bzw. Fenstertür ein Aktor zugeordnet.

Fenster- und Türüberwachung

Fenster und Fenstertüren sowie die Haus- bzw. Wohnungstür erhalten Kontakte für Zustandsmeldungen zur weiteren Verarbeitung.

Hinweise zu den BUS-Tastern, schaltbaren Steckdosen und Leuchtenaktoren in Räumen:

Wohnraum:

— Über 20 m² werden die Auslässe getrennt schaltbar ausgeführt, ein zusätzlicher BUS-Taster wird entsprechend der räumlichen Aufteilung in der Essecke oder gegebenenfalls bei einer zweiten Tür angeordnet.

Schlafraum:

— Ein BUS-Taster wird neben der Tür, je einer neben Bettplätzen angeordnet.

— An die schaltbaren Steckdosen werden Nachttisch- bzw. Bettleuchten angeschlossen.

13

Kochnische, Küche:

— Schaltbare Steckdosen sind vorgesehen für ortsveränderliche Elektrogeräte, wie z. B. Kaffeemaschine, Bügeleisen, damit diese z. B. beim Verlassen der Wohnung automatisch abgeschaltet werden können.

— In der Küche ist eine zusätzliche Unterputzdose mit BUS-Leitung vorzusehen (z. B. für ein Display oder BUS-fähige Hausgeräte).

Hausarbeitsraum:

— An die schaltbare Steckdose werden ortsveränderliche Verbrauchsmittel wie Bügeleisen angeschlossen, damit diese z. B. beim Verlassen der Wohnung automatisch abgeschaltet werden können.

14

Literaturhinweise

[1]   Handbuch der Gebäudesystemtechnik — Grundlagen[1]

[2]   Handbuch der Gebäudesystemtechnik — Anwendungen[1]

[3]   VDI 6015, *BUS-Systeme in der Gebäudeinstallation — Anwendungsbeispiele*

---

[1]   Zu beziehen durch: Wirtschaftsförderungsgesellschaft der Elektrohandwerke mbH (WFE), Postfach 90 03 70, 60443 Frankfurt am Main.

DIN 18015-3

ICS 91.140.50

Ersatz für
DIN 18015-3:1999-04

Elektrische Anlagen in Wohngebäuden –
Teil 3: Leitungsführung und Anordnung der Betriebsmittel

Electrical installations in residential buildings –
Part 3: Wiring and disposition of electrical equipment

Installations électriques dans des immeubles d'habitation –
Partie 3: Disposition des circuits et d'équipement électrique

Zu diesem Dokument sind eine oder mehrere Berichtigung/en erschienen.
Sie sind online recherchier- und kostenfrei bestellbar unter www.beuth.de

Gesamtumfang 11 Seiten

Normenausschuss Bauwesen (NABau) im DIN

Inhalt

2

Vorwort

Diese Norm wurde vom NABau-Arbeitsausschuss NA 005-09-85 AA „Elektrische Anlagen im Bauwesen" erstellt.

Die Installationszonen an Wänden, die seit Jahren in DIN 18015-3 festgelegt sind, haben sich bewährt.

Die Installationsgewohnheiten bei den Gewerken Heizung und Sanitär haben sich, bezogen auf den Deckenbereich, in den letzten Jahren geändert. Deshalb waren die diesbezüglichen Festlegungen in der Normenreihe DIN 18015 nicht mehr ausreichend. Eine frühzeitige Koordinierung der Installationsarbeiten unterschiedlicher Gewerke, z. B. durch Nutzung gemeinsamer Installationszonen oder Trassen und durch Abstimmung notwendiger Leitungskreuzungen, führt zu einem übersichtlichen Aufbau der Installation. Nachträgliche Arbeiten werden hierdurch vereinfacht und Risiken der Leitungsbeschädigung minimiert.

DIN 18015, *Elektrische Anlagen in Wohngebäuden*, besteht aus:

— *Teil 1: Planungsgrundlagen*

— *Teil 2: Art und Umfang der Mindestausstattung*

— *Teil 3: Leitungsführung und Anordnung der Betriebsmittel*

Änderungen

Gegenüber DIN 18015-3:1999-04 wurden folgende Änderungen vorgenommen:

a) Definitionen relevanter Begriffe aufgenommen;

b) Festlegungen für Leitungsführung in und unter der Decke ergänzt;

c) Höhe der mittleren waagerechten Installationszone für Räume mit Arbeitsflächen vor den Wänden an die Höhe der Arbeitsflächen von Küchen angepasst;

d) Hinweise über die Anordnung von elektrischen Betriebsmitteln wie Auslässe, Schalter, Steckdosen, Leitungen außerhalb der Installationszonen aufgenommen;

e) Norm redaktionell überarbeitet.

Frühere Ausgaben

DIN 18015-3: 1982-06, 1990-07, 1999-04

3

1 Anwendungsbereich

Diese Norm gilt für die Installation von sichtbar angeordneten elektrischen Leitungen[1]) sowie Auslässen, Schaltern und Steckdosen elektrischer Anlagen, die nach DIN 18015-1 geplant werden. Sie gilt nicht für sichtbar installierte Leitungen (Aufputz Installationen, Installationskanalsysteme) und nicht für Installationsdoppelböden nach DIN EN 12825.

Diese Norm hat den Zweck, die Anordnung von unsichtbar angeordneten elektrischen Leitungen auf bestimmte festgelegte Zonen zu beschränken, um bei der Installation anderer Leitungen, z. B. für Gas, Wasser oder Heizung, oder bei sonstigen nachträglichen Arbeiten an den Wänden und den Decken bzw. Fußböden die Gefahr einer Beschädigung der elektrischen Leitungen einzuschränken.

In der Normenreihe DIN 18025 sind von dieser Norm abweichende Festlegungen getroffen, die gegebenenfalls zu berücksichtigen sind.

2 Normative Verweisungen

Die folgenden zitierten Dokumente sind für die Anwendung dieses Dokuments erforderlich. Bei datierten Verweisungen gilt nur die in Bezug genommene Ausgabe. Bei undatierten Verweisungen gilt die letzte Ausgabe des in Bezug genommenen Dokuments (einschließlich aller Änderungen).

DIN 18025-1, *Barrierefreie Wohnungen — Wohnungen für Rollstuhlbenutzer — Planungsgrundlagen*

DIN 18025-2, *Barrierefreie Wohnungen — Planungsgrundlagen*

DIN 18560-2, *Estriche im Bauwesen — Estriche und Heizestriche auf Dämmschichten (schwimmende Estriche)*

DIN EN 12825, *Doppelböden*

DIN EN 50174-2 (VDE 0800-174), *Informationstechnik — Installation von Kommunikationsverkabelung — Teil 2: Installationsplanung und -praktiken in Gebäuden*

3 Begriffe

Für die Anwendung dieses Dokuments gelten die folgenden Begriffe.

3.1
Auslass
Einrichtung zum festen Anschluss von elektrischen Verbrauchsgeräten, z. B. für Wandleuchten (meist ohne Anschlussdose)

3.2
elektrische Betriebsmittel
alle Gegenstände, die zum Zwecke der Erzeugung, Umwandlung, Übertragung, Verteilung und Anwendung von elektrischer Energie benutzt werden, z. B. Maschinen, Transformatoren, Schaltgeräte, Messgeräte, Schutzeinrichtungen, Kabel und Leitungen, Stromverbrauchsgeräte

---

[1]) Hierzu zählen im Sinne der Norm auch Kabel und Leerrohre.

4

3.3
Decke
Rohdecke, horizontales, raumabschließendes und tragendes Bauteil ohne:

— Bekleidungen unter der Decke (z. B. Putz; Dichtungs-, Dämm-, Schutzschichten; Licht- und Kombinationsdecken, abgehängte Decken, Tapeten, Beschichtungen)

— Beläge auf der Decke (z. B. Estriche; Dichtungs-, Dämm-, Schutz-, Nutzschichten; Schwing- und Installationsdoppelböden)

3.4
Fußboden
oberste Fläche der Beläge auf der Decke (raumseitige Fläche der Nutzschicht)

4 Leitungsführung

4.1 Allgemeines

Bei der Leitungsführung im Sinne dieser Norm wird grundsätzlich unterschieden zwischen

— Leitungsführung in Installationszonen und

— freier Leitungsführung (siehe 5.1).

Die nach 4.2 bis 4.5 festgelegten Installationszonen sind für die Installation elektrischer Leitungen vorgesehen. Sollen diese Installationszonen auch für Leitungen oder Rohre anderer Gewerke (z. B. Heizung, Sanitär) verwendet werden, ist eine Koordination bereits bei der Planung erforderlich. Dabei sind weitere Bestimmungen, z. B. für die Errichtung elektrischer Anlagen (DIN-VDE-Normen) und Richtlinien des ZVSHK zu berücksichtigen.

4.2 Leitungsführung in Wänden

4.2.1 Anordnung

Für die Anordnung der elektrischen Leitungen in Wänden, z. B.

— in gemauerten und betonierten Wänden,

— in Leichtbauwänden,

— bei Vorwandinstallationen oder

— in Ständerwänden,

werden die in 4.2.2 und 4.2.3 aufgeführten Installationszonen (Z) festgelegt (siehe Bilder 1 und 2).

Von der Leitungsführung in den festgelegten Installationszonen darf in Fertigbauteilen und Leichtbauwänden nur abgewichen werden, wenn eine Überdeckung der Leitungen von mindestens 6 cm sichergestellt ist oder die Leitungen in ausreichend großen, unverfüllten Hohlräumen so installiert sind, dass sie gegebenenfalls ausweichen können.

Zur Vermeidung von Schädigungen am Mantel und an der Isolierung von Kabeln und Leitungen in Ständerwänden dürfen diese nicht innerhalb der Metallprofile angeordnet werden. Notwendige Durchführungen durch Metallprofile sind mit geeignetem Kantenschutz zu versehen.

5

4.2.2 Waagerechte Installationszonen (ZW)

Die waagerechten Installationszonen haben eine Breite von 30 cm.

ZW-o   Obere waagerechte Installationszone: von 15 cm bis 45 cm unter der Deckenbekleidung

ZW-u   Untere waagerechte Installationszone: von 15 cm bis 45 cm über dem Fußboden

ZW-m   Mittlere waagerechte Installationszone: von 100 cm bis 130 cm über dem Fußboden

Die mittlere waagerechte Installationszone (ZW-m) wird nur für Räume festgelegt, in denen Arbeitsflächen vor den Wänden vorgesehen sind, z. B. Küchen, Kochnischen, Hausarbeitsräumen.

4.2.3 Senkrechte Installationszonen (ZS)

Die senkrechten Installationszonen haben eine Breite von 20 cm.

ZS-t   Senkrechte Installationszonen an Türen: von 10 cm bis 30 cm neben den Rohbaukanten

ZS-f   Senkrechte Installationszonen an Fenstern: von 10 cm bis 30 cm neben den Rohbaukanten

ZS-e   Senkrechte Installationszonen an Wandecken: von 10 cm bis 30 cm neben den Rohbauecken

Die senkrechten Installationszonen reichen jeweils von der Unterkante der oberen Decke bis zur Oberkante der unteren Decke.

Für Fenster, zweiflügelige Türen und Wandecken werden die senkrechten Installationszonen beidseitig, für einflügelige Türen jedoch nur an der Schlossseite festgelegt.

ANMERKUNG   Bei Räumen mit schrägen Wänden, z. B. in ausgebauten Dachgeschossen, verlaufen die von oben nach unten führenden Installationszonen parallel zu den Bezugskanten. Sie gelten als senkrechte Installationszonen nach 4.2.3, auch wenn sie nicht in jeder Betrachtungsebene senkrecht verlaufen.

6

Maße in Zentimeter

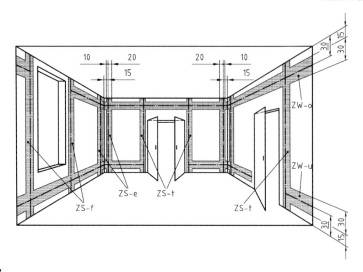

Legende

ZS-t   Senkrechte Installationszonen an Türen: von 10 cm bis 30 cm neben den Rohbaukanten
ZS-f   Senkrechte Installationszonen an Fenstern: von 10 cm bis 30 cm neben den Rohbaukanten
ZS-e   Senkrechte Installationszonen an Wandecken: von 10 cm bis 30 cm neben den Rohbauecken
ZW-u   Untere waagerechte Installationszone: von 15 cm bis 45 cm über dem Fußboden
ZW-o   Obere waagerechte Installationszone: von 15 cm bis 45 cm unter der Deckenbekleidung

Bild 1 — Senkrechte sowie obere und untere waagerechte Installationszonen

7

Maße in Zentimeter

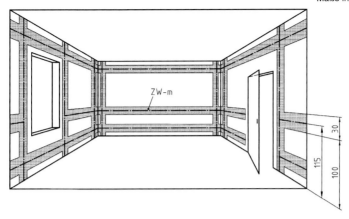

Legende

ZW-m Mittlere waagerechte Installationszone: von 100 cm bis 130 cm über dem Fußboden

Bild 2 — Mittlere waagerechte Installationszone

4.3 Leitungsführung auf der Decke

ANMERKUNG 1   Unter Leitungsführung auf der Decke ist die Installation der Leitungen unmittelbar auf der Rohdecke zu verstehen. Über den Leitungen befinden sich z. B. Trittschallschutz, Estrich und Bodenbelag.

Um die Stabilität des Estrichs sicherzustellen, sind die nachfolgend festgelegten Mindestwerte für Wandabstände, Zonenbreiten und Zonenabstände wie folgt zu berücksichtigen.

Die Anordnung elektrischer Leitungen auf der Decke erfolgt parallel zu den Wänden.

Mehrere elektrische Leitungen sind grundsätzlich bündig nebeneinander anzuordnen. Mindestabstände nach DIN EN 50174-2 (VDE 0800-174) zu informationstechnischen Leitungen sind zu beachten.

Die Installation von elektrischen Leitungen und Leitungen/Rohre anderer Gewerke ist derart vorzunehmen, dass eine geradlinige, parallele und möglichst kreuzungsfreie Anordnung erreicht wird. Dabei ist immer mindestens eine separate Zone für elektrische Leitungen bereitzustellen.

ANMERKUNG 2   Hinweise zur Leitungsinstallation im Zusammenhang mit Fußbodenheizungen sind in DIN 18560-2 enthalten.

Schon bei der Planung sollte der Führung von Heizungs- und Wasserleitungen Priorität vor elektrischen Leitungen und Leerrohren eingeräumt werden.

Für die Anordnung von ausschließlich elektrischen Leitungen auf Decken werden folgende Installationszonen (ZD) festgelegt (siehe Bild 3):

ZD-r Installationszone im Raum: mit einer Breite von max. 30 cm mit einem Wandabstand von min. 20 cm

ZD-t Installationszone im Türdurchgang: mit einer Breite von max. 30 cm mit einem Wandabstand von min. 15 cm

Sind mehrere Installationszonen, auch für unterschiedliche Gewerke, nebeneinander erforderlich, ist ein Mindestabstand zwischen den Zonen von 20 cm einzuhalten (siehe Bild 3).

ANMERKUNG 3   Anforderungen an eventuell notwendige Bauwerksabdichtungen sind in der Normenreihe DIN 18195 enthalten.

8

Maße in Zentimeter

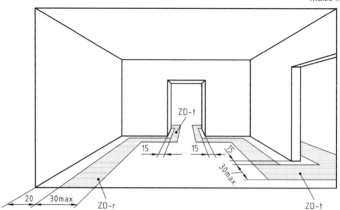

Legende

ZD-r   Installationszone im Raum: mit einer Breite von max. 30 cm mit einem Wandabstand von min. 20 cm

ZD-t   Installationszone im Türdurchgang: mit einer Breite von max. 30 cm mit einem Wandabstand von min. 15 cm

Bild 3 — Leitungsführung auf der Decke bei ausschließlich elektrischen Leitungen

Maße in Zentimeter

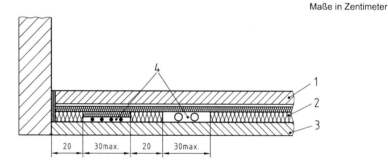

Legende

1   Estrich
2   Dämmung
3   Decke
4   Leitungen

Bild 4 — Leitungsführung auf der Decke bei mehreren Gewerken

9

4.4 Leitungsführung in der Decke

ANMERKUNG   Unter Leitungsführung in der Decke ist die Installation direkt oder innerhalb von Leerrohren in der Rohdecke zu verstehen.

Für die Leitungsanordnung in Decken sind keine Installationszonen festgelegt.

4.5 Leitungsführung unter der Decke

Leitungen unter Decken (unter Putz, im Putz, in Hohlräumen und abgehängten Decken) sind mit einem Mindestabstand von 20 cm parallel zu den Raumwänden anzuordnen.

5 Anordnung der Betriebsmittel

5.1 Allgemeines

Bei mittiger Anordnung von Gerätedosen bzw. Geräteverbindungsdosen in der Installationszone sollte auf eine geeignete Zuführung der Leitungen geachtet werden, um eine Beschädigung der Leitungen durch die Geräteeinsätze zu verhindern.

5.2 Leitungen

Die elektrischen Leitungen sind innerhalb der in Abschnitt 4 festgelegten Installationszonen vorzugsweise mittig anzuordnen.

Leitungen zu Stromkreisverteilern dürfen nur senkrecht zu den Verteilern geführt werden.

Leitungen in Wänden zu Betriebsmitteln wie Auslässen, Schaltern, Steckdosen, die notwendigerweise außerhalb der Installationszonen angeordnet werden müssen, sind als senkrecht geführte Stichleitungen aus einer waagerechten Installationszone zu führen.

Die erforderlichen Übergänge von den Installationszonen auf bzw. unter der Decke sind rechtwinklig zu den senkrechten Installationszonen an Wänden auszuführen.

5.3 Auslässe, Schalter, Steckdosen

Schalter sind vorzugsweise neben den Türen in senkrechten Installationszonen so anzuordnen, dass die Mitte des obersten Schalters nicht mehr als 105 cm über dem Fußboden liegt.

ANMERKUNG 1 Nach der Normenreihe DIN 18025 sind bei barrierefreien Wohnungen abweichende Schalterhöhen festgelegt. Auch für den Abstand der Schalter zu den Türen sind andere Maße festgelegt.

Steckdosen in der unteren waagerechten Installationszone sind in einer Vorzugshöhe von 30 cm über dem Fußboden anzuordnen.

Steckdosen und Schalter über Arbeitsflächen vor Wänden sind innerhalb der mittleren waagerechten Installationszone in einer Vorzugshöhe von 115 cm über dem Fußboden anzuordnen.

ANMERKUNG 2 Die Anordnung von Betriebsmitteln wie Auslässe, Schalter, Steckdosen, außerhalb der Installationszonen kann bei individuell geplanter Inneneinrichtung, z. B. in Küchen, notwendig werden.

10

Literaturhinweise

DIN 18015-1, *Elektrische Anlagen in Wohngebäuden — Teil 1: Planungsgrundlagen*

DIN 18015-2, *Elektrische Anlagen in Wohngebäuden — Teil 2: Art und Umfang der Mindestausstattung*

DIN 18195 (alle Teile), *Bauwerksabdichtungen*

DIN VDE 0100-520 (VDE 0100-520), *Errichten von Niederspannungsanlagen — Teil 5: Auswahl und Errichtung elektrischer Betriebsmittel — Kapitel 52: Kabel- und Leitungsanlagen*

ZVSHK-Richtlinie, *Installationen im Fußboden Aufbau (Entwurf)*[2]

Merkblatt *„Rohre, Kabel und Kabelkanäle auf Rohdecken" — Hinweise für Estrichleger und Planer, Teil Estrichtechnik, (Herausgeber: Zentralverband des Deutschen Baugewerbes e. V., Kronenstraße 55–58, 10117 Berlin, 2003)*[3]

---

[2] Zu beziehen bei: Zentralverband Sanitär Heizung Klima (ZVSHK), Postfach 1761, 53735 St. Augustin.

[3] Zu beziehen bei: Verlagsgesellschaft Rudolf Müller mbH; Stolberger Straße 84, 50933 Köln.

	DIN 18015-3 Berichtigung 1	

ICS 91.140.50

> Es wird empfohlen, auf der betroffenen Norm einen Hinweis auf diese Berichtigung zu machen.

Elektrische Anlagen in Wohngebäuden –
Teil 3: Leitungsführung und Anordnung der Betriebsmittel,
Berichtigungen zu DIN 18015-3:2007-09

Electrical installations in residential buildings –
Part 3: Wiring and disposition of electrical equipment,
Corrigenda to DIN 18015-3:2007-09

Installations électriques dans des immeubles d'habitation –
Partie 3: Disposition des circuits et d'équipement électrique,
Corrigenda à DIN 18015-3:2007-09

Gesamtumfang 2 Seiten

Normenausschuss Bauwesen (NABau) im DIN

In

DIN 18015-3:2007-09

sind folgende Korrekturen vorzunehmen:

1 Anwendungsbereich

Der erste Satz ist zu ersetzen durch:

„Diese Norm gilt für die Installation von **unsichtbar** angeordneten elektrischen Leitungen[1] sowie Auslässen, Schaltern und Steckdosen elektrischer Anlagen, die nach DIN 18015-1 geplant werden.“

---

[1] Hierzu zählen im Sinne der Norm auch Kabel und Leerrohre.

2

Lüftung von Bädern und Toilettenräumen ohne Außenfenster Einzelschachtanlagen ohne Ventilatoren	**DIN** **18 017** Teil 1

Ventilation of bathrooms and WCs without outside windows;
single shaft systems without ventilators
Ventilation de salles de bain et WCs sans fenêtres extérieures;
puits simples sans ventilateurs

Ersatz für Ausgabe 09.83

1 Anwendungsbereich

Die Norm legt lüftungstechnische Anforderungen an Einzelschachtanlagen ohne Ventilatoren zur Lüftung von Bädern und Toilettenräumen ohne Außenfenster fest.
Die Norm regelt nicht die Lüftung, soweit sie für den Betrieb von Feuerstätten erforderlich wird.

2 Grundsätze für die Ausführung der Einzelschachtanlage

Für jeden zu lüftenden Raum ist ein eigener Zuluftschacht und ein eigener Abluftschacht einzubauen (siehe Bild 1).

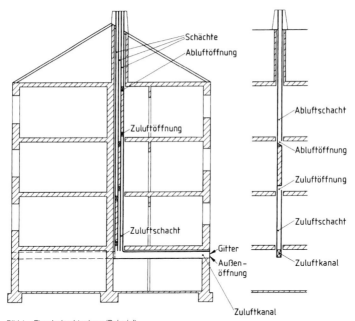

Bild 1. Einzelschachtanlage (Beispiel)

Fortsetzung Seite 2 und 3

Normenausschuß Bauwesen (NABau) im DIN Deutsches Institut für Normung e.V.
Normenausschuß Heiz- und Raumlufttechnik (NHRS) im DIN

435

Liegen Bad und Toilettenraum derselben Wohnung nebeneinander, so dürfen sie einen gemeinsamen Zuluftschacht
und einen gemeinsamen Abluftschacht haben. Der Zuluftschacht ist von unten bis zur Zuluftöffnung in den zu lüftenden
Raum hochzuführen; an seinem unteren Ende ist er mit einem
ins Freie führenden Zuluftkanal zu verbinden. Anstelle des
Zuluftschachtes kann eine andere dichte Zuluftleitung zur
Außenwand angeordnet werden. Der Abluftschacht ist von
der Abluftöffnung im Raum nach oben über Dach zu führen.

3   Schächte

Die Schächte müssen einen nach Form und Größe gleichbleibenden lichten Schachtquerschnitt haben. Er darf kreisför-
mig oder rechteckig und muß mindestens 140 cm^2 groß sein.
Bei rechteckigen lichten Schachtquerschnitten darf das Maß
der längeren Seite höchstens das 1,5fache der kürzeren
betragen.
Die Schächte sind senkrecht und im übrigen nach Abschnitt 2
zu führen. Sie dürfen einmal schräg geführt werden. Bei der
Schrägführung darf der Winkel zwischen der Schachtachse
und der Waagerechten nicht kleiner als 60 ° sein. Die
Schächte sollen Dächer mit einer Neigung von mehr als 20 °
im First oder in unmittelbarer Nähe des Firstes durchdringen
und müssen diesen mindestens 0,4 m überragen; über einseitig geneigten Dächern sind die Schachtmündungen entsprechend nahe über der höchsten Dachkante anzuordnen.
Die Schächte müssen Dachflächen mit einer Neigung von
weniger als 20 ° mindestens 1 m überragen. Schächte, die
Windhindernissen auf dem Dach näher liegen, als deren
1,5fache Höhe über Dach beträgt, müssen mindestens so
hoch wie die Windhindernisse sein. Grenzen Schächte an Windhindernisse, müssen sie diese um mindestens 0,4 m überragen. Schächte müssen Brüstungen auf Dächern mindestens
0,5 m überragen.
Schächte müssen Revisionsöffnungen haben.

4   Zuluftkanal

Am unteren Ende sind die Zuluftschächte mit einem ins Freie
führenden Zuluftkanal zu verbinden. Dieser Zuluftkanal kann
auch mit zwei gegenüberliegenden Öffnungen ausgeführt
werden. Der Zuluftkanal muß einen nach Form und Größe
gleichbleibenden lichten Querschnitt haben. Er darf kreisför-
mig oder rechteckig sein. Bei rechteckigen lichten Quersch-
nitten müssen die Rechteckseiten mindestens 90 mm lang
sein. Das Maß der längeren Seite darf höchstens das 10fache
der kürzeren betragen. Die Fläche eines Zuluftkanals mit
kreisförmigem lichtem Querschnitt muß mindestens 80 % der
Summe aller angeschlossenen Zuluftschachtquerschnitte
betragen. Die Fläche des Zuluftkanals mit rechteckigem lichten Querschnitt muß, abhängig vom Verhältnis der längeren
zur kürzeren Rechteckseite, einen Anteil der gesamten
Fläche der angeschlossenen Zuluftschächte nach Tabelle 1
haben.
Die Zuluftkanäle sind möglichst waagerecht und geradlinig zu
führen.

Tabelle 1.   **Lichte Querschnitte von Zuluftkanälen**

Verhältnis der längeren zur kürzeren Rechteckseite	Lichter Querschnitt des Zuluftkanals, bezogen auf die Gesamtfläche der lichten Querschnitte der angeschlossenen Zuluftschächte % min.
bis 2,5	80
über 2,5 bis 5	90
über 5 bis 10	100

Die Außenöffnungen der Zuluftkanäle müssen vergittert sein;
das Gitter muß eine Maschenweite von mindestens 10 mm ×
10 mm haben und herausnehmbar sein. Der freie Querschnitt
des Gitters muß insgesamt mindestens so groß sein, wie der
Mindestquerschnitt des Zuluftkanals. Zuluftkanäle dürfen am
Ende, das dem Freien zugekehrt ist, entgegen vorstehender
Anforderung aufgeweitet sein.

5   Zuluftöffnung

Die Zuluftöffnung muß einen freien Querschnitt von mindestens 150 cm^2 haben.
Die Zuluftöffnung muß mit einer Einrichtung ausgestattet
sein, mit der der Zuluftstrom gedrosselt und die Zuluftöffnung
verschlossen werden kann.
Die Zuluftöffnung sollte nach Möglichkeit im unteren Bereich
des Raumes angeordnet sein. Aus baulichen Gründen kann
sie aber auch in jeder beliebigen Höhe angebracht werden.
Liegen die Zu- und Abluftöffnungen unmittelbar übereinander, so ist an der Zuluftöffnung eine Luftleitvorrichtung anzubringen.

6   Abluftöffnung

Die Abluftöffnung muß einen lichten Querschnitt von mindestens 150 cm^2 haben und muß möglichst nahe unter der Decke
angeordnet sein.

7   Reinigung

Alle Verschlußteile müssen leicht zu reinigen sein und auch
die Reinigung des anschließenden Schachtes ermöglichen.

8   Anschluß von Gasfeuerstätten

Der Abgasschornstein von Gasfeuerstätten kann zugleich die
Funktion des Abluftschachtes übernehmen; die TRGI (Technische Regeln für Gas-Installationen) [1] sind zu beachten.

---

[1] Zu beziehen beim ZfGW-Verlag GmbH, Postfach 90 10 80,
6000 Frankfurt 90

Zitierte Unterlagen

TRGI Technische Regeln für Gas-Installationen [1])

Weitere Normen und andere Unterlagen

DIN 4102 Teil 6   Brandverhalten von Baustoffen und Bauteilen; Lüftungsleitungen; Begriffe, Anforderungen und Prüfungen

DIN 4108 Teil 2   Wärmeschutz im Hochbau; Wärmedämmung und Wärmespeicherung; Anforderungen und Hinweise für Planung und Ausführung

DIN 18 017 Teil 3   Lüftung von Bädern und Toilettenräumen ohne Außenfenster; mit Ventilatoren

Bauaufsichtliche Richtlinie über die brandschutztechnischen Anforderungen an Lüftungsanlagen in Gebäuden (Musterentwurf Fassung Februar 1977 – siehe Mitteilungen 5/1977 des Instituts für Bautechnik, Berlin).

Frühere Ausgaben

DIN 18 017: 08.52;   DIN 18 017 Teil 1: 03.60, 09.83

Änderungen

Gegenüber der Ausgabe September 1983 wurden folgende Änderungen vorgenommen:

a) Vornormcharakter aufgehoben
b) Titel geändert
c) Anstelle des Zuluftschachtes kann eine andere dichte Zuluftleitung zur Außenwand angeordnet werden.
d) Eine Dichtheit der Wände und Türen zu den Wohnräumen wird nicht mehr gefordert.

Erläuterungen

In dieser Norm wurde aufgrund der hohen Dichtheit von Fenstern und Außentüren, auf die Aufnahme von Anlagen mit über Dach führenden Schächten und Zuluft aus einem Nebenraum verzichtet, obwohl diese Anlagen in der Vergangenheit häufig und im allgemeinen mit guten Ergebnissen angewandt wurden.

Da das Problem der Wohnungslüftung einer generellen Regelung bedarf, ist beabsichtigt, auch Anlagen mit über Dach führenden Schächten und Zuluft aus einem Nebenraum wieder zu normen. Dabei muß sichergestellt sein, daß der für die innenliegenden Bäder und Toilettenräume benötigte Luftstrom aus der Wohnung abgezweigt werden kann.

Internationale Patentklassifikation

E 04 F 17/04

F 24 F 7/00

---

[1]) Siehe Seite 2

DK 628.8 : 697.921.24 : 697.953 : 621.63
: 643.52 : 620.1

August 1990

Lüftung von Bädern und Toilettenräumen ohne Außenfenster mit Ventilatoren	$\overline{\text{DIN}}$ **18 017** Teil 3

Ventilation of bathrooms and WCs without outside windows by fans

Ventilation de salles de bain et WCs sans fenêtres extérieures par ventilateurs

Ersatz für Ausgabe 04.88

Inhalt

1 Anwendungsbereich

Diese Norm gilt für Entlüftungsanlagen mit Ventilatoren zur Lüftung von Bädern und Toilettenräumen ohne Außenfenster in Wohnungen und ähnlichen Aufenthaltsbereichen, z. B. Wohneinheiten in Hotels. Andere Räume innerhalb von Wohnungen, z. B. Küchen oder Abstellräume, können ebenfalls über Anlagen nach dieser Norm entlüftet werden. Die Lüftung von fensterlosen Küchen ist nicht Gegenstand dieser Norm.

Diese Norm setzt voraus, daß die Zuluft ohne besondere Zulufteinrichtungen durch die Undichtheiten in den Außenbauteilen nachströmen kann. Deswegen darf der planmäßige Abluftvolumenstrom ohne besondere Zulufteinrichtung keinem größeren Luftwechsel als einen 0,8fachen, bezogen auf die gesamte Wohnung, entsprechen.

2 Art der Anlagen und deren Betriebsweise

2.1 Einzelentlüftungsanlagen

Einzelentlüftungsanlagen sind Entlüftungsanlagen mit eigenen Ventilatoren für jede Wohnung. Einzelentlüftungsanlagen ermöglichen die Entlüftung von Räumen nach dem Bedarf der Bewohner der einzelnen Wohnungen.

2.1.1 Einzelentlüftungsanlagen mit eigenen Abluftleitungen

Diese Entlüftungsanlagen haben je Wohnung mindestens eine Abluftleitung ins Freie (siehe Bild 1).

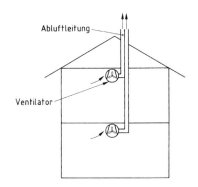

Bild 1. Einzelentlüftungsanlagen mit eigenen Abluftleitungen

2.1.2 Einzelentlüftungsanlagen mit gemeinsamer Abluftleitung

Diese Entlüftungsanlagen haben für mehrere Wohnungen eine gemeinsame Abluftleitung (Hauptleitung), durch die Abluft unter Überdruck ins Freie geleitet wird (siehe Bild 2).

Fortsetzung Seite 2 bis 9

Normenausschuß Bauwesen (NABau) im DIN Deutsches Institut für Normung e. V.

Normenausschuß Heiz- und Raumlufttechnik (NHRS) im DIN

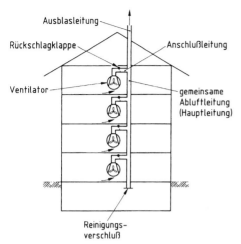

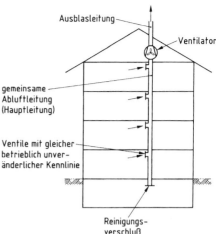

Bild 2. Einzelentlüftungsanlagen mit gemeinsamer Abluftleitung (Hauptleitung)

Bild 3. Zentralentlüftungsanlage mit nur gemeinsam veränderlichem Gesamtvolumenstrom

2.2 Zentralentlüftungsanlagen

Zentralentlüftungsanlagen sind Entlüftungsanlagen mit gemeinsamem Ventilator für mehrere Wohnungen.

Zentralentlüftungsanlagen ermöglichen je nach Ausführungsart

- eine dauernde Entlüftung der Räume mit Volumenströmen, die für die angeschlossenen Wohnungen nur gemeinsam dem Bedarf der Bewohner angepaßt werden können (im folgenden genannt „Zentralentlüftungsanlagen mit nur gemeinsam veränderlichem Gesamtvolumenstrom");

- eine Entlüftung der Räume mit Volumenströmen, die wohnungsweise dem Bedarf der jeweiligen Bewohner angepaßt werden können (im folgenden genannt „Zentralentlüftungsanlagen mit wohnungsweise veränderlichen Volumenströmen");

- eine dauernde Entlüftung der Räume mit unveränderlichen Volumenströmen (im folgenden genannt „Zentralentlüftungsanlagen mit unveränderlichen Volumenströmen").

2.2.1 Zentralentlüftungsanlagen mit nur gemeinsam veränderlichem Gesamtvolumenstrom

Anlagen dieser Ausführungsart haben Abluftventile mit gleichen betrieblich unveränderlichen Ventilkennlinien. Durch eine entsprechende Schaltung des Ventilators können Anlagen dieser Ausführungsart mit planmäßigem Volumenstrom oder zeitweise reduziertem Volumenstrom betrieben werden. Die Volumenstromreduzierung wird an allen Abluftventilen gleichzeitig wirksam (siehe Bild 3).

2.2.2 Zentralentlüftungsanlagen mit wohnungsweise veränderlichen Volumenströmen

Anlagen dieser Ausführungsart haben einstellbare Abluftventile mit veränderlichen Kennlinien. Durch Einstellung der Abluftventile können die Bewohner den Volumenstrom wohnungsweise bzw. raumweise dem jeweiligen Bedarf anpassen (siehe Bild 4).

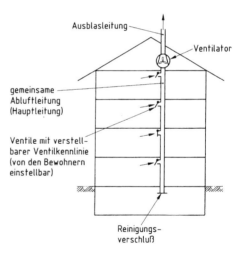

Bild 4. Zentralentlüftungsanlage mit wohnungsweise veränderlichen Volumenströmen

2.2.3 Zentralentlüftungsanlagen mit unveränderlichen Volumenströmen

Anlagen dieser Ausführungsart haben Abluftventile, die innerhalb eines erheblichen Bereichs der Druckdifferenz zwischen ihren beiden Seiten einen konstanten, also von der Größe der Druckdifferenz unabhängigen Volumenstrom, aus den zu entlüftenden Räumen sicherstellen. Wegen dieser Besonderheit der Abluftventile ist eine Volumenstromreduzierung nicht möglich (siehe Bild 5).

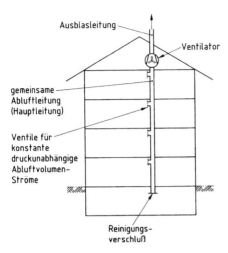

gemeinsame
Abluftleitung
(Hauptleitung)

Ventile für
konstante
druckunabhängige
Abluftvolumen-
Ströme

Reinigungs-
verschluß

Bild 5.   Zentralentlüftungsanlage mit unveränderlichen Volumenströmen

nung einer Anlage damit zu rechnen, daß sich die Unterschiede der statischen Drücke zwischen den entlüfteten Räumen und den Außenseiten der Auslaßöffnungen (Stördrücke) um 40 Pa vergrößern bzw. verringern, wenn der Abluftvolumenstrom lotrecht über Dach austritt, andernfalls um 60 Pa (siehe Bild 6).

a) Abluftvolumenstrom lotrecht und über Dach, Stördruck 40 Pa

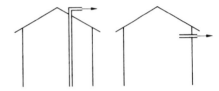

b) Abluftvolumenstrom nicht lotrecht, Stördruck 60 Pa

Bild 6. Stördruck in Abhängigkeit von der Führung des Abluftvolumenstromes

3   Grundsätzliche lüftungstechnische und hygienische Anforderungen

3.1   Volumenströme

3.1.1   Planmäßige Mindestvolumenströme

Entlüftungsanlagen zur Entlüftung von Bädern, auch mit Klosettbecken, können wahlweise, je nach Ausführungsart und Betriebsweise für folgende planmäßigen Mindestvolumenströme ausgelegt werden:

- 40 m³/h: Dieser Volumenstrom muß über eine Dauer von mindestens zwölf Stunden je Tag abgeführt werden oder

- 60 m³/h: Wenn der Volumenstrom auf 0 m³/h reduziert werden kann, muß sichergestellt werden, daß nach jedem Ausschalten weitere 5 m³ Luft über die Anlage (Lüftungsgerät oder Abluftventil) aus dem zu lüftenden Raum abgeführt werden. Dies bedeutet, daß z. B. bei Einzelentlüftungsanlagen das Ablüftgerät nach jedem Betätigen des Ausschalters solange nachläuft, bis weitere 5 m³ Luft abgeführt sind (siehe Abschnitt 3.7.2).

Für Toilettenräume muß der Volumenstrom mindestens die Hälfte dieser Werte betragen.

Bei Anlagen, die anlagenbedingt 24 Stunden je Tag betrieben werden müssen, dürfen die genannten Werte in Zeiten geringen Luftbedarfs um die Hälfte reduziert werden.

Unter dem planmäßigen Volumenstrom versteht man denjenigen Volumenstrom, der ohne witterungs- und anlagenbedingte Einflüsse erreicht wird.

3.1.2   Größte Volumenströme

Größere planmäßige Volumenströme als die doppelten Volumenströme nach Abschnitt 3.1.1 sind durch die Aufgabe, innenliegende Bäder und Toiletträume ordnungsgemäß zu entlüften, nicht gerechtfertigt.

3.1.3   Volumenstromabweichungen

Die Volumenströme dürfen sich gegenüber den planmäßigen Volumenströmen durch Wind und thermischen Auftrieb um nicht mehr als ± 15 % ändern. Anstatt mit dem tatsächlichen Einfluß von Wind und thermischem Auftrieb ist bei der Pla-

Bei Einzelentlüftungsanlagen mit gemeinsamer Hauptleitung muß bei alleinigem Betrieb des untersten Lüftungsgeräte von diesem Gerät der Mindestvolumenstrom nach Abschnitt 3.1.1 erreicht werden. Bei gleichzeitigem Betrieb aller Lüftungsgeräte darf sich der Volumenstrom am untersten Gerät gegenüber dem planmäßigen Volumenstrom um max. 10 % verringern.

Bei Zentralentlüftungsanlagen mit nur gemeinsam veränderlichem Gesamtvolumenstrom nach Abschnitt 2.2.1 muß am untersten Abluftventil wenigstens der Mindestvolumenstrom nach Abschnitt 3.1.1 erreicht werden. Am obersten Abluftventil darf der Volumenstrom max. 10 % höher liegen als am untersten Abluftventil.

Bei Zentralentlüftungsanlagen mit wohnungsweise veränderlichem Volumenstrom nach Abschnitt 2.2.2 muß bei alleinigem Offenstehen des untersten Abluftventils an diesem Ventil der Mindestvolumenstrom nach Abschnitt 3.1.1 erreicht werden. Bei Offenstehen aller Abluftventile darf sich der Volumenstrom am untersten Abluftventil um max. 10 % verringern.

3.2   Zuluftführung

Jeder zu entlüftende innenliegende Raum muß eine unverschließbare Nachströmöffnung von 150 cm² freien Querschnitts haben.

3.3   Abluftführung

Aus dem zu entlüftenden Raum ist die Luft möglichst nahe der Decke abzuführen. Die Abluft ist ins Freie zu führen.

3.4   Luftführung in Bädern

In Bädern ist die Luft so zu führen, daß sie im Aufenthaltsbereich des Badenden keine Luftgeschwindigkeit über 0,2 m/s hat.

3.5 Einregulierung der Anlagen

Die Bauteile der Entlüftungsanlagen sind lüftungstechnisch so zu gestalten, daß die planmäßigen Volumenströme erreicht werden, ohne daß die Anlagen durch Drosseleinrichtungen oder ähnliche Bauteile in den Wohnungen einreguliert werden müssen. Abluftventile von Anlagen nach Abschnitt 2.2.2 bleiben davon unberührt.

3.6 Übertragung von Gerüchen und Staub

Die Entlüftungsanlagen sind so herzustellen und zu betreiben, daß Gerüche und Staub von Wohnung zu Wohnung nicht übertragen werden können. Werden außer Bädern und Toilettenräumen andere Räume an eine Entlüftungslage angeschlossen, so ist diese so herzustellen und zu betreiben, daß in die anderen Räume Gerüche und Staub nicht übertragen werden können.

3.7 Ventilatoren

3.7.1 Ventilatorkennlinie

Die Ventilatorkennlinie darf bis zu Drücken in Höhe des planmäßigen Arbeitsdruckes zuzüglich des doppelten Stördruckes nach Abschnitt 3.1.3 nur einen Arbeitspunkt haben (siehe Bild 7).

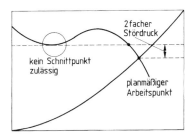

Bild 7.   Anforderung an die Ventilatorkennlinie

3.7.2 Ausführung und Schaltung der Ventilatoren

Die Ventilatoren müssen gegen Korrosion beständig und für Dauerbetrieb bei allen Laststufen geeignet sein. Sie müssen so eingebaut sein, daß sie leicht zugänglich sind. Wartung und Austausch müssen möglich sein.

Die Ventilatoren können mehrere Schaltstufen haben oder stufenlos regelbar sein. Dabei muß mindestens eine Schaltstufe den Anforderungen nach Abschnitt 3.1.1 entsprechen; der Volumenstrom bei der höchsten Schaltstufe soll die Festlegung nach Abschnitt 3.1.2 nicht überschreiten. Es ist zweckmäßig, den Betriebszustand der Ventilatoren an ihrer Schaltstelle optisch erkennbar zu machen; mindestens muß erkennbar sein, ob die Ventilatoren in Betrieb sind.

Ventilatoren von Einzelentlüftungsanlagen und Abluftventile von Zentralentlüftungsanlagen mit angeweise veränderlichem Volumenstrom müssen von der zugehörigen Wohnung schaltbar sein, z.B. kann über den Lichtschalter der Ventilator so in Betrieb gesetzt bzw. das Abluftventil so geöffnet werden, daß mindestens die nach Abschnitt 3.1.1 vorgegebenen Mindestvolumenströme gefördert werden. Die Ventilator- bzw. Ventilschaltung muß sicherstellen, daß nach jedem Ausschalten das Lüftungsgerät solange nachläuft, bzw. das Abluftventil solange offen bleibt, bis weitere 5 m³ Luft abgeführt sind.

Ventilatoren von Zentralentlüftungsanlagen müssen an zentraler Stelle schaltbar sein. Ventilatoren von Zentralentlüftungsanlagen mit veränderlichen Gesamtvolumenströmen können eine Schaltung haben, durch der die Gesamtvolumenstrom nachts reduziert werden kann; der Volumenstrom

darf auch tagsüber reduziert werden, wenn keiner der angeschlossenen Räume genutzt wird.

3.8 Filter, Abluftventile, Drosseleinrichtungen, Rückschlagklappen und Reinigungsverschlüsse

Abluftventile, Drosseleinrichtungen, Rückschlagklappen und Reinigungsverschlüsse müssen dicht zu warten und leicht austauschbar sein und dürfen durch Korrosion und Verschmutzung nicht funktionsunfähig werden.

Filter müssen ohne Werkzeug austauschbar sein. Rückschlagklappen müssen dicht und bei Druckdifferenzen von weniger als 10 Pa geschlossen sein. Ihr Leckluftvolumenstrom darf max. 0,01 m³/h bei einer Druckdifferenz von 50 Pa betragen.

3.9 Abluftleitungen

Abluftleitungen müssen dicht und standsicher sein. Abluftleitungen müssen so beschaffen oder wärmegedämmt sein, daß Kondensatschäden nicht entstehen können.

In den Abluftleitungen sind Reinigungsöffnungen mit dichten Verschlüssen in ausreichender Anzahl so anzubringen, daß die Abluftleitungen leicht gereinigt werden können. Einschraubbare Reinigungsverschlüsse sind nicht zulässig. Reinigungsöffnungen sind entbehrlich, wenn die Abluftleitungen von Abluftöffnungen aus gereinigt werden können.

4 Anlagenspezifische Anforderungen

4.1 Einzelentlüftungsanlagen mit eigenen Abluftleitungen

4.1.1 Allgemeines

Nach Abschnitt 3.1.3, erster Absatz, ist der Nachweis zu führen, daß sich die planmäßigen Volumenströme infolge von Stördrücken nur innerhalb der zulässigen Grenzen ändern. Dieser Nachweis kann anhand der Kennlinie des vollständigen Lüftungsgerätes mit Anschlußleitung und der Anlagenkennlinie geführt werden (siehe Bild 8).

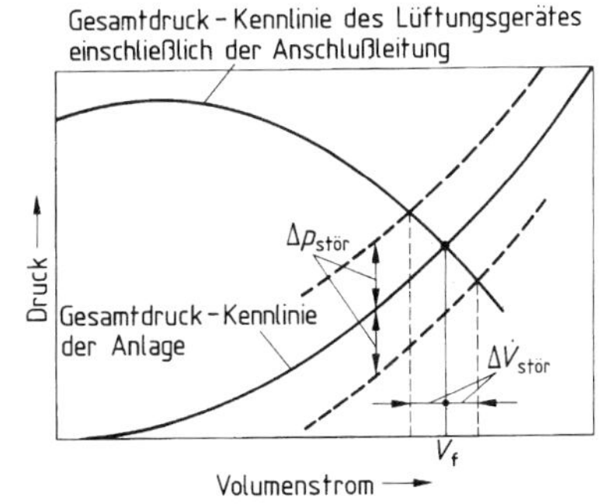

Gesamtdruck – Kennlinie des Lüftungsgerätes einschließlich der Anschlußleitung

$\Delta p_{stör}$ Stördruckdifferenz

$\Delta \dot{V}_{stör}$ Volumenstromänderung infolge des Stördruckes

V_f Volumenstrom des aus der Anschlußleitung frei ausblasenden Lüftungsgerätes

Bild 8.   Einfluß der Stördrücke auf den Volumenstrom nach Abschnitt 4.1.1

4.1.2 Anordnung und Ausführung der Abluftleitungen

Leitungsabschnitte, die an der Druckseite des Lüftungsgerätes angeschlossen sind und durch andere als die entlüfteten Räume oder durch andere Wohnungen führen, müssen auch unter Überdruck dicht sein.

4.1.3 Anschluß mehrerer Räume einer Wohnung

Andere Räume einer Wohnung dürfen nicht über denselben Ventilator entlüftet werden, über den Bad und Toilettenraum entlüftet werden. Mehrere Lüftungsgeräte einer Wohnung dürfen an eine gemeinsame Abluftleitung angeschlossen werden. Dabei muß hinter jedem Lüftungsgerät vor dem Anschluß an die gemeinsame Leitung eine dichtschließende Rückschlagklappe eingebaut werden, soweit sie nicht Bestandteil des Lüftungsgerätes ist.

4.2 Einzelentlüftungsanlagen mit gemeinsamer Abluftleitung

4.2.1 Allgemeines

Nach Abschnitt 3.1.3, erster und zweiter Absatz, ist der Nachweis zu führen, daß sich die planmäßigen Volumenströme infolge von Stördrücken und durch die gegenseitige Beeinflussung der Lüftungsgeräte nur innerhalb der zulässigen Grenzen ändern. Der Nachweis der Anforderungen nach Abschnitt 3.1.3, zweiter Absatz, ist notwendig, um einen ausreichenden Querschnitt der Hauptleitung sicherzustellen.

Die Volumenstromänderung infolge von Stördrücken (siehe Abschnitt 3.1.3, erster Absatz) kann ausreichend genau anhand der Kennlinie eines einzelnen vollständigen Lüftungsgerätes mit Anschlußleitung überprüft werden, da der Druckabfall in der Hauptleitung bei Betrieb nur eines Gerätes vernachlässigbar klein ist (siehe Bild 9). Dabei ist die Kennlinie des vollständigen Lüftungsgerätes einschließlich seiner Anschlußleitung an die Hauptleitung anzusetzen.

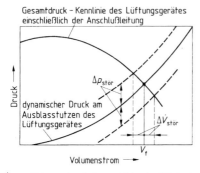

$\Delta \dot{V}_{\text{stör}}$ Volumenstromänderung infolge des Stördruckes

V_f Volumenstrom des aus der Anschlußleitung frei ausblasenden Lüftungsgerätes

Bild 9.   Einfluß der Stördrücke auf den Volumenstrom nach Abschnitt 4.2.1

Die Volumenstromverminderung durch gleichzeitigen Betrieb aller Lüftungsgeräte (siehe Abschnitt 3.1.3 zweiter Absatz) ist am untersten Lüftungsgerät am größten.

Die Volumenstromverminderung am untersten Lüftungsgerät kann durch die Berechnung des statischen Druckabfalls in der Hauptleitung bei Betrieb aller Geräte und der Kennlinie eines Lüftungsgerätes ausreichend genau ermittelt werden (siehe Bild 10). Liegt die Volumenstromverminderung innerhalb des zulässigen Bereichs, so ist die Hauptleitung ausreichend groß dimensioniert; liegt sie außerhalb des zulässigen Bereichs, so muß der Querschnitt der Hauptleitung vergrößert werden. Eine Überprüfung ist erneut durchzuführen.

Der statische Druckverlust Δp_s in der Hauptleitung vom Anschluß des untersten Lüftungsgerätes bis zur Mündung kann nach folgender Gleichung ausreichend genau berechnet werden:

$$\Delta p_s = R_A \cdot l_s \cdot \left[\frac{(n_1 + 1)\,(2n_1 + 1)}{6n_1} + \frac{l_A}{l_s} - 1 \right] + 0{,}77\, p_{dA} \quad \text{in Pa (1)}$$

Hierin bedeuten:

R_A Druckabfall je m in der Ausblasleitung (siehe Bild 2) beim maßgeblichen Gesamtvolumenstrom in Pa/m

n_1 Anzahl der Geschosse

l_s Länge der Hauptleitungsabschnitte zwischen 2 Geräteanschlüssen in m

l_A Länge der Ausblasleitung in m

p_{dA} dynamischer Druck in der Ausblasleitung beim maßgeblichen Gesamtvolumenstrom in Pa

Δp_s statischer Druckverlust in der Hauptleitung bei Betrieb aller Lüftungsgeräte

$\Delta \dot{V}_s$ Volumenstromverminderung am untersten Lüftungsgerät bei gleichzeitigem Betrieb aller Lüftungsgeräte

V_f Volumenstrom des aus der Anschlußleitung frei ausblasenden Lüftungsgerätes

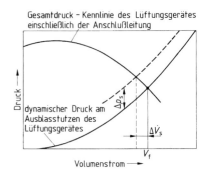

Bild 10.   Volumenstromverminderung am untersten Lüftungsgerät bei Betrieb aller Geräte nach Abschnitt 4.2.1

Der maßgebliche Gesamtvolumenstrom $\dot{V}_{\text{m gesamt}}$ bei Betrieb aller Geräte ist geringer als die Summe der Volumenströme der frei ausblasenden Lüftungsgeräte. Der Minderungsfaktor beträgt etwa 0,93. Der maßgebliche Gesamtvolumenstrom beträgt:

$$\dot{V}_{\text{m gesamt}} = 0{,}93 \cdot n_2 \cdot V_f \quad \text{in m}^3/\text{h} \qquad (2)$$

Hierin bedeuten:

V_f Volumenstrom des aus der Anschlußleitung frei ausblasenden Lüftungsgerätes in m³/h (siehe Bild 9)

n_2 Anzahl der angeschlossenen Lüftungsgeräte

4.2.2 Anordnung und Ausführung der Abluftleitungen

Die Abluftleitungen bestehen aus

— den Anschlußleitungen für die Ventilatoren und

— der gemeinsamen Abluftleitung (Hauptleitung).

Der Leitungsabschnitt oberhalb des obersten Geräteanschlusses wird als Ausblasleitung bezeichnet.

Die Ausblasleitung ist über Dach zu führen. Zwischen der untersten und der obersten Anschlußleitung soll die Hauptleitung gerade und lotrecht geführt werden und muß einen gleichbleibenden Querschnitt haben. Bei einer eventuellen Abweichung der Hauptleitung von der Lotrechten ist der rechnerische Nachweis zu führen, daß die Anforderung nach Abschnitt 3.1.3, zweiter Absatz, erfüllt ist; dabei ist der rechnerische Nachweis nach Abschnitt 4.2.1 nicht ausreichend.

Bei der Bemessung der Hauptleitung ist vorauszusetzen,

daß alle Ventilatoren gleichzeitig und mit größtmöglicher Förderleistung betrieben werden. Wegen des Überdruckes in den Leitungen müssen diese auch gegen Überdruck dicht sein.

4.2.3 Rückschlagklappe

In oder nach jedem Lüftungsgerät muß vor dem Zusammenschluß von Anschluß- und Hauptleitung eine Rückschlagklappe eingebaut werden.

4.2.4 Betriebsweise und Steuerung der Geräte

Keine Schaltstufe darf einem höheren Volumenstrom entsprechen, als der Bemessung der gemeinsamen Hauptleitung zugrunde liegt.

4.2.5 Anschluß mehrerer Räume einer Wohnung

Andere Räume einer Wohnung dürfen nicht über denselben Ventilator entlüftet werden, über den das Bad und Toilettenraum entlüftet werden.

4.3 Zentralentlüftungsanlagen mit nur gemeinsam veränderlichem Gesamtvolumenstrom

4.3.1 Allgemeines

Nach Abschnitt 3.1.3, erster und dritter Absatz, ist der Nachweis zu führen, daß sich die planmäßigen Volumenströme infolge von Stördrücken nur innerhalb der zulässigen Grenzen ändern und die Volumenstromdifferenz zwischen dem untersten und dem obersten Ventil einer gemeinsamen Abluftleitung (Hauptleitung) den max. Wert nicht überschreitet. Der Nachweis der Anforderungen nach Abschnitt 3.1.3, dritter Absatz, um einen ausreichenden Querschnitt der Hauptleitung sicherzustellen.

Die Volumenstromänderung infolge von Stördrücken (siehe Abschnitt 3.1.3, erster Absatz) kann anhand der Ventilatorkennlinie und der Anlagenkennlinie überprüft werden (siehe Bild 11).

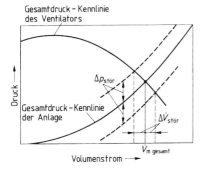

Bild 11.   Einfluß der Stördrücke auf den Volumenstrom nach Abschnitt 4.3.1 bzw. Abschnitt 4.4.1

$\Delta p_{\text{stör}}$ Stördruckdifferenz
$\Delta \dot{V}_{\text{stör}}$ Volumenstromänderung infolge des Stördruckes
$\dot{V}_{\text{m gesamt}}$ maßgeblicher Gesamtvolumenstrom

Die Volumenstromdifferenz zwischen dem untersten und dem obersten Ventil einer Hauptleitung (siehe Abschnitt 3.1.1, dritter Absatz) kann anhand des statischen Druckverlustes zwischen diesen beiden Ventilen und der Ventilkennlinie ermittelt werden (siehe Bild 12). Liegt die Volumenstromdifferenz innerhalb des zulässigen Wertes, so ist die Hauptleitung ausreichend groß dimensioniert; liegt sie außerhalb, so muß der Querschnitt der Hauptleitung vergrößert werden. Eine Überprüfung ist erneut durchzuführen.

Der statische Druckverlust Δp_s in der Hauptleitung zwischen dem untersten und dem obersten Ventilanschluß kann ausreichend genau nach folgender Gleichung berechnet werden:

$$\Delta p_s = R_A \cdot l_s \cdot \left[\frac{(n_1 + 1)(2n_1 + 1)}{6n_1} - 1 \right] + 0,77 \ p_{dA} \quad \text{in Pa} \quad (3)$$

Hierin bedeuten:

R_A Druckabfall je m in der Ausblasleitung (siehe Bild 3) beim maßgeblichen Gesamtvolumenstrom in Pa/m

n_1 Anzahl der Geschosse mit angeschlossenen Lüftungsventilen

l_s Länge der Hauptleitungsabschnitte zwischen 2 Geschossen mit angeschlossenen Ventilen in m

p_{dA} dynamischer Druck in der Ausblasleitung beim maßgeblichen Volumenstrom in Pa

Der maßgebliche Gesamtvolumenstrom $\dot{V}_{\text{m gesamt}}$ kann ausreichend genau wie folgt berechnet werden:

$$\dot{V}_{\text{m gesamt}} = 1,05 \cdot n_2 \cdot \dot{V}_p \quad \text{in m}^3/\text{h} \quad (4)$$

Hierin bedeuten:

$\dot{V}_p$ planmäßiger Volumenstrom an den Abluftventilen in m³/h

n_2 Anzahl der Ventile

4.3.2 Anordnung und Ausführung der Abluftleitungen

Die Abluftleitungen bestehen aus

— den Anschlußleitungen für die Abluftventile und

— einer oder mehreren Hauptleitungen.

Zwischen dem untersten und der obersten Anschlußleitung soll jede Hauptleitung gerade und lotrecht geführt werden und muß einen gleichbleibenden Querschnitt haben. Bei einer eventuellen Abweichung einer Hauptleitung von der Lotrechten ist der rechnerische Nachweis zu führen, daß die Anforderung nach Abschnitt 3.1.3, dritter Satz, erfüllt ist; dabei ist der rechnerische Nachweis nach Abschnitt 4.3.1 nicht ausreichend.

Werden mehrere gemeinsame Hauptleitungen vor einem gemeinsamen Ventilator zusammengeführt, so muß die Zusammenführung über einen Sammelkasten erfolgen.

4.3.3 Abluftventile und Drosseleinrichtungen

Alle Abluftventile in einer Anlage müssen die gleiche Kennlinie besitzen und dürfen nicht verstellbar sein.

Weitere Drosseleinrichtungen dürfen nur an zugänglichen Stellen außerhalb von Wohnungen, z.B. am Eintritt von Hauptleitungen in den Sammelkasten angeordnet werden.

4.4 Zentralentlüftungsanlagen mit wohnungsweise veränderlichen Volumenströmen

4.4.1 Allgemeines

Nach Abschnitt 3.1.3, erster und vierter Absatz, ist der Nachweis zu führen, daß sich die planmäßigen Volumenströme infolge von Stördrücken und durch die gegenseitige Beeinflussung der Abluftventile nur innerhalb der zulässigen Grenzen ändern. Der Nachweis der Anforderungen nach Abschnitt 3.1.3, vierter Absatz, ist notwendig, um einen ausreichenden Querschnitt der Hauptleitung sicherzustellen.

Die Volumenstromänderung infolge von Stördrücken (siehe Abschnitt 3.1.3, erster Absatz) kann anhand der Ventilatorkennlinie und der Anlagenkennlinie bei Offenstehen aller Abluftventile überprüft werden (siehe Bild 11).

Die Volumenstromverminderung bei Offenstehen aller Abluftventile gegenüber dem Betrieb mit nur einem offenen Abluftventil (siehe Abschnitt 3.1.3, vierter Absatz) ist am untersten Abluftventil am größten. Die Volumenstromverminderung am untersten Abluftventil kann durch die Berechnung des statischen Druckabfalls in der Hauptleitung bei Offenstehen aller Abluftventile und der Ventilkennlinie ermittelt werden (siehe Bild 12). Liegt die Volumenstromverminderung innerhalb des zulässigen Bereichs, so ist die gemeinsame Abluftleitung (Hauptleitung) ausreichend groß dimensioniert; liegt sie außerhalb, so muß der Querschnitt vergrößert werden. Eine Überprüfung ist erneut durchzuführen.

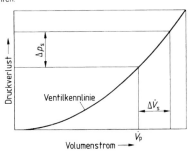

Δp_s statischer Druckverlust in der Hauptleitung
$\Delta \dot{V}_s$ Volumenstromverminderung zwischen dem untersten und dem obersten Ventil
$\dot{V}_p$ planmäßiger Volumenstrom

Bild 12. Volumenstromdifferenz zwischen oberstem und unterstem Abluftventil nach Abschnitt 4.3.1 bzw. Volumenstromverminderung am untersten Abluftventil bei Offenstehen aller Abluftventile nach Abschnitt 4.4.1

Der statische Druckverlust Δp_s in der Hauptleitung vom Anschluß des untersten Abluftventils bis zur Mündung bei Offenstehen aller Abluftventile kann nach Gleichung (1) berechnet werden.

Der maßgebliche Gesamtvolumenstrom $\dot{V}_{m\,gesamt}$ bei Offenstehen aller Abluftventile kann wie folgt berechnet werden:

$$\dot{V}_{m\,gesamt} = 0{,}95 \cdot n_2 \cdot \dot{V}_p \qquad (5)$$

Hierin bedeuten:

$\dot{V}_p$ planmäßiger Volumenstrom an den Abluftventilen in m³/h
n_2 Anzahl der Ventile

Hat der Ventilator eine Regeleinrichtung, mit der ein konstanter Unterdruck an einem Meßort zwischen dem obersten Abluftventil und dem Ventilator sichergestellt wird, so ist in dem aufgeführten Verfahren zur Berechnung des statischen Druckverlustes Δp_s für die Länge l_A nicht die Ausblaslänge vom obersten Abluftventil bis zur Mündung, sondern vom obersten Abluftventil bis zum Druckmeßort einzusetzen.

4.4.2 Anordnung und Ausführung der Abluftleitungen

Die Abluftleitungen bestehen aus
- den Anschlußleitungen für die Abluftventile und
- der gemeinsamen Anschlußleitung (Hauptleitung).

Zwischen der untersten und der obersten Anschlußleitung soll die Hauptleitung gerade und lotrecht geführt werden und muß einen gleichbleibenden Querschnitt haben. Bei einer eventuellen Abweichung der Hauptleitung von der Lotrechten ist der rechnerische Nachweis zu führen, daß die Anforderung nach Abschnitt 3.1.3, vierter Absatz, erfüllt ist; dabei ist der rechnerische Nachweis nach Abschnitt 4.4.1 nicht ausreichend.

4.4.3 Abluftventile

Alle Abluftventile in einer Anlage müssen gleichen Typs und gleicher Bauart sein (siehe auch Abschnitt 2.2.2).

4.4.4 Betriebsweise und Steuerung der Anlagen

Die Förderleistung des Ventilators muß sich selbsttätig dem zu fördernden Gesamtvolumenstrom anpassen. Sind alle Abluftventile einer Anlage geschlossen, so kann der Ventilator abgeschaltet werden, wenn sich hinter jedem Abluftventil eine Rückschlagklappe befindet.

4.5 Zentralentlüftungsanlagen mit unveränderlichen Volumenströmen

4.5.1 Allgemeines

Die Abluftöffnungen enthalten Volumenstromregler, die innerhalb der in einer Anlage auftretenden Druckdifferenz konstante Abluftvolumenströme sicherstellen (siehe Bild 13).

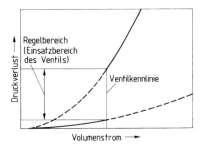

Bild 13. Kennlinie der Abluftöffnung mit Volumenstromregler nach Abschnitt 4.5.1

Die Lüftungsleitungen und die Ventilatoren der Anlagen müssen so bemessen sein, daß

a) an keiner Abluftöffnung eine geringere Druckdifferenz zwischen den Räumen und der Leitungsseite auftritt, als für den planmäßigen Abluftvolumenstrom durch die Abluftöffnung mindestens erforderlich ist; und zwar auch dann nicht, wenn der Ventilator gegen den Stördruck nach Abschnitt 3.1.3, erster Absatz, fördern muß; maßgeblich sind diejenigen Abluftöffnungen, deren Abluftvolumenstrom bis zum Ventilator durch den Strömungswiderstand der jeweiligen Lüftungsleitung den größten Gesamtdruckverlust erfährt.

b) an keiner Abluftöffnung eine größere Druckdifferenz zwischen der Raumseite und der Leitungsseite auftritt, als für den planmäßigen Abluftvolumenstrom durch die Abluftöffnung höchstens auftreten darf; und zwar auch dann nicht, wenn der Ventilator durch einen Stördruck nach Abschnitt 3.1.1, erster Absatz, unterstützt wird; maßgeblich sind diejenigen Abluftöffnungen, deren Abluftvolumenstrom bis zum Ventilator durch den Strömungswiderstand der jeweiligen Lüftungsleitung den geringsten Gesamtdruckverlust erfährt.

Der Gesamtdruckverlust zwischen der Leitungsseite der Abluftöffnungen und dem Ansaugstutzen des Ventilators ergibt sich aus den planmäßigen Volumenströmen.

4.5.2 Abluftventile

Die Abluftventile müssen so beschaffen sein, daß ihre Funktion durch Schmutz und Korrosion nicht beeinträchtigt wird.

4.5.3 Betriebsweise und Steuerung der Anlagen

Wegen der besonderen Funktionsweise der Abluftventile ist eine Volumenstromreduzierung nicht möglich. Die Anlagen müssen dauernd betrieben werden.

5   Messung der Volumenströme

Insbesondere im Hinblick auf Entlüftungsanlagen, deren Hauptleitungen abweichend von den Anforderungen nach Abschnitt 4.2.2, zweiter Absatz, zweiter Satz, Abschnitt 4.3.2, erster Absatz, zweiter Satz und Abschnitt 4.4.2, zweiter Satz, hergestellt sind, wird darauf hingewiesen, daß die Abluftvolumenströme aus den Bädern und Toilettenräumen gemessen werden können.

6   Prüfung von Ventilatoren, Lüftungsgeräten und Abluftventilen

6.1   Ventilatoren und Abluftventile von Zentralentlüftungsanlagen und Lüftungsgeräte von Einzelentlüftungsanlagen mit eigener Abluftleitung

6.1.1   Lufttechnische Nachweise

Die Prüfung der Normkennlinien der Ventilatoren und der Abluftventile muß von einer anerkannten Prüfstelle [1]) mit Hilfe eines Kammerprüfstandes nach DIN 24 163 Teil 1 durchgeführt werden. Bei Ventilatoren mit mehreren Schaltstufen ist die Kennlinie für jede Schaltstufe zu ermitteln.

Die Kennlinien von Abluftventilen sind von einer anerkannten Prüfstelle zu überprüfen.

6.1.2   Schalltechnische Nachweise

Die schalltechnischen Eigenschaften der verwendeten Bauteile sind durch Eignungsprüfungen nachzuweisen.

6.1.3   Brandschutztechnische Nachweise

Die brandschutztechnischen Eigenschaften der verwendeten Bauteile sind nach den Vorschriften der Landesbauordnungen nachzuweisen.

6.1.4   Abnahme

Die Einhaltung der Anforderungen nach den Abschnitten 3 und 4 ist durch Abnahme vor Ort nachzuweisen. Auf die Abnahme bzw. auf Teile der Abnahme darf verzichtet werden, wenn auf andere Art die Eignung nachgewiesen ist.

6.1.5   Nachweis

Als Nachweis der Prüfung ist die Prüfgrundlage, die Prüfstelle, und die Prüfnummer mit Datum auf den Herstellerunterlagen zu vermerken.

6.2   Lüftungsgeräte von Einzelentlüftungsanlagen mit gemeinsamer Abluftleitung

6.2.1   Normkennlinie und Betriebspunkt, Volumenstrom freiblasend

Die Normkennlinien und der Betriebspunkt Volumenstrom freiblasend müssen von einer anerkannten Prüfstelle [2]) an mindestens zwei gleichen Lüftungsgeräten mit Hilfe eines saugseitigen Kammerprüfstandes nach DIN 24 163 Teil 1 überprüft sein. Hierzu müssen die Lüftungsgeräte vollständig sein, d. h. insbesondere die Rückschlagklappe und die vorgesehenen Filter enthalten. Die Anschlußleitung muß 1000 mm lang sein und mittig einen 90°-Bogen mit dem Radius $r = d$ haben, sofern aus Gründen des Brandschutzes nicht mehrere Bögen gefordert sind. Die Bauart der verwendeten Leitung ist anzugeben.

Die Abweichung der Kennlinien beider Prüflinge untereinander muß im Auslegungsbereich der Genauigkeitsklasse 1 nach DIN 24 166 entsprechen.

Aus den beiden Kennlinien der beiden Lüftungsgeräte ist eine mittlere Kennlinie durch arithmetische Mittelwertbildung zu bestimmen, an der die zur Dimensionierung der Hauptleitung zur Verfügung stehende statische Druckdifferenz p_s und die Volumenstromabweichung durch den Stördruck dargestellt wird.

6.2.2   Rückschlagklappen

Durch eine anerkannte Prüfstelle [2]) ist an mindestens zwei gleichen Lüftungsgeräten nachzuweisen, daß die Rückschlagklappen den Anforderungen des Abschnittes 3.8 entsprechen. Der Leckluftvolumenstrom entsprechend Abschnitt 3.8, zweiter Absatz, zweiter Satz, ist an Rückschlagklappen zu prüfen, die zuvor von der Prüfstelle 200 000 mal in Funktion gesetzt wurden.

6.2.3   Filter

Die verwendeten Filter müssen mindestens der Filterklasse EU 2 nach DIN 24 185 Teil 2 entsprechen. Als Nachweis ist die Klassifikation in den Unterlagen des Herstellers der Lüftungsgeräte zu bescheinigen.

6.2.4   Geräuschverhalten der Lüftungsgeräte

Durch eine anerkannte Prüfstelle [2]) ist an zwei planmäßig eingebauten Lüftungsgeräten die bewertete Schachtpegeldifferenz $D_{K,W}$ nach DIN 4109 nach DIN 52 210 Teil 6, zu bestimmen.

Werden darüber hinaus Angaben über das Eigengeräusch der Lüftungsgeräte gemacht, so sind diese Angaben entweder als A-bewertete Schalleistungspegel L_{WA} (siehe DIN 45 635 Teil 1) oder als A-bewertete Schalldruckpegel L_A, bezogen auf eine Absorptionsfläche $A_L = 4\,\text{m}^2$ zu machen. [3])

Die Übereinstimmung der hinsichtlich ihres Geräuschverhaltens zu prüfenden Geräte mit den nach den Abschnitten 6.2.1 und 6.2.2 zu prüfenden Geräten ist von der Prüfstelle festzustellen. Um die Übereinstimmung sicherzustellen, müssen alle Prüfmuster bei derjenigen Prüfstelle angeliefert werden, bei der die Prüfungen nach den Abschnitten 6.2.1 und 6.2.2 durchgeführt werden.

6.2.5   Überwachung der Herstellung

Die Herstellung der Lüftungsgeräte ist durch Eigen- und Fremdüberwachung nach DIN 18 200 zu überwachen, sofern im folgenden nichts anderes bestimmt wird. Die Eigenüberwachung ist vom Hersteller der Lüftungsgeräte durchzuführen. Dabei ist an 5 Geräten je Fertigungstag

– zu prüfen, ob die Lüftungsgeräte mit den Angaben der Prüfberichte bzw. -zeugnisse übereinstimmen
– an mindestens 5 Rückschlagklappen die Dichtheit zu prüfen

Die Ergebnisse der Eigenüberwachung sind statistisch auszuwerten und die Aufzeichnungen sind mindestens 5 Jahre aufzubewahren und der fremdüberwachenden Stelle auf Verlangen vorzulegen.

Die Fremdüberwachung ist der Prüfstelle zu übertragen, die die Prüfungen nach Abschnitt 6.2.1 und 6.2.2 durchgeführt hat.

Bei der Fremdüberwachung ist folgendes zu prüfen:

– Kennlinie von 2 vollständigen Lüftungsgeräten. Die Abweichung von der nach Abschnitt 6.2.1, letzter Satz, erstellten Kennlinie darf bei der Fremdüberwachung ± 5 % nicht überschreiten, entsprechend DIN 24 166 Genauigkeitsklasse 2
– Dichtheit und Funktion der Rückschlagklappen an 5 Lüftungsgeräten, die im Rahmen der Eigenüberwachung geprüft wurden und an 5 Geräten, die aus der Produktion entnommen werden.

---

[1]) Prüfstellen können beim Normenausschuß Heiz- und Raumlufttechnik, Postfach 1107, 1000 Berlin 30, erfragt werden.

[2]) Prüfstellen können beim Institut für Bautechnik in Berlin erfragt werden. Prüfstelle nach den Abschnitten 6.2.1 und 6.2.2 z. B. TÜV Bayern e. V.; Prüfstelle nach Abschnitt 6.2.4 z. B. Bundesanstalt für Materialprüfung (BAM) Berlin

[3]) Wird auf $A_L = 10\,\text{m}^2$ bezogen, so ergeben sich vier 4 dB(A) niedrigere Schallpegel.

6.2.7 Abnahme

Auf die Überwachung der Herstellung nach Abschnitt 6.2.5 darf verzichtet werden, wenn die Einhaltung der Anforderungen nach den Abschnitten 3 und 4 durch eine Abnahme vor Ort nachgewiesen wird.

Zitierte Normen

DIN 4109	Schallschutz im Hochbau; Anforderungen und Nachweise
DIN 18 200	Überwachung (Güteüberwachung) von Baustoffen, Bauteilen und Bauarten; Allgemeine Grundsätze
DIN 24 163 Teil 1	Ventilatoren; Leistungsmessung, Normkennlinien
DIN 24 166	Ventilatoren; Technische Lieferbedingungen
DIN 24 185 Teil 2	Prüfung von Luftfiltern für die allgemeine Raumlufttechnik; Filterklasseneinteilung, Kennzeichnung, Prüfung
DIN 45 635 Teil 1	Geräuschmessung an Maschinen, Luftschallemission, Hüllflächen-Verfahren, Rahmenverfahren für 3 Genauigkeitsklassen
DIN 52 210 Teil 6	Bauakustische Prüfungen; Luft- und Trittschalldämmung; Bestimmung der Schachtpegeldifferenz

Frühere Ausgaben

DIN 18 017 Teil 4: 06.71, 06.74

DIN 18 017 Teil 3: 08.70; 04.88

Änderungen

Gegenüber der Ausgabe April 1988 wurden folgende Änderungen vorgenommen:

Der Abschnitt 6 „Prüfung von Ventilatoren, Lüftungsgeräten und Abluftventilen" wurde neu in die Norm aufgenommen.

Internationale Patentklassifikation

E 03 C 1/12

E 03 D 9/04

F 24 F 7/007

G 01 F 1/34

Barrierefreie Wohnungen
Wohnungen für Rollstuhlbenutzer
Planungsgrundlagen

DIN
18 025
Teil 1

Accessible dwellings; Dwellings for wheel chair users, design principles
Logements sans obstacles; Logements pour les utilisateurs de fauteils
roulants, principes de conception

Ersatz für Ausgabe 01.72

Alle Maße sind Fertigmaße.

Maße in cm

Inhalt

1   Anwendungsbereich und Zweck

Diese Norm gilt für die Planung, Ausführung und Einrichtung von rollstuhlgerechten, neuen Miet- und Genossenschaftswohnungen und entsprechender Wohnanlagen. Sie gilt sinngemäß für die Planung, Ausführung und Einrichtung von rollstuhlgerechten, neuen Wohnheimen, Aus- und Umbauten sowie Modernisierungen von Miet- und Genossenschaftswohnungen und entsprechender Wohnanlagen und Wohnheime.

Sie gilt sinngemäß — entsprechend dem individuellen Bedarf — für die Planung, Ausführung und Einrichtung von rollstuhlgerechten Neu-, Aus- und Umbauten sowie Modernisierungen von Eigentumswohnungen, Eigentumswohnanlagen und Eigenheimen.

Rollstuhlbenutzer — auch mit Oberkörperbehinderungen — müssen alle zur Wohnung gehörenden Räume und alle den Bewohnern der Wohnanlage gemeinsam zur Verfügung stehenden Räume befahren können. Sie müssen grundsätzlich alle Einrichtungen innerhalb der Wohnung und alle Gemeinschaftseinrichtungen innerhalb der Wohnanlage nutzen können. Sie müssen in die Lage versetzt werden, von fremder Hilfe weitgehend unabhängig zu sein.

Die in den Anmerkungen enthaltenen Empfehlungen sind besonders zu vereinbaren.

Anmerkung: Benachbarte, nicht für Rollstuhlbenutzer bestimmte Wohnungen sowie alle den Bewohnern der Wohnanlage gemeinsam zur Verfügung stehenden Räume und Einrichtungen sollten neben den Anforderungen nach dieser Norm den Anforderungen nach DIN 18 025 Teil 2 entsprechen.

Fortsetzung Seite 2 bis 8

Normenausschuß Bauwesen (NABau) im DIN Deutsches Institut für Normung e.V.
Normenausschuß Rettungsdienst und Krankenhaus (NARK)
Normenausschuß Maschinenbau (NAM)

2 Begriffe

2.1 Einrichtungen

Einrichtungen sind die zur Erfüllung der Raumfunktion notwendigen Teile, z. B. Sanitär-Ausstattungsgegenstände, Geräte und Möbel; sie können sowohl bauseits als auch vom Wohnungsnutzer eingebracht werden.
(Aus: DIN 18 022/ 11.89).

2.2 Bewegungsflächen für den Rollstuhlbenutzer

Bewegungsflächen für den Rollstuhlbenutzer sind die zur Bewegung mit dem Rollstuhl notwendigen Flächen. Sie schließen die zur Benutzung der Einrichtungen erforderlichen Flächen ein.
Bewegungsflächen dürfen sich überlagern (siehe Bild 6).
Die Bewegungsflächen dürfen nicht in ihrer Funktion eingeschränkt sein, z. B. durch Rohrleitungen, Mauervorsprünge, Heizkörper, Handläufe.

3 Maße der Bewegungsflächen

3.1 Bewegungsflächen, 150 cm breit und 150 cm tief

Die Bewegungsfläche muß mindestens 150 cm breit und 150 cm tief sein:
— als Wendemöglichkeit in jedem Raum, ausgenommen kleine Räume, die der Rollstuhlbenutzer ausschließlich vor- und rückwärtsfahrend uneingeschränkt nutzen kann,
— als Duschplatz (siehe Bilder 1 und 3),
— vor dem Klosettbecken (siehe Bild 4),
— vor dem Waschtisch (siehe Bild 5),
— auf dem Freisitz,
— vor den Fahrschachttüren (siehe Bild 12),
— am Anfang und am Ende der Rampe (siehe Bilder 7 und 8),
— vor dem Einwurf des Müllsammelbehälters.

3.2 Bewegungsflächen, 150 cm tief

Die Bewegungsfläche muß mindestens 150 cm tief sein:
— vor einer Längsseite des Bettes des Rollstuhlbenutzers (siehe Bild 16),
— vor Schränken,
— vor Kücheneinrichtungen (siehe Bilder 18 und 19),
— vor der Einstiegseite der Badewanne (siehe Bilder 2 und 3),
— vor dem Rollstuhlabstellplatz (siehe Bild 15),
— vor einer Längsseite des Kraftfahrzeuges (siehe Bild 20).

3.3 Bewegungsflächen, 150 cm breit

Die Bewegungsfläche muß mindestens 150 cm breit sein:
— zwischen Wänden außerhalb der Wohnung,
— neben Treppenauf- und -abgängen; die Auftrittsfläche der obersten Stufe ist auf die Bewegungsfläche nicht anzurechnen (siehe Bild 14).

3.4 Bewegungsflächen, 120 cm breit

Die Bewegungsfläche muß mindestens 120 cm breit sein:
— entlang der Möbel, die der Rollstuhlbenutzer seitlich anfahren muß,
— entlang der Betteinstiegseite — Bett des Nicht-Rollstuhlbenutzers (siehe Bild 17),
— zwischen Wänden innerhalb der Wohnung,
— neben Bedienungsvorrichtungen (siehe Bild 13),
— zwischen den Radabweisern einer Rampe (siehe Bilder 7 und 9),
— auf Wegen innerhalb der Wohnanlage.

3.5 Bewegungsfläche neben Klosettbecken

Die Bewegungsfläche muß links oder rechts neben dem Klosettbecken mindestens 95 cm breit und 70 cm tief sein. Auf einer Seite des Klosettbeckens muß ein Abstand zur Wand oder zu Einrichtungen von mindestens 30 cm eingehalten werden (siehe Bild 4).

3.6 Bewegungsflächen vor handbetätigten Türen

Vor handbetätigten Türen sind die Bewegungsflächen nach den Bildern 10 oder 11 zu bemessen.

4 Türen

Türen müssen eine lichte Breite von mindestens 90 cm haben (siehe Bilder 10, 11 und 12).
Die Tür darf nicht in den Sanitärraum schlagen.
Große Glasflächen müssen kontrastreich gekennzeichnet und bruchsicher sein.
Bewegungsflächen vor handbetätigten Türen siehe Abschnitt 3.6.
Untere Türanschläge und -schwellen siehe Abschnitt 5.2.
Anmerkung: Türen sollten eine lichte Höhe von mindestens 210 cm haben.

5 Stufenlose Erreichbarkeit, untere Türanschläge und -schwellen, Aufzug, Rampe

5.1 Stufenlose Erreichbarkeit

Alle zur Wohnung gehörenden Räume und die gemeinschaftlichen Einrichtungen der Wohnanlage müssen stufenlos, gegebenenfalls mit einem Aufzug oder einer Rampe, erreichbar sein.
Alle nicht rollstuhlgerechten Wohnungen innerhalb der Wohnanlage müssen zumindest durch den nachträglichen Ein- oder Anbau eines Aufzuges oder einer Rampe stufenlos erreichbar sein.

5.2 Untere Türanschläge und -schwellen

Untere Türanschläge und -schwellen sind grundsätzlich zu vermeiden. Soweit sie technisch unbedingt erforderlich sind, dürfen sie nicht höher als 2 cm sein.

5.3 Aufzug

Der Fahrkorb des Aufzugs ist mindestens wie folgt zu bemessen:
— lichte Breite 110 cm,
— lichte Tiefe 140 cm.
Bei Bedarf muß der Aufzug mit akustischen Signalen nachgerüstet werden können.
Bedienungstableau und Haltestangen siehe Bilder 21 bis 24. Für ein zusätzliches senkrechtes Bedienungstableau gilt DIN 15 325.
Bewegungsflächen vor den Fahrschachttüren siehe Abschnitt 3.1 und Bild 12.

Lichte Breite der Fahrschachttüren siehe Abschnitt 4.

Anmerkung: Im Fahrkorb sollte gegenüber der Fahrkorbtür ein Spiegel zur Orientierung angebracht werden.

5.4 Rampe

Die Steigung der Rampe darf nicht mehr als 6 % betragen. Bei einer Rampenlänge von mehr als 600 cm ist ein Zwischenpodest von mindestens 150 cm Länge erforderlich. Die Rampe und das Zwischenpodest sind beidseitig mit 10 cm hohen Radabweisern zu versehen. Die Rampe ist ohne Quergefälle auszubilden.

An Rampe und Zwischenpodest sind beidseitig Handläufe mit 3 cm bis 4,5 cm Durchmesser in 85 cm Höhe anzubringen. Handläufe und Radabweiser müssen 30 cm in den Plattformbereich waagerecht hineinragen (siehe Bilder 7, 8 und 9).

Bewegungsflächen am Anfang und am Ende der Rampe und zwischen den Radabweisern siehe Abschnitte 3.1 und 3.4.

6 Besondere Anforderungen an Küche, Sanitärraum, zusätzliche Wohnfläche, Freisitz, Rollstuhlabstellplatz und Pkw-Stellplatz

6.1 Küche

Herd, Arbeitsplatte und Spüle müssen uneingeschränkt unterfahrbar sein. Sie müssen für die Belange des Nutzers in die ihm entsprechende Arbeitshöhe montiert werden können. Zur Unterfahrbarkeit der Spüle ist ein Unterputz- oder Flachaufputzsiphon erforderlich.

Zusätzlich gilt DIN 18 022.

Bewegungsflächen vor Kücheneinrichtungen siehe Abschnitt 3.2.

Anmerkung: Herd, Arbeitsplatte und Spüle sollten übereck angeordnet werden können (siehe Bild 19).

6.2 Sanitärraum (Bad, WC)

Der Sanitärraum (Bad, WC) ist mit einem rollstuhlbefahrbaren Duschplatz auszustatten. Das nachträgliche Aufstellen einer mit einem Lifter unterfahrbaren Badewanne im Bereich des Duschplatzes muß möglich sein (siehe Bild 3).

Der Waschtisch muß flach und unterfahrbar sein; ein Unterputz- oder Flachaufputzsiphon ist vorzusehen.

Der Waschtisch muß für die Belange des Nutzers in die ihm entsprechende Höhe montiert werden können.

Die Sitzhöhe des Klosettbeckens, einschließlich Sitz, muß 48 cm betragen. Im Bedarfsfall muß eine Höhenanpassung vorgenommen werden können.

Der Sanitärraum muß eine mechanische Lüftung nach DIN 18 017 Teil 3 erhalten.

Zusätzlich gilt DIN 18 022.

Bewegungsflächen vor und neben Sanitärraumeinrichtungen siehe Abschnitte 3.1, 3.2 und 3.5.

Besondere Anforderungen an die Sanitärraumtür siehe Abschnitt 4.

In Wohnungen für mehr als drei Personen ist ein zusätzlicher Sanitärraum nach DIN 18 022 mit mindestens einem Waschbecken und einem Klosettbecken vorzusehen.

6.3 Zusätzliche Wohnfläche

Für den Rollstuhlbenutzer ist bei Bedarf eine zusätzliche Wohnfläche vorzusehen. Die angemessene Wohnungsgröße erhöht sich hierdurch im Regelfall um 15 m^2.[1]

6.4 Freisitz

Anmerkung: Jeder Wohnung soll ein mindestens 4,5 m^2 großer Freisitz (Terrasse, Loggia oder Balkon) zugeordnet werden.

Bewegungsfläche auf dem Freisitz siehe Abschnitt 3.1.

6.5 Rollstuhlabstellplatz

Für jeden Rollstuhlbenutzer ist ein Rollstuhlabstellplatz, vorzugsweise im Eingangsbereich der Wohnung, zum Umsteigen vom Straßenrollstuhl auf den Zimmerrollstuhl vorzusehen. Der Rollstuhlabstellplatz muß mindestens 190 cm breit und mindestens 150 cm tief sein (siehe Bild 15).

Bewegungsfläche vor dem Rollstuhlabstellplatz siehe Abschnitt 3.2.

Zur Ausstattung eines Batterieladeplatzes für Elektro-Rollstühle ist DIN VDE 0510 Teil 3 zu beachten.

6.6 Pkw-Stellplatz

Für jede Wohnung ist ein wettergeschützter Pkw-Stellplatz oder eine Garage vorzusehen.

Bewegungsfläche vor einer Längsseite des Kraftfahrzeuges siehe Abschnitt 3.2.

Anmerkung: Der Weg zur Wohnung sollte kurz und wettergeschützt sein.

7 Wände, Decken, Brüstungen und Fenster

Wände und Decken sind zur bedarfsgerechten Befestigung von Einrichtungs-, Halte-, Stütz- und Hebevorrichtungen tragfähig auszubilden.

Anmerkungen: Brüstungen in mindestens einem Aufenthaltsraum der Wohnung und von Freisitzen sollten ab 60 cm Höhe durchsichtig sein.

Fenster und Fenstertüren im Erdgeschoß sollten einbruchhemmend ausgeführt werden.

8 Bodenbeläge

Bodenbeläge im Gebäude müssen rutschhemmend, rollstuhlgeeignet und fest verlegt sein; sie dürfen sich nicht elektrostatisch aufladen.

Bodenbeläge im Freien müssen mit dem Rollstuhl leicht und erschütterungsarm befahrbar sein. Hauptwege (z. B. zu Hauseingang, Garage, Müllsammelbehälter) müssen auch bei ungünstiger Witterung gefahrlos befahrbar sein; das Längsgefälle darf 3 % und das Quergefälle 2 % nicht überschreiten.

9 Raumtemperatur

Die Heizung von Wohnungen und gemeinschaftlich zu nutzenden Aufenthaltsräumen ist für eine Raumtemperatur nach DIN 4701 Teil 2 zu bemessen.

Die Beheizung muß je nach individuellem Bedarf ganzjährig möglich sein, z. B. durch eine Zusatzheizung.

---

[1] Siehe § 39 Abs. 2 Zweites Wohnungsbaugesetz und § 5 Abs. 2 Wohnungsbindungsgesetz.

10   Fernmeldeanlagen

In der Wohnung ist zur Haustür eine Gegensprechanlage mit Türöffner vorzusehen.

Fernsprechanschluß muß vorhanden sein.

11   Bedienungsvorrichtungen

Bedienungsvorrichtungen (z. B. Schalter, häufig benutzte Steckdosen, Taster, Sicherungen, Raumthermostat, Sanitärarmaturen, Toilettenspüler, Rolladengetriebe, Türdrücker, Querstangen zum Zuziehen von Drehflügeltüren, Öffner von Fenstertüren, Bedienungselemente automatischer Türen, Briefkastenschloß, Mülleinwurföffnungen) sind in 85 cm Höhe anzubringen.

Bedienungsvorrichtungen müssen ein sicheres und leichtes Zugreifen ermöglichen. Sie dürfen nicht versenkt und scharfkantig sein.

Heizkörperventile müssen in einer Höhe zwischen 40 cm und 85 cm bedient werden können.

Bedienungsvorrichtungen müssen einen seitlichen Abstand zur Wand oder zu bauseits anzubringenden Einrichtungen von mindestens 50 cm haben (siehe Bild 13).

Sanitärarmaturen sind als Einhebel-Mischbatterien mit Temperaturbegrenzern und schwenkbarem Auslauf vorzusehen.

Die Tür des Sanitärraumes muß abschließbar und im Notfall von außen zu entriegeln sein.

Hauseingangstüren, Brandschutztüren zur Tiefgarage und Garagentore müssen kraftbetätigt und manuell zu öffnen und zu schließen sein.

An kraftbetätigten Türen müssen Quetsch- und Scherstellen vermieden werden oder gesichert sein.

Schalter für kraftbetätigte Drehflügeltüren sind bei frontaler Anfahrt mindestens 250 cm vor der aufschlagenden Tür und auf der Gegenseite 150 cm vor der Tür anzubringen.

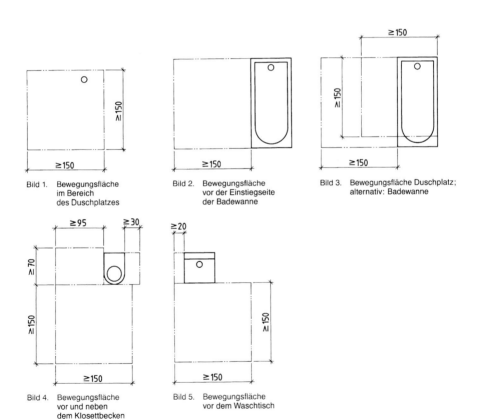

Bild 1.   Bewegungsfläche im Bereich des Duschplatzes

Bild 2.   Bewegungsfläche vor der Einstiegseite der Badewanne

Bild 3.   Bewegungsfläche Duschplatz; alternativ: Badewanne

Bild 4.   Bewegungsfläche vor und neben dem Klosettbecken

Bild 5.   Bewegungsfläche vor dem Waschtisch

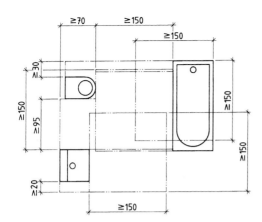

Bild 6.   Beispiel der Überlagerung der Bewegungsflächen im Sanitärraum

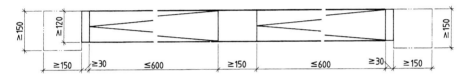

Bild 7.   Rampe (Rampenlänge ≥ 600 cm)

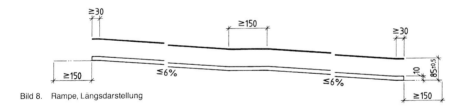

Bild 8.   Rampe, Längsdarstellung

Bild 9.   Rampe, Querdarstellung

451

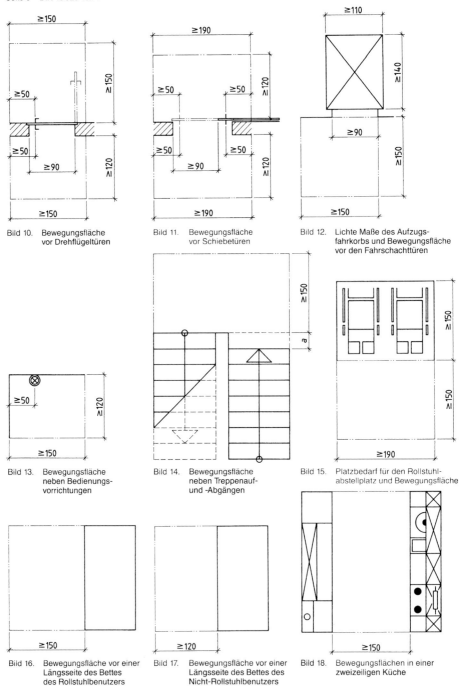

Bild 10.   Bewegungsfläche
vor Drehflügeltüren

Bild 11.   Bewegungsfläche
vor Schiebetüren

Bild 12.   Lichte Maße des Aufzugsfahrkorbs und Bewegungsfläche
vor den Fahrschachttüren

Bild 13.   Bewegungsfläche
neben Bedienungs-
vorrichtungen

Bild 14.   Bewegungsfläche
neben Treppenauf-
und -Abgängen

Bild 15.   Platzbedarf für den Rollstuhlabstellplatz und Bewegungsfläche

Bild 16.   Bewegungsfläche vor einer
Längsseite des Bettes
des Rollstuhlbenutzers

Bild 17.   Bewegungsfläche vor einer
Längsseite des Bettes des
Nicht-Rollstuhlbenutzers

Bild 18.   Bewegungsflächen in einer
zweizeiligen Küche

452

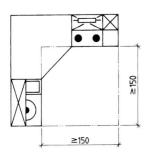

Bild 19. Bewegungsfläche in einer
          übereck angeordneten Küche

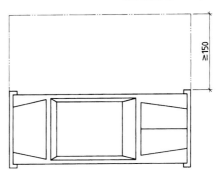

Bild 20. Bewegungsfläche vor einer Längsseite
          des Kraftfahrzeugs

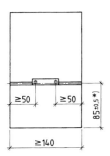

Bild 21. Höhenlage und Ansicht
          des Bedienungstableaus

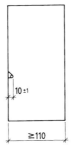

Bild 22. Tiefenlage des Bedienungstableaus

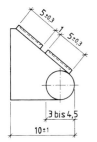

Bild 23. Querschnitt des horizontal angeordneten
          Bedienungstableaus und der Haltestange

---

*) Bei 2reihiger Anordnung der Taster oberste Reihe höchstens 100 cm

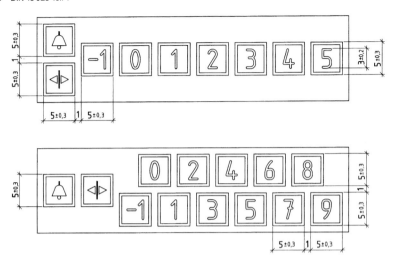

Bild 24. Anordnung der Taster auf dem Bedienungstableau, Schrift und Tasterrand erhaben

Zitierte Normen und andere Unterlagen

DIN 4701 Teil 2   Regeln für die Berechnung des Wärmebedarfs von Gebäuden; Tabellen, Bilder, Algorithmen

DIN 15 325   Aufzüge; Bedienungs-, Signalelemente und Zubehör; ISO 4190-5, Ausgabe 1987 modifiziert

DIN 18 017 Teil 3   Lüftung von Bädern und Toilettenräumen ohne Außenfenster, mit Ventilatoren

DIN 18 022   Küchen, Bäder und WCs im Wohnungsbau; Planungsgrundlagen

DIN 18 025 Teil 2   Barrierefreie Wohnungen; Planungsgrundlagen

DIN VDE 0510 Teil 3 Akkumulatoren und Batterieanlagen; Antriebsbatterien für Elektrofahrzeuge

Wohnungsbau- und Familienheimgesetz — II (WoBauG) in der Fassung der Bekanntmachung, zuletzt geändert durch Gesetz vom 14.08.1990 (BGBl. I, 1990 Nr. 42 S. 1730–1756), zu beziehen DIN Deutsches Institut für Normung e.V. (DITR), Postfach 11 07, 1000 Berlin 30.

Gesetz zur Sicherung der Zweckbestimmung von Sozialwohnungen (Wohnungsbindungsgesetz — WoBindG) in der Fassung der Bekanntmachung vom 22. Juli 1982 (BGBl, I S. 972), zuletzt geändert durch Gesetz vom 31.08.1990 (BGBl. I S. 1277), zu beziehen DIN Deutsches Institut für Normung e.V. (DITR), Postfach 11 07, 1000 Berlin 30.

Weitere Normen

DIN 1356 Teil 1   (z. Z. Entwurf)   Bauzeichnungen; Grundregeln, Begriffe

DIN 15 306   Aufzüge; Personenaufzüge für Wohngebäude; Baumaße, Fahrkorbmaße, Türmaße

DIN 15 309   Aufzüge; Personenaufzüge für andere als Wohngebäude sowie Bettenaufzüge; Baumaße, Fahrkorb-maße, Türmaße

DIN 18 017 Teil 1   Lüftung von Bädern und Toilettenräumen ohne Außenfenster; Einzelschachtanlagen ohne Ventilatoren

DIN 18 024 Teil 1   Bauliche Maßnahmen für Behinderte und alte Menschen im öffentlichen Bereich; Planungsgrund-lagen; Straßen, Plätze und Wege

DIN 18 024 Teil 2   Bauliche Maßnahmen für Behinderte und alte Menschen im öffentlichen Bereich; Planungsgrund-lagen; Öffentlich zugängige Gebäude

DIN 18 064   Treppen; Begriffe

Frühere Ausgaben

DIN 18 025 Teil 1: 01.72

Änderungen

Gegenüber der Ausgabe Januar 1972 wurden folgende Änderungen vorgenommen:

— Der Inhalt wurde überarbeitet und den Bedürfnissen des Rollstuhlbenutzers entsprechend angepaßt.

Internationale Patentklassifikation

E 04 H 1/00

DK 728.1-056.262 : 643

Dezember 1992

Barrierefreie Wohnungen
Planungsgrundlagen

DIN
18 025
Teil 2

Accessible dwellings; design principles
Logements sans obstacles; principes de conception

Ersatz für Ausgabe 07.74

Alle Maße sind Fertigmaße.

Maße in cm

Inhalt

1 Anwendungsbereich und Zweck

Diese Norm gilt für die Planung, Ausführung und Einrichtung von barrierefreien, neuen Miet- und Genossenschaftswohnungen und entsprechender Wohnanlagen. Sie gilt sinngemäß für die Planung, Ausführung und Einrichtung von barrierefreien, neuen Wohnheimen, Aus- und Umbauten sowie Modernisierungen von Miet- und Genossenschaftswohnungen und entsprechender Wohnanlagen und Wohnheimen. Sie gilt sinngemäß — entsprechend dem individuellen Bedarf — für die Planung, Ausführung und Einrichtung von barrierefreien Neu-, Aus- und Umbauten sowie Modernisierungen von Eigentumswohnungen, Eigentumswohnanlagen und Eigenheime. Die Wohnungen müssen für alle Menschen nutzbar sein.

Die Bewohner müssen in die Lage versetzt werden, von fremder Hilfe weitgehend unabhängig zu sein. Das gilt insbesondere für

— Blinde und Sehbehinderte,

— Gehörlose und Hörgeschädigte,

— Gehbehinderte,

— Menschen mit sonstigen Behinderungen,

— ältere Menschen,

— Kinder, klein- und großwüchsige Menschen.

Planungsgrundlagen für Wohnungen für Rollstuhlbenutzer siehe DIN 18 025 Teil 1.

Die in den Anmerkungen enthaltenen Empfehlungen sind besonders zu vereinbaren.

Fortsetzung Seite 2 bis 6

Normenausschuß Bauwesen (NABau) im DIN Deutsches Institut für Normung e.V.
Normenausschuß Rettungsdienst und Krankenhaus (NARK)
Normenausschuß Maschinenbau (NAM)

2   Begriffe

2.1   Einrichtungen

Einrichtungen sind die zur Erfüllung der Raumfunktion notwendigen Teile, z. B. Sanitär-Ausstattungsgegenstände, Geräte und Möbel; sie können sowohl bauseits als auch vom Wohnungsnutzer eingebracht werden.
(Aus: DIN 18 022/ 11.89)

2.2   Bewegungsflächen

Bewegungsflächen sind die zur Nutzung der Einrichtungen erforderlichen Flächen. Ihre Sicherstellung erfolgt durch Einhalten der notwendigen Abstände.
(Aus: DIN 18 022/ 11.89)
Bewegungsflächen dürfen sich überlagern.
Die Bewegungsflächen dürfen nicht in ihrer Funktion eingeschränkt sein, z. B. durch Rohrleitungen, Mauervorsprünge, Heizkörper, Handläufe.

3   Maße der Bewegungsflächen

3.1   Bewegungsflächen, 150 cm breit und 150 cm tief

Die Bewegungsfläche muß mindestens 150 cm breit und 150 cm tief sein:
- auf dem Freisitz,
- vor den Fahrschachttüren (siehe Bild 1),
- am Anfang und am Ende der Rampe (siehe Bilder 2 und 3).

3.2   Bewegungsflächen, 150 cm breit

Die Bewegungsfläche muß mindestens 150 cm breit sein:
- zwischen Wänden außerhalb der Wohnung,
- neben Treppenauf- und -abgängen; die Auftrittsfläche der obersten Stufe ist auf die Bewegungsfläche nicht anzurechnen.

3.3   Bewegungsfläche, 150 cm tief

Anmerkung: Bei einem Teil der zu den Wohnungen gehörenden Kraftfahrzeug-Stellplätzen sollte vor der Längsseite des Kraftfahrzeuges eine 150 cm tiefe Bewegungsfläche vorgesehen werden.

3.4   Bewegungsfläche, 120 cm breit und 120 cm tief

Die Bewegungsfläche muß mindestens 120 cm breit und 120 cm tief sein:
- vor Einrichtungen im Sanitärraum,
- im schwellenlos begehbaren Duschbereich.

3.5   Bewegungsflächen, 120 cm breit

Die Bewegungsfläche muß mindestens 120 cm breit sein:
- entlang einer Längsseite eines Bettes, das bei Bedarf von drei Seiten zugänglich sein muß,
- zwischen Wänden innerhalb der Wohnung,
- vor Kücheneinrichtungen,
- zwischen den Radabweisern einer Rampe (siehe Bilder 2 und 4),
- auf Wegen innerhalb der Wohnanlage.

3.6   Bewegungsfläche, 90 cm tief

Die Bewegungsfläche muß mindestens 90 cm tief sein:
- vor Möbeln (z. B. Schränken, Regalen, Kommoden, Betten).

4   Türen

Türen müssen eine lichte Breite von mindestens 80 cm haben.
Hauseingangs-, Wohnungseingangs- und Fahrschachttüren müssen eine lichte Breite von mindestens 90 cm haben.
Die Tür darf nicht in den Sanitärraum schlagen.
Große Glasflächen müssen kontrastreich gekennzeichnet und bruchsicher sein.
Untere Türanschläge und -schwellen siehe Abschnitt 5.2.
Anmerkungen: Türen sollten eine lichte Höhe von mindestens 210 cm haben.
Im Bedarfsfall sollten Türen mit Schließhilfen ausgestattet werden können.

5   Stufenlose Erreichbarkeit, untere Türanschläge und -schwellen, Aufzug, Rampe, Treppe

5.1   Stufenlose Erreichbarkeit

Der Hauseingang und eine Wohnebene müssen stufenlos erreichbar sein, es sei denn, nachweislich zwingende Gründe lassen dies nicht zu.
Alle zur Wohnung gehörenden Räume und die gemeinschaftlichen Einrichtungen der Wohnanlage müssen zumindest durch den nachträglichen Ein- oder Anbau eines Aufzuges oder durch eine Rampe stufenlos erreichbar sein.
Anmerkung: Alle zur Wohnung gehörenden Räume und die gemeinschaftlichen Einrichtungen der Wohnanlage sollten stufenlos erreichbar sein.

5.2   Untere Türanschläge und -schwellen

Untere Türanschläge und -schwellen sind grundsätzlich zu vermeiden. Soweit sie technisch unbedingt erforderlich sind, dürfen sie nicht höher als 2 cm sein.
(Aus: DIN 18 025 Teil 1/ 12.92)

5.3   Aufzug

Der Fahrkorb des Aufzugs ist mindestens wie folgt zu bemessen:
- lichte Breite 110 cm,
- lichte Tiefe 140 cm.
Bei Bedarf muß der Aufzug mit akustischen Signalen nachgerüstet werden können.
Bedienungstableau und Haltestangen siehe Bilder 5 bis 8. Für ein zusätzliches senkrechtes Bedienungstableau gilt DIN 15 325.
Bewegungsflächen vor den Fahrschachttüren siehe Abschnitt 3.1.
Lichte Breite der Fahrschachttüren siehe Abschnitt 4 und Bild 1.
Anmerkung: Im Fahrkorb sollte gegenüber der Fahrkorbtür ein Spiegel zur Orientierung angebracht werden.
(Aus: DIN 18 025 Teil 1/ 12.92)

5.4   Rampe

Die Steigung der Rampe darf nicht mehr als 6 % betragen. Bei einer Rampenlänge von mehr als 600 cm ist ein Zwischenpodest von mindestens 150 cm Länge erforderlich. Die Rampe und das Zwischenpodest sind beidseitig mit 10 cm hohen Radabweisern zu versehen. Die Rampe ist ohne Quergefälle auszubilden.

An Rampe und Zwischenpodest sind beidseitig Handläufe mit 3 cm bis 4,5 cm Durchmesser in 85 cm Höhe anzubringen. Handläufe und Radabweiser müssen 30 cm in den Plattformbereich waagerecht hineinragen (siehe Bilder 2, 3 und 4).

Bewegungsflächen am Anfang und am Ende der Rampe und zwischen den Radabweisern siehe Abschnitte 3.1 und 3.5.

(Aus: DIN 18 025 Teil 1/12.92)

5.5   Treppe

An Treppen sind beidseitig Handläufe mit 3 cm bis 4,5 cm Durchmesser anzubringen. Der innere Handlauf am Treppenauge darf nicht unterbrochen sein. Äußere Handläufe müssen in 85 cm Höhe 30 cm waagerecht über den Anfang und das Ende der Treppe hinausragen. Anfang und Ende des Treppenlaufs sind rechtzeitig und deutlich erkennbar zu machen, z. B. durch taktile Hilfen an den Handläufen.

In Mehrfamilienhäusern müssen taktile Geschoß- und Wegebezeichnungen die Orientierung sicherstellen.

Treppe und Treppenpodest müssen ausreichend belichtet bzw. beleuchtet und deutlich erkennbar sein, z. B. durch Farb- und Materialwechsel. Die Trittstufen müssen durch taktiles Material erkennbar sein.

Stufenunterschneidungen sind unzulässig.

Anmerkung: Der Treppenlauf sollte nicht gewendelt sein.

6   Besondere Anforderungen an Küche, Sanitärraum, zusätzliche Wohnfläche und Freisitz

6.1   Küche

Herd, Arbeitsplatte und Spüle müssen für die Belange des Nutzers in die ihm entsprechende Arbeitshöhe montiert werden können.

Zusätzlich gilt DIN 18 022.

Bewegungsflächen vor Kücheneinrichtungen siehe Abschnitt 3.4.

Anmerkungen: Herd, Arbeitsplatte und Spüle sollten nebeneinander mit Beinfreiraum angeordnet werden können.

Die Spüle sollte mit Unterputz- oder Flachaufputzsiphon ausgestattet werden.

6.2   Sanitärraum (Bad, WC)

Der Sanitärraum (Bad, WC) ist mit einem stufenlos begehbaren Duschplatz auszustatten.

Anmerkung: Das nachträgliche Aufstellen einer Badewanne im Bereich des Duschplatzes sollte möglich sein.

Unter dem Waschtisch muß Beinfreiraum vorhanden sein; ein Unterputz- oder Flachaufputzsiphon ist vorzusehen.

Zusätzlich gilt DIN 18 022.

Besondere Anforderungen an die Sanitärraumtür siehe Abschnitte 4 und 12.

Bewegungfläche siehe Abschnitt 3.4.

6.3   Zusätzliche Wohnfläche

Für z. B. Kleinwüchsige, Blinde und Sehbehinderte ist bei Bedarf eine zusätzliche Wohnfläche vorzusehen. Die angemessene Wohnungsgröße erhöht sich hierdurch im Regelfall um 15 m^2.[1])

[1]) Siehe § 39 Abs. 2 Zweites Wohnungsbaugesetz und § 5 Abs. 2 Wohnungsbindungsgesetz

6.4   Freisitz

Anmerkung: Jeder Wohnung sollte ein mindestens 4,5 m^2 großer Freisitz (Terrasse, Loggia oder Balkon) zugeordnet werden.

Bewegungsfläche auf dem Freisitz siehe Abschnitt 3.1.

(Aus: DIN 18 025 Teil 1/12.92)

7   Wände, Brüstungen und Fenster

Wände der Küche sind tragfähig auszubilden.

Anmerkung: Brüstungen in mindestens einem Aufenthaltsraum der Wohnung und von Freisitzen sollten ab 60 cm Höhe durchsichtig sein. Fenster und Fenstertüren im Erdgeschoß sollten einbruchhemmend ausgeführt werden.

Schwingflügelfenster sind unzulässig.

8   Bodenbeläge

Bodenbeläge im Gebäude müssen reflexionsarm, rutschhemmend und fest verlegt sein; sie dürfen sich nicht elektrostatisch aufladen.

Hauptwege (z. B. zu Hauseingang, Garage, Müllsammelbehälter) müssen auch bei ungünstiger Witterung gefahrlos begehbar sein; das Längsgefälle darf 3 % und das Quergefälle 2 % nicht überschreiten.

Anmerkung: Bodenbeläge in den Verkehrsbereichen sollten als Orientierungshilfe innerhalb und außerhalb des Gebäudes in der Beschaffenheit ihrer Oberfläche und in der Farbe kontrastreich wechseln (siehe auch Abschnitt 5.5).

9   Raumtemperatur

Die Heizung von Wohnungen und gemeinschaftlich zu nutzenden Aufenthaltsräumen ist für eine Raumtemperatur nach DIN 4701 Teil 2 zu bemessen.

Die Beheizung muß je nach individuellem Bedarf ganzjährig möglich sein, z. B. durch eine Zusatzheizung.

(Aus: DIN 18 025 Teil 1/12.92)

10   Beleuchtung

Anmerkung: Beleuchtung mit künstlichem Licht höherer Beleuchtungsstärke sollte nach dem Bedarf Sehbehinderter möglich sein.

11   Fernmeldeanlagen

In der Wohnung ist zur Haustür eine Gegensprechanlage mit Türöffner vorzusehen.

Fernsprechanschluß muß vorhanden sein.

(Aus: DIN 18 025 Teil 1/12.92)

12   Bedienungsvorrichtungen

Bedienungsvorrichtungen (z. B. Schalter, häufig benutzte Steckdosen, Taster, Türdrücker, Öffner von Fenstertüren, Bedienungselemente automatischer Türen) sind in 85 cm Höhe anzubringen. Sie dürfen nicht versenkt und scharfkantig sein. Schalter außerhalb von Wohnungen sind durch abtastbare Markierungen und Farbkontraste zu kennzeichnen.

Heizkörperventile müssen in einer Höhe zwischen 40 cm und 85 cm bedient werden können.

Namensschilder an Hauseingangs- und Wohnungseingangstüren sollen mit taktil erfaßbarer, aufgesetzter Schrift versehen sein.

Die Tür des Sanitärraumes muß abschließbar und im Notfall von außen zu entriegeln sein.

457

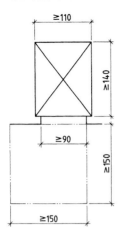

Bild 1. Lichte Maße des Aufzugsfahrkorbs und
Bewegungsfläche vor den Fahrschachttüren
(Aus: DIN 18 025 Teil 1 / 12.92)

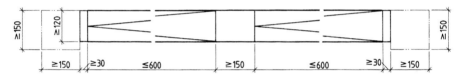

Bild 2. Rampe (Rampenlänge ≥ 600 cm)
(Aus: DIN 18 025 Teil 1 / 12.92)

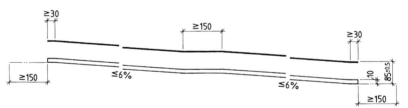

Bild 3. Rampe, Längsdarstellung
(Aus: DIN 18 025 Teil 1 / 12.92)

Bild 4. Rampe, Querdarstellung
(Aus: DIN 18 025 Teil 1 / 12.92)

458

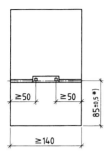

Bild 5. Höhenlage und Ansicht des Bedienungstableaus
(Aus: DIN 18 025 Teil 1/12.92)

Bild 6. Tiefenlage des Bedienungstableaus
(Aus: DIN 18 025 Teil 1/12.92)

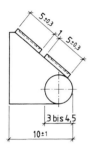

Bild 7. Querschnitt des horizontal angeordneten
Bedienungstableaus und der Haltestange
(Aus: DIN 18 025 Teil 1/12.92)

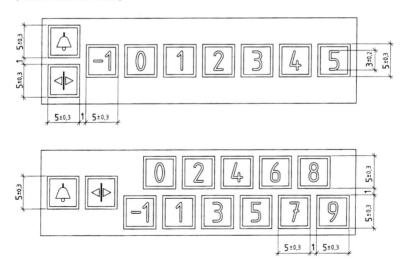

Bild 8. Anordnung der Taster auf dem Bedienungstableau, Schrift und Tasterrand erhaben
(Aus: DIN 18 025 Teil 1/12.92)

---

*) Bei 2reihiger Anordnung der Taster oberste Reihe höchstens 100 cm

Zitierte Normen und andere Unterlagen

DIN 4701 Teil 2   Regeln für die Berechnung des Wärmebedarfs von Gebäuden; Tabellen, Bilder, Algorithmen

DIN 15 325   Aufzüge; Bedienungs-, Signalelemente und Zubehör; ISO 4190-5, Ausgabe 1987 modifiziert

DIN 18 022   Küchen, Bäder und WCs im Wohnungsbau; Planungsgrundlagen

DIN 18 025 Teil 1   Barrierefreie Wohnungen; Wohnungen für Rollstuhlbenutzer, Planungsgrundlagen

Wohnungsbau- und Familienheimgesetz — II (WoBauG) in der Fassung der Bekanntmachung, zuletzt geändert durch Gesetz vom 14.08.1990 (BGBl. I, 1990 Nr. 42 S.1730–1756), zu beziehen DIN Deutsches Institut für Normung e.V. (DITR), Postfach 11 07, 1000 Berlin 30.

Gesetz zur Sicherung der Zweckbestimmung von Sozialwohnungen (Wohnungsbindungsgesetz — WoBindG) in der Fassung der Bekanntmachung vom 22. Juli 1982 (BGBl, I S. 972), zuletzt geändert durch Gesetz vom 31.08.1990 (BGBl. I S.1277). Zu beziehen durch: DIN Deutsches Institut für Normung e.V. (DITR), Postfach 11 07, 1000 Berlin 30.

Weitere Normen

DIN 15 306   Aufzüge; Personenaufzüge für Wohngebäude; Baumaße, Fahrkorbmaße, Türmaße

DIN 15 309   Aufzüge; Personenaufzüge für andere als Wohngebäude sowie Bettenaufzüge; Baumaße, Fahrkorbmaße, Türmaße

DIN 18 022   Küchen, Bäder und WCs im Wohnungsbau; Planungsgrundlagen

DIN 18 024 Teil 1   Bauliche Maßnahmen für Behinderte und alte Menschen im öffentlichen Bereich; Planungsgrundlagen; Straßen, Plätze und Wege

DIN 18 024 Teil 2   Bauliche Maßnahmen für Behinderte und alte Menschen im öffentlichen Bereich; Planungsgrundlagen; Öffentlich zugängige Gebäude

DIN 18 064   Treppen; Begriffe

Frühere Ausgaben

DIN 18 025 Teil 2: 07.74

Änderungen

Gegenüber der Ausgabe Juli 1974 wurden folgende Änderungen vorgenommen:
— Der Inhalt wurde überarbeitet und den Bedürfnissen des Nutzers entsprechend angepaßt.

Internationale Patentklassifikation

E 04 H 1/00

Gebäudetreppen

Definitionen, Meßregeln, Hauptmaße

DIN

18065

ICS 91.060.30

Ersatz für Ausgabe 1984-07
und DIN 18064 : 1979-11

Stairs in buildings —
Terminology, measuring rules, main dimensions
Escaliers dans les bâtiments —
Terminologie, règles de mesure, dimensiones génerales

Inhalt

Fortsetzung Seite 2 bis 20

Normenausschuß Bauwesen (NABau) im DIN Deutsches Institut für Normung e.V.

Vorwort

Diese Norm wurde vom Arbeitsgremium NABau 09.11.00 „Treppen" erarbeitet. Mit der Norm sollen die bisherigen Normen DIN 18064 : 1979-11 und DIN 18065 : 1984-07 verbessert und anwenderfreundlicher gestaltet werden.

Der Inhalt der DIN 18065 hat sich in der Praxis weitgehend bewährt, so daß eine grundlegende Überarbeitung im Sinne einer Neufassung nicht notwendig erschien, zumal DIN 18065 : 1984-07 in den Ländern Baden-Württemberg, Berlin, Brandenburg, Hamburg, Hessen, Mecklenburg-Vorpommern, Niedersachsen, Rheinland-Pfalz, Saarland, Sachsen, Sachsen-Anhalt, Schleswig-Holstein und Thüringen als Technische Baubestimmung bauaufsichtlich eingeführt wurde.

Das NABau-Gremium „Treppen" folgte den Empfehlungen (Beschluß 8-95) des Beirates des NABau zur Normungsvereinfachung und fügte deshalb beide bestehenden Normen zu einer zusammen. Damit werden Wiederholungen vermieden und die in den Begriffen enthaltenen Meßregeln (siehe Abschnitt 4) den Maßen deutlicher als bisher zugeordnet.

Das NABau-Gremium „Treppen" hat konsequent darauf hingearbeitet, die neue Norm so abzufassen, daß sie in die Musterliste der Technischen Baubestimmungen aufgenommen werden und in jedem Land als Technische Baubestimmung bauaufsichtlich eingeführt werden kann. Das Arbeitsgremium NABau 09.11.00 „Treppen" befürwortet dies.

Änderungen

Gegenüber der Ausgabe 1984-07 und DIN 18064 : 1979-11 wurden folgende Änderungen vorgenommen:

a) Die Normen DIN 18064 : 1979-11 und DIN 18065 : 1984-07 wurden redaktionell überarbeitet und zur Vereinfachung zu einer Norm zusammengefaßt;

b) das Lichtraumprofil wurde verdeutlicht und graphisch besser dargestellt;

c) die Öffnung zwischen Oberseite Treppenlauf und Unterkante Geländer, bisher nicht geregelt, wurde sicherheitsgerecht bemaßt.

Frühere Ausgaben

DIN 18064 : 1959-08, 1979-11
DIN 18065-1 : 1957-12
DIN 18065 : 1984-07

1 Anwendungsbereich

Diese Norm legt die Definitionen, die Meßregeln und Hauptmaße für Treppen im Bauwesen[1] fest. Während die Begriffe und Meßregeln allgemein für das Bauwesen gelten, bezieht sich die Festlegung der Hauptmaße nur auf Treppen in und an Gebäuden, sofern nicht Sondervorschriften bestehen, die für Treppen von dieser Norm abweichende Festlegungen und Anforderungen enthalten.[2]

---

[1] Die Norm gilt nicht für andere Fachgebiete, z. B. Schiffbau oder Maschinenbau, da in Normen dieser Fachgebiete abweichende Aussagen gemacht werden können.

[2] Für bauliche Anlagen und Räume besonderer Art und Nutzung können — siehe MBO (1997) § 51 — in den 16 Ländern Sondervorschriften des Bauordnungsrechtes dieser Länder bestehen, z. B.:

— Versammlungsstätten (Versammlungsstättenverordnung);

— Geschäftshäuser (Verkaufsstättenverordnung);

— Krankenhäuser (Krankenhausbauverordnung);

— Gaststätten (Gaststättenbauverordnung);

— Garagen (Garagenverordnung);

— Schulbauten (Schulbaurichtlinien);

— Hochhäuser (Hochhausrichtlinien).

Auch können das Arbeitsschutzrecht (z. B. Arbeitsstättenverordnung), die Unfallverhütungsvorschriften (UVV) oder andere Rechts- und Verwaltungsvorschriften Festlegungen für Treppen enthalten, die über die Festlegungen dieser Norm hinausgehen.

Gesetze, Rechts- und Verwaltungsvorschriften haben Vorrang gegenüber DIN-Normen.

Diese Norm bezieht sich damit ausdrücklich auf die 16 Landesbauordnungen (LBO), die auf der Grundlage der Musterbauordnung (MBO) ab 1994 novelliert wurden.

Die Norm gilt nicht für einschiebbare Treppen (siehe hierzu DIN 4570) und nicht für Rolltreppen/Fahrtreppen (siehe MBO (1997) § 31 Absatz 2) sowie nicht für Freitreppen im Gelände.

Die Norm gilt werkstoffunabhängig für Treppen aus beliebigen Baustoffen und deren Kombinationen sowie für beliebige Bauarten, z. B. für „Tragbolzentreppen" nach DIN 18069.

Sie gilt jedoch nicht für „Treppen aus Stahl" nach DIN 24530, da diese nicht Treppen des Bauwesens regelt.

Die Einhaltung der Festlegungen in dieser Norm stellt sicher, daß die grundsätzlichen, die Treppen betreffenden Anforderungen (der Gesetzgeber) in den Bauordnungen erfüllt werden. Dies betrifft die sichere Begehbarkeit der Treppen im Regelfall der alltäglichen Benutzung ebenso wie die sichere Benutzung der Treppe als Teil des „ersten Rettungsweges" im Brandfall.

Dazu ist besonders hinzuweisen auf folgende §§ der MBO (1997) (vergleiche die entsprechenden §§ der 16 Landesbauordnungen):

— § 3 (1) „...öffentliche Sicherheit oder Ordnung, insbesondere Leben, Gesundheit...";

— § 17 Brandschutz, insbesondere Abs. 4;

— § 31 Treppen;

— § 32 Treppenräume.

2 Normative Verweisungen

Diese Norm enthält durch datierte oder undatierte Verweisungen Festlegungen aus anderen Publikationen. Diese normativen Verweisungen sind an den jeweiligen Stellen im Text zitiert, und die Publikationen sind nachstehend aufgeführt. Bei datierten Verweisungen gehören spätere

Änderungen oder Überarbeitungen dieser Publikationen nur zu dieser Norm, falls sie durch Änderung oder Überarbeitung eingearbeitet sind. Bei undatierten Verweisungen gilt die letzte Ausgabe der in Bezug genommenen Publikation.

DIN 107 : 1974-04
Bezeichnung mit links oder rechts im Bauwesen

DIN 1356-1 : 1995-02
Bauzeichnungen — Teil 1: Arten, Inhalte und Grundregeln der Darstellung

DIN 4570
Bewegliche Bodentreppen — Sicherheitstechnische Anforderungen und Prüfung

DIN 13025-1
Krankentragen mit Laufrollen — Maße, Anforderungen, Prüfung

DIN 18069
Tragbolzentreppen für Wohngebäude — Bemessung und Ausführung

DIN 24530
Treppen aus Stahl — Angaben für die Konstruktion

ISO 3880-1 : 1977
Hochbau — Stiegen — Fachwörterverzeichnis

MBO
Musterbauordnung[3]

ArbStättV
Verordnung über Arbeitsstätten[4]

3 Definitionen

Für die Anwendung dieser Norm gelten die folgenden Definitionen:

ANMERKUNG 1: Sofern die Eindeutigkeit des Begriffes im gewählten Anwendungsbereich erhalten bleibt, darf der Wortteil „Treppen-" entfallen, also z. B. Podest statt Treppenpodest, Steigung statt Treppensteigung, Auftritt statt Treppenauftritt, Handlauf statt Treppenhandlauf.

ANMERKUNG 2: Die in runden Klammern hinter den jeweiligen Begriffen angegebenen englischen und französischen Benennungen entstammen ISO 3880-1 : 1977; die angeführten Zahlen entsprechen der Numerierung der Begriffe in ISO 3880-1 : 1977. Die Definitionen der Begriffe in der vorliegenden Norm und in ISO 3880-1:1977 decken sich nicht immer. Für die Richtigkeit der fremdsprachigen Benennungen übernimmt das DIN deshalb keine Gewähr.

ANMERKUNG 3: Weitere Benennungen siehe Anhang A .

3.1 Treppe

(en: *stair*; fr: *escalier*; 14)

Fest mit dem Bauwerk verbundenes, unbewegbares Bauteil, bestehend aus mindestens einem Treppenlauf.

Treppen dienen zum Überwinden von Höhenunterschieden zwischen mindestens zwei unterschiedlichen Ebenen durch stufenweises Steigen.

ANMERKUNG: Zur Abgrenzung Rampe — Treppe — Leiter siehe Bild 1. Die Grenze 45° bezieht sich auf das Steigungsverhältnis in der Lauflinie.

---

[3] Bezugsquelle MBO und LBO, z. B. „LBO-Dienst", Bauverlag, Wiesbaden

[4] Bezugsquelle z. B. Wirtschaftsverlag NW Verlag für neue Wissenschaft GmbH, Bremerhaven

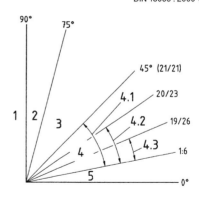

1 Steigeisen
2 Leitern
3 Leitertreppen
4 Treppen
4.1 Keller- und Bodentreppen, die nicht zu Aufenthaltsräumen führen, sowie baurechtlich nicht notwendige (zusätzliche) Treppen nach Tabelle 1, Zeilen 2, 3 und 5
4.2 Baurechtlich notwendige Treppen, die zu Aufenthaltsräumen führen, für Wohngebäude mit nicht mehr als zwei Wohnungen, nach Tabelle 1, Zeile 1
4.3 Baurechtlich notwendige Treppen in sonstigen Gebäuden nach Tabelle 1, Zeile 4
5 Rampen

Bild 1: Abgrenzung Rampen, Treppen, Leitern

3.2 Geschoßtreppe

Treppe, die zwei Geschosse miteinander verbindet.

3.3 notwendige Treppe

Treppe, die nach den behördlichen Vorschriften (z. B. Bauordnungen der Länder) als Teil des ersten Rettungsweges vorhanden sein muß (siehe § 17 und § 31 MBO).

3.4 nicht notwendige Treppe

Zusätzliche Treppe, die gegebenenfalls auch der Hauptnutzung dient.

3.5 Treppenlauf

(en: *flight*; fr: *volée*; 3)

Ununterbrochene Folge von mindestens drei Treppenstufen (drei Steigungen) zwischen zwei Ebenen (siehe Bild 2).

3.6 Treppenlauflinie

(en: *walking line*; fr: *ligne de foulée*; 21)

Gedachte Linie, die den üblichen Weg der Benutzer einer Treppe angibt. Die Lauflinie liegt im Gehbereich.

ANMERKUNG 1: Ihre zeichnerische Darstellung im Grundriß (siehe DIN 1356-1) gibt die Laufrichtung der Treppe an; Punkt oder Kreis markieren die Vorderkante der Antrittstufe, der Pfeil die Vorderkante der Austrittstufe (siehe Bilder A.1 bis A.14); die Pfeile in den Beispielen geben an, in welcher Richtung die Treppe ansteigt.

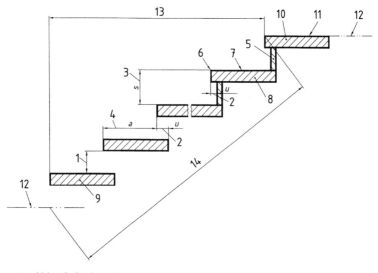

1	Lichter Stufenabstand	8	Trittstufe
2	Unterschneidung u	9	Antrittstufe
3	Treppensteigung s	10	Austritt oder Austrittstufe
4	Treppenauftritt a	11	Trittfläche der Austrittstufe
5	Setzstufe	12	z. B. Treppenpodest, Geschoßdecke, Zwischenpodest
6	Trittkante	13	Treppenlauflänge
7	Trittfläche	14	Treppenlauf

Bild 2: Benennungen einzelner Teile von Treppen

ANMERKUNG 2: Dieser nach ISO 3880-1 : 1977 „mittlere" oder „ausgemittelte" Weg der Benutzer ist nicht eindeutig zu definieren. Der tatsächlich von Benutzern einer Treppe gewählte Weg ist abhängig von der Breite der Treppe, der Lage des Handlaufes, der Aufwärts- oder Abwärtsbewegung, dem Alter und der Größe des Benutzers sowie von seinem körperlichen Zustand. Unabhängig vom tatsächlichen Weg der Benutzer kann die Lauflinie bei geraden Treppen in der Laufmitte angenommen werden. Bei verzogenen Antritt- oder Austrittstufen, bei gewendelten Läufen sowie bei Wendel- und Spindeltreppen kann die Lauflinie auch außermittig liegen (siehe Abschnitt 9).

3.7 Treppenpodest

(en: *landing*; fr: *palier*; 7)
Treppenabsatz am Anfang oder Ende eines Treppenlaufes, oft Teil der Geschoßdecke (siehe Bild 2).

3.8 Zwischenpodest; Ruhepodest

(en: *intermediate landing*; fr: *palier intermédiaire*; 8)
Treppenabsatz zwischen zwei Treppenläufen, Anordnung zwischen den Geschoßdecken.

3.9 Treppenstufe

(en: *step*; fr: *marche*; 18)
Bauteil einer Treppe, bestehend aus Steigung und Auftritt, das zur Überwindung von Höhenunterschieden üblicherweise mit einem Schritt begangen werden kann (siehe Bild 2).

3.10 Treppenantrittstufe

Die erste (unterste) Stufe eines Treppenlaufes (siehe Bild 2).

3.11 Treppenaustrittstufe; Treppenaustritt

Die letzte (oberste) Stufe eines Treppenlaufes, (siehe Bild 2). Sie kann auch Teil des Austrittpodestes sein und ist dann nicht die oberste Stufe der realen, z. B. vorgefertigten Treppenkonstruktion (siehe Anhang B, Aufzählung a)).

3.12 Treppenausgleichsstufe

Stufe zwischen zwei Nutzungsebenen mit geringem Höhenunterschied. Mehr als zwei aufeinanderfolgende Ausgleichsstufen (drei Steigungen) bilden bereits einen Treppenlauf.
ANMERKUNG: Siehe MBO (1997) § 33 (1, letzter Satz)

464

3.13 Trittstufe

Waagerechtes Stufenteil (siehe Bild 2).

3.14 Trittfläche

(en: *tread*; fr: *plan de marche*; 20)
Betretbare waagerechte oder annähernd waagerechte Oberfläche einer Stufe (siehe Bild 2).

3.15 Setzstufe

(en: *riser*; fr: *contremarche*; 13)
Lotrechtes oder annähernd lotrechtes Stufenteil (siehe Bild 2).

3.16 Treppenauge

(en: *stair well*; fr: *jour d'escalier*; 17)
Von Treppenläufen und Treppenpodesten und Treppengeländern umschlossener freier Raum.

3.17 Treppenraum; Treppenhaus

(en: *stair enclosure*; fr: *cage d'escalier*; 15)
Für die Treppe vorgesehener Raum.

3.18 Treppenöffnung; Treppenloch

(en: *stair opening*; fr: *trémie d'escalier*; 16)
Aussparung in Geschoßdecken für Treppen.

3.19 Treppengeländer; Umwehrung

(en: *balustrade*; fr: *garde-corps*; 1)
Schutzeinrichtung gegen Absturz an Treppenläufen und Treppenpodesten.

3.20 Treppenhandlauf

(en: *handrail*; fr: *main courante*; 5)
Griffgerechtes Bauteil als Gehhilfe für Personen, angebracht am Treppengeländer und/oder an der Wand bzw. Spindel, bei sehr breiten Treppen auch als Zwischenhandlauf im Treppenlauf (siehe MBO (1997) § 31 Abs. 6).

3.21 Treppenwange

(en: *string*; fr: *limon*; 19)
Bauteil, das die Stufen seitlich trägt und den Lauf meistens auch seitlich begrenzt.

3.22 Treppenholm

Bauteil, das Stufen trägt oder unterstützt; auch Treppenbalken.

3.23 Treppenspindel

Kern als tragendes Bauteil in der Mitte einer Spindeltreppe.

3.24 offene Treppe

Treppe ohne Setzstufen.

3.25 geschlossene Treppe

Treppe mit Setzstufen.

4 Meßregeln

ANMERKUNG: In diesem Abschnitt wird festgelegt, wie Maße, die für die Planung und Ausführung von besonderer Bedeutung sind, an verschiedenen Stellen einer Treppe zu nehmen sind.

4.1 Treppensteigung s

(en: *rise*; fr: *hauteur de marche*; 12)
Das Maß s wird lotrecht von der Trittfläche einer Stufe zur Trittfläche der folgenden Stufe gemessen (siehe Bild 2).

4.2 Treppenauftritt a

(en: *going*; fr: *giron*; 4)
Das Maß a wird waagerecht von der Vorderkante einer Treppenstufe bis zur Projektion der Vorderkante der folgenden Treppenstufe (siehe Bild 2) in der Lauflinie gemessen.

4.3 Steigungsverhältnis

Das Verhältnis wird als Quotient von Treppensteigung zu Treppenauftritt s/a angegeben; dieser Quotient ist ein Maß für die Neigung einer Treppe.
ANMERKUNG: Das Verhältnis der Maße zueinander wird in Zentimetern angegeben, z. B. 17,2/28.

4.4 Unterschneidung u

Die Unterschneidung ist das waagerechte Maß u, um das die Vorderkante einer Stufe über die Breite der Trittfläche der darunterliegenden Stufe vorspringt (Differenz zwischen Breite der Trittfläche und Auftritt, siehe Bild 2).

4.5 Lichte Treppendurchgangshöhe

(en: *headroom*; fr: *échappée*)
Die lichte Treppendurchgangshöhe als lotrechtes Fertigmaß (in gebrauchsfertigem Zustand der Treppe) wird gemessen über einer gedachten geneigten Ebene, die durch die Vorderkanten der Stufen gebildet wird. Von dieser Ebene, bzw. über dem Podesten von deren waagerechter Oberfläche, wird bis zu den Unterseiten darüberliegender Bauteile (siehe Bild 3) gemessen.

4.6 Lichter Stufenabstand

Der lichte Stufenabstand als lotrechtes Fertigmaß wird bei Plattenstufen zwischen Trittfläche und Unterfläche der darüberliegenden Stufe gemessen (siehe Bild 2).

4.7 Seitenabstand

Der Seitenabstand wird als lichtes Fertigmaß zwischen Treppenlauf, Treppenpodest oder Treppenhandlauf und angrenzenden Bauteilen, z. B. Wänden (Wandoberflächen), Treppengeländern, Spindeln u. ä. gemessen.

4.8 Treppenlauflänge

Die Treppenlauflänge wird an der Lauflinie gemessen als Grundrißmaß von Vorderkante Antrittstufe bis Vorderkante Austrittstufe (siehe auch Bild 2).

4.9 Treppenlaufbreite

Die Treppenlaufbreite wird gemessen als Grundrißmaß der Konstruktionstreppe. Bei seitlich eingebundenen Läufen gelten die Oberflächen der Rohbauwände (begrenzende Konstruktionsteile) als Begrenzung.

Begrenzung der lichten Treppendurchgangshöhe, z. B. durch

1 Unterseite eines darüber liegenden Treppenlaufes
2 Rohr, Leuchte
3 Balken
4 Dachschräge, Deckenunterseite
5 Lichte Treppendurchgangshöhe
6 Meßebenen für die lichte Treppendurchgangshöhe

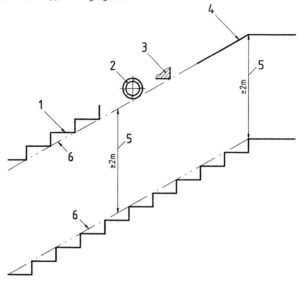

Bild 3: Lichte Treppendurchgangshöhe

4.10 Nutzbare Treppenlaufbreite

Die nutzbare Treppenlaufbreite als lichtes Fertigmaß wird waagerecht gemessen zwischen begrenzenden Oberflächen, Bauteilen und/oder Handlaufinnenkanten bzw. deren Projektionen (siehe Bild 5).

4.11 Nutzbare Treppenpodesttiefe

Die nutzbare Treppenpodesttiefe wird als lichtes Fertigmaß (gemessen in gebrauchsfertigem Zustand der Treppe in Handlaufhöhe) zwischen begrenzenden Bauteilen (z. B. Wänden oder Treppengeländern) und den Innenkanten von Handläufen bzw. den Stufenvorderkanten (siehe Bilder A.2 bis A.9) gemessen.

4.12 Treppengeländerhöhe

Die Höhe des Treppengeländers wird als lotrechtes Fertigmaß von Vorderkante Trittstufe bzw. Oberfläche Podest bis Oberkante Treppengeländer gemessen (Mindestmaße siehe Tabelle 2 sowie Bilder 6 und 7).

4.13 Stufenlänge l

Die Stufenlänge l ist die Länge des kleinsten umschriebenen Rechteckes, das der Stufenvorderkante (bezogen auf die Einbaulage) anliegt (siehe Bild 4).

4.14 Stufenbreite b

Die Stufenbreite b ist die Breite des kleinsten umschriebenen Rechteckes, das der Stufenvorderkante (bezogen auf die Einbaulage) anliegt (siehe Bild 4).

4.15 Stufenhöhe h

Die Stufenhöhe h ist die größte Höhe der einzelnen Stufen in der Aufrißprojektion (bezogen auf die Einbaulage) (siehe Bild A.15, Bild A.18 und Bild A.19).

4.16 Stufendicke d

Die Stufendicke d ist die größte Höhe (Dicke) bei Blockstufen, Keilstufen und Plattenstufen, bei winkelförmigen Stufen die größte Dicke der Trittstufe (siehe Bild A.15 bis Bild A.19).

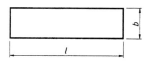

5 Darstellung, Links- und Rechtsbezeichnung

5.1 Die Darstellung von Treppen, insbesondere die symbolische Darstellung der Lauflinie, ist in Tabelle 5 von DIN 1356-1 : 1995-02 festgelegt.

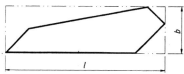

5.2 Treppen werden nach ihrer Drehrichtung (Bewegung beim Aufwärtsschreiten) als Links-Treppen oder Rechts-Treppen bezeichnet (siehe 6.1 von DIN 107 : 1974-04).

6 Anforderungen

6.1 Allgemeines

Die Meßregeln sind in Abschnitt 4 festgelegt.

Die in Tabelle 1 angegebenen Mindestmaße für nutzbare Treppenlaufbreite und Treppenauftritt dürfen durch Fertigungs- und Einbautoleranzen nicht unterschritten werden; die Höchstmaße für die Steigungen dürfen nicht überschritten werden. Nutzbare Laufbreite, Steigung und Auftritt sind daher so zu planen, daß die Werte in fertigem Zustand eingehalten werden. Die in Abschnitt 8 genannten Toleranzen dürfen auf die Grenzmaße nicht angerechnet werden.

l Stufenlänge
b Stufenbreite
r Radius

Bild 4: Stufenlänge, Stufenbreite

6.2 Treppenlaufbreite, Treppensteigung (s), Treppenauftritt (a)

In Tabelle 1 sind Grenzwerte für Treppen festgelegt, die nach 6.1 einzuhalten sind.

Tabelle 1: Grenzmaße (Fertigmaße im Endzustand)

Maße in Zentimeter

Spalte	1	2	3	4	5
Zeile	Gebäudeart	Treppenart	Nutzbare Treppen-laufbreite min.	Treppen-steigung $s^{2)}$ max.	Treppen-auftritt $a^{3)}$ min.
1	Wohngebäude mit nicht mehr als zwei Wohnungen[1]	Treppen, die zu Aufenthaltsräumen führen	80	20	23[4]
2		Kellertreppen, die nicht zu Aufenthaltsräumen führen	80	21	21[5]
3		Bodentreppen, die nicht zu Aufenthaltsräumen führen	50	21	21[5]
4	Sonstige Gebäude	Baurechtlich notwendige Treppen	100	19	26
5	Alle Gebäude	Baurechtlich nicht notwendige (zusätzliche) Treppen (siehe 3.4)	50	21	21

[1] schließt auch Maisonette-Wohnungen in Gebäuden mit mehr als zwei Wohnungen ein.
[2] aber nicht < 14 cm ⎫ Festlegung des Steigungsverhältnisses s/a siehe Abschnitt 7.
[3] aber nicht > 37 cm ⎭
[4] Bei Stufen, deren Treppenauftritt a unter 26 cm liegt, muß die Unterschneidung u mindestens so groß sein, daß insgesamt 26 cm Trittfläche ($a + u$) erreicht werden (siehe 6.7.2).
[5] Bei Stufen, deren Treppenauftritt a unter 24 cm liegt, muß die Unterschneidung u mindestens so groß sein, daß insgesamt 24 cm Trittfläche ($a + u$) erreicht werden (siehe 6.7.2).

6.3 Treppenpodeste

6.3.1 Nutzbare Treppenpodesttiefe

Die nutzbare Treppenpodesttiefe muß mindestens der nutzbaren Treppenlaufbreite nach Tabelle 1, Spalte 3, entsprechen.[5]

6.3.2 Zwischenpodest

Nach höchstens 18 Stufen soll ein Zwischenpodest angeordnet werden.

6.3.3 Krankentransport

Bei der Planung und Ausführung der Treppen nach Tabelle 1, Zeile 4, ist sicherzustellen, daß die Maße im fertigen Zustand den Transport von Personen auf einer Trage nach DIN 13025-1 durch die Rettungsdienste erlauben (siehe Anhang B, Aufzählung b)).

6.4 Lichte Treppendurchgangshöhe

6.4.1 Die lichte Treppendurchgangshöhe muß mindestens 2,0 m betragen (siehe Bild 3 und Bild 5).

6.4.2 Bei Treppen nach Tabelle 1, Zeilen 1 bis 3 und 5, darf die lichte Treppendurchgangshöhe auf einem einseitigen oder beidseitigen Randstreifen der Treppe nach Bild 5 b) eingeschränkt sein. Dies gilt auch für Bodentreppen, die nicht zu Aufenthaltsräumen führen, in sonstigen Gebäuden.

6.5 Leitertreppe (Steiltreppe)

Bei Wohngebäuden mit nicht mehr als 2 Wohnungen dürfen anstelle von beweglichen Bodentreppen oder Leitern als Zugang zu einem Dachgeschoß ohne Aufenthaltsräume auch Leitertreppen (Steiltreppen) mit versetzten Auftritten mit einer nutzbaren Treppenlaufbreite von mindestens 50 cm aber höchstens 70 cm verwendet werden.

6.6 Seitenabstand

Der Seitenabstand von Treppenläufen und Treppenpodesten zu Wänden und/oder Geländern darf nicht mehr als 6 cm (siehe Bilder 5e) und 5f)) betragen.

6.7 Unterschneidung

6.7.1 Unterschneidung bei offenen Treppen

Offene Treppen sind um mindestens 3 cm zu unterschneiden (siehe Bild 2).

6.7.2 Unterschneidung bei geschlossenen Treppen

Geschlossene Treppen mit Treppenauftritten $a < 26$ cm sind so weit zu unterschneiden, daß $a + u \geq 26$ cm beträgt (siehe Bild 2). Bei Keller- und Bodentreppen nach Tabelle 1, Zeilen 2 und 3, die nicht zu Aufenthaltsräumen führen, muß $a + u \geq 24$ cm betragen.

6.8 Wendelstufen

In Wohngebäuden mit nicht mehr als zwei Wohnungen und innerhalb von Wohnungen müssen Wendelstufen im Abstand von 15 cm von der inneren Begrenzung der nutzbaren Treppenlaufbreite einen Mindestauftritt von 10 cm haben. Der Mindestauftritt wird parallel zur inneren Begrenzung des Gehbereiches gemessen; im Bogen gilt das Sehnenmaß als Mindestauftritt. Für Spindeltreppen in Wohngebäuden mit nicht mehr als zwei Wohnungen wird kein Mindestauftritt festgelegt.

In sonstigen Gebäuden müssen Wendelstufen an der inneren Begrenzung der nutzbaren Treppenlaufbreite einen Auftritt von mindestens 10 cm haben.

6.9 Treppengeländer

6.9.1 Allgemeines

Bei Treppenläufen und Treppenpodesten sind die freien Seiten — soweit vorhanden — als Sicherung gegen Absturz mit Treppengeländern zu versehen.

6.9.2 und 6.9.3 legen dafür die Mindestanforderungen fest.

6.9.2 Treppengeländerhöhen

In Tabelle 2 sind die Mindestmaße bezogen auf Absturzhöhen und Gebäudearten zusammengefaßt. Die Maße entsprechen den Anforderungen der Landesbauordnungen bzw. dem Arbeitsschutzrecht des Bundes (insbesondere Arbeitsstättenverordnung in Verbindung mit den Arbeitsstättenrichtlinien).

Tabelle 2: Treppengeländerhöhen

Spalte	1	2	3
Zeile	Absturz-höhen	Gebäudearten	Treppen-geländerhöhe min.
1	bis 12 m[1]	Wohngebäude und andere Gebäude, die nicht der Arbeitsstättenverordnung unterliegen	90 cm[2]
2	bis 12 m[1]	Arbeitsstätten	100 cm[3]
3	über 12 m	für alle Gebäudearten	110 cm

[1] außerdem bei größeren Absturzhöhen, wenn das Treppenauge bis 20 cm breit ist.
[2] nach Bauordnungsrecht
[3] nach Arbeitsschutzrecht

6.9.3 Treppengeländer mit Öffnungen

In Gebäuden, in denen mit der Anwesenheit von unbeaufsichtigten Kleinkindern zu rechnen ist, sind Treppengeländer so zu gestalten, daß ein Überklettern des Treppengeländers durch Kleinkinder erschwert wird. Dabei darf der lichte Abstand von Geländerteilen in einer Richtung nicht mehr als 12 cm betragen. Dies gilt nicht für Wohngebäude mit nicht mehr als zwei Wohnungen (siehe Tabelle 1, Zeilen 1 bis 3 und Zeile 5).

6.9.4 Treppengeländer über Treppenpodesten

Bei Treppengeländern über Treppenpodestflächen darf der lichte Abstand der Unterkante des Treppengeländers zur Podestfläche nicht mehr als 12 cm betragen. Gemessen wird lotrecht.

6.9.5 Treppengeländer über Treppenläufen

Für baurechtlich notwendige Treppen sonstiger Gebäude nach Tabelle 1, Zeile 4, und Treppen in Gebäuden, die Sonderbauverordnungen unterliegen (z. B. VersammlungsstättenVO), gelten folgende Festlegungen:

---

[5] Ist das Treppenpodest (siehe 3.7) als Hauptpodest Teil der Geschoßdecke und daher die Podesttiefe nicht erkennbar, so gilt die nutzbare Treppenlaufbreite als Podesttiefe.

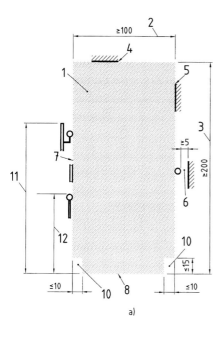

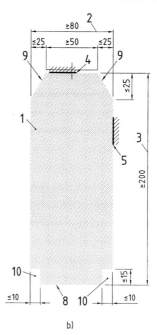

a)

b)

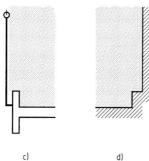

c)   d)

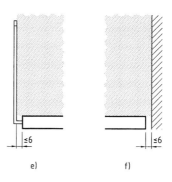

e)   f)

1   Lichtraumprofil
2   Nutzbare Treppenlaufbreite
3   Lichte Treppendurchgangshöhe
4   Obere Begrenzung des Lichtraumprofils, z. B. Unterseite des darüber liegenden Treppenlaufes
5   Seitliche Begrenzung des Lichtraumprofils, z. B. durch Oberfläche der fertigen Wand (Bekleidung)
6   Seitliche Begrenzung des Lichtraumprofils, z. B. durch Innenkante eines wandseitigen Handlaufes; Seitenabstand des wandseitigen Handlaufes nach 6.10.2

7   Seitliche Begrenzung des Lichtraumprofils durch Innenkante Geländer oder geländerseitigen Handlauf
8   Untere Begrenzung des Lichtraumprofils durch die Ebene 6 von Bild 3
9   Obere Begrenzung des Lichtraumprofils nach 6.4.2, z. B. durch Dachschrägen
10 Untere Begrenzung (Einschränkung) des Lichtraumprofils durch z. B. Treppenwangen oder „Bischofsmützen"
11 Treppengeländerhöhe nach Tabelle 2
12 Treppenhandlaufhöhe nach 6.10.1

Bild 5: Lichtraumprofil und Seitenabstände

469

Liegt das Treppengeländer über dem Treppenlauf, so ist die Unterkante des Treppengeländers so auszubilden, daß zwischen ihr und den Stufen ein auf der Auftrittsfläche liegender Würfel mit einer Kantenlänge von 15 cm nicht hindurchgeschoben werden kann (siehe Bild 6).

6.9.6 Treppengeländer neben Treppenläufen und Treppenpodesten

Liegt das Treppengeländer neben dem Treppenlauf oder dem Treppenpodest (mit einem Abstand bis 6 cm, siehe 6.6), so muß seine Unterkante so weit heruntergezogen werden, daß sie mit einer gedachten Verbindungslinie von $a/2$ jeder Stufe zusammenfällt (siehe Bild 7). Der Anwendungsbereich dieser Anforderung entspricht dem von 6.9.5.

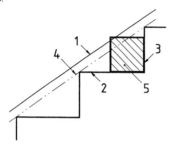

1 Unterkante Treppengeländer nach 6.9.5, z. B. durchlaufender Untergurt
2 Trittfläche (Auftritt)
3 Setzstufe
4 Meßebene für Treppengeländerhöhe bzw. Treppenhandlaufhöhe
5 Würfel, Kantenlänge 15 cm

Bild 6: Treppengeländer über Treppenläufen

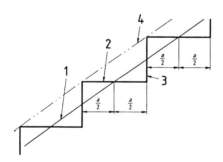

1 Unterkante Treppengeländer nach 6.9.6
2 Trittfläche (Auftritt)
3 Setzstufe
4 Meßebene für Treppengeländerhöhe bzw. Treppenhandlaufhöhe

Bild 7: Treppengeländer neben Treppenläufen

6.10 Treppenhandläufe

6.10.1 Treppenhandlaufhöhe

Treppenhandläufe sind in der Höhe so anzubringen, daß sie bequem genutzt werden können. Sie sollen dabei nicht tiefer als 80 cm und nicht höher als 115 cm angebracht sein, gemessen lotrecht über Stufenvorderkante bis Oberkante Handlauf.

ANMERKUNG: Es ist möglich (und üblich), die Oberkante des Treppengeländers als Treppenhandlauf auszubilden. Dabei müssen jedoch die vorgenannten Bedingungen eingehalten werden. Ein Treppengeländer höher als 115 cm benötigt daher einen gesonderten tiefer liegenden Handlauf.

6.10.2 Seitenabstand des Treppenhandlaufes

Der Seitenabstand des Handlaufes von benachbarten Bauteilen muß mindestens 5 cm betragen (siehe Bild 5).

7 Steigungsverhältnis

Das Steigungsverhältnis kann mit Hilfe der Schrittmaßregel

$$2 s + a = 59 \text{ cm bis } 65 \text{ cm}$$

geplant werden.

Dabei ist:

s die Treppensteigung;

a der Treppenauftritt;

59 cm bis 65 cm die mittlere Schrittlänge des Menschen.

ANMERKUNG: Als Regel für die bequeme Begehbarkeit gilt $a - s = 12$ cm, als Regel für die sichere Begehbarkeit $a + s = 46$ cm. Das Steigungsverhältnis von 17/29 erfüllt sowohl die Schrittmaß-, die Bequemlichkeits- als auch die Sicherheitsregel.

8 Toleranzen

8.1   Das Istmaß von Treppensteigung s und Treppenauftritt a innerhalb eines (fertigen) Treppenlaufes darf gegenüber dem Nennmaß (Sollmaß) um nicht mehr als 0,5 cm abweichen (siehe Bild 8).

8.2   Von einer Stufe zur jeweils benachbarten Stufe darf die Abweichung der Istmaße untereinander dabei jedoch nicht mehr als 0,5 cm betragen.

8.3   Bei halb- und viertelgewendelten Treppen darf von 8.1 und 8.2 für den Auftritt im Wendelungsbereich abgewichen werden, wenn die Verziehung der Stufen dies erfordert und ein stetiges Stufenbild erreicht wird (siehe Bild 11 und Bild 12).

8.4   Für Treppenläufe in Wohngebäuden mit nicht mehr als zwei Wohnungen darf das Istmaß der Steigung der Antrittstufe höchstens 1,5 cm vom Nennmaß (Sollmaß) abweichen (siehe Bild 8).

8.5   Die maximale Treppensteigung und der kleinste Treppenauftritt (siehe Tabelle 1) müssen in jedem Fall eingehalten werden; d. h. auf die höchstzulässige Steigung und den mindestens erforderlichen Auftritt dürfen die o. g. Toleranzen nicht angewendet werden.

Maße in Zentimeter

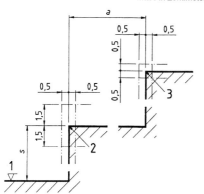

1 Oberfläche Treppenpodest
2 Nennlage Stufenvorderkante, Antrittstufe
3 Nennlage Stufenvorderkante
s Treppensteigung (Nennmaß)
a Treppenauftritt (Nennmaß)

Bild 8: Toleranzen der Lagen der Stufenvorderkanten

8.6 Im eingebauten Zustand (Ist-Lage) dürfen die Auftrittsflächen der Stufen von der waagerechten Nennlage (Soll-Lage) maximal abweichen:

– an der Stufenvorderkante in der Treppenlaufbreite gemessen ± 0,5 %

– senkrecht zur Stufenvorderkante in der Auftritt-Tiefe (im Gehbereich) gemessen ± 1,0 %

8.7 Gegenläufige Neigungen zwischen zwei Auftritten dürfen addiert

– an der Stufenvorderkante 0,5 % und

– senkrecht zur Stufenvorderkante 1,0 %

nicht überschreiten (bezogen auf das Nennmaß).

8.8 Die Neigungstoleranzen von 8.6 und 8.7 müssen innerhalb der Toleranzen nach 8.1 bis 8.3 und Bild 8 liegen.

8.9 Bei Wohngebäuden mit nicht mehr als zwei Wohnungen dürfen die Steigungsverhältnisse einzelner Treppenläufe voneinander abweichen, müssen innerhalb eines Treppenlaufes jedoch gleich sein.

9 Gehbereich, Lauflinie bei gewendelten Läufen

9.1 Bei nutzbaren Treppenlaufbreiten bis 100 cm (siehe Bilder 9 bis 14) hat der Gehbereich eine Breite von 2/10 der nutzbaren Treppenlaufbreite und liegt im Mittelbereich der Treppen. Die Krümmungsradien der Begrenzungslinien des Gehbereiches müssen mindestens 30 cm betragen.

9.2 Bei nutzbaren Treppenlaufbreiten über 100 cm – außer bei Spindeltreppen – beträgt die Breite des Gehbereiches 20 cm. Der Abstand des Gehbereiches von der inneren Begrenzung von der nutzbaren Treppenlaufbreite beträgt 40 cm.

9.3 Bei Spindeltreppen (siehe Bild 14) beträgt der Gehbereich 2/10 der nutzbaren Treppenlaufbreite. Die innere Begrenzung des Gehbereiches liegt in der Mitte der Treppenlaufbreite.

9.4 Der Auftritt ist in der Lauflinie zu messen. Im Krümmungsbereich der Lauflinie ist der Auftritt gleich der Sehne, die sich durch die Schnittpunkte der gekrümmten Lauflinie mit den Stufenvorderkanten ergibt.

9.5 Die Lauflinie kann vom Treppenplaner bei Treppen mit gewendelten Läufen (siehe Bilder A.7 bis A.14) frei innerhalb des Gehbereiches gewählt werden. Sie muß stetig sein und darf keine Knickpunkte haben (siehe jedoch 8.3). Ihre Richtung entspricht der Laufrichtung der Treppe.

9.6 Krümmungsradien der Lauflinie müssen mindestens 30 cm betragen.

9.7 Die Bilder 11 bis 14 sind Anwendungsbeispiele zur Lage des Gehbereiches.

471

Maße in Zentimeter   Maße in Zentimeter

Nutzbare Treppenlaufbreite   Nutzbare Treppenlaufbreite

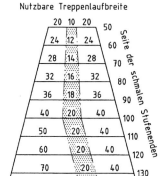

Gehbereich

Bild 9: Diagramm des Gehbereiches für gewendelte Treppen sowie für Treppen, die sich aus geraden und gewendelten Laufteilen zusammensetzen

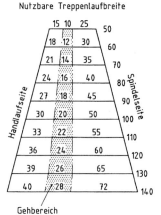

Gehbereich

Bild 10: Diagramm des Gehbereiches für Spindeltreppen

Maße in Zentimeter

Gehbereich

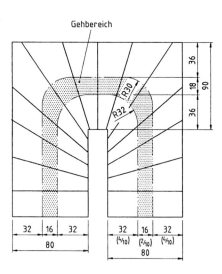

ANMERKUNG: Die dargestellte Stufenverziehung ist lediglich beispielhaft. Nach Wahl der Lauflinie sind die handwerklichen Verziehungsregeln (siehe Anhang C [1] und [2]) zur Erzielung sicher begehbarer und gut gestalteter Treppen zu beachten.

Bild 11: Gehbereich bei halbgewendeltem Lauf

Maße in Zentimeter

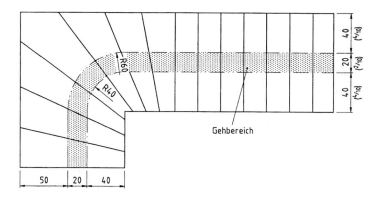

Gehbereich

| 50 | 20 | 40 |

ANMERKUNG: Die dargestellte Stufenverziehung ist lediglich beispielhaft. Nach Wahl der Lauflinie sind die handwerklichen Verziehungsregeln (siehe Anhang C [1] und [2]) zur Erzielung sicher begehbarer und gut gestalteter Treppen zu beachten.

Bild 12: Gehbereich bei viertelgewendeltem Lauf

Maße in Zentimeter   Maße in Zentimeter

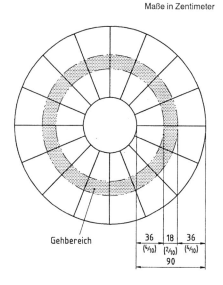

Gehbereich

36	18	36
(4/10)	(2/10)	(4/10)
	90	

Gehbereich

40	16	24
(5/10)	(2/10)	(3/10)
	80	

Bild 13: Gehbereich bei Wendeltreppen, Kreiswendel   **Bild 14: Gehbereich bei Spindeltreppen**

473

Anhang A (normativ)   Treppen- und Stufenarten

A.1   Treppenarten, Benennungen

A.1.1   Allgemeines

Die folgende Aufstellung (schematische Darstellung) beschränkt sich auf eine Unterscheidung einzelner Grundformen. Gerade aus dem baugeschichtlichen Bereich sind auch sehr kunstvolle, aus diesen Grundformen zusammengesetzte Treppen bekannt, die sich der hier verwendeten Kurzbeschreibung entziehen. Die Benennungen ergeben sich aus der zeichnerischen Darstellung.

A.1.2   Treppen mit geraden Läufen

t_p Tiefe des Treppenpodestes
b_p Breite des Treppenpodestes

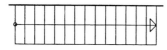

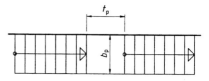

Bild A.1: Einläufige gerade Treppe
(en: straight flight stair)

Bild A.2: Zweiläufige gerade Treppe
mit Zwischenpodest

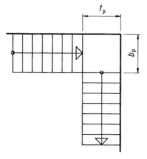

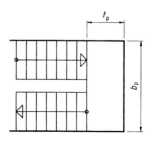

Bild A.3: Zweiläufige gewinkelte Treppe
mit Zwischenpodest (als Rechtstreppe dargestellt)

Bild A.4: Zweiläufige gegenläufige Treppe
mit Zwischenpodest (als Rechtstreppe dargestellt)
(en: dog leg stair)

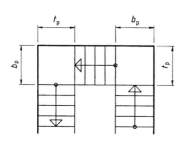

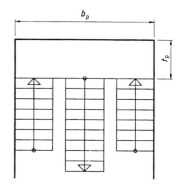

Bild A.5: Dreiläufige zweimal abgewinkelte Treppe
mit Zwischenpodesten (als Linkstreppe dargestellt)

Bild A.6: Dreiläufige gegenläufige Treppe
mit Zwischenpodest

A.1.3 Treppen mit gewendelten Läufen

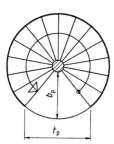

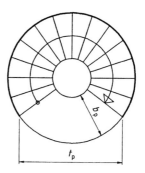

Bild A.7: Spindeltreppe; Treppe mit Treppenspindel
(dargestellt als einläufige Linkstreppe)

Bild A.8: Wendeltreppe; Treppe mit Treppenauge
(dargestellt als einläufige Rechtstreppe)

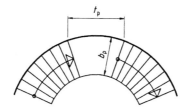

Bild A.9: Bogentreppe; Zweiläufige gewendelte Treppe mit Zwischenpodest
(Bogentreppe dargestellt als Rechtstreppe)

475

A.1.4 Treppen mit geraden und gewendelten Laufteilen

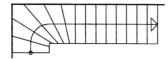

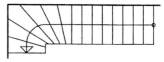

Bild A.10: Einläufige, im Antritt viertelgewendelte
Treppe (dargestellt als Rechtstreppe)

Bild A.11: Einläufige, im Austritt viertelgewendelte
Treppe (dargestellt als Linkstreppe)

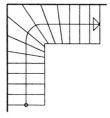

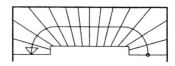

Bild A.12: Einläufige gewinkelte viertelgewendelte
Treppe (dargestellt als Rechtstreppe)

Bild A.13: Einläufige, zweimal viertelgewendelte
Treppe (dargestellt als Linkstreppe)

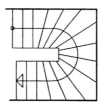

Bild A.14: Einläufige, halbgewendelte Treppe
(dargestellt als Rechtstreppe)

A.2 Stufenarten
Benennung nach dem Querschnitt

A.2.1 Blockstufe

Stufe mit rechteckigem oder annähernd rechteckigem Querschnitt (voll oder mit Hohlraum). Dabei ist die Stufenhöhe h annähernd gleich der Steigung s.

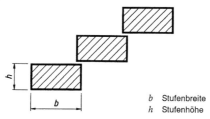

b Stufenbreite
h Stufenhöhe

Bild A.15: Blockstufen

A.2.2 Plattenstufe

Stufe mit rechteckigem oder annähernd rechteckigem Querschnitt. Dabei ist die Stufendicke d im Gegensatz zur Blockstufe wesentlich geringer als die Steigung s.

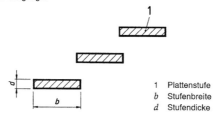

1   Plattenstufe
b Stufenbreite
d Stufendicke

Bild A.16: Plattenstufen einer offenen Treppe

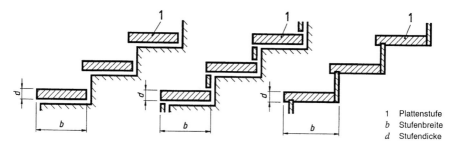

1   Plattenstufe
b Stufenbreite
d Stufendicke

Bild A.17: Plattenstufen einer geschlossenen Treppe

477

A.2.3 Keilstufe/Dreieckstufe

Stufe mit dreieckigem oder annähernd dreieckigem Querschnitt (voll oder mit Hohlraum).

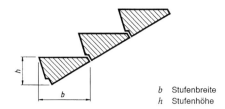

b Stufenbreite
h Stufenhöhe

Bild A.18: Keilstufen/Dreieckstufen

A.2.4 Winkelstufe

Stufen mit winkelförmigem Querschnitt

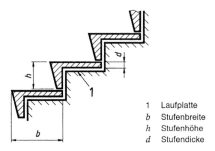

1   Laufplatte
b Stufenbreite
h Stufenhöhe
d Stufendicke

Bild A.19: Winkelstufen

Anhang B (informativ)

Erläuterungen

a) Aus benennungssystematischen Gründen wurden die Definitionen für
   — Treppenlauf (siehe 3.5);
   — Treppenpodest (siehe 3.7);
   — Zwischenpodest (siehe 3.8);
   — Treppenstufe (siehe 3.9);
   — Treppenantritt- und Treppenaustrittstufe (siehe 3.10 und 3.11, in Verbindung mit Bild 2)
aufeinander abgestimmt festgelegt.

Auch die Treppenaustrittstufe ist also bezüglich ihrer Steigung Teil des Treppenlaufes (siehe Bild 2). In der Praxis ist die Treppenaustrittstufe sehr häufig Teil des Haupt- oder Zwischenpodestes, also nicht Teil der Treppenkonstruktion (siehe Bild B.1). Diese besteht z. B. aus Holz, die letzte Stufe des Treppenlaufes (die Austrittstufe) als konstruktiver Teil des Treppenpodestes ist jedoch z. B. wie das Podest aus Stahlbeton, Estrich und Belag.

Die oberste Stufe der Treppenkonstruktion kann aber auch vor dem Treppenpodest liegen, ihre Trittfläche und auch ihre Setzstufe also aus dem Material der übrigen Konstruktion der Treppe bestehen. Die Trittfläche liegt auf gleicher Höhe wie das Treppenpodest (siehe Bild B.2).

b) In 6.3.3 wird auf die Probleme des Krankentransportes hingewiesen. Nach Herausgabe der DIN 18065 : 1984-07 hatte sich in einem konkreten Notfall gezeigt, daß der Transport eines liegend zu transportierenden Patienten nicht möglich war. Feuerwehr und Oberste Bauaufsicht Berlin hatten daraufhin Änderung verlangt. Im konkreten Fall handelte es sich um eine zweiläufig-gegenläufige Treppe in einem fünfgeschossigen Gebäude ohne Aufzug. Anstelle des Treppenauges hatte der Planer eine Wandscheibe angeordnet; die Außenseiten der Zwischenpodeste waren im Radius der zulässigen nutzbaren Podest-

breite und -tiefe abgerundet. Alle Grenzmaße der Norm waren gerade eben eingehalten worden. Ergebnis: der Patient konnte nicht korrekt (liegend) transportiert werden.

Der Planer hat daher gegebenenfalls zeichnerisch mit den Maßen aus DIN 13025-1 oder mit Beratung durch Rettungsdienste zu prüfen, ob die Treppe den notwendigen liegenden Transport ermöglicht, wenn z. B. kein geeigneter Aufzug zur Verfügung steht.

c) Bei Wohngebäuden mit nicht mehr als zwei Wohnungen sind in verschiedenen Ländern bewegliche Bodentreppen oder -leitern als Zugang zu einem Dachraum ohne Aufenthaltsräume zulässig. DIN 4570 trifft Festlegungen für solche beweglichen Bodentreppen.

Besser begehbar und besser nutzbar als solche einschiebbaren und einklappbaren Geräte nach DIN 4570 sind jedoch fest eingebaute Steiltreppen mit versetzten Auftritten (auch: „Spartreppen", „Sambatreppen", „Leipziger Treppen", „Schmetterlingstreppen").

Auf dem Markt werden zahlreiche Konstruktionen solcher Steiltreppen angeboten, die sich für den — auch nachträglichen — Einbau in die vorhandenen Bodenluken eignen, also ohne daß ein neues Einbau einer Treppe zum Dachraum ein größeres Treppenloch geschaffen werden müßte. Es wird empfohlen, zur sicheren Begehbarkeit beidseitig Handläufe anzuordnen, deren Höhe jedoch nicht 6.10.1 zu entsprechen braucht.

Nach Tabelle 1, Zeile 3, darf die Treppensteigung dieser Treppen höchstens 21 cm und muß der Treppenauftritt mindestens 21 cm betragen. Da abweichend von 3.6 die Treppenlauflinie nicht stetig, sondern für den linken und rechten Fuß getrennt zu sehen ist, ergibt sich, daß die Treppe insgesamt steiler als 45° geneigt ist und dennoch unter die Definition der „Treppe" nach 3.1 und Bild 1 fällt.

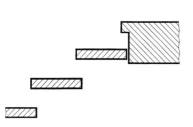

Bild B.1: Austrittstufe als Teil des Podestes

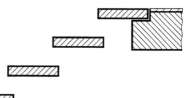

Bild B.2: Austrittstufe als Teil der übrigen Treppenkonstruktion

Anhang C (informativ)

Literaturhinweise

DIN 24531
Trittstufen aus Gitterrost für Treppen aus Stahl
DIN 68368
Laubschnittholz für Treppenbau — Gütebedingungen
DIN EN 131-1
Leitern — Bennungen, Bauarten, Funktionsmaße; Deutsche Fassung EN 131-1 : 1993
DIN EN 131-2
Leitern — Anforderungen, Prüfung, Kennzeichnung; Deutsche Fassung EN 131-2 : 1993
[1] Mannes, Willibald
Technik des Treppenbaus
Technische Hinweise und konstruktive Anleitungen für Beispiele aus Holz, Stahl, Beton und Naturstein
Deutsche Verlagsanstalt, Stuttgart, 1979
ISBN 3-421-02543-6
[2] Mannes, Willibald
Treppen-Technik
Technische und konstruktive Hinweise, Empfehlungen und Vorschläge für den Treppenbau, im besonderen für handwerkliche Holztreppen
Deutsche Verlagsanstalt, Stuttgart, 1988
ISBN 3-421-02898-2
Handwerkliche Holztreppen — Regelwerk Holztreppenbau
Bund Deutscher Zimmermeister, Berlin
Bundesverband des Holz- und Kunststoffverarbeitenden Handwerks, Wiesbaden
ISBN 3-930714-35-3
Hartmann, Hans L.
Maßtabellen für gewendelte Treppen aus Beton, Betonwerkstein, Holz, Naturwerkstein und Stahl
Bauverlag GmbH, Wiesbaden, 1976
ISBN 3-7625-0376-1
Glossarium artis
Treppen und Rampen
Max Niemeyer Verlag, Tübingen, 1973
Wüstermann, Klaus-D.
Steile Treppen (Kostensparendes Bauen)
Bundesbaublatt Juni 1995, Bauverlag, Wiesbaden

Türen

Wandöffnungen für Türen

Maße entsprechend DIN 4172

DIN

18 100

Doors; wall openings for doors; dimensions according to DIN 4172   Ersatz für Ausgabe 09.55

Maße in mm

1 Anwendungsbereich

Diese Norm enthält Maße für Wandöffnungen, in welche Türen eingebaut werden können.
Die Maße sind abgeleitet aus der „Maßordnung im Hochbau" nach DIN 4172 (Oktameterordnung).
Die Norm gilt für Mauerwerksbauten mit den üblichen Fugenbreiten, wie sie sich durch die Verwendung genormter Steinformate ergeben.
Sie darf auch für fugenlose Bauarten (z. B. Betonwände) angewandt werden (siehe Erläuterungen).

2 Maße, Vorzugsgrößen

Maße für Wandöffnungen für Türen sind Tabelle 1 zu entnehmen; die angegebenen Maße sind Baurichtmaße entsprechend DIN 4172.

Fortsetzung Seite 2 bis 4

Normenausschuß Bauwesen (NABau) im DIN Deutsches Institut für Normung e.V.

Tabelle 1. Maße nach DIN 4172 für Wandöffnungen

625	750	875	1000	1125	1250	1750	2000	2500	
		1							1875
2	3	4	5						2000
	6	7	8	9					2125
									2250
									2500 Grenze für die Benennung „Tür"

Grenze für die
Benennung
„Tür"

Dick umrandet: Vorzugsgrößen

Für die mit einer Ziffer gekennzeichneten Größen werden in DIN 18 101 genaue Maße für Zargen und Türblätter angegeben; die Zahl ist gleich der Zeilennummer in Tabelle 1 der DIN 18 101.
In DIN 18 111 Teil 1 (z. Z. Entwurf) werden für diese Größen Stahlzargen genormt, allerdings nur für gefälzte Türblätter.

Wandöffnungen dieser Vorzugsgrößen sind im Regelfall zweiflügelig.

Sind in Ausnahmefällen andere Größen erforderlich, so sollen deren Baurichtmaße ganzzahlige Vielfache von 125 mm sein, siehe DIN 4172.

3 Bezeichnung

Bezeichnung einer Wandöffnung von 875 mm Breite und 2000 mm Höhe (im Baurichtmaß):

Wandöffnung DIN 18 100 − 875 × 2000

Anhang A

A.1 Ableitung der Sollmaße aus den Baurichtmaßen

1. Festlegung: Stoßfuge 10 mm breit

2. Festlegung: waagerechte Bezugsebene ist die planmäßige Lage (Sollage) der Oberfläche des fertigen Fußbodens OFF (siehe DIN 18101)

3. Festlegung: Auswahl aus den nach DIN 18202 Teil 1, Ausgabe März 1969, Tabelle 1 zulässigen Abweichungen:

   hier: ± 10 mm für die Breite

   $\left. \begin{array}{r} + 10\ mm \\ -\ 5\ mm \end{array} \right\}$ für die Höhe

Im Rahmen dieser Norm gilt:

Baurichtmaß + 10 mm = Nennmaß der Wandöffnungsbreite

Baurichtmaß + 5 mm = Nennmaß der Wandöffnungshöhe

zulässiges Kleinstmaß = Baurichtmaß (Nennmaß − 10 mm für Wandöffnungsbreite Nennmaß − 5 mm für Wandöffnungshöhe)

zulässiges Größtmaß = Baurichtmaß + 20 mm für Wandöffnungsbreite (Nennmaß + 10 mm)

   Baurichtmaß + 15 mm für Wandöffnungshöhe (Nennmaß + 10 mm)

Beispiel:

Wandöffnung DIN 18100 − 875 x 2000

Größe im Baurichtmaß:

875 mm x 2000 mm (Eintrag in Entwurfszeichnung, siehe DIN 1356 Teil 1 (z. Z. Entwurf))

Größe im Nennmaß:

885 mm x 2005 mm (Eintrag in Ausführungszeichnung, siehe DIN 1356 Teil 1 (z. Z. Entwurf))

zulässiges Kleinstmaß: 875 mm x 2000 mm

zulässiges Größtmaß: 895 mm x 2015 mm

Anmerkung: Da sich die Nennmaße für die Höhe auf OFF beziehen, muß der Planer (Architekt) Überlegungen anstellen, wie er diese in Ausführungszeichnungen einträgt bzw. bei Ausschreibungen und ähnlichem berücksichtigt. Bei Bezug auf OFF ist die Anbringung von „Meterrissen" (Markierungen der Sollage des fertigen Fußbodens +1000 mm an den Wänden) unumgänglich, da hiernach z. B. auch Feuerschutz-

türen und Türzargen usw. eingebaut werden (siehe auch DIN 18093 (z. Z. Entwurf), DIN 18111 Teil 1 (z. Z. Entwurf) sowie DIN 18360). Die Bilder A.1 und A.2 sollen die vorgenannten Angaben verdeutlichen.

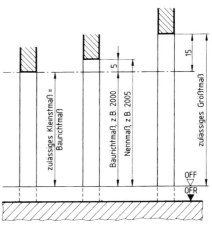

Bild A.1.   Schnitt

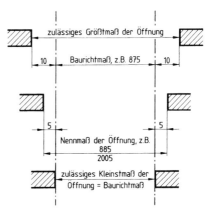

Bild A.2.   Grundriß

Zitierte Normen

DIN 1356 Teil 1	(z. Z. Entwurf) Bauzeichnungen; Grundregeln, Begriffe
DIN 4172	Maßordnung im Hochbau
DIN 18000	(z. Z. Entwurf) Modulordnung im Bauwesen
DIN 18093	(z. Z. Entwurf) Feuerschutzabschlüsse; Einbau von Feuerschutztüren; Ankerlagen, Ankerformen, Einbauvorschriften
DIN 18101	Türen; Türen für den Wohnungsbau; Türblattgrößen, Bandsitz und Schloßsitz, Gegenseitige Abhängigkeit der Maße
DIN 18111 Teil 1	(z. Z. Entwurf) Türzargen; Stahlzargen; Standardzargen für gefälzte Türen
DIN 18202 Teil 1	Maßtoleranzen im Hochbau; Zulässige Abmaße für die Bauausführung, Wand- und Deckenöffnungen, Nischen, Geschoß- und Podesthöhen
DIN 18360	VOB Verdingungsordnung für Bauleistungen, Teil C: Allgemeine Technische Vorschriften für Bauleistungen, Metallbauarbeiten, Schlosserarbeiten

Weitere Normen

DIN 18050	Fensteröffnungen für den Wohnungsbau, Rohbau-Richtmaße
DIN 18201	(z. Z. Entwurf) Maßtoleranzen im Bauwesen; Begriffe, Grundsätze, Anwendung, Prüfung

Frühere Ausgaben

DIN 18100: 05.51, 09.55

Änderungen

Gegenüber der Ausgabe September 1955 wurden folgende Änderungen vorgenommen:
Inhalt vollständig überarbeitet und technisch auf den neuesten Stand gebracht.

Erläuterungen

Bei der Überarbeitung der Norm vom September 1955 war zunächst versucht worden, modular koordinierte Größen mit aufzunehmen (siehe Entwurf DIN 18100 Teil 1 und Teil 2, Ausgaben Januar 1981). Die Norm enthält nun aber doch nur wieder die alten, bewährten Größen nach der Oktameterordnung der DIN 4172. Modular koordinierte Wandöffnungen sollen nunmehr in Teilen von DIN 18000 genormt werden.

Auf zwei Dinge wird besonders hingewiesen:

a) Türen für Rollstuhlbenutzer benötigen eine lichte Durchgangsbreite von mindestens 85 cm. Selbst bei den schmalsten Zargenkonstruktionen (Stahlzargen nach DIN 18111 Teil 1, z. Z. Entwurf) ist dies nur erreichbar mit einer Breite des Baurichtmaßes von 1000 mm.

b) Nach DIN 4172 werden die Nennmaße (Sollmaße der Bauteile, also auch des Bauteils „Öffnung") aus den Baurichtmaßen abgeleitet. Bei fugenlosen Bauteilen soll laut DIN 4172 das Nennmaß gleich dem Baurichtmaß sein, bei Fugenbauarten ist das Nennmaß um den Fugenanteil kleiner bzw. größer, im Falle der Öffnungen also größer. Geht man von den üblichen Fugen bei Mauerwerk mit Normalformat-Steinen aus (NF), so beträgt die Stoßfuge 10 mm und die Lagerfuge 12 mm. Andere Fugenbauarten, z. B. Wände mit geklebten Gasbetonsteinen, unterscheiden sich von den o. g. Fugenmaßen. Dies würde bedeuten, daß es viele unterschiedliche Nennmaße der Öffnungen geben müßte. Zargenhersteller und die Hersteller der dazu passenden Holztürblätter haben sich daher seit langem praktisch geeinigt, generell von einem Nennmaß der Wandöffnungsbreite auszugehen, das 10 mm größer als das Baurichtmaß ist. Die im Anhang A angeführte Ableitung der Nennmaße aus den Baurichtmaßen berücksichtigt diese Erfordernisse der Praxis.

Internationale Patentklassifikation

E 06 B 1-04

Türen

Türen für den Wohnungsbau
Türblattgrößen, Bandsitz und Schloßsitz
Gegenseitige Abhängigkeit der Maße

DIN
18 101

Doors; doors for residential buildings; sizes of door leaves, position of hinges and lock, interdependence of dimensions

Ersatz für Ausgabe 07.55

Maße in mm

1 Anwendungsbereich

Diese Norm gilt für gefälzte Türen im Wohnungsbau.

Die Festlegung der gegenseitigen Abhängigkeit der Maße an Türzarge und Türblatt sowie die Lage der Türbänder und des Türschlosses (Bandsitz und Schloßsitz) soll den problemlosen Einbau auch dann ermöglichen, wenn Türzarge, Türblatt, Türschloß und Türbänder (Türbeschläge) getrennt angeliefert und erst auf der Baustelle zeitlich unabhängig voneinander montiert werden.

Anmerkung: Siehe VOB Teil C, z.B.
 — DIN 18 330
 — DIN 18 355
 — DIN 18 357
 — DIN 18 360

Diese Norm gilt nur für einflügelige Türen mit Türblättern in gefälzter (überfälzter) Ausführung mit einer Nenndicke von 39 bis 42 mm, z.B. für Türblätter nach DIN 68 706 Teil 1.

Die Festlegung der wesentlichen Maße und ihrer Lage zu bestimmten Bezugskanten oder Bezugsebenen (siehe Abschnitt 2) soll sowohl der Montage dienen (Zusammenbau der einzelnen Bauteile einer Tür) als auch die Austauschbarkeit eines Türblattes in einer Zarge ohne Nacharbeiten sicherstellen.

Anmerkung: Die freie Austauschbarkeit ist allerdings abhängig von der Bandart und gegebenenfalls von der Art der Bandbefestigung. Die Vielfalt der auf dem Markt vorhandenen Lösungen läßt eine Normung nicht zu.

Die Norm gilt nicht für Sondertüren im Wohnungsbau wie z.B.
 — Wohnungsabschlußtüren nach DIN 18 105
 — Einbruchhemmende Türen nach DIN 18 103
 — Rauchschutztüren nach DIN 18 095 Teil 1 (z.Z. Entwurf)
 — Feuerschutztüren

Da diese Türen mit besonderen Anforderungen nur als vollständige, einbaufertige Elemente zu verstehen sind, obliegt die Abstimmung ihrer Maße dem Hersteller. Ein Zusammenbau solcher Türen auf der Baustelle aus angelieferten Einzelteilen verschiedener Hersteller ist in den genannten Normen ausgeschlossen.

2 Bezugskanten

Seitliche Bezugskante für die Maße an Türzarge und Türblatt ist der seitliche Zargenfalz der Bandseite (siehe Bild 2).

Obere Bezugskante für die Maße an Türzarge und Türblatt ist der obere Zargenfalz (siehe Bild 1 und Bild 2).

Untere Bezugskante ist bei Stahlzargen die Fußbodeneinstandsmarkierung (siehe auch DIN 18 111 Teil 1).

Untere Bezugskante ist bei Holzzargen (Holzmontagezargen) die Unterkante der Zargenseitenteile.

Die untere Bezugskante entspricht der planmäßigen Lage (Sollage/Nennlage) der Oberfläche des fertigen Fußbodens, genannt „OFF".

Anmerkung: Die Kennzeichnung OFF (siehe Bilder 1 und 2) ist die Sollage/Nennlage der Oberfläche des fertigen Fußbodens. Es handelt sich also nicht um die am Bau festgestellte oder feststellbare Ist-Lage des fertigen Fußbodens. Daher darf die Marke vorhandene Ist-Lage des fertigen Fußbodens nur dann zu Kontroll- und Prüfzwecken für Höhenmaße an der Tür benutzt werden, wenn nachgewiesen ist, daß Sollage und Ist-Lage identisch sind.

3 Maße

Siehe Tabelle 1 und Bilder 1 und 2.

4 Luftspalt

4.1 Wird — obwohl bei gefälzten Türen nicht sichtbar — ein beidseitig gleichmäßiger Luftspalt (auch „Türluft" oder „Falzluft" genannt) zwischen Türzarge und Türflügel gewünscht, ist der Türflügel seitenverstellbar auszubilden, z.B. durch die Verwendung von verstellbaren Bändern oder verstellbaren Bandaufnahmen.

4.2 Aus der Addition der zulässigen Abweichungen von Türblatt-Falzmaß und lichter Zargenbreite im Falz, sowie eines funktionsnotwendigen Luftspaltes, ergibt sich für die Längsseiten ein Gesamt-Luftspalt von maximal 9,0 mm und minimal 5,0 mm. Der einzelne Luftspalt darf 2,5 mm nicht unterschreiten und 6,5 mm nicht überschreiten.

4.3 Der obere Luftspalt zwischen Türflügel und Türzarge darf 2,0 mm nicht unterschreiten und 6,5 mm nicht überschreiten.

5 Zweitourigkeit

Im Schließbereich der Zarge ist ein zweitouriges Vorschließen des Schloßriegels sicherzustellen.

Fortsetzung Seite 2 bis 5

Normenausschuß Bauwesen (NABau) im DIN Deutsches Institut für Normung e.V.

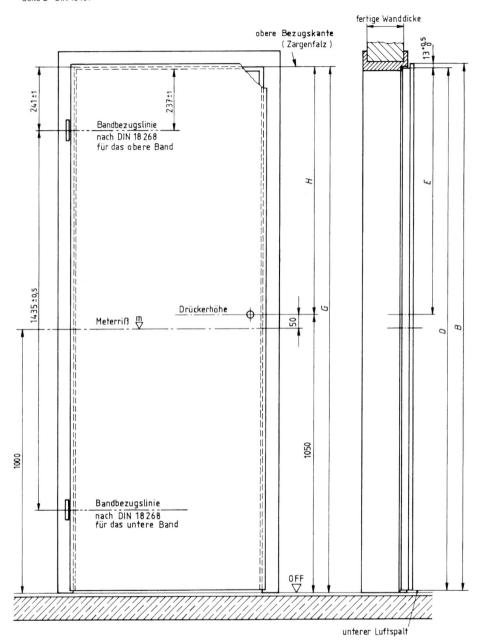

Bild 1.   Maße an Türzargen und gefälztem (überfälztem) Türblatt (Übersicht)

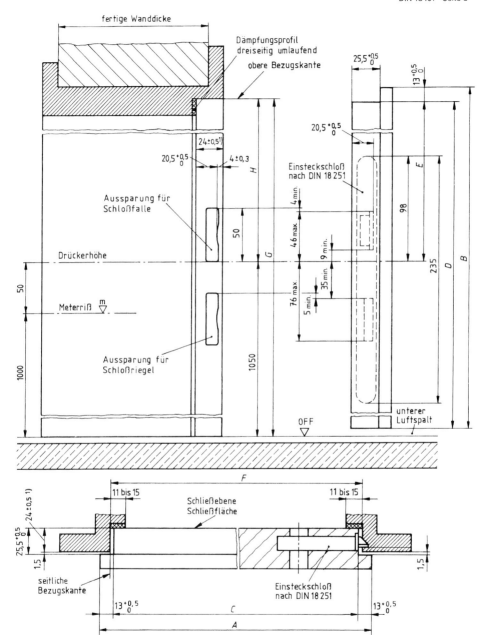

Bild 2.   Maße an Türzargen und gefälztem (überfälztem) Türblatt; Einzelmaße an der Schloßseite

---

[1] Dieses Maß bezieht sich auf den geschlossenen Zustand der Tür bei gedrücktem Dämpfungsprofil der Türzarge

Tabelle 1. **Maße für gefälzte Türblätter und Türzargen**

	1	2	3	4	5	6	7	8	9	10
	Baurichtmaße[1]		Maße am Türblatt[2]				Oberkante Türfalz bis Mitte Schloßnuß[4]	Maße an der Türzarge[3]		
	Wandöffnungen für Türen (siehe DIN 18100)		Türblattaußenmaße ("Typmaße")		Türblattfalzmaße Nennmaße zul. Abw.			lichte Zargenbreite im Falz[5] (seitliche Bezugskante auf der Bandseite) zul. Abw. ±1	lichte Zargenhöhe im Falz[6] (obere Bezugskante) zul. Abw. −0 −2	obere Bezugskante bis Unterkante Fallenloch (Schließblech)
	Breite	Höhe	Breite A	Höhe B	±1 Breite C	+2 0 Höhe D	Höhe E	Breite F	Höhe G	Höhe H
1	875	1875	860	1860	834	1847	804	841	1858	808
2	625	2000	610	1985	584	1972	929	591	1983	933
3	750	2000	735	1985	709	1972	929	716	1983	933
4	875	2000	860	1985	834	1972	929	841	1983	933
5	1000	2000	985	1985	959	1972	929	966	1983	933
6	750	2125	735	2110	709	2097	1054	716	2108	1058
7	875	2125	860	2110	834	2097	1054	841	2108	1058
8	1000	2125	985	2110	959	2097	1054	966	2108	1058
9	1125	2125	1110	2110	1084	2097	1054	1091	2108	1058

[1] Zur Ableitung der Nennmaße für Wandöffnungen aus den Baurichtmaßen siehe DIN 4172 und DIN 18100. Die Istmaße können von den Nennmaßen entsprechend DIN 18 202 Teil 1 abweichen.

[2] Siehe auch DIN 68 706 Teil 1, z. Z. in Überarbeitung, siehe Erläuterungen, letzter Absatz.

[3] Siehe auch DIN 18 111 Teil 1.

[4] Dieses Maß ergibt rechnerisch eine Drückerhöhe von 1050 mm ab Oberfläche Fertigfußboden.

[5] Das lichte Zargendurchgangsmaß (Breite) ist etwa 20 bis 30 mm geringer, siehe Bild 2.

[6] Die Höhe bezieht sich unten auf die Fußbodeneinstandsmarkierungen bei Stahlzargen bzw. die Unterkante der Zargenseitenteile bei Holzzargen. Bei korrekter Planung und idealer Bauausführung (OFF Ist = OFF Soll) ist die Höhenlage der Fußbodeneinstandsmarkierung bei Stahlzargen bzw. der Unterkante der Zargenseitenteile bei Holzzargen identisch mit der Oberfläche des fertigen Fußbodens.

Zitierte Normen

DIN 4172	Maßordnung im Hochbau
DIN 18 095 Teil 1	(z. Z. Entwurf) Türen; Rauchschutztüren; Begriffe und Anforderungen
DIN 18 100	Türen; Wandöffnungen für Türen; Maße entsprechend DIN 4172
DIN 18 103	Türen; Einbruchhemmende Türen; Begriffe, Anforderungen und Prüfungen
DIN 18 105	Türen; Wohnungsabschlußtüren; Begriffe und Anforderungen
DIN 18 111 Teil 1	Türzargen; Stahlzargen; Standardzargen für gefälzte Türen
DIN 18 202 Teil 1	Maßtoleranzen im Hochbau; Zulässige Abmaße für die Bauausführung, Wand- und Deckenöffnungen, Nischen, Geschoß- und Podesthöhen
DIN 18 251	Schlösser; Einsteckschlösser für Wohnungsabschlußtüren und Innentüren
DIN 18 268	Baubeschläge; Türbänder; Bandbezugslinie
DIN 18 330	VOB Verdingungsordnung für Bauleistungen, Teil C: Allgemeine Technische Vorschriften für Bauleistungen, Maurerarbeiten
DIN 18 355	VOB Verdingungsordnung für Bauleistungen, Teil C: Allgemeine Technische Vorschriften für Bauleistungen, Tischlerarbeiten
DIN 18 357	VOB Verdingungsordnung für Bauleistungen, Teil C: Allgemeine Technische Vorschriften für Bauleistungen, Beschlagarbeiten
DIN 18 360	VOB Verdingungsordnung für Bauleistungen, Teil C: Allgemeine Technische Vorschriften für Bauleistungen, Metallbauarbeiten, Schlosserarbeiten
DIN 68 706 Teil 1	Sperrtüren; Begriffe, Vorzugsmaße, Konstruktionsmerkmale für Innentüren

Weitere Normen

DIN 107	Bezeichnung mit links und rechts im Bauwesen
DIN 18 256 Teil 1	Baubeschläge; Türschilder mit Drückerführung, Langschilder
DIN 18 256 Teil 3	Baubeschläge; Türschilder mit Drückerführung; Kurzschilder
DIN 18 257	Baubeschläge; Sicherheitstürschilder, Anforderungen

Frühere Ausgaben

DIN 18 101: 07.55

Änderungen

Gegenüber der Ausgabe Juli 1955 wurden folgende Änderungen vorgenommen:
a) Der Titel wurde ergänzt, der Inhalt neu gegliedert und gestrafft und an andere Normen angepaßt.
b) Der Anwendungsbereich wurde auf Türzargen und einflügelige Türblätter für gefälzte Türen mit einer Dicke von 39 bis 42 mm begrenzt, unabhängig vom Werkstoff.
c) Der Abschnitt „Bezeichnung" entfällt.
d) Die Zeichnungen wurden überarbeitet.

Erläuterungen

Werden Wandöffnungen normgerecht nach DIN 18 100 hergestellt, so ermöglichen Türen und Zargen, deren Maße entsprechend dieser Norm DIN 18 101 hergestellt werden, einen weitgehend problemlosen nacharbeitungsfreien Zusammenbau aller Teile.

Die Kennzeichnung OFF ist die Nennlage (Sollage) der Oberfläche des fertigen Fußbodens. Es handelt sich also nicht um die am Bau festgestellte oder feststellbare Ist-Lage des fertigen Fußbodens; „fertig" in diesem Zusammenhang ist der Gegensatz zu „roh". OFR ist daher die planmäßige Lage der Oberfläche des Rohfußbodens, z. B. die Oberfläche einer Stahlbetondecke; OFF ist dann die planmäßige Lage der Oberfläche des Fertigfußbodens, z. B. die Oberfläche eines PVC-Bodenbelages über Spachtelmasse, Estrich, Trittschalldämmung und Ausgleichestrich über der Rohdecke.

Auf die nach den Normen der Reihe DIN 18 202 zulässigen Toleranzen der Rohdecke des Estriches usw. sei hier besonders hingewiesen.

Die Norm stimmt die gegenseitige Abhängigkeit der Maße zwischen Türzarge und Türblatt ab. Sie ist damit nicht Grundlage der Maßüberprüfung im fertig eingebauten Zustand, soweit es die Lage OFF betrifft. Die in den Bildern angegebene Lage OFF stellt die Nennlage (Sollage) der Oberfläche des fertigen Fußbodens dar. Die Istlage der Oberfläche des fertigen Fußbodens darf davon aber aufgrund der Toleranzen nach DIN 18 202 Teil 1 bis Teil 5 abweichen.

Rechnerisch ergibt sich als Nennmaß für den unteren Luftspalt (in den Bildern nicht angegeben!) ein Maß von 7 mm.

Es muß noch auf den Umstand hingewiesen werden, daß in der gegenwärtig noch gültigen Fassung von DIN 68 706 Teil 1 die zulässige Abweichung für das Türblatt $-\frac{9}{0}$ mm beträgt. Für eine Übergangszeit bis zur Änderung von DIN 68 706 Teil 1 sind auch diese Abweichungen zulässig.

Internationale Patentklassifikation

E 06 B 3 - 00

DIN 18195 Beiblatt 1

ICS 91.120.30

> Dieses Beiblatt enthält Informationen zu
> DIN 18195, jedoch keine zusätzlich
> genormten Festlegungen.

Bauwerksabdichtungen –
Beispiele für die Anordnung der Abdichtung bei Abdichtungen

Water-proofing of buildings –
Examples of positioning of sealants in accordance

Etanchéité d'ouverge –
Exemples du positionnement des produits d'étanchéité

Gesamtumfang 19 Seiten

Normenausschuss Bauwesen (NABau) im DIN

Inhalt

2

3

Vorwort

Eine der wichtigsten Aufgaben bei der Konzeption eines Bauvorhabens ist die fachgerechte Planung des Schutzes des Bauwerkes gegen Feuchtigkeit. Das Bauwerk ist so zu planen und auszuführen, dass Hygiene, Gesundheit und Umwelt von Bewohnern und Benutzern und die Dauerhaftigkeit des Gebäudes selbst nicht durch Feuchtigkeit gefährdet werden.

Für eine abdichtungstechnisch richtige Planung ist DIN 18195 mit ihren Teilen 1 bis 10 das seit Jahren bewährte und umfassende technische Regelwerk für den Fachbereich „Bauwerksabdichtungen". Bauwerke sind jedoch in ihrer überwiegenden Anzahl Unikate. Die DIN 18195 kann als allgemeines technisches Regelwerk aber keine projektspezifischen Details für die Anordnung einer Abdichtung im Bauwerk geben. Aus diesem Grund verbietet es sich auch, zeichnerische Darstellungen in den normativen Text aufzunehmen.

Andererseits ist die Zeichnung eine der wichtigsten Ausdrucksformen des Technikers. Deshalb hat der Arbeitsausschuss „Bauwerksabdichtungen" im DIN auf vielfachen Wunsch dieses Beiblatt erarbeitet. Es gibt anhand von Prinzipskizzen Hilfen für die Anwendung der DIN 18195 bei der Frage der Anordnung einer Abdichtung im Bauwerk.

1 Anwendungsbereich

Dieses Beiblatt enthält zeichnerische Beispiele für die Anordnung einer Abdichtung im Bauwerk. Gezeigt wird für die verschiedenen Lastfälle nur die prinzipielle Lage der Abdichtung. Auf alle konstruktiven Hinweise und Details wurde in den Skizzen bewusst verzichtet. Die an die Abdichtung angrenzenden Bauteile sind deshalb auch nicht durch Symbole gekennzeichnet. Die darstellten Abdichtungen sind nicht immer mit allen genormten Abdichtungsstoffen ausführbar. Die Eignung ist im Einzelfall zu prüfen.

Dieses Beiblatt dient der Information. Es enthält keine normativen Festlegungen.

2 Gliederung

Die in diesem Beiblatt aufgeführten Beispiele für die Anordnung einer Abdichtung im Bauwerk sind in den Bildern 1 bis 28 als Prinzipskizze dargestellt. Zur leichteren Auffindbarkeit sind die Prinzipskizzen in nachstehender Tabelle aufgelistet:

4

Tabelle 1 — Übersicht zu den dargestellten Bauteilbereichen

	1	2	3	4
1	Bauteil	Bauteilbereich	Beanspruchung/Abschnitt	Nr. der Systemskizze
2		Boden-Wand-Anschluss	Bodenfeuchte und nicht stauendes Sickerwasser; Teil 3, Abschnitt 5.4.1; Teil 4, Abschnitt 6 + 7	1 – 4
3	Erdberührtes Bauteil		Drückendes Wasser Teil 6, Abschnitt 5.2, Abschnitt 9	11 – 12
4	Teile 4 und 6	Bewegungsfuge	Drückendes Wasser Teil 8, Abschnitt 7.4	21, 25 – 28
5		Sockelabschluss	Teil 9, Abschnitt 5.4.2	5 – 8
6		Türschwellen-anschluss	Teil 9, Abschnitt 5.4.4	9 – 10
7	Genutzte Dach- und Deckenfläche Teil 5	Wandabschluss	Teil 9, Abschnitt 5.4.3	13 – 15, 18
8		Dachrand	Teil 9, Abschnitt 5.4.3	16
9		Türschwellenan-schluss	Teil 9, Abschnitt 5.4.4	17
10		Bewegungsfuge	Teil 8, Abschnitt 7.3	22 – 24
11	Nassraum	Wandabschluss	Teil 9, Abschnitt 5.4.3	19 – 20
12	Teil 5	Durchdringung (Ablauf)	Teil 9, Abschnitt 5.2	19

3 Prinzipskizzen zur Anordnung der Bauwerksabdichtung

Legende für die folgenden Abbildungen:

1	z. B. Noppenbahn	6	Verbundabdichtung
2	wasserabweisender Sockelputz	7	Stützblech
3	Dichtungsschlämme	8	Vergussfuge
4	Dränschicht	9	Fugenkammer
5	Dämmung (Umkehrdach)	10	Trennschicht

5

Maße in Millimeter

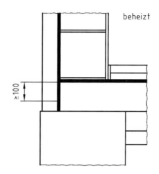

(Teil 4, Abschnitt 6.1.2; 6.1.3; 6.2.1; 7.3)

Bild 1 — Boden-Wand-Anschluss, Bodenfeuchte; unterkellertes Gebäude; Absatz UK Bodenplatte

Maße in Millimeter

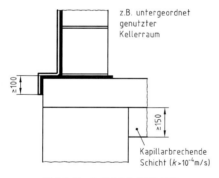

(Teil 4, Abschnitt 6.1.3; 6.2.2; 7.3)

Bild 2 — Boden-Wand-Anschluss, Bodenfeuchte; unterkellertes Gebäude; Absatz OK Bodenplatte

6

Maße in Millimeter

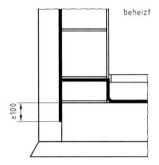

beheizt

ANMERKUNG   Bild 3 soll demonstrieren, dass die Querschnittsabdichtung auch in Mauerwerksfugen über OK Sohlplatte angeordnet werden kann. Selbstverständlich kann sie auch in der in Bild 3 dargestellten Situation ohne Fundamentabsatz alternativ unmittelbar auf der Bodenplatte geführt werden.

(Teil 4, Abschnitt 6.1.3)

Bild 3 — Boden-Wand-Anschluss; Bodenfeuchte; unterkellertes Gebäude; kein Absatz

Maße in Millimeter

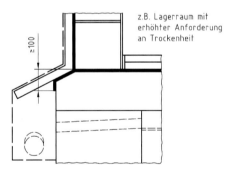

z.B. Lagerraum mit erhöhter Anforderung an Trockenheit

ANMERKUNG   Der abgeschrägte Absatz ist bei Dränung nicht zwingend; es sind auch die in Bild 1 bis Bild 3 dargestellten Varianten möglich.

(Teil 4, Abschnitt 6.1)

Bild 4 — Boden-Wand-Anschluss, Bodenfeuchte (mit Dränung, abgeschrägter Absatz)

7

Maße in Millimeter

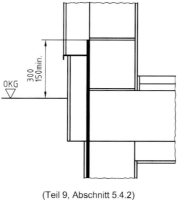

(Teil 9, Abschnitt 5.4.2)

Bild 5 — Sockel; WDVS Außendämmung, unterkellert

Maße in Millimeter

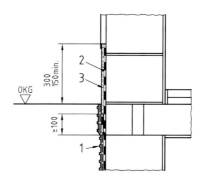

(Teil 9, Abschnitt 5.4.2)

Bild 6 — Sockel; monolithisches Mauerwerk, unterkellert, Außenwandabdichtung mit KMB

8

497

Maße in Millimeter

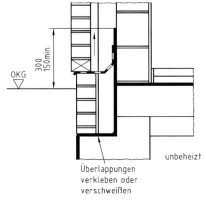

(Teil 9, Anschnitt 5.4.2)

Bild 7 — Sockel; hinterlüftete Verblendschale, Entwässerung über OK Gelände

Maße in Millimeter

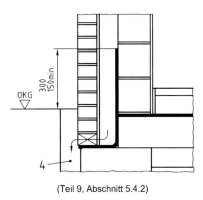

(Teil 9, Abschnitt 5.4.2)

Bild 8 — Sockel; Gebäude nicht unterkellert, kerngedämmte Verblendschale; Entwässerung unter OK Gelände

9

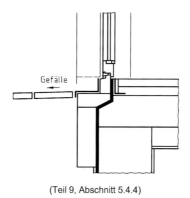

(Teil 9, Abschnitt 5.4.4)

Bild 9 — Sockel-Türanschluss

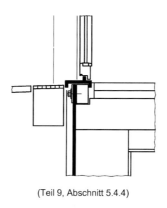

(Teil 9, Abschnitt 5.4.4)

Bild 10 — Sockel-Türanschluss, niveaugleich

Maße in Millimeter

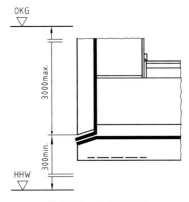

(Teil 6, Abschnitte 5.2; 9)

Bild 11 — Boden-Wand-Anschluss; zeitweise stauendes Sickerwasser

Maße in Millimeter

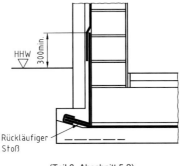

(Teil 6, Abschnitt 5.2)

Bild 12 — Boden-Wand-Anschluss; drückendes Wasser

11

500

Maße in Millimeter

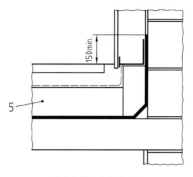

(Teil 9; Abschnitt 6.2.1)

Bild 13 — Abschluss (vor Wasser geschützt liegend) an aufgehendes Bauteil; nichtdrückendes Wasser; hohe Beanspruchung (Dachterrasse)

Maße in Millimeter

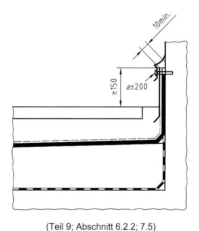

(Teil 9; Abschnitt 6.2.2; 7.5)

Bild 14 — Abschluss (wasserbeansprucht) an aufgehendes Bauteil; nichtdrückendes Wasser; hohe Beanspruchung (Dachterrasse)

Maße in Millimeter

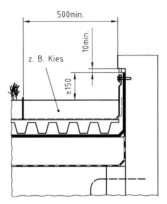

(Teil 9; wasserbeanspruchter Abschluss (Abschnitt 6.2.2)

Bild 15 — Abschluss an aufgehendes Bauteil (Brüstung); nichtdrückendes Wasser; hohe Beanspruchung (intensive Begrünung mit Drän-Anstau-Platten)

Maße in Millimeter

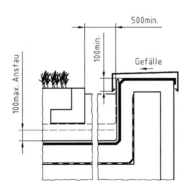

(Teil 5, Abschnitt 6.5; Teil 9, Abschnitt 5.4.3)

Bild 16 — Abschluss an Dachrand; nichtdrückendes Wasser; hohe Beanspruchung (intensive Begrünung) mit Anstaubewässerung

13

Maße in Millimeter

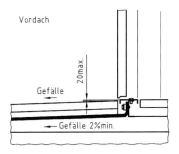

(Teil 5, Abschnitt 8.3.8; Teil 9, Abschnitt 5.4.4)

Bild 17 — Abschluss an Türschwelle; barrierefrei, nichtdrückendes Wasser; hohe Beanspruchung (Parkdeck, Bahnenabdichtung mit Gusasphalt)

Maße in Millimeter

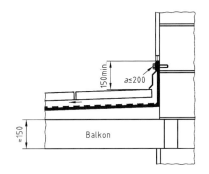

(Teil 5, Abschnitt 7.2; 8.2.8; Teil 9, Abschnitt 5.4.3)

Bild 18 — Wandabschluss; nichtdrückendes Wasser; mäßige Beanspruchung (Balkon)

Maße in Millimeter

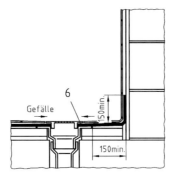

(Teil 5, Abschnitt 7.2; Feuchteschutz mit „anderen Maßnahmen", Teil 9, Abschnitt 5.2; 5.4.3)

**Bild 19 — Wandabschluss und Ablauf; nichtdrückendes Wasser; mäßige Beanspruchung
(Nassraum im Wohnungsbau)**

Maße in Millimeter

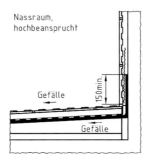

(Teil 5, Abschnitt 7.3; 8.3; Teil 9, Abschnitt 5.4.3)

**Bild 20 — Wandabschluss; nichtdrückendes Wasser; hohe Beanspruchung
(Nassraum z. B. Hotelküche)**

15

Maße in Millimeter

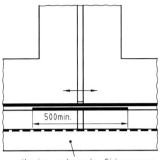

zeitweise anstauendes Sickerwasser

(Teil 6, Abschnitt 9; Teil 8, Abschnitt 7.4.1.2)

Bild 21 — Bewegungsfuge Typ I, Beispiel: Erdberührte Wand, zeitweise aufstauendes Sickerwasser, Bewegung max. 5 mm

Maße in Millimeter

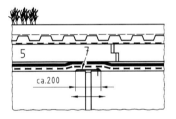

(Teil 5, Abschnitt 8.3; Teil 8, Abschnitt 7.3.1.3)

Bild 22 — Bewegungsfuge Typ I Beispiel: einfache Intensivbegrünung, UK-Dämmung, lose liegende Kunststoffabdichtung, Bewegung max. 20 mm

Maße in Millimeter

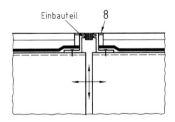

(Teil 5, Abschnitt 8.3.7; Teil 8, Abschnitt 7.3.2)

Bild 23 — Bewegungsfuge Typ II; Beispiel: Ungedämmtes Parkdach, Bahnenabdichtung mit Gussasphalt, Bewegung dynamisch oder > 20 mm

Maße in Millimeter

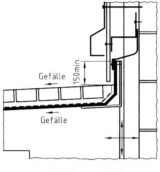

(Teil 8, Abschnitt 6.6)

Bild 24 — Bewegungsfuge Typ II, Beispiel: Ungedämmtes Parkdach; Fuge neben Fassade verlaufend mit Hilfskonstruktion z. B. häufig wiederholte Bewegung

Maße in Millimeter

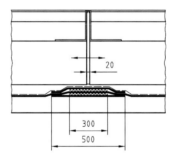

(Teil 8, Abschnitt 7.4.1.1 und Tab. 1, Zeile 2)

Bild 25 — Bewegungsfuge Typ I, Beispiel: Bodenplatte, drückendes Wasser; Fugenbewegung ≤ 10 mm ausschließlich parallel zur Abdichtungsebene ohne Scherung und Setzung

17

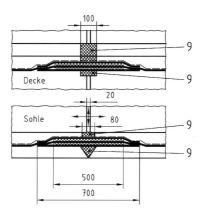

Maße in Millimeter

(Teil 8, Abschnitt 7.4.1.1 und Tab. 1, Zeile 2)

Bild 26 — Bewegungsfuge Typ I, Beispiel: Sohle und Decke, drückendes Wasser; Fugenbewegung ≤ 20 mm parallel zur Abdichtungsebene (ohne Scherung oder Setzung)

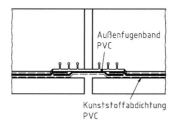

(Teil 8, Abschnitt 7.4.1)

Bild 27 — Bewegungsfuge Typ I, Beispiel: Erdberührte Außenwand, zeitweise aufstauendes Sickerwasser mit Kunststoffdichtungsbahn und Fugenband

18

507

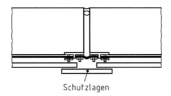

Schutzlagen

(Teil 8, Abschnitt 7.4.2; Teil 9, Abschnitt 6.13; 7.6)

Bild 28 — Bewegungsfuge Typ II, Beispiel: Erdberührte Außenwand, drückendes Wasser, mit Los-Festflansch-Konstruktion in Doppelausführung

19

August 2000

Bauwerksabdichtungen Teil 1: Grundsätze, Definitionen, Zuordnung der Abdichtungsarten	DIN 18195-1

ICS 01.040.91; 91.120.30

Ersatz für DIN 18195-1:1983-08

Water-proofing of buildings – Part 1: Principles, definitions, attribution of waterproofing types

Étanchéité d'ouvrage – Partie 1: Principes, définitions, attribution des types d'étanchéité d'ouvrage

Inhalt

Vorwort

Diese Norm wurde vom NABau-Arbeitsausschuss „Bauwerksabdichtungen" erarbeitet. Die Normen der Reihe DIN 18195 „Bauwerksabdichtungen" wurden erstmals 1983 herausgegeben. Bei der nunmehr vorgenommenen Überarbeitung wurde die Norm in einer ersten Stufe an die wesentliche Entwicklung im Bereich der Bauwerksabdichtungen angepasst. Die weitere Vorgehensweise bei der Überarbeitung der Normenreihe DIN 18195 „Bauwerksabdichtungen" hat der Arbeitsausschuss wie folgt beschlossen:

Nach Veröffentlichung von DIN 18195 Teile 1 bis 6 sind zwei Überarbeitungsphasen vorgesehen:

In der ersten Phase werden die Teile 8 bis 10 an die geänderten Teile 1 bis 6 angeglichen. Der Teil 7 bedarf einer umfangreichen Änderung, die für die zweite Phase vorgesehen ist.

In der zweiten Phase werden alle 10 Teile der Norm grundlegend überarbeitet, dabei soll auch über Festlegungen für Abdichtungen mit bisher nicht in die Normenreihe aufgenommenen Produkten, wie z. B. mineralischen Dichtungsschlämmen, Abdichtungen mit Flüssigkunststoffen sowie weiteren Kunststoff-Dichtungsbahnen mit oder ohne Selbstklebeschicht beraten werden. Hierzu werden Kriterien zur Aufnahme dieser Produkte in die Normenreihe DIN 18195 vom Arbeitsausschuss aufgestellt.

DIN 18195 „Bauwerksabdichtungen" besteht aus:

– Teil 1: Grundsätze, Definitionen, Zuordnung der Abdichtungsarten
– Teil 2: Stoffe
– Teil 3: Anforderungen an den Untergrund und Verarbeitung der Stoffe
– Teil 4: Abdichtungen gegen Bodenfeuchte (Kapillarwasser, Haftwasser) und nichtstauendes Sickerwasser an Bodenplatten und Wänden, Bemessung und Ausführung
– Teil 5: Abdichtungen gegen nichtdrückendes Wasser auf Deckenflächen und in Nassräumen, Bemessung und Ausführung
– Teil 6: Abdichtungen gegen von außen drückendes Wasser und aufstauendes Sickerwasser, Bemessung und Ausführung
– Teil 7: Abdichtungen gegen von innen drückendes Wasser, Bemessung und Ausführung
– Teil 8: Abdichtungen über Bewegungsfugen
– Teil 9: Durchdringungen, Übergänge, Abschlüsse
– Teil 10: Schutzschichten und Schutzmaßnahmen

Änderungen

Gegenüber DIN 18195-1:1983-08 wurden folgende Änderungen vorgenommen:

a) Der Anwendungsbereich wurde präzisiert.
b) Es wurden 13 neue Begriffe definiert.
c) Abschnitt 4 „Grundsätze, Zuordnung der Abdichtungsarten" wurde völlig geändert. Eine Übersichtstabelle über die Anwendungen der Teile 4 bis 7 von DIN 18195 in Bezug auf die Wasserbeanspruchung eines Bauwerks wurde neu aufgenommen.

Fortsetzung Seite 2 bis 6

Normenausschuss Bauwesen (NABau) im DIN Deutsches Institut für Normung e.V.

Frühere Ausgaben

DIN 4031: 1932x-07, 1959x-11, 1978-03
DIN 4117: 1950-06, 1960-11
DIN 4122: 1968-07, 1978-03
DIN 18195-1: 1983-08

1 Anwendungsbereich

1.1 Diese Norm gilt für die Abdichtung von nicht wasserdichten Bauwerken oder Bauteilen gegen

- Bodenfeuchte nach DIN 18195-4,
- nichtdrückendes Wasser nach DIN 18195-5,
- von außen drückendes Wasser nach DIN 18195-6 und
- von innen drückendes Wasser nach DIN 18195-7

mit Bitumenbahnen und -massen, Kunststoff- und Elastomer-Dichtungsbahnen, Metallbändern, Asphaltmastix, kunststoffmodifizierte Bitumendickbeschichtungen und den für ihren Einbau erforderlichen Werkstoffen nach DIN 18195-2.

Sie gilt ferner für Abdichtungen unter intensiv begrünten Dachflächen, für das Herstellen der Abdichtungen über Bewegungsfugen nach DIN 18195-8, für Durchdringungen, Übergänge und Abschlüsse nach DIN 18195-9 sowie für Schutzschichten und Schutzmaßnahmen nach DIN 18195-10.

1.2 Diese Norm gilt nicht für
- die Abdichtung von nicht genutzten und von extensiv begrünten Dachflächen (siehe DIN 18531),
- die Abdichtung von Fahrbahnen, die zu öffentlichen Straßen oder zu Schienenwegen gehören, z. B. Fahrbahntafeln,
- die Abdichtung von Deponien, Erdbauwerken und bergmännisch erstellten Tunnel.
- nachträgliche Abdichtungen in der Bauwerkserhaltung oder in der Baudenkmalpflege, es sei denn, es können hierfür Verfahren angewendet werden, die in dieser Norm beschrieben werden.
- Bauteile, die so wasserundurchlässig sind, dass die Dauerhaftigkeit des Bauteils und die Nutzbarkeit des Bauwerks ohne weitere Abdichtung im Sinne dieser Norm gegeben sind. In diesem Sinne gilt sie auch nicht für Konstruktionen aus wasserundurchlässigem Beton.

2 Normative Verweisungen

Diese Norm enthält durch datierte oder undatierte Verweisungen Festlegungen aus anderen Publikationen. Diese normativen Verweisungen sind an den jeweiligen Stellen im Text zitiert, und die Publikationen sind nachstehend aufgeführt. Bei datierten Verweisungen gehören spätere Änderungen oder Überarbeitungen dieser Publikationen nur zu dieser Norm, falls sie durch Änderung oder Überarbeitung eingearbeitet sind. Bei undatierten Verweisungen gilt die letzte Ausgabe der in Bezug genommenen Publikation.

DIN 4095
    Baugrund – Dränung zum Schutz baulicher Anlagen – Planung, Bemessung und Ausführung

DIN 7724
    Polymere Werkstoffe – Gruppierung polymerer Werkstoffe aufgrund ihres mechanischen Verhaltens

DIN 18130-1
    Baugrund, Untersuchung von Bodenproben – Bestimmung des Wasserdurchlässigkeitsbeiwerts – Teil 1: Laborversuche

DIN 18195-2
    Bauwerksabdichtungen – Teil 2: Stoffe

DIN 18195-4
    Bauwerksabdichtungen – Teil 4: Abdichtungen gegen Bodenfeuchte (Kapillarwasser, Haftwasser) und nichtstauendes Sickerwasser an Bodenplatten und Wänden, Bemessung und Ausführung

DIN 18195-5 : 2000-08
    Bauwerksabdichtungen – Teil 5: Abdichtungen gegen nichtdrückendes Wasser auf Deckenflächen und in Nassräumen, Bemessung und Ausführung

DIN 18195-6 : 2000-08
    Bauwerksabdichtungen – Teil 6: Abdichtungen gegen von außen drückendes Wasser und aufstauendes Sickerwasser, Bemessung und Ausführung

DIN 18195-7
    Bauwerksabdichtungen – Teil 7: Abdichtungen gegen von innen drückendes Wasser, Bemessung und Ausführung

DIN 18195-8
Bauwerksabdichtungen – Teil 8: Abdichtungen über Bewegungsfugen

DIN 18195-9
Bauwerksabdichtungen – Teil 9: Durchdringungen, Übergänge, Abschlüsse

DIN 18195-10
Bauwerksabdichtungen – Teil 10: Schutzschichten und Schutzmaßnahmen

DIN 18531
Dachabdichtungen – Begriffe, Anforderungen, Planungsgrundsätze

DIN 55946-1
Bitumen und Steinkohlenteerpech – Begriffe für Bitumen und Zubereitungen aus Bitumen

3 Definitionen

Für die Anwendung dieser Norm gelten die Definitionen für Bitumen und Zubereitungen aus Bitumen nach DIN 55946-1, für polymere Werkstoffe nach DIN 7724, sowie die folgenden:

3.1 Abdichtungslage: Flächengebilde aus Abdichtungsstoffen. Eine oder mehrere vollflächig untereinander verklebte oder im Verbund hergestellte Abdichtungslagen bilden die Abdichtung.

3.2 Abdichtungsrücklage: Festes Bauteil, auf das eine Abdichtung für senkrechte oder stark geneigte Flächen aufgebracht wird, wenn die Abdichtung zeitlich vor dem zu schützenden Bauwerksteil hergestellt wird.

3.3 Abdichtungsuntergrund; Untergrund: Fläche, auf die die Abdichtung unmittelbar aufgebracht wird.

3.4 Abschluss: Das gesicherte Ende oder der gesicherte Rand einer Bauwerksabdichtung.

3.5 Anschluss: Die Verbindung von Teilbereichen einer Abdichtungslage oder mehrerer Abdichtungslagen miteinander, die zu verschiedenen Zeitabschnitten hergestellt werden, z. B. bei Arbeitsunterbrechungen.

Ein Anschluss ist auch die Verbindung einer Abdichtungslage oder mehrerer Abdichtungslagen an Einbauteile.

3.6 Asphaltmastix: Gemisch aus Bitumen, Gesteinsmehl und Sand mit einem Massenanteil an Bitumen von 13 % bis 16 %.

3.7 Bauteiltemperatur: Temperatur der Bauteiloberfläche, mit der die Abdichtung bei ihrem Einbau direkt in Berührung kommt.

3.8 Bemessungswasserstand: Der höchste, nach Möglichkeit aus langjähriger Beobachtung ermittelte Grundwasserstand/Hochwasserstand. Bei von innen drückendem Wasser: der höchste, planmäßige Wasserstand.

3.9 Bewegungsfuge: Ein Zwischenraum zwischen zwei Bauwerksteilen oder Bauteilen, der ihnen unterschiedliche Bewegungen ermöglicht.

3.10 Dampfdruckausgleichsschicht: Eine zusammenhängende Luftschicht zum Ausgleich örtlich entstehender Dampfdruckunterschiede.

3.11 Deckaufstrich: Ein in sich geschlossener Aufstrich aus Deckaufstrichmitteln.

3.12 Durchdringung: Ein Bauteil, das die Bauwerksabdichtung durchdringt, z. B. Rohrleitung, Geländerstütze, Ablauf, Brunnentopf, Telleranker.

3.13 Einbaumenge: Eine Menge Klebemasse, Asphaltmastix, kunststoffmodifizierte Bitumendickbeschichtung oder Deckaufstrichmittel im eingebauten Zustand.

3.14 Einbauteil: Ein Hilfsmittel zur Herstellung eines wasserdichten Anschlusses an Durchdringungen, bei Übergängen oder bei Abschlüssen, wie z. B. Klebeflansch, Anschweißflansch, Manschette, Klemmschiene, Los- und Festflanschkonstruktion.

3.15 Einbautemperatur: Temperatur der Abdichtungsstoffe beim Einbau.

3.16 Einbettung der Abdichtung: Die hohlraumfreie Lage der Abdichtung zwischen Abdichtungsuntergrund und Schutzschicht, ohne dass die Abdichtung einen nennenswerten Flächendruck erfährt.

3.17 Einpressung der Abdichtung: Die hohlraumfreie Lage der Abdichtung zwischen zwei festen Bauteilen, wobei die Abdichtung einem ständig wirkenden Flächendruck ausgesetzt ist.

3.18 Eintauchtiefe: Die Höhendifferenz zwischen der tiefsten abzudichtenden Bauwerksfläche und dem Bemessungswasserstand.

3.19 Elastomer-Dichtungsbahn mit Selbstklebeschicht: Bahn aus Elastomeren mit zusätzlicher werksseitiger Selbstklebeschicht zur flächigen Verklebung.

3.20 festes Bauteil: Ein Bauteil, das ohne größere Formänderung Kräfte aufnehmen oder weiterleiten kann.

3.21 Fügetechnik: Die Technik der materialgerechten Naht- und Stoßverbindungen von Abdichtungsbahnen zur Herstellung einer Abdichtungslage.

3.22 Fugenkammer: Eine Verbreiterung einer Bewegungsfuge in ausreichender Tiefe an der Abdichtungsfläche.

3.23 Fugenverstärkung: Die Verstärkung einer Abdichtung durch eine oder mehrere zusätzliche Abdichtungslagen im Bereich einer Bewegungsfuge.

3.24 kaltselbstklebende Bitumen-Dichtungsbahn (KSK): Dichtungsbahn aus einem kunststoffmodifizierten, selbstklebendem Bitumen, das einseitig auf einer reißfesten HDPE-Trägerfolie aufgebracht ist.

3.25 Klebeflansch; Anschweißflansch: Ein flächiges Einbauteil, das mit der Durchdringung einer Abdichtung wasserdicht und fest verbunden ist und zum wasserdichten Auf- oder Einkleben einer Abdichtung bzw. zum Anschweißen einer Abdichtung aus Kunststoff-Dichtungsbahnen geeignet ist.

3.26 Klemmschiene: Ein Einbauteil aus einem flanschartigen Metallprofil, mit dem Abschlüsse von Bauwerksabdichtungen unmittelbar an Bauwerksteile angeklemmt werden.

3.27 kunststoffmodifizierte Bitumendickbeschichtung (KMB): Kunststoffmodifizierte, ein- oder zweikomponentige Massen auf Basis von Bitumenemulsion.

3.28 Los- und Festflanschkonstruktion: Eine im Regelfall aus Stahl bestehende Konstruktion zum Einklemmen einer Abdichtung, um durch Anpressen eine wasserdichte Verbindung herzustellen.

3.29 Manschette: Ein tüllenförmiges, an die Durchdringung einer Abdichtung angeformtes Einbauteil, das wasserdicht an die Durchdringung angeschlossen wird, z. B. mit einer Schelle, und mit der Abdichtung wasserdicht verbunden ist, in Sonderfällen auch aus der Abdichtung selbst hergestellt.

3.30 Naht: Die Verbindung zweier Bahnen einer Abdichtungslage an ihren Längs- oder Querrändern.

3.31 Nassraum: Innenraum, in dem nutzungsbedingt Wasser in solcher Menge anfällt, dass zu seiner Ableitung eine Fußbodenentwässerung erforderlich ist. Bäder im Wohnungsbau ohne Bodenablauf zählen nicht zu den Nassräumen.

3.32 Regenfestigkeit: Zeitpunkt, zu dem die kunststoffmodifizierte Bitumendickbeschichtung so weit abgebunden hat, dass sie durch darauf einwirkenden Regen nicht geschädigt wird.

3.33 Schelle: Eine ringförmig zu schließende Spannvorrichtung zum wasserdichten Anschluss von Abdichtungen und Manschetten an durchdringende Bauteile mit kreisförmigem Querschnitt.

3.34 Schutzlage: Zusätzlicher Schutz einer Abdichtung, der jedoch keine Schutzschicht ersetzt. Eine Schutzlage zählt nicht als Abdichtungslage.

3.35 Schutzmaßnahme: Eine bauliche Maßnahme zum vorübergehenden Schutz einer Abdichtung während der Bauarbeiten.

3.36 Schutzschicht: Ein Bauteil zum dauernden Schutz einer Abdichtung gegen mechanische und thermische Beanspruchung.

3.37 Sickerwasser, aufstauend: Unter Einwirkung der Schwerkraft frei abfließendes Niederschlags- und/oder Brauchwasser, das auf wenig durchlässigen Bodenschichten zeitweise aufstauen kann.

3.38 Stoß: Der Bereich einer Abdichtung, in dem Nähte oder Anschlüsse der einzelnen Abdichtungslagen übereinanderliegend oder um Überlappungsbreite versetzt in der Abdichtung angeordnet sind.

3.39 Telleranker: Ein Einbauteil, in der Regel aus Stahl, zur Verankerung zweier Bauteile, die durch eine Abdichtung getrennt sind und das im allgemeinen die dauerhafte Einbettung der Abdichtung sicherstellt.

3.40 Trägereinlage: Zur Herstellung einer Abdichtungslage oder einzelner Dichtungsbahnen verwendete, flächenhafte Bahnen, Folien, Gewebe oder Vliese u. a. aus Rohfilz, Jute, Glas oder Kunststoff sowie Metallbändern. Sie tragen die jeweils erforderlichen Bitumenaufstriche (Klebe- oder Deckaufstriche) bzw. bei Dichtungsbahnen und Bitumen-Schweißbahnen die Deckschichten und dienen zur Aufnahme der mechanischen Beanspruchung.

3.41 Trennschicht; Trennlage: Ein Flächengebilde zur Trennung einer Abdichtung von angrenzenden Bauteilen.

3.42 Überdeckung; Überlappung: Der Bereich, in dem zwei Bahnen einer Abdichtungslage zur Herstellung von Nähten und Stößen übereinanderliegen.

3.43 Übergang: Die Verbindung unterschiedlicher Abdichtungssysteme.

3.44 Verstärkungseinlage: Flächenhaftes Gewebe- oder Vliesbahnenmaterial, welches vor Ort hohlraumfrei in die Abdichtung eingebettet wird.

3.45 Verwahrung: Die Sicherung der Ränder von Abdichtungen gegen Abgleiten und das Hinterlaufen von Wasser.

4 Grundsätze, Zuordnung der Abdichtungsarten

4.1 Wirkung und Bestand einer Bauwerksabdichtung hängen nicht nur von ihrer fachgerechten Planung und Ausführung ab, sondern auch von der abdichtungstechnisch zweckmäßigen Planung, Dimensionierung und Ausführung des Bauwerks und seiner Teile, auf die die Abdichtung aufgebracht wird. Die Normen der Reihe DIN 18195 wenden sich daher nicht nur an den Abdichtungsfachmann, sondern auch an diejenigen, die für die Gesamtplanung und Ausführung des Bauwerks verantwortlich sind, denn Wirkung und Bestand der Bauwerksabdichtung hängen von der gemeinsamen Arbeit aller Beteiligten ab.

4.2 Die Wahl der Abdichtungsart ist insbesondere abhängig von der Angriffsart des Wassers und der Nutzung des Bauwerks bzw. Bauteils (siehe Tabelle 1).

Zur Bestimmung der Abdichtungsart ist die Feststellung der Bodenart, der Geländeform und des Bemessungswasserstandes am geplanten Bauwerksstandort unerlässlich. Dies gilt nur dann nicht, wenn grundsätzlich nach der höchsten Wasserbeanspruchung geplant wird.

Die Wahl der Abdichtungsart ist außerdem abhängig von den zu erwartenden physikalischen – insbesondere mechanischen und thermischen – Beanspruchungen. Dabei kann es sich um äußere, z. B. klimatische Einflüsse oder um Einwirkungen aus der Konstruktion oder aus der Nutzung des Bauwerks und seiner Teile handeln. Untersuchungen zur Feststellung dieser Verhältnisse müssen deshalb so frühzeitig durchgeführt werden, dass sie bereits bei der Bauwerksplanung berücksichtigt werden können.

4.3 Feuchte ist im Boden immer vorhanden; mit Bodenfeuchte ist daher immer zu rechnen.

4.4 Stark durchlässige Böden sind für in tropfbar-flüssiger Form anfallendes Wasser so durchlässig, dass es ständig von der Oberfläche des Geländes bis zum freien Grundwasserstand absickern und sich auch nicht vorübergehend, z. B. bei starken Niederschlägen, aufstauen kann. Dies erfordert für Wasser einen Durchlässigkeitsbeiwert $k > 10^{-4}$ m/s (nach DIN 18130-1). Wenn Baugelände und Verfüllmaterial aus stark durchlässigem Boden bestehen, kann die Abdichtung von Sohle und Außenwänden nach DIN 18195-4 ausgeführt werden.

Der Durchlässigkeitsbeiwert ist im Zweifelsfall durch eine Baugrunduntersuchung zu ermitteln.

Bei wenig durchlässigen Böden mit einem Durchlässigkeitsbeiwert $k \leq 10^{-4}$ m/s muss damit gerechnet werden, dass in den Arbeitsraum eindringendes Oberflächen- und Sickerwasser vor den Bauteilen zeitweise aufstaut und diese als Druckwasser beansprucht. In solchen Fällen sind im Regelfall Abdichtungen nach DIN 18195-6 erforderlich.

Wird ein Aufstauen durch eine Dränung nach DIN 4095, deren Funktionsfähigkeit auf Dauer sichergestellt ist, verhindert, können Sohle und Außenwände auch in wenig durchlässigen Böden ($k \leq 10^{-4}$ m/s) nach DIN 18195-4 abgedichtet werden.

4.5 Nach DIN 18195-5 sind alle waagerechten und geneigten Deckenflächen, im Freien und im Erdreich, sofern sie nicht durch drückendes Wasser beansprucht werden, sowie die Fußböden und die spritzwasserbeanspruchten Wände in Nassräumen abzudichten.

4.6 Bei Einwirkung von Grundwasser und vergleichbarem Wasserangriff gelten die Festlegungen von DIN 18195-6 für Abdichtungen gegen drückendes Wasser von außen. Abdichtungen gegen drückendes Wasser von innen sind nach DIN 18195-7 auszuführen.

4.7 Gebäude sind auch gegen auf der Geländeoberfläche fließendes Wasser (Oberflächenwasser) zu schützen, z. B durch Gegengefälle oder Rinnen.

Tabelle 1: Zuordnung der Abdichtungsarten nach dieser Norm zu Wasserbeanspruchung und Bodenart

Nr	1	2	3	4	5	6
1	Bauteilart	Wasserart	Einbausituation		Art der Wassereinwirkung	Art der erforderlichen Abdichtung nach
2	Erdberührte Wände und Bodenplatten oberhalb des Bemessungswasserstandes	Kapillarwasser Haftwasser Sickerwasser	stark durchlässiger Boden[8] > 10^{-4} m/s		Bodenfeuchte und nicht-stauendes Sickerwasser	DIN 18195-4
3			wenig durchlässiger Boden[8] $\leq 10^{-4}$ m/s	mit Dränung[1]		
4				ohne Dränung[2]	aufstauendes Sickerwasser	Abschnitt 9 von DIN 18195-6:2000-08
5	Waagerechte und geneigte Flächen im Freien und im Erdreich;	Niederschlags-wasser Sickerwasser Anstau-bewässerung[4] Brauchwasser	Balkone u. ä. Bauteile im Wohnungsbau Nassräume[3] im Wohnungsbau[6]		nichtdrücken-des Wasser, mäßige Beanspruchung	8.2 von DIN 18195-5:2000-08
6	Wand- und Bodenflächen in Nassräumen[3]		genutzte Dachflächen[5] intensiv begrünte Dächer[4] Nassräume (ausgenommen Wohnungsbau)[6] Schwimmbäder[7]		nichtdrücken-des Wasser, hohe Beanspruchung	8.3 von DIN 18195-5:2000-08
7			nicht genutzte Dachflächen, frei bewittert, ohne feste Nutzschicht, einschließlich Extensivbegrünung		nichtdrücken-des Wasser	DIN 18531
8	Erdberührte Wände, Boden- und Deckenplatten unterhalb des Bemessungswasserstandes	Grundwasser Hochwasser	Jede Bodenart, Gebäudeart und Bauweise		drückendes Wasser von außen	Abschnitt 8 von DIN 18195-6:2000-08
9	Wasserbehälter, Becken	Brauchwasser	Im Freien und in Gebäuden		drückendes Wasser von innen	DIN 18195-7

[1] Dränung nach DIN 4095
[2] Bis zu Gründungstiefen von 3 m unter Geländeoberkante, sonst Zeile 8
[3] Definition Nassraum siehe 3.31
[4] Bis etwa 10 cm Anstauhöhe bei Intensivbegrünungen
[5] Beschreibung siehe 7.3 von DIN 18195-5
[6] Beschreibung siehe 7.2 von DIN 18195-5
[7] Umgänge, Duschräume
[8] Siehe DIN 18130-1

	DIN 18195-2	

ICS 91.100.50; 91.120.30

Ersatz für
DIN 18195-2:2000-08

Bauwerksabdichtungen –
Teil 2: Stoffe

Water-proofing of buildings –
Part 2: Materials

Étanchéité d'ouvrage –
Partie 2: Matériaux

Gesamtumfang 17 Seiten

Normenausschuss Bauwesen (NABau) im DIN

Inhalt

2

Vorwort

Dieses Dokument wurde vom NABau-Arbeitsausschuss NA 005-02-13 AA „Bauwerksabdichtungen" erarbeitet.

Die Überarbeitung der Normenreihe DIN 18195 wurde unter anderem durch die neuen europäischen Produktnormen notwendig, die vor allem Auswirkungen auf die DIN 18195-2 haben. In der vorliegenden Norm wurde daher die Anpassung an die europäischen Produktnormen in Verbindung mit der Anwendungsnorm DIN V 20000-202 vorgenommen.

Des Weiteren wurden insbesondere im Rahmen der Überarbeitung der DIN 18195-7 weitere Stoffe aufgenommen, die in den Tabellen 6 bis 9 dieser Norm genannt sind.

DIN 18195 *Bauwerksabdichtungen* besteht aus:

— *Teil 1: Grundsätze, Definitionen, Zuordnung der Abdichtungsarten*

— *Teil 2: Stoffe*

— *Teil 3: Anforderungen an den Untergrund und Verarbeitung der Stoffe*

— *Teil 4: Abdichtungen gegen Bodenfeuchte (Kapillarwasser, Haftwasser) und nichtstauendes Sickerwasser an Bodenplatten und Wänden, Bemessung und Ausführung*

— *Teil 5: Abdichtungen gegen nichtdrückendes Wasser auf Deckenflächen und in Nassräumen, Bemessung und Ausführung*

— *Teil 6: Abdichtungen gegen von außen drückendes Wasser und aufstauendes Sickerwasser, Bemessung und Ausführung*

— *Teil 7: Abdichtungen gegen von innen drückendes Wasser, Bemessung und Ausführung*

— *Teil 8: Abdichtungen über Bewegungsfugen*

— *Teil 9: Durchdringungen, Übergänge, Abschlüsse*

— *Teil 10: Schutzschichten und Schutzmaßnahmen*

— *Bbl 1: Bauwerksabdichtungen — Beispiele für die Anordnung der Abdichtung*

Wie die Angaben aus der CE-Kennzeichnung von Bauprodukten nach harmonisierten Europäischen Normen in Bezug auf die technischen Regeln für die Planung, Bemessung und Konstruktion von baulichen Anlagen und ihren Teilen zu verwenden sind, wird in den Anwendungsnormen der Reihe DIN V 20000 angegeben. Daher sind ergänzend zu den nach DIN 18195-2 geregelten Stoffen in der Anwendungsnorm DIN V 20000-202 für die in DIN EN 13967, DIN EN 13969, DIN EN 14909 und DIN EN 14967 angegebenen Eigenschaften anwendungsbezogene Anforderungen für die Verwendung in Bauwerksabdichtungen nach DIN 18195 festgelegt und den Produkten Bezeichnungen zugeordnet.

Änderungen

Gegenüber DIN 18195-2:2000-08 wurden folgende Änderungen vorgenommen:

a) Anpassung DIN 18195-2 an neue europäische Produktnormen in Verbindung mit der Anwendungsnorm DIN V 20000-202;

b) Aufnahme weiterer Stoffe, insbesondere im Rahmen der Überarbeitung der DIN 18195-7;

c) Übernahme von Änderungen zu Stoffen aus E DIN 18195-100 und E DIN 18195-101.

Frühere Ausgaben

DIN 4031: 1932x-07, 1959x-11, 1978-03
DIN 4117: 1950-06, 1960-11
DIN 4122: 1968-07, 1978-03
DIN 18195-2: 1983-08, 2000-08

3

1 Anwendungsbereich

Diese Norm gilt für Abdichtungsstoffe und Hilfsstoffe, die zur Herstellung von Bauwerksabdichtungen gegen

— Bodenfeuchte nach DIN 18195-4,

— nichtdrückendes Wasser nach DIN 18195-5,

— von außen drückendes Wasser nach DIN 18195-6 und

— von innen drückendes Wasser nach DIN 18195-7

verwendet werden.

Sie gilt ferner für Abdichtungsstoffe zur Herstellung von Abdichtungen unter intensiv begrünten Dachflächen, über Bewegungsfugen nach DIN 18195-8, für Durchdringungen, Übergänge und Abschlüsse nach DIN 18195-9 sowie für Schutzschichten und Schutzmaßnahmen nach DIN 18195-10.

Diese Norm gilt nicht für

— die Abdichtung von nicht genutzten und von extensiv begrünten Dachflächen (siehe DIN 18531),

— die Abdichtung von Fahrbahnen, die zu öffentlichen Straßen oder zu Schienenwegen gehören, z. B. Fahrbahntafeln,

— die Abdichtung von Deponien, Erdbauwerken und bergmännisch erstellte Tunnel,

— nachträgliche Abdichtungen in der Bauwerkserhaltung oder in der Baudenkmalpflege, es sei denn, es können hierfür Verfahren angewendet werden, die in dieser Norm beschrieben werden,

— Bauteile, die so wasserundurchlässig sind, dass die Dauerhaftigkeit des Bauteils und die Nutzbarkeit des Bauwerks ohne weitere Abdichtung im Sinne dieser Norm gegeben sind. In diesem Sinne gilt sie auch nicht für Konstruktionen aus wasserundurchlässigem Beton.

2 Normative Verweisungen

Die folgenden zitierten Dokumente sind für die Anwendung dieses Dokuments erforderlich. Bei datierten Verweisungen gilt nur die in Bezug genommene Ausgabe. Bei undatierten Verweisungen gilt die letzte Ausgabe des in Bezug genommenen Dokuments (einschließlich aller Änderungen).

DIN 1996-15, *Prüfung bituminöser Massen für den Straßenbau und verwandte Gebiete — Bestimmung des Erweichungspunktes, nach Wilhelmi*

DIN 7724, *Polymere Werkstoffe — Gruppierung polymerer Werkstoffe aufgrund ihres mechanischen Verhaltens*

DIN 18195-1, *Bauwerksabdichtungen — Teil 1: Grundsätze, Definitionen — Zuordnung der Abdichtungsarten*

DIN 18195-3, *Bauwerksabdichtungen — Teil 3: Anforderungen an den Untergrund und Verarbeitung der Stoffe*

DIN 18195-4, *Bauwerksabdichtungen — Teil 4: Abdichtungen gegen Bodenfeuchte (Kapillarwasser, Haftwasser) und nichtstauendes Sickerwasser an Bodenplatten und Wänden, Bemessung und Ausführung*

DIN 18195-5:2000-08, *Bauwerksabdichtungen — Teil 5: Abdichtungen gegen nichtdrückendes Wasser auf Deckenflächen und in Nassräumen, Bemessung und Ausführung*

4

DIN 18195-6:2000-08, *Bauwerksabdichtungen — Teil 6: Abdichtungen gegen von außen drückendes Wasser und aufstauendes Sickerwasser — Bemessung und Ausführung*

DIN 18195-7, *Bauwerksabdichtungen — Teil 7: Abdichtungen gegen von innen drückendes Wasser; Bemessung und Ausführung*

DIN 18195-8, *Bauwerksabdichtungen — Teil 8: Abdichtungen über Bewegungsfugen*

DIN 18195-9, *Bauwerksabdichtungen — Teil 9: Durchdringungen, Übergänge, An- und Abschlüsse*

DIN 18195-10, *Bauwerksabdichtungen — Teil 10: Schutzschichten und Schutzmaßnahmen*

DIN 18531-1, *Dachabdichtungen — Abdichtungen für nicht genutzte Dächer — Teil 1: Begriffe, Anforderungen, Planungsgrundsätze*

DIN 52129, *Nackte Bitumenbahnen; Begriff, Bezeichnung, Anforderungen*

DIN 52141, *Glasvlies als Einlage für Dach- und Dichtungsbahnen; Begriff, Bezeichnung, Anforderungen*

DIN V 52144, *Abdichtungsbahnen — Bitumen- und Polymerbitumenbahnen — Werkseigene Produktions-kontrolle*

DIN V 20000-202, *Anwendung von Bauprodukten in Bauwerken — Teil 202: Anwendungsnorm für Abdichtungsbahnen nach Europäischen Produktnormen zur Verwendung in Bauwerksabdichtungen*

DIN EN 206-1, *Beton — Teil 1: Festlegung, Eigenschaften, Herstellung und Konformität*

DIN EN 998-1, *Festlegungen für Mörtel im Mauerwerksbau — Teil 1: Putzmörtel*

DIN EN 1427, *Bitumen und bitumenhaltige Bindemittel — Bestimmung des Erweichungspunktes — Ring- und Kugel-Verfahren*

DIN EN 1652, *Kupfer- und Kupferlegierungen — Platten, Bleche, Bänder, Streifen und Ronden zur allgemeinen Verwendung*

DIN EN 1976, *Kupfer- und Kupferlegierungen — Gegossene Rohformen aus Kupfer*

DIN EN 10204, *Metallische Erzeugnisse — Arten von Prüfbescheinigungen*

DIN EN 12597, *Bitumen und bitumenhaltige Bindemittel — Terminologie*

DIN EN 12591, *Bitumen und bitumenhaltige Bindemittel — Anforderungen an Straßenbaubitumen*

DIN EN 12697-1, *Asphalt — Prüfverfahren für Heißasphalt — Teil 1: Löslicher Bindemittelgehalt*

DIN EN 12697-2, *Asphalt — Prüfverfahren für Heißasphalt — Teil 2: Korngrößenverteilung*

DIN EN 13108-20, *Asphaltmischgut — Mischgutanforderungen — Teil 20: Erstprüfung*

DIN EN 13305, *Bitumen und bitumenhaltige Bindemittel — Spezifikationsrahmen für Hartbitumen für industrielle Anwendungen*

DIN EN 13967, *Abdichtungsbahnen — Kunststoff- und Elastomerbahnen für die Bauwerksabdichtung gegen Bodenfeuchte und Wasser — Definitionen und Eigenschaften*

DIN EN 13969, *Abdichtungsbahnen — Bitumenbahnen für die Bauwerksabdichtung gegen Bodenfeuchte und Wasser — Definitionen und Eigenschaften*

DIN EN 14909, *Abdichtungsbahnen — Kunststoff- und Elastomer-Mauersperrbahnen — Definitionen und Eigenschaften*

DIN EN 14967, *Abdichtungsbahnen — Bitumen-Mauersperrbahnen — Definitionen und Eigenschaften*

5

DIN EN 10088-2, *Nichtrostende Stähle — Teil 2: Technische Lieferbedingungen für Blech und Band aus korrosionsbeständigen Stählen für allgemeine Verwendung*

TL-BEL-B Teil 1, *Technische Lieferbedingungen für die Dichtungsschicht aus einer Bitumen-Schweißbahn zur Herstellung von Brückenbelägen auf Beton (TL-BEL-B Teil 1) nach den ZTV-BEL-B Teil 1 — Technische Prüfvorschriften für Brückenbeläge auf Beton mit Dichtungsschicht aus einer Bitumen-Schweißbahn (TP-BEL-B Teil 1) nach ZTV-BEL-B Teil 1*[1])

TL-BEL-EP, *Technische Lieferbedingungen für Reaktionsharze für Grundierungen, Versiegelungen und Kratzspachtelungen unter Asphaltbelägen auf Beton (TL-BEL-EP) — Technische Prüfvorschriften für Reaktionsharze für Grundierungen, Versiegelungen und Kratzspachtelungen unter Asphaltbelägen auf Beton (TP-BEL-EP)*[1])

3 Begriffe

Für die Anwendung dieses Dokuments gelten die Begriffe für Bitumen und Zubereitungen aus Bitumen nach DIN EN 12597, für polymere Werkstoffe nach DIN 7724 und für sonstige nach DIN 18195-1.

4 Abdichtungsstoffe

Die Anforderungen an Abdichtungsstoffe sind in den Tabellen 1 bis 9 festgelegt.

Für welche Abdichtungsaufgaben diese Stoffe verwendbar sind und wie sie zu verarbeiten sind, ist in DIN 18195-3 bis DIN 18195-10 geregelt.

Tabelle 1 — Klebemassen und Deckaufstrichmittel, heiß zu verarbeiten

Nr	1		2	3	4
1	**Klebemassen und Deckaufstrichmittel**		**Massenanteil an löslichem Bindemittel**[c]	**Erweichungspunkt des Bindemittels**[a,c]	**Erweichungspunkt des Festkörpers**[c]
			%	°C	°C
2	Straßenbau-bitumen nach DIN EN 12591	ungefüllt	≥ 99	54 bis 75	
3		gefüllt[b]	≥ 50	54 bis 75	≥ 60
4	Oxidbitumen nach DIN EN 13305	ungefüllt	≥ 99	80 bis 125	
5		gefüllt[b]	≥ 50	80 bis 125	≥ 90
			Entspr. Einsprecher 6 wird Herr Henseleit einen Vorschlag erarbeiten.		
6	Prüfung nach		DIN EN 12967-1	DIN 1996-15	DIN EN 1427

[a] Bei gefüllten Massen am extrahierten Bindemittel gemessen.
[b] Mineralische Füllstoffe aus nicht quellfähigen Gesteinsmehlen und/oder mineralischen Faserstoffen mit einem Massenanteil von mindestens 30 %.
[c] Die Einhaltung der Werte ist mittels werkseigener Produktionskontrolle mindestens einmal jährlich nachzuweisen.

---

1) Zu beziehen bei: Forschungsgemeinschaft für Straßen- und Verkehrswesen e. V. (FGSV), Konrad-Adenauer-Str. 13, 50996 Köln

6

Tabelle 2 — Asphaltmastix und Gussasphalt

Nr	1	2	3	4	5	6
1	Asphaltmastix und Gussasphalt	Massenanteil an löslichem Bindemittel	Massenanteil an Füller^d	Massenanteil an feiner Gesteinskörnung^c bezogen auf 100 % Gesteinskörnungsgemisch	Erweichungspunkt des Bindemittels^e	Erweichungspunkt des Festkörpers
		%	%	%	°C	°C
2	Asphaltmastix^{a,e}	13 bis 16	≥ 25	≤ 75	45 bis 75	85 bis 120
3	Gussasphalt^{b,e}	6,5 bis 9,0	≥ 20	≤ 45		
4	Prüfung nach	DIN EN 12697-1	DIN EN 12697-2	DIN EN 12697-2	DIN EN 1427	DIN 1996-15

[a] Bitumensorte nach DIN EN 13305 und DIN EN 12591.
[b] Bitumensorte nach DIN EN 13305 und DIN EN 12591; ein Zusatz von Naturasphalt ist zulässig.
[c] Feine Gesteinskörnung mit $D ≤ 2{,}0$ mm.
[d] Gesteinskörnung, deren überwiegender Teil durch das 0,063-mm-Sieb hindurchgeht.
[e] Die werkseigene Produktionskontrolle nach DIN EN 13108-20.

Tabelle 3 — Bitumen- und Polymerbitumenbahnen

Nr	Bahnen	nach
1	Mauersperrbahnen – Bitumendachbahnen mit Rohfilzeinlage R 500 – Bitumen-Dachdichtungsbahnen G 200 DD, PV 200 DD	DIN EN 14967 in Verbindung mit DIN V 20000-202:2007-12, Tabelle 1, Zeile 3 und Zeile 9
2	Nackte Bitumenbahnen – R 500 N^a	DIN 52129
3	Bitumendachbahnen mit Rohfilzeinlage – R 500	DIN EN 13969 in Verbindung mit DIN V 20000-202:2007-12, Tabelle 1, Zeile 2
4	Glasvlies-Bitumendachbahnen – V 13	DIN EN 13969 in Verbindung mit DIN V 20000-202:2007-12, Tabelle 1, Zeile 4
5	Bitumendichtungsbahnen – Cu 0,1 D	DIN EN 13969 in Verbindung mit DIN V 20000-202:2007-12, Tabelle 1, Zeile 6
6	Bitumen-Dachdichtungsbahnen – G 200 DD – PV 200 DD	DIN EN 13969 in Verbindung mit DIN V 20000-202:2007-12, Tabelle 1, Zeile 8

Tabelle 3 (*fortgesetzt*)

Nr	Bahnen	nach
7	Bitumen-Schweißbahnen – V 60 S4 – G 200 S4, G 200 S5 – PV 200 S5	DIN EN 13969 in Verbindung mit DIN V 20000-202:2007-12, Tabelle 1, Zeile 5 und Zeile 8
8	Polymerbitumen-Dachdichtungsbahnen, Bahnentyp PYE – PYE G 200 DD – PYE PV 200 DD	DIN EN 13969 in Verbindung mit DIN V 20000-202:2007-12, Tabelle 1, Zeile 10
9	Polymerbitumen-Schweißbahnen, Bahnentyp PYE – PYE G 200 S4 – PYE G 200 S5 – PYE PV 200 S5	DIN EN 13969 in Verbindung mit DIN V 20000-202:2007-12, Tabelle 1, Zeile 10
10	Bitumen-Schweißbahnen mit 0,1 mm dicker Kupferbandeinlage – Cu 01 S4	DIN EN 13969 in Verbindung mit DIN V 20000-202:2007-12, Tabelle 1, Zeile 7
11	Polymerbitumen-Schweißbahnen mit hoch liegender Trägereinlage aus Polyestervlies[b]	TL-BEL-B Teil 1 zur ZTV-ING, Teil 7, Abschnitt 1
12	Edelstahlkaschierte Bitumen-Schweißbahnen[b]	TL-BEL-B Teil 1 zur ZTV-ING, Teil 7, Abschnitt 1
13	Kaltselbstklebende Bitumendichtungsbahn mit HDPE-Träger- folie – KSK	DIN EN 13969 in Verbindung mit DIN V 20000-202:2007-12, Tabelle 1, Zeile 11
14	Kaltselbstklebende Polymerbitumenbahnen mit Trägereinlage – PYE – KTG KSP-2,8 – PYE – KTP KSP-2,8	DIN EN 13969 in Verbindung mit DIN V 20000-202:2007-12, Tabelle 1, Zeile 12

[a]   Die Einhaltung der Produkteigenschaften ist durch eine werkseigene Produktionskontrolle nach DIN V 52144 nachzuweisen.

[b]   Die Einhaltung der Produkteigenschaften durch eine Erstprüfung einer bauaufsichtlich anerkannten Stelle und eine werkseigene Produktionskontrolle nach DIN V 52144 nachzuweisen.

8

Tabelle 4 — Kunststoff- und Elastomerbahnen

Nr	1	2
	Bahnen[b]	nach DIN EN 13967 und DIN EN 14909 in Verbindung mit DIN V 20000-202:2007-12, Tabelle 3,
1	Ethylencopolymerisat-Bitumen bitumenverträglich – ECB-Bahnen	
	– mit Einlage	Zeile 3
	– mit Verstärkung	Zeile 5
	– mit Einlage und Kaschierung[a]	Zeile 7
	– mit Einlage und Selbstklebeschicht[a]	Zeile 4
2	Polyisobutylen, bitumenverträglich – PIB-Bahnen	
	– homogen	Zeile 1
	– mit Kaschierung[a]	Zeile 7
3	Polyvinylchlorid weich, nicht bitumenverträglich – PVC-P-Bahnen	
	– mit Einlage	Zeile 3
	– mit Einlage und Kaschierung[a]	Zeile 7
4	Polyvinylchlorid weich, bitumenverträglich – PVC-P-Bahnen	
	– homogen	Zeile 1
	– mit Einlage	Zeile 3
	– mit Verstärkung	Zeile 5
	– mit Kaschierung[a]	Zeile 7
	– mit Einlage und Kaschierung[a]	Zeile 7
	– mit Verstärkung und Kaschierung[a]	Zeile 7
	– homogen mit Selbstklebeschicht[a]	Zeile 2
	– mit Einlage, mit Selbstklebeschicht[a]	Zeile 4
	– mit Verstärkung, mit Selbstklebeschicht[a]	Zeile 6
	– mit Kaschierung und Selbstklebeschicht[a]	Zeile 8
5	Polyvinylchlorid weich, nicht bitumenverträglich – PVC-P-Bahnen	
	– homogen	Zeile 1
	– mit Kaschierung	Zeile 7
6	Polyvinylchlorid weich, nicht bitumenverträglich – PVC-P-Bahnen	
	– mit Verstärkung	Zeile 5
	– mit Verstärkung und Kaschierung	Zeile 7
7	Ethylen-Vinylacetat-Terpolymer/-Copolymer, bitumenverträglich – EVA-Bahnen	
	– homogen	Zeile 1
	– mit Kaschierung[a]	Zeile 7
	– mit Verstärkung	Zeile 5
8	Ethylen-Propylen-Dien-Terpolymer, bitumenverträglich – EPDM-Bahnen	
	– homogen	
	– mit Verstärkung	Zeile 1
	– mit Kaschierung[a]	Zeile 5
		Zeile 7
9	Ethylen-Propylen-Dien-Terpolymer, bitumenverträglich – EPDM-Bahnen	
	– homogen mit Selbstklebeschicht	
	– mit Verstärkung und Selbstklebeschicht	Zeile 2
	– mit Kaschierung und Selbstklebeschicht	Zeile 6
		Zeile 8

9

Tabelle 4 (fortgesetzt)

Nr	1	2
	Bahnen[b]	nach DIN EN 13967 und DIN EN 14909 in Verbindung mit DIN V 20000-202:2007-12, Tabelle 3,
10	Ethylen-Propylen-Dien-Terpolymer, bitumenverträglich – EPDM-Bahnen	
	– mit Verstärkung und Polymerbitumenbeschichtung	Zeile 6
11	Flexibles Polyolefin, bitumenverträglich – FPO-Bahnen	
	– homogen	Zeile 1
	– mit Einlage	Zeile 3
	– mit Verstärkung	Zeile 5
	– mit Einlage und Kaschierung[a]	Zeile 7
	– mit Verstärkung und Kaschierung[a]	Zeile 7

[a] Bahnen mit Selbstklebeschicht und/oder Kaschierungen aus Polyestervlies sind nicht zugelassen für Abdichtungen nach DIN 18195-6:2000-08, Abschnitt 8.

[b] Bahnen mit Selbstklebeschicht sind als waagerechte Abdichtung (Mauersperrbahn MSB) in und unter Wänden nicht zugelassen.

ANMERKUNG   Mindestdicke entsprechend DIN V 20000-202, anwendungsbezogene Dicke entsprechend DIN 18195-4 bis DIN 18195-7.

Tabelle 5 — Kalottengeriffelte Metallbänder

Nr	1	2	3	4	5	6	7	8
			Werkstoff			Dicke des unprofilierten Bandes	Kalotten--höhe	Zugfestig-keit des unprofilierten Bandes[a]
1	Band	nach	Kurzzeichen	Werkstoffnummer	Norm-Nummer	mm	mm[b]	N/mm^2
2	Kupfer-band	DIN EN 1652	CU-DHP	CW 024A	DIN EN 1976	0,1	1,0 bis 1,5	200 bis 260
3						0,2		
4	Edelstahl-band	DIN EN 10088-2	X5 CrNiMo 17-12-2	1.4401	DIN EN 10088-2	0,05 bis 0,065	1,0 bis 1,3	500 bis 600

Allgemeine Anforderungen: Poren- und rissefrei, plan und gerade gereckt. Lieferart: Rollen, 600 mm, bei Kupferband höchstens 1 000 mm breit.

[a] Die Werte des unprofilierten Bandes sind durch ein Werkszeugnis „2.2" nach DIN EN 10204 nachzuweisen.

[b] Die Einhaltung der festgelegten Eigenschaften des profilierten Bandes sind wöchentlich durch eine werkseigene Produktionskontrolle nachzuweisen.

10

Tabelle 6 — Kunststoff modifizierte Bitumendickbeschichtungen (KMB)

Dieser Stoff ist für Bauwerksabdichtungen nur verwendbar, wenn dessen Anwendung in jeweiligen Teilen der DIN 18195 geregelt ist.

Nr	1	2
	Eigenschaft	Anforderung
1	Wärmebeständigkeit	≥ +70 °C
2	Kaltbiegeverhalten	≤ 0 °C
3	Wasserdichtheit	wasserdicht Die Anforderungen für den jeweiligen Anwendungsbereich sind zu beachten.
4	Rissüberbrückung	mindestens 2 mm
5	Druckbelastbarkeit	bei Verwendung nach DIN 18195-4 und DIN 18195-5: ≥ 0,06 MN/m²; bei Verwendung nach DIN 18195-6: ≥ 0,3 MN/m²
6	Beständigkeit gegen Wasser	wasserbeständig
7	Regenfestigkeit	spätestens nach 8 h
8	Wasserdampfdiffusionswiderstand	Wert ist anzugeben[a]
9	Brandverhalten	mindestens „normalentflammbar"
10	Schichtdickenabnahme bei Durchtrocknung	≤ 50 %, Wert ist anzugeben

KMB können aus ein- oder zweikomponentigen Massen auf Basis von Bitumenemulsionen bestehen.

KMB müssen die vorgenannten, für die Planung wesentlichen Anforderungen erfüllen.

Für den Nachweis der stofflichen Eigenschaften gelten die „Prüfgrundsätze für die Erteilung von allgemeinen bauaufsichtlichen Prüfzeugnissen für normalentflammbare, kunststoffmodifizierte Bitumendickbeschichtungen für Bauwerksabdichtungen (PG-KMB)" in der jeweils gültigen Fassung, veröffentlicht im amtlichen Teil der DIBt-Mitteilungen.

Der Nachweis ist durch ein allgemeines bauaufsichtliches Prüfzeugnis (abP) zu erbringen.

[a] Wenn keine Prüfung erfolgt, so ist im abP ein μ-Wert von mindestens 5 000 und höchstens 30 000 anzugeben. Für bauphysikalische Nachweise ist der jeweils ungünstigste Wert zu verwenden. Wenn bauphysikalische Nachweise mit dem tatsächlichen μ-Wert des betreffenden Produktes erfolgen sollen, so ist der produktspezifische Wert im abP anzugeben.

11

Tabelle 7 — Mineralische Dichtungsschlämmen für Bauwerksabdichtungen (MDS)

Dieser Stoff ist für Bauwerksabdichtungen nur verwendbar, wenn dessen Anwendung in jeweiligen Teilen der DIN 18195 geregelt ist.

	1	2	4	5
Nr	Eigenschaft	Anforderung	nicht rissüberbrückende MDS	rissüberbrückende MDS
1	Standfestigkeit	kein Abrutschen	X	X
2	Brandverhalten	mindestens normalentflammbar	X	X
3	Schwinden	≤ 2,5 mm/m	X	
4	Rissüberbrückung	mindestens 0,4 mm		X
5	Wasserdichtheit	wasserdicht Die Anforderungen für den jeweiligen Anwendungsbereich sind zu beachten.	X	X
6	Verbundverhalten, Haftung	≥ 0,5 N/mm²	X	X
7	Schichtdickenabnahme nach Erhärtung	Wert ist anzugeben	X	X

Mineralische Dichtungsschlämme für Bauwerksabdichtungen können aus ein- oder zweikomponentigen Massen auf Basis von Zement, Gesteinskörnungen und besonderen Zusatzstoffen bestehen. Unterschieden werden rissüberbrückende (flexible) und nicht rissüberbrückende (starre) mineralische Dichtungsschlämme.

Mineralische Dichtungsschlämme müssen die vorgenannten, für die Planung wesentlichen Anforderungen erfüllen.

Für den Nachweis der stofflichen Eigenschaften gelten die „Prüfgrundsätze für die Erteilung von allgemeinen bauaufsichtlichen Prüfzeugnissen für mineralische Dichtungsschlämme für Bauwerksabdichtungen (PG-MDS)" in der jeweils gültigen Fassung, veröffentlicht im amtlichen Teil der DIBt-Mitteilungen[a]. Der Nachweis ist durch ein allgemeines bauaufsichtliches Prüfzeugnis (abP) für den entsprechenden Anwendungsbereich zu erbringen.

Werden an Trenn- und Arbeitsfugen sowie an Anschlüssen und Durchdringungen andere Stoffe verwendet, so ist deren Eignung nachzuweisen.

[a] Zurzeit gelten die beim DIBt hinterlegten Prüfgrundsätze für die Erteilung von allgemeinen bauaufsichtlichen Prüfzeugnissen für mineralische Dichtungsschlämme für Bauwerksabdichtungen – Stand Mai 2007. Die Veröffentlichung im amtlichen Teil der DIBt-Mitteilungen ist in Vorbereitung.

12

Tabelle 8 — Flüssig zu verarbeitende Abdichtungsstoffe im
Verbund mit Fliesen- und Plattenbelägen (AIV)

Dieser Stoff ist für Bauwerksabdichtungen nur verwendbar, wenn dessen Anwendung in jeweiligen Teilen der DIN 18195 geregelt ist.

Nr	1	2	4	5
	Eigenschaft	Anforderung	rissüberbrückende MDS	Reaktionsharze
1	Standfestigkeit	kein Abrutschen	X	X
2	Brandverhalten	mindestens normalentflammbar	X	X
3	Alkalibeständigkeit	beständig		X
4	Rissüberbrückung	mindestens 0,4 mm	X	X
5	Wasserdichtheit	wasserdicht	X	X
		Die Anforderungen für den jeweiligen Anwendungsbereich sind zu beachten.		
6	Verbundverhalten, Haftung	≥ 0,5 N/mm²	X	X
7	Schichtdickenabnahme nach Erhärtung	Wert ist anzugeben	X	X
8	Chemikalienbeständigkeit (nur bei Chemikalienbeanspruchung)	beständig	X	X
9	Frostbeständigkeit (nur bei Außenanwendung)	beständig	X	X

Als flüssig zu verarbeitende Abdichtungsstoffe im Verbund mit Fliesen- und Plattenbelägen können im Sinne von DIN 18195 rissüberbrückende (flexible) mineralische Dichtungsschlämme und Reaktionsharze verwendet werden. Bei Reaktionsharzen handelt es sich um ein- oder mehrkomponentige synthetische Harze mit organischen Zusätzen, mit oder ohne mineralischen Füllstoffen. Die Aushärtung von Reaktionsharzen erfolgt durch chemische Reaktion.

Flüssig zu verarbeitende Abdichtungsstoffe im Verbund mit Fliesen- und Plattenbelägen müssen die vorgenannten, für die Planung wesentlichen Anforderungen erfüllen.

Für den Nachweis der stofflichen Eigenschaften gelten die Prüfgrundsätze zur Erteilung von allgemeinen bauaufsichtlichen Prüfzeugnissen für flüssig zu verarbeitende Abdichtungsstoffe im Verbund mit Fliesen- und Plattenbelägen (PG-AIV) in der jeweils gültigen Fassung, veröffentlicht im amtlichen Teil der DIBt-Mitteilungen[a]. Der Nachweis ist durch ein allgemeines bauaufsichtliches Prüfzeugnis (abP) für den entsprechenden Anwendungsbereich zu erbringen.

Werden an Trenn- und Arbeitsfugen sowie Anschlüssen und Durchdringungen andere Stoffe verwendet, so ist deren Eignung nachzuweisen.

[a] Zurzeit gelten die beim DIBt hinterlegten Prüfgrundsätze zur Erteilung von allgemeinen bauaufsichtlichen Prüfzeugnissen Bauwerksabdichtungen mit Flüssigkunststoffen (PG-FLK) – Stand Juli 2006. Die Veröffentlichung im amtlichen Teil der DIBt-Mitteilungen ist in Vorbereitung.

13

Tabelle 9 — Flüssigkunststoffe für Bauwerksabdichtungen (FLK)

Dieser Stoff ist für Bauwerksabdichtungen nur verwendbar, wenn dessen Anwendung in jeweiligen Teilen der DIN 18195 geregelt ist.

Nr	1	2
	Eigenschaft	Anforderung
1	Standfestigkeit	kein Abrutschen
2	Brandverhalten	mindestens normalentflammbar
3	Alkalibeständigkeit	beständig
4	Rissüberbrückung	mindestens 2,0 mm
5	Wasserdichtheit	wasserdicht Die Anforderungen für den jeweiligen Anwendungsbereich sind zu beachten.
6	Verbundverhalten, Haftung	$\geq 0,5 \ N/mm^2$
7	Auftragsmenge/Trockenschichtdicke	Wert ist anzugeben
8	Wasserdampfdiffusionsverhalten	Wert ist anzugeben
9	Regenfestigkeit	spätestens nach 8 h

Bei Flüssigkunststoffen für Bauwerksabdichtungen handelt es sich um ein- oder mehrkomponentige synthetische Harze auf Basis von PMMA, PUR oder UP mit organischen Zusätzen, mit oder ohne mineralischen Füllstoffen. Sie gehören zur Gruppe der Reaktionsharze. Die Aushärtung erfolgt durch chemische Reaktion.

Bauwerksabdichtungen mit Flüssigkunststoffen müssen die vorgenannten, für die Planung wesentlichen Anforderungen erfüllen.

Für den Nachweis der stofflichen Eigenschaften gelten die Prüfgrundsätze zur Erteilung von allgemeinen bauaufsichtlichen Prüfzeugnissen für Bauwerksabdichtungen mit Flüssigkunststoffen (PG-FLK) in der jeweils gültigen Fassung, veröffentlicht im amtlichen Teil der DIBt-Mitteilungen[a]. Der Nachweis ist durch ein allgemeines bauaufsichtliches Prüfzeugnis (abP) für den entsprechenden Anwendungsbereich zu erbringen.

Werden an Trenn- und Arbeitsfugen sowie Anschlüssen und Durchdringungen andere Stoffe verwendet, so ist deren Eignung nachzuweisen.

[a]   Zurzeit gelten die beim DIBt hinterlegten Prüfgrundsätze zur Erteilung von allgemeinen bauaufsichtlichen Prüfzeugnissen Bauwerksabdichtungen mit Flüssigkunststoffen (PG-FLK) – Stand Juli 2006. Die Veröffentlichung im amtlichen Teil der DIBt-Mitteilungen ist in Vorbereitung.

14

5 Hilfsstoffe

5.1 Stoffe für Voranstriche, Grundierungen, Versiegelungen und Kratzspachtelungen

a) Stoffe auf Basis von Bitumen als Lösung oder Emulsion;

b) Stoffe auf Reaktionsharzbasis oder

c) Stoffe auf Kunststoffbasis als Lösung oder Dispersion;

d) Stoffe auf silicatischer Basis.

5.2 Stoffe für Trennschichten bzw. Trennlagen

a) Ölpapier, mindestens 50 g/m^2;

b) Rohglasvliese nach DIN 52141;

c) Vliese aus synthetischen Fasern, mindestens 150 g/m;

d) Polyethylen-(PE-)Folie, mindestens 0,2 mm dick;

e) Lochglasvlies-Bitumenbahn, einseitig grob besandet;

f) Glasvliesbitumendachbahn V 13.

5.3 Stoffe für Schutzlagen und Schutzschichten

a) Bahnen aus PVC-halbhart, mindestens 1 mm dick;

b) Bautenschutzmatten und -platten aus Gummi- oder Polyethylengranulat, mindestens 6 mm dick;

c) Vliese aus synthetischen Fasern bzw. Geotextilien aus Chemiefasern, mindestens 300 g/m^2 und mindestens 2 mm dick;

d) Kunststoff- und Elastomerbahnen nach Tabelle 4;

e) Beton, mindestens Güte C 8/10, nach DIN EN 206-1, Dicke mindestens 50 mm;

f) Mörtel, mindestens CS III, nach DIN EN 998-1, Dicke mindestens 20 mm;

g) Mauerwerk, Dicke mindestens 115 mm;

h) Betonplatten, Dicke mindestens 50 mm;

i) Gussasphalt, Dicke mindestens 25 mm;

j) Perimeterdämmplatten aus Hartschaum oder Schaumglas;

k) Platten aus Hartschaum, Dicke mindestens 25 mm;

l) Bitumen- und Polymerbitumenbahnen nach Tabelle 3;

m) Noppenbahnen aus Polyolefine mit Gleit-, Schutz- und Lastverteilungsschicht, Dicke mindestens 0,8 mm;

n) Dränmatten/-platten, Dicke mindestens 25 mm.

15

5.4 Stoffe zum Verfüllen von Fugen in Schutzschichten

a) Bitumenhaltige Vergussmassen;

b) Fugendichtstoffe aus Kunststoffen, Bitumen oder Polymerbitumen;

c) Fugenverfüllband aus Bitumen, thermoplastischen Kunststoffen oder Elastomeren.

Literaturhinweise

[1] DIN EN 10088-1, *Nichtrostende Stähle — Teil 1: Verzeichnis der nichtrostenden Stähle*

[2] DIN EN 12316-1, *Abdichtungsbahnen — Teil 1: Bitumenbahnen für Dachabdichtungen — Bestimmung des Schälwiderstandes der Fugennähte*

[3] DIN EN 13707, *Abdichtungsbahnen — Bitumenbahnen mit Trägereinlage für Dachabdichtungen — Definitionen und Eigenschaften*

[4] DIN EN ISO 2431, *Lacke und Anstrichstoffe — Bestimmung der Auslaufzeit mit Auslaufbechern*

[5] DIN EN ISO 3251, *Lacke und Anstrichstoffe — Bestimmung des nicht flüchtigen Anteils von Lacken, Anstrichstoffen und Bindemitteln für Lacke und Anstrichstoffe*

[6] TL-PmB, *Technische Lieferbedingungen für gebrauchsfertige polymermodifizierte Bitumen (TL PmB[1])*

---

1) Siehe Seite 6.

17

August 2000

Bauwerksabdichtungen

Teil 3: Anforderungen an den Untergrund und Verarbeitung der Stoffe

DIN
18195-3

Ersatz für DIN 18195-3:1983-08

ICS 91.100.50; 91.120.30

Water-proofing of buildings – Part 3: Requirements of the ground
and working properties of materials

Étanchéité d'ouvrage – Partie 3: Exigences au sol et aptitude
à l'usinage des matériaux

Inhalt

Vorwort

Diese Norm wurde vom NABau-Arbeitsausschuss „Bauwerksabdichtungen" erarbeitet. Die Normen der Reihe DIN 18195 „Bauwerksabdichtungen" wurden erstmals 1983 herausgegeben. Bei der nunmehr vorgenommenen Überarbeitung wurde die Norm in einer ersten Stufe an die wesentliche Entwicklung im Bereich der Bauwerksabdichtungen angepasst. Die weitere Vorgehensweise bei der Überarbeitung der Normenreihe DIN 18195 „Bauwerksabdichtungen" hat der Arbeitsausschuss wie folgt beschlossen:

Nach Veröffentlichung von DIN 18195 Teil 1 bis 6 sind zwei Überarbeitungsphasen vorgesehen:

In der ersten Phase werden die Teile 8 bis 10 an die geänderten Teile 1 bis 6 angeglichen. Der Teil 7 bedarf einer umfangreichen Änderung, die für die zweite Phase vorgesehen ist.

In der zweiten Phase werden alle 10 Teile der Norm grundlegend überarbeitet, dabei soll auch über Festlegungen für Abdichtungen mit bisher nicht in die Normenreihe aufgenommenen Produkten, wie z. B. mineralischen Dichtungsschlämmen, Abdichtungen mit Flüssigkunststoffen sowie weiteren Kunststoff-Dichtungsbahnen mit oder ohne Selbstklebeschicht beraten werden. Hierzu werden Kriterien zur Aufnahme dieser Produkte in die Normenreihe DIN 18195 vom Arbeitsausschuss aufgestellt.

DIN 18195 „Bauwerksabdichtungen" besteht aus:

- Teil 1: Grundsätze, Definitionen, Zuordnung der Abdichtungsarten
- Teil 2: Stoffe
- Teil 3: Anforderungen an den Untergrund und Verarbeitung der Stoffe
- Teil 4: Abdichtungen gegen Bodenfeuchte (Kapillarwasser, Haftwasser) und nichtstauendes Sickerwasser an Bodenplatten und Wänden, Bemessung und Ausführung
- Teil 5: Abdichtungen gegen nichtdrückendes Wasser auf Deckenflächen und in Nassräumen, Bemessung und Ausführung
- Teil 6: Abdichtungen gegen von außen drückendes Wasser und aufstauendes Sickerwasser, Bemessung und Ausführung
- Teil 7: Abdichtungen gegen von innen drückendes Wasser, Bemessung und Ausführung
- Teil 8: Abdichtungen über Bewegungsfugen
- Teil 9: Durchdringungen, Übergänge, Abschlüsse
- Teil 10: Schutzschichten und Schutzmaßnahmen

Fortsetzung Seite 2 bis 10

Normenausschuss Bauwesen (NABau) im DIN Deutsches Institut für Normung e.V.

Änderungen

Gegenüber DIN 18195-3:1983-08 wurden folgende Änderungen vorgenommen:

a) Abschnitt 4 „Anforderungen an den Untergrund" wurde für alle Teile der Normenreihe DIN 18195 zusammenfassend aufgenommen.
b) Kunststoffmodifizierte Bitumendickbeschichtungen wurden neu aufgenommen.
c) Die Überdeckungsbreiten von Bahnen aus DIN 18195-4 bis DIN 18195-7 wurden übernommen.
d) Grundierungen und Kratzspachtelungen wurden neu aufgenommen.
e) Den Änderungen in DIN 18195-2 folgend wurden die Abschnitte über die Verarbeitung von Deckaufstrichmittel, kalt zu verarbeiten und Spachtelmassen, kalt zu verarbeiten, gestrichen.
f) Die Norm wurde redaktionell überarbeitet.

Frühere Ausgaben

DIN 4031: 1932x-07, 1959x-11, 1978-03;   DIN 4117: 1950-06, 1960-11;   DIN 4122: 1968-07, 1978-03;
DIN 18195-3: 1983-08

1 Anwendungsbereich

1.1 Diese Norm gilt für die Verarbeitung von Stoffen nach DIN 18195-2, die zur Herstellung von Bauwerksabdichtungen gegen

– Bodenfeuchte nach DIN 18195-4,
– nichtdrückendes Wasser nach DIN 18195-5,
– von außen drückendes Wasser nach DIN 18195-6 und
– von innen drückendes Wasser nach DIN 18195-7

verwendet werden.

Sie gilt ferner für die Verarbeitung von Abdichtungsstoffen zur Herstellung von Abdichtungen unter intensiv begrünten Dachflächen über Bewegungsfugen nach DIN 18195-8, für Durchdringungen, Übergänge und Abschlüsse nach DIN 18195-9 sowie für Schutzschichten und Schutzmaßnahmen nach DIN 18195-10.

1.2 Diese Norm gilt nicht für
– die Abdichtung von nicht genutzten und von extensiv begrünten Dachflächen (siehe DIN 18531),
– die Abdichtung von Fahrbahnen, die zu öffentlichen Straßen oder zu Schienenwegen gehören, z. B. Fahrbahntafeln,
– die Abdichtung von Deponien, Erdbauwerken und bergmännisch erstellten Tunnel.
– nachträgliche Abdichtungen in der Bauwerkserhaltung oder in der Baudenkmalpflege, es sei denn, es können hierfür Verfahren angewendet werden, die in dieser Norm beschrieben werden.
– Bauteile, die so wasserundurchlässig sind, dass die Dauerhaftigkeit des Bauteils und die Nutzbarkeit des Bauwerks ohne weitere Abdichtung im Sinne dieser Norm gegeben sind. In diesem Sinne gilt sie auch nicht für Konstruktionen aus wasserundurchlässigem Beton.

2 Normative Verweisungen

Diese Norm enthält durch datierte oder undatierte Verweisungen Festlegungen aus anderen Publikationen. Diese normativen Verweisungen sind an den jeweiligen Stellen im Text zitiert, und die Publikationen sind nachstehend aufgeführt. Bei datierten Verweisungen gehören spätere Änderungen oder Überarbeitungen dieser Publikationen nur zu dieser Norm, falls sie durch Änderung oder Überarbeitung eingearbeitet sind. Bei undatierten Verweisungen gilt die letzte Ausgabe der in Bezug genommenen Publikation.

DIN 1053-1
Mauerwerk – Teil 1: Berechnung und Ausführung

DIN 1995-1
Bitumen und Steinkohlenteerpech – Anforderungen an die Bindemittel – Teil 1: Straßenbaubitumen

DIN 7724
Polymere Werkstoffe – Gruppierung polymerer Werkstoffe aufgrund ihres mechanischen Verhaltens

DIN 7728-1
Kunststoffe – Teil 1: Kennbuchstaben und Kurzzeichen für Polymere und ihre besonderen Eigenschaften

DIN 18195-1
Bauwerksabdichtungen – Teil 1: Grundsätze, Definitionen, Zuordnung der Abdichtungsarten

DIN 18195-2
Bauwerksabdichtungen – Teil 2: Stoffe

DIN 18195-4
Bauwerksabdichtungen – Teil 4: Abdichtungen gegen Bodenfeuchte, (Kapillarwasser, Haftwasser) und nicht-stauendes Sickerwasser an Bodenplatten und Wänden, Bemessung und Ausführung

DIN 18195-5
Bauwerksabdichtungen – Teil 5: Abdichtungen gegen nichtdrückendes Wasser auf Deckenflächen und in Nassräumen, Bemessung und Ausführung

DIN 18195-6
Bauwerksabdichtungen – Teil 6: Abdichtungen gegen von außen drückendes Wasser und aufstauendes Sickerwasser, Bemessung und Ausführung

DIN 18195-7
Bauwerksabdichtungen – Teil 7: Abdichtungen gegen von innen drückendes Wasser, Bemessung und Ausführung

DIN 18195-8
Bauwerksabdichtungen – Teil 8: Abdichtungen über Bewegungsfugen

DIN 18195-9
Bauwerksabdichtungen – Teil 9: Durchdringungen, Übergänge, Abschlüsse

DIN 18195-10
Bauwerksabdichtungen – Teil 10: Schutzschichten und Schutzmaßnahmen

DIN 18531
Dachabdichtungen – Begriffe, Anforderungen, Planungsgrundsätze

DIN 55946-1
Bitumen und Steinkohlenteerpech – Teil 1: Begriffe für Bitumen und Zubereitungen aus Bitumen

3 Definitionen

Für die Anwendung dieser Norm gelten die Definitionen für Bitumen und Stoffe aus Bitumen nach DIN 55946-1, für polymere Werkstoffe nach DIN 7724 und für Sonstige nach DIN 18195-1.

4 Anforderungen an den Untergrund

Bauwerksflächen, auf die die Abdichtung aufgebracht werden soll, müssen frostfrei, fest, eben, frei von Nestern und klaffenden Rissen, Graten und frei von schädlichen Verunreinigungen sein und müssen bei aufgeklebten Abdichtungen oberflächentrocken sein.

Nicht verschlossene Vertiefungen größer 5 mm, wie beispielsweise Mörteltaschen, offene Stoß- und Lagerfugen oder Ausbrüche, sind mit geeigneten Mörteln zu schließen. Oberflächen von Mauerwerk nach DIN 1053-1 oder von haufwerksporigen Baustoffen, offene Stoßfugen bis 5 mm und Oberflächenprofilierungen bzw. Unebenheiten von Steinen (z. B. Putzrillen bei Ziegeln oder Schwerbetonsteinen) müssen, sofern keine Abdichtungen mit über-brückenden Werkstoffen (z. B. Bitumen- oder Kunststoff-Dichtungsbahnen) verwendet werden, entweder durch Verputzen (Dünn- oder Ausgleichsputz), Vermörtelung, durch Dichtungsschlämmen oder durch eine Kratzspachte-lung verschlossen und egalisiert werden.

Kanten müssen gefast und Kehlen sollten gerundet sein. Bei zweikomponentigen kunststoffmodifizierten Bitumen-dickbeschichtungen kann die Ausrundung mit kunststoffmodifiziertem Bitumendickbeschichtungsmaterial erfolgen, soweit der Hersteller dies zulässt.

Vor- und Rücksprünge der abzudichtenden Flächen sind auf die unbedingt notwendige Anzahl zu beschränken.

5 Verarbeitung flüssiger Massen

5.1 Allgemeines

Für die Verarbeitung flüssiger Massen muss die Bauteiloberflächentemperatur und Umgebungstemperatur mehr als + 5°C betragen.

5.2 Bitumen-Voranstrich; Grundierung; Versiegelung; Kratzspachtelung

Bitumen-Voranstrichmittel sind im Regelfall durch Streichen, Rollen oder Spritzen zu verarbeiten. Bevor andere oder weitere Schichten auf sie aufgebracht werden, müssen sie ausreichend durchgetrocknet bzw. abgelüftet sein. Bitu-men-Voranstriche sind so aufzutragen, dass eine Menge von 200 g/m^2 bis 300 g/m^2 gleichmäßig verteilt wird.

Grundierungen sind mit lösemittelfreiem Reaktionsharz so herzustellen, dass eine Menge von 300 g/m^2 bis 500 g/m^2 durch Fluten bis zur Sättigung einmalig aufgetragen und unter Vermeidung von Stoffansammlungen verteilt wird. Die Grundierung muss im frischen Zustand mit trockenem Quarzsand der Körnung 0,2/0,7 mm gleichmäßig abgestreut werden, so dass eine sandpapierähnliche Oberfläche entsteht. Nicht festhaftendes Abstreumaterial ist nach dem Aushärten der Grundierung zu entfernen.

Versiegelungen sind zweilagig herzustellen. Die erste Lage ist mit lösemittelfreiem Reaktionsharz so herzustellen, dass eine Menge von 300 g/m^2 bis 500 g/m^2 durch Fluten bis zur Sättigung aufgetragen und unter Vermeidung von Stoffansammlungen verteilt wird. Diese Lage ist im frischen Zustand mit trockenem Quarzsand der Körnung 0,7/1,2 mm im Überschuss abzustreuen. Nicht haftendes Abstreumaterial ist zu entfernen, sobald es der Erhärtungszustand dieser Lage zulässt. Die zweite Lage ist mit lösemittelfreiem Reaktionsharz so herzustellen, dass eine Menge von mindestens 300 g/m^2 gleichmäßig aufgebracht und unter Vermeidung von Stoffansammlungen verteilt wird. Dabei ist die Abstreuung gleichmäßig zu benetzen. Die Oberfläche dieser Lage darf nicht abgestreut werden.

Die Kratzspachtelung wird entweder auf eine erhärtete Grundierung oder frisch in frisch auf eine mit Reaktionsharz gleichmäßig dünn vorbehandelte Oberfläche aufgetragen. Sie ist kratzend über Grate und Spitzen der Bauteiloberfläche abzuziehen. Die Oberfläche der Kratzspachtelung ist mit trockenem Quarzsand der Körnung 0,2/0,7 mm so abzustreuen, dass eine Oberflächenstruktur wie bei einer Grundierung entsteht. Sie ist an den Nähten und Rändern scharf abzuziehen.

Bei kunststoffmodifizierten Bitumendickbeschichtungen kann die Kratzspachtelung aus dem Beschichtungsmaterial selbst bestehen. Die Kratzspachtelung stellt keinen Abdichtungsauftrag dar. Vor dem Auftrag der Abdichtungsschicht muß die Kratzspachtelung soweit getrocknet sein, dass sie durch den darauffolgenden Auftrag nicht beschädigt wird.

5.3 Klebemassen und Deckaufstrichmittel

Klebemassen und Deckaufstrichmittel sind soweit zu erhitzen, dass ihre Viskosität (Gießbarkeit) verarbeitungsgerecht ist.

Anhaltswerte für die dazu notwendigen Temperaturen in Abhängigkeit von der verwendeten Bitumensorte enthält Tabelle 1.

Bei der Aufbereitung sollten Temperaturen über 230 °C vermieden werden.

Klebemassen sind zusammen mit Bitumenbahnen nach einem der in 6.2 bis 6.4 beschriebenen Verfahren und mit bitumenverträglichen Kunststoff-Bahnen nach einem in 6.2 festgelegten Verfahren zu verarbeiten. Deckaufstrichmittel sind in der Regel durch Streichen zu verarbeiten.

Tabelle 1: Verarbeitungstemperaturen für Klebemassen und Deckaufstrichmittel

Verwendete Bitumensorte	B 25[1]	85/25[2]	100/25[2]	105/15[2]	Gefüllte Bitumen-klebemasse
Verarbeitungstemperatur in °C	150 bis 160	180	190 bis 200	200 bis 210	200 bis 220

[1] Nach DIN 1995-1
[2] Nach den Analysentabellen der Bitumenindustrie.

5.4 Kunststoffmodifizierte Bitumendickbeschichtungen

5.4.1 Verarbeitung

Bei kunststoffmodifizierten Bitumendickbeschichtungen bzw. Kratzspachtelungen aus diesem Werkstoff ist grundsätzlich ein Voranstrich aus dem Untergrund aufzubringen. Systembedingt kann dieser entfallen.

Die Verarbeitung hat je nach Konsistenz im Spachtel- oder im Spritzverfahren zu erfolgen. Kunststoffmodifizierte Bitumendickbeschichtungen sind in mindestens zwei Arbeitsgängen lastfallbedingt mit oder ohne Verstärkungseinlage auszuführen. Der Auftrag muss fehlstellenfrei, gleichmäßig und je nach Lastfall entsprechend dick erfolgen. Handwerklich bedingt sind Schwankungen der Schichtdicke beim Auftragen des Materials nicht auszuschließen. Die vorgeschriebene Mindesttrockenschichtdicke darf an keiner Stelle unterschritten werden. Dazu ist die erforderliche Nassschichtdicke vom Hersteller anzugeben. Diese darf an keiner Stelle um mehr als 100% überschritten werden (z. B. in Kehlen).

Im Bereich Boden/Wandanschluss mit vorstehender Bodenplatte ist die kunststoffmodifizierte Bitumendickbeschichtung aus dem Wandbereich über die Bodenplatte bis etwa 100 mm auf die Stirnfläche der Bodenplatte herunterzuführen.

Bis zum Erreichen der Regenfestigkeit ist Regeneinwirkung zu vermeiden. Wasserbelastung und Frosteinwirkung sind bis zur Durchtrocknung der Beschichtung auszuschließen.

Bei Arbeitsunterbrechungen muss die kunststoffmodifizierte Bitumendickbeschichtung auf Null ausgestrichen werden. Bei Wiederaufnahme der Arbeiten wird überlappend weitergearbeitet. Arbeitsunterbrechungen dürfen nicht an Gebäudeecken, Kehlen oder Kanten erfolgen.

5.4.2 Durchdringungen

Bei Abdichtungen nach DIN 18195-4 ist die kunststoffmodifizierte Bitumendickbeschichtung hohlkehlenartig an die Durchdringung anzuarbeiten.

Bei Abdichtungen nach DIN 18195-5 erfolgt der Anschluss an die Durchdringung durch Auftragen der kunststoffmodifizierte Bitumendickbeschichtung mit Verstärkungseinlage auf Klebeflansche oder mittels Los- und Festflanschkonstruktionen.

Abdichtungen nach DIN 18195-6 sind ausschließlich mittels Los- und Festflanschkonstruktionen auszuführen.

Im Bereich der Los-/Festflanschkonstruktionen sind vorgefertigte Einbauteile z. B. aus bitumenverträglichen Kunststoffdichtungsbahnen nach Tabelle 5 von DIN 18195-2 : 2000-08, zu verwenden, die im Anschlussbereich zur kunststoffmodifizierten Bitumendickbeschichtung eine Vlies- oder Gewebekaschierung zum Einbetten in die kunststoffmodifizierte Bitumendickbeschichtung besitzen, im Klemmbereich aber unkaschiert sind.

5.4.3 Fugen

Die Abdichtung der Fugen erfolgt mit bitumenverträglichen Streifen aus Kunststoff-Dichtungsbahnen, die eine Vlies- oder Gewebekaschierung zum Einbetten in die kunststoffmodifizierte Bitumendickbeschichtung besitzen. Die Stoßverbindungen der Streifen sind je nach Werkstoff in Fügetechnik nach 7.4 auszuführen.

5.4.4 Prüfung

Die Schichtdickenkontrolle hat im frischen Zustand durch das Messen der Nassschichtdicke (mindestens 20 Messungen je Ausführungsobjekt bzw. mindestens 20 Messungen je 100 m^2) zu erfolgen. Die Verteilung der Messpunkte sollte diagonal erfolgen. Je nach baulichen Gegebenheiten ist die Messpunktdichte, z. B. im Bereich von Durchdringungen, Übergängen, Anschlüssen, zu erhöhen. Bei zwei Aufträgen mit Verstärkungseinlagen sind beide Schichtdicken gesondert zu kontrollieren.

Die Überprüfung der Durchtrocknung muss an einer Referenzprobe zerstörend mittels Keilschnittverfahren erfolgen. Die Referenzprobe besteht aus dem an dem Objekt vorhandenen Untergrund (z. B. Mauerstein), der in der Baugrube gelagert wird.

Für nachträgliche Prüfungen an dem Objekt kann die Trockenschichtdicke durch das Keilschnittverfahren festgestellt werden.

Bei Abdichtung nach DIN 18195-5 und DIN 18195-6 sind die Schichtdickenkontrollen (Anzahl, Lage, Ergebnis) sowie die Durchtrocknungsprüfung zu dokumentieren.

5.5 Asphaltmastix und Gussasphalt

Asphaltmastix und Gussasphalt sind mit Spachtel oder Schieber, Gussasphalt auf großen Flächen auch maschinell, zu verarbeiten.

6 Verarbeitung von Bitumenbahnen und Metallbändern

6.1 Allgemeines

Bitumenbahnen sind nach einem der in 6.2 bis 6.7 festgelegten Verfahren vollflächig miteinander zu verkleben. Metallbänder sind grundsätzlich im Gieß- und Einwalzverfahren nach 6.4 zu verarbeiten. Das Schweißverfahren nach 6.6 darf nur für Schweißbahnen angewendet werden. Das Flämmverfahren nach 6.5 darf nicht bei nackten Bitumenbahnen angewendet werden.

Die Bitumenbahnen und Metallbänder sind innerhalb einer Lage und von Lage zu Lage gegeneinander versetzt und im Regelfall in der gleichen Richtung einzubauen.

Folgende Mindestbreiten der Überlappung an Nähten, Stößen und Anschlüssen sind einzuhalten:

– Bitumenbahnen und kaltselbstklebende
  Bitumen-Dichtungsbahnen: An Nähten 80 mm
                                                An Stößen und Anschlüssen 100 mm

– Bitumen-Schweißbahnen in Verbindung mit Gussasphalt: An Nähten 80 mm
                                                  An Stößen und Anschlüssen 100 mm

| – Edelstahlkaschierte Bitumen-Schweißbahnen: | An Längsnähten mindestens 100 mm
An Quernähten, Stößen und Anschlüssen mindestens
200 mm |
| – Metallbänder in Verbindung mit Bitumenwerkstoffen: | An Längsnähten 100 mm
An Quernähten, Stößen und Anschlüssen 200 mm |

6.2 Bürstenstreichverfahren

6.2.1 Auf waagerechten oder schwach geneigten Bauwerksflächen

Die Bitumenbahnen sind durch einen vollflächigen Aufstrich aus Klebemasse zu verkleben. Dabei ist die Klebemasse in ausreichender Menge vor die aufgerollte Bitumenbahn mit einer Bürste aufzutragen. Die Bitumenbahn ist dann unmittelbar anschließend so in die Klebemasse einzurollen, dass sie möglichst hohlraumfrei aufgeklebt werden kann. Die Ränder der aufgeklebten Bitumenbahnen sind anzubügeln.

6.2.2 Auf senkrechten oder stark geneigten Bauwerksflächen

Die Bitumenbahnen sind durch zwei vollflächige Aufstriche aus Klebemasse zu verkleben. Dabei sind der Untergrund und die Unterseite der aufzuklebenden Bitumenbahn mit jeweils einem Aufstrich zu versehen. Es darf jedoch nur so viel Fläche mit Klebemasse bestrichen werden, dass bei dem Aufkleben der Bitumenbahn beide Aufstriche noch ausreichend flüssig sind, damit eine einwandfreie Verklebung sichergestellt ist. Die aufgeklebten Bitumenbahnen sind von der Bahnenmitte aus zu den Rändern hin anzubügeln.

6.3 Gießverfahren

Beim Gießverfahren werden die Bitumenbahnen in die ausgegossene Klebemasse eingerollt. Hierzu sind ungefüllte Klebemassen zu verwenden. Das Gießverfahren ist gegenüber dem Bürstenstreichverfahren zu bevorzugen.

Auf waagerechten und schwach geneigten Bauwerksflächen ist die Klebemasse aus einem Gießgefäß so auf den Untergrund vor die aufgerollte Bitumenbahn zu gießen, dass die Bahn beim Ausrollen satt in die Klebemasse eingebettet wird. Auf senkrechten und stark geneigten Bauwerksflächen ist die Klebemasse in den Zwickel zwischen Untergrund und angedrückter Bahnenrolle zu gießen.

Beim Ausrollen der Bitumenbahn muss der Bahnenrolle in ganzer Breite ein Klebemassewulst vorlaufen, und die Klebemasse muß an den Rändern der Bitumenbahn austreten. Die ausgetretene Klebemasse ist sofort flächig zu verteilen.

6.4 Gieß- und Einwalzverfahren

Beim Gieß- und Einwalzverfahren sind die Bitumenbahnen bzw. die Metallbänder in die ausgegossene Klebemasse einzuwalzen. Hierzu darf nur gefüllte Klebemasse verwendet werden.

Das Einbauverfahren ist sinngemäß wie in 6.3 durchzuführen, jedoch müssen die aufzuklebenden Bahnen straff auf einen Kern gewickelt sein und beim Ausrollen fest in die Klebemasse eingewalzt werden.

Auf senkrechten oder stark geneigten Flächen sollten Bitumenbahnen nur mit einer Breite bis 0,75 m verwendet werden, es sei denn, dass ein maschinelles Verarbeitungsverfahren eine größere Breite zulässt. Abweichungen von dieser Breite können außerdem in der Unebenheit des Untergrundes bedingt sein.

6.5 Flämmverfahren

Beim Flämmverfahren wird Klebemasse aus Heißbitumen in ausreichender Menge auf den Untergrund gegossen und möglichst gleichmäßig verteilt. Zum Verkleben der Bitumenbahn ist die Bitumenschicht durch Wärmezufuhr wieder aufzuschmelzen und die fest aufgewickelte Bitumenbahn darin auszurollen. Im Überdeckungsbereich der Bitumenbahnen ist zusätzlich Klebemasse aufzubringen.

Für die Breite der Bitumenbahnen bei senkrechten oder stark geneigten Flächen gilt 6.4.

6.6 Schweißverfahren

Beim Schweißverfahren sind sowohl die dem Untergrund zugewandte Seite der fest aufgewickelten Schweißbahn als auch der Untergrund selbst zum Zwecke einer einwandfreien Verbindung ausreichend zu erhitzen. Die Bitumenmasse der Schweißbahn muss dabei soweit aufgeschmolzen werden, dass beim Ausrollen der Bahn ein Bitumenwulst in ganzer Breite vorläuft und die Bitumenmasse an den Rändern der ausgerollten Bahn austritt. Die ausgetretene Bitumenmasse ist sofort flächig zu verteilen. Für die Breite der Bitumenbahnen bei senkrechten oder stark geneigten Flächen gilt 6.4.

6.7 Kaltselbstklebende Bitumen-Dichtungsbahnen

Bei der Kaltverarbeitung wird die Dichtungsbahn unter Abziehen eines Trennpapiers oder einer Trennfolie flächig verklebt und angedrückt. An den Überlappungen muss der Andruck mit einem Hartgummiroller erfolgen. Zur Vermeidung von Kapillaren sind am T-Stoß gesonderte Maßnahmen zu ergreifen (z. B. Schrägschnitt der unterdeckenden Bahn). Die Breite der kaltselbstklebenden Bitumen-Dichtungsbahnen sollte bei senkrechten oder stark geneigten Flächen 1,10 m nicht überschreiten.

7 Verarbeitung von Kunststoff-Dichtungsbahnen

7.1 Allgemeines

Kunststoff-Dichtungsbahnen sind nach einem der in 7.2 und 7.3 festgelegten Verfahren zu verarbeiten, werkseitig vorgefertigte Planen jedoch nur nach 7.3.

Folgende Mindestbreiten der Überlappung an Längs- und Quernähten sind einzuhalten:

- Kunststoff-Dichtungsbahnen: 50 mm,
  bei Verklebung mit Bitumen 80 mm

- Elastomer-Bahnen: 50 mm

- Längs- und Quernähte sind nach 7.4 herzustellen.

7.2 Verklebte Verlegung

7.2.1 Allgemeines

Werden Kunststoff-Dichtungsbahnen mit Verklebung verlegt, sind sie vollflächig zu verkleben. Bei Verwendung von Bitumenklebemasse sind bitumenverträgliche Bahnen zu verwenden.

Die Kunststoff-Dichtungsbahnen sind nach einem der in 7.2.2 bis 7.2.4 beschriebenen Verfahren zu verarbeiten. Soweit die Naht- und Stoßverbindungen nicht mit Bitumen verklebt werden, ist sicherzustellen, dass die zu überlappenden Teile der Bahnen frei von Klebemasse bleiben.

7.2.2 Bürstenstreichverfahren

Beim Bürstenstreichverfahren ist vor die aufgerollte Kunststoff-Dichtungsbahn Klebemasse in ausreichender Menge auf den Untergrund aufzutragen und mit einer Bürste (Besen) gleichmäßig zu verteilen, so dass ein vollflächiger Klebefilm entsteht. Die Bahn ist darin einzurollen und gleichmäßig anzudrücken, so dass möglichst keine Hohlräume oder Blasen entstehen.

7.2.3 Gießverfahren

Beim Gießverfahren werden die Bahnen in die ausgegossene Klebemasse eingerollt. Hierzu sind ungefüllte Klebemassen zu verwenden.

Auf waagerechten oder schwach geneigten Flächen ist die Klebemasse aus einem Gießgefäß so auf den Untergrund vor die aufgerollte Bahn zu gießen, dass sie beim Ausrollen satt in die Klebemasse eingebettet wird. Auf senkrechten oder stark geneigten Flächen ist die Klebemasse in den Zwickel zwischen Untergrund und angedrückter Bahnenrolle zu gießen. Beim Ausrollen der Bahn muss vor der Bahnenrolle in ganzer Breite ein Klebemassenwulst laufen.

7.2.4 Flämmverfahren

Beim Flämmverfahren wird Klebemasse in ausreichender Menge auf den Untergrund gegossen und möglichst gleichmäßig verteilt. Zum Verkleben mit der Kunststoff-Dichtungsbahn ist die Bitumenschicht durch Wärmezufuhr wieder aufzuschmelzen und die fest aufgerollte Kunststoff-Dichtungsbahn darin auszurollen. Der Untergrund kann bei diesem Verfahren auch aus einer Bitumen-Schweißbahn nach Tabelle 4, Zeilen 7 und 9 von DIN 18195-2 : 2000-08, bestehen.

7.2.5 Verklebung von Elastomer-Dichtungsbahnen mit Selbstklebeschicht

Bei der Kaltverarbeitung muss die Dichtungsbahn unter Abzug eines Trennpapiers bzw. einer Trennfolie flächig aufgeklebt und angedrückt werden.

Die Verbindung der Bahnen an Längs- und Quernähten sowie im Anschlussbereich sind nach einem in 7.4 beschriebenen Verfahren auszuführen.

7.3 Lose Verlegung

7.3.1 Lose Verlegung mit mechanischer Befestigung oder teilflächiger Verklebung

Die Kunststoff-Dichtungsbahnen oder daraus werkseitig vorgefertigte Planen sind lose auf dem Untergrund zu verlegen und stellenweise durch mechanische Befestigungsmittel mit dem Untergrund zu verbinden. Art, Lage und Anzahl der Befestigungsmittel sind auf die Art des Untergrundes und der Kunststoff-Dichtungsbahnen sowie auf die zu erwartenden Beanspruchungen abzustimmen. Sie dürfen die Kunststoff-Dichtungsbahnen auf Dauer weder chemisch noch mechanisch schädigen. Als Montagehilfe dürfen bei der Verarbeitung auch kunststoffverträgliche Kaltklebestoffe verwendet werden.

ANMERKUNG: Als Befestigungsmittel für Kunststoff-Dichtungsbahnen eignen sich auf das jeweilige System abgestimmte Flachbänder oder Halteteller aus Metall, kunststoffbeschichtetem Metall oder aus Kunststoff, die mit Nieten, Schrauben oder Dübeln am Untergrund befestigt werden, sowie Profile zum Einbetonieren aus Kunststoff oder kunststoffbeschichtetem Metall.

7.3.2 Lose Verlegung mit Auflast

Die Kunststoff-Dichtungsbahnen oder daraus werkseitig vorgefertigte Planen sind lose auf dem Untergrund zu verlegen und mit einer dauernd wirksamen Auflast zu versehen.

7.4 Fügetechnik der Kunststoff- und Elastomer-Dichtungsbahnen

7.4.1 Allgemeines

Für die Herstellung der Naht- und Stoßverbindungen auf der Baustelle dürfen in Abhängigkeit von den Werkstoffen der Kunststoff-Dichtungsbahnen Verfahren nach Tabelle 2 angewendet werden. Für die Breite der Schweißnähte gilt Tabelle 3.

Zur Herstellung der Verbindungen müssen die Verbindungsflächen trocken und frei von Verunreinigungen sein. Falls Kaschierungen oder andere Beschichtungen das Herstellen der Verbindungen behindern, sind sie zu entfernen. Bei Kunststoff-Dichtungsbahnen mit einer Dicke von mindestens 1,5 mm sind im Bereich von T-Stößen die Kanten der unteren Bahnen mechanisch oder thermisch anzuschrägen.

7.4.2 Quellschweißen

Beim Quellschweißen sind die sauberen und trockenen Verbindungsflächen mit einem geeigneten Lösemittel (Quellschweißmittel) oder Lösemittelgemisch anzulösen und unmittelbar danach durch gleichmäßiges, flächiges Andrücken zu verbinden.

7.4.3 Warmgasschweißen

Beim Warmgasschweißen sind die sauberen Verbindungsflächen durch Einwirkung von Warmgas (Heißluft) zu plastifizieren und unmittelbar danach durch gleichmäßiges, flächiges Andrücken zu verbinden.

7.4.4 Heizelementschweißen

Beim Heizelementschweißen sind die sauberen Verbindungsflächen durch einen Heizkeil zu plastifizieren und unmittelbar danach durch gleichmäßiges, flächiges Andrücken zu verbinden.

Tabelle 2: Kunststoff- und Elastomer-Dichtungsbahnen, Fügeverfahren

Verfahren	Kunststoff-Dichtungsbahnen, Werkstoff [1]				
	ECB	EVA	PIB	PVC-P	Elastomer
Quellschweißen		x	x	x	x [2]
Warmgasschweißen	x	x		x	x [2]
Heizelementschweißen	x	x		x	x [2]
Verkleben mit Heißbitumen	x		x		

[1] Kurzzeichen nach DIN 7728-1
[2] Nach Werksvorschrift

539

Tabelle 3: Kunststoff- und Elastomer-Dichtungsbahnen, Breite der Schweißnähte

Verfahren	Werkstoff [1]	Einfache Naht mm min.	Doppelnaht, je Einzelnaht mm min.
Quellschweißen	EVA PIB PVC-P Elastomer	30 30 30 30	– – – –
Warmgasschweißen	ECB EVA PVC-P Elastomer	30 20 20 30/80 [2]	20 15 15 15/–
Heizelementschweißen	ECB EVA PVC-P Elastomer	30 20 30 30	15 15 15 15
Werkseitige Beschichtung in Fügenaht	Elastomer	80 [2]	–

[1] Kurzzeichen nach DIN 7728-1.

[2] Nach Werksvorschrift

7.4.5 Verkleben mit Bitumen

Beim Verkleben mit Bitumen sind die sauberen Verbindungsflächen vollflächig mit Bitumenklebemasse zu verbinden.

7.4.6 Prüfung

Auf der Baustelle ausgeführte Naht- und Stoßverbindungen nach 7.4.2 bis 7.4.4 sind auf ihre Dichtheit zu prüfen. Hierfür ist im Regelfall eine Kombination aus den nachstehend aufgeführten Prüfverfahren anzuwenden.

a) Verfahren A: Reißnadelprüfung

   Bei der Reißnadelprüfung ist eine Reißnadel oder ein anderes geeignetes Werkzeug an der Schweißnahtkante entlangzuführen.

b) Verfahren B: Anblasprüfung

   Bei der Anblasprüfung ist die Schweißnahtkante mit einem Handgerät für Warmgasschweißung anzublasen. Die Temperatur des Warmgases sollte hierbei etwa 150 °C, gemessen etwa 5 mm vor der Düse, betragen. Es ist eine Spitzdüse oder eine höchstens 20 mm breite Flachdüse zu verwenden. Die Anblasprüfung darf nicht bei ECB-Bahnen angewendet werden.

c) Verfahren C: Optische Prüfung

   Bei der optischen Prüfung ist die Schweißnahtraupe der Verbindungen von Bahnen aus ECB oder PIB durch Betrachten zu prüfen. Bei Bahnen aus PVC-P ist anstelle dieser Prüfung die Nachbehandlung nach 7.4.7 anzuwenden.

d) Verfahren D: Druckluftprüfung

   Bei der Druckluftprüfung ist ein Prüfkanal, gebildet aus einer doppelten Schweißnaht, mit Druckluft zu füllen. Der Prüfkanal sollte 10 mm bis 20 mm breit sein, der Prüfdruck etwa 2 bar und die Prüfdauer mindestens 5 min betragen. Die Prüfung gilt als nicht bestanden, wenn der Prüfdruck um mehr als 20 % abfällt oder eine Naht stellenweise aufplatzt. Die Druckluftprüfung darf nicht bei PIB-Bahnen angewendet werden.

e) Verfahren E: Vakuumprüfung

   Bei der Vakuumprüfung ist eine Prüfflüssigkeit auf die Verbindung aufzutragen, darüber eine durchsichtige Prüfglocke aufzusetzen und die darin befindliche Luft abzusaugen. Die Prüfglocke muss der örtlichen Formgebung angepasst sein. Der Prüfdruck sollte bei PIB-Bahnen höchstens 0,2 bar, bei anderen Bahnen im Regelfall 0,4 bar betragen. Die Prüfung gilt als nicht bestanden, wenn die Prüfflüssigkeit unter dem Einfluss des Unterdruckes Blasen bildet.

Für die Prüfung sind folgende Verfahrenskombinationen anzuwenden:

- bei Verlegung nach 7.2 (verklebte Verlegung):
  Reißnadelprüfung oder Anblasprüfung in Verbindung mit einer optischen Prüfung
- bei Verlegung nach 7.3 (lose Verlegung),
- bei Prüfabschnitten ab 3 m Länge:
  Druckluftprüfung, ergänzt in den nicht erfassbaren Bereichen, z. B. bei T- und Kreuzstößen, durch die Vakuumprüfung. In Sonderfällen darf auch die Reißnadelprüfung oder Anblasprüfung, in Verbindung mit einer optischen Prüfung angewendet werden.
- bei Prüfabschnitten unter 3 m Länge:
  Reißnadelprüfung oder Anblasprüfung, in Verbindung mit einer optischen Prüfung, im Bereich von Eckpunkten, T- und Kreuzstößen und stichprobenweise in den Prüfabschnitten selbst, ergänzt durch die Vakuumprüfung.

7.4.7 Nachbehandlung

Die nach 7.4.2 bis 7.4.4 hergestellten Nahtverbindungen sind wie folgt nachzubehandeln:

T-Stöße von Abdichtungen mit PIB-Bahnen sind durch Injizieren von PIB-Lösung nachzubehandeln. Ferner sollten die Nähte von EVA und PVC-P-Bahnen nach dem Quell- oder Warmgasschweißen durch Überstreichen der äußeren Nahtkanten mit der entsprechenden Nahtlösung/-paste nachbehandelt werden.

Bauwerksabdichtungen Teil 4: Abdichtungen gegen Bodenfeuchte (Kapillarwasser, Haftwasser) und nichtstauendes Sickerwasser an Bodenplatten und Wänden, Bemessung und Ausführung	**DIN** **18195-4**

ICS 91.100.50; 91.120.30

Ersatz für DIN 18195-4:1983-08

Water-proofing of buildings – Part 4: Water-proofing against ground moisture (capillary water, retained water) and non-accumulating seepage water under floor slabs and on walls, design and execution

Étanchéité d'ouvrage – Partie 4: Étanchéité contre l'humidité du sol (eau capillaire, eau de rétention) et eau d'infiltration non-accumulante sous les dalles de plancher en sous-sol et aux murs, dimensionnement et exécution

Inhalt

Vorwort

Diese Norm wurde vom NABau-Arbeitsausschuss „Bauwerksabdichtungen" erarbeitet. Die Normen der Reihe DIN 18195 „Bauwerksabdichtungen" wurden erstmals 1983 herausgegeben. Bei der nunmehr vorgenommenen Überarbeitung wurde die Norm in einer ersten Stufe an die wesentliche Entwicklung im Bereich der Bauwerksabdichtungen angepasst. Die weitere Vorgehensweise bei der Überarbeitung der Normenreihe DIN 18195 „Bauwerksabdichtungen" hat der Arbeitsausschuss wie folgt beschlossen:

Nach Veröffentlichung von DIN 18195 Teile 1 bis 6 sind zwei Überarbeitungsphasen vorgesehen:

In der ersten Phase werden die Teile 8 bis 10 an die geänderten Teile 1 bis 6 angeglichen. Der Teil 7 bedarf einer umfangreichen Änderung, die für die zweite Phase vorgesehen ist.

In der zweiten Phase werden alle 10 Teile der Norm grundlegend überarbeitet, dabei soll auch über Festlegungen für Abdichtungen mit bisher nicht in die Normenreihe aufgenommenen Produkten, wie z. B. mineralischen Dichtungsschlämmen, Abdichtungen mit Flüssigkunststoffen sowie weiteren Kunststoff-Dichtungsbahnen mit oder ohne Selbstklebeschicht beraten werden. Hierzu werden Kriterien zur Aufnahme dieser Produkte in die Normenreihe DIN 18195 vom Arbeitsausschuss aufgestellt.

DIN 18195 „Bauwerksabdichtungen" besteht aus:

– Teil 1: Grundsätze, Definitionen, Zuordnung der Abdichtungsarten
– Teil 2: Stoffe
– Teil 3: Anforderungen an den Untergrund und Verarbeitung der Stoffe
– Teil 4: Abdichtungen gegen Bodenfeuchte (Kapillarwasser, Haftwasser) und nichtstauendes Sickerwasser an Bodenplatten und Wänden, Bemessung und Ausführung
– Teil 5: Abdichtungen gegen nichtdrückendes Wasser auf Deckenflächen und in Nassräumen, Bemessung und Ausführung
– Teil 6: Abdichtungen gegen von außen drückendes Wasser und aufstauendes Sickerwasser, Bemessung und Ausführung
– Teil 7: Abdichtungen gegen von innen drückendes Wasser, Bemessung und Ausführung
– Teil 8: Abdichtungen über Bewegungsfugen
– Teil 9: Durchdringungen, Übergänge, Abschlüsse
– Teil 10: Schutzschichten und Schutzmaßnahmen

Fortsetzung Seite 2 bis 6

Normenausschuss Bauwesen (NABau) im DIN Deutsches Institut für Normung e.V.

Änderungen

Gegenüber DIN 18195-4:1983-08 wurden folgende Änderungen vorgenommen:

a) Die Beschreibung der Bauweisen wurde an die geänderte Liste der Stoffe nach DIN 18195-2 angepasst.

b) Die bisher enthaltenen Bilder entfallen, die zugehörigen Erläuterungen in Abschnitt 6 wurden entsprechend umformuliert.

c) Abschnitt 7 wurde in DIN 18195-3 übernommen, die zugehörige Tabelle entfällt.

Frühere Ausgaben

DIN 4117: 1950-06, 1960-11
DIN 18195-4: 1983-08

1 Anwendungsbereich

1.1 Diese Norm gilt für die Abdichtung von Bauwerken und Bauteilen mit Bitumenwerkstoffen und Kunststoff-Dichtungsbahnen gegen im Boden vorhandenes, kapillargebundenes und durch Kapillarkräfte auch entgegen der Schwerkraft fortleitbares Wasser (Saugwasser, Haftwasser, Kapillarwasser).

Sie gilt ferner für das Abdichten gegen das von Niederschlägen herrührende und nichtstauende Sickerwasser bei senkrechten und unterschnittenen Wandbauteilen.

Mit dieser Feuchtigkeitsbeanspruchung darf nur gerechnet werden, wenn das Baugelände bis zu einer ausreichenden Tiefe unter der Fundamentsohle und auch das Verfüllmaterial der Arbeitsräume aus stark durchlässigen Böden, z. B. Sand oder Kies (Wasserdurchlässigkeitsbeiwert $k > 10^{-4}$ m/s nach DIN 18130-1), bestehen oder wenn bei wenig durchlässigen Böden eine Dränung nach DIN 4095 vorhanden ist, deren Funktionsfähigkeit auf Dauer gegeben ist.

1.2 Diese Norm gilt nicht für
– die Abdichtung von nicht genutzten und von extensiv begrünten Dachflächen (siehe DIN 18531),
– die Abdichtung von Fahrbahnen, die zu öffentlichen Straßen oder zu Schienenwegen gehören, z. B. Fahrbahntafeln,
– die Abdichtung von Deponien, Erdbauwerken und bergmännisch erstellten Tunnel.
– nachträgliche Abdichtungen in der Bauwerkserhaltung oder in der Baudenkmalpflege, es sei denn, es können hierfür Verfahren angewendet werden, die in dieser Norm beschrieben werden.
– Bauteile, die so wasserundurchlässig sind, dass die Dauerhaftigkeit des Bauteils und die Nutzbarkeit des Bauwerks ohne weitere Abdichtung im Sinne dieser Norm gegeben sind. In diesem Sinne gilt sie auch nicht für Konstruktionen aus wasserundurchlässigem Beton.

2 Normative Verweisungen

Diese Norm enthält durch datierte oder undatierte Verweisungen Festlegungen aus anderen Publikationen. Diese normativen Verweisungen sind an den jeweiligen Stellen im Text zitiert, und die Publikationen sind nachstehend aufgeführt. Bei datierten Verweisungen gehören spätere Änderungen oder Überarbeitungen dieser Publikationen nur zu dieser Norm, falls sie durch Änderung oder Überarbeitung eingearbeitet sind. Bei undatierten Verweisungen gilt die letzte Ausgabe der in Bezug genommenen Publikation.

DIN 1053-1
    Mauerwerk – Teil 1: Berechnung und Ausführung

DIN 4095
    Baugrund – Dränung zum Schutz baulicher Anlagen – Planung, Bemessung und Ausführung

DIN 16734
    Kunststoff-Dachbahnen aus weichmacherhaltigem Polyvinylchlorid (PVC-P) mit Verstärkung aus synthetischen Fasern, nicht bitumenverträglich – Anforderungen

DIN 16735
    Kunststoff-Dachbahnen aus weichmacherhaltigem Polyvinylchlorid (PVC-P) mit einer Glasvlieseinlage, nicht bitumenverträglich – Anforderungen

DIN 16935
    Kunststoff-Dichtungsbahnen aus Polyisobutylen (PIB) – Anforderungen

DIN 16938
Kunststoff-Dichtungsbahnen aus weichmacherhaltigem Polyvinylchlorid (PVC-P), nicht bitumenverträglich – Anforderungen

DIN 18130-1
Baugrund, Untersuchung von Bodenproben – Bestimmung des Wasserdurchlässigkeitsbeiwerts – Teil 1: Laborversuche

DIN 18195-1
Bauwerksabdichtungen – Teil 1: Grundsätze, Definitionen, Zuordnung der Abdichtungsarten

DIN 18195-2
Bauwerksabdichtungen – Teil 2: Stoffe

DIN 18195-3
Bauwerksabdichtungen – Teil 3: Anforderungen an den Untergrund und Verarbeitung der Stoffe

DIN 18195-8
Bauwerksabdichtungen – Teil 8: Abdichtungen über Bewegungsfugen

DIN 18195-9
Bauwerksabdichtungen – Teil 9: Durchdringungen, Übergänge, Abschlüsse

DIN 18195-10
Bauwerksabdichtungen – Teil 10: Schutzschichten und Schutzmaßnahmen

DIN 18531
Dachabdichtungen – Begriffe, Anforderungen, Planungsgrundsätze

DIN 52128
Bitumendachbahnen mit Rohfilzeinlage – Begriff, Bezeichnung, Anforderungen

DIN 52129
Nackte Bitumenbahnen – Begriff, Bezeichnung, Anforderungen

DIN 52130
Bitumen-Dachdichtungsbahnen – Begriffe, Bezeichnungen, Anforderungen

3 Definitionen

Für die Anwendung dieser Norm gelten die Definitionen nach DIN 18195-1.

4 Stoffe

Für Abdichtungen gegen Bodenfeuchte sind nach Maßgabe des Abschnittes 7 „Ausführung", Stoffe nach DIN 18195-2 zu verwenden.

5 Anforderungen

Abdichtungen nach dieser Norm müssen Bauwerke und Bauteile gegen von außen einwirkende Bodenfeuchte und erdberührte Wandbauteile nach 1.1 auch gegen nichtstauendes Sickerwasser schützen. Sie müssen gegen natürliche oder durch Lösungen aus Beton oder Mörtel verändertes Wasser unempfindlich sein.

6 Anordnung

6.1 Wände

6.1.1 Alle vom Boden berührten Außenflächen der Umfassungswände sind gegen seitliche Feuchtigkeit nach 7.3 abzudichten. Diese Abdichtung muss planmäßig im Regelfall bis 300 mm über Gelände hochgeführt werden, um ausreichende Anpassungsmöglichkeiten der Geländeoberfläche sicherzustellen. Im Endzustand darf dieser Wert das Maß von 150 mm nicht unterschreiten.

Ist dies im Einzelfall nicht möglich (Terrassentüren, Hauseingänge), sind dort besondere Maßnahmen gegen das Eindringen von Wasser oder das Hinterlaufen der Abdichtung einzuplanen (z. B. durch ausreichend große Vordächer, Rinnen mit Abdeckungen oder Gitterrost).

Oberhalb des Geländes darf die Abdichtung entfallen, wenn dort ausreichend wasserabweisende Bauteile verwendet werden; andernfalls ist sie hinter der Sockelbekleidung hochzuziehen.

544

6.1.2 Außen- und Innenwände von Gebäuden sind durch mindestens eine waagerechte Abdichtung (Querschnitts-abdichtung) nach 7.2 gegen aufsteigende Feuchtigkeit zu schützen.

6.1.3 Die Abdichtung nach 6.1.1 muss unten bis zum Fundamentabsatz reichen und so an die waagerechte Abdichtung nach 6.1.2 herangeführt oder mit ihr verklebt werden, dass keine Feuchtigkeitsbrücken, insbesondere im Bereich von Putzflächen entstehen können (Putzbrücken).

6.1.4 Bei unverputzt bleibendem, zweischaligem Mauerwerk am Gebäudesockel (Verblendmauerwerk) kann die Abdichtung nach 6.1.1 hinter der Verblendung auf der Außenseite der Innenschale hochgeführt werden. Der Schalenzwischenraum sollte am Fußpunkt der Verblendschale oberhalb der Geländeoberfläche entwässert werden. Erfolgt die Entwässerung unterhalb der Geländeoberfläche, ist in eine Sickerschicht oder Dränung zu entwässern.

6.1.5 Bei Wänden aus Beton ist die Anordnung von waagerechten Abdichtungen in den Wänden im Regelfall nicht möglich. Zum Schutz gegen das Aufsteigen von Feuchtigkeit sind im Einzelfall besondere Maßnahmen erforderlich, die vom Planer vor Beginn der Arbeiten festzulegen sind.

6.2 Bodenplatten

6.2.1 Die Bodenplatte ist grundsätzlich gegen aufsteigende Feuchtigkeit nach 7.4 abzudichten. Dabei muss die Abdichtung des Fußbodens an die waagerechte Abdichtung der Wände so herangeführt oder mit ihr verklebt werden, dass keine Feuchtigkeitsbrücken insbesondere im Bereich von Putzflächen entstehen können (Putzbrücken).

6.2.2 Bei Raumnutzungen mit geringen Anforderungen an die Trockenheit der Raumluft kann die Abdichtung nach 7.4 entfallen, wenn durch eine kapillarbrechende Schüttung ($k > 10^{-4}$ m/s) mit einer Dicke von mindestens 150 mm unter der Bodenplatte der Wassertransport durch die Bodenplatte hinreichend vermindert wird.

Hierunter fallen beispielsweise nicht Räume zum ständigen Aufenthalt von Personen.

7 Ausführung

7.1 Allgemeines

7.1.1 Bei der Ausführung von Abdichtungen gegen Bodenfeuchte gelten

– DIN 18195-3 für die Anforderungen an den Untergrund und das Verarbeiten der Stoffe,
– DIN 18195-8 für das Herstellen der Abdichtungen über Bewegungsfugen,
– DIN 18195-9 für das Herstellen von Durchdringungen, Übergängen und Abschlüssen,
– DIN 18195-10 für Schutzschichten und Schutzmaßnahmen.

7.1.2 Abdichtungen dürfen nur bei Witterungsverhältnissen hergestellt werden, die sich nicht nachteilig auf sie auswirken, es sei denn, dass schädliche Wirkungen durch besondere Vorkehrungen mit Sicherheit verhindert werden.

7.1.3 Werden Bahnen mit Bitumen verklebt, sind die Mindestmengen für Klebeschichten und gegebenenfalls Deckaufstriche nach Tabelle 1 von DIN 18195-5 : 2000-08, einzuhalten.

7.2 Waagerechte Abdichtungen in oder unter Wänden

Für die waagerechte Abdichtung in oder unter Wänden sind

– Bitumen-Dachbahnen mit Rohfilzeinlage nach DIN 52128,
– Bitumen-Dachdichtungsbahnen nach DIN 52130,
– Kunststoff-Dichtungsbahnen nach Tabelle 5 von DIN 18195-2 : 2000-08

zu verwenden.

Nicht bitumenverträgliche Kunststoff-Dichtungsbahnen nach DIN 16938, DIN 16734 und DIN 16735 dürfen nur verwendet werden, wenn sie nicht mit Bitumenwerkstoffen in Berührung kommen.

Die Abdichtungen müssen aus mindestens einer Lage bestehen. Die Auflagerflächen für die Bahnen sind mit dem jeweils verwendeten Mauermörtel nach DIN 1053-1 so dick abzugleichen, dass waagerechte Oberflächen ohne für die Bahnen schädliche Unebenheiten entstehen.

Die Bahnen dürfen nicht aufgeklebt werden und müssen eine durchgehende Abdichtungslage bilden. Sie müssen sich um mindestens 200 mm überdecken. Die Überdeckungen dürfen verklebt werden. Wenn es aus konstruktiven Gründen notwendig ist, können die Abdichtungen in den Wänden z. B. stufenförmig ausgebildet werden, damit horizontale Kräfte übertragen werden können.

Bei zweischaligem Mauerwerk und Entwässerung unterhalb der Geländeoberfläche nach 6.1.4 müssen die Stöße verklebt werden.

7.3 Abdichtungen von Außenwandflächen

7.3.1 Allgemeines

Für die Herstellung der Abdichtung von Außenwandflächen dürfen alle in DIN 18195-2 : 2000-08 genannten Abdichtungsstoffe mit Ausnahme der in Tabelle 3 und in Tabelle 4, Zeilen 2 und 3 genannten Stoffe verwendet werden. Sie sind unter Berücksichtigung der baulichen und abdichtungstechnischen Erfordernisse auszuwählen.

Die Abdichtung muss in ihrer gesamten Länge an die waagerechte Abdichtung nach 7.2 herangeführt oder mit ihr verklebt werden, so dass keine Feuchtigkeitsbrücken, insbesondere im Bereich von Putzflächen entstehen können (Putzbrücken). Vor den abgedichteten Wandflächen sind Schutzschichten vorzusehen. Beim Hinterfüllen ist darauf zu achten, dass die Abdichtung nicht beschädigt wird. Bauschutt, Splitt oder Geröll dürfen daher nicht unmittelbar an die abgedichteten Wandflächen angeschüttet werden.

7.3.2 Abdichtungen mit Deckaufstrichmitteln

Diese Abdichtungen sollten für unterkellerte Gebäude nicht verwendet werden.

Die Aufstriche sind aus einem kaltflüssigen Voranstrich nach Tabelle 1 von DIN 18195-2 : 2000-08, und mindestens zwei heißflüssig aufzubringenden Deckaufstrichen nach Tabelle 2 von DIN 18195-2 : 2000-08, herzustellen. Der Voranstrich muss getrocknet sein, bevor die Deckaufstriche aufgebracht werden. Der zweite Deckaufstrich ist unmittelbar nach Erkalten des ersten herzustellen. Die Aufstriche müssen eine zusammenhängende und deckende Schicht ergeben, die auf dem Untergrund fest haftet. Die Endschichtdicke muss im Mittel 2,5 mm und darf an keiner Stelle weniger als 1,5 mm dick sein.

7.3.3 Abdichtung mit kunststoffmodifizierten Bitumendickbeschichtungen (KMB)

Die kunststoffmodifizierte Bitumendickbeschichtung nach Tabelle 9 von DIN 18195-2 : 2000-08, ist in zwei Arbeitsgängen aufzubringen. Die Aufträge können frisch in frisch erfolgen. Die kunststoffmodifizierte Bitumendickbeschichtung muss eine zusammenhängende Schicht ergeben, die auf dem Untergrund haftet. Die Trockenschichtdicke muss mindestens 3 mm betragen.

Das Aufbringen der Schutzschicht darf erst nach ausreichender Trocknung der Abdichtung erfolgen.

7.3.4 Abdichtung mit Bitumenbahnen

Für die Abdichtung von Wandflächen dürfen Bitumenbahnen nach Tabelle 4, Zeilen 4 bis 10 von DIN 18195-2 : 2000-08 verwendet werden.

Die Wandflächen sind mit einem kaltflüssigen Voranstrich nach Tabelle 1 von DIN 18195-2 : 2000-08, zu versehen. Die Bitumenbahnen sind mindestens einlagig mit Klebemasse aufzukleben. Bitumen-Schweißbahnen und Polymerbitumen-Schweißbahnen sollten im Schweißverfahren aufgebracht werden.

7.3.5 Abdichtungen mit kaltselbstklebenden Bitumen-Dichtungsbahnen (KSK)

Der Untergrund ist mit einem kaltflüssigen Voranstrich nach Tabelle 1 von DIN 18195-2 : 2000-08, zu versehen. Die Abdichtung ist aus mindestens einer Lage kaltselbstklebender Bitumen-Dichtungsbahnen nach Tabelle 10 von DIN 18195-2 : 2000-08, herzustellen und vollflächig aufzukleben.

7.3.6 Abdichtungen mit Kunststoff- und Elastomer-Dichtungsbahnen

Für Abdichtungen mit Kunststoff- und Elastomer-Dichtungsbahnen dürfen alle in Tabelle 5 und Tabelle 7 von DIN 18195-2 : 2000-08 genannten Stoffe verwendet werden. Hierbei sind die Wandflächen, falls bitumenverträgliche Bahnen aufgeklebt werden, mit einem kaltflüssigen Voranstrich zu versehen. Die Abdichtung ist aus mindestens einer Lage herzustellen.

Bei der Verwendung von PIB-Bahnen sind die Wandflächen grundsätzlich mit einem Aufstrich aus Bitumenklebemasse nach DIN 18195-2 : 2000-08, Tabelle 2, zu versehen und die Bahnen im Flämmverfahren aufzukleben.

Bitumenverträgliche Kunststoff-Dichtungsbahnen dürfen sowohl mit Bitumenklebemasse als auch im Flämmverfahren oder lose mit mechanischer Befestigung eingebaut werden.

Nichtbitumenverträgliche Kunststoff-Dichtungsbahnen sind mit mechanischer Befestigung lose einzubauen; sie dürfen nicht mit Bitumen in Berührung kommen. Die Art der mechanischen Befestigung richtet sich nach den baulichen Gegebenheiten.

Abdichtungen aus Elastomer-Bahnen dürfen sowohl mit Klebemasse aufgeklebt als auch in loser Verlegung mit mechanischer Befestigung eingebaut werden.

7.3.7 Abdichtungen mit Elastomer-Dichtungsbahnen mit Selbstklebeschicht

Die Wandflächen sind mit einem kaltflüssigen Voranstrich zu versehen. Die Abdichtung ist aus einer Lage Elastomer-Dichtungsbahnen mit Selbstklebeschicht nach Tabelle 6 von DIN 18195-2 : 2000-08, herzustellen und auf den Untergrund aufzukleben. Die Überlappungen sind je nach Werkstoff mit Quellschweißmittel oder Warmgas zu verschweißen.

7.4 Abdichtungen der Bodenplatte

7.4.1 Allgemeines

Für die Herstellung der Abdichtung von Bodenplatten dürfen Bitumenbahnen, kaltselbstklebende Bitumen-Dichtungsbahnen, Kunststoff- und Elastomer-Dichtungsbahnen, kunststoffmodifizierte Bitumendickbeschichtungen oder Asphaltmastix verwendet werden. Als Untergrund für die Abdichtungen ist eine Betonschicht oder ein gleichwertiger standfester Untergrund erforderlich. Kanten und Kehlen sind, falls erforderlich, zu fasen bzw. zu runden. Die fertiggestellten Abdichtungen sind vor mechanischen Beschädigungen zu schützen, z. B. durch Schutzschichten nach DIN 18195-10.

7.4.2 Abdichtung mit kunststoffmodifizierten Bitumendickbeschichtungen (KMB)

Die kunststoffmodifizierte Bitumendickbeschichtung ist nach Tabelle 9 von DIN 18195-2 : 2000-08, in zwei Arbeitsgängen aufzubringen. Die Aufträge können frisch in frisch erfolgen. Die kunststoffmodifizierte Bitumendickbeschichtung muss eine zusammenhängende Schicht ergeben, die auf dem Untergrund haftet. Die Mindesttrockenschichtdicke muss 3 mm betragen. Das Aufbringen der Schutzschicht darf erst nach ausreichender Trocknung der Abdichtung erfolgen.

7.4.3 Abdichtungen mit Bitumenbahnen

Zur Abdichtung mit Bitumenbahnen dürfen alle in Tabelle 4 von DIN 18195-2 : 2000-08, genannten Bitumenbahnen verwendet werden. Die Abdichtungen sind aus mindestens einer Lage herzustellen. Die Bitumenbahnen sind lose oder punktweise oder vollflächig verklebt auf den Untergrund aufzubringen. Werden jedoch nackte Bitumenbahnen nach DIN 52129 oder Bitumenbahnen R 500 nach DIN 52128 verwendet, müssen diese auf ihrer Unterseite eine voll deckende, heiß aufzubringende Bitumenklebemasseschicht erhalten und mit einem gleichartigen Bitumendeckaufstrich versehen werden. Die Überdeckungen müssen vollflächig verklebt bzw. bei Schweißbahnen verschweißt werden.

7.4.4 Abdichtungen mit kaltselbstklebenden Bitumen-Dichtungsbahnen (KSK)

Der Untergrund ist mit einem kaltflüssigen Voranstrich zu versehen. Die Abdichtung ist aus mindestens einer Lage herzustellen. Die Bitumen-KSK-Bahnen sind punktweise oder vollflächig verklebt aufzubringen. Die Überdeckungen müssen vollflächig verklebt werden.

7.4.5 Abdichtungen mit Kunststoff- und Elastomer-Dichtungsbahnen

Für die Abdichtung können alle in Tabelle 5 von DIN 18195-2 : 2000-08, genannten Bahnen verwendet werden.

Die Abdichtungen sind aus mindestens einer Lage Kunststoff- oder Elastomer-Dichtungsbahnen herzustellen. Die Bahnen sind lose zu verlegen oder auf dem Untergrund aufzukleben. Die Längs- und Quernähte sind nach einem der in 7.4 von DIN 18195-3 : 2000-08 beschriebenen Verfahren herzustellen. Die Abdichtung ist mit einer Trenn- oder Schutzlage aus geeigneten Stoffen nach DIN 18195-2 : 2000-08 abzudecken.

7.4.6 Abdichtungen mit Elastomer-Dichtungsbahnen mit Selbstklebeschicht

Der Untergrund ist mit einem kaltflüssigen Voranstrich zu versehen. Die Abdichtung ist aus einer Lage Elastomer-Dichtungsbahnen mit Selbstklebeschicht nach Tabelle 6 von DIN 18195-2 : 2000-08, herzustellen und auf den Untergrund aufzukleben. Die Überlappungen sind je nach Werkstoffart mit Quellschweißmittel oder Warmgas zu verschweißen.

7.4.7 Abdichtungen mit Asphaltmastix

Abdichtungen mit Asphaltmastix sind in einer mittleren Schichtdicke von 10 mm herzustellen, wobei die Schichtdicke mindestens 7 mm betragen muss und maximal 15 mm nicht übersteigen darf.

Asphaltmastix kann auf einer Trennschicht, z. B. aus Rohglasvlies aufgebracht werden, in Innenräumen oder auf Stahlflächen kann auch ein Bitumenvoranstrich angeordnet sein.

August 2000

Bauwerksabdichtungen

Teil 5: Abdichtungen gegen nichtdrückendes Wasser auf
Deckenflächen und in Nassräumen, Bemessung und Ausführung

DIN
18195-5

ICS 91.100.50; 91.120.30

Ersatz für DIN 18195-5:1984-02

Water-proofing of buildings – Part 5: Water-proofing against non-pressing
water on floors and in wet areas, design and execution

Étanchéité d'ouvrage – Partie 5: Étanchéité contre d'eau non pressant sur
planchers et dans les blocs-bains, dimensionnement et exécution

Inhalt

Vorwort

Diese Norm wurde vom NABau-Arbeitsausschuss „Bauwerksabdichtungen" erarbeitet. Die Normen der Reihe DIN 18195 „Bauwerksabdichtungen" wurden erstmals 1983 herausgegeben. Bei der nunmehr vorgenommenen Überarbeitung wurde die Norm in einer ersten Stufe an die wesentliche Entwicklung im Bereich der Bauwerksabdichtungen angepasst. Die weitere Vorgehensweise bei der Überarbeitung der Normenreihe DIN 18195 „Bauwerksabdichtungen" hat der Arbeitsausschuss wie folgt beschlossen:

Nach Veröffentlichung von DIN 18195 Teil 1 bis 6 sind zwei Überarbeitungsphasen vorgesehen:

In der ersten Phase werden die Teile 8 bis 10 an die geänderten Teile 1 bis 6 angeglichen. Der Teil 7 bedarf einer umfangreichen Änderung, die für die zweite Phase vorgesehen ist.

In der zweiten Phase werden alle 10 Teile der Norm grundlegend überarbeitet, dabei soll auch über Festlegungen für Abdichtungen mit bisher nicht in die Normenreihe aufgenommenen Produkten, wie z. B. mineralischen Dichtungsschlämmen, Abdichtungen mit Flüssigkunststoffen sowie weiteren Kunststoff-Dichtungsbahnen mit oder ohne Selbstklebeschicht beraten werden. Hierzu werden Kriterien zur Aufnahme dieser Produkte in die Normenreihe DIN 18195 vom Arbeitsausschuss aufgestellt.

DIN 18195 „Bauwerksabdichtungen" besteht aus:

- Teil 1: Grundsätze, Definitionen, Zuordnung der Abdichtungsarten
- Teil 2: Stoffe
- Teil 3: Anforderungen an den Untergrund und Verarbeitung der Stoffe
- Teil 4: Abdichtungen gegen Bodenfeuchte (Kapillarwasser, Haftwasser) und nichtstauendes Sickerwasser an Bodenplatten und Wänden, Bemessung und Ausführung
- Teil 5: Abdichtungen gegen nichtdrückendes Wasser auf Deckenflächen und in Nassräumen, Bemessung und Ausführung
- Teil 6: Abdichtungen gegen von außen drückendes Wasser und aufstauendes Sickerwasser, Bemessung und Ausführung
- Teil 7: Abdichtungen gegen von innen drückendes Wasser, Bemessung und Ausführung
- Teil 8: Abdichtungen über Bewegungsfugen
- Teil 9: Durchdringungen, Übergänge, Abschlüsse
- Teil 10: Schutzschichten und Schutzmaßnahmen

Fortsetzung Seite 2 bis 8

Normenausschuss Bauwesen (NABau) im DIN Deutsches Institut für Normung e.V.

Änderungen

Gegenüber DIN 18195-5:1984-02 wurden folgende Änderungen vorgenommen:

a) Die Norm wurde redaktionell überarbeitet.

b) Die Beschreibung der Abdichtungsbauweisen wurde an die geänderte Liste der Werkstoffe in DIN 18195-2 angepasst.

c) Der Anwendungsbereich und die Beanspruchungsarten wurden präzisiert.

Frühere Ausgaben

DIN 4122: 1968-07, 1978-03
DIN 18195-5: 1983-08, 1984-02

1 Anwendungsbereich

1.1 Diese Norm gilt für die Abdichtung horizontaler und geneigter Flächen im Freien und im Erdreich, sowie der Wand- und Bodenflächen in Nassräumen mit Bitumenbahnen und -massen, Kunststoff- und Elastomer-Dichtungsbahnen, Metallbändern, Asphaltmastix, kunststoffmodifizierten Bitumendickbeschichtungen und den für ihren Einbau erforderlichen Werkstoffen nach DIN 18195-2 gegen nichtdrückendes Wasser, d. h. gegen Wasser in tropfbar flüssiger Form, z. B. Niederschlags-, Sicker- oder Brauchwasser, das auf die Abdichtung keinen oder nur einen geringfügigen hydrostatischen Druck ausübt.

In diesem Sinne gilt die Norm auch für die Abdichtung unter intensiv begrünten Bauwerksflächen mit einer Anstaubewässerung bis 100 mm Höhe, wenn die Ausführung der Abdichtung und ihrer Anschlüsse der dabei gegebenen besonderen Wasserbeanspruchung Rechnung trägt.

1.2 Diese Norm gilt nicht für

– die Abdichtung von nicht genutzten und von extensiv begrünten Dachflächen (siehe DIN 18531),

– die Abdichtung von Fahrbahnen, die zu öffentlichen Straßen oder zu Schienenwegen gehören, z. B. Fahrbahntafeln,

– die Abdichtung von Deponien, Erdbauwerken und bergmännisch erstellten Tunnel.

– nachträgliche Abdichtungen in der Bauwerkserhaltung oder in der Baudenkmalpflege, es sei denn, es können hierfür Verfahren angewendet werden, die in dieser Norm beschrieben werden.

– Bauteile, die so wasserundurchlässig sind, dass die Dauerhaftigkeit des Bauteils und die Nutzbarkeit des Bauwerks ohne weitere Abdichtung im Sinne dieser Norm gegeben sind. In diesem Sinne gilt sie auch nicht für Konstruktionen aus wasserundurchlässigem Beton.

2 Normative Verweisungen

Diese Norm enthält durch datierte oder undatierte Verweisungen Festlegungen aus anderen Publikationen. Diese normativen Verweisungen sind an den jeweiligen Stellen im Text zitiert, und die Publikationen sind nachstehend aufgeführt. Bei datierten Verweisungen gehören spätere Änderungen oder Überarbeitungen dieser Publikationen nur zu dieser Norm, falls sie durch Änderung oder Überarbeitung eingearbeitet sind. Bei undatierten Verweisungen gilt die letzte Ausgabe der in Bezug genommenen Publikation.

DIN 1055-3
Lastannahmen für Bauten – Teil 3: Verkehrslasten

DIN 18195-1
Bauwerksabdichtungen – Teil 1: Grundsätze, Definitionen, Zuordnung der Abdichtungsarten

DIN 18195-2
Bauwerksabdichtungen – Teil 2: Stoffe

DIN 18195-3
Bauwerksabdichtungen – Teil 3: Anforderungen an den Untergrund und Verarbeitung der Stoffe

DIN 18195-6
Bauwerksabdichtungen – Teil 6: Abdichtungen gegen von außen drückendes Wasser und aufstauendes Sickerwasser, Bemessung und Ausführung

DIN 18195-8
Bauwerksabdichtungen – Teil 8: Abdichtungen über Bewegungsfugen

DIN 18195-9
Bauwerksabdichtungen – Teil 9: Durchdringungen, Übergänge, Abschlüsse

DIN 18195-10
Bauwerksabdichtungen – Teil 10: Schutzschichten und Schutzmaßnahmen

DIN 18531
    Dachabdichtungen – Begriffe, Anforderungen, Planungsgrundsätze

ZTV-BEL-B 1
    Zusätzliche Technische Vertragsbedingungen und Richtlinien für das Herstellen von Brückenbelägen auf Beton –
    Teil 1: Dichtungsschicht aus einer Bitumen-Schweißbahn

3 Definitionen

Für die Anwendung dieser Norm gelten die Definitionen nach DIN 18195-1.

4 Stoffe

Für die Abdichtung gegen nichtdrückendes Wasser sind nach Maßgabe des Abschnitts 8 Werkstoffe nach DIN 18195-2 zu verwenden.

5 Anforderungen

5.1 Abdichtungen nach dieser Norm müssen Bauwerke oder Bauteile gegen nichtdrückendes Wasser schützen und gegen natürliche oder durch Lösungen aus Beton oder Mörtel entstandene Wässer und in Pfützen stehendes Wasser unempfindlich sein. Sind besondere chemische Beanspruchungen durch das einwirkende Wasser zu erwarten, müssen die Abdichtungsstoffe darauf abgestimmt sein.

Bei intensiv begrünten Flächen muss die Abdichtung durchwurzelungssicher sein, es sei denn, zwischen Abdichtung und Bepflanzung wird eine gesonderte, gegen Durchwurzelung dauerhaft schützende Schicht angeordnet. Die Durchwurzelungssicherheit ist nachzuweisen[1].

5.2 Die Abdichtung muss das zu schützende Bauwerk oder zu schützende Bauteil in dem gefährdeten Bereich umschließen oder bedecken und das Eindringen von Wasser verhindern.

5.3 Die Abdichtung darf bei den zu erwartenden Bewegungen der Bauteile, z. B. durch Schwingungen, Temperatur-änderungen oder Setzungen, ihre Schutzwirkung nicht verlieren. Die hierfür erforderlichen Angaben müssen bei der Planung einer Bauwerksabdichtung vorliegen.

5.4 Die Abdichtung muss Risse in dem abzudichtenden Bauwerk, die z. B. durch Schwinden entstehen, überbrücken können. Durch konstruktive Maßnahmen ist jedoch sicherzustellen, dass solche Risse zum Entstehungszeitpunkt nicht breiter als 0,5 mm sind und dass durch eine eventuelle weitere Bewegung die Breite der Risse auf höchstens 2 mm und der Versatz der Risskanten in der Abdichtungsebene auf höchstens 1 mm beschränkt bleiben. Sinngemäß gilt das gleiche für aufklaffende Arbeitsfugen u. ä.

5.5 Bei Abdichtungen nach 8.2.8 darf die Rissbreite zum Entstehungszeitpunkt 0,5 mm nicht überschreiten; eine eventuelle Erweiterung muss auf höchstens 1 mm beschränkt bleiben. Ein Versatz der Risskanten darf maximal 0,5 mm betragen.

6 Bauliche Erfordernisse

6.1 Bei der Planung des abzudichtenden Bauwerkes oder der abzudichtenden Bauteile sind die Voraussetzungen für eine fachgerechte Anordnung und Ausführung der Abdichtung zu schaffen. Dabei ist die Wechselwirkung zwischen Abdichtung und Bauwerk zu berücksichtigen und gegebenenfalls die Beanspruchung der Abdichtung durch entsprechende konstruktive Maßnahmen in zulässigen Grenzen zu halten.

6.2 Das Entstehen von Rissen im Bauwerk, die durch die Abdichtung nicht überbrückt werden können (siehe 5.4 und 5.5), ist durch konstruktive Maßnahmen, z. B. durch Anordnung von Bewehrung, ausreichender Wärmedäm-mung oder Fugen zu verhindern.

6.3 Decken aus großformatigen Einzelelementen für Parkdächer oder vergleichbar genutzte Flächen, z. B. aus Beton-Fertigteilplatten müssen zur Stabilisierung mit einem bewehrten, am Ort hergestellten Aufbeton oder mit anderen Maßnahmen zur Querkraftübertragung versehen sein, um unterschiedliche Durchbiegungen der Einzelelemente sowohl an ihren Längskanten wie an den Auflagerfugen zu vermeiden.

6.4 Dämmschichten, auf die Abdichtungen unmittelbar aufgebracht werden sollen, müssen für die jeweilige Nutzung geeignet sein. Sie dürfen keine schädlichen Einflüsse auf die Abdichtung ausüben und müssen sich als Untergrund für die Abdichtung und deren Herstellung eignen. Falls erforderlich, sind unter Dämmschichten Dampfsperren einzubauen.

6.5 Grundsätzlich ist durch bautechnische Maßnahmen dafür zu sorgen, dass das auf die Abdichtung einwirkende Wasser dauernd wirksam so abgeführt wird, dass es keinen bzw. nur einen geringfügigen hydrostatischen Druck ausüben kann.

---

[1] Europäische Prüfnorm in Vorbereitung (WI 00254027)

Bei planmäßiger Anstaubewässerung darf der Wasserstand maximal 100 mm betragen.

Können sich selbst geringfügige, aber länger einwirkende Mengen stehenden Wassers (z. B. Pfützen) schädigend auf Schutz- und Belagschichten auswirken (z. B. bei Plattenbelägen im Mörtelbett) oder wird dadurch das Fehlstellenrisiko wesentlich erhöht (z. B. an Durchdringungen und Dehnfugen), so ist durch eine planmäßige Gefällegebung oder andere Maßnahmen (z. B. Abläufe in den durch Durchbiegung entstandenen Mulden) für eine vollständige Wasserableitung zu sorgen. Dies gilt dann besonders auch für die Kehlen zwischen Gefälleflächen.

Wird der Wasserabfluss durch die Belagschichten soweit verzögert, dass daraus Schäden zu erwarten sind, sind Dränschichten auf der Abdichtung erforderlich. Die Anordnung von Dränschichten ist auch erforderlich bei erdüberschütteten Decken mit Schüttgut mit einem Durchlässigkeitsbeiwert $k \leq 10^{-4}$ m/s.

6.6 Der Abdichtung darf keine Übertragung von planmäßigen Kräften parallel zu ihrer Ebene zugewiesen werden. Dies gilt auch für den Nachweis der Standsicherheit. Sofern dies in Sonderfällen nicht zu vermeiden ist, muss durch Anordnung von Widerlagern, Ankern, Bewehrung oder durch andere konstruktive Maßnahmen dafür gesorgt werden, dass Bauteile auf der Abdichtung nicht gleiten oder ausknicken. Dies gilt bei befahrenen Flächen auch für Horizontalkräfte aus dem Fahrverkehr.

6.7 Abläufe zur Entwässerung von Belagoberflächen, die die Abdichtung durchdringen, müssen sowohl die Nutzfläche als auch die Abdichtungsebene dauerhaft entwässern. Sie müssen für Wartungsarbeiten leicht zugänglich sein.

7 Arten der Beanspruchung

7.1 Je nach Art und Aufgabe der Abdichtung, ihrem Schutzziel sowie der Größe der auf die Abdichtung einwirkenden Beanspruchungen durch Verkehr, Temperatur und Wasser werden mäßig und hoch beanspruchte Abdichtungen unterschieden. Die Beanspruchung von Abdichtungen auf Dämmschichten durch Verkehrslasten ist besonders zu beachten; zur Vermeidung von Schäden durch Verformungen sind Dämmstoffe zu wählen, die den statischen und dynamischen Beanspruchungen genügen.

7.2 Zu den mäßig beanspruchten Flächen zählen u. a.:

- Balkone und ähnliche Flächen im Wohnungsbau;
- unmittelbar spritzwasserbelastete Fußboden- und Wandflächen in Nassräumen (siehe DIN 18195-1) des Wohnungsbaus – soweit sie nicht durch andere Maßnahmen, deren Eignung nachzuweisen ist, hinreichend gegen eindringende Feuchtigkeit geschützt sind.

Mäßig beanspruchte Flächen sind nach 8.2 abzudichten.

Bei häuslichen Bädern ohne Bodenablauf mit feuchtigkeitsempfindlichen Umfassungsbauteilen (z. B. Holzbau, Trockenbau, Stahlbau) muss der Schutz gegen Feuchtigkeit bei der Planung besonders beachtet werden.

7.3 Zu den hoch beanspruchten Flächen zählen u. a.:

- Dachterrassen, intensiv begrünte Flächen, Parkdecks, Hofkellerdecken und Durchfahrten, erdüberschüttete Decken;
- durch Brauch- oder Reinigungswasser stark beanspruchte Fußboden- und Wandflächen in Nassräumen wie: Umgänge in Schwimmbädern, öffentliche Duschen, gewerbliche Küchen u. a. gewerbliche Nutzungen.

Hoch beanspruchte Flächen sind nach 8.3 abzudichten.

7.4 Soweit die Nutzung einer abzudichtenden Fläche nicht sinngemäß 7.2 bzw. 7.3 zugeordnet werden kann, ist die Beanspruchung als mäßig anzusehen, wenn

- die Verkehrslasten vorwiegend ruhend nach DIN 1055-3 sind und die Abdichtung nicht unter befahrenen Flächen liegt,
- die Wasserbeanspruchung gering und nicht ständig ist und ausreichend Gefälle vorhanden ist, um Wasseranstau oder Pfützenbildung zu verhindern.

8 Ausführung

8.1 Allgemeines

8.1.1 Bei der Ausführung von Abdichtungen gegen nichtdrückendes Wasser gelten

- DIN 18195-3 für die Anforderungen an den Untergrund und das Verarbeiten der Stoffe,
- DIN 18195-8 für das Herstellen der Abdichtung über Bewegungsfugen,
- DIN 18195-9 für das Herstellen von Durchdringungen, Übergängen und Abschlüssen sowie
- DIN 18195-10 für Schutzschichten und Schutzmaßnahmen.

8.1.2 Abdichtungen dürfen nur bei Witterungsverhältnissen hergestellt werden, die sich nicht nachteilig auf sie auswirken, es sei denn, dass schädliche Wirkungen durch besondere Vorkehrungen mit Sicherheit verhindert werden.

8.1.3 Die Abdichtungen sind je nach Untergrund und Art der ersten Abdichtungslage vollflächig verklebt, punktweise verklebt oder lose aufliegend herzustellen. Abdichtungen aus kunststoffmodifizierten Bitumendickbeschichtungen müssen vollflächig mit dem Untergrund verbunden sein.

8.1.4 Die zu erwartenden Temperaturbeanspruchungen der Abdichtungen, z. B. durch Teile von Heizungsanlagen, sind bei der Planung zu berücksichtigen. Bei Abdichtungen unter Verwendung von Bitumenwerkstoffen muss die Temperatur an der Abdichtung um mindestens 30 K unter dem Erweichungspunkt nach Ring und Kugel der Klebemassen und Deckaufstrichmittel (siehe DIN 18195-2) bleiben.

8.1.5 Die Abdichtung von waagerechten oder schwach geneigten Flächen ist an anschließenden, höher gehenden Bauteilen im Regelfall mindestens 150 mm über die Schutzschicht, die Oberfläche des Belages oder der Überschüttung hochzuführen und dort zu sichern (siehe DIN 18195-9). Ist dies im Einzelfall nicht möglich, z. B. bei Balkon- oder Terrassentüren, sind dort besondere Maßnahmen gegen das Eindringen von Wasser oder das Hinterlaufen der Abdichtung einzuplanen (z. B. ausreichend große Vordächer, Rinnen mit Gitterrosten).

Beim Abschluss der Abdichtung von Decken überschütteter Bauwerke ist die Abdichtung mindestens 200 mm unter die Fuge zwischen Decke und Wänden herunterzuziehen und mit einer gegebenenfalls vorhandenen Wandabdichtung zu verbinden.

8.1.6 Abdichtungen von Wandflächen müssen im Bereich von Wasserentnahmestellen mindestens 200 mm über die Wasserentnahmestelle hoch geführt werden.

8.1.7 Die Abdichtung ist vor Beschädigung zu schützen. Zwischen Abdichtung und Belag ist eine Schutzschicht nach DIN 18195-10 anzuordnen, es sei denn, die Nutzschicht selbst übernimmt diese Funktion. Schutzschichten sind möglichst unverzüglich nach Fertigstellung der Abdichtung herzustellen. Im anderen Fall sind Schutzmaßnahmen gegen Beschädigungen nach DIN 18195-10 zu treffen. Auf den Schutz der aufgekanteten Abdichtungsränder ist besonders zu achten.

8.1.8 Für die zulässige Druckbelastung einzelner Abdichtungsarten gelten die entsprechenden Werte von DIN 18195-6.

8.2 Abdichtungen für mäßige Beanspruchungen

8.2.1 Abdichtung mit Bitumen- oder Polymerbitumenbahnen

Die Abdichtung ist aus mindestens einer Lage Bahnen mit Gewebe-, Polyestervlies- oder Metallbandeinlage herzustellen. Die Bahnen sind im Bürstenstreich-, im Gieß- oder im Flämmverfahren, Schweißbahnen jedoch vorzugsweise im Schweißverfahren ohne zusätzliche Verwendung von Klebemasse einzubauen.

Falls erforderlich, ist auf dem Untergrund ein Voranstrich aufzubringen. Bitumen-Dachdichtungsbahnen mit Gewebeeinlage müssen mit einem Deckaufstrich versehen werden.

Die Mindesteinbaumengen für Klebeschichten und Deckaufstriche in Tabelle 1 müssen eingehalten werden.

Tabelle 1: Einbaumengen für Klebeschichten und Deckaufstriche

Art der Klebe- und Deckaufstrichmasse	Auftrag der Klebeschichten im			
	Bürstenstreich- oder Flämmverfahren	Gießverfahren	Gieß- und Einwalzverfahren	Deckaufstrich
	Einbaumengen mindestens in kg/m^2			
Bitumen, ungefüllt	1,5	1,3	–	1,5
Bitumen, gefüllt (γ = 1,5)*)	–	–	2,5	–

*) γ = Dichte

8.2.2 Abdichtung mit kaltselbstklebenden Bitumen-Dichtungsbahnen (KSK)

Die Abdichtung ist aus mindestens einer Lage kaltverarbeitbarer, selbstklebender Bitumen-Dichtungsbahnen auf HDPE-Trägerfolie herzustellen. Der Untergrund ist mit einem kaltflüssigen Voranstrich zu versehen. Die Bahnen sind punktweise oder vollflächig verklebt aufzubringen. Die Überdeckungen müssen vollflächig verklebt werden.

8.2.3 Abdichtung mit Kunststoff-Dichtungsbahnen aus PIB oder ECB

Die Abdichtung ist aus mindestens einer Lage Kunststoff-Dichtungsbahnen mit einer Dicke von mindestens 1,5 mm herzustellen, die mit Klebemasse im Bürstenstreich- oder im Flämmverfahren aufzubringen sind. Kunststoff-Dichtungsbahnen, die unterseitig mit Kunststoffvlies kaschiert sind, dürfen auch lose verlegt werden.

Auf der Abdichtung ist eine Trennlage mit ausreichender Überdeckung an den Bahnrändern, z. B. aus lose verlegter Polyethylenfolie, oder eine Trenn- und Schutzlage aus nackten Bitumenbahnen mit Klebe- und Deckaufstrich vorzusehen.

8.2.4 Abdichtung mit Kunststoff-Dichtungsbahnen aus EVA und PVC-P

Die Abdichtung ist aus mindestens einer Lage Kunststoff-Dichtungsbahnen von mindestens 1,2 mm herzustellen, die lose zu verlegen oder mit einem geeigneten Klebstoff – bei bitumenverträglichen Kunststoff-Dichtungsbahnen auch mit Klebemasse – mit ausreichender Überdeckung aufzubringen ist. Auf der Abdichtung ist eine Schutzlage aus geeigneten Bahnen nach 5.3 von DIN 18195-2 : 2000-08, vorzusehen. Bei Abdichtungen aus Kunststoff-Dichtungsbahnen aus PVC-P darf die Schutzlage auch aus einer Kunststoff-Dichtungsbahn aus PVC-P, halbhart, mit einer Dicke von mindestens 1 mm bestehen.

8.2.5 Abdichtung mit Elastomer-Bahnen

Die Abdichtung ist aus mindestens einer Lage Elastomerbahnen von mindestens 1,2 mm herzustellen, die lose zu verlegen oder mit Klebemasse oder einem Kaltklebstoff aufzubringen sind. Auf die Abdichtung ist eine Schutzlage aus geeigneten Bahnen, z. B. mindestens 300 g/m^2 schweres Vlies nach DIN 18195-2 : 2000-08, vorzusehen.

8.2.6 Abdichtung mit Elastomer-Dichtungsbahnen mit Selbstklebeschicht

Der Untergrund ist mit einem kaltflüssigen Voranstrich zu versehen. Die Abdichtung ist aus einer Lage Elastomer-Dichtungsbahnen mit Selbstklebeschicht nach Tabelle 6 von DIN 18195-2 : 2000-08, herzustellen und auf den Untergrund aufzukleben. Die Überlappungen sind je nach Werkstoffart mit Quellschweißmittel oder Warmgas zu verschweißen.

8.2.7 Abdichtung mit Asphaltmastix und Asphaltmastix in Verbindung mit Gussasphalt

8.2.7.1 Abdichtung mit Asphaltmastix

Die Abdichtung ist aus zwei Lagen Asphaltmastix mit Schutzschicht nach DIN 18195-10 herzustellen. Diese Abdichtung darf nur auf waagerechten oder schwach geneigten Flächen angewendet werden.

Zwischen der Abdichtung und dem Untergrund ist eine Trennlage, z. B. aus Rohglasvlies, vorzusehen.

Die Abdichtung muss insgesamt im Mittel 15 mm, darf jedoch an keiner Stelle unter 12 mm oder über 20 mm dick sein.

Eine Schutzschicht aus Gussasphalt muss eine Nenndicke von 25 mm aufweisen.

Anschlüsse, Abschlüsse, Anschlüsse an Durchdringungen und Übergänge sind mit Bitumen- oder Polymerbitumenbahnen herzustellen, die für die Kombination mit Asphalt – insbesondere im Hinblick auf die Verarbeitungstemperatur – geeignet sind. Die Anschlussbahnen müssen mindestens 300 mm tief in die Mastixschicht einbinden und an aufgehenden Bauteilen und Aufkantungen gegen Beschädigung geschützt sein.

8.2.7.2 Abdichtung mit Asphaltmastix in Verbindung mit Gussasphalt

Abdichtungen aus einer Lage Asphaltmastix in Verbindung mit Gussasphalt sind nach 8.3.8 auszuführen.

8.2.8 Abdichtung mit kunststoffmodifizierten Bitumendickbeschichtungen (KMB)

Die kunststoffmodifizierte Bitumendickbeschichtung ist in zwei Arbeitsgängen aufzubringen. Sie muss eine zusammenhängende Schicht ergeben, die auf dem Untergrund haftet. Vor dem Auftrag der zweiten Abdichtungsschicht muss die erste Abdichtungsschicht soweit getrocknet sein, dass sie durch den darauffolgenden Auftrag nicht beschädigt wird. Die Trockenschichtdicke muss mindestens 3 mm betragen. An Kehlen und Kanten sind Gewebeverstärkungen einzubauen. Sie sollten auch auf horizontalen Flächen verwendet werden, um die Mindestschichtdicke sicherzustellen.

Das Aufbringen der Schutzschichten darf erst nach ausreichender Trocknung der Abdichtung erfolgen.

8.3 Abdichtungen für hohe Beanspruchungen

8.3.1 Abdichtung mit nackten Bitumenbahnen

Die Abdichtung ist aus mindestens drei Lagen herzustellen, die mit Klebemasse untereinander zu verbinden und mit einem Deckaufstrich zu versehen sind. Sie darf nur dort angewendet werden, wo eine Einpressung der Abdichtung mit einem Flächendruck von mindestens 0,01 MN/m² sichergestellt ist.

Die Unterseiten der Bitumenbahnen der ersten Lage sind vollflächig mit Klebemasse zu versehen. Falls erforderlich, ist auf dem Untergrund ein Voranstrich aufzubringen. Die Klebemassen sind im Bürstenstreich-, im Gieß- oder im Gieß- und Einwalzverfahren aufzubringen. Dabei sind die Mindesteinbaumengen für Klebeschichten und Deckaufstrich nach 8.2.1 einzuhalten.

Werden die Bahnen im Gieß- und Einwalzverfahren eingebaut, ist für die Klebeschichten gefülltes Bitumen in einer Menge von mindestens 2,5 kg/m² zu verwenden.

8.3.2 Abdichtung mit Bitumen- oder Polymerbitumenbahnen

Die Abdichtung ist aus mindestens zwei Lagen Bahnen mit Gewebe-, Polyestervlies- oder Metallbandeinlage nach Tabelle 4, Zeilen 5 bis 10 von DIN 18195-2 : 2000-08, herzustellen. Für Abdichtungen auf genutzten Dachflächen (z. B. begehbare oder bepflanzbare Flächen) ist die obere Lage aus einer Polymerbitumenbahn herzustellen. Beträgt das Gefälle der Abdichtungsunterlage unter 2 %, sind mindestens 2 Lagen Polymerbitumenbahnen zu verwenden.

Die Bahnen sind mit Klebemasse im Bürstenstreich-, im Gieß- oder im Flämmverfahren, Schweißbahnen jedoch vorzugsweise im Schweißverfahren ohne zusätzliche Verwendung von Klebemasse einzubauen. Falls erforderlich, ist auf dem Untergrund ein Voranstrich aufzubringen. Obere Lagen aus Bitumen-Dichtungs- und Dachdichtungsbahnen nach Tabelle 4, Zeilen 5 und 6 von DIN 18195-2 : 2000-08, müssen mit einem Deckaufstrich versehen werden. Für die Einbaumengen von Klebemassen und Deckaufstrichen gilt 8.2.1.

8.3.3 Abdichtung mit Kunststoff-Dichtungsbahnen aus PIB oder ECB

Die Abdichtung ist aus einer Lage Kunststoff-Dichtungsbahnen – bei PIB mindestens 1,5 mm, bei ECB mindestens 2,0 mm dick – herzustellen.

Bei loser Verlegung ist die Abdichtung zwischen zwei Schutzlagen aus geeigneten Stoffen nach 5.3 von DIN 18195-2 : 2000-08, einzubauen.

Bei verklebter Verlegung werden Kunststoff-Dichtungsbahnen aus PIB und ECB mit Bitumen auf einer unteren Lage aus einer Bitumenbahn nach Tabelle 4, Zeilen 6 bis 9 von DIN 18195-2 : 2000-08, oder entsprechende Kaschierung der Wärmedämmung, aufgeklebt. Für die Einbaumengen von Klebemassen gilt 8.2.1. Die Kunststoff-Dichtungsbahnen werden im Bürstenstreich- oder im Flämmverfahren nach 7.2.2 oder 7.2.4 von DIN 18195-3 : 2000-08, aufgeklebt.

8.3.4 Abdichtung mit Kunststoff-Dichtungsbahnen aus EVA, PVC-P oder Elastomeren

Die Abdichtung ist aus einer Lage Kunststoff- oder Elastomer-Dichtungsbahnen mit einer Dicke von mindestens 1,5 mm herzustellen, die lose zu verlegen oder aufzukleben sind.

Bei loser Verlegung ist die Abdichtungslage zwischen zwei Schutzlagen aus geeigneten Stoffen nach 5.3 von DIN 18195-2 : 2000-08, einzubauen. Besteht die obere Schutzlage aus einer Kunststoff-Dichtungsbahn aus PVC-P, halbhart, mit einer Dicke von mindestens 1 mm, sind deren Längs- und Quernähte zu verschweißen.

Bei verklebter Verlegung werden bitumenverträgliche Kunststoff- oder Elastomer-Dichtungsbahnen mit Bitumen auf einer unteren Lage aus einer Bitumenbahn nach Tabelle 4, Zeilen 6 bis 9 von DIN 18195-2 : 2000-08, oder entsprechende Kaschierung der Wärmedämmung, aufgeklebt. Für die Einbaumengen von Klebemassen gilt 8.2.1. Die Kunststoff-Dichtungsbahnen werden im Bürstenstreich- oder im Flämmverfahren nach 7.2.2 oder 7.2.4 von DIN 18195-3 : 2000-08, aufgeklebt.

8.3.5 Abdichtung mit Metallbändern in Verbindung mit Bitumenbahnen

Die Abdichtung ist aus einer Lage kalottengeriffelter Metallbänder nach Tabelle 8 von DIN 18195-2 : 2000-08 aus Kupfer oder Edelstahl und aus einer Schutzlage aus Glasvlies-Bitumenbahnen oder nackten Bitumenbahnen herzustellen. Im übrigen gelten für die Verarbeitung der Metallbänder 8.3.6 und für die Verarbeitung der Bitumenbahnen 8.3.1 sinngemäß.

8.3.6 Abdichtung mit Metallbändern in Verbindung mit Gussasphalt

Die Abdichtung ist aus mindestens einer Lage kalottengeriffelter Metallbänder nach Tabelle 8 von DIN 18195-2 : 2000-08 aus Kupfer oder Edelstahl mit einer darauf im Verbund angeordneten Schicht aus Gussasphalt herzustellen. Die Metallbänder sind mit Klebemasse aus gefülltem Bitumen im Gieß- und Einwalzverfahren einzubauen. Für die Mindesteinbaumengen der Klebeschichten gilt 8.2.1.

Die Schicht aus Gussasphalt muss eine Nenndicke von 25 mm aufweisen.

Im Bereich von Anschlüssen an Durchdringungen und Einbauten, von aufgehenden Bauteilen und Aufkantungen ist die Abdichtung aus Bahnen mehrlagig, gegebenenfalls mit Zulagen, auszuführen. Hierbei sollte die obere Lage nicht aus Metallbändern bestehen. Die Anschlüsse an aufgehende Bauteile und an Aufkantungen sind gegen mechanische Beschädigung und unmittelbare Sonneneinstrahlung zu schützen.

8.3.7 Abdichtung mit Bitumen-Schweißbahnen in Verbindung mit Gussasphalt

Die Abdichtung ist aus einer Lage Bitumen-Schweißbahnen nach Tabelle 4, Zeile 11 oder 12 von DIN 18195-2 : 2000-08, die im Schweißverfahren aufzubringen sind und einer darauf im Verbund angeordneten Schicht aus Gussasphalt herzustellen.

Die Schicht aus Gussasphalt muss eine Nenndicke von 25 mm aufweisen.

Der Untergrund ist mit lösemittelfreiem Epoxidharz zu grundieren oder zu versiegeln. Bei Abdichtungen in Gebäuden, von erdüberschütteten Decken und ähnlich temperaturgeschützten Flächen kann der Untergrund statt dessen mit einem Bitumen-Voranstrich behandelt werden.

Bei Rauhtiefen (siehe ZTV-BEL-B Teil 1) > 1,5 mm und bei Fehlstellen im Beton ist der Untergrund mit einer Kratzspachtelung zu behandeln.

Im Bereich von Anschlüssen an Durchdringungen und Einbauten, aufgehenden Bauteilen, Aufkantungen und Abschlüssen ist die Abdichtung mehrlagig, gegebenenfalls mit Zulagen unter Verwendung von Bitumenbahnen oder Polymerbitumenbahnen nach Tabelle 4, Zeilen 5 bis 10 von DIN 18195-2 : 2000-08, herzustellen. Die Anschlüsse an aufgehende Bauteile und Aufkantungen sind gegen Beschädigung zu schützen.

8.3.8 Abdichtung mit Asphaltmastix in Verbindung mit Gussasphalt

Die Abdichtung ist aus einer Lage Asphaltmastix mit einer darauf im Verbund angeordneten Schicht aus Gussasphalt herzustellen. Die Lage Asphaltmastix muss im Mittel 10 mm, darf jedoch an keiner Stelle weniger als 7 mm oder mehr als 15 mm dick sein.

Die Schicht aus Gussasphalt muss eine Nenndicke von 25 mm aufweisen.

Zwischen der Abdichtung und dem Untergrund ist eine Trennlage, z. B. aus Rohglasvlies, vorzusehen.

Bei Bauwerken mit ausreichender Erdüberschüttung und ähnlich temperaturgeschützte Bauwerke kann die Abdichtung auch im Verbund auf Bitumenvoranstrich eingebaut werden. Die Erdüberschüttung ist unmittelbar nach Fertigstellung der Abdichtung herzustellen.

Im Bereich von Anschlüssen an Durchdringungen und Einbauten, von aufgehenden Bauteilen und Aufkantungen ist die Abdichtung aus Bahnen mehrlagig, gegebenenfalls mit Zulagen, auszuführen. Die Anschlüsse an aufgehende Bauteile und an Aufkantungen sind gegen mechanische Beschädigung zu schützen.

August 2000

Bauwerksabdichtungen

Teil 6: Abdichtungen gegen von außen drückendes Wasser und
aufstauendes Sickerwasser, Bemessung und Ausführung

DIN
18195-6

ICS 91.100.50; 91.120.30

Ersatz für DIN 18195-6:1983-08

Water-proofing of buildings – Part 6: Water-proofing against outside
pressing water and accumulating seepage water, design and execution

Étanchéité d'ouvrage – Partie 6: Étanchéité contre d'eau pressant au
dehors et d'eau d'infiltration accumulante, dimensionnement et exécution

Inhalt

Seite

Vorwort

Diese Norm wurde vom NABau-Arbeitsausschuss „Bauwerksabdichtungen" erarbeitet. Die Normen der Reihe DIN 18195 „Bauwerksabdichtungen" wurden erstmals 1983 herausgegeben. Bei der nunmehr vorgenommenen Überarbeitung wurde die Norm in einer ersten Stufe an die wesentliche Entwicklung im Bereich der Bauwerksabdichtungen angepasst. Die weitere Vorgehensweise bei der Überarbeitung der Normenreihe DIN 18195 „Bauwerksabdichtungen" hat der Arbeitsausschuss wie folgt beschlossen:

Nach Veröffentlichung von DIN 18195 Teile 1 bis 6 sind zwei Überarbeitungsphasen vorgesehen:

In der ersten Phase werden die Teile 8 bis 10 an die geänderten Teile 1 bis 6 angeglichen. Der Teil 7 bedarf einer umfangreichen Änderung, die für die zweite Phase vorgesehen ist.

In der zweiten Phase werden alle 10 Teile der Norm grundlegend überarbeitet, dabei soll auch über Festlegungen für Abdichtungen mit bisher nicht in die Normenreihe aufgenommenen Produkten, wie z. B. mineralischen Dichtungsschlämmen, Abdichtungen mit Flüssigkunststoffen sowie weiteren Kunststoff-Dichtungsbahnen mit oder ohne Selbstklebeschicht beraten werden. Hierzu werden Kriterien zur Aufnahme dieser Produkte in die Normenreihe DIN 18195 vom Arbeitsausschuss aufgestellt.

DIN 18195 „Bauwerksabdichtungen" besteht aus:

- – Teil 1: Grundsätze, Definitionen, Zuordnung der Abdichtungsarten
- – Teil 2: Stoffe
- – Teil 3: Anforderungen an den Untergrund und Verarbeitung der Stoffe
- – Teil 4: Abdichtungen gegen Bodenfeuchte (Kapillarwasser, Haftwasser) und nichtstauendes Sickerwasser an Bodenplatten und Wänden, Bemessung und Ausführung
- – Teil 5: Abdichtungen gegen nichtdrückendes Wasser auf Deckenflächen und in Nassräumen, Bemessung und Ausführung
- – Teil 6: Abdichtungen gegen von außen drückendes Wasser und aufstauendes Sickerwasser, Bemessung und Ausführung
- – Teil 7: Abdichtungen gegen von innen drückendes Wasser und Ausführung, Bemessung und Ausführung
- – Teil 8: Abdichtungen über Bewegungsfugen
- – Teil 9: Durchdringungen, Übergänge, Abschlüsse
- – Teil 10: Schutzschichten und Schutzmaßnahmen

Fortsetzung Seite 2 bis 8

Normenausschuss Bauwesen (NABau) im DIN Deutsches Institut für Normung e.V.

Änderungen

Gegenüber DIN 18195-6:1983-08 wurden folgende Änderungen vorgenommen:

a) Die Norm wurde unter Berücksichtigung der in DIN 18195-1 bis DIN 18195-3 vorgenommenen Änderungen redaktionell überarbeitet.

b) Zusätzlich wurde im Abschnitt 7 zwischen verschiedenen Beanspruchungsarten bei von außen drückendem Wasser unterschieden, deren unterschiedliche Ausführungsarten in den Abschnitten 8 und 9 beschrieben werden.

Frühere Ausgaben

DIN 4031: 1932x-07, 1959x-11, 1978-03
DIN 18195-6: 1983-08

1 Anwendungsbereich

1.1 Diese Norm gilt für die Abdichtung von Bauwerken mit Bitumenbahnen und -massen, Kunststoff- und Elastomer-Dichtungsbahnen, Metallbändern, kunststoffmodifizierten Bitumendickbeschichtungen und den für ihren Einbau erforderlichen Werkstoffen nach DIN 18195-2 gegen von außen drückendes Wasser und aufstauendes Sickerwasser, d. h. gegen Wasser, das von außen auf die Abdichtung einen hydrostatischen Druck ausübt.

1.2 Diese Norm gilt nicht für

– die Abdichtung von nicht genutzten und von extensiv begrünten Dachflächen (siehe DIN 18531),
– die Abdichtung von Fahrbahnen, die zu öffentlichen Straßen oder zu Schienenwegen gehören, z. B. Fahrbahntafeln,
– die Abdichtung von Deponien, Erdbauwerken und bergmännisch erstellten Tunnel.
– nachträgliche Abdichtungen in der Bauwerkserhaltung oder in der Baudenkmalpflege, es sei denn, es können hierfür Verfahren angewendet werden, die in dieser Norm beschrieben werden.
– Bauteile, die so wasserundurchlässig sind, dass die Dauerhaftigkeit des Bauteils und die Nutzbarkeit des Bauwerks ohne weitere Abdichtung im Sinne dieser Norm gegeben sind. In diesem Sinne gilt sie auch nicht für Konstruktionen aus wasserundurchlässigem Beton.

2 Normative Verweisungen

Diese Norm enthält durch datierte oder undatierte Verweisungen Festlegungen aus anderen Publikationen. Diese normativen Verweisungen sind an den jeweiligen Stellen im Text zitiert, und die Publikationen sind nachstehend aufgeführt. Bei datierten Verweisungen gehören spätere Änderungen oder Überarbeitungen dieser Publikationen nur zu dieser Norm, falls sie durch Änderung oder Überarbeitung eingearbeitet sind. Bei undatierten Verweisungen gilt die letzte Ausgabe der in Bezug genommenen Publikation.

DIN 4095
    Baugrund – Dränung zum Schutz baulicher Anlagen – Planung, Bemessung und Ausführung

DIN 18130-1
    Baugrund, Untersuchung von Bodenproben – Bestimmung des Wasserdurchlässigkeitsbeiwerts – Teil 1: Laborversuche

DIN 18195-1
    Bauwerksabdichtungen – Teil 1: Grundsätze, Definitionen, Zuordnung der Abdichtungsarten

DIN 18195-2
    Bauwerksabdichtungen – Teil 2: Stoffe

DIN 18195-3
    Bauwerksabdichtungen – Teil 3: Anforderungen an den Untergrund und Verarbeitung der Stoffe

DIN 18195-4
    Bauwerksabdichtungen – Teil 4: Abdichtungen gegen Bodenfeuchte (Kapillarwasser, Haftwasser) und nichtstauendes Sickerwasser an Bodenplatten und Wänden, Bemessung und Ausführung

DIN 18195-5
    Bauwerksabdichtungen – Teil 5: Abdichtungen gegen nichtdrückendes Wasser auf Deckenflächen und in Nassräumen, Bemessung und Ausführung

DIN 18195-8
    Bauwerksabdichtungen – Teil 8: Abdichtungen über Bewegungsfugen

DIN 18195-9
Bauwerksabdichtungen – Teil 9: Durchdringungen, Übergänge, Abschlüsse

DIN 18195-10
Bauwerksabdichtungen – Teil 10: Schutzschichten und Schutzmaßnahmen

DIN 18531
Dachabdichtungen – Begriffe, Anforderungen, Planungsgrundsätze

DIN EN 1427
Bitumen und bitumenhaltige Bindemittel – Bestimmung des Erweichungspunktes – Ring- und Kugelverfahren; Deutsche Fassung EN 1427 : 1999

3 Definitionen

Für die Anwendung dieser Norm gelten die Definitionen nach DIN 18195-1. Die Geländeoberkante wird im folgenden GOK abgekürzt.

4 Stoffe

Für Abdichtungen gegen von außen drückendes Wasser sind nach Maßgabe der Abschnitte 8 und 9 Stoffe nach DIN 18195-2 zu verwenden.

5 Anforderungen

5.1 Wasserdruckhaltende Abdichtungen müssen Bauwerke gegen von außen hydrostatisch drückendes Wasser schützen und gegen natürliche oder durch Lösungen aus Beton oder Mörtel entstandene Wässer unempfindlich sein. Der Bemessungswasserstand ist möglichst aus langjährigen Beobachtungen zu ermitteln.

5.2 Die Abdichtung ist im Regelfall auf der dem Wasser zugekehrten Bauwerksseite anzuordnen; sie muss eine geschlossene Wanne bilden oder das Bauwerk allseitig umschließen. Die wasserdruckhaltende Abdichtung ist bei stark durchlässigem Boden ($k > 10^{-4}$ m/s nach DIN 18130-1) mindestens 300 mm über dem Bemessungswasserstand zu führen; darüber ist das Bauwerk durch eine Abdichtung gegen Sickerwasser im Wandbereich und Bodenfeuchte nach DIN 18195-4 oder bei anschließenden Decken nach DIN 18195-5 zu schützen.

Bei wenig durchlässigem Boden ($k \leq 10^{-4}$ m/s) ist die Abdichtung wegen der Gefahr einer Stauwasserbildung mindestens 300 mm über die geplante Geländeoberkante zu führen. Soll die Abdichtung gegen Hinterlaufen durch Niederschlagswasser auf Höhe GOK gesichert werden, sind für die Außenwände bis etwa 300 mm über GOK ausreichend wasserabweisende Bauteile zu verwenden.

5.3 Die Abdichtung darf bei den zu erwartenden Bewegungen der Bauteile durch Schwinden, Temperaturänderungen und Setzungen ihre Schutzwirkung nicht verlieren. Die hierfür erforderlichen Angaben müssen bei der Planung einer Bauwerksabdichtung vorliegen.

5.4 Abdichtungen nach Abschnitt 8 müssen Risse, die z. B. durch Schwinden entstehen, überbrücken können. Durch konstruktive Maßnahmen ist jedoch sicherzustellen, dass solche Risse zum Entstehungszeitpunkt nicht breiter als 0,5 mm sind.

Abdichtungen nach Abschnitt 8 sind in der Lage, eine eventuelle weitere Öffnung des Risses in der Breite auf höchstens 5 mm und den Versatz der Risskanten in der Abdichtungsebene auf höchstens 2 mm zu überbrücken.

5.5 Abdichtungen nach Abschnitt 9 müssen Risse, die z. B. durch Schwinden entstehen, überbrücken können. Durch konstruktive Maßnahmen ist jedoch sicherzustellen, dass solche Risse zum Entstehungszeitpunkt nicht breiter als 0,5 mm sind.

Abdichtungen nach Abschnitt 9 sind in der Lage, eine eventuelle weitere Öffnung des Risses in der Breite bis auf höchstens 1 mm und den Versatz der Risskanten in der Abdichtungsebene auf höchstens 0,5 mm zu überbrücken.

6 Bauliche Erfordernisse

6.1 Bei der Planung des abzudichtenden Bauwerks sind die Voraussetzungen für eine fachgerechte Anordnung und Ausführung der Abdichtung zu schaffen. Dabei ist die Wechselwirkung zwischen Abdichtung und Bauwerk zu berücksichtigen und gegebenenfalls die Beanspruchung der Abdichtung durch entsprechende konstruktive Maßnahmen in den zulässigen Grenzen zu halten.

6.2 Beim Nachweis der Standsicherheit für das zu schützende Bauwerk darf der Abdichtung keine Übertragung von planmäßigen Kräften parallel zu ihrer Ebene zugewiesen werden. Sofern dies in Sonderfällen nicht zu vermeiden ist, muss durch Anordnung von Widerlagern, Ankern, Bewehrung oder durch andere konstruktive Maßnahmen dafür gesorgt werden, dass Bauteile auf der Abdichtung nicht gleiten oder ausknicken.

Für Bauteile im Gefälle sind konstruktive Maßnahmen gegen Gleitbewegungen zu treffen, z. B. Anordnung von Nocken. Auch bei waagerechter Lage der Bauwerkssohle müssen Maßnahmen getroffen werden, die eine Verschiebung des Bauwerks durch Kräfte ausschließen, die durch den Baufortgang wirksam werden können.

6.3 Die zulässigen Druckspannungen senkrecht zur Abdichtungsebene sind für die einzelnen Abdichtungsarten in Abschnitt 8 angegeben.

6.4 Bei einer Änderung der Größe der auf die Abdichtung wirkenden Kräfte ist eine belastungsbedingte Rissbildung der Baukonstruktion zu vermeiden.

6.5 Ein unbeabsichtigtes Ablösen der Abdichtung von ihrer Unterlage ist durch konstruktive Maßnahmen auszuschließen.

6.6 Wird gegen die Abdichtung gemauert oder betoniert, sind Hohlräume zu vermeiden. Insbesondere sind Nester im Beton an der wasserabgewandten Seite der Abdichtung unzulässig. Dies gilt uneingeschränkt für alle in dieser Norm behandelten Abdichtungsarten.

6.7 Durch konstruktive Maßnahmen ist sicherzustellen, dass die Abdichtung dauerhaft eingebettet ist, um bei Änderungen in der Flächenpressung Schädigungen z. B. in Form des Verdrückens von Bitumenwerkstoffen zu verhindern.

6.8 Die zu erwartenden Temperaturbeanspruchungen der Abdichtung sind bei der Planung zu berücksichtigen. Bei Abdichtungen mit Bitumenwerkstoffen (Bitumenbahnen, Klebemassen und Deckaufstrichmittel) muss der Erweichungspunkt Ring und Kugel (siehe DIN EN 1427) des Bitumens mindestens 30 K über der zu erwartenden Temperatur liegen.

6.9 Bei Einwirkung von Druckluft sind Abdichtungen durch geeignete Maßnahmen gegen das Ablösen von der Unterlage zu sichern. Bei Abdichtungen, die ausschließlich aus Bitumenwerkstoffen bestehen, sind außerdem Metallbänder einzukleben.

7 Arten der Beanspruchung

7.1 Allgemeines

Hinsichtlich der Beanspruchungsintensität ist zwischen Bauwerken, die ganz oder teilweise in das Grundwasser eintauchen und solchen zu unterscheiden, die oberhalb des Bemessungswasserstandes errichtet werden.

7.2 Abdichtungsarten

Nach 7.2.1 und 7.2.2 werden 2 Abdichtungsarten unterschieden:

7.2.1 Abdichtungen gegen drückendes Wasser sind Abdichtungen von Gebäuden und baulichen Anlagen gegen Grundwasser und Schichtenwasser, unabhängig von Gründungstiefe, Eintauchtiefe und Bodenart.

7.2.2 Abdichtungen gegen zeitweise aufstauendes Sickerwasser sind Abdichtungen von Kelleraußenwänden und Bodenplatten bei Gründungstiefen bis 3,0 m unter GOK in wenig durchlässigen Böden ($k < 10^{-4}$ m/s) ohne Dränung nach DIN 4095, bei denen Bodenart und Geländeform nur Stauwasser erwarten lassen. Die Unterkante der Kellersohle muss mindestens 300 mm über dem nach Möglichkeit langjährig ermittelten Bemessungswasserstand liegen.

8 Ausführung von Abdichtungen gegen drückendes Wasser

8.1 Allgemeines

8.1.1 Bei der Ausführung von wasserdruckhaltenden Abdichtungen gelten

- DIN 18195-3 für die Anforderungen an den Untergrund und das Verarbeiten der Werkstoffe,
- DIN 18195-8 für das Herstellen der Abdichtung über Bewegungsfugen,
- DIN 18195-9 für das Herstellen von Durchdringungen, Übergängen und Abschlüssen, sowie
- DIN 18195-10 für Schutzschichten und Schutzmaßnahmen.

8.1.2 Abdichtungen dürfen nur bei Witterungsverhältnissen hergestellt werden, die sich nicht nachteilig auf sie auswirken, es sei denn, dass schädliche Wirkungen durch besondere Vorkehrungen mit Sicherheit verhindert werden.

8.1.3 Die Abdichtungen sind einzubetten bzw. erforderlichenfalls einzupressen, d. h. mit Schutzschichten nach DIN 18195-10 zu versehen. Solche Schutzschichten, die auf die fertige Abdichtung aufgebracht werden, sind möglichst unverzüglich nach Fertigstellung der Abdichtung herzustellen. Im anderen Fall sind Schutzmaßnahmen gegen Beschädigungen nach DIN 18195-10 zu treffen.

8.2 Abdichtung mit nackten Bitumenbahnen

8.2.1 Die Abdichtung ist mindestens aus den in Tabelle 1 angegebenen Lagen herzustellen, die durch Bitumenklebemasse miteinander zu verbinden sind. Die Abdichtung ist mit einem Deckaufstrich zu versehen. Falls erforderlich, z. B. auf senkrechten oder stark geneigten Flächen, ist auf dem Untergrund ein Voranstrich aufzubringen. Die erste Bahnenlage muss an ihrer Unterseite vollflächig mit Klebemasse versehen werden.

Tabelle 1: Anzahl der Lagen

Nr	1	2	3
1	Eintauchtiefe m	Bürstenstreich- oder Gießverfahren	Gieß-und Einwalzverfahren
		Anzahl der Lagen mindestens	
2	bis 4	3	3
3	über 4 bis 9	4	3
4	über 9	5	4

8.2.2 Die Abdichtung muss grundsätzlich eingepresst sein, wobei der auf sie ausgeübte Flächendruck mindestens 0,01 MN/m^2 betragen muss. Falls bei Abdichtungen auf senkrechten Flächen in der Nähe der Geländeoberfläche dieser Wert nicht erreichbar ist, muss die Abdichtung zumindest vollflächig eingebettet sein.

Bei der Ermittlung der Einpressung darf der hydrostatische Druck des angreifenden Wassers nicht in Rechnung gestellt werden. Abdichtungen, die keinen Einpressdruck benötigen, werden in 8.3 bis 8.8 behandelt.

8.2.3 Die Klebemasseschichten der Abdichtung sind im Bürstenstreich-, im Gieß- oder im Gieß- und Einwalzverfahren aufzubringen.

8.2.4 Die Einbaumengen von Klebeschichten und Deckaufstrichen müssen Tabelle 4 entsprechen. Werden gefüllte Massen mit anderen als dort angegebenen Rohdichten verwendet, so muss das Gewicht der je m^2 einzubauenden Klebemasse dem Verhältnis der Rohdichten entsprechend umgerechnet werden.

8.2.5 Abdichtungen aus nackten Bitumenbahnen dürfen höchstens mit 0,6 MN/m^2 belastet werden. Bei höheren Belastungen ist die Abdichtung nach 8.3 auszubilden.

8.3 Abdichtung mit nackten Bitumenbahnen und Metallbändern

8.3.1 Wird in einer Abdichtung mit nackten Bitumenbahnen nach 8.2 eine Lage Kupferband mit einer Dicke von 0,1 mm oder Edelstahlband mit einer Dicke von 0,05 mm angeordnet, ist die nach 8.2.2 verlangte Mindesteinpressung nicht erforderlich. Das Metallband ist als zweite Lage, von der Wasserseite gezählt, einzubauen. Die insgesamt erforderliche Anzahl der Lagen richtet sich nach Tabelle 2. Das Metallband ist mit gefülltem Bitumen im Gieß- und Einwalzverfahren aufzukleben, die Bitumenbahnen sind im Bürstenstreich-, im Gieß- oder im Gieß- und Einwalzverfahren einzubauen.

Die Druckbelastung darf höchstens 1 MN/m^2 betragen. Die Einbaumengen für Klebemassen und Deckaufstriche richten sich nach Tabelle 4.

Tabelle 2 : Anzahl der Lagen

Nr	1	2	3
1	Eintauchtiefe m	Bürstenstreich- oder Gießverfahren	Gieß-und Einwalzverfahren
		Anzahl der Lagen mindestens	
2	bis 4	3	3
3	über 4 bis 9	3	3
4	über 9	4	3

8.3.2 Werden in einer Abdichtung mit nackten Bitumenbahnen nach 8.2 zwei Lagen Kupferband mit einer Dicke von 0,1 mm oder Edelstahlband mit einer Dicke von 0,05 mm angeordnet, darf die Abdichtung bis 1,5 MN/m^2 belastet werden. Die äußeren Lagen der Abdichtung sind grundsätzlich aus Bitumenbahnen herzustellen, daher ist in diesem Fall eine mindestens vierlagige Ausführung erforderlich.

8.4 Abdichtung mit Bitumen-Bahnen und/oder Polymerbitumen-Dachdichtungsbahnen

8.4.1 Die Abdichtung ist mindestens aus den in Tabelle 3 angegebenen Lagen aus Bitumenbahnen nach DIN 18195-2 : 2000-08, Tabelle 4, Zeilen 5, 6 und 8 herzustellen, die durch Bitumenklebemasse miteinander zu verbinden sind. Die Abdichtung ist mit einem Deckaufstrich zu versehen. Falls erforderlich, z. B. bei senkrechten oder stark geneigten Flächen, ist auf dem Untergrund ein Voranstrich aufzubringen.

Bitumenbahnen mit Gewebeeinlage sind mit Bahnen mit anderer Trägereinlage zu kombinieren. Sie sind stets auf der dem Wasser abgewandten Seite der Abdichtung anzuordnen.

8.4.2 Die Einpressung der Abdichtung ist nicht erforderlich. Die zulässige Druckbelastung beträgt höchstens 1 MN/m^2, bei Bahnen mit Trägereinlagen aus Glasgewebe 0,8 MN/m^2.

8.4.3 Die Bahnen sind im Gieß-, im Flämm- oder im Gieß- und Einwalzverfahren einzubauen. Die Einbaumengen von Klebeschichten und Deckaufstrich müssen Tabelle 4 entsprechen.

8.5 Abdichtung mit Bitumen-Schweißbahnen

8.5.1 Abdichtungen mit Bitumen-Schweißbahnen sollten nur in Ausnahmefällen angewendet werden, z. B. im Überkopfbereich und an unterschnittenen Flächen.

8.5.2 Die Abdichtung ist mindestens aus den in Tabelle 3 angegebenen Lagen herzustellen; dabei sind unterschnittene Flächen und Überkopfbereiche stets nach Tabelle 3, Zeilen 4 oder 5 auszuführen. Die Bahnen sind im Schweißverfahren einzubauen.

8.5.3 Die Einpressung der Abdichtung ist nicht erforderlich. Die zulässige Druckbelastung beträgt höchstens 1 MN/m^2, bei Bahnen mit Trägereinlagen aus Glasgewebe 0,8 MN/m^2.

Tabelle 3 : Anzahl der Lage und Art der Einlagen

Nr	1	2
1	Eintauchtiefe m	Anzahl der Lagen und Art der Einlage min.
2	bis 4	2 Gewebe- oder Polyestervlieseinlage
3	über 4 bis 9	3 Gewebe- oder Polyestervlieseinlage
4		1 Gewebe- oder Polyestervlieseinlage + 1 Kupferbandeinlage
5	über 9	2 Gewebe- oder Polyestervlieseinlage + 1 Kupferbandeinlage

Tabelle 4: Einbaumengen bei Klebeschichten und Deckaufstrichen

Nr	1	2	3	4	5	6
1	Art der Klebe- und Deckaufstrich- masse	Auftrag der Klebeschichten im				Deckaufstrich
		Bürsten- streich- verfahren	Gieß- verfahren	Gieß- und Einwalz- verfahren	Flämm- verfahren	
		Einbaumengen in kg/m^2 mindestens				
2	Bitumen, ungefüllt	1,5	1,3	–	1,5	1,5
3	Bitumen, gefüllt (γ = 1,5)	–	–	2,5	–	–

8.6 Abdichtung mit Kunststoff- und Elastomer-Dichtungsbahnen und nackten Bitumenbahnen

8.6.1 Die Abdichtung ist aus einer Lage bitumenverträglicher Kunststoff-Dichtungsbahnen nach Tabelle 5, Zeilen 1, 2, 4, 7 und 8 von DIN 18195-2 : 2000-08, herzustellen, die zwischen zwei Lagen nackter Bitumenbahnen mit Bitumenklebemasse einzukleben ist. Die Mindestdicke der Kunststoffbahnen richtet sich nach Tabelle 5. Die Abdichtung ist mit einem Deckaufstrich zu versehen, falls erforderlich, ist auf dem Untergrund ein Voranstrich aufzubringen.

8.6.2 Die Einpressung der Abdichtung ist nicht erforderlich. Die zulässige Druckbelastung darf höchstens 1,0 MN/m² (bei PIB 0,6 MN/m²) betragen.

8.6.3 Es dürfen nur Kunststoff- und Elastomer-Dichtungsbahnen mit einer Breite bis 1,2 m verwendet werden. Sie sind im Bürstenstreich- oder im Flämmverfahren, die nackten Bitumenbahnen sind im Bürstenstreich- oder im Gießverfahren einzubauen.

8.6.4 Die Einbaumengen, die die Klebeschichten und der Deckaufstrich mindestens enthalten müssen, sind in Tabelle 4 angegeben.

Tabelle 5: Dicke der Bahnen bei Abdichtungen

Nr	1	2	3
1	Eintauchtiefe m	Dicke[1] der Bahnen aus EVA, PIB bzw. PVC-P mm min.	Dicke der Bahnen aus ECB und EPDM mm min.
2	bis 4	1,5	2,0
3	über 4 bis 9	2,0	2,5
4	über 9	2,0	2,5

[1] Dicke der Bahnen ohne Kaschierung

8.7 Abdichtung mit Kunststoff-Dichtungsbahnen aus PVC-P, lose verlegt

8.7.1 Die Abdichtung ist aus einer Lage Kunststoff-Dichtungsbahnen in einer Dicke von mindestens 2,0 mm herzustellen.

Die Abdichtung ist lose zwischen Schutzlagen aus geeigneten Stoffen nach DIN 18195-2 zu verlegen. Die obere Schutzlage kann auch aus mindestens 1 mm dicken PVC-P-Bahnen/-Platten, halbhart, hergestellt werden. Diese obere Schutzlage ist an Längs- und Querstößen zu verschweißen.

Die Eintauchtiefe der Abdichtung ist auf 4 m zu begrenzen.

8.7.2 Die Einpressung der Abdichtung ist nicht erforderlich.

8.7.3 Die gesamte, durch lose verlegte Kunststoff-Dichtungsbahnen abgedichtete Fläche ist in Felder von höchstens 100 m² durch ein Abschottsystem zu unterteilen. Dazu sind außenliegende, mindestens vierstegige Fugenbänder aus Materialien zu verwenden, die mit der Abdichtung zu verschweißen sind und bauseits in Fugen angeordnet werden. Für jedes dieser Abdichtungsfelder sind in dem abzudichtenden Bauwerksteil Kontroll- und Verpressröhrchen anzuordnen.

9 Ausführung von Abdichtungen gegen aufstauendes Sickerwasser

9.1 Abdichtungen mit kunststoffmodifizierten Bitumendickbeschichtungen (KMB)

Die kunststoffmodifizierte Bitumendickbeschichtung ist in zwei Arbeitsgängen aufzubringen. Nach dem ersten Arbeitsgang ist eine Verstärkungslage einzulegen.

Vor dem Auftrag der zweiten Abdichtungsschicht muss die erste Abdichtungsschicht soweit getrocknet sein, dass sie durch den darauffolgenden Auftrag nicht beschädigt wird. Die kunststoffmodifizierte Bitumendickbeschichtung muss eine zusammenhängende Schicht ergeben, die auf dem Untergrund haftet. Die Mindesttrockenschichtdicke muss 4 mm betragen (Prüfung nach 5.4.4 von DIN 18195-3 : 2000-08). Die Abdichtung ist grundsätzlich mit einer Schutzschicht zu versehen. Diese darf erst nach ausreichender Trocknung der Abdichtung aufgebracht werden.

Als Schutzschichten sind vorzugsweise Stoffe nach 3.3.8 von DIN 18195-10 : 1983-08, z. B. Perimeterdämmplatten, Dränplatten mit abdichtungsseitiger Gleitfolie, zu verwenden.

9.2 Abdichtungen mit Polymerbitumen-Schweißbahnen

Die Abdichtung ist aus mindestens einer Lage Polymerbitumen-Schweißbahn nach Tabelle 4, Zeile 9 von DIN 18195-2 : 2000-08, herzustellen.

Falls erforderlich, ist auf dem Untergrund ein Voranstrich aufzubringen. Dies gilt grundsätzlich, wenn die Abdichtung direkt auf gemauerte oder betonierte Außenwände aufgebracht wird. Die Bahnen sind vorzugsweise im Schweißverfahren ohne zusätzliche Verwendung von Klebemasse einzubauen.

Als Schutzschichten sind vorzugsweise Stoffe nach 3.3.8 von DIN 18195-10 : 1983-08, z. B. Perimeterdämmplatten, Dränplatten mit abdichtungsseitiger Gleitfolie, zu verwenden.

9.3 Abdichtungen mit Bitumen- oder Polymerbitumenbahnen

Die Abdichtung ist aus mindestens zwei Lagen Bahnen mit Gewebe- oder Polyestervlieseinlage herzustellen.

Die Bahnen sind mit Klebemasse im Bürstenstreich-, im Gieß- oder im Flämmverfahren, Schweißbahnen jedoch vorzugsweise im Schweißverfahren ohne zusätzliche Verwendung von Klebemasse einzubauen.

Falls erforderlich, ist auf dem Untergrund ein Voranstrich aufzubringen. Dies gilt grundsätzlich, wenn die Abdichtung direkt auf gemauerte oder betonierte Außenwände aufgebracht wird. Obere Lagen aus Bitumendichtungs- und Dachdichtungsbahnen müssen mit einem Deckaufstrich versehen werden. Für die Einbaumengen von Klebemassen und Deckaufstrich gilt 8.2.1.

Als Schutzschichten sind vorzugsweise Stoffe nach 3.3.8 von DIN 18195-10 : 1983-08, z. B. Perimeterdämmplatten, Dränplatten mit abdichtungsseitiger Gleitfolie, zu verwenden.

9.4 Abdichtungen mit Kunststoff- und Elastomer-Dichtungsbahnen

Die Abdichtung ist aus einer Lage bitumenverträglicher Kunststoff- oder Elastomer-Dichtungsbahnen nach Tabelle 5 von DIN 18195-2 : 2000-08, herzustellen. Die Bahnen sind vollflächig aufzukleben, gegebenenfalls ist ein Voranstrich erforderlich. Für die Einbaumengen von Klebemassen gilt 8.2.1. Die Bahnen werden im Bürstenstreich- oder im Flämmverfahren nach 7.2.2 oder 7.2.4 von DIN 18195-3 : 2000-08, aufgeklebt.

Die Längs- und Quernähte der Abdichtung sind je nach Werkstoffart mit Quellschweißmittel oder Warmgas zu verschweißen.

Als Schutzlage sind vorzugsweise Stoffe nach 3.3.8 von DIN 18195-10 : 1983-03, z. B. Perimeterdämmplatten, Dränplatten mit abdichtungsseitiger Gleitfolie, zu verwenden.

Bauwerksabdichtungen

Abdichtungen gegen von innen drückendes Wasser

Bemessung und Ausführung

18 195

Teil 7

Water-proofing of buildings; Water-proofing against pressing water from the inside; Dimensioning and execution

Etanchéité d'ouvrage; Etanchéité contre l'eau pressant de l'intérieur; Dimensionnement et exécution

1 Anwendungsbereich

Diese Norm gilt für die Abdichtung von Bauwerken mit Bitumenwerkstoffen, Metallbändern und Kunststoff-Dichtungsbahnen gegen von innen drückendes Wasser, d. h. gegen Wasser, das von innen auf die Abdichtung einen hydrostatischen Druck ausübt, z. B. bei Trinkwasserbehältern, Wasserspeicherbecken, Schwimmbecken, Regenrückhaltebecken, im folgenden Behälter genannt.

Diese Norm gilt nicht für die Abdichtung von Erdbauwerken und nicht für Abdichtungen im Chemieschutz.

2 Begriffe

Für die Definition von Begriffen gilt DIN 18 195 Teil 1.

3 Stoffe

Für Abdichtungen gegen von innen drückendes Wasser sind nach Maßgabe des Abschnittes 6 Stoffe nach DIN 18 195 Teil 2 zu verwenden.

4 Anforderungen

4.1 Abdichtungen gegen von innen drückendes Wasser (Behälterabdichtungen) müssen ein unbeabsichtigtes Ausfließen des Wassers aus dem Behälter verhindern und das Bauwerk gegen das Wasser schützen. Sie müssen sich gegenüber dem zur Aufnahme bestimmten Wasser neutral verhalten und beständig sein.

4.2 Die Abdichtung ist auf der dem Wasser zugekehrten Bauwerksseite anzuordnen. Sie muß eine geschlossene Wanne bilden und in der Regel mindestens 300 mm über den höchsten Wasserstand geführt und gegen Hinterlaufen gesichert werden, sofern das Hinterlaufen der Abdichtung nicht auf andere Weise verhindert wird, z. B. bei Schwimmbecken.

4.3 Die Abdichtung darf bei den zu erwartenden Bewegungen der Bauteile, z. B. durch Befüllen und Entleeren, Schwinden, Temperaturänderungen, Setzungen, ihre Schutzwirkung nicht verlieren. Die Angaben über Größe und Art der aufzunehmenden Bewegungen müssen bei der Planung der Bauwerksabdichtung vorliegen.

4.4 Die Abdichtung muß Risse im Bauwerk, die z. B. durch Schwinden entstehen, überbrücken können. Durch konstruktive Maßnahmen ist jedoch sicherzustellen, daß solche Risse zum Entstehungszeitpunkt nicht breiter als 0,5 mm sind und daß durch eine eventuelle weitere Bewegung die Breite der Risse auf höchstens 5 mm und der Versatz der Rißkanten auf höchstens 2 mm beschränkt bleiben.

5 Bauliche Erfordernisse

5.1 Bei der Planung des abzudichtenden Bauwerkes sind die Voraussetzungen für eine fachgerechte Anordnung und Ausführung der Abdichtung zu schaffen. Dabei ist die Wechselwirkung zwischen Abdichtung und Bauwerk zu berücksichtigen und gegebenenfalls die Beanspruchung der Abdichtung durch entsprechende konstruktive Maßnahmen in den zulässigen Grenzen zu halten. Eine eventuelle Kondensatbildung auf der dem Wasser abgewendeten Seite ist planerisch zu berücksichtigen.

5.2 Wird ein Behälterbauwerk außer von innen auch von außen durch Wasser beansprucht, ist es auch von außen der Beanspruchung entsprechend nach DIN 18 195 Teil 4, Teil 5 oder Teil 6 abzudichten.

5.3 Die zu erwartenden Temperaturbeanspruchungen der Abdichtung sind bei der Planung zu berücksichtigen. Bei aufgeklebten Abdichtungen muß die Temperatur um mindestens 30 K unter dem Erweichungspunkt Ring und Kugel nach DIN 52 011 der verwendeten Bitumenwerkstoffe bleiben.

5.4 Durch die Planung darf der Abdichtung keine Übertragung von Kräften parallel zur Abdichtungsebene zugewiesen werden. Gegebenenfalls muß durch Anordnung von Widerlagern, Ankern, Bewehrung oder durch andere konstruktive Maßnahmen sichergestellt werden, daß Bauteile auf der Abdichtung nicht gleiten oder ausknicken.

5.5 Bauwerksflächen, auf die die Abdichtung aufgebracht werden soll, müssen fest, frei von Nestern, Unebenheiten, klaffenden Rissen oder Graten sein. Sie müssen ferner frei sein von schädlichen Stoffen, die die Abdichtung in ihrer Funktion beeinträchtigen können.

Bei aufgeklebten Abdichtungen müssen Kehlen mit einem Halbmesser von mindestens 40 mm ausgerundet und Kanten mindestens 30 mm × 30 mm abgefast sein.

5.6 Wird gegen die Abdichtung gemauert oder betoniert, muß dies hohlraumfrei erfolgen.

Fortsetzung Seite 2 und 3

Normenausschuß Bauwesen (NABau) im DIN Deutsches Institut für Normung e.V.

6   Ausführung

6.1   Allgemeines

6.1.1   Bei der Ausführung von Abdichtungen gegen von innen drückendes Waser gilt für das Verarbeiten der Stoffe DIN 18 195 Teil 3.

6.1.2   Die Abdichtungen dürfen nur bei Witterungsverhältnissen hergestellt werden, die sich nicht nachteilig auf sie auswirken, es sei denn, daß schädliche Wirkungen durch besondere Vorkehrungen mit Sicherheit verhindert werden.

6.2   Aufgeklebte Abdichtungen

Aufgeklebte Abdichtungen sind in einer der folgenden Bauweisen herzustellen:

a) Mit nackten Bitumenbahnen DIN 52 129 – R 500 N und Metallbändern,

b) mit Bitumen-Dichtungsbahnen nach DIN 18 190 Teil 2 bis Teil 5 oder Bitumen-Dachdichtungsbahhnen nach DIN 52 130,

c) mit nackten Bitumenbahnen DIN 52 129 – R 500 N und Bahnen nach Aufzählung b),

d) mit Bitumen-Schweißbahnen nach DIN 52 131,

e) mit PIB-Bahnen nach DIN 16 935 und nackten Bitumenbahnen DIN 52 129 – R 500 N,

f) mit PVC-P-Bahnen nach DIN 16 937 und nackten Bitumenbahnen DIN 52 129 – R 500 N,

oder

g) mit ECB-Bahnen nach DIN 16 729 und nackten Bitumenbahnen DIN 52 129 – R 500 N.

Für die Ausführung der Abdichtungen im einzelnen gelten die Regeln nach DIN 18 195 Teil 6.

6.3   Lose verlegte Abdichtungen

6.3.1   Lose verlegte Abdichtungen sind aus jeweils einer Lage

a) ECB-Bahnen nach DIN 16 729,

b) PVC-P-Bahnen nach DIN 16 730,

c) PVC-P-Bahnen nach DIN 16 734,

d) PVC-P-Bahnen nach DIN 16 937

oder

e) PVC-P-Bahnen nach DIN 16 938

herzustellen.

Die Bahnen müssen bei Wassertiefen (Eintauchtiefen) bis 9 m mindestens 1,5 mm dick und darüber mindestens 2 mm dick sein.

Wenn mit schädlichen Einflüssen aus dem Abdichtungsuntergrund zu rechnen ist, ist die Abdichtung auf einer Trenn- oder Schutzlage, z. B. aus Chemiefaservlies, herzustellen.

6.3.2   Die Abdichtung ist an Kehlen, Kanten und Ecken mit Formstücken oder Zulagen aus dem Bahnenmaterial zu verstärken, die mit der Abdichtungslage zu verschweißen sind.

6.3.3   Die Abdichtung ist am oberen Rand und in der Regel auch an Kehlen, Kanten und Ecken mechanisch auf dem Untergrund zu befestigen. Bei senkrechten oder stark geneigten Flächen über 4 m Höhe sind außerdem Zwischenbefestigungen vorzusehen.

Zur Befestigung sind kunststoffkaschierte Bleche, kunststoffkaschierte Metallprofile oder Kunststoffprofile zu verwenden, die auf dem Abdichtungsuntergrund angebracht und an denen die Kunststoffbahnen angeschweißt werden.

Werden zur Befestigung der Abdichtung Befestigungsmittel eingesetzt, die die Abdichtung durchdringen, so müssen sie mit Bahnenmaterial überdeckt werden, das mit der Abdichtung so verschweißt ist. Die Befestigungsmittel müssen korrosionsbeständig, mit dem Abdichtungsstoff verträglich und so ausgebildet sein, daß eine Beschädigung der Abdichtung ausgeschlossen ist.

6.3.4   Die obere Befestigung der Abdichtung ist so auszubilden, daß bei Inbetriebnahme des abgedichteten Bauwerks (Behälterfüllung) die zwischen Abdichtung und Abdichtungsuntergund eingeschlossene Luft entweichen kann.

6.3.5   Wenn eine Schutzschicht auf der Abdichtung angeordnet werden soll, ist eine feste Schutzschicht nach DIN 18 195 Teil 10 vorzusehen. Falls erforderlich, ist eine Trenn- oder Schutzlage zwischen Schutzschicht und Abdichtung anzuordnen (siehe Abschnitt 6.3.1, letzter Absatz).

Zitierte Normen

DIN 16 729	Kunststoff-Dachbahnen und Kunststoff-Dichtungsbahnen aus Ethylencopolimerisat-Bitumen (ECB); Anforderungen
DIN 16 730	Kunststoff-Dachbahnen aus weichmacherhaltigem Polyvinylchlorid (PVC-P) nicht bitumenverträglich; Anforderungen
DIN 16 734	Kunststoff-Dachbahnen aus weichmacherhaltigem Polyvinylchlorid (PVC-P) mit Verstärkung aus synthetischen Fasern, nicht bitumenverträglich; Anforderungen
DIN 16 935	Kunststoff-Dichtungsbahnen aus Polyisobutylen (PIB); Anforderungen
DIN 16 937	Kunststoff-Dichtungsbahnen aus weichmacherhaltigem Polyvinylchlorid (PVC-P), bitumenverträglich; Anforderungen
DIN 16 938	Kunststoff-Dichtungsbahnen aus weichmacherhaltigem Polyvinylchlorid (PVC-P), nicht bitumenverträglich; Anforderungen
DIN 18 190 Teil 2	Dichtungsbahnen für Bauwerksabdichtungen; Dichtungsbahnen mit Jutegewebeeinlage, Begriff, Bezeichnung, Anforderungen
DIN 18 190 Teil 3	Dichtungsbahnen für Bauwerksabdichtungen; Dichtungsbahnen mit Glasgewebeeinlage, Begriff, Bezeichnung, Anforderungen
DIN 18 190 Teil 4	Dichtungsbahnen für Bauwerksabdichtungen; Dichtungsbahnen mit Metallbandeinlage, Begriff, Bezeichnung, Anforderungen
DIN 18 190 Teil 5	Dichtungsbahnen für Bauwerksabdichtungen; Dichtungsbahnen mit Polyäthylenterephthalat-Folien-Einlage, Begriff, Bezeichnung, Anforderungen
DIN 18 195 Teil 1	Bauwerksabdichtungen; Allgemeines, Begriffe
DIN 18 195 Teil 2	Bauwerksabdichtungen; Stoffe
DIN 18 195 Teil 3	Bauwerksabdichtungen; Verarbeitung der Stoffe
DIN 18 195 Teil 4	Bauwerksabdichtungen; Abdichtungen gegen Bodenfeuchtigkeit; Bemessung und Ausführung
DIN 18 195 Teil 5	Bauwerksabdichtungen; Abdichtungen gegen nichtdrückendes Wasser; Bemessung und Ausführung
DIN 18 195 Teil 6	Bauwerksabdichtungen; Abdichtungen gegen von außen drückendes Wasser; Bemessung und Ausführung
DIN 18 195 Teil 8	Bauwerksabdichtungen; Abdichtungen über Bewegungsfugen
DIN 18 195 Teil 9	Bauwerksabdichtungen; Durchdringungen, Übergänge, Abschlüsse
DIN 18 195 Teil 10	Bauwerksabdichtungen; Schutzschichten und Schutzmaßnahmen
DIN 52 011	Prüfung von Bitumen; Bestimmung des Erweichungspunktes; Ring und Kugel
DIN 52 129	Nackte Bitumenbahnen; Begriff, Bezeichnung, Anforderungen
DIN 52 130	Bitumen-Dachdichtungsbahnen; Begriffe, Bezeichnung, Anforderungen
DIN 52 131	Bitumen-Schweißbahnen; Begriffe, Bezeichnung, Anforderungen

Internationale Patentklassifikation

E 02 B 3/16

E 02 D 31/00

März 2004

DIN 18195-8

ICS 91.120.30

Ersatz für
DIN 18195-8:1983-08

Bauwerksabdichtungen –
Teil 8: Abdichtungen über Bewegungsfugen

Water-proofing of buildings –
Part 8: Water-proofing over joints for movements

Étanchéité d'ouvrage –
Partie 8: Étanchéité sur le joints des mouvements

Gesamtumfang 11 Seiten

Normenausschuss Bauwesen (NABau) im DIN

Inhalt

2

Vorwort

Diese Norm wurde vom NABau-Arbeitsausschuss „Bauwerksabdichtungen" erarbeitet. Die Normen der Reihe DIN 18195 „Bauwerksabdichtungen" wurden erstmals 1983 herausgegeben. Im Rahmen der ersten Überarbeitungsphase wurden die Teile 1 bis 6 im August 2000 veröffentlicht. Die vorliegenden Teile 8 bis 10 stellen die Angleichung an die im August 2000 veröffentlichten Teile 1 bis 6 dar. Der Teil 7 bedarf einer umfangreichen Änderung, die für die zweite Phase vorgesehen ist.

In der zweiten Phase werden alle 10 Teile der Norm erneut durchgesehen und aufeinander abgestimmt. Dabei werden die in den beiden Schlichtungsverfahren einvernehmlich beschlossenen Änderungen eingearbeitet. Weiterhin soll über Festlegungen für Abdichtungen mit bisher nicht in die Normenreihe aufgenommenen Produkten, wie z. B. mineralischen Dichtungsschlämmen, Abdichtungen mit Flüssigkunststoffen sowie weiteren Kunststoff-Dichtungsbahnen mit oder ohne Selbstklebeschicht, beraten werden. Hierzu werden Kriterien zur Aufnahme dieser Produkte in die Normenreihe DIN 18195 vom Arbeitsausschuss aufgestellt.

DIN 18195 „Bauwerksabdichtungen" besteht aus:

— Teil 1: Grundsätze, Definitionen, Zuordnung der Abdichtungsarten

— Teil 2: Stoffe

— Teil 3: Anforderungen an den Untergrund und Verarbeitung der Stoffe

— Teil 4: Abdichtungen gegen Bodenfeuchte (Kapillarwasser, Haftwasser) und nichtstauendes Sickerwasser an Bodenplatten und Wänden; Bemessung und Ausführung

— Teil 5: Abdichtungen gegen nichtdrückendes Wasser auf Deckenflächen und in Nassräumen; Bemessung und Ausführung

— Teil 6: Abdichtungen gegen von außen drückendes Wasser und aufstauendes Sickerwasser; Bemessung und Ausführung

— Teil 7: Abdichtungen gegen von innen drückendes Wasser; Bemessung und Ausführung

— Teil 8: Abdichtungen über Bewegungsfugen

— Teil 9: Durchdringungen, Übergänge, An- und Abschlüsse

— Teil 10: Schutzschichten und Schutzmaßnahmen

Änderungen

Gegenüber DIN 18195-8:1983-08 wurden folgende Änderungen vorgenommen:

a) der Anwendungsbereich wurde ergänzt;

b) Abschnitt 7 „Ausführung" wurde wesentlich erweitert;

c) die für die Abdichtungen zu verwendenden Stoffe wurden nach DIN 18195-2:2000-08 präzisiert;

d) die Norm wurde redaktionell überarbeitet.

3

Frühere Ausgaben

DIN 4031: 1932x-07, 1959x-11,1978-03
DIN 4117: 1950-06, 1960-11
DIN 4122: 1968-07, 1978-03
DIN 18195-8: 1983-08

1 Anwendungsbereich

1.1 Diese Norm gilt für die Abdichtung über Bewegungsfugen von Bauwerken (im Folgenden kurz Fugen genannt) im Zusammenhang mit Abdichtungen gegen

— Bodenfeuchte und nichtstauendes Sickerwasser nach DIN 18195-4;

— nichtdrückendes Wasser einschließlich der Abdichtungen unter intensiv begrünten Dachflächen nach DIN 18195-5;

— von außen drückendes Wasser und zeitweise aufstauendes Sickerwasser nach DIN 18195-6 und

— von innen drückendes Wasser nach DIN 18195-7.

1.2 Diese Norm gilt nicht für Abdichtungen über Fugen von Bauwerken bei

— Abdichtungen von nicht genutzten und von extensiv begrünten Dachflächen (siehe DIN 18531);

— Abdichtungen von Fahrbahnen, die zu öffentlichen Straßen oder zu Schienenwegen gehören, z. B. Fahrbahntafeln;

— Abdichtungen von Deponien, Erdbauwerken und bergmännisch erstellten Tunneln;

— nachträglichen Abdichtungen in der Bauwerkserhaltung oder in der Baudenkmalpflege, es sei denn, es können hierfür Verfahren angewendet werden, die in dieser Norm beschrieben werden;

— Bauteilen, die so wasserundurchlässig sind, dass die Dauerhaftigkeit des Bauteils und die Nutzbarkeit des Bauwerks ohne weitere Abdichtung im Sinne dieser Norm gegeben sind. In diesem Sinne gilt sie auch nicht für Konstruktionen aus wasserundurchlässigem Beton.

2 Normative Verweisungen

Diese Norm enthält durch datierte oder undatierte Verweisungen Festlegungen aus anderen Publikationen. Diese normativen Verweisungen sind an den jeweiligen Stellen im Text zitiert, und die Publikationen sind nachstehend aufgeführt. Bei datierten Verweisungen gehören spätere Änderungen oder Überarbeitungen dieser Publikationen nur zu dieser Norm, falls sie durch Änderung oder Überarbeitung eingearbeitet sind. Bei undatierten Verweisungen gilt die letzte Ausgabe der in Bezug genommenen Publikation (einschließlich Änderungen).

DIN 1055-3:2002-10, *Einwirkungen auf Tragwerke — Teil 3: Eigen- und Nutzlasten für Hochbauten.*

DIN 7864-1:1984-04, *Elastomer-Bahnen für Abdichtungen; Anforderungen, Prüfung.*

DIN 7865-2:1982-02, *Elastomer-Fugenbänder zur Abdichtung von Fugen in Beton; Werkstoff-Anforderungen und Prüfung.*

DIN 18195-1:2000-08, *Bauwerksabdichtungen — Teil 1: Grundsätze, Definitionen, Zuordnung der Abdichtungsarten.*

4

DIN 18195-2:2000-08, *Bauwerksabdichtungen — Teil 2: Stoffe.*

DIN 18195-3:2000-08, *Bauwerksabdichtungen — Teil 3: Anforderungen an den Untergrund und Verarbeitung der Stoffe.*

DIN 18195-4:2000-08, *Bauwerksabdichtungen — Teil 4: Abdichtungen gegen Bodenfeuchte (Kapillarwasser, Haftwasser) und nichtstauendes Sickerwasser an Bodenplatten und Wänden; Bemessung und Ausführung.*

DIN 18195-5:2000-08, *Bauwerksabdichtungen — Teil 5: Abdichtungen gegen nichtdrückendes Wasser auf Deckenflächen und in Nassräumen; Bemessung und Ausführung.*

DIN 18195-6:2000-08, *Bauwerksabdichtungen — Teil 6: Abdichtungen gegen von außen drückendes Wasser und aufstauendes Sickerwasser; Bemessung und Ausführung.*

DIN 18195-9, *Bauwerksabdichtungen — Teil 9: Durchdringungen, Übergänge, An- und Abschlüsse.*

DIN 18195-10, *Bauwerksabdichtungen — Teil 10: Schutzschichten und Schutzmaßnahmen.*

DIN 18541-2:1992-11, *Fugenbänder aus thermoplastischen Kunststoffen zur Abdichtung von Fugen in Ortbeton; Anforderungen, Prüfung, Überwachung.*

3 Begriffe

Für die Anwendung dieser Norm gelten die in DIN 18195-1 angegebenen und die folgenden Begriffe.

3.1
Fugenkammer
Aussparung in waagerechten und schwach geneigten Flächen unterhalb und oberhalb der Abdichtung, beidseitig der Fuge, zusammen etwa 80 mm bis 100 mm breit, 30 mm bis 80 mm tief, mit geeignetem Fugenverguss ausgegossen

3.2
Schleppstreifen
streifenförmige Trennlagen aus geeigneten Stoffen zur Sicherung einer unverklebten Zone

4 Stoffe

Für die Herstellung der Abdichtung über Fugen dürfen folgende Stoffe nach DIN 18195-2:2000-08 verwendet werden:

— Bitumen-Voranstrichmittel nach DIN 18195-2:2000-08, Tabelle 1;

— Klebemassen und Deckaufstrichmittel, heiß zu verarbeiten nach DIN 18195-2:2000-08, Tabelle 2;

— Bitumen- und Polymerbitumenbahnen nach DIN 18195-2:2000-08, Tabelle 4, ausgenommen Bahnen der Zeilen 3 und 4;

— Kunststoff- und Elastomer-Dichtungsbahnen nach DIN 18195-2:2000-08, Tabelle 5, auch vlies- oder gewebekaschiert als Fugenband, jedoch Bahnen nach den Zeilen 3, 5 und 6 nicht in Verbindung mit bitumenverklebten Flächenabdichtungen;

— Metallbänder nach DIN 18195-2:2000-08, Tabelle 8;

— Kunststoff- und Elastomerfugenbänder und nichtgenormte Fugendichtprofile bzw. Fugenbänder für Sonderkonstruktionen bei Fugentyp II mit allgemeinem bauaufsichtlichem Prüfzeugnis;

— bei Abdichtungen nach DIN 18195-4 und mäßiger Beanspruchung nach DIN 18195-5 dürfen auch Bahnen nach DIN 18195-2:2000-08, Tabelle 6 und 10, verwendet werden;

5

— Stoffe zum Verfüllen von Fugen.

Für die Verstärkung oder die Stützung der Abdichtung im Fugenbereich dürfen verwendet werden:

— Bitumen- und Polymerbitumenbahnen mit Polyestervlieseinlage nach DIN 18195-2:2000-08, Tabelle 4;

— Kunststoff- oder Elastomer-Dichtungsbahnen nach DIN 18195-2:2000-08, Tabelle 5, auch vlies- oder gewebekaschiert;

— Fugenbänder aus thermoplastischen Kunststoffen nach DIN 18541-2;

— Elastomerfugenbänder nach DIN 7865-2.

Die für die Verstärkung und Stützung verwendeten Stoffe müssen mit der Abdichtung verträglich sein.

Für Schleppstreifen dürfen neben den o. g. Stoffen auch Glasvliesbitumenbahnen und Stoffe nach DIN 18195-2: 2000-08, 5.2, verwendet werden.

5 Anforderungen

5.1 Abdichtungen über Fugen müssen das Eindringen von Bodenfeuchte bzw. Wasser durch die Fugen in das Bauwerk verhindern.

5.2 Die Abdichtungen müssen unempfindlich sein gegen natürliche und durch Lösungen aus Beton oder Mörtel entstandene bzw. aus der Bauwerksnutzung herrührende Wässer. Sie müssen ferner die Beanspruchungen aus Fugenbewegungen infolge von Setzungen, Temperaturänderungen, Schwinden und gegebenenfalls Wasserdruck schadlos aufnehmen. Die Abdichtungen dürfen bei planmäßig zu erwartenden Bewegungen der Bauteile, z. B. durch Befüllen und Entleeren von Behältern, sowie nutzungsbedingten Schwingungen ihre Schutzwirkung nicht verlieren.

6 Bauliche Erfordernisse

6.1 Die Anordnung von Bewegungsfugen sollte auf die statisch unbedingt erforderliche Zahl und Lage beschränkt werden. Sind Bewegungsfugen unvermeidbar, müssen sie in solchen Abständen angeordnet werden, dass bei Fugen Typ I die Fugenbewegungen je nach Abdichtungsart die in 7 angegebenen Bewegungsgrößen nicht überschreiten. Bewegungsfugen sollten nicht in den Bereichen der größten Beanspruchung der Abdichtung angeordnet werden. Planungsseitig ist dafür zu sorgen, dass ihre Abdichtung handwerksgerecht erfolgen kann.

6.2 Die erforderlichen Angaben über die zu erwartenden Beanspruchungen der Abdichtungen über Fugen müssen bei der Planung der Bauwerksabdichtung vorliegen.

6.3 Die Ausbildung der Fugen in der Bauwerkskonstruktion muss auf das Abdichtungssystem sowie auf die Art, Richtung und Größe der aufzunehmenden Bewegungen abgestimmt sein (siehe 7.1.2).

6.4 Die Fugen sollten möglichst gradlinig ohne Versprünge und nicht durch Gebäudeecken verlaufen. Der Schnittwinkel von Fugen untereinander und mit Kehlen oder Kanten sollte nicht wesentlich vom rechten Winkel abweichen. Bewegungsfugen in der Bauwerkskonstruktion sollten etwa 20 mm breit hergestellt werden.

6.5 Ist eine Abdichtung über einer Fuge des Typs I (siehe Abschnitt 7) nicht in ihrer Ebene verstärkt, sondern aus der Fläche herausgehoben oder geschlauft, darf die Entwässerung nicht über sie hinweg erfolgen. Solche Fugen sind als Firstlinien auszubilden. Dementsprechend sind Gefällegebung und Lage der Entwässerungseinbauten (Abläufe, Rinnen) vom Planer auf den Fugenverlauf abzustimmen. Dies gilt generell sinngemäß auch für Fugen des Typs II (siehe Abschnitt 7).

6

6.6 Die Bauwerksabdichtung sollte zu beiden Seiten der Fugen in derselben Ebene liegen. Der Abstand der Fugen von parallel verlaufenden Kehlen und Kanten sowie von Durchdringungen muss mindestens die halbe Breite der Verstärkungsstreifen (siehe Tabelle 1) zuzüglich der erforderlichen Anschlussbreite für die Flächenabdichtung betragen. Wenn dies im Einzelfall bei Abdichtungen gegen nichtdrückendes Wasser nicht eingehalten werden kann, sind Sonderkonstruktionen erforderlich, z. B. Winkelstützbleche, Wandanschluss-Fugenprofile, an beiden Fugenflanken zwischen Bitumenbahnen eingeklebte Schlaufen aus Kunststoff-Dichtungsbahnen.

6.7 Fugen müssen auch in angrenzenden Bauteilen, z. B. Schutzschichten, an der gleichen Stelle wie in dem abzudichtenden Bauteil ausgebildet werden.

6.8 Die Verformung der Abdichtung über der Fuge, die sich aus der relativen Verschiebung der benachbarten Bauteile zueinander ergibt, muss bei der Ausbildung der abzudichtenden und angrenzenden Bauteile berücksichtigt werden, z. B. bei Abdichtungen von waagerechten und schwach geneigten Flächen im Bereich drückenden Wassers durch die Anordnung von Fugenkammern (siehe Tabelle 1).

6.9 Fugenfüllstoffe müssen mit den vorgesehenen Abdichtungsstoffen verträglich sein.

7 Ausführung

7.1 Allgemeines

7.1.1 Es ist zwischen Fugen des Typs I und II zu unterscheiden.

Fugen Typ I sind Fugen für langsam ablaufende und einmalige oder selten wiederholte Bewegungen, z. B. Setzungsbewegungen oder Längenänderungen durch jahreszeitliche Temperaturschwankungen.

Fugen Typ II sind Fugen für schnell ablaufende oder häufig wiederholte Bewegungen, z. B. Bewegungen durch wechselnde Verkehrslasten (Nutzlasten nach DIN 1055-3) oder Längenänderungen durch tageszeitliche Temperaturschwankungen. Diese Fugen befinden sich in der Regel oberhalb der Geländeoberfläche und in befahrenen Deckenbereichen.

7.1.2 Für Fugen Typ I wird in 7.2.2, 7.3.1.3 und 7.4.1.3 für Abdichtungen gegen Bodenfeuchte, Abdichtungen gegen nichtdrückendes Wasser auf Deckenflächen und in Nassräumen und Abdichtungen gegen zeitweise aufstauendes Sickerwasser die Ausführung der Abdichtung über Fugen beschrieben, bei denen die Fugenbewegung (Bewegungen der Fugenflanken relativ zueinander) folgende Maße nicht überschreiten:

— 30 mm bei Bewegungen (z. B. Setzungen) ausschließlich senkrecht zur Abdichtungsebene;

— 20 mm bei Bewegungen (z. B. Dehnungen) ausschließlich parallel zur Abdichtungsebene, jedoch nur 10 mm, wenn auch Scherung in Abdichtungsebene auftritt;

— 15 mm bei einer Kombination von Setzung und Dehnung, jedoch nur 10 mm, wenn auch Scherung in Abdichtungsebene auftritt.

Bei wärmegedämmten Bauteilen im Freien sind bei Fugen Typ I die Fugenbewegungen senkrecht zur Abdichtungsebene jedoch auf 15 mm zu begrenzen; der Nutzbelag ist zusätzlich über der Fuge so auszubilden, dass die Abdichtung im Fugenbereich mechanisch nicht belastet wird.

7.1.3 Für Fugen Typ I wird in 7.4.1.1 für Abdichtungen gegen von außen drückendes Wasser die Ausführung der Abdichtung über Fugen im nahezu temperaturkonstanten Bereich beschrieben, bei denen die Fugenbewegungen (Bewegungen der Fugenflanken relativ zueinander) folgende Maße nicht überschreiten:

— 40 mm bei Bewegungen (z. B. Setzungen) ausschließlich senkrecht zur Abdichtungsebene;

7

— 30 mm bei Bewegungen (z. B. Dehnungen) ausschließlich parallel zur Abdichtungsebene, jedoch nur 10 mm, wenn auch Scherung in Abdichtungsebene auftritt;

— 25 mm bei einer Kombination von Setzung und Dehnung, jedoch nur 10 mm, wenn auch Scherung in Abdichtungsebene auftritt;

— 10 mm bei einer Kombination beider Bewegungsarten für Abdichtungen mit nackten Bitumenbahnen und Metallbändern nach DIN 18195-6:2000-08 und bei mit Metallbändern verstärkten Abdichtungen nach 7.4.1.1.

7.1.4 Abdichtungen über Fugen Typ I, deren Bewegungen die Maße nach 7.1.2 und 7.1.3 überschreiten, sind grundsätzlich mit Hilfe von Flanschkonstruktionen nach DIN 18195-9, erforderlichenfalls in Doppelausführung[1], herzustellen.

7.1.5 Abdichtungen über Fugen Typ II sind unabhängig von dem Maß der Fugenbewegungen

— bei Abdichtungen gegen Bodenfeuchte und nichtstauendes Sickerwasser und bei Abdichtungen gegen nichtdrückendes Wasser auf Deckenflächen und in Nassräumen nach 7.3.2;

— bei Abdichtungen gegen von außen drückendes Wasser und zeitweise aufstauendes Sickerwasser nach 7.4.2

auszuführen.

7.2 Abdichtungen gegen Bodenfeuchte

7.2.1 Fugen Typ I mit Bewegungen bis 5 mm

Bei Flächenabdichtungen aus Bitumenwerkstoffen sind die Abdichtungen über den Fugen durch mindestens eine Lage Bitumen-Dichtungs- oder Schweißbahnen, 300 mm breit, mit Gewebe- oder Polyestervlieseinlage zu verstärken.

Bei Flächenabdichtungen aus Kunststoffmodifizierten Bitumendickbeschichtungen (KMB) erfolgt die Abdichtung über Fugen mit bitumenverträglichen Fugenbändern aus Kunststoff-Dichtungsbahnen, die eine Vlies- oder Gewebekaschierung zum Einbetten in die Kunststoffmodifizierte Bitumendickbeschichtung (KMB) besitzen. Die Stoßverbindungen der Fugenbänder sind je nach Werkstoff in Fügetechnik nach DIN 18195-3:2000-08, 7.4, auszuführen.

Bei Flächenabdichtungen aus Bitumen-KSK-Bahnen ist die Abdichtung über den Fugen durch einen zusätzlichen, mindestens 300 mm breiten Streifen aus Bitumen-KSK-Bahn zu verstärken.

Bei Flächenabdichtungen aus lose verlegten Kunststoff- oder Elastomer-Dichtungsbahnen dürfen die Abdichtungen ohne weitere Verstärkung über den Fugen durchgezogen werden.

7.2.2 Fugen Typ I mit Bewegungen über 5 mm

Die Abdichtung mit Bahnen über den Fugen ist nach 7.3.1.3 auszuführen.

Bei Abdichtungen mit Kunststoffmodifizierten Bitumendickbeschichtungen (KMB) sind Sonderkonstruktionen erforderlich.

---

1) Siehe DIN 18195-9:2004-03, 6.1.3

8

7.2.3 Fugen Typ II

Die Abdichtung mit Bahnen über den Fugen ist nach 7.3.2 auszuführen.

7.3 Abdichtungen gegen nichtdrückendes Wasser auf Deckenflächen und in Nassräumen

7.3.1 Fugen Typ I

7.3.1.1 Allgemeines

Die Abdichtung über der Fuge ist nötigenfalls durch geeignete Maßnahmen (z. B. Stützbleche) zu verstärken, um das Einsinken der Abdichtung in den Fugenspalt zu verhindern.

7.3.1.2 Fugen Typ I mit Bewegungen bis 5 mm

Abdichtungen nach DIN 18195-5:2000-08, 8.2.1 bis 8.2.6 (Abdichtung mit Bahnen, mäßige Beanspruchung) und 8.3.1 bis 8.3.5 (Abdichtungen mit Bahnen, hohe Beanspruchung), sind über der Fuge durchzuführen.

Erforderlichenfalls sind Schleppstreifen von mindestens 100 mm Breite unter der Abdichtung anzuordnen. Der Schleppstreifen darf bei loser Verlegung entfallen, wenn zwischen Abdichtung und Untergrund eine wirksame Trennschicht (z. B. mit Stoffen nach DIN 18195-2:2000-08, 5.2 und 5.3) angeordnet ist.

Verklebte Abdichtungen sind zusätzlich mit einer Verstärkung des gleichen Bahnenmaterials, mindestens 300 mm breit, zu versehen.

Abdichtungen nach DIN 18195-5:2000-08, 8.2.7 und 8.3.8 (Abdichtungen mit Asphaltmastix), sind über der Fuge zu unterbrechen und bei mäßiger Beanspruchung durch mindestens eine, bei hoher Beanspruchung mindestens zwei 500 mm breite Bitumen- oder Polymerbitumenbahnen mit Polyestervlies- oder Gewebeeinlage zu ersetzen. Über der Fuge ist zusätzlich ein mindestens 100 mm breiter Schleppstreifen anzuordnen. In der Gussasphaltschicht ist die Fuge zu vergießen.

Auf Abdichtungen nach DIN 18195-5:2000-08, 8.3.7 (Abdichtungen mit Bitumenschweißbahnen in Verbindung mit Gussasphalt), ist die Abdichtung über der Bauwerksfuge durch eine zweite Lage desselben Bahnentyps, 1 000 mm breit, zu verstärken. Die Gussasphaltschicht darf ohne Unterbrechung durchgezogen werden.

Abdichtungen nach DIN 18195-5:2000-08, 8.2.8 (Abdichtung mit KMB), sind nach 7.2.1 auszuführen.

7.3.1.3 Fugen mit Bewegungen über 5 mm

Bei Flächenabdichtungen aus Bitumenwerkstoffen sind die Abdichtungen über den Fugen durchzuziehen und je nach Art der verwendeten Bitumenbahn zu verstärken.

Die Verstärkung kann aus ein oder zwei mindestens 300 mm breiten Streifen aus

— Bitumen- und Polymerbitumenbahnen mit Polyestervlieseinlage nach DIN 18195-2:2000-08, Tabelle 4;

— Kunststoff- und Elastomer-Dichtungsbahnen, bitumenverträglich, nach DIN 18195-2:2000-08, Tabelle 5, mindestens 1,5 mm dick,

bestehen.

Bei Abdichtungen mit nackten Bitumenbahnen nach DIN 18195-5:2000-08, 8.3.1, können auch Verstärkungen aus

— Kupferband, mindestens 0,1 mm dick,

9

oder

— Edelstahlband, mindestens 0,05 mm dick

verwendet werden.

Erforderlichenfalls sind Schleppstreifen von mindestens 200 mm Breite unter der Abdichtung anzuordnen.

Bei verklebten Flächenabdichtungen nach DIN 18195-5:2000-08, 8.3.5 und 8.3.6, ist sinngemäß zu verfahren.

Die Verstärkungsstreifen sind so anzuordnen, dass sie voneinander jeweils durch eine Abdichtungslage oder durch eine zusätzliche Lage (Zulage) getrennt sind. Werden Metallbänder an den Außenseiten der Abdichtung angeordnet, so sind sie jeweils durch eine weitere Zulage zu schützen.

Bei Flächenabdichtungen aus lose verlegten Kunststoff- oder Elastomer-Dichtungsbahnen sind die Abdichtungen über den Fugen durchzuziehen, wobei die Bahnen im Fugenbereich zu unterstützen sind.

Diese Unterstützung kann vorgenommen werden z. B.

— bei Bewegungen überwiegend parallel zur Abdichtungsebene durch etwa 0,5 mm dicke und etwa 200 mm breite kunststoffbeschichtete Bleche, die erforderlichenfalls auf einer Seite der Fuge an der Abdichtungsunterlage befestigt sein dürfen, oder

— durch einzubetonierende, außen liegende Fugenbänder.

Bei Flächenabdichtungen aus Bitumen-KSK-Bahnen ist die Abdichtung über den Fugen durch zwei zusätzliche, mindestens je 300 mm breite Streifen aus Bitumen-KSK-Bahn zu verstärken, wobei jeweils ein Streifen oberhalb und unterhalb der eigentlichen Flächenabdichtung anzuordnen ist.

Bei Abdichtungen mit Kunststoffmodifizierten Bitumendickbeschichtungen (KMB) sind Sonder-konstruktionen erforderlich.

Ausführungen nach 7.3.2 können ebenfalls verwendet werden. Bei Flächenabdichtungen nach DIN 18195-5:2000-08, 8.3.6, 8.3.7 und 8.3.8, ist die Abdichtung über den Fugen nach 7.3.2 auszuführen.

7.3.2 Fugen Typ II

Unter Berücksichtigung der Größe und Häufigkeit der Fugenbewegungen sowie der Art der Wasserbeanspruchung und der Nutzung des Bauwerkes ist die Art der Abdichtung im Einzelfall festzulegen, z. B. durch Unterbrechen der Flächenabdichtung und schlaufenartige Anordnung geeigneter Abdichtungsstoffe bzw. Anordnung von Fugenbändern mit Einklebeflansch, mit Hilfe vorgefertigter Fugenkonstruktionen mit integrierten Kunststoff- oder Elastomer-Dichtungsprofilen oder mit Hilfe von Los- und Festflanschkonstruktionen und Einbau von Fugenbändern.

7.4 Abdichtungen gegen von außen drückendes Wasser und zeitweise aufstauendes Sickerwasser

7.4.1 Fugen Typ I

7.4.1.1 Von außen drückendes Wasser

Die Flächenabdichtung ist über den Fugen durchzuziehen und durch mindestens zwei, mindestens 300 mm breite Streifen zu verstärken, die bestehen können aus

— Kupferband, mindestens 0,2 mm dick,

10

— Edelstahlband, mindestens 0,05 mm dick,

oder

— Kunststoff- oder Elastomer-Dichtungsbahnen, mindestens 2,0 mm dick.

Für die Anzahl, die Größe und die Anordnung der Verstärkungen sowie die Fugenkammern gilt Tabelle 1.

Werden nur zwei Verstärkungsstreifen eingebaut, so müssen sie immer aus Metallband bestehen, an den Außenseiten der Abdichtungen angeordnet und jeweils durch eine Zulage aus Bitumenbahnen geschützt werden. Weitere Verstärkungsstreifen dürfen auch aus Kunststoff-Dichtungsbahnen bestehen. Ihre Dicke muss den für die Flächenabdichtung verwendeten Kunststoffbahnen in Abhängigkeit von der Eintauchtiefe nach DIN 18195-6 entsprechen.

Bei Flächenabdichtungen aus lose verlegten Kunststoff-Dichtungsbahnen sind die Abdichtungen über den Fugen mit außen liegenden, 4-stegigen Fugenbändern, die mit der Abdichtung zu verschweißen sind, zu verstärken und zu unterstützen.

7.4.1.2   Zeitweise aufstauendes Sickerwasser; Bewegungen bis 5 mm

Abdichtungen nach DIN 18195-6:2000-08, 9.2 und 9.3 (Abdichtungen mit Bitumen- oder Polymerbitumenbahnen), sind über der Fuge durchzuziehen und durch eine Zulage desselben Bahnentyps, mindestens 500 mm breit, zu verstärken. Abdichtungen nach DIN 18195-6:2000-08, 9.4 (Kunststoff- und Elastomer-Dichtungsbahnen), sind über den Fugen ebenfalls durchzuziehen und im Fugenbereich durch einen Streifen aus Polymerbitumenbahnen mit Polyestervlieseinlage, mindestens 500 mm breit, zu verstärken.

Abdichtungen nach DIN 18195-6:2000-08, 9.1 (Abdichtungen mit KMB), sind nach 7.2.1 auszuführen.

7.4.1.3   Zeitweise aufstauendes Sickerwasser; Bewegungen über 5 mm

Die Abdichtung über den Fugen ist nach 7.4.2 auszuführen.

7.4.2   Fugen Typ II

Die Abdichtung über den Fugen ist grundsätzlich mit Sonderkonstruktionen, z. B. mit Los- und Festflanschkonstruktionen nach DIN 18195-9, erforderlichenfalls in Doppelausführung, herzustellen.

Tabelle 1 — Verstärkungsstreifen und Fugenkammern für Fugen Typ I
(bei Abdichtungen nach 7.4.1.1)

| Zeile Nr. | Bewegung zur Abdichtungsebene ausschließlich | | Kombinierte Bewegung | Verstärkungsstreifen | | Fugenkammer in waagerechten und schwach geneigten Flächen | |
	senkrecht mm	parallel mm	mm	Anzahl	Breite mm	Breite [a] mm	Tiefe mm
1.	10	10	10	2	≥ 300	—	—
2.	20	20	15	2	≥ 500		
3.	30	30	20	3	≥ 500	80 bis 100	30 bis 80
4.	40	—	25	4	≥ 500		

[a] Gesamtbreite einschließlich Fugenbreite

ICS 91.120.30

Ersatz für
DIN 18195-9:1986-12

DIN 18195-9

Bauwerksabdichtungen –
Teil 9: Durchdringungen, Übergänge, An- und Abschlüsse

Water-proofing of buildings –
Part 9: Penetrations, transitions, connections and endings

Etanchéité d'ouvrage –
Partie 9: Pénétrations, transitions, liaisons et bouts

Gesamtumfang 18 Seiten

Normenausschuss Bauwesen (NABau) im DIN

Inhalt

2

Vorwort

Diese Norm wurde vom NABau-Arbeitsausschuss „Bauwerksabdichtungen" erarbeitet. Die Normen der Reihe DIN 18195 „Bauwerksabdichtungen" wurden erstmals 1983 herausgegeben. Im Rahmen der ersten Überarbeitungsphase wurden die Teile 1 bis 6 im August 2000 veröffentlicht. Die vorliegenden Teile 8 bis 10 stellen die Angleichung an die im August 2000 veröffentlichten Teile 1 bis 6 dar. Der Teil 7 bedarf einer umfangreichen Änderung, die für die zweite Phase vorgesehen ist.

In der zweiten Phase werden alle 10 Teile der Norm erneut durchgesehen und aufeinander abgestimmt. Dabei werden die in den beiden Schlichtungsverfahren einvernehmlich beschlossenen Änderungen eingearbeitet. Weiterhin soll über Festlegungen für Abdichtungen mit bisher nicht in die Normenreihe aufgenommenen Produkten, wie z. B. mineralischen Dichtungsschlämmen, Abdichtungen mit Flüssigkunststoffen sowie weiteren Kunststoff-Dichtungsbahnen mit oder ohne Selbstklebeschicht, beraten werden. Hierzu werden Kriterien zur Aufnahme dieser Produkte in die Normenreihe DIN 18195 vom Arbeitsausschuss aufgestellt.

DIN 18195 „Bauwerksabdichtungen" besteht aus:

— Teil 1: Grundsätze, Definitionen, Zuordnung der Abdichtungsarten

— Teil 2: Stoffe

— Teil 3: Anforderungen an den Untergrund und Verarbeitung der Stoffe

— Teil 4: Abdichtungen gegen Bodenfeuchte (Kapillarwasser, Haftwasser) und nichtstauendes Sicker-wasser an Bodenplatten und Wänden; Bemessung und Ausführung

— Teil 5: Abdichtungen gegen nichtdrückendes Wasser auf Deckenflächen und in Nassräumen; Bemessung und Ausführung

— Teil 6: Abdichtungen gegen von außen drückendes Wasser und aufstauendes Sickerwasser; Bemessung und Ausführung

— Teil 7: Abdichtungen gegen von innen drückendes Wasser; Bemessung und Ausführung

— Teil 8: Abdichtungen über Bewegungsfugen

— Teil 9: Durchdringungen, Übergänge, An- und Abschlüsse

— Teil 10: Schutzschichten und Schutzmaßnahmen

Änderungen

Gegenüber DIN 18195-9:1986-12 wurden folgende Änderungen vorgenommen:

a) der Untertitel der Norm wurde geändert und die Norm redaktionell geändert;

b) der Anwendungsbereich wurde ergänzt;

c) es wurden zwei neue Begriffe definiert;

d) die Anforderungen wurden ergänzt um Lagesicherheit und Dauerhaftigkeit;

e) Tabelle 1 „Regelmaße in mm für Los- und Festflanschkonstruktionen" wurde geändert und erweitert;

f) Tabelle 2 „Netto-Pressfläche in mm^2 und Anziehmomente in Nm" wurde neu aufgenommen;

g) die für die Abdichtung zu verwendenden Stoffe wurden nach DIN 18195-2 präzisiert.

3

Frühere Ausgaben

DIN 4031: 1932x-07, 1959x-11,1978-03

DIN 4117: 1950-06, 1960-11

DIN 4122: 1968-07, 1978-03

DIN 18195-9: 1983-08, 1986-12

1 Anwendungsbereich

1.1 Diese Norm gilt für das Herstellen von Durchdringungen, Übergängen und An- und Abschlüssen von Abdichtungen gegen

— Bodenfeuchte und nichtstauendes Sickerwasser nach DIN 18195-4;

— nichtdrückendes Wasser einschließlich der Abdichtungen unter intensiv begrünten Dachflächen nach DIN 18195-5;

— von außen drückendes Wasser und zeitweise aufstauendes Sickerwasser nach DIN 18195-6 und

— gegen von innen drückendes Wasser nach DIN 18195-7.

1.2 Diese Norm gilt nicht für das Herstellen von Durchdringungen, Übergängen und An- und Abschlüssen bei

— Abdichtungen von nicht genutzten und von extensiv begrünten Dachflächen (siehe DIN 18531);

— Abdichtungen von Fahrbahnen, die zu öffentlichen Straßen oder zu Schienenwegen gehören, z. B. Fahrbahntafeln;

— Abdichtungen von Deponien, Erdbauwerken und bergmännisch erstellten Tunneln;

— nachträglichen Abdichtungen in der Bauwerkserhaltung oder in der Baudenkmalpflege, es sei denn, es können hierfür Verfahren angewendet werden, die in dieser Norm beschrieben werden;

— Bauteilen, die so wasserundurchlässig sind, dass die Dauerhaftigkeit des Bauteils und die Nutzbarkeit des Bauwerks ohne weitere Abdichtung im Sinne dieser Norm gegeben sind. In diesem Sinne gilt sie auch nicht für Konstruktionen aus wasserundurchlässigem Beton.

2 Normative Verweisungen

Diese Norm enthält durch datierte oder undatierte Verweisungen Festlegungen aus anderen Publikationen. Diese normativen Verweisungen sind an den jeweiligen Stellen im Text zitiert, und die Publikationen sind nachstehend aufgeführt. Bei datierten Verweisungen gehören spätere Änderungen oder Überarbeitungen dieser Publikationen nur zu dieser Norm, falls sie durch Änderung oder Überarbeitung eingearbeitet sind. Bei undatierten Verweisungen gilt die letzte Ausgabe der in Bezug genommenen Publikation (einschließlich Änderungen).

DIN 18195-1, *Bauwerksabdichtungen — Teil 1: Grundsätze, Definitionen, Zuordnung der Abdichtungsarten*.

DIN 18195-2:2000-08, *Bauwerksabdichtungen — Teil 2: Stoffe*.

DIN 18195-3, *Bauwerksabdichtungen — Teil 3: Anforderungen an den Untergrund und Verarbeitung der Stoffe*.

DIN 18195-4, *Bauwerksabdichtungen — Teil 4: Abdichtungen gegen Bodenfeuchte (Kapillarwasser, Haftwasser) und nichtstauendes Sickerwasser an Bodenplatten und Wänden; Bemessung und Ausführung*.

DIN 18195-5, *Bauwerksabdichtungen — Teil 5: Abdichtungen gegen nichtdrückendes Wasser auf Deckenflächen und in Nassräumen; Bemessung und Ausführung.*

DIN 18195-6:2000-08, *Bauwerksabdichtungen — Teil 6: Abdichtungen gegen von außen drückendes Wasser und aufstauendes Sickerwasser; Bemessung und Ausführung.*

DIN 18195-7, *Bauwerksabdichtungen — Teil 7: Abdichtungen gegen von innen drückendes Wasser; Bemessung und Ausführung.*

DIN 18195-8, *Bauwerksabdichtungen — Teil 8: Abdichtungen über Bewegungsfugen.*

DIN 18195-10, *Bauwerksabdichtungen — Teil 10: Schutzschichten und Schutzmaßnahmen.*

DIN 18531, *Dachabdichtungen; Begriffe, Anforderungen, Planungsgrundsätze.*

DIN 18800-7:1983-05, *Stahlbauten — Teil 7: Ausführung und Herstellerqualifikation.*

DIN 52129, *Nackte Bitumenbahnen — Begriff, Bezeichnung, Anforderungen.*

DIN EN 1253-1, *Abläufe für Gebäude — Teil 1: Anforderungen; Deutsche Fassung EN 1253-1:1999.*

DIN EN 1253-2, *Abläufe für Gebäude — Teil 2: Prüfverfahren; Deutsche Fassung EN 1253-2:1998.*

DIN EN 1253-3, *Abläufe für Gebäude — Teil 3: Güteüberwachung; Deutsche Fassung EN 1253-3:1999.*

DIN EN 1253-4, *Abläufe für Gebäude — Teil 4: Abdeckungen; Deutsche Fassung EN 1253-4:1999.*

3 Begriffe

Für die Anwendung dieser Norm gelten die in DIN 18195-1 angegebenen und die folgenden Begriffe.

3.1
Klemmprofil
Einbauteil (Formteil) mit einem profilierten Metallquerschnitt, hergestellt durch Strangpressung oder mehrfache Kantung, mit dem Abschlüsse von Bauwerksabdichtungen unmittelbar an abzudichtende Bauwerksteile angeklemmt werden

3.2
Überhangstreifen
winkelartiges Blechprofil, das einerseits ausreichend tief in eine in die Wand eingeschnittene Kerbe wasserumlaufsicher eingelassen ist und andererseits Klemmschiene oder Klemmprofil überdeckt

4 Anforderungen

4.1 Dichtheit

Durchdringungen, Übergänge und An- und Abschlüsse müssen, erforderlichenfalls mit der Hilfe von Einbauteilen, so geplant und hergestellt sein, dass sie nicht hinter- oder unterlaufen werden können. Die dazu erforderlichen konstruktiven und abdichtungstechnischen Maßnahmen sind auf die zu erwartende Wasserbeanspruchung abzustimmen.

4.2 Lagesicherheit

Die Ränder der Abdichtung dürfen weder abrutschen noch sich ablösen. Dazu sind im Regelfall besondere Einbauteile erforderlich, es sei denn, der Haftverbund zum Untergrund oder die konstruktive Situation schließt auch ohne besondere Randverwahrung ein Ablösen oder Abrutschen der Abdichtung aus.

5

4.3 Dauerhaftigkeit

Durchdringungen, Übergänge und An- und Abschlüsse dürfen auch bei zu erwartenden Bewegungen der Bauteile oder angrenzender Bodenschichten ihre Funktion nicht verlieren, gegebenenfalls sind dafür besondere Maßnahmen zu treffen.

Die Abdichtung ist auch im Bereich von Durchdringungen, Übergängen und An- und Abschlüssen so auszuführen oder abzudecken, dass vorhersehbare Nutzungsbeanspruchungen (Stoß, Abrieb) oder Lage- und Längenänderungen angrenzender Schutzschichten und Beläge nicht zu Beschädigungen oder frühzeitigem Versagen führen.

5 Bauliche Erfordernisse

5.1 Allgemeines

Durchdringungen und Übergänge müssen so angeordnet werden, dass die Bauwerksabdichtung fachgerecht angeschlossen werden kann. Flächen für Abschlüsse müssen gut zugänglich sein, ausreichend hoch über der Oberfläche des späteren Nutzbelages liegen und so beschaffen sein, dass das hochgeführte Abdichtungsende sicher befestigt werden kann.

Einbauteile müssen den Erfordernissen der Abdichtung entsprechend beschaffen sein.

Durchdringungen sind auf die unbedingt notwendige Anzahl zu beschränken.

5.2 Mindestabstände

Klebeflansche, Anschweißflansche und Manschetten sind im Regelfall so anzuordnen, dass sie untereinander zu anderen Bauteilen, z. B. Bauwerkskanten und -kehlen und Wandanschlüssen, mindestens 150 mm, bei Bewegungsfugen mindestens 300 mm entfernt sind, sofern nicht aus Verarbeitungsgründen ein größerer Abstand erforderlich ist. Maßgebend ist dabei die äußere Begrenzung des Flansches oder der Manschette.

Los- und Festflanschkonstruktionen sind so anzuordnen, dass ihre Außenkanten mindestens 300 mm von Bauwerkskanten und -kehlen sowie mindestens 500 mm von weiteren Bauwerksfugen entfernt sind.

Können diese Mindestmaße nicht eingehalten werden, so sind für die Abdichtung Sonderkonstruktionen einzuplanen.

5.3 Zu wartende Bauteile

Zu wartende Bauteile, z. B. Abläufe bei Abdichtungen gegen nichtdrückendes Wasser, sind so anzuordnen und die weiteren Aufbauschichten so zu gestalten, dass eine einfache Zugänglichkeit gewährleistet ist.

5.4 Konstruktive Gestaltung von aufgehenden Bauteilen für Abschlüsse bei Abdichtungen nach DIN 18195-4, DIN 18195-5 und DIN 18195-6

5.4.1 Allgemeine Anforderungen

Die aufgehenden Bauteile sind so zu gestalten, dass der Abdichtungsrand möglichst nicht oder nur geringfügig wasserbeansprucht wird und das hochgeführte Abdichtungsende (Abschluss) vor mechanischen Beschädigungen geschützt liegt.

6

5.4.2 Gebäudesockel für Abschlüsse von Abdichtungen nach DIN 18195-4 und DIN 18195-6:2000-08, Abschnitt 9

Bei aufgehenden Wänden mit Bekleidungen (z. B. Verblendungen und Verfliesungen) muss die Abdichtung hinter der wasserbeanspruchten Ebene der aufgehenden Wand liegen. Die Bekleidungen sind dabei so zu verankern, dass die Abdichtung im wasserbeanspruchten Bereich nicht perforiert wird. Ist dies unvermeidlich, sind die Verankerungen als Durchdringungen (siehe 6.1) abzudichten.

Bei aufgehenden Wänden ohne Bekleidung sollten die Abdichtung und die Randverwahrung oberhalb des Geländes bzw. der Beläge in einem Rücksprung angeordnet werden.

Im Sockelbereich muss der Untergrund so geplant sein, dass bei Abdichtungen gegen Bodenfeuchte und zeitweise aufstauendes Sickerwasser die Abdichtung im Regelfall bis 300 mm über Oberkante Gelände geführt werden kann, um ausreichende Anpassungsmöglichkeiten der Geländeoberfläche sicherzustellen. Im Endzustand sollte dieser Wert im Regelfall das Maß von 150 mm nicht unterschreiten.

Oberhalb des Geländes darf die Abdichtung entfallen, wenn dort ausreichend wasserabweisende Bauteile verwendet werden. Die Abdichtung muss dann diese Bauteile am Übergang überlappend unterfahren.

Bei unverputzt bleibendem, zweischaligem Mauerwerk am Gebäudesockel (Verblendmauerwerk) kann die Abdichtung hinter der Verblendschale auf der Außenseite der Innenschale hochgeführt werden. Der Schalenzwischenraum sollte am Fußpunkt der Verblendschale oberhalb der Geländeoberfläche entwässert werden. Erfolgt die Entwässerung unterhalb der Geländeoberfläche, so ist in eine Sickerschicht oder Dränung zu entwässern.

5.4.3 Abschlüsse bei Abdichtungen nach DIN 18195-5

Bei der Abdichtung von waagerechten und schwach geneigten Flächen sind die aufgehenden Bauteile so auszubilden, dass die Abdichtung bis deutlich über die ungünstigenfalls auftretende Wasserbeanspruchung aus Oberflächen-, Spritz- und/oder Sickerwasser, im Regelfall mindestens 150 mm über die Schutzschicht, die Oberfläche des Belages oder die Überschüttung hochgeführt und auf weitgehend lückenloser, ebener, tragfähiger Rücklage gegen Abgleiten gesichert und verwahrt werden kann.

Bei Aufkantungen an freien Dachrändern, z. B. genutzte Dachflächen und Balkone, sollte die Abdichtung grundsätzlich bis zur Außenkante der Fassade geführt und befestigt werden. Die Abdichtung ist mindestens 100 mm über die Oberfläche des Belags hochzuführen. Der Randabschluss kann entweder mit einer Randabdeckung oder einem Randabschlussprofil ausgeführt werden. Randabdeckungen bzw. Randabschlussprofile sollten grundsätzlich ein Gefälle zur Abdichtungsseite aufweisen.

Schlagregengefährdete Flächen erfordern besondere Maßnahmen zum Schutz gegen Hinterlaufen (siehe 6.2.2).

Beim Abschluss der Abdichtung von Decken überschütteter Bauwerke ist die Abdichtung mindestens 200 mm unter die Fuge zwischen Decke und Wänden herunterzuziehen und mit einer gegebenenfalls vorhandenen Wandabdichtung zu verbinden.

5.4.4 Anordnung der Abdichtung bei Türschwellen

Sind die unter 5.4.2 und 5.4.3 genannten Aufkantungshöhen im Einzelfall nicht herstellbar (z. B. bei behindertengerechten Hauseingängen, Terrassentüren, Balkon- oder Dachterrassentüren), so sind dort besondere Maßnahmen gegen das Eindringen von Wasser oder das Hinterlaufen der Abdichtung einzuplanen. So sind z. B. Türschwellen und Türpfosten von der Abdichtung zu hinterfahren oder an ihrer Außenoberfläche so zu gestalten, dass die Abdichtung z. B. mit Klemmprofilen wasserdicht angeschlossen werden kann.

7

Schwellenabschlüsse mit geringer oder ohne Aufkantung sind zusätzlich z. B. durch ausreichend große Vordächer, Fassadenrücksprünge und/oder unmittelbar entwässerten Rinnen mit Gitterrosten vor starker Wasserbelastung zu schützen. Das Oberflächengefälle sollte nicht zur Tür hin gerichtet sein.

Bei Dachterrassen mit geschlossener Brüstung sind Überläufe so tief anzuordnen, dass bei Verstopfung des Ablaufs die Schwelle nicht überstaut werden kann.

6 Ausführung von Anschlüssen an Durchdringungen, Übergängen und Abschlüssen

6.1 Anschlüsse und Übergänge

6.1.1 Bei Abdichtungen gegen Bodenfeuchte (Kapillarwasser, Haftwasser) und nichtstauendes Sickerwasser an Bodenplatten und Wänden nach DIN 18195-4

Anschlüsse an Einbauteile von Aufstrichen aus Bitumen sind mit spachtelbaren Stoffen oder mit Manschetten auszuführen. Bei Abdichtungen mit Kunststoffmodifizierten Bitumendickbeschichtungen (KMB) nach DIN 18195-4 sind diese hohlkehlenartig an die Durchdringung anzuarbeiten.

Übergänge sind nach 6.1.2 auszuführen.

Abdichtungsbahnen sind entweder mit Klebeflansch, Anschweißflansch oder mit Manschette und Schelle anzuschließen.

6.1.2 Bei Abdichtungen gegen nichtdrückendes Wasser auf Deckenflächen und in Nassräumen nach DIN 18195-5

Anschlüsse an Einbauteile sind entweder durch Klebeflansche, Anschweißflansche, Manschetten, Manschetten mit Schellen oder durch Los- und Festflanschkonstruktionen auszuführen.

Anschlüsse an Einbauteile anderer Art, z. B. Aufsatzkränze für RWA-Anlagen oder Lichtkuppeln, können nach 5.4.3 ausgeführt werden.

Übergänge sind entweder durch Klebeflansche, Anschweißflansche, Klemmschienen oder Los- und Festflanschkonstruktionen herzustellen. Übergänge zwischen Abdichtungssystemen aus verträglichen Stoffen dürfen auch ohne Einbauteile ausgeführt werden.

Bei Abdichtungen mit Kunststoffmodifizierten Bitumendickbeschichtungen (KMB) nach DIN 18195-5 erfolgt der Anschluss an die Durchdringung durch Auftragen der Kunststoffmodifizierte Bitumendickbeschichtung mit Verstärkungseinlage auf Klebeflansche oder mittels Los- und Festflanschkonstruktionen (siehe 6.1.3).

6.1.3 Bei Abdichtungen gegen von außen drückendes Wasser und zeitweise aufstauendes Sickerwasser nach DIN 18195-6

Anschlüsse an Einbauteile sind mit Los- und Festflanschkonstruktionen auszuführen.

Übergänge sind mit Los- und Festflanschkonstruktionen als Doppelflansche mit Trennleiste herzustellen (siehe Bild 3).

Bei Kunststoffmodifizierten Bitumendickbeschichtungen sind im Bereich der Los-/Festflanschkonstruktionen vorgefertigte Einbauteile z. B. aus bitumenverträglichen Kunststoffdichtungsbahnen nach Tabelle 5 von DIN 18195-2:2000-08 zu verwenden, die im Anschlussbereich zur Kunststoffmodifizierten Bitumen-dickbeschichtung eine Vlies- oder Gewebekaschierung zum Einbetten in die Kunststoffmodifizierte Bitumendickbeschichtung besitzen, im Klemmbereich aber unkaschiert sind.

8

6.2 Abschlüsse bei über Geländeoberfläche bzw. Nutzbelag oder Begrünung hochgeführten Abdichtungen

6.2.1 Vor Wasserbeanspruchung geschützt liegende Abschlüsse

Sind die Abschlüsse nach 5.3.2 und 5.3.3 sachgerecht hochgeführt und ist der Abdichtungsrand durch eine abdeckende Wandbekleidung (z. B. Bekleidung, Verfliesung) vor einer Wasserbeanspruchung geschützt und durch die Abdeckung oder eine Verklebung gegen Abrutschen gesichert, so sind an Abschlüssen keine weiteren Einbauteile erforderlich.

Muss ein gegen Hinterlaufen geschützt liegender Bahnenrand lediglich zusätzlich gegen Abrutschen gesichert werden, so kann dies mit Hilfe einer Holzbohle oder durch angedübelte Blechbänder oder, bei Kunststoff-Dichtungsbahnen, durch Folienbleche geschehen.

6.2.2 Wasserbeanspruchte Abschlüsse

Sind Abschlüsse an aufgehenden Bauteilen frei bewittert oder durch Spritzwasser unmittelbar belastet, sind sie durch Klemmprofile oder Klemmschienen oder angeschweißte Folienbleche linienförmig am ausreichend eben hergestellten Untergrund, im Regelfall im Abstand von 200 mm, zu fixieren. Nagelbänder dürfen nicht verwendet werden. Zusätzlich ist die Abdichtung durch Überhangstreifen oder mit einer fachgerecht dimensionierten Dichtstofffase gegen Hinterlaufen zu sichern. Dichtstofffasen sind regelmäßig zu warten.

Soll ein regensicherer Abschluss alleine durch Klemmschienen oder Klemmprofile erzielt werden, muss das aufgehende Bauteil so dicht und fest sein, dass der notwendige Anpressdruck auf Dauer erreicht und die Dichtheit alleine durch Anpressen sichergestellt ist.

6.3 Abschlüsse unter Geländeoberfläche

6.3.1 Erdüberschüttete Bauwerke

Bei Decken ohne Aufkantungen von erdüberschütteten Bauwerken ist die Abdichtung mindestens 200 mm über die Lagefuge zwischen Decke und Wand nach unten zu führen und mit einer gegebenenfalls vorhandenen Wandabdichtung zu verbinden.

6.3.2 Bauwerke mit Abdichtungen gegen von außen drückendes Wasser nach DIN 18195-6:2000-08, Abschnitt 8

Abschlüsse von Abdichtungen gegen drückendes Wasser von außen in stark wasserdurchlässigen Böden sind mindestens 300 mm über dem Bemessungswasserstand anzuordnen. Die Abdichtungen sind gegen Abgleiten und Hinterlaufen zu sichern, z. B. durch Verwahren in einer Unterschneidung oder Sicherung mit einer Klemmschiene nach 6.2.2 bei Aufbringen der Abdichtung von außen (Abdichtung mit Arbeitsraum) bzw. Umlegen des Abdichtungsendes auf die Abdichtungsrücklage bei Aufbringen der Abdichtung von innen (Abdichtung ohne Arbeitsraum) oder durch andere gleichwertige Maßnahmen. Abdichtungen der darüber liegenden Wandbereiche gegen Bodenfeuchte und nichtstauendes Sickerwasser nach DIN 18195-4 bzw. Abdichtungen von anschließenden Decken nach DIN 18195-5 müssen den Abschluss überdecken.

Bei Abdichtungen gegen drückendes Wasser von außen in wenig wasserdurchlässigen Böden ist die Abdichtung nach DIN 18195-6 im Regelfall bis 300 mm über die Geländeoberfläche zu führen und dort nach 6.2.2 zu sichern. Für die konstruktive Gestaltung der aufgehenden Bauteile gilt 5.4.2.

9

7 Ausbildung und Anordnung von Einbauteilen

7.1 Allgemeines

Einbauteile müssen gegen natürliche und/oder durch Lösungen aus Beton bzw. Mörtel entstandene Wässer unempfindlich und mit den anzuschließenden Abdichtungsstoffen verträglich sein. Grundsätzlich ist bei der Stoffwahl für Einbauteile die Gefahr der Korrosion, z. B. infolge elektrolytischer Vorgänge, zu beachten. Erforderlichenfalls sind nichtrostende Stoffe zu verwenden oder geeignete Korrosionsschutzmaßnahmen zu treffen.

Die der Abdichtung zugewandten Kanten von Einbauteilen müssen frei von Graten sein.

Abläufe als Einbauteile bei Abdichtungen gegen nichtdrückendes Wasser müssen den Normen der Reihe DIN EN 1253 entsprechen. Bei Abläufen mit Los- und Festflansch müssen die Losflansche zum Anschluss der Abdichtung aufschraubbar sein. Nachträglich angeordnete Flanschkonstruktionen für An- und Abschlüsse müssen wasserundurchlässig, z. B. durch Verschweißen oder Überkleben der Ankerbolzen, und dauerhaft verankert werden.

7.2 Klebeflansche, Anschweißflansche, Manschetten

Klebeflansche, Anschweißflansche und Manschetten müssen der Abdichtungsart entsprechend aus geeigneten Metallen, Kunststoffen oder kunststoffbeschichteten Metallen bestehen. Sie müssen sauber, in ihrer Lage ausreichend gesichert und, so weit erforderlich, mit einem Voranstrich versehen sein. Sie selbst und ihr Anschluss an durchdringende Bauteile müssen wasserdicht sein.

Bei Abdichtungen aus Bitumenbahnen oder aus aufgeklebten Kunststoff- oder Elastomer-Dichtungsbahnen müssen die Anschlussflächen mindestens 120 mm breit sein. Die Abdichtungen sind an den Anschlüssen erforderlichenfalls zu verstärken.

Enden auf der Anschlussfläche mehrere Lagen, so sind sie gestaffelt anzuschließen.

Bei Verwendung von Anschweißflanschen im Zusammenhang mit Abdichtungen aus Hochpolymerbahnen sind die Vorgaben von DIN 18195-3 für die Mindestbreite der Überlappungen und der Schweißnähte einzuhalten.

Die Abdichtungen müssen auf den Anschlussflächen von Klebeflanschen, Anschweißflanschen und Manschetten enden.

7.3 Schellen

Schellen müssen in der Regel aus Metall bestehen und mehrfach nachspannbar sein. So weit für den Einbau erforderlich, dürfen sie mehrteilig sein. Ihre Anpressflächen müssen mindestens 25 mm breit sein.

Der Anpressdruck ist in Abhängigkeit von den verwendeten Abdichtungsstoffen so zu bemessen, dass die Abdichtung nicht abgeschnürt wird.

7.4 Klemmschienen

Klemmschienen müssen Abschlüsse gegen Hinterlaufen durch Wasser und hochgeführte Abschlüsse zusätzlich gegen Abgleiten schützen. Klemmschienen und die zu ihrer Befestigung verwendeten Schrauben sowie der Abstand der Schrauben untereinander müssen der Ebenheit des Untergrundes angepasst sein. Im Regelfall sind Klemmschienen mit einer Breite ≥ 45 mm und einer Dicke von 5 mm bis 7 mm zu verwenden.

Sie sind mit Sechskantschrauben mit einem Durchmesser von 8 mm in Dübeln zu befestigen; bei geeigneter Abmessung mit mindestens gleichem Widerstandsmoment, aber kleinerem Schraubenabstand können auch Schrauben ≥ 6 mm verwendet werden. Der Abstand der Schrauben untereinander sollte,

10

abhängig von Art und Ebenheit des Untergrundes, 150 mm bis 200 mm betragen. Die Einzellängen der Klemmschienen sollten 2,5 m nicht überschreiten.

Die Abdichtungsränder müssen zwischen Klemmschienen und Bauwerksflächen eingeklemmt werden. An Bauwerkskanten und -kehlen und über Fugen sind Klemmschienen so zu unterbrechen, dass sie sich bei temperaturbedingter Ausdehnung nicht gegenseitig behindern. Es können auch Klemmprofile verwendet werden, wenn sie dieselben Anforderungen erfüllen wie Klemmschienen.

7.5 Klemmprofile

Klemmprofile sind in Abhängigkeit von ihrer Funktion zu dimensionieren und zu befestigen. Der Befestigungsabstand sollte nicht mehr als 200 mm betragen. Ihre Einzellänge sollte 2,5 m nicht überschreiten.

Klemmprofile, die außer der Randfixierung gleichzeitig auch die Sicherung der Abdichtung gegen Hinterlaufen durch Anpressung übernehmen sollen, müssen ausreichend biegesteif sein, um eine durchgehende Anpressung sicherzustellen. Sie müssen durch Schrauben im Untergrund dauerhaft befestigt werden.

Wird der obere Rand des Klemmprofils nicht durch einen Überhangstreifen oder die Wandbekleidungen vor der Bewitterung geschützt, ist er durch Abkanten so zu gestalten, dass eine Dichtstofffase von mindestens 10 mm Breite und 6 mm Dicke eingebracht werden kann oder durch vorkomprimierte Bänder für eine zusätzliche Abdichtung gesorgt wird. Dichtstofffasen sind regelmäßig zu warten.

7.6 Los- und Festflanschkonstruktionen

Los- und Festflanschkonstruktionen müssen im Regelfall aus schweißbarem Stahl bestehen, und ihre Maße müssen den Werten der Tabelle 1, Spalte 2 bis 6, entsprechen. Ihre Formen müssen in Abhängigkeit von ihrer Anordnung den Bildern 1 bis 4 entsprechen. Die Losflansche dürfen nicht steifer ausgebildet sein als die Festflansche. Ihre Länge darf 1,50 m nicht übersteigen und muss so gewählt werden, dass sie passgerecht ohne Beschädigung der Bolzen eingebaut werden können. Der Zwischenraum zwischen zwei Losflanschen darf im Regelfall nicht mehr als 4 mm betragen. Über den Stoßstellen der Festflansche sollten auch die Losflansche gestoßen sein.

Los- und Festflansche sind stets auf der gleichen Seite der Abdichtung anzuordnen.

Alle Schweißnähte, die den Wasserweg unterbinden sollen, müssen wasserdicht und Baustellennähte zweilagig ausgeführt sein. Die Stumpfstöße der Festflansche sind voll durchzuschweißen und auf der Abdichtungsfläche plan zu schleifen. Für die Gewindebolzen sind bevorzugt aufgeschweißte Bolzen gemäß den Bildern 1 bis 4 zu verwenden. Gewindebolzen aus durchgesteckten und verschweißten Sechskantschrauben sind auf Sonderfälle zu beschränken. Bei aufgeschweißten Gewindebolzen, sofern keine Automatenschweißung erfolgt, ist die Schweißnaht nötigenfalls statisch nachzuweisen. Die Bolzenlänge ist so zu bemessen, dass nach Aufsetzen der Schraubmutter im ungepressten Zustand der Abdichtung mindestens ein Gewindegang am Bolzenende frei ist.

Ändern sich die Neigungen der Abdichtungsebenen, bezogen auf die Längsrichtung von Los- und Festflanschkonstruktionen, um mehr als 45°, so sind sie an diesen Stellen mit einem Radius von mindestens 200 mm auszubilden, wobei in der Winkelhalbierenden ein Bolzen anzuordnen ist. Die Losflansche müssen als Passstücke mit Langlöchern hergestellt sein. Wegen der Langlöcher sind beim Anschrauben Unterlegscheiben zu verwenden (siehe Bild 4).

Die Festflansche sind im Bauwerk zu verankern und so einzubauen, dass ihre Oberflächen mit den angrenzenden abzudichtenden Bauwerksflächen eine Ebene bilden. Die der Abdichtung zugewandten Flanschflächen der Los- und Festflanschkonstruktionen sind unmittelbar vor Einbau der Abdichtung zu säubern und erforderlichenfalls mit einem Voranstrich zu versehen. Zum Einbau der Abdichtung in Los- und Festflanschkonstruktionen müssen die wegen der Gewindebolzen erforderlichen Löcher in den einzelnen Abdichtungslagen mit dem Locheisen eingestanzt werden. Notwendige Stöße und Nähte der Abdichtungslagen in den Flanschbereichen sind stumpf zu stoßen und gegeneinander versetzt

11

anzuordnen. Im Flanschbereich ist deshalb bei mehrlagigen, mit Bitumen geklebten Abdichtungen eine Zulage, vorzugsweise aus Kupferriffelbändern 0,1 mm dick, anzuordnen, deren Nähte ebenfalls stumpf zu stoßen sind. Bei einlagig lose verlegten Abdichtungen sind zwei Zulagen aus demselben Werkstoff oder stoffverträglichen Elastomeren erforderlich.

Die Bolzen müssen bis zum Aufsetzen der Schraubmuttern vor Verschmutzung und Beschädigung geschützt werden. Die Schraubmuttern sind mehrmals anzuziehen, letztmalig unmittelbar vor einem Einbetonieren oder Einmauern der Konstruktion. Der Anpressdruck der Schraubmuttern ist entsprechend Tabelle 2 auf die Flanschkonstruktion und auf die Art der Abdichtung abzustimmen.

Bei Bitumen-Abdichtungen ist am freien Ende das Ausquetschen der Bitumenmasse zu begrenzen. Hierzu ist erforderlichenfalls eine Stahlleiste anzuordnen (siehe Bild 1). Bei Übergängen von Abdichtungssystemen mit unverträglichen Stoffen sind stählerne Trennleisten vorzusehen (siehe Bild 3).

Tabelle 1 — Regelmaße für Los- und Festflanschkonstruktionen (Maße in Millimeter)

	Art des Maßes	Bitumenverklebte Abdichtung		Elastomere Klemmfugenbänder	Kunststoff-Dach- und Dichtungsbahnen, lose verlegt	
		nicht-drückendes Wasser	drückendes Wasser		nicht-drückendes Wasser	drückendes Wasser
		1	2	3	4	5	6
1	Losflansch Breite a_1	≥ 60	≥ 150	≥ 100	≥ 60	≥ 150
2	Dicke t_1	≥ 6	≥ 10	≥ 10	≥ 6	≥ 10
3	Kantenfassung	etwa 2	etwa 2	etwa 2	etwa 2	etwa 2
4	Festflansch Breite a_2	≥ 70	≥ 160	≥ 110	≥ 70	≥ 160
5	Dicke t_2	$6, \geq t_1$	$10, \geq t_1$	$10, \geq t_1$	$6, \geq t_1$	$10, \geq t_1$
6	Schrauben bzw. Bolzen Durchmesser d_3	≥ 12	≥ 20	≥ 20	≥ 12	≥ 20
7	Schweißnaht bei Gewindebolzen Breite s_1	etwa 2	etwa 2	etwa 2	etwa 2	etwa 2
8	Höhe s_2	etwa 3,2	etwa 5	etwa 5	etwa 3,2	etwa 5
9	Schrauben-/ Bolzenloch Durchmesser d_1	14	22	22	14	22
10	Erweiterung bei Gewindebolzen Durchmesser d_2	$d_1 + 2 \times s_1$	$d_1 + 2 \times s_1$	$d_1 + 2 \times s_1$	$d_1 + 2 \times s_1$	$d_1 + 2 \times s_1$
11	Schrauben- bzw. Bolzenabstand untereinander	75 bis 150	75 bis 150	75 bis 150	75 bis 150	75 bis 150
12	Schrauben- bzw. Bolzenabstand vom Ende des Losflansches	≤ 75	≤ 75	≤ 75	≤ 75	≤ 75

12

Tabelle 2 — Netto-Pressfläche in mm² und Anziehmomente in Nm

Für Bolzenabstand mm Losflanschbreite mm Bolzendurchmesser mm Netto-Pressfläche mm² [b]		150 60 12 etwa 8 250	150 100 20 etwa 14 000	150 150 20 etwa 21 500
		1	2	3	4
1	Abdichtungsstoffe im Flanschbereich	Erforderliche Anziehmomente [a] (Baustellenwerte) für dreimaliges Anziehen Nm		
2	Nackte Bitumenbahnen DIN 52129 – R 500 N	12	–	50
3	PIB mit Bitumen verklebt	12	–	50
4	Bitumenbahnen und Polymerbitumen nach Tabelle 4 von DIN 18195-2:2000-08, mit Trägereinlage aus Glasgewebe	15		65
5	Bitumenbahnen und Polymerbitumenbahnen nach Tabelle 4 von DIN 18195-2:2000-08 mit Trägereinlage aus Polyestervlies oder Kupferband	20	–	80
6	R 500 N + 1 Cu[c]	20	–	1. Anziehen 100 2. und 3. Anziehen 80
7	ECB-Bahnen, PVC-P-Bahnen, Elastomerbahnen und EVA-Bahnen nach Tabellen 5 und 7 von DIN 18195-2:2000-08, mit Bitumen verklebt	20	–	80
8	R 500 N + 2 x Cu [c]	30	–	1. Anziehen 120 2. Anziehen 100 3. Anziehen 80
9	Kunststoffdichtungsbahnen nach Tabellen 5 und 7 von DIN 18195-2:2000-08, lose verlegt	30	–	100
10	Elastomer-Klemmfugenbänder			
	– bei glatter Klemmfläche	40	105	165
	– bei gerippter Klemmfläche mit Zulage aus unvernetztem Rohkautschuk, 100 mm breit und nicht älter als 90 Tage	–	165	165

[a] Errechnet nach DIN 18800-7:1983-05, 3.3.3.2, Tabelle 1
[b] Fläche abzüglich 2 mm Fase an Längs- und Querseiten sowie Bolzenlöchern bei 150 mm Bolzenabstand
[c] Bitumenverklebte Abdichtungen mit Kupferbändern und nackten Bitumenbahnen nach DIN 52129 – R 500 N

13

Zusätzliche Hinweise zu den Tabellen 1 und 2:

1) Bei Abweichungen von den Regelmaßen ist darauf zu achten, dass die spezifischen Klemmpressungen erhalten bleiben (Losflanschbreite, Bolzendurchmesser). Die Abreißfestigkeit des Bolzens ist mit der erforderlichen Sicherheit zu berücksichtigen.

2) Bolzenabstände < 150 mm, Randabstände < 75 mm erfordern geringere, rechnerisch nachzuweisende Anziehmomente.

3) Die Flanschdicken sind bei Pressungen über 1,0 MN/m^2 rechnerisch zu ermitteln und konstruktiv zu prüfen.

4) Mehrmaliges (mindestens dreimaliges) Anziehen mit Drehmomentschlüssel; zeitlicher Ablauf > 24 Stunden, letztmalig kurz vor dem Einbetonieren.

5) Elastomer-Fugenbänder erfordern Zulagen (100 mm × 3 mm) aus frischem, unvernetztem Rohkautschuk-Material, nicht älter als 90 Tage ab Herstellung.

6) Einlagige, lose verlegte Abdichtungen erfordern dauerhaft verträgliche, beidseitig angeordnete Zulagen aus demselben Werkstoff oder aus stoffverträglichen Elastomeren.

14

Maße in Millimeter

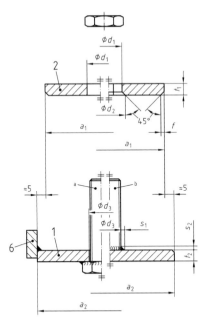

Legende

1   Festflansch
2   Losflansch
6   Quetschleiste

Bild 1 — Los- und Festflanschkonstruktion aus Flacheisen

15

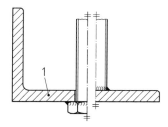

Legende

1   Festflansch

Bild 2 — Los- und Festflanschkonstruktion aus Flach- und Winkeleisen

Maße in Millimeter

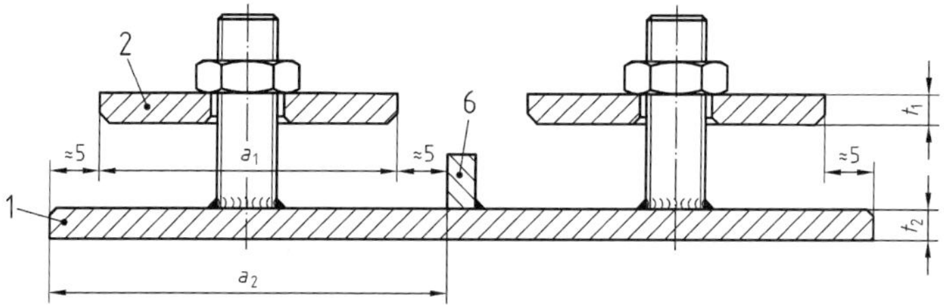

Legende

1   Festflansch
2   Losflansch
6   Quetschleiste

Bild 3 — Los- und Festflanschkonstruktion in Doppelausführung für Übergänge

16

593

110/20*

Maße in Millimeter

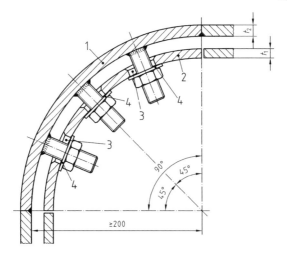

Legende

1   Festflansch
2   Losflansch
3   Langloch
4   Unterlagsscheibe

Bild 4 — Los- und Festflanschkonstruktion bei Richtungsänderung der Abdichtungsebene, Längsschnitt

7.7 Telleranker

Telleranker zur Verwendung bei Bitumen-Abdichtungen müssen in der Regel in Form und Mindestmaßen Bild 5 entsprechen. Die Form der Anker für Los- und Festplatten sind den jeweiligen konstruktiven Erfordernissen entsprechend auszubilden, z. B. als Platten anstelle von Haken. Die Los- und Festplatten von Tellerankern sind im Allgemeinen mit gleichem Durchmesser kreisrund auszubilden. Falls Telleranker mit abweichenden Formen und Maßen verwendet werden, müssen sie jedoch den nachfolgenden Anforderungen entsprechen.

Werden Festplatten mit quadratischen Formen verwendet, so müssen ihre Kantenlängen mindestens 10 mm größer als die Durchmesser der Losplatten sein. Für die Schweißnähte und Anziehmomente von Tellerankern gilt 7.6 sinngemäß.

Die Gewindehülse der Festverankerung ist vor Verschmutzung zu schützen und für den Einbau von Losverankerung in ihrer Lage zu kennzeichnen. Beim Einbau der Losverankerung muss ihr Gewinde mindestens um das Maß des Bolzendurchmessers in die Gewindehülse eingeschraubt werden.

Zur Verwendung bei Kunststoffabdichtungen sind Telleranker in Sonderausführungen mit im Allgemeinen geringeren Maßen als in Bild 5 einzusetzen.

17

Maße in Millimeter

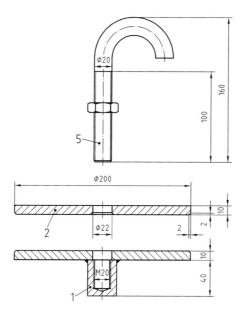

Legende

1 Festflansch
2 Losflansch
5 Ankerhaken

Bild 5 — Telleranker für Bitumen-Abdichtungen, Mindestmaße

18

595

März 2004

DIN 18195-10

ICS 91.120.30

Ersatz für
DIN 18195-10:1983-08

Bauwerksabdichtungen –
Teil 10: Schutzschichten und Schutzmaßnahmen

Water-proofing of buildings –
Part 10: Protective layers and protective measures

Etanchéité d'ouvrage –
Partie 10: Couches protectrices et mesures de protéction

Gesamtumfang 9 Seiten

Normenausschuss Bauwesen (NABau) im DIN

Inhalt

2

Vorwort

Diese Norm wurde vom NABau-Arbeitsausschuss „Bauwerksabdichtungen" erarbeitet. Die Normen der Reihe DIN 18195 „Bauwerksabdichtungen" wurden erstmals 1983 herausgegeben. Im Rahmen der ersten Überarbeitungsphase wurden die Teile 1 bis 6 im August 2000 veröffentlicht. Die vorliegenden Teile 8 bis 10 stellen die Angleichung an die im August 2000 veröffentlichten Teile 1 bis 6 dar. Der Teil 7 bedarf einer umfangreichen Änderung, die für die zweite Phase vorgesehen ist.

In der zweiten Phase werden alle 10 Teile der Norm erneut durchgesehen und aufeinander abgestimmt. Dabei werden die in den beiden Schlichtungsverfahren einvernehmlich beschlossenen Änderungen eingearbeitet. Weiterhin soll über Festlegungen für Abdichtungen mit bisher nicht in die Normenreihe aufgenommenen Produkten, wie z. B. mineralischen Dichtungsschlämmen, Abdichtungen mit Flüssigkunststoffen sowie weiteren Kunststoff-Dichtungsbahnen mit oder ohne Selbstklebeschicht, beraten werden. Hierzu werden Kriterien zur Aufnahme dieser Produkte in die Normenreihe DIN 18195 vom Arbeitsausschuss aufgestellt.

DIN 18195 „Bauwerksabdichtungen" besteht aus:

— Teil 1: Grundsätze, Definitionen, Zuordnung der Abdichtungsarten

— Teil 2: Stoffe

— Teil 3: Anforderungen an den Untergrund und Verarbeitung der Stoffe

— Teil 4: Abdichtungen gegen Bodenfeuchte (Kapillarwasser, Haftwasser) und nichtstauendes Sickerwasser an Bodenplatten und Wänden; Bemessung und Ausführung

— Teil 5: Abdichtungen gegen nichtdrückendes Wasser auf Deckenflächen und in Nassräumen; Bemessung und Ausführung

— Teil 6: Abdichtungen gegen von außen drückendes Wasser und aufstauendes Sickerwasser; Bemessung und Ausführung

— Teil 7: Abdichtungen gegen von innen drückendes Wasser; Bemessung und Ausführung

— Teil 8: Abdichtungen über Bewegungsfugen

— Teil 9: Durchdringungen, Übergänge, An- und Abschlüsse

— Teil 10: Schutzschichten und Schutzmaßnahmen

Änderungen

Gegenüber DIN 18195-10:1983-08 wurden folgende Änderungen vorgenommen:

a)   der Anwendungsbereich wurde präzisiert;

b)   den Änderungen von DIN 18195-2:2000-08 folgend, wurden die Abschnitte 4 und 5 aktualisiert;

c)   die Norm wurde redaktionell überarbeitet.

3

Frühere Ausgaben

DIN 4031: 1932x-07, 1959x-11,1978-03

DIN 4117: 1950-06, 1960-11

DIN 4122: 1968-07, 1978-03

DIN 18195-10: 1983-08

1 Anwendungsbereich

1.1 Diese Norm gilt für das Herstellen von Schutzschichten auf Bauwerken mit Abdichtungen gegen

— Bodenfeuchte und nichtstauendes Sickerwasser nach DIN 18195-4;

— nichtdrückendes Wasser und unter intensiv begrünten Dachflächen nach DIN 18195-5;

— von außen drückendes Wasser und zeitweise aufstauendes Sickerwasser nach DIN 18195-6;

— von innen drückendes Wasser nach DIN 18195-7

sowie für Schutzmaßnahmen, die vorzusehen sind, um Bauwerksabdichtungen bis zur Fertigstellung des Bauwerks vor Beschädigungen zu schützen. Sie gilt ferner für das Herstellen von Schutzschichten auf Abdichtungen unter intensiv begrünten Dachflächen, über Bewegungsfugen nach DIN 18195-8 und an Durchdringungen, Übergängen und Abschlüssen nach DIN 18195-9.

1.2 Diese Norm gilt nicht für das Herstellen von Schutzschichten über

— Abdichtungen von nicht genutzten und von extensiv begrünten Dachflächen (siehe DIN 18531);

— Abdichtungen von Fahrbahnen, die zu öffentlichen Straßen oder zu Schienenwegen gehören, z. B. Fahrbahntafeln;

— Abdichtungen von Deponien, Erdbauwerken und bergmännisch erstellten Tunneln;

— nachträglichen Abdichtungen in der Bauwerkserhaltung oder in der Baudenkmalpflege, es sei denn, es können hierfür Verfahren angewendet werden, die in dieser Norm beschrieben werden.

Sie gilt ferner nicht für den Schutz von Bauteilen, die so wasserundurchlässig sind, dass die Dauerhaftigkeit des Bauteils und die Nutzbarkeit des Bauwerks ohne weitere Abdichtung im Sinne dieser Norm gegeben sind. In diesem Sinne gilt sie auch nicht für Konstruktionen aus wasserundurchlässigem Beton.

2 Normative Verweisungen

Diese Norm enthält durch datierte oder undatierte Verweisungen Festlegungen aus anderen Publikationen. Diese normativen Verweisungen sind an den jeweiligen Stellen im Text zitiert, und die Publikationen sind nachstehend aufgeführt. Bei datierten Verweisungen gehören spätere Änderungen oder Überarbeitungen dieser Publikationen nur zu dieser Norm, falls sie durch Änderung oder Überarbeitung eingearbeitet sind. Bei undatierten Verweisungen gilt die letzte Ausgabe der in Bezug genommenen Publikation (einschließlich Änderungen).

DIN 1045-1, *Tragwerke aus Beton, Stahlbeton und Spannbeton — Teil 1: Bemessung und Konstruktion.*

DIN 1053-1, *Mauerwerk — Teil 1: Berechnung und Ausführung.*

4

DIN 1072, *Straßen- und Wegbrücken — Lastannahmen.*

DIN 4095, *Baugrund — Dränung zum Schutz baulicher Anlagen — Planung, Bemessung und Ausführung.*

DIN 18190-4, *Dichtungsbahnen für Bauwerksabdichtungen — Teil 4: Dichtungsbahnen mit Metallband-einlage, Begriff, Bezeichnung, Anforderungen.*

DIN 18195-1:2000-08, *Bauwerksabdichtungen — Teil 1: Grundsätze, Definitionen, Zuordnung der Abdichtungsarten.*

DIN 18195-2:2000-08, *Bauwerksabdichtungen — Teil 2: Stoffe.*

DIN 18195-3:2000-08, *Bauwerksabdichtungen — Teil 3: Anforderungen an den Untergrund und Verarbeitung der Stoffe.*

DIN 18195-4, *Bauwerksabdichtungen — Teil 4: Abdichtungen gegen Bodenfeuchte (Kapillarwasser, Haft-wasser) und nichtstauendes Sickerwasser an Bodenplatten und Wänden; Bemessung und Ausführung.*

DIN 18195-5:2000-08, *Bauwerksabdichtungen — Teil 5: Abdichtungen gegen nichtdrückendes Wasser auf Deckenflächen und in Nassräumen; Bemessung und Ausführung.*

DIN 18195-6, *Bauwerksabdichtungen — Teil 6: Abdichtungen gegen von außen drückendes Wasser und aufstauendes Sickerwasser; Bemessung und Ausführung.*

DIN 18195-7, *Bauwerksabdichtungen — Abdichtungen gegen von innen drückendes Wasser; Bemessung und Ausführung.*

DIN 18195-8, *Bauwerksabdichtungen — Teil 8: Abdichtungen über Bewegungsfugen.*

DIN 18195-9, *Bauwerksabdichtungen — Teil 9: Durchdringungen, Übergänge, An- und Abschlüsse.*

DIN 18550-1, *Putz — Begriffe und Anforderungen.*

DIN 18560-4, *Estriche im Bauwesen — Estriche auf Trennschicht.*

DIN EN 206-1, *Beton — Teil 1: Festlegung, Eigenschaften, Herstellung und Konformität; Deutsche Fassung EN 206-1:2000.*

DIN EN 13813, *Estrichmörtel, Estrichmassen und Estriche — Estrichmörtel und Estrichmassen — Eigenschaften und Anforderungen.*

3 Begriffe

Für die Anwendung dieser Norm gelten die in DIN 18195-1 angegebenen Begriffe.

4 Schutzschichten

4.1 Stoffe

Stoffe für Schutzschichten müssen mit der Bauwerksabdichtung verträglich und gegen die auf sie einwirkenden Beanspruchungen mechanischer, thermischer und chemischer Art widerstandsfähig sein. Nachfolgend sind die üblichen und bewährten Stoffe für Schutzschichten für Abdichtungen mit Stoffen nach DIN 18195-2 in 4.3.2 bis 4.3.8 genannt.

Schutzlagen nach DIN 18195-5:2000-08, 8.2.3, 8.2.4, 8.2.5, 8.3.3 und 8.3.4, sind keine Schutzschichten und kein Ersatz für Schutzschichten (siehe DIN 18195-1:2000-08, 8.3.4).

5

4.2 Anforderungen

4.2.1 Schutzschichten müssen Bauwerksabdichtungen dauerhaft vor schädigenden Einflüssen statischer, dynamischer und thermischer Art schützen. Sie können auch Nutzschichten des Bauwerks bilden, z. B. bei Dachterrassen. Dabei sind insbesondere auch die Belastungen während der Bauzeit zu beachten.

4.2.2 Bewegungen und Verformungen der Schutzschichten dürfen die Abdichtung nicht beschädigen. Schutzschichten für Bauwerksabdichtungen nach DIN 18195-5 sind erforderlichenfalls von der Abdichtung zu trennen und durch Fugen aufzuteilen. Darüber hinaus müssen in diesem Fall an Aufkantungen und Durchdringungen der Abdichtung in der Schutzschicht ausreichend breite Fugen vorhanden sein.

In festen Schutzschichten sind in Regelfall Fugen im Bereich von Neigungswechseln, z. B. beim Übergang von schwach zu stark geneigten Flächen, anzuordnen.

4.2.3 Bei Bauwerksfugen sind in festen Schutzschichten Fugen an gleicher Stelle anzuordnen; für die Einzelheiten gilt DIN 18195-8.

4.2.4 Fugen in waagerechten oder schwach geneigten Schutzschichten müssen verschlossen sein; für Fugen über Bauwerksfugen sind dafür Einlagen und/oder Verguss vorzusehen.

4.3 Ausführung

4.3.1 Allgemeines

4.3.1.1 Die Art der Schutzschicht ist in Abhängigkeit von den zu erwartenden Beanspruchungen und den örtlichen Gegebenheiten auszuwählen. Schutzschichten, die auf die fertige Abdichtung aufgebracht werden, sind bei Bahnenabdichtungen möglichst unverzüglich nach Fertigstellung und bei KMB nach der Durchtrocknung herzustellen. Im anderen Fall sind Schutzmaßnahmen gegen Beschädigungen nach Abschnitt 5 zu treffen.

4.3.1.2 Beim Herstellen von Schutzschichten dürfen die Abdichtungen nicht beschädigt werden; Verunreinigungen auf den Abdichtungen sind vorher sorgfältig zu entfernen.

4.3.1.3 Schutzschichten auf geneigten Abdichtungen sind, sofern sie nicht aus Bitumen-Dichtungsbahnen bestehen, vom tiefsten Punkt nach oben und in solchen Teilabschnitten herzustellen, dass sie nicht abrutschen können.

4.3.1.4 Senkrechte Schutzschichten, die vor Herstellung der Abdichtung ausgeführt werden und als Abdichtungsrücklage dienen, müssen in jedem Bauzustand standsicher sein. Bei senkrechten Schutzschichten, die nachträglich hergestellt werden, muss der Arbeitsraum lagenweise verfüllt werden.

4.3.1.5 Auf waagerechte oder schwach geneigte Schutzschichten dürfen Lasten oder lose Massen nur dann aufgebracht werden, wenn die Schutzschichten belastbar und erforderlichenfalls gesichert sind.

4.3.2 Schutzschichten aus Beton

4.3.2.1 Schutzschichten aus Beton müssen mindestens in der Betongüte C 8/10, bei Anordnung von Bewehrung mindestens in C 12/15 nach DIN EN 206-1 hergestellt werden. Die Bewehrung muss die nach DIN 1045-1 erforderliche Betonüberdeckung aufweisen. Als Zuschlag für den Beton ist Kies oder Edelsplitt zu verwenden.

4.3.2.2 Schutzschichten müssen mindestens 50 mm dick sein; werden sie auf Flächen mit einem größeren Neigungswinkel als 18° (etwa 33 %) angeordnet, sind sie im Regelfall zu bewehren.

4.3.2.3 Senkrechte Schutzschichten sind von waagerechten oder geneigten durch Fugen mit Einlagen zu trennen. Sie sind durch senkrechte Fugen im Abstand von höchstens 7 m zu unterteilen und von den Eckbereichen zu trennen.

6

4.3.2.4   Bei nicht wärmegedämmten Parkdecks übernimmt die Schutzschicht aus Beton häufig die Funktion der Nutzschicht, bei Parkdecks mit Wärmedämmung zusätzlich die Funktion der Druckverteilungsplatte über der Dämmschicht. In beiden Fällen ist zwischen Abdichtung und Schutzschicht aus Beton eine zweilagige Trennschicht anzuordnen, wobei die obere Lage aus geschlossenzelligem Weichschaum oder gleichwertigen Stoffen bestehen kann. Die Betonschutzschicht ist nach 4.2.2 in Felder aufzuteilen, die Felder können zur Verhinderung von Kantenversatz verdübelt werden. Bei Belastung ab Brückenklasse 6/6 (Ersatzflächenlast 4 kN/m²) nach DIN 1072 müssen sie verdübelt werden.

4.3.2.5   Schutzschichten aus Betonfertigteilen sind nach 4.3.5.1 auszubilden.

4.3.3 Schutzschichten aus Mörtel oder Estrichmörtel

Schutzschichten aus Mörtel dürfen nur auf nicht begeh- oder befahrbaren, vorzugsweise senkrechten Flächen oder auf Flächen, die mehr als 18° (etwa 33 %) geneigt sind, hergestellt werden. Sie müssen mindestens 2 cm dick sein und aus Mörtel mindestens der Mörtelgruppe II oder III nach DIN 1053-1 bestehen. Sofern sie durch Drahtgewebe bewehrt werden, ist mindestens Mörtelgruppe III zu verwenden. Schutzschichten aus Mörtel sind erforderlichenfalls gegen Ausknicken zu sichern. Begehbare Schutzschichten auf waagerechten oder schwach geneigten Flächen sind als Zementestriche auf Trenn- oder Dränschicht nach DIN 18560-4 aus Estrichmörtel nach DIN EN 13813 herzustellen. Für Trennschichten sind Stoffe nach DIN 18195-2:2000-08, 5.2, Buchstabe a) oder d), zu verwenden. Für Zementestriche auf Wärmedämmschichten ist zusätzlich 4.3.8 zu beachten.

4.3.4 Schutzschichten aus Mauerwerk

4.3.4.1   Schutzschichten aus Mauerwerk sind 115 mm dick unter Verwendung von Mörtel mindestens der Mörtelgruppe II oder III nach DIN 1053-1 herzustellen. Dabei sind senkrechte Schutzschichten von waagerechten oder geneigten Flächen durch Fugen mit Einlagen zu trennen. Senkrechte Schutzschichten sind durch senkrechte Fugen im Abstand von höchstens 7 m zu unterteilen und von den Eckbereichen zu trennen.

4.3.4.2   Freistehende Schutzschichten, die vor Herstellung der Abdichtung ausgeführt werden und als Abdichtungsrücklage dienen, dürfen mit höchstens 125 mm dicken und 240 mm breiten Vorlagen verstärkt werden. Die abdichtungsseitige Fläche des Mauerwerks ist voll und bündig zu verfugen und mit einem glatt geriebenen, etwa 10 mm dicken Putz der Mörtelgruppe P II nach DIN 18550-1 zu versehen. Sie muss DIN 18195-3:2000-08, Abschnitt 4, entsprechen. Alle Ecken und Kanten sind zu runden, die Ecke am Fuß des Mauerwerks ist als Kehle mit etwa 40 mm großem Halbmesser auszubilden. Die Einlagen der senkrechten Fugen nach 4.3.4.1 müssen auch den Kehlenbereich erfassen.

4.3.4.3   Bei senkrechten Schutzschichten, die nach Herstellung der Abdichtung ausgeführt werden, ist eine im Regelfall 40 mm dicke Fuge zwischen Abdichtung und Mauerwerk vorzusehen, die hohlraumfrei mit Mörtel nach 4.3.4.1 auszufüllen ist.

4.3.4.4   Schutzschichten aus Trockenmauerwerk, z. B. Dränsteine in Verbindung mit einer Dränung nach DIN 4095 dürfen nur mit einer Zwischenlage aus Vlies nach DIN 18195-2 ausgeführt werden.

4.3.5 Schutzschichten aus Platten

4.3.5.1   Schutzschichten aus Betonplatten, z. B. großformatigen Betonfertigteilen, die vor Herstellung der Abdichtung ausgeführt werden und als Abdichtungsrücklage dienen, sind während des Bauzustandes unverschieblich anzuordnen. Die Oberfläche der Abdichtungsrücklage muss DIN 18195-3:2000-08, Abschnitt 4, entsprechen. Fugen sind mit Mörtel der Mörtelgruppe III nach DIN 1053-1 bündig zu schließen, so dass die abdichtungsseitige Fläche der Schutzschichten einen stetigen Verlauf aufweist.

4.3.5.2   Betonplatten für Schutzschichten auf waagerechten oder schwach geneigten Abdichtungen müssen in Mörtel mindestens der Mörtelgruppe II oder III nach DIN 1053-1 verlegt werden. Die Platten sind flächig im Mörtelbett zu lagern. Die Gesamtdicke der Schutzschicht muss mindestens 50 mm, die des Mörtelbettes mindestens 20 mm betragen. Die Fugen sind erforderlichenfalls mit Vergussmasse zu füllen.

7

Bei Schutzschichten für die Abdichtung von Terrassen und ähnlichen Flächen mit Neigungen bis zu 2° (etwa 3 %) dürfen Betonplatten auch in einem mindestens 30 mm dicken ungebundenen Kiesbett aus Kies der Korngröße 4/8 mm, auf geeigneten Stelzlagern oder Zementmörtelbatzen oberhalb einer Schutzlage nach DIN 18195-2:2000-08, 5.3, verlegt werden.

4.3.5.3   Schutzschichten aus Keramik- oder Werksteinplatten müssen für die jeweiligen besonderen Beanspruchungen geeignet sein, z. B. durch Widerstandsfähigkeit gegen chemische Einwirkungen oder durch hohe Abriebfestigkeit. Nach diesen Beanspruchungen richtet sich die Art der zu verwendenden Platten, des Mörtelbettes und der Fugenverfüllung.

4.3.6   Schutzschichten aus Gussasphalt

4.3.6.1   Schutzschichten aus Gussasphalt sind mit einer Nenndicke von 25 mm herzustellen. Der Gussasphalt muss der Beanspruchung der Schutzschicht entsprechend zusammengesetzt sein.

4.3.6.2   Wird eine Schutzschicht aus Gussasphalt auf einer Abdichtung aus Bitumenwerkstoffen oder aus mit Bitumen verklebten PVC-P-Bahnen, bitumenverträglich hergestellt, so ist zwischen Abdichtung und Schutzschicht eine geeignete Trennschicht aus Stoffen nach DIN 18195-2 anzuordnen. Bei Abdichtungen nach DIN 18195-5:2000-08, 8.3.6, 8.3.7 und 8.3.8, ist eine zusätzliche Schutzschicht nach DIN 18195-10 nicht erforderlich.

4.3.7   Schutzschichten aus Bitumen-Dichtungsbahnen mit Metallbandeinlage

4.3.7.1   Schutzschichten aus Bitumen-Dichtungsbahnen dürfen nur an senkrechten Flächen in Tiefen von mehr als 3 m unter der Geländeoberfläche und nur dort angeordnet werden, wo nachträgliche Beschädigungen, z. B. durch Erdaufgrabungen, ausgeschlossen sind. Sie sind aus Dichtungsbahnen für Bauwerksabdichtungen nach DIN 18190-4 herzustellen, die im Bürstenstreich-, im Gieß- oder im Gieß- und Einwalzverfahren einzubauen sind.

4.3.7.2   Die Bahnen müssen sich an den Längs- und Querseiten um mindestens 50 mm überdecken.

4.3.7.3   Nach der Herstellung einer Schutzschicht aus Bitumen-Dichtungsbahnen muss die erforderliche Verfüllung der Baugrube oder des Arbeitsraumes lagenweise in einer Schichtdicke ausgeführt werden, die von der Art der Verfüllung abhängig ist, jedoch nicht mehr als 300 mm betragen soll. Das Verfüllmaterial sollte bis zu einem Abstand von 500 mm von der Schutzschicht aus Sand mit der überwiegenden Korngruppe 0/4 mm bestehen.

4.3.8   Schutzschichten aus Perimeterdämmplatten

Schaumkunststoffplatten und Schaumglasplatten, die als Perimeterdämmung und zugleich als Schutzschicht der Abdichtung im erdberührten Bereich der Außenflächen von Bauwerken verwendet werden, müssen bauaufsichtlich zugelassen sein. Für die Anwendung im Bereich DIN 18195-4 sind die Bestimmungen der DIN 4108-2 zu beachten. Für die Anwendung im Bereich DIN 18195-6 sind die Zulassungsbestimmungen zu beachten. Im Bereich drückenden Wassers sind die Platten an Wänden so zu verlegen, dass sie nicht von Wasser hinterlaufen oder umspült werden können. Schutzschichten aus Perimeterdämmung vor Außenwänden sind nur zulässig in Kombination mit Abdichtungen, die keine Einpressung erfordern.

4.3.9   Schutzschichten aus sonstigen Stoffen

Sofern Schutzschichten aus anderen Stoffen als nach 4.3.2 bis 4.3.8 hergestellt werden, z. B. aus Kunststoffen, müssen diese Stoffe den Anforderungen nach 4.1 und die Schutzschichten den Anforderungen nach 4.2 entsprechen sowie für die besonderen Beanspruchungen des Einzelfalls geeignet sein.

8

5 Schutzmaßnahmen

5.1 Schutzmaßnahmen dienen im Gegensatz zu Schutzschichten dem vorübergehenden Schutz der Abdichtung während der Bauarbeiten. Sie müssen auf die Dauer des maßgebenden Bauzustandes, z. B. einer Arbeitsunterbrechung, abgestimmt sein.

5.2 Auf ungeschützten Abdichtungen dürfen keine Lasten, z. B. Baustoffe oder Geräte, gelagert werden. Sie dürfen ferner nicht mehr als unbedingt notwendig und nur mit geeigneten Schuhen betreten werden. Dies gilt je nach Durchtrocknungsgrad besonders auch für KMB.

5.3 Abdichtungsanschlüsse sind während der Bauzeit durch geeignete Maßnahmen vor Beschädigung und schädlicher Wasseraufnahme zu schützen. Dieser Schutz und eventuell dazu erforderliche Aussteifungen dürfen erst unmittelbar vor Weiterführung der Abdichtungsarbeiten entfernt werden.

5.4 Abdichtungen sind bis zur Fertigstellung des Bauwerks gegen mögliche schädigende Beanspruchungen durch Grund-, Stau- und Oberflächenwasser zu schützen. Dabei ist insbesondere darauf zu achten, dass in jedem Bauzustand eine ausreichende Sicherung gegen Auftrieb vorhanden ist. Oberflächenwasser darf die Abdichtung nicht von ihrer Unterlage abdrücken.

5.5 Abdichtungen sind während der Bauzeit ferner gegen die Einwirkungen schädigender Stoffe, z. B. Schmier- und Treibstoffe, Lösungsmittel oder Schalungsöl, zu schützen.

5.6 Werden vor senkrechten oder stark geneigten Abdichtungen, die nicht mit einer Schutzschicht versehen werden können, Bewehrungseinlagen einschließlich Montage- und Verteilereisen verlegt, so muss ihr lichter Abstand von der Abdichtung mindestens 50 mm betragen. Unvermeidliche Abstandshalter dürfen sich nicht schädigend in die Abdichtung eindrücken.

Abdichtungen aus Bitumenwerkstoffen sind vor Einbau von Bewehrungen mit einem Anstrich aus Zementmilch zu versehen, um mechanische Beschädigungen der Abdichtungen beim Einbau der Bewehrung erkennen zu lassen.

5.7 Wird auf der wasserabgewandten Seite einer senkrechten Abdichtung konstruktives Mauerwerk erstellt, so ist zwischen Abdichtung und Mauerwerk ein 40 mm breiter Zwischenraum zu belassen, der beim Aufmauern mit Mörtel der Mörtelgruppe III nach DIN 1053-1 auszufüllen und sorgfältig mit Stampfern zu verdichten ist.

5.8 Beim Ausbau von Baugrubenumschließungen, z. B. beim Ziehen von Bohlträgern, ist durch geeignete Maßnahmen sicherzustellen, dass die Schutzschicht der Abdichtung nicht bewegt oder beschädigt wird.

Verbleiben Baugrubenumschließungen ganz oder teilweise im Boden, muss sichergestellt sein, dass sich das Bauwerk einschließlich der Schutzschicht der Abdichtung unabhängig davon bewegen kann.

5.9 Senkrechte und stark geneigte Abdichtungen sind gegen Wärmeeinwirkung, z. B. Sonneneinstrahlung, zu schützen, z. B. durch Zementmilchanstrich, Abhängen mit Planen oder Wasserberieselung, damit die Gefahr des Abrutschens vermieden wird.

9

Oktober 2005

DIN 18202

DIN

ICS 91.010.30

Ersatz für
DIN 18202:1997-04 und
DIN 18201:1997-04

Toleranzen im Hochbau –
Bauwerke

Tolerances in building construction –
Buildings

Tolérances dans la construction immobilière –
Bâtiments

Gesamtumfang 17 Seiten

Normenausschuss Bauwesen (NABau) im DIN

Inhalt

2

Vorwort

Diese Norm wurde vom Arbeitsausschuss NABau 01.07.00 „Toleranzen, Baupassungen" erarbeitet.

Änderungen

Gegenüber DIN 18201:1997-04 und DIN 18202:1997-04 wurden folgende Änderungen vorgenommen:

a) Normen DIN 18201:1997-04 und DIN 18202:1997 überarbeitet und zur Vereinfachung zu einer Norm zusammengefasst;

b) Begriffe überarbeitet, z. B. wird der Begriff „Grenzabmaß" durch „Grenzabweichung" ersetzt, Begriff „Ebenheitstoleranz" wird neu durch die beiden Begriffe „Ebenheitsabweichung" und „Grenzwert für Ebenheitsabweichung" beschrieben, in gleicher Weise wird der Begriff „Winkeltoleranz" jetzt durch „Winkelabweichung" und „Grenzwert für Winkelabweichung" beschrieben;

c) Abschnitte „Fluchtabweichungen bei Stützen" sowie „Prüfung der Lage von Stützen in der Flucht" neu aufgenommen;

d) Die Titel von Tabelle 2 und 3 umbenannt von „Tabelle 2: Winkeltoleranzen" in „Tabelle 2 – Grenzwerte für Winkelabweichungen" und von „Tabelle 3: Ebenheitstoleranzen" in „Tabelle 3 – Grenzwerte für Ebenheitsabweichungen";

e) Neue Tabelle 4 „Grenzwerte für Fluchtabweichungen bei Stützen".

Frühere Ausgaben

DIN 18201: 1974-06, 1976-04, 1984-12, 1997-04

DIN 18202: 1986-05, 1997-04

DIN 18202-1: 1959-02, 1969-03

DIN 18202-2: 1974-06

DIN 18202-3: 1970-09

DIN 18202-4: 1974-06

Beiblatt 1 zu DIN 18202-4: 1977-08

1 Anwendungsbereich

Diese Norm gilt für die in Abschnitt 5 festgelegten Toleranzen. Sie gilt für Bauwerke und deren Teile.

Die in dieser Norm für die Ausführung von Bauwerken festgelegten Toleranzen gelten baustoffunabhängig.

Diese Norm hat den Zweck, Grundlagen für Toleranzen und für ihre Prüfung festzulegen.

Werte für zeit- und lastabhängige Verformungen, auch aus Temperatur, sind nicht Gegenstand dieser Norm.

2 Normative Verweisungen

Die folgenden zitierten Dokumente sind für die Anwendung dieses Dokuments erforderlich. Bei datierten Verweisungen gilt nur die in Bezug genommene Ausgabe. Bei undatierten Verweisungen gilt die letzte Ausgabe des in Bezug genommenen Dokuments (einschließlich aller Änderungen).

DIN 18000, *Modulordnung im Bauwesen*

3

3   Begriffe

Für die Anwendung dieser Norm gelten die folgenden Begriffe.

3.1
Nennmaß
Sollmaß
Maß, das zur Kennzeichnung von Größe, Gestalt und Lage eines Bauteils oder Bauwerks angegeben und in Zeichnungen eingetragen wird

3.2
Istmaß
ein durch Messung festgestelltes Maß

3.3
Maßabweichung
Differenz zwischen Istmaß und Nennmaß

3.4
Höchstmaß
das größte zulässige Maß

3.5
Mindestmaß
das kleinste zulässige Maß

3.6
Maßtoleranz
Differenz zwischen Höchstmaß und Mindestmaß

3.7
Stichmaß
Abstand eines Punktes von einer Bezugslinie (siehe Bild 2) als Hilfsmittel zur Ermittlung der Winkel- oder Ebenheitsabweichung

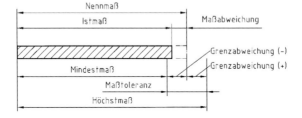

Bild 1 — Anwendung der Begriffe

3.8
Winkelabweichung
Differenz zwischen Ist- und Nennwinkel, angegeben als Stichmaß bezogen auf ein Nennmaß

3.9
Ebenheitsabweichung
Istabweichung einer Fläche von der Ebene, angegeben als Stichmaß bezogen auf einen Messpunktabstand

4

3.10
Grenzabweichung
Differenz zwischen Höchstmaß und Nennmaß oder Mindestmaß und Nennmaß

3.11
Grenzwert für Winkelabweichungen
Stichmaß als Grenzabweichung vom Winkel

3.12
Grenzwert für Ebenheitsabweichungen
Stichmaß als Grenzabweichung von der Ebene

3.13
Flucht
Verbindungslinie zwischen zwei Punkten

3.14
Fluchtabweichung
Istabweichung eines Punktes von der Flucht, angegeben als Stichmaß bezogen auf ein Nennmaß

3.15
Grenzwert für die Fluchtabweichung
Stichmaß als Grenzabweichung von der Flucht

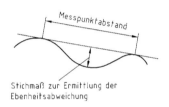

Messpunktabstand

Stichmaß zur Ermittlung der
Ebenheitsabweichung

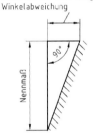

Stichmaß zur Ermittlung der
Winkelabweichung

90°

Nennmaß

Bild 2 — Stichmaße (Beispiele)

5

Maße in Millimeter

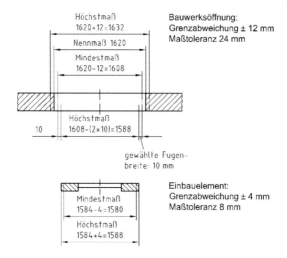

Bild 3 — Anwendung der Begriffe und der Passung am Beispiel eines Einbauelementes

4 Grundsätze

4.1 Toleranzen dienen zur Begrenzung der Abweichungen von den Nennmaßen der Größe, Gestalt und der Lage von Bauteilen und Bauwerken.

4.2 Die Einhaltung von Toleranzen ist erforderlich, um trotz unvermeidlicher Ungenauigkeiten beim Messen, bei der Fertigung und bei der Montage die vorgesehene Funktion zu erfüllen und das funktionsgerechte Zusammenfügen von Bauwerken und Bauteilen des Roh- und Ausbaus ohne Anpass- und Nacharbeiten zu ermöglichen.

4.3 Die in dieser Norm angegebenen Toleranzen sind anzuwenden, soweit nicht andere Genauigkeiten vereinbart werden. Sie stellen die im Rahmen üblicher Sorgfalt zu ereichende Genauigkeit dar. Sind jedoch für Bauteile oder Bauwerke andere Genauigkeiten erforderlich, so sollen sie nach wirtschaftlichen Maßstäben vereinbart werden. Die dazu erforderlichen Maßnahmen und die Kontrollmöglichkeiten während der Ausführung sind rechtzeitig festzulegen.

4.4 Werte für zeit- und lastabhängige Verformungen, auch aus Temperatur, sind gesondert zu berücksichtigen.

4.5 Toleranzen nach dieser Norm stellen die Grundlagen für Passungsberechnungen im Bauwesen dar. In die Passungsberechnung müssen zeit- und lastabhängige Verformungen, auch aus Temperatur, und funktionsbezogene Anforderungen, z. B. Grenzwerte für die zulässige Dehnung einer Fugendichtung, einbezogen und berücksichtigt werden.

4.6 Notwendige Bezugspunkte sind vor der Bauausführung festzulegen.

5 Maßtoleranzen

5.1 Allgemeines

Es werden festgelegt:

— Grenzabweichungen;

— Grenzwerte für Winkelabweichungen;

— Grenzwerte für Ebenheitsabweichungen.

5.2 Grenzabweichungen

Die in Tabelle 1 festgelegten Grenzabweichungen gelten für

— Längen, Breiten, Höhen, Achs- und Rastermaße, Querschnittsmaße;

— Öffnungen, z. B. für Fenster, Türen, Einbauelemente

an den in Abschnitt 6 festgelegten Messpunkten.

Tabelle 1 — Grenzabweichungen

Spalte	1	2	3	4	5	6	7
		Grenzabweichungen in mm bei Nennmaßen in m					
Zeile	Bezug	bis 1	über 1 bis 3	über 3 bis 6	über 6 bis 15	über 15 bis 30	über 30[a]
1	Maße im Grundriss, z. B. Längen, Breiten, Achs- und Rastermaße (siehe 6.2.1)	± 10	± 12	± 16	± 20	± 24	± 30
2	Maße im Aufriss, z. B. Geschosshöhen, Podesthöhen, Abstände von Aufstandsflächen und Konsolen (siehe 6.2.2)	± 10	± 16	± 16	± 20	± 30	± 30
3	Lichte Maße im Grundriss, z. B. Maße zwischen Stützen, Pfeilern usw. (siehe 6.2.3)	± 12	± 16	± 20	± 24	± 30	—
4	Lichte Maße im Aufriss, z. B. unter Decken und Unterzügen (siehe 6.2.4)	± 16	± 20	± 20	± 30	—	—
5	Öffnungen, z. B. für Fenster, Türen, Einbauelemente (siehe 6.2.5)	± 10	± 12	± 16	—	—	—
6	Öffnungen wie vor, jedoch mit oberflächenfertigen Leibungen (siehe 6.2.5)	± 8	± 10	± 12	—	—	—
[a] Diese Grenzabweichungen können bei Nennmaßen bis etwa 60 m angewendet werden. Bei größeren Abmessungen sind besondere Überlegungen erforderlich.							

Die Anforderungen der Tabelle 1 sind für jedes Nennmaß einzuhalten.

Durch Ausnutzen der Grenzabweichungen der Tabelle 1 dürfen die Grenzwerte für Winkelabweichungen der Tabelle 2 nicht überschritten werden.

7

5.3 Grenzwerte für Winkelabweichungen

In Tabelle 2 sind Stichmaße (siehe Bild 2) als Grenzwerte für Winkelabweichungen festgelegt; diese gelten für vertikale, horizontale und geneigte Flächen, auch für Öffnungen.

Tabelle 2 — Grenzwerte für Winkelabweichungen

Spalte	1	2	3	4	5	6	7	8
Zeile	Bezug	Stichmaße als Grenzwerte in mm bei Nennmaßen in m						
		bis 0,5	über 0,5 bis 1	über 1 bis 3	über 3 bis 6	über 6 bis 15	über 15 bis 30	über 30[a]
1	Vertikale, horizontale und geneigte Flächen	3	6	8	12	16	20	30

[a] Diese Grenzabweichungen können bei Nennmaßen bis etwa 60 m angewendet werden. Bei größeren Abmessungen sind besondere Überlegungen erforderlich.

Durch Ausnutzen der Grenzwerte für Winkelabweichungen der Tabelle 2 dürfen die Grenzabweichungen der Tabelle 1 nicht überschritten werden.

5.4 Grenzwerte für Ebenheitsabweichungen

In Tabelle 3 sind Stichmaße als Grenzwerte für Ebenheitsabweichungen festgelegt; diese gelten für Flächen von

— Decken (Ober- und Unterseite);

— Estrichen;

— Bodenbelägen

und

— Wänden,

unabhängig von ihrer Lage.

Sie gelten nicht für spritzrau belassene Spritzbetonoberflächen.

Werden nach Tabelle 3, Zeile 2, 4 oder 7 „erhöhte Anforderungen" an die Ebenheit von Flächen gestellt, so ist dies gesondert zu vereinbaren.

Bei Mauerwerk, dessen Dicke gleich einem Steinmaß ist, gelten die Ebenheitstoleranzen nur für die bündige Seite.

Bei flächenfertigen Wänden, Decken, Estrichen und Bodenbelägen sollen Sprünge und Absätze vermieden werden. Hierunter ist aber nicht die durch Flächengestaltung bedingte Struktur zu verstehen.

Tabelle 3 findet für Absätze und Höhensprünge zwischen benachbarten Bauteilen keine Anwendung. Diese sind gesondert zu regeln.

Die bei Bauprodukten zulässigen Maßabweichungen sind in den Grenzwerten für Ebenheitsabweichungen nicht enthalten und daher zusätzlich zu berücksichtigen.

8

Tabelle 3 — Grenzwerte für Ebenheitsabweichungen

Spalte	1	2	3	4	5	6
Zeile	Bezug	Stichmaße als Grenzwerte in mm bei Messpunktabständen in m bis				
		0,1	1 a)	4 a)	10 a)	15 a) b)
1	Nichtflächenfertige Oberseiten von Decken, Unterbeton und Unterböden	10	15	20	25	30
2	Nichtflächenfertige Oberseiten von Decken, Unterbeton und Unterböden mit erhöhten Anforderungen, z. B. zur Aufnahme von schwimmenden Estrichen, Industrieböden, Fliesen- und Plattenbelägen, Verbundestrichen. Fertige Oberflächen für untergeordnete Zwecke, z. B. in Lagerräumen, Kellern	5	8	12	15	20
3	Flächenfertige Böden, z. B. Estriche als Nutzestriche, Estriche zur Aufnahme von Bodenbelägen Bodenbeläge, Fliesenbeläge, gespachtelte und geklebte Beläge	2	4	10	12	15
4	Wie Zeile 3, jedoch mit erhöhten Anforderungen	1	3	9	12	15
5	Nichtflächenfertige Wände und Unterseiten von Rohdecken	5	10	15	25	30
6	Flächenfertige Wände und Unterseiten von Decken, z. B. geputzte Wände, Wandbekleidungen, untergehängte Decken	3	5	10	20	25
7	Wie Zeile 6, jedoch mit erhöhten Anforderungen	2	3	8	15	20

a Zwischenwerte sind den Bildern 4 und 5 zu entnehmen und auf ganze mm zu runden.

b Die Grenzwerte für Ebenheitsabweichungen der Spalte 6 gelten auch für Messpunktabstände über 15 m.

9

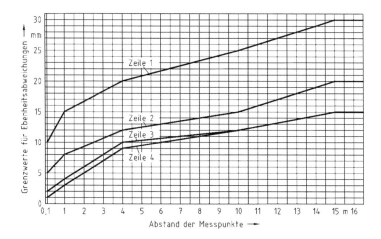

Bild 4 — Grenzwerte für Ebenheitsabweichungen von Oberseiten von Decken, Estrichen und Fußböden (Angabe der Zeilen nach Tabelle 3)

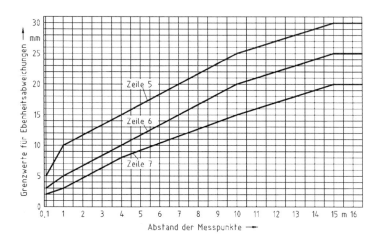

Bild 5 — Grenzwerte für Ebenheitsabweichungen von Wandflächen und Unterseiten von Decken (Angabe der Zeilen nach Tabelle 3)

5.5 Grenzwerte für Fluchtabweichungen bei Stützen

Als Flucht von Stützen wird die horizontale Verbindungslinie zwischen der Ist-Lage der Endstützen einer Stützenreihe mit drei oder mehr Stützen bezeichnet (siehe Bild 11).

Als Nennmaß für den Messpunktabstand gilt der Abstand zwischen drei Stützen, also zwei Achsabstände.

Als Stichmaß gilt der Abstand einer Zwischenstütze zur Flucht.

Tabelle 4 — Grenzwerte für Fluchtabweichungen bei Stützen

Spalte	1	2	3	4	5	6
Zeile	Bezug	Stichmaße als Grenzwerte in mm bei Nennmaßen in m als Messpunktabstand				
		bis 3 m	von 3 bis 6 m	über 6 bis 15 m	über 15 bis 30 m	über 30 m
1	zulässige Abweichungen von der Flucht	8	12	16	20	30

6 Prüfung

6.1 Allgemeines

Die Einhaltung von Toleranzen ist nur zu prüfen, wenn es erforderlich ist.

Die Prüfungen sind wegen der zeit- und lastabhängigen Verformungen so früh wie möglich durchzuführen, spätestens jedoch bei der Übernahme der Bauteile oder des Bauwerks durch den Folgeauftragnehmer oder unmittelbar nach Fertigstellung des Bauwerks.

Die Wahl des Messverfahrens bleibt dem Prüfer überlassen. Das angewandte Messverfahren und die damit verbundene Messunsicherheit sind anzugeben und bei der Beurteilung zu berücksichtigen.

6.2 Grenzabweichungen für Maße und Grenzwerte für Winkelabweichungen

6.2.1 Messpunkte für Maße im Grundriss (Tabelle 1, Zeile 1)

Die Maße werden zwischen Gebäudeecken und/oder Achsschnittpunkten an der Deckenoberfläche gemessen (siehe Bild 6).

11

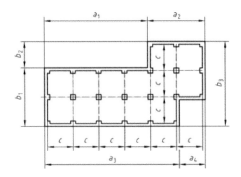

Legende

a, b Maße des Bauwerks
c   Achsmaße der Stützen und Pfeiler

Bild 6 — Bauwerksmaße und Achsmaße

6.2.2 Messpunkte für Maße im Aufriss (Tabelle 1, Zeile 2)

Die Maße werden an übereinander liegenden Messpunkten an markanten Stellen des Bauwerks gemessen, z. B. Deckenkanten, Brüstungen, Unterzüge usw.

6.2.3 Messpunkte für lichte Maße im Grundriss (Tabelle 1, Zeile 3)

Die Maße sind jeweils in etwa 10 cm Abstand von den Ecken zu nehmen. Bei der Prüfung von Winkeln wird von den gleichen Messpunkten ausgegangen. Bei nicht rechtwinkligen Räumen ist die Messlinie senkrecht zu einer Bezugslinie anzuordnen.

Die Messungen sind in 2 Höhen vorzunehmen (siehe Bild 7):

— in etwa 10 cm Abstand vom Fußboden;

— in etwa 10 cm Abstand von der Decke.

12

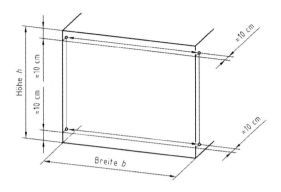

Bild 7 — Prüfung einer Breite

6.2.4 Messpunkte für lichte Maße im Aufriss (Tabelle 1, Zeile 4)

Die Maße sind jeweils:

— in etwa 10 cm Abstand von den Ecken zu nehmen.

Bei der Prüfung von Winkeln wird von den gleichen Messpunkten ausgegangen. Bei nicht lotrechten Wänden oder Stützen ist die Messlinie senkrecht zu einer Bezugslinie anzuordnen.

Die Messungen eines Raumes sind für jede Wandseite an 2 Stellen in etwa 10 cm Abstand von der Wand vorzunehmen (siehe Bild 8).

Lichte Höhen unter Unterzügen sind an beiden Kanten in etwa 10 cm Abstand von der Auflagerkante zu messen.

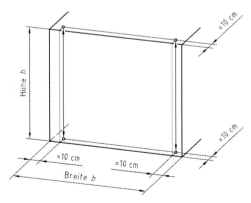

Bild 8 — Prüfung einer Höhe

13

6.2.5 Messpunkte für Öffnungen (Tabelle 1, Zeilen 5 und 6)

Die Messungen sind entsprechend 6.2.3 und 6.2.4 an den Kanten

— in etwa 10 cm Abstand von den Ecken vorzunehmen.

6.3 Ebenheitsabweichungen

Die Ebenheit wird durch Einzelmessungen, (z. B. durch Stichprobenüberprüfung nach Bild 9) oder durch Messen der Abstände zwischen rasterförmig angeordneten Messpunkten und einer Bezugsfläche geprüft; das Raster ist einzumessen.

Die Messpunktabstände werden nach den Bildern 9 und 10 zugeordnet.

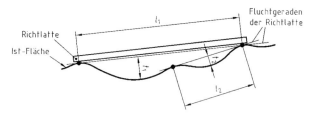

Bild 9 — Zuordnung der Stichmaße zum Messpunktabstand bei Überprüfung, z. B. durch Messlatte und Messkeil

Die Richtlatte wird auf den Hochpunkten der Fläche aufgelegt und das Stichmaß an der tiefsten Stelle bestimmt.

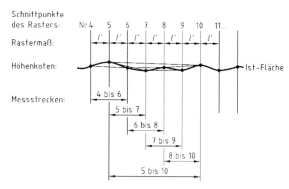

Bild 10 — Ermittlung der Ebenheitsabweichung durch ein Flächennivellement

Beim Flächennivellement wird die Fläche durch ein Raster unterteilt, z. B. mit Rasterlinienabständen von 10 cm, 50 cm, 1 m, 2 m usw. Auf den Rasterschnittpunkten werden die Messungen vorgenommen. Auswertung der Messergebnisse der Strecken 4 bis 6 an der Höhenkote Nr. 5, 5 bis 10 an der Höhenkote Nr. 7 usw.

14

6.4 Prüfung der Lage von Stützen in der Flucht

Die Verbindungslinie zwischen den Endstützen kann am Stützenfuß oder am Stützenkopf angelegt werden. Bei Stützen, die bündig in einen Unterzug einbinden, ist eine Prüfung am Stützenkopf jedoch nicht sinnvoll, weil Unterzüge als Teil einer Decke nach Tabelle 3 Grenzwerte für Ebenheitsabweichungen überprüft werden können.

Die Verbindungslinie ist am Stützenfuß oder Stützenkopf in einem Abstand von etwa 10 cm anzulegen.

Die Stichmaße werden zwischen der Verbindungslinie und der Vorderkante der Stütze in Stützenachse gemessen.

Das Stichmaß wird einem Messpunktabstand von zwei Achsabständen zugeordnet (siehe Bild 11)

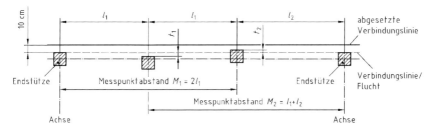

Bild 11 — Prüfung der Lage von Zwischenstützen in der Flucht

15

Anhang A
(informativ)

Erläuterungen

Maßabweichungen für Bauwerksmaße; Erläuterung zum Bezugsverfahren

Das vermessungstechnische Bezugssystem des Gebäudes kann von Festpunkten nach Lage und Höhe festgelegt werden. Damit sich die damit verbundenen vermessungstechnischen Abweichungen nicht auf das Koordinationssystem[1] des Bauwerkes und die bauwerksbedingten Maßabweichungen auswirken, muss ein Punkt des vermessungstechnischen Bezugssystems als absoluter Ausgangspunkt mit 0 in Grundriss und Höhe vereinbart werden. Dieser Punkt sollte in der Regel ein Schnittpunkt sein.

In jedem Fall muss seine Lage so gewählt werden, dass er auch nach Fertigstellung des Bauwerkes noch vermessungstechnisch eindeutig vermarkt, gesichert und zugänglich ist. Die Orientierung des vermessungstechnischen Bezugssystems wird durch einen zweiten vereinbarten Punkt festgelegt, der möglichst auf einer durch den Ausgangspunkt verlaufenden Linie des vermessungstechnischen Bezugssystems liegen sollte (siehe Bild A.1). An ihn sind die gleichen Anforderungen wie an den Ausgangspunkt zu stellen. Für die Messung der Maßabweichungen des Gebäudes und seiner Teile sind der Ausgangspunkt und die Orientierung des vermessungstechnischen Bezugssystems maßgebend.

Messpunkt für lichte Maße; Erläuterung zur Lage der Messpunkte

Die Messpunkte für lichte Maße im Grundriss, für lichte Maße im Aufriss und für lichte Öffnungsmaße sollen in einem Abstand von etwa 10 cm von den Ecken bzw. den Kanten des zu messenden Bauteils liegen. Hierdurch soll sichergestellt werden, dass singuläre Maßabweichungen am Rand eines Bauteils, die nicht charakteristisch für die Maßhaltigkeit des gesamten Bauteils bzw. des zu prüfenden Maßes sind, das Messergebnis nicht beeinflussen. Liegt eine singuläre Maßabweichung im Rand- bzw. Eckbereich des Bauteils nicht vor und wird das Messergebnis hierdurch nicht verfälscht, so kann von dem angegebenen Abstand von etwa 10 cm abgewichen werden.

---

1) Siehe DIN 18000

16

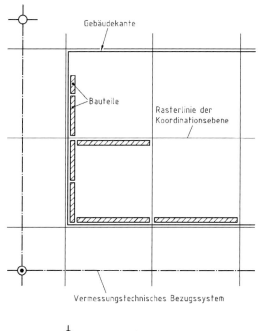

Bild A.1 — Vermessungstechnische Bezugssysteme

17

DIN 18960

ICS 91.010.20

Ersatz für
DIN 18960:1999-08

Nutzungskosten im Hochbau

User costs of buildings

Coûts d'utilisation de bâtiment

Gesamtumfang 11 Seiten

Normenausschuss Bauwesen (NABau) im DIN

Inhalt

2

Vorwort

Diese Norm wurde vom NABau Arbeitsausschuss NA 005-01-06 AA „Nutzungskosten im Hochbau" erarbeitet.

Änderungen

Gegenüber DIN 18960:1999-08 wurden folgende Änderungen vorgenommen:

a) die Begriffe wurden entsprechend dem Stand der Technik geändert und ergänzt;

b) die Grundsätze der Nutzungskostenermittlung wurden zu Grundsätzen der Nutzungskostenplanung erweitert;

c) für den Begriff „Nutzungskostenvorgabe" wurden Grundsätze der Anwendung formuliert;

d) die Grundsätze der Nutzungskostenermittlung wurden mit dem Ziel größerer Wirtschaftlichkeit und Kostensicherheit neu gefasst;

e) die Darstellung der Nutzungskostengliederung wurde entsprechend dem Stand der Technik überarbeitet;

f) die Kostengruppe 100 Kapitalkosten wurde um die KG 130 Abschreibung und 131 Abnutzung erweitert;

g) die Kostengruppe 200 wurde zu Objektmanagementkosten verändert;

h) die Kostengruppe 300 Betriebskosten wurde neu strukturiert.

1 Anwendungsbereich

Diese Norm gilt für die Nutzungskostenplanung und insbesondere für die Ermittlung und die Gliederung von Nutzungskosten im Hochbau.

2 Normative Verweisungen

Die folgenden zitierten Dokumente sind für die Anwendung dieser Norm erforderlich. Bei datierten Verweisungen gilt nur die in Bezug genommene Ausgabe. Bei undatierten Verweisungen gilt die letzte Ausgabe des in Bezug genommenen Dokuments (einschließlich aller Änderungen).

DIN 276-1:2006-11, *Kosten im Bauwesen — Teil 1: Hochbau*

DIN 277-3:2005-04, *Grundflächen und Rauminhalte von Bauwerken im Hochbau — Teil 3: Mengen und Bezugseinheiten*

DIN 18205:1996-04, *Bedarfsplanung im Bauwesen*

Frühere Ausgaben

DIN 18960-1: 1976-04

DIN 18960: 1999-08

3

3 Begriffe

Für die Anwendung dieses Dokuments gelten die Begriffe nach DIN 276-1 und die folgenden.

3.1
Nutzungskosten im Hochbau
alle in baulichen Anlagen und deren Grundstücken entstehenden regelmäßig oder unregelmäßig wiederkehrenden Kosten von Beginn ihrer Nutzbarkeit bis zu ihrer Beseitigung (Nutzungsdauer)

ANMERKUNG   Das schließt Übergabe- und Optimierungsphase, die Betriebsphase, die Modernisierungsphase, die Rückgabephase bis zum Beginn der Beseitigungsphase ein. Nutzungskosten sind keine Kosten nach DIN 276-1. Die betriebsspezifischen und produktionsbedingten Personal- und Sachkosten sind nicht nach dieser Norm zu erfassen, soweit sie sich von den Nutzungskosten trennen lassen. Die Kosten der Erstellung, des Umbaus und der Beseitigung von Gebäuden sind Kosten nach DIN 276-1.

3.2
Nutzungskostenplanung
Gesamtheit aller Maßnahmen der Nutzungskostenermittlung, der Nutzungskostenkontrolle, der Nutzungskostensteuerung sowie dem Nutzungskostenvergleich einschließlich der vorgegebenen Gebäudemanagementaufgaben

3.3
Nutzungskostenvorgabe
Festlegung der Nutzungskosten als Zielgröße für die Planung, bezogen auf einen bestimmten Betrachtungszeitraum innerhalb der Nutzungsdauer

3.4
Nutzungskostenermittlung
im Sinne dieser Norm Vorausberechnung der zukünftigen Nutzungskosten und Feststellung der tatsächlich entstandenen Nutzungskosten unter Einbeziehung von Nutzungskostenrisiken, bezogen auf einen oder mehrere Betrachtungszeiträume

3.5
Nutzungskostenkontrolle
Vergleich der aktuellen Kosten mit früheren Nutzungskostenermittlungen und Nutzungskostenvorgaben

3.6
Nutzungskostensteuerung
Eingreifen in die Planung, Ausführung, Nutzung und das Betreiben zur Einhaltung der Nutzungskostenvorgaben und gegebenenfalls Optimierung

3.7
Nutzungskostenkennwert
Wert, der das Verhältnis von Nutzungskosten zu einer geeigneten Bezugseinheit (siehe z. B. DIN 277-3) darstellt

3.8
kalkulatorische Abschreibung
verbrauchsbedingte Wertminderung der Gebäude, Anlagen und Einrichtungen im Betrachtungszeitraum

3.9
Nutzungskostengliederung
Ordnungsstruktur, nach der die Gesamtkosten der Nutzung in Nutzungskostengruppen unterteilt werden

4

3.10
Nutzungskostengruppe
Zusammenfassung einzelner nach den Kriterien der Nutzung zusammengehörender Kosten

3.11
Nutzungskostenrisiko
Unwägbarkeiten und Unsicherheiten bei der Nutzungskostenermittlung

4 Grundsätze der Nutzungskostenplanung

4.1 Allgemeines

Die Nutzungskostenplanung dient der wirtschaftlichen und kostentransparenten Planung, Herstellung, Nutzung und Optimierung von Bauwerken. Hierzu sind qualitative und quantitative Bedarfsvorgaben erforderlich. Dieses Vorgehen gilt vom Beginn der Planung bis zum Ende des Betrachtungszeitraumes, insbesondere bei Planungs-, Vergabe- und Ausführungsentscheidungen. Zur Erreichung der Kostentransparenz sind organisatorische und technische Messsysteme festzulegen. In Abhängigkeit zum Stand der Planung, Ausführung bzw. dem Bestand sind die Grundlagen für die Nutzungskostenplanung anzugeben.

4.2 Kosteneinflüsse

Kosteneinflüsse entstehen durch die Festlegung von Standards (Service Levels), Nutzerverhalten und deren Veränderung sowie die daraus folgenden funktionalen, technischen und organisatorischen Systemeigenschaften und nicht beeinflussbare Größen aus der Systemumgebung. Sie sind in ihren Auswirkungen bezogen auf einen Betrachtungszeitraum zu beschreiben und im Hinblick auf die Nutzungskosten zu bewerten und in den Nutzungskostengruppen zu berücksichtigen.

ANMERKUNG Der Begriff „Kosteneinfluss" beinhaltet Systemeigenschaften (des Bauwerkes), das Nutzerverhalten und die Systemumgebung. Durch diese drei Einflussfaktoren entstehen Kosteneinflüsse.

4.3 Nutzungskostenvorgabe

4.3.1 Zweck

Die Nutzungskostenvorgabe dient der Förderung von frühzeitigen Alternativüberlegungen in der Planung, damit der Nutzungskostensicherheit und der Verminderung von Nutzungskostenrisiken.

4.3.2 Festlegung der Nutzungskostenvorgabe

Die Nutzungskostenvorgabe kann auf der Grundlage von Budgetüberlegungen oder von Nutzungskostenermittlungen zu einem frühen Zeitpunkt als Obergrenze oder Zielgröße für die Planung festgelegt werden.

Vor der Festlegung der Nutzungskostenvorgabe ist ihre Realisierbarkeit zu überprüfen. Diese Vorgehensweise ist auch für eine Fortschreibung der Nutzungskostenvorgabe — insbesondere auf Grund von Planungsänderungen — anzuwenden.

Die Nutzungskostenvorgabe kann in Form von Kosten und/oder technischen Verbrauchsgrößen ermittelt werden.

5

4.4 Grundsätze der Nutzungskostenermittlung

4.4.1 Art und Darstellung

Die Art und die Darstellung der Nutzungskostenermittlung sind abhängig vom Zeitpunkt, Zweck und den jeweils verfügbaren Informationen, zum Beispiel in Form von Zeichnungen, Berechnungen und Beschreibungen. Sie sind in der Systematik der Nutzungskostengliederung zu ordnen und darzustellen.

4.4.2 Vollständigkeit

Die Nutzungskosten sind für alle Nutzungskostengruppen vollständig zu erfassen.

4.4.3 Nutzungskostenermittlung bei Abschnitten

Besteht ein Objekt aus mehreren technischen oder organisatorischen Einheiten, sollten für jede Einheit getrennte Nutzungskostenermittlungen aufgestellt werden.

4.4.4 Kostenstand

Bei Nutzungskostenermittlungen ist der Zeitpunkt der Ermittlung und der Betrachtungszeitraum anzugeben.

4.4.5 Grundlagen

Die Grundlagen für die Nutzungskostenermittlung sind anzugeben.

4.4.6 Umsatzsteuer

Die Umsatzsteuer kann entsprechend den jeweiligen Erfordernissen wie folgt berücksichtigt werden:

— In den Kostenangaben ist die Umsatzsteuer enthalten („Brutto-Angabe");

— In den Kostenangaben ist die Umsatzsteuer nicht enthalten („Netto-Angabe");

— Nur bei einzelnen Kostenangaben (zum Beispiel bei übergeordneten Nutzungskostengruppen) ist die Umsatzsteuer ausgewiesen.

In der Nutzungskostenermittlung und bei Kostenkennwerten ist immer anzugeben, in welcher Form die Umsatzsteuer berücksichtigt worden ist.

4.5 Arten der Nutzungskostenermittlung

4.5.1 Allgemeines

In 4.5.2 bis 4.5.6 werden die Arten der Nutzungskostenermittlung nach ihrem Zweck, den erforderlichen Grundlagen und dem Detaillierungsgrad festgelegt.

4.5.2 Nutzungskostenrahmen

Der Nutzungskostenrahmen dient als eine der Grundlagen für die Entscheidung über die Bedarfsplanung nach DIN 18205 sowie für grundsätzliche Wirtschaftlichkeits- und Finanzierungsüberlegungen und zur Festlegung der Nutzungskostenvorgabe.

4.5.3 Nutzungskostenschätzung

Die Nutzungskostenschätzung dient in Verbindung mit der Kostenschätzung nach DIN 276-1 insbesondere als eine der Grundlagen für die Entscheidung über die Vorplanung und die Finanzierung.

In der Nutzungskostenschätzung müssen die Gesamtkosten nach Nutzungskostengruppen mindestens bis zur ersten Ebene der Nutzungskostengliederung ermittelt werden.

4.5.4 Nutzungskostenberechnung

Die Nutzungskostenberechnung dient in Verbindung mit der Kostenberechnung nach DIN 276-1 insbesondere als eine der Grundlagen für die Entscheidung über die Entwurfsplanung und die Finanzierung. Die Nutzungskostenberechnung ist bis zur Erstellung des Nutzungskostenanschlages nach Planungsfortschritt zu aktualisieren.

In der Nutzungskostenberechnung müssen die Gesamtkosten nach Nutzungskostengruppen mindestens bis zur zweiten Ebene der Nutzungskostengliederung ermittelt werden.

4.5.5 Nutzungskostenanschlag

Er ist die Zusammenstellung aller für die Nutzung voraussichtlich anfallenden Kosten und wird bis zum Nutzungsbeginn erstellt.

In dem Nutzungskostenanschlag müssen die Gesamtkosten nach Nutzungskostengruppen mindestens bis zur dritten Ebene der Nutzungskostengliederung ermittelt werden.

4.5.6 Nutzungskostenfeststellung

Die Nutzungskostenfeststellung ist die Zusammenstellung aller bei der Nutzung anfallenden Kosten und sollte erstmalig nach einer Rechnungsperiode (z. B. ein Jahr) erstellt und fortgeschrieben werden.

In der Nutzungskostenfeststellung müssen die Gesamtkosten nach Nutzungskostengruppen mindestens bis zur dritten Ebene der Nutzungskostengliederung ermittelt werden.

5 Nutzungskostengliederung

5.1 Aufbau der Nutzungskostengliederung

Die Nutzungskostengliederung nach 5.2 sieht drei Ebenen vor; diese sind durch dreistellige Ordnungszahlen und Bezeichnungen gekennzeichnet.

In der ersten Ebene der Nutzungskostengliederung werden die Gesamtkosten in folgende vier Nutzungskostengruppen gegliedert:

— Kapitalkosten

— Objektmanagementkosten

— Betriebskosten

— Instandsetzungskosten

Bei Bedarf werden diese Nutzungskostengruppen entsprechend der Nutzungskostengliederung (siehe Tabelle 1) in die Nutzungskostengruppen der zweiten Ebene und der dritten Ebene der Nutzungskostengliederung unterteilt. Über die Nutzungskostengliederung dieser Norm hinaus können die Kosten entsprechend den technischen Merkmalen oder anderen Gesichtspunkten weiter untergliedert werden.

7

5.2 Darstellung der Nutzungskostengliederung

Die in der Spalte „Anmerkungen" aufgeführten Leistungen oder Angaben sind Beispiele für die jeweilige Nutzungskostengruppe; die Aufzählung ist nicht abschließend. Gegebenenfalls können verbrauchsgebundene Kosten zusammengefasst oder getrennt werden, zum Beispiel Stromverbräuche nach verschiedenen organisatorischen oder technischen Einheiten an mehreren Messstellen.

ANMERKUNG   Die Begriffe in der Tabelle sollten mit den Nummern zusammen verwendet werden.

Tabelle 1 — Nutzungskostengruppen

Nr	Nutzungskostengruppe	Anmerkungen
100	Kapitalkosten	Finanzierung und Abschreibung
110	Fremdmittel	
111	Zinsen	
112	Bürgschaften	
113	Erbpacht	
114	Dienstbarkeiten und Baulasten	
119	Fremdmittel, sonstiges	
120	Eigenmittel	kalkulatorisch
121	Zinsen	
129	Eigenmittel, sonstiges	
130	Abschreibung	Kosten für kalkulatorische Abschreibung der Investitionen bzw. Wiederbeschaffungskosten ohne Grundstückskosten (a = A/n), dabei ist a Kosten aus kalkulatorischer Abschreibung je Rechnungsperiode, z. B. EURO je Jahr A Anschaffungsausgabe, z. B. KG 300 bis KG 700 aus DIN 276-1:2006-11 n Anzahl der Jahre der wirtschaftlichen Nutzungsdauer
131	Abnutzung	Unter besonderer Berücksichtigung der unter KG 400 erfassten Instandsetzungskosten. Nur dort anzugeben, wo die Abnutzung nicht durch entsprechende Instandhaltung ausgeglichen wird
139	Abschreibung, sonstiges	Wertverlust
190	Kapitalkosten, sonstiges	
200	Objektmanagementkosten	Soweit den einzelnen Kostengruppen der Betriebs- und Instandsetzungskosten nicht zuzuordnen
210	Personalkosten	Kosten für technische, kaufmännische und infrastrukturelle Managementleistungen
220	Sachkosten	Bürokosten, Büroausstattung, Mietkosten, Fahrtkosten
230	Fremdleistungen	Honorare für Dienst- und Planungsleistungen
290	Objektmanagementkosten, sonstiges	

8

Tabelle 1 *(fortgesetzt)*

Nr	Nutzungskostengruppe	Anmerkungen
300	**Betriebskosten**	
310	**Versorgung**	
311	Wasser	Leitungswasser, Regenwasser,
312	Öl	
313	Gas	
314	Feste Brennstoffe	
315	Fernwärme	
316	Strom	Strom aus öffentlichem Netz, Strom aus erneuerbaren Energien, Strom aus KWK
317	Technische Medien	Technische Gase, Druckluft, Sauerstoff, Prozesswasser
319	Versorgung, sonstiges	
320	**Entsorgung**	
321	Abwasser	schadstoff-, nicht schadstoffbelastet, öffentliches Netz, z. B. Kläranlage
322	Abfall	Hausmüll, Sondermüll, Schadstoffe, Gewerbemüll, Sperrmüll
329	Entsorgung, sonstiges	
330	**Reinigung und Pflege von Gebäuden**	
331	Unterhaltsreinigung	Untergliederung nach Materialoberflächen und Nutzungsarten möglich
332	Glasreinigung	Außenfenster, Innenverglasung,
333	Fassadenreinigung	Untergliederung nach Materialoberflächen, und Schutzelementen, mit und ohne Geräteeinsatz möglich
334	Reinigung Technischer Anlagen	Rohr- und Tankreinigung, Wärmeerzeugungs- und Übergabeanlagen, Kaminreinigung, Heizkörper, RTL-Anlagen, ortsfeste Beleuchtungsmittel, Aggregate, Uhren-, Photovoltaik- Türöffner-, Zeiterfassungs-, Beschallungs-, Fernseh-, Brandmelde-, Raumbeobachtungs-, Aufzugs- und Transportanlagen, Hebebühnen, Schaltschränke, Leitstationen, Bedien- und Beobachtungseinrichtungen
339	Reinigung und Pflege von Gebäuden, sonstiges	Wiederholungen der Grundreinigung

9

Tabelle 1 *(fortgesetzt)*

Nr	Nutzungskostengruppe	Anmerkungen
340	**Reinigung und Pflege von Außenanlagen**	
341	Befestigte Flächen	Wege, Straßen, Plätze, Spiel- und Sportflächen,
342	Pflanz- und Grünflächen	Rasen, Beete, Gehölze, Bäume
343	Wasserflächen (einschl. Uferausbildung)	
344	Baukonstruktionen in Außenanlagen	Mauern, Überdachungen, Schutzkonstruktionen,
345	Technische Anlagen in Außenanlagen	Abscheiderreinigung
346	Einbauten in Außenanlagen	Fahrradständer, Schilder, Abfallbehälter
349	Reinigung und Pflege von Außenanlagen, sonstiges	landwirtschaftliche Flächen, forstwirtschaftliche Flächen, Sonderbiotopflächen, Geländefahrstrecken, Sonderfunktionsflächen
350	**Bedienung, Inspektion und Wartung**	
351	Bedienung, der Technischen Anlagen	
352	Inspektion und Wartung der Baukonstruktionen	Dränagen, Bauwerksabdichtungen, Wandbekleidungen, Falt-/Schiebewände, Türen, Fenster, Geländer, Handläufe, Balkone, Einschubtreppen, Dächer, Kuppeln, fest eingebaute Einrichtungen
353	Inspektion und Wartung der Technischen Anlagen	
354	Inspektion und Wartung der Außenanlagen	ohne Pflanz- und Grünanlagen (342)
355	Inspektion und Wartung von Ausstattung und Kunstwerken	
359	Bedienung, Inspektion und Wartung, sonstiges	
360	**Sicherheits- und Überwachungsdienste**	
361	Kontrollen aufgrund öffentlich-rechtlicher Bestimmungen	Brandschauen, Probealarme, Technische Überwachungsdienste, Arbeits- und Gesundheitsschutz, Verkehrssicherung, Hygieneüberwachung, Zugangskontrolle,
362	Objekt- und Personenschutz	Videoüberwachung, Bewachung, Sonderbewachung, eigene Feuerwehr, Informationsschutz, Schließdienst
369	Sicherheit und Überwachung, sonstiges	
370	**Abgaben und Beiträge**	
371	Steuern	z. B. Grundsteuern
372	Versicherungsbeiträge	
379	Abgaben und Beiträge, sonstiges	
390	**Betriebskosten, sonstiges**	

10

Tabelle 1 *(fortgesetzt)*

Nr	Nutzungskostengruppe	Anmerkungen
400	**Instandsetzungskosten**	Die Instandsetzungskosten mindern die kalkulatorische Abschreibung der Kosten unter KG 131 Abnutzung
410	**Instandsetzung der Baukonstruktionen**	
411	Gründung	
412	Außenwände	
413	Innenwände	
414	Decken	
415	Dächer	
416	Baukonstruktive Einbauten	
419	Instandsetzungskosten der Baukonstruktionen, sonstiges	
420	**Instandsetzung der Technischen Anlagen**	
421	Abwasser-, Wasser-, Gasanlagen	
422	Wärmeversorgungsanlagen	
423	Lufttechnische Anlagen	
424	Starkstromanlagen	
425	Fernmelde- und informationstechnische Anlagen	
426	Förderanlagen	
427	Nutzungsspezifische Anlagen	
428	Gebäudeautomation	
429	Instandsetzung der Technischen Anlagen, sonstiges	
430	**Instandsetzung der Außenanlagen**	
431	Geländeflächen	
432	Befestigte Flächen	
433	Baukonstruktionen in Außenanlagen	
434	Technische Anlagen in Außenanlagen	
435	Einbauten in Außenanlagen	
439	Instandsetzung der Außenanlagen, sonstiges	
440	**Instandsetzung der Ausstattung**	
441	Ausstattung	
442	Kunstwerke	
449	Instandsetzung der Ausstattung, sonstiges	
490	**Instandsetzungskosten, sonstiges**	

11

Zählerplätze
Anwendungsbeispiele zu den Funktionsflächen

Beiblatt 1 zu
DIN 43 870

Meter mounting boards; information concerning functional area
Panneaux de compteurs; informations concernant les zones fonctionnelles

Dieses Beiblatt enthält Informationen zu den Normen der Reihe DIN 43 870,
jedoch keine zusätzlich genormten Festlegungen.

1 Zweck

Dieses Beiblatt zu den Normen der Reihe DIN 43 870 beinhaltet Anwendungsbeispiele zu den Funktionsflächen von Zählerplätzen für Zähler (Meßeinrichtungen) der Elektrizitätsversorgungsunternehmen (EVU).

2 Obere Anschlußräume

Die oberen Anschlußräume 150 mm bzw. 300 mm von Zählerplätzen für Zähler der Elektrizitätsversorgungsunternehmen dienen zur Aufnahme von Betriebsmitteln für die Zuleitung zum Installationskleinverteiler sowie Steuergeräten und Überstrom-Schutzeinrichtungen für abzweigende Stromkreise, jedoch nicht als Installationskleinverteiler für Installationen nach DIN 18 015 Teil 1 und Teil 2.

Es sollten nur folgende Betriebsmittel wahlweise eingebaut werden:

a) Abzweigklemme,
je Pol für 1 x 10 mm² RF[1] mit Aderendhülse und 1 x 25 mm² RM[1] und 1 x 10 mm² RE[1]
Die Klemmen müssen den elektrischen Prüfungen für Hauptleitungsabzweigklemmen nach DIN VDE 0606 Teil 2 [*]) genügen.

b) Ausschalter mindestens dreipolig, 63 A mindestens und entspechende Klemmen für PEN-Leiter bzw. Neutralleiter (N) und/oder Schutzleiter (PE), Querschnitte wie nach Aufzählung a)

oder

Überstrom-Schutzeinrichtung 3 x 63 A (gegebenenfalls schaltbar), sofern im unteren Anschlußraum vor dem jeweiligen Zähler keine Überstrom-Schutzeinrichtungen eingebaut sind

c) Tarifschaltgeräte

d) Zusätzlich zu den vorgenannten Betriebsmitteln: Überstrom-Schutzeinrichtung 16 A, z. B. für Kellerlicht.

3 Untere Anschlußräume

Der untere Anschlußraum von Zählerplätzen für EVU-Zähler dient zur Aufnahme von Betriebsmitteln für die Abzweige von Hauptleitungen, Tarifschaltgeräten und den elektrischen Betriebsmitteln für die Zuleitung zum Zähler, die unter Plombenverschluß stehen. Es sollten nur die in den Abschnitten 3.1 oder 3.2 angegebenen Betriebsmittel wahlweise eingebaut werden.

3.1 Anschlußraum mit Sammelschienen

a) Sammelschienen-Anschlußklemmen

oder

b) Sicherungsunterteile NH 00 mit Sicherungseinsatz 63 A

oder

c) Dreipolig schaltbare Überstrom-Schutzeinrichtung 63 A

oder

d) Dreipoliger Ausschalter $\geq$ 63 A.

3.2 Anschlußraum mit Hutschiene 35 x 7,5 nach DIN EN 50 022

a) Hauptleitungsabzweigklemmen

b) D-Sicherungen 63 A

oder

c) Dreipolig schaltbare Überstrom-Schutzeinrichtung 63 A

oder

d) Dreipoliger Ausschalter 63 A mindestens

e) Tarifschaltgeräte.

4 Zählerplatz mit Stromkreisverteiler

Wenn Zählerplatz/Zählerplätze und Stromkreisverteiler in einer gemeinsamen Umhüllung untergebracht werden, z. B. Einfamilienhaus, ist der Stromkreisverteiler in erforderlicher Funktionsflächengröße aus Gründen der Erwärmung, z. B. Umgebungstemperatur des EVU-Zählers, in der Regel neben dem Zählerplatz anzubringen, oder der Errichter muß sicherstellen, daß durch die Verwendung des oberen Anschlußraumes als Stromkreisverteiler die zulässige Zählerumgebungstemperatur nicht überschritten wird.

5 Allgemeines

Für jedes Zählerfeld sollte eine Anbringungsmöglichkeit für eine siebenpolige Steuerleitungsklemme, Nennquerschnitt 2,5 mm², nach DIN VDE 0614 Teil 1 [*]) vorhanden sein.

---

[*]) Z. Z. Entwurf
[1] RF rund feindrähtig
   RM rund mehrdrähtig
   RE rund eindrähtig

Fortsetzung Seite 2

Deutsche Elektrotechnische Kommission im DIN und VDE (DKE)

Zitierte Normen

DIN 18 015 Teil 1	Elektrische Anlagen in Wohngebäuden; Planungsgrundlagen
DIN 18 015 Teil 2	Elektrische Anlagen in Wohngebäuden; Art und Umfang der Mindestausstattung
DIN 43 870 Teil 1	Zählerplätze; Maße auf Basis eines Rastersystems
DIN 43 870 Teil 2	Zählerplätze; Funktionsflächen
DIN 43 870 Teil 3	Zählerplätze; Verdrahtungen
DIN 43 870 Teil 4	Zählerplätze; Abdeckung für Verdrahtung
DIN EN 50 022	Industrielle Niederspannungs-Schaltgeräte, Tragschienen, Hutschienen, 35 mm breit, zur Schnappbefestigung von Geräten
DIN VDE 0606 Teil 2 *)	Verbindungsmaterial bis 660 V; Verbindungsklemmen für Kupferleiter bis 70 mm² Nennquerschnitt zur Verwendung in Installationsdosen
DIN VDE 0614 Teil 1 *)	Verbindungsklemmen für Kupferleiter bis 70 mm² Nennquerschnitt, bis 1000 V Wechselspannung, bis 1200 V Gleichspannung

Erläuterungen

Dieses Beiblatt wurde vom Unterkomitee 543.1 „Installationsverteiler und Zählerplätze'' der Deutschen Elektrotechnischen Kommission im DIN und VDE (DKE) ausgearbeitet.

Dieses Beiblatt enthält die wichtigsten elektrischen Betriebsmittel, die in die oberen und unteren Anschlußräume eingebaut werden.

Sollte es unumgänglich sein, daß zusätzliche Einbauten erforderlich werden, so ist darauf zu achten, daß z. B. aufgrund der Belastungsverhältnisse die zulässigen Erwärmungen nicht überschritten werden.

Es ist vorgesehen, bei einem Neudruck von DIN 43 870 Teil 1 auf die Erläuterungen in DIN 43 870 Teil 1 zu verzichten, da diese Aussagen in dieses Beiblatt übernommen wurden.

Internationale Patentklassifikation

H 02 B 9/00
G 01 R 11/04
G 01 R 1/36
G 01 R 11/57

---

*) Z. Z. Entwurf

Zählerplätze

Maße auf Basis eines Rastersystems

DIN
43 870
Teil 1

Meter mounting boards; dimensions based on a grid system   Ersatz für Ausgabe 05.81

Panneaux de montage à compteurs; dimensions sur la base d'un système de grille

Für den Anwendungsbereich dieser Norm bestehen keine entsprechenden regionalen oder internationalen Normen.
Entwurf war veröffentlicht als DIN 43 870 Teil 1 A1/02.89.

Maße in mm

Allgemeintoleranzen: DIN 7168 – sg

1 Anwendungsbereich und Zweck

1.1 Diese Norm gilt für Zählerplätze für Zähler (Meßeinrichtungen) der Elektrizitätsversorgungsunternehmen (EVU-Zähler), insbesondere nach DIN 43 857 Teil 1 und Teil 2, und EVU-Steuergeräte. Ein Zählerplatz im Sinne dieser Norm umfaßt das Zählerfeld, den Raum für Betriebsmittel vor dem Zähler (unterer Anschlußraum) und den Raum für Betriebsmittel nach dem Zähler (oberer Anschlußraum) einschließlich der etwa erforderlichen Wanddicke. Die Teilungsmaße basieren auf einem Rastersystem mit einem Rastergrundmaß von 50 mm für die Funktionsflächenaufteilung und Zählerplatzflächen (Außenmaße) und mit einem Rastergrundmaß von 2,5 mm für die Maße innerhalb der Funktionsflächen/Zählerplatzflächen, siehe auch Abschnitt 3. Außerdem sind Zählerplätze nach DIN VDE 0603 Teil 1 auszuführen.

1.2 Für Niederspannung-Schaltgerätekombinationen (TSK und PTSK), siehe DIN VDE 0660 Teil 500, und fabrikfertige Installationsverteiler (FIV), siehe DIN VDE 0659, die einzelne EVU-Zähler enthalten, aber überwiegend Verteiler- und Steuerungsaufgaben erfüllen, z. B. in industriellen oder gewerblichen Betrieben, gilt für die freizuhaltende Geräte-Einbaufläche (siehe Abschnitt 2.4) und die Zählerplatztiefe (siehe Abschnitt 2.5) für das Zählerfeld (die Zählerfelder) als Mindestmaß einzuhalten sind. Dies gilt auch für Baustromverteiler, siehe DIN VDE 0612.

2 Zählerplatzaufbau, Maße

2.1 Zählerplatz

Der Zählerplatz ergibt sich aus der Zählerplatzfläche und der Zählerplatztiefe.

2.2 Zählerplatzflächen

Zählerplatzflächen setzen sich aus Funktionsflächen nach DIN 43 870 Teil 2 zusammen und bilden eine Funktionseinheit.

Auswahlgrößen

Breite der Zählerplatzflächen:
250, 500, 750, 1000 und 1250 mm

Höhe der Zählerplatzflächen:
900, 1050, 1200 und 1350 mm

Aufteilung der Höhe der Zählerplatzflächen in Funktionsflächen:

Höhe der Zähler-platzfläche	900	900	1050	1200	1350
Höhe des oberen Anschlußraumes	450[1]	150[2]	300[2]	150[2]	300[2]
Höhe des Zählerfeldes	–	450	450	750[3]	750[3]
Höhe des TSG-Feldes[4]	300	–	–	–	–
Höhe des unteren Anschlußraumes	150[5]	300	300	300	300

[1]) Nur in der Ausführung als 3reihiger Installationsverteiler

[2]) Dient zur Aufnahme von Betriebsmitteln bis max. 63 A für die Zuleitung zum Stromkreisverteiler, jedoch nicht als Stromkreisverteiler für Installationen nach DIN 18 015 Teil 1 und DIN 18 015 Teil 2.

[3]) Zählerfeld für zwei Zähler (2 · 375 mm)

[4]) TSG: Abkürzung für Tarifschaltgerät. Das TSG-Feld dient nicht zur Aufnahme eines EVU-Zählers.

[5]) Dient nur zur Aufnahme der Steuer- und Überstrom-Schutzeinrichtung für das Tarifschaltgerät

2.3 Funktionsflächen

Funktionsflächen sind die einzelnen Flächen eines Zählerplatzes, die für das Zählerfeld/TSG-Feld, den unteren Anschlußraum und den oberen Anschlußraum benötigt werden.

Breite der Funktionsflächen:
250 mm

Höhe der Funktionsflächen:
150, 300, 450 und 750 mm.

Fortsetzung Seite 2 bis 6

Deutsche Elektrotechnische Kommission im DIN und VDE (DKE)

2.4 Freizuhaltende Geräte-Einbauflächen

Die freizuhaltenden Geräte-Einbauflächen eines Zählerplatzes ergeben sich aus seinen Funktionsflächen abzüglich eines Abschlages von max. 25 mm von der Höhe und der Breite.

Der Abschlag kann aus Konstruktionsgründen unsymmetrisch gewählt werden.

Anmerkung: PE- und N–Klemmen gelten als Einbaugeräte und werden bei der freizuhaltenden Geräte-Einbaufläche nicht berücksichtigt.

2.5 Zählerplatztiefe

Für den Zähler ergibt sich bei vorhandener Abdeckung eine lichte Mindesteinbautiefe von 162,5 mm im Bereich der Geräte-Einbaufläche.

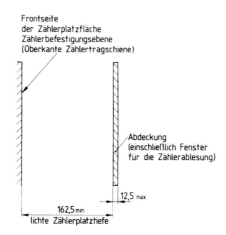

Frontseite
der Zählerplatzfläche
Zählerbefestigungsebene
(Oberkante Zählertragschiene)

Abdeckung
(einschließlich Fenster
für die Zählerablesung)

12,5 max.

162,5 min.
lichte Zählerplatztiefe

Bild 1.   Lichte Zählerplatztiefe

2.6 Zählerplatzumhüllungen

Sollen Zählerplätze zusätzlich umhüllt werden, so ist für die Umhüllung H ein maximaler Gesamtzuschlag von je 50 mm zur Höhe und Breite der Zählerplatzfläche zulässig.

Der umhüllte Zählerplatz darf eine max. Gesamttiefe von 225 mm aufweisen.

2.7 Bauseitige Einbauöffnungen

Werden Zählerplätze oder Zählerplatzumhüllungen in bauseitigen Einbauöffnungen (Nischen) angeordnet, so ist für den Mindestplatzbedarf der Einbauöffnungen ein Zuschlag von min. 50 mm zur Höhe und Breite der Zählerplatzfläche vorzusehen.

2.8 Überdeckung von Einbauöffnungen

Sollen die Zwischenräume zwischen Zählerplätzen bzw. Zählerplatzumhüllungen und den bauseitigen Einbauöffnungen (Nischen) überdeckt werden, so ist für die Überdeckung ein Zuschlag von min. 75 mm zur Höhe und Breite der Zählerplatzfläche vorzusehen.

3   Ausführung und Bezeichnung

3.1   Wandaufbau A

Ohne Zählerplatzumhüllung

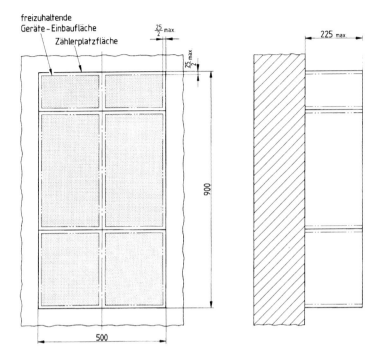

freizuhaltende
Geräte-Einbaufläche
Zählerplatzfläche

$\frac{25}{2}$ max.

225 max.

$\frac{25}{2}$ max.

900

500

Bild 2.   Zählerplatz für Wandaufbau ohne Zählerplatzumhüllung

Bezeichnung eines Zählerplatzes mit einer Zählerplatzfläche von 500 mm Breite und 900 mm Höhe für Wandaufbau ohne Zähler-platzumhüllung (A):

Zählerplatz DIN 43 870 − 500 × 900 − A

637

AH mit Zählerplatzumhüllung

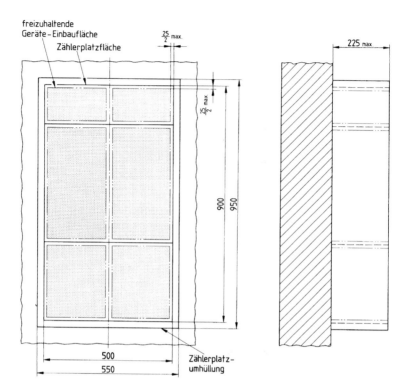

Bild 3. Zählerplatz für Wandaufbau mit Zählerplatzumhüllung

Bezeichnung eines Zählerplatzes mit einer Zählerplatzfläche von 500 mm Breite und 900 mm Höhe für Wandaufbau mit Zählerplatzumhüllung nach Abschnitt 2.6 (550 × 950 – AH):

Zählerplatz DIN 43 870 – 550 × 950 – AH

3.2   Wandeinbau U
UH mit Zählerplatzumhüllung

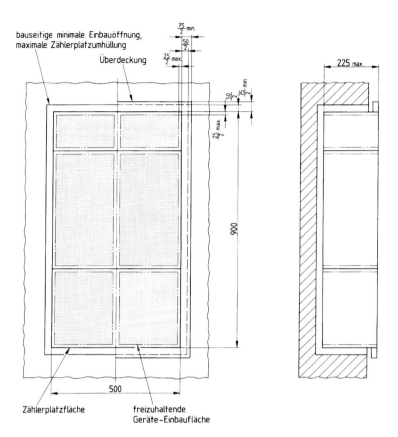

Bild 4. Zählerplatz für Wandeinbau mit Zählerplatzumhüllung

Bezeichnung eines Zählerplatzes mit einer Zählerplatzfläche von 500 mm Breite und 900 mm Höhe für Wandeinbau mit Zähler-platzumhüllung nach Abschnitt 2.6 (550 × 950 − UH):

Zählerplatz DIN 43 870 − 550 × 950 − UH

639

Zitierte Normen

DIN 7168 Teil 1	Allgemeintoleranzen; Längen- und Winkelmaße
DIN 18 015 Teil 1	Elektrische Anlagen in Wohngebäuden; Planungsgrundlagen
DIN 18 015 Teil 2	Elektrische Anlagen in Wohngebäuden; Art und Umfang der Ausstattung
DIN 43 857 Teil 1	Elektrizitätszähler in Isolierstoffgehäusen, für unmittelbaren Anschluß, bis 60 A Grenzstrom; Hauptmaße für Wechselstromzähler
DIN 43 857 Teil 2	Elektrizitätszähler in Isolierstoffgehäusen, für unmittelbaren Anschluß, bis 60 A Grenzstrom; Hauptmaße für Drehstromzähler
DIN 43 870 Teil 2	Zählerplätze; Funktionsflächen
DIN VDE 0603 Teil 1	Installationskleinverteiler und Zählerplätze AC 400 V; Installationskleinverteiler und Zählerplätze
DIN VDE 0612	Bestimmungen für Baustromverteiler für Nennspannungen bis 380 V Wechselspannung und für Ströme bis 630 A
DIN VDE 0659	Fabrikfertige Installationsverteiler (FIV)
DIN VDE 0660 Teil 500	Schaltgeräte; Niederspannung-Schaltgerätekombinationen; Anforderungen an typgeprüfte und partiell typgeprüfte Kombinationen (IEEC 439-1 (1985) 2. Ausgabe, modifiziert) Deutsche Fassung EN 60 439-1 : 1989

Weitere Normen

DIN 18 013	Nischen für Zählerplätze (Elektrizitätszähler)
DIN 43 853	Zählertafeln; Hauptmaße, Anschlußmaße
DIN 43 870 Teil 3	Zählerplätze; Verdrahtungen
DIN 43 880	Installationseinbaugeräte; Hüllmaße und zugehörige Einbaumaße

Frühere Ausgaben

DIN 43 870 Teil 1: 04.76, 10.77, 05.81

Änderungen

Gegenüber der Ausgabe Mai 1981 wurden folgende Änderungen vorgenommen:

a) Der Bezug in Abschnitt 1 erfolgt auf DIN VDE 0603 Teil 1.

b) Die Tabelle in Abschnitt 2.2 wird ersetzt.

c) Im Abschnitt 2.3 wird zusätzlich das Tarifschaltgerät-Feld (TSG) berücksichtigt.

d) Durch die Änderung des Abschnittes „2 Mitgeltende Normen" in „Zitierte Normen" ändern sich zahlreiche Abschnittsnummern.

e) Berücksichtigt werden geringfügige redaktionelle Änderungen.

Erläuterungen

Diese Norm wurde ausgearbeitet vom Unterkomitee 543.1 „Installationsverteiler und Zählerplätze" der Deutschen Elektrotechnischen Kommission im DIN und VDE (DKE).

Für die Anwendung in Einfamilienhäusern wurde aus wirtschaftlichen Erwägungen für Zählerplätze mit Tür ein TSG-Feld konzipiert mit einem zugeordneten unteren Anschlußraum von 150 mm, das in Zählerplätzen mit der Bauhöhe 900 mm integriert ist. Siehe hierzu Beiblatt 1 zu DIN 43 870.

Aufgrund von Änderungen im Tarifwesen und der Zählertechnik können Klappfenster bei Zählerplätzen mit Frontabdeckung erforderlich sein, die dem Kunden einen direkten Zugang zu den Meßeinrichtungen ermöglichen.

Internationale Patentklassifikation

E 04 F 19/08

G 01 R 11/02

H 02 B 1/03

| | Zählerplätze | **DIN** |
| | Funktionsflächen | **43 870**
Teil 2 |

Meter mounting boards; functional area

Ersatz für Ausgabe 04.86

Panneaux de montage à compteurs; surface fonctionelle

Für den Anwendungsbereich dieser Norm bestehen keine entsprechenden regionalen oder internationalen Normen.
Entwurf war veröffentlicht als DIN 43 870 Teil 2 A1/02.89.

Maße in mm

Allgemeintoleranzen: DIN 7168 – Sg

1 Anwendungsbereich

Diese Norm ist für die Bemessung der Anschlußräume und Zählerfelder für Zählerplätze nach DIN 43 870 Teil 1 anzuwenden.

Fortsetzung Seite 2 bis 7

Deutsche Elektrotechnische Kommission im DIN und VDE (DKE)

641

2   Zählerfeld und Tarifschaltgerät-Feld

2.1   Zählerfeld

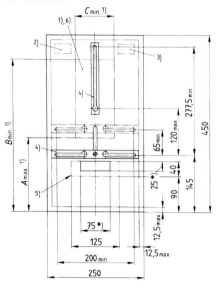

Bild 1.   Zählerfeld für 1 Zähler

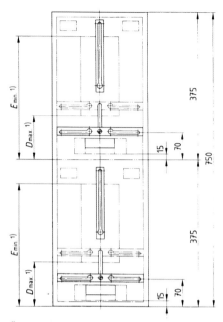

Übrige Maße und Angaben wie in Bild 1

Bild 2.   Zählerfeld für 2 Zähler

2.2   Tarifschaltgerät-Feld

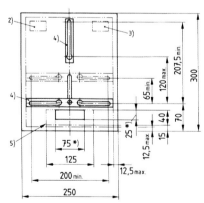

Übrige Angaben wie in Bild 1

Bild 3.   TSG-Feld

Tabelle.

	Fenster[1]	Ausschnitt für Klappfenster[6]
A	187,5	100
B	387,5	410
C	100	140
D	112,5	25
E	312,5	335

*) Gilt nicht für Zählerplätze mit plombierbarer Front-abdeckung.

[1] bis [6] siehe Seite 5

3 Oberer Anschlußraum

Die den einzelnen Zählerfeldern zugeordneten oberen Anschlußräume sind zumindest optisch voneinander zu trennen. Bei kundenzugänglichen oberen Anschlußräumen sind Isolierstoffstege vorzusehen, die bei abgenommener Berührungsschutzabdeckung eine eindeutige Zuordnung erkennen lassen.

Bei Zählerplätzen mit Frontabdeckung sollte jeder dem Zählerfeld zugeordnete obere Anschlußraum bei Ausrüstung mit Zugangsklappen eine eigene verschließbare Zugangsklappe zwecks individueller Schließung haben.

3.1 Frontaufteilung und Frontmaße

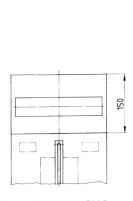

Übrige Maße und Angaben wie in Bild 5.

Bild 4. Oberer Anschlußraum 150 mm

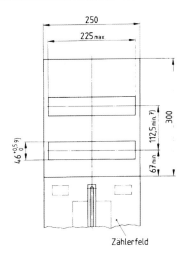

Zählerfeld

Bild 5. Oberer Anschlußraum 300 mm

3.2 Tiefenaufteilung und Tiefenmaße

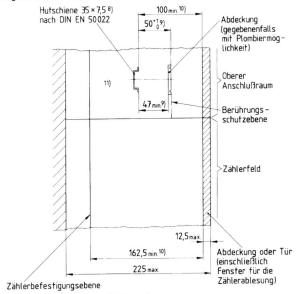

Bild 6. Tiefenaufteilung und Tiefenmaße

7) bis 11) siehe Seite 6

643

4   Unterer Anschlußraum

4.1   Unterer Anschlußraum mit Hutschienen 35 mm × 7,5 mm nach DIN EN 50 022

4.1.1   Frontaufteilung und Frontmaße

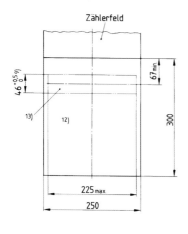

Bild 7.   Unterer Anschlußraum 300 mm

4.1.2   Tiefenaufteilung und Tiefenmaße

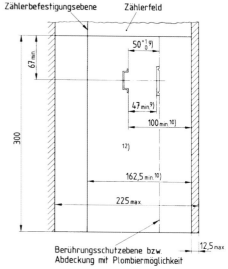

Bild 8.   Unterer Anschlußraum 300 mm

4.1.3   Frontaufteilung und Frontmaße

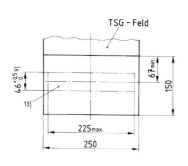

Bild 9.   Unterer Anschlußraum 150 mm

4.1.4   Tiefenaufteilung und Tiefenmaße

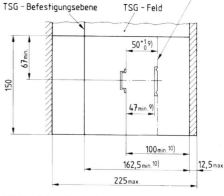

Bild 10.   Unterer Anschlußraum 150 mm

---

[9] und [10] siehe Seite 6
[12] und [13] siehe Seite 6

4.2   Unterer Anschlußraum mit Sammelschienen

4.2.1   Frontaufteilung und Frontmaße

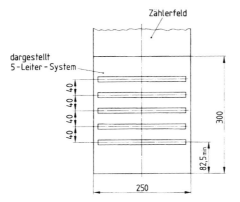

Bild 11. Frontaufteilung und Frontmaße

Bild 12. Anordnungsschema A [14])
4-Leiter-System

Bild 13. Anordnungsschema B [14])
4-Leiter-System

Bild 14. Anordnungsschema C [14])
5-Leiter-System

Eine Kennzeichnung der Sammelschienen L1, L2, L3 ist nicht erforderlich.

---

[1])   Fenster für Zählerablesung sind nur bei Zählerplätzen mit plombierbarer Frontabdeckung erforderlich und zulässig. Sie müssen bruchsicher und weitgehend antistatisch sein.

[2])   Feld für Ursprungszeichen; gilt nicht für Zählerplätze mit plombierbarer Frontabdeckung.

[3])   Feld für Beschriftung; gilt nicht für Zählerplätze mit plombierbarer Frontabdeckung.

[4])   Die Zählertragschienen sind für Befestigungsschrauben nach DIN 46 300 vorzusehen und so anzuordnen, daß eine ebene Zählerauflagefläche erreicht wird. Bei frei zugänglichen Zählern darf der Tiefenabstand von der Zählerauflagefläche zu der Berührungsschutzabdeckung 5 mm nicht überschreiten.

Bei nicht frei zugänglichen Zählern können die waagerechten verstellbaren Zählertragschienen auf einer durchgehenden senkrechten Zählertragschiene montiert werden; der vorgesehene Einstellbereich ist zu markieren.

Zählertragschienen und Befestigungsschrauben nach DIN 46 300 sind Bestandteil des Zählerfeldes.

[5])   Vormarkierung zum Ausbrechen für Zählerplatzverdrahtung nach DIN 43 870 Teil 3; gilt nicht für Zählerplätze mit plombierbarer Frontabdeckung.

[6])   Klappfenster sind nur bei Zählerplätzen mit plombierbarer Frontabdeckung zulässig.

Das Klappfenster muß seitlich um eine Achse schwenkbar angeschlagen sein; es muß eine Plombiervorrichtung aufweisen und ohne Werkzeug zu öffnen sein.

[14])   Siehe hierzu DIN 43 870 Teil 3.

4.2.2 Tiefenaufteilung und Tiefenmaße

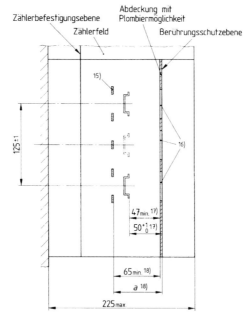

Bild 15. Tiefenaufteilung und Tiefenmaße

---

7)   Bei größerem Reihenabstand als 112,5 mm ist DIN 43 880 zu beachten.

8)   Länge entsprechend Ausschnitt in der Abdeckung, mindestens 200 mm.

9)   Ausschnitt für Installationseinbaugeräte nach DIN 43 880.

10)   Tiefenmaße nur im Bereich der Geräte-Einbaufläche.

11)   Die Anbringung einer weiteren Befestigungsschiene, z. B. Hutschiene nach DIN EN 50 022 in einer anderen Ebene ist zulässig.

12)   Die Anbringung einer weiteren Befestigungsschiene, z. B. Hutschiene nach DIN EN 50 022 waagerecht oder senkrecht ist zulässig. Der Abstand von Unterkante Berührungsschutzebene zu Oberkante dieser weiteren Befestigungsschiene ist möglichst groß zu wählen, damit auch Einbaugeräte/Betriebsmittel mit großer Bautiefe hinter der Berührungsschutzabdeckung eingebracht werden können.

13)   Ausbrechbarer Ausschnitt.

15)   Sammelschienenquerschnitte: 12 mm × 5 mm bzw. 12 mm × 10 mm (oder 2 Schienen 12 mm × 5 mm).

16)   Ausschnittbreite mindestens 12 Teilungseinheiten, Maße nach DIN 43 880.

      Anmerkung: Die Abstandsbreite der Sammelschienenhalter kann kleiner sein als die Mindestbreite des Geräteausschnittes.

17)   Eine Verstellbarkeit der Hutschiene auf größere Abstandsmaße zum Einbringen von Einbaugeräten der Baugröße 3 nach DIN 43 880 ist zulässig.

18)   Der Abstand a sollte vorzugsweise 75 mm betragen, wobei der Abstand von der Oberkante der Sammelschiene zur Innenkante der Abdeckung > 65 mm werden kann.

Zitierte Normen

DIN 7168 Teil 1	Allgemeintoleranzen; Längen- und Winkelmaße
DIN 43 870 Teil 1	Zählerplätze; Maße auf Basis eines Rastersystems
DIN 43 870 Teil 3	Zählerplätze; Verdrahtungen
DIN 43 880	Installationseinbaugeräte; Hüllmaße und zugehörige Einbaumaße
DIN 46 300	Installationsmaterial; Befestigungsschraube für Elektrizitätszähler und Steuergeräte auf Zählerfeldern
DIN EN 50 022	Industrielle Niederspannungs-Schaltgeräte; Tragschienen, Hutschienen 35 mm breit zur Schnappbefestigung von Geräten

Weitere Normen

DIN 18 013	Nischen für Zählerplätze (Elektrizitätszähler)
DIN 43 853	Zählertafeln; Hauptmaße, Anschlußmaße
DIN VDE 0603 Teil 1	Installationskleinverteiler und Zählerplätze AC 400 V; Installationskleinverteiler und Zählerplätze
DIN VDE 0612	Bestimmungen für Baustromverteiler für Nennspannungen bis 380 V Wechselspannung und für Ströme bis 630 A
DIN VDE 0659	Fabrikfertige Installationsverteiler (FIV)
DIN VDE 0660 Teil 500	Schaltgeräte; Niederspannung-Schaltgerätekombinationen; Anforderungen an typgeprüfte und partiell typgeprüfte Kombinationen (IEC 439-1 (1985) 2. Ausgabe modifiziert) Deutsche Fassung EN 60 439-1 : 1989

Frühere Ausgaben

DIN 43 870 Teil 2: 10.77, 05.81, 04.86

Änderungen

Gegenüber der Ausgabe April 1986 wurden folgende Änderungen vorgenommen:

a) Geändert wurden Bild 1 und Bild 2.

b) Ergänzt wurde das Tarifschaltgerät-Feld, siehe Abschnitt 2.2.

c) Ergänzt wurden zum unteren Anschlußraum die Abschnitte 4.1.3 und 4.1.4.

d) Durch die geänderten Bilder haben sich die Fußnotenbezeichnungen teilweise geändert. Neu aufgenommen wurde die Fußnote 6).

Erläuterungen

Diese Norm wurde vom Unterkomitee 543.1 „Installationsverteiler und Zählerplätze" der Deutschen Elektrotechnischen Kommission im DIN und VDE (DKE) ausgearbeitet.

Für die Anwendung in Einfamilienhäusern wurde aus wirtschaftlichen Erwägungen für Zählerplätze mit Tür ein TSG-Feld konzipiert mit einem zugeordneten unteren Anschlußraum von 150 mm, das in Zählerplätzen mit der Bauhöhe 900 mm integriert ist. Siehe hierzu Beiblatt 1 zu DIN 43 870.

Aufgrund von Änderungen im Tarifwesen und der Zählertechnik können Klappfenster bei Zählerplätzen mit Frontabdeckung erforderlich sein, die dem Kunden einen direkten Zugang zu den Meßeinrichtungen ermöglichen.

Internationale Patentklassifikation

E 04 F 19/08
G 01 R 11/02
H 02 B 1/03

	Kücheneinrichtungen Formen, Planungsgrundsätze	**DIN** **66 354**

Kitchen equipment; forms, planning principles   Ersatz für Ausgabe 02.80

1 Anwendungsbereich und Zweck

Diese Norm gilt für Kücheneinrichtungen im Haushalt. Sie berücksichtigt Erkenntnisse der Ergonomie, insbesondere die funktionsgerechte Ausführung und Anordnung von Kücheneinrichtungselementen. Sie soll dem Planer der Kücheneinrichtung als Basis für seine Tätigkeit und dem Architekten zur Schaffung der räumlichen Voraussetzungen dienen.

2 Formen der Kücheneinrichtung

Es ist Aufgabe des Planers, die für den jeweiligen Grundriß des Küchenraums und dessen gewünschte Nutzung günstigste Form der Kücheneinrichtung auszuwählen. Dabei sind folgende Formen am gebräuchlichsten:

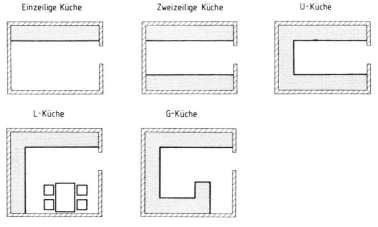

Einzeilige Küche   Zweizeilige Küche   U-Küche

L-Küche   G-Küche

Bild 1. Beispiele für Formen der Kücheneinrichtung

Fortsetzung Seite 2 und 3

Normenausschuß Hauswirtschaft (NHW) im DIN Deutsches Institut für Normung e.V.

3 Planungsgrundsätze

Die Grundsätze für die Planung von Kücheneinrichtungen gelten für alle in Abschnitt 2 angegebenen Formen. Die in den Bildern 2 und 3 dargestellte Zuordnung der Kücheneinrichtungselemente hat sich bewährt und sollte daher vorzugsweise angewendet werden.

Anmerkung: Die in den Bildern 2 und 3 dargestellte Anordnung kann auch spiegelbildlich ausgeführt sein.

3.1 Küche ohne Eßplatz (Arbeitsküche)

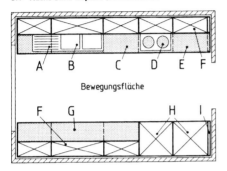

Bild 2. Beispiel für zweizeilige Küche

A Abstellfläche

Breite: 600 mm; kann als Abtropffläche Bestandteil der Spüle sein; unter der Abstellfläche möglicher Stellplatz für Geschirrspülmaschine.

B Spültisch mit Unterbau

Zweibeckenspültisch mit Abtropffläche:
min. 1200 mm breit
Zweibeckenspültisch ohne Abtropffläche:
min. 900 mm breit
Spültisch mit 1 1/2 Becken: min. 800 mm breit
Einbeckenspültisch: 500 mm breit
Einbeckenspültisch mit Restebecken: 600 mm breit (nur bei gleichzeitiger Verwendung einer Geschirrspülmaschine).
Mischbatterie für Warm- und Kaltwasserversorgung sowie gegebenenfalls Absperrventil für Geschirrspülmaschine ist vorzusehen.

C Kleine Arbeitsfläche (Vorbereitungsplatz)

Breite: 600 bis 900 mm
Unter kleiner Arbeitsfläche möglicher Stellplatz für Unterschrank oder Geschirrspülmaschine.
Anmerkung: Die kleine Arbeitsfläche hat eine Doppelfunktion. Sie dient gleichzeitig zum Vorbereiten und Arbeiten sowie zum Abstellen in Verbindung mit Herd oder Spüle.

D Herd oder Einbaukochmulde

Breite: 600 mm; wahlweise Ein- oder Unterbauherd.
Unter Einbaukochmulde Topfschrank.
Über Herd oder Einbaukochmulde Dunstabzug oder Dunstfilter.

E Abstellfläche seitlich vom Herd

Breite: min. 300 mm; Abstellfläche kann Bestandteil der Einbaukochmulde sein.
Anmerkung: Die Abstellfläche hat eine Doppelfunktion. Sie dient gleichzeitig zum Abstellen und zum Arbeiten und schafft einen Sicherheitsabstand neben dem Herd.

F Oberschränke

Lichter Abstand über Arbeits- und Abstellflächen soll min. 500 mm, über Herd, Einbaukochmulde min. 650 mm betragen. Über Spülen ist die Einhaltung eines lichten Abstandes zwischen Oberschrank und Spülenoberseite von min. 650 mm empfehlenswert.

G Große Arbeitsfläche

Breite min. 1200 mm; darunter möglicher Stellplatz für Unterschränke oder Küchengeräte.

H Hochschränke

Breite: 600 mm; wahlweise als Vorratsschrank oder mit Einbauöffnung für Einbaugerät (z. B. Kühlschrank, Gefriergerät oder Einbaubackofen) vorgesehen.

I Um den Anschluß der Kücheneinrichtungselemente zur seitlichen Wand sicherzustellen, ist montagebedingt ein Paßstück vorzusehen. Darüber hinaus ist ein weiteres Paßstück vorzusehen, wenn die Funktion des an die Wand angrenzenden Küchenelements z. B. durch vorstehende Heizkörper, Türkonstruktionen, vorstehende Griffelemente beeinträchtigt werden kann.

3.2 Küche mit Eßplatz

Es gelten die Festlegungen in Abschnitt 3.1 in Verbindung mit DIN 18011.

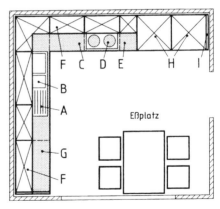

Bild 3. Beispiel für L-Küche

4 Räumliche Voraussetzungen

4.1 Der Abstand bei einer einzeiligen Küche zwischen der Küchenzeile und der gegenüberliegenden Wand oder bei einer zweizeiligen Küche zwischen den beiden Küchenzeilen (Breite der Bewegungsfläche) muß mindestens 1200 mm betragen.

4.2 Bei der Bemessung von Fensterbrüstungen und deren Laibungen sind die Richtmaße für die Arbeitshöhe nach DIN 68 901 zu berücksichtigen. Das Anbringen von Wandabschlußprofilen muß möglich sein.

4.3 Bei Planung der Lage der Türen des Küchenraumes und deren Konstruktion ist die Tiefe der Schränke und Arbeitsplatten nach DIN 68 901 zu berücksichtigen.

4.4 Der Abstand zwischen dem Anschluß für die Energieversorgung des Herdes und dem Wasseranschluß für die Spüle ist an den Bildern 2 und 3 sowie in Abschnitt 3.1 zu orientieren.

4.5 Die Lage und Anzahl von Elektro-, Gas-, Wasser- und Abwasseranschlüssen sowie die Lage der Heizkörper bzw. Heizgeräte sowie der Beleuchtungskörper ist mit dem Küchenspezialisten abzustimmen.

Zitierte Normen

DIN 18 011 Stellflächen, Abstände und Bewegungsflächen im Wohnungsbau

DIN 68 901 Kücheneinrichtungen; Koordinierungsmaße; für Küchenmöbel, Küchengeräte, Spülen und Dekorplatten

Frühere Ausgaben

DIN 66 354: 02.80

Änderungen

Gegenüber der Ausgabe Februar 1980 wurden folgende Änderungen vorgenommen:

— Breite eines Zweibeckenspültisches mit Abtropffläche sowie eines Einbeckenspültisches mit Restebecken ergänzt.

— Vornormcharakter aufgehoben und Norm redaktionell überarbeitet.

Erläuterungen

Diese Norm wurde von der Arbeitsgruppe Kücheneinrichtungen ausgearbeitet.

Da in den letzten Jahren auf dem Küchenmöbelsektor Neuentwicklungen hinsichtlich der ergonomischen Gestaltung durchgeführt wurden, und ein Bedarf nach verstärkter Einziehung von Plätzen für Kommunikation vorliegt, wurde die Herausgabe dieser Norm für den Planer dringend erforderlich.

Internationale Patentklassifikation

A 47 B 77/02

DK 674.048 : 691.11 : 624.9 : 699.8

Mai 1974

Holzschutz im Hochbau
Allgemeines

DIN
68 800
Blatt 1

Protection of timber used in buildings; general specifications

Mit DIN 68 800 Blatt 2 bis Blatt 4
Ersatz für DIN 68 800

1. Geltungsbereich

Diese Norm gilt allgemein für den Schutz von Holz und Holzwerkstoffen im Hochbau zur Verhütung zerstörender Einflüsse durch Pilze, Insekten oder Feuer.

2. Bedeutung des Holzschutzes

2.1. Nichtchemische — besonders bauliche — und chemische Holzschutzmaßnahmen sollen die Güteeigenschaften von Holz und Holzwerkstoffen erhalten, indem sie deren Zerstörung durch die in Abschnitt 1 genannten Einflüsse verhüten. Diese Maßnahmen dienen der Dauerhaftigkeit und Sicherheit der baulichen Anlagen und ihrer Teile.

2.2. Die Gebrauchsdauer des im Hochbau innen und außen (einschließlich Fenster) verwendeten Holzes und der Holzwerkstoffe kann ohne besondere Holzschutzmaßnahmen durch holzzerstörende Pilze und Insekten sowie durch Feuer gefährdet sein.

2.3. Holzzerstörende sowie holzverfärbende Pilze können sich bei anhaltender Holzfeuchtigkeit von mehr als 20 % (bezogen auf das Darrgewicht) entwickeln. Holzfäulnis kann von befallenen Holzteilen mit direktem oder ohne direkten Kontakt mit gesundem Holz ausgehen.

2.4. Als holzzerstörende Insekten treten überwiegend Hausbockkäfer (Hylotrupes bajulus L.), Poch- oder Nagekäfer (Anobien) und Splintholzkäfer (Lyctus-Arten) auf. Ihre Larven leben im Holz, verringern durch ihre Fraßtätigkeit den Holzquerschnitt und können dadurch gegebenenfalls die Standsicherheit gefährden.
Die Larven des Hausbockkäfers leben nur im Nadelholz, wo sie das Splintholz bevorzugen. Das Kernholz von Kiefer und Lärche wird weitgehend gemieden. Anobienlarven dagegen leben auch in Laubhölzern; Lyctus-Arten befallen nur den Splint von Laubholz, insbesondere tropischer Laubholzarten.

2.5. Holz als organischer Baustoff ist brennbar. Aus Holz und Holzwerkstoffen lassen sich jedoch Bauteile mit einer Feuerwiderstandsdauer von 30 Minuten und länger herstellen.

3. Holzschutzmaßnahmen

3.1. Holz und Holzwerkstoffe können durch geeignete vorbeugende Maßnahmen wirkungsvoll vor Zerstörung durch Pilze, Insekten und Feuer geschützt werden. Pilze und Insekten, die Holz befallen haben, können durch entsprechende Bekämpfungsmaßnahmen abgetötet werden.

3.2. Vorbeugende Holzschutzmaßnahmen sind baulicher sowie chemischer Art.

3.2.1. Bauliche Holzschutzmaßnahmen gegen holzzerstörende Pilze haben das Ziel, Feuchtigkeit von Holz und Holzwerkstoffen fernzuhalten. Sie sind entsprechend den Regeln der Technik auszuführen. Hinweise gibt Blatt 2 dieser Norm.
Gegen holzzerstörende Insekten sind bauliche Holzschutzmaßnahmen im allgemeinen ohne Wirkung.
Zur Erhöhung des Feuerwiderstandes von Holzbauteilen können geeignete Querschnittformate oder Verkleidungen entsprechend DIN 4102 eingesetzt werden.

3.2.2. Für die chemischen Holzschutzmaßnahmen (Art, Umfang und Durchführung [Holzschutzleistung]) gilt Blatt 3 dieser Norm.

Anmerkung: Eine weitere Norm ist für den vorbeugenden chemischen Schutz von Holzwerkstoffen in Vorbereitung.

3.3. Zur Bekämpfung von holzzerstörenden Pilzen und Insekten sind im allgemeinen spezielle bauliche und chemische Maßnahmen entsprechend Blatt 4 dieser Norm erforderlich.

4. Planung von Holzschutzmaßnahmen

Bauliche und chemische Holzschutzmaßnahmen müssen rechtzeitig und sorgfältig geplant werden, um den Schutzerfolg zu sichern.
Dies ist sowohl bei vorbeugenden als auch gegebenenfalls bei bekämpfenden Maßnahmen erforderlich.
Die Planung hat sich sowohl auf die Auswahl der Holzschutzmaßnahmen als auch auf ihre zeitliche Abstimmung im Rahmen des Baufortschrittes zu erstrecken. Im einzelnen sind dabei u. a. zu berücksichtigen:

4.1. Dem Verwendungszweck entsprechende Auswahl des Holzes sowie seine sachgemäße Lagerung und Vorbereitung, z. B. Entfernen von Rinde einschließlich Bast, Trocknung.

4.2. Art und Grad der Gefährdung, z. B. Feuchtigkeitseinflüsse, Brandrisiko.

4.3. Etwaige Vorbehandlungen, z. B. vorangegangene Schutzbehandlungen, Farbanstriche.

4.4. Mögliche Nebenwirkungen bei Einsatz chemischer Mittel, z. B. Kalkverträglichkeit, Verträglichkeit mit späteren Anstrichen, Verleimung, hygienische Gesichtspunkte.

4.5. Zeitpunkt der Holzschutzausführung, z. B. zügige Fortführung des Baues, Behinderung der geplanten Maßnahmen, rechtzeitiger Abbund, Nachbehandlung von Trockenrissen.

Fortsetzung Seite 2
Erläuterungen Seite 2

Fachnormenausschuß Bauwesen (FNBau) im Deutschen Normenausschuß (DNA)
Arbeitsgruppe Einheitliche Technische Baubestimmungen (ETB) des FNBau
Fachnormenausschuß Holz (FNHOLZ) im DNA

4.6. Ort der Holzschutzausführung, z. B. Imprägnieranlage, Abbundplatz, eingedeckte Baustelle.

4.7. Nachschutz, z. B. spätere Zugänglichkeit der behandelten Teile.

4.8. Überprüfung der geforderten Holzschutzmaßnahmen.

5. Anforderungen an den Ausführenden

5.1. Die Durchführung von baulichen und chemischen Holzschutzmaßnahmen erfordert eine ausreichende Erfahrung über den Baustoff Holz, die bestehenden Schadensmöglichkeiten sowie die einzusetzenden Holzschutzmittel und Holzschutzverfahren.

5.2. Der Unternehmer hat bei einer chemischen Behandlung von Bauteilen an mindestens einer sichtbar bleibenden Stelle des Bauwerks in einer dauerhaften Form anzugeben:

Name und Anschrift des Unternehmens

Angewandte Holzschutzmittel mit Prüfzeichen und Prüfprädikaten

Eingebrachte Holzschutzmittelmenge g/m^2 gesamte Holzoberfläche

ml/m^2 gesamte Holzoberfläche

bzw. kg/m^3 Holzvolumen,

einschließlich der berücksichtigten Holzschutzmittelverluste

Jahr und Monat der Behandlung

Hinweise auf weitere Normen

DIN 4076 Blatt 4 Benennungen und Kurzzeichen auf dem Holzgebiet; Holzschutzmittel (z. Z. noch Entwurf)

Ergänzende Bestimmungen zu DIN 4102 — Brandverhalten von Baustoffen und Bauteilen (Februar 1970)

DIN 52 160 Prüfung von Holzschutzmitteln; Grundlagen für die Durchführung von Prüfungen

DIN 52 161 Blatt 1 —; Nachweis von Holzschutzmitteln im Holz, Probenahme aus Bauholz

DIN 52 161 Blatt 3 —; —, Bestimmung der Eindringtiefe von fluoridhaltigen Holzschutzmitteln

DIN 52 161 Blatt 4 —; —, Bestimmung der Menge von fluorhaltigen Holzschutzmitteln

DIN 52 161 Blatt 5 —; —, Qualitativer Nachweis von insektiziden und fungiziden Wirkstoffen öliger Holzschutzmittel

DIN 52 163 Blatt 1 —; Bestimmung der vorbeugenden Wirkung von Holzschutzmitteln gegen holzzerstörende Insekten, Eilarven des Hausbockkäfers (Hylotrupes bajulus L.)

DIN 52 164 Blatt 1 —; Prüfung der bekämpfenden Wirkung von Holzschutzmitteln gegen holzzerstörende Insekten, Larven des Hausbockkäfers (Hylotrupes bajulus L.)

DIN 52 164 Blatt 2 —; —, Larven des Gewöhnlichen Nagekäfers (Anobium punctatum De Geer)

DIN 52 165 Blatt 1 —; Bestimmung von Giftwerten von Holzschutzmitteln gegen holzzerstörende Insekten, Larven des Hausbockkäfers (Hylotrupes bajulus L.)

DIN 52 172 Blatt 1 —; Beschleunigte Alterung von geschütztem Holz, Auswaschbeanspruchung vor biologischen Prüfungen

DIN 52 172 Blatt 2 —; —, Auswaschbeanspruchung für die Bestimmung der ausgewaschenen Wirkstoffmenge

DIN 52 172 Blatt 3 —; —, Verdunstungsbeanspruchung vor biologischen Prüfungen (z. Z. noch Entwurf)

DIN 52 175 Holzschutz; Begriff, Grundlagen

DIN 52 176 Prüfung von Holzschutzmitteln; Bestimmung der vorbeugenden Wirkung von Holzschutzmitteln, Prüfung mit holzzerstörenden Basidiomyceten nach dem Klötzchen-Verfahren in Kolleschalen

DIN 52 179 —; Verleimbarkeit von ölbehandeltem Holz (z. Z. noch Entwurf)

DIN 68 800 Blatt 2 Holzschutz im Hochbau; Vorbeugende bauliche Maßnahmen

DIN 68 800 Blatt 3 —; Vorbeugender chemischer Schutz von Vollholz

DIN 68 800 Blatt 4 —; Bekämpfungsmaßnahmen gegen Pilz- und Insektenbefall

Erläuterungen

Die Ausgabe September 1956 von DIN 68 800 wurde vom Arbeitsausschuß „Holzschutz im Hochbau" unter Geschäftsführung des FNHOLZ dem heutigen Stand der Technik entsprechend nach eingehenden Vorarbeiten der Deutschen Gesellschaft für Holzforschung (DGfH), München, vollständig neu bearbeitet und in ihrem Gesamtumfang wesentlich erweitert. Die Norm ist zur leichteren Bearbeitung und Anwendung in mehrere Blätter gegliedert.

Blatt 1 wurde vom Unterausschuß „Allgemeine Voraussetzungen für den Holzschutz im Hochbau" aufgestellt. Es regelt die allgemein für den Holzschutz geltenden Fragen und ist eine notwendige Ergänzung für die Benutzung der anderen Blätter von DIN 68 800. Die Bedeutung des Holzschutzes und die möglichen Schutzmaßnahmen werden allgemein charakterisiert. Neu ist die ausführliche Darstellung der bei der Planung von Holzschutzmaßnahmen zu berücksichtigenden Punkte, deren

Befolgung von besonderer Bedeutung für die wirkungsvolle Durchführung der Holzschutzmaßnahmen ist.

Im Vergleich zur früheren Fassung der DIN 68 800, Ausgabe September 1956, enthält

das vorliegende Blatt 1 die früheren Abschnitte 1 und 7

Blatt 2 „Vorbeugende bauliche Maßnahmen" den früheren Abschnitt 2

Blatt 3 „Vorbeugender chemischer Schutz von Vollholz" die früheren Abschnitte 3, 5 und 6

Blatt 4 „Bekämpfungsmaßnahmen gegen Pilz- und Insektenbefall" den früheren Abschnitt 4.

Der FNHOLZ bereitet zur Zeit weitere Blätter für den vorbeugenden chemischen Schutz von Holzwerkstoffen und für Holzschutzmaßnahmen in Verbindung mit Oberflächenanstrichen vor.

Holzschutz

Teil 2: Vorbeugende bauliche Maßnahmen im Hochbau

DIN

68800-2

ICS 91.080.20

Ersatz für Ausgabe 1984-01

Deskriptoren: Holzschutz, Hochbau, Holzwirtschaft, Bauwesen

Protection of timber —
Part 2: Preventive constructional measures in buildings
Protection du bois —
Partie 2: Mesures de construction préventives en bâtiments

Inhalt

Vorwort

Die vorliegende Norm wurde vom Arbeitsausschuß NHM 3.2 "Baulicher Holzschutz" erarbeitet.

Die anderen Teile der DIN 68800 sind im Abschnitt 2 und im Anhang A aufgeführt.

Änderungen

Gegenüber der Ausgabe Januar 1984 wurden folgende Änderungen vorgenommen:

a) Hauptelement geändert.

b) Der Inhalt wurde vollständig überarbeitet und neu gegliedert.

c) Die vorbeugenden baulichen Maßnahmen wurden erweitert durch den Schutz der Hölzer vor unkontrollierbarem Insektenbefall.

d) Neu ist der Begriff und sind die Bedingungen für "besondere bauliche Maßnahmen", bei deren Einhaltung die Voraussetzungen für die Einstufung eines Holzbauteils in die Gefährdungsklasse 0 nach DIN 68800-3 gegeben sind.

e) Es werden Ausführungen von Wänden, Decken und Dächern in Holzbauart genannt und dargestellt, die die Bedingungen für die Einstufung in die Gefährdungsklasse 0 erfüllen.

f) Bezüglich der tragenden oder aussteifenden Holzwerkstoffe wurden folgende Änderungen vorgenommen:

— Straffung der Holzwerkstoffklassen auf Grund der zwischenzeitlichen Entwicklung von DIN 1052-1

— geänderte Anforderungen an die Holzwerkstoffklassen für die einzelnen Anwendungsbereiche auf Grund neuer wissenschaftlicher Erkenntnisse sowie im Hinblick auf eine weitestgehende Reduzierung der Anwendung der Klasse 100 G allgemein sowie auf ihre Eliminierung im Innenbereich von Aufenthaltsräumen.

— Angabe kritischer Anwendungsbereiche, in denen Holzwerkstoffe nicht für tragende Zwecke eingesetzt werden dürfen.

Frühere Ausgaben

DIN 68800: 1956-09
DIN 68800-2: 1974-05, 1984-01

Fortsetzung Seite 2 bis 9

Normenausschuß Holzwirtschaft und Möbel (NHM) im DIN Deutsches Institut für Normung e.V.
Normenausschuß Bauwesen (NABau) im DIN

1 Anwendungsbereich

Diese Norm gilt für tragende oder aussteifende Bauteile aus Holz (Vollholz oder Brettschichtholz) oder Holzwerkstoffen für die Errichtung von Neubauten sowie für bauliche Maßnahmen zur Modernisierung oder Rekonstruktion von Bauwerken. Für nicht tragende oder nicht aussteifende Holzbauteile wird die Anwendung dieser Norm empfohlen. Sie gilt nicht für Holzbauteile mit Erdkontakt, z. B. Masten, oder mit ständiger Berührung mit Wasser. Die Norm enthält ferner keine Aussagen über Sanierungsmaßnahmen.

Bauliche Maßnahmen sind eine wesentliche Voraussetzung für die dauerhafte Funktionstüchtigkeit einer Konstruktion. Diese Norm gibt allgemeine Hinweise für vorbeugende bauliche Maßnahmen zur Erhaltung von Holz und Holzwerkstoffen und der Brauchbarkeit der Konstruktionen. Durch bauliche Maßnahmen kann auch die Einstufung in eine niedrigere Gefährdungsklasse nach DIN 68800-3 erreicht werden.

Ferner werden für einige Holzbauteile die baulichen Maßnahmen genannt (nachfolgend als besondere bauliche Maßnahmen bezeichnet), bei denen Anwendung ein vorbeugender chemischer Holzschutz nicht erforderlich ist (Gefährdungsklasse 0 nach DIN 68800-3).

> ANMERKUNG: Auf einen vorbeugenden chemischen Holzschutz kann auch bei anderen Gefährdungsklassen verzichtet werden, wenn Hölzer entsprechender Dauerhaftigkeitsklassen verwendet werden, siehe DIN EN 350-2 in Verbindung mit DIN EN 460 und DIN 68364 (dort als Resistenzklassen bezeichnet).

Für tragende oder aussteifende Holzwerkstoffe werden die erforderlichen Holzwerkstoffklassen für den vorgesehenen Verwendungszweck festgelegt.

2 Normative Verweisungen

Diese Norm enthält durch datierte oder undatierte Verweisungen Festlegungen aus anderen Publikationen. Diese normativen Verweisungen sind an den jeweiligen Stellen im Text zitiert, und die Publikationen sind nachstehend aufgeführt. Bei datierten Verweisungen gehören spätere Änderungen oder Überarbeitungen dieser Publikationen nur zu dieser Norm, falls sie durch Änderung oder Überarbeitung eingearbeitet sind. Bei undatierten Verweisungen gilt die letzte Ausgabe der in Bezug genommenen Publikation.

DIN 1052-1
Holzbauwerke — Berechnung und Ausführung

DIN 1053-1
Mauerwerk — Rezeptmauerwerk — Berechnung und Ausführung

DIN 1101
Holzwolle-Leichtbauplatten und Mehrschicht-Leichtbauplatten als Dämmstoffe für das Bauwesen — Anforderungen, Prüfung

DIN 4074-1
Sortierung von Nadelholz nach der Tragfähigkeit — Nadelschnittholz

DIN 4108-3
Wärmeschutz im Hochbau — Klimabedingter Feuchteschutz — Anforderungen und Hinweise für Planung und Ausführung

DIN 4108-5
Wärmeschutz im Hochbau — Berechnungsverfahren

DIN 18164-1
Schaumkunststoffe als Dämmstoffe für das Bauwesen — Dämmstoffe für die Wärmedämmung

DIN 18165-1
Faserdämmstoffe für das Bauwesen — Dämmstoffe für die Wärmedämmung

DIN 18550-1
Putz — Begriffe und Anforderungen

DIN 68364
Kennwerte von Holzarten — Festigkeit, Elastizität, Resistenz

DIN 68705-3
Sperrholz — Bau-Furniersperrholz

DIN 68705-5
Sperrholz — Bau-Furniersperrholz aus Buche

DIN 68754-1
Harte und mittelharte Holzfaserplatten für das Bauwesen — Holzwerkstoffklasse 20

DIN 68763
Spanplatten — Flachpreßplatten für das Bauwesen — Begriffe, Eigenschaften, Prüfung, Überwachung

DIN 68800-1
Holzschutz im Hochbau — Allgemeines

DIN 68800-3
Holzschutz im Hochbau — Vorbeugender chemischer Holzschutz

DIN EN 350-2
Dauerhaftigkeit von Holz und Holzprodukten — Natürliche Dauerhaftigkeit von Vollholz — Teil 2: Leitfaden für die natürliche Dauerhaftigkeit und Tränkbarkeit von ausgewählten Holzarten von besonderer Bedeutung in Europa; Deutsche Fassung EN 350-2 : 1994

DIN EN 460
Dauerhaftigkeit von Holz und Holzprodukten — Natürliche Dauerhaftigkeit von Vollholz — Leitfaden für die Anforderungen an die Dauerhaftigkeit von Holz für die Anwendung in den Gefährdungsklassen; Deutsche Fassung EN 460 : 1994

3 Definitionen

Für die Anwendung dieser Norm gelten die folgenden Definitionen:

3.1 Vorbeugende bauliche Maßnahmen: Alle konstruktiven und bauphysikalischen Maßnahmen, die eine unzuträgliche Veränderung des Feuchtegehaltes von Holz und Holzwerkstoffen oder den Zutritt von holzzerstörenden Insekten (Trockenholzinsekten) zu verdeckt angeordnetem Holz verhindern sollen.

3.2 Unzuträgliche Veränderung des Feuchtegehaltes: Sie liegt insbesondere dann vor, wenn hierdurch Voraussetzungen für holzzerstörenden Pilzbefall geschaffen werden oder wenn durch übermäßige Verformungen (Schwinden oder Quellen) die Brauchbarkeit der Konstruktion beeinträchtigt werden kann.

4 Allgemeines

Baulicher Holzschutz ist bei der Planung und Ausführung stets zu berücksichtigen, auch dann, wenn sich dadurch die Zuordnung zu einer Gefährdungsklasse nach DIN 68800-3 nicht ändert. Er muß rechtzeitig und sorgfältig geplant werden, um den Schutzerfolg zu sichern, siehe DIN 68800-1. Dabei ist auch DIN 4108-3 zu berücksichtigen.

Ausführungen ohne chemischen Holzschutz sollten gegenüber jenen bevorzugt werden, bei denen ein vorbeugender chemischer Holzschutz erforderlich ist.

Auf einen vorbeugenden chemischen Schutz sollte jedoch dann nicht verzichtet werden, wenn Bedenken bestehen, daß die besonderen baulichen Maßnahmen nach dieser Norm nicht eingehalten werden können.

5 Feuchte während Transport, Lagerung und Einbau

5.1 Transport und Lagerung

Beim Transport und bei der Lagerung von Holz, Holzwerkstoffen und Holzbauteilen ist durch geeignete Maßnahmen sicherzustellen, daß sich ihr Feuchtegehalt durch nachteilige Einflüsse, z. B. aus Bodenfeuchte, Niederschlägen sowie infolge Austrocknung, nicht unzuträglich verändert.

5.2 Einbau

Holz und Holzwerkstoffe sind mit möglichst dem Feuchtegehalt einzubauen, der während der Nutzung als Mittelwert zu erwarten ist. Die für Holz genannten Richtwerte nach DIN 1052-1 dürfen vereinfacht auch für Sperrholz und Spanplatten zugrunde gelegt werden; bei Holzfaserplatten nach DIN 68754-1 liegen die Werte um etwa 3 % niedriger.

Wird Holz ohne chemischen Holzschutz mit einer Holzfeuchte $u_1 > 20$ % (z. B. halbtrocken nach DIN 4074-1) eingebaut (u_1: gemessener Einzelwert), dann muß sichergestellt werden, daß die Holzfeuchte $u_1 \le 20$ % innerhalb einer Zeitspanne von höchstens 6 Monaten und ohne Beeinträchtigung der gesamten Konstruktion erreicht wird, z. B. durch Wahl eines ausreichend diffusionsoffenen Bauteilquerschnitts; im Sinne dieser Norm gilt ein Bauteilquerschnitt dann als ausreichend diffusionsoffen, wenn die Abdeckung an mindestens einer Bauteiloberfläche eine diffusionsäquivalente Luftschichtdicke $s_d \le 0,2$ m aufweist (siehe auch Abschnitt 8). Ist das nicht sichergestellt, ist das Holz der Gefährdungsklasse 2 zuzuordnen. Aber auch in solchen Fällen sollten diffusionsoffene Querschnitte bevorzugt werden.

Andere Bau- und Dämmstoffe innerhalb des Bauteilquerschnitts sind so einzubauen, daß daraus keine Gefährdung für die angrenzenden Hölzer oder Holzwerkstoffe entsteht.

Während des Einbaus und danach sind Holzwerkstoffe unverzüglich vor Niederschlägen zu schützen.

Eine unzuträgliche Feuchteerhöhung von Holz und Holzwerkstoffen als Folge hoher Baufeuchte (direkte Feuchteeinwirkung oder indirekte aus hoher relativer Luftfeuchte) ist zu verhindern. Aus diesem Grunde sind Räume mit hoher Baufeuchte und daraus resultierender hoher Raumluftfeuchte solange intensiv zu lüften, bis die höhere Baufeuchte abgeklungen ist.

6 Feuchte im Gebrauchszustand

6.1 Niederschläge

Durch bauliche Maßnahmen sollen Niederschläge vom Holz entweder ferngehalten oder schnell abgeleitet werden. Niederschlägen ausgesetzte Holzwerkstoffe sind mit einem dauerhaft wirksamen Wetterschutz zu versehen.

6.2 Nutzungsfeuchte

In Bereichen mit starker direkter Feuchtebeanspruchung der Oberfläche (z. B. Spritzwasser in Duschen) ist das Eindringen von Feuchte in die Holzbauteile zu verhindern.

6.3 Feuchte aus angrenzenden Stoffen oder Bauteilen

Das Eindringen von Feuchte in die Holzbauteile aus Bau- und Dämmstoffen angrenzender Bauteile ist zu verhindern.

6.4 Tauwasser

Für den Tauwasserschutz, sowohl für die raumseitige Oberfläche als auch für den Querschnitt von Bauteilen, gilt DIN 4108-3. Für Holzbauteile gilt auch dann eine rechnerische Tauwassermasse $W_T = 1,0$ kg/m^2 als zulässig, wenn Tauwasser an Berührungsflächen von kapillar nicht wasseraufnahmefähigen Schichten auftritt, sofern die rechnerische Verdunstungsmasse W_V mindestens das 5fache der auftretenden Tauwassermasse beträgt.

7 Besondere bauliche Maßnahmen als Voraussetzung für die Zuordnung von Holzbauteilen zur Gefährdungsklasse 0

7.1 Besondere bauliche Maßnahmen

Nach DIN 68800-3 sind Außenbauteile in Holzbauart ohne unmittelbare Wetterbeanspruchung (z. B. Dachkonstruktionen, Außenwände mit zusätzlichem Wetterschutz) sowie Innenbauteile mit wasserabweisender Abdeckung in Naßbereichen (z. B. Duschen) grundsätzlich entsprechend der Gefährdungsklasse 2 vorbeugend chemisch zu schützen, sofern kein besonderer Nachweis erfolgt. Ein solcher Nachweis ist auf der Grundlage dieser Norm zu führen.

Durch bauliche Maßnahmen kann im allgemeinen eine Einstufung von Holzbauteilen in eine niedrigere Gefährdungsklasse erreicht werden; bei Holzbauteilen ohne unmittelbare Feuchtebeanspruchung ist es möglich, die Zuordnung von der Gefährdungsklasse 2 in die Gefährdungsklasse 1 abzuändern, z. B. bei geneigten belüfteten Dächern mit Dacheindeckung.

Besondere bauliche Maßnahmen gegen holzzerstörende Pilze im Sinne dieser Norm sollen sicherstellen, daß Holzbauteile

a) gegen das Auftreten oder Eindringen auch ungewollter Feuchte ausreichend geschützt sind, z. B. durch raumseitige luftdichte Bauteilschichten gegenüber Wasserdampf-Konvektion oder durch Vermeidung von Undichtheiten im Wetterschutz, z. B. der äußeren Abdeckung, und

b) in der Lage sind, gegebenenfalls eine solche ungewollte, unzulässig große Holzfeuchte dermaßen schnell wieder abzugeben, daß auch nicht vorbeugend chemisch behandeltes Holz keiner Schädigung durch Pilzbefall ausgesetzt ist.

Besondere bauliche Maßnahmen gegen Insektenbefall bestehen im Sinne dieser Norm darin, den Zutritt von Insekten zu verdeckt angeordnetem Holz zu verhindern.

7.2 Bedingungen für die Zuordnung zur Gefährdungsklasse 0

Die Bedingungen der Gefährdungsklasse 0 gelten als erfüllt, wenn — über die Anforderungen nach DIN 4108-3 hinaus — besondere bauliche Maßnahmen getroffen werden. Zu diesen Maßnahmen gehören insbesondere:

1) Zur Vermeidung eines Insektenbefalls
Eine seitlich insektenundurchlässige Abdeckung[1]) des zu schützenden Holzes; bei Außenbauteilen sind nicht belüftete Querschnitte Voraussetzung.

---

[1]) Beispiele für insektenundurchlässige (geschlossene) Bekleidungen und Hinweise zur Kontrollierbarkeit siehe Beuth-Kommentar "Holzschutz — Vorbeugender chemischer Holzschutz — Eine ausführliche Erläuterung zu DIN 68800 Teil 3", Abschnitt 2.4.1

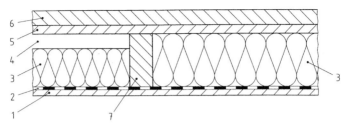

1 Bekleidung oder Beplankung
2 Dampfsperrschicht, erforderlichenfalls
3 mineralischer Faserdämmstoff nach DIN 18165-1 oder Dämmstoff, dessen Verwendbarkeit für diesen Anwendungsfall besonders nachgewiesen ist, z. B. durch eine allgemeine bauaufsichtliche Zulassung für diesen Anwendungsfall
4 Hohlraum, nicht belüftet, insektenunzugänglich
5 äußere Bekleidung oder Beplankung
6 Wetterschutz
7 Holzquerschnitt

Bild 1: Außenwand-Querschnitt (Prinzip)

2) Zur Vermeidung von Schäden durch Insektenbefall
Schäden an Holz, zu dem Insekten Zutritt haben, z. B. in nicht ausgebauten Dachräumen, gelten als vermeidbar, wenn das Holz in solchen Gebäudebereichen kontrollierbar[1]) ist.

3) Zur Vermeidung von Schäden durch Pilzbefall
a) Bei Außenwänden eine dauerhaft sichere Ausbildung des Wetterschutzes gegenüber Niederschlägen, einschließlich der Anschlüsse an andere Bauteile, z. B. Fenster und Türen. Das gilt sinngemäß auch für Innenwände in Naßbereichen, z. B. Duschenwände.

b) Bei Dächern die Sicherstellung einer größeren Verdunstungsmöglichkeit für den Bauteilquerschnitt gegenüber eventuell ungewollt vorhandener Feuchte, erreichbar durch eine weitgehend diffusionsoffene Abdeckung, siehe Abschnitt 8:

— bei geneigten Dächern (mit Dachdeckung) an der Oberseite, möglichst zusätzlich auch an der Unterseite,

— bei Flachdächern (mit Dachabdichtung) an der Unterseite.

8 Konstruktionen für Außenbauteile, bei denen die Bedingungen für die Gefährdungsklasse 0 erfüllt sind

8.1 Allgemeines

Für die nachstehend aufgeführten Konstruktionen sind ohne weiteren Nachweis die Bedingungen für die Einstufung in die Gefährdungsklasse 0 erfüllt. Voraussetzung ist, daß die Bauteile raumseitig nicht nur in ihrer Fläche, sondern auch im Bereich der Anschlüsse an andere Bauteile sowie an Durchdringungen luftdicht ausgebildet sind[2]). Werden die genannten konstruktiven Bedingungen nicht eingehalten, gilt die Zuordnung zu den Gefährdungsklassen nach DIN 68800-3.

Luftdichte Ausbildungen der raumseitigen Bauteilflächen sollen im Sinne dieser Norm eine unzulässige Tauwasserbildung im Bauteilquerschnitt infolge Wasserdampf-Konvektion verhindern helfen.

Andere Konstruktionen dürfen in die Gefährdungsklasse 0 eingestuft werden, wenn hierfür ein entsprechender Eignungsnachweis geführt wurde.

8.2 Außenwände

Nicht belüftete Wandquerschnitte nach Bild 1 dürfen der Gefährdungsklasse 0 zugeordnet werden, wenn eine der nachstehend genannten Ausbildungen des Wetterschutzes vorliegt. Das gilt nicht für Schwellen oder Rippen, die auf folgenden Bauteilen aufliegen: Decken, die unmittelbar an das Erdreich grenzen (Bodenplatten), Decken im Bereich von Terrassen, Massivdecken im Bereich von Balkonen.

Erforderlicher Wetterschutz:

a) Vorgehängte Bekleidung oder dergleichen auf lotrechter Lattung oder auf waagerechter mit Konterlattung, Hohlraum zwischen Wand und Bekleidung belüftet.

b) Vorgehängte Bekleidung oder dergleichen auf waagerechter Lattung, Hohlraum nicht belüftet, wasserableitende Schicht mit diffusionsäquivalenter Luftschichtdicke $s_d \leq 0,2$ m auf der äußeren Wandbekleidung oder -beplankung.

c) Wärmedämm-Verbundsystem aus Hartschaumplatten nach DIN 18164-1 und Kunstharzputz oder Putz mit nachgewiesenem, dauerhaft wirksamem Wetterschutz (siehe auch 6.1).

d) Holzwolleleichtbauplatten nach DIN 1101, erforderlichenfalls mit raumseitig angeordneter wasserableitender Schicht, und wasserabweisenden Außenputz nach DIN 18550-1, ohne zusätzliche äußere Bekleidung/Beplankung.

e) Mauerwerk-Vorsatzschale mit mindestens 40 mm dicker Luftschicht und Lüftungsöffnungen nach DIN 1053-1; auf der äußeren Wandbekleidung oder -beplankung:

— Wasserableitende Schicht oder

— Hartschaumplatten nach DIN 18164-1 oder

— Mineralischer Faserdämmstoff nach DIN 18165-1 mit außenliegender wasserableitender Schicht mit $s_d \leq 0,2$ m

Im Fall a) des erforderlichen Wetterschutzes sowie im Fall b) mit luftdurchlässiger Bekleidung (z. B. Brettschalung) darf die Lattung der Gefährdungsklasse 0 zugeordnet werden.

[1]) Siehe Seite 3.

[2]) Konstruktive Details siehe Schulze, H.; Informationsdienst Holz "Baulicher Holzschutz". 1991.

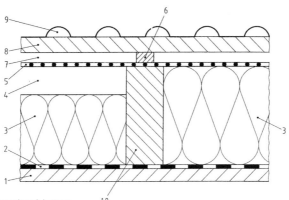

1 Bekleidungen ohne oder mit Lattung
2 Dampfsperrschicht, erforderlichenfalls
3 mineralischer Faserdämmstoff nach DIN 18165-1 oder Dämmstoff, dessen Verwendbarkeit für diesen Anwendungsfall besonders nachgewiesen ist, z. B. durch eine allgemeine bauaufsichtliche Zulassung für diesen Anwendungsfall
4 Hohlraum, nicht belüftet, insektenunzugänglich
5 obere Abdeckung (z. B. Unterspannbahn, Schalung mit Vordeckung)
6 Konterlattung, sofern der belüftete Hohlraum nicht durch andere Maßnahmen erreicht wird (z. B. Unterspannbahn mit ausreichendem Durchhang)
7 belüfteter Hohlraum
8 Traglattung
9 Dachdeckung
10 Sparren

Bild 2: Querschnitt des geneigten, nicht belüfteten Daches (Prinzip)

An der Raumseite sind zusätzliche Bekleidungen, Vorhang- oder Vorsatzschalen zulässig, sofern der Tauwasserschutz nach DIN 4108-3 für den Gesamtquerschnitt gegeben ist.

8.3 Geneigte, nicht belüftete Dächer

Nicht belüftete Dachquerschnitte nach Bild 2 dürfen der Gefährdungsklasse 0 zugeordnet werden, wenn eine der nachstehend genannten Ausbildungen für die obere Abdeckung der Sparren vorliegt:

a) Obere Abdeckung (z. B. Unterspannbahn) mit diffusionsäquivalenter Luftschichtdicke $s_d \leq 0,2$ m.

b) Obere Abdeckung mit $s_d \leq 0,02$ m; auf die Dampfsperrschicht kann verzichtet werden, wenn ein entsprechender Nachweis nach DIN 4108-3 geführt wird.

c) Obere Abdeckung mit offener Brettschalung, Brettbreite ≤ 100 mm, Fugenbreite ≥ 5 mm, und aufliegender wasserableitender Schicht mit $s_d \leq 0,02$ m.

d) Obere Abdeckung mit $s_d \leq 0,2$ m, Dachdeckung oberhalb der Konterlattung und des belüfteten Hohlraumes: Brettschalung mit Zwischenlage und Sonderdeckung, z. B. Blech oder Schiefer.

e) Wie d), jedoch obere Abdeckung mit $s_d \leq 0,02$ m; auf die Dampfsperrschicht kann verzichtet werden, wenn ein entsprechender Nachweis nach DIN 4108-3 geführt wird.

An der Raumseite sind zusätzliche Bekleidungen oder Vorhangschalen zulässig, sofern der Tauwasserschutz nach DIN 4108-3 für den Gesamtquerschnitt gegeben ist.

Die Dachunterseite ist vollflächig luftdicht auszubilden, auch im Bereich von Durchdringungen und Anschlüssen,

entweder durch die unterseitige Bekleidung oder durch eine zusätzliche Schicht (z. B. Dampfsperrschicht). Luftdurchlässige Bekleidungen, z. B. aus Profilbrettern, sind im allgemeinen unter einer luftdichten Schicht aus plattenförmigen Werkstoffen anzuordnen, wenn die Luftdichtheit mit Folien oder dergleichen nicht sicher zu erreichen ist.

Dach- und Konterlattung sowie Traufbohlen, ferner die Dachschalungen bei den genannten Konstruktionen dürfen der Gefährdungsklasse 0 zugeordnet werden.

8.4 Flachdächer

Die in Bild 3 dargestellte Konstruktion darf der Gefährdungsklasse 0 zugeordnet werden.

An der Raumseite sind zusätzliche Bekleidungen oder Vorhangschalen zulässig, sofern der Tauwasserschutz nach DIN 4108-3 für den Gesamtquerschnitt gegeben ist.

8.5 Dachkonstruktion in nicht ausgebauten Dachräumen

Dachkonstruktionen in nicht ausgebauten Dachräumen von Wohngebäuden oder dergleichen dürfen der Gefährdungsklasse 0 zugeordnet werden, wenn:

a) die Dachräume zugänglich sind und die Holzkonstruktion einsehbar und kontrollierbar ist oder

b) ein Insektenbefall ausgeschlossen werden kann, z. B. durch allseitig insektenundurchlässige Ausbildung der äußeren Umfassungsbauteile des Dachraumes.

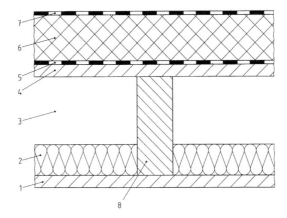

1 Bekleidung ohne oder mit Lattung oder Beplankung
2 mineralischer Faserdämmstoff nach DIN 18165-1 (gegebenenfalls) oder Dämmstoff, dessen Verwendbarkeit für diesen Anwendungsfall besonders nachgewiesen ist, z. B. durch eine allgemeine bauaufsichtliche Zulassung für diesen Anwendungsfall
3 Hohlraum, nicht belüftet, insektenunzugänglich
4 Schalung oder Beplankung
5 Dampfsperrschicht
6 Wärmedämmschicht
7 Dachabdichtung
8 Balken oder dergleichen

Bild 3: Querschnitt des Flachdaches (Prinzip)

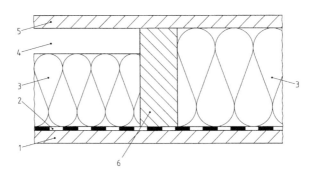

1 Unterseitige Bekleidung ohne oder mit Lattung, vollflächig luftdicht ausgebildet, auch im Bereich von Durchdringungen und Anschlüssen
2 Dampfsperrschicht
3 mineralischer Faserdämmstoff nach DIN 18165-1 oder Dämmstoff, dessen Verwendbarkeit für diesen Anwendungsfall besonders nachgewiesen ist, z. B. durch eine allgemeine bauaufsichtliche Zulassung für diesen Anwendungsfall
4 Hohlraum, nicht belüftet, insektenunzugänglich
5 obere Schalung oder Beplankung
6 Balken oder dergleichen

Bild 4: Decke unter nicht ausgebautem Dachgeschoß (Prinzip)

Tabelle 1: Zuordnung der Plattentypen zu den Holzwerkstoffklassen

Holzwerkstoff	Norm	Plattentyp für die Holzwerkstoffklasse		
		20	100	100 G
Sperrholz				
Bau-Furniersperrholz	DIN 68705-3	BFU 20	BFU 100	BFU 100 G
Bau-Furniersperrholz aus Buche	DIN 68705-5	—[1]	BFU-BU 100	BFU-BU 100 G
Spanplatten				
Flachpreßplatten für das Bauwesen	DIN 68763	V 20	V 100	V 100 G
Holzfaserplatten				
Harte Holzfaserplatten für das Bauwesen	DIN 68754-1	HFH 20	—[1]	—[1]
Mittelharte Holzfaserplatten für das Bauwesen	DIN 68754-1	HFM 20	—[1]	—[1]

[1] Hierfür besteht keine Norm.

9 Decken unter nicht ausgebauten Dachgeschossen

Nicht belüftete Deckenquerschnitte nach Bild 4 dürfen der Gefährdungsklasse 0 zugeordnet werden, wenn eine der nachstehend genannten Ausbildungen vorliegt:

a) Auf der oberen Schalung oder Beplankung aufliegende zusätzliche Wärmedämmschicht mit einem Wärmedurchlaßwiderstand $1/\Lambda \geq 1,0$ m^2 K/W.

b) Unter der unterseitigen, luftdichten Bekleidung oder Beplankung gesonderte Installationsebene (Hohlraum), gebildet durch eine zusätzliche, beliebige Bekleidung auf Lattung.

c) Decke wie b), jedoch anstelle der luftdichten Bekleidung oder Beplankung eine vollflächige, dauerhaft luftdichte Schicht, auch im Bereich von Anschlüssen und Durchdringungen, unter Verwendung von Folien oder dergleichen[2].

An der Raumseite sind zusätzliche Bekleidungen oder Vorhangschalen zulässig, solange der Tauwasserschutz nach DIN 4108-3 für den Gesamtquerschnitt gegeben ist.

10 Weitere Holzbauteile

10.1 Holzbauteile in Naßbereichen

Holzbauteile in Naßbereichen von Räumen mit üblichem Wohnklima oder vergleichbaren Räumen (z. B. Duschenwände u. andere Bädern) dürfen der Gefährdungsklasse 0 zugeordnet werden, wenn eine unzuträgliche Feuchtebeanspruchung der Holzteile dauerhaft verhindert wird, z. B. durch wasserdichte Oberflächen, auch im Bereich von Durchdringungen und Anschlüssen[3] sowie durch eine ausreichende Wärmedämmung für kaltwasserführende Leitungen innerhalb des Querschnitts.

10.2 Auflagerung der Balkenköpfe von Holzbalkendecken in massiven Außenwänden

Auch der Kopfbereich solcher Deckenbalken darf der Gefährdungsklasse 0 zugeordnet werden, wenn über die in 6.3 genannten Bedingungen hinaus durch bauliche Maßnahmen dafür gesorgt wird, daß im Bereich der Balkenköpfe keine unzulässige Tauwasserbildung auftreten kann, z. B. in Massivwänden mit zusätzlicher außenliegender Wärmedämmschicht.

11 Holzwerkstoffklassen für tragende oder aussteifende Holzwerkstoffe

11.1 Vorhandene Holzwerkstoffklassen

Hinsichtlich der Feuchtebeständigkeit der Holzwerkstoffe wird zwischen den Holzwerkstoffklassen 20, 100 und 100 G unterschieden. Tabelle 1 enthält die Zuordnung der Plattentypen zu den Holzwerkstoffklassen.

11.2 Erforderliche Holzwerkstoffklassen

In Tabelle 2 werden für die einzelnen Holzwerkstoffklassen die Höchstwerte der Feuchte angegeben, die während des Gebrauchszustandes nicht überschritten werden dürfen.

Tabelle 2: Höchstwerte der Feuchte von Holzwerkstoffen max. u in %, bezogen auf das Darrgewicht, im Gebrauchszustand

Holzwerkstoffklasse	Feuchte max. u %
20	15[1]
100	18
100 G	21

[1] Für Holzfaserplatten beträgt der Höchstwert max. u = 12 %.

Für die häufigsten Anwendungsfälle in der Praxis sind in Tabelle 3 die erforderlichen Holzwerkstoffklassen aufgeführt. Nicht genannte Fälle sind für die Bestimmung der erforderlichen Holzwerkstoffklassen sinngemäß, erforderlichenfalls unter Beachtung der Tabelle 2, einzuordnen. In keinem Fall dürfen solchermaßen ermittelte Klassen 20 oder 100 durch die Klasse 100 G ersetzt werden.

[3] Konstruktionsdetails siehe z.B. Schulze, H.; Informationsdienst Holz "Holzbauteile in Naßbereichen". 1987.

659

Tabelle 3: Erforderliche Holzwerkstoffklassen

Zeile	Anwendungsbereich	Holzwerk-stoffklasse
1	Raumseitige Bekleidung von Wänden, Decken und Dächern in Wohngebäuden sowie in Gebäuden mit vergleichbarer Nutzung[1])	
1.1	Allgemein	20
1.2	Obere Beplankung sowie tragende oder aussteifende Schalung von Decken unter nicht ausgebauten Dachgeschossen a) belüftete Decken[2]) b) nicht belüftete Decken — ohne ausreichende Dämmschichtauflage[3]) — mit ausreichender Dämmschichtauflage $(1/\Lambda \geq 0,75 \ m^2K/W)$[4])	 20 100 20
2	Außenbeplankung von Außenwänden	
2.1	Hohlraum zwischen Außenbeplankung und Vorhangschale (Wetterschutz) belüftet	100
2.2	Vorhangschale als Wetterschutz, Hohlraum nicht ausreichend belüftet, diffusionsoffene, wasserableitende Abdeckung der Beplankung	100
2.3	Auf der Beplankung direkt aufliegendes Wärmedämm-Verbundsystem	100
2.4	Mauerwerk-Vorsatzschale, Hohlraum nicht ausreichend belüftet, Abdeckung der Beplankung mit: a) wasserableitender Schicht mit $s_d \geq 1 \ m$ b) Hartschaumplatte, mindestens 30 mm dick	 100
3	Obere Beplankung von Dächern, tragende oder aussteifende Dachschalung	
3.1	Beplankung oder Schalung steht mit der Raumluft in Verbindung	
3.1.1	Mit aufliegender Wärmedämmschicht (z. B. in Wohngebäuden, beheizten Hallen)	20
3.1.2	Ohne aufliegende Wärmedämmschicht (z. B. Flachdächer über unbeheizten Hallen)	100 G
3.2	Dachquerschnitt unterhalb der Beplankung oder Schalung belüftet (siehe Bild 5 a)	
3.2.1	Geneigtes Dach mit Dachdeckung	100
3.2.2	Flachdach mit Dachabdichtung[3])	100 G
3.3	Dachquerschnitt unterhalb der Beplankung oder Schalung nicht belüftet (siehe Bild 5 b)	
3.3.1	Belüfteter Hohlraum oberhalb der Beplankung oder Schalung, Holzwerkstoff oberseitig mit wasserabweisender Folie oder dergleichen abgedeckt[3])	100 G
3.3.2	Keine dampfsperrenden Schichten (z. B. Folien) unterhalb der Beplankung oder Schalung, Wärmeschutz überwiegend oberhalb der Beplankung oder Schalung	100

[1]) Dazu zählen auch nicht ausgebaute Dachräume von Wohngebäuden.

[2]) Hohlräume gelten im Sinne dieser Norm als ausreichend belüftet, wenn die Größe der Zu- und Abluftöffnungen mindestens je 2‰ der zu belüftenden Fläche, bei Decken unter nicht ausgebauten Dachgeschossen mindestens jedoch 200 cm^2 je m Deckenbreite beträgt.

[3]) Von solchen Konstruktionen wird wegen der Möglichkeit ungewollt auftretender Feuchte, z. B. Tauwasserbildung infolge Wasserdampf-Konvektion, im allgemeinen abgeraten; vergleiche jedoch Abschnitt 9, Ausbildungen b) und c).

[4]) Wärmedurchlaßwiderstand $1/\Lambda$; Berechnung nach DIN 4108-5

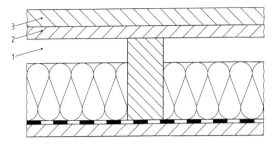

a) unterhalb der Abdeckung belüftet

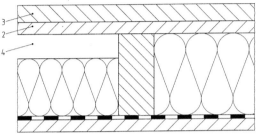

b) unterhalb der Abdeckung nicht belüftet

1 belüfteter Hohlraum
2 Beplankung oder Schalung aus Holzwerkstoffen
3 Dachdeckung oder Dachabdichtung, gegebenenfalls zusätzliche Wärmedämmschicht
4 nicht belüfteter Hohlraum

Bild 5: Dachquerschnitt mit oberer Abdeckung (Beplankung oder Schalung)

11.3 Kritische Anwendungsbereiche für Holzwerkstoffe

In den nachstehend genannten sowie in vergleichbaren, nicht aufgeführten Anwendungsbereichen dürfen Holzwerkstoffe nach Tabelle 1 nicht als tragend oder aussteifend in Rechnung gestellt werden:

a) Beschichtete, den Niederschlägen ausgesetzte Spanplatten nach DIN 68763; ausgenommen hiervon ist die Anwendung bei werksseitig vorgefertigten Außenwänden für Fertighäuser

b) Holzwerkstoffe mit direkt aufgebrachtem wasserabweisendem Belag (z. B. Fliesen) in Bereichen mit starker direkter Feuchtebeanspruchung der Oberflächen (z. B. Duschen)

c) Holzwerkstoffe in Neubauten mit sehr hoher Baufeuchte (z. B. Massivbau mit sehr hoher Feuchteabgabe), sofern die ständige Einhaltung einer Holzfeuchte $u \leq 18\,\%$ nicht sichergestellt ist

d) Holzwerkstoffe in Räumen, in denen eine längerfristig wirkende relative Luftfeuchte von 80 % oder mehr nicht ausgeschlossen werden kann (z. B. im Stallbau).

Anhang A (informativ)

Literaturhinweise

DIN 68800-4
Holzschutz — Bekämpfungsmaßnahmen gegen holzzerstörende Pilze und Insekten

DIN 68800-5
Holzschutz im Hochbau — Vorbeugender chemischer Schutz von Holzwerkstoffen

Beuth-Kommentar "Holzschutz — Vorbeugender chemischer Holzschutz — Eine ausführliche Erläuterung zu DIN 68800-3 — Ausgabe April 1990", 1. Auflage 1992[*]

Informationsdienst Holz "Baulicher Holzschutz"[**]), 1991

Informationsdienst Holz "Holzbauteile in Naßbereichen"[**]), 1987

---

[*]) Zu beziehen beim Beuth Verlag, 10772 Berlin.

[**]) Zu beziehen beim Fachverlag Holz der Arbeitsgemeinschaft Holz e. V., Postfach 30 01 41, 40401 Düsseldorf.

Holzschutz

Vorbeugender chemischer Holzschutz

DIN
68 800
Teil 3

Protection of timber; preventive chemical protection

Ersatz für Ausgabe 05.81
und für
DIN 68 805/10.83

Inhalt

1 Anwendungsbereich

Diese Norm regelt die Maßnahmen für einen vorbeugenden chemischen Schutz von Holz.

a) in den Abschnitten 2 bis 10 Anforderungen an den Schutz von tragenden und/oder aussteifenden Holzbauteilen,

Anmerkung: Unter tragenden und/oder aussteifenden Bauteilen sind solche zu verstehen, die z. B. nach DIN 1052 Teil 1 und Teil 3, DIN 1074 oder DIN 18 900 berechnet werden müssen oder eine statische Funktion ausüben.

b) in Abschnitt 11 Hinweise für den Schutz von nichttragenden, nicht maßhaltigen Hölzern,

c) in Abschnitt 12 Hinweise für den Schutz von nichttragenden, maßhaltigen Hölzern für Außenfenster und Außentüren.

Anmerkung: Der vorbeugende chemische Schutz von Holzwerkstoffen wird in DIN 68 800 Teil 5 geregelt.

2 Schutzmaßnahmen

2.1 Notwendigkeit

Holz, das der Gefahr von Bauschäden durch Insekten und/oder der Gefährdung durch Pilze entsprechend der Zuordnung zu einer Gefährdungsklasse (siehe Tabellen 1 und 2) ausgesetzt ist, muß zusätzlich zu den baulichen Maßnahmen

nach DIN 68 800 Teil 2 durch chemische Maßnahmen geschützt werden.

2.2 Fehlende Notwendigkeit

Chemische Holzschutzmaßnahmen sind nicht erforderlich im Bereich der Gefährdungsklasse 0. Die Gefährdungsklasse 0 liegt vor, wenn

2.2.1 im Bereich der Gefährdungsklasse 1

2.2.1.1 Farbkernhölzer verwendet werden, die einen Splintholzanteil unter 10 % aufweisen oder

2.2.1.2 Holz in Räumen mit üblichem Wohnklima oder vergleichbaren Räumen verbaut ist und

a) gegen Insektenbefall allseitig durch eine geschlossene Bekleidung abgedeckt ist oder

b) Holz zum Raum hin so offen angeordnet ist, daß es kontrollierbar bleibt.

2.2.2 im Bereich der Gefährdungsklasse 2

splintfreie Farbkernhölzer der Resistenzklassen 1, 2 oder 3 nach DIN 68 364 verwendet werden,

2.2.3 im Bereich der Gefährdungsklasse 3

splintfreie Farbkernhölzer der Resistenzklassen 1 oder 2 nach DIN 68 364 verwendet werden,

2.2.4 im Bereich der Gefährdungsklasse 4

splintfreie Farbkernhölzer der Resistenzklasse 1 nach DIN 68 364 verwendet werden.

Fortsetzung Seite 2 bis 9

Normenausschuß Holzwirtschaft und Möbel (NHM) im DIN Deutsches Institut für Normung e.V.

Tabelle 1.   Gefährdungsklassen

Gefährdungs-klasse	Beanspruchung	Gefährdung durch			
		Insekten	Pilze	Auswaschung	Moderfäule
0	Innen verbautes Holz, ständig trocken	nein [1])	nein	nein	nein
1		ja	nein	nein	nein
2	Holz, das weder dem Erdkontakt noch direkt der Witterung oder Auswaschung ausgesetzt ist, vor-übergehende Befeuchtung möglich	ja	ja	nein	nein
3	Holz der Witterung oder Konden-sation ausgesetzt, aber nicht in Erdkontakt	ja	ja	ja	nein
4	Holz in dauerndem Erdkontakt oder ständiger starker Befeuchtung ausgesetzt [2])	ja	ja	ja	ja

[1]) Vergleiche Abschnitt 2.2.1
[2]) Besondere Bedingungen gelten für Kühltürme sowie für Holz im Meerwasser

Tabelle 2.   Zuordnung von Holzbauteilen zu Gefährdungs-klassen

Gefähr-dungs-klasse	Anwendungsbereiche
	Holzteile, die durch Niederschläge, Spritzwasser oder dergleichen nicht beansprucht werden
0	Wie Gefährdungsklasse 1 unter Berück-sichtigung von Abschnitt 2.2.1
1 [1])	Innenbauteile bei einer mittleren relativen Luftfeuchte bis 70 % und gleichartig beanspruchte Bauteile
2	Innenbauteile bei einer mittleren relativen Luftfeuchte über 70 % und gleichartig beanspruchte Bauteile
	Innenbauteile in Naßbereichen, Holzteile wasserabweisend abgedeckt
	Außenbauteile ohne unmittelbare Wetterbeanspruchung
	Holzteile, die durch Niederschläge, Spritz-wasser und dergleichen beansprucht werden
3	Außenbauteile mit Wetterbean-spruchung ohne ständigen Erd- und/oder Wasserkontakt
	Innenbauteile in Naßräumen
4	Holzteile mit ständigem Erd-und/oder Süßwasserkontakt [2]), auch bei Ummantelung

[1]) Holzfeuchte u < 20 % sichergestellt
[2]) Besondere Bedingungen gelten für Kühltürme sowie für Holz im Meerwasser

2.3   Bestehende Gefährdung

2.3.1   Eine Gefahr von Bauschäden durch Insekten liegt im allgemeinen vor, wenn die Bedingungen von Abschnitt 2.2.1 nicht erfüllt sind.

2.3.2   Eine Gefahr durch den Befall holzzerstörender Pilze liegt vor, wenn die Holzfeuchte 20 % langfristig übersteigt.
Für Holzbauteile, die in eingebautem Zustand unmittelbar durch Niederschläge beansprucht werden, ist ein Oberflächenanstrich (Beschichtung) keine ausreichende Schutzmaßnahme, um das Anstei-gen der Holzfeuchte über 20 % langfristig zu verhindern.
Bei Anstrichen (Beschichtungen) mit dampfsperrender Wir-kung ist zu beachten, daß die Gefährdung des Holzes durch Feuchteanreicherungen unterhalb des Anstrichs (der Beschichtung) erhöht werden kann.

2.3.3   Eine Auswaschbeanspruchung ist gegeben, wenn Holz durch Niederschläge, Spritzwasser und dergleichen beansprucht wird. Dies gilt nicht, wenn sich auf der Holzober-fläche vorübergehend Tauwasser oder Reif bildet.

2.3.4   Eine Gefährdung des Holzes durch Moderfäule ist all-gemein gegeben, wenn
a) ein ständiger Erd- und/oder Wasserkontakt besteht,
b) bei Außenbauteilen erhöhte Schmutzablagerungen in Ris-sen und Fugen auftreten.

2.4   Zuordnung zu Gefährdungsklassen

2.4.1   Tabelle 2 enthält die Zuordnung von Holzbauteilen zu den Gefährdungsklassen. Für andere Anwendungsbereiche, oder wenn man hiervon abgewichen werden soll, ist ein besonde-rer Nachweis zu führen (siehe auch Erläuterungen).

2.4.2   Ist ein Holzbauteil bestimmungsgemäß mehreren Gefährdungsklassen zuzuordnen, so ist für die Auswahl des Holzschutzmittels und das Einbringverfahren jeweils die höchste in Betracht kommende Gefährdungsklasse maß-gebend, es sei denn, es ist eine unterschiedliche Schutz-behandlung für einzelne Hölzer bzw. Holzbereiche bei ein-und demselben Bauteil möglich.

2.5 Planung bei der Ausschreibung

2.5.1 Chemische Holzschutzmaßnahmen müssen nach vorrangiger Ausschöpfung der baulichen Maßnahmen nach DIN 68 800 Teil 2 rechtzeitig und sorgfältig geplant werden . Die Abschnitte 2.1 und 2.2 sind zu beachten.

2.5.2 Die Planung hat sich sowohl auf die Auswahl der Holzschutzmaßnahmen (Holzschutzmittel, Einbringverfahren, Einbringmengen, Fixierungszeit, Nachweis) als auch auf ihre zeitliche Abstimmung im Rahmen des Baufortschritts zu erstrecken.

3 Vorbedingungen für die Schutzbehandlung

3.1 Bearbeitung des Holzes

3.1.1 Rinde und Bast müssen vor der Schutzbehandlung des Holzes vollständig entfernt werden.

3.1.2 Holz soll erst nach der letzten Bearbeitung (Abbund, Kürzen, Hobeln, Fräsen usw.) mit Holzschutzmitteln behandelt werden. Ist dies nicht sicherzustellen, so sind die Bearbeitungsflächen nach Abschnitt 8.5 nachzubehandeln.

3.2 Holzfeuchte

3.2.1 Die zu Beginn der Schutzbehandlung gegebene Holzfeuchte beeinflußt in Verbindung mit dem angewendeten Einbringverfahren die Wahl der anzuwendenden Holzschutzmittel.

3.2.2 Ölige Holzschutzmittel sind allgemein anwendbar bei trockenem Holz (Feuchte bis zu 20 % nach DIN 4074 Teil 1 und Teil 2). Soweit es die Eigenschaften des Holzschutzmittels erlauben, ist die Anwendung auch bei halbtrockenem Holz (Feuchte über 20 % bis 30 % nach DIN 4074 Teil 1 und Teil 2) möglich.

3.2.3 Wassergelöste Holzschutzmittel sind für trockenes und halbtrockenes Holz geeignet, d. h. bis zu einer Holzfeuchte von etwa 30 %; sie dürfen bei Anwendung geeigneter Einbringverfahren und Anwendungskonzentrationen auch bei höherer Feuchte eingesetzt werden.

Anmerkung: Einen Überblick über Einbringverfahren gibt DIN 68 800 Teil 1.

3.2.4 Für Emulsionen gelten die Festlegungen im Prüfbescheid (siehe Abschnitt 4.2).

3.3 Mechanische Vorbehandlung

3.3.1 Bei schwer imprägnierbaren Holzarten[1]) sowie bei Schnitthölzern im Bereich des freigelegten Kern- und Reifholzes führt eine mechanische Vorbehandlung (Perforation) zu einer größeren Schutzmittelaufnahme (Einbringmenge), gleichmäßigeren Schutzmittelverteilung und größeren Eindringtiefe des Holzschutzmittels.

3.3.2 Wenn bei tragenden Bauteilen mechanische Vorbehandlungsverfahren mit mehr als 3 mm Einwirkungstiefe angewendet werden, ist der Einfluß auf die Tragfähigkeit erforderlichenfalls zu berücksichtigen.

3.4 Festlegung der Schutzbedingungen durch den Imprägnierer

Vor Beginn der Schutzbehandlung sind die Bedingungen hinsichtlich Holzart, Oberfläche (in m^2) bzw. Volumen (in m^3), Gefährdungsklasse, Einbringverfahren, Holzschutzmittel, Lösungskonzentration und dergleichen festzulegen (Siehe auch Abschnitt 9.1).

---

[1]) Von den in DIN 1052 Teil 1 angeführten Holzarten fallen hierunter z. B. Fichte und Douglasie.

4 Holzschutzmittel

4.1 Holzschutzmittel enthalten biozide Wirkstoffe zum Schutz des Holzes gegen tierische und pflanzliche Schädlinge. Sie sind nur dort zu verwenden, wo der Schutz des Holzes erforderlich ist. Die Warnhinweise und Sicherheitsratschläge auf den Gebinden sowie die einschlägigen Vorschriften der Gefahrstoffverordnung und ähnliche sind zusätzlich zu Abschnitt 4.4 zu beachten.

Anmerkung: Hinzuweisen ist ferner auf das „Merkblatt für den Umgang mit Holzschutzmitteln" *)

4.2 Es dürfen nur Holzschutzmittel mit Prüfzeichen verwendet werden [2]).

4.3 Die Auswahl des Holzschutzmittels erfolgt auf der Grundlage der erteilten Prüfprädikate nach Prüfbescheid unter Berücksichtigung des Anwendungsbereiches des Holzes (siehe Tabelle 2) und der sich hieraus ergebenden Gefährdungsklasse (siehe Tabelle 3), der Holzfeuchte (siehe Abschnitt 3.2) sowie des vorgesehenen Einbringverfahrens (siehe Abschnitt 5).

Tabelle 3. **Anforderungen an anzuwendende Holzschutzmittel in Abhängigkeit von der Gefährdungsklasse**

Gefährdungsklasse	Anforderungen an das Holzschutzmittel	erforderliche Prüfprädikate für tragende Bauteile
0	keine Holzschutzmittel erforderlich	
1	insektenvorbeugend	Iv
2	insektenvorbeugend pilzwidrig	Iv, P
3	insektenvorbeugend pilzwidrig witterungsbeständig	Iv, P, W
4	insektenvorbeugend pilzwidrig witterungsbeständig moderfäulewidrig	Iv, P, W, E

Folgende Prüfprädikate werden unterschieden:

Iv gegen Insekten vorbeugend wirksam

P gegen Pilze vorbeugend wirksam (Fäulnisschutz)

W auch für Holz, das der Witterung ausgesetzt ist, jedoch nicht im ständigen Erdkontakt und nicht im ständigen Kontakt mit Wasser

E auch für Holz, das extremer Beanspruchung ausgesetzt ist (im ständigen Erdkontakt und/oder im ständigen Kontakt mit Wasser sowie bei Schmutzablagerungen in Rissen und Fugen)

---

*) Zu beziehen durch:

Industrieverband Bauchemie und Holzschutzmittel e. V., Karlstraße 21, 6000 Frankfurt

[2]) Das Prüfzeichen mit Prüfprädikaten erteilt das Institut für Bautechnik, Reichpietschufer 72–76, 1000 Berlin 30, in einem Prüfbescheid. Voraussetzung für die Erteilung des Prüfzeichens ist der Nachweis der Wirksamkeit durch eine anerkannte Prüfstelle sowie der gesundheitlichen Unbedenklichkeit bei bestimmungsgemäßer Anwendung, der durch das Bundesgesundheitsamt erfolgt.

4.4 Zu beachten sind zusätzlich zu Abschnitt 4.1 mögliche Anwendungseinschränkungen in den „Besonderen Bestimmungen" des Prüfbescheides (z. B. Anwendbarkeit in Aufenthaltsräumen).

Anmerkung: Zu berücksichtigen sind ferner die Hinweise im Technischen Merkblatt des Holzschutzmittelherstellers, z. B. auch zur Verträglichkeit mit anderen Baustoffen.

4.5 Sofern geschützte Holzteile nachträglich einen Anstrich (Beschichtung) erhalten sollen, muß das Anstrich-(Beschichtungs-)mittel mit dem Holzschutzmittel verträglich sein und darf dessen Wirksamkeit nicht beeinträchtigen.

4.6 Sofern geschützte Holzteile nachträglich verleimt werden sollen, muß die Leimverträglichkeit des Holzschutzmittels durch eine amtliche Prüfstelle nachgewiesen sein.

5 Einbringverfahren

5.1 Die Anwendung von Holzschutzmitteln erfordert ausreichende Kenntnisse über biozide Wirkstoffe (siehe Abschnitt 4.1) sowie Erfahrung mit dem Baustoff Holz, den bestehenden Schadensmöglichkeiten und den einzusetzenden Holzschutzmitteln und -verfahren.

5.2 Die Wahl des Einbringverfahrens erfolgt in Abhängigkeit von der Gefährdungsklasse (siehe Abschnitt 7), der Holzfeuchte (siehe Abschnitt 3.2) und dem vorgesehenen Holzschutzmittel (siehe Abschnitt 4); bei der Auswahl ist einem geeigneten Verfahren mit geringer Umweltbelastung der Vorzug zu geben (siehe auch Anmerkung zu Abschnitt 3.2.3).

5.3 Spritzen außerhalb stationärer Anlagen darf nicht erfolgen. Das gilt nicht für unerläßlich nachträglich durchzuführende Schutzmaßnahmen – soweit ein Streichen nicht möglich ist – mit hierfür ausgewiesenen Präparaten durch Fachbetriebe, z. B. an bestehenden Dachkonstruktionen (vergleiche Abschnitt 8.4 und 8.6 sowie Bekämpfungsmaßnahmen nach DIN 68 800 Teil 4 (z. Z. Entwurf)).

5.4 Bei manuellen Einbringverfahren (Streichen, Fluten, gegebenenfalls Spritzen) sind unabhängig von der einbringbaren Holzschutzmittelmenge im allgemeinen mindestens 2 Arbeitsgänge erforderlich. Zwischen den Arbeitsgängen sind ausreichende Wartezeiten einzuhalten, um die erneute Aufnahmefähigkeit des Holzes sicherzustellen.

5.5 Um einen möglichst wirksamen und dauerhaften chemischen Holzschutz zu erreichen, sollte unter den anwendbaren Verfahren demjenigen der Vorzug gegeben werden, bei dem das Holzschutzmittel tief eindringt, gleichmäßig in der durchtränkten Zone verteilt ist und die eingebrachte Menge gemessen werden kann.

6 Einbringmengen

6.1 Es gelten die im Prüfbescheid genannten Einbringmengen. Sie sind abhängig von der Gefährdungsklasse des Holzes, dem anzuwendenden Einbringverfahren, der Art des Holzschutzmittels und der Querschnittsabmessung des Holzes.

Bei Druckverfahren (Vakuum- und Kesseldrucktränkungen) gelten zusätzlich die in Tabelle 4 genannten Multiplikatoren.

6.2 Die im Prüfbescheid angegebenen Einbringmengen beziehen sich auf das Holzschutzmittel und nicht auf eventuell zur Tränkung daraus hergestellte Verdünnungen oder Lösungen.

Tabelle 4. **Multiplikatoren für die Einbringmengen nach Prüfbescheid in kg/m³ Holzvolumen bei Anwendung durch Druckverfahren in den Gefährdungsklassen 1 bis 4**

Schnittholzdicke cm	Rundholz-durchmesser cm	Multiplikator
< 4	< 7	1,50
4 bis 8	7 bis 10	1,25
> 8	> 10	1,00

6.3 Die für Vakuum- und Kesseldrucktränkung geforderten Einbringmengen in kg/m³ Holzvolumen gelten für die jeweils in das Tränkgefäß eingebrachte Holzmenge. Für einzelne Hölzer gelten Abschnitte 9.3.3 und 9.3.4.

6.4 Werden Hölzer im Trogtränk- oder Tauchverfahren behandelt, gelten die Einbringmengen in g/m² bzw. ml/m² als Mittelwert der gesamten in das Tränkgefäß eingebrachten Holzmenge. Für einzelne Hölzer gelten die Abschnitte 9.2.1, 9.2.2 und 9.3.2.

6.5 Soweit Hölzer im Streich-, Spritz-, Sprühtunnel- oder Flutverfahren behandelt werden, sind die geforderten Einbringmengen in g/m² bzw. ml/m² bei Farbkernhölzern im Splintbereich zu erreichen. Für einzelne Hölzer gilt Abschnitt 9.3.2.

7 Durchführung der Schutzbehandlung

7.1 Schutzbehandlung im Bereich der Gefährdungsklasse 1

7.1.1 Zur Verhinderung eines möglichen Befalls durch Insekten ist ein Holzschutzmittel ausreichend, das ausschließlich das Prüfprädikat Iv besitzt (siehe Abschnitte 4.3 und 4.4).

7.1.2 Die Wahl des Einbringverfahrens ist freigestellt, soweit im Prüfbescheid für das betreffende Schutzmittel keine Einschränkung enthalten ist; die Abschnitte 5, 6, 8.1, 8.2, 8.4 und 8.5 sind zu beachten.

7.2 Schutzbehandlung im Bereich der Gefährdungsklasse 2

7.2.1 Zur Verhinderung eines möglichen Befalls sowohl durch holzzerstörende Pilze als auch durch Insekten ist ein Holzschutzmittel einzusetzen, das mindestens die Prüfprädikate Iv und P besitzt (siehe Abschnitte 4.3 und 4.4).

7.2.2 Die Wahl des Einbringverfahrens ist freigestellt, soweit im Prüfbescheid für das betreffende Schutzmittel keine Einschränkung enthalten ist. Abschnitte 5, 6, 8.1, 8.2, 8.4 und 8.5 sind zu beachten.

7.3 Schutzbehandlung im Bereich der Gefährdungsklasse 3

7.3.1 Zur Verhinderung eines möglichen Befalls sowohl durch holzzerstörende Pilze als auch durch Insekten ist unter Berücksichtigung der gegebenen Beanspruchung durch Auswaschung ein Holzschutzmittel einzusetzen, das mindestens die Prüfprädikate Iv, P und W besitzt (siehe Abschnitte 4.3 und 4.4).

7.3.2 Für die anwendbaren Einbringverfahren gilt Tabelle 5, die Abschnitte 5, 6 sowie 8.2, 8.4 und 8.5 sind zu beachten.

7.3.3 Für verleimte Bauteile (z. B. Brettschichtholz) sind auch Streich- und Sprühtunnelverfahren sowie Tauchen zulässig, wenn die frei bewitterten Bauteile kontrolliert und die Oberflächen einschließlich der nachträglich gebildeten Schwindrisse nachgeschützt werden.

Der erste Nachschutz von Schwindrissen ist im ersten Spätsommer durchzuführen, weitere Kontrollen und hiernach erforderliche Nachschutzmaßnahmen sind in Abständen von rund zwei Jahren vorzunehmen.

7.3.4 Bei ein- und zweigeschossigen Wohnhäusern und vergleichbaren Gebäuden gilt für die Behandlung von Einzelteilen aus Schnittholz (z. B. Balken, Stützen) mit einer Querschnittfläche von höchstens 300 cm² und einer Einbaufeuchte von höchstens 20% Abschnitt 7.3.3 sinngemäß.

Tabelle 5.   **Anwendbare Einbringverfahren in Gefährdungsklasse 3, soweit auch im Prüfbescheid angegeben**

Holz	Holzfeuchte zu Beginn der Schutzbehandlung		
	bis 30%	über 30% bis 50%	über 80% im Splint
Brettschichtholz ¹)	Kesseldrucktränkung	–	–
Schnittholz ²)	Vakuumtränkung Trogtränkung	Trogtränkung ³)	–
Rundholz	Kesseldrucktränkung Vakuumtränkung	–	Wechseldruckverfahren

¹) siehe Abschnitt 7.3.3

²) Für den Grundschutz sollen Kesseldruck- und Vakuumverfahren angewendet werden.
Tauchen ist nur zulässig, wenn das Holz abweichend von DIN 52 175 für Stunden untergetaucht gehalten wird und die Anwendbarkeit der Präparates hierfür ausgewiesen ist, siehe auch Abschnitt 7.3.4.

³) Wenn die Anwendbarkeit im Prüfbescheid ausgewiesen ist; das Holz ist abweichend von DIN 52 175 für Tage untergetaucht zu halten.

7.4 Schutzbehandlung im Bereich der Gefährdungsklasse 4

7.4.1 Wegen der besonderen Beanspruchung kommen ausschließlich Holzschutzmittel mit den Prüfprädikaten Iv, P, W, E in Betracht. Steinkohlenteer-Imprägnieröl kann angewendet werden, wenn es der Bundespost-Vorschrift oder den Spezifikationen A bzw. B des Westeuropäischen Instituts für Holzimprägnierung entspricht.

7.4.2 Anzuwenden sind ausschließlich Kesseldruckverfahren; und zwar

a) für Rund- und Schnitthölzer bis zu 30% Holzfeuchte

– Volltränkung bei wassergelösten Holzschutzmitteln oder

– ein Sparverfahren bei Steinkohlenteer-Imprägnieröl;

b) für Rundholz mit über 80% Splintholzfeuchte das Wechseldruckverfahren mit wassergelösten Holzschutzmitteln

7.4.3 Rundholz

7.4.3.1 Im Bereich der Erde-(Wasser-)Luft-Zone ist vorzugsweise Rundholz zu verwenden. Die Erde-(Wasser-)Luft-

Zone ist anzusetzen von 50 cm unterhalb bis 40 cm oberhalb der Erdgleiche bzw. des Wasserspiegels.

In diesem Bereich soll bei Rundholz leicht tränkbarer Holzarten (z. B. Kiefer) 20 mm Splintbreite nicht unterschritten sein; der Splint ist vollständig zu durchtränken.

7.4.3.2 Bei Verwendung schwer tränkbarer Holzarten (z. B. Fichte, Douglasie) ist entsprechend DIN 18 900 eine mechanische Vorbehandlung (siehe Abschnitt 3.3) für eine Mindesteindringtiefe von 30 mm in der Erde-(Wasser-)Luft-Zone anzuwenden.

7.4.3.3 Können die geforderte Splintbreite bzw. Mindesteindringtiefen nicht erreicht werden, ist auf eine Verwendung in der Erde-(Wasser-)Luft-Zone zu verzichten.

7.4.4 Schnittholz

Für Bauteile aus Schnittholz gelten die Forderungen hinsichtlich der Mindesteindringtiefe nach Abschnitt 7.4.3 sinngemäß. Eine mechanische Vorbehandlung muß die gesamte Oberfläche der schwer tränkbaren Holzarten bzw. der Holzbereiche umfassen; Anzahl und Anordnung der Einstiche sind so zu wählen, daß eine möglichst gleichmäßig durchtränkte Zone erzielt wird. Die Einstichtiefe bei jeder zu perforierenden Fläche ist in Abhängigkeit von der Holzdimension zu wählen. Richtwerte nach Tabelle 6.

Tabelle 6.   **Perforationstiefe zur mechanischen Vorbehandlung**

Holzdicke bzw. -breite mm	Perforationstiefe mm
bis 25	5
über 25 bis 30	8
über 30	10

Anmerkung: Zur Tragfestigkeit perforierter Hölzer vergleiche Abschnitt 3.3.2. Freiliegendes Kernholz ohne mechanische Perforation soll in der Erde-(Wasser-)Luft-Zone nicht verwendet werden.

8 Behandlung des Holzes nach der Schutzbehandlung

8.1 Bei Verwendung nicht fixierender Holzschutzsalze (d. h. ohne Prüfprädikat W) ist eine regengeschützte Lagerung und Verarbeitung bis zum endgültigen Einbau unter Dach sicherzustellen. Waren die Hölzer zwischenzeitlich einer Auswaschbeanspruchung ausgesetzt, so ist eine Nachbehandlung entsprechend Abschnitt 8.5 erforderlich.

8.2 Bei Verwendung fixierender Salze (d. h. mit Prüfprädikat W) ist das Holz so lange regengeschützt beim Imprägnierer zu lagern, bis die Fixierung abgetrocknet und der Fixierung soweit fortgeschritten ist, daß bei kurzzeitiger Beregnung keine Auswaschung von Schutzmittelbestandteilen erfolgt.

8.3 Hölzer der Gefährdungsklassen 3 und 4 dürfen erst nach abgeschlossener Fixierung des Schutzmittels ausgeliefert werden.

8.4 Nachträglich auftretende Trockenrisse können die Wirksamkeit einer Holzschutzbehandlung beeinträchtigen. Sie sollen daher nach Abschnitt 8.5 nachbehandelt werden.

Auf eine derartige Nachbehandlung kann verzichtet werden, wenn sichergestellt ist, daß die durch Risse freigelegten Holzteile bei der Erstbehandlung vollständig erfaßt sind.

8.5 Bei einer Nachbehandlung sind Holzschutzmittel in den Mengen anzuwenden, die für sich allein die Schutzbehandlung sicherstellen. Sie müssen mit dem Schutzmittel der Erstbehandlung verträglich sein.

8.6 Ist bei geschützten Hölzern eine nachträgliche Bearbeitung unumgänglich (siehe Abschnitt 3.1.2), so sind die neuen Bearbeitungsflächen entsprechend den Angaben nach Abschnitt 8.5 nachzubehandeln.

9 Prüfung der Schutzbehandlung

9.1 Bedingungen vor der Schutzbehandlung

9.1.1 Feststellen der Holzart und Oberflächenbeschaffenheit sowie der zu Beginn der Schutzbehandlung gegebenen Holzfeuchte. Ermitteln der zu behandelnden Oberfläche (m^2) bzw. des Holzvolumens (m^3).

9.1.2 Feststellen der Gefährdungsklasse, des Einbringverfahrens und des zu verwendenden Holzschutzmittels. Bei Holzschutzsalzen sind die angewandte Lösungskonzentration, Dichte und Lösungstemperatur auszuweisen.

9.1.3 Schutzsalzlösungen von Tauch-, Trog-, Vakuum-, Kesseldruck- und Wechseldruckanlagen sind hinsichtlich ihres Gehaltes an Wirkstoffen durch stichprobenweise und analytische Untersuchungen zu prüfen. Gegebenenfalls ist die Zusammensetzung entsprechend der Originalrezeptur zu korrigieren.

9.2 Ermitteln der Einbringmengen durch den Imprägnierer

9.2.1 Beim Streichen, Spritzen (vergleiche Abschnitt 5.3), Fluten, Tauchen ist die Einbringmenge in g/m^2 bzw. ml/m^2 abgewickelter Holzoberfläche anhand des Schutzmittelverbrauchs unter Berücksichtigung der Schutzmittelverluste und der behandelten Holzoberflächen zu ermitteln. Bei Einzelverwiegung sind bei eingehaltenem Mittelwert Abweichungen bis maximal 20 % zulässig.

9.2.2 Bei der Trogtränkung wird die Einbringmenge in g/m^2 bzw. ml/m^2 abgewickelte Holzoberfläche entweder durch Verwiegen des Holzes oder aus Flüssigkeitsständen vor und nach der Schutzbehandlung ermittelt. Bei Einzelverwiegung sind bei eingehaltenem Mittelwert Abweichungen bis maximal 20 % zulässig.

Wurden nasse Hölzer mit über 30 % Holzfeuchte behandelt, ist eine mögliche Absenkung der Lösungskonzentration als zusätzlicher Holzschutzsalzverbrauch einzubeziehen (siehe Abschnitt 9.2.4).

9.2.3 Bei der Kesseldruck- und Vakuumtränkung wird die Menge der eingebrachten Tränkflüssigkeiten entweder durch Verwiegen des Holzes vor und nach der Tränkung oder mittels geeigneter Meßeinrichtungen (Flüssigkeitsmessung) erfaßt und unter Einbeziehung des Holzvolumens die eingebrachte Schutzmittelmenge in kg/m^3 ermittelt. Bei wasserlöslichen Holzschutzmitteln ist zusätzlich die angewendete Lösungskonzentration einzubeziehen.

9.2.4 Bei der Wechseldrucktränkung wird die eingebrachte Schutzsalzmenge aus der Absenkung der Lösungskonzentration zuzüglich des festgestellten Lösungsverbrauches ermittelt und in kg/m^3 Holzvolumen ausgewiesen.

9.3 Quantitative Bestimmungen der Einbringmengen durch Prüfstellen

9.3.1 Eine quantitative Bestimmung der in das Holz eingebrachten Schutzmittelmenge ist durch eine sachkundige

Prüfstelle, welche mit den einschlägigen Normen und Analyseverfahren vertraut ist, durchzuführen [3].

9.3.2 Soweit Hölzer im Trogtränk-, Tauch-, Streich-, Spritz-, Sprühtunnel- oder Flutverfahren behandelt wurden, sind je nach geforderten Einbringmengen die in den Abschnitten 6.4 und 6.5 geforderten Einbringmengen im Mittel nachzuweisen. Bei einzelnen Proben ist eine Unterschreitung bis zu 20 % im Splintholz zulässig. Im Bereich von Oberflächen aus Kern/Reifholz müssen mindestens 50 % der geforderten Einbringmengen vorhanden sein. Die Probenahme erfolgt nach DIN 52 161 Teil 1.

9.3.3 Soweit Hölzer im Kesseldruck- oder Vakuumverfahren behandelt wurden, sind in den Gefährdungsklassen 1 bis 3

a) bei Rundholz im Mittel für 5 Einzelproben von den in den Abschnitten 6.4 geforderten Einbringmengen bis zu 20 % Unterschreitungen zulässig;

b) bei Schnittholz in Abhängigkeit vom Kern-/Reifholzanteil der vorgelegten Querschnittsproben die im Prüfbescheid geforderten Einbringmengen in folgender Höhe nach Tabelle 7 nachzuweisen:

Tabelle 7. **Nachzuweisende Einbringmengen**

Kern-/Reifholzanteil %	Einbringmenge %
60	100
70	80
80	60
90	40
100	20

9.3.4 Bei Hölzern der Gefährdungsklasse 4 sind im Bereich der Erde-(Wasser-)Luft-Zone die in den Abschnitten 6.1 und 6.3 geforderten Einbringmengen nachzuweisen. Je angefangene 5 m^3 Holz sind fünf Proben zu entnehmen. Für diese Proben sind Unterschreitungen bis max. 20 % zulässig. Kann die Erde-(Wasser-)Luft-Zone im vorhinein nicht bestimmt werden, müssen die Einbringmengen in der gesamten Probe vorliegen. Für die Berücksichtigung von Kern-/Reifholzanteilen gilt Abschnitt 9.3.3.

10 Bescheinigung und Kennzeichnung

10.1 Bescheinigung

Zur Bescheinigung der ausgeführten Holzschutzbehandlung hat der Auftragnehmer in den Begleitpapieren anzugeben, gegebenenfalls getrennt für Grundschutz und Nachbehandlung:

– Name und Anschrift des ausführenden Betriebes

– Bezug auf die vorliegende Norm und Angabe, ob die Erfüllung der Anforderungen für tragendes oder für nichttragendes Holz erfolgte

– Angewendete Holzschutzmittel mit Prüfzeichen und Prüfprädikaten, Auslobung [4]

---

[3] Einschlägige Prüfstellen nennt der Verband Deutscher Materialprüfanstalten (VDMP) auf Anfrage; die jeweilige Verbandsadresse ist zu erfragen beim NHM im DIN, Kamekestraße 8, 5000 Köln 1.

[4] Angabe der Anwendungsbereiche durch den Hersteller bzw. die Lieferfirma.

- Wirkstoffe
- Angewendetes Einbringverfahren
- Bei wasserlöslichen Holzschutzmitteln die angewendete Lösungskonzentration,
- Berücksichtigte Gefährdungsklasse
- erzielte Einbringmenge – ohne Schutzmittelverluste – in g/m², ml/m² bzw. kg/m³.
- Jahr und Monat der Behandlung

10.2 Kennzeichnung

Für schutzbehandeltes verbautes Holz ist durch den Auftragnehmer an mindestens einer möglichst sichtbar bleibenden Stelle des behandelten Bereiches in dauerhafter Form anzugeben:

- Name und Anschrift des ausführenden Betriebes
- Name und Prüfzeichen des angewendeten Holzschutzmittels
- Prüfprädikate
- Wirkstoffe
- erzielte Einbringmenge, ohne Schutzmittelverluste in g/m², ml/m² bzw. kg/m³
- Jahr und Monat der Behandlung

10.3 Unterlagen

Die zur Beurteilung einer durchgeführten Arbeit erforderlichen Unterlagen, z. B. Tränkdiagramme, sind dem Auftraggeber nach vorheriger Vereinbarung auszuhändigen.

11 Hinweise für den Schutz von nichttragendem, nicht maßhaltigen Holz ohne statische Funktion

11.1 Notwendigkeit

11.1.1 Es ist im Einzelfall zu vereinbaren, ob chemische Schutzmaßnahmen vorgenommen werden sollen. Maßgebend hierfür sind im wesentlichen

- Ausmaß der Gefährdung
- Wert oder Bedeutung der Holzbauteile und deren Werterhaltung
- Gewichtung von gesundheitlichen/umweltbezogenen Gesichtspunkten chemischer Holzschutzmaßnahmen durch den Auftraggeber

11.1.2 Für die Zuordnung des Holzes bzw. von Holzbauteilen zu Gefährdungsklassen gilt Abschnitt 2.

11.1.3 Vor Anwendung von Holzschutzmitteln ist zu überprüfen, inwieweit dies durch konstruktive Holzschutzmaßnahmen vermieden werden kann.

11.1.4 Im Innenbau sollte auf eine großflächige Anwendung von Holzschutzmitteln (Fläche : Raumverhältnis > 0,2) grundsätzlich verzichtet werden.

11.1.5 In Räumen mit üblichem Wohnklima oder vergleichbaren Räumen ist nur für stärkereiche Laubhölzer (z. B. Abachi, Limba, Eichensplintholz) eine Gefahr von Schäden durch Lyctusbefall gegeben, der durch ein insektizides Mittel begegnet werden kann. Alle anderen Holzarten bedürfen keines chemischen Holzschutzes.

11.2 Durchführung

11.2.1 Wurde nach Abschnitt 11.1.1 chemischer Holzschutz vereinbart, so gelten die folgenden Regelungen.

11.2.2 Für die Vorbedingungen für eine Schutzbehandlung gilt Abschnitt 3. Eine mechanische Vorbehandlung nach

Abschnitt 3.3 ist jedoch in der Regel nicht erforderlich, wenn eine geringere Schutzmittelmenge und Eindringtiefe toleriert werden kann. Hieraus ergibt sich eine geringere Schutzdauer, der durch regelmäßige Nachbehandlung begegnet werden kann (siehe jedoch Abschnitt 11.2.10).

11.2.3 Es sind nur Holzschutzmittel anzuwenden, deren Wirksamkeit eine anerkannte Prüfstelle [3]) und deren gesundheitliche Unbedenklichkeit bei bestimmungsgemäßer Anwendung das Bundesgesundheitsamt festgestellt hat. Abschnitt 4 gilt sinngemäß.

Anmerkung: Holzschutzmittel sind ausschließlich Präparate mit sichergestellter Wirksamkeit gegen holzschädigende oder holzzerstörende Organismen. Abschnitt 4.1 ist zu beachten.

11.2.4 Für die anzuwendenden Einbringverfahren gilt Abschnitt 5 sinngemäß.

11.2.5 Für die einzubringenden Schutzmittelmengen gilt Abschnitt 6 sinngemäß, soweit nicht abweichende Regelungen für solche Präparate vorliegen, die besonders für den Schutz nichttragender Bauteile vorgesehen sind. Für diese Präparate müssen die einzubringenden Schutzmittelmengen auf den Gebinden angegeben sein.

11.2.6 Für die Durchführung einer Schutzbehandlung in den verschiedenen Gefährdungsklassen gilt Abschnitt 7. Die Abschnitte 11.1.3, 11.1.4 sowie 11.2.7 bis 11.2.10 sind besonders zu beachten.

11.2.7 Für Hölzer in den Gefährdungsklassen 2 und 3, bei denen auch ein Befall durch holzverfärbende Pilze vermieden werden soll, ist ein Holzschutzmittel mit nachgewiesener bläuewidriger Wirksamkeit zu verwenden.

11.2.8 Für Hölzer der Gefährdungsklasse 3 ist abweichend von Tabelle 5 das Einbringverfahren freigestellt; das Schutzmittel muß im gewählten Verfahren anwendbar sein. Beim Streichverfahren ist auf eine ausreichende Schutzmittelaufnahme der Stirnflächen zu achten.

11.2.9 Allseits bewitterte Hölzer (z. B. im Garten- und Landschaftsbau) sind zur Erreichung eines ausreichenden Grundschutzes vorzugsweise im Kesseldruckverfahren zu schützen.

11.2.10 In Gefährdungsklasse 4 sind in Anbetracht der starken Gefährdung des Holzes und der Schwierigkeit, während des Gebrauchs eine Wiederholung der Schutzbehandlung vorzunehmen, grundsätzlich die gleichen Maßnahmen wie für tragendes Holz erforderlich, mit der Maßgabe, daß Kiefernholz im gesamten Splintbereich durchtränkt sein muß und bei Fichtenholz allseitig 6 mm Eindringtiefe mindestens erreicht werden muß (erforderlichenfalls durch mechanische Vorbehandlung). Andernfalls gilt Abschnitt 7.4.3.3 und Abschnitt 7.4.4.

Hölzer, die als Anforderungen auf der Grundlage eines Gütezeichens erfüllen [5]), müssen mit dem vorgeschriebenen Gütezeichen gekennzeichnet sein.

---

[3]) Siehe Seite 6

[5]) Imprägnierte Rund- und Schnitthölzer mit dem RAL-Gütezeichen RG 411 „Kesseldruckimprägnierte Palisaden und Holzbauelemente für Garten-, Landschafts- und Spielplatzbau" erfüllen die Anforderungen der Gefährdungsklasse 4 nach Abschnitt 11.2.10.

Pfähle, die eine Schutzbehandlung nach den Güte- und Prüfbestimmungen der Gütegemeinschaft Holzpfähle erfahren haben, erfüllen die Anforderungen der Gefährdungsklasse 4.

11.2.11 Für die Behandlung des Holzes nach der Tränkung gilt Abschnitt 8 sinngemäß.

11.2.12 Für die Prüfung der Schutzbehandlung gilt Abschnitt 9.

11.2.13 Für die Bescheinigung und Kennzeichnung der durchgeführten Schutzmaßnahmen gilt Abschnitt 10 [6]).

12 Hinweise für den Schutz von nichttragendem maßhaltigen Holz (Außenfenster und Außentüren)

12.1 Außenfenster und Außentüren gehören der Gefährdungsklasse 3 an.

12.1.1 Wenn nachträglich ein dauerhaft wirksamer Oberflächenschutz, z. B. durch Instandhaltung und rechtzeitige Instandsetzung, gewährleistet ist, können Außenfenster und Außentüren in die Gefährdungsklasse 2 eingestuft werden. Ein ausreichender Oberflächenschutz des Holzes wird jedoch erst durch ein komplettes Anstrichsystem erreicht. Es dürfen keine auswaschbaren Präparate eingesetzt werden.

12.1.2 Eine Gefahr von Schäden durch Insekten ist im allgemeinen nicht gegeben. Auf einen besonderen insektiziden Schutz sollte verzichtet werden.

12.2 Erforderlich ist ein chemischer Holzschutz gegen Bläue und holzzerstörende Pilze; es sei denn, es wird das Kernholz von Holzarten der Resistenzklassen 1 und 2 nach DIN 68 364 verwendet. Soll bei Splintholz sowie bei Kernholz von Holzarten der Resistenzklassen 3 bis 5 (nach DIN 68 364) auf einen chemischen Holzschutz verzichtet werden, so ist dies schriftlich zu vereinbaren.

Anmerkung: Für die richtige konstruktive Ausbildung sind die Empfehlungen einschlägiger Institutionen, z. B. des Instituts für Fenstertechnik e. V., Theodor-Gietl-Straße 9, 8200 Rosenheim, zu beachten.

12.3 Es sind Holzschutzmittel anzuwenden, deren Wirksamkeit und deren gesundheitliche Unbedenklichkeit bei bestimmungsgemäßer Anwendung festgestellt ist. Das Einbringverfahren ist freigestellt; Abschnitt 5 gilt sinngemäß.

Anmerkung: Entsprechende Prüfstellen nennt der Normenausschuß Holzwirtschaft und Möbel, im DIN, Kamekestraße 8, 5000 Köln 1, auf Anfrage.

12.4 Die einzubringenden Schutzmittelmengen müssen die festgestellte Wirksamkeit sicherstellen. Sie sind auf dem Gebinde anzugeben.

12.5 Die Bauteile müssen allseitig behandelt werden. Vor dem Einbau müssen die Fenster und Außentüren zusätzlich zu der Schutzbehandlung mindestens einen Grundanstrich und einen Zwischenanstrich erhalten. Eine mechanische Vorbehandlung nach Abschnitt 3.3 entfällt.

Anmerkung: Bei Anwendung entsprechender Präparate können gegebenenfalls Holzschutzbehandlung und Grundanstrich in einem Arbeitsgang erfolgen. Die Anstrichsysteme sind vom Hersteller z. B. entsprechend der Tabelle des Instituts für Fenstertechnik e. V., Rosenheim, „Anstrichgruppen für Holz in der Außenanwendung" eigenverantwortlich einzuordnen. Das gesamte Anstrichsystem muß innerhalb des vom Anstrichstoffhersteller vorgegebenen Zeitraumes ab Anlieferung an die Baustelle fertiggestellt sein.

12.6 Für die Bescheinigung der durchgeführten Holzschutzarbeiten gilt Abschnitt 10.

---

[6]) Zur Bescheinigung sind auch die Unterlagen von Gütegemeinschaften und gleichwertigen Institutionen möglich, wenn die Hölzer entsprechend gekennzeichnet sind.

Zitierte Normen und andere Unterlagen

DIN 1052 Teil 1	Holzbauwerke; Berechnung und Ausführung
DIN 1052 Teil 3	Holzbauwerke; Holzhäuser in Tafelbauart; Berechnung und Ausführung
DIN 1074	Holzbrücken; Berechnung und Ausführung
DIN 4074 Teil 1	Sortierung von Nadelholz nach der Tragfähigkeit; Nadelschnittholz
DIN 4074 Teil 2	Bauholz für Holzbauteile; Gütebedingungen für Baurundholz (Nadelholz)
DIN 18 900	Holzmastenbauart; Berechnung und Ausführung
DIN 52 161 Teil 1	Prüfung von Holzschutzmitteln; Nachweis von Holzschutzmitteln im Holz; Probenahme aus Bauholz
DIN 52 175	Holzschutz; Begriff, Grundlagen
DIN 68 364	Kennwerte von Holzarten; Festigkeit, Elastizität, Resistenz
DIN 68 800 Teil 1	Holzschutz im Hochbau; Allgemeines
DIN 68 800 Teil 2	Holzschutz im Hochbau; Vorbeugende bauliche Maßnahmen
DIN 68 800 Teil 4	(z. Z. Entwurf) Holzschutz; Bekämpfungsmaßnahmen gegen Pilz- und Insektenbefall
DIN 68 800 Teil 5	Holzschutz im Hochbau; Vorbeugender chemischer Schutz von Holzwerkstoffen
Merkblatt für den Umgang mit Holzschutzmitteln *)	
RAL-RG 411	Güte- und Prüfbedingungen für kesseldruckimprägnierte Palisaden und Holzbauelemente für Garten-, Landschafts- und Spielplatzbau **)

Frühere Ausgaben

DIN 68 805: 10.83
DIN 68 800: 09.56
DIN 68 800 Teil 3: 05.74, 05.81

Änderungen

Gegenüber der Ausgabe Mai 1981 und DIN 68 805/10.83 wurden folgende Änderungen vorgenommen:

a) Der Anwendungsbereich der Norm wurde ausgeweitet auf den Gesamtbereich des Holzschutzes. Der Titel der Norm wurde entsprechend verallgemeinert.

b) Der Inhalt ist grundsätzlich neu gegliedert und völlig überarbeitet worden bei gleichzeitiger Straffung des Textes sowie Wegfall aller verfahrensbeschreibender Hinweise. In der Intention verstärkte Berücksichtigung hygienischer Überlegungen.

c) Die Anforderungen an den Schutz von tragenden Holzbauteilen wurden klar getrennt von den Hinweisen und Empfehlungen für den Schutz nichttragender Teile, wobei für den nichttragenden Bereich der Schutz des Holzes von Fenstern und Außentüren (bisher DIN 68 805) eingearbeitet wurde.

d) Die bisherigen „Schutzklassen" wurden durch „Gefährdungsklassen" ersetzt. Hierbei wurde das Grundprinzip beibehalten, jedoch wurde die Gefährdungsklasse 0 neu aufgenommen, für die nähere Bedingungen festgelegt wurden. Die Definition der Gefährdungsklassen und ihre Anwendungsbereiche wurden in 2 Tabellen gesplittet.

e) Die Trogtränkung wurde als „Nicht-Druckverfahren" eingeordnet (bisher gemeinsame Behandlung mit den Druckverfahren). Für die Einbringmengen bei den Druckverfahren wurde eine Faktorentabelle eingeführt zur Berücksichtigung der verschiedenen Dimensionen; dagegen Wegfall der Dimensionsabhängigkeit bei Nicht-Druckverfahren.

f) Die durchzuführende Schutzbehandlung wird nicht mehr nach Einbringverfahren und Bauteilen gegliedert, sondern nach Gefährdungsklassen unter Vorschrift differenzierter Einbringmengen und -verfahren entsprechend der bisherigen Praxis, jedoch mit teilweisen Änderungen. Für Holzteile in Erd- bzw. Wasserkontakt wurden besondere Vorschriften definiert.

g) Die Angaben zur Prüfung von Holzschutzmaßnahmen sowie die Festlegungen zu tolerierbaren Mindermengen wurden erweitert.

h) Angaben zur Bescheinigung durchgeführter Arbeiten (bisher in DIN 68 800 Teil 1 enthalten) wurden aufgenommen.

Erläuterungen

Eine Zusammenstellung der Standardbeispiele zur „Zuordnung zu Gefährdungsklassen" (siehe Abschnitt 2.4.1) ist z. Z. in Vorbereitung und wird im Beuth Verlag erscheinen.

Diese Norm wurde vom Arbeitsausschuß NHM-3.3 erstellt.

Internationale Patentklassifikation

B 27 K
C 09 C 15/00
C 09 D 5/14

---

*) Siehe Seite 3
**) Zu beziehen beim RAL, Bornheimer Straße 180, 5300 Bonn 1

670

DK 674.048/.049 : 691.116 : 624.9 : 699.8   Mai 1978

Holzschutz im Hochbau
Vorbeugender chemischer Schutz von Holzwerkstoffen

DIN
68 800
Teil 5

Protection of timber used in buildings; preventive chemical protection for wood based materials

Inhalt

1 Geltungsbereich

Diese Norm regelt die Maßnahmen für einen vorbeugenden chemischen Pilz-, Insekten- und Brandschutz von Holzwerkstoffen im Hochbau.

A n m e r k u n g : *Holzwerkstoffe sind Holzfaserplatten, Holzspanplatten und Sperrholzplatten, einschließlich ihrer Formteile.*

2 Mitgeltende Normen

DIN 4102 Teil 1 Brandverhalten von Baustoffen und Bauteilen; Baustoffe; Begriffe, Anforderungen und Prüfungen

DIN 68 800 Teil 1 Holzschutz im Hochbau; Allgemeines

DIN 68 800 Teil 2 Holzschutz im Hochbau; Vorbeugende bauliche Maßnahmen

DIN 68 800 Teil 3 Holzschutz im Hochbau; Vorbeugender chemischer Schutz von Vollholz

3 Begriffe

(siehe auch DIN 52 175)

Holzschutzmittel (hier kurz Schutzmittel genannt)

gegen holzzerstörende Pilze (hier kurz Pilz-Schutzmittel genannt)

gegen tierische Holzzerstörer (hier kurz Insekten-Schutzmittel genannt)

zur Herabsetzung der Entflammbarkeit (hier kurz Feuer-Schutzmittel genannt).

4 Grundsätzliches

4.1 Holzwerkstoffe können unter bestimmten Bedingungen in gleicher Weise durch Pilze oder Insekten zerstört werden, wie die Holzarten, aus denen sie hergestellt wurden. Gegen Insekten allerdings sind die Holzwerkstoffe unterschiedlich – in der Regel weniger – gefährdet als Vollholz.

4.1.1 Eine chemische Schutzbehandlung von Holzwerkstoffen ist eine vorbeugende Maßnahme, die in Ergänzung zu den baulichen Maßnahmen nach DIN 68 800 Teil 2, Ausgabe Mai 1974, insbesondere dann erforderlich ist, wenn aufgrund der klimatischen Bedingungen langfristig ein höherer Gleichgewichts-Feuchtigkeitsgehalt (mehr als 18 %) bzw. die Befeuchtung der Platten möglich ist, die eingedrungene Feuchtigkeit nur über einen längeren Zeitraum entweichen kann und somit die Gefahr eines Pilzbefalles gegeben ist.

4.1.2 Gegen Pilze sind chemische Schutzmaßnahmen nur bei solchen Holzwerkstoffen vorzunehmen, die in ihrem Aufbau, in ihrer Zusammensetzung und in ihrer Verklebung gegen Holzfeuchtigkeit, wie sie auch im Zusammenhang mit dem Pilzwachstum auftreten kann, ausreichend widerstandsfähig sind. Dies trifft für genormte Holzwerkstoffe der Klasse 100 zu (vergleiche DIN 68 800 Teil 2, Ausgabe Mai 1974, Abschnitt 5).

A n m e r k u n g : *Nur bei Holzwerkstoffklasse 100 sind die Klebstoffe, mit denen die Holzwerkstoffe hergestellt worden sind, gegen Feuchtigkeitseinflüsse selbst widerstandsfähig.*

4.2 Gegen Insekten und Brandeinwirkung können chemische Schutzmaßnahmen bei allen Holzwerkstoffen der verschiedenen Holzwerkstoffklassen nach DIN 68 800 Teil 2 vorgenommen werden.

4.3 Die Durchführung chemischer Schutzmaßnahmen bei Holzwerkstoffen muß im Herstellwerk erfolgen, soweit nichts anderes bestimmt ist (siehe Abschnitt 6.3).

4.4 Chemisch geschützte Holzwerkstoffe müssen die in den zugehörigen Baustoffnormen (siehe Abschnitt „Weitere Normen") festgelegten Mindestanforderungen an die Festigkeitseigenschaften erfüllen.

Fortsetzung Seite 2 und 3
Erläuterungen Seite 3

Normenausschuß Bauwesen (NABau) im DIN Deutsches Institut für Normung e.V.
Normenausschuß Holz (NAHOLZ) im DIN

5   Schutzmittel

Es dürfen nur Schutzmittel verwendet werden, die ein gültiges Prüfzeichen[1]) besitzen. Bei der Wahl und Anwendung dieser Schutzmittel sind neben dieser Norm die Bestimmungen der jeweiligen Prüfbescheide und die Gebrauchsanweisung der Hersteller zu beachten.

Für einen Einsatz nach Abschnitt 6.2 dürfen jedoch wegen einer möglichen Unverträglichkeit der Schutzmittel mit dem Klebstoff nur solche Schutzmittel eingesetzt werden, deren Eignung für den jeweiligen Holzwerkstoff im Prüfbescheid besonders ausgewiesen ist.

Bei gleichzeitiger Behandlung mit Pilz- und Insekten-Schutzmitteln und mit Feuer-Schutzmitteln ist zusätzlich die Verträglichkeit der Schutzmittel untereinander sicherzustellen.

6   Verfahren

6.1   Allgemeines

Für einen möglichst wirksamen und dauerhaften Schutz von Holzwerkstoffen sind die Schutzmittel (Feuer-Schutzmittel siehe Abschnitt 5) während der Herstellung der Holzwerkstoffe einzuarbeiten. Ausgenommen sind schaumschichtbildende Feuer-Schutzmittel, mit denen ein Oberflächenschutz bezweckt wird.

6.2   Schutzbehandlung beim Holzwerkstoff-Hersteller

Bei Holzwerkstoffen, für die ein vorbeugender chemischer Holzschutz gegen Pilze und Insekten vorgesehen ist, sind die erforderlichen Schutzmaßnahmen im Herstellwerk durchzuführen.

Um eine gleichmäßige Verteilung des Schutzmittels im Holzwerkstoff zu erreichen, wird es am besten während der Herstellung des Holzwerkstoffes eingearbeitet.

6.3   Nachträgliche Schutzbehandlung fertiger Holzwerkstoffe am Bau

6.3.1   Die nachträgliche Schutzbehandlung von Holzwerkstoffen am Bau ist zulässig bei schaumschichtbildenden Feuer-Schutzmitteln. Diese müssen allseitig auf die Holzwerkstoffe aufgetragen werden, sofern diese nicht vollflächig auf massivem mineralischem Untergrund befestigt sind.

6.3.2   Nur bei nichttragenden Bauteilen darf auch nachträglich eine vorbeugende Schutzbehandlung gegen Insekten vorgenommen werden. Sie ist auf Ausnahmen zu beschränken, da hier in der Regel nur geringe Aufnahmemengen und Eindringtiefen erzielt werden können. Sie muß nach der letzten mechanischen Bearbeitung der Platten und vor ihrem Einbau erfolgen.

6.3.3   Für die Durchführung einer nachträglichen Schutzbehandlung gilt DIN 68 800 Teil 3 sinngemäß.

Es ist sicherzustellen, daß die Holzwerkstoffe allseitig geschützt und die vorgeschriebenen Schutzmittelmengen eingebracht werden.

Bei Behandlung nach dem Einbau ist allseitiger Schutz nicht möglich.

7   Schutzmaßnahmen gegen holzzerstörende Pilze und Insekten

7.1   Bei erhöhter Feuchtigkeitsbeanspruchung müssen Holzwerkstoffe für tragende und aussteifende Zwecke gegen Pilze geschützt werden (siehe DIN 68 800 Teil 2, Ausgabe Mai 1974, Tabelle 2).

Bei Holzwerkstoffen für nichttragende Zwecke ist dies zweckmäßig.

7.2   Holzschutzmaßnahmen gegen Insekten sind bei Sperrholz für tragende und aussteifende Zwecke dann erforderlich sowie bei Sperrholz für nichttragende Zwecke dann zweckmäßig, wenn es aus hellen tropischen Holzarten, z. B. Limba und Abachi, aufgebaut ist. Span- und Faserplatten werden von holzzerstörenden Insekten (außer Termiten, die aber im allgemeinen nur in warmen Gebieten, besonders in den Tropen, vorkommen) nicht angegriffen.

7.3   Werden Holzwerkstoffe nach ihrer Herstellung mit einem Holzschutzmittel behandelt, sollten sie anschließend nicht mehr mechanisch bearbeitet werden. Ist eine entsprechende Bearbeitung unumgänglich, so sind alle dabei neu entstehenden Schnittflächen, Bohrstellen und dergleichen sorgfältig erneut zu behandeln.

8   Schutzmaßnahmen gegen Brandeinwirkung

8.1   Durch Feuer-Schutzmittel kann das Brandverhalten von Holzwerkstoffen derart beeinflußt werden, daß sie die Anforderungen hinsichtlich der Baustoffklassen B 1 bzw. A 2 nach DIN 4102 Teil 1 erfüllen können.

8.2   Die Feuer-Schutzmittel, mit Ausnahme der schaumschichtbildenden Mittel, müssen bei der Herstellung der Holzwerkstoffe eingearbeitet werden. Für die Verarbeitung gilt Abschnitt 6.2 sinngemäß.

Schaumschichtbildende Feuer-Schutzmittel werden nicht eingearbeitet, sondern nachträglich aufgebracht.

8.3   Bei Holzwerkstoffen, die mit schaumschichtbildenden Feuer-Schutzmitteln behandelt werden sollen, muß eine gegebenenfalls erforderliche vorbeugende Schutzbehandlung gegen Pilze und Insekten stets vor der Aufbringung des Feuer-Schutzmittels erfolgen. Vor Auftrag des Feuer-Schutzmittels ist die Haftfähigkeit auf dem Untergrund zu überprüfen.

9   Schutzmittelmengen

9.1   Bei einer Schutzbehandlung während der Herstellung der Holzwerkstoffe sind die im Prüfbescheid festgelegten Mengen einzubringen.

9.2   Bei einer Schutzbehandlung fertiger Holzwerkstoffe gilt für die einzubringenden Schutzmittelmengen DIN 68 800 Teil 3, Ausgabe Mai 1974, Abschnitt 7.

10   Kennzeichnung von Schutzmaßnahmen

10.1   Holzwerkstoffe, die gegen holzzerstörende Pilze durch eine Behandlung nach Abschnitt 6.2 geschützt sind

---

[1]) Das Prüfzeichen erteilt das Institut für Bautechnik, Reichpietschufer 72-76, 1000 Berlin 30. Entsprechende Präparate werden in den Mitteilungen des Instituts für Bautechnik, Verlag Ernst & Sohn, bekannt gegeben. Das Institut für Bautechnik gibt ein Verzeichnis der Prüfzeichen für Holzschutzmittel (Holzschutzmittelverzeichnis) sowie das Verzeichnis der Prüfzeichen für nichtbrennbare Baustoffe, schwerentflammbare Baustoffe und Textilien, Feuer-Schutzmittel für Baustoffe und Textilien, heraus und hält diese auf dem laufenden. Beide Verzeichnisse sind im Verlag E. Schmidt, Berlin – Bielefeld – München, erschienen.

und die Anforderungen der jeweiligen Eigenschaftsnorm erfüllen, sind als Holzwerkstoffklasse 100 G nach DIN 68 800 Teil 2 und entsprechend der jeweiligen Werkstoffnorm zu kennzeichnen.

10.2 Holzwerkstoffe mit einer Schutzbehandlung nach Abschnitt 6.3 sind entsprechend der Regelung in DIN 68 800 Teil 1, Ausgabe Mai 1974, Abschnitt 5.2, zu kennzeichnen.

10.3 Schwerentflammbare Holzwerkstoffe sind prüfzeichenpflichtig und mit dem jeweiligen Prüfzeichen zu kennzeichnen, sofern sie nicht im Anhang zur Prüfzeichenverordnung ausgenommen sind.

10.4 Für die Kennzeichnung von Holzwerkstoffen, die gegen Insekten durch eine Behandlung nach Abschnitt 6.2 geschützt sind, besteht derzeit noch keine Festlegung.

11 Prüfung

11.1 Bei einer Schutzbehandlung während der Herstellung der Holzwerkstoffe (vergleiche Abschnitt 6.2) wird die eingebrachte Holzschutzmittelmenge durch eine quantitative Analyse geprüft.

11.2 Für die Prüfung der Schutzbehandlung fertiger Holzwerkstoffe gilt DIN 68 800 Teil 3, Ausgabe Mai 1974, Abschnitt 9, sinngemäß. Es handelt sich um eine Sonderregelung.

Weitere Normen

DIN 52 175	Holzschutz; Begriff, Grundlagen
DIN 68 705 Teil 3	Sperrholz; Bau-Furnierplatten; Gütebedingungen
DIN 68 705 Teil 4	Sperrholz; Bau-Tischlerplatten; Gütebedingungen
DIN 68 705 Teil 5 (z. Z. noch Entwurf)	Bau-Furniersperrholz aus Buche; Eigenschaften, Prüfung, Überwachung
DIN 68 754 Teil 1	Harte und mittelharte Holzfaserplatten für das Bauwesen; Holzwerkstoffklasse 20
DIN 68 763	Spanplatten; Flachpreßplatten für das Bauwesen; Begriffe, Eigenschaften, Prüfung, Überwachung
DIN 68 764 Teil 1	Spanplatten; Strangpreßplatten für das Bauwesen; Begriffe, Eigenschaften, Prüfung, Überwachung
DIN 68 764 Teil 2	Spanplatten; Strangpreßplatten für das Bauwesen; Beplankte Strangpreßplatten für die Tafelbauart
DIN 68 800 Teil 4	Holzschutz im Hochbau; Bekämpfungsmaßnahmen gegen Pilz- und Insektenbefall

Erläuterungen

Diese Norm wurde vom Unterausschuß 3.3.5 „Holzschutz für Holzwerkstoffe" des Arbeitsausschusses 3.3 „Holzschutz im Hochbau" unter Geschäftsführung des Normenausschusses Holz (NAHOLZ) aufgestellt.

Sie regelt den vorbeugenden chemischen Schutz von Holzwerkstoffen und erweitert den Geltungsbereich von DIN 68 800, der weitgehend auf den Schutz von Vollholz beschränkt war. Teil 5 ist damit eine notwendige Ergänzung, in der die Voraussetzung für die in Teil 2 festgelegte Holzwerkstoffklasse 100 G näher geregelt wird.

Der vorliegende Teil 5 folgt in seinem Aufbau dem Teil 3 „Vorbeugender chemischer Schutz von Vollholz" und verweist, soweit möglich, auf diesen Teil. Er legt Bedingungen fest, unter denen ein chemischer Schutz von Holzwerkstoffen möglich ist. Die Bedeutung und Durchführung entsprechender Schutzmaßnahmen werden allgemein charakterisiert. Als Grundsatz wird festgelegt, die Schutzbehandlung im Herstellwerk vorzunehmen. Eine nachträgliche Schutzbehandlung fertiger Holzwerkstoffe am Bau wird auf Sonderfälle beschränkt.

Teil 5 regelt sowohl die vorbeugenden Schutzmaßnahmen gegen holzzerstörende Pilze und Insekten als auch gegen Feuer und legt die Kennzeichnung entsprechender Holzwerkstoffe fest (für die Kennzeichnung des Schutzes von Holzwerkstoffen gegen Insekten bestehen noch keine besonderen Festlegungen).

673

Biofilme, Bauphysik und Bausanierung

Aus der Reihe Altbausanierung

Ziel des **8. Dahlberg-Kolloquiums** ist eine wirksame Bekämpfung von Fassadenbesiedlungen durch neue Produktansätze. Die 20 Beiträge betreffen ausgewählte Messverfahren zur Bewertung von Besiedlungsvorgängen, PAM-Fluorometrie, Rasterelektronenmikroskopie, Nanobeschichtungen und biozide Wirkstoffe.

Auf den **19. Hanseatischen Sanierungstagen** widmen sich mehr als 20 Referenten den Schwerpunkten Bauten- und Holzschutz, Baukonstruktion/Raumklima sowie Heizung/Gebäudeausrüstung. Neben dem Umgang mit Vorhandenem geht es u. a. um neue Beurteilungsmethoden, Bestandsmauerwerk, Gewölbesanierung, Echten Hausschwamm und Splintholzkäferbefall.

Verzeichnis nicht abgedruckter Normen und Norm-Entwürfe

Stand: Dezember 2008

Dokument	Ausgabe	Titel
DIN 406-10	1992-12	Technische Zeichnungen – Maßeintragung – Begriffe, allgemeine Grundlagen
DIN 406-11	1992-12	Technische Zeichnungen – Maßeintragung – Grundlagen der Anwendung
DIN 406-11 Bbl 1	2000-12	Technische Zeichnungen – Maßeintragung – Teil 11: Grundlagen und Anwendung – Ausgang der Bearbeitung an Rohteilen
DIN 406-12	1992-12	Technische Zeichnungen – Maßeintragung – Eintragung von Toleranzen für Längen- und Winkelmaße; ISO 406:1987, modifiziert
DIN 1045-1	2008-08	Tragwerke aus Beton, Stahlbeton und Spannbeton – Teil 1: Bemessung und Konstruktion
DIN 1045-2	2008-08	Tragwerke aus Beton, Stahlbeton und Spannbeton – Teil 2: Beton – Festlegung, Eigenschaften, Herstellung und Konformität – Anwendungsregeln zu DIN EN 206-1
DIN 1045-3	2008-08	Tragwerke aus Beton, Stahlbeton und Spannbeton – Teil 3: Bauausführung
DIN 1045-4	2001-07	Tragwerke aus Beton, Stahlbeton und Spannbeton – Teil 4: Ergänzende Regeln für die Herstellung und die Konformität von Fertigteilen
DIN 1045-100	2005-02	Tragwerke aus Beton, Stahlbeton und Spannbeton – Teil 100: Ziegeldecken
DIN 1052	2008-12	Entwurf, Berechnung und Bemessung von Holzbauwerken – Allgemeine Bemessungsregeln und Bemessungsregeln für den Hochbau
DIN 1053-1	1996-11	Mauerwerk – Teil 1: Berechnung und Ausführung
DIN 1053-2	1996-11	Mauerwerk – Teil 2: Mauerwerksfestigkeitsklassen aufgrund von Eignungsprüfungen
DIN 1053-3	1990-02	Mauerwerk – Bewehrtes Mauerwerk – Berechnung und Ausführung
DIN 1053-4	2004-02	Mauerwerk – Teil 4: Fertigbauteile
E DIN 1053-4	2008-10	Mauerwerk – Teil 4: Fertigbauteile
DIN 1053-100	2007-09	Mauerwerk – Teil 100: Berechnung auf der Grundlage des semiprobabilistischen Sicherheitskonzepts
DIN 1055-1	2002-06	Einwirkungen auf Tragwerke – Teil 1: Wichten und Flächenlasten von Baustoffen, Bauteilen und Lagerstoffen
DIN 1055-2	1976-02	Lastannahmen für Bauten – Bodenkenngrößen, Wichte, Reibungswinkel, Kohäsion, Wandreibungswinkel

Dokument	Ausgabe	Titel
E DIN 1055-2	2007-01	Einwirkungen auf Tragwerke – Teil 2: Bodenkenngrößen
DIN 1055-3	2006-03	Einwirkungen auf Tragwerke – Teil 3: Eigen- und Nutzlasten für Hochbauten
DIN 1055-4	2005-03	Einwirkungen auf Tragwerke – Teil 4: Windlasten
DIN 1055-4 Ber 1	2006-03	Einwirkungen auf Tragwerke – Teil 4: Windlasten, Berichtigungen zu DIN 1055-4:2005-03
DIN 1055-5	2005-07	Einwirkungen auf Tragwerke – Teil 5: Schnee- und Eislasten
DIN 1055-6	2005-03	Einwirkungen auf Tragwerke – Teil 6: Einwirkungen auf Silos und Flüssigkeitsbehälter
DIN 1055-6 Ber 1	2006-02	Einwirkungen auf Tragwerke – Teil 6: Einwirkungen auf Silos und Flüssigkeitsbehälter, Berichtigungen zu DIN 1055-6:2005-03
DIN 1055-8	2003-01	Einwirkungen auf Tragwerke – Teil 8: Einwirkungen während der Bauausführung
DIN 1055-9	2003-08	Einwirkungen auf Tragwerke – Teil 9: Außergewöhnliche Einwirkungen
DIN 1055-100	2001-03	Einwirkungen auf Tragwerke – Teil 100: Grundlagen der Tragwerksplanung – Sicherheitskonzept und Bemessungsregeln
DIN 1301-2	1978-02	Einheiten – Allgemein angewendete Teile und Vielfache
DIN 1312	1972-03	Geometrische Orientierung
DIN 1320	1997-06	Akustik – Begriffe
E DIN 1320/A1	2007-02	Akustik – Begriffe; Änderung 1
DIN 1333	1992-02	Zahlenangaben
DIN 1356-1	1995-02	Bauzeichnungen – Teil 1: Arten, Inhalte und Grundregeln der Darstellung
DIN 1356-6	2006-05	Technische Produktdokumentation – Bauzeichnungen – Teil 6: Bauaufnahmezeichnungen
DIN 1946-6	1998-10	Raumlufttechnik – Teil 6: Lüftung von Wohnungen – Anforderungen, Ausführung, Abnahme (VDI-Lüftungsregeln)
E DIN 1946-6	2006-12	Raumlufttechnik – Teil 6: Lüftung von Wohnungen – Allgemeine Anforderungen, Anforderungen zur Bemessung, Ausführung und Kennzeichnung, Übergabe/Übernahme (Abnahme) und Instandhaltung
DIN 1986-100	2008-05	Entwässerungsanlagen für Gebäude und Grundstücke – Teil 100: Bestimmungen in Verbindung mit DIN EN 752 und DIN EN 12056

DIN 1988-2	1988-12	Technische Regeln für Trinkwasser-Installationen (TRWI) – Planung und Ausführung – Bauteile, Apparate, Werkstoffe – Technische Regel des DVGW
DIN 1988-6	2002-05	Technische Regeln für Trinkwasser-Installationen (TRWI) – Teil 6: Feuerlösch- und Brandschutzanlagen – Technische Regel des DVGW
E DIN 1988-20	2008-07	Technische Regeln für Trinkwasser-Installationen – Teil 20: Installation Typ A (geschlossenes System) – Planung, Bauteile, Apparate, Werkstoffe – Technische Regel des DVGW
DIN 4102-1	1998-05	Brandverhalten von Baustoffen und Bauteilen – Teil 1: Baustoffe – Begriffe, Anforderungen und Prüfungen
DIN 4102-1 Ber 1	1998-08	Berichtigung zu DIN 4102-1:1998-05
DIN 4102-2	1977-09	Brandverhalten von Baustoffen und Bauteilen – Bauteile, Begriffe, Anforderungen und Prüfungen
DIN 4102-3	1977-09	Brandverhalten von Baustoffen und Bauteilen – Brandwände und nichttragende Außenwände, Begriffe, Anforderungen und Prüfungen
DIN 4102-4	1994-03	Brandverhalten von Baustoffen und Bauteilen – Zusammenstellung und Anwendung klassifizierter Baustoffe, Bauteile und Sonderbauteile
DIN 4102-4/A1	2004-11	Brandverhalten von Baustoffen und Bauteilen – Teil 4: Zusammenstellung und Anwendung klassifizierter Baustoffe, Bauteile und Sonderbauteile; Änderung A1
DIN 4102-5	1977-09	Brandverhalten von Baustoffen und Bauteilen – Feuerschutzabschlüsse, Abschlüsse in Fahrschachtwänden und gegen Feuer widerstandsfähige Verglasungen, Begriffe, Anforderungen und Prüfungen
DIN 4102-6	1977-09	Brandverhalten von Baustoffen und Bauteilen – Lüftungsleitungen, Begriffe, Anforderungen und Prüfungen
DIN 4102-7	1998-07	Brandverhalten von Baustoffen und Bauteilen – Teil 7: Bedachungen – Begriffe, Anforderungen und Prüfungen
DIN 4102-8	2003-10	Brandverhalten von Baustoffen und Bauteilen – Teil 8: Kleinprüfstand
DIN 4102-9	1990-05	Brandverhalten von Baustoffen und Bauteilen – Kabelabschottungen – Begriffe, Anforderungen und Prüfungen
DIN 4102-11	1985-12	Brandverhalten von Baustoffen und Bauteilen – Rohrummantelungen, Rohrabschottungen, Installationsschächte und -kanäle sowie Abschlüsse ihrer Revisionsöffnungen – Begriffe, Anforderungen und Prüfungen

677

Dokument	Ausgabe	Titel
DIN 4102-12	1998-11	Brandverhalten von Baustoffen und Bauteilen – Teil 12: Funktionserhalt von elektrischen Kabelanlagen – Anforderungen und Prüfungen
DIN 4102-13	1990-05	Brandverhalten von Baustoffen und Bauteilen – Brandschutzverglasungen – Begriffe, Anforderungen und Prüfungen
DIN 4102-22	2004-11	Brandverhalten von Baustoffen und Bauteilen – Teil 22: Anwendungsnorm zu DIN 4102-4 auf der Bemessungsbasis von Teilsicherheitsbeiwerten
DIN 4108 Bbl 1	1982-04	Wärmeschutz im Hochbau – Inhaltsverzeichnisse – Stichwortverzeichnis
DIN 4108 Bbl 2	2006-03	Wärmeschutz und Energie-Einsparung in Gebäuden – Wärmebrücken – Planungs- und Ausführungsbeispiele
DIN 4108-1	1981-08	Wärmeschutz im Hochbau – Größen und Einheiten
DIN V 4108-4	2007-06	Wärmeschutz und Energie-Einsparung in Gebäuden – Teil 4: Wärme- und feuchteschutztechnische Bemessungswerte
DIN V 4108-6	2003-06	Wärmeschutz und Energie-Einsparung in Gebäuden – Teil 6: Berechnung des Jahresheizwärme- und des Jahresheizenergiebedarfs
DIN V 4108-6 Ber 1	2004-03	Berichtigungen zu DIN V 4108-6:2003-06
DIN 4108-10	2008-06	Wärmeschutz und Energie-Einsparung in Gebäuden – Teil 10: Anwendungsbezogene Anforderungen an Wärmedämmstoffe – Werkmäßig hergestellte Wärmedämmstoffe
E DIN 4109 Bbl 1/A2	2006-02	Schallschutz im Hochbau – Ausführungsbeispiele und Rechenverfahren; Änderung A2
E DIN 4109-1	2006-10	Schallschutz im Hochbau – Teil 1: Anforderungen
DIN 4109-11	2003-09	Schallschutz im Hochbau – Teil 11: Nachweis des Schallschutzes – Güte- und Eignungsprüfung
E DIN 4109-11/A1	2006-09	Schallschutz im Hochbau – Teil 11: Nachweis des Schallschutzes – Güte- und Eignungsprüfung; Änderung A1
DIN 4149	2005-04	Bauten in deutschen Erdbebengebieten – Lastannahmen, Bemessung und Ausführung üblicher Hochbauten
DIN V 4701-10	2003-08	Energetische Bewertung heiz- und raumlufttechnischer Anlagen – Teil 10: Heizung, Trinkwassererwärmung, Lüftung
DIN V 4701-10 Bbl 1	2007-02	Energetische Bewertung heiz- und raumlufttechnischer Anlagen – Teil 10: Heizung, Trinkwassererwärmung, Lüftung; Beiblatt 1: Anlagenbeispiele

DIN V 4701-10/A1	2006-12	Energetische Bewertung heiz- und raumlufttechnischer Anlagen – Teil 10: Heizung, Trinkwassererwärmung, Lüftung
DIN V 4701-12	2004-02	Energetische Bewertung heiz- und raumlufttechnischer Anlagen im Bestand – Teil 12: Wärmeerzeuger und Trinkwassererwärmung
DIN V 4701-12 Ber 1	2008-06	Energetische Bewertung heiz- und raumlufttechnischer Anlagen im Bestand – Teil 12: Wärmeerzeuger und Trinkwassererwärmung; Berichtigungen zu DIN V 4701-12:2004-02
DIN 4708-1	1994-04	Zentrale Wassererwärmungsanlagen – Begriffe und Berechnungsgrundlagen
DIN 4708-2	1994-04	Zentrale Wassererwärmungsanlagen – Regeln zur Ermittlung des Wärmebedarfs zur Erwärmung von Trinkwasser in Wohngebäuden
DIN 4708-3	1994-04	Zentrale Wassererwärmungsanlagen – Regeln zur Leistungsprüfung von Wassererwärmern für Wohngebäude
E DIN 4716-2	2003-04	Neutralisationseinrichtungen – Teil 2: Gasfeuerstätten und deren Abgasanlagen
E DIN 4719	2006-12	Lüftung von Wohnungen – Anforderungen, Leistungsprüfungen und Kennzeichnungen von Lüftungsgeräten
DIN 4747-1	2003-11	Fernwärmeanlagen – Teil 1: Sicherheitstechnische Ausrüstung von Unterstationen, Hausstationen und Hausanlagen zum Anschluss an Heizwasser-Fernwärmenetze
DIN 5034-5	1993-01	Tageslicht in Innenräumen – Messung
DIN 5034-6	2007-02	Tageslicht in Innenräumen – Teil 6: Vereinfachte Bestimmung zweckmäßiger Abmessungen von Oberlichtöffnungen in Dachflächen
DIN 5035-6	2006-11	Beleuchtung mit künstlichem Licht – Teil 6: Messung und Bewertung
DIN 5040-2	1995-07	Leuchten für Beleuchtungszwecke – Teil 2: Innenleuchten – Begriffe, Einteilung
DIN 14676	2006-08	Rauchwarnmelder für Wohnhäuser, Wohnungen und Räume mit wohnungsähnlicher Nutzung – Einbau, Betrieb und Instandhaltung
DIN 18005-1	2002-07	Schallschutz im Städtebau – Teil 1: Grundlagen und Hinweise für die Planung
DIN 18005-1 Bbl 1	1987-05	Schallschutz im Städtebau – Berechnungsverfahren – Schalltechnische Orientierungswerte für die städtebauliche Planung

DIN 18005-2	1991-09	Schallschutz im Städtebau – Lärmkarten – Kartenmäßige Darstellung von Schallimmissionen
E DIN 18030	2006-01	Barrierefreies Bauen – Planungsgrundlagen
DIN 18069	1985-11	Tragbolzentreppen für Wohngebäude – Bemessung und Ausführung
DIN 18090	1997-01	Aufzüge – Fahrschacht-Dreh- und -Falttüren für Fahrschächte mit Wänden der Feuerwiderstandsklasse F 90
DIN 18091	1993-07	Aufzüge – Schacht-Schiebetüren für Fahrschächte mit Wänden der Feuerwiderstandklasse F 90
DIN 18093	1987-06	Feuerschutzabschlüsse – Einbau von Feuerschutztüren in massive Wände aus Mauerwerk oder Beton – Ankerlagen, Ankerformen, Einbau
DIN 18095-1	1988-10	Türen – Rauchschutztüren – Begriffe und Anforderungen
DIN 18095-2	1991-03	Türen – Rauchschutztüren – Bauartprüfung der Dauerfunktionstüchtigkeit und Dichtheit
DIN 18095-3	1999-06	Rauchschutzabschlüsse – Teil 3: Anwendung von Prüfergebnissen
DIN 18106	2003-09	Einbruchhemmende Gitter – Anforderungen und Prüfverfahren
DIN 18111-1	2004-08	Türzargen – Stahlzargen – Teil 1: Standardzargen für gefälzte Türen in Mauerwerkswänden
DIN 18111-2	2004-08	Türzargen – Stahlzargen – Teil 2: Standardzargen für gefälzte Türen in Ständerwerkswänden
DIN 18111-3	2005-01	Türzargen – Stahlzargen – Teil 3: Sonderzargen für gefälzte und ungefälzte Türblätter
DIN 18111-4	2004-08	Türzargen – Stahlzargen – Teil 4: Einbau von Stahlzargen
DIN 18157-1	1979-07	Ausführung keramischer Bekleidungen im Dünnbettverfahren – Hydraulisch erhärtende Dünnbettmörtel
DIN 18157-2	1982-10	Ausführung keramischer Bekleidungen im Dünnbettverfahren – Dispersionsklebstoffe
DIN 18157-3	1986-04	Ausführung keramischer Bekleidungen im Dünnbettverfahren – Epoxidharzklebstoffe
DIN V 18160-1	2006-01	Abgasanlagen – Teil 1: Planung und Ausführung
DIN V 18160-1 Bbl 1	2006-01	Abgasanlagen – Teil 1: Planung und Ausführung – Nationale Ergänzung zur Anwendung von Metall-Abgasanlagen nach DIN EN 1856-1, von Innenrohren und Verbindungsstücken nach DIN EN 1856-2, der Zulässigkeit von Werkstoffen und der Korrosionswiderstandsklassen

DIN V 18160-1 Bbl 1 Ber 1	2007-10	Abgasanlagen – Teil 1: Planung und Ausführung – Nationale Ergänzung zur Anwendung von Metall-Abgasanlagen nach DIN EN 1856-1, von Innenrohren und Verbindungsstücken nach DIN EN 1856-2, der Zulässigkeit von Werkstoffen und der Korrosionswiderstandsklassen, Berichtigungen zu DIN V 18160-1:2006-01
DIN V 18160-1 Bbl 2	2006-01	Abgasanlagen – Teil 1: Planung und Ausführung – Nationale Ergänzung zur Anwendung von Keramik-Innenschalen nach DIN EN 1457, Zuordnung der Kennzeichnungsklassen für Montage-Abgasanlagen
DIN V 18160-1 Bbl 3	2007-02	Abgasanlagen – Teil 1: Planung und Ausführung, Beiblatt 3: Nationale Ergänzung zur Anwendung von System-Abgasanlagen mit Kunststoffinnenrohren nach DIN EN 14471
DIN 18160-5	2008-05	Abgasanlagen – Teil 5: Einrichtungen für Schornsteinfegerarbeiten – Anforderungen, Planung und Ausführung
DIN V 18160-60	2006-01	Abgasanlagen – Teil 60: Nachweise für das Brandverhalten von Abgasanlagen und Bauteilen von Abgasanlagen – Begriffe, Anforderungen und Prüfungen
E DIN 18195-7	2008-06	Bauwerksabdichtungen – Abdichtungen gegen von innen drückendes Wasser – Teil 7: Bemessung und Ausführung
E DIN 18195-100	2003-06	Bauwerksabdichtungen – Teil 100: Vorgesehene Änderungen zu den Normen DIN 18195 Teil 1 bis 6
E DIN 18195-101	2005-09	Bauwerksabdichtungen – Teil 101: Vorgesehene Änderungen zu den Normen DIN 18195-2 bis DIN 18195-5
DIN V 18197	2005-10	Abdichten von Fugen in Beton mit Fugenbändern
DIN 18203-1	1997-04	Toleranzen im Hochbau – Teil 1: Vorgefertigte Teile aus Beton, Stahlbeton und Spannbeton
DIN 18203-2	2006-08	Toleranzen im Hochbau – Teil 2: Vorgefertigte Teile aus Stahl
DIN 18203-3	2008-08	Toleranzen im Hochbau – Teil 3: Bauteile aus Holz und Holzwerkstoffen
DIN 18232-1	2002-02	Rauch- und Wärmefreihaltung – Teil 1: Begriffe, Aufgabenstellung
DIN 18232-2	2007-11	Rauch- und Wärmefreihaltung – Teil 2: Natürliche Rauchabzugsanlagen (NRA) – Bemessung, Anforderungen und Einbau
DIN 18232-4	2003-04	Rauch- und Wärmefreihaltung – Teil 4: Wärmeabzüge (WA) – Prüfverfahren
DIN 18232-5	2003-04	Rauch- und Wärmefreihaltung – Teil 5: Maschinelle Rauchabzugsanlagen (MRA) – Anforderungen, Bemessung

DIN V 18232-6	1997-10	Rauch- und Wärmeableitung – Maschinelle Rauchabzüge (MRA) – Teil 6: Anforderungen an die Einzelbauteile und Eignungsnachweise
DIN 18232-7	2008-02	Rauch- und Wärmefreihaltung – Teil 7: Wärmeabzüge aus schmelzbaren Stoffen – Bewertungsverfahren und Einbau
DIN V 18232-8	2008-07	Rauch- und Wärmefreihaltung – Teil 8: Öffneraggregate für Gebäudeabdeckungen zur Entlüftung oder Rauchableitung
DIN 18515-1	1998-08	Außenwandbekleidungen – Teil 1: Angemörtelte Fliesen oder Platten – Grundsätze für Planung und Ausführung
DIN 18515-2	1993-04	Außenwandbekleidungen – Anmauerung auf Aufstandsflächen – Grundsätze für Planung und Ausführung
DIN 18540	2006-12	Abdichten von Außenwandfugen im Hochbau mit Fugendichtstoffen
DIN V 18550	2005-04	Putz und Putzsysteme – Ausführung
DIN 18558	1985-01	Kunstharzputze – Begriffe, Anforderungen, Ausführung
DIN 18560-1	2004-04	Estriche im Bauwesen – Teil 1: Allgemeine Anforderungen, Prüfung und Ausführung
E DIN 18560-1/A1	2008-07	Estriche im Bauwesen – Teil 1: Allgemeine Anforderungen, Prüfung und Ausführung
DIN 18560-2	2004-04	Estriche im Bauwesen – Teil 2: Estriche und Heizestriche auf Dämmschichten (schwimmende Estriche)
E DIN 18560-2/A1	2008-07	Estriche im Bauwesen – Teil 2: Estriche und Heizestriche auf Dämmschichten (schwimmende Estriche)
DIN 18560-3	2006-03	Estriche im Bauwesen – Teil 3: Verbundestriche
DIN 18560-4	2004-04	Estriche im Bauwesen – Teil 4: Estriche auf Trennschicht
DIN V 18599-1	2007-02	Energetische Bewertung von Gebäuden – Berechnung des Nutz-, End- und Primärenergiebedarfs für Heizung, Kühlung, Lüftung, Trinkwarmwasser und Beleuchtung – Teil 1: Allgemeine Bilanzierungsverfahren, Begriffe, Zonierung und Bewertung der Energieträger
DIN V 18599-2	2007-02	Energetische Bewertung von Gebäuden – Berechnung des Nutz-, End- und Primärenergiebedarfs für Heizung, Kühlung, Lüftung, Trinkwarmwasser und Beleuchtung – Teil 2: Nutzenergiebedarf für Heizen und Kühlen von Gebäudezonen
DIN V 18599-3	2007-02	Energetische Bewertung von Gebäuden – Berechnung des Nutz-, End- und Primärenergiebedarfs für Heizung, Kühlung, Lüftung, Trinkwarmwasser und Beleuchtung – Teil 3: Nutzenergiebedarf für die energetische Luftaufbereitung

Dokument	Ausgabe	Titel
DIN V 18599-4	2007-02	Energetische Bewertung von Gebäuden – Berechnung des Nutz-, End- und Primärenergiebedarfs für Heizung, Kühlung, Lüftung, Trinkwarmwasser und Beleuchtung – Teil 4: Nutz- und Endenergiebedarf für Beleuchtung
DIN V 18599-5	2007-02	Energetische Bewertung von Gebäuden – Berechnung des Nutz-, End- und Primärenergiebedarfs für Heizung, Kühlung, Lüftung, Trinkwarmwasser und Beleuchtung – Teil 5: Endenergiebedarf von Heizsystemen
DIN V 18599-6	2007-02	Energetische Bewertung von Gebäuden – Berechnung des Nutz-, End- und Primärenergiebedarfs für Heizung, Kühlung, Lüftung, Trinkwarmwasser und Beleuchtung – Teil 6: Endenergiebedarf von Wohnungslüftungsanlagen und Luftheizungsanlagen für den Wohnungsbau
DIN V 18599-7	2007-02	Energetische Bewertung von Gebäuden – Berechnung des Nutz-, End- und Primärenergiebedarfs für Heizung, Kühlung, Lüftung, Trinkwarmwasser und Beleuchtung – Teil 7: Endenergiebedarf von Raumlufttechnik- und Klimakältesystemen für den Nichtwohnungsbau
DIN V 18599-8	2007-02	Energetische Bewertung von Gebäuden – Berechnung des Nutz-, End- und Primärenergiebedarfs für Heizung, Kühlung, Lüftung, Trinkwarmwasser und Beleuchtung – Teil 8: Nutz- und Endenergiebedarf von Warmwasserbereitungssystemen
DIN V 18599-9	2007-02	Energetische Bewertung von Gebäuden – Berechnung des Nutz-, End- und Primärenergiebedarfs für Heizung, Kühlung, Lüftung, Trinkwarmwasser und Beleuchtung – Teil 9: End- und Primärenergiebedarf von Kraft-Wärme-Kopplungsanlagen
DIN V 18599-10	2007-02	Energetische Bewertung von Gebäuden – Berechnung des Nutz-, End- und Primärenergiebedarfs für Heizung, Kühlung, Lüftung, Trinkwarmwasser und Beleuchtung – Teil 10: Nutzungsrandbedingungen, Klimadaten
DIN 18800-1	2008-11	Stahlbauten – Teil 1: Bemessung und Konstruktion
DIN 18800-2	2008-11	Stahlbauten – Teil 2: Stabilitätsfälle – Knicken von Stäben und Stabwerken
DIN 18800-3	2008-11	Stahlbauten – Teil 3: Stabilitätsfälle – Plattenbeulen
DIN 18800-4	2008-11	Stahlbauten – Teil 4: Stabilitätsfälle – Schalenbeulen
DIN 18800-5	2007-03	Stahlbauten – Teil 5: Verbundtragwerke aus Stahl und Beton – Bemessung und Konstruktion
DIN 18800-7	2008-11	Stahlbauten – Teil 7: Ausführung und Herstellerqualifikation
DIN 18801	1983-09	Stahlhochbau – Bemessung, Konstruktion, Herstellung

Dokument	Ausgabe	Titel
DIN 18893	1987-08	Raumheizvermögen von Einzelfeuerstätten – Näherungsverfahren zur Ermittlung der Feuerstättengröße
DIN 43627	1992-07	Kabel-Hausanschlusskästen für NH-Sicherungen Größe 00 bis 100 A 500 V und Größe 1 bis 250 A 500 V
DIN 43627-3	1998-10	Kabel-Hausanschlusskästen – Wandeinbau-Kabel-Hausanschlusskasten für NH-Sicherungen Größe 00 bis 100 A 500 V und Größe 1 bis 250 A 500 V
DIN 43628	1998-10	Sicherungskästen für Leitungsschutzsicherungen
E DIN 43629-4	2007-12	Kabelverteilerschrank – Teil 4: Kabelverteilerschrank mit geringer Bautiefe
DIN 43660	1982-10	Modulordnung für elektrische Schaltanlagen
E DIN 43870-1/A1	2006-01	Zählerplätze – Maße auf Basis eines Rastersystems
E DIN 43870-2/A1	2006-01	Zählerplätze – Funktionsplätze
DIN 43870-3	1985-06	Zählerplätze – Verdrahtungen
E DIN 43870-3/A1	2006-01	Zählerplätze – Verdrahtungen
DIN 43870-4	1985-06	Zählerplätze – Abdeckung für Verdrahtung
DIN 68100	1984-12	Toleranzsystem für Holzbe- und -verarbeitung – Begriffe, Toleranzreihen, Schwind- und Quellmaße
E DIN 68100	2008-09	Toleranzsystem für Holzbe- und -verarbeitung – Begriffe, Toleranzreihen, Schwind- und Quellmaße
DIN 68100 Bbl 1	1978-06	Toleranzen für Längen- und Winkelmaße in der Holzbe- und -verarbeitung – Maßänderung durch Feuchtigkeitseinfluss längs zur Faser bei Vollholz, radial und tangential bei Fichte, Tanne, Lärche, Kiefer und Douglasie
DIN 68100 Bbl 2	1978-06	Toleranzen für Längen- und Winkelmaße in der Holzbe- und -verarbeitung – Maßänderung durch Feuchtigkeitseinfluss bei Afrormosia, Afzelia, Bongossi (Azobe), Buche, Eiche, Esche, Iroko, Khaya, Makore und Merantigelb, jeweils in radialer und tangentialer Richtung
DIN 68100 Bbl 3	1978-06	Toleranzen für Längen- und Winkelmaße in der Holzbe- und -verarbeitung – Maßänderung durch Feuchtigkeitseinfluss bei Meranti-rot, Muhuhu, Niangon, Nußbaum, Pappel, Sapeli, Sipo, Teak, Ulme und Wenge, jeweils in radialer und tangentialer Richtung
DIN 68100 Bbl 4	1978-06	Toleranzen für Längen- und Winkelmaße in der Holzbe- und -verarbeitung – Maßänderung durch Feuchtigkeitseinfluss bei Spanplatte (V20, V100, V100G), Furnierplatte und Hartfaserplatte in Richtung der Dicke sowie der Länge und Breite

Dokument	Ausgabe	Titel
DIN 68101	1984-12	Grundabmaße und Toleranzfelder für Holzbe- und -verarbeitung
DIN 68706-1	2002-02	Innentüren aus Holz und Holzwerkstoffen – Teil 1: Türblätter – Begriffe, Maße, Anforderungen
DIN 68706-2	2002-02	Innentüren aus Holz und Holzwerkstoffen – Teil 2: Türzargen – Begriffe, Maße, Einbau
DIN EN 33	2003-07	Stand-WCs mit aufgesetztem Spülkasten – Anschlussmaße; Deutsche Fassung EN 33:2003
DIN EN 37	1999-01	Bodenstehende Klosettbecken mit freiem Zulauf – Anschlussmaße; Deutsche Fassung EN 37:1998
DIN EN 81-1	2000-05	Sicherheitsregeln für die Konstruktion und den Einbau von Aufzügen – Teil 1: Elektrisch betriebene Personen- und Lastenaufzüge (enthält Berichtigung AC:1999); Deutsche Fassung EN 81-1:1998 + AC:1999
DIN EN 81-1/A1	2006-03	Sicherheitsregeln für die Konstruktion und den Einbau von Aufzügen – Teil 1: Elektrisch betriebene Personen- und Lastenaufzüge; Deutsche Fassung EN 81-1:1998/A1:2005
DIN EN 81-1/A2	2005-01	Sicherheitsregeln für die Konstruktion und den Einbau von Aufzügen – Teil 1: Elektrisch betriebene Personen- und Lastenaufzüge – A2: Aufstellungsorte von Triebwerk und Steuerung sowie Seilrollen; Deutsche Fassung EN 81-1:1998/A2:2004
DIN EN 81-2	2000-05	Sicherheitsregeln für die Konstruktion und den Einbau von Aufzügen – Teil 2: Hydraulisch betriebene Personen- und Lastenaufzüge (enthält Berichtigung AC:1999); Deutsche Fassung EN 81-2:1998 + AC:1999
DIN EN 81-2/A1	2006-03	Sicherheitsregeln für die Konstruktion und den Einbau von Aufzügen – Teil 2: Hydraulisch betriebene Personen- und Lastenaufzüge; Deutsche Fassung EN 81-2:1998/A1:2005
DIN EN 81-2/A2	2005-01	Sicherheitsregeln für die Konstruktion und den Einbau von Aufzügen – Teil 2: Hydraulisch betriebene Personen- und Lastenaufzüge – A2: Aufstellungsorte von Triebwerk und Steuerung sowie Seilrollen; Deutsche Fassung EN 81-2:1998/A2:2004
DIN EN 81-3	2001-05	Sicherheitsregeln für die Konstruktion und den Einbau von Aufzügen – Teil 3: Elektrisch und hydraulisch betriebene Kleingüteraufzüge; Deutsche Fassung EN 81-3:2000
E DIN EN 81-3/A1	2008-03	Sicherheitsregeln für die Konstruktion und den Einbau von Aufzügen – Teil 3: Elektrisch und hydraulisch betriebene Kleingüteraufzüge – Englische Fassung EN 81-3:2000/prA1:2008

Dokument	Ausgabe	Titel
DIN EN 81-28	2003-11	Sicherheitsregeln für die Konstruktion und den Einbau von Aufzügen – Aufzüge für den Personen- und Gütertransport – Teil 28: Fern-Notruf für Personen- und Lastenaufzüge; Deutsche Fassung EN 81-28:2003
DIN CEN/TS 81-29	2005-01	Sicherheitsregeln für die Konstruktion und den Einbau von Aufzügen – Aufzüge für den Personen- und Gütertransport – Teil 29: Auslegungen zu EN 81-20 bis EN 81-28 (einschließlich EN 81-1:1998 und EN 81-2:1998); Deutsche Fassung CEN/TS 81-29:2004
E DIN EN 81-31	2006-06	Sicherheitsregeln für die Konstruktion und den Einbau von Aufzügen – Aufzüge für den Gütertransport – Teil 31: Betretbare Güteraufzüge; Deutsche Fassung prEN 81-31:2006
E DIN EN 81-40	2005-01	Sicherheitsregeln für die Konstruktion und den Einbau von Aufzügen – Spezielle Aufzüge für den Personen- und Gütertransport – Teil 40: Treppenschrägaufzüge und Plattformaufzüge mit geneigter Fahrbahn für Behinderte; Deutsche Fassung prEN 81-40:2004
E DIN EN 81-41	2005-01	Sicherheitsregeln für die Konstruktion und den Einbau von Aufzügen – Spezielle Aufzüge für den Personen- und Gütertransport – Teil 41: Vertikale Plattformaufzüge für Behinderte; Deutsche Fassung prEN 81-41:2004
E DIN EN 81-43	2004-04	Sicherheitsregeln für die Konstruktion und Installation von Aufzügen – Besondere Aufzüge für den Transport von Personen und Gütern – Teil 43: Kranführeraufzüge; Deutsche Fassung prEN 81-43:2004
DIN EN 81-58	2003-12	Sicherheitsregeln für die Konstruktion und den Einbau von Aufzügen – Überprüfung und Prüfverfahren – Teil 58: Prüfung der Feuerwiderstandsfähigkeit von Fahrschachttüren; Deutsche Fassung EN 81-58:2003
DIN EN 81-70	2005-09	Sicherheitsregeln für die Konstruktion und den Einbau von Aufzügen – Besondere Anwendungen für Personen- und Lastenaufzüge – Teil 70: Zugänglichkeit von Aufzügen für Personen einschließlich Personen mit Behinderungen; Deutsche Fassung EN 81-70:2003 + A1:2004
DIN EN 81-71	2007-08	Sicherheitsregeln für Konstruktion und Einbau von Aufzügen – Besondere Anwendungen für Personen- und Lastenaufzüge – Teil 71: Schutzmaßnahmen gegen mutwillige Zerstörung; Deutsche Fassung EN 81-71 + A1:2006
DIN EN 81-72	2003-11	Sicherheitsregeln für die Konstruktion und den Einbau von Aufzügen – Besondere Anwendungen für Personen- und Lastenaufzüge – Teil 72: Feuerwehraufzüge; Deutsche Fassung EN 81-72:2003

Dokument	Ausgabe	Titel
DIN EN 81-73	2005-08	Sicherheitsregeln für die Konstruktion und den Einbau von Aufzügen – Besondere Anwendungen für Personen- und Lastenaufzüge – Teil 73: Verhalten von Aufzügen im Brandfall; Deutsche Fassung EN 81-73:2005
DIN EN 81-80	2004-02	Sicherheitsregeln für die Konstruktion und den Einbau von Aufzügen – Bestehende Aufzüge – Teil 80: Regeln für die Erhöhung der Sicherheit bestehender Personen- und Lastenaufzüge; Deutsche Fassung EN 81-80:2003
DIN CEN/TS 81-82	2008-09	Sicherheitsregeln für die Konstruktion und den Einbau von Aufzügen – Bestehende Aufzüge – Teil 82: Erhöhung der Zugänglichkeit von bestehenden Aufzügen für Personen einschließlich Personen mit Behinderungen; Deutsche Fassung CEN/TS 81-82:2008
DIN EN 251	2003-09	Duschwannen – Anschlussmaße; Deutsche Fassung EN 251:2003
DIN EN 695	2005-11	Küchenspülen – Anschlussmaße; Deutsche Fassung EN 695:2005
DIN EN 1529	2000-06	Türblätter – Höhe, Breite, Dicke und Rechtwinkligkeit – Toleranzklassen; Deutsche Fassung EN 1529:1999
DIN EN 1530	2000-06	Türblätter – Allgemeine und lokale Ebenheit – Toleranzklassen; Deutsche Fassung EN 1530:1999
DIN EN 1990	2002-10	Eurocode: Grundlagen der Tragwerksplanung; Deutsche Fassung EN 1990:2002
DIN EN 1990/A1	2006-04	Eurocode: Grundlagen der Tragwerksplanung; Deutsche Fassung EN 1990:2002/A1:2005
DIN EN 1991-1-1	2002-10	Eurocode 1: Einwirkungen auf Tragwerke – Teil 1-1: Allgemeine Einwirkungen auf Tragwerke – Wichten, Eigengewicht und Nutzlasten im Hochbau; Deutsche Fassung EN 1991-1-1:2002
DIN EN 1991-1-2	2003-09	Eurocode 1 – Einwirkungen auf Tragwerke – Teil 1-2: Allgemeine Einwirkungen – Brandeinwirkungen auf Tragwerke; Deutsche Fassung EN 1991-1-2:2002
DIN EN 1991-1-3	2004-09	Eurocode 1 – Einwirkungen auf Tragwerke – Teil 1-3: Allgemeine Einwirkungen, Schneelasten; Deutsche Fassung EN 1991-1-3: 2003
E DIN EN 1991-1-3/ NA 1	2007-04	Nationaler Anhang – National festgelegte Parameter – Eurocode 1: Einwirkungen auf Tragwerke – Teil 1-3: Allgemeine Einwirkungen – Schneelasten
DIN EN 1991-1-6	2005-09	Eurocode 1: Einwirkungen auf Tragwerke – Teil 1-6: Allgemeine Einwirkungen, Einwirkungen während der Bauausführung; Deutsche Fassung EN 1991-1-6:2005

Dokument	Ausgabe	Titel
DIN EN 1991-1-7	2007-02	Eurocode 1: Einwirkungen auf Tragwerke – Teil 1-7: Allgemeine Einwirkungen – Außergewöhnliche Einwirkungen; Deutsche Fassung EN 1991-1-7:2006
DIN EN 1991-2	2004-05	Eurocode 1: Einwirkungen auf Tragwerke – Teil 2: Verkehrslasten auf Brücken; Deutsche Fassung EN 1991-2:2003
DIN EN 1992-1-1	2005-10	Eurocode 2: Bemessung und Konstruktion von Stahlbeton- und Spannbetontragwerken – Teil 1-1: Allgemeine Bemessungsregeln und Regeln für den Hochbau; Deutsche Fassung EN 1992-1-1:2004
E DIN EN 1992-1-1/ NA	2008-09	Nationaler Anhang – National festgelegte Parameter – Eurocode 2: Bemessung und Konstruktion von Stahlbeton- und Spannbetontragwerken – Teil 1-1: Allgemeine Bemessungsregeln und Regeln für den Hochbau
DIN EN 1992-1-2	2006-10	Eurocode 2: Bemessung und Konstruktion von Stahlbeton- und Spannbetontragwerken – Teil 1-2: Allgemeine Regeln – Tragwerksbemessung für den Brandfall; Deutsche Fassung EN 1992-1-2:2004
DIN EN 1993-1-1	2005-07	Eurocode 3: Bemessung und Konstruktion von Stahlbauten – Teil 1-1: Allgemeine Bemessungsregeln und Regeln für den Hochbau; Deutsche Fassung EN 1993-1-1:2005
DIN V ENV 1993-1-1	1993-04	Eurocode 3: Bemessung und Konstruktion von Stahlbauten – Teil 1-1: Allgemeine Bemessungsregeln, Bemessungsregeln für den Hochbau; Deutsche Fassung ENV 1993-1-1:1992
DIN EN 1993-1-1 Ber 1	2006-05	Eurocode 3: Bemessung und Konstruktion von Stahlbauten – Teil 1-1: Allgemeine Bemessungsregeln und Regeln für den Hochbau; Deutsche Fassung EN 1993-1-1:2005, Berichtigungen zu DIN EN 1993-1-1:2005-07; Deutsche Fassung EN 1993-1-1:2005/AC:2006
DIN V ENV 1993-1-1/ A1	2002-05	Eurocode 3: Bemessung und Konstruktion von Stahlbauten – Allgemeine Bemessungsregeln – Teil 1-1: Allgemeine Bemessungsregeln, Bemessungsregeln für den Hochbau; Änderung A1; Deutsche Fassung ENV 1993-1-1/ A1:1994
DIN V ENV 1993-1-1/ A2	2002-05	Eurocode 3: Bemessung und Konstruktion von Stahlbauten – Allgemeine Bemessungsregeln – Teil 1-1: Allgemeine Bemessungsregeln, Bemessungsregeln für den Hochbau; Änderung A2; Deutsche Fassung ENV 1993-1-1/A2:1998
E DIN EN 1993-1-1/ NA	2007-10	Nationaler Anhang – National festgelegte Parameter – Eurocode 3: Bemessung und Konstruktion von Stahlbauten – Teil 1-1: Allgemeine Bemessungsregeln und Regeln für den Hochbau

Dokument	Ausgabe	Titel
DIN EN 1993-1-2	2006-10	Eurocode 3: Bemessung und Konstruktion von Stahlbauten – Teil 1-2: Allgemeine Regeln – Tragwerksbemessung für den Brandfall; Deutsche Fassung EN 1993-1-2:2005 + AC:2005
DIN EN 1993-1-4	2007-02	Eurocode 3: Bemessung und Konstruktion von Stahlbauten – Teil 1-4: Allgemeine Bemessungsregeln – Ergänzende Regeln zur Anwendung von nichtrostenden Stählen; Deutsche Fassung EN 1993-1-4:2006
DIN EN 1993-1-6	2007-07	Eurocode 3: Bemessung und Konstruktion von Stahlbauten – Teil 1-6: Festigkeit und Stabilität von Schalen; Deutsche Fassung EN 1993-1-6:2007
DIN EN 1993-1-8	2005-07	Eurocode 3: Bemessung und Konstruktion von Stahlbauten – Teil 1-8: Bemessung von Anschlüssen; Deutsche Fassung EN 1993-1-8:2005
DIN EN 1993-1-8 Ber 1	2006-03	Eurocode 3: Bemessung und Konstruktion von Stahlbauten – Teil 1-8: Bemessung von Anschlüssen; Deutsche Fassung EN 1993-1-8:2005, Berichtigungen zu DIN EN 1993-1-8:2005-07; Deutsche Fassung EN 1993-1-8:2005/AC:2005
E DIN EN 1993-1-8/ NA	2007-08	Nationaler Anhang – National festgelegte Parameter – Eurocode 3: Bemessung und Konstruktion von Stahlbauten – Teil 1-8: Bemessung von Anschlüssen
DIN EN 1993-1-9	2005-07	Eurocode 3: Bemessung und Konstruktion von Stahlbauten – Teil 1-9: Ermüdung; Deutsche Fassung EN 1993-1-9:2005
DIN EN 1993-1-9 Ber 1	2006-03	Eurocode 3: Bemessung und Konstruktion von Stahlbauten – Teil 1-9: Ermüdung; Deutsche Fassung EN 1993-1-9:2005, Berichtigungen zu DIN EN 1993-1-9:2005-07; Deutsche Fassung EN 1993-1-9:2005/AC:2005
E DIN EN 1993-1-9/ NA	2007-08	Nationaler Anhang – National festgelegte Parameter – Eurocode 3: Bemessung und Konstruktion von Stahlbauten – Teil 1-9: Ermüdung
DIN EN 1993-1-10	2005-07	Eurocode 3: Bemessung und Konstruktion von Stahlbauten – Teil 1-10: Stahlsortenauswahl im Hinblick auf Bruchzähigkeit und Eigenschaften in Dickenrichtung; Deutsche Fassung EN 1993-1-10:2005
DIN EN 1993-1-10 Ber 1	2006-03	Eurocode 3: Bemessung und Konstruktion von Stahlbauten – Teil 1-10: Stahlsortenauswahl im Hinblick auf Bruchzähigkeit und Eigenschaften in Dickenrichtung; Deutsche Fassung EN 1993-1-10:2005, Berichtigungen zu DIN EN 1993-1-10:2005-07; Deutsche Fassung EN 1993-1-10:2005/AC:2005

Dokument	Ausgabe	Titel
E DIN EN 1993-1-10/ NA	2007-08	Nationaler Anhang – National festgelegte Parameter – Eurocode 3: Bemessung und Konstruktion von Stahlbauten – Teil 1-10: Stahlsortenauswahl im Hinblick auf Bruchzähigkeit und Eigenschaften in Dickenrichtung
DIN EN 1993-1-12	2007-07	Eurocode 3: Bemessung und Konstruktion von Stahlbauten – Teil 1-12: Zusätzliche Regeln zur Erweiterung von EN 1993 auf Stahlsorten bis S700; Deutsche Fassung EN 1993-1-12:2007
DIN EN 1993-3-1	2007-02	Eurocode 3: Bemessung und Konstruktion von Stahlbauten – Teil 3-1: Türme, Maste und Schornsteine – Türme und Maste; Deutsche Fassung EN 1993-3-1:2006
DIN EN 1993-3-2	2007-02	Eurocode 3: Bemessung und Konstruktion von Stahlbauten – Teil 3-2: Türme, Maste und Schornsteine – Schornsteine; Deutsche Fassung EN 1993-3-2:2006
DIN EN 1994-1-1	2006-07	Eurocode 4: Bemessung und Konstruktion von Verbundtragwerken aus Stahl und Beton – Teil 1-1: Allgemeine Bemessungsregeln und Anwendungsregeln für den Hochbau; Deutsche Fassung EN 1994-1-1:2004
DIN EN 1994-1-2	2006-11	Eurocode 4: Bemessung und Konstruktion von Verbundtragwerken aus Stahl und Beton – Teil 1-2: Allgemeine Regeln – Tragwerksbemessung für den Brandfall; Deutsche Fassung EN 1994-1-2:2005
DIN EN 1995-1-1	2008-09	Eurocode 5: Bemessung und Konstruktion von Holzbauten – Teil 1-1: Allgemeines – Allgemeine Regeln und Regeln für den Hochbau; Deutsche Fassung EN 1995-1-1:2004+A1:2008
DIN EN 1995-1-2	2006-10	Eurocode 5: Bemessung und Konstruktion von Holzbauten – Teil 1-2: Allgemeine Regeln – Tragwerksbemessung für den Brandfall; Deutsche Fassung EN 1995-1-2:2004 + AC:2006
DIN EN 1995-2	2006-02	Eurocode 5: Bemessung und Konstruktion von Holzbauten – Teil 2: Brücken; Deutsche Fassung EN 1995-2:2004
DIN EN 1996-1-1	2006-01	Eurocode 6: Bemessung und Konstruktion von Mauerwerksbauten – Teil 1-1: Allgemeine Regeln für bewehrtes und unbewehrtes Mauerwerk; Deutsche Fassung EN 1996-1-1:2005
DIN EN 1996-1-2	2006-10	Eurocode 6: Bemessung und Konstruktion von Mauerwerksbauten – Teil 1-2: Allgemeine Regeln – Tragwerksbemessung für den Brandfall; Deutsche Fassung EN 1996-1-2:2005

Dokument	Ausgabe	Titel
DIN EN 1996-2	2006-03	Eurocode 6: Bemessung und Konstruktion von Mauerwerksbauten – Teil 2: Planung, Auswahl der Baustoffe und Ausführung von Mauerwerk; Deutsche Fassung EN 1996-2:2006
DIN EN 1996-3	2006-04	Eurocode 6: Bemessung und Konstruktion von Mauerwerksbauten – Teil 3: Vereinfachte Berechnungsmethoden für unbewehrte Mauerwerksbauten; Deutsche Fassung EN 1996-3:2006
DIN EN 1997-1	2008-10	Eurocode 7: Entwurf, Berechnung und Bemessung in der Geotechnik – Teil 1: Allgemeine Regeln; Deutsche Fassung EN 1997-1:2004
DIN EN 1997-2	2007-10	Eurocode 7: Entwurf, Berechnung und Bemessung in der Geotechnik – Teil 2: Erkundung und Untersuchung des Baugrunds; Deutsche Fassung EN 1997-2:2007
DIN EN 1998-1	2006-04	Eurocode 8: Auslegung von Bauwerken gegen Erdbeben – Teil 1: Grundlagen, Erdbebeneinwirkungen und Regeln für Hochbauten; Deutsche Fassung EN 1998-1:2004
DIN EN 1998-5	2006-03	Eurocode 8: Auslegung von Bauwerken gegen Erdbeben – Teil 5: Gründungen, Stützbauwerke und geotechnische Aspekte; Deutsche Fassung EN 1998-5:2004
DIN V ENV 1999-1-1	2000-10	Eurocode 9: Bemessung und Konstruktion von Aluminiumbauten – Teil 1-1: Allgemeine Bemessungsregeln – Bemessungsregeln für Hochbauten; Deutsche Fassung ENV 1999-1-1:1998
E DIN EN 1999-1-1/ A1	2008-09	Eurocode 9: Bemessung und Konstruktion von Aluminiumtragwerken – Teil 1-1: Allgemeine Bemessungsregeln; Deutsche Fassung EN 1999-1-1:2007/prA1:2008 und EN 1999-1-1:2007
DIN EN 1999-1-2	2007-05	Eurocode 9: Bemessung und Konstruktion von Aluminiumtragwerken – Teil 1-2: Tragwerksbemessung für den Brandfall; Deutsche Fassung EN 1999-1-2:2007
DIN V ENV 1999-2	2001-03	Eurocode 9: Bemessung und Konstruktion von Aluminiumbauten – Teil 2: Ermüdungsanfällige Tragwerke; Deutsche Fassung ENV 1999-2:1998
DIN EN 12101-2	2003-09	Rauch- und Wärmefreihaltung – Teil 2: Bestimmungen für natürliche Rauch- und Wärmeabzugsgeräte; Deutsche Fassung EN 12101-2:2003
E DIN EN 12101-2	2006-12	Rauch- und Wärmefreihaltung – Teil 2: Festlegungen für natürliche Rauch- und Wärmeabzugsgeräte; Deutsche Fassung prEN 12101-2:2006

Dokument	Ausgabe	Titel
DIN EN 12101-3	2002-06	Rauch- und Wärmefreihaltung – Teil 3: Bestimmungen für maschinelle Rauch- und Wärmeabzugsgeräte; Deutsche Fassung EN 12101-3:2002
DIN EN 12101-3 Ber 1	2006-04	Rauch- und Wärmefreihaltung – Teil 3: Bestimmungen für maschinelle Rauch- und Wärmeabzugsgeräte; Deutsche Fassung EN 12101-3:2002, Berichtigungen zu DIN EN 12101-3:2002-06; Deutsche Fassung EN 12101-3:2002/AC:2005
DIN EN 12101-6	2005-09	Rauch- und Wärmefreihaltung – Teil 6: Festlegungen für Differenzdrucksysteme, Bausätze; Deutsche Fassung EN 12101-6:2005
E DIN EN 12101-8	2004-07	Rauch- und Wärmefreihaltung – Teil 8: Festlegungen für Entrauchungsklappen; Deutsche Fassung prEN 12101-8:2004
E DIN EN 12101-9	2004-12	Rauch- und Wärmefreihaltung – Teil 9: Steuerungstafeln; Deutsche Fassung prEN 12101-9:2004
DIN EN 12101-10	2006-01	Rauch- und Wärmefreihaltung – Teil 10: Energieversorgung; Deutsche Fassung EN 12101-10:2005
DIN EN 12354-1	2000-12	Bauakustik – Berechnung der akustischen Eigenschaften von Gebäuden aus den Bauteileigenschaften – Teil 1: Luftschalldämmung zwischen Räumen; Deutsche Fassung EN 12354-1:2000
DIN EN 12354-2	2000-09	Bauakustik – Berechnung der akustischen Eigenschaften von Gebäuden aus den Bauteileigenschaften – Teil 2: Trittschalldämmung zwischen Räumen; Deutsche Fassung EN 12354-2:2000
DIN EN 12354-3	2000-09	Bauakustik – Berechnung der akustischen Eigenschaften von Gebäuden aus den Bauteileigenschaften – Teil 3: Luftschalldämmung gegen Außenlärm; Deutsche Fassung EN 12354-3:2000
DIN EN 12354-4	2001-04	Bauakustik – Berechnung der akustischen Eigenschaften von Gebäuden aus den Bauteileigenschaften – Teil 4: Schallübertragung von Räumen ins Freie; Deutsche Fassung EN 12354-4:2000
E DIN EN 12354-5	2007-06	Bauakustik – Berechnung der akustischen Eigenschaften von Gebäuden aus den Bauteileigenschaften – Teil 5: Installationsgeräusche; Deutsche Fassung prEN 12354-5:2007
DIN EN 12354-6	2004-04	Bauakustik – Berechnung der akustischen Eigenschaften von Gebäuden aus den Bauteileigenschaften – Teil 6: Schallabsorption in Räumen; Deutsche Fassung EN 12354-6:2003
DIN EN 12825	2002-04	Doppelböden; Deutsche Fassung EN 12825:2001

DIN EN 13384-1	2008-08	Abgasanlagen – Wärme- und strömungstechnische Berechnungsverfahren – Teil 1: Abgasanlagen mit einer Feuerstätte; Deutsche Fassung EN 13384-1:2002 + A2:2008
DIN EN 13384-2	2003-12	Abgasanlagen – Wärme- und strömungstechnische Berechnungsverfahren – Teil 2: Abgasanlagen mit mehreren Feuerstätten; Deutsche Fassung EN 13384-2:2003
E DIN EN 13384-2/ A1	2008-06	Abgasanlagen – Wärme- und strömungstechnische Berechnungsverfahren – Teil 2: Abgasanlagen mit mehreren Feuerstätten; Deutsche Fassung EN 13384-2:2003/ prA1:2008
DIN EN 13384-3	2006-03	Abgasanlagen – Wärme- und strömungstechnische Berechnungsverfahren – Teil 3: Verfahren für die Entwicklung von Diagrammen und Tabellen für Abgasanlagen mit einer Feuerstätte; Deutsche Fassung EN 13384-3:2005
DIN EN 13465	2004-05	Lüftung von Gebäuden – Berechnungsverfahren zur Bestimmung von Luftvolumenströmen in Wohnungen; Deutsche Fassung EN 13465:2004
E DIN EN 13670	2007-04	Ausführung von Tragwerken aus Beton; Deutsche Fassung prEN 13670:2007
DIN EN 13756	2003-04	Holzfußböden – Terminologie; Dreisprachige Fassung EN 13756:2002
DIN EN 14076	2004-10	Holztreppen – Terminologie; Dreisprachige Fassung EN 14076:2004
DIN EN 14134	2004-04	Lüftung von Gebäuden – Leistungsprüfung und Einbaukontrollen von Lüftungsanlagen von Wohnungen; Deutsche Fassung EN 14134:2004
DIN EN 14843	2007-07	Betonfertigteile – Treppen; Deutsche Fassung EN 14843:2007
DIN EN 15193	2008-03	Energetische Bewertung von Gebäuden – Energetische Anforderungen an die Beleuchtung; Deutsche Fassung EN 15193:2007
DIN EN 15217	2007-09	Energieeffizienz von Gebäuden – Verfahren zur Darstellung der Energieeffizienz und zur Erstellung des Gebäudeenergieausweises; Deutsche Fassung EN 15217:2007
DIN EN 15232	2007-11	Energieeffizienz von Gebäuden – Einfluss von Gebäudeautomation und Gebäudemanagement; Deutsche Fassung EN 15232:2007
DIN EN 15239	2007-08	Lüftung von Gebäuden – Gesamtenergieeffizienz von Gebäuden – Leitlinien für die Inspektion von Lüftungsanlagen; Deutsche Fassung EN 15239:2007

693

Dokument	Ausgabe	Titel
DIN EN 15240	2007-08	Lüftung von Gebäuden – Gesamtenergieeffizienz von Gebäuden – Leitlinien für die Inspektion von Klimaanlagen; Deutsche Fassung EN 15240:2007
DIN EN 15241	2007-09	Lüftung von Gebäuden – Berechnungsverfahren für den Energieverlust aufgrund der Lüftung und Infiltration in Nichtwohngebäuden; Deutsche Fassung EN 15241:2007
DIN EN 15242	2007-09	Lüftung von Gebäuden – Berechnungsverfahren zur Bestimmung der Luftvolumenströme in Gebäuden einschließlich Infiltration; Deutsche Fassung EN 15242:2007
DIN EN 15243	2007-10	Lüftung von Gebäuden – Berechnung der Raumtemperaturen, der Last und Energie von Gebäuden mit Klimaanlagen; Deutsche Fassung EN 15243:2007
DIN EN 15251	2007-08	Eingangsparameter für das Raumklima zur Auslegung und Bewertung der Energieeffizienz von Gebäuden – Raumluftqualität, Temperatur, Licht und Akustik; Deutsche Fassung EN 15251:2007
DIN EN 15459	2008-06	Energieeffizienz von Gebäuden – Wirtschaftlichkeitsberechnungen für Energieanlagen in Gebäuden; Deutsche Fassung EN 15459:2007
E DIN EN 15644	2007-05	Traditionell geplante, vorgefertigte Treppen aus Massivholz – Spezifikationen und Anforderungen; Deutsche Fassung prEN 15644:2007
DIN CEN/TS 15717	2008-07	Parkett – Allgemeine Verlegeanleitung; Deutsche Fassung CEN/TS 15717:2008
DIN EN ISO 3766	2004-05	Zeichnungen für das Bauwesen – Vereinfachte Darstellung von Bewehrungen (ISO 3766:2003); Deutsche Fassung EN ISO 3766:2003
DIN EN ISO 3766 Ber 1	2005-01	Berichtigungen zu DIN EN ISO 3766:2004-05; Deutsche Fassung EN ISO 3766:2003/AC:2004
DIN EN ISO 4157-1	1999-03	Zeichnungen für das Bauwesen – Bezeichnungssysteme – Teil 1: Gebäude und Gebäudeteile (ISO 4157-1:1998); Deutsche Fassung EN ISO 4157-1-1998
DIN EN ISO 4157-2	1999-03	Zeichnungen für das Bauwesen – Bezeichnungssysteme – Teil 2: Raum-Namen und -Nummern (ISO 4157-2:1998); Deutsche Fassung EN ISO 4157-2:1998
DIN EN ISO 4157-3	1999-03	Zeichnungen für das Bauwesen – Bezeichnungssysteme – Teil 3: Raum-Kennzeichnungen (ISO 4157-3:1998); Deutsche Fassung EN ISO 4157-3:1998

Dokument	Ausgabe	Titel

DIN EN ISO 13790   2008-09   Energieeffizienz von Gebäuden – Berechnung des Energiebedarfs für Heizung und Kühlung (ISO 13790:2008); Deutsche Fassung EN ISO 13790:2008

DIN EN ISO 13791   2005-02   Wärmetechnisches Verhalten von Gebäuden – Sommerliche Raumtemperaturen bei Gebäuden ohne Anlagentechnik – Allgemeine Kriterien und Validierungsverfahren (ISO 13791:2004); Deutsche Fassung EN ISO 13791:2004

DIN EN ISO 13792   2005-06   Wärmetechnisches Verhalten von Gebäuden – Berechnung von sommerlichen Raumtemperaturen bei Gebäuden ohne Anlagentechnik – Vereinfachtes Berechnungsverfahren (ISO 13792:2005); Deutsche Fassung EN ISO 13792:2005

DIN EN ISO 13793   2001-06   Wärmetechnisches Verhalten von Gebäuden – Wärmetechnische Bemessung von Gebäudegründungen zur Vermeidung von Frosthebung (ISO 13793:2001); Deutsche Fassung EN ISO 13793:2001

DIN ISO 128-1   2003-09   Technische Zeichnungen – Allgemeine Grundlagen der Darstellung – Teil 1: Einleitung und Stichwortverzeichnis (ISO 128-1:2003)

DIN ISO 128-23   2000-03   Technische Zeichnungen – Allgemeine Grundlagen der Darstellung – Teil 23: Linien in Zeichnungen des Bauwesens (ISO 128-23:1999)

DIN ISO 1502   1996-12   Metrisches ISO-Gewinde allgemeiner Anwendung – Lehren und Lehrung (ISO 1502:1996)

DIN ISO 1660   1988-07   Technische Zeichnungen – Eintragung von Maßen und Toleranzen von Profilen; Identisch mit ISO 1660:1987

DIN ISO 7437   1992-06   Zeichnungen für das Bauwesen – Allgemeine Regeln für die Erstellung von Fertigungszeichnungen für vorgefertigte Teile; Identisch mit ISO 7437:1990

DIN ISO 7518   1986-11   Zeichnungen für das Bauwesen – Vereinfachte Darstellung von Abriß und Wiederaufbau; Identisch mit ISO 7518, Ausgabe 1983

DIN ISO 7519   1992-09   Technische Zeichnungen – Zeichnungen für das Bauwesen – Allgemeine Grundlagen für Anordnungspläne und Zusammenbauzeichnungen; Identisch mit ISO 7519:1991

DIN ISO 8015   1986-06   Technische Zeichnungen – Tolerierungsgrundsatz; Identisch mit ISO 8015, Ausgabe 1985

DIN ISO 8560   1989-01   Zeichnungen für das Bauwesen – Darstellung von modularen Größen, Linien und Rastern; Identisch mit ISO 8560:1986

Dokument	Ausgabe	Titel
DIN-Fachbericht 8	1988	Allgemeine Grundsätze zur Maßkoordinierung im Bauwesen; Erläuterungen zu DIN 18000
DIN-Fachbericht 35	1992	Generelle Anforderungen an eine Dacheindeckung

Druckfehlerberichtigungen

Folgende Druckfehlerberichtigungen wurden in den DIN-Mitteilungen + elektronorm zu den in diesem DIN-Taschenbuch enthaltenen Normen veröffentlicht.

Die abgedruckten Normen entsprechen der Originalfassung und wurden nicht korrigiert. In Folgeausgaben werden die aufgeführten Druckfehler berichtigt.

DIN 4109

In Tabelle 5, Zeile 4.1, Spalten 3 und 4, ist der Wert „55" aufzunehmen. In Tabelle 6, Fußnote [2]), muss es an Stelle von „Anzeigecharakteristik" „Zeitbewertung" heißen. Im Abschnitt 4.3.2 muss der Text zum zweiten Spiegelstrich wie folgt lauten:

„– bei Auslaufarmaturen sowie diesen nachgeschalteten Auslaufvorrichtungen nach Tabelle 2, Zeile 10, außerdem noch die Einstufung in Durchflussklasse A, B, C, D oder Z, bei Eckventilen in Durchflussklasse A oder B;"

Die Gleichung (1) muss wie folgt lauten:

$$„L_{A,res} = 10 \lg \sum_{i=1}^{n} (10^{0,1 L_{a,i}}) \, dB(A)".$$

Im Abschnitt 6.4.1 a), 2. Absatz, muss es „... mittlere flächenbezogene Masse $m'_{L,Mittel}$ ..." heißen. Im Abschnitt 7.2.2.3 muss der letzte Satz heißen: „Eckventile vor Armaturen dürfen keiner niedrigeren Durchflussklasse angehören als ...". Im Abschnitt A.3.3.10 muss es in der Überschrift und im Text „Installations-Schallpegel L_{In}" heißen.

DIN 4109 Beiblatt 1

In Tabelle 1, Zeile 28, muss es statt „5" „4" heißen. Im Abschnitt 3.4, Beispiel 1, muss der Wert für $m'_{L,Mittel}$ „≈ 262 kg/m²" lauten. Im Abschnitt 4.1.3 muss es im Text und in der Formel „$\Delta L_{w,R,min}$" heißen; bei „$VM_{R,min}$" sind die Punkte zu streichen. In Tabelle 23 (Fortsetzung), Seite 29, muss die Überschrift der Ausführungsbeispiele „Zweischalige Doppelständerwände" lauten.

DIN 4109 Beiblatt 2

Im Bild 2 muss es in der Ordinate „... $\Delta L_{w,R}$" lauten. Die Gleichung (6) muss wie folgt lauten:

$$„L_{A,res} = 10 \lg \sum_{i=1}^{n} (10^{0,1 L_{a,i}}) \, dB(A)".$$

Im Abschnitt 2.5.7 ist beim letzten Spiegelstrich „mindestens" zu streichen.

Stichwortverzeichnis

Die hinter den Stichwörtern stehenden Nummern sind die DIN-Nummern der abgedruckten Normen.

Rauminhalt, Berechnung, Grundfläche, Hochbau   DIN 277-1, DIN 277-2, DIN 277-3

rechts, Bauwesen, links   DIN 107

Rollstuhlfahrer, Wohnungsbau, Behinderte   DIN 18025-1

Schallschutz, Bauwesen, Hochbau DIN 4109, DIN 4109 Be-richtigung 1, DIN 4109 Beiblatt 1, DIN 4109 Beiblatt 1/A1, DIN 4109 Beiblatt 2, DIN 4109 Beiblatt 3, DIN 4109/A1

Schutzmaßnahme, Schutzschicht, Abdichtung, Bauwerk   DIN 18195-10

Schutzschicht, Abdichtung, Bauwerk, Schutzmaßnahme   DIN 18195-10

Sehbehinderter, Wohnungsbau, Behin-derte, Hörbehinderter   DIN 18025-2

Tageslicht, Beleuchtung, Innenraum DIN 5034-1, DIN 5034-2

Tageslicht, Bemessung, Fenster, Innen-raum   DIN 5034-4

Tageslicht, Berechnung, Innenraum DIN 5034-3

Toilette, Bad, Lüftung   DIN 18017-1, DIN 18017-3

Toleranz, Bauwerk, Hochbau   DIN 18202

Treppe, Abmessung, Begriffe, Gebäude DIN 18065

Tür, Wohnungsbau   DIN 18100

Tür, Wohnungsbau, Abmessung DIN 18101

Wohngebäude, Ausstattung, elektrische Anlage   DIN 18015-2

Wohngebäude, elektrische Anlage, DIN 18015-3, DIN 18015-3 Berichtigung 1

Wohngebäude, elektrische Anlage, Planung   DIN 18015-1

Wohnungsbau, Abmessung, Tür DIN 18101

Wohnungsbau, Behinderte, Hörbehinder-ter, Sehbehinderter   DIN 18025-2

Wohnungsbau, Behinderte, Rollstuhl-fahrer   DIN 18025-1

Wohnungsbau, Tür   DIN 18100

Wärmeschutz, Anforderung, Energie-einsparung, Hochbau   DIN 4108-2

Wärmeschutz, Energieeinsparung, Hochbau   DIN 4108-3, DIN 4108-3 Berichtigung 1

Wärmeschutz, Hochbau, Luftdichtheit DIN 4108-7

Zählerplatz, Abmessung   DIN 43870-1, DIN 43870-2

Für das Fachgebiet Bauleistungen bestehen folgende DIN-Taschenbücher:

TAB		Titel
73 Bauleistungen	4.	Estricharbeiten, Gussasphaltarbeiten VOB/STLB-Bau. Normen
74 Bauleistungen	5.	Parkettarbeiten, Bodenbelagsarbeiten, Holzpflasterarbeiten VOB/STLB-Bau. Normen
75 Bauleistungen	6.	Erdarbeiten, Verbauarbeiten, Ramm-, Rüttel- und Pressarbeiten, Einpressarbeiten, Nassbaggerarbeiten, Untertagebauarbeiten VOB/STLB-Bau/STLK. Normen
76 Bauleistungen	7.	Verkehrswegebauarbeiten Oberbauschichten ohne Bindemittel, Oberbauschichten mit hydraulischen Bindemitteln, Oberbauschichten aus Asphalt – Pflasterdecken, Plattenbeläge und Einfassungen VOB/STLB-Bau/STLK. Normen
77 Bauleistungen	8.	Mauerarbeiten VOB/STLB-Bau/STLK. Normen
81 Bauleistungen	12.	Landschaftsbauarbeiten VOB/STLB-Bau/STLK. Normen
82 Bauleistungen	13.	Tischlerarbeiten VOB/STLB-Bau. Normen
85 Bauleistungen	16.	Raumlufttechnische Anlagen VOB/STLB-Bau. Normen
88 Bauleistungen	19.	Entwässerungskanalarbeiten, Druckrohrleitungsarbeiten im Erdreich, Dränarbeiten, Sicherungsarbeiten an Gewässern, Deichen und Küstendünen; VOB/STLB-Bau. Normen
91 Bauleistungen	22.	Bohrarbeiten, Brunnenbauarbeiten, Wasserhaltungsarbeiten; VOB/STLB-Bau/STLK. Normen
94 Bauleistungen	25.	Fassadenarbeiten VOB/STLB-Bau. Normen
97 Bauleistungen	28.	Maler- und Lackiererarbeiten, Beschichtungen VOB/STLB-Bau. Normen

DIN-Taschenbücher sind auch im Abonnement vollständig erhältlich.
Für Auskünfte und Bestellungen wählen Sie bitte im Beuth Verlag Tel.: 030 2601-2260.

DIN-Taschenbuch 110 Wohnungsbau

Sehr geehrte Kundin, sehr geehrter Kunde,

dieses Buch können Sie auch als E-Book im PDF-Format beziehen.

Ein Vorteil dieser Variante: Die integrierte Volltextsuche. Damit finden Sie in Sekundenschnelle die für Sie wichtigen Textpassagen.

Um Ihr persönliches E-Book zu erhalten, folgen Sie einfach den Hinweisen auf dieser Internet-Seite:

www.beuth.de/e-book

Ihr persönlicher, nur einmal verwendbarer E-Book-Code lautet:

17008K0BDF7A508

Vielen Dank für Ihr Interesse!

Ihr Beuth Verlag

Hinweis: Der E-Book-Code wurde individuell für Sie als Erwerber des Buches erzeugt und darf nicht an Dritte weiter gegeben werden.